भारतीय समाज

भारतीय समाज

राम आहूजा

रावत पब्लिकेशन्स

जयपुर • नई दिल्ली • बैंगलोर • गुवाहाटी • कोलकाता

ISBN 978-81-7033-639-6 (HB)
ISBN 978-81-7033-640-2 (PB)

Reprinted, 2026

Published by
Prem Rawat for **Rawat Publications**
Satyam Apts, Sector 3, Jawahar Nagar, Jaipur 302 004 (India)
Phone: 0141 265 1748 / 7006
E-mail: info@rawatbooks.com
Website: www.rawatbooks.com

New Delhi Office
4858/24, Ansari Road, Daryaganj, New Delhi 110 002
Phone: 011 2326 3290

Printed and bound in India

विषय सूची
(Contents)

भूमिका

यह पुस्तक मेरी पूर्ववर्ती पुस्तकों से कुछ हट कर है। यह विभिन्न व्यवस्थाओं के परम्परागत व आधुनिक ढाँचे-सामाजिक, आर्थिक, राजनैतिक, धार्मिक, शैक्षिक, ग्रामीण नगरीय और जनजातीय-प्रस्तुत करती है तथा कुछ महत्वपूर्ण समस्याओं व प्रकरणों का विवेचन करती है। परम्परागत उपागम समाजशास्त्र, इतिहास तथा अन्य समाज विज्ञानों के बीच सम्बन्ध स्थापित करते हुए सुस्थित मूल्यों और विचारधाराओं पर प्रकाश डालता है जबकि आधुनिक ढाँचा समकालीन परिवर्तनों, सामाजिक विकास एवं प्रगति की रफ्तार में भी रुचि रखता है, जो सभी नये प्रश्नों को जन्म देते हैं। समाजशास्त्रीय ढाँचा 'क्या था', 'क्या है' तथा 'क्या सम्भावना है' पर प्रकाश डालता है। प्रत्येक अध्याय समकालीन भिन्नताएँ, उदीयमन तत्व और भावी परिप्रेक्ष्य प्रस्तुत करता है। इस प्रकार का उपागम अतीत से वर्तमान तक के परिवर्तन के प्रकरणों के परीक्षण में कार्यात्मक है। समाज में विभिन्न व्यवस्थाओं की कार्यशीलता के लिए गहन विश्लेषण और सैद्धान्तिक मूल्यांकन वांच्छित है।

वर्तमान भारतीय समाज को अब परम्परागत समाज नहीं माना जाता। इसे उभड़ते हुए आधुनिक समाज के रूप में देखा जाता है। लेकिन विभिन्न नियोजित उपायों से आधुनिक समाज में आए व्यवस्था परिवर्तन अपनाए गए उपायों के परिणामों के नकारात्मक पक्षों को भी उजागर करते हैं। यदि आरक्षण नीति आज कार्यात्मक है और यदि दो या तीन दशकों बाद विकार्यात्मक सिद्ध होती है, तब क्या शक्तिशाली अभिजन इसमें परिवर्तन कर सकेंगे? यदि समाज के कमजोर वर्ग, किसान वर्ग, महिलाओं और युवाजनों द्वारा चलाए गए आन्दोलनों को रोका नहीं जाता, तो सामाजिक असन्तोष को यह सब कैसे उदव्यक्त करेंगे? इस प्रकार के प्रकरणों के मूल्यांकन के लिए आवश्यक है कि इनको वर्तमान व उदीयमान दोनों समाजों के संदर्भ में प्रस्तुत किया जाये। इस पुस्तक में यद्यपि विभिन्न व्यवस्थाओं के सभी महत्वपूर्ण पक्षों के विश्लेषण एवं पुनरीक्षण का प्रयास किसा गया है, लेकिन इसका उद्देश्य वृहत् और महत्वाकांक्षी विश्लेषण नहीं है। किसी नये सिद्धान्त को प्रस्तुत करने का भी इरादा नहीं रहा है बल्कि यह समझाने का प्रयास किया गया है कि भारतीय समाज में समय-समय पर क्या होता रहा है।

वर्षों से मैंने अनेक पुस्तकें लिखीं हैं—अंग्रेजी व हिन्दी दोनों ही में—जिनमें अपराध, स्त्रियों, और सामाजिक समस्याओं के विविध पक्षों पर प्रकाश डाला गया है। यह पुस्तक प्रतियोगितात्मक परीक्षाओं के लिए प्रेरणादायक सामग्री के महत्व को प्रस्तुत करती है। अतः दिभिन्न प्रकरणों का विश्लेषण विषय के विकास का बोध कराने का प्रयास है तथा विभिन्न

स्रोतों तक पहुँच को सुलभ बनाता है। उदीयमान समाजशास्त्र को निरन्तर परिवर्तन होते समाज के निरन्तर पूछताछ पर बल देना है। स्पष्ट है, यह हमारा दावा नहीं है कि कुछ बातें छूटी नहीं होंगी या कोई अध्याय कमजोर नहीं होगा। परन्तु व्यवस्थाओं के प्रमुख पक्षों का विस्तृत रूप से विवेचन करने का प्रयास किया गया है। मैंने विविध दृष्टिकोणों की चर्चा की है, प्रसिद्ध विद्वानों द्वारा विकसित प्रारूपों का विश्लेषण किया है, विविध सैद्धान्तिक व्याख्याओं का परीक्षण किया है तथा पुस्तक को अधिक विषद् और विस्तृत बनाने के लिए अपने क्षेत्र के प्रसिद्ध विद्वानों के योगदान के उदाहरण भी दिए हैं। मुझे विश्वास है कि छात्र इस पुस्तक को स्वागत योग्य योगदान के रूप में देखेंगे। स्नातकोत्तर स्तर पर समाजशास्त्र का अध्ययन करने वाले छात्रों सहित विभिन्न श्रेणियों के छात्रों के दृष्टिकोण को दृष्टिगत करते हुए मैंने विविध प्रतियोगितात्मक परीक्षाओं में विनिहित उन शीर्षकों पर भी चर्चा करने का प्रयत्न किया है जिनको आमतौर पर छात्र साहित्य न मिलने के कारण छोड़ देते हैं। विस्तृत परिप्रेक्ष्य में विषय को भली-भाँति समझने का उद्देश्य रहा है।

अध्यायों को इस क्रमबद्ध रूप से व्यवस्थित किया गया है जैसा कि भारतीय प्रशासनिक सेवाओं व राज्य प्रशासनिक सेवाओं के लिए प्रतियोगितात्मक परीक्षाओं के लिए विषय सामग्री निश्चित की गई है। निर्धारित पाठ्यक्रम में जो कुछ पक्ष नहीं भी दिए गए हैं उन पर भी चर्चा छात्रों के हितों को ध्यान में रखते हुए की गई है। मैं आशा करता हूँ और आश्वस्त हूँ कि पुस्तक उनके लिए लाभकारी होगी जिनके लिए लिखी गई है क्योंकि यह विविध व्यवस्थाओं और प्रकरणों के वैज्ञानिक विश्लेषण और वांच्छित आँकड़े पठनीय और विशद् शैली में प्रदान करती है।

राम आहूजा

लेखक की ओर से

बहुत समय से मैं एक ऐसी पुस्तक के लेखन पर विचार कर रहा था जिसमें भारतीय प्रशासनिक सेवाओं, राज्य प्रशासनिक सेवाओं, बैंक सेवाओं तथा नेट (NET) आदि प्रतियोगितात्मक परीक्षाओं में समाजशास्त्र विषय लेकर सम्मिलित होने वाले छात्रों को इन परीक्षाओं के लिए आमतौर पर निर्धारित विभिन्न शीर्षकों का विश्लेषण तथा पर्याप्त और विस्तृत विवेचन उपलब्ध हो सके। यद्यपि मेरी दो पूर्ववर्ती पुस्तकों—भारतीय सामाजिक व्यवस्था और भारत में सामाजिक समस्याएं—में भी विविध प्रतियोगितात्मक परीक्षाओं के लिए निर्धारित विषय निहित हैं, फिर भी कुछ ऐसे शीर्षक रह गए थे जिन पर विशेष रूप से इन पुस्तकों में चर्चा नहीं हो पाई थी, जैसे, आर्थिक व्यवस्था, राजनैतिक व्यवस्था, धार्मिक व्यवस्था, ग्रामीण व्यवस्था, नगरीय व्यवस्था, जनजातीय व्यवस्था, शिक्षा व्यवस्था, आदि। वर्तमान पुस्तक का उद्देश्य शीर्षकों की विस्तृत व्याख्या के द्वारा इस खाई को पाटना है। पूर्ववर्ती पुस्तकों में विवेचित विषयों का पुनरीक्षण किया गया है तथा आधुनिकतम आँकड़ों से अद्यतन किया गया है। जो कुछ कमियां रह गई थीं उनको भी ठीक करने का प्रयत्न किया गया है। मैं आशा करता हूँ कि कैरियर परीक्षाओं में सम्मिलित होने वाले छात्र इस पुस्तक को काफी उपयोगी पायेंगे—कम से कम समाजशास्त्र में निर्धारित दो पेपर में से एक पर। भारतीय विश्वविद्यालयों में समाजशास्त्र के स्नातकोत्तर छात्रों के लिए भी यह पुस्तक ज्ञानवर्धक एवं उपयोगी सिद्ध होगी।

इस पुस्तक को यह रूप देने के लिए मैं अपने सहयोगी डा. केवलरमानी तथा अपने पुत्र डा. मुकेश आहूजा को हार्दिक धन्यवाद देना चाहूँगा, विशेष रूप से आवश्यक पुस्तकों व पत्र पत्रिकाओं के जुटाने में जो उन्होंने सहायता की। मैं अपने पुत्र संजय आहूजा का भी पुस्तक की हस्तलिपि तैयार करने के लिए आभारी हूँ। अंत में अपनी पत्नी के प्रति भी आभारी हूँ जिसने मुझे निरन्तर समर्थन दिया व प्रोत्साहित किया। छात्रों, शिक्षकों, व अन्य पाठकों की ओर से सुझाव व टिप्पणियां भी आमंत्रित करता हूँ ताकि इस पुस्तक को और अधिक सुधारा जा सके।

प्रस्तुत पुस्तक का अंग्रेजी से हिन्दी में अनुवाद मेरे मित्र डा. विप्र कुमार शर्मा ने किया है। मेरी पूर्ववर्ती दो पुस्तकों—भारतीय सामाजिक व्यवस्था और अपराधशास्त्र का भी डा.

शर्मा ने ही सरल हिन्दी में अनुवाद किया था। सम्प्रति डा. शर्मा अवकाश प्राप्त करने के बाद जयपुर में निवास करते हुए इसी प्रकार के लेखन कार्य से जुड़े हुए हैं। मैं उनका अति आभारी हूँ।

राम आहूजा

1

भारतीय समाज का ऐतिहासिक परिदृश्य

(Historical Moorings of the Indian Society)

परम्परागत हिन्दू सामाजिक संगठन

(Traditional Hindu Social Organisation)

परम्परागत, आधुनिक और आधुनिकोत्तर समाज : अवधारणाएँ

(Traditional, Modern and Post-modern Societies : Concepts)

समाज का वर्गीकरण परम्परागत, आधुनिक और आधुनिकोत्तर समाजों में किया जा सकता है। *परम्परागत समाज* में व्यवहार सम्बन्धी प्रतिमानों और मूल्यों में धर्म (और जादू) पर बल दिया जाता है जिसमें वास्तविक या काल्पनिक अतीत से गहरे जुड़ाव अथवा निरन्तरता का संकेत मिलता है। यह समाज पवित्र भोज, बलि, एवं कर्मकाण्ड (rituals) आदि को स्वीकार करता है। मोटे तौर पर परम्परागत समाज वह होता है जिसमें (1) व्यक्ति की प्रस्थिति उसके जन्म से निर्धारित होती है और वह सामाजिक गतिशीलता के लिए कोई प्रयत्न नहीं करता (2) व्यक्ति का व्यवहार अतीत की गहराइयों से जुड़े मूल्यों, प्रतिमानों, रीतियों व परम्पराओं से संचालित होता है, तथा लोगों के सामाजिक लोकाचार एवं व्यवहार पीढ़ी दर पीढ़ी थोड़े से ही बदलते रहते हैं। (3) सामाजिक संगठन (समाज में व्यक्तियों और उप-समूहों के सामाजिक सम्बन्धों का स्थाई स्वरूप जो सामाजिक अन्तर्क्रिया में नियमितता (regularity) तथा पूर्वाभास (predictability) प्रदान करता है) श्रेणीक्रम (hierarchy) पर आधारित होता है। (4) अन्तर्क्रिया में नातेदारी सम्बन्ध प्रमुख होते हैं और व्यक्ति अपनी पहचान प्राथमिक समूहों से करता है। (5) सामाजिक सम्बन्धों में पद की तुलना में स्वयं व्यक्ति को अधिक महत्त्व दिया जाता है। (6) लोग रुढ़िवादी होते हैं। (7) अर्थ व्यवस्था सरल होती है, अर्थात यांत्रिक (tool) अर्थ व्यवस्था की प्रधानता होती है, तथा निर्वाह स्तर से ऊपर आर्थिक उत्पादकता अपेक्षाकृत कम होती है। (8) पौराणिक व काल्पनिक विचार (न कि तर्क पर आधारित विचार) समाज में सर्वोपरि होते हैं।

आधुनिकता परम्परागत समाज से काफी हटकर होती है। आधुनिक समाज विज्ञान और तर्क पर केन्द्रित होता है। स्टूअर्ट हाल (Hall and Gay, *Questions of Cultural Identity,* 1996; साथ ही Mike O' Donell, *Sociology,* 1997 : 40 भी देखें) के अनुसार आधुनिक समाज की विशेषताएँ (जो कि इसे परम्परागत समाज से अलग करती हैं) यह हैं : (1) धर्म का पतन और धर्म निरपेक्ष भौतिकवादी संस्कृति का उदय (धार्मिक विशेषता)। (2) सामन्तीय (feudal) अर्थ व्यवस्था के स्थान पर ऐसी अर्थ व्यवस्था जिसमें

आदान प्रदान के लिए मुद्रा प्रणाली माध्यम प्रदान करती है। यह (अर्थ व्यवस्था) बाजार के लिए बड़े पैमाने पर वस्तुओं के उत्पादन और उपभोग पर, निजी सम्पत्ति के वृहत् स्वामित्व पर, और लम्बी समय अवधि के लिए पूंजी संग्रह पर आधारित होती है (आर्थिक विशेषता)। (3) राज्य पर धर्म निरपेक्ष राजनैतिक सत्ता का प्रभुत्व तथा राजनैतिक मामलों पर धार्मिक प्रभाव का सीमित होना (राजनैतिक विशेषता)। (4) सरल श्रम विभाजन पर आधारित सामाजिक व्यवस्था का क्षय (decline) तथा नवीन श्रम विभाजन का विकास और नये वर्गों का उदय एवं स्त्री-पुरुष के बीच सम्बन्धों में परिवर्तन (सामाजिक विशेषता)। (5) नये राष्ट्रों (नृजातीय अथवा राष्ट्रीय समुदायों) का निर्माण जिनके अपने उद्देश्यों के उपयुक्त अपनी परम्पराएं तथा अपनी पहचान हो जैसे, फ्रान्स के द्वारा राजतंत्र (monarchy) और कुलीनतंत्र (aristocracy) को अस्वीकार करना, ब्रिटेन का राजतंत्र को प्रतीक रूप में अपनाना, यू.ए. आर. (मिश्र) द्वारा राजतंत्र को अस्वीकार करना और लोकतंत्र को स्वीकार करना, आदि (सांस्कृतिक विशेषता)। (6) विश्व के प्रति वैज्ञानिक एवं विवेकपूर्ण दृष्टिकोण का उदय (बौद्धिक विशेषता)। इस प्रकार जहां परम्परागत समाज की विशेषताओं में संस्कार, रीति-रिवाज, सामूहिकता, सामुदायिक स्वामित्व, यथास्थिति तथा सरल श्रम विभाजन प्रमुख है, वहीं *आधुनिक* समाज की विशेषताओं में विज्ञान का उदय, तर्क और विवेक पर बल, प्रगति में विश्वास, विकास के लिए सरकार और राज्य को आवश्यक मानना, आर्थिक विकास और जटिल श्रम विभाजन, मानव को प्रकृति और पर्यावरण पर नियंत्रण करने योग्य देखना, और जगत को द्वैतवाद (dualism) या विरोधाभास के अर्थ में देखना, आदि प्रमुख हैं। *आधुनिकोत्तर* (Post-modern) समाज (या अति आधुनिकता) आलोचनात्मक जागृति पर बल देता है तथा प्रकृति, पर्यावरण और मानवता पर अनुप्रयुक्त विज्ञान (applied science) के विनाशक प्रभावों के प्रति चिन्तित है। यह प्रगति की दौड़ के अवांच्छित नकारात्मक परिणामों और जोखिम की ओर संकेत करता है। यह राष्ट्रवाद (जिस पर आधुनिक समाज में बल दिया जाता है) से वैश्वीकरण (globalisation) की प्रक्रिया की ओर गतिशील है। आर्थिक विकास को महत्त्व देने (जैसा कि आधुनिक समाज में होता है) की अपेक्षा यह (आधुनिकोत्तर समाज) संस्कृति को अधिक महत्व देता है। आधुनिक समाज (जो कि संसार को द्वैतवादी या विरोधाभास के अर्थ में देखता है) के विपरीत अतिआधुनिक समाज एकता, समानता और संबंधन व जोड़ को महत्त्वपूर्ण मानता है।

परम्परागत भारतीय समाज : तीन परिप्रेक्ष्य
(Traditional Indian Society : Three Perspectives)

परम्परागत समाज की उपरोक्त अवधारणा एवं विशेषताओं सहित, समाजशास्त्रीय परिप्रेक्ष्य में परम्परागत समाज को किस प्रकार देखा जा सकता है ? परम्परागत भारतीय समाज को समाजशास्त्रीय आधार पर समझने के लिए तीन परिप्रेक्ष्यों का उपयोग हो सकता है: प्रकार्यात्मक, मार्क्सवादी, और सामाजिक क्रिया परिप्रेक्ष्य। प्रकार्यात्मक (दुर्खिम का) परिप्रेक्ष्य इस विचार पर आधारित है कि प्रमुख सामाजिक संस्थाएं और उप-व्यवस्थाएं (जैसे, नातेदारी, आर्थिक संस्थाएं, आदि) मनुष्य की मूलभूत आवश्यकताओं (जैसे प्रजनन, उत्पादन, उपभोग) की पूर्ति करती हैं। मार्क्सवादी (कार्ल मार्क्स) परिप्रेक्ष्य इस विचार पर आधारित है कि वर्ग

संघर्ष एक मूलभूत सामाजिक शक्ति है और समाज की कार्यात्मकता संघर्षपूर्ण हितों वाले वर्गों से प्रभावित होती है। सामाजिक क्रिया (मैक्स वेबर) का परिप्रेक्ष्य इस पर बल देता है कि व्यक्ति समाज को बनाते हैं और प्रभावित करते हैं न कि समाज व्यक्तियों को तथा समाज व्यक्तियों के अनुभवों की संरचना नहीं करता बल्कि 'व्यक्ति' स्वयं ही सामाजिक अनुभवों की रचना में सहायता करता है।

प्रथम दो परिप्रेक्ष्य संरचनात्मक हैं, अर्थात् वे प्रमुख रूप से यह विचार करते हैं कि समाज व्यक्ति और समूह के व्यवहार को किस प्रकार प्रभावित करता है बजाय इसके कि व्यक्ति और समूह समाज की रचना किस प्रकार करते हैं (वास्तव में तीसरा दृष्टिकोण भी संरचनात्मक ही माना गया है)। अतः संरचनात्मक समाजशास्त्री इस विषय में रुचि लेगा कि धार्मिक विचार और मूल्य या विज्ञान और तर्क या जाति और वर्ग, या परिवार और नातेदारी, या यांत्रिक और औद्योगिक अर्थ व्यवस्थाएँ, या व्यक्ति की सामाजिक-संरचनात्मक स्थिति किस प्रकार समाज द्वारा अपेक्षा किए जाने वाली भूमिकाओं के निर्वाह के लिए व्यक्ति के अवसरों को प्रभावित करते हैं। जहाँ प्रकार्यवाद सामाजिक व्यवहार पर सहमति दर्शाता है, वहीं मार्क्सवाद और सामाजिक क्रिया संबंधी दृष्टिकोण समाज में संघर्ष पर बल देते हैं। माइक डोनेल (Mike O' Donnel, 1997 : 6) के अनुसार संरचनात्मक परिप्रेक्ष्य के आधार पर जो प्रश्न और उनके उत्तर बनाए जा सकते हैं वे हैं : (1) समाज का निर्माण किस प्रकार होता है ? (2) यह (समाज) कैसे कार्य करता है ? (3) समाज में कुछ समूह किस प्रकार अन्य की अपेक्षा अधिक शक्तिशाली होते हैं ? (4) सामाजिक परिवर्तन किन कारणों से होता है? (5) समाज क्या सहमति पर आधारित होता है या संघर्ष पर ? (6) व्यक्ति का समाज के साथ क्या सम्बन्ध है ? हम इन्हीं प्रश्नों के आधार पर परम्परागत भारतीय समाज का विश्लेषण करेंगे।

परम्परागत हिन्दू समाज : आधारभूत मत एवं सिद्धान्त
(Traditional Hindu Society : Basic Tenets and Doctrines)

(i) हिन्दू जीवन दर्शन : कर्म एवं धर्म
(Hindu View of Life : Karma and Dharma)

परम्परागत भारतीय समाज से सम्बन्धित उपरोक्त प्रश्नों के उत्तर देने से पूर्व यह विचार करें कि वैदिक दर्शन में हिन्दुओं का जीवन के प्रति क्या दृष्टिकोण था ? मूल विचार यह था कि मनुष्य पूर्णरूप से इच्छाओं का बना हुआ है। जैसी उसकी इच्छाएं होंगी वैसी उसकी अन्तर्दृष्टि/विचारशीलता होगी (कृतु), जैसी उसकी विचारशीलता व समझ होगी वैसे ही उसके कर्म होंगे, और जैसे उसके कर्म होंगे वैसा उसका भाग्य बन जायेगा। अतः यदि अपने जीवन काल में मनुष्य की कुछ इच्छाएँ पूर्ण होने से रह जाती हैं तो वह फिर जन्म लेगा; लेकिन यदि उसकी कोई इच्छा अपूर्ण नहीं रहती तब वह ब्रह्ममय (ईश्वर से एकाकार) हो जाता है। ऐसी परिस्थिति में इच्छाओं के विनाश के लिए 'कृतु' (discretion) का दमन आवश्यक है। मनुष्य की इच्छा ही उसे इस संसार के जाल में फंसाए रखती है अथवा वह जन्म मरण के बन्धन में फंसा रहता है। अतः कर्म ही पुनर्जन्म और इच्छाओं के बीच एक संयोजक है। इस

प्रकार इच्छाओं से छुटकारा प्राप्त करने के बाद मनुष्य अमर हो जाता है और मोक्ष प्राप्त करता है।

यह कहना गलत होगा कि यही केवल एक मात्र हिन्दू दर्शन का दृष्टिकोण है। वास्तव में हिन्दू साहित्य में अन्तिम सत्य (ultimate reality) के प्रति अनेक दृष्टिकोण हैं। एक दृष्टिकोण इच्छाओं के त्याग के सम्बन्ध में गीता में दिया गया है। गीता में *कर्म* का दर्शन जीवन का नवीन दर्शन है। गीता में इच्छाओं से छुटकारा पाने (eradication) की अपेक्षा उनके शुद्ध उदात्तीकरण (sublimation) पर बल दिया गया है और यह कर्म के सत्य स्वरूप को समझकर ही किया जा सकता है। (कापड़िया, 1972 : 13-14)

हिन्दू दर्शन एक ओर वर्तमान की अतीत के साथ निरन्तरता में विश्वास करता है (जिसमें यह समाहित (rooted) है) और दूसरी ओर वर्तमान को भविष्य में अभिव्यक्त करता है। परम्पराओं के प्रति हिन्दुओं के आदर करने के पीछे उद्देश्य है। इसके द्वारा विचार में साम्य (homogeneity) और समन्वय (harmony) प्राप्त किया जाता है। विभिन्न अवस्थाएं केवल विभिन्न काल खण्डों में बल देने (emphasis) में अन्तर दर्शाती हैं। उदाहरणार्थ, सतयुग में सत्य ही धर्म था, त्रेतायुग में 'यज्ञ' (बलि), द्वापर युग में 'ज्ञान' और कलियुग में 'दान'। हिन्दू दर्शन कुछ आध्यात्मिक विचारों में भी विश्वास रखता है, जैसे, 'पाप' 'पुण्य' 'धर्म', आदि। इन विचारों पर हम 'हिन्दुत्व के मूल विश्वास' के रूप में चर्चा करेंगे।

हिन्दुत्व के मूल विश्वास व उसूल (Basic Tenets of Hinduism)

हिन्दुत्व के मूल विश्वासों और सिद्धान्तों को केन्द्र बिन्दु बना कर क्या यह कहा जा सकता है कि हिन्दुत्व समानता व समतावाद (equality) में विश्वास करता है ? क्या कर्म और पुनर्जन्म के विचार सभी हिन्दुओं को स्वीकार्य हैं ? क्या मोक्ष सभी का अन्तिम लक्ष्य है ? क्या सहिष्णुता एवं अहिंसा हिन्दुत्व के लक्षण हैं ? क्या सभी हिन्दू व्यक्ति की आत्मा का परमात्मा में विलय में विश्वास करते हैं ? योगेंद्र सिंह (1973 : 31) का विचार है कि हिन्दुत्व के आदर्शात्मक सिद्धान्त (normative principles) विश्वासों, आदर्शों, अनुमति के तर्कों, उदारवाद, रचना और विनाश, सुखवाद (hedonism), उपयोगितावाद (utilitarianism) तथा आध्यात्मिक सर्वातिशयता (spiritual transcendence) पर आधारित हैं। मोटे तौर पर हिन्दुत्व के मूल विश्वासों का वर्णन इस प्रकार किया जा सकता है :

1. आध्यात्मिक विचार (Theological Ideas)

हिन्दुत्व कुछ आध्यात्मिक विचारों (ईश्वर के स्वभाव के विषय में तथा धार्मिक विश्वासों की स्थापना से सम्बन्धित सिद्धान्तों की श्रंखला) में विश्वास रखता है, जैसे कि *पुनर्जन्म*, *आत्मा* की अमरता, *पाप*, *पुण्य*, *कर्म*, *धर्म* और *मोक्ष*। *कर्म* का सिद्धान्त एक हिन्दू को यह सिखाता है कि वह अपने उन कर्मों के कारण विशेष सामाजिक समूह (जाति/परिवार) में जन्म लेता है, जो उसने अपने पूर्व जन्म में किये थे। *धर्म* का विचार यह कहता है कि यदि वह इस जन्म

में अच्छे कर्म करेगा तो अगले जन्म में वह उच्च सामाजिक समूह में जन्म लेगा। *मोक्ष* का विचार मनुष्य को स्मरण कराता है कि उसके पाप और पुण्य उसके जन्म मरण के चक्र से मुक्ति निर्धारण करेंगे।

2. अपवित्रता और पवित्रता (Pollution and Purity)

हिन्दुत्व में अपवित्रता और पवित्रता के विचार भी समान रूप से महत्वपूर्ण हैं। यद्यपि पवित्रता और अप्रवित्रता के नियम अलग-अलग क्षेत्रों में भिन्न हैं लेकिन हर जगह वे जीवन के बड़े भाग में रहते हैं। उनका महत्व, सहभोजी (commensal) सम्बन्धों में, दूसरे समूह के सदस्यों के स्पर्श और शारीरिक सम्पर्कों में दूरी बनाए रखने में, अन्तर्जातीय विवाह में, तथा व्यक्ति के निजी जीवन के कई अवसरों (जैसे जन्म, मृत्यु, विवाह, मासिक ऋतु चक्र (menstruation), प्रार्थना आदि) में अत्यधिक होता है। अपवित्रता की अवधारणा जन्म से सम्बद्ध है न कि स्वच्छता से। पवित्रता के नियमों के उल्लंघन की गम्भीरता के आधार पर व्यक्ति को सरल या बृहत् शुद्धीकरण संस्कार करने पड़ते हैं। ऐसे मामलों में जाति पंचायत ही आवश्यक अनुशासनात्मक कदम उठाती है।

3. श्रेणीक्रम (Hierarchy)

हिन्दुओं में श्रेणीक्रम इन अर्थों में मिलता है : (a) वर्ण और जातियों में विभाजन; (b) व्यक्ति के चमत्कारी (charismatic) गुणों में (जिनमें सर्वोच्च सद्‌गुण 'सत्व', अर्थात साधुओं और ब्राह्मणों से सम्बद्ध तेजस्विता है, और उसके बाद रजो गुण अर्थात, कर्म (action) और शक्ति (power) के प्रति प्रतिबद्धता है, जैसा कि राजाओं और क्षत्रियों में मिलता है; और अन्त में 'तमस्' गुण हैं जो कि श्रेणीक्रम में निम्नतम हैं और जो आलस्य और पतित कार्यों में संलग्न हैं') (c) जीवन लक्ष्यों से सम्बद्ध मूल्यों में, जैसे *काम* (अर्थात् इन्द्रिय भोग और यौन सुख की तलाश में), *अर्थ* (अर्थात् धनोपार्जन), *धर्म* (अर्थात् धार्मिक, सांस्कृतिक, सामाजिक क्षेत्रों में नैतिक कर्त्तव्यों का निर्वाह), और *मोक्ष* (अर्थात् जन्म-मरण के चक्र से मुक्ति)।

4. मूर्ति पूजा (Idol Worship)

हिन्दू धर्म की सबसे अधिक उल्लेखनीय विशेषता मूर्ति पूजा में विश्वास है। पूज्य-मूर्ति एक सी नहीं होती है बल्कि यह विभिन्न धर्म सम्प्रदायों में भिन्न होती है। प्रत्येक धर्म सम्प्रदाय की एक मूर्ति होती है (कृष्ण, राम, गणेश, शिव, हनुमान, आदि) जो अलग-अलग मन्दिरों में स्थापित होती है और सदस्य समय-समय पर उनकी पूजा-अर्चना करते हैं। इन मन्दिरों में म्लेच्छों (मुस्लिमों और अस्पृश्यों) के प्रवेश-निषेध के पीछे मन्दिरों को अपवित्रता से बचाने का उद्देश्य था न कि अन्य धर्मों के साथ मन मुटाव।

5. ऐकेश्वरवादी लक्षण (Monolithic Character)

हिन्दुत्व की प्रमुख विशेषता है कि यह समान रूप से एकाश्मीय धर्म नहीं है बल्कि

लचीले-धार्मिक पन्थों का समन्वय है। यही लचीलापन इसकी शक्ति है जिसमें गैर-जाति और वैदिक समूहों के, धर्मशास्त्रों की अवज्ञा करते हुए भी, रहने की अनुमति है।

6. सहिष्णुता (Tolerance)

क्या हिन्दुत्व सहिष्णु है ? एक दृष्टिकोण तो यह है कि हिन्दुत्व एक धर्मनिरपेक्ष (secular) और सहिष्णु दर्शन है क्योंकि यद्यपि यह अपने में अनेक मतों और उपासना पद्धतियों को समेटे हुए है लेकिन सभी हिन्दू सामान्य देवताओं की शपथ लेते हैं। सामाजिक समुदायों की पृथकता तथा इनकी धार्मिक विविध पहचान ने प्रत्येक समूह को पृथक अस्तित्व के साथ रहने को सम्भव कर दिया। झगड़ा केवल संरक्षण के लिए प्रतिस्पर्धा में हो सकता है। इससे हिन्दू धर्म में सहिष्णुता स्पष्ट हैं।

लेकिन ऐसे विद्वानों का भी एक समूह है जो हिन्दुत्व में धार्मिक असहिष्णुता की बात करता है। इन्होंने पन्थिक (sectarian) प्रतिद्वंद्विता और संघर्षों के विषय में चर्चा की है। प्रारम्भ में शैव मतावलम्बियों ने बौद्धों और जैनियों का उत्पीड़न किया। ईसा के पश्चात् प्रथम सहस्त्राबदि (millennium) के मध्य में उत्तर भारत में मिहिर कुल और शशांङ्क द्वारा बौद्ध मठों का विनाश किया गया और बौद्ध भिक्षुओं की हत्या की गई। वैष्णव परिप्रेक्ष्य में मूल ग्रन्थों (texts) का पुनर्लेखन धार्मिक असहिष्णुता का एक और रूप है क्योंकि यह कार्य केवल जैन परिप्रेक्ष्य को ठीक करने के लिए किया गया था। सन्यासी समूहों में भी कुम्भ मेले में प्रथम स्नान के प्रश्न पर दसनामियों और बैरागियों के बीच झगड़ा विदित है। इस प्रकार का विरोध हिन्दुओं का अन्य धर्म के लोगों से नहीं था बल्कि एक विशेष पन्थ (sect) के लोगों का दूसरे पन्थ के लोगों के प्रति था।

7. पृथक्कता (Segrcgation)

हिन्दू धर्म की एक और विशेषता यह है कि यह सामाजिक सम्बन्धों में, तथा पूजा और धार्मिक विश्वासों में सामाजिक समुदायों (जातियों) के अलगाव का समर्थन करता है। पृथक्कता की प्रकृति वर्ण/जाति की स्थिति पर निर्भर करती है जिनकी रचना परम पुरुष के शरीर से (ब्राह्मण उसके मुख से, क्षत्रिय उसकी भुजाओं से, वैश्य उसकी जंघा प्रदेश से, और शूद्र उसके चरणों से) ही हुई थी। इसके विरोध में तर्क यह दिया जाता है कि इस प्रकार की पृथक्कता में केवल कुछ ही पन्थ और प्रतिष्ठित ब्राह्मण, जिनमें शंकराचार्य प्रमुख थे, विश्वास करते थे। लेकिन यह तर्क सही नहीं है क्योंकि सभी हिन्दू विश्वास करते हैं कि किसी विशेष समूह की सदस्यता जन्म से निर्धारित की जाती है न कि योग्यता से। तब भी यह कहा जाता है कि हिन्दुत्व में विविध पन्थ न पनपते और नष्ट हो जाते, यदि बौद्धिक श्रेष्ठ पदों का निर्धारण विशेष समूह में जन्म के आधार पर होता।

8. अहिंसा (Non-Violence)

क्या हिन्दुत्त्व अहिंसा में विश्वास करता है ? एक सम्प्रदाय का मानना है कि हिन्दू अहिंसक लोग हैं, लेकिन दूसरा सम्प्रदाय मानता है कि धार्मिक हिंसा हिन्दूवाद के लिए अपरिचित

विचार नहीं है, गीता का त्याग पर बल देना निश्चित रूप से अहिंसा पर आधारित नहीं है लेकिन 17वीं शताब्दि में उप-महाद्वीप में बहुचर्चित भक्ति मार्ग निश्चित रूप से हिंसा के विरुद्ध था।

यह कहा जा सकता है कि हिन्दुत्व में अहिंसा का समावेश इसमें भक्ति और संस्कार (ritual) पक्ष पर बल दिए जाने के बाद ही हुआ, या जब वैष्णव और शैव पन्थों का उदय बारहवीं शताब्दि के बाद हुआ, या जब भक्ति-उदारवादी परम्पराएँ 15वीं व 16वीं शताब्दियों में पनपीं जब कबीर, तुलसीदास जैसे सन्त उत्तर प्रदेश में, गुरु नानक पंजाब में, चैतन्य महाप्रभु बंगाल में, मीरा बाई राजस्थान में, और तुकाराम तथा रामदास महाराष्ट्र में उदित हुए। इन सन्तों ने न केवल अपनी भाषा में लोगों तक धार्मिक विश्वास पहुँचाए बल्कि उन्होंने रूढ़िवादिता की आलोचना करते हुए संस्कार-युक्त (ritual-ridden) धार्मिक विश्वासों को सरल मानवीय मूल्यों में बदल दिया।

(ii) पुरुषार्थ : भारतीय संस्कृति के मूल्य (Purushartha : Values of Indian Culture)

हिन्दू संस्कृति चार मूल्यों पर केन्द्रित है : काम, अर्थ, धर्म और मोक्ष। यह चौहरी मूल्य व्यवस्था इस मान्यता पर आधारित है कि मानव की बहुत सी आवश्यकताएँ होती हैं (देखें, S.P. Kanal; *Dialogue on Indian Culture*, Delhi, 1955 :8)। मनुष्य को भोजन और यौन सुख की, शक्ति और सम्पत्ति की तथा मानव समाज और जगत के साथ सम्बन्धों की अर्थात् मानव समाज की आवश्यकता होती है। शारीरिक आवश्यकताओं की सन्तुष्टि काम है; शक्ति और सम्पत्ति की आवश्यकता की सन्तुष्टि अर्थ है; सामाजिक व्यवस्था की आवश्यकता की सन्तुष्टि धर्म है; और जगत के साथ एकाकार होने की आवश्यकता की तृप्ति ही मोक्ष है।

साधारण अर्थ में **काम** का अर्थ मन के निर्देशों के अन्तर्गत संचालित पाँच इन्द्रियों—दृष्टि (sight), श्रवण (hearing), स्पर्श (touch), स्वाद (taste), और गन्ध (smell)—के द्वारा सुखद अनुभवों की इच्छा है।

यहाँ यह प्रश्न उठाया जा सकता है कि क्या शारीरिक सुख प्राप्ति का प्रयत्न ठीक है ? इसका उत्तर है कि कष्ट और पीड़ा स्वयं में बुरे हैं। आज जिस प्रकार हम सभी इस तथ्य से सहमत हैं कि लोगों की गरीबी और कष्ट का निवारण उनकी बीमारियों के इलाज और उनसे बचाव के द्वारा, उनकी आर्थिक स्थिति सुधार कर, तथा उनको मकान और मनोरंजन आदि के साधनों की सुविधा प्रदान करके किया जा सकता है, उसी प्रकार शारीरिक सुख मनुष्य की यातनाओं को कम करता है। उदाहरणार्थ, स्वादिष्ट भोजन आनन्द देता है लेकिन यह अपच (indigestion) पैदा करता है और स्वास्थ्य के लिए हानिकारक होता है और हम खराब स्वास्थ्य का दुख भोगते हैं। स्वास्थ्य का सुख लेने के लिए हम भोजन बन्द कर देते हैं। इस प्रकार प्रतिस्पर्धात्मक सुख के बीच चयन के सिद्धान्त के माध्यम से उत्पन्न एक दुख दूसरे सुख के द्वारा समाप्त हो जाता है। जहां इन्द्रिय तृप्ति मस्तिष्क द्वारा निर्देशित नहीं होती वहां 'काम' मानव स्तर का नहीं रहता। मानव समाज ने इन्द्रिय सुखों की तृप्ति के लिए

अलग से वस्तुओं का विकास किया है। हमने पाक कला, फैशन, भ्रमण स्थलों, बाग बगीचों, संगीत, कला, आदि का विकास किया है। यह सभी विकास 'काम' की तृप्ति में सहायक हैं। 'काम' में यौन सुख भी निहित है क्योंकि यह शारीरिक सुख होता है। फ्रायड ने भी माना है कि सभी शारीरिक सुखों की परिणति यौन सुख में ही होती है। अतः 'काम' वह मूल्य है जिसकी तृप्ति इन्द्रियों द्वारा ही होती है।

'अर्थ' प्रकृति और मनुष्य पर शक्ति प्राप्त करने के लिए मानव की एक आवश्यकता है। एवरेस्ट पर विजय और बाढ़, अकाल और महामारी पर नियंत्रण प्रकृति पर विजय प्राप्त करने की अभिव्यक्ति है। विज्ञान प्रकृति पर विजय प्राप्त करने की इच्छा की अभिव्यक्ति है। धन, प्रकृति और मनुष्य पर अधिकार का रूप है। आज हम शक्ति की राजनीति की बात करते हैं। हिटलर और मसोलनी जैसे तानाशाओं के आदर्श इन्द्रिय सुख नहीं थे बल्कि भूमण्डल पर अधिकार करना था। 1998 में पाँच परमाणु महाशक्तियों (अमेरिका, रुस, ब्रिटेन, जर्मनी और फ्रांस) ने घोषणा की कि वे अपने परमाणु अस्त्रों को नष्ट नहीं करेंगे और फिर भी भारत पर सी.टी.बी.टी. पर हस्ताक्षर के लिए दबाव डालना, (जिसने केवल राष्ट्रीय सुरक्षा के उद्देश्य से मई 1998 में पोखरन में परमाणु परीक्षण किया था) भूमण्डल पर उनके प्रभाव की इन्छा का ही द्योतक है। भारतीय संस्कृति में यह सब 'अर्थ' में निहित है।

'अर्थ' प्रकृति और मनुष्य पर शक्ति प्राप्त करने की इच्छा तथा धन की इच्छा, दोनों ही है। क्या यह इच्छा मूल्यवान है ? यदि हाँ, तो हम पूँजीवाद तथा शक्ति की राजनीति की निन्दा क्यों करते हैं ? 'अर्थ' उस समय बुरा (evil) हो जाता है जब यह मानव की विभिन्न मांगों का तिरस्कार करता है तथा जब यह औचित्य (righteousness) से नियंत्रित नहीं होता, जैसे दूसरों के अधिकारों को या मानव की आवश्यकताओं को महत्त्व नहीं देता। अमेरिका, रुस, योरप आदि की विज्ञान और उद्योग में आधुनिक प्रगति 'अर्थ' के कारण ही हुई है। हम उनकी सभ्यता को भौतिकवादी कहते हैं क्योंकि वे लोग प्रकृति और मनुष्य पर विजय प्राप्त करने में मशगूल हैं। यदि 'अर्थ' को अनियंत्रित छोड़ दिया जाये तो यह अपनी ही उपलब्धियों का विनाश कर सकता है और मानव जाति का सर्वनाश कर सकता है। धर्म के नैतिक व नीतिशास्त्रीय सिद्धान्तों को मनुष्य के इन्द्रिय, आर्थिक, व राजनैतिक आकांक्षाओं को नियन्त्रित करना चाहिए।

धर्म उस एकीकरण (integration) के सिद्धान्त के लिए है जो व्यक्ति, समुदाय तथा समस्त जगत के जीवनक्रम में निहित है। वह सब जो व्यक्ति और समाज की अखण्डता को तोड़ता है वह 'अधर्म' है। इस प्रकार 'धर्म' उन कर्त्तव्यों को बताता है जो व्यक्ति को पूरे करने चाहिए यदि समाज को विघटित नहीं होने देना है। जिस प्रकार विद्यालय/विश्वविद्यालय में शिक्षकों के लिए नियम (कक्षाएं लेना, निश्चित समय में कोर्स पूरा करना, आदि), छात्रों के लिए नियम (कक्षाओं में बैठने, शुल्क भुगतान, परीक्षा में बैठने, आदि संबंधी), और प्रशासकीय तथा क्लर्क कर्मचारी वर्ग के लिए भी नियम (अभिलेखों का संरक्षण, परीक्षाओं का संचालन, आदि) होते हैं, तथा सभी के द्वारा नियमों का अनुपालन व्यवस्था को स्थायित्व प्रदान करता है और विचलन से शैक्षिक संस्थाओं का पतन होने लगता है, उसी प्रकार समाज में प्रत्येक व्यक्ति को कुछ कर्त्तव्य करने होते हैं। रीतियां, परम्पराएं और नियम इन कर्त्तव्यों को निर्देशित करते हैं। मनु व रामानुजन जैसे विचारकों ने धर्मशास्त्र में इन

कर्त्तव्यों का वर्णन किया है ताकि मानव सम्बन्ध नियमित रूप से चलते रहें। उन्होंने इन्हें हमारे अस्तित्व, आनन्द और उद्‌विकास के लिए मूल्यवान भी समझा था।

भारतीय संस्कृति में एस. पी. कनाल (S.P. Kanal op.cit.) के अनुसार इन कर्त्तव्यों के पीछे जो व्यवस्थाएँ हैं, वे हैं : (a) वर्णाश्रम धर्म या *विशेष* धर्म (b) *साधारण* या *सामान्य* धर्म। वर्णाश्रम कर्त्तव्य जीवन की चार अवस्थाओं में विभाजित हैं : विद्यार्थी जीवन, गृहस्थ जीवन, कर्मविरत जीवन और त्याग का जीवन (renunciation)। इनका सम्बन्ध पेशेवर भूमिकाओं से भी है। *साधारण* धर्म का संकेत उन साधारण कर्त्तव्यों की ओर है जो जीवन की किसी एक अवस्था या पेशेवर भूमिकाओं से सम्बद्ध नहीं होते, जैसे चोरी से बचना (*आस्तेय*), क्रोध का दमन (*अक्रोध*), क्षमा, प्राणि मात्र को आहत करने से बचना (*अहिंसा*), और *सत्य*। ये कर्त्तव्य मनुष्य के मनुष्य के प्रति *सामान्य* कर्त्तव्य हैं।

धर्म में सद्‌गुण भी सम्मिलित हैं (कर्त्तव्य और सद्‌गुण भिन्न होते हैं। कर्त्तव्य कर्म के लिए है और सद्‌गुण मस्तिष्क की आन्तरिक दशा को दर्शाता है। उदाहरणार्थ, किसी व्यक्ति को अवैधानिक यौन क्रिया से बचाना कर्त्तव्य है और यौन विचारों से मुक्त रहना सद्‌गुण है। क्योंकि सद्‌गुण मन की पवित्रता है इसलिए गुणवान जीवन कर्त्तव्य की अवस्था से कहीं ऊपर है। अच्छा कार्य करने से अच्छा है अच्छा होना। कर्त्तव्य बिना यह सोचे किए जाते हैं कि क्या चीज उन्हें अच्छा बनाती है। सद्‌गुण सही और गलत पर मनन कराता है। कर्त्तव्य *परम्परागत* नैतिकता का प्रतिनिधित्व करते हैं जब कि सद्‌गुण *नैतिक विचारों* का। माता-पिता को प्यार करने वाले पुत्र तथा उन्हें आर्थिक सहयोग देने वाले पुत्र दोनों में अन्तर है। बाद वाला पुत्र वही करता है जो समाज ने उसके लिए माता-पिता के लिए कर्त्तव्य निर्धारित किए हैं जबकि पहला पुत्र दया के वे अनेक कार्य करता है जो समाज द्वारा निर्धारित नहीं किए गये हैं। सद्‌गुण गतिवान हैं जबकि कर्त्तव्य स्थिर हैं। लेकिन कर्त्तव्य सद्‌गुणों का मार्ग प्रशस्त करते हैं। धर्म समाज को एक सूत्र में बाँधे रखता है और सद्‌गुण हमारे मस्तिष्क में एकता भाव पैदा करते हैं।

मोक्ष मुक्ति या स्वतंत्रता की स्थिति बताता है। शंकरा ने *'मुख्य प्रयोजन'* या अन्तिम लक्ष्य और *'गौण प्रयोजन'* या द्वैतियक लक्ष्यों में भेद किया है। किसी भी वस्तु के लिए इच्छा करना 'मुख्य प्रयोजन' होता है लेकिन किसी वस्तु की 'मुख्य प्रयोजन' के लिए प्राप्ति 'गौण प्रयोजन' होता है। आनन्द मुख्य प्रयोजन का विषय है जबकि किसी नौकरी के लिए प्रशिक्षण धनार्जन गौण प्रयोजन है। शंकरा की मान्यता है कि आनन्द दो प्रकार का होता है : अनुभवजन्य आनन्द तथा परम आनन्द। प्रथम आनन्द हमारे शरीर के माध्यम से प्राप्त होता है जबकि दूसरा आध्यात्मिक आनन्द है। *मोक्ष, आत्मा* की ब्रह्म के साथ पहचान करना अथवा सम्पूर्ण सत्य की अनुभूति है।

भारतीय संस्कृति में मोक्ष प्राप्ति के लिए दो अवस्थाएँ बताई गई है : *प्रवृत्ति मार्ग* और *निवृत्ति मार्ग* (अवस्था)। प्रवृत्ति अवस्था शारीरिक आवश्यकताओं की नियमित सन्तुष्टि की अवस्था है और इसमें सांसारिक वांछित वस्तुओं का आनन्द निहित है, जबकि निवृत्ति में संसार के प्रति वैराग्य भाव विकसित होता है। दोनों अवस्थाएं निरन्तर और एक दूसरे की पूरक हैं। (देखें, S.P. Kanal, op. cit., 1955)

(iii) आश्रम : जीवन के आदर्शों की प्राप्ति की अवस्थाएँ

(Ashramas : Stages in realising the ideals of life)

आश्रम जीवन की अवस्थाएँ हैं जो जीवन के आदर्शों को प्राप्त करने के लिए पर्यावरण एवं प्रशिक्षण प्रदान करते हैं। आश्रम चार होते हैं। *ब्रह्मचर्य* (छात्र जीवन), *गृहस्थ* (पारिवारिक जीवन), *वानप्रस्थ* (कर्मविरत व अवकाश प्राप्त जीवन), और *सन्यास* (त्याग का जीवन)। प्रथम दो अवस्थाएँ प्रवृत्ति मार्ग प्रदान करती हैं तथा दूसरी दो अवस्थाएँ निवृत्ति मार्ग के विकास में सहायक होती हैं। प्रत्येक अवस्था में कुछ विशेष कर्त्तव्य होते हैं (विशेष धर्म)। यहाँ हम गृहस्थी, ब्रह्मचारी (विद्यार्थी) कर्मविरत व्यक्ति तथा सन्यासी व्यक्ति के कर्त्तव्यों की पृथक चर्चा करेंगे। जिस प्रकार आश्रम जीवन विशिष्ट कर्त्तव्यों का आभास कराते हैं, वर्ण जीवन में चार पेशे संबन्धी भूमिकाओं से सम्बन्धित कर्त्तव्य बताते हैं: विद्वत्ता सम्बन्धित पेशा, प्रशासन व रक्षा सम्बन्धित पेशे, उत्पादन और वितरण सम्बन्धित पेशे, तथा अकुशल श्रम सम्बन्धित पेशे। अतः आश्रम व्यवस्था के साथ-साथ हम वर्ण व्यवस्था का विश्लेषण भी करेंगे।

ब्रह्मचर्य आश्रम : यह सभी युवा लोगों के लिए शिक्षा गृहण करने की विशेष अवस्था है जिसके पश्चात ही वे जीवन में स्वतंत्रता पूर्वक कार्य करने योग्य बनते हैं। घर पर बालक शिक्षा प्राप्त करता है कि किस प्रकार वह भोजन करे, चले, बोले, कपड़े पहने, और दूसरों की उपस्थिति में किस प्रकार व्यवहार करे। कुछ जातियों व समुदायों में वह यह भी सीखता है कि जमीन पर हल किस प्रकार चलाये जाँयें, जूते कैसे बनाये जाँयें, मिट्टी के बर्तन कैसे बनायें, लोहार, सुनार, बढ़ई आदि के कार्य किस प्रकार किये जाँयें, आदि। लेकिन वह पढ़ना-लिखना या अन्य व्यवसायिक प्रशिक्षण की शिक्षा प्राप्त नहीं करता। यह शिक्षा उसे गुरु से मिलती है। शिक्षा की इस अवधि में उसे कुछ आदर्शों का अनुपालन करना पड़ता है और कुछ विशेष पर्यावरण में रहना पड़ता है। अतीत में विद्यालय आवासीय होते थे जहां कुछ संस्कारों के बाद 8 से 12 वर्ष की आयु के बीच बालक को उस विद्यालय में प्रवेश कराया जाता था तथा उसको ज्ञान दिया जाता था, किसी शिल्प आदि में दीक्षा दी जाती थी, एवं सामान्य एवं शारीरिक शिक्षा तथा तर्क में प्रशिक्षण दिया जाता था। इस अवस्था के प्रमुख लक्षण थे: शिक्षक का कुशल ज्ञान, गुरु शिष्य में साथी भाव (comradeship) तथा शिक्षक की निष्ठा, और कुछ मूल्यों और आदर्शों के प्रति छात्रों की प्रतिबद्धता। इस अवस्था में छात्रों को जीवन का अनुशासन सिखाया जाता था तथा उन्हें चार प्रतिज्ञाएँ लेनी पड़ती थीं: यौन प्रवृत्ति पर नियंत्रण, भोजन और वस्त्र में सरलता (जिससे समानता, भ्रातृभाव और स्वतंत्रता का आभास हो सके), गुरु की आज्ञापालन के प्रति सम्मान (अनुशासन पैदा करने के लिए) तथा ज्ञान अर्जन के लिए परिश्रम करना, और दैवी शक्तियों के सहयोग के लिये प्रार्थना (मन्त्रों का उच्चारण और ध्यान) करना। अतः पवित्रता, सरलता, कठिन परिश्रम, ज्ञान के प्रति समर्पण और आध्यात्मिक सत्य छात्र जीवन के आदर्श होते थे।

गृहस्थ आश्रम : जीवन की इस अवधि में 25 वर्ष के विद्यार्थी जीवन के बाद वे 25 वर्ष आते हैं जिनमें व्यक्ति समाज के प्रभावी सदस्य के रूप में सक्रिय भूमिका निभाता है। यह गृहस्थ तथा वैवाहिक जीवन होता है। आदर्श विवाह उसे समझा जाता था जो *मोक्ष* प्राप्ति के लिए किया जाता था तथा जो गृहस्थ के कर्त्तव्यों (जिन में बच्चों का लालन-पालन तथा पूर्वजों का श्राद्ध भी सम्मिलित होता था) के माध्यम से बौद्धिक सत्संग तथा अन्तिम

मुक्ति के लिए होता था। इस प्रकार हृदय की पवित्रता, परस्पर विश्वास, शील (chastity) और परस्पर प्रेम आदि सद्गुणों का विकास करके विवाह को मात्र जैविक साहचर्य (biological association) से ऊपर उठाया गया था। भारतीय संस्कृति विवाह को मात्र साहचर्य ही नहीं बल्कि पूर्णरूपेण एकाकार (absolute oneness) मानती है। विवाह स्त्री पुरुष को एक सूत्र में बाँधता है जिसका आधा भाग स्त्री व आधा पुरुष होता है। यह एकीकरण केवल जीवन काल में ही समाप्त नहीं होता बल्कि यह तो जन्म जन्मान्तर तक चलता रहता है। इस प्रकार क्यों कि विवाह एकाकार होने के आध्यात्मिक उद्देश्यों के लिए होता है (जैविक व सामाजिक उद्देश्यों से प्रेरित समागम से भिन्न), इसलिए यह एक समझौता नहीं परन्तु पवित्र बन्धन माना जाता है।

वानप्रस्थ आश्रम : बच्चों के प्रति उत्तरदायित्वों के पूरा हो जाने के बाद माता-पिता से समाज कल्याण कार्य करने की अपेक्षा की जाती है ताकि वे *मोह* पाश में न फँसे रहें। उन्हें जंगल में नहीं जाना होता है और न ही मानव आवास एवं घने बसे नगरों से दूर बल्कि गांवों में ही रहना होता है। इस प्रकार तीसरी अवस्था का उद्देश्य कार्य और रूचि के नवीन स्तरों का विकास करना है, न कि किसी विशेष स्थान में चले जाना मात्र। इसके पीछे यह भी भावना है कि दूरस्थ (गाँवों) के लोग भी अपनी समस्याओं के समाधान में इन लोगों के अनुभव का लाभ उठा सकें। राजा और शासक भी इन निवृत्ति प्राप्त लोगों के पास इसी उद्देश्य से जाते थे। *वानप्रस्थी* लोग सामाजिक समस्याओं के समाधान में अच्छे पथ प्रदर्शक होते थे। वृद्ध लोगों का निवृत्ति प्राप्त करना (50 वर्ष की आयु के बाद जो निश्चित आयु नहीं है बल्कि औसत आयु है जिसमें विविधता की अनुमति है) युवकों को अनुभव प्राप्त करने और जीवन को समृद्ध बनाने में योगदान करने का अवसर भी प्रदान करता है। वृद्धों द्वारा सक्रिय जीवन से बहुत देर से निवृत्ति प्राप्त करने से युवाओं को नवीन कार्य क्षेत्र प्रारम्भ करने का अवसर नहीं मिलता। वानप्रस्थ अवस्था में पति और पत्नि के आपसी सम्बन्धों के टूटने की अपेक्षा भी नहीं की जाती। यह पति पत्नि के विचारों पर निर्भर होता है। लेकिन उनसे पवित्र और विरक्त जीवन व्यतीत किए जाने की अपेक्षा की जाती है। तृतीय अवस्था का सांस्कृतिक महत्व यह है कि शारीरिक सुख भोगने के बाद जब शरीर अशक्त हो जाता है तो व्यक्ति को कुण्ठा एवं गिरावट की भावना सताने लगती है। तब वह कृत्रिम साधनों से शारीरिक सुख प्राप्त करने की इच्छा करने लगता है। निवृत्ति से व्यक्ति कुण्ठा से छुटकारा प्राप्त कर लेता है। जैविक इच्छाओं में कमी (यौन, आत्म अभिकथन) मानव कल्याण में रुचि से पूरी हो जाती है।

सन्यास आश्रम : जीवन विकास की अन्तिम अवस्था सन्यास है। यह वानप्रस्थ से दो अर्थों में भिन्न है—रुचियों के विकास में और प्रेरणा (motivation) के विकास में। जहाँ गृहस्थ अवस्था में रुचि का प्रमुख केन्द्र परिवार और वानप्रस्थ अवस्था में सम्पूर्ण मानव समाज होता है वहां सन्यास अवस्था में सर्वव्यापी (universal) चेतना पर आधारित समस्त जगत (universe) रुचि का केन्द्र होता है। जहां तक गृहस्थ अवस्था में प्रेरणा का संम्बन्ध है, व्यक्ति परिवार और उसके सदस्यों में रुचि लेने की प्रेरणा प्राप्त करता है जबकि वानप्रस्थ में वह विशेष समूह, समुदाय यथा मानव समाज में ही रुचि लेने के लिए प्रेरित होता है। दोनों ही अवस्थाओं में यदि आकांक्षाओं की पूर्ति हो जाती है तब गृहस्थी और वानप्रस्थी

दोनों ही सुख का अनुभव करते हैं, यदि नहीं तो वे दुखी रहते हैं। जब प्रेरणा किसी लक्ष्य से सम्बन्धित होती है तब उसमें सफलता से सुख की तथा असफलता से दुख की अनुभूति होती है। इस प्रकार के कार्यों को रुचिकर कार्य (interested action) अर्थात् फल से प्रेरित कार्य कहा जाता है। इसके विपरीत, सन्यास में कार्य रुचिविहीन कार्य होता है। सत्य बोलने का ही उदाहरण लें। एक व्यक्ति तब सत्य बोलता है जब उसे कोई लाभ हो और दूसरा व्यक्ति तब भी सत्य बोलता है जब उसे हानि ही क्यों न उठानी पड़े। व्यक्ति सत्य तब बोलता है जब इसको या तो कर्त्तव्य मानता है या फिर अन्तरात्मा की आज्ञा समझता है। इसमें वह न तो लाभ-हानि की गणना करता है और न ही अपने जीवन खोने की। केवल सन्यासी ही निस्वार्थ कार्य करने के लिये प्रेरित होता है जिसे फल की चिन्ता न इस जन्म में है और न बाद में। सन्यासी की सरल पोशाक जीवन के उस आदर्श का प्रतीक होती है जिसके लिए वह जीवित है। सन्यासी अपने घर द्वार का समर्पण कर देता है क्योंकि वह तो समस्त जगत को ही अपना घर मानता है। वह भय, इच्छा और घृणा से ऊपर उठ जाता है। इस प्रकार सन्यास अकर्मण्यता का जीवन नहीं है बल्कि सक्रिय जीवन है जो प्रेरणा और बहुजन हिताय के सर्वोच्च शिखर तक उठ जाता है।

यहां यह उल्लेखनीय है कि जीवन की ये चार अवस्थाएं औसत व्यक्ति के लिए हैं। प्रतिभावान या असाधारण गुणों वाले व्यक्ति के लिए ये आवश्यक नहीं हैं। टैगोर और चार्ल्स डिकन्स जैसे लोग कभी भी स्कूल नहीं गए। शैली और वर्डसवर्थ जैसे लोग अधिक शिक्षित नहीं थे फिर भी वे महान कवि हुए। प्रतिभावान किसी भी अवस्था में लांघ कर शिखर पर पहुंच सकते हैं।

(iv) ***वर्ण : समाज की चतुर्मुखी व्यवस्था***
(Varnas : The Fourfold Order of Society)

वर्ण व्यवस्था जाति व्यवस्था से भिन्न है। जाति व्यवस्था के विषय में यह विश्वास किया जाता है कि यह भारतीय संस्कृति पर बदनुमा दाग़ है क्योंकि इसने समाज को संघर्षमय कैम्पों में विभाजित कर दिया है, भारतीय जन को एक बड़े भाग को कष्टों में धकेला है, और सामाजिक न्याय को कठिन बना दिया है। जाति व्यवस्था सामाजिक रूप से हानिकारक, राजनैतिक रूप से आत्मघाती, नैतिक रूप से घृणित और आर्थिक रूप से विनाशकारी सिद्ध हुई है। परन्तु वर्ण व्यवस्था लोगों का उनकी अभिरुचि, योग्यता और पेशों के आधार पर समूहों में विभाजन है। अभिरुचियों और योग्यताओं को इस प्रकार वर्गीकृत किया गया है : (a) विद्वत्ता के लिए, (b) प्रशासन और रक्षा के लिये, (c) उत्पादन और वितरण के लिए, और (d) अकुशल श्रम के लिए। प्रथम समूह के लोगों को *ब्राह्मण* कहा गया जो पूजा अर्चना, अध्यापन, औषधि, इत्यादि कार्यों में लगे; दूसरे समूह को *क्षत्रिय* कहा गया जो युद्ध, प्रशासन और शासन करते थे; तीसरे समूह को *वैश्य* कहा गया जो कृषि, व्यापार और वाणिज्य करने लगे; और चौथे समूह के लोगों को शूद्र कहा गया जो अन्य तीन समूहों के सदस्यों के निर्देशन में अकुशल श्रम करने के लिए लगाए गए।

ब्राह्मणों में आत्म नियंत्रण, पवित्रता, शुद्धता, गम्भीरता, क्षमा, सरलता, बुद्धिमानी, सत्य और दार्शनिक अर्न्तदृष्टि के गुण होते हैं। *क्षत्रियों* में साहस, शक्ति, दृढ़ता, कुशलता,

दानशीलता, और प्रशासकीय योग्यता जैसे गुण होते हैं। *वैश्यों* में कठिन परिश्रम, बुद्धि, और शीघ्र निर्णय करने के गुण होते हैं। शूद्रों में प्रशिक्षण के अभाव में योग्यता एवं पात्रता की कमी रहती है इसलिए उन्हें दूसरों के निर्देशन में काम करना पड़ता है और उनकी आधीनता और सत्ता स्वीकार करनी पड़ती है।

ब्राह्मणों के कर्त्तव्य (धर्म) हैं : पूजा अर्चना करना, संस्कार एवं यज्ञ आदि करवाना, तथा अध्यापन। क्षत्रियों के कर्त्तव्य हैं: बाधाओं से सुरक्षित रखना, उन पर शासन करना, दुष्टों को दण्ड देना तथा राष्ट्र निर्माण में लगे संस्थानों को उदारता से सहयोग देना। वैश्यों के कर्त्तव्य हैं : कृषि कार्य करना, दूसरों से वस्तुएं लेकर उन्हें सुरक्षित रखना और बेचना, पशुओं को पालना, तथा गरीब और जरुरतमंदों की सहायता करना। शूद्रों के कर्त्तव्य हैं : वे कार्य करना जो अन्य लोग उनसे कराना चाहते हों। शूद्रों को वेदों को पढ़ने की, वैदिक संस्कार करने की, तथा मन्त्रों के उच्चारण की अनुमति नहीं है।

कोई भी व्यक्ति या समूह इन योग्यताओं के आधार पर किसी भी वर्ण में स्थान प्राप्त कर सकता था। इस प्रकार वर्ण की सदस्यता जन्म से नहीं वरन् योग्यता से निर्धारित होती थी। एक शूद्र अपनी योग्यता से ब्राह्मण हो सकता था; एक ब्राह्मण वेद न पढ़ने के कारण शूद्र हो सकता था; तथा इसी प्रकार क्षत्रिय और वैश्य भी अपना वर्ण बदल सकते थे। भागवत् गीता में भी उल्लेख है कि चारों वर्णों का गठन *'गुण'* सिद्धान्त पर अर्थात् स्वभाव से संबंधित व अर्जित लक्षणों के आधार पर और *कर्म* सिद्धान्त अर्थात् पेशे के आधार पर किया गया है। परन्तु कुछ विद्वानों का मानना है कि वर्ण व्यवस्था उतनी ही कठोर थी जितनी आज जाति व्यवस्था है। प्रारम्भ की कुछ धार्मिक पुस्तकों में उल्लिखित व्यक्तियों के उत्थान के जो उदाहरण हैं (जैसे, वशिष्ठ जो वैश्या से जन्मे थे, व्यास मछुआरिन से जन्मे थे, पारासर निम्न जन्म की कन्या से जन्मे थे) ये नियम न होकर केवल अपवाद (exceptions) ही थे।

*(v) **जातियां** (Castes)*

सिद्धान्त रूप में जातियाँ जन्म के आधार पर लोगों को समूहों में विभक्त करती हैं जिसमें कुछ लोगों को कुछ विशेषाधिकार दिये जाते हैं तथा अन्य को उन से वंचित रखा जाता है। जातियों के अपने आचारतत्व, अपनी जीवन शैली, सही और गलत के प्रति अपनी धारणाएँ, और उनके रीति-रिवाज होते हैं। जाति में निहित अभिप्रेरक (motive) प्रजातीय (racial) एवं नृजातीय (ethnic) था। भारत को एक के बाद दूसरे प्रजातीय आक्रमणों का सामना करना पड़ा था। इतिहास के प्रारम्भ में भी, भारत में भिन्न-भिन्न प्रजातियों के लोग रहते थे: द्रविड़, मंगोल, व मेडीटरेरियन। बाद में अन्य प्रजातियों के लोग परिश्यन, युनानी, और सीथियन भारत में बस गए। जब अन्य देशों (ब्रिटेन, अमेरिका, आदि) को निर्मूलन (extermination), संपरिवर्तन (conversion) (जीवन-शैली परिवतन सहित) और मानव अधिकारों की वंञ्चना, (जैसे, कानून संरक्षण की मनाही) संबंधी प्रजातीय समस्याओं का सामना करना पड़ रहा था, भारत ने इनका सामना सामंजस्य के द्वारा अर्थात् इस प्रकार से परस्पर सामंजस्य से किया कि प्रत्येक प्रजातीय समूह जीवन का अपना प्रतिमान विकसित कर सका। प्रारम्भ में तो प्रवासी (migrants) प्रजातीय समूह सामाजिक, वैवाहिक व सहभोजी सम्बन्धों के स्तर पर एवं विश्वास और रिवाजों के स्तर पर अधिक कठोर नहीं थे और भारत

के मूल निवासियों के साथ मेलजोल में काफी लचीले थे, लेकिन धीरे-धीरे अनेक समूहों ने अपने पेशे व जीवन-शैली बदल दिये और नये नाम धारण कर लिए। यही समूह *जातियां* कहलाए और उनकी संख्या में वृद्धि होती गई। प्रत्येक जाति ने अपने जीवन के तरीकों और विशेषताओं को सुरक्षित रखने के लिए दूसरों के साथ अन्तर्क्रिया में सामाजिक तथा आर्थिक प्रतिबन्ध लगा दिए। इस प्रकार नयी-नयी जातियों तथा उपजातियों का उदय हुआ। गुप्त काल (300 A.D. से 500 A.D.) तक जाति व्यवस्था बहुत कठोर हो गई तथा अन्य सभी जातियों के ऊपर ब्राह्मणों का वर्चस्व स्थापित हो गया। इसी जातिगत कठोरता, ब्राह्मणों के वर्चस्व और निम्न हिन्दू जातियों पर विविध प्रतिबन्धों पर आक्रमण शुरू हुए—प्रथम तो बुद्ध के द्वारा, तत्पश्चात भक्ति आन्दोलन के प्रारम्भ होने से अनेक भक्तों के द्वारा। लेकिन जाति व्यवस्था बीसवीं सदी के प्रारम्भ तक कठोर बनी रही, जब तक अंग्रेजों ने औद्योगीकरण, शहरीकरण, एवं शिक्षा प्रसार की प्रक्रिया प्रारम्भ की तथा रामकृष्ण, विवेकानन्द, गांधी, आदि महान पुरुषों ने सामाजिक विचारधाराओं द्वारा जाति व्यवस्था पर आक्रमण करना शुरु किया। आज जाति के बन्धन ढीले पड़ते जा रहे हैं यद्यपि यह नहीं कहा जा सकता कि जाति व्यवस्था समाप्त हो रही है या भविष्य में समाप्त हो जायेगी। अब जब जाति व्यवस्था राजनीति में महत्त्वपूर्ण भूमिका निभा रही है और अनुसूचित जातियां, जनजातियां व अन्य पिछड़ी जातियां जो कि हमारे देश की कुल जनसंख्या के अच्छे प्रतिशत में हैं (77%), कुछ विशेषाधिकारों का लाभ लेने लगी हैं (जैसे, नौकरियों, शिक्षा संस्थाओं, विधायिकाओं में आरक्षण, तथा छात्रवृत्तियां, आयु सीमा में छूट आदि प्राप्त कर रहे हैं) और इस प्रकार स्वार्थी प्रवृत्ति का विकास हो रहा है, इस सबसे ऐसा प्रतीत होता है कि जाति व्यवस्था हमारे देश में जारी रहेगी।

युगों से भारतीय समाज : भारतीय संस्कृति पर सांस्कृतिक पुनर्जागरण, बौद्धधर्म, इस्लाम और पश्चिम का प्रभाव

(Indian Society through the Ages : Impact of Cultural Renaissance, Buddhism, Islam, and the West on Indian Culture)

आदि हिन्दू वैदिक दर्शन पर बौद्ध और जैन धर्मों का प्रभाव था। यद्यपि दोनों ही पृथक धर्मों के रूप में विकसित हुए थे लेकिन उनकी जड़ें हिन्दू परम्पराओं में भी काफी गहरी जमी थीं। जैन लोगों को शहरी वाणिज्य समुदाय का संरक्षण प्राप्त था जबकि बौद्धों को राजकुमारों का संरक्षण था। दोनों ही निरन्तरता के मूल्य, पूर्व निर्धारण, (predestined), पुनर्जन्म, आवागमन (transmigration) पर बले देते थे और श्रेणीक्रम (hierarchy) तथा वर्ण और जाति व्यवस्था में विश्वास की आलोचना करते थे। दोनों ही मन्दिरों में बलि प्रथा के निषेध और अहिंसा पर बल देते थे। बौद्ध धर्म की सदस्यता सभी जातियों और लिंगों के लिए खुली थी। बौद्ध धर्म निर्वाण के माध्यम से आत्मा की मुक्ति पर केन्द्रित था, जबकि जैन धर्म आत्म संयम के माध्यम से नैतिक गुणों की भावना के विकास के द्वारा आत्मा की मुक्ति की बात करता था। संक्षेप में कहा जा सकता है कि बौद्ध और जैन धर्मों का ईश्वर संबंधी नास्तिक दृष्टिकोण है जबकि हिन्दुत्व आस्तिकवाद पर आधारित है। एक प्रकार से बौद्ध और जैनियों ने हिन्दू धर्म की कुछ विशेषताओं का विरोध किया, जैसे कठोर औपचारिकतावाद

(rigid formalism), बर्बरतापूर्ण संस्कार (tyrannical ritualism), श्रेणीक्रम पर आधारित मूल्य व्यवस्था, ब्राह्मणों का वर्चस्व, और धार्मिक कट्टरवाद।

हिन्दू मूल्यों और विश्वासों पर शंकराचार्य (नवीं शताब्दि), रामानुजाचार्य (1017-1137 अर्थात् 11वीं व 12वीं शताब्दि), और माधवाचार्य (14 वीं शताब्दि) के उपदेशों का भी प्रभाव पड़ा जिन्होंने देश के भिन्न-भिन्न कोनों में ऐकेश्वरवाद (monotheism) के प्रसार के लिए मठों की स्थापना की। रामानुजाचार्य ने वैष्णव सम्प्रदाय की स्थापना की और जैन, शैव तथा निम्न जाति के व्यक्तियों को भी अपना अनुयायी बना लिया। दक्षिण भारत के लिंगायत सम्प्रदाय ने अनेक गैर ब्राह्मणों को मात्र (exclusively) शिव की पूजा अर्चना के लिए परिवर्तित कर लिया।

पन्द्रहवीं और सोलहवीं शताब्दि के बीच भक्ति सम्प्रदाय का उदय हुआ जिसने हिन्दू धर्म में कुछ नवीन मूल्यों का प्रचार करने का प्रयास किया। कबीर (1440-1518), गुरु नानक (1469-1538), रामानन्द (चौदहवीं और पन्द्रहवीं शताब्दि), तुकाराम और रामदास आदि सन्तों ने हिन्दू धर्म में समतावादी (equalitarain) एवं गैर-श्रेणीक्रमिक मूल्य व्यवस्था पर बल दिया। उन्होंने हिन्दू परम्पराओं की उदारता तथा इस्लाम के साथ समन्वय के लिए भी प्रयत्न किए।

मध्य युग में इस्लाम ने हिन्दू आदर्शों को प्रभावित किया। यद्यपि मुसलमानों के आक्रमण भारत पर दसवीं शताब्दि में ही शुरु हो गए थे लेकिन पन्द्रहवीं शताब्दि से इस्लामी संस्कृति का हिन्दू महान परम्पराओं पर प्रभाव प्रकट होने लगा। इस्लाम मूर्ति पूजा में विश्वास नहीं करता। यह धर्म एकेश्वरवादी और गैर श्रेणीबद्ध है, अर्थात् यह समानता में विश्वास रखता है। यद्यपि हिन्दू और इस्लाम दोनों ही धर्म सम्पूर्णता (holism) के सिद्धान्त को स्वीकार करते हैं लेकिन हिन्दू धर्म में यह सम्पूर्णता श्रेणीक्रम से सम्बद्ध है जबकि इस्लाम में यह सम्पूर्णता श्रेणीक्रमता से भिन्न है।

योगेन्द्र सिंह (1973 : 67) ने हिन्दू परम्पराओं पर इस्लाम के प्रभावों का तीन चरणों में विवेचन किया है: इस्लामिक शासन काल में (1206-1818), ब्रिटिश शासन काल में (अठारहवीं, उन्नीसवीं और स्वतंत्रता आन्दोलन काल में (1930 से देश के विभाजन तक)। इस्लामी शासन काल में कुछ मुस्लिम शासकों ने हिन्दू मन्दिरों को नष्ट करने, इस्लाम का प्रचार करने और हिन्दुओं को मुसलमान बनाने की नीति अपनाई। इस काल में यद्यपि हिन्दू और मुसलमानों के बीच तनाव और संघर्ष हुए परन्तु साथ में अनुकूलन (adaptation), परम्पराओं का सांस्कृतिक समन्वय (synthesis) और हिन्दू मुसलमानों के सांस्कृतिक सहअस्तित्व (co-existence) को भी प्रोत्साहन मिला। सूफीवाद ने भी हिन्दुओं को प्रभावित किया। इसमें विरागी (ascetic) व्यक्तिगत नैतिकता, भौतिकवाद की क्षण भंगुरता (lasting for short time) तथा आत्म बलिदान पर बल दिया जाता है। गैर-संस्कारवाद (non-ritualism) तथा निरपेक्ष (abstract) ऐकेश्वरवाद भी जो कि सूफी सन्तों और दार्शनिकों द्वारा बताया गया था, हिन्दू जन मानस को अच्छा लगा। योगेन्द्र सिंह ने संकेत दिया है कि कुछ मुस्लिम शासकों एवं विद्वानों ने हिन्दू परम्पराओं के कुछ पक्षों को इस्लाम धर्म के साथ मिलाने का भी प्रयत्न किया। उदाहरणार्थ, अकबर ने दीन-ए-इलाही नामक एक नये समन्वित पन्थ (synthetic cult) को प्रारम्भ किया जो कि हिन्दू, इस्लाम, जैन तथा

पारसी धर्म का मिश्रण था। दारा सिंह ने इस्लाम के साथ उपनिषदीय (Upanishadic) ऐकेश्वरवाद के समन्वय (synthesis) की वकालत की। प्रसिद्ध विद्वान अमीर खुसरों ने मुसलमानों को हिन्दू परम्पराओं की व्याख्या व टिप्पणी दी। सोलहवीं और सत्रहवीं शताब्दि में अनेक मुसलमान कवियों और लेखकों ने हिन्दी में लिखा। फिर भी, इस्लामी धार्मिक और राजनैतिक अभिजात वर्ग न केवल महत्वपूर्ण प्रशासकीय, न्यायिक और राजनैतिक पदों पर आसीन थे बल्कि वे इस्लाम की निरन्तरता और विस्तार में भी विश्वास करते थे। ब्रिटिश शासन काल में स्थिति बदल गई और मुसलमान अभिजात वर्ग की शक्ति और स्थिति कमजोर होने लगी। अतः, महान् इस्लामी परम्परा अपने प्रारम्भिक जोश और विश्वास को कायम न रख सकी। अठारहवीं शताब्दि में इस्लाम की पूर्ववर्ती उदार प्रवृत्तियाँ समाप्त होने लगीं और उनके स्थान पर कट्टरवाद तथा पुनरुद्धार इसके प्रमुख आधार बन गए। हिन्दू परम्परा लोकाचार में अनुकूलिनी (adaptive) की अपेक्षा अधिक प्रतिक्रियावादी हो गयी और सांस्कृतिक परिवर्तन की दौड़ में पीछे रह गयी। दूसरी ओर इस्लामी परम्पराएँ अधिक राजनीतिकृत हो गयीं, लेकिन उन्नीसवीं शताब्दि में उदार और कट्टर इस्लामी परम्पराओं का ध्रुवीकरण (polarization) शुरु हो गया। इन दो सांस्कृतिक शक्तियों के बीच खींचतान से उत्पन्न राजनैतिक सांस्कृतिक घटना ने पृथक इस्लामी राष्ट्र (पाकिस्तान) के निर्माण का मार्ग प्रशस्त कर दिया।

भारत में ब्रिटिश शासन की अवधि में, योगेन्द्र सिंह (1973 : 43) के अनुसार हिन्दुत्व में दो प्रकार के सुधार आन्दोलनों का उदय हुआ। प्रथम, वे सुधार जो वेदों के प्रारम्भिक आदर्शों के अनुसार हिन्दू धर्म में मूल्यों और सांस्कृतिक प्रथाओं में परिवर्तन चाहते थे और दूसरे वे जो नवीन व परम्परागत मूल्यों और सांस्कृतिक प्रतिमानों के समन्वय लाने की परिकल्पना करते थे। प्रथम श्रेणी के सुधारकों में स्वामी दयानन्द सरस्वती, रामकृष्ण (1836-86), विवेकानन्द (1863-1902), और महात्मा गान्धी प्रमुख थे जबकि दूसरी श्रेणी के सुधारकों में राजा राममोहनराय, और नेहरु थे। दयानन्द, विवेकानन्द और गान्धी जी ने हिन्दू धर्म के मूलभूत सांस्कृतिक प्रसंगों को अस्वीकार नहीं किया था। उन सभी ने वर्ण व्यवस्था, श्रेणीक्रम सिद्धान्त, कर्म योग अथवा निरपेक्ष (detached) सामाजिक क्रिया को स्वीकार किया था। सभी ने जाति की संस्कारगत निर्योग्यताओं (ritualistic disabilities) को हिन्दू परम्परा में गलतफहमी पर आधारित समझा और उनके निषेध के लिए प्रयत्न किए। यद्यपि स्वामी दयानन्द ने गैर हिन्दू सांस्कृतिक मूल्यों और धार्मिक विश्वासों को अस्वीकार करने की वकालत की लेकिन विवेकानन्द और गान्धी ने ऐसे निषेध पर बल नहीं दिया।

यह सब दर्शाता है कि किस प्रकार हिन्दू धर्म, हिन्दू विश्वास और मूल्य समय-समय पर बदलते रहे हैं और भारतीय संस्कृति में धार्मिक सांस्कृतिक परिवर्तन होता रहा है।

भारत में पश्चिम और आधुनिकीकरण का प्रभाव
(Impact of the West and Modernization in India)

अलातास (Alatas, 1972 : 121) के अनुसार भारत पर पश्चिम के प्रभाव की पाँच चरणों में चर्चा की जा सकती है। प्रथम चरण सिकन्दर के आक्रमण से सम्बद्ध है जो भावी शताब्दियों के वाणिज्य और व्यापार सम्बन्धों के कारण शान्तिपूर्ण आदान-प्रदान में बदल

गया। दूसरा चरण पन्द्रहवीं शताब्दि के अन्त (1498 A.D.) से प्रारम्भ हुआ जब वास्कोडिगामा अपने जहाजों के साथ कालीकट में आया। कुछ ही वर्षों में पुर्तगालियों ने गोआ पर अधिकार कर लिया। लेकिन इन पश्चिमी लोगों का प्रभाव सीमित ही रहा। तीसरा चरण अठारहवीं शताब्दि के प्रारम्भ में ईस्ट इण्डिया कम्पनी के शासन की स्थापना से प्रारम्भ हुआ और बाद में अठारहवीं शताब्दि के मध्य तक ब्रिटिश शासन भारत में स्थापित हो गया। भारत में पश्चिमी संस्कृति के विस्तार का यह प्रथम चरण था। चौथा चरण उन्नीसवीं शताब्दि के आरम्भ से औद्योगिक क्रान्ति के कारण प्रारम्भ हुआ। अंग्रेजों द्वारा कच्चे माल के स्रोत के रूप में भारत के आर्थिक शोषण के साथ सांस्कृतिक और सामाजिक क्षेत्रों में भी पश्चिमी आधिपत्य का विस्तार प्रारम्भ हुआ। पाँचवां चरण 1947 में देश की राजनैतिक स्वाधीनता के पश्चात से प्रारम्भ हुआ।

हमारे समाज पर संस्कृति और सामाजिक व्यवस्था के संदर्भ में पश्चिमी संस्कृति का प्रभाव क्या हुआ है ? इस प्रभाव का संक्षेप में इस प्रकार वर्णन किया जा सकता है :

(1) बैंकिग प्रणाली सार्वजनिक प्रशासन, मिलिट्री संगठन, आधुनिक औषधियों, कानून आदि जैसी पश्चिमी संस्थाओं का हमारे देश में प्रारम्भ हुआ।

(2) पश्चिमी शिक्षा ने देश के लोगों का दृष्टिकोण विस्तृत किया जिन्होंने अपने अधिकारों और आजादी की बातें करना शुरू कर दिया। नवीन मूल्यों और तर्कसंगत व धर्मनिपेक्ष भावना का प्रारम्भ तथा व्यक्तिवादिता, समानता, और न्याय की विचारधाराओं का महत्व बढ़ने लगा।

(3) वैज्ञानिक नवाचारों की स्वीकृति ने रहन-सहन के स्तर को उठाने और लोगों को भौतिक कल्याण प्रदान करने की आकांक्षाओं को बढ़ावा दिया।

(4) कई सुधार आन्दोलन भी शुरु हुए। अनेक परम्परवादी विश्वासों और समाज के लिए विकार्यवादी प्रथाओं को त्याग दिया गया तथा व्यवहार के अनेक नये प्रतिमानों को प्रारम्भ किया गया।

(5) हमारी औद्योगिकी, कृषि, उद्यमकर्त्ता (entrepreneurial) और उद्योग का आधुनिकीकरण किया गया जिससे हमारे देश का आर्थिक कल्याण प्रारम्भ हुआ।

(6) राजनैतिक मूल्यों के श्रेणीक्रम का पुनर्गठन किया गया है। लोकतांत्रिक सरकार के स्वरूप को स्वीकार करते हुए सभी देशी (native) राज्य, जो कि साम्राज्यवादी (monarchic) सरकार के आधीन थे, भारतीय राज्य में मिला दिये गए हैं और जमींदारों तथा सामन्तों की सत्ता और अधिपत्य समाप्त कर दिए गए हैं।

(7) विवाह, परिवार और जाति जैसी संस्थाओं में संरचनात्मक परिवर्तन आया है जिससे सामाजिक जीवन, धर्म, आदि में नये प्रकार के सम्बन्धों का उदय हुआ है।

(8) संचार के आधुनिक साधनों के प्रारम्भ हो जाने से, जैसे रेलवे व बस से यात्रा, डाक सेवा, समुद्री व हवाई यात्रा, प्रेस, रेडियो और दूरदर्शन, आदि आदमी के जीवन के कई पक्ष प्रभावित हुए हैं।

(9) राष्ट्रीयता की भावना का उदय हुआ है।

(10) मध्यम वर्ग के उदय से समाज के प्रबल (dominant) मूल्यों में परिवर्तन आया है।

अलातास (Alatas) ने हमारी संस्कृति और सामाजिक व्यवस्था में चार प्रकार के परिवर्तनों के संदर्भ में पश्चिमी संस्कृति के प्रभाव का वर्णन किया है : समाप्ति वाले (eliminative) परिवर्तन, संयोज्य व योगात्मक (additive) परिवर्तन, समर्थक (supportive) परिवर्तन एवं संश्लेषणात्मक (synthetic) परिवर्तन। *समाप्ति वाले* परिवर्तन वे परिवर्तन हैं जो सांस्कृतिक विशेषताओं, व्यवहार के स्वरूपों, मूल्यों, विश्वासों, संस्थाओं, आदि के समाप्ति के कारण होते हैं। उदाहरण स्वरूप, हम युद्ध में अस्त्र शस्त्रों में कुल परिवर्तन, सती प्रथा उन्मूलन, आदि के उदाहरण ले सकते हैं। संयोज्य परिवर्तन जीवन के विविध पक्षों में *नवीन* सांस्कृतिक विशेषताओं, संस्थाओं, व्यवहार के स्वरूपों और विश्वासों/प्रथाओं को अपनाने को संदर्भित करते हैं। ये (additions) लोगों की संस्कृति में पहले नहीं थीं। हिन्दू समाज में तलाक का प्रारम्भ, पिता की सम्पत्ति में पुत्री को हिस्सा देना, पंचायतों में चुनाव प्रक्रिया लागू करना, आदि इस प्रकार के परिवर्तनों के कुछ उदाहरण हैं। *समर्थक* परिवर्तन वे हैं जो पश्चिमी प्रभाव के सम्पर्क में आने से पहले समाज में विद्यामान मूल्यों, विश्वासों और व्यवहार के स्वरूपों को सुदृढ़ करते हैं। इस प्रकार के परिवर्तन का एक उदाहरण ऋण लेनदेन में हुण्डी प्रथा का प्रयोग है। *संश्लेषणात्मक परिवर्तन* विद्यमान तत्त्वों तथा अपनाए गए तत्त्वों से मिलकर नए स्वरूपों की रचना करते हैं। इसका सबसे सरल उदाहरण आवासीय रूप से एकाकी किन्तु कार्यात्मक रूप से संयुक्त परिवार है जो माता पिता तथा सहादरों के प्रति सामाजिक कर्त्तव्यों को आज भी निभाए जा रहे हैं। संश्लेषणात्मक परिवर्तन के दो और उदाहरण हैं: दहेज प्रथा का जारी रहना किन्तु दहेज की रकम के लेने व देने पर प्रतिबन्ध के साथ, तथा जीवन साथी के चुनाव में माता पिता तथा बच्चों का सम्बद्ध होना।

पश्चिमी प्रभाव के कारण परिवर्तनों का वर्गीकरण केवल विश्लेषणात्मक उद्देश्यों के लिए है। व्यवहार में इन दोनों को एक दूसरे से अलग करना सम्भव नहीं है। एक ही प्रकार के परिवर्तन के भीतर अन्य प्रकार के परिवर्तनों के तत्त्व देखे जा सकते हैं। उदाहरण के लिए वस्त्र उद्योग के प्रारम्भ होने में समर्थक तत्व भी इस अर्थ में निहित हैं कि यह कपड़े के उत्पादन में सुविधाजनक होता है, लेकिन साथ ही साथ, क्योंकि इसने हाथकरघा उद्योग को पीछे धकेल दिया तो इसमें समाप्ति वाले (eliminative) परिवर्तनों के तत्वों का समावेश भी कहा जा सकता हैं। कारागार व्यवस्था में खुली जेल या प्राचीर-विहीन (wall-less) कारागार परिवर्तन का एक और उदाहरण है जिसमें तीन विभिन्न प्रकार के तत्व हैं। शिक्षा व्यवस्था में परितर्वनों में भी इसी प्रकार अन्य परिवर्तनों के तत्वों का समावेश है। बैंकिंग प्रणाली, परिवार व्यवस्था, विवाह व्यवस्था, आदि में भी इसी प्रकार परिवर्तन के विविध तत्त्वों का समावेश दिखाई देता है।

अब मुख्य प्रश्न है : भारत पश्चिमी प्रभाव के सम्पर्क के बाद कहाँ पहुँचा है? क्या भारत ने प्रगति की है ? क्या इसने लोगों के कल्याण में कोई योगदान किया है ? क्या इस प्रश्न का निरपेक्ष रूप से उत्तर दे पाना सम्भव है ? क्या निरपेक्षवाद तथा दार्शनिक पक्षपात को इस प्रकार के विश्लेषण करते समय अलग रखा जा सकता है ? कुछ विद्वान अनुभव करते हैं कि द्वितीय विश्वयुद्ध के बाद भारत के समक्ष अनेक समस्याएँ थीं, जैसे आर्थिक पिछड़ेपन की समस्या, बड़ी संख्या में लोगों के गरीबी रेखा से नीचे रहने की समस्या,

बेरोजगारी, जीवन के हर क्षेत्र में धर्म का वर्चस्व, ग्रामीण ऋणग्रस्तता, जाति संघर्ष, साम्प्रदायिक असामंजस्य, पूंजी की कमी, प्रौद्योगिकी क्षमता वाले दीक्षित कर्मियों की कमी, मानव एवं भौतिक संसाधनों को गतिशील बनाने के साधनों की अपूर्णता, आदि। पश्चिमी प्रभाव ने इन समस्याओं के वैकल्पिक समाधान प्रदान किए हैं। लेकिन कुछ अन्य विद्वानों का मानना है कि इन समस्याओं के समाधान में पश्चिमी प्रभाव ने भारत को कोई सहायता नहीं दी। यदि कुछ समस्याओं का समाधान हुआ भी है तो अनेक नवीन समस्याएँ जन्मी हैं। भारत उनका सामना पश्चिमी मॉडल के आधार पर नहीं कर रहा है। भारत अपने स्वदेशी मॉडल द्वारा ही कर रहा है। देश की स्वतंत्रता के पश्चात ही औद्योगिक विकास का उदय हुआ, शिक्षा का विस्तार हुआ, ग्रामीण रोजगार के अवसर मिलने लगे, जनसंख्या नियंत्रण का प्रयास होने लगा, इत्यादि। इस प्रकार पश्चिमी शासन से मुक्ति से, न कि पश्चिम के सम्पर्क से, आधुनिकीकरण सम्भव हुआ।

सत्य तो यह है कि जीवन के कुछ क्षेत्रों में पश्चिम के सकारात्मक प्रभाव को स्वीकार करना पड़ेगा। आधुनिक चिकित्सा विज्ञान, आधुनिक प्रौद्योगिकी, प्राकृतिक आपदाओं से निबटने के आधुनिक तरीके, देश को बाहरी खतरों से सुरक्षा प्रदान करने की आधुनिक विधियां, आदि भारत के इतिहास में पश्चिम के निर्विवाद योगदान माने जायेंगे। लेकिन भारत जनमानस के उत्थान में अपनी परम्परागत संस्थाओं, विश्वासों, और प्रथाओं का भी प्रयोग कर रहा है। इस प्रकार पश्चिमी प्रभाव और विभिन्न व्यवस्थाओं के आधुनिकीकरण के बाद भी, भारत, भारत ही रहेगा। भारतीय संस्कृति जीवन्त और आने वाली कई दशाब्दियों तक चलती रहेगी।

आज का हिन्दू दर्शन प्रारम्भिक हिन्दू दर्शन से भिन्न है। नव हिन्दूवाद, जिसे 'अभिषदीय हिन्दूवाद' (Syndicated Hinduism) भी कहा जाता है, विस्तार और अंकन (scale) में पूर्णरूपेण स्वदेशी है। यह किसी नवीन पंथ की उपज नहीं है बल्कि यह एक नवीन धार्मिक स्वरूप है जो पूर्व के सभी पन्थों को एक सूत्र में पिरोने के प्रयत्न में लगा है। इस 'अभिषदीय हिन्दूवाद' की रचना धार्मिक उद्देश्यों की अपेक्षा राजनैतिक उद्देश्यों के लिए अधिक है, अतः इसको 'राजनैतिक हिन्दूवाद' भी कहा जाता है। ईसाई और मुस्लिम हिन्दुओं को 'अन्य' (the other) मानते थे जैसे कि हिन्दू उन्हें 'म्लेच्छ' मानते थे। अनिवार्यतः नव हिन्दूवाद उन्नीसवीं और बीसवीं शताब्दियों में अपरिहार्य (unavoidable) अथवा टालने वाला नहीं था। बीसवीं शताब्दि के नव हिन्दूवादी आन्दोलनों को विशेषरूप से स्वतंत्रता के बाद राजनैतिक रंग दे दिया गया जिसे अब भी इस रूप में हिन्दूत्व को स्वीकार किया जाता है। रोमिला थापर (1985 : 21) के अनुसार वर्तमान में पाया जाने वाला अभिषदीय हिन्दूवाद इसी परिवर्तन के लिए उत्तरदायी है और आज इसी अभिषदीय हिन्दूवाद को स्वदेशी भारतीय धर्म का उत्तराधिकार-प्राप्त एक मात्र दावेदार के रूप में आगे बढ़ाया जा रहा है।

इस 'अभिषदीय हिन्दूवाद' की धार्मिक अभिव्यक्तियों (expression) को नयीं आवश्यकताओं की पूर्ति के लिए ग्रामीण अमीर व्यक्तियों और शहरी मध्यम वर्गीय लोगों के राजनीति में ऐकेश्वरवादी हिन्दुत्व में लाने के लिए अधिक प्रयोग किया जा रहा है। नये संशोधित हिन्दूवाद के भेष में बड़ी संख्या में लोगों को अनुयायी बनाने में और उन की

आवाज को उठाने में प्रयत्न किये जा रहे हैं। अभिषदीय हिन्दूवाद के आग्रहों (appeals) में राजनैतिक उद्देश्य सदैव निहित रहता है।

रोमिला थापर (Romila Thapar, 1985 : 21-22) तथा कुछ अन्य विद्वानों ने इस नव हिन्दूवाद के निम्नलिखित मूल तत्त्व (postulates) बताये हैं :

(1) अभिषदीय हिन्दूवाद का अधिकार आधार ब्राह्मण कालीन मूल ग्रन्थ—गीता और वेदान्त विचार—है। यह धर्मशास्त्रों के कुछ पक्षों को स्वीकार करता है और एक आधुनिक सुधरा हुआ धर्म प्रस्तुत करने का प्रयत्न करता है। यह कहा जा सकता है कि 'हिन्दुत्व' का आदर्श अर्जित परम्परा और इस परम्परा के सक्रिय पुनर्निर्माण के मेल पर आधारित है, या यह भी कहा जा सकता है कि 'हिन्दुत्व' एक संरचित विश्वास-व्यवस्था, (structured belief system) है जिसमें अतीत की व्याख्या व टीका टिप्पणी, वर्तमान का विश्लेषण, तथा भविष्य के व्यवहार के लिए मार्ग दर्शक विचारों का संग्रह निहित है।

(2) इसकी मान्यता है कि गैर-ज़ाति धार्मिक पन्थ के लोगों को शक्तिशाली लोगों के धर्म को स्वीकार करना पड़ता है लेकिन उनका आधीन बनकर रहना पड़ता है। समाज की निचली श्रेणी के लोग नये धार्मिक आन्दोलनों के माध्यम से उच्च गतिशीलता के लिए प्रयत्न कर सकते हैं।

(3) यह धर्म परिवर्तन (proselytization) में विश्वास करता है क्योंकि इसका दावा है कि हिन्दुओं पर युनानियों, तुर्कों, मुगलों और अंग्रेजों द्वारा हजारों वर्षों तक अत्याचार किए गए थे। इसी प्रंसग में वे धर्म परिवर्तन, मन्दिरों को नष्ट करने, मूर्तियों को तोड़े जाने, मन्दिरों की सम्पत्ति को जब्त करने, आदि को इसी में सम्मिलित करते हैं। इसलिए वे मठों, आश्रमों, मन्दिरों, रथ यात्राओं की रचना को न्याय संगत ठहराते हैं और मुसलमानों तथा ईसाइयों को हिन्दू बनाने को तर्क संगत मानते हैं। मीनाक्षीपुरम (1982) में, मध्यप्रदेश, राजस्थान, गुजरात (1998) में, दक्षिण भारत (1998) में धर्मान्तरण कैम्पों का गठन हिन्दू धर्म के मूल मतानुयायियों (fundamentalists) द्वारा समर्थित एवं रक्षित था। गत बीस वर्षों में, विश्व हिन्दू परिषद का दावा है कि उन्होंने लगभग 47,000 मुसलमानों को परिवर्तित किया जो कि लगभग 8,000 परिवारों से सम्बन्धित थे (मुख्यतः मेहरात, और रावत सम्प्रदायों के जो कि परम्परागत प्रथाओं को मानते थे, जैसे मुर्दे को दफनाना, निकाह संस्कार करना, हलाल करके रवाना, मूर्ति पूजा की निन्दा करना, ईद, शबे-ए-बारात, आदि त्यौहार मनाना), और राजस्थान में चार जिलों (अजमेर, पाली, उदयपुर, और भीलवाड़ा), तथा गुजरात और दक्षिण भारत के 2000 ईसाइयों का भी धर्मान्तरण किया।

(4) यह समानतावाद का समर्थन नहीं करता। यह सामाजिक व आर्थिक असमानता को मान्यता प्रदान करता है और श्रेणीक्रम संरचना स्वीकार करता है। इसके विपरीत इस्लाम जैसे धर्म सिद्धान्ततः समानतावादी हैं। बौद्ध जैसे अन्य धर्म समानता का जीवन के नैतिक क्षेत्र में निषेध करते हैं। हिन्दूवाद का जन्म और उद्‌विकास ऐसे काल में हुआ जब असमानताओं को जीवन का एक सत्य माना जाता था, और धर्म का सामाजिक कार्य इस (असमानता) में परिवर्तन करना नहीं था बल्कि उन लोगों के

लिए इस सत्य को सुधारना था जो इस (असमानता) को कठोर व अपघर्षी (abrasive) मानते थे।

(5) यह धार्मिक अभिव्यक्ति (manifestation) को विविधता (multiplicity) को जरूरी नहीं मानता। यह कुछ चुनिन्दा संस्कारों, विश्वासों और प्रथाओं को आवश्यक मानता है इसलिए उन्हें अधिक महत्व दिया जाता है। यह परम्परागत स्थिति से छूटने की स्थिति है। छाँटने का कार्य कौन करे, किन स्रोतों से यह कार्य किया जाये और किस उद्देश्य के लिए किया जाये, ये सब विचारणीय महत्व के बिन्दु हैं।

(6) अभिषदीय हिन्दूवाद के लिए बढ़ते हुए महत्त्व का एक कारक है हिन्दुओं का अन्य देशों में फैलना। भारत के बाहर रहने वाले हिन्दू सांस्कृतिक असुरक्षा की भावना से पीड़ित रहते हैं क्योंकि वे ब्रिटेन, संयुक्त राज्य अमेरिका, खाड़ी देशों, यूरोप या उत्तरी अमेरिका जैसे इस्लामी या ईसाई समाजों में अल्पसंख्यक समुदाय के रूप में होते हैं। यह अल्पसंख्यक समुदाय (हिन्दू) बहुधा हिन्दुत्व के ऐसे स्वरूप को पसन्द करता है जिसको वे हिन्दू स्कूलों के माध्यम से अपने बच्चों को सिखा सकें और जो उनके नये उद्यम का समर्थन करे। अन्य देशों में बसे ये अल्पसंख्यक समुदाय और उनका वित्तीय समर्थन अभिषदीय हिन्दूवाद के धर्मापदेशकों और संस्थाओं के लिए आधार प्रदान करेगा। इस विस्तार का महत्व न केवल नव-हिन्दूवाद को भारत में रहने वाले और बाहर बसे समर्थकों के बीच, सामाजिक कड़ी का स्पष्ट प्रदर्शन है बल्कि उस बढ़ती हुई सन्निकटता का भी जिससे संघ, परिषद और समाज विदेशों में सभाएं करते हैं और उनका समर्थन प्राप्त करते हैं और धनी व्यक्तियों के 'मत परिवर्तन' (conversion) में सफलता प्राप्त कर रहे हैं।

(7) अभिषदीय हिन्दूवाद ने भारतीय राष्ट्रवाद की एक नवीन अवधारणा प्रस्तुत की है जिसे 'हिन्दू राष्ट्रवाद' की संज्ञा दी गई है। इस अवधारणा के अनुसार हिन्दू बहुसंख्या में होने के नाते, और अतीत में जो कुछ भी महान् और वीरता के कार्य हुए उनके उत्तराधिकारी होने के नाते, अन्य लोगों पर आधिपत्य रखने, अधिकार दर्शाने और उन्हें अपने आधीन समझने के लिए अधिकृत मानते हैं। यह कहा जाता है कि कोई भी, गैर-हिन्दुओं सहित, भारतीय हो सकता है बशर्ते कि वह हिन्दू देवताओं को स्वीकार करे और गैर-हिन्दुओं को विदेशी माने। हिन्दू अन्य गैर-हिन्दुओं की अपेक्षा अधिक देश भक्त हैं। ग़ैर हिन्दुओं को अपनी राष्ट्रवादी विश्वसनीयता सिद्ध करने के लिए बहुसंख्यक समुदाय के प्रति निष्ठा का प्रदर्शन करना चाहिए और पूजा के उन स्थलों को गिराने में देश भक्ति का कर्त्तव्य मानकर हिन्दुओं के साथ मिलना चाहिए, जो स्थल गैर-हिन्दुओं के द्वारा हिन्दू मन्दिरों पर स्थापित कर दिए गये थे। हिन्दू राष्ट्रवाद उन गैर-हिन्दू लोगों के लिए हिन्दुओं के क्रोध का सामना करने की धमकी है जो उपरोक्त लीक पर चलने से मना करते हैं। ये अतिवादी धार्मिक नेता जो हिन्दुत्व और हिन्दू राष्ट्रवाद की बात करते हैं न्यायपालिका में विश्वास नहीं रखते और स्थापित संस्थाओं के प्रति सम्मान नहीं करते। वे मानते हैं कि 'लोक शक्ति' 'राष्ट्र शक्ति' से अधिक महान है।

(8) नव हिन्दूवाद या हिन्दुत्व के प्रणेता (proponents) 'सापेक्ष धर्म निरपेक्षता'

(positive secularism) की बात करते हैं। वे मुसलमानों के परिपोषण (pampering) की ओर उन्हें संरक्षण दिये जाने तथा अल्प संख्यकों को राज्य द्वारा विशेषाधिकार दिये जाने को 'मिथ्या-धर्म निरपेक्षवाद' (pseudo-secularism) मानते हैं। 'सापेक्ष धर्म निरपेक्षता' उनके अनुसार समान आचारसंहिता, अधिकारों और उत्तरदायित्वों से बन्धे सभी धार्मिक समुदायों को एक साथ आने की कल्पना है। इस प्रकार वे चाहते हैं कि सरकार द्वारा एक नागरिक संहिता (civil code) लागू की जाये जो भारत के सभी नागरिकों पर धर्म और जाति भेद भाव के बिना समान रूप से लागू हो। वे केवल हिन्दुओं, मुसलमानों, ईसाइयों, या पारसियों के लिए अलग-अलग, विवाह सम्बन्धी तथा सम्पत्ति सम्बन्धी नियमों को लागू कराना नहीं चाहते। उनका विश्वास है कि साम्प्रदायिक संघर्षों के लिए यह एक आदर्श लोकतांत्रिक समाधान होगा। वे यह नहीं मानते कि इससे अल्प संख्यक समुदायों की धार्मिक व सांस्कृतिक पहचान बहुसंख्यक समुदाय में निमगन (submerge) हो जायेगी। अपेक्षाकृत, उनका विश्वास है कि इस प्रकार की नीति (समान संहिता) सभी सम्प्रदायों में प्रचलित अन्ध विश्वासों, सड़े गले रिवाजों तथा तर्कहीन व पिछड़ेपन की प्रथाओं को समाप्त कर देगी और एक वैज्ञानिक सोच का विकास करेगी जो धर्म निरपेक्ष राज्यों के लिए मोड़ का पत्थर होना चाहिए।

जिन भावनाओं का उदय हो रहा है वह यह हैं कि अभिषदीय हिन्दूवाद, जो स्वदेशी हिन्दूवाद की पुनर्स्थापना का दावा कर रहा है, वास्तव में स्वयं को स्थापित कर रहा है। यह तो केवल समय ही बतायेगा कि यह नव हिन्दूवाद या 'हिन्दुत्व' या हिन्दूवाद का पुनर्स्पष्टीकरण (reinterpretation) अर्थात् 'हिन्दू राष्ट्रवाद' का आदर्श भारतीय राजनीति के धर्म निरपेक्ष स्वरूप को कहां तक प्रभावित करेगा। इसी प्रकार, केवल समय ही यह निर्धारित करेगा कि वे धार्मिक विचारधाराएं जो जन साधारण पर अपना वर्चस्व स्थापित करेंगी, भारत के लोगों के हितों और आकांक्षाओं पर खरी उतरेगी या फिर सामाजिक व्याधि की दशाएं पैदा करेंगी जो समाज में घृणा व द्वेष उत्पन्न करेंगी।

भारतीय समाज में निरन्तरता तथा परिवर्तन के कारक
(Factors in Continuity and Change in Indian Society)

ऐसे अनेक कारक हैं जो भारतीय समाज में निरन्तरता बनाए रखने तथा परिवर्तन के लिए उत्तरदायी हैं। परिवर्तन एकीकरण (integration) और अनुकूलन के माध्यम से आ सकता है। अनुकूलन तब होता है जब विद्यमान संस्थाएँ नयी आवश्यकताओं को पूरा करने के लिए फिर से सामंजस्य करें। एकीकरण तब होता है जब कोई समाज नये तत्त्वों को धारण करे और इनको अपना हिस्सा बना ले। उन अनेक कारकों में से जिन्होंने हमारे समाज को अनुकूलन या एकीकरण के लिए प्रेरित किया है या इसमें बाधक बने हैं, उनमें सबसे महत्वपूर्ण हैं : राजनैतिक स्वतंत्रता और लोकतांत्रिक मूल्यों का चलन, औद्योगीकरण, नगरीकरण, शिक्षा प्रसार, वैधानिक उपाय, जाति प्रथा में सामाजिक परिवर्तन, और सामाजिक आन्दोलन तथा सामाजिक चेतना (जैसे, परिवारवाद, वैश्वीकरण, और जातिवाद विरोध)।

राजनैतिक स्वतंत्रता और लोकतांत्रिक मूल्यों का प्रारम्भ
(The Political Independance and Introduction of Democratic Values)

राजनैतिक स्वतंत्रता से सभी व्यक्तियों को यह अवसर प्राप्त हुआ है कि वे अपनी पहचान, स्थिति, प्रतिबद्धता, और इच्छाओं में निहित हितों और मूल्योंन्मुख चेतना और अचेतना के चारों ओर रहकर स्वयं का विकास कर सकें। आज व्यक्ति अपनी व्यक्तिवादिता को लेकर अधिक परेशान है। वे समूह जो पीढ़ियों तक स्वतंत्र सामाजिक अन्तर्क्रिया से वंचित रहे थे अब वे भी सामाजिक ढाँचे में भेदभाव पूर्ण विशेषाधिकार प्राप्त करके ऊंचा उठने का आग्रह करते हैं। वे क्षेत्र जो ब्रिटिश शासकों की नीतियों के कारण आर्थिक रूप से पिछड़ रहे थे, अब विकास योजनाओं में अपना हिस्सा चाहते हैं। कुछ नृजातीय (ethnic) समूह अपनी सांस्कृतिक पहचान बनाए रखने के लिए राजनैतिक स्वतंत्रता चाहते हैं। धार्मिक समूह अपने सदस्यों को कुछ मूल्य और उप-सांस्कृतिक प्रतिमानों को सिखाने की आज़ादी चाहते हैं। इन सभी आकांक्षाओं और मांगों ने गत पाँच दशाब्दियों में हमारे देश में आधुनिकीकरण की प्रक्रिया और सामाजिक परिवर्तन की प्रकृति को प्रभावित किया है।

राजनैतिक स्वतंत्रता ने सामन्ती ज़मीदारी प्रथा, जागीरदारी और राजाओं के राज्यों का उन्मूलन करके हमारे समाज की संरचना और इसकी अधिकार प्रणाली में भारी परिवर्तन करने का मार्ग प्रशस्त किया है। इसने हमारे ग्रामीण समाज के आर्थिक और सामाजिक आधार में क्रान्ति लाने का काम किया है जिसके परिणाम आज भारत के प्रत्येक गाँव में देखे जा सकते हैं। किराये पर भूमि लेने वाले काश्तकार अब इतने स्वाधीन हैं कि वे शक्तिशाली ग्रामीण मध्यम वर्ग के रूप में उभरे हैं। राजनैतिक परिक्षेत्र में इस वर्ग की महत्त्वपूर्ण और प्रभावशाली आवाज़ है। देश में हरित क्रान्ति मुख्यतः इसी वर्ग की देन रही है। सामाजिक एवं सांस्कृतिक लचीलापन, ब्राह्मणीय परम्पराओं के प्रति सहिष्णु उदासीनता, सांस्कृतिक एवं भूमि सम्बन्धी आन्दोलनों के निरन्तर भागीदारी, और कलहप्रिय उपयोगितावाद (pugnacious utilitarianism) ने इस वर्ग को देश के सामाजिक और आर्थिक विकास में महत्वपूर्ण भूमिका प्रदान की है। यही समूह आज देश के शक्तिशाली पिछड़े वर्ग के आन्दोलन का नेतृत्व कर रहा है।

राजनैतिक स्वतंत्रता ने राष्ट्र के लिए औद्योगिक, प्रौद्योगिकीय/वैज्ञानिक तथा प्रबन्धकीय विकास को सम्भव बनाया है। एक अत्यन्त सुदृढ़ प्रौद्योगिक और वैज्ञानिक मानव शक्ति को उत्पन्न किया गया है। योगेन्द्र सिंह (1994 : 22) ने भी कहा है कि एक नये वर्ग, जो स्वतंत्रता पूर्व के मध्यम वर्ग की विशेषताओं से बिल्कुल भिन्न है, का उदय हुआ है। इस वर्ग का कहीं अधिक विस्तृत सामाजिक आधार है जो निम्न और मध्यम जातियों और समाज के ऐसे ही स्तरों से सम्बद्ध है। शहरी क्षेत्रों में नये उद्यमी और पेशेवर वर्ग और गाँवों के धनवान कृषक वर्ग भारत के मध्यम वर्ग में आते हैं जो अनुमानतः भारत की कुल जनसंख्या के एक चौथाई के लगभग हैं। देश की जी.डी.पी. (G.D.P.) में सेवारत क्षेत्र के प्रतिशत में निरन्तर वृद्धि हुई है जो दर्शाता है कि समाज की रचना और आर्थिक संरचना में किस सीमा तक परिवर्तन आया है। उपनिवेशवाद ने भारतीय समाज की औद्योगिक नींव को क्षीण व दुर्बल बना दिया था और स्वतंत्रता के बाद देश आज औद्योगिक प्रगति के मामले में तेरहवें

स्थान पर आ गया है। ये उपलब्धियां इसके सामाजिक जीवन के आधारभूत क्षेत्रों में योजनाबद्ध विकास का परिणाम हैं।

नगरीकरण (Urbanisation)

नगरीकरण एक और कारक है जिसने परिवार व समाज को प्रभावित किया है। गत कुछ दशाब्दियों में हमारे देश की शहरी जनसंख्या में तेजी से वृद्धि हुई है। मध्य अठारहवीं शताब्दि में भारत में करीब 10 प्रतिशत जनसंख्या शहरों में रहने वालों की थी। उन्नीसवीं शताब्दि के दौरान भारत के शहरवासियों की संख्या सौ वर्षों में दस गुनी हो गई, बीसवीं शताब्दि में जब समूचे देश की जनसंख्या 1901 में 23 करोड़ 80 लाख से बढ़कर 1991 में 84 करोड़ 63 लाख हो गई, शहरी जनसंख्या में बहुत अधिक वृद्धि हुई। 1951 में शहरी जनसंख्या कुल जनसंख्या की 17.29 प्रतिशत थी, जो 1961 में बढ़कर 17.97 प्रतिशत, 1971 में 19.91 प्रतिशत, 1981 में 23.34 प्रतिशत और 1991 में 25.73 प्रतिशत हो गई। 1961 में शहरी जनसंख्या की दस वर्षीय विकास दर 26.41 प्रतिशत थी जो 1971 में बढ़कर 38.23 प्रतिशत, 1981 में 46.14 प्रतिशत और 1991 में 36.19 प्रतिशत रही। सही अर्थों में भारत की शहरी जनसंख्या 1961 में 7.8 करोड़ थी जो 1991 में 21.7 करोड़ हो गई। (*Manpower Profile, India,* 1998 :24)

शहरी क्षेत्रों में परिवार, नातेदारी, जाति व विवाह आदि व्यवस्थाएँ ग्रामीण क्षेत्रों से न केवल रचना में भिन्न होती हैं बल्कि विचारधारा और कार्यप्रणाली में भी भिन्न हैं। यह पहले ही कहा जा चुका है कि शहरी क्षेत्र में एकल परिवार, गैर-शहरी एकल परिवार से कुछ छोटा होता है, और नगरवासी ग्रामवासियों की अपेक्षा एकल परिवार को अधिक पसन्द करता है। एम.एस.गोरे (1968) ने उल्लेख किया है कि शहरी परिवार अपनी अभिरुचियों, भूमिका दृष्टिकोण और व्यवहार में संयुक्त परिवार के प्रतिमानों से भिन्न होते हैं। उदाहरण के लिए, निर्णय करने के क्षेत्र में, ग्रामीण परिवारों के विपरीत शहरी परिवारों में बच्चों के विषय में वरिष्ठ पुरुषों की अपेक्षा माता पिता ही निर्णय लेते हैं, उनकी संख्या अपेक्षाकृत इसी रुझान के ग्रामीण लोगों में कम होती है।

परन्तु आई.पी. देसाई (1964) इस विचार से सहमत नहीं है कि नगरीकरण संयुक्त परिवार व्यवस्था को तोड़ने का काम करता है। संयुक्ता (jointness) पर नगरीकरण के प्रभाव का विश्लेषण करते हुए उन्होंने परम्परागत संयुक्तता और शहरी क्षेत्र में परिवार के रहने की अवधि में महत्वपूर्ण सम्बन्ध पाया। उनकी परिकल्पना थी कि शहरी क्षेत्र में परिवार का लम्बे समय तक रहना संयुक्तता की मात्रा को कम करेगा। परन्तु उन्होंने पाया कि संयुक्तता 'बहुत पुराने' (very old) (शहरों में 50 वर्षों से अधिक समय से रह रहे) तथा 'पुराने (old) परिवारों (शहर में 25 से 50 वर्ष की अवधि से रह रहे) में 'नये' परिवारों (25 या इससे कम वर्षों से शहरों में रह रहे) की अपेक्षा अधिक विद्यमान है।

ल्युइस वर्थ (Louis Wirth, 1938) का भी मानना है कि शहर परम्परात्मक प्रकार के पारिवारिक जीवन के लिए प्रेरणादायक नहीं होता। उनके अनुसार परिवार (सामाजिक जीवन की एक इकाई के रूप में) गाँव के वृहद् नातेदारी समूह के लक्षण से मुक्त हो जाता है तथा परिवार के सदस्य अपने पेशे, शिक्षा और धार्मिक, मनोरंजन और राजनैतिक जीवन में

अपनी अलग रुचियों के अनुसार लगे रहते हैं।

अन्य अनेक सामाजिक व्यवस्थाओं में भी शहरों में परिवर्तन परिलक्षित होते हैं। शहरी क्षेत्रों में नातेदारी सम्बन्ध इतने निकट के नहीं होते जितने ग्रामीण क्षेत्रों में। शहरों में जब केवल प्राथमिक व द्वैतियक नातेदार ही निकट सम्पर्क रखते हैं, गाँवों में तृतीयक व दूर के नातेदार भी सम्बन्ध बनाए रखते हैं। शहरों में जाति व्यवस्था इतनी कठोर नहीं है जितनी गाँवों में। शहरों में जाति अब प्रबल सामाजिक पहचान नहीं है जिसके माध्यम से लोग अपनी सामाजिक अन्तर्क्रिया को अभिव्यक्त करें। लेकिन गाँवों में लोग अभी भी अपने सामाजिक, राजनैतिक और सांस्कृतिक लक्ष्यों को जाति के माध्यम से ही प्राप्त करते हैं। शहरों में जाति पंचायतें जाति संघों में प्रतिस्थापित होती जा रही हैं। वे संघ अब सजातीय विवाह के प्रति मानों प्रदूषण और शुद्धता, या जाति विवादों के समाधान, आदि के प्रयास संबंधी दबाव डालने की भूमिका नहीं निभाते बल्कि इन जाति संघों ने अपना कार्यात्मक व संघीय क्षेत्र विस्तृत कर लिया है। इस कार्य प्रणाली में लगभग 300 जातियां सक्रिय रूप से कार्यरत हैं।

हमारा विचार है कि विभिन्न सामाजिक व्यवस्थाओं में परिवर्तन में नगरीकरण की भूमिका अहम् रही है। शहरी रहन-सहन ने संयुक्त परिवार के स्वरूप को कमजोर किया है और एकल परिवारों को मजबूत। शहर नये व्यवसायों तथा उच्च शिक्षा के लिए निरन्तर अवसर प्रदान करते हैं। जो परम्परागत पारिवारिक व्यवसाय छोड़कर नये अपनाते हैं वे परम्परागत पेशे अपनाने वाले लोगों की अपेक्षा अपनी अभिरुचि में अधिक बदलाव प्रदर्शित करते हैं। इसी प्रकार शहरी क्षेत्रों में शिक्षित लोग संयुक्त परिवार के प्रतिमानों के पक्ष में कम होते हैं। यह कहा जा सकता है कि अभिरुचि में परिवर्तन का शहर में रहने की अवधि से सीधा सम्बन्ध है। शहर स्त्रियों को भी लाभकारी रोज़गार के अवसर प्रदान करते हैं और स्त्री धन अर्जन करने लगती है तो वह कई क्षेत्रों में स्वतंत्रता प्राप्त कर लेती है। वह पति के परिवारोन्मुख होने से अधिक से अधिक बचने का प्रयत्न करती है। अतः ऐसा प्रतीत होता है कि हमारे समाज में परिवार के स्वरूप में शहरी रहन-सहन ने कुछ भिन्नताएं पैदा की हैं।

औद्योगीकरण (Industrialization)

भारत में औद्योगीकरण की प्रक्रिया का प्रारम्भ उन्नीसवीं शताब्दि के अन्तिम 25 वर्षों और 20वीं शताब्दि के पूर्वार्ध में प्रारम्भ हुआ। नवीन उद्योगों के चारों ओर शहरों का विकास हुआ। औद्योगीकरण से पूर्व हमारे यहां (i) कृषि आधारित मुद्राविहीन अर्थ व्यवस्था थी, (ii) प्रौद्योगिकी का ऐसा स्तर था जहां घरेलू इकाई भी आर्थिक आदान-प्रदान की इकाई थी, (iii) पिता-पुत्र तथा भाई-भाइयों के बीच पेशों में अन्तर नहीं होता था (iv) ऐसी मूल्य व्यवस्था थी जहां बजुर्गों की प्रभुता और परम्पराओं की पवित्रता दोनों ही 'विवेक' (rationality) के सिद्धान्त के विपरीत माने जाते थे। लेकिन औद्योगीकरण से आमतौर पर हमारे समाज में और विशेष रूप से परिवार में आर्थिक और सामाजिक व सांस्कृतिक परिवर्तन आये। आर्थिक क्षेत्र में इसका परिणाम है काम में विशिष्टीकरण, व्यावसायिक गतिशीलता, अर्थव्यवस्था का मुद्रीकरण, तथा नातेदारी व व्यावसायिक संरचना में बिखराव। सामाजिक क्षेत्र में इसका परिणाम है : ग्रामीण क्षेत्रों से लोगों का शहरी क्षेत्रों में प्रव्रजन, शिक्षा का विस्तार और एक

सुदृढ़ केन्द्रीय राजनैतिक संरचना। सांस्कृतिक क्षेत्र में शहरीकरण से विश्वासों में धर्म निरपेक्षता सम्भव हुई है।

पारिवारिक संगठन पर औद्योगीकरण के तीन महत्तवपूर्ण प्रभाव हुए है : *प्रथम,* परिवार जो उत्पादन की प्रमुख इकाई था अब उपभोक्ता इकाई में बदल गया है। एकीकृत आर्थिक उद्यम में परिवार के सभी सदस्यों के एक साथ काम करने के बजाय, परिवार के कुछ पुरुष सदस्य परिवार के लिए रोजी रोटी कमाने हेतु घर से बाहर जाते हैं। इसने न केवल संयुक्त परिवार के परम्परागत संरचना को बल्कि सदस्यों के बीच सम्बन्धों को भी प्रभावित किया है। *दूसरे,* फैक्ट्री रोज़गार ने युवा प्रौढ़ों को अपने परिवारों पर सीधी निर्भरता से मुक्त कर दिया है। उनके पारिश्रमिक ने क्योंकि उन्हें आर्थिक रूप से आत्म निर्भर बना दिया है, अतः घर के मुखिया का प्रभुत्व और भी कम हो गया है। शहरों में कई मामलों में पुरुषों के साथ उनकी पत्नियों ने भी काम करना व धनार्जन शुरु कर दिया है। इसने एक सीमा तक अन्तःपारिवारिक सम्बन्धों को प्रभावित किया है। अन्तिम, बच्चे अब आर्थिक परिसम्पत्ति (assets) न होकर दायित्व (liabilities) बन गए हैं। यद्यपि कुछ मामलों में बाल श्रम के उपयोग व दुरूपयोग बढ़ गए हैं, कानून बच्चों को काम की अनुमति नहीं देता। इसी के साथ शैक्षिक आवश्यकताएं इतनी बढ़ गई है कि बच्चों को लम्बे समय तक अपने माता-पिता पर निर्भर रहना पड़ता है। शहरों में आवासीय व्यवस्था मंहगी है और बालकों का रख रखाव भी। इस प्रकार औद्योगीकरण के कारण घर और काम अलग अलग हो गए हैं।

कुछ समाजशास्त्रियों ने औद्योगीकरण के कारण एकल परिवारों के उद्भव (emergence) के सिद्धान्त को चुनौती दी है। यह चुनौती अनुभवजन्य अध्ययनों और विश्व के भिन्न-भिन्न भागों में परिवार व्यवस्था की विविधता पर तैयार किए गए दस्तावेजों (documentation) पर आधारित है। एम.एस.ए. राव, एम.एस. गोरे तथा मिल्टन सिंगर जैसे विद्वानों के अध्ययनों ने यह बताया है कि संयुक्तता व्यापारी समुदाय में अधिक प्रचलित है और इसे अधिक अच्छा माना जाता है और कई एकल परिवार विस्तृत नातेदारी बन्धन बनाए रखते हैं। पश्चिमी औद्योगिक जगत में अनेक आधुनिक अनुसंधानकर्त्ताओं ने भी अवैयक्तिक विस्तृत जगत और परिवार के बीच नातेदारों की समर्थक भूमिका और उनके बीच संयोजक के कार्य पर बल दिया है (Abbi, 1970)। सामाजिक इतिहासकारों ने भी दर्शाया है कि औद्योगीकरण से पूर्व भी यूरोप और अमेरिका में एक सांस्कृतिक प्रतिमान के रूप में एकल परिवार प्रचलित था। परन्तु यह उल्लेखनीय है कि नातेदारों की समर्थक भूमिका (supportive role) में अनिवार्यता का वह लक्षण नहीं है जो भारतीय एकल परिवार के दायित्वों (obligations) में पाया जाता है। एकल परिवार के नवयुवक आज भी प्राथमिक नातेदारों (जैसे, माता-पिता, सहोदर) के प्रति अपने उत्तरदायित्व का निर्वाह स्वेच्छा से करते हैं। निकट स्वजन (kin) से एकता और परिवार के साथ एकता-भाव का निर्वाह भी करते हैं, यद्यपि वे अलग-अलग मकानों में रहते हैं (Leela Dube, 1974 : 311)।

इन सभी परिवर्तनों ने हमारे परिवार व्यवस्था में परिवर्तन किया है। जहां ग्रामीण क्षेत्रों से शहरी क्षेत्रों की ओर जनसंख्या की गतिशीलता से अधिकार शक्ति में कमी आई है, धर्म निरपेक्षवाद ने ऐसी मूल्य व्यवस्था का विकास किया है जो व्यक्तिगत प्रेरणा और उत्तरदायित्व पर बल देती है। व्यक्ति अब प्रतिबन्धात्मक पारिवारिक नियंत्रण के बिना काम करता है।

पहले ज़ब व्यक्ति परिवार में काम करता था और सभी सदस्य उसके काम में उसकी सहायता करते थे, तब परिवार के सदस्यों में अधिक घनिष्टता होती थी, लेकिन क्योंकि अब वह परिवार से दूर उद्योग/आफिस में काम करता है, अतः सम्बन्धों की घनिष्टता पर प्रतिकूल प्रभाव पड़ा है। परिवार के सम्बन्धों पर औद्योगीकरण का प्रभाव परिवार की आत्मनिर्भरता से भी तथा परिवार के प्रति रुचि में परिवर्तन से भी स्पष्ट होता है। इस प्रकार औद्योगीकरण ने एक नये प्रकार के सामाजिक और मनोवैज्ञानिक स्थिति में योगदान दिया है जिसमें संयुक्त परिवार का प्रभुतापूर्ण संगठन जो प्रारम्भ में था अब कठिन हो गया है।

औद्योगीकरण के प्रभाव के कारण समुदायों की सामाजिक रूपरेखा (profile) अन्तःक्रियाओं के अनेक पहलुओं को प्रस्तुत करती है, जैसे विभिन्न क्षेत्रों, समुदायों व सामाजिक श्रेणियों के मध्य सम्पर्क (linkages) व अन्तक्रियाएँ। यह लोगों के एक क्षेत्र से दूसरे में प्रव्रजन से भी प्रदर्शित होता है जिसने द्विभाषावाद (bilingualism) को बढ़ावा दिया है। 1991 की भारत जनगणना ने द्विभाषावाद को लगभग 15 प्रतिशत बताया है जबकि समुदायों के सर्वेक्षण में इसका 60 प्रतिशत तक अनुमान किया गया है। सांस्कृतिक क्षेत्रों में भी समानता एवं अन्तर्क्रिया सांस्कृतिक लक्षणों में प्रदर्शित होती है। यह क्षेत्रों (regions) और सीमाओं (territories) से परे भी बड़ी संख्या में समुदायों के लिए भी सत्य है। इस प्रकार के सांस्कृतिक लक्षण न केवल संस्कारों और संस्थात्मक प्रथाओं से बल्कि पेशों की प्रौद्योगिकी दक्षताओं और श्रम विभाजन से भी सम्बन्ध हैं। अनेक समुदाय अपने परम्परागत पेशे से हट गए हैं और सरकार द्वारा प्रायोजित विकास कार्यक्रमों के प्रति तीव्र जागृति दर्शाते हैं। उच्च आकांक्षाओं के साथ इस प्रकार की जागृति सामाजिक व्यवस्था में एक प्रकार का तनाव और संघर्ष पैदा करती है जो हमारे सामाजिक जीवन के अनेक क्षेत्रों में परिलक्षित होती हैं (देखें, Yogendra Singh: "Present Social Situation in India" in K.Sachidananda Murty and Amit Das Gupta (ed.) *The Divine Peacock*, 1995 : 22-23)

शिक्षा में विस्तार (Increase in Education)

आधुनिक युग में भारतीय समाज ने अपनी शिक्षा व्यवस्था में विस्तार किया है क्योंकि इसे अधिक साक्षर लोग चाहिए। यद्यपि साक्षरता का प्रतिशत 1951 के 36 प्रतिशत से बढ़कर 1999 में 60 प्रतिशत हो गया है तथापि 33 करोड़ लोग अभी भी साक्षर बनाने हैं। पुरुष साक्षरता दर अब 70 प्रतिशत पर पहुँच गई है और स्त्री साक्षरता दर (1999 के अन्त एक) 50 प्रतिशत हो गई है। राज्यों में साक्षरता दर केरल, मिजोरम, गोआ, दिल्ली में 75 प्रतिशत से ऊपर तथा 5 या 6 केन्द्र शासित प्रदेशों में 70 प्रतिशत से ऊपर पहुंच गई है। 16 राज्यों में साक्षरता 50 से 65 प्रतिशत तक हो गया है। अनुसूचित जातियों में शिक्षित प्रतिशत 37 प्रतिशत तथा अनुसूचित जनजातियों में 30 प्रतिशत (1991) तक पहुँच गया है। स्कूलों और कालेजों में पढ़ने वाले छात्रों की संख्या (स्नातक स्तर तक केवल) 1971 में 5.48 करोड़ से बढ़कर 1991 में 8.46 करोड़ हो गई है (*Manpower Profile*, *India*, 1998: 42-47)।

शिक्षा ने न केवल लोगों की अभिवृत्तियों, विश्वासों, मूल्यों और विचारधाराओं में परिवर्तन किया है बल्कि वैयक्तिकता (individualism) की भावनाओं को भी भड़काया है।

बढ़ती हुई शिक्षा न केवल स्त्री पुरुषों के जीवन-दर्शन में परिवर्तन करती है बल्कि स्त्रियों के जीवन में रोजगार के नये क्षेत्र भी प्रदान करती है। आर्थिक स्वतंत्रता प्राप्त करने के बाद स्त्रियां पारिवारिक मामालों में अधिक दखल (voice) चाहती हैं और किसी के भी प्रभुत्व को अस्वीकार करती हैं। यह दर्शाता है कि किस प्रकार शिक्षा परिवार में सम्बन्धों में परिवर्तन करती है और अन्ततः संरचनात्मक परिवर्तन भी आते हैं।

आई.पी.देसाई और एलिन डी. रास ने भी शिक्षा और परिवार के पारस्परिक प्रभाव के विषय में चर्चा की है। आई. पी.देसाई ने संयुक्त परिवार के विरूद्ध शिक्षा की कार्यप्रणाली के दो तरीके बताए हैं : एक, व्यक्तिवाद पर बल देकर शिक्षा लोगों के सामने ऐसे प्रकार के परिवार की रूपरेखा प्रस्तुत करती है जो विद्यमान संयुक्त परिवार की रूपरेखा के विपरीत है, और दूसरा, लोगों को ऐसे व्यवसायों के लिए तैयार करती है जो उनके मूल स्थानों में नहीं पाये जाते जिसके फलस्वरूप वे पैतृक परिवार से अलग हो जाते हैं और ऐसे क्षेत्रों में रहते हैं जहां उनको अपनी शैक्षिक योग्यता के अनुरूप व्यवसाय मिल जाता है। समय के दौरान ये लोग अपने माता-पिता के परिवार से सम्पर्क कम कर देते हैं और रहने (निवास) तथा विचारने के ऐसे नये तरीके विकसित कर लेते हैं जो संयुक्त परिवार के लिए घातक परन्तु एकल परिवार के लिए साधक होते हैं।

लेकिन देसाई ने महुआ (Mahuva) के अपने ही अध्ययन में आश्चर्य से यह पाया कि शैक्षिक स्तर की वृद्धि के साथ-साथ संयुक्तता में भी वृद्धि हुई और एकलता में कमी आई। देसाई का मत है कि केवल कुछ लोग ही समाचार पत्र या सामान्य और लोकप्रिय पुस्तकें खरीदते हैं। लोगों के विश्वास और विचार समाचार पत्रों, पत्रिकाओं या विशेष रूप से अंग्रेजी की पुस्तकें या सामान्य रूप से पश्चिमी शिक्षा प्रणाली से सीधे प्रभावित नहीं होते। शिक्षा का जो कुछ भी प्रभाव लोगों पर होता है वह मव अभिजात वर्ग तथा घर और स्कूल के वातावरण से ही हो सकता है। अतः परिवार के मुखिया का या सारे घर का शिक्षा-स्तर नये और भिन्न विचारों और विश्वासों के प्रभाव का संकेत नहीं होता। यह नये विचारों वाले व्यक्तियों के साथ सम्पर्क पर निर्भर करता है (वही :107)।

हमें देसाई के कथन में कोई तर्क नहीं दिखाई देता। यह सत्य है कि परिवार से बाहर व्यक्ति के सम्पर्कों के प्रकार व्यक्ति की अभिरुचियों और विश्वासों को प्रभावित करते हैं लेकिन उसका अपना ही प्रभाव होता है। दूसरी ओर, परिवार के सदस्यों का शैक्षिक स्तर व्यक्ति के विचारों और विश्वासों में परिवर्तन का एक अलग ही महत्त्वपूर्ण कारक होता है। इसलिए यह नहीं माना जा सकता, जैसा कि देसाई मानते हैं, कि परिवार के सदस्यों का शिक्षा का स्तर परिवार के संगठन और संरचना में परिवर्तन का महत्त्वपूर्ण कारक नहीं है।

इसी प्रकार देसाई का यह निष्कर्ष कि शिक्षा के स्तर में वृद्धि के साथ संयुक्तता में वृद्धि और एकलता में कमी होती है, भी सत्य प्रतीत नहीं होता। सम्भवतः उनके निष्कर्ष परिवार के शिक्षा स्तर का पता लगाने के लिए उनके अध्ययन में गलत विधि का प्रयोग करने के कारण हों। उन्होंने परिवार की शिक्षा का औसत, परिवार के "न पढ़ने वाले" सदस्यों (अर्थात् वे वयस्क और बड़े बच्चे जो और अधिक शिक्षा नहीं प्राप्त कर सकते) के स्कूल जाने के औसत वर्षों की संख्या के आधार पर लिया। इन सभी सदस्यों द्वारा स्कूल के वर्षों की औसत संख्या को सदस्यों की संख्या से भाग दे कर परिवार की शिक्षा का औसत निकाला

गया। परिवार के शिक्षा स्तर का पता लगाने की यह विधि निश्चय ही प्रश्न-चिन्ह लगाने योग्य है। यदि उन्होंने अन्य विद्वानों द्वारा आमतौर पर प्रयोग किए जाने वाली विधि का प्रयोग किया होता, तब उन्हें भिन्न परिणाम मिलते। केवल तर्क के लिए यदि यह मान भी लिया जाये कि परिवार के शिक्षा स्तर का पता लगाने की उनकी विधि सही थी तो स्नातक शिक्षा प्राप्त परिवारों में सभी एकल परिवार क्यों थे और एक भी परिवार संयुक्त क्यों नहीं था ? यदि अधिक शिक्षा संयुक्तता की वरीयता दर्शाती है, तब स्नातक परिवारों में मैट्रिक या गैर-मैट्रिक परिवारों की अपेक्षा संयुक्त परिवारों की अधिक संख्या होती। इन तर्कों के आधार पर परिवार संरचना और शिक्षा के बीच सम्बन्धों के प्रकार के विषय में देसाई के विचार से हम सहमत नहीं हैं। हमारी मान्यता है कि शिक्षा में वृद्धि एकलता के विचार को बढ़ावा देती है न कि संयुक्तता को।

रास (1961) ने कहा है कि मौजूदा व्यवसाय ऐसे हैं कि उन्हें विशिष्ट शिक्षा-दीक्षा और कुशलता की आवश्यकता अपने से ऊंचा उठाने के लिए बेटों को उच्च शिक्षा दिलाने हेतु सदैव महत्वाकांक्षी रहते हैं, विशेष रूप से शहरों में मध्यम और उच्च परिवारों में। कुछ गरीब माता-पिता इतने महत्वाकांक्षी होते हैं कि वे किसी भी कष्ट, बलिदान और मुसीबत की कीमत पर अपने बेटों को उच्चतम शिक्षा दिलाने को प्रयत्नशील रहते हैं। कभी-कभी तो वे स्वयं को ही प्रमुख आवश्यकताओं और सुविधाओं से वंचित रखते हैं। ऐसे मामलों में यदि दुर्भाग्यवश उनके बेटे परीक्षा में असफल हो जायें या एक योग्यता स्तर तक न पहुँच पाएँ, तो उनके माता-पिता निराश हो जाते हैं। कुछ ऐसे मामलों में वे अपने बच्चों को भला-बुरा भी कहना शुरू कर देते हैं। कभी-कभी यह इतना अधिक हो जाता है कि उनके लड़कों की सफलता प्राप्त करने की योग्यता और इच्छा ही समाप्त हो जाती है और वे परिवार से नाता तोड़ लेते हैं। दूसरी ओर कुछ ऐसे माता-पिता भी होते हैं जो अपनी गरीबी के कारण अपने बच्चों की शिक्षा के प्रति अति महत्वाकांक्षी नहीं होते लेकिन उनके बच्चे अत्यधिक महत्वाकांक्षी होते हैं। इसलिए वे (बच्चे) अपने माता-पिता को छोड़कर भिन्न शहरों या कस्बों में शिक्षा प्राप्त करने चले जाते हैं। आर्थिक रूप से अपनी सहायता स्वयं करने के लिए वे ट्यूशन या नौकरी कर लेते हैं। इस प्रकार ये बच्चे धीरे-धीरे अपने परिवारों से नाता तोड़ लेते हैं। शादी के बाद भी वे शहरों में ही रहना जारी रखते हैं। इस प्रकार से शिक्षा उनके परिवार को प्रभावित करती है (वही; 208-231)। स्त्रियों के मामले में भी शिक्षित लड़कियों का दृष्टिकोण अपने पति, बच्चों व परिवार के प्रति बदल जाता है और वे अपनी रूढ़िवादी सास से भिड़ जाती हैं और पृथक घर में रहने पर जोर देती हैं। यह सब परिवार के स्वरूप पर शिक्षा के प्रभाव को दर्शाता है। जैसे-जैसे शिक्षा का स्तर उठता है, एकल परिवार के पक्षधर लोगों का प्रतिशत भी बढ़ता है तथा संयुक्त परिवार में रहने की इच्छा वाले लोगों का प्रतिशत घटता जाता हैं।

वैधानिक उपाय (Legislative Measures)

वैधानिक उपायों का भी समाज पर प्रभाव पड़ता है। बाल विवाह का निषेध और बाल विवाह प्रतिबन्ध अधिनियम, 1929, (1976 में संशोधित) तथा हिन्दू विवाह अधिनियम, 1955 ने शिक्षा के लिए उपलब्ध अवधि बढ़ा दी है तथा विवाह के बाद नये वातावरण में

दम्पत्तियों के अनुकूलन में कार्यात्मक योगदान दिया है। साथी के चुनाव में स्वतंत्रता और विशेष विवाह अधिनियम, 1954 के आधार पर एक आयु के बाद माता-पिता की अनुमति के बिना किसी भी जाति व धर्म में विवाह करना, विधवा पुनर्विवाह अधिनियम, 1856 के अनुसार विधवा पुनर्विवाह की अनुमति, हिन्दू विवाह अधिनियम, 1955 के आधार पर किसी भी समय विवाह विच्छेद, तथा हिन्दू उत्तराधिकार अधिनियम, 1956 के अनुसार पिता की सम्पत्ति में से पुत्री को हिस्सा देना जैसे कानूनों ने न केवल व्यक्तिगत सम्बन्धों में और परिवार रचना में सुधार किया है बल्कि संयुक्त परिवार में स्थायित्व भी प्रदान किया है।

उत्तराधिकार अधिनियम, 1956, हिन्दू विधवा पुनर्विवाह अधिनियम, 1856, सती प्रथा निषेध अधिनियम, 1987, दहेज निषेध अधिनियम, 1961, अनैतिक धन्धा निरोधक अधनियम, 1956 (SIT फिर से नाम दिया गया) तथा स्त्रियों के अभद्र प्रदर्शन (निषेध) अधिनियम, 1986, आदि इन सभी अधिनियमों ने समाज में स्त्रियों के स्तर को उठाने और उनके प्रति हिंसा और उनका शोषण रोकने में योगदान किया है। नागरिक अधिकार सुरक्षा अधिनियम, 1955, अस्पृश्यता अधिनियम, 1955 तथा अनुसूचित जाति और जन जाति (अत्याचार के विरुद्ध निरोधक) अधिनियम, 1989 ने समाज के कमजोर वर्गों का शोषण रोक दिया है। इन अधिनियमों के अलावा, बन्धुआ मजदूर प्रथा (उन्मूलन) अधिनियम, 1976, बाल श्रम (निषेध और नियमतीकरण) अधिनियम, 1986, मानवाधिकार संरक्षण अधिनियम, 1993, समान पारिश्रमिक (remuneration) अधिनियम, 1976, मुस्लिम महिला (तलाक से संरक्षण का अधिकार) अधिनियम 1986, ने समाज के अनेक पीड़ित श्रेणियों को राहत पहुँचायी है।

जाति व्यवस्था में परिवर्तन
(Change in Caste System)

जाति व्यवस्था में होने वाले परिवर्तनों की चर्चा अध्याय 2 ("सामाजिक स्तरीकरण") में की गयी है।

सामाजिक आन्दोलन और सामाजिक चेतना
(Social Movements and Social Awareness)

विभिन्न प्रकार के आन्दोलनों ने विभिन्न प्रकार के समूहों में अधिकारों के प्रति चेतना जागृत की है। जनजातियों, किसानों, स्त्रियों, और पिछड़ी जातियों के आन्दोलनों की चर्चा "सामाजिक परिवर्तन और आधुनिकीकरण" अध्याय 16 में की गयी है। यहां हम विशेष रूप से तीन आन्दोलनों—नारीवाद (feminism), वैश्वीकरण (globalization), और जाति-विरोधी (anti-casteism)—की चर्चा करेंगे।

नारीवाद (Feminism)

1950 तक हमारे समाज में नारी हर प्रकार से पुरुषों के आधीन थी। समाज में उसका अधीनस्थ और द्वैतियक स्थान था। आज स्त्रियाँ अपने अधिकारों के प्रति जागरूक हो गई हैं। वे समानता के अवसर चाहतीं हैं और अपनी पहचान अलग से चाहती हैं। यद्यपि उच्च स्थिति पदों में स्त्रियों के अनुपात में कुछ वृद्धि हुई है, फिर भी स्त्रियों के प्रति हिंसा की दर

बढ़ रही है। नारीवादी आन्दोलन स्त्रियों को अपनी इच्छा की भूमिका निर्वाह के अवसर चाहते हैं। इसमें आश्चर्य नहीं कि सामाजिक वैज्ञानिकों, बुद्धिजीवियों और पत्रकारों ने लिंग-निरपेक्ष (gender-neutral) भाषा में बोलना शुरू कर दिया है। स्त्रियों की प्राथमिकताऐं और पितृतन्त्र के विषय सभी सामाजिक-राजनैतिक चर्चाओं का हिस्सा बन गए हैं। नारीवादी आन्दोलनों ने यह भाव (sentiment) विकसित किया है कि राजनैतिक और सार्वजनिक जीवन की मुख्य धारा बहुसंख्यकों के मूल्यों और अनुभवों से बहुत दूर हो गई है। नारीवादी नारा "व्यक्तिगत राजनैतिक है" (personal is political) केवल वैचारिक अभिव्यक्ति नहीं है बल्कि यह तो सामाजिक परिवर्तन के लिए एक कार्यक्रम है।

वैश्वीकरण (Globalisation)

वैश्वीकरण एक सामाजिक प्रक्रिया है जिसमें सामाजिक और सांस्कृतिक प्रबन्धों में भौगोलिक बन्धन कम हो जाते हैं और जिसमें लोग अधिकाधिक जागृत हो जाते हैं कि वे (भौगोलिक बन्धन) कम होते जा रहे हैं (Malcom Waters, 1995: 3)। इस प्रकार वैश्वीकरण की प्रक्रिया में भौतिक दूरी और बाधाएं सामाजिक और सांस्कृतिक मामलों में संचार और विनिमय में कम महत्त्वपूर्ण हो गए हैं। पचास वर्ष पूर्व ग्रामों से नगरों की ओर गतिशीलता होती थी, फिर यह शहर और शहर के बीच अधिक हो गई, क्षेत्र से क्षेत्र के बीच बढ़ गई, और अब यह एक देश से दूसरे देश के बीच अधिक हो गई है। हर आदमी जानता है कि आज लोगों तथा वस्तुओं को अतीत की अपेक्षा अधिक तेजी से लाया ले जाया जा सकता है और शब्द तथा सन्देश सारी दुनिया में मिनटों व क्षणों में भेजे जा सकते हैं। पचास वर्ष पूर्व वाणिज्य व्यापार सम्बन्धी सन्देश, या सामाजिक संस्कृति और यहां तक कि राजनैतिक सन्देश भी काफी प्रयत्न और कई सप्ताह में पहुंचते थे, लेकिन आज कुछ ही मिनट लगते हैं। इस प्रकार आर्थिक जीवन, राजनीति, और संस्कृति में समकालीन जीवन में भूमण्डलीकृत आयाम स्पष्ट दिखाई देता है। विविध स्तर पर बढ़ती हुई अन्तर्क्रिया के साथ ही हर स्तर पर प्रतिक्रिया जल्दी ही होने लगती है। स्थानीय, राज्य, राष्ट्रीय एवं अन्तर्राष्ट्रीय स्तरों पर परस्पर सहयोग ने कार्यवाही और पहचान को प्रभावित किया है।

भारत में लोगों के बीच वैश्वीकरण के परिणाम अब आर्थिक, राजनैतिक और सांस्कृतिक क्षेत्रों में देखे जाते हैं। *आर्थिक* प्रभाव व्यापार के रास्तों, व्यापार विकास, आर्थिक स्वतंत्रता, विश्व में पूंजी के विस्तृत फैलाव, आदि में दृष्टिगोचर हो रहे है। राजनैतिक परिणाम यह है कि ब्लाक-विस्तृत अन्तर्सरकारी संस्थाएं (block-wide inter-governmental institutions) सार्वभौमिक शक्ति और उपस्थिति के साथ विकसित हुई हैं। 'राष्ट्र-राज्य' (nation-state) अब जीवन की बड़ी समस्याओं के लिए बहुत छोटे रूप में देखे जाते हैं। 'राष्ट्र-राज्यों' ने बड़ी समस्याओं का प्रभावशाली ढंग से सुलझाने के लिए बड़ी इकाइयों की खातिर कुछ शक्ति कम कर दी है। संक्षेप में, आधुनिक 'राष्ट्र-राज्य' की शक्ति कम हो गई है, भूमण्डलीय संस्थाओं का विकास हुआ है और एक 'अतिरिक्त राष्ट्रीय राज्य' (supra-national state) का उदय हुआ है। सांस्कृतिक परिणाम यह हुआ है कि विश्व स्तर पर एक सामान्य (common) संस्कृति का विकास हुआ है। यहां संस्कृति को अधिक सामान्य अर्थों में प्रयोग किया गया है। इसका अर्थ 'जीवन के तरीके' (way of life) से

लगाया गया है। इसमें न केवल आर्थिक, राजनैतिक व सामाजिक प्रतिमान बल्कि अवकाश (खाली समय) (leisure) और उपभोग (consumption) भी निहित हैं। फेदरस्टोन (Featherstone) ने सांस्कृतिक वैश्वीकरण का उदाहरण देते हुए भूमण्डलीय वित्तीय बाजार के विकास का उदाहरण दिया है जिसमें प्रमुख कर्मी अनेक व्यापारों और जीवन शैली के प्रतिमानों और मूल्यों में हिस्सा लेते हैं जैसे, खाली समय और काम में सन्दर्भों के अन्तर्राष्ट्रीय स्वरूप को काम में लाना। उपभोग के कुछ अन्य क्षेत्रों, जैसे 'फास्टफूड' 'विश्व' कारों का भी भूमण्डलीकरण हो चला है। परन्तु सांस्कृतिक भूमण्डलीकरण का अर्थ यह नहीं है कि सांस्कृतिक अन्तर है ही नहीं (देखें, Mike O' Donnel, op.cit., 596-97)।

जातिवाद विरोध (Anti Casteism)

जाति शोषण और जातिवाद के विरोध और जाति समानता तथा निम्न जाति के लोगों को विशेष अधिकार देने के पक्ष में आन्दोलन हुए हैं। यह आन्दोलन सांस्कृतिक तथा संरचनात्मक आयामों, दोनों में हुए हैं। सांस्कृतिक रूप में, जाति प्रतिबन्धों पर प्रहार करके और सामाजिक आन्दोलनों के यथार्थ को तथा सामाजिक गतिशीलता को स्वीकारते हुए उन्होंने जाति-पूर्वाग्रहों का विरोध किया है। जातिवाद विरोध संरचनात्मक पक्ष संस्थाओं के भीतर शक्तिहीनता की बात पर ध्यान आकर्षित करता है, जैसे व्यापार, नौकरी, शिक्षा, विधान, आदि।

उपसंहार में यह कहा जा सकता है कि परिवर्तन की शक्तियों का, जिनका सामना आज का भारत कर रहा है, केवल प्रकार्यात्मक पक्ष ही नहीं है बल्कि उनका विकार्यात्मक (dysfunctional) पक्ष भी है। जाति, नृजातीय और स्वार्थी समूहों की राजनीति पर आधारित, सांस्कृतिक, राजनैतिक व सामाजिक तनाव जो आज व्याप्त हैं, स्वतंत्रता के बाद से ही इस प्रक्रिया के अंग रहे हैं। आज परिवर्तन का सांस्कृतिक पक्ष न केवल दलितों, धार्मिक अल्प संख्यकों और स्त्रियों द्वारा नवीन पहचान की खोज में परिलक्षित हो रहे हैं बल्कि मीडिया द्वारा उनकी समस्याओं को उजागर किया जाना महत्त्वपूर्ण हो गया है। जैसे जैसे विकास कार्यक्रम गति पकड़ते हैं, वैसे सामाजिक असमानताओं का उतना ही तीव्र होना आवश्यक हो जाता है। इन मामलों पर मीडिया की रिपोर्ट के साथ ही असमानताओं की अभिव्यक्ति खतरनाक रूप से परिवर्तन की दिशा धारण कर लेती है जिसका परिणाम विविध प्रकार की चरम परिणितियों (extremisms) में होता है।

2

सामाजिक स्तरीकरण

(Social Stratification)

जाति व्यवस्था और सामाजिक स्तरीकरण

(Caste System and Social Stratification)

समाज इस प्रकार श्रेणीक्रम समूहों में विभाजित हैं कि यद्यपि विविध समूह परस्पर सम्बन्धों में असमान समझे जाते हैं लेकिन एक ही समूह के सदस्य समान माने जाते हैं। सामाजिक स्तरीकरण के दो प्रमुख आधार जाति और वर्ग है, लेकिन कुछ अन्य मान्य आधार आयु, लिंग, प्रजातीय/नृजातीय भी हैं। सामाजिक स्तरीकरण सामाजिक विभेदीकरण से भिन्न है। 'विभेदीकरण व्यापक अर्थ में प्रयोग होता है क्योंकि यह तुलना के उद्देश्य से व्यक्तियों और समूहों को एक दूसरे से अलग और स्पष्ट करता है। उदाहरणार्थ वर्ग के भीतर ही आय (उच्च, मध्यम और निम्न), व्यवसाय (उच्च स्थिति वाला और निम्न स्थिति वाला), और शिक्षा (उच्च स्तर, मध्य स्तर और निम्न स्तर), तुलना और विभेदीकरण का आधार प्रदान करते हैं। स्तरीकरण तब होता है जब भेद श्रेणीबद्ध क्रम में अंकित किए जाते हैं।

जाति : एक इकाई (समूह) और व्यवस्था के रूप में

(Caste : As a Unit (group) and a System)

भारत में जाति और वर्ग श्रेणीबद्ध क्रम के आधार के रूप में प्रयोग किए जाते हैं। परन्तु जाति को, जो धार्मिक विश्वास में आबद्ध है, स्तरीकरण के सामाजिक, आर्थिक और धार्मिक उद्देश्यों के लिए महत्वपूर्ण आधार माना जाता है। 'जाति' एक आनुवांशिक सामाजिक समूह है जो अपने सदस्यों को सामाजिक गतिशीलता (यानी सामाजिक प्रस्थिति बदलने) की अनुमति प्रदान नहीं करती। इसमें जन्म के अनुसार प्रस्थिति अथवा श्रेणी निर्धारित होती है जो व्यक्ति के व्यवसाय, विवाह, और सामाजिक सम्बन्धों को प्रभावित करती है।

जाति एक इकाई (समूह) और व्यवस्था दोनों ही रूप में प्रयोग होती है। इकाई के रूप में जाति एक 'बन्द-क्रम (closed) प्रस्थिति समूह' होती है, अर्थात् एक ऐसा समूह जिसमें सदस्यों की प्रस्थिति, उनका पेशा, जीवनसाथी के चयन का क्षेत्र, तथा दूसरों के साथ अन्तर्क्रिया, आदि निश्चित होते हैं। व्यवस्था के रूप में, जाति का अर्थ 'प्रतिबन्धों की सामूहिकता, (collectivity) से होता है, जैसे सदस्यता परिवर्तन, व्यवसाय, विवाह और सहभोज तथा सामाजिक सम्बन्ध आदि पर प्रतिबन्ध। इस सन्दर्भ में एक पूर्वधारणा यह है कि कोई भी जाति पृथक नहीं रह सकती अथवा प्रत्येक जाति दूसरी जातियों से आर्थिक,

राजनैतिक और संस्कार सम्बन्धों (ritualistic relations) के जाल में जुड़ी हुई है।

जाति : संरचनात्मक और सांस्कृतिक अवधारणाएँ (Caste : Structural and Cultural Concepts)

जाति को संरचनात्मक तथा सांस्कृतिक संदर्भों में देखा जाता है। संरचनात्मक आधार पर यह अन्तः सम्बद्ध प्रस्थितियों, विविध-निषेधों के आधार पर जातियों के बीच प्रतिमानित (patterned) अन्तर्क्रिया, और सामाजिक सम्बन्धों के एक स्थाई स्वरूप (stable set) की ओर संकेत करती है। सांस्कृतिक आधार पर इसको मूल्यों, विश्वासों और प्रथाओं की व्यवस्था के रूप में देखा जाता है। अधिकतर विद्वानों ने जाति को एकात्मकता (solidarity) के रूप में देखा है, न कि मूल्यों और अभिवृत्तियों की सामूहिकता के रूप में। जाति व्यवस्था की संरचना ऐसी है कि इसमें प्रस्थितियों, भूमिकाओं और सामाजिक प्रतिमानों के संदर्भ में प्रत्येक जाति के सदस्यों की, और प्रत्येक जाति को एक समूह के रूप में भी, एक परस्पर सम्बन्ध अधिकारों और दायित्वों की सुगठित व्यवस्था (organised pattern) मिलती है।

संरचनात्मक अर्थ में बूगिल (Bougle, 1958 : 9) ने जाति को "आनुवांशिक रूप से विशिष्ट (specialised) और श्रेणीक्रम में व्यवस्थित (hierarchically arranged) समूह कहा है, जबकि व्यवस्था के रूप में उन्होंने इसके तीन लक्षणों की व्याख्या की है : श्रेणीक्रम, आनुवांशिक विशिष्टीकरण, और विकर्षण (repulsion)। अन्तिम लक्षण की व्याख्या करते हुए उसने दावा किया है कि विभिन्न जातियां परस्पर आकर्षण (attract) की अपेक्षा प्रतिकर्षण (repel) करती हैं। यह विकर्षण अन्तर्विवाह, सहभोज निषेधों, और सामाजिक सम्पर्कों में प्रकट होते हैं। परन्तु यह व्याख्या सत्य नहीं है। जातियों के बीच प्रतिकर्षण न तो दिखाई देता है और न ही देखा जा सकता है क्योंकि उन्हें (जातियों को) एक दूसरे की आवश्यकता होती है। कैथलीन गफ़ (Kathleen Gough, Cf. Leach, 1960: 11) जाति को पदक्रम जन्म-प्रस्थिति (ranked birth-status) समूह कहती है जो प्रायः अन्तर्विवाही (endogamous) होते हैं और एक व्यवसाय से जुड़ाव रखते हैं"। सेनार्ट (Senart, 1930) ने जाति को एक "ऐसा बन्द संघ (corporation) कहा है जो आनुवांशिक दूसरी जातियों के साथ एक से पेशे से सम्बन्धित, तथा एक परिषद् (council) से संचालित होता है जो अपने सदस्यों पर दण्ड द्वारा नियंत्रण रखता है।" इस परिभाषा में 'बंद संघ' पर प्रश्न चिन्ह लगाया गया है। इसके अतिरिक्त, सभी जातियों में परिषद् (पंचायत) नहीं होतीं। बेली (Bailey) और श्रीनिवास ने जाति को 'संरचना' के रूप में माना है और जाति की परिभाषा नहीं दी है। एन.के.दत्त (N.K. Dutt, 1931 : 3-4) ने जाति व्यवस्था का वर्णन करते हुए इसके द्वारा विवाह, खानपान, व्यवसाय व आनुवांशिक सदस्यता में परिवर्तन पर प्रतिबन्ध की चर्चा की है। इसके साथ उसने जातियों के श्रेणीक्रम में वर्गीकरण की बात भी कही है। ओपलर मारिस (Opler Morris, 1950 : 284) मानता है कि जाति की छोटी सी परिभाषा सन्तोषजनक नहीं है, इसलिए जाति के लक्षण बताना ही अधिक प्रभावी है। उसने जाति व्यवस्था के तीन प्रमुख लक्षण बताये हैं: आनुवांशिक सदस्यता, अन्तर्विवाह, तथा सामाजिक अन्तर्क्रिया को नियमित करने वाले प्रतिमान। (Ghurye, 1957 : 2-19) ने भी जाति व्यवस्था की ऐसी ही विशेषताएं बताई है। आनुवांशिक सदस्यता के अतिरिक्त,

जाति पंचायत, श्रेणीक्रम, और अन्तर्विवाह जैसे लक्षण बताते हुए उसने भोजन व सामाजिक अन्तर्क्रिया पर प्रतिबन्ध, व्यवसाय के असीमित चयन की कमी, और नागरिक (civil) तथा धार्मिक निर्योग्यताओं की ओर भी संकेत किया है। विक्टर डिसूजा (Victor D'souza,1969 : 72) ने जाति व्यवस्था की परिभाषा के सन्दर्भ में कहा है कि "जाति व्यवस्था उन आनुवांशिक समूहों का प्रस्थिति श्रेणीक्रम (status hierarchy) की संरचना में एकीकरण (integration) है जो आपसी संबंधों में तो विषमांगी (heterogenous) हैं परन्तु आंतरिक रूप से वे समरूप (homogenous) हैं। यह अवधारणा जाति व्यवस्था को समाज में आनुवांशिक समूहों के बीच श्रेष्ठ या आधीन सम्बन्ध बताती है तथा उन दशाओं का वर्णन भी करती है जिनमें ऐसे सम्बन्ध स्थापित होते हैं।

योगेन्द्र सिंह (1974 : 319) मानते हैं कि संरचनात्मक रूप से जाति व्यवस्था दो प्रवृत्तियां (tendencies) एक साथ प्रदर्शित करती है : एक खण्डों में विभक्त (segmental) और दूसरी समन्वित (organic)। खण्डित यथार्थ के रूप में प्रत्येक जाति या उप-जाति परस्पर विकर्षण (mutual repulsion), सामाजिक दूरी व सामाजिक असमानता को दर्शाती है, किन्तु एक समन्वित व्यवस्था के रूप में जाति खण्ड (segments) जजमानी प्रथा के माध्यम से पारस्परिकता के सिद्धान्त द्वारा आपस में जुड़े हुए होते हैं। बेली (Bailey) ने जाति स्तरीकरण के सन्दर्भ में कहा है कि यह "बन्द समन्वित स्तरीकरण" है और इसके विपरीत वर्ग "खण्डित स्तरीकरण" है। जाति व्यवस्था में सामाजिक खण्ड (जातियां व उपजातियां) सहयोग के माध्यम से अन्तर्क्रिया करते हैं और वर्ग व्यवस्था में *प्रतियोगिता* के माध्यम से करते हैं।

जाति : अध्ययन के तीन परिप्रेक्ष्य (Caste : Three Perspectives of the Study)

भारत में जाति व्यवस्था का अध्ययन तीन परिप्रेक्ष्यों में किया गया है : भारतशास्त्रीय (Indological), सामाजिक-मानवशास्त्रीय, और समाजशास्त्रीय। भारतशास्त्रीय विद्वानों ने जाति को धर्मग्रंथ संबंधी (scriptural) दृष्टिकोण से, मानवशास्त्रियों ने संस्कृति दृष्टिकोण से, और समाजशास्त्रियों ने सामाजिक स्तरीकरण की दृष्टि से देखा है।

भारतशास्त्रीय परिप्रेक्ष्य में जाति व्यवस्था की उत्पत्ति, उद्देश्य और भविष्य आदि के अध्ययन के लिए धर्मग्रन्थों को आधार बनाया गया है। जिन्होंने इस परिप्रेक्ष्य का प्रयोग किया है उनका मानना है कि वर्णों की उत्पत्ति ब्रह्मा के शरीर से हुई और जातियां वर्ण व्यवस्था में विखंडित इकाइयां (fissional units) हैं जिनका विकास अनुलोम और प्रतिलोम विवाहों के फलस्वरूप हुआ। यद्यपि विविध जातियों द्वारा माने जाने वाले रीति रिवाज 200-100 B.C. में लिखी गयी स्मृतियों में विहित (prescribed) हैं परन्तु क्षेत्रीय, भाषायी, नृजातीय (ethnic) और फ्रिकापरस्त (sectarian) भिन्नताएं धीरे-धीरे जाति सम्बन्धों को प्रभावित करती रहीं। भारतशास्त्रियों के अनुसार जातियों की उत्पत्ति श्रम विभाजन के उद्देश्य से हुई। धीरे-धीरे जातियां अधिक कठोर होती गईं तथा सदस्यता और व्यवसाय आनुवांशिक हो गए। जाति व्यवस्था में कठोरता 'कर्म' और 'धर्म' में विश्वास का परिणाम है जिसका अर्थ है कि धर्म ही जाति परम्पराओं व नीतियों के लिए प्रेरक शक्ति (motivating power) था। भारतशास्त्री यह भी कहते हैं कि क्योंकि जातियां दैवीय (divine) हैं, अतः वे भविष्य

में भी जारी रहेंगी (Verma, 1972 : 159)।

सांस्कृतिक परिप्रेक्ष्य को ***मानवशास्त्रियों*** ने (Hutton, Risley, Kroeber) तीन दिशाओं में विभक्त किया है: संरचनात्मक, संस्थात्मक तथा सम्बन्धात्मक। संरचनात्मक दृष्टिकोण जाति व्यवस्था की उत्पत्ति, विकास और संरचना में परिवर्तन की प्रक्रिया पर केन्द्रित है। संस्थात्मक (institutional) दृष्टिकोण (Rex John) के अनुसार जाति व्यवस्था केवल भारत में ही पाई जाने वाली अनोखी व्यवस्था नहीं है, बल्कि यह अमरीका आदि में भी पाई जाती है। सम्बन्धात्मक (relational) दृष्टिकोण के अनुसार जाति स्थितियाँ सैन्य बलों, व्यापार, फैक्टरी, प्रबन्धन, राजनीति, आदि में भी देखी जा सकती हैं। इन संगठनों में जाति व्यवस्था तब कमजोर होती है जब गतिशीलता सामान्य होती है और तब दृढ़ होती है जब इसमें रुकावट हो।

समाजशास्त्रीय दृष्टिकोण जाति व्यवस्था को सामाजिक असमानता के रूप में देखता है। समाज के कुछ संरचनात्मक पक्ष होते हैं जो सदस्यों को विविध सामाजिक स्थितियों में विभाजित कर देते हैं।

तीन विविध प्ररिप्रेक्ष्यों के सन्दर्भ का यह अर्थ नहीं है कि समाजशास्त्री, भारतशास्त्रियों और मानवशास्त्रियों की भाँति जाति व्यवस्था की उत्पत्ति एवं विकास में रुचि नहीं रखते, या कि मानवशास्त्रियों को समाजशास्त्रियों की भाँति जाति व्यवस्था सामाजिक स्तरीकरण के परिणाम के रूप में स्वीकार्य नहीं है।

जाति और वर्ण, उपजाति और वर्ग (Caste and Varna, Sub-caste and Class)

जाति और वर्ण (Caste and Varna)

जाति और वर्ण दो भिन्न अवधारणाएँ हैं। सामाजिक संगठन का हिन्दू सिद्धान्त *वर्णाश्रम* संगठन के सन्दर्भ में ही है, जहाँ *वर्ण* और *आश्रम* संगठन दो अलग संगठनों के रूप में माने जाते हैं। आश्रम संगठन संसार में व्यक्ति के व्यवहार को जीवन की विविध अवस्थाओं में इंगित करता है, जबकि वर्ण संगठन उस कार्य से सम्बद्ध है जो व्यक्ति समाज में अपनी स्थिति (position) के अनुकूल तथा अपने जन्मजात स्वभाव व अपनी प्रवृत्तियों और प्रकृति के अनुसार करेगा। यद्यपि ऋग्वेद में दो वर्णों का ही उल्लेख है—आर्य और दास—और समाज के विभाजन का उल्लेख तीन क्रमों में है— ब्रह्म् (पुरोहित), क्षत्र (योद्धा) और विस (सामान्यजन)—लेकिन चौथे क्रम अर्थात शूद्र का कहीं भी उल्लेख नहीं है, यद्यपि आर्यों द्वारा घृणा किए जाने वाले समूहों का सन्दर्भ आता है, जैसे अयोग्य, चाण्डाल, और निषाद, आदि। ये चार क्रम अन्ततः चार वर्ण हो गए। वैदिक काल में उच्च या निम्न वर्ण जैसा कुछ नहीं था। समाज का चार वर्णों में विभाजन-ब्राह्मण, क्षत्रिय, वैश्य और शूद्र श्रम विभाजन पर आधारित था। प्रत्येक वर्ण के सदस्य अलग-अलग कार्य करते थे (क्रमशः पुजारी का, शासक व योद्धा का, व्यापार का और सेवाओं का), विभिन्न देवी देवताओं की पूजा करते थे और विविध-संस्कारों का पालन करते थे, लेकिन सह-भोज या सामाजिक सम्बन्धों या एक वर्ण से दूसरे वर्ण में परिवर्तन पर कोई प्रतिबन्ध नहीं थे। बाद में, जैसे-जैसे हम वैदिक काल (4000-1000 BC) से ब्राह्मण काल (230 BC से 700 AD.) तक चलते है, ये चारों वर्ण

श्रेणीक्रम में व्यवस्थित होते चले गए और ब्राह्मण सर्वोच्च शिखर पर रहे। एक दृष्टिकोण के अनुसार वर्ण का अर्थ होता है रंग, और शायद इसीलिए समाज का विभाजन गोरे और काले रंग के आधार पर हो गया। हट्टन (Hutton, 1963 :66) का विश्वास है कि यह सम्भव है कि यह रंग-भेद काफी मात्रा में प्रजाति (race) से सम्बद्ध है। होकार्ट (Hocart,1950 :46) के अनुसार रंग का सांस्कारिक (कर्मकांडी) (ritualistic) महत्त्व है न कि प्रजातीय (racial)।

वर्णों की उत्पत्ति की भाँति ही जातियों की उत्पत्ति की भी रिज़ले, घूर्ये, मजमूदार, आदि जैसे विद्वानों द्वारा प्रजातीय अर्थों में व्याख्या की गई है किन्तु यह नहीं कहा जा सकता कि जातियां वर्णों के उप-भाग (sub-divisions) हैं। जातियों की उत्पत्ति का वर्ण से कोई सम्बन्ध नहीं है। जातियों का श्रेणीक्रम और जाति की गतिशीलता वर्ण के संदर्भ में ही प्रयोग होने लगी। इस प्रकार *वर्ण* ने एक ऐसी रूपरेखा (framework) प्रस्तुत कर दी जिसमें जाति के प्रति सभी भारतीय विचार और सभी प्रतिक्रियाएं उसी में सम्मिलित हो गईं (Hsu, 1963: 96)। श्रीनिवास ने (1962:69) भी यह कहा है कि वर्ण ने एक सामान्य सामाजिक भाषा प्रदान की है जो सम्पूर्ण भारत के लिए सही है, अर्थात् इसने एक सरल और स्पष्ट योजना प्रदान कर के सामान्य स्त्री पुरुषों को जाति प्रथा समझने और अपनाने के योग्य बना दिया है जो भारत के सभी भागों में लागू है। उसने यह भी माना है कि वर्ण व्यवस्था का महत्व इस बात में निहित है कि इसने अखिल भारतीय स्तर पर एक ढांचा (frame) प्रदान किया है जिसमें निम्न जातियों ने सदैव उच्च जातियों के रीति रिवाजों को अपना कर अपनी प्रस्थिति को ऊंचा करने का प्रयत्न किया है। इससे समस्त हिन्दू समाज में समान संस्कृति के विस्तार में सहायता मिली है।

जाति और उप जाति (Caste and Sub-Caste)

जाति और उपजाति के बीच अन्तर स्पष्ट नहीं है क्योंकि दोनों के समान लक्षण हैं। एक उप-जाति जाति का ही उप-विभाजन है। 'ब्राह्मण' वर्ण और जाति दोनों में ही पदासीन हैं। कान्यकुब्ज, सरयूपारीण और गौड़ ब्राह्मण जाति के उदाहरण हैं, और श्रीमाली, पुरोहित और पुष्कर्ण ब्राह्मण उपजातियों के उदाहरण हैं, जबकि भारद्वाज, गौतम और कश्यप ब्राह्मण गोत्र हैं। जातियां और उप-जातियां अन्तर्विवाही समूह हैं लेकिन गोत्र बहिर्विवाही समूह हैं।

उप-जातियों की उत्पत्ति के विषय में दो दृष्टिकोण हैं : प्रथम कि उनका एक ही समूह के विखण्डन से उदय हुआ, और दूसरा कि उनका उदय स्वतंत्र समूहों के रूप में हुआ (A.C. Mayer, 1960 : Yogesh Atal, 1968; Iravati Karve, 1958; Chauhan, B.R, 1968 :44)। घूर्ये के अनुसार (1957 : 34) उपजातियों का जातियों में प्रभेद निम्न कारकों के आधार पर किया गया : क्षेत्रीय पृथकता, मिश्रित उत्पत्ति, व्यावसायिक श्रेष्ठता, व्यावसायिक प्रविधि (technique) में अन्तर, रीति रिवाजों में असमानता, और उपनाम का अपनना। रिज़ले (1915), हट्टन (1961 : 55) और मज़ूमदार (1958 -357) ने उपजाति को मुख्य जाति से अपनी प्रस्थिति को उठाने के लिए टूटने का परिणाम कहा है। बी.आर. चौहान (1968:45) ने माना है कि विखण्डन के कारण उपजाति का जन्म प्रव्रजन, रिवाजों के परिवर्तन, राजनैतिक

निर्णयों आदि कारकों के प्रकाश में समझाया जा सकता है। क्रिकपैट्रिक (Krickpatrick, 1912) ने कहा है कि उपजातियाँ, जो जातियों से विखण्डित समूह हैं, प्रारम्भ में प्रव्रजन (migration) तथा सामाजिक व राजनैतिक कारकों के परिणाम स्वरूप अस्तित्व में आई लेकिन आज वे किसी घृणित जाति में समृद्ध व्यक्तियों द्वारा अपने निम्न जातीय भाइयों से अलग होकर नये नाम से सामाजिक पैमाने में अपने को उठाने और अपने को किसी उच्च जाति से सम्बद्ध करने के प्रयत्नों के फलस्वरूप अस्तित्व में आ रही हैं। आन्द्रे बेतेइ (Andre Beteille) (1965) ने एक जाति द्वारा अनेक उपजातियों को अपने अर्न्तगत मिलाने तथा जाति के कार्यों में विविध ध्रुवता (multi-polarity) को प्रकाशित किया है।

आज जातियों और उप जातियों के विविध कार्य (function) और क्रियाकलाप (activities) हैं। उपजातियों द्वारा किए जाने वाले तीन कार्य हैं : विवाहों का नियंत्रण करना, सहभोज सम्बन्धों का प्रतिबन्ध, और एक वृहत समाज के भीतर ही रहन-सहन के अर्थ में साम्प्रदायिक जीवन या व्यवहार को संचालित करना। जातियों के तीन कार्य हैं : प्रस्थिति प्रदान करना, नागरिक और धार्मिक अधिकारों की सीमाओं को समाप्त करना, और व्यवसाय का निर्धारण करना। इन विशेषताओं के सन्दर्भ में घूर्ये (1957 :19) ने माना है कि "हमें उपजातियों को ही वास्तविक जातियों की मान्तया देनी चाहिए"। ए.सी.मेयर (Mayer, 1960 : 151) ने भी जाति से उपजाति को मान्यता देने की आवश्यकता के विषय में कहा है। उसने घूर्ये के जाति के सन्दर्भ को समाज के लिए सार्थक और उपजाति को व्यक्ति के सन्दर्भ में सार्थक माना है। एक ही जाति के भीतर सदस्यों के सन्दर्भ में उसने माना है कि उपजाति उनके लिए अधिक सार्थक है, जबकि अन्य जाति के सदस्यों के सन्दर्भ में उसका विचार है कि जाति पहचान का मुख्य बिन्दु है। इस प्रकार उसका विचार है कि एक दूसरे से अधिक यथार्थ न बन कर जाति और उपजाति सह-अस्तित्व बनाये रख सकती हैं।

जाति व्यवस्था की इकाई क्या है ? क्या यह जाति है या उपजाति ? श्रीनिवास (1952 : 24) का मत है कि 'उपजाति' ही जाति व्यवस्था की 'वास्तविक' इकाई है। परन्तु अपने अध्ययन में (कर्नाटक राज्य के मैसूर प्रदेश में रामपुरा गाँव में) उसने जाति को ही केन्द्र-बिन्दु माना था। मेयर (1960:8) के अनुसार क्षेत्रीय (regional) स्तर पर उपजाति अन्तर्जातीय तथा अन्तः जातीय सम्बन्धों की इकाई हो सकती है। लेकिन गाँव के भीतर अन्तर्जातीय सम्बन्ध उपजाति के बजाय जातियों के संदर्भ में देखे जाते हैं। इरावती कर्वे (1938 : 33) उपजातियों को विश्लेषण की 'अन्तिम इकाइयां' मानती हैं। घूर्ये (1950 : 20) की मान्यता है कि आमतौर पर जाति ही अधिकतर समाज के द्वारा मान्यता प्राप्त होती है लेकिन एक विशेष जाति या व्यक्तियों द्वारा उपजाति ही अधिक महत्वपूर्ण मानी जाती है। इसलिए हमें उपजाति को ही जाति संस्था के समाजशास्त्रीय रूप में सही दृष्टिकोण जानने के लिए मान्यता देनी चाहिए। स्टीवेन्सन (Stevenson, 1954) के अनुसार जाति और उपजाति की अवधारणाओं में भ्रम होने के कारण अच्छा तो यह है कि इन दोनों के बीच के अन्तर की उपेक्षा कर दी जाये। लेकिन ऐसा नहीं किया जा सकता क्योंकि दोनों के कार्य अलग-अलग हैं।

जाति और वर्ग (Caste and Class)

जाति और वर्ग, मैक्स वेबर के अनुसार, दोनों ही 'प्रस्थिति-समूह' हैं। प्रस्थिति समूह उन व्यक्तियों का समूह है जिनकी एक जैसी जीवन शैली होती है और जो एक ही प्रकार की चेतना अभिव्यक्त करते हैं। जहां जाति को एक निर्धारित सांस्कारिक (ritualistic) प्रस्थिति वाला आनुवांशिक समूह समझा जाता है वहीं सामाजिक वर्ग ऐसे लोगों क्री श्रेणी होती है जिनकी अपने सम्प्रदाय या समाज में अन्य खण्डों (segments) के साथ सम्बन्धों के अर्थ में समान सामाजिक-आर्थिक प्रस्थिति होती है। व्यक्ति और परिवार जो एक सामाजिक वर्ग बनाते हैं शैक्षिक, आर्थिक और प्रतिष्ठा प्रस्थिति में सापेक्ष रूप से समान होते हैं। वे जो एक ही सामाजिक वर्ग के रूप में वर्गीकृत हैं उनको जीवन के एक-समान अवसर प्राप्त होते हैं। कुछ समाजशास्त्री सामाजिक वर्गों को प्रकृति में प्रमुख रूप से आर्थिक मानते हैं जबकि कुछ अन्य विद्वान दूसरे कारकों पर बल देते हैं, जैसे प्रतिष्ठा, जीवन शैली, अभिवृत्तियाँ, आदि। जाति व्यवस्था की विशेषता 'संचित असमानता' (cumulative inequality) है, लेकिन वर्ग व्यवस्था की विशेषता 'विकीर्ण (dispersed) असमानता, है। एक वर्ग के सदस्यों की समाज में अन्य वर्गों के साथ एक समान सामाजिक-आर्थिक प्रस्थिति होती है, जबकि जाति के सदस्य अन्य जातियों के साथ उच्च या निम्न प्रस्थिति अनुभव करते है। जाति भारत में पाई जाने वाली अनोखी व्यवस्था है (Leach and Dumont) लेकिन वर्ग विश्वव्यापी सार्वभौमिक घटना है। जाति गांव में एक सक्रिय राजनैतिक शक्ति के रूप में काम करती है न कि वर्ग के रूप में। आन्द्रे बेतेई ने दक्षिण भारत में श्रीपुरम में जाति और वर्ग के अध्ययन में पाया कि साम्प्रदायिक और राजनैतिक कार्यवाही के लिए वर्ग आधार नहीं होता। इस सन्दर्भ में लीच (1960) ने कहा है कि जब जाति आर्थिक और राजनैतिक कार्य करती है और दूसरी जातियों के साथ प्रतिस्पर्धा करती है तो यह जाति सिद्धान्तों की परवाह नहीं करती। गफ़ और रिचर्ड फाक्स (Gough and Richard Fox) ने भी यही स्थिति मानी है। परन्तु एम.एन. श्रीनिवास (1972 : 7) लीच के साथ इस बिन्दु पर सहमत नहीं है। उनकी मान्यता है कि जातियों के भीतर प्रतिस्पर्धा को जाति सिद्धान्तों की परवाह न करना नहीं कहा जा सकता। यह सत्य है कि जातियाँ एक दूसरे पर निर्भर हैं (यजमानी प्रथा) लेकिन इस अन्तर्निभरता के साथ जातियां राजनैतिक और आर्थिक शक्ति तथा सांस्कारिक प्रस्थिति प्राप्त करने के लिए आपस में प्रतिस्पर्धा करती हैं। जाति और वर्ग के बीच एक और अन्तर यह है कि जाति की समन्वित (organic) विशेषता होती है लेकिन वर्ग खण्डों (segments) में बँटा होता है। जाति व्यवस्था में उच्च जातियां निम्न जातियों की सेवाओं के लिए आपस में स्पर्धा करती हैं लेकिन वर्ग व्यवस्था में निम्न वर्ग उच्च वर्ग का संरक्षण प्राप्त करने के लिए परस्पर प्रतिस्पर्धा करते हैं (Leach : 1960 : 5-6)। जाति व्यवस्था में किसी जाति की प्रस्थिति आर्थिक व राजनैतिक विशेषाधिकारों से निर्धारित नहीं होती बल्कि सत्ता की कर्मकांडी (ritual) वैधानिकता से होती है, अर्थात् जाति व्यवस्था में कर्मकांडी प्रतिमान शक्ति और धन के प्रतिमानों की परिधि में नहीं होते हैं (Dumont)। उदाहरणार्थ, यद्यपि ब्राह्मणों के पास आर्थिक या राजनैतिक शक्ति नहीं होती, फिर भी जाति श्रेणीक्रम में उनका स्थान सर्वोपरि होता है। वर्ग व्यवस्था में कर्मकांडी प्रतिमानों (ritual norms) का कोई

महत्व नहीं होता बल्कि शक्ति और धन ही व्यक्ति की प्रस्थिति का निर्धारण करते हैं। बेली डयूमान्ट के कथन से सहमत नहीं है कि आर्थिक मूल्यों के बजाय धार्मिक विचार प्रत्येक जाति के क्रम को स्थापित करते हैं। वे कहते हैं कि यदि हम इस कथन को स्वीकार कर लें तो इसका अर्थ होगा कि आर्थिक संसाधनों पर नियंत्रण में परिवर्तन क्रम (rank) में परिवर्तन किये बिना हो सकते हैं। यह केवल आंशिक सत्य है। ब्राह्मणों और अस्पृश्यों के लिए यह सत्य हो सकता है लेकिन मध्य जातियों के लिए नहीं। बिस्सीपारा (Bisipara) में अपने अध्ययन में (1957 : 264-65) उसने पाया कि धन में परिवर्तन से क्रम (rank) में परिवर्तन आ जाता है। अन्त में, सामाजिक गतिशीलता जाति व्यवस्था में सम्भव नहीं है लेकिन वर्ग व्यवस्था में प्रस्थिति परिवर्तन सम्भव है। डी.एन. मजूमदार (1958) ने इस सन्दर्भ में जाति को बन्द वर्ग के रूप में समझाया है। एम.एन. श्रीनिवास ने इस विचार को स्वीकार नहीं किया है। वह मानता है (1962 :42) कि गतिशीलता केवल संस्कृतीकरण और पश्चिमीकरण की प्रक्रियाओं से ही सम्भव है। आन्द्रे बेतेई (1965) ने भी कहा है कि कोई भी सामाजिक व्यवस्था पूर्णरूपेण बन्द नहीं होती। वैकल्पिक समन्वय के लिए थोड़ा ही भले हो लेकिन विस्तार की गुंजाइयश होती है।

गैर-हिन्दुओं में जाति व्यवस्था (Caste System Among Non-Hindus)

क्या जाति विशिष्ट (particularistic) या सार्वभौमिक (universalistic) घटना है ? क्या यह अनोखी व्यवस्था केवल भारत में ही पाई जाती है या यह अन्य देशों में भी पाई जाती है ? मुख्य विचार यह है कि जाति को जब सांस्कृतिक घटना (विचारधारा या मूल्य व्यवस्था) के रूप में देखा जाता है तो यह केवल भारत में ही पाई जाती है और जब संरचनात्मक घटना के रूप में देखा जाता है तो यह अन्य समाजों में भी पाई जाती है।

स्वतंत्रता से पूर्व जनगणना आयुक्तों ने भारत में (वर्तमान पाकिस्तान सहित) जाति की तरह की अन्तर्विवाही समूहों और गैर-हिन्दुओं में व्यावसायिक विशिष्टीकरण होने की रिपोर्ट दी थी। एन.के. बोस के अनुसार (1949 : 1951) हिन्दुत्व से परिवर्तित मुस्लिम लोग भी जाति प्रारूप में अन्तर्विवाह और आनुवांशिक परम्परागत व्यवसाय को ही अपनाए हुए थे क्योंकि वे इसमें आर्थिक सुरक्षा का अनुभव करते थे। 1956 और 1965 के बीच आर.गुप्ता द्वारा 1956 में (उत्तरी पश्चिमी उत्तरप्रदेश के एक गांव के मुस्लिमों में), जी.अनसारी द्वारा 1960 में (Muslim Castes in U.P.), अहमद द्वारा 1962 में (On Muslim Castes in U.P.), एम. के. सिद्दीकी द्वारा 1970 में (Caste Among Muslims of Calcutta), गुहा द्वारा 1971 में (Rural Bengali Muslims), सांग्रे द्वारा 1959 में (on Jains), आई.पी.सिंह द्वारा 1958 में (सिखों पर), शिफरा स्ट्राहिजोणर (Suchifra Strezower) द्वारा 1959 में (Jews पर), और मैकिम मेरियट (McKim Marriott) द्वारा 1960 के दशक में किए गये अध्ययनों से गैर-हिन्दुओं में जाति प्रथा के प्रचलन का संकेत मिलता है (देखें Surajeet Sinha, "Caste in India", ICSSR Report on *A survey of Research in Sociology and Social Anthropology*, 1974 : 243)। डयूमान्ट, लीच, पोकाक, और टी.एन.मदान ने भारतीय सभ्यता के बाहर के लोगों का अध्ययन किया और उनमें जाति

की सामाजिक संरचना के लक्षण पाये। लीच ने अपने अध्ययन (Aspects of Caste in South India, Ceylon and North West Pakistan, 1960) में श्रीलंका में बौद्धों में तथा पाकिस्तान में स्वात (Swat) के मुसलमानों में जातियां देखीं। रयूक नाइट (Reuck Knight, 1987) और बेरीमैन (Berreman, 1966) में भी यूरोप और अमरीका में प्रजातीय स्तरीकरण में जाति व्यवस्था की कुछ विशेषताएं और जापान में अस्पृश्य जातियों को सन्दर्भित किया है। स्तरीकरण के जाति और प्रजाति व्यवस्था की तुलना के बावजूद भी यह कहना अधिक सही होगा कि संरचनात्मक तथा सांस्कृतिक दृष्टि दोनों से जाति प्रथा उन क्षेत्रों तक ही सीमित है जहां भारतीय सभ्यता के कुछ तत्व पाए जाते हैं। इन क्षेत्रों की जनसंख्या अनेक अन्तर्विवाही सामाजिक इकाइयों में विभक्त है जो वर्ण नमूने के क्षेत्रीय प्रतिदर्श को अपनाए हुए श्रेणीक्रम में अन्तर्क्रिया करते हैं।

योगेन्द्र सिंह (Sociology of Social Stratification, *A Survey of Research in Sociology and Social Antiropology*, Vol. 1, 1974 : 316) ने सैद्धान्तिक रचना के दो स्तरों के बीच अन्तर करते हुए जाति के प्रति चार दृष्टिकोणों का सन्दर्भ दिया है : सांस्कृतिक व संरचनात्मक तथा सार्वभौमिक व विशिष्टीकरण। ये चार दृष्टिकोण हैं : सांस्कृतिक-सार्वभौमिक, सांस्कृतिक-विशिष्टीकरण, संरचनात्मक-सार्वभौमिक और संरचनात्मक-विशिष्टीकरण। लीच (1960) ने जब जाति के संरचनात्मक विशिष्टीकृत दृष्टिकोण का प्रयोग करते हुए माना है कि जाति प्रथा भारतीय समाज तक ही सीमित है, अन्य लोग जो जाति को संरचनात्मक सार्वभौमिक दृष्टिकोण से देखते है, मानते हैं कि भारत में जाति, सामाजिक स्तरीकरण के बन्द स्वरूप की एक सामान्य घटना है। घूर्ये (1957,1961) जैसे समाजशास्त्रियों का तीसरा दृष्टिकोण भी है जो जाति को सांस्कृतिक सार्वभौमिक घटना मानते हुए, (विशेष रूप से उस श्रेणीक्रम में जो व्यक्तियों या समूहों के क्रम को निश्चित करने का आधार बनाता है) कहते हैं कि जाति जैसा स्तरीकरण का आधार अधिकतर परम्परागत समाजों के रूप में भारत में जाति प्रस्थिति आधारित सामाजिक स्तरीकरण की सामान्य व्यवस्था का एक विशेष स्वरूप है। पूर्व में मैक्स वेबर द्वारा बनाया गया यह दृष्टिकोण समकालीन समाजशास्त्र में भी प्रचलित है। जाति पर चौथा विचार सांस्कृतिक-विशिष्टीकरण विचार है। डयूमान्ट (Louis Dumont, 1986, 1961) मानता है कि जाति केवल भारत में ही पाई जाती है।

योगेन्द्र सिंह (1974 :317) ने जाति के संरचनात्मक विशिष्टीकृत विचार को मानते हुए कहा है कि संस्थात्मक असमानता और इसके सांस्कृतिक व आर्थिक अवयव (coordinates) वास्तव में वे कारक हैं जो भारत में सामाजिक स्तरीकरण की अनोखी व्यवस्था के रूप में बनाए हुए हैं। संरचनात्मक दृष्टि से जाति व्यवस्था में चार मुद्दे (issues) विशेष महत्त्व के हैं : (i) जाति क्रम (ranking) निर्धारण में इकाई अवयवों (unit components) से सम्बद्ध (जैसे, वर्ण, जाति, उपजाति), (ii) जाति विलय (fusion) और विखण्डन (fission) के तरीके, जाति संघ निर्माण, जाति महासंघ या संस्कृतीकरण द्वारा नयी उपजाति बनाने से सम्बद्ध, (iii) सामाजिक गतिशीलता की प्रक्रिया में जाति प्रभुत्व व संघर्ष से सम्बद्ध, और (iv) जाति व्यवस्था में सामाजिक गतिशीलता के विस्तार से सम्बद्ध। इन सन्दर्भों में जाति केवल भारत में ही पाई जाती है।

जाति व्यवस्था में परिवर्तन: प्रारम्भ से मध्य और ब्रिटिशकाल तक— इसके सांस्कृतिक, आर्थिक और सामाजिक पक्ष
(Transformation of Caste System : From Early to Medieval and British Periods-Its Ritual, Economic and Social Aspects)

जाति व्यवस्था जैसी आज है यह अनेक शताब्दियों में विकसित हुई है। प्राचीन काल में (4,000 B.C. से 700 A.D., अर्थात् वैदिक, ब्राह्मण, मौर्य तथा मौर्योत्तर काल में (या सांगा, कुषाण और गुप्त काल), इसके कार्य और संरचना मध्य काल (राजपूत और मुस्लिम काल अर्थात् 700 A.D. से 1707 A.D. तक) और ब्रिटिश काल (अर्थात् 1757-1947 A.D.) से काफी भिन्न थी।

वैदिक काल (1500 B.C.-322 B.C.)

जाति व्यवस्था के प्रचलन से सम्बद्ध दो विचार हैं। एक सम्प्रदाय (Hang, 1863, Kern, N.K. Dutt and Apte 1940, B.R. Kable, 1979) का मानना है कि जाति व्यवस्था पहले से ही विद्यमान थी और ब्राह्मण, क्षत्रिय, वैश्य, जाति के तीन भाग थे जिन्हें ऋग्वेद काल के समाज ने स्पष्ट मान्यता प्रदान की थी। परन्तु शूद्र जाति विद्यमान नहीं थी। दूसरा सम्प्रदाय (Weler, 1882 और Ghurye, 1932) मानता है कि ये तीन जातियां नहीं वरन् वर्ण थे जो आनुवांशिक न होकर लचीले थे। ब्राह्मण काल में, जो ब्राह्मण और उपनिषदों के बाद का काल था, चार वर्णों की श्रेणीक्रम व्यवस्था स्थापित हो चुकी थी और आगे आने वाले समय में भी चलती रही। धर्म की आड़ में ब्राह्मण लोग विशेषाधिकारों का आनन्द लेते रहे जिसने उन्हें अनेक प्रतिबन्ध लगाने योग्य बनाया। यद्यपि ब्राह्मण और क्षत्रिय एक दूसरे पर श्रेष्ठता सिद्ध करने के लिए परस्पर संघर्षरत रहे लेकिन क्षत्रियों ने वैश्यों तथा शूद्रों के ऊपर अपनी शक्ति बढ़ा ली। विभिन्न सामाजिक समूहों के बीच सामाजिक सम्बन्धों के विषय पर संहिताओं और ब्राह्मणों में, जाति भिन्नताएं स्पष्ट होती गयीं। रामायण और महाभारत (epics) काल के पिछड़े भाग में पुजारी कार्य आनुवंशिक हो गया और अपरिहार्य रूप से ब्राह्मणों ने रक्त की पवित्रता और अन्य लोगों पर अपनी श्रेष्ठता प्राप्त करने पर ध्यान देना शुरु कर दिया। उन्होंने गृह सूत्र (700-300 B.C.) तथा धर्म सूत्र (600-300 B.C.) के माध्यम से सामाजिक व्यवहार और सम्बन्धों की संहिता बना दी। अतः यह कहा जा सकता है कि जाति प्रथा का प्रारम्भ-बिन्दु परावैदिक काल (800-500 B.C.) और महाकाव्य (रामायण-महाभारत) काल (500-200 B.C.) था। क्योंकि सामाजिक स्तरीकरण का आधार श्रम विभाजन था, इसलिए अपने मौलिक स्वरूप में यह जाति व्यवस्था की अपेक्षा वर्ग व्यवस्था अधिक थी। प्रजाति कारक, व्यावसायिक पूर्वाग्रह, कर्म का दर्शन, और शुद्धता तथा अशुद्धता की धार्मिक अवधारणा सभी ने जाति व्यवस्था की रचना में योगदान दिया।

मौर्य काल (322 B.C. से 184 B.C. तक) में सम्पूर्ण भारत एक शासक के आधीन प्रथम बार राजनैतिक रूप से एक हुआ। राजनैतिक एकता ने देश की सांस्कृतिक एकता को सुदृढ़ किया। कौटिल्य के लेख इस काल में जाति प्रथा के सामाजिक संगठन और कार्य प्रणाली पर प्रकाश डालते हैं। कौटिल्य (शूद्र शासक चन्द्र गुप्त मौर्य का एक ब्राह्मण मंत्री) ने

ब्राह्मणों द्वारा शूद्रों पर लगाए गए कई प्रतिबन्धों को हटाने का प्रयत्न किया और घोषणा की कि शाही कानून धर्म के कानून से ऊपर होंगे। चन्द्रगुप्त मौर्य के पौत्र अशोक के शासन काल में ब्राह्मणों के अधिकारों और विशेषाधिकारों को एक और आघात लगा। अशोक की धार्मिक नीति सहिष्णुता और सार्वभौमिक भ्रातृत्व पर आधारित थी जो जाति बन्धनों को नहीं मानती थी। इन सभी उपायों के कारण जाति प्रथा इस काल में एक कठोर संस्था के रूप में विकसित न हो सकी।

मौर्योत्तर काल में ब्राह्मण धर्म और जाति व्यवस्था को विकास के पुनर्जागरण के लिए फिर से प्रोत्साहन दिया गया। ब्राह्मणों ने मनुस्मृति (185 BC) में अपने लिए विशेषाधिकारों का प्रावधान किया और शूद्रों पर कठोर प्रतिबन्ध लगा दिए। मनु स्मृति में शूद्रों के लिए ब्राह्मणों का अपमान करने पर कठोर दण्ड का प्रावधान किया गया (जीभ काटना, मुंह में कील ठोकना, कानों में गर्म तेल डालना, आदि)। अतः इस प्रकार के प्रावधानों से कानून में समानता पूरी तरह नष्ट कर दी गई और जाति प्रथा कठोर मार्ग पर चल पड़ी और इसने एक नवीन संरचना धारण कर ली। गुप्त काल (जो सुंग काल के बाद आया, 300 A.D.-500 A.D.) हिन्दू जागरण का काल था। इस काल में ब्राह्मणवाद भारत का नृजातीय (ethnic) धर्म हो गया और जाति प्रथा को अधिक प्रोत्साहन मिला। परन्तु यह बहुत कठोर नहीं हुआ। विवाह के नियम लचीले थे और अन्तर्विवाह तथा अर्न्तभोज के उदाहरण मिलते थे। शूद्रों को व्यापारी, शिल्पी और कृषक व्यवसाय अपनाने की स्वीकृति थी। लेकिन इस काल में अस्पृश्यता लगभग उतनी ही थी जितनी कि आज है। शुद्र लोग मुख्य आवासीय क्षेत्रों से बाहर ही रहते थे। गुप्तोत्तर काल में (हर्षवर्धन और अन्य, 606-700 A.D.) भी जाति प्रथा की वही संरचना जारी रही जो गुप्त काल में थी। इस काल की सामाजिक, धार्मिक और आर्थिक दशाओं का विशद वर्णन चीनी विद्वान ह्वेनसाँग के लेखों में उपलब्ध है जो 630 A.D. में भारत आया था और 13 वर्ष तक यहां रहा। वह लिखता है कि जाति सामाजिक ढाँचे पर हावी थी, ब्राह्मणवाद का आधिपत्य था, और अशुद्ध पेशेवर लोगों (भंगी, कसाई, आदि) को नगर की चार दीवारी के बाहर रहना होता था।

मध्य युग में राजपूत काल (700 से 1200 A.D.) और मुस्लिम काल (1206 A.D. से 1707 A.D.) शामिल हैं। *राजपूत काल* में हिन्दुओं का सांस्कृतिक जीवन प्रारम्भ काल के जीवन से बिल्कुल भिन्न था। राजनैतिक कारकों के कारण भारतीय सामाजिक व्यवस्था नहीं बदली। ब्राह्मणों ने स्वयं को विशेषाधिकार दे रखे थे। शंकराचार्य द्वारा स्थापित मठ विलासी जीवन के केन्द्र बन गए थे। देवदासी प्रथा ने मन्दिरों में वेश्यावृत्ति को विकसित किया, जिससे नैतिक आचार संहिता कमज़ोर हो गई। राजपूतों की अपने वंशों के प्रति निष्ठा ने उन्हें देश के प्रति राष्ट्र भक्ति से उदासीन बना लिया। नयी जातियों और उपजातियों का जन्म हुआ जो अपने ही हितों में इतने संलग्न हो गए कि इसका देश के सामाजिक और राजनैतिक जीवन पर बुरा प्रभाव पड़ा। परिणामतः, विदेशी मुसलमानों ने भारत पर आक्रमण शुरु कर दिया। 1175 A.D. में भारत में महमूद गौरी द्वारा मुस्लिम साम्राज्य की नींव रखी गई और उसके बाद मुगल आक्रमण होते रहे। मुस्लिम काल (1206 से 1707 A.D.) में जाति प्रथा और अधिक कठोर हो गई क्योंकि मुस्लिम हिन्दुओं के लचीलेपन में समाहित नहीं हुए। उनका धर्म ऐकेश्वरवादी होने के कारण अनेकेश्वरवाद से समझौता न कर सका।

मुसलमानों ने भारत पर क्योंकि धार्मिक जेहाद बोल दिया और लोगों को इस्लाम में परिवर्तित करने का प्रयत्न किया, ब्राह्मणों ने हिन्दुओं को धर्म परिवर्तन से बचाने का उत्तरदायित्व सम्भालते हुए, हिन्दुओं पर कठोर प्रतिबन्ध लगा दिए और जाति व्यवस्था को कठोर बना दिया। यद्यपि कुछ भक्तों ने—जैसे रामानुज, कबीर, गुरु नानक, चैतन्य, तुकाराम, तुलसीदास, नामदेव, आदि इस काल में भक्ति की राह दिखाई जो मूर्तिपूजा और जाति की निन्दा करते थे, लोगों में समानता का उपदेश देते थे, अति कर्मकाण्ड तथा पुजारी वर्ग के आधिपत्य का विरोध करते थे, फिर भी भक्ति मार्ग जाति व्यवस्था को तोड़ न सका। ब्राह्मणों का हिन्दुओं पर नेतृत्व जारी रहा क्योंकि मन्दिर न केवल धार्मिक कृत्यों के लिए प्रयोग होते थे बल्कि सामाजिक, राजनैतिक व सांस्कृतिक क्रियाकलापों के लिए भी। ब्राह्मणों ने यह घोषणा करते हुए कि वे सभी हिन्दू जो मुसलमानों के लिए या उनके साथ काम करेंगे, वे मलेच्छ समझे जायेंगे, जाति भेद को और कठोर व गहरा बना दिया। इस प्रकार लोहार, सुनार, नाई, धोबी, खाती, और ऐसे ही लोग निम्न जाति के समझे जाने लगे। पुराण फिर से लिखे गए और जाति व्यवस्था को और कठोर बनाने के उद्देश्य से नये आदेशों का प्रावधान किया गया।

प्रारम्भिक ब्रिटिश काल (या पूर्व औद्योगिक युग) में देश के भौतिक विकास, बाहरी दुनिया से सम्पर्क, सरकार की सामाजिक-आर्थिक नीतियों और कुछ वैधानिक उपायों द्वारा हमारे धार्मिक सिद्धान्तों, सामाजिक प्रथाओं तथा समाज की जाति संरचना में भी परिवर्तन आया। जाति पंचायतों की न्यायिक शक्तियां दीवानी तथा फौजदारी न्यायालयों को दे दी गई। 1850 का जाति निर्योग्यता निवारण (Disabilities Removel Act) अधिनियम, 1856 का विधवा पुनर्विवाह अधिनियम और 1872 का विशेष विवाह अधिनियम ने भी जाति प्रथा पर प्रहार किया। जाति प्रथा की दृढ़ता को एक और आघात तब लगा जब कुछ सामाजिक उपायों से अस्पृश्यों की कुछ निर्योग्योताएं समाप्त कर दीं गई। परन्तु ब्रिटिश सरकार ने इन उपायों को विशुद्ध प्रशासनिक कारणों से किया था न कि इसलिये कि सरकार जाति प्रथा समाप्त करना चाहती थी। घूर्ये (1961 : 190) ने भी ऐसे ही विचार व्यक्त किए हैं। समाज सुधारकों के कुछ सामाजिक आन्दोलनों ने भी जाति व्यवस्था पर प्रहार किया। राजा राममोहन राय द्वारा चलाये गये 'ब्रह्म समाज आन्दोलन' ने जाति बन्धनों को अस्वीकार कर दिया और मनुष्य के सार्वभौमीकरण तथा भ्रातृत्व के लिए कार्य किया। न्यायमूर्ति रानाडे द्वारा समर्थित 'प्रार्थना सभा आन्दोलन' ने भी अन्तर्जातीय विवाह, अर्न्तभोज, तथा विधवा पुनर्विवाह आदि समाज सुधारों की ओर ध्यान केन्द्रित किया। स्वामी दयानन्द सरस्वती द्वारा स्थापित 'आर्य समाज आन्दोलन' तथा 'रामकृष्ण मिशन आन्दोलन' ने भी जाति के विरुद्ध आवाज उठाई और इसके उन्मूलन का उपदेश दिया। दक्षिण भारत के लिंगायत आन्दोलन ने लोगों को जाति व्यवस्था छोड़ने का उपदेश दिया। यद्यपि ये सभी प्रहार इस काल में (अर्थात् 20वीं शताब्दि के प्रथम 25 वर्षों में) जाति व्यवस्था की कठोरताओं को समाप्त न कर सके, फिर भी जाति के कुछ संरचनात्मक गुण निश्चित रूप से प्रभावित हुए।

औद्योगिक अवधि, ब्रिटिश काल में प्रथम विश्व युद्ध के बाद 1920-25 से प्रारम्भ हुई। औद्योगीकरण और नगरीकरण (गांवों से शहरों में लोगों का प्रव्रजन) की प्रक्रिया ने भी जाति संरचना को प्रभावित किया। औद्योगिक विकास ने लोगों को जीवन निर्वाह का नया साधन प्रदान किया और पेशेवर गतिशीलता सम्भव हो सकी। नयी आवागमन की सुविधाओं

ने भी शीघ्र संचार सम्भव बना दिया जिसने सभी जाति के करोड़ों लोगों को एक साथ ला दिया। भोजन संबंधी संबंधों पर निषेध (toboos) तब कमजोर पड़ने लगे जब विभिन्न जातियों के औद्योगिक श्रमिकों ने गांवों में अपने परिवारों को छोड़कर शहरों में एक ही मकान में इक्टठा रहना शुरू कर दिया।

नगरीकरण और शहरों के विकास ने जाति प्रथा की कार्य प्रणाली को काफी बदल दिया। न केवल सहभोजी अवरोध कम हो गए हैं बल्कि ब्राह्मणों के अधिकारों पर भी प्रश्न चिन्ह लगने लगे हैं। किंगस्ले डेविस (Kingsley Davis, 1951) ने कहा है कि शहरों का अनजानापन, भीड़-भाड़, गतिशीलता, धर्मनिरपेक्षता और परिवर्तनशीलता जाति की क्रियात्मकता को लगभग असम्भव बना देती है। घूर्ये (1961 : 202) भी शहरी जीवन के विकास के कारण जाति प्रथा की कठोरताओं में परिवर्तन को स्वीकारता है। एम.एन. श्रीनिवास (1962 : 85-86) का भी मानना है कि ब्राह्मणों के शहरों में प्रव्रजन के कारण, गैर-ब्राह्मण पहले जैसा आदर भाव नहीं दर्शाते और अन्तर्जातीय खान-पान के निषेध कमजोर हो रहे हैं। इस प्रकार यह कहा जा सकता है कि जाति प्रथा की संरचना और कार्य प्रणाली और इसके संस्कार, आर्थिक व सामाजिक पक्ष ब्रिटिश काल के औद्योगिक चरण में काफी बदल गए।

वर्तमान भारत में जाति व्यवस्था (Caste System in Present India)

1947 में देश की राजनैतिक स्वतंत्रता के बाद, औद्योगीकरण और नगरीकरण के अलावा अन्य कारणों ने भी जाति व्यवस्था को प्रभावित किया। ये हैं : विभिन्न राज्यों का विलय, अनेक सामाजिक कानूनों का लागू होना, शिक्षा का विस्तार, सामाजिक-धार्मिक सुधार और आन्दोलन, पश्चिमीकरण, आधुनिक पेशों का विकास, स्थान गतिशीलता, और बाजार अर्थव्यवस्था का विकास। वर्तमान काल में जाति की कार्यप्रणाली के बारे में मोटे तौर पर निम्नलिखित निष्कर्ष निकाले जा सकते हैं :

- जाति व्यवस्था उन्मूलन की प्रक्रिया में नहीं है बल्कि आधुनिक परिवर्तनों के साथ पर्याप्त सामंजस्य कर रही है।
- जाति का धार्मिक आधार टूट गया है।
- विविध प्रकार के प्रतिबन्ध लगाने की पुरानी सामाजिक प्रथाएं समाप्त हो गई है। जाति अब नवीन मूल्यों वाली व्यक्तिगत स्वतंत्रता पर प्रतिबन्ध नहीं लगा सकती।
- अब जाति व्यक्ति के पेशेवर जीवन को निर्धारित नहीं करती यद्यपि उसकी सामाजिक प्रस्थिति आज भी उसकी जातीय सदस्यता पर निर्भर है।
- पिछड़ी जाति/दलितों को समानता प्रदान करने के लिए गम्भीर प्रयत्न किये जा रहे हैं।
- अन्तर्जातीय संघर्ष बढ़ रहे हैं, परन्तु यह संघर्ष सांस्कारिक प्रस्थिति के आधार की अपेक्षा शक्ति अर्जित करने के लिए अधिक हैं।
- जातिवाद में बढ़ोत्तरी हुई हैं।
- गांवों में यजमानी प्रथा कमजोर पड़ गई है; इससे अन्तर्जातीय सम्बन्धों पर प्रभाव पड़ा है।

- गांवों में किसी जाति का वर्चस्व अब उसकी धार्मिक प्रस्थिति पर निर्भर नहीं करता।
- जाति और राजनीति एक दूसरे को प्रभावित कर रहे हैं।
- एक ओर कुछ जातियों के संगठन मजबूत हुए हैं तो दूसरी ओर अधिकतर जातियों ने अपनी सामूहिक एकता खो दी है और उत्तरदायित्व की भावना का ह्रास हुआ है।
- जाति अब सामाजिक प्रगति व राष्ट्रीय विकास में बाधक नहीं है। जाति व्यवस्था के बावजूद भी भारत प्रगति के पथ पर अग्रसर है।

क्या जाति व्यवस्था परिवर्तित हो रही है, कमजोर हो रही है, या विघटित हो रही है ? जाति का भविष्य

(Is Caste System Changing, Weakening or Distintegrating ? Future of Caste System)

जाति प्रथा के भविष्य के विषय में तथा वर्तमान के सम्बन्ध में दो विचार हैं। एक विचार यह है कि जाति व्यवस्था तेजी से बदल रही है और कमजोर हो रही है, यद्यपि यह समाप्त नहीं हो रही है। इस सम्प्रदाय के डी.एन. मजमूदार, कुप्पूस्वामी, काली प्रसाद, गार्डनर मर्फी, पालीन कोलेन्डा, और मैक्स वेबर जैसे 1950, 1960 और 1970 के दशक के विद्वान हैं, और आर. के मुकर्जी, ई.ज़े. मिल्लर, और एम.एन. श्रीनिवास जैसे 1970, 1980 और 1990 के दशक के विद्वान हैं। दूसरा विचार है कि जाति व्यवस्था इतनी तेजी से नहीं बदल रही है। परिवर्तन धीमी गति से हो रहा है। इस सम्प्रदाय के प्रारम्भिक विद्वान घूर्ये, आई. पी.देसाई, नर्मदेश्वर प्रसाद और कापड़िया जैसे और वर्तमान विद्वान डामले, डयूमान्ट, आन्द्रे बेतेइ, हैरोल्ड गूल्ड, योगेन्द्र सिंह, एस.सी. दुबे, और टी.एन. मदान जैसे हैं।

डी.एन. मजूमदार ने "कैसे जाति प्रथा तेजी से बदली है" की व्याख्या करते हुए जातियों के विलय और विखण्डन और जनजातियों के एकीकरण का सन्दर्भ दिया है। कुप्पूस्वामी (देखें, *Sociological Bulletin*, September 1962) और कालीप्रसाद (*Social Integration Research : A study in Inter-caste Relationship*, Lucknow University, Lucknow, 1954 : 3) ने भी जाति व्यवस्था में कुछ मूलभूत परिवर्तनों का संकेत दिया है। काली प्रसाद के अपने निष्कर्ष ने कि 90 प्रतिशत उच्च जाति के लोगों ने निम्न जाति के लोगों को भोजन में अपना साथी स्वीकार कर लिया है, उसे यह कहने के लिए मार्ग प्रशस्त किया कि जाति विखण्डन अब तेजी से समाप्त हो रहा है। गार्डनर मर्फी ने (*In the Minds of Men, 1953 :65) जिसने 1950-52 के दौरान भारत में सामाजिक तनाव पर अध्ययन किए थे, यह निष्कर्ष निकाला कि जाति व्यवस्था को चुनौती का सामना करना पड़ रहा है। मैक्स वेबर (Essays on Sociology*, 1952) का विचार था कि सभी जाति सम्बन्ध छिन्न-भिन्न हो गए हैं और बुद्धिजीवी विशिष्ट राष्ट्रवाद के अधिकर्त्ता हो गए हैं। आर.के. मुकर्जी (*The Rise And Fall of the East Indian Company,* 1958) ने कहा है कि जाति प्रथा के आर्थिक पक्ष (व्यावसायिक विशिष्टीकरण में परिवर्तन) और सामाजिक पक्ष (उच्च जातियों के रीति-रिवाजों को ग्रहण करना, अपवित्र/अशुद्ध पेशों का त्याग) बहुत बदल गए हैं। उसने कहा कि यह परिवर्तन शहरी क्षेत्रों में विशेष हैं जहां

सामाजिक मेलजोल और जाति सहभोज आदि के नियम अधिक ढीले पड़ गए हैं और निम्न जातियों की सामाजिक और धार्मिक निर्योग्यताएं समाप्त कर दी गई हैं। ई.ज़े. मिल्लर (1958) ने जाति प्रथा में परिवर्तन की बात करते हुए कहा है कि अतीत में जब अन्तर्जातीय सम्बन्धों में परम्परा से मान्य और स्पष्ट अधिकार, दायित्व और प्रभुत्व और आधीनता के प्रतिमान विघमान थे, वर्तमान में अन्तर्जातीय सम्बन्धों का स्वरूप अत्यधिक बदल गया है। मिल्लर के साथ ब्राइस रियान (Bryce Ryan) एम.एन. श्रीनिवास, एस.सी.दुबे जैसे अनेक अन्य विद्वानों ने भी बताया है कि जाति व्यवस्था में परिवर्तन हो रहा है। एम.एन. श्रीनिवास (1952 and 1985) ने माना है कि जातियों के बीच परस्पर अधिकार और कर्त्तव्य धराशायी हो रहे हैं। गांवों में व्यक्ति में जाति के प्रति वफादारी में बदलाव नोट किया जा रहा है। यह परिवर्तन संस्कृतीकरण और पश्चिमीकरण के कारण भी आया है। ब्राह्मणों से पहले अंग्रेजों का स्थान हो गया था, भले ही वे गाय, आदि का मांस खाते थे, शराब पीते थे व पाइप से धूम्रपान करते थे। लेकिन लोग डरते थे, उनकी प्रशंसा करते थे और उनका सम्मान करते थे। परिणाम यह हुआ कि नयी और धर्म निरपेक्ष जाति व्यवस्था परम्परागत व्यवस्था पर हावी हो गई जिसमें अंग्रेज नये क्षत्रियों की तरह उच्च शिखर पर आसीन हो गए।

लेकिन दूसरी विचारधारा के विद्वान (जो जाति प्रथा में होने वाले परिवर्तन को धीमा और क्रमिक तथा यहाँ तक कि कुछ मामलों में ऊपरी व दिखाऊ बताते हैं) इन परिवर्तनों को समूची जाति व्यवस्था के लिए विघटनकारी नहीं मानते। ये विद्वान, यद्यपि जाति प्रथा के पूर्ण समापन की बात नहीं कहते, फिर भी उन्होंने यह स्पष्ट किया है कि आज जाति बिल्कुल वैसी नहीं है जैसे अर्ध या पूर्ण शताब्दि पूर्व थी। उदाहरणार्थ, ए.आर. देसाई और दामले (Damle, 1981 : 66) ने कहा है "जाति व्यवस्था के लक्षणों में परिवर्तन की विस्तृतता इतनी महान नहीं है जितनी समझी जाती है। इन परिवर्तनों ने समूची जाति व्यवस्था के आवश्यक लक्षणों को प्रभावित नहीं किया है।" घूर्ये (1961, 209-210) का विचार था कि जाति व्यवस्था ने अपनी कुछ विशेषताओं को हटा दिया है। उसने कहा कि अब जाति व्यक्ति के पेशे को निर्धारित नहीं करती लेकिन पुरानी व्यवस्था का अनुसरण करते हुए विवाह व्यवस्था में वही भावना जारी है। व्यक्ति को जीवन के महत्वपूर्ण अवसरों पर अब भी जाति की सहायता पर ही निर्भर रहना पड़ता है, जैसे विवाह और मृत्यु, आदि। उसने आगे कहा, "यद्यपि जाति न्याय करने वाली इकाई के रूप में अब काम नहीं करती फिर भी व्यक्ति पर इसकी पकड़ कम नहीं हुई है। व्यक्ति आज भी जाति की राय से नियंत्रित होते हैं" (वही : 190)। उसका विश्वास था कि सामाजिक जीवन में जाति व्यवस्था की ताकत अभी तक हमेशा की तरह मजबूत है (वही : 211)।

नर्मदेश्वर प्रसाद (1956 :240) ने जाति के कार्यों को दो स्तरों पर विश्लेषित किया है : सांस्कारिक (ritual) (विवाह, भोज, आदि) और वैचारिक (ideology) (ब्राह्मणों के प्रति अभिवृत्ति, चुनाव लड़ने के लिए एक हो जाना, आदि)। उसने पाया कि दोनों ही स्तरों पर परिवर्तन हो रहे हैं। इन परिवर्तनों के बावजूद भी जाति प्रथा काफी सीमा तक वैसी ही है। व्यवस्था के भीतर तो परिवर्तन हो रहे हैं, किन्तु व्यवस्था से परे नहीं।

कापड़िया ("Caste in Transition" in *Sociological Bulletin,* September 1962 : 75) ने चार विशेषताओं को केन्द्र मानकर जाति व्यवस्था की विशेषताओं के

परिवर्तनों का अध्ययन करने का प्रयत्न किया : जाति पंचायतें, सहभोजी निषेध, सांस्कारिक पवित्रता, और अन्तर्विवाह। जाति पंचायतों की कार्य प्रणाली का विश्लेषण करते हुए उसने पाया कि जब जाति पंचायतें 1860 और 1910 के दशकों में शक्तिशाली थीं, 1960 के दशक में भी वे शक्तिशाली रहीं यद्यपि कानूनी रूप से उन्हें अपने सदस्यों को बहिष्कृत (ex-communicate) कर परम्परागत प्रतिमानों को थोपने का अधिकार नहीं रह गया था। वे अपने सदस्यों के मन और व्यवहार को नियंत्रित व संचालित करती रहती थीं। सहभोजी निषेधों की बात करते हुए उसने पाया कि यद्यपि यह सत्य है कि ग्रामीण क्षेत्रों तक में अर्न्तभोज (जहां सब जातियों के सदस्य पंक्ति में बैठकर भोजन करते हैं—हरिजनों सहित) 1960 के दशक में असाधारण बात नहीं थी लेकिन साथ ही इस बात के साक्ष्य भी हैं कि शहरी क्षेत्रों में भी इस प्रकार के निषेध मनोवैज्ञानिक दृष्टि से भी पूरी तरह समाप्त नहीं हुए थे (वही: 74)। उत्सवी शुद्धता (ceremonial purity) में परिवर्तन के सन्दर्भ में कापड़िया (वही : 77) ने कहा कि अशुद्धता (pollution) की हिन्दू अवधारणा विषय-क्षेत्र (scope) में विस्तृत थी और सदी के 20 वर्षों तक परिपालन (observance) में भी अधिदेशात्मक (mandatory) थी। यह नियम आज भी (1960 के दशक तक) ग्रामीण और नगरेत्तर क्षेत्रों (moffusil) में उच्च जाति परिवारों में पालन किए जाते हैं। लेकिन समग्र रूप से (on the whole) कहा जा सकता है कि उनसे लगभग छुटकारा पा लिया गया है। अन्त में, अन्तर्विवाह के सन्दर्भ में (वही :77) उसने कहा कि जाति के अन्तर्विवाही चरित्र में परिवर्तन स्पष्ट नहीं है। अन्तर्जातीय विवाहों की संख्या में वृद्धि देखी जा सकती है, विशेष रूप से गत 20 वर्षों में। साथ ही जाति अन्तर्विवाह के मौजूद होने के साक्ष्य भी है।" इस प्रकार उसने निष्कर्ष रूप में कहा (वही: 87) कि लोग जाति के विषय में कुछ भी कहें, जाति बन्धनों की स्वीकृति आज भी (1960 के दशक तक) है। इस साक्ष्य में त्रुटि नहीं है कि जाति अन्तिम साँसें नहीं गिन रही है, यद्यपि इसमें महत्त्वपूर्ण परिवर्तन हुए हैं।

'आजकल जाति व्यवस्था का क्या हो रहा है' इस प्रश्न पर डयूमान्ट अपनी पुस्तक (*Dumont, HomoHierarchicus*, 1971 : 217-18) में कहता है कि समकालीन (contemporary) साहित्य में परिवर्तन को अतिशय के (exaggerated) ढंग से प्रस्तुत किया है। इतना निश्चित है कि जाति समाज एक समग्र रचना (overall framework) के रूप में परिवर्तित नहीं हुआ है। मात्र परिवर्तन जो हुआ है वह यह है कि जातियों की परम्परागत परस्पर-निर्भरता के स्थान पर उन अथाह खण्डों (impenetrable blocks) में वृद्धि हुई है जो आत्म निर्भर हैं तथा एक दूसरे के साथ प्रतिस्पर्धा में भी हैं। डयूमान्ट ने इसको जाति का ठोस प्रमाणीकरण (substantialization of caste) कहा है (Cf. T.N. Madans' article in Dipankar Gupta (ed), *Social Stratification, 1992 : 82)*

आन्द्रे बेतेइ (1976 :61-65) ने भी जाति प्रथा में कुछ परिवर्तनों का हवाला दिया है। उदाहरणार्थ, संरचनात्मक दूरी में, जीवन शैली में, सहभोजी सम्बन्धों में, और अन्तर्विवाह आदि में। अतीत में जातियों के बीच संरचनात्मक दूरी न केवल विविध जीवन शैली अपना कर रखी जाती थी बल्कि विवाह, सहभोज और सामान्य सामाजिक परस्पर लेनदेन में विविध प्रकार के निषेधों द्वारा भी रखी जाती थी। आज एक ही उपजाति के दो उपविभागों के बीच संरचनात्मक दूरी इन दोनों में से किसी एक के बीच की अपेक्षा कम है। परम्परागत व्यतस्था

में विशेष जाति की विशिष्ट जीवन शैली में भी परिवर्तन आया है। परम्परागत व्यवस्था में सहभोज की इकाई जाति सम्बद्धता के अर्थ में स्पष्ट रूप से कठोरता से परिभाषित की गई है। हाल के ही दशकों में इस इकाई का क्रमिक विस्तार हुआ है। आज ब्राह्मण 'स्वच्छ' शूद्रों के साथ भोजन कर सकते हैं लेकिन आमतौर पर मलिन/अशुद्ध (pollutable) जाति के सदस्यों के साथ नहीं। अन्तर्विवाह की इकाई का भी विस्तार हुआ है यद्यपि थोड़ा ही। बेतेइ के अनुसार जाति व्यवस्था में ये सभी परिवर्तन भौगोलिक गतिशीलता, पश्चिमी शिक्षा, नये पेशों के सृजन-जिनमें प्रवेश जाति के अलावा अन्य कारकों के आधार पर भी होता है, आधुनिकीरण की प्रक्रिया, और राजनैतिक कारकों के परिणाम हैं। परन्तु यह भी स्पष्ट है कि कुछ जातियों में अन्य की अपेक्षा आन्तरिक विभेद बहुत अधिक आ चुके हैं। वे जातियां जिन पर पश्चिमीकरण का प्रभाव सबसे अधिक पड़ा है वे हैं जो सबसे अधिक बदली हैं। उदाहरणार्थ, ब्राह्मण, कायस्थ, नायर, आदि जातियां तथा सामान्य रूप से वे जातियां जिन्होंने पश्चिमी शिक्षा ग्रहण की है और मध्यम-वर्गीय पेशे अपनाए हैं और जो मुख्य रूप से वितरण (distribution) की दृष्टि से शहरी हैं। ग्रामीण क्षेत्रों में कृषक-वर्गीय जातियों ने अधिक समता बनाए रखी है तथा उन पर परिवर्तन का प्रभाव कम हुआ है।

हैरोल्ड गूल्ड (Harold Gould, 1988 : 158) ने कहा है कि सत्य कहीं इन स्थितियों के बीच स्थित है। जाति व्यवस्था पर औद्योगीकरण का प्रभाव अधिक हुआ है, अपेक्षाकृत वेबर के विचार के। लेकिन उस पैमाने पर जिस पर मार्क्स ने पूर्वानुमान किया था जाति विलीन नहीं हुई है। पारसंस (Parsons, *The Social System*, 1952 : 185) ने इस यथार्थ (reality) की 'अनुकूलिनी संरचनाएँ' (adaptive structures) कहकर विशेषता बतायी है। इन अनुकूलिनी संरचनाओं ने प्रतिस्पर्धात्मक दवाबों में घिरे लोगों के संरचनात्मक तनावों (structured strains) को कम किया हैं। हैरोल्ड गूल्ड की मान्यता है कि भारत में जाति की यह विशेषता (अनुकूलिनी संरचना की) न केवल शहरों में स्पष्ट है बल्कि गाँवों में भी है जहां जाति अभी भी सुरक्षा, एकता और लोगों के समूहों के लिए वरीयता व्यवहार को बनाये हुए है।

हैरोल्ड गूल्ड के अनुसार (1988 : 162-164) आधुनिक होते हुए भारतीय समाज में अनुकूलिनी संरचनाओं की तरह कार्य करने वाली जातियां (जो उनका भविष्य स्थाई एवं सुरक्षित बनाती हैं) का तीन स्तरों पर परीक्षण किया जा सकता है : राजनैतिक, आर्थिक और सामाजिक। राजनैतिक स्तर पर गांवों और शहरों दोनों में जाति साम्प्रदायिकता और राजनैतिक गुटबाजी आपस में जुड़ी हैं। संसदीय लोकतन्त्र (जो गुप्त मतदान से जुड़ा है) में लोगों की संख्या, संसाधनों एवं उन लाभों (favours) (जो चुनाव में जीतने के उपरान्त पद प्राप्त करने से प्राप्त होते हैं) के जोड़-तोड़ (manipulation) को महत्त्व मिला है। लोकतांत्रिक राजनीति क्योंकि हित-समूहों में पद और सत्ता प्राप्त करने वाले व्यक्तियों में एक प्रतिस्पर्धा है, यह स्वाभाविक है कि भारतीय समाज में स्वार्थ समूहों की रचना विखण्डन (clavage) और एकता (solidarity) (जो जातियों और नृवंशीय समुदायों को विभाजित करती है) दोनों ही रेखांकित होंगी। जातिवाद राजनैतिक मुद्दों और निर्णयों को प्रभावित करता है, जाति निवेदनों (appeals) के बाद धार्मिक निवेदन किये जाते हैं। यह तथ्य भारत में हिन्दू और मुस्लिम राजनैतिक कार्यविधि से प्रभावित होता है। इसमें आश्चर्य नहीं कि जाति

का सभी राजनैतिक स्तरों पर शोषण किया जायेगा।

आर्थिक स्तर पर यद्यपि यह सत्य है कि श्रमिकों व पारिश्रमिक लेने वालों की आर्थिक गतिशीलता, पुरस्कार वितरण, और श्रमिकों की भर्ती, उनकी कार्य गुणवत्ता के आधार पर निर्धारित होते हैं, और विभिन्न जातियों के लोग आधुनिक पेशे अपनाते हैं, लेकिन यह भी समान रूप से सत्य है कि विशेष रूप से गाँवों में उनकी स्थिति प्रचलित जाति संरचना और अन्तर्जातीय सम्बन्धों पर ही निर्भर है। भारत में आज व्यक्तियों के लिए जो आर्थिक समस्या है वह है 'कमी' (scarcity) की—धन की, नौकरी की और अवसरों की—जिससे उस नयी आर्थिक व्यवस्था में भाग ले सकें जो कि धीरे-धीरे बन रही है और स्पष्ट रूप से धन और शक्ति का प्रमुख साधन हैं। इस प्रकार जाति के वे पक्ष जो आधुनिक व्यावसायिक व्यवस्था में शक्ति और पद के सम्भावित दावेदारों के लिए अति लाभदायक होते हैं, जातिवाद और भाई-भतीजावाद (nepotism) ही हैं।

सामाजिक स्तर पर जीवन शैली निर्धारण में तथा उस क्रम स्थिति निर्धारण में जिसमें विवाह निश्चित होने हैं, जातियाँ अभी भी महत्त्वपूर्ण हैं। यद्यपि जातियों के पुराने संस्कार और पेशेवर कार्य तेजी से अदृश्य हो रहे हैं, फिर भी जाति में अन्तर्विवाह अभी भी सुरक्षित हैं। जाति संरचना की शुद्धता का विचार विद्यमान रखा गया है तथा आधुनिक सामाजिक सूचीक्रम की आवश्यकताओं के अनुकूल बना लिया गया है। यह भी नोट करने योग्य है कि भारत के अभिजात्य श्रेणी के लोग (elite) बहुत ज्यादा उच्च जातियों के हैं, जब कि निम्न जाति व दास श्रेणी के लोग जातियों का सामीप्य विरोध सुक्ष्म रूप से प्रदर्शित करते हैं।

योगेंद्र सिंह (1974 :324-327) ने भारत में जाति प्रथा के भविष्य के सम्बन्ध में तीन परिकल्पनाओं की चर्चा की है : (i) उत्पादन की विधि संबंधी परिकल्पना, (ii) जाति लचीलापन परिकल्पना, और (iii) संरचनात्मक अनुकूलिनी परिकल्पना । उत्पादन की विधि (mode of production) संबंधी परिकल्पना, जो किंगस्ले डेविस, मार्क्सवादी (ए.आर.देसाई) और गैर-मार्क्सवादी दोनो प्रकार के समाजशास्त्रियों द्वारा समर्थित है, के अनुसार जाति का पतन हो रहा है। किंगस्ले डेविस के अनुसार जाति के पतन के साक्ष्य हैं : (1) सहभोजी निषेधों में ध्यान देने योग्य ढीलापन और भोजन के निषेधों के उल्लंघन को सहन करना, (2) अन्तर्विवाह (inter-marriage) की बाधाओं की उपेक्षा करने की बढ़ती प्रवृत्ति या अन्तर्जातीय विवाहो की बढ़ती संख्या, (3) पेशेवर गतिशीलता में वृद्धि, (4) जाति पंचायतों का बिल्कुल कमजोर होना, (5) यजमानी प्रथा का कमजोर पड़ना, (6) निम्न जातियों पर उच्च जातियों के प्रभुत्व और प्रभाव का कम होना, (7) अस्पृश्यता का धीरे-धीरे समापन, और (8) सामाजिक गतिशीलता का विकास।

किंगस्ले डेविस (Kingsley Davis) ने औद्योगीकरण के प्रभाव में अनुकूलिनी परिवर्तनों (adaptive changes) के माध्यम से जाति के वर्ग में परिवर्तन होने की सम्भावना व्यक्त की है, यद्यपि ऐसे परिवर्तनों की विवेचना करने के लिए वह मार्क्सवादी विचारधारा का प्रयोग नहीं करता। दूसरी ओर ए.आर.देसाई यद्यपि यही विचार रखते हैं (जाति का वर्ग में परिवर्तित होना) लेकिन उसने अपने तर्कों को मार्क्सवादी सिद्धान्त पर आधारित किया है। उसके अनुसार जाति कृषि सामन्ती (feudal) व्यवस्था पर आधारित सम्पत्ति के स्वामित्व और उत्पादन की शक्तियों की सामाजिक अभिव्यक्ति है। वह मानता है कि (1969

:111-112) कुछ दर्जन जातियां ही आर्थिक संसाधनों, राजनैतिक शक्ति, और उपलब्ध शैक्षिक तथा सांस्कृतिक सुविधाओं का एकाधिकार (monopoly) रखती हैं। आर्थिक ढाँचे में मूल परिवर्तन अपनाए बिना जाति श्रेणीक्रम और जाति व्यवस्था को समाप्त करना सम्भव नहीं होगा।

'जाति की लचीलेपन' संबंधी परिकल्पना (मूल स्थिति को पुनः प्राप्त करना) के अनुसार, औद्योगीकरण, प्रौद्योगिकी का विकास, पश्चिमीकरण, और अन्य लोकतांत्रिक संस्थात्मक विस्तार, जाति कार्यों की प्रक्रिया को प्रतिबन्धित करने की अपेक्षा अधिक सक्रिय और विस्तृत करते हैं। ये सब कारक जाति के क्रमों (ranks) के विलय में और संगठनात्मक गतिशीलता तथा सुव्यवस्थीकरण (rationalisation) में योगदान देते हैं। एम.एन. श्रीनिवास (1964) कहता है कि जहां मध्ययुगीन भारत में जाति गतिशीलता विखण्डन (fission) पर आधारित थी, वहीं आधुनिक भारत में जाति प्रखण्डों (segments) के विलय का मंच सक्रिय हो गया है। इस प्रक्रिया में नि-सन्देह जाति की प्रकृति में कुछ परिवर्तन होता है किन्तु यह मानना सही नहीं होगा, जैसा बेली (Bailey) मानता है, कि जातियां अपने लक्षण ही बदल देती हैं। जाति व्यवस्था में परिवर्तन नहीं होता। आन्द्रे बेतेइ ने जाति के लचीलेपन की परिकल्पना का समर्थन किया है। उसने जाति की तरह ही नये संरचना स्वरूपों (पेशेवर तथा व्यावसायिक समूह) की चर्चा की है। बेतेइ का कहना है (1965) कि "राजनैतिक और आर्थिक व्यवस्थाओं में परिवर्तन से प्रस्थिति समूहों (जातियों) के समाप्त होने की सम्भावना नहीं है। भविष्य के प्रस्थिति समूह निस्सन्देह जाति व्यवस्था के चिन्ह अपने साथ अवश्य ले जायेंगे।"

"जाति के लचीलेपन संबंधी परिकल्पना' के विरुद्ध संरचनात्मक अनुकूलिनी (structured adaptation) परिकल्पना है। इस परिकल्पना (Leach : 1960, Bailey : 1963, Yogendra Singh : 1969, Rajni Kothari : 1970) के अनुसार जाति संघों, जाति महासंघों और जाति एकता की रचना के माध्यम से जातियां अपना मूल चरित्र समाप्त करती हैं और वर्ग-प्रकार का स्वरूप धारण कर लेती हैं। इस विचार के प्रतिपादक इन परिवर्तनों को परिवर्तन के अपरिहार्य अवस्थाओं (inevitable stage) से नहीं जोड़ते। वे जाति के अदृश्य होने की बात भी नहीं करते और न ही वर्ग व्यवस्था से इसके स्थानापन्न होने (replacement) की बात करते हैं।

जाति व्यवस्था का भविष्य (Future of Caste)

जाति व्यवस्था की पकड़ ढीली होने के कोई संकेत नहीं हैं। परिवर्तन केवल विभिन्न जातियों द्वारा सामाजिक प्रतिष्ठा प्राप्त करने तथा ऊपर उठने के रुख में आया है। जाति व्यवस्था में परिवर्तन यद्यपि निरन्तर और नियमित रूप से हो रहे हैं लेकिन यह (जाति व्यवस्था) अटूट बनी हुई है। विभिन्न जातियों में एक प्रकार की वर्ग चेतना प्रवेश कर रही है। अन्तःसमूह (in-group) की भावना से प्रभावित होकर जातियाँ अपनी व्यवस्था को अधिक दृढ़ता से पकड़े रहना चाहती हैं। आजकल, जातियां स्वयं को राजनैतिक, सामाजिक, व आर्थिक उद्देश्यों के लिए संगठित होने का प्रयत्न कर रही हैं। चुनाव जातिगत आधार पर लड़े जाते हैं।

अखिल भारतीय क्षत्रिय महासभा, अखिल भारतीय माथुर संघ, अखिल भारतीय भार्गव संगठन जैसे जाति संगठन विकसित हो गये हैं।

जाति व्यवस्था के भविष्य के विषय में विभिन्न दृष्टिकोण रखने वाले तीन प्रकार के प्रगतिशील हिन्दू मिलते हैं। (i) ऐसे लोग जो जाति को अहितकारी (evil) समझते हैं और चाहते हैं कि यह समाप्त हो जानी चाहिए। (ii) ऐसे लोग जो सोचते हैं कि जाति व्यवस्था का पतन हो गया है। वे चाहते हैं कि परम्परागत चारों व्यवस्थाओं की पुनर्स्थापना के प्रयत्न होने चाहिए। इस विचार के सबसे बड़े प्रतिपादक महात्मा गान्धी थे (*Young India* 1919: 479-88)। (iii) ऐसे लोग जो चाहते हैं कि जाति व्यवस्था जारी रहे लेकिन इसकी पुनर्स्थापना बिल्कुल भिन्न स्थितियों में हो। ये लोग सांस्कृतिक एकता वाली और आर्थिक समानता वाली विभिन्न उप-जातियों को मिला देना चाहते हैं। धीरे-धीरे वे जातियाँ जो लगभग समानता के स्तर पर होंगी एक हो जायेंगी और अन्त में एक जाति विहीन समाज की स्थापना हो जायेगी। ये लोग इस प्रक्रिया को मन्द गति से चाहते हैं क्योंकि इससे लोगों को शिक्षित होने का समय मिल जायेगा और वे उन जातियों/वर्गों के वांछित अनुकूलन के साथ परिचित राय बना सकेगें जो अपने पुराने रीति-रिवाजों में परिवर्तन के लिए तैयार नहीं हैं। (देखें, घूर्ये, ए.ज़े. टयाइन्बी (A.J.Toynbee) टी.एच.मार्शल, (T.H. Marshall), पी.कोडान्डा राव (P. Kodanda Rao), आदि, जैसे विद्वानों ने इन तीनों विचार-सम्प्रदायों का मूल्यांकन किया। गान्धी जी द्वारा दिए गए प्रथम विचार पर चर्चा करते हुए वे कहते हैं कि यह अव्यवहारिक है क्योंकि लोगों को चार श्रेणियों में से किसी एक श्रेणी में रखने के लिए केवल उनका व्यवसाय ही है जो वे आज करते हैं। वर्तमान समाज में व्यवसाय विशिष्ट और विविध होते हैं और एक ही परिवार के लोग इतने भिन्न व्यवसायों में लगे होते हैं कि उन्हें किसी एक श्रेणी की सदस्यता प्रदान करना असम्भव होगा। दूसरे, यदि यह कथन (जातियों को प्रथम तीन व्यवस्थाओं/श्रेणियों में से किसी एक में शामिल करना) सम्भव होता भी, तो अस्पृश्य जातियों का क्या होगा ? गान्धी जी ने अस्पृश्यता के विरोधी होने के कारण, स्वाभाविक रूप से इन के लिए सम्मानजनक प्रस्थिति का प्रस्ताव किया। लेकिन उन्हें कहां स्थान प्रदान किया जाये ? जिस किसी भी व्यवस्था श्रेणी में उन्हें सम्मिलित करने का प्रयास किया जायेगा, उसी व्यवस्था/श्रेणी के लोग अत्यधिक विरोध करेंगें। तृतीय, यह मान लें कि चार व्यवस्थाओं/श्रेणियों में जातियों का वर्गीकरण सम्भव हो भी जाये, क्या हम इन चार व्यवस्थाओं में विवाह की स्वीकृति दें देंगे या प्रतिबन्ध लगांएगे ? दोनों ही पद्धतियां अपनी समस्याओं को जन्म देंगी। अतः यह निष्कर्ष निकाला जा सकता है कि समाज के चार प्रकार के विभाजन पर वापसी अव्यवहारिक है। यदि यह कार्य कर भी लिया जाये तो इससे कोई लाभ होने वाला नहीं है।

दूसरे विचार पर चर्चा पर कि जातियों को उपजातियों के साथ बड़ी जातियों में एकीकृत करके धीरे-धीरे मिटाया जाये, विद्वानों ने कहा है कि इस बिन्दु को रखने का अर्थ है वास्तविक समस्या की उपेक्षा करना। उनका कहना है कि यह विधि मुम्बई में कई दशकों तक चलाई गई लेकिन परिणाम घातक हुए। एक बड़ा समूह बनाने के लिए सम्मिलित हुई उपजातियां बड़े निरुत्साह से बाहरीपन के आन्तरिक भाव को धारण किए रहीं। नये समूह ने अन्य जातियों के विरुद्ध लड़ाकू रुख अपनाया, विशेष रूप से उन जातियों के विरुद्ध जिनको

उनसे थोड़ा ऊंचा या नीचा माना जाता था। अतः विद्वानों का कहना था कि इस प्रकार जाति भक्ति की भावना या जातिवाद पैदा होता है और यदि हम दूसरा दृष्टिकोण अपनाएंगे तो जातिवाद का कम होना अति कठिन हो जायेगा तथा राष्ट्रीय चेतना के पूर्ण विकास के लिए अस्वस्थ वातावरण पैदा हो जायेगा।

कुछ विद्वानों ने तीसरे विचार का समर्थन किया है कि जाति प्रथा को तुरन्त समाप्त कर दिया जाना चाहिए। उनका विचार है कि हमें जातिवाद के विरुद्ध लड़ना है तथा उसे समूल नष्ट करना चाहिए। घूर्ये इस विचार का पक्षधर था। लेकिन उसने यह विचार 1931 में व्यक्त किया था। तब से लगभग सात दशक व्यतीत हो गए हैं और भारतीय समाज में बहुत परिवर्तन हो गए हैं (देश की आजादी सहित) और जातिवाद के विरुद्ध कई कानून भी लागू किए जा चुके हैं। उदाहरणार्थ, भारत का संविधान (1950 में लागू किया गया) कहता है कि (i) जाति के आधार पर राज्य किसी भी नागरिक के साथ भेदभाव नहीं करेगा (सभी जातियों को समान अवसर), (ii) किसी भी नागरिक पर जाति के आधार पर किसी भी दुकान, रेस्ट्रां, सार्वजनिक कुंओं और तालाबों तक प्रवेश या प्रयोग का प्रतिबन्ध नहीं होगा (नागरिक निर्योग्यताओं की समाप्ति), और (iii) अस्पृश्यता के चलन का निषेध। इसी प्रकार किसी भी पेशे को अपनाने पर प्रतिबन्ध नहीं है। समानता की भावना तथा आजादी और भ्रातृत्व की भावना को प्रोत्साहित किया गया है जिसने जाति की जड़ों को काटा है। एक विशेष अधिकारी (आयुक्त) 1951 में पिछड़ी जाति एवं पिछड़ी जनजाति की देखरेख के लिए नियुक्त किया गया था। अब जनगणना में व्यक्ति की जाति को नहीं लिखा जाता। इन सब परिवर्तनों के बावजूद भी गत कई दशकों में, विशेष रूप से गत दो दशकों में जातिवाद और जाति की बुराइयां समाप्त नहीं हुई है। आशीर्वाथम (*A New Social Order*, 1957) का विचार था कि अतीत में जाति के कितने ही फायदे क्यों न रहे हों, आज यह प्रगति में बाधक है और हमें इसका डटकर विरोध करना है। 1950 व 1960 के दशक में डी.एन.मजूमदार ने भी कहा था कि जिस प्रकार टूटी अंगुली प्रतिस्थापित की जाती है न कि सम्पूर्ण हाथ, उसी तरह एक जाति का दूसरी जाति द्वारा शोषण और इसी तरह के हानिकारक सहवर्ती बुराइयों को समाप्त किया जाना चाहिए, न कि समूची जाति व्यवस्था को।

लगभग 135 वर्ष पहले (1869 में) मैक्समूलर का विचार था कि भारत में जाति को समाप्त नहीं किया जा सकता। इस प्रकार का प्रयत्न मात्र भी कष्टकर व दुष्कर प्रयास होगा। धार्मिक संस्था के रूप में जाति समाप्त हो जायेगी परन्तु सामाजिक संस्था के रूप में यह जीवित रहेगी और इसमें सुधार भी होगा। पालिन कोलेण्डा (1997) की राय है कि परम्परागत जाति व्यवस्था, जिससे पेशेवर विशिष्टीकृत, परस्पर निर्भर, तथा शुद्धता और अशुद्धता के आधार पर क्रमबद्ध जातियाँ पायी जाती हैं, अदृश्य होने का संकेत दे रही है। कोलेण्डा यह प्रश्न भी उठाती है कि अब पेशेवर विशिष्टीकरण और शुद्धता तथा अशुद्धता की व्यवस्था में (जिससे जातियों का एक दूसरे से क्रम व अलगाव का पता चलता था) गिरावट आयी है, क्या नयी जाति व्यवस्था के रूप में एक नया एकीकरण हो सकेगा ? उसका विचार है कि वास्तव में यह सम्भव नहीं है कि एक सामाजिक संरचना को जो हजारों वर्षों से लोगों के राजनीतिक, आर्थिक व धार्मिक जीवन को संगठित किए हुए हो, कुछ ही दशकों में बिल्कुल समाप्त कर दिया जाये। समाज वैज्ञानिक जो इस क्षेत्र में काम कर रहे हैं,

सभी कहते हैं कि जाति व्यवस्था जीवित है।

यह सत्य है कि जाति व्यवस्था भौतिक व आध्यात्मिक उन्नति प्राप्त करने में या सामाजिक और राष्ट्रीय विकास में बाधक है। जब तक यह विनाशकारी व्यवस्था चलती रहेगी, हम अपने सामाजिक लक्ष्य प्राप्त नहीं कर सकते। अतः जितनी जल्दी इसकी मृत्यु की घण्टी बजे, उतने ही ऊंचे हमारी प्रगति के अवसर हो जायेंगे। फिर भी यह एक सत्य है कि इस व्यवस्था को समाप्त करना इतना सरल नहीं है।

नर्मदेश्वर प्रसाद द्वारा तीन क्षेत्रों के अध्ययन में—औद्योगिक, गैर-औद्योगिक, और ग्रामीण—कुछ उत्तरदाताओं (1225) से जाति व्यवस्था को कमजोर करने वाले कुछ उपाय प्राप्त हुए। यह थे : शिक्षा और सभी व्यक्तियों के लिए समान अवसर (39.1%), अन्तर्जातीय विवाह (35.3%), अस्पृश्यता निवारण (12.2%), और समानता के आधार पर लोगों से व्यवहार (13.4%)। लेकिन क्या ये उपाय वास्तव में जाति प्रथा को समाप्त करने या कमजोर बनाने में सहायक होंगे ? शायद नहीं। सर्वोच्च न्यायालय ने भी नवम्बर 1992 में मण्डल आयोग की रिपोर्ट के क्रियान्वयन कराने के निर्णय में यह माना था कि मात्र जाति ही आरक्षण का आधार होगी।

जाति के कौन से गुण और कार्य समकालीन समाज में जाति को जारी रखे हुए हैं? आज दो कार्य महत्वपूर्ण मालूम पड़ते हैं (i) यह शक्ति प्राप्ति करने के लिए अवसर प्रदान करती है, और (ii) यह सामाजिक गतिशीलता को सम्भव बनाती है (यदि हम श्रीनिवास के जाति के संस्कृतिकरण के विचारों को स्वीकार कर लें)। आधुनिक समाज में गतिशीलता—व्यावसायिक, आर्थिक और सामाजिक—शिक्षा, प्रशिक्षण, भौतिक संसाधनों, उपलब्ध भाई-भतीजावादी तन्त्र, व्यक्तिगत प्रभाव, सामाजिक परिष्करण (refinement), और साथ ही जाति क्रम (rank) जैसे कारणों पर निर्भर करती है। अतः यह निष्कर्ष निकाला जा सकता है कि जाति व्यवस्था आगामी वर्षों और दशकों में भी यथार्थ बनी रहेगी।

जाति में गतिशीलता (Mobility of Caste)

समाज वैज्ञानिकों ने भारतीय सामाजिक यथार्थ का वर्ग, जाति, जनजाति, धर्म, और भाषायी समूहों के संदर्भ में विश्लेषण किया है। यही श्रेणियां समाज में परिवर्तन की प्रक्रिया में अन्तर्दृष्टि प्राप्त करने के लिए प्रयोग की जाती रही हैं। पहले जब यह माना जाता था कि जाति व्यवस्था भारतीय समाज को बन्द व्यवस्था के रूप में बनाए रखती है, अब यह कहा जाता है कि अन्तर्विवाह, श्रेणीक्रम, और अशुद्धता की भावना का त्रिकोण टूट रहा है (K.S. Singh 1992 : 23)। सामाजिक गतिशीलता की समस्या सामाजिक स्तरीकरण की समस्या से सीधे जुड़ी हुई है। योगेन्द्र सिंह (1974 :403) का मत है कि परम्परा-आधुनिकता द्विभाजन (dichotomy) ने सामाजिक गतिशीलता के अध्ययन में परिप्रेक्ष्यों (perspectives) में असमंजस (confusion) पैदा किया है। इस प्रकार की असमंजस की स्थिति पश्चिमी विद्वानों में देखी गई थी। इससे यह माना गया कि परम्परागत भारतीय सामाजिक व्यवस्था में गतिशीलता थी ही नहीं जिसे स्तरीकरण की बन्द व्यवस्था का नाम दिया गया था। यह दर्शाता है कि ये विद्वान वैचारिक पूर्वाग्रह से त्रस्त थे। एम.एन. श्रीनिवास (1968 : 18-35)

ने कहा है कि जब परम्परात्मक भारतीय समाज स्थिर (stationary) लक्षण वाला था फिर भी इसने स्थानीय श्रेणीक्रम में जातियों की ऊर्ध्वोन्मुखी (upward) तथा अधोन्मुखी (downward) गतिशीलता को नहीं रोका। सुरजीत सिन्हा (1957) ने भी संकेत किया है कि कई कबीले विजय तथा शक्ति प्राप्ति के बल पर क्षत्रियता का दावा करके शाही स्थिति तक पहुँच गए।

सिलवरबर्ग (Silverberg, 1968 : 128) ने विराग (renunciation) के माध्यम से भारत में सामाजिक गतिशीलता की चर्चा की है। आश्रमों की योजना में सन्यास व विराग द्विजों (twiceborn) के लिए निर्धारित था। व्यवहार में निम्न जाति के सदस्य भी सामाजिक श्रेणी में अपने स्थान की वंचनाओं से बचने के लिए सन्यासी हो जाया करते थे।

हाल में ही एक प्रक्रिया के रूप में सामाजिक गतिशीलता अधिक सक्रिय हो गई है। एम.एन.श्रीनिवास ने संस्कृतिकरण व पश्चिमीकरण के माध्यम से इसकी व्याख्या की है। मैकिम मेरियट, डयूमान्ट और रजनी कोठारी ने भी सामाजिक गतिशीलता को विभिन्न स्तरों पर देखा। एक ओर तो निम्न जातियों के सदस्य जाति श्रेणीक्रम में अपनी सामाजिक प्रस्थिति को उठाने का प्रयत्न करते हैं, दूसरी ओर, जाति एक समूह के रूप में राजनैतिक शक्ति द्वारा या जातियों के राजनैतीकरण की प्रक्रिया के माध्यम से गतिशीलता प्राप्त करने का प्रयत्न करती है। अतः हम विविध स्तरों पर जाति गतिशीलता का अध्ययन करेंगे : (i) युद्ध के माध्यम से (ii) शासकों की सेवा द्वारा (iii) विविध स्तरों पर जनगणना द्वारा (iv) सामाजिक प्रक्रिया के क्रियान्वयन के माध्यम से, और (v) राजनीति के प्रयोग से।

युद्ध के माध्यम से गतिशीलता (Mobility through Warfare)

एम. एन. श्रीनिवास और पालिन कोलेण्डा ने मुग़ल काल में युद्ध के माध्यम से होने वाली जाति की गतिशीलता की चर्चा की है। कोलेण्डा ने कहा है कि उन्नीसवीं शताब्दि के पूर्वार्ध में ब्रिटिश एकीकरण तक जाति में ऊंचा उठने का सबसे प्रभावी तरीका कम घनत्व वाली जनसंख्या क्षेत्र में या खाली भूमि में शान्तिपूर्ण अधिकार करके विजय द्वारा सीमाओं पर अधिकार करना था। के.एम. पन्नीकर (इतिहासकार) ने कहा है कि "ईसा पूर्व पांचवीं शताब्दि से प्रत्येक परिचित शाही परिवार गैर-क्षत्रिय परिवार से सम्बद्ध था"। कोलेण्डा (1998 :97) ने कहा है कि प्राचीन भारत में शासक क्षत्रिय थे, यद्यपि कृषक जाति के भी कुछ शासक थे जिन्होंने किसी क्षेत्र पर अधिकार करके अपना राज्य स्थापित कर लिया। शासक बनने के बाद कृषक विजेताओं ने क्षत्रिय होने का दावा किया। इस प्रकार कृषक विजेता क्षत्रिय क्रम तक उठ गए।

एम. एन. श्रीनिवास ने मुग़ल काल में शिवाजी का उदाहरण दिया है। शिवाजी के पिता बीजापुर के मुस्लिम शासक के जागीरदार थे। शिवाजी ने मुग़ल शासन को उखाड़ फेंका और अरब सागर से बंगाल की खाड़ी तक अपना साम्राज्य स्थापित कर लिया। उनकी जाति मराठा, शूद्र वर्ण की मानी जाती थी; इसलिए शिवाजी धार्मिक संस्कार द्वारा क्षत्रिय बन गए। शिवाजी के वर्ण प्रस्थिति में उठने के साथ ही उनकी मराठा जाति भी क्षत्रिय क्रम में आ गई (Srinivas, 1968 : Marriott 1968 : 112-113, Kolenda, 1968 : 97)।

शासकों की सेवा के माध्यम से गतिशीलता (Mobility through Serving Rulers)

जिन जातियों के सदस्य हिन्दू या ग़ैर-हिन्दू शासकों की नौकरी करते थे, उच्च वर्णक्रम प्राप्त कर लेते थे। उदाहरणार्थ, गुजरात के पातीदार जो शूद्र वर्ण का एक कृषक समूह था, शिवाजी के मराठा वंशजों गायकवाड़ों का समर्थन करते थे, जो मध्य गुजरात पर शासन करते थे। क्रमशः, क्षत्रिय होने का दावा करते हुए उन्होंने अपने छोटे-छोटे राज्य स्थापित कर लिए (Shah : 1964)। एक दूसरा उदाहरण है कायस्थों का जो लेखाकार जाति के थे (जो मुद्रण के आविष्कार से पहले पेशेवर पत्र-लेखक होते थे या जो लेखों की नकल करते थे या आलेखों को रखते थे)। कायस्थों ने पहले तो अपने को मुगलों के लिए और फिर ब्रिटिश शासकों के लिए लाभकारी बनाया। बारहवीं शताब्दि में जब वे निम्न जाति के थे, उन्नीसवीं तक उत्तर भारत में ये लोग द्विज श्रेणी तक उठ गए, यद्यपि पूर्व में बंगाल में वे शूद्र ही रहे (Cohn, in Silverberg, 1968 : 122-123)। बर्टन स्टीन (Burton Stein, 1968), एक इतिहासकार, ने भी कहा है कि मध्ययुगीन दक्षिण भारत में परिवार मुस्लिम शासकों से सान्निध्य (association) में ऊपर उठे। गतिशीलता की इकाई जाति न होकर परिवार या परिवारों का एक समूह होता था। श्रीनिवास ने सुझाव दिया है कि इस प्रकार की पारिवारिक ऊर्ध्व गतिशीलता का परिणाम बड़ी जाति में से एक नयी जाति की रचना में हुआ।

ब्रिटिश शासन काल में जनगणना आयुक्तों द्वारा (जातियों को) उच्च प्रस्थिति प्रदान किया जाना (Assigning Higher Status (to castes) by the Census Commissioners in the British Period)

1891 से 1931 तक जनगणना में जाति पहचान लिखते समय अनेक मध्यम और निम्न जातियों ने स्वयं को *द्विज* वर्ण के रूप में पंजीकृत कराने का प्रयास किया। 1901 के जनगणना आयुक्त ने सभी जातियों को क्रम देने का कार्य किया। सैकड़ों जातियों ने उच्च वर्ण शीर्षक का दावा करते हुए उच्च क्रम सुनिश्चित किया। उदाहरणार्थ, बंगाल के कृषक कुर्मी क्षत्रिय होना चाहते थे, तथा तेली वैश्य बनना चाहते थे। प्रत्येक दावे के साथ इतिहास और कथाओं से साक्ष्य प्रस्तुत किए गए थे। दावों का मूल्यांकन करने के लिए जिला समितियाँ स्थापित की गई थीं। कुछ दावे मान लिए गए और कुछ अस्वीकृत कर दिए गए।

संस्कृतिकरण और पश्चिमीकरण की प्रक्रिया के माध्यम से जाति गतिशीलता (Caste Mobility through Social Processes of Sanskritization and Westernization)

ब्राह्मण, मुस्लिम और ब्रिटिश काल में जाति प्रथा इतनी कठोर हो गई थी कि आनुवांशिक सदस्यता, अन्तर्विवाह, व्यावसायिक गतिशीलता से इन्कार, तथा सहभोजी और सामाजिक प्रतिबन्धों के माध्यम से सदस्यों को हमेशा एक निश्चित प्रस्थिति का लाभ मिलता रहा। परन्तु उन्नीसवीं शताब्दि के तीसरे दशक से आगे जाति प्रथा कठोर नहीं रह सकी क्योंकि

औद्योगीकरण, नगरीकरण, शिक्षा का प्रसार, कुछ वैधानिक उपायों का क्रियान्वयन और अनेक समाज सुधारकों के सामाजिक आन्दोलनों की प्रक्रियाएं प्रारम्भ हो चुकी थीं। एम.एन. श्रीनिवास ने 1952 में संस्कृतिकरण और नगरीकरण प्रक्रिया के माध्यम से जातियों में प्रस्थिति गतिशीलता को समझाया है। उसका मानना था कि एक निम्न जाति शाकाहार बन कर और मद्यनिषेध अपना कर एक दो पीढ़ी में श्रेणीक्रम में उच्च स्थिति तक पहुचने में समर्थ होती थी। ऐसी जातियां ब्राह्मणों के संस्कार, रीति रिवाज और विश्वास अपना लेती थीं और अपने अशुद्ध समझे जाने वाले संस्कारों को त्याग देती थीं।

प्रारम्भ में श्रीनिवास ने निम्न जातियों द्वारा ब्राह्मण जीवन शैली का अनुकरण करने की चेष्ठा करने की बात कही लेकिन बाद में उसने किसी उच्च वर्ण की महत्त्वपूर्ण जाति से अनुकरण की बात कही। लिंच (Lynch, 1969 : 218) ने इसे 'अभिजात्य अनुकरण' (elite emulation) कहा है। बारनेट (Barnett) ने ब्राह्मणों और क्षत्रियों के जीवन शैली की बराबरी करने को 'राजसी मॉडल' (kingly model) कहा है। इस प्रकार ऊर्ध्वगामी (upward) गतिशील जाति ने संस्कृतिकरण या 'अभिजात अनुकरण' या 'राजसी अनुकरण' के माध्यम से अपनी प्रस्थिति में सुधार करने का प्रयत्न किया। परन्तु एम.एन. श्रीनिवास (1962 : 58) ने कहा है कि अस्पृश्य लोग कभी भी शूद्रों की सीमा रेखा पार नहीं कर सके हैं और न ही ऊँची जाति की प्रस्थिति प्राप्त कर सके हैं।

संस्कृतिकरण की प्रक्रिया में कुछ उल्लेखनीय तथ्य इस प्रकार हैं : (1) संस्कृतिकरण की प्रक्रिया आर्थिक और राजनैतिक आधिपत्य से जुड़ी है, अर्थात् सांस्कृतिक प्रभुत्व की प्रक्रिया में प्रंभुत्ववाली स्थानीय जाति की भूमिका पर बल दिया गया है। इस प्रकार यद्यपि प्रारम्भ में निम्न जातियों ने ब्राह्मणों का अनुकरण किया लेकिन बाद में स्थानीय प्रभुत्व वाली जातियों की (गैर ब्राह्मण जाति) नकल की जाने लगी। (2) संस्कृतिकरण उन जातियों में हुआ जिन्हें राजनैतिक व आर्थिक शक्तियां प्राप्त थीं लेकिन सांस्कारिक क्रम (कर्मकांडीय) (ritual ranking) में वे उच्च क्रम पर नहीं थीं, अर्थात् उनकी संस्कारिक तथा राजनैतिक-आर्थिक स्थितियों में फासला था। (3) आर्थिक सुधार संस्कृतिकरण की आवश्यक पूर्व शर्त नहीं है। (4) संस्कृतिकरण एक दोहरी प्रक्रिया है। एक जाति ने न केवल अपने से ऊंची जाति से कुछ लिया बल्कि इसने कुछ दिया भी। (5) गतिशीलता की इकाई समूह है न कि व्यक्ति या परिवार। (6) स्वतंत्रता के बाद संस्कृतिकरण की प्रक्रिया कमजोर हो गई है। अब लम्बवत् (vertical) गतिशीलता पर बल है न कि समतल (horizontal) पर। (7) संस्कृतिकरण सामाजिक परिवर्तन की व्याख्या मुख्य रूप से सांस्कृतिक अर्थ में करता है न कि संरचनात्मक अर्थ में। (8) संस्कृतिकरण किसी समूह के लिए स्वतः ही उपलब्धि नही दिलाता। समूह को तो उच्च प्रस्थिति प्राप्त करने के लिए अनिश्चित काल तक प्रतीक्षा करनी होती है। (9) निम्न जातियों द्वारा अशुद्ध व मलिन पेशा बदलना, मदिरापान बन्द करना, गाय का मांस खाना बन्द करना, सुसंस्कृत रीति-रिवाज अपनाना तथा विश्वासों और देवी देवताओं को मानना आवश्यक रूप से ऊपर उठना नहीं है। इन क्रियाकलापों का लक्ष्य गतिशीलता नहीं हो सकता।

संस्कृतिकरण को सम्भव बनाने वाले कारक हैं : औद्योगीकरण, व्यावसायिक गतिशीलता, संचार के विकसित साधन, शिक्षा का प्रसार, पश्चिमी प्रौद्योगिकी, और निम्न

जातियों में मलिन पेशे त्यागने, खराब रिवाजों को तथा सामाजिक प्रथाओं को त्यागने की जागृति। स्वयं श्रीनिवास के अनुसार संस्कृतिकरण के विस्तार में प्रमुख सहायक कारक हैं मंत्रोच्चारण (*mantas*) के साथ से कर्मकाण्डी कार्यों का अलग होना जिसने ब्राह्मण संस्कारों के प्रसार को सुविधाजनक बनाया।

संस्कृतिकरण के साथ ही, पश्चिमीकरण की प्रक्रिया ने भी सामाजिक गतिशीलता को सम्भव बनाया है। पश्चिमीकरण गैर-पश्चिमी समाज की विचारधारा, मूल्यों, संस्थाओं और प्रौद्योगिकी में परिवर्तन की प्रक्रिया है जो लम्बे समय तक पश्चिमी समाज के साथ सांस्कृतिक सम्पर्कों का परिणाम है (Srinivas 1962 : 55)। पश्चिमीकरण की प्रमुख विशेषता यह है कि इसमें प्रौद्योगिकी और तर्क संगतता पर जोर दिया जाता है। डेनियल लरनर, हैरोल्ड गूल्ड, मिलटन सिंगर और योगेन्द्र सिंह जैसे विद्वान पश्चिमीकरण की अपेक्षा आधुनिकीकरण को वरीयता देते हैं। लेकिन श्रीनिवास इस शब्द (आधुनिकीकरण) को 'वस्तुपरक' (subjective) मानता है (Seminar; 88; 1986 :2)।

सामाजिक गतिशीलता की व्याख्या करने के लिए संस्कृतिकरण की प्रक्रिया के प्रयोग के विरुद्ध निम्नलिखित आलोचनाएं की गई हैं : (1) देश के कुछ भागों में (जैसे पंजाब और पहले का सिन्ध) जातियों द्वारा जो कुछ भी नकल किया गया वह संस्कृति परम्परा नहीं थी बल्कि इस्लामी परम्परा थी। सिखवाद का उदय इस्लामी सुफीवाद और रहस्यवादी (mysticism) आन्दोलनों की हिन्दू परम्पराओं के समन्वय से हुआ। (2) संस्कृतिकरण गैर सांस्कृतिक परम्पराओं के अनुकूलन (adaptation) का विवरण देने में असफल रहता है (Yogendra Singh, 1973 :11)। (3) श्रीनिवास की प्रक्रिया (संस्कृतिकरण की) केवल भारतीय समाज में (जहां जाति व्यवस्था मौजूद है) सामाजिक गतिशीलता और सामाजिक परिवर्तन की व्याख्या करती है। यह अन्य समाजों के लिये लाभप्रद नहीं है।

राजनैतीकरण के माध्यम से जाति गतिशीलता
(Caste Mobility through Politicisation)

अनेक जातियों ने अपने लक्ष्यों को प्राप्त करने के लिये या अपनी स्थिति को सुधारने के लिए राजनीति का सहारा लिया है। एलीनर जेलियट (Eleanor Zelliot) के अनुसार राजनीति का लाभ सरकारी लाभों को प्राप्त करने और राजनीतिक संस्थाओं और विधायिकाओं में प्रतिनिधित्व प्राप्त करने के लिए किया जाता है। इस सन्दर्भ में कुछ उदाहरण इस प्रकार हैं : महाराष्ट्र के महार, गुजरात के क्षत्रिय, तमिलनाडू के नादर, और आन्ध्र प्रदेश के रेड्डी और कम्मा लोग।

महाराष्ट्र के महारों ने, जो राज्य की कुल जनसंख्या के 10 प्रतिशत हैं (राज्य में कुल 13 प्रतिशत अनुसूचित जाति जनसंख्या का) प्रारम्भ में सामाजिक पतन की दशाओं में काम किया, लेकिन आखिरकार अपनी सामाजिक दशा को सुधारने के लिए राजनीति का सहारा लिया। अम्बेडकर ने उन्हें राजनैतिक शक्ति के रूप में संगठित किया और अनुसूचित जाति का एक महासंघ बनाया जो अन्त में सामाजिक गतिशीलता और सामाजिक समानता के उद्देश्यों को प्राप्त करने हेतु राजनैतिक साधन के रूप में प्रयोग किया गया। महार, जिन्हें अस्पृश्य समझा जाता था, चौकीदार, सन्देशवाहक, सड़कों की सफाई, दूसरे गाँवों का मृत्यु

सन्देश लाने ले जाने, आदि का काम करते थे। मन्दिर, स्कूल और कुंए उनके लिए बन्द थे। बाद में (1860 से बाद) उन्होंने फैक्ट्रियों, रेलों, गोदी, आदि में कार्य करना प्रारम्भ कर दिया। जो गाँवों में रहते थे उन्होंने भी परम्परागत निम्न व्यवसायों को छोड़ना शुरु कर दिया। काफी बड़ी संख्या में वे सेना में भी भर्ती हो गए। सैन्य सेवाओं ने उन्हें सामाजिक श्रेणीक्रम में ऊँचा उठने में ही मदद नहीं की बल्कि पश्चिमी संस्कृति के द्वार भी उनके लिए खुल गए। कुछ महार ईसाई बन गए जबकि कुछ ने कबीर व रामादि पंथ अपना लिया, जो समानता के पक्षधर थे। 1936 में अम्बेडकर के नेतृत्व में उनके मन्दिर प्रवेश प्रयास ने राजनैतिक आन्दोलन का रूप ले लिया, हिन्दुत्व को पूर्णरूपेण अस्वीकार कर दिया। 1937 में अम्बेडकर ने स्वतंत्र लेबर पार्टी (Labour Party) की स्थापना की जिसमें अधिकतर टिकिट महार लोगों को ही दिए गए। तब से रिपब्लिक पार्टी (Republic Party) तथा 1946, 1951, 1956 के चुनावों के माध्यम से महारों ने महराष्ट्र की राजनीति में अपने को महत्वपूर्ण राजनैतिक बल के रूप में स्थापित कर लिया है।

रजनी कोठारी और रुशिकेश मारु (Rushikesh Maru, 1973 : 70-101) ने गुजरात के कुछ मध्यम और निम्न जातियों तथा आर्थिक दृष्टि से पतित समुदायों के उदाहरण दिये हैं, जिन्होंने राजनैतिक शक्ति प्राप्त करने के लिए 1940 और 1950 के दशकों में एक सामान्य संगठन महासंघ के रूप में बनाया। कांग्रेस के विरुद्ध चुनाव जीतने के बाद उन्हें क्षत्रियों में स्वीकार कर लिया गया। इस प्रकार राजनीति उनके लिए सुदृढ़ बन गई।

रार्बर्ट हार्डग्रेव (Robert Hardgrave. Jr, 1973 :102-126) ने तमिलनाडू में नादरों के बीच एकता और सामंजस्य और इसकी एकीकृत राजनैतिक संस्कृति का परीक्षण किया। अन्य जातियों पर आर्थिक निर्भरता की समाप्ति तथा विस्तृत भौगोलिक क्षेत्र पर जाति बन्धनों के विस्तार ने इस जाति (नादरों) को एक नयी दृढ़ता प्रदान की जिसने उन्हें सामाजिक, आर्थिक, और राजनैतिक दृष्टि से उठा दिया। आर्थिक रूप से अपनी प्रस्थिति में सुधार करने के बाद उन्होंने क्षत्रिय पद का दावा किया। 1921 की जनगणना में सभी नादरों ने स्वयं को नादर क्षत्रिय घोषित कर दिया। आज नादर दक्षिण में आर्थिक व राजनैतिक दृष्टि से सबसे सफल समुदायों में से एक है।

ये सभी उदाहरण प्रकट करते हैं कि निम्न जातियों ने किस प्रकार राजनीति का प्रयोग किया। राजनीतिक शक्ति, जाति एकता, और आखिरकार समाज में उच्च स्थिति प्राप्त कर ली।

के.एल.शर्मा (K.L. Sharma, *Social Stratification in India*, 1997: 158-173) ने सामाजिक गतिशीलता के तीन दृष्टिकोणों की ओर संकेत किया है : संरचनात्मक-ऐतिहासिक, मार्क्सवादी, और संस्कृतिवादी (Culturological) अथवा भारतशास्त्रीय (Indological)। ए.आर. कामत (A.R. Kamat) ने प्रथम दृष्टिकोण का उपयोग करते हुए महाराष्ट्र में जाति गतिशीलता की व्याख्या की है जिसमें उसने कहा है कि पुराने शहरी वर्चस्व वाले राजनैतिक नेतृत्व के स्थान पर नेताओं की नयी व्यवस्था आ गई है जो उन्नत ग्रामीण तत्वों, विस्तृत राजनैतिक चेतना, और राजनैतिक लोकतंत्र में विश्वास रखते हैं। मार्क्सवादी दृष्टिकोण का प्रयोग अरविन्द दास (Arvind Das, 1984 : 1616-19) और प्रधान एच. प्रसाद (Pradhan, H. Prasad, 1979 : 481) ने बिहार में अन्तर्जातीय

व वर्ग संघर्षों के विश्लेषण करने में किया है। सामाजिक गतिशीलता की व्याख्या यजमानी प्रथा के पतन और आधुनिक व्यवसायों के उदय (Sharma, 1974), अस्पृश्यता और अशुद्धता-शुद्धता सिद्धान्त के पतन (Kolenda 1986), और शिक्षा, संरक्षणात्मक भेदभाव की राज्य की नीति और सामाजिक आन्दोलनों के संदर्भ में भी की जा सकती है।

जातिवाद (Casteism)

जातिवाद और साम्प्रदायिकतावाद तथा इनके साथ हिंसा की बढ़ती प्रवृत्तियों ने विभिन्न जातियों में आपसी सन्देह और असुरक्षा की भावना पैदा कर दी है। जाति में उच्च पदासीन व्यक्ति नियुक्तियों और प्रोन्नति में अपनी जाति या उपजाति के सदस्यों को वरीयता देते हैं। इससे जाति के प्रति निष्ठा इस सीमा तक बढ़ जाती है कि : (i) एक जाति दूसरी जाति पर हावी होने का प्रयत्न करती है, (ii) उच्च जातियां निम्न जातियों का शोषण करती हैं, (iii) चुनाव जाति आधार पर लड़े और जीते जाते हैं, (iv) समाज में अन्तर्जातीय संघर्ष बढ़ जाते हैं। यद्यपि जातिवाद, अन्तर्जातीय-संघर्ष, और जातीय हिंसा की घटनाएँ ग्रामीण क्षेत्रों में अधिक पाई जाती हैं, लेकिन शहरी क्षेत्रों में भी ये घटनाएँ होती रहती हैं।

स्वतंत्र भारत में विभिन्न जातियों के बीच प्रतिस्पर्धा सामान्य स्थिति मालूम पड़ती है। लोगों के हाथों में राजनैतिक शक्ति आ जाने के कारण जातियां दबाव-समूह बन गई हैं और शक्ति के लिए स्पर्धारत हैं तथा अपने जाति बन्धुओं के लाभार्थ शक्ति का प्रयोग कर रही हैं। ऐसे उदाहरण दिये जाते हैं जिनमें कुछ वर्ष पहले एक राज्य में एक बड़ी संख्या में पुलिस में यादवों को भर्ती किया गया क्योंकि राज्य में एक यादव व्यक्ति सर्वोच्च राजनैतिक पद पर आसीन था। 1950 के दशक में एक राज्य में रेड्डी जाति के मुख्यमंत्री ने बहुत से रेड्डी लोगों को मंत्री बना दिया। एक राज्य में एक जैन अधिकारी ने जैनियों को और एक राजपूत अधिकारी ने राजपूतों को नियुक्तियों में वरीयता दी। यह प्रवृत्ति न केवल अन्य जातियों के लिए घृणा में वृद्धि करती है बल्कि देश में जाति संघर्षों को भी जन्म देती है। ऐसे संघर्ष उत्तर प्रदेश, बिहार, राजस्थान, तमिलनाडू, कर्नाटक, गुजरात और महाराष्ट्र में बहुत होते हैं। जब एक भौगोलिक क्षेत्र में कोई जाति दूसरी जाति से अधिक प्रभावशाली हो जाती है तब यह आर्थिक व राजनैतिक शक्ति प्राप्त करने का प्रयास करके प्रभुत्व वाली जाति बन जाती है। जब कोई जाति एक प्रकार का प्रभुत्व रखती है तब यह कालान्तर में अन्य प्रकार के प्रभाव भी प्राप्त कर लेती है।

जातिवाद अपने सदस्यों में ऐसी निष्ठा पैदा कर देता है कि वे अपने एकता को अपनी धाक जमाने या वंचित जातियों के शोषण के लिए प्रयोग करने लगते हैं। इसके सबसे अच्छे उदाहरण बिहार में भूमिहारों, यादवों, कुर्मियों, और दलितों में पाए जाते है।

राजनीति में गत कुछ दशकों से जातिवाद चुनाव लड़ने के लिए उम्मीदवारों के चयन में भी महत्वपूर्ण भूमिका का निर्वाह कर रहा है। वोट माँगने में भी इस कारक का अच्छी तरह नकदीकरण किया जा रहा है।

जून 1962 में स्थापित राष्ट्रीय एकता समिति भी जातिवाद, क्षेत्रवाद और साम्प्रदायिकता की समस्याओं को सुलझाने में सक्रिय है। 1968 में राष्ट्रीय एकता समिति ने

इन समस्याओं से निपटने के लिए अलग समितियां बनाई। इन सभी समितियों ने दिशा निर्देश, कानून व प्रशासनिक कार्यवाही आदि के लिए अनेक सुझाव दिये हैं। 1970 तक ये सब कार्यवाही रुक गई। 1980 में राष्ट्रीय एकता समिति की पुनर्स्थापना हुई और फिर 1984 में। इस बार भी तीन समितियां बनाई गईं लेकिन वे भी कुछ ठोस कार्य न कर सकीं। सितम्बर 1986 में राष्ट्रीय एकता को बढ़ाने के लिए पांच सदस्यों की एक उपसमिति गठित की गई। फरवरी 1990 और फिर 1991 और जुलाई 1993 में एक और स्वरूप इस समिति का निकला लेकिन आज तक (नवम्बर, 2000) राष्ट्रीय सौहार्द्र बनाने और जातिवाद तथा साम्प्रदायिकता को रोकने की दिशा में कोई हल नहीं निकल पाया है।

समानता और सामाजिक संरचना के प्रकरण
(Issues of Equality and Social Structure)

सामाजिक असमानता का मुद्दा भारतीय समाज की एक महत्त्वपूर्ण समस्या है। किसी समाज के सामाजिक स्तरीकरण का अध्ययन, भले ही वह जाति या वर्ग पर आधारित हो, अधिकतर असमानता को समझने से ही सम्बद्ध है।

ल्यूइस डयूमान्ट (Louis Dumont) एक फ्रांसीसी समाजशास्त्री ने एक भिन्न आधार पर जाति व्यवस्था में असमानता की व्याख्या की है। उसकी मान्यता है कि श्रेणीक्रम, न कि असमानता, समानता का विलोम है। उसने जातिप्रथा में श्रेणीक्रम को शुद्धता और अशुद्धता के अर्थों में समझाया है, जो कि उसके अनुसार जाति व्यवस्था का मूल सिद्धान्त है। उसके अनुसार 'श्रेणीक्रम' में अशुद्धता पर शुद्धता की श्रेष्ठता, अशुद्धता से शुद्धता की पृथकता, तथा श्रम विभाजन में शुद्ध व्यवसायों की अशुद्ध व्यवसायों से पृथकता निहित है। इस प्रकार वह (a) दो विरोधियों (opposites) की 'श्रेणीक्रमता' में सहअस्तित्व (co-existence) की, (b) श्रेणीक्रम के प्राकृतिक असमानताओं से या शक्ति वितरण से बिल्कुल स्वतंत्र होने की, (c) जातियों के क्रम (ranking) का धार्मिक प्रकृति का होना और (d) श्रेणीक्रम घेरने वालों (encompasser) और घिरने वालों (encompassed) के बीच का सम्बन्ध होने की बात करता है। डयूमान्ट की जाति की विचारधारा और जाति व्यवस्था में श्रेणीक्रम की धारणा पश्चिमी विद्वानों (रिज़ले, मेयर, मेरियट, आदि) के विचारों से बिल्कुल भिन्न है जिन्होंने इसकी व्याख्या पश्चिमी अवधारणाओं के प्रकाश में की है, जैसे, व्यक्तिवाद, समतावाद, आदि। वह श्रेणीक्रम को वर्ण सिद्धान्त से जोड़ता है, जिसमें क्रमीकरण (gradation) सम्मिलित है, लेकिन शक्ति और सत्ता दोनों से भिन्न है। हिन्दू समाज में राजा का पुजारी के आधीन होना धार्मिक संस्कार से क्रम है। डयूमान्ट मानता है कि श्रेणीक्रम के घेरे में वर्ण विभाजन और जाति व्यवस्था दोनों ही हैं। इस प्रकार वह जाति के भीतर व जातियों के बीच व्यवहार और अन्तर्क्रिया में वैचारिक उन्मुखता को महत्व देता है। वह यह भी मानता है कि श्रम का परम्परागत विभाजन (यजमानी प्रथा), विवाह का नियमित होना, और सामाजिक सम्पर्क आर्थिक व सामाजिक तर्क की अपेक्षा श्रेणीक्रम या धार्मिक मूल्यों पर आधारित होते हैं।

टी.एन.मदान (T.N. Madan : "On the Nature of Caste in India" in *Contributions to Indian Sociology* No.5, 1971, देखें, उसी का लेख, Dipankar Gupta (ed), *Social Stratification*, 1997: 74-83) ने डूयमान्ट के प्रस्थिति और

शक्ति के बीच असम्बद्धता (disjunction) के विचार के विपरीत प्रश्न उठाया है। वह कहता है कि प्रस्थिति (ब्राह्मण) के आगे शक्ति (राजा) की आधीनता समझदारी में कठिनाई पैदा करती है। यह दृष्टिकोण चतुराई पूर्ण है लेकिन समझ में सन्तोषप्रद नहीं है।

असमानता के विश्लेषण में हमारी मान्यता यह है कि उस असमानता का जो सदियों के आर्थिक ठहराव (stagnation) के कारण पैदा हुई जिससे वर्गों के बीच जीवन अवसरों में अन्तर पैदा हुआ, और उस असमानता का जो परम्परागत मूल्यों, सामाजिक प्रथाओं, और जाति प्रथा द्वारा लगाए गए प्रतिबन्धों के कारण उत्पन्न हुई, दोनों के अध्ययन के लिए समाजशास्त्रीय विश्लेषण की आवश्यकता है। ऐतिहासिक दृष्टि से असमानता के समाजशास्त्रीय बोध (understanding) की ओर पहला कदम तब उठा जब लोगों की अस्तित्व की दशाओं में असमानताओं की ओर ध्यान जाने लगा। जीवन के प्रति हिन्दू दृष्टिकोण इस असमानता को भिन्न-भिन्न जातियों में व्यक्ति के विभिन्न क्रमों में जन्म लेने से सम्बद्ध है जिसके कारण व्यक्ति की अयोग्यताओं, अभिरुचियों और आकांक्षाओं में अन्तर होता है। रुसो (Rousseau) ने राजनैतिक असमानताओं की बात कही है, जैसे धन, सम्मान और शक्ति जो कि परिपाटी पर आधारित होती है और व्यक्तियों की सहमति से अधिकृत होती है। यद्यपि लोग इन परिपाटियों (conventions) को त्यागने के लिए और नयी परिपाटियां स्थापित करने के लिए स्वतंत्र होते हैं, फिर भी यह स्पष्ट नहीं है कि असमानताएं, जिनसे मनुष्य पीड़ित हैं, किस प्रकार इतने लम्बे समय से चली आ रही हैं। जब हमने अपने समाज में मनुष्यों के बीच असमानताओं की तुलना अन्य समाजों से करनी शुरु की, तब से स्तरीकरण के स्वरूप और गतिशीलता की दर की तुलना करने के लिए—पहले औद्योगिक समाजों में फिर कृषक समाजों में—समाजशास्त्रीय दृष्टिकोण का प्रयोग किया गया।

परम्परागत भारतीय समाज में श्रेणीक्रम और सामाजिक असमानताओं का आधार शुद्धता और अशुद्धता का विचार ही था। आधुनिक औद्योगिक समाज में असमानताओं का आधार 'उपलब्धि' है जो "खुली और स्वच्छ प्रतिस्पर्धा" का परिणाम है। हिन्दू धार्मिक ग्रन्थ बताते हैं कि हमारा समाज चार *वर्णों* और एक प्रकार के पारस्परिक सम्बन्धों में व्यवस्थित अनेक जातियों में विभक्त था। जब तक जातियों का सम्बन्ध धर्म से जोड़ा जाता रहा तब तक लोगों ने प्रस्थिति श्रेणीक्रम स्वीकार किया। यह जुड़ाव बीसवीं शताब्दि के 1920 और 1930 की दशकों तक जारी रहा। पश्चिमी संस्कृति से सम्पर्क, शिक्षा का प्रसार और औद्योगीकरण और नगरीकरण की प्रक्रिया ने लोगों के विचार बदल दिए। उन्होंने मानवरचित असमानताओं की चर्चा शुरु कर दी। देश की राजनैतिक आज़ादी ने उन्हें असमानताओं के प्रश्न को उठाने और सामाजिक न्याय मांगने का अवसर प्रदान किया। केलकर, मण्डल, आदि जैसे आयोगों की सिफारिशों तथा जाति व समुदाय के आधार पर वोट मांगने की राजनीतिक क्रियाओं ने उन्हें समानता के अवसर की मांग करने तथा सामाजिक अन्याय को दूर करने की मांग करने की अधिक प्रेरणा प्रदान की। इसमें आश्चर्य नहीं कि उपेक्षित जाति और वर्ग को नौकरियों, विधायिकाओं, और शैक्षिक संस्थाओं, आदि में सामाजिक न्याय के नाम पर आरक्षण मिलने लगा। स्त्रियों को भी इस न्याय के मिलने में सफलता मिली जबकि कुछ राज्यों में पंचायतों में स्त्रियों के लिए 20% स्थान आरक्षित कर दिए गए और दिसम्बर, 1998 के मध्य में और फिर दिसम्बर 1999 में स्त्रियों के लिए 33% स्थान आरक्षित रखने के लिए

एक विधेयक संसद में प्रस्तुत किया गया।

लेकिन जाति, वर्ग और समुदाय के आधार पर सामाजिक असमानताओं को समाप्त करने के प्रयासों ने कुछ जातियों और समुदायों में कुण्ठा उत्पन्न कर दी है जिनका परिणाम अनेक आन्दोलनों और हिंसात्मक कार्यवाहियों के रूप में हुआ है। इस प्रकार शिक्षित व्यक्तियों और स्वार्थी राजनीतिज्ञों के विचारों की अतिवादी प्रतिक्रियाएं कुछ अधिक चिन्ताजनक हैं। इसमें सन्देह नहीं कि सामाजिक और सांस्कृतिक जीवन ने विकास के मार्ग में काफी परिवर्तन कर दिए हैं। इन बुराइयों को दूर करने के लिए कई सुझाव भी दिए गए हैं। सामाजिक क्रमीकरण को कम करने पर विचारों और मूल्यों का केवल एक सामान्य स्वरूप ही सामाजिक असमानताओं को कम कर सकता है और लोगों को विभिन्न श्रेणियों का न्याय प्रदान कर सकता है।

आन्द्रे बेतेइ (Inequality Among Men, 1977 : 49) ने शक्ति (power) और असमानता के बीच सम्बन्धों की चर्चा की है। शक्ति असमानता बनाए रखती है तथा यह असमानता का रूप भी बदल देती है। जाति व्यवस्था में मनुष्यों के बीच असमानता केवल इसलिए ही स्वीकार नहीं की गई थी क्योंकि यह विश्वास था कि लोगों को विविध गुण प्रदत्त हैं, बल्कि इसलिए भी क्योंकि जातियों को शक्ति के साधन के रूप में देखा जाता था। जैसे ही ब्रिटिश लोगों द्वारा संचालित शक्ति के नवीन साधनों ने श्रेणीक्रम और जाति की शक्ति (न्यायालय द्वारा जाति पंचायतों की शक्ति छीन लेने के बाद) से अपना समर्थन वापस लिया, श्रेणीक्रम स्वयं ही टूटने लगा। वर्ग व्यवस्था में जिनके पास भूमि या सम्पत्ति होती है, वही व्यक्ति भूमिहीनों और सम्पत्तिहीनों पर हावी रहते हैं। शक्ति असमानताओं के समाजशास्त्रीय विश्लेषण में दो बातों पर ध्यान दिया जाता है : एक, दूसरों पर कुछ लोगों का शक्ति वर्चस्व और दो, उनके पास नियमों की व्याख्या करने, परिवर्तन करने और बनाने की शक्ति जिनसे उनके सहित, सभी बँध जाते हैं। साथ ही, इस विश्लेषण में शक्ति का विस्तार भी महत्त्वपूर्ण है। एक ही व्यक्ति या समूह समाज के हर क्षेत्र में समान रूप से शक्ति नहीं रखता। हम यह भी पूछते हैं कि कहां तक वे विभिन्न व्यक्ति जो एक या अनेक क्षेत्रों में शक्ति रखते हैं और उसका प्रयोग करते हैं, एक सम्बद्ध (cohesive) समूह के रूप में रहते हैं जो शेष समाज में स्पष्ट रूप से चिन्हित होता है। बिहार में शक्ति की असमानता ने जाति सेना और जाति संहार को जन्म दिया है।

प्रस्थिति और शक्ति में असमानताओं की चर्चा के बाद सामाजिक अस्तित्व (existence) की सामान्य दशाओं (general conditions) में असमानताओं का सन्दर्भ भी आवश्यक है। बहुत बड़ी संख्या में लोग असमानता को वर्गों में समाज के विभाजन और धन के असमान वितरण के सन्दर्भ में देखते हैं। औद्योगिक समाज का दो श्रेणियों—पूंजीवादी और समाजवादी—में विभाजन का जन्म सामाजिक वर्ग से ही हुआ है। पूंजीवादी समाज सम्पत्ति के निजी स्वामित्व के माध्यम से संगठित होते हैं और इन समाजों में वर्ग की उपस्थिति को मुक्त रूप से स्वीकारा जाता है, जबकि समाजवादी समाजों में इसे सशर्त स्वीकारा जाता है। क्या समाजवादी समाजों में निजी सम्पत्ति के उन्मूलन से वर्ग अदृश्य हो गए हैं ? आन्द्रे बेतेइ (वही : 75) मानता है कि क्योंकि रूस और अन्य समाजवादी देशों में अभी भी असमानाताएं विधमान हैं तो यह निश्चित है कि असमानता वर्ग

से कहीं अधिक विस्तृत धारणा है।

प्रस्थिति, शक्ति और आय के संदर्भ में सामाजिक असमानताओं की बात करते हुए एक प्रश्न उठाया जा सकता है : क्या समतावादी (egalitarian) समाज सम्भव है ? क्या यह अतीत में भी था ? क्या भविष्य में इसका उदय हो सकता है ? यद्यपि हमारे सभी आधुनिक समाज समानता के वायदे पर बने हैं, फिर भी समतावादी समाज की सम्भावना प्रतीत नहीं होती। बेतेइ ने (वही :153) यह भी कहा है कि जब तक मूल्यांकन और संगठन सामाजिक जीवन के अभिन्न अंग बने रहंगे, असमानता की समस्या का अस्तित्व भी जारी रहेगा। हम समतावादी समाज को दो स्तरों पर सोच सकते हैं: एक, जिसमें विभिन्न स्थितियों में एक ही शक्ति और प्रतिष्ठा हो, और दो, जिसमें सभी सदस्य शक्ति की ओर प्रतिष्ठा की सभी स्थितियों का लाभ लेते हों। लगभग सभी लोगों द्वारा यह स्वीकार किया गया है कि भविष्य में ऐसे समाजों के होने की कल्पना मात्र भी भ्रमात्मक है।

जाति और राजनीति (Caste and Politics)

जाति और राजनीति के बीच सम्बन्ध का दो स्तर पर विश्लेषण किया गया है : एक, जाति राजनीति को किस प्रकार प्रभावित करती है, और दो, राजनीति किस प्रकार जाति को प्रभावित करती है। सर्वप्रथम हम इस सम्बन्ध को राजनीति में जाति की जागृति (चेतना) के अर्थ में लेंगे।

चेतना (The Awareness)

राजनीति में भिन्न जातियों की चेतना और रुचि को चार कारकों के प्रकाश में अध्ययन किया जा सकता है : राजनीति में जाति की रुचि, जाति का राजनैतिक ज्ञान व राजनैतिक चेतना, राजनैतिक दलों से जातियों की पहचान, और राजनैतिक मामलों पर जातियों का प्रभाव। इन चारों पक्षों का अध्ययन अनील भट्ट ने 1970 के दशक में चार राज्यों (उत्तर प्रदेश, गुजरात, पश्चिमी बंगाल, और आन्ध्र प्रदेश) में विभिन्न पृष्ठभूमियों के उच्च, मध्यम व निम्न जातियों के 1713 व्यक्तियों पर किया। सभी जातियों को एक साथ लेने पर राजनीतिक रूचि का विश्लेषण करते हुए उसने पाया कि लगभग 25 प्रतिशत जातियों की राजनीति में बहुल रूचि, 45 प्रतिशत की सामान्य रुचि, और 30 प्रतिशत की कोई रूचि नहीं थी। देश में प्रमुख राजनीतिक समस्याओं और राजनीतिक आरोपों की चेतना के सम्बन्ध में उसने पाया कि मध्यम और निम्न जातियों की अपेक्षा उच्च जातियों में अधिक रूचि थी। जाति प्रस्थिति और राजनीतिक दलों के साथ पहचान के बीच उसने कोई सम्बन्ध नहीं पाया। अंत में उसने पाया कि कुछ जातियां ही राजनीतिक दृष्टि से प्रभावशील हैं तथा केवल कुछ ही गांवों में मध्यम और निम्न जातियों का प्रभुत्व है।

सम्बन्ध (The Relationship)

रजनी कोठारी (1970) ने जाति और राजनीति के बीच सम्बन्धों का इस विषय का विश्लेषण करके परीक्षण किया कि जातियों के वोटों के कारण राजनीति व्यवस्था पर क्या प्रभाव पड़ता

है। उसने पाया कि तीन कारक—शिक्षा, सरकारी संरक्षण, और धीरे-धीरे विस्तृत मताधिकार (18-21 वर्ष के युवा भी मतदान प्रक्रिया में शामिल हैं)। जाति व्यवस्था में प्रवेश कर गए हैं जिसके कारण इनसे राजनैतिक व्यवस्था प्रभावित हुई है। नये नेतृत्व तथा नयी संस्थाओं द्वारा प्रदत्त शक्ति के पद, प्रशासनिक संरक्षण और आर्थिक अवसरों ने जातियों को राजनीति में घसीटा। जाति के राजनीति में संलग्न होने के दो परिणाम हुए : जाति व्यवस्था ने राजनैतिक गतिशीलता के लिए नेतृत्व को संरचनात्मक और वैचारिक आधार उपलब्ध कराया और दूसरा नेतृत्व स्थानीय राय को छूट देने और आर्थिक तथा राजनैतिक उद्देश्यों के लिए जातियों को संगठित करने के लिए बाध्य हो गया।

राजनीति में जाति के प्रयोग का विश्लेषण रजनी कोठारी (*Caste in Indian Politics*, 1973) ने दो अवस्थाओं (stages) में किया। प्रथम अवस्था में बुद्धिजीवी और उच्चताबद्ध (high entrenched) जातियों (जैसे, आन्ध्र प्रदेश में रेड्डी, गुजरात में पट्टीदार, कर्नाटक में लिंगायत, बिहार में भूमिहर, और राजस्थान में राजपूत) और ऊंची आरोही (high asendant) जातियों (जैसे, बिहार में कायस्थ, राजस्थान में जाट) के बीच बैर भाव (antagonism) तथा क्रोध या विरोध (resentment) सम्मिलित है। दूसरी अवस्था में स्पर्धारत (competing) जातियों (उच्चताबद्ध व आरोही) के भीतर ही गुटबाजी और विखण्डीकरण (fragmentation) तथा बहुजातीय और बहु-गुटीय गठजोड़ (alignments) का विकास सम्मिलित है। निम्न जातियों को भी उच्च जाति के नेताओं का समर्थन करने और एक गुट को मजबूत करने के लिए लाया जाता है। प्रथम अवस्था में जाति के केवल तीन अवयव (components) शामिल हैं : जाति की शक्ति संरचना, आर्थिक लाभों का वितरण, और जाति चेतना। लेकिन दूसरी अवस्था में जाति के अन्य अवयव जैसे जाति चेतना, असामी (client) निष्ठा, आदि शामिल हैं। कोठारी ने प्रथम अवस्था में तीन उप-अवस्थाएं बताई हैं। पहली उप-अवस्था में पहले तो शक्ति और लाभों के लिए संघर्ष उच्चताबद्ध जातियों (entrenched castes) (अथवा उन जातियों तक जो आर्थिक और राजनैतिक रूप से तो अत्यधिक प्रभाव डालती थीं लेकिन संख्या की दृष्टि से नहीं) तक ही सीमित रहता है। दूसरी उप-अवस्था में आरोहित (ascendant) जातियां (अर्थात् असन्तुष्ट व उच्च भूमिका आकांक्षी जातियां) भी शक्ति के लिए स्पर्धा करना शुरु कर देती हैं। तीसरी उप-अवस्था में उच्चताबद्ध व आरोहित जातियों के बीच न केवल प्रतिस्पर्धा होती है (शक्ति और लाभों के लिए) बल्कि इन जातियों के भीतर भी होती है। दूसरी अवस्था में, जिसे गुटबाजी और विखण्डनबाजी की अवस्था भी कहा जाता है, नेतृत्व में दरार पड़ने लगती है तथा बहु-जातीय एवं बहु-गुटीय गठजोड़ भी हो जाते हैं। इससे राजनीति में विरोधी जाति नेताओं की समस्या भी उत्पन्न हो जाती है। ये नेता जनता को भी शामिल कर लेते हैं क्योंकि वे (नेता) विस्तृत क्षेत्र में अपना प्रभाव जमाना चाहते हैं। इस अवस्था में नेतृत्व में भी परिवर्तन होता है।

कोठारी ने जाति और राजनीति के बीच सम्बन्ध पर तीसरी अवस्था की बात भी कही है। प्रथम अवस्था में जब उच्चताबद्ध (entrenched) जातियां पहले राजनीतिकृत होती हैं और आरोहित उच्चता प्राप्त (ascendant) जातियां अपेक्षाकृत उपेक्षा के भाव से क्रोध अभिव्यक्त करती हैं (जैसे महाराष्ट्र में ब्राह्मनों की उच्चताबद्ध जातियां और मराठों की उच्चता प्राप्त जातियां), दूसरी अवस्था में स्पर्धी जातियों के भीतर गुटबाजी का उदय होने लगता है

और निम्न जातियों को भी समर्थन के लिए लाया जाता है और तीसरी अवस्था में जाति के अतिरिक्त अन्य प्रकार की पहचान महत्वपूर्ण हो जाती है। यह बढ़ती शिक्षा, शहरीकरण और आधुनिक उपलब्धि उन्मुखता को अपनाने से अधिक महत्वपूर्ण हो जाती है। इस प्रकार बहु-आयामी (cross-cutting) निष्ठाओं का उदय होता है।

जातियों के विलय की प्रक्रिया डी.एम.के पार्टी तमिलनाडु और महाराष्ट्र में रिपब्लीकन पार्टी (Republican Party) ने दर्शायी है (महार और अन्य अस्पृश्य जातियों की)। डी.एम.के पार्टी राजनीतिक दृष्टि से शक्तिशाली है लेकिन दूसरी ने अभी अधिक शक्ति प्राप्त नहीं की है।

इन दिनों ग्राम स्तर पर पंचायतों में चुनाव अक्सर एक दूसरे के वोट काटने (cross-cutting) पर आधारित होकर लड़े जाते हैं। अब बहुत बड़ी संख्या में भूमिहीन जातियां वोट शक्ति रखती हैं; अतः वे परम्परागत शक्तिशाली जाति को चुनौती देती हैं जिसके पास भूमि नियंत्रण के कारण शक्ति होती है। प्रबल (dominant) जातियाँ तथा उच्चता प्राप्त (ascendant) जातियां अक्सर क्षेत्र के प्रमुख राजनैतिक दलों से बँधी होती हैं, और दलीय संगठन के माध्यम से ही उर्ध्व (upward) गतिशीलता होती रहती है। अतः आज इस प्रकार एक ओर जाति केवल बाह्य राजनैतिक समर्थन आधार (exclusive political support base) खो देती है और दूसरी ओर यह राजनीति को अत्यधिक प्रभावित करती है।

जाति और राजनीति के बीच वर्तमान सम्बन्धों से कोठारी चार निष्कर्ष निकलता है:

(1) राजनीति में नये अभिजात समूह का उदय हुआ है जो विभिन्न जातियों से आया है लेकिन एक सामान्य धर्मनिरपेक्ष दृष्टिकोण में भाग लेता है और कुछ मूल्यों के सन्दर्भ में समरस (homogeneous) भी है।

(2) जातियों ने नवीन संगठनात्मक स्वरूप धारण कर लिया है। इस प्रकार (i) अब विविध स्तरों पर जाति संघ कार्य कर रहे हैं (विश्वविद्यालयों, होस्टलों, क्लबों, सरकारी कार्यालयों, आदि में) (ii) जाति सम्मेलन विस्तृत आधार वाले हो गए हैं (iii) जाति महासंघों का उदय हुआ है।

(3) जातियों ने गुटीय आधार पर प्रभावित करना शुरु कर दिया है। ये गुट न केवल राजनैतिक समूहों को विभाजित करते हैं बल्कि सामाजिक समूहों को भी।

(4) जाति परिचयों (identifications) ने चुनाव व्यवस्था को एक नयी सार्थकता (relevance) प्रदान की है। न केवल बड़ी जातियां राजनीति को प्रभावित करती हैं बल्कि छोटी जातियां भी वोट मांगते समय महत्वपूर्ण हो गई हैं।

जाति और मतदान व्यवहार (Caste and Voting Behaviour)

मतदान जातियों को अपना प्रभाव दर्शाने का एक अवसर प्रदान करता है। रजनी कोठारी (1970), लिण्डजे गार्डनर, मिल्लर (1950), की (Key, 1955), कैम्पबेल (1960) और नारमन पामर (Norman Palmer, 1976) जाति को मतदान निर्धारक मानते हैं। जिस प्रकार ब्रिटेन में मतदान वर्ग-निर्धारक है, अमरीका में प्रजाति (race) निर्धारक है, भारत में

यह जाति-निर्धारक है। जो जातियाँ श्रेणीक्रम में सबसे नीचे हैं उनके लिए मताधिकार एक शक्तिशाली क्रियाकलाप का कार्य करता है। जाति का सामाजिक और आर्थिक स्तर जितना निम्न होगा, उनके वोट का महत्व उतना ही अधिक होगा। कोठारी, मेयर, वर्मा, भामश्री, रामाशिरे राऊ, कोहन, आदि के अनेक अध्ययनों ने दर्शाया है कि जातियां अपना प्रभाव डालती हैं और उन्होंने सौदेबाजी की शक्ति भी विकसित कर ली है क्योंकि उनके पास मतदान की शक्ति है। आन्द्रे बेतेइ (देखें, Kothari : 1973-21) ने भी कहा है कि जाति की निष्ठाओं का मतदान में शोषण किया जाता है। जाति को काटते हुए नये गठबन्धन भी बनाए जाते हैं। रुडाल्फ (Rudolph) का विचार है कि जाति संघों ने जाति को एक नयी स्फूर्ति प्रदान की है और लोकतंत्र ने भारत में जाति को नयी महत्त्वपूर्ण भूमिका के योग्य बनाया है। डी.एल.सेठ (D.L. Seth, *Economic and Political Weekly*, January 1970 : 147) ने 1967 में एक अध्ययन किया जिसमें उसने भारत के भिन्न-भिन्न चुनाव क्षेत्रों के 2,287 व्यक्तियों का साक्षात्कार किया और पाया कि विभिन्न कारकों में से जाति नेताओं की सलाह पर मतदान व्यवहार 1.0 प्रतिशत मामलों में, परिवार के हिसाब से 46 प्रतिशत मामलों में, और मतदाताओं के अपने निर्णय से 49 प्रतिशत मामलों में निर्धारित हुआ था। 4.0 प्रतिशत मामलों में निर्धारक कारक का पता नहीं लग सका। उसी वर्ष (1967) पूना में 1000 मतदाताओं में संचालित अध्ययन ने दर्शाया कि जाति ने 58 प्रतिशत मामलों में प्रभावित किया। 1996, 1998 और 1999 के लोक सभा चुनावों के साथ ही दिसम्बर, 1998 में हुए चार राज्यों में और फरवरी 2000 में हुए चार राज्यों में विधान सभा चुनावों में जाति मतदान के महत्वपूर्ण कारकों में सिद्ध हुई है। परन्तु हैरोल्ड गूल्ड (*Economic and Political Weekly*, August 1977) इस विचार का है कि जाति ने भारत में राजनीति का निर्धारक कारक होना कम कर दिया है।

राजनैतिक अभिजन, राजनैतिक दल और जाति गतिशीलता
(Political Elite, Political Parties and Caste Mobilisation)

जाति 'राजनैतिक अभिजन' प्रस्थिति का एक निर्धारक कारक बन गई है। सिरसीकर, सच्चिदानन्द, राम आहूजा, एस.के. लाल, आदि विद्वानों द्वारा 'राजनैतिक अभिजन' पर किए गए सभी अध्ययनों ने संकेत दिया है कि अभिजन वर्ग के उदय में उच्च जातियों को मध्यम और निम्न जातियों पर अधिक लाभ मिलता है। आज़ादी से पूर्व सामान्यतः उच्च जाति समूह ही आजादी के संघर्ष में रत कांग्रेस पार्टी में राजनीतिक मंच के केन्द्रीय स्थान में थे, लेकिन आज़ादी के बाद मध्यम और निम्न जातियों के व्यक्ति भी राजनैतिक शक्ति क्षेत्र में प्रवेश कर गए। आरक्षण नीति ने निम्न जातियों के व्यक्तियों को नेता के रूप में उभरने के योग्य बनाया जबकि मध्यम जातियों के अभिजन अपनी विकसित शिक्षा और सामाजिक-आर्थिक प्रस्थिति के कारण उभर कर आए। इस प्रकार जाति प्रथा ने, जिसका केवल संस्कार सम्बन्धी धार्मिक कार्य था (व्यवसाय और सामाजिक प्रस्थिति निर्धारण सहित), लोगों के राजनैतिक व्यवहार निर्धारण को संचालित करने की भूमिका भी अपना ली। गांवों में भी जाति ने शक्ति संरचना के रूप में उभरने में महत्वपूर्ण स्थान ले लिया है। कार्यालयों, विश्वविद्यालयों, सचिवालयों आदि में जैन लॉबी, राजपूत लॉबी, ब्राह्मण लाबी, यादव लॉबी, कायस्थ लॉबी,

रेड्डी लॉबी, आदि के विषय में सुनते हैं। यदि कार्यकर्त्ता सामाजिक और व्यावसायिक जीवन में जातिवादी के रूप में कार्य करने लगें तो राजनैतिक जीवन में वे कैसे गैर-जातिवादी के रूप में कार्य कर सकते हैं ? हमारे राजनैतिक अभिजन धर्म निरपेक्षता की बात कर सकते हैं और जाति तथा जातिवादी राजनीति की निन्दा भी कर सकते हैं, किन्तु व्यवहार में वे जाति के दबाव में ही काम करते हैं, क्योंकि नेता के रूप में उनकी अपने उदय की पृष्ठभूमि जाति की ही होती है।

राजनैतिक दल भी जाति समर्थन को क्रियाशील बनाते हैं। वास्तव में आज (2000) जनता को गतिशील बनाने की समस्याएं वही है जो आज से चार दशक पूर्व थीं। जिस प्रकार 1930 तथा 1940 के दशकों में समाज सुधारक विश्वास करते थे कि जन जागृति के बिना राजनैतिक क्रियाकलापों के लिए उनका संगठन सम्भव नहीं था, उसी प्रकार आज भी राजनीतिज्ञ जाति के नेताओं से समर्थन प्राप्त करने का प्रयत्न करते हैं और साथ ही अपने उद्देश्यों की प्राप्ति के लिए राजनैतिक साधनों को अपने लाभ के लिए प्रयोग में लाते हैं। कुछ विद्वानों ने गत तीन या चार दशकों में विविध राज्यों में राजनैतिक दलों द्वारा जातियों की गतिशीलता का अध्ययन किया था। उदाहरण के लिए रिचर्ड सीसन (Richard Sission) ने (देखें, Kothari, *Caste in Indian Politics* : 1973 : 175-227) जाति समर्थन के सन्दर्भ में 1960 के दशक में राजस्थान में एक जिले (नागौर) में कांग्रेस पार्टी के विकास का विश्लेषण किया; रामाशिरे राय (Ramashray Roy, see Kothari, op.cit. : 228-255) ने 1960 के दशक में बिहार में जातीय आधार पर एक राजनैतिक पार्टी में प्रवेश का अध्ययन किया; आन्द्रे बेतेइ (देखें, Kothari, Op. Cit.: 259-297) ने 1970 के दशक मे तमिलनाडु में जाति प्रथा के माध्यम से राजनैतिक दलों की शक्तियों में परिवर्तन का अध्ययन किया; अनिल भट्ट (देखें, Kothari, Op. cit.: 299-339) ने गुजरात भे जाति की राजनैतिक गतिशीलता का अध्ययन किया; डोनाल्ड रोजन्थाल (Doneld Rosenthal) ने दो नगरों (उत्तर प्रदेश में आगरा व महाराष्ट्र में पूना) तथा हैरोल्ड गूल्ड ने 1990 में उत्तर प्रदेश में जातियों कों राजनैतिक गतिशीलता का अध्ययन किया। इन सभी अध्ययनों ने दर्शाया कि राजनैतिक दल अपनी कार्यशीलता के लिए जातियों को गतिशील बनाते हैं और चुनाव जीतने में उनका समर्थन लेते हैं।

राजनीति में जाति के प्रयोग के विषय में लोगों की धारणा (People's Perception in the Use of Caste in Politics)

राजनीति में जातियों के प्रयोग के विषय में लोग क्या सोचते हैं ? विचारों के आधार पर लोगों को हम तीन समूहों में वर्गीकृत कर सकते हैं : एक, वे जो इस भूमिका पर अफसोस करते हैं और सोचते हैं कि राजनीति जाति और जातिवाद से मुक्त रहनी चाहिए; दूसरे, वे जो सोचते हैं कि राजनीतिक सम्बन्ध सामाजिक सम्बन्धों को प्रभावित करने की स्वतंत्र क्षमता नहीं रखते, और तीसरे वे जो जाति या राजनीति या दोनों की ही स्वायत्तता (autonomy) का दावा करते हैं। रजनी कोठारी (1973 :4-7) प्रथम दृष्टिकोण से सहमत नहीं हैं। वह कहते हैं कि राजनीति कुछ उद्देश्यों को प्राप्त करने के लिए शक्ति अर्जित करने के लिए होती है और

शक्ति जाति के समर्थन द्वारा स्थिति मजबूत करके प्राप्त की जाती है। भारत में क्योंकि सामाजिक व्यवस्था जाति संरचना के चारों ओर संगठित है इसलिए जाति और राजनीति कभी भी पृथक नहीं की जा सकतीं। अतः राजनीति में जातिवाद वास्तव में जाति का राजनीतिकरण है। दूसरे विचार के सन्दर्भ में राजनीति को स्थिति को ऊँचा उठाने या मजबूत करने के लिए एक साधन के रूप में माना जाता है। इस आधार पर राजनीति समाज की संरचना को प्रभावित नहीं करती। रजनी कोठारी ने इस विचार की भी आलोचना की है। वे कहते हैं कि जाति और राजनीति का एक दूसरे पर हमेशा प्रभाव रहता है। तीसरे दृष्टिकोण में प्रगतिशील अर्थशास्त्री, भारतशास्त्री तथा राजनैतिक व मानवशास्त्री शामिल हैं। वे जाति को सुरक्षित रखना चाहते है तथा जाति को राजनीति तथा राजनीति को जाति से मुक्त रखना चाहते हैं। कोठारी ने इस दृष्टिकोण की भी आलोचना की है और कहा है कि ये सभी विद्वान यह देखने में असमर्थ रहे हैं कि राजनैतिक व्यवस्था और जाति व्यवस्था के बीच कभी भी पूर्ण ध्रुवीकरण नहीं रहा। ए.आर.देसाई, कापड़िया, घूर्ये का भी यही विचार था। राजनीति ने जाति का प्रयोग किया है और सामाजिक-राजनैतिक उद्देश्यों के लिए यह प्रयोग होता रहेगा।

3

अनुसूचित जातियाँ, अस्पृश्यता और पिछड़ा वर्ग

(Scheduled Castes, Untouchability and Backward Classes)

अनुसूचित जातियाँ (Scheduled Castes)

जाति व्यवस्था में पायी जाने वाली असमानता अपनी चरम सीमा को उन पूर्णरूपेण पृथक (segregated) जातियों के विकास में प्रदर्शित करती है, जिन्हें 'अस्पृश्य' जातियाँ कहा जाता है। अनुसूचित जातियाँ, जो 'अस्पृश्यों' की बहुसंख्या है, तकनीकी रूप से चार वर्ण योजना से बाहर हैं। इन जातियों को अधिकतः सामाजिक व सांस्कारिक अशुद्धि (impurity) से परिपूर्ण माना जाता था, तथा उनके धन्धे नियामक श्रेणीक्रम (normative hierarchy) में निम्नतम माने जाते थे। इससे शहरों और गाँवों में उनके पृथक आवास की परम्परा को बल मिला। अनुसूचित जातियों का कोई समरूप स्तृत (homogeneous stratum) बना हुआ नहीं था। 1935 में 'अनुसूचित' बनने से पूर्व इन जातियों को 'बाह्य' (exterior) जातियां, पतित (depressed) जातियां, भग्न व्यक्ति (broken men), और विजातीय (outcastes) कहा जाता था। गान्धी जी ने इन्हें 'हरिजन' (ईश्वर की सन्तान) की संज्ञा दी है। 1931 की जनगणना में 'बाह्य' (exterior) जातियों की पहचान के लिए कुछ सामाजिक आधार प्रयोग किया गया। इसी आधार प्रमाप पर 1935 में इन जातियों की 'अनुसूचित जातियों' के रूप में सूचियाँ बनाई गई। इनमें से कुछ आधार प्रमाप (criteria) थे : क्या ब्राह्मण इनके लिए पुरोहित का काम करते हैं; क्या नाई, दर्जी आदि की सेवाएं उन्हें उपलब्ध होती हैं; क्या वे जातीय हिन्दुओं को पानी पिला सकते हैं; क्या वे हिन्दू मन्दिरों में प्रवेश कर सकते हैं; क्या वे सार्वजनिक सुविधाओं—जैसे सड़कों, कुँओं, स्कूलों आदि—का प्रयोग कर सकते हैं; क्या उनके स्पर्श या निकटता से उच्च जातियाँ अशुद्ध (pollute) होती हैं, क्या सामान्य व्यवहार में उच्च जाति के लोगों द्वारा उन्हें समान समझा जाता है; क्या वे घृणित पेशे में संलग्न हैं, आदि। 1935 में सभी अनुसूचित 227 जातियों में 5 करोड़ 10 लाख की जनसंख्या सहित अनुसूची बनाई गई। 1991 में यह संख्या बढ़कर 13 करोड़ 82 लाख हो गई जो कि 1991 मे देश की कुल जनसंख्या का 16.3 प्रतिशत था। 1999 में उनकी जनसंख्या 14 करोड़ से कुछ अधिक अनुमानित थी।

अनुसूचित जातियों के विरुद्ध निषेध (Prohibitions Against Scheduled Castes)

प्रारम्भिक काल से ही आजकल 'दलित' कहे जाने वाली अनुसूचित जातियों पर अनेक कठोर प्रतिबन्ध लगाए जाते थे, जैसे, उन्हें कमीज व बनियान पहनना मना था, उन्हें आभूषण, चप्पलें, जूते, और छाते का प्रयोग वर्जित था, घरों में केवल मिट्टी के बर्तन प्रयोग कर सकते थे, सूर्योदय से पूर्व और सूर्यास्त के बाद शहर में प्रवेश वर्जित था, और उन्हें उच्च जाति हिन्दुओं से कुछ कदमों की दूरी बनाए रखनी पड़ती थी। इस प्रकार उन्हें पूर्णरूपेण बाँध दिया गया था। अस्पृश्यता के वेश में जो अत्याचार उन पर किए जाते थे, वे आज भी जारी हैं। राज्य द्वारा सुधारात्मक उपायों तथा कल्याण सेवाओं के बावजूद समाज की अदृश्य शक्तियां सामाजिक तोड़-फोड़ करती ही रहती हैं। उदाहरणार्थ, ऐसे मामलों की रिपोर्ट आती है जहां यद्यपि दलित विद्यालय में तो दाखिल किए जाते हैं लेकिन एक ही कक्षा में उन्हें एक कोने में पृथक बैन्चों पर बैठा कर पृथक कर दिया जाता है। यदि कार्यालय में सामूहिक भोज उच्च जातियों व अनुसूचित जाति के कर्मचारियों के लिए आयोजित किया जाता है तब ऐसे अवसरों पर उच्च जातियों के लोग 'विशेष अवसर' के नाम पर निम्न जाति के लोगों को पहले भोजन कराते हैं और तब उन्हें आराम करने के लिए कह कर स्वयं अलग से भोजन करते हैं। ऐसे मामले भी हैं जहां छात्रावासों के निम्न कर्मचारी उच्च वर्ण हिन्दू छात्रों के बर्तन साफ करते हैं, लेकिन अनुसूचित जाति के छात्रों से अपने बर्तन स्वयं साफ करने को कहा जाता है। लगभग पांच वर्ष पूर्व जवाहर लाल नेहरू विश्वविद्यालय, दिल्ली में सम्मिलित भोजन गृह में अनुसूचित छात्रों द्वारा भोजन के मामले को लेकर हड़ताल हुई थी। 1998 में, (सांवले नाम के) एक छात्र को महाराष्ट्र में (परवान गाँव में) वर्षा के दौरान एक मन्दिर में शरण लेने के कारण मार दिया गया। अनुसूचित जातियों के लोग कई राज्यों में कई गांवों में अपनी महिलाओं का शोषण और अपमान सहन करते हैं। सिन्हा और सिन्हा (Sinha and Sinha) ने 1966 में पटना विश्वविद्यालय के 200 छात्रों के 'हरिजनों के प्रति दृष्टिकोण' पर (*Social Forces*, 1967) 69 प्रतिशत उत्तरदाताओं ने हरिजनों को पिछड़ा हुआ, 56 प्रतिशत ने चालाक व मक्कार, 55 प्रतिशत ने असंस्कृत, 54 प्रतिशत ने मूर्ख, 52 प्रतिशत ने गन्दा, 52 प्रतिशत ने शराबी, 49 प्रतिशत ने कुरूप (ugly) बताया। यह केवल यह इंगित करता है कि 35 वर्ष पूर्व अनुसूचित जातियों की क्या छवि समाज में प्रचलित थी।

अनुसूचित जातियों के विरुद्ध प्रताड़नाएँ (Atrocities Against Scheduled Castes)

अनुसूचित जातियों के प्रति अत्याचारों और नृशंसताओं में वृद्धि हो रही है। प्रति दो घन्टे में एक दलित की पिटाई होती है, प्रतिदिन तीन दलित महिलाएं बलात्कार की शिकार होती हैं, दो दलितों का कत्ल, और दो दलित घर जला दिए जाते हैं (*Crime in India*, 1998 : 184) अनुसूचित जातियों के विरुद्ध अपराधों में वृद्धि इस तथ्य से ही स्पष्ट हो जाती है कि 1955 में पुलिस द्वारा पंजीकृत 180 अपराधी मामले 1991 में 18,336, 1995 में 32,990 और 1998 में 25,638 हो गए (वहीः 181)। अनुसूचित जाति के लोगों की जमीन हड़प कर, उन्हें कम मजदूरी देकर और उन्हें बन्धुआ मजदूर बनाकर उनका शोषण किया जाता है।

अनुसूचित जातियों के शोषण ने जाति संघर्षों तथा बिहार में विशेष रूप से जाति सेनाओं को जन्म दिया है। कुर्मियों की भूमि सेना, यादवों की लोक सेना, भूमिहारों की रणवीर सेना, और ब्रम्हर्षि सेना, ब्राह्मणों की गंगा सेना, और राजपूतों की कुँवर सेना विद्यमान हैं। माओवादी समुदाय भी हैं जो कई जिलों में प्रभावी हैं। एम.सी.सी केडर अधिकांशतः यादवों, कोरियों, और पासवानों के हैं। वे क्योंकि सत्ता दल का समर्थन करते हैं अतः उन्हें उनका सरंक्षण प्राप्त है। बिहार में जून 1971 और जून 2000 के बीच जाति के आधार पर 27 नरसंहार हुए हैं जिन में से 13 बार दलितों के विरुद्ध नरसंहार हुए थे। केवल जुलाई 1996 और जून 2000 के मध्य ही आठ बार रणवीर सेना द्वारा नरसंहार हुए थे जिन में दिसम्बर 1997 में सबसे अधिक 61 दलित मारे गये थे और उसके बाद जून 2000 में 35, मार्च 1999 में 34 और शेष में 6 और 22 के बीच दलित मारे गये थे (द हिन्दुस्तान टाइम्स, जून 13, 2000)। इन हत्याओं का कारण क्षेत्र के भूमिहीन दलित किसानों तथा सवर्ण भूस्वामियों के बीच लम्बी बैर भावना थी। इस संकट को हल करने में राजनैतिक इच्छा शक्ति की कमी ही बिहार के लिए अभिशाप बन गई है।

अनुसूचित जातियों और जनजातियों पर राष्ट्रीय आयोग भी दलितों के विरुद्ध बढ़ते अपराधों की रिपोर्ट देता रहा है। केन्द्रीय सरकार ने इस प्रकार के शोषण को रोकने के लिए सभी राज्यों को निर्देश जारी किये हैं। इस सम्बन्ध में राज्यों द्वारा किए गए कुछ उपाय इस प्रकार है :

- अनुसूचित जातियों से सम्बन्धित निम्न मजदूरी आदि विवादों की जानकारी राज्य सरकारों को देने के लिए व्यवस्था को चुस्त बनाना।
- अनुसूचित जातियों को उनकी भूमि या उन्हें आवंटित भूमि का स्वामित्व दिलाने में सहायता करना।
- अनुसूचित जातियों की भूमि में अपराधिक घुसपैठ के मामलों में पुलिस अधिकारियों को विशेष रूप से निर्देश देना और इन जातियों के विरुद्ध अपराधिक मामलों को विशेष मामलों का दर्जा देना तथा उनके मुकदमे और समाधान का तुरन्त प्रबन्ध करना।
- अनुसूचित जाति कृषि मजदूरों को वैधानिक न्यूनतम मजदूरी दिलवाने में मदद करना।
- अनुसूचित जातियों से सम्बन्धित मामलों को शीघ्र निपटाने के लिए विशेष अदालतें स्थापित करना।
- अनुसूचित जातियों के विरुद्ध किए गए अपराधी मामलों को ठीक से पंजीकृत करने, छानबीन करने, तथा शीघ्र अभियोग चलाने को सुनिश्चित करने के लिए डी.आई.जी पुलिस के आधीन विशेष कक्ष स्थापित करना।
- अनुसूचित जातियों के कल्याण के लिए विविध पक्षों की देखभाल के लिए राज्य स्तरीय समितियाँ स्थापित करना।

श्रीनिवास ने कहा है कि दलितों को लम्बे समय तक शोषण किए जाने के कारण वे अपनी अलग पहचान बनाने के लिए जागृत हो गए, उनका आत्म सम्मान जागा, उन्होंने आन्दोलन प्रारम्भ किए तथा उनमें संस्कृतिकरण की प्रक्रिया को प्रोत्साहन मिला। जागृति एवं

आन्दोलनों का परिणाम यह हुआ कि : (i) देश के विभिन्न भागों में अनुसूचित जातियों का राजनैतिक समूह के रूप में उदय हुआ; (ii) दलितों की सामाजिक निर्योग्यताओं को समाप्त करने के लिए कदम उठाने के लिए राष्ट्रीय नेतृत्व पर दबाव पड़ने लगा; (iii) संवैधानिक चेतना संरक्षण की माँग होने लगी; (iv) विविध पृथक्कारी (alienative) आन्दोलन (अम्बेडकर द्वारा) तथा एकता सूचक (गान्धी द्वारा) आन्दोलन प्रारम्भ हुए; (v) दलितों द्वारा प्रस्थिति गतिशीलता के प्रयास हुए। पृथक्कारी आन्दोलनों ने कई उपजातियों का एक जाति समूह में विलय द्वारा दलितों के समस्तर-स्तरीय (horizontal level) जाति एकता को बढ़ावा दिया; उदाहरणार्थ, तमिलनाडु में वन्य कुल क्षत्रिय संघम, महाराष्ट्र में महारों की 52 उप-जातियों का एक समुदाय बनाना, उत्तर प्रदेश के चमारों और जाटवों का संघम, और उड़ीसा में पान्स का संगठन बनाना (देखें, Rudolph and Rudolph : 1965, Sunanda Patwardhan : 1968, Lynch : 1968, Bailey: 1963)।

सुधारात्मक उपाय (Ameliorative Measures)

दलितों की सामाजिक प्रस्थिति से असन्तुष्ट होकर अम्बेडकर ने 1956 में बौद्धधर्म में सामूहिक परिवर्तन के लिए एक मुहिम चलाई। 1957 में उन्होंने दलितों की राजनैतिक शाखा संगठित की जो रिपब्लिकन पार्टी (Republican Party) के नाम से जानी जाती है। दलितों के ईसाई धर्म में परिवर्तन के भी अनेक मामले हैं। धर्म परिवर्तन के बाद क्योंकि अनुसूचित जातियों को सरकार द्वारा प्राप्त होने वाले लाभ बन्द हो गए, रिपब्लिकन पार्टी ने 1964 में नव-बौद्धों (Neo-Buddhists) दलितों को विशेषाधिकार पुनः दिलाने के लिए आन्दोलन चलाया। गान्धी जी ने हरिजन कल्याण का बीड़ा 1924 में उठाया था। 1922 में बनाये गये रचनात्मक कार्य के बारदोली कार्यक्रम में हरिजनों की सामाजिक निर्योग्यताओं को दूर करने के लिए हरिजन सेवक संघ का संगठन किया गया।

स्वतंत्रता प्राप्ति के पश्चात भारत के संविधान ने अनुसूचित जातियों और जनजातियों को संरक्षण का प्रावधान किया। उठाए गए महत्त्वपूर्ण कदम यह हैं : (i) अस्पृश्यता निवारण (ii) सामाजिक अन्याय और विविध प्रकार के शोषणों से सुरक्षा (iii) सार्वजनिक प्रकृति के धार्मिक संस्थानों को उनके लिए खोलना (iv) कुँओं, तालाबों, दुकानों, रेस्टोरेन्ट तथा सड़कों आदि तक उनकी पहुँच पर प्रतिबन्धों को समाप्त करना (v) उन्हें मुक्त रूप से घूमने तथा सम्पत्ति रखने का अधिकार देना, (vi) उन्हें शिक्षा संस्थाओं में प्रवेश का अधिकार देना तथा राज्य कोष से सहायता प्राप्त करने का अधिकार प्रदान करना, (vii) राज्य सरकारों को सरकारी नौकरियों में उन्हें आरक्षण देने की अनुमति (viii) लोक सभा व विधान सभाओं में उन्हें विशेष प्रतिनिधित्व प्रदान करना, (ix) उनके हितों की रक्षा करना तथा उनके कल्याण को प्रोत्साहन करने के लिए पृथक विभाग तथा सलाहकार समितियां स्थापित करना, (x) बलात् मजदूरी पर प्रतिबन्ध, और (xi) अनुसूचित क्षेत्रों के नियंत्रण और प्रशासन के लिए विशेष प्रावधान करना।

अनुसूचित जाति और अनुसूचित जनजाति (अत्याचार निरोधक) अधिनियम, 1980 में निम्नलिखित दण्डनीय अपराध वर्णित हैं :

(1) किसी एस.सी/एस.टी (Scheduled caste/Scheduled tribe) व्यक्ति को घृणित पदार्थ खाने को बाध्य करना।

(2) एस.सी/एस.टी व्यक्ति के घर में या पड़ौस में कूड़ा करकट, मृत पशु, आदि फेंकना जिससे उसका अपमान हो या हानि हो या वह क्रोधित हो जाये।

(3) एस.सी/एस.टी व्यक्ति के शरीर से बलात् वस्त्र उतारना और उसे नग्न करना या उसका मुँह काला करके उसके सार्वजनिक स्थानों पर घुमाना।

(4) एस.सी/एस.टी व्यक्ति के स्वामित्व वाली भूमि या उसे आवंटित भूमि पर बलात् कब्ज़ा करना या उस पर खेती करना।

(5) किसी एस.सी/एस.टी व्यक्ति की भूमि/सम्पत्ति हड़पना।

(6) एस.सी/एस.टी व्यक्ति को बेगार के लिए बाध्य करना या बन्धुआ मजदूर के रूप में उसका प्रयोग करना।

(7) एस.सी/एस.टी व्यक्ति को मताधिकार से रोकना या विशेष व्यक्ति को वोट देने के लिए बाध्य करना।

(8) एस.सी/एस.टी व्यक्ति के विरुद्ध कोई भी ऐसा कार्य करना जो कष्टकारी या दण्डनीय हो।

(9) एस.सी/एस.टी व्यक्ति को अपमानित करना।

(10) एस.सी/एस.टी महिला को सताना।

(11) एस.सी/एस.टी महिला का यौन उत्पीड़न।

(12) एस.सी/एस.टी व्यक्ति के प्रयोग वाले पीने के पानी को दूषित करना।

(13) एस.सी/एस.टी व्यक्ति को उसका घर, पड़ौस, या गाँव छोड़ने के लिए बाध्य करना।

अनुसूचित जातियों के हितों की रक्षार्थ एक व्यवस्था तंत्र का सृजन एस.सी/एस.टी के लिए आयुक्त का पद सृजित करके तथा हाल ही में एस.सी और एस.टी के लिए एक राष्ट्रीय आयोग की स्थापना द्वारा किया गया है। यह आयोग एस.सी और एस.टी के विकास से सम्बन्धित मामलों व नीतियों पर सलाहकार समिति के रूप में कार्य करता है। अनुसूचित जातियों (और एस.टी व ओ.बी.सी) के कल्याण की देखभाल करने के लिए राज्य सरकारों के पृथक विभाग हैं। इन लोगों के कल्याण कार्यों को प्रोत्साहित करने में अनेक स्वैच्छिक संगठन भी लगे हैं। अखिल भारतीय स्तर पर कार्यरत कुछ संगठन इस प्रकार हैं: हरिजन सेवक संघ, हिन्दू स्वच्छकार सेवक संघ, नई दिल्ली। पंचवर्षीय योजनाओं में एस.सी (और एस.टी) व्यक्तियों के कल्याण पर व्यय की जाने वाली धनराशि पर विशेष ध्यान दिया जाता है। विशेष कार्यक्रमों पर निवेश का आकार प्रथम योजना से नवीं योजना तक बढ़ा है।

क्या इन सभी उपायों ने अनुसूचित जातियों के व्यक्तियों के उत्थान में योगदान दिया है ? ऐसा प्रतीत होता है कि सामाजिक, आर्थिक व राजनैतिक दृष्टि से उनकी प्रस्थिति में थोड़ा ही सुधार हुआ है। सामाजिक दृष्टि से उन्होंने अपने अनेक बुरे रीति-रिवाज नहीं बदले हैं और उनकी स्थिति वही है; आर्थिक दृष्टि से 30 प्रतिशत से भी अधिक दलित गरीबी रेखा से नीचे रहते हैं और उनकी व्यावसायिक गतिशीलता उन्हें सामाजिक गतिशीलता की ओर नहीं ले जाती; शैक्षिक दृष्टि से वे अत्यन्त पिछड़े हुए हैं; राजनैतिक दृष्टि से वे संगठित नहीं

हैं और अपने अधिकारों को प्रकट करने के लिए स्थानीय शक्ति संरचना में वे बहुत कमजोर हैं।

उनका असन्तोष इस तथ्य से स्पष्ट है कि विश्व मानव अधिकार दिवस पर दिसम्बर 1998 में उन्होंने दलित मानव अधिकार दिवस के रूप में राष्ट्रीय आन्दोलन प्रारम्भ किया। इस आन्दोलन में तीन तथ्यों पर बल दिया गया था : स्पर्श करने व किए जाने का अधिकार, नव-सहस्त्राब्दि में अस्पृश्यता को अलविदा और जाति व्यवस्था की समाप्ति। आन्दोलन में एस.सी/एस.टी (अत्याचार निरोधक) अधिनियम और अन्य नियमों के क्रियान्वयन, राष्ट्रीय एस.सी/एस.टी आयोग को अधिनियम के क्रियान्वयन के उत्तरदायित्व को संचालित करने की जिम्मेदारी सौंपना, पंचायती राज तथा अन्य संस्थाओं में सभी दलितों की भागीदारी को पूर्ण संरक्षण प्रदान करना, दलितों से ली गई समस्त भूमि को उन्हें वापस करना, और उनके मत व धर्म के भेदभाव के बिना उन्हें एस.सी समझा जाना (नव बौद्धों और ईसाई परिवर्तितों सहित), आदि माँगें रखी गई थीं।

वर्तमान प्रस्थिति (Present Status)

स्तरीकरण बद्ध जाति व्यवस्था में दलितों की दशा में कितना सुधार हुआ है ? यह कहा जाता है कि यद्यपि दलित परिवारों और व्यक्तियों में ऊर्ध्व सामाजिक गतिशीलता की कुछ प्रवृत्तियां दिखाई देती हैं और कुछ दलित उच्च प्रशासनिक पदों पर आसीन भी हैं, फिर भी मोटे तौर पर दलितों ने प्रथम पाँच दशकों में कम प्रगति दर्शाई है। इन लोगों के लिए बनाई गई अनेक कल्याणकारी योजनाओं के विषय में सांस्कारिक औपचारिकता (ritualistic formalism) है। वित्तीय प्रोत्साहनों और शैक्षिक आरक्षणों ने इन जातियों को बहुत कम वास्तविक लाभ पहुंचाया है। 1991 में देश की कुल जनसंख्या के 16.48 प्रतिशत शक्ति के साथ तथा 15 प्रतिशत आरक्षण के सहित, सेवाओं में उनके लिए सुरक्षित स्थानों का लाभ दलित नहीं उठा सके हैं। यदि हम एस.सी/एस.टी आयुक्त की रिपोर्ट तथा हाल ही में बने एस.सी और एस.टी के राष्ट्रीय आयोग, जो सरकारी कार्यालयों एवं सार्वजनिक संस्थानों की नीतियों के क्रियान्वयन का संचालन करता है, की रिपोर्ट तथा एकत्रित आंकड़ों पर निर्भर करें, तो हम देखेंगे कि इनके लिए केन्द्रीय सरकारी विभागों, सार्वजनिक संस्थानों और राष्ट्रीकृत बैंको में 1993 में आरक्षण समूह 'ए' के पदों के लिए 7 से 10 प्रतिशत, समूह 'बी' पदों के लिए 9 से 14 प्रतिशत, समूह 'सी' के लिए 13 से 19 प्रतिशत तथा 'डी' समूह के पदों के लिए 21 से 23 प्रतिशत था (देखें, Bhargava, B.S. and Avinash Samal, "Protective Discrimination and Development of SCs" in *Indian Journal of Public Administration*, July-Sept : 1998, Vol.XL IV : No 3; 513) यद्यपि 1965 से आगे निःसन्देह सभी श्रेणियों के पदों में एस.सी सदस्यों की भर्ती की स्थिति में सुधार हुआ है लेकिन 'ए' और 'बी' के पदों में सन्तोषजनक प्रगति नहीं हुई है, जबकि समूह 'डी' में कुल पद निर्धारित मात्रा से भी आगे निकल गये है और समूह 'सी' में वे निर्धारित मात्रा में निकट हैं (15 प्रतिशत)। 'ए' और 'बी' समूह के सभी पदों की पूर्ण निर्धारित मात्रा इसलिए नहीं भरी जा सकी क्योंकि योग्य (eligible) प्रत्याशी उपलब्ध नहीं होते। केन्द्र व राज्य सरकारों के आधीन विभिन्न पदों के लिए आवेदन करने की योग्यता के लिए कुछ आधारभूत शैक्षिक

योग्यता आवश्यक होती है। 1991 में एस.सी पुरुषों की साक्षरता दर 49.9 प्रतिशत, स्त्रियों में 23.76 प्रतिशत, और कुल 37.41 प्रतिशत थी (इसके विपरीत एस.टी में क्रमशः 40.65, 18.19, और 29.6 प्रतिशत तथा सामान्य जनसंख्या में यह दर क्रमशः 64.13, 39.29 और 52.21 प्रतिशत थी)। जब एस.सी प्रत्याशियों के पास आवश्यक मूल योग्यता नहीं होती और आरक्षण सुविधा का लाभ उठाने के लिए योग्य नहीं होते, तो समूह 'ए' और 'बी' के पदों में उनके प्रतिनिधित्व की ऊँची दर की अपेक्षा करना तर्क संगत नहीं है। विभिन्न चयन समितियां के सदस्यों के वर्ग पक्षपात की शिकायत करना भी समान रूप से हास्यास्पद है। नौकरियों में दलितों में से उच्च पदों की अपेक्षा गैर-तकनीकी तथा निम्न पदों को भरना सरल प्रतीत होता है। सामाजिक विधानों का भी उनकी अयोग्यताओं को दूर करने में कम प्रभाव पड़ा है।

अब प्रश्न उठते हैं : क्या दलितों की अभी भी उपेक्षा हो रही या उन्हें अभी भी सताया जा रहा है ? क्या उनके लिए आरक्षण जारी रहना चाहिए ? उनकी शिक्षा का ही उदाहरण लें। प्राथमिक, माध्यमिक तथा हाई स्कूल तक दलितों का नामांकन (enrolment) लगभग 15 प्रतिशत है तथा उच्च माध्यमिक, स्नातक और स्नातकोत्तर स्तर पर लगभग 8 प्रतिशत है। शिक्षा में उनकी कृति निम्न स्तर की है। हाई स्कूल स्तर पर दलितों का पास औसत 53 प्रतिशत है। (इसके विपरीत सामान्य पास औसत 65 प्रतिशत है), स्नातक स्तर पर 35 प्रतिशत (इसके विपरीत सामान्य पास औसत 57 प्रतिशत है), और स्नातकोत्तर स्तर पर 60 प्रतिशत है (इसके विपरीत सामान्य उत्तीर्ण प्रतिशत 76 है)। व्यावसायिक (professional) पाठ्यक्रमों में उनका प्रतिशत लगभग 35 है (इसके विपरीत सामान्य प्रतिशत 60 है)। उनकी शिक्षा की निम्न गुणवत्ता व्यावसायिक पाठ्यक्रमों के लिए प्रवेश परीक्षा में उनके कार्य से स्पष्ट है। कुछ राज्यों में इतने कम दलित प्रत्याशी योग्य हो पाते हैं कि निम्नतम योग्यता अंक भी नीचे रह जाते हैं। मध्य प्रदेश में 1995 में दलित छात्र 15 प्रतिशत अंक होने पर भी भर्ती किंए गए (निर्धारित 35 प्रतिशत अंकों के बावजूद)। 1995 में अनुसूचित जाति कोटा में (स्वतंत्रता सेनानी) एक प्रत्याशी जिसने 900 अंकों में से 33 अंक (अर्थात् 3.66%) प्राप्त किये थे उस का नाम भी प्री-इन्जीनियरिंग छात्रों की योग्यता सूची में आ गया (*The Hindustan Times*, June, 16, 1995)। चिकित्सा क्षेत्र में जहां एस.सी श्रेणी में न्यूनतम अंक 48.18 प्रतिशत थे, वहीं सामान्य वर्ग में 73 प्रतिशत अंक प्राप्त प्रत्याशी या तो प्रतीक्षा-सूची में थे या अस्वीकृत कर दिए गए थे (*The Hindustan Times*, June 29, 1995)।

अस्पृश्यता : इसका उन्मूलन एवं दलित चेतना
(Untouchability : Its Eradication and Dalit Consciousness)

दलित (Dalits)

भारत में अस्पृश्यता का बहुत पुराना इतिहास है, यद्यपि इसका जन्म और प्रचलन अस्पष्ट और अज्ञात है। 1930 के दशक के प्रारम्भ तक अवपीड़ित वर्ग (depressed classes), जैसा उस समय उन्हें जाना जाता था, की अधिकाशतः (de jure) परिभाषा अशुद्धता

(pollution) की धार्मिक अवधारणा के अर्थ में थी। दलित वर्ग को इस प्रकार परिभाषित किया गया था: "वे हिन्दू जातियाँ जिनके सम्पर्क में आने पर उच्च जाति के हिन्दुओं को शुद्धीकरण करना पड़े", (Lelah Dushkin, "Scheduled Caste Politics" in Mohar J. Michae, *The Untouchables* In *Contempory India*, 1998 : 171)। 1931 की जनगणना में जनगणना आयुक्त हट्टन (J.H.Hutton) ने दलित वर्गों की पहचान के लिए अनेक आधार सिद्धान्तों का प्रयोग किया। इनमें से एक विशेष आधार था कि क्या दलित जाति के लोगों को सड़कों, कुँओं, और स्कूलों आदि के प्रयोग पर निषेध था। व्यवहार में यह परीक्षण कम से कम कार्यात्मक सिद्ध हुआ क्योंकि इन लोगों की इस प्रकार की सुविधाओं तक सीमित पहुँच थी। अन्य परीक्षण धार्मिक व सामाजिक निर्योग्यताओं पर आधारित थे, इन सिद्धान्तों ने भली प्रकार काम नहीं किया। अतः 1936 में अनुसूची लागू करने से पूर्व कुछ समायोजन किए गए।

आज अनुसूचित जाति के लोगों की संख्या बहुत ऊँची चली गई है। प्रति 6 भारतीयों में एक अनुसूचित जाति का है। प्रमुख पूर्व अस्पृश्य जातियां हैं : चमार, दुसध, मुसहर, भुल्या, धोबी, पासी, होम, भोगता, हललखोर और परल्यम। तमिलनाडु में पल्लन और चकिलिस, और अन्य राज्यों में महार, बल्शी, बौरी मेघवाल, राजबन्स मजबीसिक, आदि। इनकी सबसे अधिक संख्या उत्तर प्रदेश में (21 प्रतिशत) और उसके बाद पश्चिम बंगाल (12%), बिहार (9%), तमिलनाडु (8%), आन्ध्र प्रदेश (8%), मध्य प्रदेश (7%), महाराष्ट्र (6%), और राजस्थान (5.5%) में है (*Manpower Profile, India*, New Delhi 1998 : 35)। इस प्रकार, इन लोगों की लगभग दो तिहाई संख्या 6 राज्यों में केन्द्रित है। उनमें से लगभग 84% गांवों में रहते हैं और कृषक, बटाईदार, सीमान्त किसान और कृषि मजदूर हैं। लगभग 42% श्रमिकों की श्रेणी में आते हैं। कुल श्रमिकों में से केवल 4 प्रतिशत मैला ढोने का कार्य करते हैं, शेष जुलाहे (12%), मछुआरे (8%), कच्ची शराब निर्माता (7%), टोकरी और रस्से बनाने वाले (5%), धोबी (5%), कारीगर (1%), मोची (1%), आदि का कार्य करते हैं।

यद्यपि हमारे संविधान ने और अस्पृश्यता (अपराध) अधिनियम, 1955 ने अस्पृश्यता को अवैधानिक घोषित कर दिया है, फिर भी क्योंकि हिन्दू अभी भी शुद्धता और अशुद्धता की चिन्ता में पड़े रहते हैं, इसलिए अस्पृश्यता देश के सामाजिक और धार्मिक जीवन में से पूर्णरूपेण समाप्त नहीं हुई है। अतः अस्पृश्यता को दो संदर्भ में देखा जा सकता है : (i) उसे कलंक (stigma) की दृष्टि से जिसके आधार पर कुछ लोगों पर आरोप होता है कि वे संस्कार संबंधी अपवित्रता प्रसारित करते हैं; और (ii) उस आचरण की दृष्टि जिस के आधार पर माना जाता है कि अस्पृश्यता की अशुद्धता से समाज को बचाना है।

दलितों का पतन (Degradation of Dalits)

अस्पृश्यों को सामाजिक कलंक इस सीमा तक माना जाता है कि उन्हें मन्दिरों में प्रवेश से रोका जाता है, ब्राह्मणों की सेवाओं से वंचित रखा जाता है, और उच्च जातियों द्वारा उन्हें हेय माना जाता है। वे अशुद्ध जन्मते हैं और अशुद्ध ही जीवन भी जीते हैं। समाज शुद्धता के विषय में इतना चिन्तित रहता है कि वे अस्पृश्यों को स्थाई रूप से आर्थिक, सामाजिक और

राजनैतिक आधीनता में ही रखते हैं। कलंक, जो जाति के अनुसार जन्मजात होता है, जीवन पर्यन्त चलता रहता है और किसी संस्कार द्वारा समाप्त नहीं होता। व्यवहार के सम्बन्ध में परिभाषित किए जाने पर अस्पृश्यता उन प्रचलनों का स्वरूप है जो शेष समाज के द्वारा अस्पृश्यों से होने वाली अशुद्धता से स्वयं को बचाने के लिए अपनाए जाते हैं। परन्तु धार्मिक अशुद्धता का यह चिन्तन अस्पृश्यों की भूमिका तक सीमित नहीं है बल्कि इस विचार ने उन्हें शारीरिक पृथकता के द्वारा आर्थिक व राजनैतिक दृष्टि से निम्न स्थिति में रखा है। समान्यतः यह विश्वास किया जाता है कि अस्पृश्य समूह यह समझने लगे हैं कि उनकी समस्या केवल प्रभावी राजनैतिक कार्यवाही से ही हल हो सकती है। हाल ही में संसद, विधान सभाओं, विभिन्न सेवाओं, शैक्षिक संस्थाओं में पदों के आरक्षण तथा सरकार द्वारा प्रदत्त अन्य विशेषाधिकारों के कारण, निम्न सांस्कारिक प्रस्थिति के व्यक्ति के पास उच्च आर्थिक व राजनैतिक प्रस्थिति प्राप्त करने के अच्छे आसार हैं लेकिन उच्च सामाजिक प्रस्थिति एक व्यक्तिगत मामला बन जाता है। एल.पी. विद्यार्थी और सच्चीदानन्द जैसे समाजशास्त्रियों ने दलितों के सामाजिक परिवर्तन को उनकी जातिगत निर्योग्यताओं, उनके शैक्षिक प्रयत्नों, नवाचारों की स्वीकृति, राजनैतिक चेतना, आधुनिक मूल्यों के आन्तरीकरण, स्त्रियों की स्थिति, उनके नेतृत्व, दलित आन्दोलनों, आदि के सन्दर्भ में अध्ययन करने का प्रयास किया है।

यद्यपि अनेक दलितों ने जाति आधारित परम्परागत पेशों को त्याग दिया है लेकिन अभी भी काफी संख्या में वे गन्दे पेशों में लगे हुए हैं। गन्दे पेशों से परिवर्तन तथा विविधता ने न केवल अस्पृश्यता का कलंक समाप्त कर दिया है बल्कि अनेक लोगों को वर्ग गतिशीलता में उठने के योग्य बनाया है। कुछ तो भूमि व मकान आदि सम्पत्ति के मालिक हैं। वे सरकार द्वारा अनुसूचित जातियों को प्रदत्त अनेक आर्थिक लाभों को ले रहे हैं। प्रस्थिति सम्बन्धी निर्योग्यताएं अब अधिकतर गाँवों तक ही सीमित हैं। सार्वजनिक कुँओं व मन्दिरों के प्रयोग के मामलों में भेदभाव अब इतने अधिक नहीं हैं जितने पहले थे। नौकरियों में उच्च पदों पर आसीन लोगों को सामाजिक अन्तर्व्यवहार में निर्योग्यता कम आड़े आती है। अब व्यक्ति की राजनैतिक-आर्थिक स्थिति तथा उसकी सामाजिक स्थिति के बीच एक प्रत्यक्ष सम्बन्ध नजर आता है। परन्तु कुछ मामलों में उनकी प्रदत्त (ascribed) प्रस्थिति उनकी अर्जित प्रस्थिति से अधिक महत्वपूर्ण सिद्ध होती है, जैसे विवाह के मामले में। चिकित्सा, अभियांत्रिकी, प्रशासन, प्रबन्धन, उच्च शिक्षा, न्याय और विधि, आदि आधुनिक पेशों में हरिजनों के प्रवेश से उनके सहयोगी गुप्त रूप से ईर्ष्या करते हैं। ऐसा कुछ तो रूढ़िगत घृणा के कारण है और कुछ उनके पक्ष में किए जाने वाले संरक्षात्मक भेदभाव के कारण उत्पन्न ईर्ष्या और स्पर्धा के कारण। सच्चीदानन्द द्वारा बिहार में किये गये एक अध्ययन में (The Harijan Elite) अभिजात वर्ग ने भी इस प्रकार की ईर्ष्या की ओर संकेत किया है।

एक बड़ी संख्या में हरिजन जन्मजात हीनता ग्रन्थि (inferiority complex) से पीड़ित होते हैं जो प्रत्येक ऐसे व्यवहार के प्रति संवेदनशील बना देती है जो उनके विचार में भेदभाव रंजित हो। इसका अर्थ यह नहीं है कि ऐसा आरोपित भेदभाव सदैव किया जाता है और आरोप सही है। हरिजनों की गतिहीनता को भी स्थान दिया है। यह ग्रामीण क्षेत्रों से शहरी क्षेत्रों में प्रव्रजन से, शिक्षा, सार्वजनिक सेवाओं में प्रवेश, तथा राजनीति में प्रवेश से

सम्भव हुआ है। यह इस बात का संकेत है कि किस प्रकार दलितों तथा अन्य लोगों के बीच की संरचनात्मक दूरी कम हुई है।

सुधारात्मक उपाय (Ameliorative Measures)

दलितों में तीन ओर (avenues) से परिवर्तन आए हैं : (1) अस्पृश्य समूहों के सम्बन्ध में राज्य की नीति (2) समय-समय पर सुधार आन्दोलन, (3) संस्कृतिकरण और पश्चिमीकरण की प्रक्रिया। इन अधिकार विहीन समूहों की दशा में सुधार की ओर स्वतंत्रता के बाद ही संविधान निर्माताओं का ध्यान गया।

रक्षात्मक भेदभाव (protective discrimination) उन तीन तरीकों में से एक है जिनके आधार पर सरकार दलितों की समस्याओं के समाधान हेतु प्रयास करती हैं। प्रथम, अनेक ऐसे संवैधानिक और अन्य कानूनी प्रावधान हैं जो अस्पृश्यों के प्रति भेदभाव समाप्त करते हैं और उन्हें अन्य नागरिकों के समान ही अधिकार प्रदान करते हैं। द्वितीय, कुछ लाभ केवल अनुसूचित जाति के लोगों को ही उनके योग्य (eligible) बनाते हैं तथा अन्य लोगों को नहीं, जैसे, छात्रवृत्तियां, ऋण, एवं अनुदान, आदि। कुछ प्रमाण पत्रों को उन्हें प्रदान करना, जो उन्हें अनुसूचित श्रेणी का बताते है, उन्हें लाभों के प्राप्त करने योग्य तो बनाते है लेकिन गैर सदस्य उन लाभों के लिए योग्य नहीं रहते। इस संरक्षात्मक विशेषता के कारण इस व्यवस्था को 'रक्षात्मक भेदभाव' कहा जाता है।

हरिजनों के कल्याण एवं उत्थान से सम्बद्ध कुछ संवैधानिक प्रावधान थे : जैसे, सार्वजनिक स्थानों (दुकानों, रेस्ट्राँ, कुँओं, स्नान घाटों, सड़कों आदि पर जाने से सम्बन्धित निर्योग्यताओं की समाप्ति, शैक्षिक संस्थाओं में प्रवेश की अस्वीकृति का निषेध, उनके लिए हिन्दू धार्मिक स्थलों में प्रवेश की अनुमति दिया जाना, उनके कल्याण के लिए सलाहकार समितियों का गठन, संसद व राज्य विधानिकाओं में विशेष प्रतिनिधित्व तथा सार्वजनिक सेवाओं में आरक्षण, आदि। 1955 के अस्पृश्यता अधिनियम में इन संवैधानिक प्रावधानों के उल्लंघन पर दण्ड का प्रावधान किया गया।

दलितों के कल्याण के लिए चलाई गई केन्द्र द्वारा प्रायोजित कुछ महत्वपूर्ण योजनाएं इस प्रकार हैं : विभिन्न प्रतियोगितात्मक परीक्षाओं (I.A.S., I.P.S) आदि के लिए कोचिंग एवं प्रशिक्षण देना, उच्च शिक्षा के लिए वित्तीय सहायता, दलितों की समस्याओं पर अनुसन्धान के लिए संस्थाओं को वित्तीय सहायता प्रदान करना, पंचवर्षीय योजनाओं में विकास के विशेष कार्यक्रम सम्मिलित करना, और सेवाओं तथा शैक्षिक संस्थाओं में आरक्षण प्रदान करना। अस्पृश्यता मूल्यांकन के लिए 1965 में भारत सरकार द्वारा एक समिति नियुक्त की गई। अनेक समाजशास्त्रियों (Barnard Cohn (1955), Mrs. Epstein (1962), Harold Issacs (1964), Andre Beteille (1966), Harper (1968), Parvathamma (1968), Saberwal (1972), Michael Mahar (1972), Lynch (1976), L.P. Vidyarthi (1977), and Sachchidananda (1976)) द्वारा किए गए अध्ययन अस्पृश्यों के पक्ष में कुछ परिवर्तन दर्शाते हैं। अस्पृश्यों के शोषण की आर्थिक व सामाजिक विशेषता के कारण सामाजिक असमानता की स्थिति यद्यपि अब उस सीमा तक नहीं रही जितनी आज़ादी से पूर्व थी, फिर भी अस्पृश्यता समाप्त नहीं हो सकी है। 1971-72

में बिहार में हरिजन अभिजात वर्ग का सच्चीदानन्द द्वारा किया गया अध्ययन भी दर्शाता है कि यद्यपि आर्थिक क्षेत्र में उनकी स्थिति में सुधार आया है किन्तु उनके संस्कारों, सामाजिक व राजनैतिक क्षेत्र में नहीं।

हरिजनों की निर्योग्यताओं को समाप्त करने की दिशा में महात्मा फूले, नरसिंह मेहता, आदि सन्तों और समाज सुधारकों द्वारा बीसवीं शताब्दी के तीसरे दशक में किये गऐ प्रयत्न भी इस विषय में रुचि को स्पष्ट करते हैं जिन्होंने उनकी दुर्दशा पर ध्यान दिया था। गान्धी जी ने तीसरे दशक में उनकी दशा सुधारने और अस्पृश्यता उन्मूलन में गहरी रुचि प्रकट की थी। 1932 में उन्होंने अस्पृश्यों के लिए पृथक चुनाव प्रक्रिया की माँग करते हुए बी.आर.अम्बेडकर का विरोध किया और यह तर्क देते हुए भूख हड़ताल की कि पृथक चुनाव प्रक्रिया उन्हें शूद्र जनसंख्या में विलय के लिए प्रेरित करने की अपेक्षा अस्पृश्यों की श्रेणी को अनवरत बनाने में सहयोग करेगी। उन्होंने जाति हिन्दुओं और अस्पृश्यों के बीच संघर्षों की आशंका व्यक्त की। अम्बेडकर गान्धी जी के प्रभाव में आ गए और उन्होंने अस्पृश्यों के लिए संसद में अत्यधिक संख्या में स्थानों के आरक्षण (कुल जनसंख्या का 12.5%) की शर्त पर पृथक चुनाव की माँग को त्याग दिया। इस प्रकार उन्होंने पूना समझौते पर हस्ताक्षर करके ब्रिटिश सरकार को यह विचार त्यागने के लिए मजबूर कर दिया। तब उन्होंने सम्पूर्ण देश का भ्रमण किया और अस्पृश्यता छोड़ने पर बल दिया।

सरकारी कार्यक्रमों और नीतियों से परिवर्तन लाने के प्रयत्नों के साथ ही इन लोगों के स्वयं के प्रयत्नों से भी अस्पृश्यों की दशा में सुधार हुआ है। अस्पृश्यों में क्रान्तकारी विचारों को अंकुरित करने में धर्म ने भी प्रमुख भूमिका का निर्वाह किया है और ऐसे परिवर्तन के समर्थन तथा संगठन के लिए एक प्रतिदर्श प्रदान किया है। इस प्रकार का सबसे प्रभावी आन्दोलन अछूतों का बौद्ध धर्म में परिवर्तन है। यह एक ऐसी घटना है जिसका अनुपात भारत की जनगणना में परिलक्षित होता है जिसके अनुसार 1951 में 1,81,000 बौद्ध, 1961 में 32 लाख, तथा 1981 में 47 लाख बौद्ध आलेखों में है। अकेले महाराष्ट्र में ही यह कहा जाता है कि 1956 में बी.आर. अम्बेडकर के नेतृत्व में 35 लाख हरिजन बौद्ध धर्म में परिवर्तित हुए। अम्बेडकर ने स्वयं 14 अक्टूबर, 1956 को नागपुर में बौद्ध धर्म की *दीक्षा* ग्रहण की। अम्बेडकर का विचार था कि हिन्दुत्व से अलग होकर ही हरिजन अशुद्धता और अस्पृश्यता के अभिशाप से मुक्त हो सकते हैं।

कुछ हरिजन ईसाई धर्म में भी परिवर्तित हुए, विशेष रूप से दक्षिण भारत में उन्नीसवीं शताब्दि के अन्तिम अर्द्ध शतक में। पूतू क्रिश्चयन (Putu Christians) केरल में निम्न-जातीय ईसाई हैं। सीरियन (Syrian) ईसाई, जो स्वयं उच्च जातियों से परिवर्तित हुए थे, के साथ व्यवहार में परहेज करते हैं। एक अस्पृश्य जाति पुलायास (pulayas) से परिवर्तित ईसाई, केरल की सीरियन ईसाई चर्च में एकीकृत हो गए हैं। मध्य प्रदेश में सतनामी आन्दोलन धार्मिक, सामाजिक, राजनैतिक आन्दोलन था। छत्तीसगढ़ क्षेत्र में अनेक हरिजन सतनामी पन्थ में शामिल हो गए जो जातिभेद बिना मनुष्यों की समानता और सभी 'सतनाम' में आस्था रखते थे। इस पन्थ में हिन्दू देवी देवताओं की पूजा करना निषेध था तथा शराब और तम्बाकू के सेवन तथा माँस के उपभोग का भी निषेध था।

ग्रामीण भारत में दलित (Dalits in Rural India)

ग्रामीण भारत में दलित आर्थिक दृष्टि तथा हिन्दू समाज के गैर-हरिजन सदस्यों की दृष्टि दोनों से ही 'सीमान्त (marginal) समूह' के रूप में है। ग्रामीण समाज में दलितों की दो प्रमुख विशेषताएं हैं : (i) अधिकतर दलितों के पास न तो भूमि का स्वामित्व होता है और न ही वे आसामी (tenants) ही होते हैं (ii) अधिकतर दलित या तो दूसरों की भूमि पर काम करके या कृषकों की भूमि से स्वयं को जोड़कर अपनी आय अर्जित करते हैं। दलित श्रमिकों का रोज़गार कृषि उत्पादन और पारिश्रमिक भुगतान से निश्चित होता है। फसल काटने के समय उनकी माँग अधिक होती है। श्रमिकों की मांग तब बढ़ती है जब कृषि योग्य भूमि अधिक हो, सिंचाई अधिक हो, खाद अधिक हो, और पूँजी भी अधिक हो। ट्रेक्टर आदि आधुनिक यन्त्र कुशल श्रमिकों की माँग तो बढ़ा देते हैं लेकिन आवश्यक व्यक्तियों की संख्या में कमी हो जाती है। नियोजकों (भूस्वामियों) को दलितों और गैर दलितों दोनों में से ही श्रमिक उपलब्ध होते हैं। इस प्रकार मज़दूर समजाति (homogeneous) समूह के रूप में नहीं है। गैर दलितों को सदा वरीयता दी जाती है क्योंकि उन्हें अधिक परिश्रमी माना जाता है। इस कारण ग्रामीण क्षेत्रों में दलितों को 'सीमान्त' कहा जाता है।

दलित चेतना (Dalit Consciousness)

बड़ा प्रश्न यह है कि क्या दलित समाज की मुख्य धारा में समाहित हो सकेंगे ? युगों की दासता बेड़ियों को तभी समाप्त किया जा सकता है जब दलित स्वयं को शिक्षित और कुशल बना लें और आधुनिक समाज में प्रभावी ढंग से स्पर्धा करें। मात्र कानून बनाने से उनकी निर्योग्यताएं समाप्त नहीं होंगी। संसाधनों को प्राप्त करने के लिए उनके स्वयं के प्रयासों के साथ ही हिन्दुओं की अभिवृत्तियों में परिवर्तन भी अस्पृश्यता उन्मूलन के लिए आवश्यक है। हम सच्चीदानन्द से सहमत हैं (1976 : 172) जिसकी मान्यता है कि सरकार के सुधारात्मक प्रयत्नों, दलितों की बढ़ती चेतना, और हिन्दुओं के उदार दृष्टिकोण जैसे कारकों के सामंजस्य से समय के साथ-साथ उनकी निर्योग्यताएं एवं भेदभाव समाप्त हो जायेंगे।

राजनैतिक दृष्टि से दलित इस तथ्य को समझने लगे हैं कि राजनैतिक संदर्भ में उन्हें अपनी अधिक संख्या का लाभ उठाना है। हो सकता है कि वे राजनैतिक दल के रूप में एक न हो सकें, लेकिन प्रभुत्व वाली राजनैतिक पार्टियों, जैसे कांग्रेस, या जनता दल या भाजपा, आदि का समर्थन कर के वे अपने समर्थन का मूल्य वसूल कर सकते हैं। लेकिन समस्या यह है कि यद्यपि शिक्षित दलित तो राजनीतिकरण का सबूत दर्शाते हैं लेकिन सामान्य दलित उनकी प्रक्रिया से अभी भी अछूते हैं। अभिजात वर्ग तो अनुसरण और सहमति की राजनीति से दबाव और विरोध की राजनीति तक आ गए हैं, लेकिन अभी भी वे न तो सामान्य मंच ही बना सके है और न ही परिवर्तनशील छवि विकसित कर सके हैं।

अन्य पिछड़ी जातियाँ और वर्ग
[Other Backward Castes and Classes (OBCS)]

1991 में देश की कुल जनसंख्या के 51 प्रतिशत (अस्पृश्यों को छोड़कर) व्यक्ति 3,742

अन्य पिछड़ी जातियाँ और वर्ग के सदस्य थे। अगस्त 1990 में (वी.पी. सिंह मंत्रिमण्डल) जनता दल सरकार द्वारा इन ओ.बी.सी के लिए 27 प्रतिशत आरक्षण की घोषणा की गई थी। यह मण्डल आयोग की रिपोर्ट के आधार पर किया गया था जो दिसम्बर 1980 में सरकार को सौंपी गई थी और 1982 में संसद के दोनों सदनों में चर्चा के बाद परीक्षण के लिए सचिवों की एक समिति को दी गई थी। प्रधानमन्त्री वी.पी. सिंह द्वारा इसकी सिफारिशों को स्वीकार करने की आकस्मिक घोषणा को अनेक लोगों ने राजनैतिक निर्णय कहा जो कि जातियों के चयन और इसके तीन निदर्शकों (संकेतकों) (indicators) —सामाजिक, आर्थिक व शैक्षिक—के औचित्य और सत्यता के सत्यापन के बिना ही लिया गया था। सामाजिक और आर्थिक निदर्शक में प्रत्येक के चार आधार माने गए, जबकि शैक्षिक निदर्शक में तीन आधार लिए गए। इस प्रकार कुल मिलाकर 11 निदर्शक थे। प्रत्येक निदर्शक को दिया जाने वाला महत्व एकतरफा और तर्कहीन ही था। सामाजिक निदर्शकों को तीन अंकों का महत्व दिया गया, शैक्षिक निदर्शक को दो अंकों का और आर्थिक निदर्शक को एक अंक प्रदान किया गया। इस प्रकार कुल मूल्य के 22 अंक रखे गए। जिन जातियों ने 50 प्रतिशत अंक प्राप्त किए (अर्थात् 11 अंक या अधिक) उन्हें 'पिछड़ों' की सूची में रखा गया।

राष्ट्रीय मोर्चा सरकार के मण्डल आयोग की रिपोर्ट के क्रियान्वित करने के निर्णय ने छात्रों में विस्तृत रूप में क्रोध को भड़का दिया। समूचे देश में अनवरत आन्दोलन भड़क उठे। सितम्बर और अक्टूबर, 1990 के बीच 160 युवाओं ने सरकार के निर्णय के विरुद्ध आत्म हत्या के प्रयास किए। परन्तु किसी भी राजनैतिक पार्टी ने खुलकर आरक्षण का विरोध नहीं किया।

1991 में जब नरसिंहराव की कांग्रेस सरकार ने सत्ता सम्भाली, इसने 25 सितम्बर, 1991 को एक अधिसूचना जारी की कि केन्द्रीय सरकार की नागरिक सेवाओं में जो 27 प्रतिशत सामाजिक व शैक्षिक रूप से पिछड़े वर्ग (SEBC) के लिए आरक्षित हैं, उनमें से इन्हीं वर्गों के 'गरीब खण्ड' को वरीयता (preference) दी जायेगी। इसके साथ ही उन आर्थिक रूप से पिछड़े वर्गों के लोगों के लिए, जो विद्यमान किसी भी आरक्षण योजना के अन्तर्गत नहीं आते, 10 प्रतिशत पद आरक्षित होंगे।

मण्डल आयोग की रिपोर्ट को क्रियान्वित करने का मामला उच्चतम न्यायालय में ले जाया गया जिसने नवम्बर 1992 के अपने निर्णय में पद आरक्षण सूत्र का समर्थन किया और पिछड़े वर्ग के लिए सरकारी नौकरियों में 27 प्रतिशत स्थानों के आरक्षण की पुष्टि की। परन्तु न्यायालय ने अन्य आर्थिक रूप से पिछड़े वर्गों के लिए 10 प्रतिशत खाली स्थानों की भर्ती के आरक्षण सम्बन्धी नरसिंह राव सरकार के निर्णय को रद्द कर दिया। उच्चतम न्यायालय के निर्णय के प्रमुख बिन्दु थे : (1) आरक्षण के लाभार्थियों की पहचान के लिए जाति को आधार मानना स्वीकार किया गया। (2) आरक्षणों की उच्च सीमा 50 प्रतिशत निश्चित कर दी गई। (3) सम्पन्न स्तर (creamy layer) को आरक्षण की परिधि से हटा दिया गया। (4) कुछ प्रावैधिक (technical) पदों में आरक्षण की सलाह नहीं दी गई। (5) प्रोन्नति में आरक्षण नहीं रखा गया। (6) केन्द्र सरकार पिछड़े वर्गों में से सामाजिक रूप से अग्रिम लोगों को निकालने के लिए सामाजिक-आर्थिक आधार को विशेष रूप से बताएँ। (7) केन्द्र व राज्य सरकारें पिछड़े वर्गों की सूची में सम्मिलित किए जाने के निवेदनों तथा अधिक सम्मिलित या

कम सम्मिलित करने की शिकायतों की जांच करने के लिए स्थाई आयोग की स्थापना करें।

मण्डल आयोग की सिफारिशों के पक्ष व विपक्ष में दोनों प्रकार के तर्क इस प्रकार हैं। **पक्ष में तर्क है**: (1) ये समाज के उन पिछड़े वर्गों का उत्थान करेगी व सन्तुष्ट करेंगी जो असन्तुष्ट थे और युगों से अन्याय सहन कर रहे थे। (2) केन्द्र सरकार की सेवाओं में आरक्षण देश की कुल जनसंख्या के 1.0 प्रतिशत होना था; इसलिए आरक्षण अधिकतर लोगों पर विपरीत प्रभाव नहीं डालेगा। (3) आरक्षण केवल जातियों पर आधारित नहीं है जैसा कि गलत रूप से समझा जाता है, जैसे बिहार में राजपूत सूची में नहीं है लेकिन गुजरात में राजपूत सूची में सम्मिलित हैं; उत्तर प्रदेश और बिहार के यादव सूची में शामिल हैं जबकि हरियाणा के यादव नहीं हैं, गुजरात के पटेल सम्मिलित नहीं है जबकि बिहार के पटेल सूची में शामिल हैं। इस प्रकार विविध राज्यों में विशेष जाति की स्थिति आरक्षण का आधार है। (4) 52 प्रतिशत शक्ति के साथ राष्ट्र की पिछड़े वर्गों की संख्या का सार्वजनिक क्षेत्र व सरकारी प्रथम श्रेणी की नौकरियों में केवल 4 प्रतिशत प्रतिनिधित्व है। यह कमजोर वर्गों के साथ सरासर अन्याय है और इसका समाधान आवश्यक है। (5) यह तर्क कि इन लोगों को प्रशासनिक पदों को देना अकुशलता बढ़ाएगा भ्रमात्मक है। ब्रिटिश लोगों ने भी इस तर्क के आधार पर भारतीयों को स्वतंत्र करना अस्वीकार कर दिया था और उस समय हमने इस तर्क को ठुकरा दिया था, वही तर्क हम अब कैसे स्वीकार करें ? पिछड़े समूहों को इस प्रकार के ठोस अवसर अनुभव प्रदान करेंगे और उन्हें योग्य बनने का मौका देंगे। दलित जातियों और वर्गों की योग्यता अर्जित करने के समान अवसरों को नकारना कुछ नहीं है बल्कि उन पर प्रभुत्व जारी रखना है।

मण्डल रिपोर्ट के विरूद्ध तर्क हैं: (1) 'पिछड़ेपन' को केवल 'जाति' के आधार पर परिभाषित किया गया है, इससे जाति व्यवस्था में निहित भेदभाव व जाति पूर्वाग्रहों को बढ़ावा मिलेगा। यह प्रावधान सभी गरीबों को बिना जाति भेदभाव के मिलना चाहिए और केवल आर्थिक आधार पर ही होना चाहिए। (2) यद्यपि 'जाति' की परिभाषा की गई है लेकिन 'वर्ग' की नहीं, जबकि समाजशास्त्रीय दृष्टि से जाति और वर्ग दो अलग श्रेणियां हैं। मण्डल आयोग ने 'पिछड़ी' जातियों की तो ठीक से पहचान की किन्तु पिछड़े वर्गों की नहीं। (3) पिछड़ी जातियों की पहचान का आधार त्रुटिपूर्ण, काल्पनिक और राजनीति प्रेरित था। यह वैज्ञानिक आधार पर नहीं था। उदाहरण के लिए, अल्पायु विवाह का सामाजिक निदर्शक किसी विशेष जाति या वर्ग से सम्बद्ध नहीं है। यह युगों पुरानी सामाजिक बुराई है जो कि सभी जातियों और वर्गों में सामान्य रूप से प्रचलित है। यही बात अनेक निदर्शकों के विषयों में कही जा सकती है, जैसे स्त्रियों का काम, पिता की शिक्षा, माँ बाप की आय, पीने के पानी का स्रोत, आदि। (4) पिछड़ी जातियों को चिन्हित करने में राज्य सरकारों का परामर्श नहीं लिया गया था। जब मण्डल आयोग ने 3,742 जातियों को पिछड़ी जातियों के रूप में चिन्हित किया, कालेकर समिति ने पहले, 2000 के लगभग जातियों को पिछड़ी के रूप में चिन्हित किया था। क्या कालेकर समिति की पहचान गलत थी ? इसी प्रकार केरल सरकार ने 70 जातियों को पिछड़ी जातियों के रूप में चिन्हित किया जबकि मण्डल आयोग ने 208 जातियों को पिछड़ी जातियाँ चिन्हित किया। उड़ीसा ने तो एक भी जाति को पिछड़ा नहीं बताया किन्तु मण्डल आयोग ने राज्य में 224 पिछड़ी जातियों की पहचान की। (5) जातियों

की जनसंख्या अभिव्यक्ति 1931 की जनगणना आंकड़ों के आधार पर की गई थी। इस प्रकार 1931 और 1980 के बीच के परिवर्तनों की गणना नहीं की गई। आजादी बाद भूमि सुधारों ने तो विभिन्न जातियों के सामाजिक, आर्थिक व शैक्षिक प्रस्थिति को बदल ही दिया है। बिहार और उत्तर प्रदेश के यादव और कुर्मी इसके सबसे अच्छे उदाहरण हैं। शहरी जनसंख्या का प्रतिशत, जनसंख्या का व्यावसायिक वितरण और उच्च शिक्षित लोगों की संख्या तो 1931 और 1980 तथा 1980 और 1990 के बीच बहुत अधिक बदल गई थी। अतः जनसंख्या आंकड़ों का आधार अयथार्थ था। (6) मण्डल समिति की यह मान्यता गलत थी कि गैर-हिन्दुओं में ओ.बी.सी का अनुपात उसी क्रम में था जैसा कि हिन्दुओं में। (7) सामाजिक-शैक्षिक क्षेत्र सर्वेक्षण के लिए प्रतिदर्श (sampling) प्रक्रिया त्रुटिपूर्ण था क्योंकि इसमें प्रत्येक जिले में एक शहरी ब्लाक और दो ग्रामीण ब्लाकों का चयन सम्मिलित था, यह अवैज्ञानिक और अभिनत (biased) प्रतिदर्श है। (8) पिछड़ेपन के निर्धारण में आर्थिक आधार को दिया जाने वाला महत्त्व अपर्याप्त था क्योंकि 22 अंकों में से केवल 4 अंक ही आर्थिक आधार को दिए गए थे। (9) मण्डल आयोग के अध्यक्ष स्वयं पिछड़ी जाति के सदस्य थे और अपने राजनैतिक जीवन के दौरान पक्षपात पूर्ण तर्कों के लिए विख्यात थे। उन्होंने निदर्शकों की पहचान तथा अंक प्रदान करने में पक्षपातपूर्ण भूमिका अदा की थी, यहां तक कि आयोग ने भी स्वीकार किया था कि वर्गों का सामाजिक और शैक्षिक रूप से पिछड़ेपन का सूचीकरण कुछ एक तरफा रहा। (10) संविधान में उल्लेख है कि यदि किसी वर्ग को राज्य सेवाओं में पर्याप्त प्रतिनिधित्व हो तो इसे पिछड़ों की श्रेणी में नहीं रखा जा सकता। (11) मण्डल आयोग ने पिछड़ी जातियों के लिए 27% कोटा अलग-अलग जातियों के लिए बांटा नहीं था। अतः इसका लाभ कुछ जातियों को ही मिलेगा जो पिछड़ी जातियों में भी प्रमुख हैं। कुछ प्रमुख जातियों में भी कुछ परिवार ही ऐसे होंगे जो अपने अभाग्य भाइयों की कीमत पर फलेंगे फूलेंगे।

इस प्रकार यह कहा जा सकता है कि मण्डल आयोग की सिफारिशें लागू करने का तरीका बहुत जल्दबाजी का था जो कि तत्कालीन राजनैतिक संकट को टालने के लिए अपनाया गया था। कोई भी आर्थिक कटौती बिन्दु निश्चित नहीं किया गया था और न ही आरक्षण की निरन्तरता की घोषणा की गई। इसमें आश्चर्य नहीं कि धारणाओं, भ्रमों, ठोस आकड़ों की कमी, सूचना में खामियों, एक तरफा निर्णय, आत्मपरकता, असंगतियां और उच्च कोटि के तर्कहीन सामान्यीकरण, आदि ने युवावर्ग को आरक्षण नीति व आत्म-केन्द्रित राजनैतिक अभिजात वर्ग के विरुद्ध लड़ने के लिए भड़का दिया।

आरक्षण नीति (Reservation Policy)

हमारे संविधान ने सभी नागरिकों के लिए न्याय और समान अवसरों की घोषणा की है। इसमें समान अवसरों का अर्थ समान लोगों के बीच प्रतिस्पर्धा से लिया गया, न कि असमानों के बीच। हमारे सामाजिक ढाँचे में असमानता को मानते हुए संविधान निर्माताओं ने तर्क दिया था कि कमजोर वर्गों को राज्य द्वारा स्थाई तौर पर ध्यान दिया जाना है। इस प्रकार राज्य पर यह विशेष दायित्व सौंपा गया कि समाज के कमजोर वर्ग को संरक्षण प्रदान करे। तदनुसार, संविधान में समतावादी सामाजिक व्यवस्था बनाने की प्रक्रिया को तेज करने के लिए

विविध धाराओं के अन्तर्गत संरक्षणात्मक भेदभाव का प्रावधान किया गया। इस प्रकार आरक्षित स्थानों सहित दलित वर्गों (SCs और STs) के लिए वरीयता व्यवहार (preferential treatment) राष्ट्रीय स्तर पर राजनैतिक अभिजात वर्ग का कोई महान कार्य नहीं समझा जाना चाहिए। वास्तव में, राजनीतिक सत्ता प्रशासन में उनको भागीदारी देने की सामाजिक नीति और सामाजिक तथा आर्थिक रूप से उनका उत्थान करना था। प्रारम्भ में आरक्षण का प्रतिशत (1950 के संविधान में) अनुसूचित जातियों के लिए 12.5 प्रतिशत था और अनुसूचित जनजातियों के लिए 5 प्रतिशत था, लेकिन 1970 में यह प्रतिशत बढ़ाकर इन के लिए क्रमशः 15 और 7.5 कर दिया गया था। आरक्षण नौकरियों, विद्यालयों व विश्वविद्यालयों में प्रवेश में और केन्द्रीय तथा राज्य विधायिकाओं में प्रदान किया गया था। अन्ततः यह सार्वजनिक प्रतिष्ठानों और राष्ट्रीयकृत बैंकों में भी प्रदान किया गया। सभी राज्य सरकारों ने भी अपने नियंत्रण के आधीन सेवाओं में अनुसूचित जातियों (और जनजातियों) के लिए आरक्षण का प्रावधान करते हुए विधान बनाये। साथ ही, प्रोन्नतियों में आरक्षण आदि अन्य प्रकार की छूट भी राज्य सरकारों द्वारा प्रदान की गई।

जनवरी 1999 में न्यायाधीशों की नियुक्ति सम्बन्धी गोपनीय फाइल में भारत के राष्ट्रपति की टिप्पणी, कि उच्च न्यायलयों एवं सर्वोच्च न्यायालय में न्यायाधीशों की नियुक्ति में महिलाओं, दलितों और जनजातियों जैसे समाज के कमजोर वर्गों के लिए विशेष कोटा निश्चित करने पर विचार किया जाना चाहिए, ने कानूनी क्षेत्र में काफी हंगामा मचाया और योग्यतातन्त्र (meritocracy) बनाम संरक्षणात्मक भेदभाव पर काफी बहस को प्रेरित किया। विवाद यह नहीं है कि क्या राष्ट्रपति को चयन प्रक्रिया में इस प्रकार परिवर्तन के सुझाव देने का संवैधानिक अधिकार है या नहीं। मुद्दा यह है कि यदि भारत के मुख्य न्यायाधीश का यह तर्क कि न्यायिक नियुक्तियों में केवल योग्यता ही महत्त्वपूर्ण है, तर्क संगत है तब यह अन्य क्षेत्रों—जैसे शिक्षा संस्थाओं, विज्ञान प्रयोगशालाओं आदि—में भी क्यों नहीं लागू किया जा सकता ? दूसरी ओर यदि राष्ट्रपति के दृष्टिकोण में तर्क है कि आरक्षण को सैन्य बलों तथा मंत्रिमण्डल के बनाने में भी क्यों नहीं लागू किया जा सकता ? राष्ट्रपति की टिप्पणियां कभी आकस्मिक नहीं होतीं। वे उनकी व्यक्तिगत राय नहीं होतीं। उनमें अधिकारिक मोहर लगी होती है। यदि न्यायाधीश और वरिष्ठ एडवोकेट न्यायतंत्र में योग्यता की प्रधानता में विश्वास रखते हैं तो क्या उच्चतम न्यायलय ओ.बी.सी के लिए 27 प्रतिशत आरक्षण को स्वीकार करने सम्बन्धी नवम्बर, 1992 में दिए गए अपने पूर्व निर्णय का पुनरावलोकन करेगी ?

एक ओर तो लगभग पचास वर्षों से भी अधिक के अन्तराल में अनुसूचित जातियों और जनजातियों के उत्थान के लिए आरक्षण नीति की असफलता, और दूसरी ओर आरक्षण की राजनीति अथवा राजनैतिक दलों द्वारा ओ.बी.सी, दलित इसाईयों और मुस्लिमों जैसे समूहों को अपने चंगुल में फँसाने के लिए प्रयास तथा तीसरी ओर ओ.बी.सी श्रेणी में शामिल करने की कुछ जातियों की माँग (जैसे राजस्थान में जाटों द्वारा) ने समाज और अर्थव्यवस्था दोनों के लिए गम्भीर चुनौतियां प्रस्तुत कर दी हैं। 50 प्रतिशत पर आरक्षण सीमा बन्द करने सम्बन्धी उच्चतम न्यायालय के निर्णय तथा बाद में आरक्षण को 69 प्रतिशत करने सम्बन्धी तमिलनाडु आरक्षण अधिनियम (1993) के पारित होने से तथा इस अधिनियम को न्यायिक पुनरावलोकन से परे रखने के लिए संविधान में 85 वें संशोधन द्वारा शामिल करने से एक

के बाद दूसरी राज्य सरकारों के इसी प्रकार के विधान बनाने के द्वार खुल गए हैं। इसी सन्दर्भ में आरक्षण के प्रकरण का महत्व अधिक हो गया है।

अनेक लोगों द्वारा उठाया जा रहा प्रश्न अब यह है कि क्या अनुसूचित जातियों व जनजातियों के लिए शिक्षा संस्थाओं, नौकरियों, लोकसभा और विधान सभाओं में आरक्षण जारी रहना चाहिए ? एक तर्क तो यह है कि यह तो संविधान के लागू होने के 10 वर्ष के अन्दर ही समाप्त हो जाना चाहिए था। प्रति दस वर्ष की इसकी अवधि बढ़ाकर हम संविधान निर्माताओं की इच्छाओं के विरुद्ध जा रहे हैं। वास्तव में, यह योग्यता को अमान्य करना तथा अधिक योग्य को वंचित रखना है। भारत में अनुसूचित जातियां और जनजातियां मिलकर कुल जनसंख्या के 24.56 प्रतिशत हैं (16.48% और 8.08% क्रमशः), ओ.बी.सी 51 प्रतिशत, आर्थिक रूप से कमजोर 10 प्रतिशत और मुस्लिम 12 प्रतिशत हैं। यह सब 97.56 प्रतिशत हो जाते हैं। जब लगभग समूचा देश ही पिछड़ा हुआ हो तब पिछड़े वर्ग के किसी विशेष वर्ग के लिए विशेष उपायों को करना कितना न्याय संगत है ?

दूसरा तर्क यह है कि हमने कमजोर वर्ग की दशा सुधारने के लिए 50 वर्षों से प्रयत्न किया है। यदि आरक्षण से उनकी दशा में वास्तव में अब तक कोई सुधार नहीं हुआ है तो इस प्रकार के निष्प्रभावी प्रबन्ध को जारी क्यों रखा जाये ? आरक्षण के लाभ केवल 'सम्पन्न स्तर' (creamy layer) के लोगों के लिए हैं। तीसरा तर्क यह है कि यह (आरक्षण) नीति वोट के लिए भुनाई जा रही है। इसमें कोई एतराज नहीं होगा यदि अवसर की समानता की अवधारणा के अन्तर्गत ही आरक्षण प्रदान किया जाये।

दूसरी ओर एक विचार यह भी है कि क्योंकि आरक्षण का लक्ष्य (दलितों के लिए) प्राप्त नहीं किया जा सका है, इसको कुछ और दशाब्दियों तक जारी रखा जाना चाहिए। दूसरा विचार यह है कि अब आरक्षण को धीरे-धीरे समाप्त करने का समय आ गया है। यह या तो सम्पन्न स्तर को समाप्त करके किया जा सकता है या आरक्षण प्रतिशत को समाप्ति के बिन्दु तक ले जाकर। वास्तव में, यह प्रक्रिया बहुत पहले शुरु कर दी जानी चाहिए थी। हमारे देश के लिए यह अच्छा होता कि हम जाति विहीन समाज के साथ 21वीं शताब्दि में प्रवेश करते।

हमारी मान्यता यह है कि यद्यपि सैद्धान्तिक रूप में आरक्षण की नीति को समाप्त करना चाहिए परन्तु व्यावहारिक रूप में इस समय समाप्त करना कठिन होगा। हम राय बर्मन (Roy Burman) के इस विचार (*Beyond Mandal And After: Backward Classes Perspective*, Mittal Publications, New Delhi, 1992) से सहमत हैं कि कुछ और वर्षों के लिए आरक्षण को अनुसूचित जातियों, जनजातियों और ओ.बी.सी के लिए बढ़ा दिया जाना चाहिए। आरक्षण नीति को वैज्ञानिक एवं तर्कसंगत बनाया जाना चाहिए। प्रदत्त राजनैतिक और आर्थिक संरचना में जाति (या जन्म, या परिवार) किसी के जीवन अवसरों को निर्धारित नहीं कर सकती। यह माना जाता है कि दलित (जनज़ाति और ओ.बी.सी भी) एक समान समूह का प्रतिनिधित्व करते हैं लेकिन वास्तव में वे विषम समूही हैं इसलिए बी.एस. भार्गव और अविनाश सामल (B.S. Bhargava and Avinash Samal, *The Indian Journal of Public Administation*, New Delhi, July-September 1998 : 518) का अनुसरण करते हुए यह सुझाव दिये जा सकते हैं : (i) पिछड़ेपन के निर्धारण में जाति की

अपेक्षा आय को महत्व दिया जाना चाहिए, (ii) क्रीमी सतह की अवधारणा अनुसूचित जातियों व जनजातियों पर भी लागू होनी चाहिए, (iii) आरक्षण का लाभ केवल प्रथम पीढ़ी के लाभार्थियों को मिलना चाहिए। उन प्रत्याशियों को जिनके माता पिता एक बार नौकरी में आरक्षण का लाभ ले चुके हैं, उन्हें यह सुविधा नहीं दी जानी चाहिए (iv) छात्रवृत्ति में छूट अच्छी संस्थाओं में गुणवत्तापूर्ण शिक्षा प्राप्त करने के लिए हाई स्कूल और स्नातक पाठ्यक्रमों में अंकों के निर्धारित प्रतिशत (48%) से अधिक अंक प्राप्त करने वाले दलित (जनजाति और ओ.बी.सी) छात्रों को ही दी जानी चाहिए। ये सभी उपाय उन लोगों को लाभ देंगे जो सहायता के योग्य हैं।

कृषि और औद्योगिक वर्ग संरचना (Agrarian and Indusrial Class Structure)

यद्यपि जाति और वर्ग एक दूसरे से बिल्कुल भिन्न हैं लेकिन वर्ग स्तरीकरण जैविक संबंधी (organic) रूप से जाति स्तरीकरण से सम्बद्ध है। वर्ग को सार्वभौमिक घटना माना जाता है। औद्योगिक समाजों में जब अन्तर बुर्जुआ और श्रमजीवी जनता के बीच किया जाता है, कृषि समाजों में यह भेद भू-स्वामी और भूमिहीन वर्ग के बीच किया जाता है। मार्क्स के इस दृष्टिकोण का प्रयोग करते हुए, यह कहा जा सकता है कि बुर्जुआ वर्ग उच्च आय का भोग करता है, उनकी शिक्षा का स्तर ऊंचा होता है, और उनकी प्रतिष्ठा भी ऊँची होती है। सर्वहारा वर्ग की आय कम होती है, उनकी शिक्षा का स्तर निम्न व प्रतिष्ठा भी निम्न ही होती है। इन दो वर्गों के बीच मध्यम बुर्जुआ वर्ग की आय और प्रतिष्ठा भी मध्यम होती है और शिक्षा का स्तर श्रमिकों से कुछ ऊपर लेकिन बुर्जुआओं के स्तर से कम होता है। भारत में जाति पर अध्ययनों की तुलना में वर्ग के अध्ययन का साहित्य कम है। वर्ग स्तरीकरण का विश्लेषण मार्क्सवादी तथा गैर-मार्क्सवादी दोनों रूझानों वाले समाजशास्त्रियों ने किया है। जनगणना एजेन्सियों ने वर्ग श्रेणियों के विश्लेषण में सामान्यतः कृषि और गैर कृषि जीविकोपार्जन को सन्दर्भित किया है। कुछ समाजशास्त्रियों ने वर्ग संरचना के विश्लेषण में 'मालिक' और 'रैयत' (ryots), शब्दों का भी प्रयोग किया है।

कृषि वर्ग संरचना (Agrarian Class Structure)

कुछ विद्वानों के अनुसार जाति स्तरीकरण ग्रामीण तथा वर्ग स्तरीकरण शहरी स्थिति से सम्बन्धित है। योगेन्द्र सिंह (ICSSR Survey Report, Vol. I, 1974 : 358) ने माना है कि यह कथन भ्रान्तिपूर्ण है। यह सामाजिक-ऐतिहासिक साक्ष्य पर आधारित नहीं है। कुछ पश्चिमी विद्वानों ने बताया है कि प्रारम्भिक भारत एक स्थिर समाज था जहां परिवर्तन की अपेक्षा निरन्तरता प्रमुख गुण था, लेकिन स्थिर भारत की इस भ्रान्ति (fallacy) पूर्ण परिकल्पना की कुछ विद्वानों ने [P.C. Joshi (1970), Yogendra Singh (1973), B. Cohn (1968); और Romila Thaper (1972)] आलोचना की है। अनेक वर्ग, जैसे पुजारी, सामन्ती मुखिया, व्यापारी, शिल्पी, कृषक, मजदूर, आदि भारत में भी थे। व्यापारियों की सामाजिक श्रेणीक्रम में निम्न स्थिति नहीं थी। उनकी गतिशीलता का आधार उनका आर्थिक सम्बन्ध होता था। उनकी जाति प्रस्थिति उनकी वर्ग प्रस्थिति से टकराती नहीं थी। योगेन्द्र सिंह (op.cit., 1974 :334) मानता है कि समय, धन और सम्पत्ति के बदलने पर

अनेक जातियों की स्थिति ने सुधरी हुई प्रस्थिति को प्राप्त करने में महत्वपूर्ण भूमिका अदा की, विशेष रूप से व्यापारी वर्ग में।

1000 A.D के बाद के समय में शहरों में व्यापारियों, शिल्पियों, आदि वर्गों का विकास हुआ। मुगल काल में भी, क्योंकि उत्पादन का एक बड़ा भाग बाज़ारों में ले जाया जाता था, इसलिए शहरों और गाँवों दोनों के वर्ग संरचना की गतिशीलता जारी रही। इसमें न केवल गाँवों में कृषि वर्ग का अस्तित्व सम्मिलित था, बल्कि शहरों और कस्बों के व्यापारी, बिचौलिए, साहूकार, आदि भी शामिल थे।

ब्रिटिश काल में वाणिज्य व्यापार की नीति ने शिल्पी (artisan) वर्ग को प्रभावित किया और बड़े पैमाने पर उनको शहरी क्षेत्रों में प्रव्रजन के लिए प्रेरित किया। साथ ही, ब्रिटिश सरकार के बन्दरगाहों के प्रति पक्षपातपूर्ण रवैये, बड़ी संख्या में बड़े शहरों की उपेक्षा की शैली, कर-नीति, और कई अन्य सामाजिक-आर्थिक नीतियों ने परम्परागत भारतीय आर्थिक संरचना तथा वर्ग संरचना को भी पतन की ओर धकेल दिया। ग्रामीण क्षेत्रों में भूमि बन्दोबस्त नीति (settlement policy) के कारण वर्ग संरचना भी प्रभावित हुई। इसी बीच ब्रिटिश नीतियों ने सामन्ती-कृषि वर्ग संरचना के उदय के लिए नई राहें पैदा कर दीं। शहरों में एक नव-औद्योगिक और व्यापारी मध्यम वर्ग का जन्म हुआ। एक नौकर शाह-प्रशासक वर्ग का भी उदय हुआ।

ब्रिटिश शासन काल में जिस कृषि व्यवस्था का ग्रामीण क्षेत्रों में उदय हुआ था वह या तो जमीन्दारी या रैयतवारी प्रकार के भूमि बन्दोबस्त पर आधारित था। जमींदारी प्रथा में तीन प्रमुख कृषि वर्ग थे : जमींदार, आसामी (tenants) और कृषि मजदूर। रैयतवाड़ी प्रथा में दो प्रमुख वर्ग थे : रैयत-भू-स्वामी और रैयत कृषक। कृषि वर्ग संरचना की विशेषता भारत में सर्वत्र सामन्ती प्रकृति की थी। जमींदार (भूमि स्वयं न जोतने वाले भू-स्वामी) कर संग्रहाक थे। आसामी वास्तविक कृषक थे (जिनकी बहुधा भूमि पर जोत की अवधि निश्चित नहीं होती थी) और कृषि मजदूरों की स्थिति बन्धुआ मजदूरों जैसी होती थी। शासकों की शक्ति होने के साथ यह अति शोषणवादी व्यवस्था, कृषक असन्तोष, तथा आन्दोलनों के बावजूद, देश की राजनैतिक स्वतंत्रता की प्राप्ति तक जारी रही। राष्ट्रीय नेतृत्व ने भी किसानों के शोषण के विरुद्ध आवाज उठाई और देश के कई भागों में किसान आन्दोलन चले (A.R Desai, *Peasant Movements*)।

स्वतंत्रता के बाद भूमि सुधार लागू किए गए और कृषि वर्ग संरचना का रूप-परिवर्तन शुरू हुआ। जमींदारी उन्मूलन व्यवस्था ने जमींदारों की शक्ति छीन ली। डेनियल थारनर (Daniel Thorner, 1973) ने आजादी के बाद कृषि वर्गों के सन्दर्भ में तीन प्रमुख वर्गों की बात कही है : मालिक, किसान और मजदूर, जबकि कोटोस्की (Kotovsky, 1964) ने वर्गों को भू-स्वामी, धनी कृषक, भूमिहीन किसान, और कृषि मजदूर वर्गों में बाँटा है। गत दो दशाब्दियों में कुछ अर्थशास्त्रियों ने भूस्वामियों के विभिन्न वर्गों की चर्चा की है, जैसे भू-स्वामी (10 हैक्टेयर से अधिक भूमि वाले), छोटे भू-स्वामी (2-10 हैक्टेयर भूमि वाले), सीमान्त भूस्वामी (2 हैक्टेयर से कम भू-स्वामी), और कृषि मजदूर। राम किशन मुकर्जी ने कृषि संरचना में तीन वर्गों का सन्दर्भ दिया है : भू-स्वामी और निरीक्षक (supervisors) किसान, आत्म निर्भर किसान और बटाई किसान, तथा कृषि मजदूर।

योगेन्द्र सिंह (ICSSR Survey Report, Volume I, 1974: 343-344) ने स्वतंत्रता के बाद कृषि वर्ग संरचना में अनेक प्रवृत्तियों के उभरने की बात कही है। यह है: (1) भू सुधार आदेश स्वतंत्रता संग्राम के बीच और उसके बाद भी प्रस्तुत किये गये थे और भू-सुधारों के लिए शुरू किए गए वास्तविक उपायों के बीच बड़ी खाई है। (2) यह खाई राजनितिज्ञों के वर्ग चरित्र और प्रशासकीय अभिजात वर्ग के वर्ग चरित्र का परिणाम है। (3) धनी किसानों की आर्थिक समृद्धि बढ़ी है लेकिन छोटे किसानों की आर्थिक दशा गिरी है। (4) सामन्ती प्रकार की आसामियत के स्थान पर पूंजीवादी प्रकार की लीज-श्रम या पारिश्रमिक मजदूर कृषि व्यवस्था के रूप में आ गई है। (5) चोटी एवं सतही स्तर के वर्गों के बीच असमानताएं कम होने के बजाय बढ़ी हैं।(6) कृषि मजदूरों को भूमि सुधारों के लाभ प्राप्त नहीं हुए हैं। (7) ग्रामों में वर्तमान वर्ग रूपान्तरण की प्रमुख समाजशास्त्रीय प्रक्रिया में अनेक सामाजिक स्तरों का 'सर्वहारीकरण' (proletarianizaton) और कुछ का बुर्जुआकरण (embourgeoisiement) भी सम्मिलित है। पी.सी. जोशी (P.C. Joshi, 1971) ने कृषि वर्ग ढाँचे में आने वाली प्रवृत्तियों के सन्दर्भ में संकेत किया है : (1) सामन्ती प्रकार की आसामियत में कमी और इसके स्थान पर अधिक शोषणकारी लीज़ प्रबन्ध (2) व्यापारोन्मुख जमींदारों का उदय। आन्द्रे बेतेइ ने परिवर्तनशील सामाजिक स्तरीकरण के कारण 'सामूहिक असामनताओं से बिखरी हुई असमानताओं' की बात कही है।

औद्योगिक वर्ग संरचना (Industrial Class Structure)

औद्योगीकरण के मुख्य प्रभाव इस प्रकार हैं : (1) कृषि में संलग्न मजदूरों का प्रतिशत नीचे आया है जबकि व्यक्तिगत क्रियाओं में संलग्न मजदूरों का प्रतिशत बढ़ा है; (2) सामाजिक गतिशीलता की प्रक्रिया में वृद्धि हुई है; (3) मजदूर संघों ने औद्योगिक मजदूरों को अपने अधिकारों के लिए लड़ने के लिए संगठित किया है; (4) औद्योगिक श्रमिक क्योंकि अपने प्रकार के समूहों और जातियों से निकट का निरन्तर सम्बन्ध बनाए रखते हैं, जाति स्तरीकरण वर्ग चरित्र को प्रभावित नहीं कर सका है (5) परम्परागत तथा करिश्माई अभिजात वर्ग के स्थान पर पेशेवर अभिजात वर्ग आ गया है। मारिस डी. मारिस (Morris D Morris ("The emergence of an Industrial labour force in India" in Dipankar Gupta, *Social Stratification*,1991, 231-247) ने औद्योगिक श्रमिकों के व्यवहार प्रतिदर्श के सम्बन्ध में दो विचार रखे हैं : एक विचार तो यह है कि उद्योगों के श्रमिकों की कमी के कारण नियोजकों को अपने कार्य बल के लिए कठिनाई उठानी पड़ती थी और हर प्रकार की छूट अपने कर्मचारियों को देनी पड़ती थी जिसके कारण कर्मचारियों पर उनकी पकड़ ढीली हो जाती है और श्रमिक अक्सर अपने गाँवों को लौट जाते थे; दूसरा विचार श्रमिकों के शहरों में रोजगार के लिए गाँवों में अधिकता से उपलब्धि का है। सरलता से श्रमिक उपलब्ध होने के कारण नियोजक श्रमिकों को निर्दयता से गाली-गलौच करते थे। क्योंकि फैक्ट्रियों में कार्य-दशाएँ असह्य होती थीं, इसलिए वे अपने गाँवों को जाने को बाध्य होते थे। इस प्रकार दोनों ही विचारों में यह माना गया कि श्रमिक अपने ग्रामीण सम्बन्ध को बनाए रखते थे जो कि औद्योगिक विकास के लिए श्रम आपूर्ति को सीमित कर देती थी। परिणामतः सर्वहारा प्रकार के व्यवहार का विकास नहीं हुआ। इससे अनुपस्थिति की दर में

वृद्धि और श्रम आवक में भी वृद्धि हुई और मजदूर संघों का विकास मन्द हो गया।

उपरोक्त विशेषताओं के अतिरिक्त चार अन्य विशेषताएँ भी दृष्टिगोचर हुईं। प्रथम, उद्योगों में स्त्रियों और बच्चों का रोजगार सीमित था। लगभग 20 से 25 प्रतिशत श्रम-बल स्त्रियों का, और 5 प्रतिशत बच्चों का था। ऐसा इसलिए था और 14 वर्ष से कम आयु के बच्चों को कानूनन रोजगार नहीं दिया जा सकता था। *द्वितीय*, यद्यपि यह कहा जाता है कि उद्योग जाति के प्रति उदासीन होता है क्योंकि कोई भी एक जाति पर्याप्त श्रम पूर्ति नहीं कर सकती और क्योंकि कर्मचारी जाति सम्बन्धों में रुचि नहीं लेते, फिर भी श्रमिक अपने नियोजकों को अस्पृश्यों की भर्ती नहीं करने देते थे। *तृतीय*, उद्योगों में अधिक संख्या में श्रमिक वे होते थे जिनका भूमि पर कोई महत्त्वपूर्ण दावा नहीं होता था। *चतुर्थ*, श्रमिक उसी जिले के नहीं होते थे जिसमें उद्योग स्थित होता था बल्कि विभिन्न जिलों और पड़ौसी राज्यों से भी भर्ती किए जाते थे। अतः श्रम के उद्योग में प्रवेश पर कोई भौगोलिक बाधाएं नहीं थी। ग्रामीण सामाजिक संरचना (संयुक्त परिवार प्रथा) भी नगरीय आर्थिक विस्तार के लिए आवश्यक जनसंख्या के आने-जाने में कोई अवरोध नहीं थी। किसी भी उद्योग में कुल श्रमिकों के, एक अनुमान के अनुसार, लगभग 25 प्रतिशत स्थानीय होते हैं, 10 प्रतिशत उद्योग के स्थान के 100 किलोमीटर के भीतर से ही आते हैं, 50 प्रतिशत 100 से 750 किलोमीटर से और 15 प्रतिशत 750 किलोमीटर से भी दूर से। यह दर्शाता है कि उद्योगों में श्रमिक काफी लम्बी दूरी के स्थानों से आते हैं। ये सभी विशेषताएं भारत में उद्योग श्रम बल के वर्ग पक्ष की व्याख्या करती हैं।

श्रमिक वर्ग का विश्लेषण करते हुए होल्मस्ट्राम (Holmstrom, see, Dipankar Gupta, 1991; 248-260) ने कहा है कि सभी श्रमिक सभी हितों में भाग नहीं लेते बल्कि वे तो केवल कुछ ही हितों में भाग लेते हैं। उसने यह भी कहा है कि संगठित और असंगठित क्षेत्र के औद्योगिक श्रमिकों के बीच वर्ग रेखा खींचना आवश्यक है। जोशी (1976) ने भी कहा है कि संगठित और असंगठित क्षेत्र के औद्योगिक श्रमिक विरोधी हितों वाले दो अलग-अलग वर्ग हैं। यह चार कारकों में अन्तर के आधार पर बताया जा सकता है : पारिश्रमिक, दशाएँ, सुरक्षा, और सामाजिक जगत्।

पारिश्रमिक (wages) इस बात पर निर्भर है कि उद्योग बड़ा है (1000 से अधिक श्रमिकों वाला) या छोटा (250-1000 श्रमिकों वाला) या बहुत छोटा है (50 से भी कम श्रमिकों वाला)। 1973 में पश्चिम बंगाल ने उपरोक्त तीन प्रकार के उद्योगों के लिए विविध न्यूनतम पारिश्रमिक तय किए। बड़े उद्योगों में छोटे उद्योगों की अपेक्षा काफी कम मजदूरी दी जाती है क्योंकि वे वेतनमान के अर्थशास्त्र, मजदूर संगठनों और श्रमिकों की मजबूत सौदेबाजी की स्थिति से प्रभावित रहते हैं। स्वाभाविक है कि श्रमिकों का हित उस उद्योग के प्रकार पर निर्भर करता है जिसमें वे काम करते हैं।

कार्य दशाएं (working conditions) भी श्रमिकों के हितों को प्रभावित करतीं हैं। उन उद्योगों में काम करने वाले, जिनमें अच्छी दशाएं (working conditions) होती हैं, सुरक्षा उपाय अधिक और दुर्घटनाएं कम होती है, कम ध्वनि, और नीरसता कम होती है, थकान कम होती है, कार्य-समय कम होता है, कार्य-स्थान अधिक होता है, सूक्ष्म नियंत्रण और कम परेशानियां, अधिक सीखने का अवसर मिलता है, कैण्टीन, शिशुगृह व सफाई के कमरे

आदि होते हैं, वहां श्रमिकों के हित उन उद्योगों के श्रमिकों के हितों से भिन्न होते हैं जहां ये सब सुविधाएं उपलब्ध नहीं कराई जातीं हैं। इसलिए वे दो भिन्न प्रकार के श्रमिक वर्ग के रूप में काम करते हैं।

सुरक्षा और जीवन अवसर (security and career chances) भी दो प्रकार के श्रमिक वर्ग की ओर संकेत करते हैं। स्थाई श्रमिक के पास न केवल नौकरी होती है बल्कि अच्छा रोजगार भी जबकि अस्थाई श्रमिक अपनी नौकरी के लिए चिन्तित रहता है। स्थाई श्रमिक का कार्य जीवन का भविष्य होता है लेकिन अस्थाई श्रमिक तो वर्तमान में ही फँस कर रह जाता है। स्थाई श्रमिक अपने कार्य रोजगार में कुशलता सीखकर प्रोन्नति के अवसर प्राप्त करने की योजना बना सकता है जबकि अस्थाई श्रमिक डरा हुआ रहता है कि संघ (union) बनाने पर कहीं उसकी नौकरी न चली जाये।

अन्तिम *सामाजिक जगत्* भी श्रमिकों को दो वर्गों में विभाजित करता है। सामाजिक जगत का अर्थ है आर्थिक दशाओं में अन्तर, जीवन अवसर, परस्पर सहायता और निर्भरता, आदि। संगठित क्षेत्र में फैक्ट्री श्रमिक अधिक संगठित होते हैं और वे कम आक्रामक और कम तनाव में रहते हैं। उनके हित और विचारधाराएँ उन्हें 'बाहरी व्यक्तियों' (outsiders) से अलग रखते हैं। इस प्रकार संगठित क्षेत्रों में कार्यरत श्रमिक विशेषाधिकार प्राप्त उच्च वर्ग बनाते हैं।

4

परिवार, विवाह और नातेदारी
(Family, Marriage and Kinship)

परिवार व्यवस्था
(Family System)

परिवार : अवधारणा और प्रकार (Family : Concept and Forms)

प्रजनन तथा जैविक इकाई के रूप में परिवार में सामाजिक स्वीकृति से यौन सम्बन्ध रखने वाले एक स्त्री और एक पुरुष और उनकी सन्तान (चाहे वह प्राकृतिक हो या गोद ली हुई) होते हैं। सामाजिक इकाई के रूप में परिवार को "दोनों लिंगों के व्यक्तियों का वह समूह कहा जाता है जो विवाह या रक्त या गोद लेने के अधिकार से जुड़े हुए हों, जो आयु, लिंग और सम्बन्धों पर आधारित भूमिकाएँ अदा करते हों, और जो सामाजिक रूप से एकाकी गृह (single household) में रहते हों।" एलेन रॉस की परिवार की परिभाषा में पारिवारिक जीवन के भौगोलिक, सामाजिक और मनोवैज्ञानिक तत्व शामिल हैं। उसके अनुसार (1961 : 31), "परिवार किसी विशेष प्रकार के बन्धुओं (kindred) के रूप में सामान्यतः सम्बन्धित लोगों का समूह है जो एक ही गृह में रहते हैं और जिनकी एकता उनके अधिकारों, कर्त्तव्यों तथा भावनाओं के रूप में निहित रहती है। रास ने परिवार की चार उप-संरचनाओं में भेद किया है : (1) परिस्थितिक (ecological) उप-संरचना, अर्थात् परिवार में सदस्यों और उनकी गृहस्थियों का जगह के अनुसार (spatial) प्रबन्ध, या नातेदार किस प्रकार भौगोलिक दृष्टि से एक दूसरे के निकट रहते हैं। सरल शब्दों में यह गृह के आकार तथा परिवार के प्रकार को बताता है; (ii) अधिकारों और कर्त्तव्यों की उप-संरचना, अर्थात् गृह के भीतर श्रम विभाजन; (iii) शक्ति और अधिकार की उप-संरचना, अर्थात् सदस्यों के कार्यों पर नियंत्रण; और (iv) भावनाओं की उप-संरचना, अर्थात् विभिन्न सदस्यों के बीच सम्बन्ध, जैसे पति-पत्नि के बीच, माता-पिता और सन्तान के बीच, और भाई-भाई या भाई-बहन या सहोदरों के बीच के सम्बन्ध, आदि।

विभिन्न विद्वानों ने विभिन्न प्रकार के परिवार बताएँ हैं। के.पी. चट्टोपाध्याय (1961: 75) ने तीन प्रकार के परिवार बताए हैं : सिम्पल या सरल (simple) परिवार (पुरुष, पत्नि, और अविवाहित बच्चे), यौगिक या कमपाउन्ड संयुक्त (compound) परिवार (दो सरल परिवार, जैसे पुरुष, उसकी पत्नि, उनके अविवाहित बच्चे, और पति के माता-पिता और अविवाहित भाई बहिनें), और संमिश्र या कम्पोज़िट (composite) परिवार, (समरेखीय (lineal) या भिन्न शाखाई (collateral) संयुक्त परिवार)। अधिकार के आधार पर

परिवारों का वर्गीकरण इस प्रकार किया गया है : पति प्रभुत्व वाला, पत्नि प्रभुत्व वाला, समानवादी प्रभुत्व वाला (equalitarian) तथा स्वायत्त (autonomic) परिवार। बर्जिस और लॉक (Burgess and Lock, 1963 : 26) ने परिवारों को सदस्यों के व्यवहार के आधार पर *संस्थात्मक* (institutional) और सहचारिता (companionship) परिवारों में वर्गीकृत किया है। संस्थात्मक परिवार में सदस्यों का व्यवहार जनमत और अनेक रीतियों से नियमित किया जाता है, जबकि सहचारिता परिवार में पारस्परिक स्नेह और मतैक्य (consensus) से व्यवहार का उदय होता है। नातेदारी बन्धनों के आधार पर परिवारों का वर्गीकरण दाम्पत्य अथवा वैवाहिक परिवार (conjugal) (जिसमें वैवाहिक बन्धनों को वरीयता दी जाती है) और रक्तमूलक परिवार (consanguine) (जिसमें रक्त सम्बन्धों को वरीयता दी जाती है) में किया गया है। ज़िमरमैन (1947 : 20) ने इनका वर्गीकरण *प्रन्यासी* (trustee) (जहां सदस्यों को परिवार के प्रतिमानों का अनुपालन करना होता है और उनके व्यक्तिगत अधिकार नहीं होते), *परमाणुवादी* (atomistic) (जिसमें परम्परागत लोकरीतियों का महत्व कम हो जाता हैं और प्रत्येक सदस्य अपनी इच्छा का कार्य कर सकता है), और *घरेलू* (domestic) परिवार (जो कि प्रन्यासी परिवार तथा परमाणुवादी परिवार के मध्य प्रकार का होता है) के रूप में किया है। मैने विखंडित (fissioned) परिवार की संकल्पना की है जो संरचना और कार्यों में एकल परिवार (nuclear) है और जो पैतृक (parental) परिवार से पृथक किया हुआ होता है।

संयुक्त परिवार : प्रकृति, स्वरूप और विशेषताएँ
(Joint Family : Nature, Types and Characteristics)

विभिन्न विद्वानों ने संयुक्त परिवार की विविध संकल्पनाएँ की है। जहां इरावती कर्वे संयुक्तता में 'सह-निवासिता' (co-residence) को महत्त्वपूर्ण मानती हैं, वहीं हैरोल्ड गूल्ड, रामकृष्ण मुखर्जी, एस. सी. दुबे, बी.एस. कोहेन, तथा पाउलिन कोलेण्डा सह-निवासिता और सह-भोज को संयुक्तता के आवश्यक तत्व नहीं मानते। बेली (Bailey) और टी.एन. मदान निवास और सह-भोज के भेदभाव के बिना सम्पत्ति के संयुक्त स्वामित्व को महत्व देते हैं। आई.पी. देसाई दायित्वों (obligations) की पूर्ति को महत्व देता है, भले ही निवास अलग हो और सम्पत्ति का संयुक्त स्वामित्व न हो।

इरावती कर्वे के अनुसार (1983 : 21) परम्परागत प्राचीन भारतीय परिवार (वैदिक और महाकाव्य युग) निवास, सम्पत्ति, और कार्यों (functions) में संयुक्त था। उसने संयुक्त परिवार की पाँच विशेषताएँ बताई हैं : सह-निवास, सह-रसोई, सह-सम्पत्ति, सह-परिवार पूजा, और कोई नातेदारी सम्बन्ध। इस आधार पर उसने संयुक्त परिवार की परिभाषा इस प्रकार की है: "व्यक्तियों का समूह जो सामान्यतः एक ही छत के नीचे रहते हैं, एक ही चूल्हे पर पका भोजन करते हैं, सम्पत्ति में समान हिस्सा रखते हैं, पारिवारिक पूजा अर्चना में समान रूप से भाग लेते हैं और एक दूसरे से किसी प्रकार के बन्धु (kindred) सम्बन्ध रखते हैं।"

'संयुक्त सम्पत्ति' शब्द (1956 के हिन्दू उत्तराधिकार अधिनियम के अन्तर्गत) का अर्थ है कि तीन पीढ़ियों तक सभी जीवित पुरुष और स्त्री सदस्य पैतृक सम्पत्ति में हिस्सा रखते हैं। आई.पी.देसाई के अनुसार (1956 : 41) समान निवास और रसोई संयुक्त परिवार के

उतने महत्वपूर्ण आयाम नहीं हैं जितने कि अन्तरापारिवारिक सम्बन्ध हैं। वह मानता है कि जब नातेदारी (kinship) सम्बन्धी दो परिवार अलग-अलग रहते हों लेकिन एक ही व्यक्ति के आधीन कार्य करते हों, तब इसे संयुक्त परिवार कहा जायेगा। इसे वह 'प्रकार्यात्मक संयुक्त परिवार' कहता है। पारम्परिक संयुक्त परिवार वह उसे कहता है जिसमें तीन या अधिक पीढ़ियाँ निहित हों। दो पीढ़ी परिवार को वह 'सीमान्त (marginal) संयुक्त परिवार' कहता है। रामकृष्ण मुखर्जी (1962 : 352-98) पाँच प्रकार के सम्बन्ध बताते हुए संयुक्त परिवार को परिभाषित करता है। ये संबंध हैः दाम्पत्य-मूलक (conjugal) संबंध, माता-पिता व सन्तान के सम्बन्ध, अन्तर-सहोदर संबंध, समरेखीय (lineal) संबंध और विवाह संबंधी (affinal) संबंध। उनके अनुसार "संयुक्त परिवार समान निवास (co-resident) और सह-भोजी (commensal) नातेदारी समूह है जिसमें प्रथम तीन प्रकार के सम्बन्धों में से एक या एक से अधिक सम्बन्ध तथा इसके अलावा समरेखीय या वैवाहिक सम्बन्ध भी होते हैं"।

आई. पी. देसाई ने पांच प्रकार के परिवार बताए हैंः एकल, प्रकार्यात्मक रूप से संयुक्त, प्रकार्यात्मक तथा धन के आधार पर संयुक्त (सम्पत्ति के अर्थ में), सीमान्त संयुक्त, और पारम्परिक संयुक्त। के. एम. कापड़िया (1959 : 74) ने भी पाँच प्रकार के परिवार बताए हैंः एकल परिवार (पति, पत्नी और अविवाहित बच्चे), एकल परिवार विवाहित पुत्रों के साथ (जिसे आई.पी. देसाई सीमान्त संयुक्त और एलीन रॉस लघु संयुक्त परिवार कहते हैं) एकरेखीय (lineal) वंशज संयुक्त, भिन्नशाखीय संयुक्त, और आश्रित व्यक्ति के साथ वाला एकल परिवार (विधवा बहिन, आदि)। एलीन रॉस (1966 : 34) ने चार प्रकार के परिवार बताए हैंः वृहत् संयुक्त, लघु संयुक्त, एकल, और आश्रितों सहित संयुक्त।

इन सभी प्रकार के परिवारों को एक साथ देखने पर संयुक्त परिवार की परिभाषा इस प्रकार से दी जा सकती है : "वंशावलि की विविधता से सम्बन्धित (multiplicity of geneologically related) एकल परिवार जो निवास और सह-भोजी संबंधों में संयुक्त हों और जो एक ही व्यक्ति के आधीन कार्य करते हों"। एम. एस. गोरे (1968 : 6-7) ने कहा है कि संयुक्त परिवार को "समानांशी (co-parceners) तथा उनके आश्रितों के परिवार" के रूप में देखना चाहिए, न कि एकल परिवारों के बहुत्व (multiplicity) के रूप में। वह मानता है कि एक एकल परिवार में दाम्पत्य मूलक (conjugal) सम्बन्धों पर बल दिया जाता है जबकि संयुक्त परिवार में संतानीय (filial) और भ्रातृक (fraternal) सम्बन्धों पर बल दिया जाता है। गोरे के अनुसार संयुक्त परिवार तीन प्रकार के होते हैं : संतानीय (filial) संयुक्त परिवार, (माता-पिता व उनके विवाहित बेटे अपनी संतति के साथ), भ्रातृक संयुक्त परिवार (दो विवाहित भाई और उनके बच्चे), और संतानीय तथा भ्रातृक (मिश्रित) संयुक्त परिवार।

मैं उस एकल परिवार को 'विखण्डित' (fissioned) परिवार मानता हूँ जो अपने पिता के या विवाहित भाइयों के परिवार से अलग हो गया हो। यह विखण्डित परिवार किसी प्रकार की नातेदारी से सम्बन्धित अन्य एकल परिवार पर निर्भर भी हो सकता है तो स्वतंत्र भी। दूसरी ओर मैंने नातेदारों (kin) के प्रकार के संदर्भ में (प्राथमिक, द्वैतियक, तृतीयक, और दूर का) संयुक्त परिवार का वर्गीकरण किया है। इस प्रकार, मैं निम्मिलिखित पाँच प्रकार के परिवार मानता हूँ :

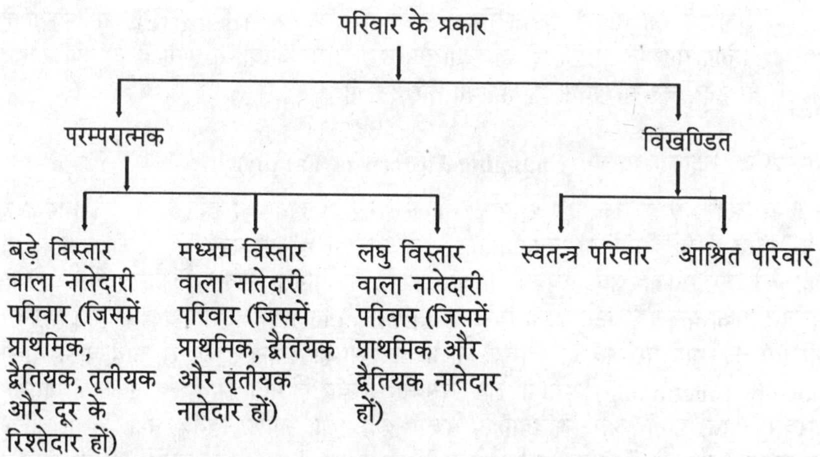

संयुक्त परिवार की विशेषताएँ इस प्रकार दी जा सकती हैं :

1. *इसकी संरचना सत्तावादी* (authoritarian) होती है, अर्थात् निर्णय लेने की शक्ति परिवार के मुखिया के हाथ में होती है (पितृसत्तात्मक)। सत्तावादी परिवार के विपरीत लोकतांत्रिक परिवार में दक्षता और योग्यता के आधार पर सत्ता एक या दो व्यक्तियों के हाथ में रहती है।
2. *इसका संगठन पारिवारिक* (familistic) होता है, अर्थात् व्यक्ति-हित पूर्ण परिवार के हितों के आधीन होते हैं या परिवार के लक्ष्य व्यक्तिगत लक्ष्य होते हैं।
3. *सदस्यों की प्रस्थिति उनकी आयु व सम्बन्ध (नातेदारी) से निर्धारित होती है;* पुरुष की प्रस्थिति उसकी पत्नि से ऊँची होती है; दो पीढ़ियों में उच्च पीढ़ी के व्यक्ति की प्रस्थिति निचली पीढ़ी में व्यक्ति की प्रस्थिति से ऊँची होती है; समान पीढ़ी में, अधिक आयु के व्यक्ति की प्रस्थिति कम उम्र के व्यक्ति से ऊँची होती हैं; और एक स्त्री की प्रस्थिति उसके पति की प्रस्थिति से निर्धारित की जाती है।
4. *संतानीय (filial) एवं भ्रातृक सम्बन्धों को दाम्पत्य सम्बन्धों से वरीयता प्राप्त होती है,* अर्थात् पति-पत्नि सम्बन्ध पिता/पुत्र सम्बन्ध से या भाई-भाई सम्बन्धों से निम्न होते हैं।
5. *परिवार संयुक्त उत्तरदायित्व के आदर्श के आधार पर कार्य करता* है। यदि पिता अपनी पुत्री के विवाह के लिये ऋण लेता है तब उस ऋण के चुकाने का उत्तरदायित्व पुत्रों का भी होता है।
6. *सभी सदस्यों पर समान रूप से ध्यान दिया जाता हैं।* एक गरीब भाई के पुत्र को भी उसी स्कूल में प्रवेश दिलाया जायेगा (भले ही मंहगा हो) जिसमें धनी भाई के पुत्र को।
7. *परिवार में अधिकार (पुरुषों पुरुषों के बीच, पुरुषों स्त्रियों के बीच, और स्त्रियों स्त्रियों के बीच) वरिष्ठता (seniority) के सिद्धान्त से निर्धारित होता है।* यद्यपि सबसे बड़ा

पुरुष या स्त्री अपनी शक्ति किसी अन्य में प्रत्यायुक्त (delegate) कर सकता है लेकिन यह प्रत्यायुक्ति भी वरिष्ठता के सिद्धान्त पर आधारित होती है जो व्यक्तिवाद के उदय की सम्भावना को सीमित कर देती है।

परिवार का बदलता स्वरूप (Changing Pattern of Family)

क्या संयुक्त परिवार संरचना एकात्मक (nuclearised) होती जा रही है ? मेरी धारणा है कि "भारत में परिवार में संयुक्तता समाप्त नहीं हो रही है और उस स्थिति की कल्पना भी नहीं की जा सकती जब संयुक्त परिवार लोगों के मानस पटल से गायब हो जायेगा; संयुक्तता का केवल 'काटने वाला बिन्दु' (cut off point) ही बदल रहा है। वृहत् संयुक्त परिवारों के स्थान पर अब दो पीढ़ियों वाला या ऐसा ही स्थानीय रूप से कार्य करने वाला (locally functioning) प्रभावी लघु संयुक्त परिवार होगा। साथ ही, एकल विखंडित परिवार (पति, पत्नी और अविवाहित बच्चों का) पूर्ण रूपेण स्वतंत्र नहीं होगा बल्कि प्रकार्यात्मक रूप से पिता या भाई जैसे प्राथमिक नातेदारों पर निर्भर होगा (अर्थात् संयुक्त रहेगा)। यह तथ्य अनेक विद्वानों द्वारा देश के विभिन्न भागों में किए गए आनुभविक अध्ययनों से स्पष्ट है।

संयुक्तता में परिवर्तनों का हम दो स्तरों पर विश्लेषण करेंगे: संरचानत्मक और अन्तर्क्रियात्मक।

संरचनात्मक परिवर्तन (Structural Changes)

हम यहाँ आई.पी. देसाई, कापड़िया, एलीन रॉस, एम.एस. गोरे, ए.एम. शाह, और सच्चिदानन्द जैसे विद्वानों के द्वारा गत पाँच दशकों में किए गए छः आनुभविक अध्ययनों की विवेचना कर रहे हैं :

देसाई (1964 : 41) ने 1955 में शहरी परिवारों का (गुजरात में महुआ नगर में) अध्ययन किया और पाया कि (i) एकलता बढ़ रही है और संयुक्तता घट रही है; (ii) व्यक्तिवाद की भावना में वृद्धि नहीं हो रही है क्योंकि आधे परिवार अन्य परिवारों से जुड़े हुए हैं; (iii) संयुक्तता के घेरे के भीतर नातेदारी सम्बन्धों का दायरा छोटा होता जा रहा है। संयुक्त सम्बन्ध अधिकतर माता पिता और बच्चों, सहोदरों तथा चाचा भतीजों तक ही सीमित हैं, अर्थात् वंशगत (lineal) सम्बन्ध पिता, पुत्र और पौत्र के बीच ही पाये जाते हैं और एक व्यक्ति तथा उसके भाइयों और चाचाओं के बीच भिन्न शाखीय सम्बन्ध पाए जाते हैं।

कापड़िया (1956 : 112) ने 1955 में गुजरात में (नवसारी शहर और आस पास के 15 गाँवों) ग्रामीण और शहरी (18% शहरी और 82% ग्रामीण) परिवारों का अध्ययन किया। उनके मुख्य निष्कर्ष इस प्रकार थे : (1) ग्रामीण समुदाय में संयुक्त परिवारों का अनुपात लगभग उतना ही है जितना कि एकल परिवारों का (2) जाति के दृष्टिकोण से गावों में उच्च जातियों में प्रमुखतः संयुक्त परिवार हैं जबकि निम्न जातियों में एकल परिवार अधिक है। (3) शहरी समुदाय में एकल परिवारों की अपेक्षा संयुक्त परिवार अधिक हैं। (4) 'समाघात' गाँवों (impact villages) में (अर्थात कस्बों में 7 या 8 किलोमीटर के दायरे में) परिवार संरूप

ग्रामीण संरूप से ही मिलता जुलता है और शहरी संरूप से किसी भी प्रकार की समानता उसमें नहीं है (5) सभी क्षेत्रों को एक साथ (शहरी, ग्रामीण, और समाघात) देखने पर यह माना जा सकता है कि संयुक्त परिवार संरचना एकल नहीं हो रही है। (6) ग्रामीण व शहरी परिवार संरूपों में अन्तर आर्थिक कारकों द्वारा जाति संरूपों के परिवर्तन का परिणाम है।

एलीन रॉस (1961 : 303) ने 1957 में शहरी परिवेश में केवल हिन्दू परिवारों (कर्नाटक राज्य में बंगलौर) का अध्ययन किया। उसने पाया कि: (1) परिवार के स्वरूप की प्रवृत्ति पारम्परिक संयुक्त परिवार से एकल इकाइयों की ओर मिलती है। (2) लघु संयुक्त परिवार पारिवारिक जीवन का प्रारूपिक (typical) स्वरूप है। (3) अब काफी संख्या में लोग अपने जीवन का कम से कम एक हिस्सा एकल परिवारों में व्यतीत करते हैं (4) जीवन काल में अनेक प्रकार के परिवारों में रहना इतना विस्तृत रूप में फैला है कि शहरों में रहने वालों के लिए हम परिवार के चक्र की (cycle of family types) सामान्य क्रम की बात कह सकते हैं । (5) वर्तमान पीढ़ी के लिए दूर के रिश्तेदार कम महत्व के हैं, अपेक्षाकृत उनके जो माता-पिता तथा दादा के लिए होते थे। (6) शहर में रहने वाला पुत्र सभी रिश्तेदारों से दूरी की दृष्टि से अधिक पृथक हो गया है।

ए.एम. शाह ने 1955-1958 के बीच गुजरात में एक गाँव में परिवारों का अध्ययन किया था। परिवारों का वर्गीकरण *सरल* (simple) (पैतृक (parental) परिवार-पूर्ण या आंशिक हिस्से का बना हुआ) और *समिश्रित* (complex) (दो या अधिक पैतृक परिवार) करते हुए उसने पाया कि एक तिहाई परिवार समिश्रित और दो तिहाई सरल थे जो ग्रामीण भारत में संयुक्त परिवार प्रथा के टूटने की प्रक्रिया की ओर संकेत करता है।

एम.एस. गोरे ने शहरी (देहली), ग्रामीण (हरियाणा में रोहतक और हिसार जिलों के) और सीमावर्ती भागों में 1960 में अध्ययन किया और दो प्रकार के परिवार पाए—एक, पति पत्नि और विवाहित बच्चों वाला परिवार; दूसरा, पति पत्नि, अविवाहित व विवाहित पुत्र जो सभी जगह प्रमुख थे। अतः यह अध्ययन संरचनात्मक परिवर्तन को स्पष्ट नहीं करता।

सच्चिदानन्द (1977) ने बिहार के एक जिले (शाहाबाद) के 30 गाँवों के परिवारों का अध्ययन किया और पाया कि : (1) एक चौथाई परिवार एकल थे और तीन चौथाई संयुक्त, जो पारम्परिक परिवारों की प्रधानता दर्शाता है। (2) मध्यम और निम्न जातियों की अपेक्षा उच्च जातियों में एकल परिवार अधिक थे। (3) एकलता शिक्षा के स्तर के साथ ऊँची होती है।

पाउलिन कोलेन्डा (1968) ने 1960 और 1970 के दशक के बीच किए गए 26 अध्ययनों में से आंकड़ों का अध्ययन करके पता लगया कि : (1) अधिकतर परिवार एकल हैं। (2) संयुक्त परिवारों के अनुपात में क्षेत्रीय अन्तर मिलता है। मध्य भारत और पूर्वी भारत (पश्चिम बंगाल सहित) की अपेक्षा गंगा के मैदान में संयुक्त परिवार अधिक अनुपात में हैं। (3) संयुक्त परिवार निम्न तथा भूमिहीन जातियों की अपेक्षा उच्च और भूमिधर जातियों में अधिक हैं। (4) जाति संयुक्त परिवारों के आकार और अनुपात से गहन रूप में सम्बन्धित है।

इस लेखक ने 1976 में शहरी क्षेत्रों में और 1988 में ग्रामीण क्षेत्रों में अपनी दो अनुसन्धान योजनाओं के दौरान (कॉलेज विद्यार्थियों में 'नशे का अभिशाप' और 'स्त्रियों के

अधिकार' पर) राजस्थान में परिवारों के अध्ययन किए। दोनों ही अध्ययनों द्वारा यह स्पष्ट हुआ कि यद्यपि एकल परिवारों की संख्या अधिक है लेकिन यह, यह नहीं बताता कि संयुक्त परिवार व्यवस्था गायब हो रही है।

रामकृष्ण मुखर्जी ने 1960-61 में पश्चिम बंगाल में परिवार का अध्ययन किया था। उसने पाया कि (1975 : 5-50); (1) आकार (size) परिवार की संयुक्त या एकल संरचना का संकेत नहीं है। 4,120 परिवारों अपने सर्वेक्षण में उसने क्रमशः 4.50 और 4.83 एकल और संयुक्त परिवार का औसत आकार बताया। (2) संयुक्त परिवार का आकार बड़ा नहीं है क्योंकि 'मूल दम्पत्ति' (root couple) सामान्यतः 75 वर्ष से अधिक जीवित नहीं रहता। पति पत्नी, प्रथम बार माता पिता तब बनते हैं जब पुरुष 25-29 वर्ष आयु समूह में तथा पत्नी 20-24 वर्ष आयु समूह में होती है। वे प्रथम बार दादा दादी तब बनते हैं जब पुरुष 45-49 वर्ष आयु समूह और उसकी पत्नी 40-44 वर्ष आयु समूह में होते हैं। वे पर-दादा पर-दादी (great grand parents) प्रथम बार तब बनते हैं जब 'मूल दम्पत्ति' पुरुष 75-79 वर्ष आयु समूह में होता है और उसकी पत्नी 70-74 वर्ष आयु समूह में होती है। उनका प्रथम पुत्र व उसकी पत्नी प्रथम बार तब माता पिता बनते है जब वह 25-29 वर्ष आयु समूह में तथा उसकी पत्नी 20-24 वर्ष आयु समूह में होते हैं। परिवार में बहुशाखीय सम्बन्धों का विस्तार दो दूर के चचेरे भाईयों के बीच होता है। परिणामतः एक सीमित पीढ़ी विस्तार के भीतर ही संयुक्त परिवारों का विस्तार होता है। (3) 18 विद्वानों (जैसे एस.सी. दुबे, एम.एस. ए. राव, कोलेन्डा, आई.पी. देसाई, कापड़िया, इरावती कर्वे, कुलकर्णी, टी.एन.मदान, ड्राइवर, सोवानी, मुखर्जी, बोस, श्रीवास्तव, आदि) द्वारा भारत में 15 राज्यों में 30 गाँवों और कस्बों में (44, 657) परिवारों पर किए गए अध्ययनों के विश्लेषण में मुखर्जी ने पाया कि एकल परिवारों का प्रतिशत कुल परिवारों में 35 से 63 प्रतिशत के बीच था (वही : 38)। यह भारतीय समाज में संयुक्त परिवार संगठन को मानने की केन्द्रीय प्रवृत्ति की ओर संकेत करता है। (4) संयुक्त परिवार में धीरे-धीरे दादा पीढ़ी के बाद के बहुशाखीय सम्बन्धों में दरार आ रही है।

परिवार में होने वाले सभी संरचनात्मक परिवर्तनों को एक साथ देखने पर हम इस निष्कर्ष पर पहुँचते हैं कि :

1. विखण्डित परिवारों की संख्या बढ़ रही है परन्तु अलग-अलग रहते हुए भी वे अपने पैतृक परिवारों के प्रति अपने दायित्वों को पूरा करते हैं।
2. परम्परागत समुदायों (गावों) में संयुक्तता अधिक है और औद्योगीकरण, शहरीकरण और पश्चमीकरण से प्रभावित समुदायों में एकलता अधिक है।
3. (परम्परागत) संयुक्त परिवार का आकार छोटा हो गया है।
4. जब तक लोगों में पुराने सांस्कृतिक मूल्य बने रहेंगे, संयुक्त परिवार (प्रकार्यात्मक प्रकार) हमारे समाज में चलता रहेगा।
5. 'परम्परात्मक' से 'संक्रमण' (transitional) परिवार की ओर परिवर्तनों में स्थानीय निवास के प्रति प्रवृत्तियां, कार्यात्मक संयुक्तता, व्यक्तियों की समानता, स्त्रियों के लिए समान प्रस्थिति, अपनी आकांक्षाओं को प्राप्त करने के लिए प्रत्येक सदस्य के अवसरों में वृद्धि, और परिवार मानदंडों का कमजोर पड़ना शामिल हैं।

वे मूल्य क्या हैं जिन्होंने संयुक्त परिवार संगठन को पोषण दिया, स्थिर किया, और जीवन दिया तथा वे मूल्य क्या हैं जो अब भारत में संयुक्त परिवार को तोड़ने में लगे हैं? वे महत्त्वपूर्ण मूल्य जिन्होंने संयुक्त परिवार संरचना को जीवन्त बनाए रखा वे हैं : (1) पुत्रों का वंशगत लगाव, (2) कुछ भाइयों की आर्थिक रूप से जीने योग्य क्षमता की अयोग्यता, (3) वृद्धावस्था के पुरुषों और स्त्रियों का बहुत कम होना, (4) श्रम इकाई के आकार को संगठित करने के लिए भौतिक प्रोत्साहन आवश्यक है क्योंकि वस्तुएँ एवं सेवाएं उत्पन्न करने के लिए आवश्यक पूँजी का प्रमुख भाग इसी में होता है और लोगों को परिवार-श्रम पर निर्भर रहना पड़ता था।

जो कारक अब संयुक्त परिवार को तोड़ रहे हैं वे हैं : (1) परिवार में तनाव पैदा करने वाली भाइयों की आमदनी में अन्तर। आरम्भ में तो भाई एक दूसरे के साथ समायोजित हो जाते हैं पर जब वे वैवाहिक संबंधों पर अधिक बल देते हैं तब उनमें तनाव बढ़ता है। (2) उस मूल दम्पत्ति (root couple) की मृत्यु जो आर्थिक शक्ति लिए रहता है, तथा उनके पुत्रों व उनकी पत्नियों की अयोग्यता, अक्षमता जिससे वे 'पैतृक दम्पति' की भूमिका निभा सकें। (3) परिवार-श्रम पर निर्भर रहने का प्रोत्साहन, नकदी के बन्धन (cash nexus) के उदय के कारण गायब हो रहा है। (4) सामाजिक सुरक्षा संबंधी बचत की प्रथा तथा सेवानिवृत्ति के बाद भी लोगों की आमदनी कमाने के अवसर भी संयुक्त परिवार व्यवस्था को एकलीकरण की ओर ले जा रहे हैं।

अन्तर्क्रियात्मक परिवर्तन (Interactional Changes)

अन्तरा-पारिवारिक सम्बन्धों में परिवर्तन तीन स्तरों पर देखे जा सकते हैं : पति-पत्नी के सम्बन्ध, माता-पिता व संतान के सम्बन्ध, और बहु तथा सास-श्वसुर के सम्बन्ध।

भारतीय परिवार में *पति-पत्नी के सम्बन्धों* का मूल्यांकन, गूडे (Goode : 1963), कापड़िया (1966), गोरे (1968) और मरे स्ट्रॉस (Murray Straus, 1969) द्वारा किया गया है। ये अध्ययन (1) निर्णय करने में शक्ति का विभाजन (2) पत्नी की मुक्ति और (3) निकटता (closeness) में परिवर्तन का संकेत करते हैं।

परम्परागत परिवार में परिवार सम्बन्धी निर्णय करने की प्रक्रिया में पत्नी की कोई आवाज नहीं होती थी। लेकिन समकालीन समाज में परिवार व्यय, बजट बनाने में, बच्चों के अनुशासन में, वस्तुएँ खरीदने और उपहार देने में पत्नी की भूमिका समान शक्ति वाली होती है। यद्यपि पति की 'साधक' (instrumental) भूमिका अभी भी जारी है और पत्नी भी 'अभिव्यक्ति' (expressive) की भूमिका निभा रही है, लेकिन दोनों ही मामलों पर चर्चा कर लेते हैं और किसी निर्णय तक पहुँचने के लिए एक दूसरे की सलाह ले लेते हैं। इसका यह अर्थ नहीं है कि पति-सत्तात्मक परिवार पत्नी-सत्तात्मक या समसत्तात्मक परिवार में बदलता जा रहा है। आर्थिक भूमिका ग्रहण करने और पत्नी की शिक्षा ने पत्नियों को सम्भावित रूप में समान बना दिया है। शक्ति का स्रोत 'संस्कृति' से 'संसाधन' (resource) की ओर खिसक गया है। इसमें 'संसाधन' का अर्थ है "कोई भी वस्तु, एक साथी दूसरे की सहायता करते हुए उसकी आवश्यकताओं की पूर्ति हेतु या लक्ष्यों की प्राप्ति हेतु उपलब्ध करा दे।" इस तरह से शक्ति सन्तुलन उस साथी के पक्ष में होगा जो विवाह सफलता के लिए अधिक संसाधनों को

जुटा सकेगा। 'पति से पत्नी की ओर शक्ति का झुकाव' पर मरे स्ट्रॉस का अध्ययन (1975: 141) 'सांस्कृतिक मूल्य सिद्धान्त' की अपेक्षा 'संसाधन सिद्धान्त' पर आधारित संकल्पना का समर्थन करता है। उसने पाया कि मध्यम वर्गीय पति श्रमिक वर्ग पति की अपेक्षा अधिक 'प्रभावी शक्ति' रखते हैं। इससे पता चलता है कि मध्यमवर्गीय परिवारों की तुलना में कार्यकारी वर्ग के परिवार अधिक 'पृथक भूमिका वाले' (role segregated) या 'स्वायत्ततावादी' (autonomic) होते हैं। इसका अर्थ यह हुआ कि श्रम वर्गीय परिवार में सभी प्रकार की कार्यवाहियों में पति पत्नी की संयुक्त कार्यवाही होती है। इसका यह अर्थ भी है कि मध्यमवर्गीय परिवारों में किसी भी समस्या समाधान में परिवार के व्यवहार के निर्देशन में पति पत्नी दोनों ही अधिक सक्रिय भाग लेते हैं अपेक्षाकृत श्रमजीवी वर्गीय परिवारों के। इस प्रकार स्ट्रॉस का अध्ययन स्पष्ट करता है कि 'एकाकिता' (nuclearity) और निम्न सामाजिक आर्थिक प्रस्थिति दोनों ही पति की शक्ति कम करने से सम्बद्ध हैं।

'संसाधन' तत्व पर जोर देने का यह अर्थ नहीं है कि 'संस्कृति' (जिन्हें वेबर ने 'परम्परागत सत्ता' कहा है) का महत्व समाप्त हो गया है। वास्तव में, 'दाम्पत्य बन्धनों' (conjugal bonds) में दोनों ही तत्व महत्त्वपूर्ण हैं। इस प्रकार यह कहा जा सकता है कि यद्यपि एक औसत भारतीय परिवार पति प्रधान (husband dominant) ही होता है लेकिन स्त्रियों की शक्ति का वैचारिक स्रोत (ideological source) व्यावहारिकता (pragmatism) का स्थान ले रहा है।

'दाम्पत्य सम्बन्धों' में परिवर्तन पत्नी की बढ़ती 'मुक्ति' (emancipation) से भी स्पष्ट है। शहरी क्षेत्रों में पत्नी का सामाजिक मुलाकातों (visits) में पति के साथ जाना, पति के साथ या उसके पहले खाना खाना, रेस्त्रां और सिनेमा साथ-साथ जाना, आदि पत्नी को 'साहचर्य' (companion) भूमिका को दर्शाते हैं। पति अब पत्नी को हीन, अधीनस्थ (inferior), अश्रेष्ठ, तुच्छ या कम विवेकी नहीं मानता बल्कि गभ्भीर मामलों में भी उसकी सलाह लेता है और उस पर विश्वास करता है। जहां तक व्यक्ति का अपनी पत्नी तथा माँ से निकटता (closeness) का सम्बन्ध है, विशेष रूप से शिक्षित पुरुष का, वह अब दोनों के समान रूप से निकट है (गोरे : वही : 180)

माता-पिता और बच्चों के बीच के सम्बन्धों का चार आधार पर—सत्ता धारण करने, समस्याओं की चर्चा की आजादी, बच्चों द्वारा माता पिता का विरोध, और दण्ड देने के तरीकों—के संदर्भ में मूल्यांकन किया जा सकता है। परम्परागत परिवार में मुखिया/कुल पिता (patriarch) के हाथ में ही शक्ति और अधिकार रहते थे। वह पूर्ण शक्तिवान होता था और परिवार के बच्चों की शिक्षा, व्यवसाय, विवाह और जीवन (career) आदि के विषय में सभी निर्णय करता था (कैथलीन गफ, cf मैक्किम मैरियट, 1955 : 44 और रुथं एन्शन : 1949 : 94)। समकालीन परिवार में—न केवल एकाकी बल्कि संयुक्त परिवार में भी—दादा का अधिकार समाप्त हो गया है। अब अधिकार कुलपिता से माता-पिता में निहित हो गए हैं जो बच्चों के बारे में कोई भी निर्णय लेने से पहले उनसे परामर्श अवश्य लेते हैं। रॉस (1961 : 93) ने भी माना है कि दादा-दादी अब उतने प्रभावशाली नहीं रहे जितनी अपेक्षा की जाती है। एम.एस. गोरे ने भी पाया कि (1968 : 131) अब माता-पिता ही बच्चों के स्कूल भेजने के विषय में तथा व्यवसाय, विवाह आदि के विषय में निर्णय करते हैं। बच्चों

ने भी अपने माता-पिता के साथ समस्याओं की चर्चा करना आरम्भ कर दिया है। वे अपने माता पिता का विरोध भी करते हैं। कापड़िया (1966 : 323) और मागरिट कोर्मेक (Margaret Cormach 1969) ने भी पाया कि बच्चे अब अधिक आजाद हैं। कुछ वैधानिक उपायों ने भी बच्चों को अपने अधिकार माँगने की शक्ति दी है। शायद इसी कारण से माता-पिता बच्चों को दण्ड देने के पुराने तरीके नहीं अपनाते। शारीरिक विधियों (पीटना) की अपेक्षा वे आर्थिक और मनावैज्ञानिक विधियाँ अधिक अपनाते हैं। माता-पिता और बच्चों के बीच इन सम्बन्धों के बावजूद बच्चा न केवल इन अधिकारों के विषय में सोचता है बल्कि अपने माता-पिता तथा सहोदरों के कल्याण के विषय में भी सोचता है। वे अपने बड़ों से डरते हैं और उनका आदर भी करते हैं।

सास-श्वसुर तथा बहू के बीच सम्बन्ध में भी परिवर्तन हुआ है। यद्यपि यह परिवर्तन सास और बहू (DIL-MIL or daughter-in-law and mother-in-law) में इतना अधिक नहीं हुआ है जितना कि श्वसुर और बहू के सम्बन्धों में। शिक्षित बहू श्वसुर से पर्दा नहीं करती। वह न केवल पारिवारिक मामलों पर बल्कि राजनैतिक मामलों पर भी श्वसुर के साथ चर्चा करती है।

सभी तीन प्रकार के सम्बन्धों (पति-पत्नी, माता-पिता-बच्चे और सास-श्वसुर और बहू) को एक साथ देखने पर यह कहा जा सकता है कि : (1) युवा पीढ़ी अब अधिक व्यक्तिवादी होने का दावा करती है। (2) रक्त मूलक (consanguineous) सम्बन्ध विवाह मूलक सम्बन्धों के सामने महत्व नहीं रखते। (3) 'संस्कृति' और 'वैचारिक तत्वों' के साथ-साथ 'संसाधन तत्व' भी सम्बन्धों को प्रभावित करता है।

भारतीय परिवार का भविष्य (Future of Indian Family)

तनाव और अनुकूलन (Stresses and Adaptation)

क्या संयुक्त परिवार के विरुद्ध तर्क उपयुक्त और प्रासंगिक हैं ? क्या लोगों के मूल्य वास्तव में बदल रहे हैं ? क्या लोगों की मूल्य व्यवस्था में गुणवत्तात्मक परिवर्तन का कोई साक्ष्य है जो संयुक्त परिवार संरचना को पूर्ण रूपेण एकाकी परिवार की ओर ले जा रहा है? यदि हाँ, तो पूर्व के मूल्य समकालीन युग में अपना प्रभाव क्यों खोते जा रहे हैं? भारतीय परिवार का भविष्य क्या है ?

भारत में परिवार पर कोई भी दृष्टिकोण या तो युवाओं के मतों का सर्वेक्षण या विविध परिवार ढांचों के आम लोगों की राय का सर्वेक्षण करके या शहरी व ग्रामीण क्षेत्रों में विभिन्न वर्गों और जातियों के लोगों के सामाजिक-आर्थिक सर्वेक्षण करके 'आधुनिकता में परम्परा' के वैचारिक पैमाने पर विकसित किया जाता है। क्या अब तक भारतीय परिवार पर किए गए अध्ययन यह दर्शाते हैं कि भविष्य में कुछ परिवर्तन होने जा रहे हैं ?

भारत में परिवार के भविष्य का प्रश्न दो पक्षों से सम्बद्ध है : (i) संयुक्त परिवार का क्या भविष्य है ? (ii) संस्था के रूप में परिवार का भविष्य क्या है ? जहाँ तक प्रथम प्रश्न का सम्बन्ध है, यह संकेत पहले ही दिया जा चुका है (पूर्व पृष्ठों में) कि हमारे समाज में संयुक्त परिवार पूर्ण रूप से कभी भी एकाकी परिवार में नहीं बदलेगा। दोनों ही संरचनाएँ

(संयुक्त व एकाकी) जारी रहेंगी। केवल संयुक्तता का स्वरूप ही आवासीय से प्रकार्यात्मक में बदलेगा और संयुक्त परिवार का आकार ही दो या तीन पीढ़ियों के बाद कम होगा। जहां तक परिवार के संस्था के रूप में भविष्य का प्रश्न है, इसकी चर्चा परिवार को प्रभावित करने वाले चार तत्वों के आधार पर की जा सकती है (जो परस्पर अलग-थलग नहीं है) (a) *प्रौद्योगिकीय क्रान्ति :* तथा ऐसी सुविधाओं (जैसे बिजली, घरों में नलों का पानी, गैस, फ्रिज, टेलीफोन, बसें और अन्य वाहन) तक पहुंच जिन्हों ने आम आदमी के जीवन को बदल दिया है और जीवन शैली को ऊँचा उठा दिया है। परिवार पर औद्योगिक एवं प्रौद्योगिकीय परिवर्तनों का भी प्रभाव पड़ा है, जैसे उत्पादन कार्य, परिवार अर्थव्यवस्था में आत्मनिर्भरता की अधिकता, व्यावसायिक और जनसंख्या गतिशीलता, नातेदारी बन्धनों का कमजोर पड़ना, आदि। (b) *जनसंख्या क्रान्ति :* कृषि से निर्माण व नौकरियों की ओर झुकाव, ग्रामीण से शहरी क्षेत्रों में प्रव्रजन, जन्म व मृत्यु दर में कमी, जीवन के औसत में वृद्धि और परिवार में बड़े बूढ़ों की उपलब्धता, विवाह में परिवर्तन—छोटी उम्र से बड़ी उम्र में—आदि, ने पुनर्समायोजन की समस्याओं को पैदा कर दिया है, शक्ति संरचना में परिवर्तन कर दिए हैं, और लघु परिवार की चाह पैदा कर दी है। (c) *लोकतांत्रिक क्रान्ति :* लोकतंत्र के आदर्श अपने अधिकारों की माँग, पैतृक सत्ता से बच्चों का छुटकारा, लोकतांत्रिक प्रक्रिया निर्णय करने में, और परिवारवाद से व्यक्तिवाद में परिवर्तन, आदि परिवार में महत्वपूर्ण परिवर्तन कहे जा सकते हैं (d) *धर्म निरपेक्ष क्रान्ति :* धार्मिक मूल्यों से तार्किक मूल्यों की ओर झुकाव हो रहा है। पति के प्रति पत्नी के दृष्टिकोण में परिवर्तन, कुसमायोजन के आधार पर तलाक की माँग, वृद्धावस्था में माता-पिता की देखभाल करने में बच्चों की उदासीनता, पारिवारिक पूजा, आदि में कमी—सभी तार्किक सोच के परिणाम हैं तथा नैतिक व धार्मिक मानदण्डों से विचलन की स्थिति है।

संक्षेप में कहा जा सकता है कि गत कुछ दशकों से हमें भारतीय परिवार में अनेक प्रमुख प्रवृत्तियां दिखाई दी हैं। ये इस प्रकार हैं : (1) एकाकी परिवार का बढ़ता महत्व, (2) कुछ कार्यों का कुछ अन्य संस्थाओं को स्थानान्तरित होना (जैसे, शैक्षिक, मनोरंजनात्मक, संरक्षात्मक, आदि) (3) परिवार के सदस्यों की आयु संरचना में मौलिक परिवर्तन, अर्थात् देखभाल करने के लिए कम अनुपात में बच्चे और अनुपात में अधिक वृद्धों का जीवित रहना। इस तथ्य ने देखभाल तथा समर्थन के कार्य के परिवार से राज्य एवं बीमा कम्पनियों को स्थानान्तरित करना आवश्यक बना दिया है। इसने परिवार की शक्ति संरचना को भी प्रभावित किया है। (4) शिक्षा व बढ़ती आर्थिक स्वतंत्रता के कारण स्त्रियों को अधिक स्वतंत्रता (5) परिवार नियंत्रण से बच्चों की आधीनता में कमी (6) युवाओं के मूल्यों में परिवर्तन। यद्यपि वे बड़ों का आदर करते हैं तथा उनका डर मानते हैं लेकिन वे अपने व्यक्तिगत हितों के लिए ही माता-पिता का सहारा चाहते हैं। (7) यौन के प्रति धारणाओं एवं व्यवहार में उदारीकरण। (8) पूर्व-यौवनारम्भ (prepuberty) अवस्था से उत्तर यौवन अवस्था में विवाह (9) छोटा होता परिवार का आकार। वर्तमान में भारतीय परिवार की ये विशेषताएँ यह दर्शाती हैं कि परिवार संरचना और बन्धनों में परिवर्तन हो रहे हैं।

परिवार की ये प्रवृत्तियाँ निरन्तर प्रक्रिया हैं। ये रुकी नहीं हैं। फिर भी, यह विचार सम्भव है कि परिवार का स्वरूप भविष्य में या अगले 25-30 वर्षों में क्या होगा। हैरोल्ड

क्रिसटेन्सन का अनुसरण (Harold Christensen, 1975 : 410) करते हुए 21 वीं शताब्दि के प्रथम एक-दो दशकों में भारतीय परिवार में निम्नलिखित सम्भावित परिवर्तनों की कल्पना की जा सकती है :

1. परिवार निरन्तर बना रहेगा। यह प्रजनन व बच्चों के लालन-पालन की राज्य-नियंत्रित व्यवस्था (state-controlled system) से कभी भी बदला नहीं जायेगा।
2. इसका स्थायित्व बाहर से सामाजिक दबावों या नातेदारी वफादारी की अपेक्षा अन्तर वैयक्तिक सम्बन्धों पर अधिक निर्भर करेगा।
3. यह सामुदायिक समर्थन एवं सेवाओं पर अधिक निर्भर करेगा।
4. चिकित्सा में विकास के साथ परिवार अपनी जैविक प्रक्रियाओं पर अधिक नियंत्रण रख सकेगा। (यौन कार्यों को प्रजनन कार्यों से अलग रखने का, बीमारी और मृत्यु पर नियंत्रण रखने का, और सन्तति का लिंग निर्धारण का)
5. पुनर्विवाह और तलाक दर ऊँची हो जायेगी।
6. माता-पिता और दादा-दादी अपने बच्चों और पौत्र पीढ़ी को सहारा देते रहेंगे, भले ही वे स्वयं सेवा मुक्त हो जायें।
7. परिवार में स्त्रियों की शक्ति-सम्बन्धी स्थिति लाभकारी रोजगार के द्वारा और भी सुधरेगी।
8. सामान्य दृष्टि से परिवार समतावादी (equalitarian) नहीं होगा बल्कि पति-प्रधान बना रहेगा।

***प्रकार्यात्मक एवं मार्क्सवादी दृष्टिकोण** (Functionalist and Marxist Perspectives)*

परिवार के भविष्य को प्रकार्यात्मक और मार्क्सवादी परिप्रेक्ष्य में भी देखा जा सकता है। प्रकार्यवादी विचारक परिवार को समाज का एक महत्वपूर्ण अंग मानते हैं। वे उन कार्यों से सम्बन्ध रखते हैं जो परिवार पूरा करता है—(यौन, प्रजननात्मक, सामाजीकरण, शैक्षिक और आर्थिक)। प्रथम दो कार्य संकेत देते हैं कि जैविक दृष्टि से परिवार जरूरी है जबकि अन्य कार्य बताते हैं कि परिवार सामाजिक और सांस्कृतिक दृष्टि से भी लाभदायक है। क्या अन्य संस्थाएँ परिवार के कार्यों को छीन सकती हैं ? यह तर्क दिया जाता है कि चाहे अन्य संस्थाएँ भी परिवार के कार्यों को करें, वे परिवार को इन कार्यों में केवल सहायता ही दे सकती हैं, न कि परिवार को इन कार्यों से पूर्णतः वंचित या मुक्त कर सकती हैं। हाल के ही वर्षों में परिवार के कार्यों में सुधार हुआ है। परिवार अन्य उप-व्यवस्थाओं को कुछ देता भी है और उनसे कुछ लेता भी है। परिवार की भूमिका साधारण है।

परिवार पर दूसरा दृष्टिकोण मार्क्सवादी है। मार्क्सवादी विद्वान परिवार को संरचनात्मक एवं लिंग (gender) सम्बन्धों के परिप्रेक्ष्य में देखते हैं। वे परिवार में पुरुष प्रधानता को ऐतिहासिक सन्दर्भ में समझते हैं। उनकी परिकल्पना है कि मानव के सामाजिक विकास संबंधी घुमक्कड़ (nomadic) अवस्था में पुरुष केवल आरम्भ करने (launching) का काम करते थे और अलग से न तो कोई यौन वर्वस्व (sexual possessivenes) अथवा निजी सम्पत्ति होती थी। धीरे-धीरे पुरुष कार्यकलापों का क्षेत्र विशिष्ट होता गया और शिकार

के साथ-साथ उन्होंने मवेशी-जनन, खान खोदना और व्यापार का काम भी ले लिया। पुरुषों ने क्योंकि धन व सम्पत्ति पर अधिक नियंत्रण प्राप्त कर लिया, वे उन साधनों की तलाश में लग गए ताकि ये चीजें उनके साथ बनी रहें और उनके बच्चों तक पहुंचें। इसके लिए वे सुनिश्चित करना चाहते थे कि उनकी सन्तानें कौन हो ? इस प्रकार मुक्त यौन सम्बन्धों का स्थान एक विवाह प्रथा ने ले लिया। परिवार पुरुष-प्रधान और पितृसत्तात्मक हो गया। श्रम विभाजन का आधार लिंग हो गया और स्त्रियां आधीन हो गईं। इस प्रकार महिला उत्पीड़न जैविक न होकर ऐतिहासिक समस्या बन गई। अतः मार्क्सवादी परिवार जीवन पर वर्ग के प्रभाव की बात करते हैं, विशेष रूप से सामाजीकरण पर। वे श्रम विभाजन को लिंगीय मानते हैं जो कि सामाजिक रचना है और जो प्रकार्यवादियों की प्रकृतिवादी धारणा के विपरीत है। नारीवादी मार्क्सवादी यह स्वीकार करते हैं कि यौन, प्रजनन, सामाजीकरण और आर्थिक क्रियाओं का होना आवश्यक है किन्तु उस प्रकार नहीं कि स्त्री-श्रम का शोषण हो और उन्हें शक्तिहीन बना दिया जाये। इस प्रकार वे (बहुवादी-नारीवादी मार्क्सवादी) विश्वास करते हैं कि भविष्य में भी परिवार जीवित रहेगा लेकिन परिवर्तन होंगे (व्यक्तिगत स्वतंत्रता, स्त्रियों की राजनैतिक आवाज, आदि)। यह दृष्टिकोण राजनैतिक है और महिला मुक्ति इसकी आन्तरिक भावना है। दूसरे शब्दों में परिवार नहीं टूटेगा; यह केवल अपने को अनुकूलित कर लेगा।

अन्तर पीढ़ीय संघर्ष और युवा असन्तोष
(Inter-Generational Conflict and Youth Unrest)

एक विशिष्ट (distinct) सामाजिक श्रेणी के रूप में युवा अधिकतर एक आधुनिक घटना है। जीवन की यह अवस्था बचपन/किशोर और कार्य के बीच लम्बे और सदा विस्तृत होते काल के कारण पैदा होती है। प्रारम्भ में तो बच्चा अपने परिवार के काम को जल्दी शुरू कर दिया करता था, किन्तु अब कार्य विशिष्टता और कौशल के साथ काम मिलने के लिए उसको वर्षों प्रतीक्षा करनी पड़ती है। प्रारम्भिक आधुनिक औद्योगिक अर्थ व्यवस्था में शिक्षित और अनुशासित श्रम आपूर्ति की आवश्यकता होती थी लेकिन आज कुशल श्रमिक की आवश्यकता है, अतः इस माँग को पूरा करने के लिए विशिष्ट प्रकार की शिक्षा दी जाने लगी है और आधुनिक युवा अधिकतर इसी की उपज हैं। जिस प्रकार सर्वहारा फैक्ट्री व्यवस्था की उपज हैं, उसी प्रकार आधुनिक युवा शिक्षा व्यवस्था की आंशिक उपज है। सर्वप्रथम तो शिक्षा उच्च एवं मध्यम वर्ग का विशेषाधिकार था, लेकिन अब निम्न वर्ग (SC, ST, OBC सहित) को भी शिक्षा प्राप्त करने का सार्वभौमिक और वैधानिक अधिकार है। इस प्रकार सभी युवकों ने एक सहभागी रुचि (shared interest) पैदा कर ली है। एस.एन.एजेनटाड (S.N. Eisenstadt) मानता है कि अन्तरपीढ़ीय अन्तर्क्रिया अनौपचारिक मित्र समूहों में अधिक मुक्त वातावरण में फलती हैं। सार्वभौमिक शिक्षा की तरह यद्यपि कम सीमा में, उद्योग में काम और आफिस में नौकरी ने भी अनेक युवकों को अपनी पहचान बनाने और सामूहिक अनुभव प्राप्त करने का आधार प्रदान किया है। कभी-कभी युवक प्रभावी मानदण्डों के विरुद्ध खड़े हो जाते हैं और सांस्कृतिक दृष्टि से विचलित जीवन शैली अपना लेते हैं। यह युवा समूह, जो अधिकतर शिक्षा के प्रसंग में पैदा हुआ है, वर्ग, लिंग (gender) और

व्यक्तिवादिता (individuality) का प्रभाव दर्शाता है। इस प्रकार 1950 के दशक के बाद युवा संस्कृति (और उप संस्कृति) का उदय हुआ। राजनैतिक स्वतंत्रता और लोकतांत्रिक मूल्यों ने युवा वर्ग को अधिक अधिकारों को माँगने का अवसर प्रदान किया है। उन्होंने नये मूल्यों का विकास कर लिया है और उन लोगों का विरोध करना शुरु कर दिया है जिन्हें वे अपने उद्देश्यों और आकांक्षाओं की प्राप्ति में बाधक समझते हैं। इन सब ने अन्तर पीढ़ीय संघर्ष पैदा कर दिये हैं, जैसे परिवार में बच्चों और माता पिता के बीच संघर्ष, शिक्षा संस्थाओं में छात्रों और शिक्षकों के बीच संघर्ष, कार्यालयों में पुराने और नये कर्मचारियों के बीच संघर्ष, आदि। 1950 और 2000 के बीच मीडिया और आम जनता भी युवा वर्ग से ग्रस्त (obsessed) प्रतीत होती है।

युवा वर्ग को पुरानी पीढ़ी के साथ संघर्ष और उनके विरुद्ध खड़े होने के प्रेरक तत्वों में प्रमुख हैं : पश्चिमी संस्कृति का प्रभाव, मनोरंजन के वाणिज्यिक साधनों से लिए गए मूल्य, बढ़ता खाली समय, तथा माता-पिता की अधिक समृद्धि और शक्ति। पश्चिमी संस्कृति ने व्यक्तिवाद और समानता के आधार पर आधारित उनके मूल्यों को बदल दिया है, वाणिज्यिक मनोरंजन ने उन्हें यह अनुभव करा दिया है कि उनके लक्ष्यों की प्राप्ति में हिंसा और धमकी का क्या महत्व हो सकता है, अंशकालिक शिक्षा ने उन्हें इतना खाली समय दिया है कि जिन कार्यों को व्यस्त जीवन में पूरा नहीं कर सकते थे वे अब कर सकते हैं तथा पैतृक समृद्धि और शक्ति ने उन्हें प्रभाव डालने की शक्ति प्रदान कर दी है। इन सभी बातों में एक भिन्न संस्कृति को जन्म दिया है जिससे अशान्ति और अन्तर-पीढ़ी संघर्ष पैदा हुए हैं।

लेकिन क्या हम यह कह सकते हैं कि भारत के युवा भी अन्य समाजों की तरह ही अपने माता एवं बड़ों का विरोध करते हैं ? यह सत्य है कि सर्वेक्षणों से पता चलता है कि भारत में माता-पिता एवं बच्चों के बीच सम्बन्धों में परिवर्तन आया है किन्तु ये अध्ययन यह भी दर्शाते हैं कि बच्चे अपने माता-पिता का सम्मान करते हैं, अपने जीवन से काफी सन्तुष्ट हैं, और वे चाहते हैं कि उनकी शिक्षा, विवाह, आदि पर महत्वपूर्ण फैसले उनके माता-पिता ही लें। परम्परागत परिवार में पिता ही सर्वशक्तिमान होता था। बच्चों का अपने बड़ों की बात का जवाब देना या उनसे बहस करना खराब तरीके माने जाते थे। उन्हें बड़ों के कार्यों या आदेशों पर प्रश्न नहीं पूछना होता था। यहां तक कि वे बच्चे जो दूर शहरों में चले जाते थे, सैद्धान्तिक रूप से परिवार के सदस्य बने रहते थे। अतः वे पितृ नियंत्रण में ही रहते थे, यद्यपि वे उनके दैनिक मामलों पर नजर नहीं रख पाते थे।

1961 में एम.एस.गोरे ने परिवार पर अपने अध्ययन में उत्तरदाताओं से पूछा कि परिवार में बच्चों के स्कूल भेजने, व्यवसाय, जीवन-साथी के चयन में प्रमुख निर्णय कौन लेता था ? उसने पाया (1968 : 138) कि बहुत अधिक मामालों में बच्चे अपने निर्णय लेने के लिए स्वतंत्र नहीं थे और थोड़ी संख्या में ही बच्चे ऐसे मामलों को अपने हाथ में लेते थे। मार्गरेट कौरमैक (1969) ने अपने 500 विद्यार्थियों के अध्ययन में पाया कि आधे से ज्यादा (55%) उत्तरदाता कभी-कभी (sometimes) अपने माता पिता का विरोध करते थे, कुछ (a few) (6%) अक्सर (often) विरोध करते थे, और एक-तिहाई कभी विरोध नहीं करते थे। आई.पी. देसाई ने पुणे में हाई स्कूल के विद्यार्थियों के अध्ययन में पाया कि माता-पिता एवं

उनके पालकों (wards) के बीच गम्भीर तनाव थे। उसके सर्वेक्षण में 168 के लगभग उत्तरदाताओं ने बताया कि कई बार उन्होंने घर छोड़ने की इच्छा की थी। उनमें से 117 ने इसके कारण भी बताये थे। लगभग 64 प्रतिशत अलग होना चाहते थे क्योंकि उनके माता-पिता का व्यवहार निरंकुश, अपमानजनक, अनुपयुक्त और अन्यायपूर्ण था, 19 प्रतिशत खराब पारिवारिक वातावरण के कारण तथा उससे उत्पन्न तनाव की वजह से चाहते थे, 10 प्रतिशत परिवार में झगड़ों के कारण और शेष 7 प्रतिशत अन्य कारणों से चाहते थे। पुरानी पीढ़ी तथा नयी पीढ़ी के बीच संघर्षों के कारण इस प्रकार थे : (1) युवकों में यह भावना कि उनके बड़े अपने प्रभुतापूर्ण अनुपयुक्त व अन्यायपूर्ण व्यवहार को उनके ऊपर थोपना चाहते थे (2) युवकों में बढ़ता हुआ यह विश्वास कि वे अपने माता-पिता से सांस्कृतिक दृष्टि से अधिक उन्नतिशील हैं। (3) युवकों की यह भावना कि उनके बड़ों के सख्त मिज़ाज के कारण उनका व्यक्तिवाद दब जाता है। (4) युवकों की आकांक्षाएं व आवश्यकताएं उस रूप में पूर्ण नहीं होती जैसी वे उम्मीद करते हैं। (5) सामाजिक रीति-रिवाजों और धार्मिक विश्वासों के प्रति दृष्टिकोण में अन्तर।

बी.वी. शाह (1964) का बड़ौदा विश्वविद्यालय के 200 छात्रों का अध्ययन दर्शाता है कि युवक अपने जीवन साथी के चुनाव में पूर्ण आजादी नहीं चाहते बल्कि चयन माता-पिता से मिलकर करना चाहते हैं। लगभग तीन चौथाई छात्र (66.5%) अपना जीवन-साथी अपने माता-पिता की सलाह से चुनना चाहते थे, एक तिहाई (32.5%) अपनी इच्छा को अधिक महत्व देना चाहते थे, और केवल 1.0 प्रतिशत यह चयन केवल माता-पिता की इच्छा से ही चाहते थे।

मार्गरेट कोरमैक ने भी पाया कि उसके उत्तरदाताओं (भिन्न-भिन्न विश्वविद्यालयों के छात्र) में से 65% चाहते थे कि विवाह माता-पिता द्वारा बच्चों की सहमति से निश्चित किये जायें, 3 प्रतिशत माता पिता द्वारा बच्चों की सहमति के बिना, और 32 प्रतिशत अपनी इच्छा से चाहते थे। विमल शाह (1975) ने गुजरात विश्वविद्यालय के विभिन्न जातियों के (लड़के लड़कियों) हिन्दू स्नातक छात्रों में से 281 छात्रों पर किये गये अध्ययन में पाया कि 92 प्रतिशत लड़कियाँ और 66 प्रतिशत लड़के सुनिश्चित किये गये (arranged) विवाह में विश्वास करते थे। यह युवकों का परम्परागत प्रतिमानों के प्रति लगाव तथा उनसे कम विचलन की स्थिति को दर्शाता है।

कुछ वैधानिक उपायों ने भी माता-पिता व बच्चों के बीच सम्बन्धों में दरार पैदा की है। माता-पिता अपने बच्चों को अपनी सम्पत्ति में से हिस्से से वंचित नहीं कर सकते। हिन्दू उत्तराधिकार अधिनियम, 1956 के अनुसार बिना वसीयत किये (intestate) मरने वाले हिन्दू पुरुष की सम्पत्ति का अधिकारान्तरण उसके विशिष्ट उत्तराधिकारियों (specified heirs) को ही होगा। दूसरी ओर ऐसे मामले भी हैं जहाँ बच्चे सम्पत्ति के मामलों में अपने माता-पिता पर मुकदमा दर्ज करा देते हैं; उनकी उपेक्षा अवहेलना (neglect) करने के लिए उनकी आलोचना भी करते हैं जिसके कारण वे (बच्चे) मदिरापान, नशे की आदत आदि के शिकार हो जाते हैं और असुरक्षा की भावना से पीड़ित रहते हैं। आरोप यह है कि परिवार सामाजिक नियंत्रण के अभिभावक के रूप में प्रभावी भूमिका निर्वाह में असफल हो रहा है। लेकिन यही आरोप पुलिस और स्कूलों के विरुद्ध भी लगाया जा रहा है। किशोर अपराध, युवा अपराध,

नशे की लत, आदि के कारणों का वृहत् समाज में पता लगाया जाना चाहिए, न कि एकीकरण के संघर्षों या परिवार की असफलताओं में। हम केवल यह मानते हैं कि गत कुछ दशकों के अनुमति प्रधान एवं लोकतांत्रिक आदर्श परिवार और समाज के भीतर दोनों जगह नियंत्रण बनाए रखने के साधन के रूप में शारीरिक दण्ड की विश्वसनीयता में कमी आई है। समाज में कुछ तुलनात्मक विस्तृत परिवर्तनों के बिना परिवार के भीतर अनुशासन के अधिक परम्परात्मक स्वरूपों के विस्तृत पैमाने पर पूर्ववत् होने की कल्पना करना कठिन है।

विवाह व्यवस्था
(Marriage System)

हिन्दू विवाह : अवधारणा, प्रकार और जीवन-साथी चयन
(Hindu Marriage : Concept, Types and Mate Selection)

समाजशास्त्रियों द्वारा विवाह को स्त्री और पुरुष की भूमिकाओं की व्यवस्था के रूप में देखा जाता है जिनके संयोग को पति पत्नी के रूप में समाज द्वारा मान्यता दी गई हो। इस व्यवस्था के सन्तुलन के लिए दो सहयोगियों के बीच अनुकूलन की आवश्यकता होती है ताकि एक (सहयोगी) की भूमिका अदायगी दूसरे की भूमिका अपेक्षाओं से मेल खाती हो (रॉबर्ट ओ ब्लड, 1960 : 189)।

भारतविघाशास्त्री हिन्दू विवाह को एक संस्कार मानते हैं जिसके *धर्म* (धार्मिक कर्तव्यों की पूर्ति), *रति* (यौन सन्तुष्टि), और *प्रजा* (प्रजनन), तीन उद्देश्य हैं। *धर्म* के लिए किया गया विवाह धार्मिक विवाह कहलाता है, जबकि यौन सुख के लिए किया गया विवाह *अधार्मिक विवाह* कहलाता है। विवाह को पवित्र माना जाता है जिसके अनेक कारण बताए गए हैं : (i) धर्म विवाह का सर्वोच्च उद्देश्य है; (ii) विवाह समारोह में कुछ संस्कार शामिल हैं (जैसे, *हवन, कन्यादान, पाणिग्रहण, सप्त पदी*, आदि) जिन्हें पवित्र माना जाता है; (iii) यह संस्कार पवित्र ब्राह्मणों द्वारा पवित्र वेद ग्रन्थों से मंत्रोच्चारण के साथ पवित्र अग्नि देव के समक्ष सम्पन्न होते हैं; (iv) संयोग (बन्धन) (स्त्री पुरुष के बीच) अटूट व अटल माना जाता है; (v) स्त्री की पवित्रता और पुरुष की बफादारी पर बल दिया जाता है। आज भी विवाह की पवित्रता इस सत्य के बावजूद भी मानी जाती है कि विवाह सहचारिता (companionship) के लिए होता है, न कि कर्त्तव्यों के पालन के लिए, और जब यह असफल हो तो यह तलाक द्वारा विच्छेदित मानी जाये। परस्पर विश्वास और साथी के प्रति बफादारी आज भी विवाह के आवश्यक तत्व माने जाते हैं। कापड़िया (भारत में विवाह और परिवार, 1966) ने भी कहा है, "हिन्दू विवाह एक पवित्र संस्कार के रूप में आज भी जारी है; यह केवल नैतिकता की सतह पर उठ गया है।"

सरल शब्दों में, हिन्दू संस्कृति में विवाह आध्यात्मिक अनुभूति (realisation) के लिए स्त्री पुरुष के बीच आत्मिक बन्धन (spiritual union) है। हिन्दू संस्कृति उपरोक्त *ब्रह्म* विवाह के अतिरिक्त अपेक्षाकृत कम और निम्न आदर्शों वाले विवाह के सात अन्य स्वरूपों को भी मानती है। इनमें से चार विवाहों को अधार्मिक विवाह की संज्ञा दी जाती गयी है।

ये हैं : *गन्धर्व* (समाज की मान्यता प्राप्ति से पूर्व ही यौन व्यवहार में प्रवेश), *असुर* (स्त्री को भगा ले जाना), *राक्षस* (स्त्री को घर से जबरदस्ती ले जाना) और *पैशाच* (सोई हुई स्त्री का नशे में या असन्तुलित मस्तिष्क की अवस्था में शील भंग करना)। शेष तीन जिन्हें धार्मिक माना गया है : *देव* (स्त्री का विवाह किसी पुजारी, धनवान या बुद्धिमान व्यक्ति से जो कुलीन वर्ग का हो), *प्रजापत्य* (यौन तुष्टि और सन्तान के जैविक कार्यों के उद्देश्य से सम्पन्न विवाह), और *आर्ष* (बुद्धिमान व चरित्रवान व्यक्ति से विवाह (ऋषि) जो कि विवाह का इच्छुक न हो ताकि वह बुद्धिमान सन्तान प्राप्त कर सके और अच्छा घरेलू वातावरण प्राप्त कर सके)। चार अधार्मिक विवाहों को 'विवाह' की मान्यता देने में प्रमुख कारण 'आहत' स्त्री को 'सम्माननीय पत्नी' का दर्जा स्वीकृत करना था।

हिन्दू समाज में जीवन साथी के चयन सम्बन्धी नियम अन्तर्विवाह, बहिर्विवाह और अनुलोम विवाह की अवधारणा में निहित हैं। *अन्तर्विवाह* सामाजिक कानून के अनुसार व्यक्ति को अपनी ही जाति या उपजाति में से जीवन-साथी का चयन करना पड़ता है, *बर्हिविवाह* सगोत्र और सपिण्ड समूह से चयन का निषेध करता है (अर्थात् चचेरा, ममेरा, फुफेरा या मौसेरे सहोदरज-संतति का विवाह नहीं होता), और *अनुलोम* विवाह के अनुसार उच्च जाति का लड़का निम्न जाति की लड़की से तथा लड़की इसके विपरीत, विवाह कर सकते हैं। प्रारम्भिक समाज में जाति अन्तर्विवाह क्रियात्मक था क्योंकि इससे जाति के व्यवसायिक भेद सुरक्षित रहते थे, जाति की एकता बनी रहती थी, और जाति की सदस्यता और शक्ति में कमी पर अंकुश लगता था। परन्तु वर्तमान समाज में वैवाहिक अनुकूलन को सरल बनाने को छोड़कर, यह (जाति अन्तर्विवाह) विकार्यात्मक हो गया है क्योंकि यह अन्तर्जातीय तनाव पैदा करता है जो देश की राजनैतिक एकता को दुष्प्रभावित करता है, जीवन साथी के चयन क्षेत्र को सीमित व परिस्थितिपरक बना देता है तथा दहेज, बाल विवाह आदि की समस्याएं उत्पन्न करता है।

वाल्वल्कर (Valvalkar) के अनुसार बर्हिविवाही निषेध (taboos) माता पिता और सन्तान तथा सहोदरों के बीच मुक्त वैवाहिक सम्बन्धों को प्रतिबन्धित करने के लिए बनाए गये थे। काने (*धर्मशास्त्र का इतिहास,* 1930) ने माना है कि बहिर्विवाह प्रतिबन्ध वंशानुक्रम से चलने वाले पारिवारिक दोषों को फैलने से रोकने के लिए और इस डर से कि कहीं गुप्त प्रेम प्रसंगों को प्रोत्साहन न मिले, परिणामतः नैतिकता का ह्रास न हो, आदि के लिए लागए गए थे। यद्यपि आज ये तर्क स्वीकार नहीं किए जाते हैं क्योंकि वंश का नाश उन गैर हिन्दू समुदायों (मुसलमानों) में कहीं नहीं देखा जाता जो सहोदरज-संतति विवाह (cousin marriages) करते हैं। कापड़िया (1966 : 127) ने कहा है कि सपिन्ड बहिर्विवाह का नियम एक प्रकार की पवित्र सिफारिश के रूप में था और आठवीं शताब्दि के अन्त तक चलता रहा। आज, यद्यपि, यह नियम अधिकतर सभी हिन्दुओं द्वारा पालन किया जाता है फिर भी सहोदरज-संतति के बीच विवाह भी हो जाते हैं।

आज जीवन साथी के चयन के तीन बिन्दु देखे जाते हैं; चयन कौन करता है (party to selection), चयन का आधार क्या है, और चयन के क्षेत्र क्या हैं? पहले जब जीवन साथी का चुनाव माता पिता द्वारा किया जाता था, अब बच्चे सम्मिलित चयन में विश्वास करते हैं जिसमें माता पिता व बच्चे शामिल हों, यद्यपि व्यक्तिगत चयन के मामले भी बिरले

नहीं हैं (बच्चों के द्वारा स्वयं चयन)। माता-पिता द्वारा साथी के *चयन के आधार* बच्चों के चयन के आधार से भिन्न होते हैं। माता-पिता द्वारा चयन में परिवार *प्रस्थिति*, संस्कार, जाति, दहेज, आदि को महत्व दिया जाता है, जबकि बच्चे शिक्षा, चरित्र, शारीरिक रूप रंग, दक्षताएं एवं गुणों को महत्व देते हैं। आज कल सम्मिलित चयन में परिवार की आवश्यकताओं, तथा जीवन साथी लाने वाले व्यक्ति के हितों को ध्यान में रखा जाता है। आश्चर्य नहीं कि बी.वी. शाह, मार्गरिट कोरमैक, विमल शाह, आदि जैसे विद्वानों के अध्ययनों ने दर्शाया कि बहुत संख्या में लड़कों और लकड़ियों ने बताया कि वे अपना जीवन साथी अपने माता-पिता की सलाह से चयन करना चाहते हैं।

हिन्दू विवाह व्यवस्था में परिवर्तन (Change in Hindu Marriage System)

हिन्दू विवाह व्यवस्था में हुए परिवर्तनों का विश्लेषण सात क्षेत्रों में किया जा सकता है: विवाह का उद्देश्य, जीवन साथी के चयन की प्रक्रिया, विवाह का प्रकार, विवाह की आयु, विवाह के आर्थिक पक्ष (दहेज), विवाह की स्थिरता, और विधवा पुनर्विवाह। इनमें से हमने पूर्व पृष्ठों में दो क्षेत्रों अर्थात् विवाह के उद्देश्य में परिवर्तन ('धर्म' से 'साहचर्य' तक), और साथी के चयन में परिवर्तन (पक्ष, आधार, और चयन का क्षेत्र) पर पहले ही चर्चा की है। विवाह के स्वरूप में परिवर्तन से तात्पर्य है बहुपत्नी प्रथा से एक विवाह प्रथा में परिवर्तन, और विवाह आयु में परिवर्तन दर्शाता है पूर्व-यौवनारम्भ में विवाह से उत्तर यौवन काल में विवाह में आये परिवर्तन। शेष तीन परिवर्तनों को विवाह कानूनों का विश्लेषण कर के परखा जा सकता है।

विवाह कानून (Marriage Legislation)

भारत में प्रचलित कानूनों का सम्बन्ध छह तथ्यों से हैं : (1) विवाह के समय आयु, (2) जीवन साथी चयन का क्षेत्र, (3) विवाह में पत्नियों की संख्या, (4) विवाह विच्छेद, (5) दहेज, और (6) पुनर्विवाह। बाल विवाह निषेध अधिनियम, 1929 (1978 में संशोधित, विवाह के समय आयु से सम्बन्धित), विशेष विवाह अधिनियम, 1954 (विवाह के समय आयु, माता पिता की सहमति के बिना बच्चों को विवाह की आजादी, द्विविवाह और विवाह विच्छेद से सम्बन्धित), हिन्दू विवाह अधिनियम, 1955 (जो 1986 में संशोधित किया गया और विवाह के समय आयु, माता पिता की सहमति से विवाह, तथा विवाह निरस्त होने की व्यवस्था से सम्बन्धित है), दहेज विरोध अधिनियम, 1961, और विधवा पुनर्विवाह अधिनियम, 1856 प्रमुख हैं।

विवाह की आयु से सम्बन्धित प्रथम तीन अधिनियमों (1929, 1954 और 1955) में लड़कियों के लिए विवाह आयु 18 वर्ष और लड़कों की आयु 21 वर्ष होने का प्रावधान किया गया है। इन अधिनियमों में अन्तर यह है कि 1929 के (1978 में संशोधित) अधिनियम में दिए गए प्रावधानों का उल्लंघन विवाह को निरस्त नहीं करता। इसमें केवल दूल्हे, उसके माता-पिता और पंडित के लिए दण्ड का प्रावधान है (स्त्री के लिए नहीं)। केन्द्रीय सरकार अब राज्य सरकारों की अनुमति से नवम्बर 2000 में संसद में बिल लाकर 1929 के कानून में संशोधन कर चार परिवर्तन लाने का सोच रही है : (i) राज्य सरकारों द्वारा बाल-विवाह रोकथाम अधिकारियों की नियुक्ति, (ii) कानून के उल्लंघन के लिए कठोर दण्ड, (iii) कानून के उल्लंघन के कारण विवाद को ही अवैध मानना, और (iv) जो भी व्यक्ति

बाल-विवाह में उपस्थित हों उनके लिए ऐसे विवाह को संबंधित अधिकारियों को रिपोर्ट करना (*द हिन्दुस्तान टाइम्स*, सितम्बर 12, 2000)। 1955 का अधिनियम आयु प्रावधान के उल्लंघन पर विवाह को निरस्त करना सम्भव बनाता है। इस अधिनियम में माता-पिता की सहमति से विवाह किया जाता है लेकिन 1954 के अधिनियम में न्यायालय के माध्यम से सम्पन्न विवाह ही आते हैं, भले ही उनमें माता-पिता की सहमति हो या नहीं। ये दोनों ही अधिनियम (1954 व 1955 का) द्विविवाह को प्रतिबन्धित करते हैं तथा विभिन्न आधारों पर तलाक की स्वीकृति देते हैं और निषिद्ध सम्बन्धों की परिधि में विवाह पर प्रतिबन्ध लगाते हैं जब तक रिवाज़ ऐसे विवाह की स्वीकृति न दे। 1961 के दहेज विरोधी अधिनियम ने दहेज लेना और देना एक बड़ा अपराध माना है। विधवा पुनर्विवाह अधिनियम, 1856 विधवा को पुनर्विवाह की स्वीकृति देता है लेकिन पहले पति की सम्पत्ति में से भरण पोषण के अधिकार से वंचित करता है। हिन्दू उत्तराधिकार अधिनियम, 1956 व्यक्ति की सम्पत्ति में से पुत्रियों को भी पुत्रों व भाइयों के बराबर हिस्सा प्रदान करता है।

लेकिन क्या सामाजिक अधिनियम दहेज व बाल विवाह जैसी विवाह और परिवार से सम्बद्ध समस्याओं को समाप्त कर सकेंगे और स्त्रियों के प्रति शोषण रोक कर उनकी प्रस्थिति को ऊँचा उठा सकेंगे ? हम स्वीकार करते हैं कि सामाजिक कानून समाज व संस्कृति को नयी दिशा देने, परिवर्तन लाने, तथा लोगों की सामाजिक आवश्यकताओं और सामाजिक राय के बीच खाई को भरने से बुराइयों को दूर करने के लिए आवश्यक हैं। 1952 में डा. राधाकृष्णन ने भी विवाह से सम्बन्धित विधेयक प्रस्तुत करने पर कहा था, "प्राचीन इतिहास आधुनिक समाज की समस्याओं का समाधान नहीं कर सकता।" सामाजिक कानून का कार्य उस समाज के लिए कानून व्यवस्था को लगातार समयोजित रखना है जो कि निरन्तर बदलता रहता है। लेकिन क्या सरकार इन कानूनों के क्रियान्वयन में गम्भीर है ? इन सभी अधिनियमों में कमियों को कौन नहीं जानता ? कानून का उल्लंघन करने वालों के विरुद्ध कार्यवाही करने में पुलिस की उदासीनता और कोताही को कौन नहीं जानता ? यद्यपि सामाजिक कानून आवश्यक हैं लेकिन इन्हें लागू करने की इच्छा भी अधिक महत्वपूर्ण है।

मुसलमानों में विवाह (Marriage Among Muslims)

मुस्लिम समाज न केवल शिया और सुन्नियों में स्तरीकृत है बल्कि अशरफ (सैय्यद, शेख, पठान, आदि में), अज़लब (मोमिन्स (जुलाहे), मन्सूरी (कपास साफ करने वाले), इब्राहीम (नाई), आदि) और अरज़ल (हलालखोर आदि) में भी। अशरफ लोग कुलीन जन्म के, अज़लब निम्न-जन्म के और अरज़ल सबसे निम्न जन्म के होते हैं। ये सब समूह अन्तर्विवाहr (endogamous) हैं और उनमें अन्तर विवाह को बुरा माना जाता है तथा हतोत्साहित किया जाता है।

मुस्लिम विवाह, जिसे निकाह कहते हैं, हिन्दुओं के विवाह पवित्र बन्धन के विपरीत एक नागरिक संविदा (civil contract) माना जाता है। इसके प्रमुख उद्देश्य हैं : यौन नियंत्रण, बच्चों को जन्म देना और परिवार को चलाना, बच्चों का लालन पालन और घरेलू जीवन को व्यवस्थित करना। एस.सी. सरकार भी मानता है कि मुस्लिम विवाह धार्मिक कर्त्तव्य नहीं है। यह एक प्रकार की निष्ठा (devotion) या इबादत है। जंग (1953) यह कहते हुए

अधिक सही हैं कि निकाह यद्यपि संविदा है परन्तु साथ ही इबादत का कार्य भी है। लेकिन निश्चय ही यह संस्कार (sacrament) नहीं है।

मुस्लिम विवाह की पाँच विशेषताएँ हैं : (i) प्रस्ताव और उसकी स्वीकृति, (ii) विवाह संविदा करने की क्षमता, (iii) समानता का सिद्धान्त, (iv) वरीयता प्रथा, और (v) मेहर। *प्रस्ताव* मौलवी और दो गवाहों की उपस्थिति में विवाह उत्सव से पूर्व दूल्हे द्वारा दुल्हिन के सामने किया जाता है। विवाह को 'सही' (नियमित) मानने के लिए यह आवश्यक है कि प्रस्ताव और उसकी स्वीकृति, दोनों एक ही बैठक में होनी चाहिए। ऐसा न करने पर विवाह 'फासिद' (अनियमति) हो जाता है, लेकिन 'बातिल' (अवैध) नहीं होता है। 'फासिद' विवाह 'सही' में बदला जा सकता है, लेकिन 'बातिल' विवाह नहीं। 'फासिद' विवाह के निम्न उदाहरण हैं : प्रस्ताव रखते समय और स्वीकृति के समय गवाहों की अनुपस्थिति, पुरुष का पाँचवां विवाह, इद्दत की अवधि (पति की मृत्यु या तलाक के बाद तीन मासिक धर्म अवधि के लिए पृथकता का समय) में स्त्री का विवाह तथा पति पत्नी के बीच धर्म में अन्तर। 'बातिल' विवाह के निम्न उदाहरण हैं: ऐसे व्यक्ति के साथ विवाह जो मूर्ति पूजक या अग्नि पूजक हो, बहुपति प्रथा, किसी समरक्त नातेदार (consanquineous kin) से विवाह (जैसे पिता की बहिन, माँ की बहिन, अपनी बहिन या भाई, बहिन की लड़की, बेटे की बहू, आदि)। संविदा करने की क्षमता से अर्थ है बाल विवाह को मान्यता न देना या असन्तुलित मस्तिष्क वाले व्यक्ति के साथ विवाह को मान्यता न देना। शिया कानून अल्प वयस्क के वली को उसके विवाह का संविदा करने की अधिकार देता है। अल्प वयस्क के सम्बन्धी 'फजूली' द्वारा संविदा किया हुआ विवाह अल्प व्यस्क को यौन अवस्था प्राप्त कर लेने के बाद विवाह को अनुसमर्थन करवा लेने का अधिकार देता है। अनुसमर्थन कराने की प्रथा और अस्वीकृति का विकल्प 'खैरुल बालिग' कहलाता है। *समानता के सिद्धान्त* का अर्थ है निम्न प्रस्थिति के व्यक्ति के साथ विवाह न करना। ऐसे विवाह को हेय दृष्टि से देखा जाता है। इसी प्रकार भाग कर किया हुआ विवाह (किफा) भी मान्य नहीं होता। *वरीयता प्रथा* का अर्थ है पहले तो समानान्तर (parallel) सहोदरज संतति (चेचेरा, मौसेरा) को वरीयता देना फिर विलिंग (cross) सहोदरज संतति (केवल ममेरा, फुफेरा नही) को। लेकिन इन दिनों सहोदरज संतति से विवाह को हतोत्साहित किया जाता है। *मेहर* प्रथा का अर्थ है वह धन जो पत्नी विवाह के विचार से पति से लेने की अधिकारी होती है। मेहर 'निश्चित' (specified) या 'उपयुक्त' (proper) हो सकती है। मेहर 'फौरी' (prompt) (पति की मृत्यु या तलाक के समय देय) या 'विभेदी' (deferred) हो सकती है। एक बार तो मुस्लिमों में 'मुता' (अस्थाई) विवाह की भी प्रथा थी लेकिन अब वह समाप्त कर दी गई है।

मुस्लिम समाज में तलाक न्यायालय के हस्तक्षेप से या बिना हस्तक्षेप के भी दिया जा सकता है। स्त्री अपने पति को न्यायालय के माध्यम से ही तलाक दे सकती है किन्तु पुरुष द्वारा न्यायालय जाये बिना भी पत्नी को तलाक दे सकता है और एक 'तुहर' की अवधि में (एक मासिक धर्म की अवधि अर्थात एक माह) एक ही घोषणा से तलाक दे सकता है (तलाक अहसन), या तीन 'तुहर' *अवधियों* में तीन बार तलाक उद्घोष (pronouncement) के साथ तलाक दे सकता है (तलाके हसन) या एक ही 'तुहर' में तीन बार उद्घोष के साथ तलाक

(तलाक-ए-उल्बित) दे सकता है। इन तीनों प्रकार के तलाक के अलावा तीन अन्य प्रकार के तलाक भी होते हैं : 'इला', 'जिहर', और 'लियन'। 'इला' में पति अल्लाह के नाम पर कसम खाता है कि वह अपनी पत्नी से चार माह तक या निश्चित समय तक यौन सम्बन्ध स्थापित नहीं करेगा। 'इला' के बाद यदि वह वास्तव में यौन सम्बन्ध स्थापित नहीं करता है तब विवाह विच्छेदित मान लिया जाता है। 'जिहर' में पति दो गवाहों की उपस्थिति में घोषणा करता है कि उसकी पत्नी उसकी माँ के समान है। ज़िहर से विवाह विच्छेद नहीं होता बल्कि यह पत्नी को अपने पति से तलाक का आधार प्रदान करता है। 'लियन' में पति अपनी पत्नी पर दुष्चरित्र होने का आरोप लगाता है। इससे पत्नी को न्यायालय में जाकर तलाक लेने का आधार मिलता है। पति पत्नी की परस्पर सहमति से किया तलाक 'खुला' कहलाता है (जो कि पत्नी की पहल पर होता है) या 'मुबारत' कहलाता है (पति या पत्नी की पहल पर)। तलाक के बाद पत्नी को अपने पति से भरण पोषण भत्ता प्राप्त करने का अधिकार नहीं होता। लगभग 15 वर्ष पूर्व उच्चतम न्यायालय ने एक महिला शाहबानों को भरण पोषण भत्ता स्वीकृत किया था। किन्तु इस निर्णय को मुस्लिम नेताओं ने चुनौती दी थी और इसे मुस्लिम व्यक्तिगत कानून में हस्तक्षेप बताया था; अतः सरकार को विधान में ही संशोधन करना पड़ा था। फरवरी 1993 में, उत्तर प्रदेश उच्च न्यायालय ने भी एक हमीदन और उसके दो बच्चों को भरण पोषण भत्ता स्वीकृत किया था। अखिल भारतीय मुस्लिम पर्सनल लॉ परिषद् ने उच्च न्यायालय में एक पुनरीक्षण याचिका दायर की थी।

ये सभी विशेषताएँ विवाह के उद्देश्यों और आदर्शों, विवाह की प्रकृति, विवाह और विवाह विच्छेद के सन्दर्भ में हिन्दू और मुस्लिम विवाह के बीच अन्तर दर्शाती हैं।

अब यह माना जाता है कि मुसलमानों का बहुपत्नी विवाह और बड़ी संख्या में तलाक देना सब गलत धारणा है। अब उन मुसलमान व्यक्तियों की संस्था जिनके पास दो या अधिक पत्नियां हैं, नगण्य है। कहा जाता है कि हिन्दुओं में द्विविवाह के मामले अधिक हैं। इसी प्रकार मुसलमानों की अपेक्षा हिन्दुओं और सिक्खों में तलाक अधिक होते हैं। भारतीय सांख्यिकी संस्थान द्वारा सँकलित आँकड़े दर्शाते हैं कि गैर-मुस्लिम 1000 लोगों में से 72 के पास एक से अधिक पत्नियां हैं जबकि मुसलमान 1000 पुरुषों में 15 के पास ही एक से अधिक पत्नियां हैं (*हिन्दुस्तान टाइम्स*, जनू 27, 1998)। पूर्व में स्त्रियों की प्रस्थिति पर गठित समिति की 1975 में प्रकाशित रिपोर्ट ने भी दर्शाया है कि बहु विवाह का होना जनजातियों में सर्वाधिक है (15.25%), तत्पश्चात बौद्धों में (7.97%), जैनों में (6.75%), हिन्दुओं में (5.8%) और मुसलमानों में (5.7%) (जीनत शौकत अली, *दी एम्पावरमेन्ट ऑफ विमेन इन इस्लाम विद स्पेशल रेफरेन्स टु मैरियेज एण्ड डाइवोर्स*, 1995)

समान नागरिक संहिता (Uniform Civil Code)

मुसलमानों में एक तरफा बहु विवाह तथा तलाक की इतनी आलोचना होती है कि अनेक लोग विवाह के मामले पर समान नागरिक संहिता की माँग करते हैं। मुसलमान लोग इसका विरोध करते हैं क्योंकि वे न केवल इसे मुस्लिम पर्सनल लॉ में हस्तक्षेप मानते हैं बल्कि

इसलिए भी क्योंकि समान संहिता की विषय सामग्री मुख्यत : हिन्दू अधिनियम से ही ली जायेगी। विकास अध्ययन संस्थान (*दी हिन्दुस्तान टाइम्स*, जनवरी 1, 1996) के द्वारा 1995 में अलीगढ़ में 395 व्यक्तियों (187 हिन्दू और 208 मुसलमान) पर एक सर्वेक्षण किया गया था। कुल उत्तरदाताओं में से लगभग 60 प्रतिशत ने अपनी धार्मिक पृष्ठभूमि के बावजूद समान संहिता के लिए अनिच्छा व्यक्त की। दूसरी ओर धार्मिक पृष्ठभूमि के आधार पर 74 प्रतिशत हिन्दुओं और 9 प्रतिशत मुसलमानों ने समान संहिता की आवश्यकता व्यक्त की। समान संहिता के पक्ष में तर्क थे : (1) राष्ट्रीय एकता और धर्म निरपेक्षता को प्रोत्साहन मिलेगा; (2) बढ़ती साम्प्रदायिक और जातीय हिंसा पर अंकुश लगेगा; (3) नागरिक न्याय की प्रक्रिया को बल मिलेगा; और (4) लिंग पूर्वाग्रह कम होंगे और स्त्रियों में समानता की भावनाएं बनी रहेंगी। 34 मुसलमान जिन्होंने समान संहिता का समर्थन किया पेशेवर और सफेदपोश व्यक्ति थे (डाक्टर, वकील, कालेज शिक्षक, कार्यालय कर्मचारी व छात्र)। समान संहिता के विरुद्ध तर्क थे : (1) मुसलमान स्वयं किसी परिवर्तन की आवश्कयता महसूस नहीं करते; (2) राजनैतिक समूह अपने वोट बैंक बनाने के लिए लोगों की धार्मिक भावनाओं का शोषण करते हैं; (3) मुसलमान मानते हैं कि हिन्दू अपने सांस्कृतिक मूल्य उन पर थोपना चाहते हैं क्योंकि समान संहिता के प्रावधान हिन्दू कानूनों से लिए गए हैं; (4) समान संहिता विभिन्न धार्मिक समूहों में विशेष रूप से अल्पसंख्यकों में नाराजगी, असन्तोष, और असहिष्णुता पैदा कर देगी; (5) अधिकतर मुसलमान मानते हैं कि समान संहिता धर्म की स्वतंत्रता के मौलिक अधिकार से इन्कार के समान होगी और 'विविधता में एकता' की अवधारणा के विकास में बाधक होगी। हिन्दू इस धारणा से सहमत नहीं है। यह निश्चित रूप से कहा जा सकता है कि यदि समान संहिता को धार्मिक परिप्रेक्ष्य में न देखा जाये बल्कि बहु विवाह और मौखिक तलाक की बुराइयों को रोकने के लिए देखा जाये, तब विभिन्न समुदायों के गैर-रुढ़िवादी धार्मिक नेताओं के साथ चर्चा कानून के बनाने में सहायक हो सकती है।

ईसाइयों में विवाह (Marriage Among Christians)

हिन्दू और मुसलमानों की तरह ईसाइयों में भी स्तरीकरण पाया जाता है। ईसाई लोग दो समूहों—प्रोटेस्टेन्ट और कैथोलिक—में विभाजित हैं। कैथोलिक पुनः लेटिन और सीरियन ईसाइयों में बँटे हुए हैं। ये सभी समूह और उप-समूह अन्तर्विवाही हैं। हिन्दू और मुसलमानों की तरह ही, ईसाइयों में भी विवाह का उद्देश्य है यौन सम्बन्धों के लिए सामाजिक स्वीकृति प्राप्त करना तथा प्रजनन। साथ ही धर्म का भी ईसाई विवाह में महत्वपूर्ण स्थान है। ईसाई विश्वास करते हैं कि विवाह ईश्वर की इच्छा के कारण होता है और विवाह के बाद स्त्री पुरुष एक दूसरे में समाहित हो जाते हैं। ईसाई विवाह के तीन उद्देश्य-प्रजनन, कुमारीगमन (fornication) से बचाव (विवाह के बिना यौन सम्बंध) तथा परस्पर सहायता और आराम-माने जाते हैं।

विवाह साथी तीन तरह से चयन किए जाते हैं : माता-पिता द्वारा, बच्चों द्वारा स्वयं, और बच्चों तथा माता-पिता द्वारा सम्मिलित रूप से परन्तु 10 में से 9 मामलों में चयन तथा विवाह माता-पिता द्वारा ही ठहराया जाता है। जीवन साथी चयन करते समय रक्त सम्बन्धों

से बचना तथा परिवार के सामाजिक स्तर, चरित्र, शिक्षा, शारीरिक गठन, आदि को महत्व दिया जाता है। ईसाइयों में 'वरीयता प्राप्त व्यक्ति' जैसी मुसलमानों की तरह की कोई प्रथा नहीं है। मँगनी रस्म के बाद, विवाह से पूर्व की जाने वाली औपचारिकताएं हैं : चरित्र प्रमाण पत्र प्रस्तुति, निश्चित तिथि से तीन सप्ताह पूर्व गिरजाघर में प्रार्थना पत्र प्रस्तुत करना। तब गिरजाघर का पादरी विवाह के विरुद्ध ऐतराज आमंत्रित करता है और जब कोई ऐतराज प्राप्त नहीं होता, विवाह तिथि निश्चित कर दी जाती है। विवाह गिरजाघर में सम्पन्न होता है और दम्पत्ति घोषणा करते है कि वे प्रभु ईशु के नाम पर दो गवाहों के समक्ष एक दूसरे को विवाहित साथी मानते हैं।

ईसाई लोग बहुपत्नी तथा बहुपति प्रथा को अनुमति नहीं देते। भारतीय ईसाई विवाह अधिनियम, 1872, जो तब से छः या सात बार संशोधित हो चुका है, विवाह के सभी पक्षों को अपनी परिधि में लिये हुए है। ईसाई लोग तलाक प्रथा भी मानते हैं, यद्यपि गिरजाघर इसे अच्छा नहीं मानता है। भारतीय तलाक अधिनियम, 1869 उन दशाओं को सन्दर्भित करता है जिनमें तलाक लिया जा सकता है। इस अधनियम में विवाह विच्छेद, विवाह को निरस्त करना, न्यायिक पृथकत्व का हर्जाना और दाम्पत्य अधिकारों की पुनः स्थापना शामिल है। ईसाइयों में दहेज या स्त्रीधन आदि की प्रथा नहीं है। विधवा पुनर्विवाह न केवल स्वीकार किया जाता है बल्कि प्रोत्साहित भी किया जाता है। इस प्रकार ईसाई विवाह हिन्दू विवाह की तरह पवित्र बन्धन नहीं है बल्कि मुस्लिम विवाह की तरह स्त्री पुरुष में एक संविदा है जिसमें साथी होने पर अधिक जोर दिया जाता है। यह आवश्यक है कि जब तक समान नागरिक संहिता लागू नहीं होती, ईसाइयों का तलाक अधिनियम, जो कि सवा सौ वर्ष पुराना है, संशोधित किया जाये और कुछ नये विधान पारित किये जायें। उदाहरणार्थ, तलाक के आधार बड़े सीमित और कठोर हैं। यहां तक कि पति पत्नी के बीच इतना भेदभाव है कि पति को तो केवल पत्नी को व्यभिचारिणी सिद्ध करना होता है जब कि पत्नी को छुटकारा पाने के लिए अन्य वैवाहिक अपराध और साथ में पति का व्यभिचारी होना सिद्ध करना पड़ता है। जब दोनों पक्ष (पति-पत्नी) परस्पर सहमति के आधार पर तलाक चाहते हों और न्यायालय सन्तुष्ट है, साथ-साथ रहना असम्भव है, तब भी कोई छूट नहीं दी जा सकती अथवा तलाक नहीं दिया जाता। पत्नी पति की सम्पत्ति समझी जाती है क्योंकि तलाक अधिनियम के प्रावधान पति को अपनी पत्नी के साथ व्यभिचार करने वाले व्यक्ति के कारण हुए नुकसान की भरपाई का दावा करने का अधिकार देता है। तलाक अधिनियम को 1953 में मद्रास उच्च न्यायालय में चुनौती दी गई थी और फिर 1995 में सर्वोच्च न्यायालय में क्योंकि यह लिंग भेदभाव पूर्ण था लेकिन याचिकाएं खारिज कर दी गई। ईसाई कानून, जैसा आज मौजूद है, झूठी कसम खाने, कपट नीति प्रयोग करने और टकराव को प्रोत्साहित करता है। ईसाइयों को ऐसे कानून की जरूरत है जो समय की बदलती आवश्यकताओं के अनुरूप हो। विधि आयोग ने 1960 में ईसाई विवाह एवं वैवाहिक धाराओं से सम्बद्ध विधेयक बनाया था लेकिन विधेयक को सरकार द्वारा इसे संसद में प्रस्तुत किए जाने के वायदे के बाद कालातीत (lapse) हो जाने दिया गया। 1983 में, आयोग ने पुनः 1869 अधिनियम में परिवर्तनों की सिफारिश की लेकिन व्यर्थ। 1994 में सम्मिलित महिला कार्यक्रमों ने ईसाई विवाह एवं वैवाहिक धारा

विधेयक का मसविदा तैयार किया और ईसाई भरण पोषण विधेयक की रूपरेखा भी तैयार की लेकिन उन्हें पारित कराने के लिए कोई कदम नहीं उठाए गए।

नातेदारी व्यवस्था
(Kinship System)

नातेदारी व्यवस्था में क्षेत्रीय भिन्नताएँ : इसके सामाजिक-सांस्कृतिक तत्व (Regional Variations in Kinship System and its Socio-Cultural Correlates)

विवाह अनुस्थापन परिवार और प्रजनन परिवार के बीच की कड़ी है। दो एकाकी परिवारों में व्यक्तिगत सदस्यता का यह सत्य ही नातेदारी प्रथा को जन्म देता है। नातेदारी को इस प्रकार परिभाषित किया गया हैं : "परिवार से सम्बद्ध आधार पर सामाजिक सम्बन्ध" (थियोडोरसन : 1969 : 221)। वह सम्बन्ध जो या तो समरक्तमूलक (consanguinal) या दम्पत्तिस्वजन (affinal) आधारित हों, व्यक्तियों के अधिकार व कर्त्तव्यों का निर्धारण करते हैं। अतः नातेदारी व्यवस्था का अर्थ है : "प्रस्थितियों और भूमिकाओं और सम्बन्धों की एक ऐसी संचरित व्यवस्था जिसमें नातेदार (प्राथमिक, द्वैतियक, तृतीयक व दूरस्थ) जटिल श्रंखलाबद्ध बन्धनों द्वारा परस्पर बँधे रहते हैं।" नातेदारों के बीच सम्बन्धों को बताने वाला पारस्परिक व्यवहार ऐसे शब्दों से संज्ञिप्त होता है जिनके द्वारा प्रत्येक नातेदार एक दूसरे को सम्बोन्धित करता है, अर्थात् व्यक्तिगत नाम से या नातेदारी की शब्दावली से (पिताजी, दादाजी, बहिन जी) या व्यक्ति व नातेदारी शब्दावली के सम्मिलित नाम से (राम के पिता, रीता की माँ, आदि)। नातेदारी शब्द (सम्बोधन व सन्दर्भ के) जो या तो *प्रारम्भिक* (जिन्हें किन्हीं अन्य शब्द में कम नहीं किया जा सकता, जैसे, माता, पिता, काका, चाचा, भाई, बहन, आदि) या *यौगिक* (जो प्रारम्भिक शब्द के योग से बना हो, जैसे बहनोई, मौसा, आदि) या *वर्णनात्मक* (जो दो या अधिक प्रारम्भिक शब्दों के मेल से बना हो, जैसे मौसेरी बहन, फुफेरा भाई, आदि) और जिन्हें *एकाकी* (isolative) कह कर विभेदित किया जाता है (एक ही नातेदार पर लागू होता है जो कि पीढ़ी, लिंग और वंश-सम्बन्धों से जाने जाते हों, जैसे भाई, बहिन, पति, पत्नी, आदि) या वर्गात्मक (classification) शब्द (दो या अधिक नातेदारी श्रेणी के लोगों पर लागू जैसे 'सम्भ्राता' (cousin) पिता के भाइयों के पुत्रों और माता की बहिन के पुत्रों, दोनों के लिए प्रयुक्त)। क्योंकि वर्गात्मक शब्द एक या अधिक मूल आधार की अवहेलना करते हैं (जैसे लिंग, आयु, पीढ़ी, दाम्पत्य मूलक निकटता, सह सम्बद्धता, विभाजन, आदि), इसलिए नातेदारों के श्रेणियों की संख्या हजारों से कुछ गिनी चुनी संख्या तक ही सीमित कर देते हैं।

हिन्दुओं के सामाजिक समारोहों, संस्कारों और दैनिक जीवन में परिवार के बाद नातेदारी समूह ही महत्वपूर्ण भूमिका निभाते हैं। जीवन के संकटकाल में ही लोग केवल नातेदारों की ओर नहीं देखते हैं, बल्कि अन्य नियमित अवसरों पर भी उनकी सहायता लेते हैं। परिवार के बाद महत्वपूर्ण नातेदार समूह हैं : *वंश* और *गोत्र*। *वंश* एक रक्तमूलक एक पक्षीय वंशानुक्रम समूह (consanguineous unilateral descent group) है जिसके सदस्य अपने को एक ज्ञात तथा वास्तविक सामान्य पूर्वज से सम्बद्ध मानते हैं। यह वंशानुक्रम समूह पितृवंशीय या मातृवंशीय हो सकता है। यह एक बहिर्विवाही (exogamous) इकाई

होती है। वंश के सदस्य आपस में भाई बहिन माने जाते हैं। वंश बन्धन कुछ पीढ़ियों तक ही रहते हैं। एक वंश परिवारों के बीच प्रमुख कड़ी सांस्कारिक उत्सवों (जैसे, जन्म, मत्यु, आदि) में सामान्य भागीदारी होती है। *वंश, गोत्र* में चला जाता है (passes into) जो कि यद्यपि एक पक्षीय समूह है लेकिन वंश से बड़ा होता है। यह एक बर्हिविवाही समूह होता है। मातृवंशीय नातेदार व्यक्ति के जीवन उतने ही महत्व के होते हैं जितने कि पितृवंशीय नातेदार।

विभिन्न परिक्षेत्रों में नातेदारी की विशेषताएँ (Features of Kinship in Different Zones)

उत्तर परिक्षेत्र (Northern Zone)

नातेदारी की विशेषताएँ दक्षिण भारत में उत्तर तथा मध्य भारत से भिन्न होती हैं। नातेदारी व्यवस्था के सामाजिक सांस्कृतिक तत्व (co-relates) हैं : *भाषा, जाति* (मैदानी और पहाड़ी) और क्षेत्र (region)। नातेदारी सम्बन्धों पर इन तीनों तत्वों के प्रभाव के बावजूद कुछ सामूहिक आधारों पर नातेदारी संगठन पर बात करना सम्भव है, जैसे जाति एवं परिक्षेत्रीय आधार पर। यद्यपि उत्तरी परिक्षेत्र में नातेदारी व्यवहार क्षेत्र में और एक ही क्षेत्र में जाति से जाति में भिन्न है, फिर भी तुलनात्मक अध्ययन दर्शाता है कि एक 'आदर्श' उत्तरी संरूप पर बात करना सम्भव है, विशेष रूप से अधिकत्तर जातियों के बीच—अधिकत्तर सामान्य रूप से जाने वाली अभिवृत्तियों तथा प्रथाओं के सन्दर्भ में।

उत्तर परिक्षेत्र (zone) के नातेदारी संगठन के सन्दर्भ में इरावती कर्वे (1953 : 115) ने कुछ महत्वपूर्ण विशेषताएं बतायी हैं। उनमें से कुछ इस प्रकार हैं : (1) अहं (ego) से कनिष्ट नातेदार उनके व्यक्तिगत नाम से सम्बोधित किए जाते हैं जब कि वरिष्ठ व्यक्ति नातेदारी शब्दों से। (2) ऊपरी व निचली (ascending and descending) पीढ़ियों के सभी बच्चे अपने सहोदर समूह भाई बहिन (sibling group) बराबर माने जाते हैं और सहोदर समूह के सभी बच्चे स्वयं के बच्चों के बराबर माने जाते हैं। (3) पीढ़ियों की एकता का सिद्धान्त माना जाता है (उदाहरणार्थ, पर बाबा, और बाबा को वही सम्मान दिया जाता है जो पिता को। (4) एक ही पीढ़ी में वृद्ध और युवा नातेदार पृथक माने जाते हैं। (5) तीन पीढ़ियों के सदस्यों के व्यवहार संरूप और कर्त्तव्य कठोरता से पालन किए जाते हैं। (6) संस्कृत मूल के कुछ प्राचीन नातेदारी शब्दों के स्थान पर नये शब्द प्रयोग किए जाने लगे हैं; उदाहरणार्थ पितामह के स्थान पर पिता, 'वक्ता' से बड़े के लिए 'जी' उपसर्ग लगाया जाता है (जैसे चाचा जी, ताऊ जी)। बंगाल में 'जी' के स्थान पर 'मोशाय' उपसर्ग लगाया जाता है। (7) निकट नातेदारों के बीच विवाह की अनुमति नहीं है। (8) विवाह के बाद लड़की को अपने सास-श्वसुर से (बातचीत में) आजादी (free) नहीं रहती, बल्कि जब वह माँ बन जाती है तब वह सम्मान व शक्ति का पद प्राप्त कर लेती है और तब उस पर लगे प्रतिबन्ध कम हो जाते हैं। (9) परिवार इसी प्रकार संरचित होता है कि बच्चे, माता-पिता, दादा-दादी या तो साथ रहते हैं या उनके प्रति नातेदारी दायित्व पूरे किए जाते हैं। (10) उस संयुक्त परिवार के अतिरिक्त, जो व्यक्ति के लिए निकट सम्बन्धों की परिधि का प्रतिनिधित्व करता है, भी

नातेदारी एक वृहत परिधि होती है जो उसके जीवन में महत्वपूर्ण होती है। यह बंधुत्व, उसके पितृ-स्वजन या मातृ-स्वजनों का प्रतिनिधित्व करता है जो उसके साथ तब खड़े रहते हैं और सहायता करते हैं जब तत्काल परिवार (सहायता में) कम पड़ जाता है।

मध्य परिक्षेत्र (Central Zone)

मध्य भारत के नातेदारी संगठन की विशेषताएँ उत्तर भारत से अधिक भिन्न नहीं हैं। मध्य भारत में नातेदारी की प्रमुख विशेषताएं इस प्रकार हैं : (1) प्रत्येक क्षेत्र में विवाह प्रथाएं उत्तर के समान ही मानी जाती हैं, अर्थात् समरत्कता (consanguinity) मुख्य विचार है जो विवाह में लागू रहता है। (2) अनेक जातियाँ बहिर्विवाही कुलों (clans) में विभाजित होती हैं। कुछ जातियों में बहिर्विवाही कुल प्रतिलोम विवाही श्रेष्ठक्रम (hypergamous hierarchy) में व्यवस्थित होते हैं। (3) नातेदारी शब्दावली विभिन्न नातेदारों के बीच घनिष्टता और निकटता दर्शाती है। नातेदारों के बीच सम्बन्ध 'न्योता उपहार' रीति से संचालित होते हैं जिसके अनुसार प्राप्त नकद भेंट के बदले में बराबर की नकद भेंट दी जाती है। न्योता पंजी (register) बनाई जाती है और यह पीढ़ियों तक सुरक्षित रखी जाती है। (4) गुजरात में, ममेरा प्रकार का सहोदरज विवाह (माँ के भाई से) और देवर विवाह (पति के भाई से विवाह) कुछ जातियों मे प्रचलित है। (5) गुजरात में नियत-कालिक (periodic) विवाह के रिवाज में बाल विवाह और असमान विवाह को प्रोत्साहन दिया है। ऐसे विवाहों का प्रचलन वहाँ आज भी है। (6) महाराष्ट्र में नातेदारी सम्बन्धों पर उत्तरी व दक्षिणी दोनों परिक्षेत्रों का प्रभाव है। उदाहरणार्थ, मराठों का कुल (clan) संगठन राजपूतों की तरह का है जो सीढ़ी के रूप में व्यवस्थित होते हैं। कुलों को विभागों (divisions) में संगठित किया जाता है और प्रत्येक भाग को इसमें सम्मिलित कुलों की संख्या के अनुसार नाम दिया जाता है; उदाहरणार्थ : पंच कुली, सत कुली, आदि। कुल अनुलोम क्रम में व्यवस्थित होते हैं—सबसे ऊँचा पंच कुली, फिर सतकुली, आदि। पंचकुली आपस में विवाह कर सकते हैं या सतकुली कन्या ले सकते हैं, लेकिन अपनी पुत्री को पंचकुली से बाहर नहीं देते। (7) मध्य परिक्षेत्र में कुछ जातियों में, जैसे मराठा और कुन्बीस (Kunbis) में, वधु मूल्य का प्रचलन है यद्यपि दहेज प्रथा भी उनमें पायी जाती है। (8) यद्यपि महाराष्ट्र में परिवार व्यवस्था पितृवंशीय और पतिस्थानिक (patrilocal) है लेकिन उत्तर भारत में विपरीत जहां पत्नी गौने के बाद अपने पति के साथ स्थाई रूप से रहती है और यदाकदा ही अपने पिता के घर जाती है, मराठा जाति में वह अपने पिता के घर बार बार जाती है। एक बार वह अपने पिता के घर चली जाये तो उसे पति के घर लाना कठिन होता है। यह नातेदारों पर दक्षिण का प्रभाव दर्शाता है (9) यद्यपि नातेदारी के शब्द अधिकतर उत्तर के समान ही हैं लेकिन कुछ शब्द दक्षिण के द्रविड़ मूल के भी है; उदाहरणार्थ, भाई के लिए 'अन्ना' या 'नाना' और साथ ही 'दादा' का भी प्रयोग होता है। इसी प्रकार बहिन के लिए 'अक्का' 'ताई' और 'माई'। (10) राजस्थान और मध्य प्रदेश में आदिवासियों में नातेदारी व्यवस्था जातिवादी हिन्दुओं से कुछ भिन्न है। यह अन्तर नातेदारी शब्दावली, विवाह नियमों, उत्तराधिकार व्यवस्था, और कुल के दायित्वों में देखने को मिलता है।

इस प्रकार यह कहा जा सकता है कि यद्यपि उत्तर और मध्य परिक्षेत्रों में नातेदारी

संगठन लगभग एक सा ही है, फिर भी इसे उत्तर से दक्षिण को संक्रान्ति का क्षेत्र (region of transition) कहा जा सकता है। महाराष्ट्र जैसा राज्य सांस्कृतिक उधार (borrowing) और सांस्कृतिक समन्वय (synthesis) का क्षेत्र है (कर्वे; 1953 : 176)।

दक्षिण परिक्षेत्र (South Zone)

दक्षिण परिक्षेत्र एक जटिल नातेदारी व्यवस्था का संरूप प्रस्तुत करता है। यद्यपि अधिकतर जातियों और समुदायों में परिवार के रूप मुख्यतः पितृवंशीय और पतिस्थानिक हैं (जैसे नम्बूदरी), परन्तु जनसंख्या के ऐसे भाग भी हैं जो मातृवंशीय और पत्नीस्थानिक हैं (जैसे, नायर)। काफी संख्या में ऐसे भी हैं जिसकी व्यवस्था में पितृवंशीय व मातृवंशीय दोनों संगठनों की विशेषताएँ मौजूद हैं (जैसे टोडा)। इसी प्रकार ऐसी जातियाँ/ और जनजातियाँ भी हैं जिनमें केवल बहुपत्नी प्रथा ही है (जैसे असारी, नायर), तथापि ऐसे भी हैं जिनमें बहुपत्नी प्रथा और बहुपति प्रथा दोनों प्रचलित हैं (जैसे टोडा)। फिर, बहुपति प्रधान पितृवंशीय समूह भी हैं (जैसे असारी) और बहुपति प्रधान मातृवंशीय समूह भी है (जैसे तियान, नायर), और बहुपत्नी प्रधान पितृवंशीय समूह भी है (जैसे नम्बूदरी) लेकिन बहुपत्नी प्रधान मातृवंशीय समूह नहीं है। इसी प्रकार पितृवंशीय संयुक्त परिवार और मातृवंशीय संयुक्त परिवार भी हैं। यह सब दक्षिण परिक्षेत्र में नातेदारी संगठन की विविधता को दर्शाता है। यहाँ हम कुछ संगठनों/संरूपों पर चर्चा करेंगे।

मातृवंशीय परिवार में स्त्रियों में एक दूसरे से नातेदारी सम्बन्ध पुत्री, माता, बहिन, माँ, माँ की बहिन और बहिन की पुत्री के हैं। पुरुषों के साथ स्त्रियों के नातेदारी सम्बन्धों में पुरुष स्त्रियों के साथ भाई, पुत्र, पुत्री का पुत्र, और बहिन का पुत्र रूप में सम्बन्धित होते हैं। पुरुषों का एक दूसरे के साथ नातेदारी सम्बन्ध भाई, माँ का भाई और बहिन का पुत्र का होता है। ये सभी नातेदारी सम्बन्ध रक्तमूलक आधार के हैं। इनमें से विवाह से कोई सम्बन्ध नहीं बने हैं। ऐसा इसलिए कि पति परिवार में कभी कभी आता है। अतः हम देखते हैं कि : (i) पति और पत्नी के बीच साथी की भावना का अभाव है और पिता तथा बच्चों के बीच निकटता का अभाव है, और (ii) जहाँ तक पति की आय से जीवन यापन का सम्बन्ध है, स्त्रियाँ पूर्णरूपेण स्वतंत्र हैं। इस प्रकार से कुछ दक्षिणी परिवार उत्तरी परिवारों से भिन्न हैं।

'तरवड़' (Tarwad) कहलाने वाला मातृवंशीय संयुक्त परिवार ट्रावन्कोर के मलाबार में नायरों (Nairs) में तथा कुछ अन्य समूहों में पाए जाते हैं। 'तरवड़' परिवारों की प्रमुख विशेषताएँ हैं : (1) तरवड़ की सम्पत्ति इससे सम्बद्ध सभी पुरुषों और स्त्रियों की होती है। (2) अविवाहित पुत्र माँ के तरवड़ के सदस्य होते हैं लेकिन विवाहित पुत्र अपनी पत्नियों के तरवड़ के सदस्य होते हैं। (3) परिवार में सबसे वृद्ध सदस्य तरवड़ सम्पत्ति का प्रबन्धक होता है जिसे कर्णवान (Karnavan) (उसकी पत्नी अम्माई (Ammayi) कहलाती है) कहते हैं। (4) कर्णवान परिवार का पूर्ण शासक होता है। उसकी मृत्यु पर अगला वरिष्ठ सदस्य कर्णवान बन जाता है। वह अपने नाम से धन का नियोजन कर सकता है, सम्पत्ति को गिरवी रख सकता है, धन ऋण के रूप में दे सकता है, भूमि को उपहार स्वरूप दे सकता है, और आय और व्यय के लिए किसी सदस्य को जवाबदेय नहीं होता है। (5) जब तरवड़ बहुत बड़े आकार का हो जाता है तब यह तवाझी (Tavazhi) में विभक्त कर दिया जाता है। स्त्रियों

के सम्बन्ध में तवाझी वह 'व्यक्तियों का समूह है जिसमें एक स्त्री, उसके बच्चे और स्त्री वंश के उसके सभी उत्तराधिकार शामिल होते हैं'।

1912 से पूर्व और 1912 के बाद के तरवड़ दो अलग-अलग लक्षणों वाले समूह हैं: (a) पहले की तरवड़ सम्पत्ति अविभाज्य (indivisible) होती थी लेकिन अब विभाज्य होती है; (b) पूर्व का कर्णवान तरवड़ का सम्पूर्ण शासक हो गया है; (c) पूर्व के तरवड़ के सदस्य तब तक भरण पोषण के अधिकारी नहीं थे जब तक कि वे परिवार के मकान में न रहते हों, लेकिन अब पैतृक मकान से बाहर रहने पर भी सदस्य भरण पोषण के हकदार होते हैं; (d) पहले, कर्णवान की पूर्वज-पूजा सामान्य बात थी लेकिन अब नहीं है; (e) पहले पति पत्नी के बीच के सम्बन्ध औपचारिक होते थे लेकिन अब यह सम्बन्ध अधिक अनौपचारिक, व्यक्तिगत, और अधिक घनिष्ट और निकट हो गए हैं; (f) पहले तरवड़ के किसी एक सदस्य के द्वारा अर्जित सम्पत्ति उसकी मृत्यु के बाद तरवड़ को चली जाती थी लेकिन अब यह सम्पत्ति उसकी विधवा व बच्चों को चली जाती है और उनकी अनुपस्थिति में माँ और माँ की माँ को।

इस प्रकार नायर जाति का तरवड़, 1912 के अधिनियम (ट्रावन्कोर), 1920 के अधिनियम (कोचीन) 1933 के क्रियान्वयन के बाद अब विखन्डित हो गया है। अब स्त्री की सम्पत्ति उसके पुत्र और पुत्रियों को जाती है और फिर उसके पिता और पति को। कापड़िया (1947 : 348) ने भी लिखा है कि यह सत्य है कि 90 प्रतिशत से अधिक विदू (veedus) (घर) में एक ही तवाझी होती है जो यह दर्शाता है कि गत कुछ दशकों में तरवड़ों का 'आणवीकरण' (atomization) बढ़ रहा है।

कुल संगठन और विवाह के नियम (Clan Organization and Marriage Rules)

जाति पाँच बहिर्विवाही कुलों में विभाजित रहती है। कुल संगठन की प्रमुख विशेषताएँ हैं:

1. प्रत्येक कुल (जिसमें काफी परिवार होते हैं) का अपना नाम होता है जो किसी जानवर या पौधे या अन्य किसी वस्तु के नाम पर होता है।
2. एक व्यक्ति किसी भी कुल से पत्नी का चयन कर सकता है, सिवाय अपने कुल के। परन्तु यह चयन सैद्धान्तिक है क्योंकि पुत्रियों के विनिमय (exchange) का नियम भी रहता है।
3. विवाह में कुल बहिर्विवाह (clan exogamy) का नियम ही नहीं चलता बल्कि पुत्रियों का परिवार विनिमय भी चलता है।
4. पुत्रियों के विनिमय नियम के कारण अनेक नातेदारी से सम्बन्धित शब्द एक से होते हैं; उदाहरण के लिए ननद के लिए प्रयोग किया जाने वाला शब्द भाभी के लिए भी प्रयोग किया जाता है, साला के लिये प्रयुक्त शब्द बहनोई के लिए भी, और ससुर शब्द भाभी के पिता के लिए भी प्रयोग किया जाता है।
5. मातृपक्ष के समानान्तर सहोदरजों (parallel cousins) के बीच विवाह अर्थात् दो बहनों के बच्चों के बीच विवाह स्वीकृत नहीं होता है।
6. साली (पत्नी की छोटी बहन) से विवाह का प्रचलन है। एक ही परिवार में दो भाइयों

से दो बहिनों का विवाह हो सकता है।

7. दक्षिण में अधिमान्य विवाह (preferential mating) की प्रथा भी है। अनेक जातियों में प्रथम वरीयता बड़ी बहिन की पुत्री को दी जाती है, द्वितीय वरीयता पिता की बहिन की लड़की को, और तृतीय वरीयता माता के भाई की पुत्री को। परन्तु आजकल विलिंग सहोदरज संतति (cross-cousin) विवाह, विशेषकर चाचा भतीजी विवाह को उन समूहों में जो या तो उत्तर भारतीयों के या पश्चिमी संस्कृति के सम्पर्क में आए हैं, चलन के बाहर और शर्म की बात माना जाता है।

8. विवाह के लिए प्रचलित निषेध (taboos) हैं : एक व्यक्ति अपनी छोटी बहिन की पुत्री से विवाह नहीं कर सकता, एक विधवा अपने पति के बड़े या छोटे भाई से विवाह नहीं कर सकती (अर्थात देवर विवाह निषिद्ध है) और कोई व्यक्ति अपनी माँ की बहिन की पुत्री से विवाह नहीं कर सकता।

9. जैसा कि उत्तर में होता है विवाह पीढ़ीगत विभाजन (generational divisions) के सिद्धान्त की अपेक्षा वास्तविक आयु अन्तर पर आधारित होता है। इसका एक उदाहरण यह है कि दक्षिण में दादा और पोती का विवाह सम्भव है।

10. दक्षिण में विवाह और नातेदारी की एक और विशेषता यह है कि विवाह नातेदारी समूह को विस्तृत करने के लिए नहीं किया जाता, बल्कि प्रत्येक विवाह पहले से ही मौजूद बन्धनों को और मजबूत बनाने के लिए किया जाता है। ऐसा विचार जो नातेदार पहले से ही काफी निकट थे उन्हें और निकट ला देता है।

11. एक लड़की को उसी व्यक्ति से विवाह करना पड़ता है। जो उससे आयु में बड़े समूह से (जिसे ताम-मम) (tom-mum) कहा जाता है) और साथ ही माता पिता के समूह से छोटे समूह का हो, अर्थात् लड़की अपने किसी भी बड़े विलिंग सहोदरज संतति (cross cousin) से विवाह कर सकती है। लड़के को 'ताम-पिन' (tam-pin) समूह में ही विवाह करना होता है, जो ताम-मम (tam-mum) समूह की सन्तान हो।

12. उत्तर की शब्दावली में जैसे कन्या, बहू, पीहर, और ससुराल जैसे शब्दों में अभिव्यक्त भावनाएँ और प्रस्थिति का दोहरापन दक्षिण में नहीं मिलता। ऐसा इसलिए है क्योंकि दक्षिण में विवाह के बाद लड़की अजनबी घर में प्रवेश नहीं करती जैसा कि उत्तर में होता है। किसी लड़की का पति या तो उसकी माता के भाई का पुत्र या ऐसा ही कोई रिश्तेदार होता है। दक्षिण में विवाह लड़की के लिए अपने पिता के घर से पृथकत्व का प्रतीक नहीं है। लड़की अपने ससुर के घर में भी स्वच्छन्द होती है।

उत्तर और दक्षिण भारत की नातेदारी व्यवस्था की तुलना
(Comparison of Kinship Systems of North and South)

1. दक्षिण भारत के परिवार में जन्म के परिवार (जनक परिवार) (family of orientation) और जनन परिवार (family of procreation) के बीच कोई भी स्पष्ट भेद नहीं है जैसा कि उत्तर के परिवार में होता है। व्यक्ति के जनक परिवार का कोई भी सदस्य (अर्थात पिता, माता और बहिन के) विवाह (जनन) परिवार का सदस्य

नहीं हो सकता लेकिन दक्षिण में यह सम्भव है।

2. उत्तर भारत में नातेदारी से सम्बन्धित प्रत्येक शब्द यह स्पष्ट करता है कि सन्दर्भित व्यक्ति रक्त सम्बन्धी है या विवाह से, लेकिन दक्षिण भारत में ऐसा नहीं है।
3. दक्षिण भारत में व्यक्ति के कुछ नातेदार होते हैं जो उसके केवल रक्त सम्बन्धी हैं और कुछ अन्य होते हैं जो एक साथ रक्त सम्बन्धी और विवाहोपरान्त के सम्बन्धी होते हैं।
4. दक्षिण भारत में नातेदारी का संगठन दो समूहों में आयु श्रेणियों के अनुसार होता है, अर्थात् व्यक्ति से बड़ा (tam-mum) और छोटा (tam-pin) के आधार पर होता है। 'तांम' का अर्थ स्वयं, 'मम' का अर्थ पहले और 'पिन' का अर्थ बाद में होता है।
5. दक्षिण भारत में नातेदारी संगठन वर्षोंक्रम में आयु (chronological age) के अनुसार अन्तर पर निर्भर करता है जब कि उत्तर में यह पीढ़ी विभाजन (generational divisions) के सिद्धान्त पर निर्भर करता है।
6. दक्षिण भारत में विवाहित लड़कियों के लिए व्यवहार के विशेष प्रतिमान नहीं होते जबकि उत्तर भारत में उन पर अनेक प्रतिबन्ध लगा दिए जाते हैं।
7. दक्षिण भारत में विवाह का अर्थ यह नहीं होता कि लड़की पिता के घर से अलग हो गई, लेकिन उत्तर भारत में स्त्री अपने पिता के घर कभी-कभी ही जाती है।
8. उत्तर भारत में विवाह नातेदारी समूह को विस्तृत करने के लिए होता है जबकि दक्षिण भारत में यह पहले से ही मौजूद बन्धनों को और मजबूत करने के लिए होता है।

पूर्वी परिक्षेत्र (Eastern Zone)

पूर्वी भारत (Eastern India) में नातेदारी संगठन भिन्न है। यहाँ जातिवादी हिन्दुओं की तुलना में आदिवासी अधिक हैं (बंगाल, बिहार, आसाम, और उड़ीसा के भागों में)। प्रमुख जनजातियाँ हैं : खासी, विरहोड़, मुण्डा और औराँव। इनमें नातेदारी संगठन का कोई प्रारूप नहीं है। मुण्डारी भाषी लोगों में पितृवंशीय पतिस्थानिक परिवार होते हैं, परन्तु इस परिक्षेत्र में संयुक्त परिवार बिरले ही मिलते हैं। विलिंग सहोदरज विवाह (cross cousin) यदाकदा मिलते हैं यद्यपि वधू मूल्य आम बात है। स्त्री को 'दो के रूप में' सम्बोन्धित किया जाता है, जैसे (तुम दो)। नातेदारी शब्दावली संस्कृत एवं द्रविड़ दोनों भाषाओं से ली गई है। खासी और गारों लोगों में मातृवंशीय संयुक्त परिवार मिलता है (जैसे दक्षिण में नायरों में)। विवाह के बाद पुरुष अपने माता-पिता के साथ विरले ही रहता है; वह एक अलग घर स्थापित करता है।

निष्कर्ष रूप में कहा जा सकता है कि भारत में नातेदारी संगठन जाति और भाषा से प्रभावित है। प्रस्थिति तथा जीवनयापन के लिए कठिन स्पर्धा के आज के युग में, एक व्यक्ति का परिवार और उसके परिवार उसके सहायक के रूप में अवश्य होने चाहिए। जाति एवं भाषाई समूह समय-समय पर व्यक्ति की सहायता कर सकते हैं, लेकिन उसके कट्टर समर्थक, विश्वसनीय एवं वफादार लोग केवल उसके परिवार ही हो सकते हैं। इसलिए यह आवश्यक है कि व्यक्ति को न केवल अपने नातेदारों से सम्बन्ध मजबूत रखने चाहिए बल्कि उसे अपने

नातेदारों के दायरे में विस्तार भी करना चाहिए। सहोदरज विवाह, अधिमान्य विवाह (preferential mating), विनिमय विवाह, और विवाह प्रतिमान जो जीवन साथी के चयन क्षेत्र को सीमित करते हैं, को बदलने की आवश्यकता है ताकि विवाह के द्वारा नातेदारी सम्बन्ध विस्तृत हों और व्यक्ति शक्ति अर्जित करने और प्रस्थिति उठाने में उनकी मदद ले सके और प्राप्त कर सके।

स्त्रियों की बदलती प्रस्थिति
(Changing Status of Women)

बदलती प्रस्थिति (Changing Status)

आज भारत में स्त्रियों की प्रस्थिति—सामाजिक, आर्थिक, राजनैतिक और सामान्य—प्राचीन और मध्य काल से अधिक ऊँची है। उन्हें अनेक अधिकार (सामाजिक और वैधानिक) प्राप्त हैं, उन्हें अधिक स्वतंत्रता प्राप्त है, उनकी आवाज में अधिक शक्ति है, और वे सार्वजनिक मामलों में अधिक भाग लेती हैं। किन्तु यह भी सत्य है कि उनके साथ अभी भी भेदभाव किया जाता है, उन्हें सताया जाता है, अपमानित किया जाता है, उन्हें आधीनता में रहना पड़ रहा है और उनका शोषण भी हो रहा हैं।

प्राचीन भारत में (वैदिक व महाकाव्य युग में) स्त्रियों को अधिकतर पुरुषों के समान माना जाता था। उन्हें सम्मानित किया जाता था और पृथ्वी पर दैवी गुणों का प्रतीक समझा जाता था। उन्हें न केवल गृहस्थ जीवन का बल्कि समूचे सामाजिक संगठन का भी आधार माना जाता था। वास्तव में, ऐसे विद्वान भी हैं जिन्होंने धर्म ग्रन्थों से अनेक अंश यह दर्शाने के लिए सन्दर्भित किए हैं कि स्त्रियों की प्रस्थिति निम्न थी। ये अंश स्त्री को 'विश्वास के अयोग्य', 'पुरुष की शारीरिक आवश्यकताओं को सन्तुष्ट करने वाली तथा उनके लिए सन्तान देने वाली', 'सभी बुराइयों की जड़', 'अधिकार की वस्तु', आदि बताया है। लेकिन ये सभी सन्दर्भ प्रसंगवश थे, अर्थात् किसी प्रसंग में कहे गए थे। सामाजिक क्षेत्र में उन्होंने कभी पर्दा नहीं किया, उन्हें जीवन साथी के चुनाव की आज़ादी थी, शिक्षा प्राप्ति से वे वंचित नहीं थीं, तथा घर में और बाहर स्वतंत्र थीं। आर्थिक क्षेत्र में उन्हें माँ व पत्नी के रूप में सम्पत्ति में सीमित अधिकार प्राप्त थे। परन्तु वे नौकरी नहीं करती थीं और परिश्रमिक प्राप्त नहीं करती थीं क्योंकि ऐसा करना उनके लिए आवश्यक नहीं था। राजनैतिक क्षेत्र में उनकी प्रस्थिति तत्कालीन राजनैतिक व्यवस्था पर निर्भर करती थी। उन दिनों क्योंकि चुनी हुई सरकार नहीं होती थी, अतः उन्हें न तो मताधिकार प्राप्त था और न ही उन्हें किसी राजनैतिक पद प्राप्त करने के अवसर प्राप्त थे। उन्हें सभाओं में प्रवेश की अनुमति नहीं थी क्योंकि इनमें जुआ, शराब व अन्य उद्देश्य भी पूरे किए जाते थे। कौटिल्य ने (अर्थशास्त्र) धनुष बाण से सुसज्जित स्त्री सैनिकों का वर्णन किया है। धार्मिक क्षेत्र में उन्हें पूर्ण अधिकार प्राप्त थे और वे नियमित रूप से धार्मिक समारोहों में भाग लेती थीं।

पौराणिक, ब्राह्मण, व मध्य काल में स्त्रियों की प्रस्थिति अनेक प्रतिबन्धों के लगाने के कारण निम्न हो गई थी। पूर्व-यौवनारम्भ काल में ही विवाह होने लगे, विधवा पुनर्विवाह निषिद्ध हो गया, पति को पत्नी के लिए देवता का दर्जा दिया गया, शिक्षा पूर्ण रूपेण

अस्वीकृत कर दी गई, सती प्रथा प्रारम्भ हो गई, पर्दा प्रथा प्रचलित हो गई, बहुपत्नी विवाह सहन किया जाने लगा, किन्तु स्त्रियों को बलि चढ़ाने, प्रार्थना करने व धार्मिक पुस्तकें पढ़ने की अनुमति नहीं दी गई। मुस्लिम काल में जाति प्रथा के कठोर प्रतिबन्धों को थोपने तथा सम्पूर्ण समाज पर ब्राह्मणी शुद्धता थोपे जाने के कारण उन पर अधिक प्रतिबन्ध लागू किए गए।

परन्तु भक्ति आन्दोलन के कारण स्थिति में कुछ परिवर्तन आया जिसके कारण स्त्रियों को कुछ सामाजिक और धार्मिक आजादी मिली। ब्रिटिश काल में स्त्रियों की प्रस्थिति में कुछ सुधार आया जिसके कुछ प्रमुख कारण थे : शिक्षा का विस्तार, लड़कियों की शिक्षा में ईसाई मिशनरियों की रुचि, सती जैसे सामाजिक बुराई का अन्त, कुछ कानूनी उपायों का क्रियान्वयन (जैसे विधवा पुनर्विवाह अधिनियम, 1856, विशेष विवाह अधिनियम, 1872, बाल विवाह निरोधक अधिनियम, 1929) और राजा राममोहन राय, जस्टिस रानाडे, ईश्वर चन्द्र विद्यासागर, महर्षि कर्वे, स्वामी दयानन्द सरस्वती, ऐनी बेसेन्ट, व महात्मा गांधी जैसे कुछ जागरुक नेताओं द्वारा कुछ सामाजिक आन्दोलन, तथा बंग महिला समाज, भारत महिला परिषद (1904), इण्डियन एसोसियेशन (1917), नेशनल काउन्सिल फॉर विमेन इन इण्डिया (1925) एवं अखिल भारतीय महिला कान्फ्रेन्स (1927), आदि जैसे कुछ संगठनों के प्रयास।

स्वतंत्रता प्राप्ति के पश्चात स्त्रियों की प्रस्थिति में परिवर्तन और गति आई क्योंकि कुछ नये कानून लागू किए गए (विशेष विवाह अधिनिमय 1954, हिन्दू विवाह अधिनियम, 1955, हिन्दू उत्तराधिकार अधिनियम, 1956 और दहेज विरोधी अधिनियम, 1961)। स्त्रियों के रोज़गार से सम्बन्ध कानून थे : फैक्ट्री अधिनियम, 1948 में प्रावधान, कर्मचारी राज्य बीमा अधिनियम, 1948, और प्रसूति सुविधा अधिनियम, शिक्षा का प्रभाव, शिक्षित अभिजात वर्ग की स्त्रियों द्वारा नेतृत्व प्रदान किया जाना, रोजगार के बढ़ते अवसर, जाति प्रथा की कठोरताओं में परिवर्तन, आदि। महिलापरक कार्यक्रमों में तालमेल की आवश्यकता और कमजोर वर्ग के प्रति राष्ट्रीय नीति की आवश्यकता महसूस की जाने लगी है। विभिन्न क्षेत्रों में स्त्रियों के अधिकारों की रक्षा के लिए उपाय बताने के लिए राज्य एवं केन्द्र सरकार द्वारा अनेक आयोग नियुक्त किए गए हैं। केन्द्रीय सरकार द्वारा दो ऐसे आयोग 1971 और 1992 में नियुक्त किए गए। जनवरी 1992 में गठित महिलाओं के लिए राष्ट्रीय आयोग को स्त्रियों से सम्बन्धित मामलों को देखने के लिए, स्त्रियों के प्रस्थिति के विषय में जाँच के लिए विभिन्न कानूनों का परीक्षण करने के लिए, उनकी कमियों को इंगित करने, स्त्रियों के विरुद्ध हिंसा एवं भेदभाव किए जाने के कारणों का मूल्यांकन करने के लिए और सम्भव उपाय बताने के लिए निर्देशित किया गया था।

स्त्रियों की वर्तमान प्रस्थिति का मूल्यांकन हम किस प्रकार करें ? स्त्रियों की उच्च प्रस्थिति के सूचक क्या हैं ? कुछ पर्यवेक्षक स्त्रियों की बदलती प्रस्थिति को तलाक में वृद्धि तथा स्त्री तलाक याचिकाओं की पुरुषों से अधिक संख्या, अन्तर्जातीय विवाहों में वृद्धि, स्त्रियों के प्रति अपराधों में कमी, जैसे कारकों से जोड़ते हैं। लेकिन स्त्रियों की वास्तविक ऊंची प्रस्थिति की ओर संकेत करने वाले कारक हैं : स्त्रियों का भुगतान प्राप्त वाले कार्यों में संलग्न होना और आर्थिक आजादी प्राप्त करना, स्त्रियों द्वारा सम्भाले हुए विभिन्न विभागों में ऊच्च

और बेहतर पदों की संख्या में वृद्धि, महिला उद्यमियों और प्रबन्धकों की संख्या में वृद्धि, आदि, विधायिकाओं में स्त्रियों की संख्या में वृद्धि, विश्वविद्यालयों में पढ़ने वाली लड़कियों की संख्यां में वृद्धि, विद्यालयों और व्यावसायिक संस्थाओं में लड़कियों की संख्या में वृद्धि, आदि।

स्त्रियों की प्रस्थिति का विश्लेषण दो स्तरों पर किया जा सकता है; ग्रामीण क्षेत्रों में और नगरीय क्षेत्रों में। शहरी क्षेत्रों में उनकी प्रस्थिति को तीन उप-स्तरों पर देखा जा सकता है : धनी स्त्रियाँ, मध्यम वर्गीय स्त्रियां, और गरीब स्त्रियाँ। ग्रामीण क्षेत्रों में उन स्त्रियों की प्रस्थिति में थोड़ा ही अन्तर होता है जो श्रमिक हैं और जो काम नहीं करती हैं। लेकिन शहरी क्षेत्रों में मध्यम वर्गीय स्त्रियों की प्रस्थिति असमंजस की है। धनी और गरीब वर्गीय स्त्रियों की अपनी ही जीवन शैली रहती है लेकिन मध्यम वर्गीय स्त्रियों के दृष्टिकोण और मूल्य अलग हैं। यह वर्ग भेद तीन सामान्तर (parallel) नदियों के समान है जिनकी सीमाएँ स्पष्ट होती हैं।

कुछ ही दशक पूर्व (1950) तक शहरी मध्यम वर्गीय स्त्रियों की बड़ी स्पष्ट भूमिका होती थी। वे जानती थीं कि उनसे क्या अपेक्षाएँ की जाती है और वे उनके अनुरूप कार्य करती थीं। यह पूर्वाभासित जीवन शैली थी जिसमें चुनौती तो थी लेकिन थोड़े ही प्रयत्नों से समाधान भी था और काफी सरलता से वे अपनी भूमिकाओं के साथ समायोजन कर लेती थीं। आज अधिकतर स्त्रियाँ, अधिक शिक्षा और आय के साधनों के साथ, समायोजन में कठिनाई अनुभव करती हैं। पहले जब अधिकतर लड़कियों की वरीयता (priority) सही समय पर विवाह करना और पत्नी, माँ, बहू की विभिन्न भूमिकाओं पर आधारित जीवन व्यतीत करना होती थी, तब माता-पिता अपनी पुत्रियों का विवाह निश्चित करने के लिए अपने भावी दामाद की पारिवारिक पृष्ठभूमि के विषय में अधिक चिन्तित रहते थे। दहेज की माँग ऊँची होती थी। विवाह विच्छेद या तलाक या पृथकत्व को सामाजिक व वैधानिक मान्यता प्राप्त नहीं थी। स्त्रियों के समक्ष सिवाय विवाह को कामयाब बनाने के अन्य कोई विकल्प नहीं होता था। पति पत्नी के बीच के सम्बन्ध पारस्परिक विश्वास पर आधारित होते थे जबकि पति पत्नी पर विश्वास करता था और धैर्य, नम्रता और समझादारी से उसके साथ समायोजन के प्रयत्न में उसकी प्रशंसा और उसकी सहायता करता था। परिवार का श्रेणीक्रम भली भाँति परिभाषित होता था। श्वसुर 'बास' होता था और उसके शब्द ही कानून थे जिनका पालन किया जाता था। स्त्रियाँ सामाजिक प्रतिमानों का सम्मान करती थीं।

लेकिन आज गृहस्थी चलाना और बच्चों का पालन पोषण मध्यम वर्गीय स्त्रियों के लिए पूर्णकालिक कार्य नहीं रह गया है। वे हताशा से धनी वर्ग की होड़ में लगी हैं। आज जीवन साथी के रूप में लड़कियों के चयन के प्रमुख आधार हैं : उनकी शिक्षा और रोजगार योग्यता। यह धनोपार्जन करने वाले दम्पत्तियों का युग है। लड़कियों ने यह चुनौती स्वीकार की है। उन्होंने कोई क्षेत्र ऐसा नहीं छोड़ा है जहाँ केवल लड़के ही विशिष्टता का दावा कर सकते हों। कार्यरत दम्पत्ति अपने शिशुओं को शिशु गृहों (क्रेश) में छोड़ जाते हैं और शाम को उन्हें ले लेते हैं। विवाह स्वेच्छा से ही देरी से होने लगे हैं क्योंकि दम्पत्ति अपने जीवन ग्राफ को अधिक महत्त्व देने लगे हैं। यद्यपि 'बिना विवाह साथ रहो' (live in) सम्बन्ध अभी स्वीकार नहीं किये गये हैं परन्तु तलाक अब सामाजिक कलंक नहीं है। विवाह की परम्परागत

संस्था धीरे-धीरे अपनी पवित्रता खो रही है। पुरानी संयुक्त परिवार प्रथा भी टूट रही है। इससे बच्चों के पालन पोषण पर भी प्रभाव पड़ा है। एकाकी परिवार में बच्चा अकेला होता है और स्व केन्द्रित हो जाता है। प्राचीन मूल्यों के स्थान पर नवीन समतावादी व्यक्तिवादी और तार्किक मूल्य आ गए हैं। यद्यपि पुरुषों को रोजाना की दिनचर्या में भाग लेने के लिए तैयार किया जाना है लेकिन उन्हें यह अनुभव करा दिया गया है कि परिवार में उनका स्थान प्रभुत्व का नहीं रह गया है। अतः आधुनिक मध्यम वर्गीय स्त्रियाँ अधिक निजीपन, अधिक अवसर, कार्य की स्वतंत्रता और समान अधिकार प्राप्त कर रही हैं। उन्होंने बहुत सी जंजीरें तोड़ दी हैं और प्रतिबन्धित प्रथाओं को नकार दिया है। स्त्रियाँ वास्तव में समाज में अपना सही स्थान बना रही हैं।

यदि हमें समकालीन स्त्रियों का वर्णन करना है तो हम इन विशेषताओं को इंगित कर सकते हैं (देखें, *New Woman,* December, 1999 : 16-19) :

(1) स्त्रियों ने आधुनिकता और परम्परात्मकता के बीच सही सन्तुलन बना दिया है। (2) उन्होंने निश्चय रूप से यह सिद्ध करने का निर्णय कर लिया है कि वे पुरुष के बराबर हैं। (3) पहले जिन स्त्रियों की पहचान पुरुष से होती थी (वह या तो किसी की पुत्री या पत्नी या माँ के नाम से पहचानी जाती थी) और उनकी दशा उस उपग्रह की सी होती थी जो एक ही ग्रह-पुरुष के इर्द-गिर्द घूमती थी—आज वे स्वतंत्र रूप से अपनी पहचान करवा सकती हैं। (4) अब उनके विश्वास रूढ़िवादी नहीं हैं; वे अपनी क्षमताओं व गुणों का लाभ उठा रही हैं और अपने लिए एक नया रास्ता बना रही हैं जो पहले समाज द्वारा उनके लिए निषिद्ध था। (5) उन्होंने पत्नी और माता की भूमिका निर्वाह करने के साथ-साथ अपने जीवन के उत्तरदायित्व उठाने व निर्णय स्वयं लेने भी शुरु कर दिये हैं। उनकी अभिरुचियाँ और कुशलताएँ उनकी पुरानी दकियानूसी बाधाओं को धीरे-धीरे तोड़ रही हैं (6) स्त्रियों में अब स्वरूप परिवर्तन हो रहा है। 1940 और 1950 के दशकों की 'रूढ़िवादी' स्त्री से अब 1960 व 1970 के दशकों की 'नारीवादी प्रतिक्रियावादी' (feminist reactionary) स्त्री, 1980 के दशक की 'उदारवादी' (liberal) महिला, माँ, पत्नी, 'कामकाजी' (Career) वाली स्त्री, और 1990 के दशक और 2000 के पूर्व वर्षों की धीरे-धीरे सशक्त स्त्री बन रही है जिनकी अपनी माँगें होती हैं, जो अपने अधिकारों को भोग रही हैं और जिन्हें अकेले भी किसी प्रकार का डर नहीं लगता। वे स्वीकार करती हैं : "मैं यही हूँ, यह मैं नहीं हूँ, और यह मुझे होना है"। (7) वे अपने निर्णय स्वयं लेती हैं तथा वे अब पैर पोंछने की चटाई समान नहीं हैं। वे किसी प्रकार का अन्याय सहन करने को तैयार नहीं है। वे स्वयं सोच सकती हैं, अपना जीवन स्वयं बनाती हैं, और अपने बच्चों में भी महत्वपूर्ण मूल्यों का समावेश करती हैं। (8) नयी स्त्री पुरानी स्त्री का ही एक हिस्सा है। (9) वह आक्रामक, कठोर और दृढ़ होने में डरती नहीं है। साथ ही वह सुलभ, सज्जन, भावुक, ममता पूर्ण और समझदारी में भी पीछे नहीं है। वह कामकाजी स्त्री (careerist woman) हो सकती है, साथ ही घर में माँ भी। वह अपने आसपास के लोगों—परिवार, मित्रों, काम के सहयोगियों आदि के साथ स्नेह भी करती है, लेकिन व्यक्ति के रूप में स्वयं से भी स्नेह करती है। (10) वह आकांक्षाओं, अपेक्षाओं एवं इच्छाओं से भी परिपूर्ण है, लेकिन असफल होने पर वह कमजोर स्त्रियों की तरह दबी नहीं रहती।

हम नयी स्त्री के रूप में फातिमा बी का उदाहरण दे सकते हैं। आन्ध्र प्रदेश के कर्नल जिले में कल्वा गाँव की तीन बच्चों की माँ और अशिक्षित साधारण पत्नी ने चुनाव लड़ा और सरपंच पद पर विजय रही। यू.एन.डी.पी. (U.N.D.P.) योजना की एक बैठक में अचानक उसकी उपस्थिति से उसे स्त्रियों के लिए काम करने और अपने गाँव के विकास के लिए काम करने की प्रेरणा मिली। उसने एक स्कूल बनवाया, सड़कें बनवाई, निरक्षरता से संघर्ष किया, पानी की टंकी के उत्पादन से बिक्री की जिससे उसकी पंचायत को एक लाख रुपये की आय हुई। उसको अन्तर्राष्ट्रीय मान्यता मिली और संयुक्त राष्ट्र संघ के महासचिव से पुरस्कार प्राप्त करने के लिए वह न्यूयार्क भी गई।

समकालीन समाज में स्त्रियों की प्रस्थिति को देखते हुए यह कहा जा सकता है कि: (1) संसद, विधान मण्डलों, पंचायतों, और नगर निगमों में स्त्रियों का प्रतिनिधित्व अब अधिक है। स्त्री उद्यमियों, नौकरशाहों, व्यवसायियों, प्रबन्धकों और प्रशासनिक अधिकारियों की संख्या बढ़ गई है। (2) ग्रामीण स्त्रियाँ अभी भी पारम्परिक तथा अत्यधिक संस्कारिक व्यवहार में रूढ़िवादी हैं, लेकिन शहरी स्त्रियां जीवन की वास्तविक लड़ाई लड़ रही हैं। वास्तव में, शहरी क्षेत्रों में निम्न मध्यमवर्गीय स्त्रियाँ हैं जो गृहिणी, शिक्षिकाओं, नर्सों, लिपिकों, आशुलिपिकों, टेलीफोन ऑपरेटरों के रूप में कार्य करती हैं और निम्न वर्गीय स्त्रियां भी हैं जो श्रमिकों, घरेलू नौकरानियों, सफाई कर्मचारियों और कचरा बीनने वालों के रूप में काम करतीं हैं जिनके लिए जीवन अधिक नहीं बदला है। वे आज भी समाज में हीन हैं। आर्थिक दृष्टि से आज भी पुरुषों से मुक्त नहीं हो पाई हैं। सामाजिक, नैतिक व मनोवैज्ञानिक दृष्टि से भी उनकी स्थिति पुरुषों के समरूप नहीं है। प्रौढ़ावस्था में जब वे अपना जीवनक्रम शुरु करती हैं तो समाज के द्वारा उन्हें भिन्न परिप्रेक्ष्य में देखा जाता है। क्योंकि बहुत कम स्त्रियाँ ही स्त्रियोचित दायरे से निकल पाती हैं और क्योंकि उन्हें ठोस रूप में पुरुष के बराबर होने के लिए आवश्यक मदद न तो समाज और न परिवार से ही मिल पाती है, इसलिए वे सफल भूमिका निर्वाहक के रूप में मान्यता प्राप्त नहीं कर पाती हैं।

नारी अधिकारवाद और स्त्रियों के अधिकार (Feminism and Rights of Women)

नारी अधिकारवाद आन्दोलन स्त्रियों के अधिकारों और आधुनिक भूमिकाओं पर केन्द्रित है। नारी अधिकारवाद पर तीन वैचारिक प्रस्थापनाएं (propositions) इस प्रकार हैं : उदार (liberal) नारी अधिकारवाद, मार्क्सवादी नारी अधिकारवाद और उग्र (radical) नारी अधिकारवाद। **उदार नारी अधिकारवाद** लिंग (gender) समता में विश्वास करता है और एक लिंग के द्वारा दूसरों को आधीन बनाने की बात अस्वीकार करता है। स्त्रियों को मानव प्राणी की अपेक्षा यौन भोग की वस्तु समझने को भी अस्वीकार करता है। परन्तु यौन आधार पर श्रम विभाजन को यह चुनौती नहीं देता। इसका मानना है कि स्त्रियां पारिवारिक भूमिकाओं के लिए सर्वथा उपयुक्त हैं और पुरुष बाहरी भूमिकाओं के लिए। **मार्क्सवादी नारी अधिकारवाद** स्त्रियों की आधीनता को उत्पादन के साधनों के स्वामित्व (ownership) और निजी सम्पत्ति के उदय का परिणाम बताता है। पुरुषों की तरह ही स्त्रियों के काम का 'उपयोगी' मूल्य है लेकिन 'विनियम' (exchange) मूल्य नहीं है। इसलिए पुरुषों के पास स्त्रियों से अधिक शक्ति होती है और स्त्रियों का उत्पीड़न भुगतान रहित गृह कार्य के कारण

होता है। **उग्र नारी अधिकारवाद** यद्यपि लैंगिक समानता में विश्वास करता है, लेकिन परम्परागत श्रम विभाजन को अस्वीकार करता है। इसकी मान्यता है कि लिंग आधारित भूमिकाएं जैविक कारकों का ही परिणाम नहीं हैं बल्कि संस्कृति की देन भी है। यह मुक्त यौनाचार और सामूहिक बाल देखभाल में विश्वास करता है। इस प्रकार जब मार्क्सवादी नारी अधिकारवादियों ने स्त्रियों के उत्पीड़न को निश्चयात्मक प्रारूप दिया वहीं उग्र नारी अधिकारवादियों ने इसे मनोवांछित स्वरूप प्रदान किया है।

ऐसे समाज में जिसमें 100 करोड़ की कुल जनसंख्या में से लगभग आधी स्त्रियाँ अशिक्षित हों (1998 के प्रारम्भ में), राष्ट्रीय प्रतिदर्श सर्वेक्षण संगठन पर आधारित नवीनतम आँकड़ों के अनुसार (स्त्रियों की निरक्षरता आँकड़े 1991 में 39% से 1997 में 49% से ऊपर चले गए) (*दी हिन्दुस्तान टाइम्स*, दिसम्बर 26, 1998) विभिन्न सामाजिक कानूनों के माध्यम से स्त्रियों के लिए क्या अधिकार सुरक्षित किए गए हैं ?

भारतीय संविधान स्त्रियों को समानता, स्वतंत्रता, सम्पत्ति, शिक्षा, संवैधानिक उपायों तथा शोषण के विरुद्ध अधिकार प्रदान करता है। राज्य भी स्त्रियों के हितों की रक्षार्थ विशेष कानून बनाते रहे हैं। सामाजिक क्षेत्र में ये कानून विविध पक्षों से सम्बद्ध हैं जैसे, विवाह (साथी के चयन, विवाह के समय आयु, बहु विवाह, तलाक, भरण पोषण भत्ता, दहेज, वैवाहिक अधिकारों का पुनर्स्थापन, और पुनर्विवाह), बच्चों का गोद लेना और गर्भपात आदि। *आर्थिक* कानून सम्पत्ति के अधिकार या उत्तराधिकार, समान मजदूरी, कार्य दशाएं, प्रसूति लाभ एवं रोजगार की सुरक्षा से सम्बद्ध हैं। स्त्रियों को प्रदत्त राजनैतिक अधिकार हैं : स्त्री मताधिकार और विधायिकाओं के लिए पात्रता (eligibility)।

क्या स्त्रियां इन अधिकारों के प्रति जागरूक हैं ? क्या वे वास्तव में इन अधिकारों का उपयोग कर रही हैं ? लगभग एक दशक पूर्व राजस्थान में एक जिले के आठ गाँवों में 18-50 वर्ष आयु समूह की 753 स्त्रियों में मेरे द्वारा किया गया अनुभवाश्रित अध्ययन दर्शाता है कि यद्यपि जागरुकता का स्तर चार तत्वों पर निर्भर करता है : स्त्री की व्यक्तिगत पृष्ठभूमि, उसका सामाजिक वातावरण, उसका अपना दृष्टिकोण और उसका आर्थिक आधार, फिर भी जागरुकता का स्तर बहुत कम है (आहूजा : *राइट्स ऑफ विमेन, ए फेमिनिस्ट पर्सपैक्टिव*, 1992)। परन्तु हम यह नहीं मानते कि अधिकारों के जागरुकता से स्त्रियों की प्रस्थिति स्वयंएत्व उठ जाती है। बल्कि एक प्रश्न उठता है कि यदि पुरुष स्त्रियों के देय अधिकार उन्हें नहीं देते, क्योंकि या तो स्त्रियां यह सहन कर लेती हैं और विद्रोह नहीं करतीं, या क्योंकि सामाजिक नियमों का उल्लंघन करने वालों को कोई दण्ड नहीं दिया जाता या क्योंकि अधिकारों की अस्वीकृति के लाभ कीमतों से अधिक हैं, तो पुरुषों द्वारा चालित अन्याय में चक्र को कैसे तोड़ा जाये ? स्त्रियों के हितों की रक्षा कैसे करें ? कौन सी नीतियां और कार्यक्रम पुरुषों को उदार बनाएंगे ? इनके उपाय सामाजिक, वैधानिक और आर्थिक प्रतीत होते हैं।

स्त्रियों के आन्दोलन और सरकार द्वारा उठाए गए कुछ कदम ऐसा आभास देते हैं कि कुछ ऐसे सांस्कृतिक और संरचनात्मक परिवर्तन लाए गए हैं कि स्त्रियों को शिक्षा, रोजगार और राजनैतिक भागीदारी में पुरुषों के समान अवसर प्रदान किए गए हैं, उनके शोषण में कमी आई है और उन्हें ऐसे संगठनों के विकास के लिए उन्मुख किया गया है जो उनकी

समस्याओं में गहरी रुचि लेते हैं। लेकिन सत्य यह है कि ये परिवर्तन मात्र दिखावा है और व्यवहार में स्त्रियों को देय अधिकार नहीं मिल रहे हैं और वे आज भी पुरुष की आधीनता की शिकार बनी हुई हैं।

अधिकारों के न देने के पीछे कारणों में व्यक्तिगत, आर्थिक व जनांकिकी कारक हो सकते हैं। व्यक्तिगत कारकों का सम्बन्ध उन पुरुषों की व्यक्तित्व की विशेषताओं से है जिनकी बुद्धि लब्धि (I.Q) निम्न होती है, जो अपरिपक्वता, हताशा और कुण्ठा से पीड़ित होते हैं, जो मद्यपायी (alcoholics) होते हैं और स्त्रियों से अत्यधिक काल्पनिक अपेक्षाएं रखते हैं और चाहते हैं कि स्त्रियाँ निष्क्रिय और नम्र बनी रहें। जहां तक आर्थिक कारकों का सम्बन्ध है, धनोपार्जन करने वाली स्त्रियों को अधिक और गैर-धनोपार्जन करने वाली स्त्रियों को कम अधिकार प्राप्त हैं; निम्न और मध्य आय वाले परिवारों की स्त्रियों के अधिकारों की उपेक्षा उच्च आय परिवारों की स्त्रियों से अधिक की जाती है; और धनोपार्जन करने वाली स्त्रियों में जो गैर-व्यावसायिक कार्यों या निम्न स्तरीय कार्यों में लगी हैं कम अधिकारों का भोग करती हैं अपेक्षाकृत उनके जो व्यावसायिक कार्यों या उच्च स्तरीय कार्यों में लगी रहती हैं। अन्तिम, जहाँ तक जन संख्यात्मक कारकों का सम्बन्ध है उच्च जाति की महिलाओं को मध्यम और निम्न जातीय स्त्रियों से कम अधिकार प्राप्त होते हैं; वृद्ध पुरुष स्त्रियों को अधिकार देते हैं अपेक्षाकृत युवा पुरुषों के; और महिलाओं द्वारा महिलाओं को अधिकारों द्वारा इन्कार किए जाने के मामले कम हैं अपेक्षाकृत पुरुषों द्वारा स्त्रियों को।

हम ऐसे पुरुषों के भी उदाहरण दे सकते हैं जो स्त्रियों को उनके अधिकारों से वंचित रखते हैं। ये वे पुरुष होते हैं जो हीनता भावना तथा स्व निम्न मूल्यांकन से पीड़ित होते हैं, कम संसाधनों वाले होते हैं, अर्थात् जिनके व्यक्तित्व अव्यस्थित होते हैं, जिनका स्वभाव शक और अहंकार वाला होता है, जो अपने बचपन में हिंसा के शिकार हो चुके हैं, और अपने परिवारों में तनावपूर्ण वातावरण का सामना करते हैं।

जिन स्त्रियों को अधिकारों से वंचित रखा जाता है वे होती हैं जिनमें असहाय होने की भावना होती है, जो हीनता भावना से पीड़ित होती हैं, अपने स्व छवि (self-image) को हीन-देखती हैं, जिनमें सामाजिक परिपक्वता की कमी होती है, और जो आर्थिक रूप से पराधीन होती हैं।

हम छः प्रकार की प्रवन्चनाएं (denial of rights) बता सकते हैं: धनोन्मुखी (money-oritented), आनन्दोन्मुख (pleasure-oriented), शक्ति-उन्मुख (power-oriented), उत्पीड़ित महिलाओं के व्यवहार के कारण उत्पन्न (victim-precipitated), इन्कार करने वाले व्यक्ति की व्याधि परिणाम स्वरूप उत्पन्न (pathology resulted) और तनावपूर्ण पारिवारिक स्थितियों का परिणाम।

महिला मुक्ति के तीन प्रारूप (Three Models for Women's Liberation)

समाज में स्त्रियों की स्थिति को ऊँचा उठाने के लिए उन्हें अल्पसंख्य समूह के रूप में मानते हुए तीन प्रतिदर्श (मॉडल) बताए गए है (Alice Rossi, quoted by Michael Haralambos, *Sociology : Themes and Perspectives,* 1981 : 399)। ये इस

प्रकार हैं : *बहुवादी* (Pluralism) प्रारूप, आत्मसातकरण (Assimilation) प्रारूप, और संकर (Hybrid) प्रारूप। *बहुवादी* प्रारूप के अनुसार स्त्रियों को अपने विशिष्ट गुणों को विकसित करना एवं बनाए रखना चाहिए; साथ ही उन परिस्थितियों को भी हटाना चाहिए जो उन्हें असमानता का सामना करने को बाध्य करती हैं। यह प्रारूप ऐसे भविष्य की सम्भावना का अनुमान करता है जिसमें स्त्री व पुरुष अपने अन्तर बनाए रखेंगे। ये अन्तर उनके बीच की प्रस्थिति और समानता के प्रसंगों में स्त्री पुरुष दोनों द्वारा स्वागत किए जायेंगे और वे इनका सम्मान भी करेंगे। इसका अर्थ यह है कि स्त्री पुरुष भिन्न होंगे किन्तु समान भी होगे। परन्तु कुछ विद्वानों ने इस प्रारूप को स्वीकार नहीं किया है क्योंकि वे सोचते हैं कि 'पृथक व समान' के आदर्श का व्यवहार में परिणाम होगा स्त्रियों पर अत्याचार और उनका शोषण। आत्मसातकरण प्रारूप का तर्क है कि स्त्रियों को समाज की मुख्य धारा में शामिल होना चाहिए। इसका अर्थ होगा समलिंग (unisex) समाज, जिसमें स्त्रियाँ पुरुषों के समान भूमिका निभाएंगी, अर्थात् स्त्रियाँ विशिष्ट भूमिकाएँ निर्वाह की अपनी विशिष्ट विशेषताओं को खो देंगी। विद्वान तर्क देते हैं कि 'आत्मसातकरण' असम्भव है क्योंकि पुरुष की जीवन शैली स्त्रियों की गृहिणी की भूमिका द्वारा पुरुषों की आवश्यकताओं की पूर्ति करने की पृष्ठभूमि पर आधारित है। यदि स्त्रियों को पुरुष भूमिकाएँ अपनानी हैं तब गृहिणी के लिए एक प्रकार्यात्मक भूमिका का पता लगाना पड़ेगा और आत्मसातकरण दोनों को अस्वीकार करता है। यह इस विचार को अस्वीकार करता है कि स्त्रियाँ परम्परागत पुरुष भूमिकाएं अपनाएँ और यह मानता है कि स्त्री पुरुषों दोनों की परम्परागत भूमिकाओं में परिवर्तन उनकी सामाजिक असमानता दूर करेगी।

उपरोक्त प्रारूप स्त्रियों की मुक्ति पर, विशेष रूप से स्त्रियों की भूमिकाओं में परिवर्तन पर, प्रकाश डालते हैं। पुरुषों के समान स्त्रियों द्वारा भूमिकाएं निभाए जाने के विचार को हम व्यावहारिक मानते हैं लेकिन यह भी मानते हैं कि स्त्रियों द्वारा गृहिणी की भूमिका समाप्त किया जाना या स्त्रियों को गृह कार्य के लिए भुगतान करना व्यावहारिक नहीं है। समाज के सभी क्षेत्रों में श्रम के लिंग आधारित विभाजन को समाप्त नहीं किया जा सकता। हमें अपनी संस्कृति में हाल ही में उभरे लिंग भूमिकाओं के विचार में क्रान्ति की आवश्यकता है। हम चाहते हैं कि स्त्री पुरुषों को व्यक्ति के रूप में देखा जाये, न कि लिंग के रूप में। इसमें यह बात शामिल नहीं है कि यह परिवर्तन समलैंगिक और स्वरतिशील (lesbian) नारी सम्बन्धों को सहन किया जायेगा। हम तो केवल यह चाहते हैं कि सांस्कृतिक रूप से चली आ रही 'एक स्त्री' की छवि द्वारा सीमित और दबी रहने के बजाय स्त्रियों के लिए सांस्कृतिक स्वतंत्रता हो ताकि वे अपने लिए उपयुक्त व्यवहार और अपने व्यक्तित्व का विकास कर सकें।

महिला मुक्ति आन्दोलनों से समाजशास्त्र में एक अलग शाखा 'स्त्रियों का समाजशास्त्र' का उदय हुआ है। समाजशास्त्र की यह शाखा मुख्यतः दो प्रकरणों से सम्बन्धित है : (i) स्त्रियों का मूल्यांकन जो कि उतनी ही महत्वपूर्ण है जितना पुरुषों का और (ii) सामाजिक समस्या के रूप में स्त्रियों की समाज में आधीन स्थिति। स्त्री और पुरुष दोनों ही समाजशास्त्रियों ने, जो स्त्रियों के आदर्शों के लिए प्रतिबद्ध हैं, भारत में स्त्रियों के अध्ययन की ओर ध्यान आकर्षित किया है। उनमें से कुछ ने महत्वपूर्ण प्रस्ताव रखे हैं, जैसे स्त्रियों को परम्परागत मूल्यों को त्यागने और आधुनिक मूल्यों को विकसित करने की आवश्यकता,

अपने 'असहाय' होने के दृष्टिकोण को छोड़ना, अपने करियर के लिए श्रमिक की भूमिका को उतनी ही गम्भीरता से धारण करना जितना कि गृहिणी की भूमिका को, तथा विभिन्न मूल्यों को वरीयता देना, आदि। जब तक स्त्री अपनी 'श्रमिक भूमिका' को श्रम बाजार में उतना ही महत्व नहीं देती जितना कि 'अभिव्यक्तिपूर्ण नारी भूमिका' को, तब तक स्त्रियों के प्रति भेदभाव का अन्त नहीं होगा।

स्त्रियों के प्रति हिंसा (Violence Against Women)

स्त्रियों के प्रति हिंसा उस शक्ति बल (force) का द्योतक है जो चाहे गुप्त रूप से या प्रकट रूप से स्त्री से कुछ प्राप्त करने के लिये प्रयुक्त हो, जिसे वह अपनी इच्छा से न देना चाहे, और जो उसे शारीरिक आघात या भावात्मक आघात या दोनों पहुंचाता हो। स्त्रियों के प्रति हिंसा को इस प्रकार वर्गीकृत किया जा सकता है : अपराधिक (criminal) हिंसा, (बलात्कार, अपहरण, हत्या), घरेलू (domestic) हिंसा (दहेज हत्या, पत्नी की पिटाई, नातेदारों द्वारा यौन शोषण, विधवाओं और वृद्ध स्त्रियों से दुर्व्यवहार, बहू को यातना), और सामाजिक हिंसा (पत्नी या बहू को कन्या भ्रूण हत्या (female foeticide) के लिए बाध्य करना, छेड़छाड़, युवा विधवा को 'सती' होने के लिए बाध्य करना, स्त्री को सम्पत्ति में से हिस्सा देने से इन्कार करना)।

हिंसा की शिकार महिलाएँ कौन हैं ? 1985 और 1993 में स्त्रियों के प्रति हिंसा पर किए गए एक अनुभवात्मक अध्ययन के आधार पर (देखें Ahuja Ram, Crime Against Women, 1987 and Volence Against Women, 1998) मैंने चार प्रकार की स्त्रियों को इंगित किया है जो हिंसा की अधिकतर शिकार होती हैं : (1) जो असहाय, अवपीड़ित (depressed), धूमिल स्व-छवि वाली (poor self-image), और अपने को हीन समझने वाली हों, या वे जो हिंसा कर्त्ताओं द्वारा भावात्मक रूप से शोषित हों, या जो परहित वादपरक शक्तिहीनता (altruistic powerlessness) से पीड़ित हों ; (2) जो तनावपूर्ण पारिवारिक स्थितियों में रहती हों या ऐसे परिवार में रहती हों जो सामान्य नहीं कहे जा सकते, अर्थात् जो संरचनात्मक दृष्टि से पूर्ण नहीं कहे जा सकते, आर्थिक रूप से असुरक्षित हों, नैतिक रूप से विचलित हों और कार्यात्मक रूप से अपर्याप्त हों, (3) जिनमें सामाजिक परिवपक्वता कम हो या सामाजिक अन्तर्वैयक्तिक दक्षता की कमी हो और व्यावहारिकता की समस्याओं से पीड़ित हों, (4) जिनके पति व्याधिपूर्ण व्यक्तित्व वाले हों या शराबी हों।

हिंसा का प्रयोग करने वाले पुरुष कौन हैं ? सामान्यतः स्त्रियों पर अत्याचार या आक्रमण वे लोग ही करते हैं जिन्हें वे जानती हैं। इग्लैंड में वारविक विश्वविद्यालय द्वारा किए गए एक अध्ययन में पाया गया कि लगभग 60 प्रतिशत स्त्रियों को अपने ही परिवार के सदस्यों द्वारा शापित (abused) किया जाता है और 40 प्रतिशत अजनबियों द्वारा। भारत में भी विभिन्न राज्यों में पुलिस के पास रिपोर्टों से पता चलता है कि 'घर' (प्रजनन परिवार) स्त्रियों के लिए सुरक्षित नहीं है (इसका यह अर्थ भी नहीं है कि स्त्रियां अपने घर के बाहर अधिक सुरक्षित हैं)। पुरुष यह तर्क देते हैं कि आज पत्नी रूप में स्त्री से जितनी अपेक्षाएं की जाती हैं उनमें वे परम्परागत मानदण्डों को नहीं मानती हैं। क्या इसका अर्थ यह माना जाये कि जो इस प्रकार के मानदण्डों का अनुपालन न करें और कुछ स्वतंत्रता चाहें उन्हें हिंसा की

आवश्यकता है, चाहे शारीरिक, मनोवैज्ञानिक या भावानात्मक जिससे वे उस अनुपालन को पूर्ण कर सकें ? क्या आज के युग में हम इस प्रकार के 'पितृतंत्रात्मक मतैक्य' (patriarchal consensus) को स्वीकार कर सकते हैं ?

स्त्रियों के विरुद्ध हिंसा का प्रयोग करने वाले प्रहारकर्ता (victimizers) सात प्रकार के हो सकते हैं। ये हैं :

- जो अवपीड़नशील/अवपात (depressions) से पीड़ित, हीन भावना वाला तथा निम्न स्वांकन (self-esteem) से ग्रस्त हों।
- जिनका व्यक्तित्व अव्यवस्थित हो और जो मनोव्याधि (psychopathy) से पीड़ित हो।
- जिनके पास संसाधनों, कुशलताओं और योग्यता की कमी हो और जिनका व्यक्तित्व सामाजिक रोगी (sociopathic) का हो।
- जिनका स्वभाव प्रभुत्वशाली (possessive), शक्की और स्वामित्व भाव वाला (dominant) होता है।
- जो परिवार जीवन में तनावपूर्ण स्थितियां झेलते हैं।
- जो बचपन में हिंसा के शिकार रह चुके हैं।
- जो शराब पीने के आदी हों।

यदि हमें स्त्रियों के प्रति हिंसा के प्रकार विकसित करने हों तो हम छः प्रकार की हिंसा बता सकते हैं:

- धनोन्मुख (money-oriented) हिंसा।
- कमज़ोर पर ताकत प्राप्त करने के लिए (power-oriented) हिंसा।
- सुखप्राप्ति के उद्देश्य से की जाने वाली (pleasure-oriented) हिंसा।
- हिंसा प्रयोग करने वाले की व्याधि (pathology) के कारण उपजी हिंसा।
- तनावपूर्ण पारिवारिक स्थितियों के परिणाम स्वरूप हिंसा।
- शिकार हुए व्यक्ति द्वारा प्रेरित (victim-oriented) हिंसा।

हिंसा के प्रेरक तत्व

स्त्रियों के प्रति हिंसा के कौन से प्रेरक कारक हैं ? इन कारकों को तीन आधार पर समझाया जा सकता है : (i) वे स्थितियाँ जो हिंसात्मक व्यवहार पैदा करती हैं ; (ii) पीड़ितों की विशेषताएं और (iii) प्रहारकर्ताओं (victimisers) की विशेषताएँ। स्त्रियों के प्रति हिंसा के चार कारक बताये जा सकते हैं : (a) पीड़ित के उकसाने पर (b) नशे में (c) स्त्रियों के प्रति आक्रामकता (hostility) और (d) परिस्थिति की माँग।

पीड़िता का व्यवहार

कभी-कभी पीड़िता अपने व्यवहार से अपने प्रति हिंसा करने के लिये व्यक्ति को *उकसाती* है जो कि अक्सर अचेत में होता है, अर्थात वह स्वयं को शिकार होने की स्थिति पैदा करती

है। उत्पीड़ित स्त्री अपराधी के हिंसात्मक व्यवहार को या तो उत्पन्न करती है या भड़काती है। पीड़िता के कार्य उस व्यक्ति को आक्रामक बना देते हैं जिससे उसके अपराधी इरादे उसकी ओर निर्दिष्ट हो जाते हैं : बलात्कार, पत्नी को पीटने, अपहरण, विधवाओं के साथ दुर्व्यवहार और हत्याओं पर मेरे स्वयं का सर्वेक्षण का केन्द्र पीड़ित ही थे, फिर भी कुछ अपराधियों और हमलावरों का भी साक्षात्कार लिया गया था। आश्चर्य की बात तो यह है कि कुछ ही लोगों ने शर्म या चिन्ता की अभिव्यक्ति की। अधिक संख्या में इस प्रकार के लोग किसी उद्वेगात्मक परेशानी या जिसे मनोवैज्ञानिक 'परेशान पुरुषत्व' (troubled masculinity) कहते हैं का अनुभव किया। पत्नी से मारपीट करने वाले प्रहारकर्ताओं ने अपनी पत्नी को पीठ पीछे बुराई करने वाली, उन व्यक्तियों से बात करने की आदत जिन्हें वे नापसन्द करते थे, उनके माता, भाइयों व बहनों के साथ बुरा व्यवहार करने, घर की उपेक्षा करने, सम्बन्धियों से बुरी तरह बात करने, कुछ लोगों से गलत सम्बन्ध रखने, अपने ससुराल वालों का कहना मानने से इन्कार करने, उन्हें लड़ाई वाले स्वभाव से क्रुद्ध करना, या उनके मामलों में अत्यधिक हस्तक्षेप करने का दोषी बताया। इसी प्रकार अपराधी हमले (बलात्कारी) वाले मामलों में भी ऐसे बलात्कारी थे जिन्होंने पीड़िता के ही व्यवहार को यौन सम्बन्ध के लिए प्रत्यक्ष निमंत्रण बताया तथा कहा कि पीड़िता ने ऐसा इशारा दिया कि यदि उसने जोर देकर कहा तो वह उसे उपलब्ध रहेगी। वास्तव में पीड़िता का ऐसे व्यवहार को निमंत्रित करने का इरादा था या नहीं, या फिर यह अपराधी की अपनी समझ/दृष्टिकोण था जिसके कारण उसने उस स्त्री का शोषण किया। इस कार्य को स्त्री द्वारा 'अभिकृत कार्य' (act of commission) नहीं तो 'उपेक्षाकृत कार्य' (omission) कहा जा सकता है।

इस प्रकार निष्क्रिय पीड़िता हिंसा के कार्य में उतना ही योगदान करती है जितना सक्रिय पीड़िता। हत्या के मामले में भी हमारे सामने ऐसे मामले आए जहां हमलावरों के अनुसार, मानव हत्या की स्थिति बन गई, जब बहस और वाकयुद्ध में पीड़िता ने ऐसे हालात बना दिए जिन्होंने व्यक्ति पीड़िता पर हमले के लिए प्रेरित किया। अपहरण के मामलों में भी कुछ अपर्हताओं ने संकेत दिया कि उनकी पीड़िता स्वयं उनके साथ भागने के लिए और विवाह करने को तैयार थी लेकिन जब वे अपने माता-पिता की शिकायत पर पकड़ी गई, तो दवाब में उन पर पीड़िता को भगा ले जाने का अपराध लगाया। औसत में 30 प्रतिशत मामले स्वेच्छा से भागने के थे, 24 प्रतिशत दवाब में भागने के, 17 प्रतिशत सहायता से भागने के मामले थे (जिनमें पीड़िताओं ने न तो दोषी व्यक्ति के साथ भागने की सहमति दी थी न ही विरोध किया बल्कि दोषी व्यक्ति के 'शक्ति' सम्बन्धों के कारण उसके साथ भाग गई), और 20 प्रतिशत तनावपूर्ण अपहरण के मामले थे जिनमें पीड़िता प्रारम्भ में तो स्वेच्छा से अपना घर छोड़ने को तैयार हो गई लेकिन बाद में पछताई जब दोषी ने उसके साथ बलात्कार किया या उसके आभूषण बेच दिए या उसे होटल में छोड़कर चला गया।

इस विश्लेषण से हम पीड़िताओं को 'सक्रिय', 'निष्क्रिय', और 'आकस्मिक' में वर्गीकृत कर सकते हैं। कम से कम दो प्रकार की पीड़िताएँ ऐसी स्थिति पैदा करती हैं जिनमें अपराधी हालात का और/या बाध्यता का शिकार हो जाता है और पीड़िता के साथ इस प्रकार का व्यवहार करता है कि उस पर हिंसाकर्ता या अपराधी का दोष लग जाता है।

हिंसा में मद्यपान

मद्यपान या नशा भी हिंसा का कारण होता है, अर्थात् हिंसा के कुछ मामले तब होते हैं जब आक्रमणकर्ता नशे में होता है और अत्यन्त उत्तेजना तथा असन्तुलित मस्तिष्कावस्था में होता है और अपने कार्य के नतीजे के विषय में शायद ही सोचता है। उदाहरणार्थ, बलात्कार के कुछ मामलों में दोषियों ने पीड़िता पर तब हमला किया जब उन्होंने इतनी शराब पी ली थी कि भावात्मक उत्तेजना एवं नशे की स्थिति में थे। वे सामान्य नियंत्रण खो चुके थे और उनकी आक्रामक कल्पना यौन इच्छा से मिलकर उग्र हो गई जिसके कारण उनका कदम इतना अनुत्तरदायित्व पूर्ण रहा। नशे से सम्बन्धित यौन अपराध समय, स्थान और परिस्थिति की उपेक्षा करने का उदाहरण है।

हिंसा और नशे के बीच इसी प्रकार के सम्बन्ध पत्नी को पीटने और हत्या के मामलों में भी दिखाई पड़ते हैं। मेरे अपने अध्ययन में, मैंने देखा कि पत्नी को पीटे जाने के साथ-साथ 31.7 प्रतिशत मामलों में नशा भी शामिल था (आहूजा : *क्राइम अगेन्स्ट विमेन,* 1987 : 130)। हिलबरमन और मन्सन (1978 :460 : 71) ने 93 प्रतिशत मामलों में ऐसा देखा। वोल्फगैंग (1978) ने 67 प्रतिशत और टिकलेनवर्ग (1973) ने 71 प्रतिशत मामलों में ऐसा पाया।

हमें यह मानना चाहिए कि जब हम हिंसा को मद्यपान से जोड़ते हैं तो हम रक्त में शराब की मात्रा नापने की अपेक्षा शराब के प्रयोग पर निर्भर करते हैं। वास्तव में रक्त में शराब के केन्द्रित हो जाने को ही मद्य के प्रभाव व पत्नी को पीटने से सम्बद्ध किया जा सकता है। रक्त में अति उच्च शराब को केन्द्रित हो जाने से व्यक्ति में दूसरों को हानि पहुंचाने की क्षमता कम हो जाती है। यद्यपि हम यह मानते हैं कि रक्त में शराब का जमाव इतना होना चाहिए कि अपराधी एक सीमा तक ही स्वयं पर नियंत्रण खाये ताकि वह अपने कृत्य के परिणाम न भूले। इसी प्रकार की अवस्था में व्यक्ति हिंसात्मक हो जाता है।

यह स्पष्ट नहीं है कि क्या शराब हिंसात्मक व्यवहार को प्रेरित करता है या यह पहले से ही मौजूद आक्रामक प्रवृत्तियों के उत्सर्जक के रूप में मुख्यतः कार्य करता है। बाद की संकल्पना शायद इस विचार से (ब्लूमर, 1973 : 73-87) कि हिंसा के कुछ अपराधी किसी व्यक्ति के विरुद्ध हिंसा करने से पहले साहस जुटाने के लिए मद्यपान करते हैं। लेकिन मेरे अध्ययन में एक भी मामला ऐसा नहीं मिला जिसमें अपराधी ने अपने शिकार पर प्रहार करने से पूर्व शराब पी हो। यद्यपि हम ऐसा कोई साक्ष्य भी नहीं दे सकते हैं जिससे यह सिद्ध हो कि शराब का पीना ही हिंसा का व्यवहार कराता है। अनेक लोग मद्यपान करते हैं फिर भी वे शायद ही कभी हिंसक होते हों। स्त्रियों के विरुद्ध हिंसा करने में शराब के प्रयोग को एक सहायक कारक तो माना जा सकता है परन्तु प्रमुख कारक नहीं।

स्त्रियों के प्रति घृणा

स्त्रियों के प्रति व्यक्ति की घृणा भी उसे हिंसा के लिए प्रेरित करती है। स्त्रियों के विरुद्ध रिपोर्ट किए गए कुछ मामले इस प्रकार की प्रकृति के हैं कि किसी भी प्रकार का विवेकपूर्ण

व्यवहार आक्रामक को निर्दयी हिंसात्मक कार्य करने से नहीं बदल सकता। उनमें से कुछ तो स्त्रियों के प्रति इतनी गहरी घृणा से पीड़ित होते हैं कि उनके हिंसक कृत्य को प्रधानतः स्त्रियों के अपमान करने की ओर ही निर्दिष्ट करता है। यदि केवल स्थिति ही मात्र प्रेरक कारक होती है तो यह कहना कठिन है कि हिंसक कृत्य आवश्यक क्यों होता है जबकि सत्य यह है कि अधिकतर अपराधी सामान्य व्यक्ति कहे जाते हैं। शायद पीड़िता के अपमान करने की इच्छा कहीं बलवान है।

परिस्थितगत योजना

कभी-कभी *हालात की माँग* भी व्यक्ति को हिंसा प्रयोग के लिए प्रेरित करती है। इस श्रेणी में उन मामलों को शामिल किया जा सकता है जहां हिंसा का प्रयोग न तो पीड़िता के व्यवहार के कारण और न ही अपराधी के विघटित व्यक्तित्व के कारण होता है बल्कि अवसर के कारण होता है, जब ऐसी परिस्थिति पैदा हो जाती है जिनके परिणाम स्वरूप हिंसा का प्रयोग होता है। उदाहरणार्थ, पत्नी को पीटने के मामले में ऐसा हो सकता है कि धन के मामले में संघर्ष हो जाये और उस संघर्ष की परिस्थिति में पति पत्नी पर हमला कर बैठे, या पति के माता-पिता के साथ दुर्व्यवहार भी पति को अपनी पत्नी को पीटने के लिए प्रेरित कर सकता है, या बलात्कार के मामले में कोई व्यक्ति अचानक अपने गांव के खेत में अपने पड़ौस की स्त्री से मिलता है और बातचीत करने लगता है और अन्त में परिस्थिति का लाभ उठा कर उस स्त्री से बलात्कार करता है, या पुरुष नियोजक अपनी स्त्री कर्मचारी को देर शाम तक फैक्ट्री/दफ्तर में अकेले पाकर उस से छेड़छाड़ करता है, या एक लड़की अपने पिता के घर से भाग जाती है और एक ट्रक में लिफ्ट लेती है और ट्रक चालक मौके का फायदा उठाता है और उस पर आक्रमण कर बैठता है। इन सभी मामलों में, अपराधियों में हिंसक कृत्य की कोई पूर्व योजना नहीं बनाई थी, लेकिन जब उन्होंने प्रेरक/अपने पक्ष की स्थिति देखी उन्होंने हिंसा का प्रयोग कर दिया। इन हिंसक कृत्यों के अलावा ये अपराधी विचलित व्यवहारपूर्ण जीवन व्यतीत नहीं कर रहे थे।

व्यक्तित्व संबंधी गुण

अन्तिम, व्यक्तित्व के गुण भी व्यक्ति को हिंसक व्यवहार में लिप्त होने को बाध्य करते हैं। हिंसा के लिए संवेदनशील व्यक्तियों के कुछ पहचाने जाने वाले गुण हैं : अत्यधिक शंकालू, कामुक, प्रभुत्व वाले, अविवेकी, अनैतिक, सरलता से भावावेश में आने वाले, ईर्ष्यालु, अधिकार जमाने वाले, और अन्यायी। बचपन में विकसित गुण प्रौढ़ावास्था में व्यक्ति के आक्रामक व्यवहार को प्रभावित करते हैं। आक्रमणकर्ता के हिंसक व्यवहार का परीक्षण करने के लिए यह देखना पड़ेगा कि उसका बचपन किस प्रकार के हिंसक व्यवहार के बीच व्यतीत हुआ। उदाहरणार्थ, पत्नी को पीटने के कुछ मामलों में, उन व्यक्तियों के बचपन, किशोर अवस्था और पूर्व प्रौढ़ावस्था के अनुभव दर्शाते हैं कि वे सभी भावात्मक रूप से दुखद स्थितियों में क्रोध व हिंसा से निपटना सीख चुके थे। दुखद पारिवारिक जीवन जिसमें शारीरिक यातना और गम्भीर भावात्मक अस्वीकृति प्रमुख रही हो, अधिकतर मामलों में

जीवनक्रम बन जाता है। कुछ आक्रमकों ने इस प्रकार की स्थितियों का सामना अपने परिवार में बचपन/किशोरावस्था में किया है जहां उन्होंने अपने माता-पिता को चीखते चिल्लाते और एक दूसरे से झगड़ते देखा है और पिता द्वारा बच्चों को भी थोड़ी गलती पर पीटे जाते देखा है। अक्सर उनके पिता शराब पीकर घर लौटते थे और पूरे घर में तोड़-फोड़ और हंगामा करते थे। हिंसक घर में बड़े हुए व्यक्ति हिंसा को ही अपने व्यवहार में अपना लेते हैं जो प्रौढ़ जीवन में आक्रामक व्यक्ति बन जाते हैं।

अल्फो (Alfaro, 1978), पोट्स, हैन्बर्गर और हालैण्ड (Potts, Henberger and Holland, 1979), तथा फैगन, स्टीवर्ट और इलान्सेन (Fagon, Stewart & Ilansen, 1981) ने भी हिंसक व्यक्तियों और उनके बच्चों पर किए गए अपने अनुभवात्मक अध्ययनों में इसी प्रकार के सह-सम्बन्ध की ओर संकेत किया है। इस प्रकार हम कह सकते हैं कि काफी संख्या में आक्रामक अभिशप्त बचपन और पारिवारिक हिंसा के शिकार रह चुके हैं क्योंकि बच्चे के रूप में हिसक होने से प्रौढ़ जीवन में हिंसक प्रवृत्ति को पनपने की पूर्ण सम्भावना रहती है।

हिंसक व्यवहार की सैद्धान्तिक व्याख्या
(Theoretical Explanation of Violent Behaviour)

किसी व्यक्ति के विरुद्ध हिंसा आवश्यक रूप से 'किसी के द्वारा' और 'किसी के विरुद्ध हिंसा' है। अत: स्त्रियों के विरुद्ध हिंसा को भी 'एक समूह द्वारा एक व्यक्ति के विरुद्ध हिंसा' या 'एक समूह के द्वारा दूसरे व्यक्ति समूह के विरुद्ध हिंसा' के विपरीत 'एक व्यक्ति के द्वारा दूसरे व्यक्ति के प्रति हिंसा' के रूप में समझना चाहिए। व्यक्ति द्वारा की जाने वाली हिंसा में इसकी उत्पत्ति और स्वरूप व्यक्ति के स्वयं में तथा उसके चारों ओर की स्थिति में निर्धारित किये जाने चाहिए। इस विचार में न केवल व्यक्ति का जन्मजात व्यवहार बल्कि उसके अर्जित व्यवहार को भी देखना होगा। हमारा 'सामाजिक बन्धन दृष्टिकोण' (Social Bond Approach) दोनों प्रकार के व्यवहारों की तथा सामाजिक संरचनात्मक दशाओं की समीक्षा करता है।

मेरी धारणा है कि स्त्रियों के प्रति हिंसा के कारणों को पाँच कारकों से सम्बद्ध करके देखा जाना चाहिए : (1) स्थिति की संरचना जिसमें हिंसा का प्रयोग किया गया है, (2) स्थिति सम्बन्धित सुविधाएँ जो हिंसा के प्रयोग को व्यावहारिक बनाती हैं, (3) वे प्रबल कारक जो हिंसा करवाते हैं, (4) हिंसा करने वाले अपराधी द्वारा अनुभूत दबाव, (5) पीड़िता का हिसंक अपराधी के साथ हिंसा होने से काफी पहले व्यवहार। इन सभी कारकों का एक समष्टिवादी (holistic) दृष्टिकोण ही स्त्रियों के प्रति हिंसा के प्रयोग के सही कारण बता सकेगा।

पुरुषों द्वारा स्त्रियों के प्रति हिंसा करने के विशेष रूप से तीन कारण मालूम पड़ते हैं: (1) अपराधी का अभिशप्त बचपन का इतिहास, जैसे कष्टप्रद पालन पोषण, मां बाप द्वारा शारीरिक यातनाएँ दिया जाना, तथा संवेगात्मक उपेक्षा, (2) परिवार की तनावपूर्ण स्थितियाँ, और (3) प्रस्थिति जनित कुण्ठाएँ। प्रथम कारक बताता है कि अपराधी का विचलित व्यवहार अधिकतर उसने बचपन और किशोर अवस्थाओं के दवाब भरे अनुभवों से सीखा होता है। यह निश्चित रूप से 'पीढ़ीगत सिद्धान्त' (generational theory) की ओर संकेत करता है

कि हिंसा और आवेश से भरे परिवारों में पालन पोषण होने पर यौवन एवं प्रौढ़ावस्था में व्यक्ति के हिंसक होने की प्रबल सम्भावना होती है। मेरे स्वयं के अध्ययन से उपलब्ध तथ्य कि एक बड़ी संख्या में अपराधी (78%) बचपन से ही हिंसा का शिकार रहे, यह आँकड़े 'सामाजिक सीखने' (social learning) के सिद्धान्त का भी समर्थन करते हैं जिसके अनुसार जीवन के किसी संघर्षमयी स्थिति का सामना करने की एक विधि के रूप में विचलित व्यवहार सीखा हुआ व्यवहार है। महिलाओं द्वारा हिंसा को सहन करने की क्षमता को 'अर्जित असहायता/विवशता सिद्धान्त (learned helplessness theory) तथा "परम्परागत सामाजीकरण सिद्धान्त" के अर्थों से भी स्पष्ट किया जा सकता है। बाद के सिद्धांत (समाजीकरण)का सन्दर्भ स्त्रियों के इस परम्परागत मूल्यों के अनुसरण करने तथा सामाजीकरण की प्रक्रिया से या यौन भूमिका आदर्श (sex role ideology) को मानने से है कि पुरुष स्त्री से श्रेष्ठ होता है और उसे पुरुष का विरोध करने का कोई अधिकार नहीं है। प्रथम सिद्धान्त के अनुसार स्त्रियों के जीवन में कुछ घटनाएँ तो नियमित रूप से ही होती हैं जिनके कारण वे निरुत्साह/अवपात ग्लानि (depression) की भावनाएं, विवशता/लाचार (helplessness) का भाव, और कमज़ोर आत्मछवि (poor self-image) का विचार अर्जित कर लेती हैं और यह विश्वास कर लेती हैं कि वे पुरुष के दुर्व्यवहार से बच नहीं सकतीं।

इस प्रकार के समष्टिवादी (integrated) उपागम का प्रयोग करते हुए मैंने एक नया सैद्धान्तिक प्रारूप प्रस्तुत किया है (देखें आहूजा; *'सोशोलोजिकल क्रिमोनोलोजी'*, 1996 : 193 - 195) ताकि स्त्रियों के प्रति हिंसा या स्त्रियों के शोषण को समझा जा सके। मेरा प्रारूप शोषित स्त्री के व्यक्तित्व के गुणों तथा उन सामाजिक परिस्थितियों में जिनमें वह रहती है और काम करती है के बीच सहलग्नता (linkage) पर केन्द्रित हैं। यह प्रारूप मानता है कि महिला का शोषण (बलात्कार, छेड़छाड़, मारपीट, दहेज उत्पीड़न, वेश्या बनाने के लिए अपरहण, आदि) स्त्री के व्यक्तित्व (उसकी सहनशीलता व भीरुता की भावना) और उसकी परिस्थितियों के बीच अन्तर्क्रिया का प्रतिफल है। प्रत्येक स्त्री विभिन्न विचारों व आकांक्षाओं से युक्त व्यक्तियों के पर्यावरण में रहती है। किसी भी स्त्री के स्वयं के शोषण के सम्बन्ध में विचार इस बात पर निर्भर करेंगे कि उसकी स्वयं की साहसपूर्ण इच्छा क्या है तथा चुनौतियों का सामना करने में वह कितना प्रयास करती है। दूसरे शब्दों में किसी स्त्री का शोषण पाँच बातों पर निर्भर करता है : (i) सामाजिक पृष्ठभूमि (इसमें उसकी आयु, शिक्षा व प्रशिक्षण शामिल है), (ii) समर्थन का स्तर (जो उसके माता-पिता, ससुराल पक्ष, सहेलियों और अन्य लोगों पर निर्भर करता है) (iii) दूसरों की अपेक्षाएं (उसके पति, सास श्वसुर, बच्चे, रिश्तेदार, कार्य सहयोगी, आदि सहित) (iv) आर्थिक आधार (कि वह निम्न, मध्यम, या उच्च आय वर्ग से है) और (v) उसकी स्व-छवि (वह स्वयं को दयालु, असहाय, कमजोर, साहसिक और बलवान समझती है)।

मेरी परिकल्पना यह है कि व्यक्ति की संरचनात्मक दशाएँ (परिवार संकट, भूमिका सम्बन्धी कुण्ठाएँ, अनुपयुक्त पालन पोषण, और जीवन में दुर्भाग्यपूर्ण घटनाएँ) चिन्ता और तनाव उत्पन्न करती हैं जिनके कारण समायोजन में असफल रहता है तथा जो अन्य समूहों से लगाव को भी प्रभावित करती है और वह कर्तव्यों और भूमिकाओं के निर्वाह में असफल

रहता है। परिणामस्वरूप उपजी कुण्ठाएँ दूसरों के प्रति (कमजोर लिंग और स्त्रियों सहित) उसकी अभिवृत्ति निर्धारित करेंगी। उसके व्यक्तिक्त के गुणों और पीड़िता की निरोधक शक्ति पर निर्भर करते हुए, व्यक्ति स्त्री के प्रति हिंसा का प्रयोग करेगा। इस प्रकार मेरा सिद्धान्त एक संयोगी दृष्टिकोण पर आधारित है जो सामाजिक कारकों को भी ध्यान में रखता है, जैसे परिवार में बाहर और भीतर से तनावपूर्ण स्थितियाँ, शोषित महिलाओं और अपराधियों के व्यक्तित्व के गुण, और सांस्कृतिक वातावरण, जैसे मानदण्डीय दबाव और अनिश्चिताएँ।

मुकेश आहूजा के अनुभवाश्रित अध्ययन (*Widows*, 1990 137-138) के अनुसार हिंसा व शोषण की शिकार स्त्रियों के विषय में निम्नलिखित प्रमुख समाजशास्त्रीय तथ्य बताए जा सकते हैं :

1. *समस्याओं के स्रोत के रूप में संरचना*—स्त्रियों की समस्याएँ जो हिंसा की शिकार होती हैं, सामाजिक संरचनाओं की प्रणाली से उपजती हैं जिनमें वे स्त्रियाँ रहतीं हैं और काम करती हैं तथा पारिवारिक अन्तर्क्रिया के कारण उपजे तनाव और समर्थन व्यवस्था से उपजती हैं।
2. *अधिकार आग्रहिता (assertion) परम्पराएं*—हिंसा की शिकार होने के बाद शोषित स्त्रियों की सामाजिक भूमिकाएँ तथा सम्बन्ध उनके अपने आत्मविश्वास और स्व-प्रेरणा पर कम और परिवार के मुखिया की इच्छा तथा सामाजिक दबावों पर अधिक निर्भर करती है, अर्थात् पारम्परिक संस्कृति पीड़िता को घर से बाहर अधिकार आग्रहित सामाजिक कार्यों में भाग लेने को हतोत्साहित करती है।
3. *संसाधन वंचना एवं स्व-पीड़ा*—उच्च शिक्षा एवं नौकरी जैसे संसाधन पीड़िता स्त्री की स्व-छवि को बढ़ा देते हैं जो दूसरों के साथ उसके सम्बन्धों को काफी बदल देते हैं ताकि वह परिवार व समाज दोनों में पुनर्स्थापित वह समायोजित हो सके।
4. *लगाव (attachment)* – अधिकांश पीड़ित स्त्रियाँ अपने एकाकीपन तथा निन्दा की भावना को अपने को किसी वस्तु (जैसे व्यक्ति, समाज सेवा, धार्मिक कार्य, आदि) से लगाव द्वारा दूर कर लेती हैं।
5. *संरचनात्मक घुटन (suffocation)* – वे कारक जो पीड़ित महिला को उसके जीवन के पुनर्नवीकरण (renewing), पुनर्विचार(redeeming), पुनःप्राप्ति (restoring), पुनर्जीवन (reviving), व पुनःस्फूर्ति (revitalisation) देने से रोकते हैं, वे उनके व्यक्तित्व में नहीं बल्कि सामाजिक संरचना में अधिक निहित होते हैं।
6. *विद्रोह पर अंकुश*—कुछ युवा व स्वच्छन्द प्रवृत्ति की पीड़ित स्त्रियों की यह गुप्त इच्छा रहती है कि वे समायोजन के आधुनिक तरीके अपनाकर विद्रोह करें, लेकिन वे इसमें अपने पति, ससुराल वालों, माता पिता, आदि के साथ सम्बन्ध टूटने तथा उनके द्वारा निन्दित किए जाने व अकेला छोड़ दिए जाने के भय से ऐसा नहीं करतीं।
7. *स्व-मूल्यांकन स्थिति*—द्रवित भावनाओं वाली पीड़ित स्त्रियां दब कर जीवित रहती हैं लेकिन शक्तिशाली, सचेत, व चरित्रवान स्त्रियां अपनी कार्य व्यस्तता से जीवन में अपना रास्ता स्वयं बना लेती हैं।

निर्वैयक्तिकरण आघात तथा मानवीय दृष्टिकोण
(The Depersonalization Trauma and Humanistic Approach)

महत्त्वपूर्ण प्रश्न यह है कि स्त्रियों को इस प्रकार अभिशप्त होने से कैसे बचाया जाये?

प्रथम, हम उस प्रकरण को लेते हैं जो पहले से ही अनेक महिला संगठनों तथा सरकार और निजी/सार्वजनिक संस्थाओं का ध्यान आकर्षित कर रहा है। इससे संरक्षण, समर्थन तथा पीड़िताओं को सलाह की आवश्कयताएं पूर्ण होंगी। सबसे अधिक व प्रथम सभी स्त्रियों को शरण की आवश्यकता होती है। प्रभुत्वशील ससुराल वालों और शराबी पति के साथ रहने वाली स्त्रियां अपने घरों को स्थाई या अस्थाई रूप से छोड़ देंगी यदि उन्हें शरण उपलब्ध हो जाये। ऐसी स्त्रियों की शरण प्रदान करने वाले स्वैच्छिक संगठनों को अपनी योजना को सार्वजनिक करना होगा। यह भी ध्यान में रखना है कि वर्तमान में मौजूद महिला गृह भी अविवाहित/विवाहित स्त्रियों के लिए—आवश्यकतापूर्ण नहीं करते हैं। उनमें अक्सर अधिक भीड़, वित्तीय समर्थन की कमी है और सुरक्षा नियमों के पालन में वे असफल हैं। थोड़े समय के लिए स्त्रियों को आवास प्रदान करना, विशेष रूप से विवाहित स्त्रियों को, जो कष्ट में हैं या हिंसा की शिकार हो चुकी हैं, जैसे बलात्कार, अपहरण, हत्या के प्रयास और उन्हें महिला संगठनों द्वारा स्थाई स्थान दिलाने की सहायता, अनेक स्त्रियों द्वारा भोगे गए कष्टों से छुटकारा दिलाने में योगदान करेगा। इस बात की शीघ्र आवश्यकता है कि विभिन्न प्रकार के थोड़े समय के अवसरों की तुलना की जाये और मूल्यांकन किया जाये जो पीड़ित स्त्रियों तथा विधवाओं को प्रदान किया जाये।

द्वितीय, रोजगार ढूढने और बाल सुरक्षा सुविधाएं प्रदान करने में सहायता तथा तुरन्त वित्तीय सहयोग भी पीड़ित स्त्रियों की आवश्यकता है। इस उद्देश्य के लिए केन्द्रीय स्थानों पर सलाह केन्द्रों की स्थापना की जा सकती है जो महिला गृहों से दूर हो ताकि उन गृहों की निवासी स्त्रियों की सुरक्षा व्यवस्था को प्रभावित किए बिना अच्छी प्रकार उनका प्रचार किया जा सके।

तृतीय, सस्ते और कम औपचारिक न्यायालयों की स्थापना भी उन स्त्रियों की मदद का एक कदम हो सकता है जो शोषण का शिकार हो चुकी हैं। यह सुझाव नहीं दिया जा रहा है कि यह न्यायालय केवल स्त्रियों के मामलों में ही सुनवाई करेंगे। वर्तमान में हमारे यहां देश के कुछ राज्यों में परिवार न्यायालयों की व्यवस्था है। लेकिन यह न्यायालय मुख्य रूप से विच्छेद रोकने से ही सम्बन्धित हैं। इन न्यायालयों के क्षेत्र को विस्तृत किया जा सकता है ताकि स्त्रियों की सभी प्रकार की घरेलू और गैर-घरेलू समस्याओं का निदान करें। स्त्रियों के मामलों में रुचि रखने वाले और ज्ञान रखने के कारण चुने हुए वकीलों, मेजिस्ट्रेटों और न्यायाधीशों सहित न्यायालयों की स्थापना एक सुधार का कदम होगा और इससे कानूनी पेशे में प्रवेश करने वाली महिलाओं की संख्या में वृद्धि होगी। अनेक स्त्रियों के लिए न्यायालय तथा कानून कम डरावना और अधिक सहानुभूतिपूर्ण तथा पहुंच वाला होगा, यदि पुरुषों का अधिपत्य उन पर कम है। महिला वकील और न्यायाधीश कानूनों की अपनी व्याख्या करने और अपने सहयोगियों से भले ही भिन्नता न रखती हों लेकिन स्त्री पीड़िताएं निश्चय ही

उनके सामने जाने में प्रसन्न होंगी, इस उम्मीद से कि उनकी समस्याओं को अच्छी तरह समझा जा सकेगा।

चतुर्थ, ऐसे स्वैच्छिक संगठनों को मजबूत करना और उनकी संख्या बढ़ाना भी आवश्यक है जो स्त्रियों की समस्याओं को उनके ससुराल वालों के साथ, या न्यायालयों में, या पुलिस के साथ या सम्बन्धित व्यक्तियों के साथ उठा सकें। ऐसा इसलिए आवश्यक है क्योंकि अकेली महिला की आवाज में कोई दम नहीं होता। वास्तव में यदि वह अपने अधिकारों की मांग करने लगे या वह क्रान्तिकारी विचार रखती है या अपने विचार व्यक्त करती है या कुण्ठा उत्सर्जन करती है तो उसे 'मुंहफट' (outspoken) कहा जाता है। लेकिन यदि स्त्रियों का समूह मिल जाये और स्त्रियों के कष्टों के खिलाफ आवाज उठाए तो वे अपने विचारों को समझा सकती हैं और प्रभाव डाल सकती हैं।

पाँचवे, उन संगठनों का प्रचार किया जाना है जो स्त्रियों को निःशुल्क कानूनी सहायता पहुंचाते हैं ताकि स्त्रियां आवश्यकता पड़ने पर उनके पास जाकर सहायता प्राप्त कर सकें।

अन्तिम, स्त्रियों के मामलों में उनके माता-पिता के दृष्टिकोण में परिवर्तन भी आवश्यक है। माता-पिता अपनी बेटियों—विवाहित या विधवा—को, जिन्हें अक्सर पीटा जाता है या दुर्व्यवहार किया जाता है, उनके पति के घर उनकी इच्छा के विरुद्ध क्यों रहने को बाध्य करते हैं ? जब माता-पिता को अपनी बेटियों की यातनाओं का पता लगता है तब वे थोड़े समय के लिए उन्हें अपने पास रहने की अनुमति क्यों नहीं देते जब तक कि वे स्वयं इसका विरोध करने योग्य न हो जाँये ? वे सामाजिक कलंक के विषय में क्यों चिन्तित रहते हैं और अपने परिवार के लिए बेटी को क्यों बलि चढ़ा देते हैं ?

स्त्रियां अत्याचार के सामने क्यों झुकती हैं ? वे यह क्यों नहीं महसूस करतीं कि उनमें अपनी और बच्चों की देखभाल करने की क्षमता है ? वे क्यों नहीं समझतीं कि उन को सताए जाने से उन्हें भावनात्मक आघात लगता है जो उनके बच्चों को भी प्रभावित करता है ? स्त्रियों को दृढ़ होना सीखना है और अपने लिए नयी भूमिकाओं को स्वीकार करना है। उन्हें जीवन के प्रति आशावादी दृष्टिकोण विकसित करना है।

आरक्षण नीति (The Reservation Policy)

स्त्रियों को विशेष छूट एवं विशेषाधिकार दिए जाने की मांगें अधिकार के मामले हैं, न कि दान या मानव उपकार के। जब पंचायतों में स्त्रियों के लिए आरक्षण की घोषणा की गई थी, कुछ लोगों ने इसका समर्थन किया और कुछ ने कहा था कि इससे कलंक (denigration) की भावना पैदा होगी। पंचायत स्तर पर संविधान में (73 वां) संशोधन कर के स्त्रियों के लिए एक तिहाई स्थान आरक्षित कर दिए गये थे। बाद में अनुसूचित जातियों और जनजातियों के कोटे में से इन स्त्रियों के लिए एक तिहाई स्थानों को सुरक्षित करने की पृथक धारा इसमें जोड़ दी गई थी। इसका अर्थ है कि मान लिया जाये कि एक स्थानीय निकाय में 100 स्थान हैं, उसमें से 23 स्थान दलित और जनजातियों के लिए आरक्षित कर दिए गए, तब इन 23 स्थानों में से 7 या 8 स्थान दलित और जनजातीय स्त्रियों के लिए आरक्षित रखे जायेंगे। स्त्रियों के लिए आरक्षित 33 स्थानों में से ही 7 या 8 दलित/जनजातीय स्त्रियों के स्थानों का समायोजन

भी इन्हीं में होगा ताकि स्त्रियों के लिए आरक्षित सामान्य श्रेणी के स्थान 33 से 26 रह जायेंगे। उत्तर-प्रदेश जैसे कुछ राज्यों ने पंचायत स्तर पर पिछड़ी जाति को (OBC) स्त्रियों के लिए भी स्थान आरक्षित कर दिए हैं। इसका अर्थ यह हुआ कि 33 आरक्षित स्थानों में से 7 दलित/जनजाति के लिए, 9 पिछड़ी जातियों के लिए और केवल 17 सामान्य श्रेणी की स्त्रियों के लिए होंगे।

दिसम्बर, 1998 में लोक सभा में स्त्रियों के लिए 33 प्रतिशत स्थान आरक्षण से सम्बन्धित विधेयक के प्रस्तुत किए जाने से पूर्व यह तीन अन्य अवसरों पर भी प्रस्तुत किये जाने से रोका गया था ; एक 1996 में प्रधान मंत्री देवगौड़ा के समय में, दूसरा 1997 में प्रधान मंत्री गुजराल के कार्यकाल में और एक 1998 में प्रधान मंत्री अटल बिहारी वाजपेयी के कार्यकाल में। एक स्तर पर तो (इन्द्र कुमार गुजराल के कार्यकाल में) यह विधेयक गीता मुखर्जी समिति को सौंपा गया था जिसने नवम्बर 1996 में प्रस्तुत की गई रिपोर्ट में स्त्रियों के लिए एक तिहाई आरक्षण की सिफारिश की थी।

महिला विधेयक जो अब नवम्बर 2000 मे संसद में विचार के लिए रखा जाने वाला है उसमें प्रावधान है कि (a) विधायिकाओं में स्त्रियों के लिए 33% स्थान होंगे, (b) जाति के आधार पर आरक्षण का सुझाव इसमें नहीं होगा (अर्थात यह दलित/जनजाति/पिछड़ी जाति की स्त्रियों के लिए आरक्षण की अनुमति नहीं देगा), (c) इसमें चक्रीय व्यवस्था का सुझाव है।

आज जिस प्रश्न पर चर्चा की जानी है वह है कि क्या स्त्रियों के लिए आरक्षण या सरंक्षण नीति स्त्रियों को न्याय एवं समान अवसर निश्चित करने के लिए तर्कसंगत और लाभकारी है ? विधेयक के पक्ष में तर्क यह हैं कि राजनीति में स्त्रियों का प्रतिनिधित्व स्त्रियों की शक्ति बढ़ाने में एक कदम होगा। लगभग एक वर्ष पूर्व एक प्रमुख राष्ट्रीय दैनिक ने एक शहरी मतदाताओं की राय प्रकाशित की थी जो दर्शाती थी कि महिला विधेयक के पक्ष में व्यापक समर्थन था। लेकिन बाद में विधेयक के विरुद्ध 10 :1 अनुपात में कई लेख भी प्रकाशित हुए। ये लेख तब प्रकाशित होने शुरू हुए जब संसद के एक पिछड़ी जाति के सदस्य (एक राजनैतिक दल के अध्यक्ष) ने लोक सभा में बड़े ही खराब तरीके से महिला संगठन की सदस्याओं के लिए 'परकटी' कहकर बयान दिया।

महिला विधेयक के विरुद्ध अनेक तर्क दिए जाते हैं। *पहला* तर्क यह है कि राजनैतिक दल केवल अपने मतदाताओं को प्रसन्न करने और उनका वोट हासिल करने के लिए महिला विधेयक का पक्ष ले रहे हैं। महिलाओं का शक्तिशाली होने में उनकी गैर-गम्भीरता इसी तथ्य से मिलती है कि उनके संगठनों के भीतर ही उन्होंने कोटा व्यवस्था लागू नहीं की है (केवल कांग्रेस पार्टी को छोड़कर, जिसने दिसम्बर 1998 में ही स्त्रियों के लिए 33 प्रतिशत महिला आरक्षण लागू किया)। यहां तक कि भाजपा (जो अगस्त 2000 में भी संसद में विधेयक प्रस्तुत करने में असफल रही) ने भी 1995 दिसम्बर में लड़े गए आम चुनाव में 477 स्थानों में से केवल 23 ही स्त्रियों को दिए, जिनमें से 13 स्त्रियां चुनी गई। भाजपा कार्यकारिणी समिति में भी 75 सदस्यों में से स्त्रियां केवल आठ ही हैं। इसकी 650 सदस्यों वाली राष्ट्रीय समिति में केवल 150 महिलाएं हैं। कांग्रेस की कार्यकारी समिति में 20 में केवल 3 महिलाएं हैं। कम्युनिस्ट पार्टी में 150 सदस्यों वाली राष्ट्रीय समिति में 12 महिलाएं,

और 21 सदस्यों वाली राष्ट्रीय कार्यकारिणी में 3 महिला सदस्य हैं।

दूसरा तर्क है कि आरक्षण से अधिक उपलब्धि नहीं हो सकती। वास्तव में, यह विपरीत दिशा में उत्पादक हो सकती है। अच्छा तो यह है कि आरक्षण एक 'दर्द निवारक' (palliative) है और कोई भी निर्णयात्मक परिवर्तन नहीं हो सकता जब तक कि इस प्रकार के उपायों के साथ संरचनात्मक परिवर्तन राष्ट्रीय उत्पादन सम्बन्ध के साथ न जुड़े हों।

तीसरा तर्क है कि हमारा देश पहले ही कई समूहों में विभाजित है। महिला आरक्षण जनसंख्या को और भी विभाजित कर देगा। पिछड़ी जातियों और जनजातियों के लिए आरक्षण सामाजिक दशाओं के अन्तर्गत केवल 15 वर्षों के लिए स्वीकार किए गए थे और तब से राजनैतिक वोट प्राप्ति के लिए अपने स्वार्थों वश इसे बढ़ाया जा रहा है।

चौथा तर्क है कि यह संसद की कार्यवाही और दक्षता को प्रभावित करेगा क्योंकि आज भी संसद की सभी महिला सदस्य सक्रिय नहीं हैं। महिला सांसदों के ऐसे उदाहरण हैं जो पाँच वर्ष के कार्यकाल में एक बार भी नहीं बोलीं या केवल एक या दो बार ही बोली हों। यदि इस प्रकार की महिलाएँ बड़ी संख्या में संसद में आ जायें तो चर्चाओं का स्तर और उनकी गुणवत्ता क्या होगी ? पंचायतों में भी बड़ी संख्या में महिला सरपंच ऐसी हैं जहाँ निर्णय उनके पतियों द्वारा किए जाते हैं या उनके ही परिवार के अन्य पुरुष सदस्यों द्वारा। अतः संसद में महिलाओं से क्या अपेक्षा की जा सकती है ?

पाँचवाँ तर्क है कि जिस प्रकार आरक्षण नीति के कारण दलित, जनजातीय व पिछड़ी जातियों के अधिकारी उच्च प्रशासनिक पदों पर जाति और धर्म के आधार पर काम कर रहे हैं, संसद में भी महिला सांसद केवल महिला समस्याओं में ही रुचि लेंगी। हमें ऐसे विधायक चाहिए जो राष्ट्रीय व अन्तर्राष्ट्रीय मामलों में सक्रिय भागीदारी करें जिसके लिए वृहद् ज्ञान और परिपक्वता की पूर्व पृष्ठभूमि की आवश्यकता होती है।

छठा तर्क है कि गत पाँच दशकों में हमारा अनुभव रहा है कि आरक्षण नीति ने अपेक्षित परिणाम नहीं दिए हैं। आरक्षित स्थानों पर चुने गए प्रत्याशी अपने चुनाव क्षेत्रों के लोगों के कष्टों और आवश्कताओं को ठीक से प्रस्तुत भी नहीं कर पाए हैं।

अन्तिम तर्क है कि आरक्षण तनावों और संघर्षों को जन्म देगा।

महिला विधेयक का विरोध करने वाले कुछ नेताओं और राजनैतिक दलों की प्रमुख माँग यह है कि स्त्रियों के कोटे में ही सन्निहित पिछड़ी जातियों और अल्प संख्यक स्त्रियों का कोटा हो, अर्थात वे लिंग आधारित आरक्षण के साथ जाति आधारित आरक्षण भी चाहते हैं। आश्चर्य तो यह है कि इन नेताओं और दलों ने संसद में पुरुष ओ.बी.सी. आरक्षण नहीं माँगा क्योंकि वे जानते हैं कि यदि ऐसा हुआ तो संसद में ओ.बी.सी. सांसदों की संख्या कम हो जायेगी, जिसका अर्थ होगा वर्तमान में 'बहुजन समाज' की तुलना में शक्ति की कमी।

इस प्रकार वे सदस्य जो महिला विधेयक में सुधार के पक्षधर हैं, न केवल लिंग भेदभाव में बल्कि जाति भेदभाव में भी रुचि लेते हैं। मुसलमानों के प्रतिनिधित्व की माँग धर्म के आधार पर भेदभाव बढ़ाने में और योगदान करेगी। क्या ये सभी भेदभाव (लिंग, जाति और धर्म) देश के धर्म निरपेक्ष स्वरूप को सुरक्षित रख सकेंगे ?

जाति और धर्म के नाम पर स्त्रियों का वर्गीकरण समाज में उनको ओर पृथक करेगा

क्योंकि मुसलमान और ओ.बी.सी. महिला प्रतिनिधियों को सामान्य समस्या से कुछ लेना देना नहीं होगा। वे भारत में महिलाओं की नेता होने की बजाय एक पन्थ की नेता होंगी।

प्रमुख राजनैतिक दल 'कोटे के अन्दर कोटे' को अस्पष्ट रूप से देख रहे हैं क्योंकि वे केवल चुनावी फायदे पर ही केन्द्रित रहते हैं। वे इस बात में कम से कम रुचि रखते हैं कि राजनीतिक प्रतियोगिताओं के जातीयकरण का संस्थात्मकीकरण हो जाये। वे तो केवल अपनी पुत्रियों, पत्नियों, और बहिनों को संसद में पहुँचाने का अवसर चाहते हैं। वर्तमान और अतीत के अनुभवों को भुलाया नहीं जा सकता है। दो राज्यों के दो पूर्व मुख्य मंत्रियों ने अपनी पत्नियों को ही चुनाव लड़ने के लिए नामांकित करा दिया और उनमें से एक अपने पति के स्थान पर मुख्य मंत्री बन भी गई और अभी भी (अक्टूबर, 2000 में) हैं। एक राज्य में एक कांग्रेसी सांसद को अपनी लोक सभा सीट छोड़नी पड़ी और अपनी पत्नी को उसी चुनाव क्षेत्र से चुनाव लड़ने के लिए नामांकित कराना पड़ा। ग्वालियर के एक प्रसिद्ध परिवार में एक समय माँ, बेटा और बेटी कई वर्षों से लोकसभा सीटों पर काबिज थे। नवम्बर 1999 में तीन राज्यों में हुए विधान सभा चुनाव में अनेक सांसदों ने अपनी पत्नियों और अन्य परिवार जनों को चुनाव लड़ाने के लिए नामांकित कराने के लिए बहुत जोड़-तोड़ किए। तथाकथित 'वंशगत राजनीति' की अवधारणा के विरोधी स्वयं परिवार प्रबन्धित राजनीति चला रहे हैं।

फरवरी 2000 में भारत में चुनाव आयोग ने यह सुझाव दिया था कि प्रत्येक राजनैतिक दल महिलाओं को चुनावों में एक निश्चित प्रतिशत में खड़ी करें। इस पर आयोग ने अप्रैल 2000 में विभिन्न दलों की एक बैठक भी बुलायी थी परन्तु इस बैठक में सभी दलों ने इस प्रस्ताव को अस्वीकार कर दिया। यह शायद इस कारण था कि उन्हें इस बात का विश्वास नहीं था कि उनकी अधिसंख्य महिला उम्मीदवार पुरुष प्रत्याशियों के सामने चुनाव जीत जायेंगी। अतः वे अधिक महिलाओं को खड़ा करके 'खतरा' मोल लेना नहीं चाहते। लोकसभा चुनाव के लिए महिला उम्मीदवारों की कुल संख्या पुरुषों की तुलना में बहुत कम रही है। 1980 से पहले लोकसभा चुनावों में सारे देश में 100 महिलाएँ भी उम्मीदवार नहीं थी। 1980 में 142 (4,478 पुरुषों की तुलना में) और 1996 में 599 (13,353 पुरुषों की तुलना में) महिलाएँ उम्मीदवार थीं। लोकसभा के पिछले 13 चुनावों से पता चलता है कि 543 सदस्यों के सदन में ज्यादा से ज्यादा (49) महिलाएँ 1999 में जीत कर आयी थीं। वैसे विजयी महिलाओं की कुल औसत संख्या मात्र 33 रही है जो सदन की कुल संख्या की केवल 6 प्रतिशत ही है। यह संख्या 1952 में 22, 1971 में 22, 1977 में 19, 1980 में 26, 1984 में 44, 1989 में 27 व 1999 में 49 थी। क्या इस संख्या को बढ़ाने का तरीका आरक्षण ही है ? यदि हां तो जरूरी है कि आरक्षण विधेयक में कुछ परिवर्तन कर के उसे पास कर दिया जाये।

लोकतंत्र की संस्था से एक नये भारत के निर्माण की अपेक्षा थी; लेकिन क्या वांच्छित परिणाम मिले ? इसकी असफलताओं के लिये संस्था-स्वयं को दोष नहीं दिया जाना चाहिए बल्कि इस के काम करने का तरीका, जो सत्ताधिकारियों ने विकृत कर दिया है, को दोषी ठहराया जाना चाहिए। मध्यम वर्गीय और उच्च जातीय लोगों के स्वार्थी हितों के कारण ही हमारे देश में दोहरे विकास का स्वरूप बन गया है जिसमें सत्ता तक पहुंच रखने वाले फलफूल रहे हैं और निम्न स्तर पर जनसंख्या (सामाजिक व आर्थिक रूप से) को विकास के

सभी लाभों से वंचित रखा जाता है। क्या महिलाओं के सीटों का आरक्षण और संसद में अधिक संख्या में उनके प्रवेश से इन लोगों का असन्तोष दूर होगा और देश के गरीबों, अशिक्षितों और पिछड़े समुदायों को आशा प्रदान करेगा ?

नुकसान में रहे हुए लोगों को संरक्षण और उठने के अवसर चाहिए लेकिन अवसर सामूहिक रूप से हमेशा के लिए विस्तृत नहीं किए जा सकते। प्रारम्भ में अपनायी गयी योजनाओं पर निगाह रखने के लिए एक सतर्कता दल का गठन किया जाये और जैसे ही यह पता लगे कि उन्हें आरक्षण की वैशाखी की अब आवश्यकता नहीं है, योजनाओं को वापस ले लिया जाना चाहिए।

महिला विधेयक ने भारतीय राजनीति और समाज में भावी दिशा के विषय में बहस शुरू कर दी है। कार्यकर्त्ताओं को विशुद्ध सीमित दृष्टिकोण से ही विधायिकाओं में स्थानों के आरक्षण के मामले को देखना चाहिए ? ऐसा मालूम पड़ता है कि सत्ता के गलियारों में प्रवेश का लक्ष्य प्रमुख होता जा रहा है। महिला मुक्ति जैसे सामाजिक महत्व के प्रकरणों को प्रत्येक व्यक्ति के द्वारा छोड़ा जा रहा है। महिलाओं का शक्ति पाना स्वयं नहीं होगा यदि पहले तो उन्हें लिंग के आधार पर और फिर धर्म और जाति के आधार पर पृथक कर दिया जाये। एक सुझाव यह है कि हमारा उद्देश्य महिलाओं के लिए 33 प्रतिशत स्थानों का आरक्षण नहीं होना चाहिए बल्कि राजनीति में उनकी भागीदारी सुनिश्चित करना होना चाहिए।

आरक्षण नीति के विरुद्ध सैद्धान्तिक तर्क कुछ भी हों, लेकिन व्यवहार में सभी राजनैतिक दल इसका समर्थन करते रहेंगे क्योंकि इस प्रकरण से वे राजनैतिक लाभ लेते रहेंगे। इसलिए लोगों को आरक्षण का मुद्दा उठाने के बजाय राजनैतिक दलों और नेताओं के निहित स्वार्थों बनाम समाज में आम लोगों के तर्क पूर्ण हितों के प्रकरण को उठाना चाहिए। दूसरे, गुणवत्ता और कुशलता के मामले में कोई समझौता नहीं होना चाहिए। योग्यता की शर्तें ऐसी हों ताकि महिलाएँ न केवल प्रस्थिति प्राप्त करने के लिए राजनीति में हिस्सेदार हों बल्कि समुदाय की सेवा के लिए भी हों।

5

आर्थिक अर्थव्यवस्था

(Economic System)

भारतीय अर्थव्यवस्था, निर्धनता एवं मुद्रास्फीति
(Indian Economy, Poverty and Inflation)

अर्थव्यवस्था (Economy)

सन् 1999 में कारगिल युद्ध, उड़ीसा के तूफान से तबाही, अन्तर्राष्ट्रीय बाजार में पैट्रोलियम पदार्थों के बढ़ते मूल्य और सन् 2000-2001 के बजट में रक्षा के क्षेत्र में 13 हजार करोड़ रुपये की वृद्धि, ब्याज दायिता में वृद्धि, सब्सिडी पर व्यय, आदि ने हमारी अर्थव्यवस्था पर काफी प्रभाव डाला है। अर्थव्यवस्था में निर्धनता और मुद्रास्फीति के प्रश्न प्रमुख महत्त्व के हैं। सन् 1993-94 में कुल जनसंख्या का 37.8 प्रतिशत या 32.03 करोड़ व्यक्ति (37.27% ग्रामीण क्षेत्रों में तथा 32.36% नगरीय क्षेत्रों में) गरीबी रेखा से नीचे जीवन व्यतीत कर रहे थे (*Manpower Profile, India,* 1998: 343)।

1970 और 1980 की दशाब्दियों में ग्रामीण निर्धनता में तीव्र कमी आयी थी। निर्धनता का प्रतिशत 1973-74 में कुल ग्रामीण जनसंख्या का 55 प्रतिशत से कम हो कर 1987-88 में 39.09 तथा 1989-90 में 34 प्रतिशत ही रह गया था। परन्तु 1990 की दशाब्दि में यह प्रतिशत कम होने की बजाय बढ़ गया। एन.एस.एस.(N.S.S) के आंकड़ों के अनुसार, 1998 में यह 42 प्रतिशत था (*Frontline*, March 17, 2000 : 109)। यह वृद्धि (i) खाद्य की बढ़ती हुई कीमत के कारण, (ii) गांवों में रोजगार के अवसर पैदा करने की संभावनाएँ कम होने के कारण और (iii) गांवों में गैर-कृषि आय का हिस्सा घटने के कारण बताई जाती है। आज देश के 5 प्रतिशत लोग बेरोजगार हैं; सरकार द्वारा अर्जित प्रत्येक रुपये में से करीब एक चौथाई भाग उधार के ब्याज उतारने में जा रहा है। 1998-99 में यह रुपये का 24 प्रतिशत और 1999-2000 में 27 प्रतिशत था (*The Hindustan Times,* March 1, 2000)। सकल घरेलू उत्पाद (जी.डी.पी) का 11 प्रतिशत केन्द्रीय व राज्य सरकारों द्वारा गैर-योग्यता सब्सिडी पर (जैसे, जल आपूर्ति, उच्च शिक्षा, सिंचाई, विद्युत, पैट्रोल, मिट्टी का तेल, आदि पर) खर्च किया जा रहा है। यह तथ्य देश में निर्धनता, आय, और सम्पत्ति की दुखद स्थिति दर्शाते हैं। राष्ट्रीय धन और आय का कितना भाग गरीबी तथा बेरोजगारी दूर करने के कार्यक्रमों पर खर्च किया जाये, इस विषय पर काफी चर्चा होती है। आर्थिक विकास की दर में कैसे वृद्धि की जाये ? आर्थिक विषमताएं किस प्रकार दूर की जायें ? सार्वजनिक सेवाओं और कल्याण योजनाओं पर कितना खर्च किया जाये? कल्याण कार्यक्रमों की क्या

भूमिका है ? क्या यह गरीबों को न्यूनतम सुरक्षा प्रदान करने वाला हो या फिर सभी के लिए गहन सुरक्षा व्यवस्था करने वाला ? क्या हमारे देश में सामाजिक विषमताएँ (inequalities) आर्थिक विषमताओं का परिणाम हैं या आय वितरण में विभेदीकरण का ? इस अध्याय में हम इन्हीं प्रश्नों में से कुछ का विश्लेषण करेंगे।

निर्धनता (Poverty)

'निर्धनता' और 'असमानता' एक से नहीं हैं। वह व्यक्ति जिसकी वार्षिक आय 15,000 रुपये है और उसे एक पत्नि और एक बच्चे का भरण पोषण करना है, इतना निर्धन नहीं जितना कि वह व्यक्ति जिसकी वार्षिक आय 25,000 रुपये है और उसे पत्नी और पांच-छः बच्चों के बड़े परिवार का भरण पोषण करना है। 'आय' और 'धन' (wealth) भी दो अलग शब्द हैं। आय का अर्थ आर्थिक संसाधनों (resources) के प्रवाह (flow) से है जबकि धन का अर्थ आर्थिक संसाधनों के कुल संचय (stock) से है। वेतन, मजदूरी, किराया, ब्याज, पेन्शन, स्व-रोजगार से आय और शेयर कम्पनियों से प्राप्त लाभांश को 'आय' माना जाता है, जबकि अचल सम्पत्ति, स्वर्ण और बॉण्ड 'धन' कहलाता है। असमानता और निर्धनता को समझने के लिए, निर्धनता, आय, धन और असमानता जैसी अवधारणाओं पर विचार करना आवश्यक है।

निर्धनता की अवधारणा (Concept of Poverty)

निर्धनता क्या है ? निर्धनता को या तो 'निरक्षेप' (absolute) या 'सापेक्ष' (relative) रूप में परिभाषित किया जा सकता है। 'अस्तित्व (existence) की मूल आवश्यकताओं में 'अपर्याप्तता' (insufficiency) निरपेक्ष निर्धनता है। व्यावहारिक रूप में इसका अर्थ आमतौर पर 'पर्याप्त भोजन, कपड़ा,व मकान का अभाव' होता है। 'ग़रीबी की रेखा' की अवधारणा निर्धनता को निर्वाह (गुजारा) (subsistence) के संदर्भ में समझाती है, जिस का अर्थ है 'शारीरिक स्वास्थ्य को बनाए रखने के लिए न्यूनतम आवश्यकता'। बर्सटीन हैनरी (Berstein Henry, 1992) ने निर्धनता के चार आयाम (dimensions) बताए हैं : (1) जीवनयापन के साधनों की कमी (2) संसाधनों (धन, भूमि, ऋण) तक पहुँचने की अक्षमता (inaccessibility), (3) असुरक्षा की भावना और कुण्ठाएँ (4) संसाधनों की कमी के कारण दूसरों से सामाजिक सम्बन्धों को विकसित करने एवं बनाए रखने की अयोग्यता।

निर्धनता को परिभाषित करने के लिए तीन सूत्र बहुधा प्रयोग किए जाते हैं : (1) जीवित रहने के लिए व्यक्ति को धनराशि की आवश्यकता, (2) प्रदत्त (given) समय और स्थान में प्रचलित 'न्यूनतम जीविका स्तर' (minimum subsistence level) और रहन-सहन के स्तर (living standard) से नीचे का जीवन, (3) समाज में बड़ी संख्या के लोगों के वंचित व अभावग्रस्त (deprived) और निराश्रय (destitute) लोगों की और कुछ लोगों के समृद्ध जीवन स्थिति (state of well-being) की तुलना। अन्तिम धारणा सापेक्षता और असामानता के संदर्भ में निर्धनता को स्पष्ट करती है। जहां प्रथम दो धारणाएं निरपेक्ष निर्धनता की आर्थिक अवधारणा के सन्दर्भ में हैं, वहीं तीसरी धारणा इसको सामाजिक अवधारणा के रूप में अर्थात् नीचे के स्तर के (bottom) लोगों द्वारा कुल राष्ट्रीय आय से

प्राप्त भाग के अर्थ में देखती है। हम तीनों धारणाओं को अलग-अलग समझने का प्रयास करेंगे।

पहले दृष्टिकोण (जीविका के लिए न्यूनतम आय की आवश्यकता के अर्थ में) के अनुसार निर्धनता "शरीरक्रियात्मक आवश्यकताओं की पूर्ति की असमर्थता अर्थात् अस्तित्व (survival), रक्षा (safety) और सुरक्षा की आवश्यकता की असमर्थता है।" यह शरीरक्रियात्मक आवश्यकताएं सामाजिक आवश्यकताओं से (अथवा अहं की तुष्टि (ego satisfaction) और स्वाभिमान), स्वायत्तता (autonomy) की आवश्यकता, स्वाधीनता की आवश्यकता, तथा स्व-वास्तविकीकरण (self-actualization) की आवश्यकता से) भिन्न हैं। शरीरक्रियात्मक आवश्यकताओं की पूर्ति के लिए भोजन और पोषक तत्व, आवास और स्वास्थ्य सुरक्षा न्यूनतम आवश्यकताएं हैं। इसके लिए आवश्यकताओं के खरीदने और मौलिक सुविधाओं को उपलब्ध कराने के लिए 'कम से कम' (minimum) आय चाहिए (जो अलग-अलग समाज में भिन्न होती है।)

यहाँ निर्धनता को 'गरीबी रेखा' के सन्दर्भ में देखा गया है जिसका निर्धारण स्वास्थ्य, दक्षता, बच्चों के लालन-पालन, सामाजिक सहभागिता और आत्म सम्मान को बनाए रखने की आवश्यकताओं के प्रचलित मानदण्डों से किया जाता है (Becker, 1966: 436)। परन्तु व्यवहार में 'गरीबी रेखा' का निर्धारण न्यूनतम वान्धनीय पोषण मानदण्डों से कैलोरी का उपभोग करने (nutritional standard of calories intake) के आधार पर किया जाता है। भारत में 'गरीबी रेखा' का निर्धारण ग्रामीण क्षेत्रों में 2,400 कैलोरी प्रति दिन प्रति व्यक्ति (प्रौढ़) के उपभोग तथा शहरी क्षेत्रों में 2,100 कैलोरी प्रति व्यक्ति प्रतिदिन के उपभोग के आधार पर होता है। इसके आधार पर प्रति व्यक्ति का मासिक उपभोग व्यय (consumption expenditure) निकाला जा सकता है।

हमारे देश में न्यूनतम उपभोग व्यय 1962 के योजना आयोग के परिप्रेक्ष्य योजना विभाग (Perspective Planning Division) की सिफारिशों तथा 1961 के मूल्यों के आधार पर गणना द्वारा ग्रामीण क्षेत्रों में पाँच सदस्यों के परिवार का व्यय 100 रुपये तथा शहरी क्षेत्रों में 125 रुपये था। यह प्रति व्यक्ति प्रतिमाह ग्रामीण क्षेत्रों में 20 रुपये तथा शहरी क्षेत्रों में 25 रुपये हुआ। सन् 1978-79 में यह ग्रामीण क्षेत्रों में 62.5 रुपये तथा शहरी क्षेत्रों में 70.8 रुपये आँका गया था, जबकि 1984-85 में पुनरीक्षित 'गरीबी रेखा' 1981-82 कीमत के आधार पर ग्रामीण क्षेत्र में प्रति व्यक्ति मासिक व्यय 107 रुपये तक और शहरी क्षेत्रों के लिए 122 रुपये निर्धारित की गयी। (*India*, 1990 : 404)। 1987-88 में यह गावों के लिए प्रति व्यक्ति प्रति माह 131.80 रुपये और शहर के लिए 152.10 रुपये रखी गयी (*The Hindustan Times,* April 13, 1998)। 1993-94 में ग्रामीण क्षेत्र में प्रति व्यक्ति प्रतिमाह को 229 रुपये तथा शहरी क्षेत्र में 264 रुपये की आमदनी, भोजन तथा अन्य मूलभूत आवश्यकताओं की पूर्ति हेतु आवश्यक होती थी। (*Outlook,* February 14, 1996 : 26) यदि एक परिवार में औसतन पांच सदस्य मान लिये जायें तब गांवों में प्रति परिवार प्रतिवर्ष 13,740 रुपये और शहरों में प्रति परिवार प्रति वर्ष 15,840 रुपये 'न्यूनतम पर्याप्तता' के लिए जरूरी होंगे। 1998-99 की कीमत के आधार पर गावों में वार्षिक खपत 22,400 रुपये और शहरों में 25,620 रुपये होनी चाहिए। इसी आधार पर सरकार ने 1990 दशक के

मध्य में प्रति परिवार प्रति वर्ष 15,000 रुपये से कम आय वाले परिवार को 'गरीबी रेखा' से नीचे का परिवार माना। यहां पर 'न्यूनतम जीविका' (*minimum* subsistence) स्तर को ही केन्द्र माना गया है जो 'न्यूनतम पर्याप्तता (*minimum* adequacy) स्तर तथा 'न्यूनतम आराम' (*minimum* comfort) स्तर से भिन्न है। अमरीका में 1963 में 2,500 डालर वार्षिक आय तथा चार सदस्यों वाला परिवार 'न्यूनतम जीविका स्तर' के नीचे माना जाता था, 3500 डालर वार्षिक आय वाला 'न्यूनतम पर्याप्तता स्तर' से नीचे वाला, तथा 5,500 डालर आय वाला परिवार 'न्यूनतम आराम स्तर' से नीचे रहने वाला माना जाता था (Omati, 1964 : 440)। इस आधार पर (1963 में) अमरीका में 10% परिवार 'न्यूनतम जीविका स्तर' वाले परिवार, 25% 'न्यूनतम पर्याप्तता स्तर' वाले परिवार तथा 38% 'न्यूनतम आराम स्तर' वाले परिवार थे। अमरीका में चार सदस्यों का परिवार, जो गरीबी स्तर का था, उसकी वार्षिक आय 1982 में 8,450 डालर (Malgavkar, 1983 : 3), 1986 में 10,989 डालर और 1990 में 14,200 डालर थी। 1998 में अमरीका में प्रति व्यक्ति आय 29,080 डालर थी (*India Today*, May 10, 1999 : 46)। एक औसत अमरीकन व्यक्ति एक औसत भारतीय से आठ गुनी आय अर्जित करता है।

भारत में 1993-94 में योजना आयोग द्वारा गरीब लोगों की संख्या (अर्थात वे लोग जो न्यूनतम जीविका स्तर से नीचे थे) कुल जनसंख्या की 18.1% आँकी गई थी। मार्च 1997 में लकड़वाला समिति की रिपोर्ट स्वीकार करने के बाद योजना आयोग के अनुसार गरीबी रेखा के नीचे के लोगों का प्रतिशत 37.2 या 32.03 करोड़ माना गया है। (*The Hindustan Times,* April 16, 1997)। परन्तु यह बात महत्त्वपूर्ण है कि निर्धन लोग समजाति समूह (homogenous group) नहीं हैं। इन्हें चार उप-समूहों में वर्गीकृत किया जा सकता है: *अकिंचन अथवा निराश्रय* (destitutes) (जो 1993-94 की कीमतों पर 137 रुपये से कम प्रति व्यक्ति प्रति माह व्यय कर रहे थे), *अत्यधिक निर्धन* (extremely poor) (जो 161 रुपये से कम प्रति व्यक्ति मासिक व्यय कर रहे थे), *बहुत निर्धन* (जो 201 रुपये से कम प्रति व्यक्ति मासिक व्यय कर रहे थे), और *निर्धन* (जो 246 रु. से कम प्रति व्यक्ति मासिक व्यय कर रहे थे)।

निर्धनता पर दूसरे विचार के अनुसार भौतिक पदार्थों और संसाधनों (material goods) की कमी के दृष्टिकोण से निर्धनता के तीन पक्ष हैं : (i) वे जो शारीरिक कष्ट को दूर रखने के लिए तथा भूख और छत की आवश्यकता पूर्ति के लिए अर्थात् अस्तित्व (survival) के लिए आवश्यक हैं, (ii) वे पदार्थ जो मानव स्वास्थ्य के लिए अर्थात् पोषण (nutrition) प्राप्ति और बीमारी से बचाव के लिए आवश्यक हैं और (iii) वे जो न्यूनतम जीविका स्तर बनाए रखने के लिए आवश्यक हैं। सरल शब्दों में इनका आशय न्यूनतम भोजन उपभोग, पर्याप्त मकान और कपड़ा, और स्वास्थ्य रख रखाव से है।

ग्रॉस और मिलर (Gross and Miller, 1946 : 63) ने तीन कारकों की दृष्टि से निर्धनता को स्पष्ट करने का प्रयत्न किया है : आय (गुप्त और प्रत्यक्ष), सम्पत्ति या भौतिक प्राप्तियां, और सेवाओं की उपलब्धता (शैक्षिक, चिकित्सकीय, मनोरंजन सम्बन्धी)। लेकिन अन्य विद्वानों ने इस परिप्रेक्ष्य में निर्धनता की अवधारणा को भ्रामक माना है। उदाहरणार्थ, अमेरिका में 1960 में गरीबी स्तर से नीचे जीवन व्यतीत करने वालों में से 57.6% के पास

टेलीफोन, 79.2% के पास टी.वी. सेट, तथा 72.6% के पास कपड़े धोने की मशीन थी। (Becker, 1966 : 435)। अतः सम्पत्ति या भौतिक साधनों का होना निर्धनता का विशिष्ट आधार नहीं हो सकते। इसी तरह निर्धनता को आय के कारक से नहीं जोड़ा जा सकता। यदि मूल्य स्तर में वृद्धि होती है तो लोग अपने परिवार के सदस्यों के लिए जीवन की आवश्यकताओं को जुटाने में समर्थ नहीं हो सकते। स्पष्टतया तब निर्धनता को समय और स्थान से जोड़ना पड़ता है।

तीसरे विचार के अनुसार निर्धनता "प्रत्येक समाज में उपयुक्त न्यूनतम जीविका स्तर से नीचे जीने की स्थिति" है, या 'जीवन की आवश्यकताओं को खरीदने के लिए धन का अभाव है', या "शारीरिक आवश्यकताओं की पूर्ति के लिए अत्यधिक कमी—भूख, कुपोषण, बीमारी और कपड़ा, मकान, चिकित्सा सुविधा की कमी—है"। आखिरी स्थिति का मापन समाज के निचली सतह पर रहने वालों के जीवन की जनसंख्या के अन्य व्यक्तियों से तुलना कर के किया जाता है। इस प्रकार यह निरपेक्ष दशाओं (objective conditions) की अपेक्षा सापेक्ष (subjective) परिभाषा का विषय है। निर्धनता का निर्धारण मौजूदा मानदण्डों से होता है। मिलर और रोबी (Miller and Roby, 1970 : 34-37) ने कहा है कि इस धारणा में निर्धनता को असानता के निकट माना जाता है। समाजशास्त्रीय दृष्टिकोण से यह परिभाषा उस प्रभाव के अर्थों में अधिक महत्त्वपूर्ण है जो गरीबों के जीवन अवसरों और आय की असमानता का जीवन की स्थितियों पर पड़ता है। पूर्ण निर्धनता तो गरीबों के हाथ में धन देकर कम की जा सकती है या मिटाई जा सकती है, लेकिन 'असमानता' को सापेक्ष सीमा रेखा से ऊपर उठा कर भी नहीं रोका जा सकता। जब तक आय के पैमाने की सतह पर लोग रहेंगे, वे किसी न किसी प्रकार निर्धन तो रहेंगे ही। यह स्थिति तब तक बनी रहेगी जब तक हमारे समाज में सामाजिक स्तरीकरण मौजूद रहेगा।

हारविंगटन (Harvington, 1958 : 83) ने गरीबी की परिभाषा वञ्चनाओं (deprivation) के सन्दर्भ में की है। उसके अनुसार निर्धनता, भोजन, स्वास्थ्य, मकान, शिक्षा एवं मनोरंजन के उन न्यूनतम स्तरों से वन्चित रहना है जो तत्कालीन प्रौद्यागिकी (contemporary technology), विश्वासों, और मूल्यों के अनुकूल हों। रीन (Rein, 1968 : 116) ने निर्धनता में तीन तत्वों का पता लगाया है : जीविका (subsistence), असमानता, और बाह्यता (externality)। जीविका अस्तित्व के अर्थ में स्वस्थ्य बनाए रखने और कार्य क्षमता के लिए तथा शारीरिक क्षमता बनाए रखने के लिए पर्याप्त संसाधनों की उपलब्धता पर जोर देती है। असमानता उन लोगों की आपस में तुलना करती है जो आमदनी के निम्नतम स्तर पर हैं और जो उसी समाज में विशेषाधिकार प्राप्त लोग (privileged people) हैं। निम्नतम स्तर के व्यक्तियों की वञ्चनाएँ सापेक्ष (relative) हैं। बाह्यता (externality) निर्धनों पर गरीबी के पड़ने वाले प्रभाव के अलावा समाज के अन्य लोगों पर पड़ने वाले प्रभाव पर भी बल देती है।

समाजशास्त्रीय दृष्टिकोण से निर्धन लोग दुश्चक्रों (vicious circles) से घिरे रहते हैं। निधन होने का अर्थ है गरीब पड़ौस में रहना, अधिक व्यक्तियों का या तो बिना काम के रहना या कम वेतन पर कार्य करना, बच्चों को स्कूल न भेज पाना, और लम्बे समय के लिए निर्धन बने रहना। गरीब रहने का अर्थ यह भी है कि अल्प भोजन खाना, कमजोर

स्वास्थ्य, भारी शारीरिक काम करने योग्य न होना, तथा निम्न भुगतान का काम लेना, जो फिर गरीब को हमेशा के लिए गरीब ही बना रहने देगा। इस प्रकार चक्र गरीबी से प्रारम्भ होकर गरीबी तक ही समाप्त होता है। अतः इसमें कोई विस्मय नहीं कि थामस गाल्डविन (Thomas Galdwin, 1967 : 77) जैसे समाजशास्त्रियों ने असमानता या गरीबी की सामाजिक अवधारणा को इतना महत्त्व दिया।

निर्धनता के परिमापन की अभिव्यक्ति
(Manifestation of Measurement of Poverty)

निर्धनता के परिमापन क्या हैं ? प्रमुख परिमाप हैं : कुपोषण (2,100 से 2,400 कैलोरी प्रतिदिन से नीचे), निम्न उपभोग व्यय, न्यूनतम आय (1998-99 के मूल्य स्तर पर ग्रामीण क्षेत्रों में 218.75 और नगरीय क्षेत्रों में 247.80 रूपये प्रति व्यक्ति प्रतिमाह से कम), पुरानी बीमारी या खराब स्वास्थ्य, अशिक्षा, बेरोजगारी और/या कम रोजगार, तथा मकानों की अस्वास्थकर दशाएँ। मोटे तौर पर किसी समाज की निर्धनता की अभिव्यक्ति, न्यून संसाधनों, निम्न राष्ट्रीय आय, निम्न प्रति व्यक्ति आय, आय वितरण में बड़ी विषमताएँ (disparity), कमजोर रक्षा, और इसी प्रकार के कारकों में होती है।

विश्व बैंक द्वारा प्रायोजित अनुसंधान में राजस्थान के एक जिले में निर्धनता के अध्ययन के आधार पर इस लेखक ने उन घरों (households) के गरीबी से जुड़े लक्षण बताये हैं जिनमें रहने वाले लोग निर्धन होते हैं। इन लक्षणों में से कुछ प्रमुख लक्षण इस प्रकार हैं : उस घर में पूर्ण-कालिक मजदूरी अर्जित करने वाले का अभाव, वे घर जिनमें परिवार की मुखिया स्त्री हो, वे घर जिनमें 18 वर्ष से कम आयु के 6 बच्चों से अधिक हों, वे घर जिनके मुखिया दैनिक मजदूरी पर निर्भर रहते हों, वे घर जिनमें प्राइमरी से भी कम स्तर की शिक्षा प्राप्त सदस्य हों, वे घर जिनमें सदस्यों को कार्य का कोई अनुभव न हो, तथा वे घर जिनके सदस्य अंशकालिक रोजगार में हों।

भारत में निर्धनता का अनुपात व फैलाव
(Incidence and Magnitude of Poverty in India)

भारत में विकास में द्विभाजन (dichotomy) पाया जाता है। विश्व औद्योगिक उत्पादन में भारत का 19 वाँ स्थान है, तथा कुल सकल राष्ट्रीय उत्पादन (GNP) में 12 वाँ स्थान है, फिर भी जनसंख्या का एक बड़ा भाग अत्यन्त निर्धन है। संयुक्त राष्ट्र संघ के 'मानव विकास इन्डेक्स' ने (जिसके तीन सूचक हैं : जीवन अवधि, शैक्षिक उपलब्धि, तथा क्रय शक्ति की समानता के संदर्भ में वास्तविक (जी.डी. पी) भारत को 174 राष्ट्रों में से (सितम्बर 2000 में यह संख्या 179 हो गयी) 134 वाँ स्थान दिया है। वास्तविक प्रति व्यक्ति सकल घरेलू उत्पाद (जी.डी.पी) के अर्थ में भारत को 141 वाँ स्थान दिया गया है, जबकि पाकिस्तान का 100 वाँ तथा चीन का 123 वाँ स्थान है (*Outlook,* February 14, 1996)। स्वतंत्रता प्राप्ति के बाद देश में सम्पूर्ण उत्पादन दर में महत्त्वपूर्ण वृद्धि देखी गई है। प्रति व्यक्ति आय में उत्तरोत्तर वृद्धि (overall growth) 1980-81 में 1,630 रुपये से 1987-88 में 3,289

रुपये, 1990-91 में 4,934 रुपये, 1993-94 में 6,234 रुपये और 1999-2000 में 9,739 रुपये दर्ज की गयी। राजस्थान में यह 1999-2000 में 7,141 रुपये, 1998-99 में 7,694 रुपये और 1997-98 में 7,811 रुपये थी। यदि 1999-2000 को आधार वर्ष माना जाये तब यह आय 1999-2000 में 18,900 रुपये (या 450 डालर) थी। *(The Hindustan Times*, April 6, 2000)। स्थिर मूल्यों (1980-81) पर प्रति व्यक्ति आय 1992-93 में 2,226 रु.1993-94 में 2,282 रुपये और 1994-95 में 2,362 रुपये आँकी गई थी (*The Hindustan Times*, August 22, 1995)। यदि हम राष्ट्रीय मुद्रा के क्रय शक्ति समानता (Purchasing Power Parity or PPP) के अर्थों में 1998-99 में भारत में प्रति व्यक्ति आय की गणना करें तो भारत की प्रति व्यक्ति आय (370$ की) पी.पी.पी (PPP) सुधार के साथ 2,000$ होगी। फिर भी अमेरिका की प्रति व्यक्ति आय भारत की अपेक्षा 18 गुनी अधिक होगी। (*India Today,* May 10, 1998: 46)

योजना आयोग के आकलन के अनुसार (मार्च 1997 में लकड़वाला समिति की सिफारिशें स्वीकार करने के पूर्व) गरीबी रेखा से नीचे जीवन व्यतीत करने वाले लोगों का प्रतिशत 1972-73 में 51.5% से घटकर 1983-84 में 37.4%, 1987-88 में 29.9% और 1993-94 में 18.1% हो गया। (*The Hindustan Times,* August 22, 1995 and April 5, 1997)। परन्तु विशेषज्ञ समूह (Expert Group-National Institute of Public Finance and Policy) के अनुमान के अनुसार यह प्रतिशत इससे काफी ऊंचा था। 1977-78 में 51.8%, 1983-84 में 44.8 %, 1987-88 में 39.3% और 1993-94 में 33.4% था। (*Outlook*, February 14, 1996 : 26)

यू.एन.डी.पी (UNDP) के अनुसार 1990 में भारत में गरीब लोगों की संख्या 41 करोड़ थी। (*The Hindustan Times,* Delhi, August 4, 1993)। विश्व बैंक और अर्थशास्त्रियों का दावा है कि गरीबी रेखा से नीचे के लोगों की संख्या 40 करोड़ है। इसका अर्थ हुआ कि भारत में गरीबों की संख्या, बंगलादेश और पाकिस्तान की कुल जनसंख्या के बराबर है।

योजना आयोग ने मार्च 1977 में देश में मौजूदा गरीबी का आकलन करने के लिए लकड़वाला समिति की क्रिया विधि अपनाने का निश्चय किया। लकड़वाला समिति सितम्बर 1989 में नियुक्त की गई थी, जिसने जुलाई 1993 में अपनी रिपोर्ट प्रस्तुत की। तीन वर्ष तक रिपोर्ट पर कोई कार्यवाही नहीं की गई। 1996 में योजना आयोग ने अचानक इस रिपोर्ट को स्वीकार कर लिया और गरीबी रेखा से नीचे के लोगों का अनुमान 1993-94 में 18.1% से बढ़ाकर 37.2% मान लिया। इस निर्णय से न केवल नवीं पंचवर्षीय योजना के विकास कार्यक्रमों पर बल्कि आगे आने वाले वर्षों के कार्यक्रमों पर भी काफी प्रभाव पड़ा।

भारत में लगभग 32 और 35 करोड़ के मध्य निर्धन लोगों में से (योजना आयोग के नये अनुमान के अनुसार) बिल्कुल दरिद्र लोग—जो कि समाज में बिल्कुल नीचे सतह के 10% में हैं—लगभग 5-6 करोड़ हैं। ये लोग बूढ़े, बीमार या अपाहिज नहीं हैं। उनके लिए रोजी-रोटी ही उपलब्ध कराना नहीं है बल्कि उन्हें एक प्रकार की सामाजिक सुरक्षा भी प्रदान करानी है जिसमें कुछ नियमित आय का प्रबन्ध भी सम्मिलित हो। इसका अर्थ यह हुआ कि 26 करोड़ (सरकारी आंकड़ों के अनुसार) और 30 करोड़ (अर्थशास्त्रियों के अनुसार) के

आसपास विविध निर्धन लोगों के लिए रोजगार के अवसर जुटाए जाने हैं। ग्रामीण क्षेत्रों में ये निर्धन लोग भूमिहीन खेतिहर मजदूर, आकस्मिक गैर खेतिहर मजदूर, (जैसे लोहार, बढ़ई और चमड़े का काम करने वाले) हैं, जबकि शहरी क्षेत्रों में ये निर्धन लोग बिना संगठनों वाले औद्योगिक श्रमिक, शाक-सब्जी, फल-फूल बेचने वाले, चाय की दुकानों के नौकर, घरेलू नौकर और रोजाना दिहाड़ी के मजदूर हैं।

विगत कुछ वर्षों में सर्वेक्षणों के अनुसार आर्थिक विकास के साथ-साथ उच्च मध्यम, और मध्यम आय वर्ग के लोगों की संख्या में वृद्धि हुई है। 1997-98 के मूल्यों के आधार पर 30,000 रुपये वार्षिक से कम आय वाले घरों की संख्या लगभग 50% है, 3 लाख रुपये वार्षिक से अधिक आय वाले (उच्च वर्ग) 0.7% है और 30,000 से 3 लाख रुपये आय वर्ग (मध्यम वर्ग) के लोगों की संख्या कुल घरों की 40% है। आगामी 10 वर्षों में आशा की जाती है कि इन आय समूहों के अपेक्षाकृत आकार में काफी परिवर्तन आने वाला है। 30,000 रुपये से कम वार्षिक आय वाले घरों की संख्या 14% रह जायेगी, 3 लाख रुपये से अधिक आय वाले धनी घरों की संख्या 3.5%, और 30,000 रुपये से 3 लाख रुपये वार्षिक आय वाले मध्यम वर्गीय घरों की संख्या कुल घरों की लगभग 80% हो जायगी। (*The Hindustan Times*, August 24, 1998)। जब तक आय वितरण की असमानता कम नहीं की जाती तब तक गरीबी रेखा से नीचे रहने वाले लोगों की संख्या में कमी करने के अवसर भी कम ही रहेंगे।

भारत में मूल्य ऊँचे उठे हैं और आय का दायरा संकुचित हुआ है। वर्तमान में (11 सितम्बर, 2000) मुद्रास्फीति की दर 5.94% बताई गई है, जबकि 1996-97 में यह दर 7.0% थी, ब्रिटेन में 2.7% थी, कनाडा में 1.8%, आस्ट्रेलिया में 0.8%, स्पेन में 2.0%, और स्वीडन में 0.2% थी (*Economic and Political Weekly,* January 16-22/23-29, 1999 : 116 and *The Hindustan Times*, September 11, 2000)। मुद्रा स्फीति में महत्त्वपूर्ण योगदान करने वाले कारक हैं : (1) माँग में अत्यधिक वृद्धि, पूर्ति लगभग समान या उसमें गिरावट या ठहराव । इसे 'माँग का खिंचाव मुद्रास्फीति' (Demand Pull Inflation) नाम से जाना जाता है। (2) मूल्यों में स्वतंत्र वृद्धि जो मजदूर संघों के दबाव के कारण श्रमिकों की मजदूरी में वृद्धि का फल हो सकती है या उद्योगपतियों की अधिक लाभ कमाने की इच्छा हो सकती है। कीमतों में इस प्रकार की वृद्धि या मुद्रास्फीति को 'मूल्य-दबाव' (Cost-Push) मुद्रा स्फीति कहते हैं। (3) भारत जैसे विकासशील देशों में मुद्रास्फीति इसलिए भी हो जाती है क्योंकि विकास के प्रयत्न और संरचनात्मक कठोरताएँ भी चलती रहती हैं। मूल ढाँचागत (infra-structural) संस्थागत या अन्य तंगियाँ उत्पादन गतिविधियों में रूकावट पैदा करती हैं और अभाव पैदा कर देती हैं। इससे मूल्य बढ़ते हैं और मुद्रास्फीति भी (4) घाटे की वित्त व्यवस्था (deficit financing) धन की अधिकता की स्थिति तो पैदा कर देती है लेकिन साथ-साथ वस्तुओं की पूर्ति में वृद्धि नहीं करती। इससे मुद्रास्फीति की स्थिति बन जाती है। (5) कभी-कभी विकासशील देशों को विकास के लिए प्रमुख वस्तुओं (capital goods) का आयात करना पड़ता है। इन वस्तुओं के लिए अत्यधिक विदेशी मुद्रा खर्च करनी पड़ती है। प्रायोजनाओं (projects) के मूल्य बढ़ जाते

हैं और मुद्रास्फीति स्वयं बन जाती है। लोग सम्पत्ति, स्वर्ण तथा अन्य गैर उत्पादनीय प्रयोगों में पूंजी निवेश करना पसन्द करते हैं। इससे निवेश योग्य पूंजी का एक बड़ा भाग अस्त व्यस्त हो जाता है। यह विकास को रोकने का काम करता है और मुद्रास्फीति शक्तियों को कार्य करने का आधार तैयार करता है। भारत ने उन तमाम समस्याओं का सामना किया है और अब भी कर रहा है, जिन्होंने देश में मुद्रास्फीति को बढ़ाया है।

बाज़ार अर्थव्यवस्था और उदारीकरण नीति : इसके सामाजिक परिणाम
(Market Economy and Liberalisation Policy: Its Social Consequences)

स्वतंत्रता के बाद भारत ने मिश्रित अर्थ-व्यवस्था, अर्थात् निजी उद्यमों में आंशिक राज्य नियंत्रण और आंशिक स्वतंत्र स्पर्धा निति, का अनुसरण करने का निश्चय किया परन्तु 1950 से 1990 तक के 40 वर्षों के अनुभव ने केन्द्रीय सरकार को 1990 के दशक के प्रारम्भिक वर्षों में, आर्थिक मामलों में संरचनात्मक परिवर्तन लाने, अर्थात् समाजवाद से निजीकरण में परिवर्तन, और राष्ट्रीयकरण को सीमित करने को प्रेरित किया। फलस्वरूप, राज्य का प्रभुत्व कम होना शुरू हो गया और उदारीकरण केन्द्रीय बिन्दु बन गया। 1990 में पश्चिम में आक्रामक कार्यवाहियों के कारण तेल के मूल्यों में वृद्धि तथा विदेशी विनिमय कोष की घटती स्थिति ने भारत में गम्भीर आर्थिक संकट पैदा कर दिया। जब जनता दल की सरकार आई तब उनको इस संकट को अस्थाई रूप से हल करने के लिए बैंक आफ इंग्लैण्ड के पास स्वर्ण गिरवी रखना पड़ा। इस कारण लाइसेंस नीति का उदारीकरण करना आवश्यक हो गया। 1990-91 में अन्तर्राष्ट्रीय मुद्रा कोष से लिए गए कर्ज से उत्पन्न स्थितियों के दबाव में भी उदारीकरण आवश्यक हो गया। इसने निजी पूंजी बाजार को देश की अर्थव्यवस्था में महत्वपूर्ण भूमिका निभाने के अधिक अवसर प्रदान किए हैं।

1990 के बाद उदारीकरण नीति अपनाने के बाद हमारे देश में कौन से आर्थिक सुधार प्रारम्भ किए गए हैं ? इनमें से कुछ इस प्रकार है : (See "Parthasarthi Shome and Hiranya Mukhopadhyaya, Economic Liberalisation of the 1990's, *Economic and Political Weekly*,. July 18-24, 1998 : 25-31)

1. लाइसेंस पद्धति के माध्यम से गुणात्मक आयात नियंत्रण कम कर दिए गए हैं और लगभग सभी प्रमुख वस्तुएँ और कच्चा माल आयात के लिए मुक्त कर दिए गए हैं।
2. टैक्स ढाँचा बदल दिया गया है जिसमें निम्न परिवर्तन शामिल हैं : कच्चे माल (raw materials) में उत्पादन कर (excise tax) में कटौती, उत्पाद कर की दर में कमी, सीमा शुल्क तथा आय कर में कटौती, तथा सभी उत्पादनशील सम्पत्ति पर सम्पत्ति कर की पूरी तरह समाप्ति।
3. वित्त क्षेत्र (सेक्टर) को अनेक उपायों से पुनर्संगठित किया गया है, जैसे आय मान्यता से सम्बन्धित नवीन प्रतिमानों को लागू करके तथा अलाभकारी सम्पत्ति पर 15% अग्रिम राशि देने का प्रावधान करके।
4. औद्योगिक नीति में सुधार किया गया है जिसमें औद्योगिक क्षेत्र में असंगत नियमों को समाप्त करना शामिल है।

5. विदेश विनिमय नीति का पुनरीक्षण किया गया है जिसने अनेक क्षेत्रों में विदेशी पूंजी निवेश खोल दिया है।
6. मार्च 31, 2000 को सरकार ने नयी आयात-निर्यात नीति लागू करते हुए 714 वस्तुओं के आयात पर कोटा पाबन्दी हटा दी, विशेष आयात लाइसेंस को समाप्त किया, तथा दो विशेष आर्थिक क्षेत्र (zone) बनाने की घोषणा की जिनमें नियम-मुक्त व्यापार हो सकेगा।

उदारीकरण नीति को लागू करने के नौ-दस वर्षों में हमने क्या प्राप्त किया ? इसकी हम निम्न स्तरों पर व्याख्या कर सकते हैं : (See Shome and Mukhopadhyay, op. cit., 1917-29)

1. वृद्धि की दर (Rate of Growth)

सकल घरेलू उत्पाद (जी.डी.पी) की वृद्धि-दर में वृद्धि हुई है। जबकि 1970 के दशक में यह 3% थी,1980 के दशक में यह 4 से 5%, 1994-95 में 7%, 1995-96 में और 96-97 में बढ़कर 7.8% हो गई, लेकिन 97-98 में यह नीचे होकर 5% हो गई और फिर 98-99 में और 1999-2000 में बढ़कर 5.8% हो गई। (*India Today,* March-1999 : 43 and *The Hindustan Times,* February 25, 1999 and February 24, 2000)।

2. मुद्रास्फीति (Inflation)

सामान्य मूल्य स्तर पर मुद्रास्फीति नियन्त्रित हुई है। जब 1960 के दशक में यह 11.0% थी, 1972-75 में बढ़कर 18.5% हो गई और 1979-82 में 15.5%, 1990-93 में 11.36%, 1994-95 में 10.9%, सितम्बर 1998 में 8.8% और 2000 के सितम्बर माह के दूसरे सप्ताह में 5.94% ही रह गई। 1990 के दशक के प्रारम्भिक वर्षों में मुद्रास्फीति और 1995-96 के पश्चात् इस पर तेजी के साथ नियंत्रण को कुछ सीमा तक अन्तर्राष्ट्रीय पेट्रोलियम मूल्यों में वृद्धि और बाद में इसकी पूर्ति पर सख्ती में शिथिलता से स्पष्ट किया जा सकता है। उसके बाद तीन चार वर्षों तक मुद्रास्फीति में काफी रोक लगाई जा सकी है क्योंकि अर्थव्यवस्था में कुछ ठोस संरचनात्मक सुधार लाए गये।

3. राजस्व और व्यय (Revenue and Expenditure)

विभिन्न करों के ढाँचों को तर्कसंगत बना दिये जाने के बाद भी न तो राजस्व की आमद में कोई वृद्धि हुई और न ही वित्तीय घाटे में कमी आई है। वास्तव में, कर राजस्व में जी.डी.पी के अनुपात में 1990-91 में लगभग 11% की गिरावट आई (सुधारों से पूर्व), 1995-96 में लगभग 10% और इसी के आसपास 1999-2000 में। राजस्व घाटा पूरा नहीं किया जा सका है।

4. औद्योगिक निष्पादन (Industrial Performance)

1990 के दशक में हुए आर्थिक शक्तियों के उदारीकरण के प्रभाव से औद्योगिक उत्पादन में

कोई वृद्धि नहीं हुई है। सत्य तो यह है कि उत्पादन-वृद्धि में ऊपर की ओर खिसकाव में कमी रही है। 1996-97 में औद्योगिक क्षीणता या मंदी (recession) की छाया उभरने लगी। 1994-95 में जो औद्योगिक उत्पादन बढ़कर 13% हो गया था, वही 1996-97 में गिरकर 6.7% और 1998-99 में 3.5% ही रह गया। (*India Today*, March 1, 1999: 42, and *The Hindustan Times*, February 25, 1999)।

5. निर्यात और विदेशी पूँजी का अन्तप्रर्वाह
(Exports and Foreign Capital Inflow)

1995-96 में आगे वाले वर्षों में निर्यात में कमी आई है। जब 1993-94 और 1995-96 की अवधि में निर्यात वृद्धि दर में 18 से 21% वृद्धि हुई, वहीं 1996-97 में यह 12.1% कम हुई और 1997-98 में 4.4% की गिरावट आई (*The Hindustan Times,* February 25, 1997, *India Today,* March 1, 1991: 42) I 1996-97 से 1999-2000 में विदेशी मुद्रा भण्डार काफी बढ़ गया है (3200 करोड़ डालर) जो कि अर्थव्यवस्था की मजबूती को दर्शाता है।

यह आशा की जा रही थी कि उदारीकरण नीति बाह्य वित्त और व्यापार में खुलापन लाएगी, देश को अन्तर्राष्ट्रीय स्पर्धा के समक्ष खड़ा कर देगी और तकनीकी का आदान-प्रदान, प्रबन्धन का ज्ञान, निर्यात विपणन में पहुँच और विविधतापूर्ण निवेशक आधार लाने के लाभ साथ में लाएगी। आर्थिक विशेषज्ञों का विचार है कि ये आशाएँ सीमित स्तर तक ही पूरी हो रहीं हैं। यह सत्य है कि देश के बाह्य वित्तीय विकल्पों में वृद्धि हुई है लेकिन विदेशी बाजारों तक पहुँच वाले देश के लिए निजी पूँजी प्रवाह के नवीनीकरण को मजबूत और परिवर्तनशील बनाना होगा। लेकिन भारत को बाह्य वित्त के नवीन तरीकों तथा विश्व पूंजी बाजार में बढ़ती हुई सत्यनिष्ठा की भावना से उत्पन्न चुनौतियों का सामना करना अभी सीखना है। यह कहा जा सकता है कि आज एक ओर तो राजस्व वसूली कम है, वित्तीय घाटा बढ़ रहा है (1999-2000 में राजस्व घाटा एक लाख करोड़ रुपया बताया गया था), और अन्य देशों से पूँजी की आमद अधिक नहीं बढ़ी है, दूसरी ओर अनेक योजनाएँ, जैसे राजस्व आधार को बढ़ाने के लिए प्रोत्साहनों की भरमार, मुद्रास्फीति दर में कमी, कर व्यय को कम करने के लिए राज्य सहायता (सब्सिडी) ढाँचे में सुव्यवस्थीकरण, सार्वजनिक उपयोग की वस्तुओं जैसे बिजली, पानी के सीमान्त मूल्यों में सुधार, ढाँचागत रुकावटों को हटाना, घाटे में जा रहे सार्वजनिक उद्यमों का निजीकरण, तथा बीमा क्षेत्र के सुधार निश्चित रूप से अर्थव्यवस्था को सुधारने का कार्य कर रहे हैं। फिर भी, गम्भीर अर्थशास्त्रियों और समाजशास्त्रियों ने भारतीय अर्थव्यवस्था के कुछ महत्त्वपूर्ण पक्षों पर वास्तविक चिन्ता प्रकट की है, जैसे अत्यधिक निर्धनता, बेरोजगारी, सब्सिडी नीतियाँ, ऋणग्रस्तता, गुटीय राजनीति के प्रभाव, और राजनैतिक अस्थिरताएं। कुछ लोगों ने तो उदारीकरण के गुणों तक को चुनौती दे डाली है और इसको अमिश्रित वैश्वीकरण कहा है। अतः 2000 के दशक में सम्पूर्ण आर्थिक प्रदर्शन का आलोचनात्मक मूल्यांकन करना और उदारीकरण नीति के प्रभाव का परीक्षण करना आवश्यक है।

यजमानी व्यवस्था (The Jajmani System)

यजमानी प्रथा परम्परागत पेशेवर कर्त्तव्यों की एक व्यवस्था है। पुरातन भारत में जातियाँ एक दूसरे पर आर्थिक दृष्टि से निर्भर होती थीं। ग्रामीण व्यक्ति के परम्परागत विशिष्ट धन्धे के साथ उसकी जाति का प्रदत्त विशिष्टीकरण भी होता था। पेशे के विशिष्टीकरण के कारण ग्रामीण समाज में सेवाओं का आदान-प्रदान चलता था। सेवक (servicing) और सेवित (served) जातियों के बीच के सम्बध संविदा पर आधारित व्यक्तिगत, गैर व्यक्तिगत, अस्थाई या सीमित नहीं होते थे बल्कि जाति उन्मुखी (caste-oriented), दीर्घकालीन व विस्तृत रूप से समर्थन प्रदान करने वाले होते थे। भूस्वामी एवं भूमिहीन परिवारों के बीच, जो आपस में सेवाओं और वस्तुओं की पूर्ति करते हैं, सम्बन्ध दीर्घकालीन होते हैं, जिन्हें यजमानी प्रथा कहा जाता है।

हैरोल्ड गूल्ड (Harold Gould, 1987 : 138-39) ने यजमानी प्रथा को संरक्षकों (patrons) एवं सेवादारों (suppliers of services) के बीच अन्तर्पारिवारिक (interfamilial) अन्तर्जातीय सम्बन्ध कहा है जो आधीनस्थ (superordinate) एवं आधीनकर्ता (subordinate) के बीच होते हैं। संरक्षक लोग स्वच्छ (clean) जाति के होते हैं जबकि सेवादार अस्वच्छ एवं निम्न जाति के। यह कहा जा सकता है कि यजमानी प्रथा वितरण (distribution) की व्यवस्था है जिसमें उच्च जाति के भूस्वामी परिवारों को विभिन्न निम्न जातियों, जैसे बढ़ई (खाती), नाई, कुम्हार, लोहार, धोबी, भंगी (चुहरा), आदि के द्वारा सेवाएँ या उत्पाद उपलब्ध कराए जाते हैं। सेवादार जातियों को 'कमीन' कहा जाता है जबकि सेव्यों (castes served) को 'यजमान' कहा जाता है। प्रदत्त सेवाओं के बदले सेवादारों को नकद या वस्तु के रूप में (अनाज, चारा, कपड़े, दूध, आदि) भुगतान किया जाता है।

योगेन्द्र सिंह (1973 :186) ने यजमानी व्यवस्था को एक ऐसी व्यवस्था कहा है जो गाँवों में आधारित अन्तर्जातीय सम्बन्धों में आपसी आदान-प्रदान पर आधारित सम्बन्धों से नियन्त्रित होती है। ईश्वरन् (1966 :41) ने यजमानी व्यवस्था के सन्दर्भ में (दक्षिण भारत में मैसूर में इसे 'आया' पुकारा जाता है) कहा है कि यह एक ऐसी व्यवस्था है जिसमें प्रत्येक जाति को सामुदायिक जीवन में समग्र रूप से एक भूमिका निभानी होती है। यह भूमिका आर्थिक, सामाजिक तथा नैतिक कार्य करने की होती है।

मूल रूप में 'यजमान' शब्द उस सेव्य (client) को सन्दर्भित करता था जिसके लिए ब्राह्मण पुजारी कर्मकाण्ड (rituals) का संपादन करता था। बाद में यह शब्द उस संरक्षक के लिए प्रयोग किया जाने लगा जो विशिष्ट सेवाओं को प्राप्त करता हो। बीडमन (Beidman, 1959 : 7) ने संकेत दिया है कि सेवा और वस्तुएँ उपलब्ध कराने वालों को 'कमीन' के अतिरिक्त 'पुरजन', 'परधान' आदि नामों से भी विविध क्षेत्रों में जाना जाता है।

यजमानी सम्बन्ध (Jajmani Relations)

कभी-कभी दो या अधिक जातियों के बीच कुछ वस्तुओं की पूर्ति के आधार पर बने सम्बन्ध संविदात्मक (contractual) हो सकते हैं लेकिन यजमानी नहीं। उदाहरणार्थ, बुनकर जिसको उसके द्वारा निर्मित व बेचे जाने वाले कपड़े के लिए नकद भुगतान किया जाता है, उसको

फसल में रस्मी हिस्से का अधिकार नहीं है। वह कमीन नहीं है और खरीदने वाला उसका यजमान नहीं है। पुनश्चः यजमानी सम्बन्धों में भी कुछ ऐसे उत्पाद या सेवाएँ हो सकती हैं जो संविदित हों और जिनके लिए अलग से भुगतान किया जाता हो। उदाहरणार्थ, गाँव में रस्सी बनाने वाले यजमानी व्यवस्था के अन्तर्गत किसानों को सभी प्रकार की आवश्यक रस्सियाँ उपलब्ध करा सकते हैं किन्तु कुंओं में प्रयोग की जाने वाली मोटी रस्सियों के लिए अलग से भुगतान करना पड़ता है।

यजमानी सम्बन्ध कर्मकांडी (ritual) मामलों तथा सामाजिक समर्थन के साथ साथ आर्थिक आदान-प्रदान को भी निश्चित करते हैं। सेवादार जातियाँ संस्कार तथा अन्य कर्मकांडी कर्त्तव्यों का पालन यजमान के घर पर जन्म, विवाह और मृत्यु जैसे अवसरों पर करते हैं। डी.एन.मज़ूमदार (1958) ने उत्तर प्रदेश के लखनऊ ज़िले के एक गाँव के ठाकुर परिवार (राजपूत जाति के) का उदाहरण दिया है जिसकी जीवनचक्रीय संस्कारों के लिए दस से अधिक जातियों द्वारा सेवा की जाती है। उदाहरण के लिए, बच्चे के जन्म पर दावत के समय ब्राह्मण 'नामकरण संस्कार' सम्पन्न कराता है, स्वर्णकार नवजात शिशु के लिए स्वर्ण आभूषण उपलब्ध कराता है, धोबी गन्दे वस्त्र धोता है, नाई निमंत्रण व सन्देश देता है, खाती वह पटला उपलब्ध कराता है जिस पर बच्चे को नामकरण के समय बिठाया जाता है, लोहार लोहे का कड़ा देता है, कुम्हार कुठार देता है जिसमें तैयार सब्जियां और पानी रखा जाता है, पासी भोजन के लिए पत्तलें उपलब्ध कराता है, और दावत के बाद भंगी दावत स्थान की सफाई करता है। सभी को भेंट, भोजन, पैसा और कपड़े प्रदान किए जाते हैं जो कि यजमान के प्रभाव और प्राप्तकर्ता की विनम्रता पर निर्भर करता है।

कमीन लोग भी (निम्न जाति के) जो अपने यजमानों के लिए विशिष्ट सेवाएँ उपलब्ध कराते हैं दूसरों से सेवाएँ और वस्तुएँ चाहते हैं। हैरोल्ड गूल्ड (Harold Gould, 1987 : 169-170) के अनुसार निम्न जाति के लोग या तो प्रत्यक्ष श्रम विनिमय द्वारा या नकद या वस्तु के रूप में भुगतान कर के अपने स्वयं के लिए यजमानी प्रबन्ध कर लेते हैं। मध्यम जातियों के लोग भी निम्न जातियों की तरह एक दूसरे की सेवाओं का आदान-प्रदान या तो नकद भुगतान या सेवाओं द्वारा भरपाई कर लेते हैं।

कमीन लोग अपने यजमानों के लिए न केवल वस्तुएँ उपलब्ध कराते हैं बल्कि वे कार्य भी करते हैं जो उनके यजमानों को दूषित (अपवित्र) करते हैं ; उदाहरणार्थ, गन्दे कपड़ों का धोना (धोबी द्वारा), बाल काटना (नाई द्वारा), नवजात का जन्म कराना, (नाइन द्वारा), शौच स्थान की सफाई (भंगी द्वारा), और इसी प्रकार के कार्य। यद्यपि धोबी, नाई, लोहार, आदि स्वयं निम्न जातियों में गिने जाते हैं तथापि वे हरिजनों के लिए 'कमीनों' की तरह सेवा नहीं करते और न ही ब्राह्मण लोग इन लोगों को अपना यजमान मानते हैं। फिर भी जब निम्न जाति के परिवार समृद्ध होते हैं तब वे अपने दूषित पेशों को छोड़ देते हैं और अपने सेवा के लिए संस्कार विशेषज्ञों को प्राप्त करने का प्रयत्न करते हैं (और सफल भी होते हैं)।

यजमानी सम्बन्ध जातियों की अपेक्षा परिवारों में होते हैं। इस तरह राजपूतों का परिवार गाँव के लोहार जाति के एक परिवार से धातु उपकरणों को बनवाता है, न कि सभी लोहारों से। लोहारों का यही विशेष परिवार राजपूतों के उस परिवार की फसल में से हिस्सा

पाएगा, न कि सभी लोहार परिवार। दो-परिवारों के बीच (लोहार और राजपूत) का यह सम्बन्ध टिकाऊ होता है क्योंकि लोहार उसी राजपूत परिवार की सेवा करता है जिसमें उसके पिता और बाबा सेवा करते थे। राजपूत परिवार भी अपने उपकरण व उनकी मरम्मत उसी लोहार परिवार की सन्तानों से कराता है जिसके पूर्वज उस राजपूत परिवार के पूर्वजों से कराते थे। यदि कोई सम्बद्ध परिवार समाप्त हो जाये तो उसके वंश का कोई दूसरा परिवार स्थान ले लेता है। उदाहरण के लिए उपरोक्त मामले में यदि लोहार के परिवार में एक से अधिक पुत्र हों, जिनकी देखभाल राजपूत परिवार न कर सके तो इस दशा में वे ऐसे स्थानों में सहयोग लेने चले जाते हैं जिनमें लोहारों की कमी होती है।

आरेन्सटीन (Orenstein, 1962 : 310-14) ने माना है कि गाँव के अधिकारियों या गाँव के नौकरों के परिवार (जैसे चौकीदार) किसी विशेष परिवार की अपेक्षा सारे गाँव से यजमानी सम्बन्ध बनाए रखते हैं। इस प्रकार चौकीदार के परिवार को गांव के प्रत्येक भूस्वामी किसान परिवार से फसल में से योगदान मिलता है। गाँव के नौकर लोग (servants) भी गांव की भूमि का कर-मुक्त प्रयोग कर सकते हैं। सेवादारों के कुछ परिवार, व्यक्तिगत परिवारों की अपेक्षा गाँव के किसी हिस्से से यजमानी सम्बन्ध रखते हैं। इन परिवारों को गाँव के उस हिस्से में रहने वाले सभी परिवारों की सेवा का हक होता है।

यजमानी प्रथा के सन्दर्भ में कोलेन्डा (Kolenda, 1963 : 11-31) ने कहा है: "हिन्दू यजमानी व्यवस्था भूमिकाओं और प्रतिमानों के जाल व एक व्यवस्था के रूप में जकड़े हुए भारतीय ग्रामों की एक संस्था या सामाजिक व्यवस्था है जो कि सामान्य सांस्कृतिक मूल्यों द्वारा समर्थित व विधिमान्य होती है"। यजमानी व्यवस्था में विश्लेषण योग्य प्रश्न निम्न हैं : इस व्यवस्था का कार्य क्या है ? इस व्यवस्था में क्या शक्तियाँ व अधिकार वितरित हैं ? यजमानी व्यवस्था अन्य प्रथाओं से किस प्रकार सम्बन्धित है ? यजमानी व्यवस्था को बनाए रखने के पीछे प्रेरणा क्या है ? इस व्यवस्था में क्या परिवर्तन हुए हैं ?

प्रकार्य एवं भूमिकाएँ (Functions and Roles)

यजमानी व्यवस्था के कार्यों का विश्लेषण करते हुए लीच (Leach, 1960) ने कहा है कि यजमानी व्यवस्था जातियों में आपसी आर्थिक निर्भरता और श्रम विभाजन को नियमित बनाए रखती है। वाइजर (Wiser, 1967 : 35) के अनुसार यजमानी व्यवस्था भारतीय ग्रामों को आत्म निर्भर समुदाय के रूप में बनाएँ रखने में सहायक होती है। गूल्ड (1987) ने कहा है कि यह (यजमानी व्यवस्था) सेवा कार्यों और शिल्प सेवाओं के बदले में कृषि उत्पादन का वितरण करती है। बीडिलमैन (Beidelman, 1959) का मत है कि यह (यजमानी व्यवस्था) उच्च जातियों की प्रतिष्ठा बनाए रखती है।

यजमानी व्यवस्था में निहित भूमिकाएँ यजमानों और कमीनों की हैं। कमीन जातियाँ यजमान जातियों के लिए कुछ पेशेवर, आर्थिक व सामाजिक सेवाएँ करतीं हैं जिसके बदले में यजमान उन्हें विशिष्ट अवसरों या निश्चित अवधि के बाद भुगतान करते हैं, यद्यपि सभी जातियाँ इस आपसी लेनदेन में आवश्यक रूप से भाग नहीं लेतीं। उदाहरणार्थ, तेली ऐसी जाति है जो आमतौर पर विनिमय सेवाओं में नहीं होती। कमीनों के यजमान उनके अपने

गाँव और अन्य गाँवों में भी होते हैं। एक कमीन अपने सेव्य के प्रति अधिकारों को दूसरे कमीन को बेच सकता है। भूमिका सम्बन्धों में महत्त्वपूर्ण हैं : मुफ्त भोजन, कपड़े, आवास, लगान-मुक्त भूमि, आकस्मिक सहायता, मुकदमें में सहायता, तथा जीवन में संकट के समय यजमानों द्वारा कमीनों की सुरक्षा।

यजमानी व्यवस्था सभी गाँवों में पारस्परिक (अन्योन्य) (reciprocal) नहीं है। कोलेन्डा (Kolenda, 1963: 11-32) ने माना है कि शक्तिशाली जातियाँ भारत के अनेक गाँवों में इन सम्बन्धों में शक्ति सन्तुलन बनाए रखते हैं। योगन्द्र सिंह (1973 : 187) भी मानते हैं कि भारत के गाँव आर्थिक संस्थाओं, शक्ति संरचना और अन्तर्जातीय सम्बन्धों की दृष्टि से बदल रहे हैं। आर्थिक परिवर्तन का प्रमुख स्रोत भूमि सुधार भी है जो बिचौलियों की समाप्ति, किराएदारी सुधार (tenancy reforms), चकबन्दी, भूमि पुनर्वितरण, सहकारी खेती का विकास, और भूदान द्वारा लागू किए गए हैं। इन सब उपायों से जातियों के बीच अन्तर्क्रिया, यजमानी व्यवस्था, तथा ग्रामीण व्यवस्था पर प्रभाव पड़ा है।

प्रतिमान एवं मूल्य (Norms and Values)

देश के सभी क्षेत्रों में भुगतान का परम्परागत तरीका यह रहा है कि यह फसल के समय पर ही किया जाता है जब प्रत्येक भूस्वामी परिवार विविध कमीनों को नवीन उत्पादित अनाज में से कुछ हिस्सा देते हैं। परन्तु फसली भुगतान यजमान परिवार को प्राप्त होने वाले हिस्से में से ही होता है। कमीन अपने यजमान् पर मकान की जमीन के लिए, पशुओं के चरागाह स्थल के लिए, लकड़ी और उपले के लिए, औजारों के लिए तथा ऋण आदि के लिए निर्भर रहता है। इसके साथ-साथ यजमान उसको कपड़े और संस्कारों (rituals) के अवसरों पर भेंट आदि देता है और आड़े वक्त पर ऋण भी प्रदान कर के सहायता करता है।

वाइज़र (Wiser, 1956) ने सत्रह बिन्दु बताए हैं जो कमीन अपने यजमानों से प्राप्त करता है। हैरोल्ड गूल्ड (1985 : 140-141) ने भी 1954-55 में फैजाबाद (उत्तरप्रदेश) ज़िले के गाँव शेरूपुर में यजमानी प्रथा के अध्ययन के दौरान यजमानी बन्धनों में इन्हीं बिन्दुओं को महत्त्वपूर्ण पाया। इनमें से कुछ विचारणीय बिन्दु हैं : मुफ्त आवास स्थल, परिवार के लिए मुफ्त भोजन, मुफ्त उपले, बिना किराए का मकान, कर्ज सुविधाएँ, पूरक रोजगार के अवसर, उपकरणों एवं पशुओं का मुफ्त प्रयोग, मुफ्त खालें, मुकदमें में मदद, अन्तिम संस्कार के समय लकड़ी, और कच्चे माल का मुफ्त प्रयोग, आदि। हैरोल्ड गूल्ड ने पुरजनों की सेवाओं के बदले यजमानों द्वारा किए जाने वाले भुगतान की दर का भी अध्ययन किया। उदाहरणार्थ, 1954-55 में एक ब्राह्मण को फसल काटने के समय एक परिवार से 15 किलोग्राम अनाज मिलता था, कोरी (जुलाहा) को 15 किलो अनाज और 20 रुपये प्रति माह प्रति यजमान, कुम्हार, नाई और लोहार को 8 किलो अनाज प्रति परिवार प्रति फसल, और धोबी को प्रति परिवार प्रति फसल 4 किलो अनाज मिलता था।

सेवित गाँवों में सभी यजमानों से प्राप्त एक कमीन परिवार की अनाज की आमदनी का उदाहरण देते हुए हैरोल्ड गूल्ड कहते हैं कि अपने अध्ययन वाले गाँव में उन्होंने पाया कि (1954-55 में) नाई को एक साल में लगभग 312 किलो अनाज प्राप्त हुआ। यह अनाज

उसको 25 एकांकी परिवारों वाले 15 संयुक्त परिवारों से प्राप्त हुआ। यजमानी सम्बन्धों को अन्य भिन्न जातियों के साथ सम्बन्धों को लेकर गूल्ड ने देखा कि गाँव शेरूपुर में सभी यजमानों ने 2,039 किलो अनाज एक वर्ष में सभी 'पुरजन' परिवारों को दिया। गाँव में 228 लोगों के 43 परिवार थे, इनमें से केवल 19 परिवार ही यजमान थे (जो सेवाएं लेते थे और अनाज देते थे)। इससे आर्थिक अन्तर्क्रिया के विस्तार का पता चलता है।

कमजोर वर्ष में यजमान किसान अपने कमीनों को अधिक अन्न नहीं देता लेकिन जब उसकी फसल अच्छी होती है तब वह उन कमीनों को अधिक अनाज देने को बुरा नहीं समझता, जिन्होंने उसकी अच्छी सेवा की हो। फिर भी, यदि कमीन यजमान के प्रति काम में लापरवाही करता है, जैसे कि उपकरणों की मरम्मत में या धोबी अधिक कपड़े फाड़ लाए, तब यजमान उसे अधिक नहीं देता। इसी प्रकार कमीन भी उसी हिसाब से अपनी सेवाएँ देता है जैसा उसको भुगतान मिलता है। एम.एन. श्रीनिवास (1955 : 11-13) के अनुसार भी जो यजमान अनाज देते हैं वे अच्छे माने जाते हैं अपेक्षाकृत नकद भुगतान करने वालों के।

यजमानों और कमीनों के बीच शक्ति आवंटन के विषय में, बीडिलमैन (Beidelman, 1959) के अनुसार, सांस्कारिक शुद्धि या अपवित्रता महत्वपूर्ण नहीं है। निम्न जाति का व्यक्ति, भले ही वह यजमान हो, उच्च स्तर वाली जाति के कमीन से नीचा ही समझा जाता है। उच्च जाति की शक्ति भू-स्वामित्व तथा सम्पत्ति पर आधारित होती है और कमीनों के पास यह शक्ति नहीं होती। हैरोल्ड गूल्ड (1987 : 173) ने स्वीकार किया है, "मूल रूप से अन्तर एक तरफ भूस्वामी कृषक जातियों (जो सामाजिक व्यवस्था के अधिपति हैं) और दूसरी तरफ भूमिहीन शिल्पी व सेवक जातियों (जो उनके आधीन हैं) के बीच पाया जाता है। पोकाक (Pocock, 1963 :79) ने भी इसी प्रकार कहा है, "यदि यजमानी सम्बन्धों में व्यवस्था नहीं है, तो उनमें संगठन है। वे (संबंध) एक ही संस्था— उस क्षेत्र की प्रभुत्व वाली (dominant) जाति—के चारों ओर व्यवस्थित हैं।

यजमानों और कमीनों के लिए कर्त्तव्यों, अधिकारों, भुगतान तथा सुविधाओं से सम्बन्धित कुछ प्रतिमान हैं। यजमान को अपने कमीनों के प्रति संरक्षक भाव रखना पड़ता है तथा उनकी माँगों को पूरा करना पड़ता है। कमीन को भी पुत्र की तरह अपने पिता सम यजमान के प्रति व्यवहार करना पड़ता है। उसे अपने यजमान के गुटीय विवादों में उसका समर्थन करना पड़ता है।

यजमानी प्रथा में दानशीलता और उदारता, धार्मिक कर्त्तव्य तथा असमानता ईश्वरीय देन समझी जाती है जो कि सांस्कृतिक मूल्य माने जाते हैं। पवित्र, अर्ध पवित्र और धर्म निरपेक्ष हिन्दू साहित्य तथा मौखिक परम्पराएँ यजमान-कमीन सम्बन्धों को अधिकृत व न्यायासंगत मानते हैं। जाति पंचायत को गलती करने वाले यजमानों और कमीनों को दण्ड देने का अधिकार होता है। साथ ही, मान्यताएँ यह अनुमति भी देती हैं कि कमीन आवश्यक सेवाएँ प्रदान न करे और यजमान कमीन को लगान पर दी गई भूमि ले सकता है।

उदाहरणार्थ, यदि एक कुम्हार परिवार दूसरे के यजमानों में घुसपैठ का प्रयत्न करता है तो आहत कुम्हार अपनी जाति पंचायत में उस घुसपैठिये को खदेड़ने का निवेदन करता है। यदि गाँव के कुम्हार विश्वास करते हैं कि यजमान किसान उनके प्रति उदासीन है तब कुम्हार

लोग यजमान किसानों से नाता तोड़ने का प्रयत्न कर सकते हैं, जब तक कि किसान यजमान अपने बुरे व्यवहार को ठीक न कर लें।

यजमानी व्यवस्था : एक शोषणीय व्यवस्था
(Jajmani System : An Exploitative System)

क्या यजमानी व्यवस्था एक शोषणीय प्रथा है ? क्या यजमान कमीनों को थोड़ा सा अनाज या नकद या अन्य कुछ देकर उनका शोषण करते हैं ? बीडिलमैन (Beidelman, 1959) यजमानों को 'शोषक' और कमीन को 'शोषित' मानते हैं तथा व्यवस्था को 'सामन्ती' गुणों वाली मानते हैं। वह यजमानी प्रथा को उच्च जातीय हिन्दुओं के द्वारा नियन्त्रण, विधिमान्यीकरण, तथा शासन करने के लिए एक प्रमुख साधन के रूप में मानते हैं। इसी प्रकार ल्यूइस और बरमौ (Lewis and Barmouw, 1956) के विचार से धनी और प्रभावशाली यजमानों और निर्धन भूमिहीन कमीनों के बीच का अन्तर ही कमीनों के शोषण का कारण है और उन्हें शक्तिशाली और उच्च स्थान वाले लोगों के शासन में या आधीन रहने को बाध्य करता है। कुछ विद्वानों का मत है कि यजमानी प्रथा में कोई बाध्यता या प्रभुत्व वाली बात नहीं है। *प्रथम,* कमीन लोग अपनी रोजी रोटी के लिये यजमानों पर निर्भर नहीं रहते। वे अपनी वस्तुओं को बेचने और सेवाओं को उनको देने के लिए स्वतंत्र होते हैं जो उन्हें नकद भुगतान करते हैं। *दूसरे,* जब कमीन महसूस करते हैं कि उनके साथ अन्याय हुआ है तब वे अपनी जाति की पंचायत करते हैं जो यजमानों को उनकी माँगों को पूरा करने के लिए बाध्य करते हैं। इसी प्रकार जब भूस्वामी यजमान ऐसा अनुभव करते हैं कि उनके किसी कमीन ने काम में कोताही की है या यजमान के पद और गरिमा को ठेस पहुँचाई है या चुनौती दी है, यजमान परिवार मिलकर उनके भुगतान रोक कर या अन्य प्रकार से उन पर दबाव डाल सकते हैं। फिर भी किसी भी तरफ से सामूहिक कार्यवाही सम्पूर्ण जाति के हितों को प्रभावित नहीं करती। जातीय एकता यजमानी समूह के प्रति निष्ठा से कहीं ऊपर होती है। *तृतीय,* यजमान अपने कमीनों से पैतृक तरह से व्यवहार करते हैं और उनके संकट में सहायता करते हैं। *चौथे,* यजमानी नियम इतने लचीले होते हैं कि उनका अर्थ किसी भी प्रकार से लगाया जा सकता है और सेवा प्रबन्धों में परिवर्तन किया जा सकता है। प्रत्येक यजमानी सम्बन्ध में निश्चित समय पर न्यूनतम मापदण्ड बनाए रखे जाते हैं। *अन्तिम,* उच्च जाति के सदस्य दूषित व विशिष्ट कार्यों से बचना चाहते हैं। अतः उन्हें उन परिवारों पर निर्भर रहना पड़ता है जो उन्हें वाँछनीय सेवाएँ व वस्तुएँ प्रदान करें। यजमानी आदान-प्रदान को आपसी लाभकारी समझते हुए वे अपने कमीनों की अनर्गल माँगों को भी कभी-कभी सहन करते हैं, जैसे कि कमीन अपने यजमानों का दबाव सहन करते हैं। अतः यजमानी प्रथा को शोषणात्मक समझना अतर्कसंगत होगा। राव (1961), कोलेन्डा (Kolenda, 1963 : 21-29), ओरेन्सटीन (Orenstein, 1962) और हैरोल्ड गूल्ड (Harold Gould, 1985) की भी यही मान्यता है कि यजमानी व्यवस्था को निर्दयी शोषणात्मक कह कर निन्दा करना चौंकाने वाला शीघ्रता में किया हुआ सामान्यीकरण है। हैरोल्ड गूल्ड (1987 : 176-177) ने कहा है कि यजमानी प्रथा का ऐसा विश्लेषण जो इसे सामन्ती व्यवस्था का हिस्सा मानता हो अविश्वसनीय है। इस प्रथा का महत्व किसी भी आर्थिक क्रिया के सामने कम है। यह प्रथा

किसी तर्कयुक्त आर्थिक प्रेरक (motivations) के कारण टिकी हुई नहीं है बल्कि सामाजिक स्थिति तथा उस सामाजिक अन्तर्क्रिया के स्वरूपों को बनाए रखने में इसके महत्व को देखते हुए भी जो कि ग्रामीण हिन्दूवाद के सफल अभ्यास के लिए आवश्यक है, टिकी हुई है। यजमान प्रमुख रूप से आर्थिक व राजनैतिक दृष्टि से समरसता वाला (homogeneous) सभूह नहीं है, बल्कि यह तो एक धार्मिक-आर्थिक समूह है जो भारतीय सभ्यता में विशेष रूप से समाहित है। यजमानों और सेवादारों के बीच का बन्धन समान धार्मिक-आर्थिक सम्बन्धों का लाभ उठाना है, न कि समाज में धन व शक्ति के स्रोतों में समान सम्बन्धों का।

अतः यह स्वीकार किया जा सकता है कि यजमानी प्रथा में यजमान की स्थिति न तो जमींदार वर्ग के साथ और न ही प्रभुत्व सम्पन्न जाति के साथ मिलती है और न ही यह किसी विशेष सामाजिक समूह की सदस्यता पर निर्भर करती है; बल्कि यह तो भूमि के स्वामित्व, या किसी भी साधन से भूमि से प्राप्त उत्पादन पर निर्भर रहती है। मेयर (1960), माथुर (1958) और पोकाक (1963) ने भी माना है कि कृषि भूमि तक पहुँच भारत में हमेशा जाति-मुक्त (caste free) रही है जिसका अर्थ है कि यजमान स्थिति की कुछ समानता बनाए रखने के सामान्य साधन श्रेणीक्रम (hierarchy) में किसी भी जाति के सदस्यों के लिए सदैव उपलब्ध रहे हैं। हैरोल्ड गूल्ड (1987 :177) का अनुसरण करते हुए यह निष्कर्ष निकाला जा सकता है कि यजमानों को (सामाजिक वर्ग के रूप में) शोषक की दृष्टि से नहीं देखा जा सकता। ज्यादा से ज्यादा यह कहा जा सकता है कि यजमानों द्वारा कमीनों को दी जाने वाली राशि वर्तमान में कम है जिसके कारण वे अन्य साधनों से नकद आय ढूंढने के लिए बाध्य होते हैं। दूसरी ओर, यजमान की स्थिति (पुरानी सामाजिक व्यवस्था में भी) केवल भूमि के आधार पर कुलीनता तक कभी भी सीमित नहीं रही। दूसरी जाति के लोगों को भी यजमान बनने के अवसर प्राप्त थे। लेकिन यजमान होना और वर्तमान प्रभावशाली राजनैतिक व्यवस्था का हिस्सा होना स्वतः साथ-साथ अन्तिम पड़ाव नहीं थे। राजनैतिक श्रेणीक्रम की सदस्यता उस शक्ति और भौतिकता को प्राप्त करने का जिसे वह यजमान होकर प्राप्त कर सकता था, केवल एक साधन मात्र था। यह कोई एकान्तिक साधन (exclusive means) नहीं था।

यजमान होने का अर्थ था एक रूढ़िवादी हिन्दू होना जिसका मूल्य व्यवस्था में कुछ विशेषज्ञों (सेवक जातियों) के साथ सम्पर्क बनाना आवश्यक था। जमींदार होने का मतलब होता था शासक वर्ग का होना (Harold Gould, 1987 :185)। यजमान कमीन का शोषक नहीं था यद्यपि जमींदार 'शोषक' हो सकता था। 'यजमान' बनने की इच्छा होना 'सामन्ती स्थिति' या 'कमजोरों के शोषण की ओर झुकाव' का होना नहीं है बल्कि कुछ रिवाजों का पालन करने और अपवित्र जीवन से बचने की इच्छा है।

यजमानी प्रथा में परिवर्तन (Changes in Jajmani System)

यजमानी व्यवस्था का जाति व्यवस्था, धार्मिक व्यवस्था, भू-स्वामी व्यवस्था, नातेदारी व्यवस्था और गाँव के राजनैतिक वर्तमान में इन सभी व्यवस्थाओं में आने वाले परिवर्तनों ने यजमानी व्यवस्था की कार्यप्रणाली को भी प्रभावित किया है। विगत पाँच या छः दशाब्दियों में यजमानी प्रथा को प्रभावित करने वाले प्रमुख परिवर्तन इस प्रकार हैं : गाँव के बुजुर्गों की

पंचायत की शक्तियों में कमी, कमीनों द्वारा की जाने वाली सेवाओं की गुणवत्ता पर फैक्टरी तथा औद्योगीकरण का प्रभाव, जाति प्रथा की सख्तियों में शिथिलता, शिक्षा का प्रसार, मध्यम और निम्न जातियों के लोगों का भौतिक सुविधाओं और नौकरी की तलाश में शहरों की ओर प्रव्रजन, जागीरदारी प्रथा का उन्मूलन, भूमि सुधारों का लागू होना, शहरी क्षेत्रों में अच्छा रोजगार मिलना, आधुनिक यातायात की सुविधाओं के उपलब्ध होने के कारण बाजार के लेनेदेन में सुविधा, आदि। इन सभी कारकों के कारण अनेक गाँवों में यजमानी प्रथा या तो कमजोर हो गई है या समाप्त हो गई है। शिल्पियों को अपनी चीजों के बदले में नकद मूल्य अधिक अच्छा लगता है। जिन किसानों के पास पैसा है वे बाजार से अच्छी गुणवत्ता वाली वस्तुएँ खरीदना अच्छा समझते हैं। प्रभुत्व वाली जातियां कमीनों से समर्थन लेने की अपेक्षा राजनैतिक सहायता लेना अच्छा मानते है। यह कोई आश्चर्य नहीं है कि वर्तमान में यजमानी प्रथा काफी कमजोर पड़ गई है। इरावती कर्वे और वाई.बी. डामले (1963 :151-152) ने महाराष्ट्र के पाँच गाँवों में 1962 में किए गए सर्वेक्षण में दो-तिहाई उत्तरदाता (326 में से 222) और बोस और जोधा (1965 : 118-123) ने 80% उत्तरदाता (129 में से 111), (1963 में पश्चिम राजस्थान के बाड़मेर जिले में सर्वेक्षण में) यजमानी प्रथा के पक्ष में पाए। इसके मुख्य कारण थे : आर्थिक लाभ, कर्मकांड सेवाओं की उपलब्धि, अपने गुटीय संघर्षों में कुछ परिवारों या जातियों के भूस्वामियों का विश्वस्त सहयोग लेना, आपात काल में अपने संरक्षकों का संरक्षण प्राप्त करना, आदि। सत्य यह है कि हाल के वर्षों में यजमानी सम्बन्ध बहुत कमजोर हो गए हैं। अब गाँव की अर्थव्यवस्था यजमानी लेने-देन पर नहीं चलती। बीडिलमैन भी इस मत के हैं कि इसमें सन्देह है कि यजमानी प्रथा भविष्य में रहेगी भी या नहीं।

आर्थिक विकास : इसके निर्धारक और सामाजिक परिणाम
(Economic Development : Its Determinants and Social Consequences)

आर्थिक विकास के समाजशास्त्रीय अध्ययन में समाजशास्त्रीय औचित्य के कुछ प्रश्न इस प्रकार हैं : आर्थिक विकास क्या है ? आर्थिक वृद्धि कैसे शुरू होती है ? आर्थिक विकास के लिए किस प्रकार के मूलभूत ढाँचे की आवश्यकता होती है ? आर्थिक परिवर्तन के लिए पूर्व दशाएँ क्या होनी चाहिए और इनको किस प्रकार उत्पन्न किया जा सकता है ? क्या उन कारकों को जो आर्थिक विकास को गति प्रदान करते हैं पहचाना जा सकता है ? क्या आर्थिक विकास के बीच आने वाली सामाजिक तथा सांस्कृतिक रुकावटों पर विजय प्राप्त की जा सकती है और इसकी गति में वृद्धि की जा सकती है ? आर्थिक विकास के सामाजिक परिणाम क्या हो सकते हैं ? आर्थिक विकास के विकार्यात्मक (dysfunctional) पक्षों को कैसे रोका जा सकता है ?

आर्थिक विकास क्या है (What is Economic Development ?)

विस्तृत अर्थों में, आर्थिक विकास को "किसी भी स्रोत से वास्तविक आय में प्रति व्यक्ति वृद्धि" के रूप में देखा जा सकता है (Robert Faris, 1964 : 889)। बैच (Bach, 1960: 167) ने इसका वर्णन इस प्रकार किया है : "अर्थव्यवस्था में वस्तुओं और सेवाओं के कुल

उत्पादन में वृद्धि ही आर्थिक विकास है।" डैविड नोवाक (David Novack, 1964 : 151) ने आर्थिक विकास को एक पुरानी परिभाषा के सन्दर्भ में समझाया है: "यह प्रति व्यक्ति वस्तुओं और सेवाओं के उपभोग में निरन्तर ठोस वृद्धि है।" आर्थिक वस्तुओं का ठोस उपभोग तभी सम्भव है जब आर्थिक वस्तुओं का ठोस रूप में उत्पादन हो और ठोस उत्पादन आजकल अधिक तकनीकी उपयोग पर निर्भर करता है। संकुचित अर्थ में, यह कहा जा सकता है कि आर्थिक विकास का अर्थ है : "आर्थिक वस्तुओं के उत्पादन और वितरण में निर्जीव शक्ति व अन्य तकनीकियों का विस्तृत प्रयोग" (Robert Faris, वही, 889)। इस अर्थ में व्यावहारिक दृष्टि से आर्थिक विकास केवल औद्योगीकरण ही है सही नहीं होगा क्योंकि उत्पादन में शक्ति और अन्य तकनीकियों के प्रयोग के साथ-साथ इसमें श्रम गतिशीलता, विस्तृत शिक्षा पद्धति, आदि भी शामिल हैं।

जेफ और स्टूवर्ट (Jaffe and Stewart) जिन्होंने विकास को आर्थिक उत्पादन के युक्तीकरण (rationalisation) के रूप में वर्णन किया है, उन्होंने विकसित और कम विकसित देशों में द्विभाजन (dichotomy) किया है, जिसका आधार हैं प्रति व्यक्ति आय तथा कुछ अन्य कारक, जैसे उच्च शिक्षा स्तर, लम्बी अवधि के जीवन की जन्म के समय आकांक्षा, निम्न उर्वरता (fertility), कृषि में संलग्न श्रम शक्ति का अनुपात, और प्रति व्यक्ति बिजली का उच्च उत्पादन, आदि। इसके अतिरिक्त इस वर्कीकरण में हम एक तीसरी श्रेणी भी जोड़ सकते हैं—वे देश जो विकसित और कम विकसित देशों के बीच हैं, अर्थात् विकासशील देश। प्रति व्यक्ति आय की दृष्टि से अमेरिका, कनाडा, आस्ट्रेलिया, और पश्चिमी यूरोप के देश (इटली, फ्रांस, जर्मनी, इंग्लैण्ड) विकसित देश माने जाते हैं। दूसरी ओर, दक्षिण अफ्रीका, मेक्सिको और दक्षिणी तथा पूर्वी यूरोप के अधिकतर देश विकासशील देश है। भारत भी प्रति व्यक्ति आय की दृष्टि से विकासशील देश है।

जेफ और स्टूवर्ट ने कहा है कि उपरोक्त सभी विशेषताओं (विकसित देशों की) को प्राप्त करने के लिए आर्थिक विकास के हर क्षेत्र में परिवर्तन आवश्यक हैं। परन्तु राबर्ट फैरिस का विश्वास है कि यह निष्कर्ष (कि आर्थिक विकास के लिए हर चीज को तुरन्त प्राप्त करना) न्याय संगत नहीं है। उसका मानना है कि यद्यपि इसका (आर्थिक विकास का) निकटतम माप प्रति व्यक्ति की वास्तविकता आय में वृद्धि से लिया जा सकता है, लेकिन अन्य परिवर्तन आवश्यकता के स्तर पर निर्भर करेंगे।

आर्थिक विकास के निर्धारक तथा रुकावटें
(Determinants of and Barriers to Economic Changes)

किसी समाज की आर्थिक प्रगति में योगदान देने वाले कारक जो आमतौर पर माने जाते हैं, वे हैं : प्राकृतिक संसाधन, पूंजी संग्रह, प्रौद्योगिकी ऊर्जा (power) के साधन, मानव शक्ति, श्रम शक्ति, जनसंख्या की विशेषताएँ और इसके आर्थिक संगठन, और सामाजिक वातावरण। पूर्वपिक्षाओं (prerequites) की बात करते हुए राबर्ट फैरिस (1964 : 890) ने कहा है कि आर्थिक विकास की महत्त्वपूर्ण पूर्वापेक्षाएँ इस प्रकार हैं: (i) मूल्य या विचारधारा (ideology), (ii) संस्थाएँ अथवा नियामक ग्रन्थियां (normative complexes) यानी एकमत से व्यवहार संबंधी नियमों को स्वीकारना या व्यवहार के सामान्य रूप से अनुमोदित

प्रचलन का पालन करना, (iii) संगठन (नीतियां), अर्थात् क्या सरकार निजी या सार्वजनिक क्षेत्र को या दोनों को आगे बढ़ाना चाहती हैं, और (iv) लाभ और प्रतिष्ठा संबंधी प्रेरक (प्रोत्साहन)। गुन्नार मिरडल (Gunnar Myrdal) "एशियन ड्रामा" पुस्तक के तीन भागों में, जिसमें उन्होंने दक्षिण एशिया के देशों की गरीबी और विकास का विश्लेषण किया है, विकास को प्रभावित करने वाले छः महत्त्वपूर्ण कारक बताएँ हैं (1968 : 1942) : पैदावार (output) व आय, उत्पादन की दशाएँ, जीवन के स्तर, कार्य के प्रति दृष्टिकोण, संस्थाएँ व राजनीति। प्रथम तीन आर्थिक कारकों के सन्दर्भ में हैं, अगले दो गैर-आर्थिक, और अन्तिम मिश्रित श्रेणी के सन्दर्भ में हैं। मिरडल का मानना है कि आर्थिक कारक निर्णायक व महत्त्वपूर्ण हैं।

नोवाक (Novack, 1964 : 156) मानते हैं कि कम विकास के प्रमुख कारक हैं : पूंजी की कमी, निम्न औद्योगिक जनसंख्या, और प्राकृतिक संसाधनों की कमी। दूसरी ओर आर्थिक विकास की पूर्वापेक्षाओं में पूंजी, तकनीकी गुणवत्ता और प्राकृतिक संसाधन, आदि प्रमुख हैं। उनका मानना यह भी है कि कम विकसित क्षेत्रों में आर्थिक विकास में रुकावट डालने वाले कारक हैं : (i) नवीनता (innovation) की यथेष्ट की मात्रा में कमी, (ii) कृषि सम्बन्धी सुधारों में कमी, (iii) अनुशासन की कमी,(iv) जनसंख्या वृद्धि और (v) विदेशी विनिमय (foreign exchange) की कमी।

जेकब वाइनर (See, Jean Meynaud, 1963) ने आर्थिक विकास की छः रुकावटों को सन्दर्भित किया है। यह हैं : प्रतिकूल भौतिक वातावरण, कार्यरत जनसंख्या की निम्न गुणवत्ता (low quality), तकनीकी ज्ञान की कमी, पूंजी की कमी, जनसंख्या में तीव्र वृद्धि, तथा कृषि भूमि संरचना में दोष।

यूरोप में प्रोटेस्टेन्ट सुधारों के कारण पूँजीवाद के उदय एवं विकास का रास्ता, समाज और उसकी संस्थाओं के दृष्टिकोण में आए परिवर्तनों के कारण खुल गया। इसी आधार पर प्रोटेस्टेन्ट नैतिकता का विकास हुआ जो कि आर्थिक विकास के लिए अनुकूल था। यूरोप की इस घटना के विषय में लिखते हुए मैक्स वेबर ने पूंजीवादी समाज की उन संस्थाओं पर बल दिया है जो पश्चिम में आर्थिक विकास से जुड़ी हुई हैं। ये हैं : (1) निजी स्वामित्व और उत्पादन के साधनों का नियंत्रण, (2) रुकावटें तथा सरकार द्वारा मूल्य निर्धारण; (3) गणनीय (calculable) कानूनों का शासन जो लोगों को पूर्व में ही जानकारी देते हैं कि आर्थिक जीवन में किन नियमों के अन्तर्गत वे कार्य करें। (4) मजदूरी व काम करने के लिए लोगों को आजादी, (5) पारिश्रमिक (wages) और मूल्यों (price) की बाजार व्यवस्था के माध्यम से आर्थिक जीवन का व्यापारीकरण (commercialism) ताकि उत्पादन संसाधनों (productive resources) को क्रियाशील बनाया जा सके और उन्हें ठीक से बाँटा जा सके। (6) पूर्वानुमान (speculation) और जोखिम उठाना (risk-taking) जो पहले के सामंती समाजों में काफी प्रतिरोधी थे। परन्तु कुछ विद्वानों ने इस विचारधारा में दोष पाए हैं।

भारत में आर्थिक विकास में बाधाएँ
(Obstacles to Economic Development in India)

उपरोक्त तथ्य भारत में आर्थिक विकास में आने वाली बाधाओं को समझने में सहायक हैं। थॉमस शी (Thomas Shea, see Jean Meynaud, 1963) के अनुसार, भारत में चार

प्रमुख बाधाएँ इस प्रकार हैं : जाति, भूमि पट्टेधारी (land tenure) का तरीका (pattern), जनसंख्या वृद्धि, और सम्पत्ति कानून (जिससे भूमि के अधिक टुकड़े होते हैं।)

ए.आर.देसाई (1959 : 130) द्वारा बताई गई आर्थिक विकास में मूल बाधाएं हैं: (a) अतीत से हस्तान्तरित सामाजिक ढाँचा और संस्थात्मक संरचना व मूल्य (अर्थात् जाति प्रथा) और (b) निष्ठाओं का अनुलम्बन (persistence)।

यद्यपि भारत में जाति प्रथा सिद्धान्त रूप में तथा संवैधानिक रूप से समाप्त कर दी गई है, लेकिन वास्तविक जीवन में इसका महत्व, आर्थिक विकास पर इसका प्रभाव, सम्पत्ति सम्बन्धों के आदर्शों और उपभोग के तरीकों पर इसका प्रभाव, तथा सामाजिक, राजनैतिक, सांस्कृतिक और आर्थिक क्षेत्रों के शक्ति के ढाँचे की संस्थिति (configurations) पर प्रभाव आज भी अच्छी तरह नहीं समझा गया है; इसलिए इसको गम्भीर रूप से नजर अन्दाज किया गया है। गतिशील आर्थिक विकास के लिए अति आवश्यक लोगों की गतिशीलता को जाति रोकती है। यह कुछ समूहों को कुछ पेशे अपनाने से रोकती है, तथा आर्थिक व्यवहार के कुछ आदर्शों और उपभोग के कुछ स्वरूपों को भी अपनाने से रोकती है। यह देखा गया है कि अर्थतंत्र, प्रशासन और सांस्कृतिक कार्यों में अधिकतर नियंत्रण करने वाले पदों पर सम्पूर्ण भारत में कुछ जातियों द्वारा ही एकाधिकार कर लिया गया है। वास्तव में, समूचे देश के लोगों के भाग्य का नियंत्रण कुछ जाति के लोग ही करते हैं जिससे जाति संघर्ष, क्षेत्रीय तनाव, व सामाजिक आशान्ति उत्पन्न होती है। यह अशान्ति विशेषाधिकार प्राप्त समूहों के मध्य तथा विशेषाधिकार से वंचित लोगों और विशेषाधिकार प्राप्त लोगों के मध्य संघर्ष का कारण होती है और कटु प्रतियोगितात्मक संघर्ष को बनाए रखती है। स्वस्थ राष्ट्रीय अर्थव्यवस्था के विकास पर इसका विपरीत प्रभाव पड़ता है।

संयुक्त परिवार व्यवस्था, जाति (जो सामाजिक तथा पेशेवर गतिशीलता को रोकती है), साम्प्रदायिकता, क्षेत्रवाद और भाषावाद भारत में आर्थिक विकास में बाधा उत्पन्न करने वाले कारकों के रूप में पहचाने गए हैं। यह भी माना जाने लगा है कि जाति प्रथा में परिवर्तनों से ही विकास सम्भव हुआ है। क्योंकि गुन्नार मिरडल ने जाति और परिवार जैसी संस्थाओं और उनके कार्यात्मक पक्ष को विकास के अपने विश्लेषण में महत्व नहीं दिया, अतः आर्थिक विकास के उनके विश्लेषण को नकारात्मक, बिखरा हुआ (disjointed) और पेबनदार (patchy) कहा गया है।

एक अन्य समाजशास्त्रीय अर्थ पिछड़े किस्म की निष्ठाओं के दुराग्रह से है जिससे भारतीय लोग छोट-छोटे अहं के साथ समूहों और टुकड़ों में बँट गए हैं और जिसके कारण अति उच्च विकसित राष्ट्रीय चेतना के विकास में बाधा पड़ी है। कुछ निष्ठाएँ जो भारत में (जाति निष्ठा के अलावा) अति दुराग्रही हैं, वे हैं : नातेदारी निष्ठा, क्षेत्रीय पहचान, और धार्मिक लगाव। इस प्रकार के विभाजन समाज में एकता की भावना और इसके सदस्यों के बीच पहचान की भावना के विकास में बाधक हैं। ऐसे वातावरण में जो नियामक (normative) दबाव रहता है, वह बाह्य परिस्थितियों में और सम्बन्धों में व्यक्ति के व्यवहार को बहुत प्रभावित करता है।

ए.आर.देसाई (1959, 131-32) का यह भी मानना है कि पुरानी संस्थाओं के साथ-साथ यह संकुचित मानसिकता (parochial mentality) निम्न कई प्रकार से उपयुक्त

आर्थिक विकास को बाधित करती है: (i) इससे भाई भतीजावाद पनपता है; (ii) इससे अनुत्पादक विनियोजन के तरीकों (patterns of unproductive investment) और गलत उपभोग के तरीकों जैसे हानिकारक प्रचलनों (harmful practices) का विकास होता है; (iii) इससे कार्य (work) कुशलता, पेशे (vocations) और साधनों के जुटाने के प्रति गलत दृष्टिकोण पैदा होता है (iv) यह उन लोकरीतियों (mores) और मान्यताओं (sanctions) के विकास में बाधा उत्पन्न करती है जो आधुनिक समय में विकासशील अर्थव्यवस्था का मूल हैं, जैसे, कानून पर आधारित लोकरीतियाँ और मान्यताएँ, व्यक्तित्व के प्रति सम्मान, और समान नागरिकता की अवधारणा।

योगेन्द्र सिंह (1973) के अनुसार भारत में आर्थिक विकास में बाधक कारक निम्न हैं : (i) सर्वोत्कृष्टता (transcendence) (जिसके अनुसार परम्परागत मूल्यों की वैधता को चुनौती नहीं दी जा सकती), (ii) पूर्णतावाद अथवा समष्टिवाद (holism) (जिसके अनुसार व्यक्ति और समाज (या समूह) के बीच का सम्बन्ध ऐसा है कि व्यक्ति अपने अधिकारों और अपनी आकांक्षाओं को समाज के कल्याण के सामने गौण मानता है,। जिसका अर्थ यह भी है कि व्यक्ति के ऊपर सामूहिकता का वर्चस्व होता है), (iii) श्रेणीक्रम (hierarchy) (जाति, पेशा और सामाजिक स्थिति का वर्गीकरण) और (iv) निरन्तरता (continuity) (पुनर्जन्म और कर्म में विश्वास)।

आर्थिक विकास में अवस्थाएँ (Stages in Economic Development)

रोस्टो (1960 : 4) ने आर्थिक विकास की पाँच अवस्थाएँ बताई हैं। ये हैं : (i) परम्परागत समाज, (ii) उत्कर्ष (take off) की पूर्व दशाएँ (pre-conditions), (iii) उत्कर्ष अवस्था, (iv) तकनीकी परिपक्वता की प्रेरणा, और (v) उच्च जन उपभोग (mass consumption) का युग।

परम्परागत समाज मूल रूप से कृषि संबंधी समाज होता है। इसके सदस्य भाग्यवादी, अन्ध विश्वासी और अपने समुदाय से बाहर की दुनिया से अनभिज्ञ (ignorant) होते हैं। ऐसे समाज में निष्ठा की इकाइयाँ परिवार, गाँव, जाति या धार्मिक समुदाय होती हैं। परम्परागत समुदाय (किसान) आत्म निर्भर नहीं होते परन्तु बाजार के लिए शहरों पर, धर्म के लिए दर्शन पर और यहाँ तक कि सरकारों पर निर्भर रहते हैं क्योंकि समुदाय के भीतर नेतृत्व का विकास कम रहता है। किसानों के लिए बाहर से निर्णय लिए जाते हैं। अक्सर वे यह भी नहीं जानते कि यह निर्णय कैसे और क्यों लिए गए। यधपि वे प्रयत्न करते हैं लेकिन इन निर्णयों के लेने में जो उनको बाहर से प्रभावित करते हैं उनकी कोई भागीदारी नहीं होती। इससे न केवल जीवन के प्रति भाग्यवादी दृष्टिकोण उत्पन्न होता है बल्कि बाहर के लोगों के प्रति सन्देह और नये विचारों के प्रति सावधानी भी। बाह्य जगत के प्रति अविश्वास उन्हें उनके पड़ौसियों से नहीं जोड़ता। यह विस्तृत (extended) परिवार अपने पड़ौसियों की बेइमानी से बचने के लिए एक जुट हो जाता है। परम्परागत समाज में एकता की यह एक इकाई बन जाती है। परम्परागत समाज में सीमित साधनों के कारण, विशेष कर सीमित भूमि के कारण, उत्पादन सीमित रहता है।

तत्पश्चात् मन्द परिवर्तन की प्रक्रिया शुरू होती है। इस अवस्था में उत्कर्ष (take off) की पूर्व शर्तें विकसित हो जाती हैं। आमतौर पर ऐसी पूर्व शर्तें किसी उन्नत समाज द्वारा बाह्य हस्तक्षेप से उत्पन्न होतीं हैं। इस प्रकार के हस्तक्षेप नये विचार और भावनाएं प्रेरित करते हैं और लोग यह विश्वास करने लग जाते हैं कि आर्थिक विकास अच्छा भी है और सम्भव भी। कुछ लोग शिक्षा की ओर अग्रसर होते हैं तो कुछ नये नेताओं का उदय होता है और व्यापार एवं व्यवसाय जैसे विनियोजन के कुछ नये क्षेत्र दिखाई देने लगते हैं। यह सब धीरे-धीरे होता है क्योंकि स्थापित मूल्यों और परम्परागत सामाजिक ढाँचे में परिवर्तन कठिन होता है। संस्थाओं और मूल्यों में परिवर्तन प्रारम्भ होने से पहले सामाजिक परिवर्तन और आर्थिक विकास के लिए कुछ पूर्व दशाएँ मौजूद होना आवश्यक हैं। ये हैं : उद्देश्य के प्रति जागृति, भविष्य पर दृष्टि, आवश्यकता का ज्ञान, विविध अवसरों और भूमिकाओं की आवश्यकता, स्वयं उठाए गए कार्यों और बलिदानों के लिए भावात्मक तत्परता और उनकी बौद्धिक प्रशंसा और गतिशील नेतृत्व का उदय।

उत्कर्ष की अवस्था में विकास के विरुद्ध अवरोध को जीत लिया जाता है और विकास एक सामान्य स्थिति हो जाती है। पूँजी संग्रह होने लगती है, उद्योग और कृषि में तकनीकी विकास होने लगता है जो अर्थव्यवस्था के आधुनिकीकरण को एक अहं कार्य मानने लगता है। नये उद्योग तेजी से पनपते हैं और लाभ को अधिक विस्तार के लिए पुनर्विनियोजित किया जाने लगता है। श्रमिकों की संख्या और उनके पारिश्रमिक में भी वृद्धि होने लगती है।

उत्कर्ष अवस्था के बाद विकास का लम्बा समय शुरू होता है। इस अवधि में आर्थिक क्रिया के द्वारा आधुनिक तकनीकी को फैलाने की मुहिम शुरू होती है। नये उद्योग अपने विस्तार और उत्पादन की दर बढ़ाने लगते हैं। परिपक्वता की ओर इस मुहिम का एक महत्वपूर्ण पक्ष यह है कि पहले जो वस्तुएँ आयात की जाती थीं अब वे देश में ही उत्पन्न की जाती हैं। उत्कर्ष अवस्था के लगभग 40 वर्षों बाद परिपक्वता अवस्था आती है।

अत्यधिक बड़े पैमाने पर उपभोग के युग में टिकाऊ (durable) उपभोक्ता वस्तुओं और सेवाओं की ओर झुकाव शुरू हो जाता है। अमेरिका इस अवस्था से उभर गया है जब कि पश्चिमी यूरोप और जापान ने इसका लाभ लेना शुरू किया है। क्योंकि कोई भी देश इस अवस्था से ऊपर नहीं उठा है तो यह कहना असम्भव है कि अगली अवस्था क्या होगी (वही, 10-11)।

क्या सामाजिक परिवर्तन आर्थिक विकास का पूर्वगामी या अनुगामी होता है
(Does Social Change Precede or Follow Economic Development)

एक दृष्टिकोण यह है कि आर्थिक विकास के बिना सामाजिक व्यवस्था में परिवर्तन सम्भव नहीं है, जब कि दूसरा दृष्टिकोण यह है कि समाज के भीतर संस्थाओं में होने वाले परिवर्तन आर्थिक विकास को सम्भव बनाते हैं। फ्रैन्किल (Frankel, see Jean Maynaud, 1963) के अनुसार आर्थिक विकास एवं सामाजिक परिवर्तन एक दूसरे पर निर्भर हैं, अर्थात् प्रत्येक एक का कारण है तो दूसरा उसका परिणाम।

यदि हम तकनीकी परिवर्तनों के प्रभावों की बात करें तो हमें यह गलती करने से बचना होगा कि "किसी काम को करने के ज्ञान" में परिवर्तनों को "उस काम को वास्तव में

करने" के परिवर्तनों से अलग किया जा सकता है। यह विचार कि तकनीकी परिवर्तन एक बाहरी शक्ति है जो समाज में दिन प्रतिदिन के स्थापित क्रियाकलापों को बदलती रहती है, गलत सोचने के तरीके से उत्पन्न होता है। इसमें यह भ्रामक विश्वास भी शामिल है कि समाज के क्रियाकलाप दो विभिन्न संवर्गों (compartments) में चलते हैं : प्रथम में जानने की प्रक्रिया आती है और दूसरे में ऐसे ज्ञान को व्यवहार में लागू करना आता है। यही बात आर्थिक विकास और सामाजिक परिवर्तन के विषय में भी कही जा सकती है कि प्रथम कारक दूसरे के लिए या दूसरा कारक प्रथम के लिए कारण बनता है। जैसा कि पूर्व में बताया जा चुका है, सामाजिक परिवर्तन न तो आर्थिक विकास से पहले न बाद में आता है। दोनों ही अन्तसर्म्बन्धित हैं। उदाहरण के लिए जब कृषि से उद्योग में परिवर्तन होता है (सीमेन्ट उद्योग, चीनी उद्योग, कागज उद्योग या स्टील उद्योग) तो इससे नये रुझानों (aptitudes) एवं कार्य की नई आदतों का भी विकास होता है। यदि एक उद्योग के प्रारम्भ को कुछ यान्त्रिक प्रक्रिया मान लें, जिसका कुछ सामाजिक परिणाम भी होगा, तो हम यह बात नहीं देख पायेंगे कि जिसको हम परिणाम मान रहे हैं वह तो निरन्तर परिवर्तन की प्रक्रिया स्वयं ही है। इस प्रकार यदि उद्योग में श्रमिकों को स्वतंत्र रूप से रहने के मकान हों या पोषण के स्तर में वे किसी कमी से पीड़ित हों, या उन्हें शिक्षा या मनोरंजन की कमी हो, (जो कि नये वातावरण में आवश्यक है) तब यह उद्योग में परिवर्तन की प्रक्रिया का परिणाम नहीं होंगे बल्कि इनको पूरा करने में असफलता के कारण होंगे। उत्पादन में वृद्धि की सीधी प्रक्रिया में भी (जैसे, सीमेन्ट, चीनी, कागज या स्टील, आदि) अधिकतम कुशलता प्राप्त नहीं की जा सकती जब तक उन सभी सामाजिक व आर्थिक क्रियाकलापों, जिनसे यह कार्य सम्बन्धित हों, को भी विकसित न किया जाये। वास्तव में, उद्योग प्रारम्भ भी नहीं हो सकता है जब तक कि पूर्व दृष्टिकोणों, आदतों, सामाजिक संगठनों के स्वरूप आदि में परिवर्तन न हो।

एक उदाहरण और लें जिसे मात्र तकनीकी परिवर्तन माना जाये। यह मानें कि भूमि और पशुपालक समुदाय (गाँव) की उत्पादकता में वृद्धि वांछित है जो कि मक्खन व दुग्ध उत्पादों को या तो बेचने के लिये या स्वयं उपभोग के लिए कभी भी प्रयास रत नहीं रहे। यह आशा की जाती है कि यह समुदाय न केवल इन उत्पादों का स्वयं उपभोग करेगा बल्कि दुग्ध उत्पादों की बिक्री से अपनी आय में भी वृद्धि करेगा। पहले तो उत्पादन में नये तरीकों, यन्त्रों या उपयुक्त मशीनों को मात्र शुरू करने की ही समस्या प्रतीत होगी। लेकिन इसमें सामाजिक विश्वासों और रिवाजों में वृहत परिवर्तन भी निहित है। यहाँ यह विचार करना होगा कि कौन से दूरगामी सामाजिक परिवर्तन करने होंगे ताकि तकनीकी परिवर्तनों को लागू किया जा सके। आय के स्रोत के रूप में पशुओं का उपयोग (भूमि हाने के अलावा), समुदाय के सामाजिक और आर्थिक ढाँचे ने मूल परिवर्तन का पूर्वाभास (pre-supposition) आवश्यक है। इसमें समुदाय के सदस्यों के परम्परागत मूल्यों पर पुनर्विचार करना भी आवश्यक है। इस प्रकार यह परम्परागत विश्वासों में परिवर्तन का पूर्वानुमान है कि भूमि पर कैसे और किसके द्वारा कृषि की जानी है (स्त्रियों या पुरुषों द्वारा), स्वयं के लिए कार्य करने वाले व्यक्तियों द्वारा या दूसरों के लिए कार्य करने वाले व्यक्तियों के द्वारा। इस प्रकार यह नवीन अभिवृत्तियों एवं व्यवहार के स्वरूपों के विकास का पूर्वानुमान भी करता है जो उनके सामाजिक और आपसी सम्बन्धों को नियमित करेगें। इसके अलावा इन लोगों के समूह के

समानान्तर उदय (parallel emergence) का भी पूर्वानुमान लगाया जा सकता है जो न केवल दुग्ध उत्पादों से सम्बद्ध होंगे बल्कि यातायात वितरण, विपणन (marketing), और वित्त और उन वस्तुओं से भी जिनको नव उत्पादकों को खरीदना पड़ता है या बेचना पड़ता है। इसके लिए एक ऐसे राजनैतिक ढाँचे की भी आवश्यकता होगी—स्थानीय, प्रान्तीय, और राष्ट्रीय भी—जो इस प्रकार की पूरक आर्थिक क्रियाकलापों की स्थापना के उपयुक्त हो। यह उस समुदाय की अनुमति पर भी निर्भर करेगा जो सभी वैधानिक, राजनैतिक और प्रशासनिक संस्थाओं के विकास के लिए तैयार होगा जो इस प्रकार की नवीन अन्तर्निर्भर अर्थव्यवस्था में लगे हुए लोगों के अधिकारों और कर्त्तव्यों के सामंजस्य के लिए आवश्यक होगा।

सामाजिक समायोजन की इस लम्बी सूची का उद्देश्य यह दर्शाना है कि वह चाहे कुछ भी हो जिसे हम 'तकनीकी परिवर्तन' की संज्ञा दे रहे हैं, वास्तव में यह समस्त सामाजिक ढाँचे के विभिन्न क्षेत्रों में विकास के निर्धारक (determining) और परस्पर निर्धारित पहलुओं में से एक है। यह निश्चित करने का प्रयत्न व्यर्थ है कि कौन सा परिवर्तन नवाचार (innovation) या कारण है और कौन सा प्रभाव है। फ्रैंकिल (Frankel) ने कहा है कि जब हम एक परिवर्तन को कारण और दूसरे को परिणाम मानते हैं तब हम परिवर्तन की प्रक्रिया का विभिन्न दृष्टिकोणों से मात्र परीक्षण कर रहे होते हैं।

आर्थिक विकास की सामाजिक समस्याएँ (Sociological Problems of Economic Development)

संरचनात्मक परिवर्तन के बिना आर्थिक विकास सम्भव नहीं है। एच.डब्ल्यू. सिंगर (H.W. Singer, see Jean Meynaud, op. cit, 157) जैसे विद्वानों ने स्वीकारा है कि कम विकसित देशों के आर्थिक विकास के लिए औद्योगीकरण अति आवश्यक है। निर्धन व कम विकसित देशों में 60% से 80% तक जनसंख्या कृषि पर निर्भर है। उनकी राष्ट्रीय आय तथा प्रति व्यक्ति आय बहुत कम है। ऐसे में इन देशों के आर्थिक विकास के लिए दो विकल्प हैं : (i) मौजूदा प्रबल कृषि संरचना के सुधार से (अर्थात कम उत्पादकता को मौजूदा ढाँचे के अन्दर ही परिवर्तन द्वारा), (ii) समूचे ढाँचे को ही बदल कर (अर्थात् कृषि से हटकर औद्योगिक विकास के द्वारा)। उपरोक्त दो विकल्पों के बीच चुनाव इससे निश्चित होना है कि दोनों में से कौन सा रास्ता चुनौतीपूर्ण है। दोनों पर ही बल देना सही रास्ता है।

दो प्रश्न उठते हैं : (i) कृषि सुधार किस प्रकार सस्ते ढँग से किए जा सकते हैं ? (ii) मौजूदा उद्योगों को कैसे सुधारा जा सकता है ? कृषि सुधार, भूमि स्वामित्व व्यवस्था में परिवर्तन द्वारा तथा सिंचाई की अधिक सुविधाएँ उपलब्ध कराकर सम्भव है। औद्योगिक आन्दोलन विस्तृत पुनः उपकरण (extensive re-equipment) और पुनः अवस्थान (relocation) कर के सम्भव है। सिंगर (H.W. Singer, op. cit., 158) ने आगे कहा है कि कृषि में औद्योगिक ढाँचे में परिवर्तन में औद्योगीकरण के मूल्य (cost) को तीन प्रकार से कम किया जा सकता है : (i) शहरीकरण से बचकर, जिसका अर्थ होगा उद्योग को गाँव में लाना ताकि यातायात, पानी, आदि की कम माँग हो। इससे शहरों को जाने की प्रवृत्ति भी कम होगी; (ii) कम पूँजी वाले उद्योगों पर ही बल देकर; और (iii) ऐसी विधि का उपयोग करके जिसमें श्रम अधिक और पूँजी कम लगती हो। इससे स्पष्ट है कि किस प्रकार मौजूदा

ढाँचे में सुधार करना और संरचनात्मक परिवर्तन का प्रयास सम्भव हो सकता है।

विलबर्ट मूर (Wilbert Moore, 1964) ने निम्नलिखित प्रकार से सामाजिक और आर्थिक ढाँचे पर उद्योग का प्रभाव बताया है : (i) कृषि से निर्माण (manufacture) और सेवा (services) की ओर परिवर्तन, (ii) पेशेवार विशिष्टीकरण, (iii) श्रम का विभाजन, (iv) विशिष्ट क्रियाकलापों का समयोजन, (v) श्रम गतिशीलता, (vi) बैकों का सृजन (creation), (vii) बाजार का विस्तार (extension) (viii) उपभोग में परिवर्तन, और (ix) सामाजिक सम्बन्धों के जाल (network) में परिवर्तन।

ए.आर.देसाई (1959 : 127) ने भारत में आर्थिक विकास की चार समाजशास्त्रीय समस्याएं बताई हैं : (1) पुराने सामाजिक संगठन का बदला जाना और सामाजिक सम्बन्धों के नये ताने-बाने का उदय, (2) पुरानी सामाजिक संस्थाओं में सुधार या तिलांजलि (discarding) और नई प्रकार की सामाजिक संस्थाओं का विकास करना, (3) सामाजिक नियंत्रण के पुराने स्वरूपों को बदलना या हटाना और नये प्रकार की सामाजिक शक्ति का सृजन होना, और (4) सामाजिक परिवर्तन के पुराने स्रोतों का समापन या उन पर पुनर्विचार और सामाजिक परिवर्तन के लिए नये उपायों और कारकों का निर्धारण।

अंग्रेजों ने भारत को अल्प विकसित ही रखा। जो कुछ भी थोड़ा औद्योगिक विकास हुआ था वह उनके पूँजीवादी आवश्यकताओं के अनुरूप ही हुआ था। भारी उद्योगों को पनपने की अनुमति नहीं दी गई थी। जहाँ ब्रिटिश लोग भारत के आर्थिक विकास को रोक रहे थे, वहीं वे भारतीयों के सामाजिक संगठन, सामाजिक संस्थाओं और सामाजिक दृष्टिकोण को भी विकृत कर रहे थे। परम्परागत आत्म विश्वासी ग्रामीण समुदाय जो ग्राम पंचायत, जाति और संयुक्त परिवार जैसी संस्थाओं के माध्यम से कार्यरत था, लगभग बुरी तरह दबा दिया गया। इसके स्थान पर नवीन सामाजिक रचना, नवीन संस्थात्मक आधार या नवीन दृष्टिकोणों को स्थापित नहीं किया गया। इनके अभाव में नयी कानूनी व्यवस्था के प्रारम्भ होने से तत्कालीन प्रचलित सामाजिक सम्बन्धों में विघटन होने लगा। सहयोग और सामंजस्य का पुराना सिद्धान्त प्रतियोगिता के सिद्धान्त द्वारा प्रतिस्थापित हो गए जिससे सामाजिक ढाँचे में एक हलचल मच गई।

स्वतंत्रता के पश्चात् सरकार ने पंचवर्षीय योजनाओं के माध्यम से अर्थव्यवस्था के पुनर्निमाण का कार्य प्रारम्भ किया। आर्थिक विकास ने एक ओर तो नकारात्मक लक्षणों वाली समाजशास्त्रीय समस्याओं (जैसे सामाजिक सम्बन्धों की समस्याएँ, सामाजिक संस्थाओं की समस्याएँ, सामाजिक नियंत्रण और सामाजिक परिवर्तन की एजेन्सियाँ) को जन्म दिया और दूसरी ओर सकरात्मक प्रकृति की समाजशास्त्रीय समस्याओं को भी जन्म दिया। नकारात्मक प्रकार की समाजशास्त्रीय समस्याएँ पुरानी सामाजिक संस्थाओं के बने रहने का परिणाम हैं, जैसे सत्तावादी (authoritarian) संयुक्त परिवार और परम्परागत-धार्मिक संस्थाएँ। पुराने सामाजिक नियंत्रण के स्वरूपों के कारण भी समस्याओं का उदय हुआ है, जैसे अन्धविश्वासों को मान्यता, सत्तावादी मानदंड, (authoritarian norms), परिवार, जाति, आदिवासी, धार्मिक तथा अन्य रीति-रिवाज सम्बन्धी मान्यताएं (customary sanctious)। इसके अतिरिक्त, ये समस्याएं पुराने सांसारिक दृष्टिकोण के कारण भी उठीं जो कि मूल रूप से धार्मिक, भाग्यवादी और गैर जनतांत्रिक था। इसके अतिरिक्त, इन समस्याओं का उदय

अशिक्षा, बेरोजगारी, भ्रष्टाचार, जातिवाद और गरीबी से भी हुआ। सकारात्मक प्रकार की समस्याएँ औद्योगीकरण, वाणिज्यीकरण और मुद्रीकरण (monetization) की नीतियों से उत्पन्न हुई। औद्योगीकरण ने पुराने श्रम विभाजन को उखाड़ दिया है और नव अनुशासन और नव जीवन शैली की आवश्यकता वाले नये व्यवसायिक स्वरूपों को जन्म दिया है। आधुनिकीकरण—भले ही कृषि में हो या उद्योग में—ने आदमी को उसकी सामाजिक इकाई की परम्परागत प्रक्रियाओं और विधियों से तथा उस कुशलता से जो वह अपने परिवार से सीखता था, अलग कर दिया है। वाणिज्यीकरण (commercialisation) ने भी असंख्य समस्याएँ पैदा कर दी हैं। अब किसान और उत्पादक (producers) नहीं बल्कि भूस्वामी और उद्योगपति तथा प्रशासक शासक समूह बन गए हैं। गाँवों में भी राजनैतिक शक्ति का केन्द्र उच्च जातीय बुजुर्गों से हट कर साहूकारों, व्यापारियों, जमींदारों, और अधिकारियों में हो गया है। मुद्रीकरण (monetization) भी अनेक समस्याएँ लिए हुए है। इसके कारण जमीन के मूल्यों में बड़े उतार चढ़ाव होने का भय हो गया है, खाने की वस्तुओं की कीमतों में वृद्धि हुई है, अत्यधिक धन विभ्रम पैदा हो गया है, और गैर खाद्य पदार्थों पर अधिक व्यय का खतरा पैदा हो गया है। इन खतरों के अतिरिक्त धन की अर्थव्यवस्था के प्रारम्भ होने से परिवार के अन्दर व्यक्ति का परमाणुकरण (atomization) तथा पारिवारिक सम्बन्धों का विनाश प्रारम्भ हो गया है। इस प्रकार तीनों प्रक्रियाओं (औद्योगीकरण, वाणिज्यीकरण और मुद्रीकरण) ने अनेक समाजशास्त्रीय समस्याओं को जन्म दिया है।

भारत में आर्थिक विकास, योजना और सामाजिक परिवर्तन (Economic Development, Planning and Social Change in India)

स्वतंत्रता के पश्चात् भारत में आर्थिक विकास को वास्तविक क्रान्तिकारी परिवर्तन कहा जा सकता है। यह तब होगा जब हम अंग्रेजी शासन की अवधि के आर्थिक विकास की तुलना दो दशकों के नेहरू युग, इन्दिरा गान्धी व राजीव गान्धी की अवधि के दो दशकों, लगभग साढ़े छः वर्ष के वी.पी.सिंह, चन्द्रशेखर और नरसिंहराव की सरकारों, संयुक्त मोर्चे की लगभग दो वर्ष की सरकार और भारतीय जनता पार्टी व उसके घटक साझेदारों की लगभग दो वर्ष की सरकार की समयावधि में हुए आर्थिक विकास से करें। 1747 और 1947 के मध्य के दो सौ वर्षों के ब्रिटिश शासन काल में आर्थिक विकास 1% से भी कम हुआ। विकास की यह दर इतनी कम थी कि इसने भारत को मात्र कच्चे माल की आपूर्ति करने वाला तथा पश्चिमी निर्यातों के लिए अच्छा बाज़ार बनाकर रख दिया। भारतीय लोगों के स्वामित्व वाले औद्योगिक क्षेत्र का एक छोटा भाग ब्रिटिश एजेन्सियों द्वारा ही प्रबन्धित था। कृषि अर्थव्यवस्था में किसान जमींदार, साहूकार व जागीरदारों के चंगुल में फँसा हुआ था। बचत और निवेश बहुत कम थे। तकनीकी निम्न स्तर की थी। पिछड़े क्षेत्र के विकास के क्षेत्रीय सन्तुलन की अवधारणा ही नहीं थी। भारत के निर्माण के लिए विदेशी पूंजी भी उपलब्ध नहीं थी। कम आय से कम बचत होती है, जिससे निवेश भी कम होता है, जिससे कम वृद्धि और फिर वही कम आमदनी होती है। उपनिवेशवादी युग में गरीबी के कुचक्र तथा अनन्त चक्र का सिद्धान्त बिल्कुल उपयुक्त बैठता था।

स्वतंत्रता के पश्चात् नयी सरकार का दोहरा कार्य हो गया : उपनिवेशवादी

अर्थव्यवस्था को खत्म करना और इसके स्थान पर आधुनिक, स्वाधीन और आत्मनिर्भर आर्थिक व्यवस्था का आधार खड़ा करना। देश की आधुनिक अर्थव्यवस्था और राष्ट्रीय स्वरूप—समाज का समाजवादी स्वरूप—1955 में कांग्रेस के अवाडी अधिवेशन के (नेहरू युग में) और 1969 में बंगलौर अधिवेशन (इन्दिरा गांधी समय में) के घोषणा पत्र द्वारा प्रदान किया गया। इससे इन्कार नहीं किया जा सकता कि 1950, 1960, 1970 और 1980 के चार दशकों में नेहरू के समाजवादी आदर्शों ने हमारी अर्थव्यवस्था को सुधारा, यद्यपि एक ऐसी विचारधारा के लोग भी हैं जो नेहरू आदर्शों की ताइवान, हांगकांग, सिंगापुर, दक्षिणी कोरिया के आर्थिक विकास से तुलना करते हैं और अब इसमें दोष बताते हैं। अब हमारे देश में लाखों की संख्या में आधुनिक औद्योगिक उद्यम हैं जबकि पहले मुट्ठीभर ही थे। हमारे पास तकनीकी और उद्यमी कुशलताओं का भण्डार है, हमारे पास भिलाई और राउरकेला जैसी भव्य योजनाएँ और हीराकुण्ड जैसे बड़े बान्ध हैं, विकासशील विश्व में हमारी बचत की दर ऊँची है, (1999-2000 में हमारी विकास की दर 5.8% वार्षिक थी), निर्यात में निरन्तर वृद्धि हो रही है, अप्रवासी भारतीयों (NRI) की जमा राशियों में बीस गुणा वृद्धि हुई है; अन्तर्राष्ट्रीय मुद्रा बाजार में अद्वितीय विश्वसनीयता में वृद्धि हुई है, और गरीबी रेखा से नीचे जनसंख्या में कमी हुई है (1972-73 की 51% से 1998-99 में 37% रह गई है, जैसा कि लकड़वाला समिति की सिफारिशों को स्वीकार करने के बाद सरकार ने दावा किया है)। यह भी सत्य है कि हम मुद्रास्फीति और अत्यधिक कर्ज की समस्याओं से भी जूझ रहे हैं। व्यापार घाटे का शेष बहुत अधिक है और बजट घाटा तो अरबों में हैं।

नरसिंहराव की सरकार ने 1991-92 में समाजवादी स्वरूप की अवहेलना की और उदारीकरण, बाजारीकरण तथा निजीकरण के दर्शन पर आधारित पुनर्गठित नीति प्रारम्भ की (जो अब नेहरूवादी पूँजीवाद कहा जाता है) जिसके विषय में कांग्रेस सरकार ने दावा किया कि इस निति ने हमारे आर्थिक विकास में वृद्धि की। उस समय की सरकार मानती थी कि इस नये प्रतिदर्श का मूल तत्त्व यह था कि यह राज्यों और निजी उद्यमियों दोनों को भरोसा दिलाता था और बहु प्रजातंत्र तथा मिश्रित अर्थ व्यवस्था दोनों के प्रति अटूट विश्वास को दृढ़ बनाता था। संयुक्त मोर्चा सरकारों तथा भारतीय जनता पार्टी ने इस नीति को जारी रखा।

अप्रेल, 1992 में कांग्रेस के तिरूपति अधिवेशन में एक नयी विचारधारा वाला प्रारूप (paradigm) अपनाया गया जो केन्द्र के बायें से केन्द्र के दायें की ओर (left-of-centre to right of centre) परिवर्तन से सम्बद्ध था। यह नेहरू के नाम पर नेहरू की अवहेलना की तरकीब थी। इसके मुख्य बिन्दु थे : विभिन्न क्षेत्रों में राज्य सहायता में कटौती, (कृषि तथा सार्वजनिक वितरण प्रणाली में भी), लाइसेंस व परमिट राज की समाप्ति, प्रस्थान नीति (exit policy) का समारम्भ, बहुराष्ट्रीय निगमों के लिए देश को मुक्त करना, आयात नियन्त्रणों को हटाना, और सार्वजनिक क्षेत्र को मात्र नौकरी दिलाने वाली एजेन्सी, जिसमें काम न करना ही नैतिकता होती है, न मानना। इस प्रकार सुर तो समाजवादी ही रहा परन्तु नीतियों में निहित तत्व पूंजीवादी बन गये।

ऐसे विद्वान भी हैं जो यह विश्वास नहीं करते कि नव-उदारवादी आर्थिक नीति वास्तव में भारतीय अर्थव्यवस्था को पुनर्जीवन प्रदान करेगी। उनकी मान्यता है कि हमारी अर्थव्यवस्था को आयात को नियंत्रित करके, निर्यात को प्रोत्साहन देकर, कर तन्त्र को विस्तृत

कर के, सार्वजनिक क्षेत्र को नौकरशाही से मुक्त करा कर, काले धन को उजागर करके, रक्षाखर्चों में कटौती करके, प्राकृतिक संसाधनों के दोहन की ओर अधिक ध्यान देकर, वस्तुओं के लिए वृहद् बाजार सृजित करके, भूमि सुधारों में क्रान्तिकारी सुधार करके, पुनर्जीवित किया जा सकता है। ये विद्वान यह भी मानते हैं कि देश को बाह्य की बजाय आन्तरिक उपायों पर निर्भर रहना चाहिए।

समाजशास्त्रीय दृष्टि से यह माना जा सकता है कि आर्थिक विकास—नेहरू आदर्शों एवं उदारवादी आदर्शों दोनों से—ने हमारी सामाजिक संरचना को वांच्छित दिशा में प्रभावित किया है। अपने समाज के मूल्यांकन के लिए भले ही हम कोई प्रारूप अपना लें, विकासात्मक प्रारुप (विभिन्न अवस्थाओं में समाज के उद्विकास का आकलन करके) संघर्ष प्रारुप (प्रतिस्पर्धा और शक्ति के लिए निरन्तर संघर्ष पर बल देकर), कार्यात्मक प्रारुप (सामाजिक ढाँचे में प्रत्येक संस्थात्मक प्रचलन का सभी अन्य तत्त्वों पर परिणाम का विश्लेषण करके) आदि,—यह तो स्पष्ट रहेगा कि सामाजिक सम्बन्धों के तन्त्र में, सामाजिक संस्थाओं में, सामाजिक व्यवस्थाओं में, सामाजिक ढाँचे में और सामाजिक प्रतिमानों में परिवर्तन हुआ है। अब भारत के लोग उतने रूढ़िवादी नहीं है जितने कि अर्ध शताब्दि पूर्व हुआ करते थे। वे उन नैतिक आदर्शों और सामाजिक मूल्यों से दृढ़ता से चिपके हुए नहीं है जो अतीत से उनको प्राप्त हुए हैं। लोग व्यक्तिगत रूप से वैयक्तिक स्वतंत्रता और सामूहिक सुरक्षा के लिए प्रयत्नशील हैं। उनके विचारों और दृष्टिकोण में भी परिवर्तन आया है। वे नये अनुभवों को प्राप्त करने की इच्छा रखते हैं। उनमें न केवल प्रौघोगिकी ज्ञान का अनुकरण करने की उत्सुकता है बल्कि अन्य समाजों से सांस्कृतिक तत्वों के अनुकरण की भी है। उनमें नवाचारों (innovations) के प्रति भी रचनात्मक जिज्ञासा है। वे नवाचारों को स्वीकार करने और सामाजिक परिवर्तन के परिणामों से नहीं डरते हैं। वे गरीबी, बेकारी, भ्रष्टाचार, मुद्रास्फीति, भाई-भतीजावाद, आतंकवाद, जातिवाद और क्षेत्रवाद की समस्याओं के समाधान में असफल होने के लिए उत्तरदायी शक्ति सम्पन्न अभिजात वर्ग का विरोध कर सकते हैं और उनके विरुद्ध आन्दोलित भी हो सकते हैं, तथापि वे जानते हैं कि भारत में सामाजिक व्यवस्था कभी भी असन्तुलित नहीं होगी। भारतीय संस्कृति, जिसमें विविधता है, न केवल जीवित रहेगी बल्कि विकसित भी होगी। आर्थिक विकास के माध्यम से सामाजिक परिवर्तन, सामाजिक संरचना और सामाजिक व्यवहार को विकास के बिन्दु एवं निर्देश प्रदान करता रहेगा—परम्परागत एवं संक्रमणकालीन (transitional)।

आर्थिक असमानताएँ (Economic Inequalities)

यह पहले ही बताया जा चुका है कि गरीबी और असमानता एक नहीं है। एक धनी व्यापारी और एक आराम से रहने वाला कालेज/युनिवर्सिटी व्याख्याता भौतिक रूप से असमान हैं—लेकिन व्याख्याता गरीब नहीं है। सामाजिक असमानता का अर्थ है कि कुछ व्यक्तियों या समूहों के पास दूसरों से अधिक भौतिक संसाधन हैं। गरीबी में व्यक्ति या समूह के भौतिक संसाधनों में अपर्याप्तता निहित है। 'गरीबी' की अवधारणा के विषय में यथेष्ट असहमति है। क्या आज के युग में टी.वी. अथवा रेडियो न रख सकना गरीबी है? क्या बच्चे को अच्छे स्कूल में न भेज पाना गरीबी है ? कुछ लोग इन स्थितियों को गरीबी में

शामिल करते हैं, लेकिन अन्य लोग यह मान सकते हैं कि ऐसी स्थितियां गरीबी की अपेक्षा असमानता में शामिल की जानी चाहिए।

धनी वर्ग द्वारा गरीबों के शोषण को अमीरों और गरीबों के बीच असमानता कम करके रोका जा सकता है जो कि पुनः आर्थिक सुधारों के द्वारा गरीबी कम करने पर निर्भर करता है। यदि आर्थिक सुधारों के द्वारा अर्थव्यवस्था में स्थाई व निरन्तर विकास होता है (जो कि वास्तविक मुख्य उद्देश्य है), तब गरीबों को दो प्रकार से लाभ हो सकता है। प्रथम, अनुभव यह बताता है कि विकास (विशेष रूप से कृषि विकास) गरीबों की ओर ध्यान देता है। दूसरे, स्थाई विकास ऐसा वातावरण है जो समग्र रूप से गरीबों को शक्तिशाली बनाने के लिए अनुकूल होता है। रोजगार के अवसरों में विस्तार, शिक्षा प्रसार, व्यावसायिक गतिशीलता में वृद्धि और उच्च सामाजिक स्थिति प्राप्त कर लेने के कारण गरीबों को अधीनस्थ रखने वालों पर गरीबों की निर्भरता कम संकटपूर्ण हो गई है। गरीब लोग राजनैतिक कार्यवाही के लिए भी गतिशील होंगे क्योंकि धृष्टतापूर्ण (pragmatic) विचार, उनका विरोध करने वाले समूहों में गरीबों के साथ समायोजन करने की प्रेरणा देता है।

यहाँ यह भी कहा जा सकता है कि अब तक के किए गए आर्थिक सुधारों से स्थाई विकास में निश्चित रूप से सहायता मिली है। फरवरी 2000 ई. में संसद में प्रस्तुत किए गए आर्थिक सर्वेक्षण ने यह दर्शाया है कि यद्यपि विकास पर्याप्त नहीं हुआ है, लेकिन फिर भी आँकड़ें बताते हैं कि गत एक दशक में हमने अच्छी प्रगति की है। जी.डी.पी. का विकास ऊपर उठ रहा है। उद्योग में भी विकास दर की वृद्धि हो रही है। 1999-2000 में कृषि उत्पादन 40 लाख टन कम हुआ। निर्यात विकास में वृद्धि हुई है। इस प्रकार यद्यपि आर्थिक सुधार हो रहे हैं तथापि कई सहायक उपायों की आवश्यकता है ताकि प्रभाव अधिक हो सके। नीति निर्माण प्रक्रिया पर आधिपत्य जमाए समूहों को संकीर्ण हितों के पीछे दौड़ना बन्द करना होगा और अधिक विस्तृत समाज के लिए काम करना होगा। असमानता और गरीबी के मोर्चे पर सफलता तभी मिल सकती है जब गरीब भी नीति निर्माता समूहों के साथ चलने के लिए शक्तिशाली राजनैतिक आवाज बुलन्द कर लें।

आय असमानता के कारण (Causes of Income Inequality)

हमारे देश में आर्थिक विषमता के निम्नलिखित महत्त्वपूर्ण कारण बताये जा सकते हैं :

1. *सरकारी नीति (Government Policy)*– आयकर उच्च शिखर 50% से 30% कर दिया गया है। कर नीति को प्रगतिशील (progressive) (अमीरों पर थोड़ा अधिक कर डालकर) से प्रतिगामी (rgressive) के स्तर तक कर दिया गया है (कम सम्पन्न लोगों को अपेक्षाकृत अधिक कर-सीमा में लाकर)।
2. *उदारवादी नीति (Policy of Liberatism)*– स्वतंत्र बाज़ार असमानता में वृद्धि करता है। 1991 से नरसिंह राव सरकार द्वारा और बाद में चार गैर कांग्रेसी सरकारों द्वारा अपनाई गई उदारवादी नीति ने असमानता में प्रत्यक्ष योगदान किया है।
3. *बढ़ती हुई बेरोजगारी (Increasing Unemployment)*– गत 2-3 दशकों में देश में बहुत कम औद्योगिक विकास हुआ है। नौकरी के क्षेत्र में भी नौकरियों की कमी

अनुभव की गई है। इसने बेकारी, असुरक्षा और असमानता में वृद्धि की है।

4. *उच्च वेतन प्राप्त कर्मचारियों के वेतन में वृद्धि (Increasing Salary of High-Paid Employees)* – उच्च वेतन पाने वाले कर्मचारियों के वेतन (पंचम वेतन आयोग की सिफारिशों के पूर्व और पश्चात्) में समग्र (absolute) अर्थ में न्यून वेतन भोगी कर्मचारियों के वेतन से कहीं अधिक वृद्धि हुई है। इससे भी असमानता में वृद्धि हुई है।

राज-सहायता (सब्सिडी)

सरकार सब्सिडी पर इतना अधिक व्यय क्यों करे ? फरवरी 1999-2000 में सरकार ने उर्वरकों, खाद्यान्नों और रसोई गैस पर सब्सिडी में कटौती करके 2,000 करोड़ रुपये से भी अधिक की बचत की थी। यदि सरकार अपने घटक साझेदारों के दवाब के सामने न झुकती और आंशिक रूप से सब्सिडी का सहारा न लेती तो लगभग 4000 करोड़ रुपये की बचत होती। वर्ष 2000-2001 के बजट में भी सरकार ने जो मिट्टी के तेल, रसोई गैस, रासायनिक खादों, चीनी और गेहूँ पर सब्सिडी घटाई, उसे वापस लेने पर सरकार पर बहुत दबाव रहा था। आम जनता का कहना था कि मिट्टी के तेल और उर्वरकों पर सब्सिडी वापस लेनी चाहिए। सरकार की मान्यता है कि ऋण लेकर सब्सिडी बांटना ठीक नहीं है। जनता का कहना है कि जम्बों मंत्रीमण्डल न बना कर, भ्रष्टाचार को नियंत्रित करके, मंत्रियों की अनेक सुविधाएँ समाप्त करके, सरकारी कर्मचारियों को बोनस व अन्य कई भत्ते व रियायतें खत्म करके, विदेशी निवेशकों को अनेक प्रकार की छूट देने की प्रथा को खत्म करके रुपया बचाया जा सकता है। एक तरफ सरकार पूंजी पर राज-सहायता देती है जिससे उद्योगपति अधिक मशीनें लगा कर श्रमिकों की संख्या कम करते हैं। उनके बेरोजगार होने पर सरकार उन्हें सार्वजनिक वितरण प्रणाली के माध्यम से सस्ता गेहूँ, चावल, आदि मुहैया कराती है। अतः पूंजी पर सहायता देकर समस्या उत्पन्न की जाती है और फिर श्रमिकों को सब्सिडी के द्वारा समस्या का निवारण किया जाता है। ऐसी स्थिति क्यों ? अतः यह ही कहा जा सकता है कि हर प्रकार की सब्सिडी समाप्त करना, कुछ उपयुक्त सार्थक सब्सिडी लगाना, राजशाही पर नियंत्रण, अर्थव्यवस्था को सही रास्ते पर ले जायेगा। यह अनुमान है कि उच्च शिक्षा, खेल और कला पर गैर-योग्यता सब्सिडी में कटौती करके, जल आपूर्ति व सफाई पर सब्सिडी कम करके, सिंचाई पर शुल्क में वृद्धि करके (वर्तमान में रबी और खरीफ की फसलों के लिए सिंचाई के पानी पर 75 रुपये से भी कम प्रति हेक्टेयर की दर से शुल्क लिया जा रहा है) राज्य विद्युत बोर्ड के सब्सिडी को खत्म करके, सरकार लगभग 9,000 करोड़ रुपये तो तत्काल और 30,000 करोड़ रुपये चार वर्षों में बचा सकती है (*India Today*, Feb, 15, 1999 : 39)। उर्वरकों पर सब्सिडी जो 1976-77 में 60 करोड़ रुपये थी वह 1999-2000 में बढ़कर 13,250 करोड़ रुपये हो गयी (*The Hindustan Times*, April 3, 2000)। कुछ राजनैतिक दलों का एतराज है कि ग़रीबी रेखा से नीचे गरीब लोग रसोई गैस का प्रयोग नहीं करते। सार्वजनिक वितरण प्रणाली द्वारा सस्ते दामों पर गरीबों को दिया जाने वाला खाद्यान्न गरीबों तक केवल अल्प परिमाण में ही पहुंचता है। पाँच सबसे गरीब और बिमारू (BIMARU) राज्य (बिहार, मध्य-प्रदेश, आसाम, राजस्थान और उत्तर-प्रदेश) पी.डी. एस

(PDS) आपूर्ति का मुश्किल से 10% ही प्राप्त करते हैं।

अतः यह सबसे अच्छा अवसर है कि सब्सिडी में कटौती कर दी जाये और 1,40,000 करोड़ रुपये या 14% जी.डी.पी. जो सब्सिडी पर खर्च की जाती है, बच जाये और वित्तीय घाटा कम कर लिया जाये। हमारे राजनैतिक नेताओं को लोगों को केवल शिक्षित करना है और उन्हें यह महसूस करा देना है कि देश के लिए यह अच्छा है और आवश्यक भी।

केन्द्रीय सरकार और राज्य सरकारों के ऋण बोझ के विषय में जानकारी घातक है। समग्र रूप से, कुल ऋण 1997-98 में 314 हजार करोड़ रूपया से दुगना हो गया और इसी अवधि में ब्याज भुगतान राजस्व के 40% से बढ़कर 48% हो गया है। सब्सिडी, ब्याज के भुगतान और रक्षा व्यय कुल राजस्व का बहुत बड़ा प्रतिशत उपभोग कर लेते हैं *(Outlook,* February 15, 1999 : 40)

सरल शब्दों में, सरकार जो कर्ज लेती है प्रत्येक रुपये में से 24 पैसे उसके लिए ऋण सेवा में लग जाता है। सरकार अनेक अर्थशास्त्रियों के सुझावों पर गम्भीरता से विचार क्यों नहीं करती कि सरकार को आगे से ऋण लेने पर बिल्कुल रोक लगा देनी चाहिए ? जब तक सरकार वित्तीय घाटे और बोझिल ऋण को जोरशोर से कम नहीं करती, तब तक हमारा देश मुद्रास्फीति को रोक नहीं सकता। राजनैतिक दलों की केवल लौह इच्छा शक्ति की आवश्यकता है।

व्यावसायिक विविधीकरण और सामाजिक संरचना
(Occupational Diversification and Social Structure)

आर्थिक विकास में व्यावसायिक विविधीकरण, कृषि का व्यापारीकरण और प्राथमिक से द्वैतियक और त्रैतियक व्यवसायों में परिवर्तन शामिल हैं। व्यावसायिक वार, भारत में लोगों को तीन समूहों में विभाजित किया जा सकता है : प्राथमिक व्यवसाय (जैसे कृषि, खनन), द्वैतियक व्यवसाय (जैसे, व्यापार, निर्माण और यातायात), और तृतीय व्यवसाय (जैसे, सेवा)। आयु-वार 15 से 59 वर्ष आयु समूह के लोग 'कार्यकारी' आयु समूह में आते हैं। भारत में लगभग 38% लोग 0-14 आयु समूह में आते हैं, 55% 15-59 वर्ष आयु समूह में और 7% 60 + वर्ष के हैं। 'कार्यकारी' आयु समूह के कुल लोगों (लगभग 46 करोड़) में से 62% प्राथमिक व्यवसायों में, 14.9% द्वैतियक और 22.4% त्रैतियक व्यवसायों में लगे हैं *(Manpower Profile, India,* 1998 : 229)। 1991 की कुल ग्रामीण जनसंख्या का (अर्थात् लगभग 62.8 करोड़ में से), 79% प्राथमिक, 10.3% द्वैतियक और 13.6% त्रैतियक व्यवसायों में लगे हैं (वही : 236)। कुल शहरी जनसंख्या (लगभग 21.7 करोड़) का 14.2% प्राथमिक, 32.3% द्वैतियक और 54.5% त्रैतियक व्यवसायों में लगे हैं (वही : 231) वृहत् रूप से लगभग 44% ग्रामीण और 34% शहरी लोग 'कार्यशक्ति' (work force) में हैं। पुरुष कार्य करने वालों की भागीदारी की दर शहरी क्षेत्रों में ग्रामीण क्षेत्रों की अपेक्षा कम है, जबकि महिला कार्यकारी शक्ति की दर ग्रामीण क्षेत्रों में 32% है, लेकिन शहरी क्षेत्रों में केवल 15% है (*Manpower Profile,* op. cit. p. 190)। 1951-91 की अवधि में रोजगार का क्षेत्रवार (sectoral) वितरण बताता है कि प्राथमिक क्षेत्र में 8% की गिरावट आई, और लाभ द्वैतियक और त्रैतियक क्षेत्रों को बराबर का हुआ। ग्रामीण क्षेत्रों में पुरुषों के

मामले में अधिक विविधीकरण हुआ और महिलाओं के मामले में शहरी क्षेत्रों में।

व्यावसायिक विविधीकरण परिवार, जाति, नातेदारी, आदि संस्थाओं को प्रभावित करता है। बेली (*Bailey, 1957)* का मानना है कि संयुक्त परिवार अपने सदस्यों के विविध हितों को और आय की समानता को जीवित नहीं रख सकता। परन्तु एपस्टीन (Epstein) इस दृष्टिकोण से सहमत नहीं है। वह मानता है कि अर्थव्यवस्था के विविधीकरण की अपेक्षा स्थाई (subsistence) अर्थव्यवस्था से नकद (cash) अर्थव्यवस्था में परिवर्तन संयुक्त परिवार के विघटन के लिए अधिक उत्तरदायी है। एम.एस. ए. राव (M.S.A Rao, 1968) ने कहा कि संयुक्त परिवार संगठन में नकद आय और विविध व्यवसायों में संगतता (incompatibility) नहीं है। टी.एस.मदान (T.S. Madan, 1968) ने माना है कि शहरीकरण और औद्योगीकरण आवश्यक रूप में संयुक्त परिवार में विघटन पैदा नहीं करते हैं। लेकिन एम.एस.गोरे संयुक्त परिवार पर इनके प्रभाव को स्वीकार करते हैं। नर्मदेश्वर प्रसाद आदि अनेक समाजशास्त्रियों द्वारा जाति और नातेदारी पर इनका प्रभाव स्वीकारा गया है। एस.सी. दुबे ने समाज के विकास और व्यावसायिक विविधीकरण पर शिक्षा के प्रभाव को बताया है। आस्कर लेविस (Oscar Lewis) ने भारत के विकासात्मक परिदृश्य का विश्लेषणात्मक विवरण दिया है। उन्होंने ग्राम-केन्द्रित विकास और शहर-केन्द्रित विकास के बीच चयन (choice) प्रस्तुत किया है और शहर-केन्द्रित विकास की सम्भावनाओं पर गम्भीर परीक्षण के लिए जोर दिया है। जी.मिरडल (G. Myrdal) का एशियन ड्रामा (Asian Drama, 1968 : 3 volumes) दक्षिणी एशिया में गरीबी का, आर्थिक विकास की समस्या के संस्थात्मक दृष्टिकोण द्वारा वर्णन करता है और व्यावासायिक विविधीकरण तथा अर्थव्यवस्था की विवेचना करता है।

6

राजनैतिक व्यवस्था

(Political System)

राजनैतिक व्यवस्था : अवधारणा और स्वरूप
(Political System : Concept and Types)

'व्यवस्था' विविध भागों का समन्वित समग्र रूप (integrated whole) है। 'सामाजिक व्यवस्था' समन्वित कार्यकारी इकाइयों का एक समुच्चय (सेट) है जिसमें प्रत्येक इकाई समनुदेशित (assigned) भूमिका निभाती है। 'राजनैतिक व्यवस्था' राजनैतिक संस्थाओं (जैसे, सरकार), संघों (राजनैतिक दल), और संगठनों का एकत्रीकरण (collectivity) है जो पूर्व निर्धारित उद्देश्यों और प्रतिमानों के आधार पर अपनी भूमिका का निर्वाह करते हैं (जैसे, आन्तरिक व्यवस्था बनाए रखना, विदेशी सम्बन्धों को संचालित करना, और बाहरी ताकतों से सुरक्षा प्रदान करना)। इसे राजनैतिक संस्थाओं व संघों का एकत्रीकरण भी कहा गया है जो समाज को सत्ता से शासित करते हैं, विद्यमान सत्ता व्यवस्था के अनुरूप कार्य करने को बाध्य करते हैं, और जो कतिपय सिद्धान्तों और कार्यविधियों के आधार पर कार्य करते हैं। आलमण्ड और कोलमन (Almond and Coleman, *Politics of Developing Areas*, 1959 : 5) ने इसको "एक व्यवस्था जो समाज में राजनैतिक कार्य करती है" कह कर परिभाषित किया है। मैक्स वेबर ने इसकी व्याख्या इस प्रकार की है : "ऐसा संगठन जो प्रदत्त सीमा अर्थात् राज्य के भीतर शक्ति के वैधानिक प्रयोग के एकाधिकार पर सफलतापूर्वक दावा करता है"। (देखें, Gerth and Mills *"From Weber"*: 78) आइजेन्टाड (Eisenstadt) ने इसकी परिभाषा इस प्रकार की है "भूभागीय समाज का ऐसा संगठन जो समाज में शक्ति के अधिकारिक प्रयोग का तथा उसे नियमित करने का विधिमान्य एकाधिकार (legitimate monopoly) रखता हो।"।

राजनैतिक व्यवस्था के चार तत्त्व हैं : (1) वैधानिक बल प्रयोग (2) व्यापकता (comprehensiveness) (3) परस्पर निर्भरता और (4) सीमाओं (boundaries) की विद्यमानता। डैविड ईस्टन (David Easton, *The Political System*, 1953) ने इसके तीन घटक (components) बताए हैं : (1) यह नीतियों के माध्यम से मूल्यों का आवंटन (allocation) करता है (2) इसका आवंटन अधिकारिक (authoritative) होता है (3) इसके अधिकारिक आवंटन पूरे समाज पर बाध्य होते हैं। आलमण्ड और कोलमन (op. cit., 11) ने राजनैतिक व्यवस्था की चार सामान्य विशेषताएँ बताई हैं : (1) सभी राजनैतिक व्यवस्थाओं में राजनैतिक संरचनाएँ होती हैं (जैसे, प्रतिरूपेण (patterned) सामाजिक

सम्बन्ध, प्रतिमान, और अधिकार व कर्त्तव्य) (2) सभी राजनैतिक व्यवस्थाओं में कुछ प्रकार्य निभाये जाते हैं, यद्यपि उनकी शैली व बारम्बारता (frequencies) भिन्न होती है। (3) सभी राजनैतिक व्यवस्थाएँ बहुकार्यात्मक होती हैं (जैसे, नीतियों/भूमिकाओं (सरकार की) का मूल्यांकन, लोगों में जागृति पैदा करना, जनता/समूहों/व्यवस्थाओं का नियंत्रण करना)। (4) सभी राजनैतिक व्यवस्थाएँ सांस्कृतिक अर्थों में मिश्रित व्यवस्थाएँ होती हैं (अर्थात्, न तो कोई "पूर्ण आधुनिक" संस्कृति होती है और न कोई "पूर्व आदि संस्कृति"।

राजनैतिक व्यवस्था के प्रकार्यों के विषय में आलमण्ड और कोलमन ने तीन प्रकार्यों का वर्णन किया है : (1) प्रतिमानों का निर्धारण करके समाज को एक जुट बनाये रखना, उन्हें सर्वत्र व्यवहारिक बनाना, उनका क्रियान्वयन कराना, और उनका उल्लंघन करने के लिए दण्ड देना (2) सामूहिक (राजनैतिक) उद्देश्यों की प्राप्ति हेतु आवश्यक सामाजिक, आर्थिक, और धार्मिक व्यवस्थाओं में परिवर्तन लाना व अनुकूल बनाना (3) बाहरी खतरों से राजनैतिक व्यवस्था की दृढ़ता से सुरक्षा करना। आलमण्ड और कोलमन ने इन कार्यों की दूसरे तरीके से भी व्याख्या की है। उन्होंने इनको 'बाह्य कार्य' (output functions) और 'अन्तः कार्य' (input functions) में वर्गीकृत किया है। 'बाह्य कार्य' है कानून बनाना, उनको लागू करना, और उनका अधिनिर्णयन करना। अन्तः कार्य हैं : राजनैतिक सामाजीकरण, रुचि जागरण (interest articulation), रुचि संग्रहण (interest aggregation), और राजनैतिक संवाद। आइजेन्टाड (Eisentadt) ने राजनैतिक व्यवस्था के राजनैतिक क्रियाकलापों को *विधायी* (legislative) (अर्थात् समाज में विद्यमान व्यवस्था को बनाना), *निर्णायक* (decision-making) (अर्थात समाज के प्राथमिक उद्देश्यों का निर्धारण करना), और *प्रशासनात्मक* (administrative) (अर्थात, विभिन्न सामाजिक क्षेत्रों में प्रारम्भिक नियमों के क्रियान्वयन की व्यवस्था करना और समाज के विविध समूहों को विविध सेवाएँ उपलब्ध कराना)। शिल्स (Shills) द्वारा राजनैतिक व्यवस्थाओं का प्रमुख रूप से वर्गीकरण इस प्रकार किया गया है : (i) *लोकतान्त्रिक व्यवस्था,* अर्थात्, नागरिकों के द्वारा चुने गए प्रतिनिधियों के माध्यम से शासितों की इच्छानुसार शासन। यद्यपि लोकतन्त्र बहुसंख्यकों के शासन पर आधारित है तथापि अल्पसंख्यकों के अधिकारों की रक्षा करना भी लोकतान्त्रिक व्यवस्था का आवश्यक पक्ष माना गया है। राजनैतिक लोकतन्त्र में कानून की दृष्टि में समानता, बोलने की, प्रेस की एवं एकत्र होने की स्वतंत्रता, और मानमानी गिरफ्तारी से बचाव भी महत्त्वपूर्ण है। (ii) *सर्वाधिकारी व्यवस्था* (totalitarian) अर्थात ऐसी व्यवस्था जिसमें राज्य की शक्ति को स्थिर करने और स्वच्छन्दतापूर्वक कार्यक्रमों को चलाने के लिए आवश्यक समझे जाने वाले जीवन के सभी पक्षों को राज्य संचालित व नियमित करता है। समाज के भीतर ही व्यक्ति या उप-समूहों की स्वायत्तता पर केन्द्रीयकृत सत्ता पर बल दिया जाता है। व्यवहार में, राज्य का प्रतिनिधित्व राजनैतिक दृष्टि से शक्तिशाली शासक वर्ग या अभिजात द्वारा किया जाता है जो अन्य सभी हित समूहों (interest groups) पर आधिपत्य जमाए रखता है। (iii) *अल्पतंत्रीय व्यवस्था* (oligarchic), अर्थात् ऐसी व्यवस्था जिसमें एक छोटा समूह शासन करता है और बृहद् समाज के ऊपर सर्वोच्च शक्ति रखते हुए शासन करता है।

आइजेन्टाड ने राजनैतिक व्यवस्था को बहुवादी (pluralistic), प्रभुतावादी

(authoritarian), सर्वाधिकारी (totalitarian), और पैतृक अधिकारवादी (patrimonial) श्रेणियों में रखा है। बहुवादी व्यवस्थाओं/राज्यों की विशेषता है कि उनमें शक्तिशाली केन्द्र होता है, राजनैतिक स्वतंत्रता को विस्तृत अवसर मिलता है और उसमें स्थाई विकास करने की क्षमता होती है। पैतृक अधिकारवादी राज्यों का द्वितीय महायुद्ध के बाद उदय हुआ। यह एक निजी शासन (personal rulership) होता है जिसमें शासक के अनुयायी उसके व्यक्तिगत गुणों में नहीं बल्कि उसके द्वारा दिए गए भौतिक पुरस्कारों और प्रोत्साहनों में विश्वास करते हैं।

परम्परागत और आधुनिक भारतीय समाज में लोकतान्त्रिक राजनैतिक व्यवस्था और संरचना (Democratic Political System and Structure in Traditional and Modern Indian Society)

विस्तृत अर्थ में, लोकतंत्र न केवल राजनैतिक अवधारणा दर्शाता है बल्कि समाज की एक जीवन शैली भी दर्शाता है जिसमें प्रत्येक व्यक्ति को समाज की संरचनाओं और संस्थाओं में उसकी स्वतंत्र भागीदारी के संदर्भ में समानता का अधिकार होता है। संकीर्ण अर्थ में, लोकतन्त्र का अर्थ है जीवन के सभी क्षेत्रों में समाज के सभी सदस्यों को आजादी से वे निर्णय लेने के अवसर मिलना जो उनके जीवन को व्यक्तिगत तथा सामूहिक रूप से प्रभावित करते हैं। संकीर्णतम (restricted) अर्थ में, लोकतन्त्र शब्द राज्य के नागरिकों को राजनैतिक निर्णयों में स्वतंत्रतापूर्वक भागीदारी के अवसर मिलने से है। इस प्रकार लोकतन्त्र *समतावादी* (equalitarian) समाज की स्थापना का प्रयत्न है।

लोकतन्त्र के विविध प्रकार हैं : राजनैतिक, सामाजिक, आर्थिक, और नैतिक। *राजनैतिक* लोकतन्त्र वयस्क मताधिकार (adult franchise) तथा अपनी पसन्द के नेतृत्व के चुनाव तक ही सीमित है। *सामाजिक* लोकतंत्र का उद्देश्य वर्गहीन और जातिहीन समाज की रचना करना तथा सामाजिक स्तरीकरण और पूर्वाग्रहों को तोड़ना है। *आर्थिक* लोकतन्त्र कल्याणकारी राज्य पर बल देता है और धन के केन्द्रीयकरण और आर्थिक विषमताओं के विरुद्ध विद्रोह करता है। *नैतिक* लोकतन्त्र का झुकाव प्रचलित अभिवृत्तियों के अनुस्थापन तथा सही और गलत व्यवहार की अवधारणा के साथ विचार करने की ओर है। लोकतन्त्र के पीछे मित्रभावना, भ्रातृत्व, और सद्व्यवहार का दर्शन काम करता है।

प्राचीन भारत में लोकतन्त्र (Democracy in Ancient India)

ऋग्वेद लोकतांत्रिक सिद्धान्तों और आदर्शों के प्रति इतना अधिक प्रतिबद्ध है कि इसमें लोकतन्त्र को एक देवता (deity) माना गया है और इसे 'समजन' कहा गया है। इस शब्द का अर्थ है लोगों की सामूहिक चेतना तथा राष्ट्रीय मन (mind) जिसके प्रति व्यक्ति का मस्तिष्क श्रद्धानत होता है क्योंकि इसी स्रोत से वह शक्ति प्राप्त करता है। 'समजन' को सम्बोधित स्तुति गान (ऋग्वेद) में लोगों से कहा गया है कि वे एक सभा में एकत्र हों

(संगच्छध्वं) और वहाँ एक स्वर में बोलें (सम्वदध्वम्'), मन एक हो (सम्मनः), चित्त एक हो (समचित्तम), एक ही नीति हो (समानमंत्राह), और आशाओं व आकांक्षाओं में एक हों (आकूति)। इस प्रकार लोकतन्त्र अपने नागरिकों की आन्तरिक एकता व उनकी भावात्मक एकता पर निर्भर माना जाता था। लोकतान्त्रिक सिद्धान्त सार्वजनिक जीवन के विभिन्न क्षेत्रों—राजनैतिक, सामाजिक और सांस्कृतिक—में कार्य करते थे। वैदिक युग में लोकतान्त्रिक परम्परा युगों से भारतीय राजनीति की समूची वृद्धि को संचालित करती थी। जहां राजतंत्र (monarchy) था वहाँ यह सीमित (limited) संवैधानिक राजतंत्र था जिससे राजतंत्र का स्वरूप मूलरूप में लोकतान्त्रिक ही रहा। यह विकेन्द्रीकरण या स्थानीय स्वायत्तता (autonomy) पर निर्भर था। लोग निम्नलिखित उपयुक्त संघ और समूह आरोही क्रम (ascending order) में स्वशासन में अपने अधिकारों का प्रयोग करने के लिए बना लेते थे : *कुल* (clan), *जाति* (caste), *श्रेणी* (guild), *पुर* (pura or village community), और *जनपद* (the state)। प्रत्येक समूह के अपने नियम और कानून होते थे। प्रत्येक अपने स्तर पर स्वशासन लोकतन्त्र के लिए करता था। प्राचीन भारत में कुछ जनपद तो स्वरूप में गणतंत्र जैसे होते थे और कुछ में राजतन्त्रीय संगठन होता था। लेकिन प्रायः प्रत्येक में एक समिति आधुनिक संसद का पूर्व स्वरूप होती थी जिसमें ऊंचे और नीचे लोग राज्य के मामलों पर निर्णय लेने के लिए उपस्थित होते थे। आर.के. मुकर्जी (R.K.Mukerjee, *Glimpses of Ancient India*, Bhartiya Vidya Bhawan, Bombay, 1961 : 42) ने उल्लेख किया है : "राजतंत्र के साथ-साथ नियमित गणतांत्रिक प्रकार की राजनीति भी विकसित हुई जिनकी झलक विविध साहित्यिक पुस्तकों—ब्राह्मण, बौद्ध और जैन—में मिलती है। महाभारत में भी कुछ गणराज्यों का उल्लेख है जो 'संघटगण' कहलाते थे। पाँच गणराज्यों (republican unions) को अन्धक, वृष्णि, यादव, कुकुर और भोज कहा जाता था। इनको मिला कर एक संघ बना हुआ था जिसका अध्यक्ष संघ मुख्य होता था। इसी तरह महाभारत में 'गण' (republics) का उल्लेख है जिसका शासन नेताओं की समिति 'गण मुखियाओं' द्वारा होता था। इन सभी गणों में पूर्णरूपेण लोकतान्त्रिक संविधान होता था। प्रत्येक में एक परिषद् (assembly) होती थी।

जैन और बौद्ध मूलग्रन्थों में भी अनेक पूर्व गण राज्यों और कुछ गण राज्यों के परिसंघों, जैसे 'वृजि' जिसमें नौ मल्लकी, नौ लिच्छिवी तथा काशी—कौशल के अठारह गणराज्य तथा अन्य राज्य शामिल थे, का उल्लेख पाया जाता है। यह उल्लेख भी किया गया है कि महावीर स्वामी की मृत्यु पर इसी वृजि परिसंघ के 36 गण राज्यों द्वारा उनकी अंत्येष्टि पर अग्नि प्रज्जवलित कर श्रद्धाजंलि अर्पित की गई थी। उन दिनों लिच्छिवी सुपरिचित गण राज्य था जिस पर 7707 राजाओं की समिति शासन करती थी जो संवैधानिक रूप से सम्राट होते थे। सख (Sakha) गणराज्य प्रसिद्ध है। इसी ने संसार को बुद्ध जैसा महापुरुष दिया। इस गणराज्य में लगलग 80,000 घराने थे जो गणराज्य के अंग थे जिसमें एक अध्यक्ष या राजा सहित 500 सदस्यों की परिषद या संसद थी। बौद्ध युगीन कुछ प्रसिद्ध गणराज्य थे : वैशाली, पवा, मिथिला, आदि। परिषद् विधानसभा का काम करती थी। उनके निर्णयों का क्रियान्वयन करने के लिए विविध प्रकार की न्यायपालिकाएं तथा कार्यपालिकाएं भी होती

थीं। केवल एक प्रमुख चुना जाता था जो परिषद/राज्य की अध्यक्षता करता था। उसे 'राजा' पदनाम दिया गया था।

यह कहा जाता है कि प्राचीन भारत में लोग लोकतान्त्रिक तरीके से रहते थे यद्यपि राजनैतिक लोकतन्त्र अपने पूर्व स्वरूप में विद्यमान नहीं था। राजतन्त्र भी लोकप्रिय था।

छठी शताब्दि के बाद लोकतान्त्रिक संगठनों का पतन शुरू हो गया। राजा और सम्राट लोग युद्धों में व्यस्त रहने लगे। देश की एकता और अखण्डता को बनाए रखने के लिए क्योंकि कोई शक्तिशाली राजा नहीं था, परिणामतः समूचे देश में बड़ी संख्या में राज्यों का उदय हो गया। आठवीं शताब्दि में आगे मुसलमानों ने आक्रमण शुरू कर दिए; अन्ततः बारहवीं शताब्दि में उन्होंने अपना शासन स्थापित कर ही लिया। मुस्लिम शासक निरंकुश (autocratic) थे।

ब्रिटिश शासन लोकतन्त्र के विरुद्ध था। भारत सरकार के अधिनियम, 1935 ने भारत में लोकतन्त्र शासन की नींव रखी। कांग्रेस 1935 से 1937 तक दो वर्ष के लिए ही सत्ता में रही। 1940 से 1945 तक ब्रिटिश सरकार द्वितीय विश्वयुद्ध में ही फँसी रही। 1946 से भारत को स्वतंत्रता प्रदान करने के प्रयास प्रारम्भ हुए और 15 अगस्त 1947 को भारत स्वतंत्र हुआ। स्वतंत्र भारत के संविधान में लोकतन्त्र को ही देश में शासन का आधार बनाया गया।

आधुनिक भारत में लोकतन्त्र (Democracy in Modern India)

आधुनिक भारत में लोकतन्त्र कुछ सिद्धान्तों पर आधारित है : (1) कि प्रत्येक व्यक्ति की अपनी सामर्थ्य, योग्यता और प्रतिष्ठा होती है, (2) कि प्रत्येक व्यक्ति में दूसरों के साथ अपने जीवन को चलाने और सीखने की क्षमता है, (3) कि हर व्यक्ति को बहुसंख्यकों के निर्णय को मानना चाहिए, (4) कि प्रत्येक व्यक्ति का निर्णय-निर्धारण में हिस्सा होना चाहिए, (5) कि लोकतान्त्रिक कार्यवाही का नियंत्रण और निर्देशन स्थिति में निहित है, न कि इसके बाहर, (6) कि जीवन की प्रक्रिया अन्तर्क्रियात्मक (interactive) है और सभी व्यक्ति सामान्य रूप से मान्यता प्राप्त उद्देश्यों के लिए कार्य करते हैं, (7) कि प्रजातन्त्र व्यक्तिगत अवसरों और व्यक्तिगत उत्तरदायित्वों पर टिका होता है।

स्वतंत्रता के पश्चात भारत ने लोकतंत्रीय राजनैतिक व्यवस्था अपनाने का निश्चय किया। इस व्यवस्था की तीन विशेषताएं हैं : प्रथम, इसमें उच्च कोटि की स्वायत्तता होती है; द्वितीय, आर्थिक कार्यकर्ता और धार्मिक संगठन राजनैतिक हस्तक्षेप से मुक्त रहते हैं; तृतीय, विभिन्न व्यवस्थाओं की प्रतिस्पर्धा अखण्डता के लिए खतरा नहीं होती बल्कि सहायक होती है। कुछ लोग मानते हैं कि इन्दिरा गान्धी का शासन काल-जनवरी 1966 और अक्टूबर 1984–(मोरारजी देसाई और चरणसिंह के तीन साल छोड़कर) लोकतान्त्रिक नहीं था बल्कि अधिकारिक शासन काल रहा, जिसकी तीन विशेषताएँ थीं : (1) इसमें प्रमुख सत्ताधीशों के प्रति आज्ञाकारी होना आवश्यक था, (2) इसमें सार्वजनिक आलोचना और संगठित विरोध को दबाया जाता था (दो वर्ष के लिए आपातकाल की घोषणा से), (3) स्वायत्तशासी संगठनों पर इसकी अधिक पकड़ थी।

लोकतन्त्र और बहुदलीय संगठ्ठक सरकारें
(Democracy and Coalition Governments)

भारत में केन्द्र में संघठ्ठक सरकारों का बनना मोरारजी शासन काल (मार्च 1977) से शुरू हुआ, यद्यपि राज्य स्तर पर इनका प्रारम्भ 1967 से ही हो गया था। केन्द्र में 1977 और 1999 के बीच आठ बार संघठ्ठक मंत्रिमण्डल बना। प्रथम बार मोरारजी देसाई का संयुक्त मंत्रिमण्डल 857 दिन चला (मार्च 1977 और जून 1979 के बीच), चरन सिंह का 171 दिन (जुलाई 1979 से जनवरी 1980 तक), वी.पी. सिंह का 344 दिन (दिसम्बर 1989 और नवम्बर 1990 के मध्य), चन्द्र शेखर का 224 दिन (नवम्बर 1990 और जून 1991 के मध्य), अटल बिहारी वाजपेयी का 13 दिन (मई 1996), देवे गौड़ा का 325 दिन (जून 1996 और अप्रैल 1997 के बीच), इन्द्र कुमार गुजराल का 333 दिन (अप्रैल 1997 और मार्च 1998 के बीच, और अटल बिहारी वाजपेयी का 394 दिन (मार्च 1998 और अप्रैल 1999 के मध्य)। अक्टूबर 1999 में अटल बिहारी वाजपेयी द्वारा बनाया गया संयुक्त मंत्रीमंडल अभी (2000 में) चल रहा है। इस प्रकार कोई भी संयुक्त मंत्रिमण्डल पाँच वर्ष का कार्यकाल पूरा न कर सका। दो राष्ट्रीय मोर्चा मंत्रिमण्डल 1996 और 1998 के मध्य, 13 दलों के समर्थन से देवे गौड़ा और इन्द्र कुमार गुजराल के प्रधानमंत्रित्व में बने और उन्हें कांग्रेस से, जो उस समय बाह्य समर्थन दे रही थी, गम्भीर समस्याओं का सामना करना पड़ा। जब कांग्रेस ने संयुक्त मोर्चा सरकार से समर्थन वापस ले लिया तब फरवरी 1998 में आम चुनाव कराए गए, और भारतीय जनता पार्टी ने 18 प्रादेशिक दलों के समर्थन से मंत्रिमण्डल बनाया। यह भी 17 अप्रैल 1999 के संसद में एक मत से हरा दिया गया। अक्टूबर 1999 में लोकसभा चुनाव के उपरान्त एक बार फिर भारतीय जनता पार्टी ने अन्य दलों के साथ मिलकर अटल बिहारी वाजपेयी के प्रधानमंत्री के नेतृत्व में सरकार बनायी जो अब भी चल रही है।

संयुक्त शासन में बहुसंख्यक दल के लिए मित्र घटकों को सम्हालना टेढ़ी खीर है, भले ही उनके साथ तीन या चार सदस्य ही क्यों न हों। फरवरी 1998 में सत्ता में आने के बाद भाजपा नियंत्रित सरकार को कुछ मित्रों की धमकियों का सामना करना पड़ा। कम से कम चार क्षेत्रीय दलों ने (तमिलनाडु (ए.डी.एम. के), पश्चिम बंगाल (ममता), पंजाब (अकाली दल), और हरियाणा (चौटाला से) समर्थन वापसी की धमकी से सरकार को परेशान कर रखा। संयुक्त मंत्रिमण्डल में तमिलनाडु की क्षेत्रीय दल के एक नेता के विरुद्ध चार दर्जन के लगभग मामले उनके विरुद्ध न्यायालय में लम्बित थे। क्योंकि उनके दल के संसद में सदस्यों की संख्या अच्छी खासी थी, अतः उन्होंने बारबार सरकार से "छुटकारा राशि" (ransom) के रूप में विभिन्न प्रकार के लाभ पाने के लिए अपने दल के समर्थन के लिए भुनाना शुरू कर दिया। अन्ततः उन्होंने सरकार से समर्थन वापस ले लिया। फलतः 17 अप्रैल 1999 को एक वोट से सरकार विश्वास मत में पराजित हो गई। पश्चिमी बंगाल के भी एक क्षेत्रीय दल ने सरकार पर बंगाल पैकेज और केन्द्रीय मंत्रिमण्डल में एक मंत्री पद लेने का आग्रह करके सरकार को दबाव में रख दिया था। अन्य क्षेत्रीय दलों की माँगें भी कम हास्यास्पद नहीं थीं और केन्द्रीय सरकार को कई बार उन लोगों की दबाव की नीति के सामने झुकना पड़ा।

संयुक्त मंत्रिमण्डल में बहुसंख्यक दल की सरकार किस प्रकार अपने सहयोगियों की धमकियों के सामने स्थाई बनी रह सकती है ? वह किस प्रकार देश के विकास की योजनाएँ

बना सकती है और किस प्रकार अन्य विकसित देशों के साथ वाणिज्य और व्यापार तथा अन्य स‍म्बन्धों पर विचार विमर्श कर सकती है ? क्या सहयोगियों के छोटे से प्रकरण पर समर्थन वापसी की धमकी सरकार को डाँवाडोल नहीं कर देती ? फिर, प्रत्येक राजनैतिक दल में अन्तर्कलह भी है। दल के भीतरधाती सदस्य भी सहयोगियों को ऐसे प्रकरण उठाने के लिए उकसाते रहते हैं जो सरकार को हमेशा परेशानी में डाल देते हैं।

यद्यपि भारत में राजनीति अभी भी भ्रष्ट, अविवेकी व स्वार्थी व्यक्तियों की आश्रय स्थली नहीं है तथापि सार्वजनिक सेवाओं से सम्बद्ध गुणवत्ता के विषय में गर्व से कुछ भी नहीं कहा जा सकता। आज भारत में राजनीति शक्ति प्राप्त करने और उसका प्रयोग करने के साधन के अतिरिक्त कुछ भी नहीं है। स्वतंत्रता के समय भारत के राजनीतिज्ञों ने व्यक्तिगत तथा संप्रदायगत हितों से उठकर सामान्य जन की भलाई के लिए राजनीति को नैतिक आदर्शवाद के उच्च शिखर पर पहुंचा दिया। वे जनता के लिए व राष्ट्र के लिए सत्ता चाहते थे, न कि व्यक्ति के लिए। आज व्यक्तिगत शक्ति और महत्वकांक्षा राजनीतिज्ञों के शब्द कोष में राजनीतिक बीज शब्द (key words) हो गये हैं। सार्वजनिक एवं राष्ट्रीय हित व्यक्तिगत एवं संप्रदायगत (sectarian) हितों के स्थान पर स्थापित हो गए हैं। वास्तविक राजनीति व्यवहार के लिए इसके घातक परिणाम हो रहे हैं। राजनैतिक दल आदर्शवाद और कार्यक्रम प्रतिबद्धता के आधार पर नहीं बल्कि क्षेत्रीय, साम्प्रदायिक एवं जातिवाद के आधार पर कार्य करते हैं। हाल में ही कई नेताओं ने राजनैतिक वास्तववाद (pragmatism) के लिए आदर्शवाद को पीछे छोड़ दिया है, लेकिन वास्तव में सत्ता की भूख के कारण यह राजनैतिक अवसरवाद ही है। कुछ राजनैतिक दलों के राजनैतिक दाँवपेंच, जिन्होंने अवसरवाद को अपनी विशेषता बना लिया है, आदर्शवाद के प्रति अ-प्रतिबद्धता के ज्वलन्त उदाहरण हैं। व्यक्तिगत महत्वकांक्षा या शक्ति प्राप्त करने के लिए प्रेरित अवसरवाद ने राजनैतिक आदर्शों को दृढ़ विश्वास (conviction) की अपेक्षा सुविधा (convenience) का विषय बना लिया है। यह हमारे राजनैतिक जीवन की गम्भीर व्याधि और आदर्शवाद की कमी दर्शाता है जो संयुक्त सरकारों के कामकाज को बुरी तरह प्रभावित करता है।

1996 से 1999 के मध्य चार वर्ष की अवधि में ही पाँच सरकारों का सत्ता से बाहर कर दिया जाना दर्शाता है कि संयुक्त सरकारें देश के लिए आर्थिक व राजनैतिक दृष्टि से हितकर नहीं हैं। आर्थिक दृष्टि से 1998 के चुनाव में देश का 900 करोड़ रुपया खर्च हुआ था, और अत्यन्त रूढ़िगत अनुमान के अनुसार अक्टूबर 1999 के मध्यावधि चुनाव में 1,000 करोड़ रुपया खर्च हुआ था। इसके अतिरिक्त बार-बार चुनाव आर्थिक विकास अवरुद्ध करते हैं, वित्त घाटे में वृद्धि होती है, व्यापार विश्वास को उल्टा प्रभावित करते हैं, शेयर बाज़ार में उछाल आता है, और लोगों द्वारा प्रयोग की जाने वाली वस्तुओं के मूल्यों में वृद्धि होती हैं। राजनैतिक अस्थिरता विकास को अवरुद्ध करती है और विदेशी सम्बन्धों को प्रभावित करती है। गत पाँच वर्षों के अनुभव भी गलत सिद्ध हुए हैं कि संघीय राजनीति के लिए संयुक्त सरकारें आर्थिक तर्कसंगत हैं। नज़ारा यह होता है कि सरकार अस्थिर, विखण्डित राष्ट्रीय राजनीति और अहं मुद्दों पर नीति रुकावट भोगती है। अप्रैल 1952 और अक्टूबर 1999 के मध्य गठित 13 लोक सभाओं में से, 7 पाँच वर्ष की अवधि पूरी कर सकीं (प्रथम, द्वितीय, तृतीय, पांचवी, सातवीं, आठवीं और दसवीं) चौथी लोक सभा (मार्च 1967 में गठित) 3 वर्ष

9 माह पूरे कर सकी, छठी लोकसभा (मार्च 1977 में गठित) 2 वर्ष 6 माह पूरे कर सकी, नवीं लोक सभा (दिसम्बर, 1989 में गठित) 1 वर्ष तीन दिन ही पूरे कर सकी, 11वीं लोक सभा (मई 1996 में गठित) 1 वर्ष सात माह ही पूरे कर सकी, और 12 वीं लोकसभा (मार्च 1998 में गठित) 1 वर्ष 1 माह ही पूरा कर सकी। अक्टूबर 1999 में गठित तेरहवीं संयुक्त सरकार अभी (अक्टूबर, 2000 में) चल रही है।

संयुक्त सरकारों की सफलता के लिए कुछ विकल्प सुझाए जाते हैं जो कि अब भारत के लिए अपरिहार्य हैं (आशा है कि फरवरी 2000 में केन्द्रीय सरकार द्वारा संविधान समीक्षा के लिए बनाई गयी कमेटी भी इन तथ्यों पर विचार करेगी)।

1. संसद के लिए केवल राष्ट्रीय स्तर के दलों को ही चुनाव लड़ने की अनुमति दी जाये और क्षेत्रीय दलों को यह अवसर न दिया जाये। वर्तमान में हमारे देश में 6 राष्ट्रीय दल हैं तथा 48 क्षेत्रीय मान्यता प्राप्त दल हैं। क्षेत्रीय दल अपने क्षेत्रीय आकांक्षाओं को भली प्रकार से कह सकते हैं, लेकिन राष्ट्रीय स्तर पर क्षेत्रीय आकांक्षाएँ देश की अखण्डता को हानि पहुंचाते हैं। संसदीय चुनावों में केवल राष्ट्रीय दलों को ही अनुमति देना राजनैतिक अवसरवादियों को कम तो करेगा, भले ही उनका सफाया न भी हो। कुछ दल (जैसे बहुजन समाज पार्टी) खुले आम कहते हैं कि वे देश में राजनैतिक अस्थिरता चाहते हैं। इस प्रकार के दलों को जिनके पास राष्ट्रीय विकास के कोई कार्यक्रम ही नहीं हैं, कैसे केन्द्रीय सरकार या राज्य सरकारों की बागडोर सौंप दी जाये ? केवल ऐसे दलों को ही राष्ट्रीय दल माना जाये जो समूचे देश के कम से कम आधे राज्यों में चुनाव लड़ें और कम से कम 5% वोट प्राप्त करें। वर्तमान में चुनाव आयोग उन दलों को राष्ट्रीय दल घोषित करता है जिन्होंने कम से कम चार राज्यों में प्रादेशिक दल का दर्जा हासिल किया हो। फिर भी, यदि कई क्षेत्रीय दल राष्ट्रीय मोर्चा बना लें और एक सामान्य कार्यक्रम बना लें, तो ऐसे मोर्चे को संसद चुनाव लड़ने की अनुमति दी जा सकती है।
2. दूसरा विकल्प यह होना चाहिए कि सरकार के विरुद्ध अविश्वास प्रस्ताव लाने वाले अपने प्रस्ताव में अगले प्रधानमंत्री का नाम बताएँ ताकि विकल्प तैयार मिले।
3 तीसरा विकल्प हो सकता है कि भग्न जनादेश होने पर सदन को यह निर्देश हो कि वह अपना नेता या प्रधान मंत्री चुन ले।

यह सुझाव अप्रत्यक्ष रूप से राष्ट्रीय सरकार के लिए है। लेकिन क्या राष्ट्रीय सरकार व्यवहारिक (practical) है ? मेरी मान्यता है कि यह अयर्थाथवादी (unrealistic) है। संसदीय लोकतंत्र राजनैतिक दलों से चलता है। नेहरू की मृत्यु के बाद, या यों कहिये कि 1971 के आम चुनाव के बाद, विशेष रूप से कांग्रेस पार्टी और हमारी राजनैतिक व्यवस्था आमतौर पर छिन्न-भिन्न हो गई तथा स्थानीयवाद और गुटबाजी राष्ट्रीय महत्व के मामलों पर हावी हो गए। इसमें सन्देह है कि क्या राष्ट्रीय सरकारें इस व्याधि को ठीक कर सकती हैं ? मेरा विश्वास है कि क्षेत्रीय मसलों की अपेक्षा राष्ट्रीय मामलों को जो बात उजागर कर सकती है वह है कि राजनैतिक दलों को मजबूत किया जाये। वे अपने आप को अधिक प्रतिनिधित्ववादी, उत्तरदायी एवं जवाबदेह बनाएँ। प्रधानमंत्री पद के लिए एक व्यक्ति की बात करना उस महत्तपूर्ण भूमिका की उपेक्षा करना होगा जो कि राजनैतिक दल सम्पूर्ण

राजनैतिक प्रक्रिया को समृद्ध एवं स्थाई बनाने के लिए करते हैं। अच्छे संगठन के अभाव में एक श्रेष्ठ व्यक्ति भी एक व्यक्ति बन कर रह जायेगा। राजनैतिक दलों के माध्यम से राजनीति में अधिक संख्या में लोगों को हिस्सेदारी सफल लोकतंत्र के लिए आवश्यक सामग्री है। वास्तव में, राजनैतिक दलों के विरुद्ध अनेक आलोचनाएँ होती हैं। इनमें से कुछ हैं : वे भ्रष्टाचार और पक्षपात को प्रोत्साहित करते हैं, स्वार्थों के आधार पर कार्य करते हैं, वे गुटबाजी और विभाजन करने वाले होते हैं, और प्रायः राजनैतिक अस्थिरता उत्पन्न करते हैं। इन आलोचनाओं को स्वीकार करने पर भी, इस बात से इन्कार नहीं किया जा सकता कि राजनैतिक दल सत्ताधारी दल के कार्यक्रमों और नीतियों को नियंत्रित करने सहित कुछ महत्त्वपूर्ण राजनैतिक कार्य करते हैं। राष्ट्रीय दल का नेता, चाहे कितना भी चमत्कारी क्यों न हो, वह शासकों और शासितों के बीच की खाई को नहीं भर सकता और जन समूह के कष्टों का निवारण नहीं कर सकता। केवल राष्ट्रीय हितों पर केन्द्रीय राजनैतिक दल ही राजनैतिक स्थिरता सुनिश्चित कर सकते हैं।

कुछ लोग सुझाव देते हैं कि संसदीय लोकतंत्र भारत के लिए उपयुक्त नहीं है और इसके स्थान पर राष्ट्रपति शासन प्रणाली होनी चाहिए। मेरी मान्यता यह है कि थोड़े समय का मूल्यांकन करना गलत होगा, विशेष रूप से गत वर्षों में जो कुछ हुआ है। गौरतलब बात यह है कि किसी भी राजनैतिक दल ने किसी भी समय भारतीय संविधान में निहित आदर्शवादिता पर प्रशन नहीं उठाया और न ही संसदीय लोकतंत्र की संस्था के औचित्य पर। सभी आठ संयुक्त सरकारों ने हमारे संविधान द्वारा स्थापित शासन संस्था की पवित्रता को सर्वोपरि रखा। अत्यधिक केन्द्रीयकृत राष्ट्रपति प्रकार की सरकार बनाने या एक या दो दलों की सरकार बनाने की अपेक्षा, संसदीय लोकतंत्र हमारे देश के लिये उपयुक्त है। जैसा कि पहले कहा जा चुका है, राष्ट्रीय महत्व के तीन क्षेत्र हैं : विदेशों से सम्बन्ध, रक्षा नीति, और आर्थिक नीति। गत पाँच दशकों ने यह स्पष्ट किया है कि कुछ समय की सरकारों और संयुक्त सरकारों के बाबजूद भी हमारी नीतियाँ निरन्तर एवं लचीलेपन की विशेषता लिए हुए रही हैं। निरन्तरता ने अन्तर्राष्ट्रीय समुदाय में भारत की विश्वसनीयता की छवि को बनाए रखा है। आन्तरिक आवश्यकताओं के लिए लचीलेपन के प्रति संवादशील होना आवश्यक है। यहाँ तक कि परमाणुशस्त्रीकरण (nuclear weaponisation) और प्रक्षेपास्त्र (missile) विकास पर भी अधिकत्तर आम राय रही है। तब हम कैसे मान लें कि संसदीय लोकतंत्र को केवल इसलिए अस्वीकार कर दिया जाये क्योंकि संयुक्त सरकारों में कुछ अवसरवादी राजनैतिक दलों के द्वारा कुछ राजनैतिक अस्थिरता पैदा की गई ? भारत की जनता इतनी परिपक्व हो गई है कि वह ऐसे लोगों और राजनैतिक दलों को सत्ता से बाहर फेंक सकती है जो अपने स्वार्थों के लिए चुनाव लड़ते हैं, उन सरकारों को ब्लैकमेल करते हैं जिनमें वे शामिल होते हैं और लोक सभा के गणित को प्रभावित करते हैं।

राजनैतिक अभिजन : भर्ती, और सामाजिक परिवर्तन में उनकी भूमिका (Political Elite : Recruitment and Role in Social Change)

अभिजन (अथवा संभ्रांतजन अथवा एलीट) कौन हैं ? अभिजन समाज में सर्वाधिक प्रभावशाली और प्रतिष्ठावान स्तर (stratum) है। 'अभिजन' में वे लोग आते हैं जो किसी

क्षेत्र में श्रेष्ठ नेता माने जाते हैं। इस प्रकार, राजनैतिक, धार्मिक, वैज्ञानिक, व्यापारिक, कला आदि क्षेत्रों में अभिजन होते हैं। अनेक समाजशास्त्रियों (Pareto, Mosca, C. Wright Mills, Lasswell, Mannheim, Bottomore), ने इनकी अलग-अलग परिभाषाएं दी हैं। पेरी गेरियन्ट (Pary Gariant, *Political Elite*, George Allen and Unwin, London, 1969) ने अभिजन की परिभाषा इस प्रकार दी है : "कुछ अल्पसंख्यक जो विशिष्ट क्षेत्रों में समाज के मामलों में अद्वितीय प्रभावशाली भूमिका निभाते हैं।" बैंक (Bank, *Elite in the Welfare State*, 1966) ने अभिजन को "निर्णय करने वाले व्यक्ति जिनकी शक्ति समाज की अन्य किसी भी संख्या के नियंत्रण से परे है" कहा है। नैडेल (Nadel, *International Social Science Bulletin*, 1956) का मानना है कि अभिजन वे लोग हैं "जिनका उनकी श्रेष्ठता के कारण समाज के भाग्य पर प्रभाव रहता है।" अभिजन समाज के मूल्यों एवं अभिवृत्तियों को बनाने में महत्त्वपूर्ण प्रभाव रखते हैं। सी. राइट मिलस (C. Wright Mills, *Power Elite*, 1956) ने उनका वर्णन करते हुए कहा है। "वे लोग जो प्रमुख परिणामों वाले निर्णय करते हैं, जो अपनी इच्छाओं को साकार करने में समर्थ हैं, और जिनके पास वह सब कुछ है जो रखने योग्य है—धन, शक्ति और प्रतिष्ठा।"

मैं अभिजन को "एक प्रभुता सम्पन्न (dominant) समूह कहता हूं जिसके पास वैशिष्टय (distinctiveness) और अनन्यता व अलगपन (exclusiveness) होती है" (Ahuja, *Political Elite : Recruitment and Role in Modernisation*" in Sachidananda, *"Elite and Development"*, Concept Publishing Co., New Delhi, 1981: 124)। दूसरे, यह शब्द किसी एक व्यक्ति पर लागू नहीं होता बल्कि 'अनेक व्यक्तियों के समूह' पर लागू होता है, भले ही वह कितना भी छोटा हो। तीसरे, इस पहिचान योग्य सामूहिकता के कुछ गुण और कुशलताएँ होती हैं जो इनको न केवल श्रेष्ठता प्रदान करती है बल्कि निर्णय करने की शक्ति तथा दूसरों को प्रभावित करने की शक्ति भी देती हैं। अन्ततः, अभिजन एक सापेक्ष (relative) शब्द है। एक समूह को अभिजन समूह के रूप में एक विशेष क्षेत्र में चिन्हित किया जाता है जिसमें वह 'प्रभावशाली' हो या 'शक्ति दर्शाने वाला' हो या 'श्रेष्ठता' पर प्रभुत्व रखता हो। लेकिन अन्य समूहों में ये अभिजन 'सामान्य' सदस्य माने जा सकते हैं।

इस आधार पर 'राजनैतिक अभिजन' शब्द की परिभाषा इस प्रकार की जा सकती है: "राजनैतिक संस्कृति या ठोस राजनैतिक संरचना में निर्णय करने वालों के ऊपरी सतह का एक समूह जिसका राजनैतिक शक्ति पर एकाधिकार हो, जो प्रमुख राजनैतिक नीतियों को प्रभावित करता हो, और राजनैतिक सत्ता के सभी महत्वपूर्ण पदों पर अधिकार रखता हो।" यदि हम इस शब्द का विश्लेषण करें तो कहा जा सकता है कि राजनैतिक अभिजन में वे सभी व्यक्ति सम्मिलित हैं (a) जो केन्द्रीय या राज्य विधान सभाओं में चुने/नामांकित किए गये हों, (b) जो राष्ट्रीय या राज्य स्तरीय राजनैतिक दलों में महत्वपूर्ण स्थान रखते हों, और (c) जो न तो सरकार और न ही राजनैतिक दलों में कोई औपचारिक पद रखते हों, लेकिन फिर भी राजनीति में महान प्रतिष्ठा या शक्ति वाले व्यक्ति समझे जाते हों क्योंकि वे सत्ताधारियों (power-exercisers) पर नियंत्रण रखते हैं, जैसे गांधीजी, जयप्रकाश नारायन।

सी.राइट मिल्स (1956) ने राजनीतिक अभिजन (Power Elite) शब्द का प्रयोग

किया है, जो सत्ता पर एकाधिकार रखते हों और देश पर शासन करते हों। परेटो (Pareto, 1935) ने उन्हें 'शासक अभिजन' (Governing Elite) कहा है ; मार्क्स (देखें, Bottomore, *Elite and Society*, 1964) ने उन्हें 'शासक वर्ग' (Ruling Class) कहा है; रीजमैन (Riesman) ने उन्हें 'वीटो समूह' (Veto Group) कहा है; और हन्टर (Floyd Hunter) ने उन्हें 'शीर्षस्थ नेता' (Top Leaders) कहा है। मैंने बिहार में राजनैतिक अभिजन पर अपने अध्ययन में उन्हें "अल्पतन्त्रीय अभिजन" (Oligarchic Elite) कहा है। मैंने यह शब्द उन लोगों के लिए प्रयोग किया है जो संरचना के भीतर कार्यकारी (functional) समूहों को नियंत्रित करते हैं और इसमें 'आधीन अभिजन' (Subjacent Elite) की राय कम से कम लेते हैं।

स्वातन्त्रयोत्तर भारत में अभिजन का प्रवेश और उनका बदलता स्वरूप (Recruitment and Changing Character of Elite in Post-Independence India)

'राजनैतिक अभिजन' की उपरोक्त परिभाषाओं के साथ अब हम स्वतंत्रतता के बाद भारत में राजनैतिक क्षेत्र में कार्यरत अभिजन का प्रवेश और बदलते स्वरूप (nature) का परीक्षण करेंगे। राजनैतिक अभिजन का पाँच प्रावस्थाओं (phases) में वर्गीकरण करके इस परिवर्तन का विश्लेषण किया जा सकता है :

(i) स्वतंत्रता प्राप्ति के तुरन्त बाद की प्रावस्था (अर्थात, 1947 से अप्रैल 1952 तक) —जिसमें सरकार और जनता के बीच कोई संघर्ष था ही नहीं और जिसमें यद्यपि जनता और सत्ताधारियों के हित एक जैसे और अविभाज्य (indivisible) थे (अर्थात, समाज का पुनर्निर्माण) परन्तु सत्ताधरी संभ्रांत व्यक्ति देश विभाजन के बाद, शरणार्थी पुनर्वास, साम्प्रदायिक शान्ति को बनाए रखना, और विभिन्न राज्यों के बीच सीमा क्षेत्रों के पुनर्वितरण पर विवादों के कारण उपजे कानून व्यवस्था की समस्याओं के समाधान में अधिक लगे हुए थे।

(ii) एकीकरण प्रावस्था (consolidation phase) (अर्थात् अप्रैल 1952 से मार्च 1962 तक या अप्रैल 1952 और अप्रैल 1957 के चुनावों में सांसद, विधायक और पार्टी के पदाधिकारी गणों के चुनाव तक)—जिसमें राजनैतिक अभिजन ने पंचवर्षीय योजनाओं के माध्यम से आर्थिक उत्थान और सामाजिक विकास के लिए कार्य किया।

(iii) अस्तव्यस्त प्रावस्था (chaotic phase) (अर्थात अप्रैल 1962 से मार्च 1971 या अप्रैल 1962 और मार्च 1967 के विधान मण्डलों के चुनावों में चुने गये व्यक्ति)—जिसमें अनेक राज्यों में गैर-कांग्रेसी और संयुक्त सरकारों के सत्ता में आने से अन्तर्राज्यीय व केन्द्र-प्रदेश सम्बन्धों पर प्रभाव पड़ा।

(iv) प्राधिकारवादी प्रावस्था (authoritarianism phase) (अर्थात, मार्च 1971 से नवम्बर 1989 तक या मार्च 1971, मार्च 1977, जनवरी 1980, दिसम्बर 1984, नवम्बर 1989 के चुनावों में चुने हुए व्यक्ति)—जिसमें एक ही व्यक्ति को सर्वोच्च राष्ट्रीय नेतृत्व का स्थान दिया गया था—पहले इन्दिरा गांधी को 16 वर्षों तक (मार्च

1977 से जनवरी, 1980 तक की अवधि को छोड़कर) और फिर राजीव गान्धी को 5 वर्षों के लिए। सत्ताधारी नेता व्यक्तित्व पूजा में विश्वास करने लगे और व्यक्ति पूजा में ही समाज के परिवर्तन और विकास की सभी योजनाएं केन्द्रित होकर रह गईं।

(v) बहु-दलीय प्रावस्था (multiple-party phase) (अर्थात दिसम्बर 1989 से वर्तमान 2000 तक) जिसमें से 5 वर्ष के नरसिंह राव के समय को छोड़कर शेष समय में अनेक राजनैतिक दलों ने न्यूनतम सामान्य कार्यक्रम के आधार पर देश पर शासन करने के लिए हाथ मिला लिए। इस प्रावस्था में जो पार्टियाँ और मंत्रिमण्डल शासन में रहे वे इस प्रकार थे : वी.पी. सिंह मंत्रिमण्डल 11 माह के लिए—दिसम्बर 1989 से नवम्बर 1990 तक, चन्द्रशेखर मंत्रिमण्डल साढ़े सात माह के लिए—नवम्बर 1990 से जून 1991 तक, पी.वी. नरसिंह राव मंत्रिमण्डल 5 वर्ष के लिए—जून 1991 से मार्च 1996 तक, अटल बिहारी वाजपेयी मंत्रिमण्डल 13 दिन के लिए—मेई 1996 से मई 1996 तक, संयुक्त मोर्चा सरकारें देवगौड़ा की सरकार 11 माह के लिए—जून 1996 से अप्रैल 1997 तक, इन्द्र कुमार गुजराल सरकार एक वर्ष के लिए—अप्रैल 1997 से मार्च 1998 तक, अटल बिहारी वाजपेयी की भाजपा नेतृत्व वाली सरकार 13 माह के लिए—मार्च 1998 से अप्रैल 1999 तक, और वर्तमान अटल बिहारी वाजपेयी की भाजपा—नेतृत्व वाली राष्ट्रीय जनतांत्रिक गठबंधन (राजग) सरकार—अक्टूबर 1999 से वर्तमान तक।

प्रथम प्रावस्था में अभिजन कौन थे ? ये वे लोग थे जिनकी आर्थिक पृष्ठभूमि सुदृढ़ थी (यद्यपि राजनीति उनकी रोजी रोटी का धन्धा नहीं था), जो उच्च शिक्षा प्राप्त थे, अधिकतर उच्च जाति वाले थे, और सामाजिक हितों के लिए प्रतिबद्ध थे। उनकी सामाजिक-राजनैतिक विचारधारा राष्ट्रवाद, उदारवाद एवं धार्मिक-सांस्कृतिक सुधारों पर आधारित थी। स्वतंत्र भारत में सत्ताधारियों की इस प्रथम पीढ़ी ने अपने साहस, दृष्टि, और काम से नाम कमाया था और राजनैतिक सत्ता के उत्तराधिकारी के रूप में पद ग्रहण करने से चमत्कार (charisma) अर्जित किया और पद पर बने रहकर इसे और अधिक चमत्कारी बनाया। दूसरी प्रावस्था में (सुदृढ़ीकरण) विशेष रूप से जो लोग 1952 के चुनाव में चुने गए, राजनीति में केवल अंशकालिक रुचि रखते थे। वे लोग आज़ादी के संघर्ष में भाग लेने के कारण कुछ राजनैतिक पद के रूप में अपना पुरस्कार चाहते थे। शुरू में इस अभिजन ने अपने दलीय ढाँचे में असन्तुलन पैदा किया, लेकिन राजनीति में सक्रिय सहभागिता के लिए उनका दबाव इतना मन्द गति का था कि वे जल्दी ही अपने दल की व्यवस्था में समाहित हो गए।

तत्पश्चात 1957 का चुनाव आया जब तथाकथित राजनैतिक पीड़ितों (sufferers) का लम्बा प्रतिस्थापित प्रभुत्व (long-established dominance) टूट गया और राजनैतिक शक्ति अभिजन की नयी पीढ़ी के हाथों में आ गयी। ये संभ्रांत व्यक्ति (एलीट) या तो थोड़ी बहुत भूमि के स्वामी थे या व्यापारी-व्यावसायिक व्यक्ति, छोटे उद्योगपति या सामाजिक कार्यकर्ता थे। ये इतने अधिक राजनीतिकृत नहीं हुए थे जितने कि इनके पुराने प्रतिमूर्ति थे। वे सोचते थे कि क्योंकि वे पुराने पेशेवर राजनीतिज्ञों की निष्ठा पर विश्वास कर सकते थे, इसलिए उन्हें प्रत्यक्ष रूप से राजनीति से सम्बन्ध रखने की आवश्यकता नहीं थी। 1962 के बाद उन नये संभ्रांत व्यक्तियों (एलीट) ने राजनैतिक निर्णय करने की प्रक्रिया में प्रवेश किया

जो सामाजिक पैमाने में नीचे के स्तर के थे, तथा जो मध्यम वर्गीय व्यावसायिकों, छोटे किसानों, औद्योगिक श्रमिकों, और यहाँ तक कि गुमनाम धार्मिक और सामाजिक पन्थों के प्रतिनिधि थे। यद्यपि ये नये संभ्रांत व्यक्ति नीति निर्धारण में अधिक भूमिका निर्वाह करना चाहते थे, परन्तु पुराने अभिजनों ने अपने प्रभाव को जारी रखा। इस प्रकार नव अभिजन सहिष्णु (tolerant) रहे एवं पुराने अभिजन उनके साथ समायोजन करने में ही लगे रहे। नये और पुराने दोनों अभिजनों ने स्थितियों में समायोजन के लिए तथा नये सम्बन्ध स्थापित करने के लिए अपने अपने मूल्यों का संशोधन किया। नये और पुराने अभिजनों के इस प्रकार की अन्तर्क्रिया अभिजनों के शुद्ध प्रभाव सिद्धान्त के क्षीणत्व व मन्दन (dilution) का संकेत देती है या यों कहा जाये कि पुराने अभिजन एक प्रकार की सौदेबाजी पर निर्भर हो गए। इस प्रकार हम कह सकते हैं कि 1967 तक अभिजन के ढाँचे में परिवर्तन 'शान्तपूर्ण' और मन्द गति से हुआ, तथा मार्क्स के शब्दों में कोई 'संघर्ष' नहीं हुआ।

1967, 1971, 1972, 1980, 1984, 1989, 1991, 1996 1998 और अक्टूबर 1999 के चुनावों में ऐसे अभिजन का उदय हुआ जिनमें से बहुत से लोगों के लिए राजनीति रोजी-रोटी का साधन था। वे सत्ता के गलियारों (corridors of power) में नातेदारी, जाति और भाषा के बन्धनों का प्रयोग करके अपना रास्ता सरल करने में विश्वास करते थे (फरवरी 2000 के बिहार विधान सभा चुनाव में आठ ऐसे अपराधी जेल में रहते हुए भी विधायक चुने गये जिन पर हत्या आदि के गम्भीर अपराधों के लिए मुकदमे चल रहे थे)। वे योजना के व्यावहारिक पक्ष से अनभिज्ञ थे और झूठे वायदे करके तथा आकर्षक नारे (slogans) गढ़ कर जनता का सहयोग लेना चाहते थे। वे लोकतांत्रिक होने का दम्भ भरते थे, यहाँ तक कि उनके नारे भी लोकतांत्रिक होते थे। किन्तु उनकी करनी और कथनी में अन्तर था। लोकतंत्र जीवनशैली के रूप में उनका स्वभाव उन के लिए विदेशी था।

वैचारिक दृष्टि से 1967-1971, 1971-1989, और 1989-2000 की प्रावस्थाओं में चार प्रकार के अभिजन कार्य कर रहे थे : परम्परावादी तर्कबुद्धिवादी (rationalists), अनुदारवादी और संश्लेषात्मक व समन्वयक (synthetics)। दूसरे और तीसरे प्रकार में उप श्रेणी भी थी : (a) वे जो धर्म निरपेक्ष (secular) किन्तु स्वार्थी राष्ट्रीय विचारधारा प्रदर्शित करते थे और (b) वे जो नव-धर्म-निरपेक्ष और स्वार्थी संकीर्ण (parochial) विचारधारा प्रदर्शित करते थे। क्योंकि विभिन्न विचारधाराओं वाले ये अभिजन पार्टी में ही काम करते थे, उनकी वैचारिक भिन्नता ने पार्टी में विखण्डन पैदा किया जिसने पार्टी और अभिजन दोनों को ही विभिन्न स्तरों पर प्रभावित किया।

नये राजनैतिक अभिजन, जो दिसम्बर 1989, मई 1996, मार्च 1998 और अक्टूबर 1999 के चुनावों में सत्ता में लाए गए, को जनता के वोट इसलिए मिले क्योंकि जनता लगभग चार दशकों से शासन कर रही एक राजनैतिक दल की सरकार को उखाड़ फेंकना चाहती थी और उन कमजोर संयुक्त मोर्चे की सरकारों को भी जो घटकों पर आधारित थीं, न कि इसलिए कि उनके विचार तर्कसंगत और उदार थे, या क्योंकि उनका आमूल-परिवर्तनवाद (radicalism) काफी गहराई तक समाया हुआ लगता था। इसी कारण से भाजपा संचालित अटल बिहारी वाजपेयी की सरकार भी पहले मार्च 1998 में और फिर अक्टूबर 1999 में सत्ता में आई। मार्च 1998 की सरकार अस्थिर सिद्ध हुई क्योंकि इसके

ही 3 या 4 घटक दल निरन्तर धमकी दिए चले जा रहे थे। अक्टूबर 1999 की सरकार भी जनवरी 2000 में गुजरात सरकार द्वारा सरकारी कर्मचारियों को राष्ट्रीय स्वयं सेवक दल की सदस्यता स्वीकार करने की अनुमति देने तथा फरवरी 2000 की केन्द्रीय बजट में सब्सिडी कम करने, तथा सितम्बर 2000 में बंगाल में धारा 356 लागूकर राज्य सरकार को गिराने सम्बन्धी मामलों को लेकर अपने कुछ घटकों के दबाव का सामना कर चुकी है।

नये अभिजनों की पुराने अभिजनों से तुलना करते हुए राजनैतिक अभिजनों की वर्तमान संरचना को चिन्हित करने के लिए हम कह सकते हैं कि प्रथम प्रावस्था के 'तर्कबुद्धिमान प्रतिबद्ध राजनीतिज्ञों' के स्थान पर आगे की प्रावस्थाओं में 'मध्यकोटिक (mediocre), प्रतिबद्धताहीन, व पक्षपाती' अभिजन आ गए। गत एक दशाब्दि के राजनैतिक अभिजनों में न केवल संरचनात्मक पृष्ठभूमि की विविधता है, बल्कि वैचारिक स्तर पर भी वे विविध रूप दर्शाते हैं। उनके राजनैतिक सम्बन्ध (affiliation) उनकी वैयक्तिक प्रतिबद्धता की अपेक्षा विशिष्टापरक वफादारी (particularistic) से अधिक निर्देशित होती है। पुराने अभिजन अपनी शक्ति का प्रयोग स्वतंत्रता से अथवा बुद्धिमान होने के नाते करते थे जबकि आज के अभिजन स्वतंत्र राजनैतिक शक्ति का प्रयोग करने में असमर्थ हैं। कुछ संभ्रांत व्यक्तियों (एलीट) को छोड़कर वर्तमान संभ्रांत व्यक्ति अधिकतर यथास्थिति (status quo) के विरुद्ध आवाज उठाने में विश्वास नहीं करते हैं। ऐसी स्थिति में सामाजिक अभियंत्रण (social engineering) का कार्य कतिपय क्रान्तिकारी अभिजनों के लिए अधिक कठिन हो जाता है जो वास्तव में आधुनिकीकरण के लिए प्रतिबद्ध हैं और आर्थिक परिवर्तनवाद, राजनैतिक लोकतंत्रवाद, और सामाजिक विकास में विश्वास करते हैं।

भारत में बदलते अभिजन के सन्दर्भ में योगेन्द्र सिंह ने कहा है : राजनैतिक अभिजनों में आजादी से पहले उच्च कोटि की साँस्कृतिक और स्थितीय समरसता (status homogeneity) विद्यमान थी। वे सभी उच्च जातियों के थे और उनकी अंग्रेजी शिक्षा की, नगरीय, व मध्यम वर्गीय पृष्ठभूमि थी। शिखरस्थ (top) समूह विदेशी संस्कृति में रंगे हुए थे और विदेशों में ही शिक्षित हुए थे ; इसलिए उनकी आत्मछवि वांछित भूमिकाओं (expected roles) के अर्थों में विशेषता (specialist)की अपेक्षा सामान्यज्ञ (generalist) ही थी। स्वतंत्रता के दो दशकों के बाद अभिजन संरचना का स्वरूप काफी बदल गया है।

वर्तमान राजनीतिक नेतृत्व में परिवर्तन के स्वरूप के सन्दर्भ में योगेन्द्र सिंह (*"Modernization of Indian Tradition*, 1973 : 137) ने कहा है : (i) ग्रामीण आधार के राजनैतिक नेताओं का प्रभाव बढ़ रहा है (ii) विभिन्न व्यवसायों से आये नेताओं के प्रभाव में थोड़ी कमी हो रही है (iii) मध्यमवर्ग से सम्बद्ध व्यक्तियों की संख्या में महत्वपूर्ण वृद्धि हो रही है (iv) राजनैतिक सामाजिक विचारधाराओं में क्षेत्रीय और स्वार्थपरक लक्ष्यों की अभिव्यक्ति अधिक हो रही है (v) उच्च जातियों के अभिजन के वर्चस्व में थोड़ी कमी आई है। योगेन्द्र सिंह ने 27 वर्ष पूर्व जो कुछ कहा था वह आज भी सत्य है।

राजनैतिक अभिजन का उनकी अभिवृत्तियों के आधार पर प्ररूप (Typology of Political Elite)

हम पुराने और नये अभिजन में उनका प्रकारीकरण करके तुलना कर सकते हैं, जिसका आधार

उनमें मूल्यों, विचारों, अभिवृत्तियों और समूचे समाज के विभेदक अभिविन्यास (differential orientations) का सन्दर्भ हो सकता है। दूसरे शब्दों में उनके प्रकार 'सार्वजनिक या सामूहिक' हित और उनके अपने व्यक्तिगत हित के आधार पर दिये जा सकते हैं। सार्वजनिक हित को आधुनिकीकरण के लिए आवश्यक दशा माना जाता है। जन हित (public) को 'P' और निजी (self) हित को 'S' संकेत मानकर हमें चार प्रकार के अभिजात मिलते हैं : (i)p-, s- (ii) p-,s+ (iii) p+,s- और (iv) p+s+। इन चार प्रकारों को हम क्रमशः इन नामों से दर्शा सकते हैं : उदासीन, (indifferent), जोड़-तोड़ करने वाले अथवा हस्तपरक (manipulative), प्रगतिशील (progressive) और विवेकशील (rationalist) अभिजात इस वर्गीकरण में प्रगतिशील और विवेकीशील दोनों ही जन हित के लिए कार्य करते हैं। इसमें प्रगतिशील अभिजन विश्वास करते हैं कि प्रगति का चक्र लोगों की रुकावटों पर ध्यान दिए बिना स्वयं ही चलता रहता है और यह मानव नियंत्रण से परे है, जबकि विवेकशील अभिजन विश्वास करते हैं कि प्रगति चेतन्य नियंत्रण पर निर्भर होती है। इसी वर्गीकरण को मानकर हम कह सकते हैं कि वर्तमान अभिजन अधिक उदासीन (p-s-) और हस्तपरक व जुगाड़ू (p-,s+) हैं। इनकी तुलना में पुराने अभिजन प्रगतिशील (p+,s-) और विवेकशील (p+,s+) थे। हम यह भी मान सकते हैं कि वर्तमान अभिजन 'अविवेकी विशिष्टतापरक' (irrational specifics) हैं जबकि अतीत के अभिजन विवेकशील सर्वहितवादी (rational universal) थे।

राजनैतिक अभिजन का परिचालन (Circulation of Political Elite)

विभिन्न प्रावस्थाओं में (स्वतंत्रता के बाद) भारत में अभिजन का बदलता स्वरूप और उनके प्रवेश की भी परेटो के "अभिजन परिचालन" सिद्धान्त के सन्दर्भ में चर्चा की जा सकती है। यदि "अभिजन परिचालन" का सिद्धान्त गति की उस प्रक्रिया को सन्दर्भित करता है जिसमें व्यक्ति अभिजन और अ-अभिजन (non-elite)के बीच परिचारित करते रहते हैं तो मैं राजनैतिक अभिजन के अपने अध्ययन के आधार पर यह कहूँगा कि यह सिद्धान्त भारतीय समाज के सन्दर्भ में तर्कपूर्ण नहीं है। भारत में उच्च राजनैतिक स्तर (राष्ट्रीय स्तर) पर 'शासक' अभिजन 'गैर-शासक' अभिजनों में से प्रवेश नहीं पाते हैं, बल्कि वे निम्न राजनैतिक स्तर (राज्य, जिला, या ब्लाक स्तर) पर कार्य करने वाले 'शासक अभिजन' से प्रवेश लेते हैं। निम्न राजनैतिक स्तर पर ये अभिजन उच्च राजनैतिक धरातल पर पदाधिकारी बनने से पहले राज्य विधान सभाओं या प्रदेशीय राजनैतिक दलों आदि में महत्त्वपूर्ण पद धारण किए हुए लोग होते हैं। एक बार ये अभिजन प्रदेशीय या जिला स्तर से ऊपर उठ जायें, फिर वे पुराने स्तर पर वापस नहीं जाते बल्कि सक्रिय राजनीति में रहने तक वे उच्च राजनैतिक स्तर पर कार्य करते रहते हैं। परन्तु इसका अर्थ यह नहीं है कि वे उस राजनैतिक स्तर में रुचि लेना कम कर देते हैं जहां से श्रेणीक्रम में वे ऊपर उठे हैं। इसका अर्थ यह है कि अभिजनों में परिचालन नहीं होता बल्कि ऊर्ध्वमुखी संचलन (upward movement) होता है। फिर भी, यदि परेटो का सिद्धान्त उस प्रक्रिया को सन्दर्भित करता है जिसमें संभ्रांत समूह का एक सदस्य 'शासक अभिजन समूह' के भीतर ही दूसरे व्यक्ति के स्थान पर आ जाता है तो हम

यह स्वीकार कर सकते हैं कि परेटो का सिद्धान्त हमारे समाज के सन्दर्भ में भी 'अभिजन संचलन' के राजनैतिक तथ्य की व्याख्या करता है। बाटोमोर (Bottomore) का मानना है कि दोनों ही अवधारणाएँ परेटो के लेखों में पाई गई हैं, यद्यपि पहली अवधारणा अधिक प्रभावी है।

मेरे अध्ययन से राजनैतिक अभिजन का दो प्रकार का संचलन (परिचालन नहीं) स्पष्ट होता है, (i) वह संचलन जो शासक अभिजन समूह के वृहद (macro) स्तर पर कार्य कर रहे निम्न स्तर की श्रेणी से उच्च स्तर की श्रेणी में होता है (ii) वह संचलन जो सूक्ष्म-संरचनात्मक स्तर पर कार्य कर रही उप-श्रेणी से वृहद संरचनात्मक स्तर पर कार्य कर रही उप-श्रेणी में पाया जाता है। पहले प्रकार के संचलन में मैंने अल्पतंत्रीय संभ्रांत व्यक्तियों (oligarchic elite) और अधः स्थित संभ्रांत व्यक्तियों (subjacent elite) के मध्य तथा उन्मूलनवादी सक्रियतावादी (radical activists) और निष्क्रिय सक्रियतावादी(passive activists) के मध्य संलचन पाया। सूक्ष्म स्तर पर कार्य करने वाले सक्रियतावादी वृहद स्तर पर सक्रियतावादियों की श्रेणी में शामिल हो गए जिसके फलस्वरूप इस स्तर पर एकाधिकार शक्ति (monopoly of power) से सम्पन्न पहले से कार्य कर रहे सक्रियतावादी अपनी शक्ति से वंचित हो गए। इस अभिजन गतिशीलता की इन शब्दों में व्याख्या की जा सकती है: (i) नवीन राजनैतिक रुचियों का उदय; (ii) अधिक जोड़-तोड़ के गुणों वाले नये संभ्रांत व्यक्तियों का उदय। इसलिए हमारे लिए सामाजिक उतार या चढ़ाव में व्यक्तिगत तथा संरचनात्मक कारक दोनों ही महत्त्वपूर्ण हैं। शमपीटर (Schumpeter) का भी विश्वास है कि व्यक्तिगत गुण व सामाजिक कारक दोनों ही 'अभिजन के परिचालन' में महत्त्वपूर्ण हैं।

मार्क्सवादी विचारधारा, जो मूलरूप से 'गैर-अभिजातीय' (non-elitist) है, के अनुसार अभिजन (विशेषाधिकार प्राप्त व्यक्ति जो धन और सत्ता पर अधिकार रखते हैं) और गैर-अभिजन (वे व्यक्ति जिनके पास ऐसा कुछ भी नहीं है) के बीच के सम्बन्ध संघर्ष पर ही आधारित हैं, जिसमें सत्ताधारी अभिजन व्यक्तियों को उखाड़ कर उनका स्थान लेने का प्रयास किया जाता है। मेरे अध्ययन ने यह बताया कि सत्ता में अभिजन व्यक्तियों को उखाड़ फेंकने की प्रक्रिया और उन पर सफलता प्राप्त करना हमेशा संघर्ष पर ही आधारित नहीं होता बल्कि इसमें जोड़-तोड़, सहनशीलता, सामंजस्य, समझौता, और सौदेबाजी भी शामिल हैं। इसलिए यह माना जा सकता है कि भारत में राजनैतिक अभिजन के स्वरूप में होने वाले परिवर्तनों को समझने के लिए न तो परेटो का 'अभिजन परिचालन' सिद्धान्त और न ही कार्ल मार्क्स के 'वर्ग संघर्ष' के सिद्धान्त से ही निष्कर्ष निकाला जा सकता है। भारत में अभिजन के बदलते ढाँचे और उनके प्रवेश के विश्लेषण के लिए हमें भिन्न विचारधारा का प्रयोग करना होगा।

राजनैतिक अभिजन, सामाजिक परिवर्तन और आधुनिकीकरण
(Political Elite, Social Change and Modernisation)

समाज के आधुनिकीकरण में राजनैतिक संभ्रांत व्यक्तियों की भूमिका के विश्लेषण के लिए संभ्रांत व्यक्तियों को हम दो समूहों में विभाजित कर सकते हैं। डेविड एप्टर (David Apter) के मॉडल के अनुरूपः (i) "विकास व्यवस्था" वाले अभिजन और (ii) "अनुरक्षण

(maintenance) व्यवस्था" वाले अभिजन। पहले अभिजन उपलब्ध संसाधनों और राजनैतिक ऊर्जा (energies) को गतिवान बना कर (mobilise) और उनका दोहन करके समाज का पुनर्निर्माण करने का प्रयत्न करते हैं। भौतिक प्रगति प्राप्त करने के लिए आर्थिक पिछड़ेपन पर उनका आक्रमण संस्थाओं और अभिरुचियों में परिवर्तन के माध्यम से होता है। राजनैतिक दल या सरकारी उपकरण उनके लिए आधुनिकीकरण के प्रमुख यंत्रों का काम करते हैं। वे या तो नई संस्थाओं की रचना करते हैं या फिर आर्थिक तथा सामाजिक विकास के मार्ग में अवरोधों को दूर करने के लिए पुरानी संस्थाओं को बदल देते हैं। हम कह सकते हैं कि "विकास व्यवस्था" वाले अभिजन आर्थिक व सामाजिक प्रगति, वैचारिक प्रतिबद्धता और नीतियों के प्रति लगाव रखते हैं। "अनुरक्षण व्यवस्था" वाले अभिजन इसके विपरीत वे लोगं हैं जो आर्थिक और सामाजिक परिवर्तन के अनुरक्षण एवं बने रहने (preservation) को उच्च प्राथमिकता देते हैं। वे प्रतिस्पर्धी राजनैतिक एवं हित-समूहों के बीच समझौते में विश्वास करते हैं। इस व्यवस्था के अभिजनों की विशेषताएँ हैं : बहु-स्वामीभक्ति (multiple loyalties), युक्तियुक्त लचीलापन (tactical flexibility), समझौतों की स्वीकृति, और वैचारिक द्रविता (diffuseness)। इस प्रकार अनुरक्षण व्यवस्था में अभिजन के पास कार्य करने का क्षेत्र बहुत सीमित होता है और उनकी विकास नीतियों पर अनेक प्रकार के दबाव कार्य करते हैं। एप्टर (Apter) के सूत्र को लेकर हम कह सकते हैं कि "विकास व्यवस्था" वाले अभिजन समाज के बन्दी हैं।

भारत में वर्तमान राजनैतिक अभिजन अपने स्वार्थ के लिए अधिक कार्य करते हैं। अतः वे "विकास व्यवस्था" की अपेक्षा "अनुरक्षण व्यवस्था" से अधिक सम्बद्ध हैं, जिसके फलस्वरूप वे राष्ट्र के सामाजिक और आर्थिक ढाँचे का पुनर्निर्माण करने में असफल रहे हैं अथवा द्रुतगामी आर्थिक नीतियों और सामाजिक कार्यक्रमों को विकसित करने और उनके क्रियान्वयन में सफल नहीं रहे हैं। मार्क्सवाद के लेनिनवाद चर के रूप में वे जनता को परमाणु की तरह पृथक (atomistically separated) व्यक्तियों से उन चेतन और अनुशासित अभिकर्ता, जो पूर्ण सामाजिक परिवर्तन कर सकें, के रूप में बदलने में असफल रहे हैं।

हम इस देश में इस बात को अच्छी तरह समझ सकते हैं यदि आजादी के बाद आर्थिक, सामाजिक, और राजनैतिक क्षेत्रों में निर्धारित लक्ष्यों को पहले जान लेते और फिर उस सीमा को खोजते जिस तक हमारे राजनैतिक अभिजन ने इन लक्ष्यों और आदर्शों तक पहुंचने का प्रयत्न किया है। आर्थिक क्षेत्र में हमारे लक्ष्य हैं : विकसित प्रौद्योगिकी (advanced technology), प्रचुर मात्रा में (abundant) आर्थिक उत्पादन, औद्योगिक एकाधिकार की समाप्ति तथा प्रतिस्पर्धा को प्रोत्साहित करना, व्यवसाय की स्वतंत्रता, वितरित (distributive) न्याय, और गरीबी और निराश्रितता (destitution) की समाप्ति। राजनैतिक क्षेत्र में हमारे लक्ष्य हैं : लोकतन्त्र, सत्ता का विकेन्द्रीकरण, स्वतंत्र जनमत और स्वतंत्र चुनाव। सामाजिक क्षेत्र में हमारे लक्ष्य हैं : समानता, गतिशीलता, धर्मनिरपेक्षता, व्यक्तिवादिता, परम्परागत रीतिरिवाजों से मुक्ति, और जन्म के बजाय व्यक्तिगत योग्यताओं के माध्यम से सामाजिक स्थिति प्राप्त करना।

लेकिन क्या हमने इन लक्ष्यों को प्राप्त कर लिया है ? यह बात स्वीकार नहीं की जा

सकती कि केवल राजनैतिक अभिजन ही किसी समाज में विकास के स्वरूप तथा आधुनिकीकरण की प्रक्रिया का निर्धारण करते हैं। इसमें अनेक कारक हैं, जैसे समाज में विविध संस्थाओं व संरचनाओं का स्वरूप, जनमानस का सामर्थ्य, राजनैतिक स्थिरता, सांस्कृतिक विरासत, और राजनैतिक स्वरुप आदि, जो कि राष्ट्र या प्रदेश के विकास और समृद्धि को प्रभावित करते हैं। तथापि राजनैतिक अभिजन योजना बनाने वाले और निर्णय करने वाले होने के नाते, देश के विकास में महत्वपूर्ण भूमिका का निर्वाह करते हैं। कोई इन्कार नहीं कर सकता कि हमने विविध क्षेत्रों में प्रगति की है। यह भी स्वीकारा जा सकता है कि हमारा बहुत सा विकास उन 'सक्रियतावादियों' (activists) के कारण हुआ जो गत कुछ दशाब्दियों में देश में थे। लेकिन यह भी सत्य है कि यदि हमारा देश अभी आधे रास्ते में ही पहुंचा है तो कारण यह है कि राजनैतिक अभिजन हमारे समाज के आधुनिकीकरण की प्रक्रिया में अनेक प्रकार से बाधक ही सिद्ध हुए हैं। उनके पक्षपात पूर्ण रवैये, परम्पराओं के अन्धानुगमन, विकास के प्रति उदासीनता, उनके निजी स्वार्थ, राजनैतिक द्वन्द्व, गुटबाजी, और उनमें भ्रष्टाचार ने निश्चित रूप से हमारे समाज में तकनीकी-सामाजिक परिवर्तनों में बाधा उत्पन्न की है।

क्या औसत भारतीय को ऐसे कार्यक्रमों और नीतियों का लाभ मिल सकता है जो शक्तिशाली प्रभावी समूहों के एकाधिकारपूर्ण व्यवहार से प्रेरित हों ? क्या एक देश दस रुपये से भी कम प्रतिदिन प्रति व्यक्ति उपभोक्ता व्यय पर मजबूत उद्योग व कृषि बना सकता है ? क्या एक समाज का आधुनिकीकरण उन संभ्रांत व्यक्तियों के द्वारा किया जा सकता है जिनके 'धमाकेदार' (crash) कार्यक्रमों में समितियों व आयोगों की नियुक्ति केवल सुझाव देने, और साधन और कार्य प्रणाली तैयार करने की है? शब्द और वायदे कभी भी किसी गरीब समाज व देश का जीवन स्तर ऊँचा नहीं उठा सकते। अभिजनों को तो विशेष उद्देश्यों के लिए विशिष्ट आन्दोलनों का गठन करना है। जनमत के साथ खिलवाड़ नहीं होना चाहिए। अभियान (campaigns) विज्ञापन शैली की नुमाइश पर आधारित नहीं होने चाहिए। संभ्रान्त व्यक्ति किसी वस्तु का विक्रय नहीं कर रहे हैं ; वे तो लोगों को सारे जीवन के लिए नये सपने दिखाने का प्रयत्न कर रहे हैं। इसके लिए एक अलग तरह की अन्तर्दृष्टि (insight) चाहिए।

बाधाएँ (Barriers)

कुछ ऐसे अल्पजन सक्रियतावादी (oligarchic activists) संभ्रांत वर्ग के लोग हैं जिनमें आधुनिकीकरण की अन्तर्दृष्टि है और जो विकास के लिए समर्पित हैं, लेकिन वे भी काम करने में आई कठिनाइयों और अनेक समस्याओं के कारण हमारे देश में बहुत कुछ नहीं कर पाए। उनके सामने जो प्रमुख समस्याएँ आती हैं, वे हैं : (i) विभाजित विचारधाराओं की समस्या जैसे, निष्क्रिय पार्टी पदाधिकारियों, पार्टी विद्रोहियों, एवं अप्रतिबद्ध और उदासीन साधारण लोगों की तथा पार्टी सदस्यों, पार्टी के पहचानकर्त्ताओं और पार्टी के जन-विचारों (public ideology) की समस्याएँ; (ii) एक दूसरे को काटने की प्रवृत्ति (cross-cutting) संबंधी विभ्रांति (confusion) की समस्या और वैकल्पिक अधिमान्यताएँ (alternative preferences), (iii) सत्ता में हिस्सा लेने के लिए संभ्रांत व्यक्तियों में आन्तरिक कलह।

आजकल राष्ट्रीय स्तर पर कार्यरत राजनैतिक दल संघर्षपूर्ण प्रतिबद्धताओं वाले समूहों और उप-समूहों का जमघट है। जब राजनैतिक व वैचारिक विविधताओं (divergencies) को मिटाने के लिए कोई समाधान मिलना कठिन हो जाता है तो सभी सतही सदस्य या तो अराजनैतिक हो जाते हैं या देश व राज्य में अप केन्द्रीय शक्तियों (centrifugal forces) को प्रोत्साहित करने लगते हैं, या पार्टी छोड़कर दूसरी पार्टी में शामिल हो जाते हैं, जो उन्हें कोई सार्वजनिक पद देते हों। उदाहरण स्वरूप उन पदलोलुप (office-seeking) विधायकों को सदंर्भित किया जा सकता है जिनमें से कई ने कम से कम दो बार, कुछ ने तीन बार, और कुछ ने चार बार पाले बदले हैं। पद लालुप अभिजन और आदर्श-परक अभिजन के बीच वैचारिक खाई हमेशा पहले प्रकार के अभिजन को ऐसे क्रियाकलापों में लगने को मजबूर करती रही है जो सामान्यतः बाह्य विचारों से प्रेरित होते हैं। हम यह कह सकते हैं कि आदर्शपरक अभिजन राजनीति में दांये और बांये बने रहते हैं जब कि पद-लोलुप अभिजन केन्द्र को घेरे रहते हैं। यही केन्द्रवादी लोग हैं जो जनता के बीच पार्टी की न केवल बदनामी कराते हैं बल्कि देश के विकास और आधुनिकीकरण में भी रुकावट डालते हैं।

विरोधाभास यह है कि उच्च और निम्न सतह के अभिजन एक दूसरे को आरोपित करते रहते हैं कि उन्होंने पार्टी को परेशानी में डाला है या समाज के विकास में बाधा उत्पन्न की है। ऊपरी स्तर के अभिजन निचले स्तर के अभिजन को जातिवाद, क्षेत्रवाद, भाषायी विभाजन, और साम्प्रदायिकता के लिए आरोपित करते हैं जबकि, निचले अभिजन शासक अभिजन पर प्रादेशिकता, भ्रष्टाचार और देश की धीमी प्रगति का आरोप लगाते हैं। यह केवल उन सम्बन्धों के स्वरूप को जो उच्च व निम्न अभिजन के बीच है और उनके सन्देहों को भी जो उनके बीच है, दर्शाता है। डहरेन्डार्फ (Dahrendorf) ने भी माना है कि परस्पर सन्देह और सत्ता का असमान वितरण निश्चित रूप से व्यवस्थित सामाजिक संघर्ष को निर्धारित करने वाला कारक बन जाता है।

मैंने 'अभिजन न्यूकिलाइ'(elite nuclei) या 'उच्च स्तरीय अभिजन' शब्द उनके लिए प्रयोग किया है जो 'अल्पजातीय' (oligarchic) अभिजन के रूप में राजनैतिक सत्ता पर एकाधिकार रखते हैं और निम्नस्तरीय (lower-stratum) अभिजन उनके लिए जिनकी स्थिति (आधीन (subjacent) अभिजन की तरह) निम्न है। 'अल्पजातीय अभिजन' की अवधारणा सी.राइट मिल्स (C. Wright Mills) की 'शासक वर्ग' की अवधारणा के विकल्प के रूप में विकसित की गई है ताकि उनके अनेक असन्तोषजनक स्वरूपों (unsatisfactory features) को इंगित किया जा सके और उनको स्वीकार करने में सैद्धांतिक कठिनाइयों को दर्शाया जा सके, यद्यपि तीनों अवधारणाएं उस समूह की प्रभावी राजनैतिक स्थितियों (dominant political positions) के सन्दर्भ में हैं।

अल्पजातीय (oligarchic) अभिजन और आधीन (subjacent) अभिजन के लक्ष्य समान नहीं होते। अल्पजातीय अभिजन के उद्देश्य या तो इतने व्यक्तिगत (पद हथियाना) या इतने सामान्य (यथावत स्थिति बनाए रखना) या इतने क्रान्तिकारी (27% सीटें पिछड़ी जातियों (OBC) के लिए बिना विवेकपूर्ण विश्लेषण के आरक्षित करना) होते हैं कि वे आधीन अभिजन को प्रेरित करने में असफल रहते हैं। आधीन अभिजन भी आर्थिक विकास और सामाजिक विकास की अपनी इच्छा को व्यक्त करने में असमर्थ होते हैं और उन इच्छाओं

की पूर्ति के लिए स्वयं को संगठित करने में भी काफी असमर्थ पाते हैं। परिणाम यह होता है कि राजनैतिक दृष्टि से अप्रभावी (ineffective) इन अभिजन को अल्पजनीय अभिजन प्रायः आर्थिक विकास, समाजवाद, सामाजिक न्याय, एकाधिकार की समाप्ति, आदि लक्ष्यों के रूप में वायदों और नारों से अपने वश में कर लेते हैं, जबकि वे (अल्पजनीय अभिजन) स्वयं अधिकतर अलोकतान्त्रिक और एकाधिकारिक साधनों से कार्य करते रहते हैं। दिखाने के लिए अल्पजनीय अभिजन आदर्शवाद से प्रेरित रहते हैं, लेकिन व्यवहार में उनके आदर्श शायद ही कभी काम में आते हों। जब तक आधीन अभिजन चुप रहेंगे और अल्पजनीय अभिजन को अपने दमन के लिए ज़िम्मेदार नहीं ठहरायेंगे तब तक छोटे व बड़े दोनों राजनैतिक समूह अल्पजनीय अभिजन के आधीन बने रहेंगे और वे निम्न स्तरीय तथा नये प्रविष्ट नेताओं की राजनैतिक वैधानिकता (legitimacy) की अवहेलना करते रहेंगे।

भारत में स्थूल (macro) स्तर पर आधुनिकीकरण को समझने के लिए हमें सूक्ष्म (micro) स्तर पर इसकी रचना की स्थितियों में आर्थिक, सामाजिक और राजनैतिक विकास के स्वरूपों को परखना है और दो भिन्न स्तरों—राष्ट्रीय और राज्य—पर काम कर रहे अभिजनों के मध्य संबंधों का भी परीक्षण करना है।

यदि हम राज्य स्तर पर अल्पजनीय अभिजन द्वारा राजनैतिक मामलों में हिस्सा लेने की डिग्री में और *राष्ट्रीय* स्तर पर उनके एकाधिपत्य (monopoly) के स्तर (level) के बीच संबंध को देखें, तथा राष्ट्रीय स्तर को विस्तृत राजनैतिक संदर्भ मानें और राज्य स्तर को लघु राजनैतिक संदर्भ मानें, हम कह सकते हैं कि विस्तृत राजनैतिक स्तर पर अभिजन के हिस्सा लेने का उच्च या निम्न स्तर लघु राजनैतिक पर उनके राजनीति में हिस्सा लेने के स्तर को निश्चित करता है। उच्च राष्ट्रीय स्तर पर एकाधिपत्य की प्रवृत्ति जितनी अधिक होगी उतनी ही लघु राजनैतिक आधार पर अभिजन की हिस्सेदारी कम होगी। इसका कारण यह है कि राष्ट्रीय स्तर पर अभिजन में अधिक एकाधिकार प्रवृत्ति राज्य स्तर पर अल्पजातीय अभिजन को अपने विचार स्वतंत्रतापूर्वक और बेबाकी से अभिव्यक्त करने को हतोत्साहित करती है। जहाँ राष्ट्रीय स्तर पर राजनैतिक शक्ति कुछ अल्पजनीय अभिजन के हाथों में केन्द्रित रहती है, वहां राज्य स्तरीय गैर-एकाधिकारवादी ग़ैर-सक्रियतावादी अभिजन में स्थानीय सामाजिक-राजनैतिक मामलों में हिस्सा लेने की इच्छा असन्तोष को बढ़ाती है। फलतः वे अपने राज्य में सक्रियतावादी अभिजन से समर्थन वापस लेने लगते हैं। इसमें निहित मान्यता (underlying assumption) यह है कि राज्य स्तर पर सक्रियतावादी अल्पजनीय अभिजन उन लोगों के होने की सम्भावना होती है जो न केवल राज्य स्तरीय राजनीति में अहं भूमिका निभाने की इच्छा रखते हैं बल्कि राष्ट्रीय राजनीति में भी। ऐसा होने पर राज्य स्तरीय अल्पजनीय राजनैतिक सक्रियतावादियों में राष्ट्रीय स्तर के अल्पजनीय अभिजन की आलोचना कम हो जाती है। यह इसलिए क्योंकि उन्हें मालूम रहता है कि केन्द्र में एकाधिकारियों की आज्ञाकारिता (compliance) उन राजनैतिक भूमिकाओं के लिए अधिक सार्थक (relevant) होगी जो वे राष्ट्रीय स्तर पर निभाना चाहते हैं। सक्रियतावादियों की यह प्रवृत्ति गैर-सक्रियतावादियों में असन्तोष पैदा करती है जिसके कारण राज्य में सक्रियतावादी अभिजन से सहयोग करने को मना कर देते हैं।

उदाहरण के लिए हम एक प्रकरण उध्दृत कर सकते हैं। 1975 में आपातकालीन

अवधि के दौरान—राजनैतिक व गैर राजनैतिक अभिजन की क्या भूमिका थी जब देश के अनेक नेता जेलों में बन्द कर दिए गए थे, प्रेस पर प्रतिबन्ध लगा दिये गये थे, जीवन के सभी क्षेत्रों में असहमति रखने वाले लोगों को परेशान किया गया था, और सारा देश भय और अनिश्चितता के कोहरे में घिर गया था। मैं तो यह कहूँगा कि अभिजन—राजनैतिज्ञ, बुद्धिजीवी, नौकरशाह और यहाँ तक कि न्यायपालिका के अभिजन भी बजाय इसके कि वे महत्वोन्मादी (megalomaniac) नेताओं को और उनकी क्रूरता को तथा भ्रष्टाचार और जनता के प्रति उनकी अनैतिक भावनाओं का पर्दाफाश करते, अपने ही पूर्वाग्रहों का शिकार हो गए और अवचेतन मन में अपने संकीर्ण हितों के संरक्षक के रूप में एक ही व्यक्ति नेता के समर्थक हो गये। आपातकाल के उन उन्नीस महीनों के दौरान अभिजन भीड़ की तरह चहकते रहे और राष्ट्र तथा सरकार को अपनी गम्भीर सलाह देने की जिम्मेदारी से कतराते रहते थे।

यह कैसे हुआ कि आपातकाल का निर्णय संसद में सभी प्रकार के राजनैतिक निर्णाय कर्ताओं ने पारित कर दिया ? क्या यह समझा जाये कि आपातकाल में सरकार ने जितनी कार्यवाहियां की तथा धीरे-धीरे व्यवस्थित ढंग से लोकतंत्र और संविधान का जो गला घोंटा वह वास्तव में सत्ता में निर्णय लेने वालों की सहमति से ही हुआ होगा ? क्या यह समझा जाये कि जब इस प्रकार की दुर्भावनागत (malafide) स्थितियों में संसद में कानून पारित हुए, तब सक्रियतावादी राजनैतिक अभिजन के पास उसका कोई उपाय नहीं था ? क्या हम यह समझें कि आपातकाल तथा उसके बाद जो एकाधिकारी प्रवृत्ति के कुछ लोग सत्ता में आए उनका उद्दण्ड (highanded) व्यवहार सभी समर्पित राजनैतिक अभिजन की दृष्टि में न्याय संगत था ? मुद्दे की बात तो यह है कि जो राजनैतिक अभिजन सत्ता में थे वे विशाल पैमाने पर आए संकट में और समाज के हित में अपनी भूमिका के निर्वाह में असफल रहे थे।

यह कहना भी अविवेकी न होगा कि नवम्बर 1989, और फिर मई 1996, फरवरी 1998 और अक्टूबर 1999 के राष्ट्रीय और राज्य स्तर के ऐतिहासिक चुनावों के बाद भी यद्यपि नव राजनैतिक अभिजन के देश के विकास का और भ्रष्टाचार को मिटाने का अवसर मिला, फिर भी उन्होंने इस अवसर को बर्बाद कर दिया। जनता की अपेक्षाएँ तो यह थीं कि सत्ताधारी राजनैतिक अभिजन औद्योगिक एकाधिकार को रोकेंगे, विशेष समयावधि में निर्धनता को समाप्त करेंगे, जनसाधारण की भुगतान करने की शक्ति से अधिक मूल्य वृद्धि नहीं होने देंगे, जीने योग्य वितरण प्रणाली बनाएँगे, और भ्रष्टाचारी नेताओं से छुटकारा पाने के लिए संस्थात्मक संरचना की स्थापना करेंगे, लेकिन जनता ने तो अब तक सामाजिक पतन और आर्थिक रूकावटों की अवधि की समाप्ति को शुरु होते भी नहीं देखा है।

जो कुछ भी हमने पहले कहा है उसकी पुनरावृत्ति की जा सकती है :

1. विस्तृत राजनैतिक आधार पर एकाधिकारी प्रवृत्तियों के उच्च स्तर पर होने के फलस्वरूप राजनीति में निचले स्तर के अभिजन की हिस्सेदारी कम हो गई है और समाज के आधुनिकीकरण में उनकी रुचि में रुकावट पैदा हो गई है।
2. कुछ उच्च स्तरीय राजनैतिक अभिजन जो राजनैतिक ढांचे में महत्वपूर्ण स्थान रखते हैं और राजनैतिक शक्ति पर एकाधिकार रखते हैं (जिनकी अवधारणा अल्पजनीय अभिजन के रूप में की गई है) सन्निकट (close-knit) नहीं है और उनमें राजनैतिक

शक्ति के रूप में कोई संसक्तता (coherence) नहीं है।

3. वर्तमान अभिजन की प्रमुख चिन्ता यह है—उन सहित जो मार्च 1998 में और फिर अक्टूबर 1999 में सत्ता में आये—कि सत्ता हासिल की जाये और सुरक्षित की जाये क्योंकि इसके अभाव में वे जनता के साथ निकट का सम्बन्ध स्थापित करने में असफल रहेंगे।
4. वर्तमान राजनैतिक सक्रियतावादी और समर्पित राजनैतिक अभिजन न तो आधुनिकीकरण को अस्वीकार करने में विश्वास करते हैं और न ही परम्परागत व्यवस्था में बल्कि आधुनिकीकरण के विषय, दिशा और गति के नियमन और साथ ही परम्परावाद के कुछ तत्वों में भी विश्वास करते हैं।

संक्षेप में, हम यह मानते हैं कि जब तक वर्तमान राजनैतिक अभिजन का व्यवहार—धृष्ट स्वार्थी लाभ की अपेक्षा देश के विकास सम्बन्धी मूल्यों से प्रेरित नहीं होगा, आधुनिकीकरण के लक्ष्य प्राप्त नहीं हो सकेंगे और सामाजिक परिवर्तन के लिए संघर्ष के रास्ते में रूकावट पैदा होती रहेगी।

भारत में राजनैतिक दल (Political Parties in India)

लोकतान्त्रिक राजनैतिक व्यवस्था राजनैतिक दलों के बिना नहीं चल सकती। प्रत्येक राजनैतिक दल का अपना संरचनात्मक स्वरूप, सिद्धान्तपरकता (orientation), नेतृत्व का स्वरूप, और कार्यशैली होती है। राजनैतिक दल लोगों के वे संघ माने जाते हैं जिनके एक से विचार होते हैं और सरकार के कार्यों और नीति सम्बन्धी सिद्धान्तों के प्रति एक से आदर्श होते हैं। ये आदर्श और कार्यक्रम चुनाव घोषणा-पत्र में दर्शाए रहते हैं जिसके आधार पर माना जाता है कि निर्वाचक समूह वोट का प्रयोग करता है।

राजनैतिक दलों से चार प्रमुख कार्यों के किए जाने की अपेक्षा की जाती है : (1) देश के सामने आई समस्याओं का अनुमान लगाना और वैकल्पिक समाधान प्रस्तुत करना जिसके आधार पर दल अपनी नीति बना सके। (2) इन समस्याओं के सम्बन्ध में निर्वाचक मण्डल को जानकारी देना तथा दल के द्वारा बताए गए समाधानों की उपयुक्तता के विषय में उन्हें आश्वस्त करना (3) अन्य दलों की नीतियों और कार्यक्रमों का आलोचनात्मक मूल्यांकन करना, विशेषरूप से सत्ताधारी दल का, और उनमें कमियों तथा खामियों को इंगित करना (4) शासन की निर्णय प्रणाली में लोगों को हिस्सा लेने के लिए प्रेरित करना।

सिरसीकर (Sirsikar, 1964 : 31-36) के अनुसार दलीय व्यवस्था का उदय समाज के प्रकार पर निर्भर करेगा। उन्होंने समाज को चार समूहों में विभाजित किया है : (1) समजातीय (homogeneous) अविकसित समाज (2) समजातीय विकसित समाज (3) विषमजातीय अविकसित समाज (4) विषमजातीय विकसित समाज। समजातीय समाज वह समाज है जिसका एक धर्म, एक भाषा और एक प्रबल प्रजाति हो, जबकि विषमजातीय समाज वह समाज है जिसमें धर्म, भाषा, प्रजाति तथा जातियों आदि की विविधता हो। अविकसित समाज वह समाज है जिसमें आर्थिक विकास का स्तर निम्न हो, उद्देश्य में एकलता (singularity) और लक्ष्य-प्राप्ति में अविलंबता (urgency) न हो। प्रथम प्रकार के समाज

का उदाहरण इटली है, दूसरे प्रकार का जर्मनी, चीन और रूस, तीसरे प्रकार का अमेरिका, और चाथे प्रकार का भारत और पाकिस्तान। अन्तिम प्रकार के समाजों में विभिन्न विचारों वाले अनेक दल होते हैं।

राजनैतिक दलों के प्रकार छः विविध आधारों पर पहचाने जा सकते हैं : (1) रुचि (interest) के आधार पर : इनका वर्गीकरण धार्मिक (जैसे अकाली दल) तथा सांस्कृतिक (जैसे दलित, भाजपा) आदि आधार पर किया जा सकता है, जबकि सिद्धान्तों के आधार पर इनको इस प्रकार कहा जा सकता है, जैसे साम्यवादी, समाजवादी, आदि। (2) सदस्यता के प्रकार के आधार पर : इनको जन आधारित (mass-based) (प्रत्येक व्यक्ति के लिए खुला) और संवर्ग आधारित (cadre-based) (जो विशिष्ट विचार धारा में विश्वास रखते हों उनके लिए खुला) में वर्गीकृत किया जा सकता है। (3) कार्यशैली (style of operation) के आधार पर उन्हें मुक्त (open) (चर्चा का मुक्त मंच) और अव्यक्त (latent) (जहाँ निर्णय करना अभिजन तक ही सीमति है) माना जा सकता है (4) कार्यकर्ताओं की भर्ती के आधार पर इनको निर्वाचक (elective) और सहयोज़ित (cooptative) में बांटा जा सकता है। (5) क्षेत्रीय (territorial) और कार्यात्मक ढांचे (functional structuring) के आधार पर दो प्रकार के दल—एकात्मक (unitary) (जहां शक्ति एक मात्र स्रोत में निहित हो) और संघीय (federal) (जहाँ शक्ति विभाजित हो) हो सकते हैं (6) कार्यकलापों (activities) के विस्तार के आधार पर दल सीमित या असीमित विस्तार वाले हो सकते हैं।

कार्यस्तर के आधार पर भारत में तीन प्रकार के राजनैतिक दल पाये जाते हैं: (a) जो राष्ट्रीय स्तर पर कार्य करते हैं (जैसे, कांग्रेस, मार्क्सवादी कम्युनिस्ट पार्टी, भारतीय कम्युनिस्ट पार्टी, भारतीय जनता पार्टी, (b) वे जो कुछ ही राज्यों में कार्य करते हैं (जैसे समता पार्टी, बहुजन समाज पार्टी, समाजवादी पार्टी (c) वे जो एक ही राज्य में कार्य करते हैं (जैसे शिरोमणी अकाली दल, तेलगू देशम पार्टी, द्रविड़ मुनेत्र कषगम (DMK), ए.आई.ए.डी.एम.के, तमिल मनिला कांग्रेस, नेशनल कान्फ्रेन्स, असम गण परिषद, मणिपुर पीपुल्स पार्टी, शिव सेना, भारतीय राष्ट्रीय लोक दल, राष्ट्रीय लोकतान्त्रिक मोर्चा, सिक्किम संग्राम परिषद, हरियाणा विकास पार्टी, सिक्किम डेमोक्रेटिक फ्रन्ट, केरल कांग्रेस, आदि। कुछ ऐसे दल भी हैं जिन्हें चुनाव आयोग की मान्यता तो प्राप्त है किन्तु किसी भी राज्य में सत्ता में नहीं हैं (जैसे मुस्लिम लीग, जनता पार्टी, झारखण्ड मुक्ति मोर्चा, तृणमूल कांग्रेस, आदि)। हम यहाँ कुछ राजनैतिक दलों की रूप रेखा, कार्यक्रमों और नीतियों का वर्णन कर सकते हैं।

कांग्रेस पार्टी जो राष्ट्रीय कांग्रेस पार्टी के नाम से जानी जाती है, 1885 में गठित हुई थी। लगभग 35 वर्ष तक (1885 से 1920 तक) इसने प्रभावी रूप से कार्य किया, 27 वर्ष तक (1920 से 1947) राष्ट्रीय आन्दोलन के रूप में और लगभग 40 वर्ष तक (1947 से 1996 तक) शासक पार्टी के रूप में—बीच में 4 साल दो माह छोड़कर—(जैसे मार्च 1977 से जून 1979 तक के 2 वर्ष 3 माह मोरारजी देसाई का शासन काल, जुलाई 1979 से जनवरी 1980 तक चरणसिंह का 6 माह का शासन काल, दिसम्बर 1989 से नवम्बर 1990 तक वी.पी.सिंह का 11 माह का शासन काल, और नवम्बर 1990 से जून 1991 तक चन्द्रशेखर का साढ़े छः माह का शासन काल)

इस पार्टी में मध्यमार्गीय (centrist), वाममार्गीय (leftist) और दायांमार्गीय

(rightist) विचारधाराओं के नेताओं की संयुक्त भूमिका रही है। लोक गंगाधर तिलक, जिनका प्रभुत्व 1920 तक इस पार्टी पर रहा, ने इसको राष्ट्रीय सैन्य स्वभाव प्रदान किया जबकि गोखले ने सैनिक देशभक्त की अपेक्षा सुधारक का कार्य किया। बिपिन चन्द्र पाल क्रान्तिकारी विचारों के थे, मदन मोहन मालवीय, दादाभाई नौरोजी, और फीरोजशाह मेहता नरम विचारों वाले थे। 1920 के बाद गान्धी युग प्रारम्भ हुआ जिसमें सत्याग्रह, अंहिसा, सिविल अवज्ञा (civil disobedience) और असहयोग पर बल दिया गया। सुभाष चन्द्र बोस, जो सशस्त्र संघर्ष में विश्वास करते थे, ने 1934 में कांग्रेस पार्टी छोड़ दी, जबकि जयप्रकाश नारायण, राम मनोहर लोहिया और आचार्य नरेन्द्र देव ने 30 और 40 के दशकों के बीच कांग्रेस पार्टी छोड़ी और कांग्रेस सोशलिस्ट पार्टी बनाई। 1937 के चुनावों में कांग्रेस पार्टी 11 में से 8 राज्यों में विजयी हुई थी और 70% मत प्राप्त किए थे और दो वर्ष तक मंत्रिमण्डल का उत्तरदायित्व सम्भाला था, किन्तु 1942 में त्यागपत्र दे कर इस पार्टी ने भारत छोड़ो आन्दोलन छेड़ दिया और 1947 में प्रथम शासक दल बना। नेहरू और इन्दिरा गान्धी के 33 वर्ष के शासन काल में इस पार्टी का संसदीय प्रभाग संगठनात्मक प्रभाग से अधिक शक्तिशाली रहा। इसको 50 के दशक के प्रारम्भ और मध्य में संकट का सामना करना पड़ा, अनेक राज्यों में सत्ता से हाथ धोना पड़ा और 1964 में कांग्रेस (आई) और कांग्रेस (ओ) दो फाड़ हो गए। मार्च 1971 में केन्द्र के चुनाव और 1972 में राज्यों के चुनावों में कांग्रेस ने बड़ी संख्या में वोट प्राप्त किए, लेकिन मार्च 1977 में इन्दिरा गान्धी द्वारा 1975 में आपात काल की और परिवार नियोजन के विरुद्ध संजय गान्धी द्वारा उत्पीड़न के तरीकों के कारण पराजय का सामना करना पड़ा। लेकिन यह पार्टी फिर बहुमत प्राप्त कर जनवरी 1980 से नवम्बर 1989 तक और फिर जून 1991 से मई 1996 तक सत्ता में बनी रही।

इस पार्टी की धार्मिक नीति धर्म निरपेक्षता की रही है, राजनैतिक नीति संघीय (federal) और आर्थिक नीति मिश्रित रही। इतने लम्बे समय तक इसके सत्ता में बने रहने का प्रमुख कारण विरोधी दलों में एकता की कमी था जबकि इसके सत्ता खोने के प्रमुख कारणों में से आन्तरिक कलह, गुटबाजी, भ्रष्ट छवि, नेताओं का जनता से विमुख रहना, केन्द्रीयकृति सत्ता, सत्ताधारियों की आलीशान जीवन शैली, सामाजिक समस्याओं जैसे गरीबी, बेकारी मुद्रास्फीति, साम्प्रदायिक दंगे, कश्मीर व पंजाब की समस्याएं को समाप्त करने में अरुचि, केन्द्र-राज्यों के सम्बन्ध पर असंगति (inconsistency), प्रशासन में अकुशलता, लाइसेंस राज्य में विश्वास, पद प्राप्ति के लिए नेताओं की चापलूसी, तथा और भी कई कारण थे।

भारतीय जनता पार्टी (BJP) मूल रूप से हिन्दू महासभा के नाम से जानी जाती थी जो हिन्दू राष्ट्र की वकालत करती थी। वीर सावरकर 1937 में इसके अध्यक्ष बने। स्वतंत्रता के बाद एक वैकल्पिक पार्टी की आवश्यकता को अनुभव किया गया क्योंकि कांग्रेस पार्टी में कुछ हाथों में सत्ता के केन्द्रित होने की प्रवृत्ति बढ़ने लगी थी। 1950 में श्यामा प्रसाद मुखर्जी ने नेहरू—लियाकत समझौते के मामले पर नेहरू मंत्रिमण्डल छोड़ दिया (जिसके अनुसार, भारत सरकार को पाकिस्तान में रहने वाले अल्प संख्यकों के विषय में कुछ भी कहने का अधिकार नहीं था) और हिन्दू महासभा में शामिल हो गए। 1951 में हिन्दू महासभा को अखिल भारतीय जन संघ के नाम से और 1952 में भारतीय जनसंघ के नाम से जाना जाने

लगा। इस पार्टी ने 1952 में सभी लोकसभा सीटों पर चुनाव लड़ा और 3 सीटें जीतीं, 1957 में चार, 1962 में 14, 1967 में 35 और 1971 में 22 सीटें जीतीं। यह कहा जा सकता है कि जनसंघ अपने चरम शिखर पर 1967 के आम चुनाव में पहुंची जो कि बलराज मधोक के नेतृत्व में लड़ा गया था, जिसमें उन्होंने अकाली दल और समतापार्टी से समन्वय किया था और इस गठबन्धन ने लोकसभा में 100 सीटें जीतीं। जनसंघ भी हरियाणा, उत्तरप्रदेश, हिमाचल प्रदेश, मध्यप्रदेश और बिहार में प्रमुख विपक्षी दल के रूप में उभर कर आई। पंजाब में जनसंघ-अकाली दल गठबन्धन ने कांग्रेस को उखाड़ फेंका जबकि राजस्थान में जनसंघ और स्वतंत्र पार्टी ने मिलकर एक सीट की बहुसंख्या प्राप्त की। इस प्रकार जनसंघ कांग्रेस की शक्तिशाली राष्ट्रीय लोकतांत्रिक विकल्प के रूप में उदित हुई। दिसम्बर 1967 में दीन दयाल उपाध्याय बलराज मधोक के उत्तराधिकारी के रूप में जनसंघ के अध्यक्ष बने, लेकिन मई 1968 में उनकी हत्या हो गई। उनके बाद अटल बिहारी वाजपेयी पार्टी अध्यक्ष हुए। पार्टी (BJP) तब और भी अधिक लोकप्रिय हो गई जब लालकृष्ण आडवानी इसके अध्यक्ष बने, विशेषरूप से जब से उन्होंने मार्च-अप्रैल 1990 में 35 दिन की रथयात्रा की। 1951 में जबकि इस पार्टी में कुछ हजार ही सदस्य थे, 1999 में इसके 20 लाख से भी अधिक सदस्य हो गये। इसकी सभी राज्यों में इकाइयां हैं, नागालैण्ड, अण्डमान निकोबार द्वीप समूह, और पाण्डिचेरी को छोड़कर, यद्यपि कुछ राज्यों में संगठन अभी प्रारम्भिक अवस्था में है। 1996 में भाजपा ने लोकसभा में 119 सीटें जीतीं जिससे मई 1996 में वह केन्द्र में सरकार बना सकी और 13 दिन सत्ता में रही। फरवरी 1998 में इसने लोकसभा में 181 सीटें जीतीं और मार्च 1998 में केन्द्र में सरकार बनाई जिसको 18 छोटी क्षेत्रीय पार्टियों का समर्थन प्राप्त था जो अप्रेल 1999 तक सत्ता में रही। अक्टूबर 1999 में लोकसभा चुनाव में 182 सीटें जीत कर यह (कुछ अन्य पार्टियों से मिलकर राष्ट्रीय जनतांत्रिक गठबंधन के रूप में) सत्ता में आयी। पहले तो राजस्थान, उत्तर प्रदेश और गुजरात में भी इसके मंत्रिमण्डल थे परन्तु अक्टूबर 1999 के चुनावों में राजस्थान और उत्तर-प्रदेश में यह सरकार न बना पायी। हिन्दूवाद की विचारधारा के कारण इसकी छवि काफी प्रभावित हुई है। संघ परिवार की अतिवादी—विश्व हिन्दू परिषद, बजरंग दल, और राष्ट्रीय स्वयं सेवक संघ—जो मुस्लिम-विरोधी, ईसाई मिशनरी-विरोधी और कठोर हिन्दू विचारधारा वाले आक्रामक हिन्दूवादी धर्मान्ध हैं तथा राम मन्दिर, गोवध और समान नागरिक संहिता जैसे मामलों के प्रति प्रतिबद्ध हैं, का दबाव/इस पार्टी के सरकार पर बना रहा है।

कम्युनिस्ट पार्टी काफी पुरानी पार्टी है और वामपन्थी रुझान वाली पार्टी है। पार्टी में ही अनेक वैचारिक, राजनैतिक और संगठनात्मक संघर्ष थे जिसके कारण 1961 में पार्टी दो भागों में विभाजित हो गई—मार्क्सवादी कम्युनिस्ट पार्टी (माकपा) और भारतीय कम्युनिस्ट पार्टी। सी.पी.आई (भ.क.प) ने 1962 के चीनी आक्रमण की आलोचना की और सत्ताधारी कांग्रेस पार्टी को समर्थन किया जबकि सी.पी.आई.(एम). तथा मार्क्सवादी पार्टी ने चीन का पक्ष लिया। 1964 में यह विभाजन विधिवत हो गया। मार्क्सवाद कम्युनिस्ट पार्टी [CPI (M)] ने पश्चिम बंगाल में सरकार बनाई जो गत 23 वर्षों से ज्योति बसु के मुख्य मंत्रित्व में सत्ता में बनी हुई है।

प्रारम्भ में तो सोवियत सरकार भारत-चीन संघर्ष पर तटस्थ रही, लेकिन बाद में यह

पूरे जोर-शोर से चीन के विरोध में हो गई और भारत को अनारक्षित समर्थन दिया। इससे सी.पी.एस.यू. (CPSU) के भीतर ही उस इकाई को विश्वास प्रदान किया जो कांग्रेस की पक्षधर थी और सी.पी.एस.यू. के विरुद्ध अन्य समूहों में नाराजगी पैदा कर दी। इस प्रकार पार्टी के दो भाग हो गए—सत्ताधारी दल के पक्षपाती और विरोधी वाली या राइट (Right) कम्युनिस्ट और मार्क्सवादी। मार्क्सवादी कम्युनिस्ट पार्टी जो अब प्रमुख पार्टी हो गई है (फरवरी 1998 चुनाव में 32 सांसदों और अक्टूबर 1999 में 33 सांसदों सहित) जो कि पुरानी कम्युनिस्ट पार्टी होने का दावा करती है। 'राइट' (Right) कम्युनिस्टों को चुनाव आयोग द्वारा भारतीय कम्युनिस्ट (CPI) नाम दिया गया। इस पार्टी को फरवरी 1998 के चुनावों में संसद में 9 स्थान और अक्टूबर 1999 में 5 स्थान प्राप्त हुए। दोनों ही कम्युनिस्ट पार्टियों के मूल कार्यक्रम साम्राज्यवाद सामान्तवाद तथा पूंजी एकाधिकार के विरुद्ध श्रमिक वर्ग के संघर्षों से जुड़े हैं। मार्क्सवादी कम्युनिस्ट पार्टी और भारतीय कम्युनिस्ट पार्टी और दो बाद के समूह—फारवर्ड ब्लाक और मार्क्सवादी लेनिनवादी (माकपा-माले) के अलग चुनाव घोषणा पत्र हैं।

कुछ अन्य पार्टियाँ भी अस्तित्व में आईं, लेकिन वे अब नहीं हैं। ये पार्टियां थीं: कांग्रेस सोशलिस्ट पार्टी (आचार्य नरेन्द्र देव, जयप्रकाश नारायण, राम मनोहर लोहिया, अच्युत पटवर्धन की) जो गान्धी जी की अहिंसा की विरोधी थी (इसने 1946 में 'कांग्रेस' शब्द हटा दिया), आचार्य कृपलानी की किसान मजदूर प्रजा पार्टी में विलीन हो गई और प्रजा सोशलिस्ट पार्टी के नाम से जानी लगी (PSP) और फिर 1964 में एस.एस.पी (SSP) और 1971 में सोशलिस्ट पार्टी (SP) के नाम से। उसके बाद इसका अस्तित्व समाप्त हो गया। यही हाल (सी.राजगोपालाचारी द्वारा स्थापित) स्वतंत्र पार्टी का 1959 में हुआ। जनता पार्टी, जनमोर्चा और लोकदल गठबन्धन के बाद भारतीय क्रान्ति दल आया। संयुक्त मोर्चा में जनता दल, कांग्रेस (S), डी.एम.के., टी.डी. पी, और ए.जी.पी पार्टिया शामिल थीं।

दलों की अनेकता (Multiplicity of Parties)

भारत के साथ प्रमुख परेशानी यह है कि यहाँ 1980 से बहुत अधिक पार्टियाँ हो गई हैं। लोकतंत्र केवल दो ही पार्टियों से कुशलता से चल सकता है जो एक दूसरे के लिए सरकार का विकल्प की सम्भावना प्रस्तुत करती हों। संयुक्त मोर्चा का 13 पार्टियों का गठबन्धन (देवगौड़ा द्वारा जून1996 में, इन्द्रकुमार गुजराल द्वारा अप्रैल 1997 में) और मार्च 1998 में भाजपा नेतृत्व वाली 18 पार्टियों की संयुक्त सरकार तथा अक्टूबर 1999 में भाजपा नेतृत्व वाली 24 पार्टियों का राष्ट्रीय जनतांत्रिक गठबंधन। 1998 के वाजपेयी शासन काल में वाजपेयी को अपने संयुक्त सहयोगियों के दबाव का सामना करना पड़ा जिसने अस्थिरता तथा प्रगति के रास्ते में रूकावट पैदा की। 13 महीनों में वाजपेयी सरकार पर ज़रा सी बात पर समर्थन वापसी की धमकी ए.आई.ए.डी.एम.के. (AIADMK) पार्टी, तृणमूल कांग्रेस पार्टी, अकाली दल, भारतीय राष्ट्रीय लोकदल (हरियाणा के ओमप्रकाश चौटाला का) और समता दल (बिहार) द्वारा, सर्वविदित है। वर्तमान राजग में भी घटकों में अनबन शुरू हो गयी है। अमेरिका जैसे देश में केवल दो पार्टी व्यवस्था है क्योंकि वहां पार्टी व्हिप जैसी कोई चीज

नहीं है जो कि विधायकों के वोट डालने के स्वरूप को नियंत्रित करता है। क्रियान्वयन कार्यवाही पर विधान के लिए अध्यक्ष के प्रस्ताव का उसी की पार्टी के अच्छी संख्या में सदस्य विरोध करते हैं जबकि दूसरी पार्टी के काफी संख्या में सदस्य उसका समर्थन करते हैं। दो राजनैतिक पार्टियों के बीच केन्द्रीय नियंत्रण जैसी कोई स्थिति नहीं होती। यद्यपि यूरोप के कई देशों में राजनैतिक पार्टियों की अनेकता है और संयुक्त सरकारें भी हैं लेकिन ये भारत की तरह सत्ताधारी सरकार को अप्रभावी तथा अस्थिर नहीं बनातीं। ऐसा इसलिए है क्योंकि अधिकतर पार्टियाँ जो केन्द्रीय संयुक्त मंत्रिमण्डल में शामिल होतीं हैं मूलरूप से स्वार्थी और संकीर्ण विचारों वाली हैं। उनके नेता मंत्रिपद और अपने इच्छा के मंत्रालय को प्राप्त करने में अधिक रुचि रखते हैं जो राष्ट्रीय हितों के लिए सेवा करने की अपेक्षा उन्हें अधिक धन शक्ति दिलाते हैं। अनेक संयुक्त सहयोगियों वाला मंत्रिमण्डल आन्तरिक व बाह्य दोनों नीतियों की खोज को जारी रखने के प्रयत्न के विषय में नहीं सोच सकता। इस प्रकार यद्यपि हम अपने देश में अनेक पार्टियों के होने के विरोधी नहीं हैं या एक राज्य तक सीमित क्षेत्रीय पार्टी के विरोध में भी नहीं है किन्तु महत्त्वपूर्ण बात यह है कि संयुक्त मंत्रिमण्डल में शामिल होने के बाद क्षेत्रीय पार्टियों को राष्ट्रीय तथा क्षेत्रीय हितों को अलग-अलग कर देना चाहिए और राष्ट्रीय हित को गम्भीरता से लेना चाहिए। क्षेत्रीय पार्टियों को राष्ट्रीय एकता के लिए घातक मानना तर्क संगत नहीं है। क्षेत्रीय पार्टियां आवश्यक रूप से अलगाववाद में विश्वास नहीं करतीं; वे तो केवल अपने क्षेत्रीय हितों की रक्षा करना चाहती हैं। एक अवस्था में तो तमिलनाडु में डी.एम. के. भारत से अलग होना चाहती थी, लेकिन जल्दी ही इसने अनुभव किया कि यह राज्य के हित में नहीं होगा और इसलिए अलग होने का विचार छोड़ दिया। क्षेत्रीय पार्टी तभी बनती है जब यह महसूस करती है कि केन्द्र में सत्ताधारी पार्टी द्वारा उनके क्षेत्र की अनदेखी और उपेक्षा की जा रही है। क्षेत्रीय पार्टियों द्वारा क्षेत्रीय हितों पर बल देने को राष्ट्र विरोधी न कहना चाहिए और न कहा जा सकता है।

भारत में अनेक राजनैतिक दलों की एक अनोखी विशेषता है कि वे अपना मूल भारतीय राष्ट्रीय कांग्रेस में ही मानते हैं। इन विभाजित दलों के नेता जब कांग्रेस पार्टी में अच्छा स्थान प्राप्त न कर सके, वे अलग हो गए और एक अलग पार्टी का गठन कर लिया। कुछ नेता अपने सिद्धान्तों व आदर्शों के कारण अलग हुए (जैसे आचार्य नरेन्द्र देव, लोहिया और जय प्रकाश नारायण)। कुछ दल बचे रह गए और कुछ नहीं। राजनीतिज्ञों में एक बड़ी प्रवृत्ति यह है कि वे आदर्शों व विचारों के प्रति राजनैतिक प्रतिबद्धता नहीं दर्शाते बल्कि विशेष व्यक्तियों या नेताओं के प्रति अधिक दर्शाते हैं। ऐसी पार्टियां जो आदर्शों की अपेक्षा संरक्षण पर आधारित हैं, जीवित नहीं रहतीं। पार्टी तभी तक रहती है जब तक नेता और सक्रिय सदस्य सदस्यों पर कुछ कृपा करते रहें। यदि राजनैतिक कार्यकर्ताओं को अनुग्रह न मिले, वे नेता को समर्थन नहीं देते और दूसरी पार्टी में शामिल हो जाते हैं। राजनैतिक दलों की इस व्यवस्था ने भारत में राजनीति को देश सेवा का पथ होने की अपेक्षा अयोग्य और अशिक्षित लोगों के लिए अच्छे लाभ का धन्धा बना दिया है।

हमारी राजनैतिक पार्टियों की एक और विशेषता यह है कि उनके संगठन में अत्यधिक केन्द्रीयकरण है। उनमें से अधिकतर पार्टियों के संगठनात्मक चुनाव बहुत समय से नहीं हुए

हैं और सभी पदाधिकारी पार्टी नेता द्वारा नामांकित कर दिए जाते हैं। इस प्रकार के अत्यधिक केन्द्रीयकृत नियंत्रण का घातक प्रभाव यह होता है कि कई राज्यों में मुख्यमंत्री का चुनाव विधायकों द्वारा न होकर, केन्द्रीय नेतृत्व द्वारा थोप दिया जाता है। जिन लोगों को विभिन्न विधान सभा क्षेत्रों से चुनाव लड़ने के लिए टिकट दिया जाता है वे उस क्षेत्र के लोगों के द्वारा न चुने जाकर बाहरी अधिकारियों के एकतरफा निर्णय द्वारा थोपे गए लोग होते हैं। यद्यपि सिद्धान्त में पार्टी टिकट दिये जाने वाले लोगों के नाम स्थानीय समुदायों में से ही निकलते हैं लेकिन वे नाम जिला, राज्य व राष्ट्रीय स्तर पर उच्च अधिकारियों द्वारा बदल दिए जाते हैं। हाल में ही चुनाव की प्रक्रिया में भ्रष्टाचार विकसित हुआ है। यदि किसी भारतीय राजनैतिक पार्टी का मुख्य उद्देश्य संरक्षत्व का लाभ रखना है और अपने अनुयायी सदस्यों को लाभ पहुँचाना है तो इसका अर्थ यह है कि शक्ति का प्रत्येक केन्द्र इसके नियंत्रण में होना चाहिए। इसके परिणामस्वरूप राजनैतिक सत्ता के सभी केन्द्रों पर अपना अधिकार चाहती हैं, जैसे पंचायत, पुलिस, विश्वविद्यालय, छात्र संगठन, स्थानीय निकाय, आदि। शक्ति के नियंत्रण की इस इच्छा से जुड़ा, तस्करों और अपराधियों को भी टिकट देने का विचार भी है। बिहार में फरवरी 2000 के चुनाव में आठ ऐसे अपराधी विधायक चुने गये हैं। इस प्रकार राजनीति के अपराधीकरण ने राजनैतिक पार्टियों की कार्य प्रणाली पर भी प्रभाव डाला है। सम्भावित शक्ति पर नियंत्रण बनाए रखने की राजनैतिक पार्टियों की इच्छा ने राज्यों में राज्यपालों की नियुक्ति और कार्यप्रणाली को भी प्रभावित किया है जो अपनी पार्टियों से सम्बन्ध खत्म नहीं करते बल्कि पार्टी विवादों में सक्रिय रूप से रुचि लेते हैं। उत्तर प्रदेश, बिहार, गुजरात के पूर्व राज्यपालों तथा मार्च 2000 में बिहार के राज्यपाल का उदाहरण सरलता से दिया जा सकता है।

भारतीय राजनैतिक पार्टियों की एक और विशेषता यह है कि जिस तरह से वे अपने कोष धन को एकत्र और व्यय करते हैं उसकी सार्वजनिक जवाबदेही उन पर नहीं है। उनके हिसाब का कभी भी लेखा परीक्षण नहीं होता। यह सर्वविदित तथ्य है कि धनी व्यक्तियों द्वारा राजनैतिक पार्टियों को दिया जाने वाला अंशदान काले धन कोष में से ही दिया जाता है। अंशदाता सरकार पर उसकी कृपा प्राप्त करने के उद्देश्य से दवाब डालते हैं। चुनाव की अवधि में वस्तुओं के मूल्यों, जैसे चीनी, सीमेन्ट, तेल, आदि में वृद्धि कुछ परिचित उदाहरण हैं।

आज जो तथ्य राजनैतिक पार्टियों को सबसे अधिक प्रभावित किए हुए हैं, वे हैं चुने हुए सदस्यों का सरकार गठन के समय में एक राजनैतिक दल छोड़कर दूसरे में चले जाना। यह न केवल केन्द्र में हुआ है बल्कि उत्तर प्रदेश, गुजरात, हरियाणा, बिहार, राजस्थान आदि राज्यों में भी हुआ है। 1985 का दल बदल विरोधी अधिनियम (Anti-Defection Act) अपने उद्देश्य में सफल नहीं हो पाया। वास्तव में, इसने बड़ी पार्टियों को छोटी पार्टियों को तोड़ने में मदद की है। दल बदल का जोड़-तोड़ करने के बाद 'संयुक्त' (coalition) मंत्रिमण्डल गठन करना कभी-कभी बड़े आकार के केबिनेट (jumbo cabinet) का गठन करने के लिए मार्ग प्रशस्त कर देता है। उत्तर प्रदेश में 1997 में यही हुआ जब मायावती के 6 माह (भाजपा के साथ) के शासन काल के बाद भाजपा मंत्रिमण्डल का गठन हुआ था।

दल बदलाव की यही रणनीति मई 1996 में केन्द्र में भाजपा सरकार द्वारा अपनाई गई थी लेकिन उसे सफलता नहीं मिली और 13 दिन बाद उसे जाना पड़ा। बिहार में भी 1999 में ऐसे ही जम्बो मन्त्रीमण्डल का गठन किया गया था।

दलीय व्यवस्था का यह विश्लेषण दर्शाता है कि किस प्रकार भारत में दलीय व्यवस्था का राज्य और राष्ट्रीय स्तर पर अच्छी और ईमानदार सरकार देने में लोकतांत्रिक व्यवस्था का ह्रास हुआ है। हम बहु-दलीय व्यवस्था के उन्मूलन का सुझाव नहीं दे रहे हैं बल्कि हम केवल जवाबदेही व्यवस्था लागू करने पर जोर दे रहे हैं। यदि चुनाव व्यवस्था का पुनर्गठन किया जाये, तब राजनैतिक दलों के कार्य में सुधार हो सकता है जो अच्छी सरकार प्रदान करने में सहायक होगा। दलीय आधार पर पंचायतों और स्थानीय निकायों चुनावों का निषेध, राजनैतिक दलों के वित्त कोष का लेखा परीक्षण प्रारम्भ कराना, संस्थाओं को स्वायत्तता सुनिश्चित कराना तथा उन्हें राजनैतिक हस्तक्षेप से मुक्त रखना कुछ उपाय हो सकते हैं जो राजनैतिक दलों की कार्यप्रणाली को नियंत्रित रख सकते हैं और हमारे राजनैतिक जीवन के स्तर में गिरावट को रोक सकते हैं।

शक्ति का विकेन्द्रीकरण और राजनैतिक भागीदारी
(Decentralisation of Power and Political Participation)

वर्तमान लोकतांत्रिक राजनैतिक व्यवस्था में हमारे यहाँ किस प्रकार की शक्ति संरचना है? क्या यह अनेकतावादी (pluralistic) या अभिजन (elitist) शक्ति संरचना है? *अनेकतावादी* शक्ति संरचना की विशेषताएँ निम्न हैं :

(i) विकेन्द्रीकृत संरचना, अर्थात् शक्ति विभिन्न स्तरों पर विभाजित होती है, और निर्णय लेने की प्रकिया में बहुत बड़ी संख्या में लोग हिस्सा लेते हैं (ii) परस्पर अन्तर्निर्भर व्यक्ति (iii) सममित सम्बन्ध (symmetrical) (अर्थात विभिन्न घटकों (Components) के बीच परस्पर अन्तर्क्रिया और पारस्परिक आदान-प्रदान (reciprocity) होती है, अर्थात ए, बी, सी (A, B, C) व्यक्ति एक्स, वाई, जेड (X, Y, Z) व्यक्तियों के ऊपर शक्ति दर्शाते हैं और इसके विपरीत भी। (iv) अनेक घटकों का व्यवस्था पर सकारण (causal) प्रभाव होता है। इसके विपरीत, अभिजन वर्गीय शक्ति संरचना इस प्रकार है : (i) केन्द्रीकृत संरचना (अर्थात निर्णय लेने की शक्ति पर शिखर के कुछ लोगों का ही एकाधिकार होता है (ii) तुलनात्मक रूप से स्वतंत्र व्यक्ति (iii) असीमित सम्बन्ध (अर्थात अधिपत्य और एकतरफा कार्यवाही) और (iv) इसके अनेक घटकों का व्यवस्था पर सकारण प्रभाव पड़ता है।

इससे हम भारत में शक्ति संरचना के प्रकार को पहचान सकते हैं। यह निश्चित ही अभिजन शक्ति संरचना है।

वर्तमान में राजनैतिक नेताओं को राजनैतिक समर्पित नेता नहीं कहा जा सकता। यदि हम दो शब्दों—'भूमिका विशिष्टता' (role specificity) और 'भूमिका विसरणता' (role diffuseness) (अर्थात भूमिकाकर्ता आंशिक रूप से राजनीति में और आंशिक रूप से व्यापार, कृषि आदि में रुचि रखते हैं)—का प्रयोग करें तो हम कह सकते है कि वर्तमान राजनैतिक नेताओं की राजनैतिक विचारधारा 'विशिष्ट' (specific) न होकर 'विसरित' है।

व्यक्ति की राजनैतिक भूमिका संकीर्ण अर्थों में देखा जाये तो राजनैतिक प्रतिबद्धता को बढ़ा देती है जबकि अस्पष्ट योग्यता की आत्म-छवि व्यक्ति की राजनीति के प्रति प्रतिबद्धता को संकुचित कर देती है।

राजनैतिक अभिजन पर मेरे अपने अध्ययन में, मैने उत्तरदाताओं के राजनैतिक प्रतिबद्धता के स्तर को 'भूमिका विशिष्टता' और 'भूमिका विसरणता' से सहसम्बद्ध करके विश्लेषण किया। यह पाया गया कि जो लोग अपने को केवल राजनीतज्ञ की विशेष भूमिका में देखते हैं उनमें प्रतिबद्धता का स्तर उन लोगों की अपेक्षा ऊंचा था जो स्वयं को विसरित भूमिका में देखते थे।

यदि हमें वर्तमान राजनैतिक नेताओं की राजनैतिक हिस्सेदारी का वर्णन करना हो तो हम कह सकते हैं कि उनमें से अधिकतर राष्ट्रीय मामलों की अपेक्षा क्षेत्रीय मामलों से सम्बद्ध अपनी पहचान कराते हैं, राजनैतिक पदों के इच्छुक रहते हैं, शक्ति और आर्थिक लाभ अर्जित करने को लालायित रहते हैं। राजनीति में बहुत से महत्वपूर्ण व्यक्ति अब देश के अत्यन्त भ्रष्ट व्यक्तियों के पर्याय बन गए हैं। राजनीति परिवार का व्यापार बन गई है। यदि पिता सत्ता खो दे तो उसका पुत्र, पुत्री, पत्नि, बहिन, भाई, आदि पार्टी टिकट लेने के लिए व चुनाव लड़ने के लिए जोड़-तोड़ करते हैं। हमारे स्वयंसेवी राजनीतिज्ञों के बच्चे उस धन से विदेशों में शिक्षा प्राप्त कर रहे हैं जो उनके माता-पिता यहां 'जन सेवा' से बटोर रहे हैं। पूर्व प्रधान मंत्रियों के बेटों, मुख्य मंत्रियों के बेटों, राज्य मंत्रियों के बेटों, राजनैतिक पार्टियों के अध्यक्षों के बेटों और यहां तक कि सांसदों के बेटों के अनेक उदाहरण दिये जा सकते हैं। हमारे राजनीतिज्ञों के भ्रष्ट व्यवहार निन्दनीय और चौंकाने वाले हैं। आज का भारतीय राजनैतिक परिदृश्य बिल्कुल भिन्न होता यदि 1971 के बाद हमारे राजनैतिक नेतागण सार्वजनिक जीवन के प्रति ही समर्पित भाव से लगे रहते। शक्ति के केन्द्रीयकरण ने इन अप्रतिबद्ध राजनीतिज्ञों को और अधिक शक्ति लोलुप बना दिया है। राष्ट्रीय व राज्य स्तर के राजनैतिक नेताओं के विरुद्ध दर्जनों घोटाले, जिनमें हजारों करोड़ रुपयों का गोलमाल होता है, आज के न्यायिक सक्रियतावादी युग में अदण्डित ही समाप्त हो जाते हैं।

7

शैक्षिक व्यवस्था

(Educational System)

शिक्षा और समाज (Education and Society)

समाज और शिक्षा के बीच सम्बन्ध उदारवाद और सामाजिक परिवर्तन, शिक्षा के क्षेत्र में अल्प उपलब्धियाँ, शिक्षा का कार्यात्मक दृष्टिकोण, और उच्च शिक्षा में संकट, आदि विषयों पर बहुत कुछ लिखा जा चुका है। शिक्षा आवश्यक ज्ञान और दक्षता प्रदान करती है जो व्यक्ति को समाज में आदर्श रूप में कार्य करने योग्य बनाती है। शिक्षा वैचारिक मान्यताओं से प्रेरित होती है जो समाज से ही ली जाती हैं किन्तु इसका कार्य सांस्कृतिक विरासत हस्तांतरण में और समाज के द्वारा धारित मूल्यों और आदर्शों को प्रोत्साहित करने तक ही समाप्त नहीं होता। सोद्देश्य अनुस्थापन (purposive orientation) किए जाने पर शिक्षा आधुनिक समाज के आधुनिकीकरण और पुनर्गठन के लिए शक्तिशाली साधन हो सकती है। शैक्षिक संस्थाएँ शून्य में स्थित नहीं होतीं। वे समाज के अभिन्न और संवेदनशील अंग है। कोई भी शैक्षिक व्यवस्था समाज के मूल्यों और प्रतिमानों से प्रभावित हुए बग़ैर नहीं चल सकती।

भारत में स्वतंत्रता से पूर्व शिक्षा से सम्बन्धित तीन विचार सम्प्रदाय प्रचलित थे (S.C. Dube, *Tradition and Development*, 1967 : 282-83) : (i) प्रथम विचार सम्प्रदाय, स्व संस्कृति (nativistic) और पुनरुज्जीवनवादी (revivalistic) दृष्टिकोण वाला था जो प्रत्येक उस वस्तु का निषेध करता था जो विदेशी हो और समाज की प्राचीन विरासत में मान्य न हो। हिन्दू पुनरूज्जीवनवादियों ने प्राचीन भारत के गुरुकुल व्यवस्था के प्रतिरूप में अनेक विद्यालय और उच्च शिक्षा की संस्थाएँ स्थापित कीं। इन संस्थाओं ने जीवन की पवित्रता पर बल दिया और वैदिक साहित्य के अध्यापन पर ध्यान केन्द्रित किया। (ii) दूसरे विचार सम्प्रदाय का उद्देश्य शिक्षा का स्वदेशीकरण रहा। इस विशेषता वाली संस्थाएँ जानबूझकर विदेशी मूल के आधुनिक ज्ञान का निषेध करने को उद्यत नहीं थीं। उनका प्रमुख उद्देश्य शिक्षा को भारतीय दशाओं में अधिक सार्थक बनाना और इसे एक राष्ट्रीय स्वरूप प्रदान करने का था। बनारस हिन्दू विश्वविद्यालय, अलीगढ़ मुस्लिम विश्वविद्यालय, काशी विद्यापीठ, गुजरात विद्यापीठ, जामिया मिलिया इस्लामिया इस प्रकार की कुछ संस्थाएँ थीं। (iii) तीसरे विचार सम्प्रदाय ने लन्दन और ऑक्सफोर्ड-ब्रिटिश नमूने के शैक्षिक संस्थाओं की स्थापना पर ध्यान दिया। यह उद्देश्य मैकाले ने 1835 में अपने वक्तव्य में अभिव्यक्त किया है : "हमें एक ऐसा वर्ग पैदा करना चाहिए जो हमारे और करोड़ों लोगों के बीच जिन पर हम शासन करते हैं दुभाषिये (interpreter) का काम कर सके—ऐसे व्यक्तियों का वर्ग जो रंग और रक्त से भारतीय हो, लेकिन रुचियों, विचारों, नैतिकता और बुद्धि में इंग्लिश हो।"

स्वतंत्र भारत ने सभी स्तरों पर शिक्षा में अद्‌भुत विकास अनुभव किया—प्राथमिक, हायर सेकेन्डरी तथा कालेज व विश्वविद्यालय स्तरों पर। लेकिन परिमाणात्मक (quantitative) विकास ने गुणात्मक विकास को प्रभावित किया। शिक्षा का स्वरूप आमतौर पर उपनिवेशवादी ही रहा। शिक्षा व्यवस्था में गुणात्मक सुधार करने के उपाय सुझाने के लिए बहुत समितियाँ नियुक्त की गईं, लेकिन पुराना स्वरूप बना रहा। यथास्थिति बनाए रखने की प्रवृत्ति काम करती रही।

हाल में, शिक्षा के क्षेत्र में सरकारी दृष्टि और नीति का उद्देश्य है प्राथमिक शिक्षा का सार्वभौमीकरण, सेकेन्डरी शिक्षा का व्यवसायीकरण और उच्च शिक्षा का तर्कसंगतीकरण। एक ओर अशिक्षा को उखाड़ फेंकने तथा सभी के लिए शिक्षा की व्यवस्था (education for all) की नीतियाँ यह सुनिश्चित करने के लिए बनाई जा रहीं है कि 6 से 14 वर्ष की आयु वर्ग के सभी बच्चों (अर्थात देश की कुल जनसंख्या का 24%) को स्कूल जाने का अवसर मिले और सभी प्रौढ़ (1998 में कुल जनसंख्या के 40% अनुमानित) लिखना और पढ़ना सीख सकें। दूसरी ओर शिक्षा की गुणवत्ता में भी सुधार के प्रयत्न किए जा रहे हैं।

शिक्षा के उद्देश्य (Objectives of Education)

शिक्षा के तीन शाश्वत् उद्देश्य इस प्रकार कहे गए हैं : (1) मनुष्य का स्वयं को और जगत को जानने का प्रयास करते रहना और स्वयं को शिक्षा जगत से प्रभावशाली ढंग से जोड़ना; (2) अतीत और भविष्य के बीच पुल का निर्माण, अर्थात अतीत के एकत्रित परिणामों का विकासमान पीढ़ी (growing generation) को संप्रेषण (transmit) करना ताकि वह सांस्कृतिक विरासत को आगे ले जा सके और भविष्य का निर्माण कर सके; (3) जहां तक सम्भव हो, मानव प्रगति की प्रक्रिया को तेज करना। इन उद्देश्यों के अतिरिक्त शिक्षा के तीन और उद्देश्य भी माने जाते हैं। यह हैं : (a) व्यक्तिगत गुणों का समग्र विकास, जैसे बुद्धि, दक्षता, इच्छाशक्ति, चरित्र, अभिरुचियां, आदि; (b) मनुष्य की जीवन दशाओं के अर्थ में विकास, अर्थात, समाज और व्यक्ति दोनों का विकास। समाज के विकास का अर्थ केवल आर्थिक विकास से ही नहीं है बल्कि सामाजिक, सांस्कृतिक और राजनैतिक विकास से भी है। व्यक्ति के विकास में शिक्षा एक विवेकशील और आदर्श मस्तिष्क बनाने में सहायक होती है; और (c) शान्ति और समन्वय (harmony) पैदा करना तथा उसे सुदृढ़ करना। यहाँ 'शान्ति' को 'युद्ध' के विलोम के रूप में नहीं देखा गया है बल्कि इसे सकारात्मक दृष्टि से देखा गया है जो अन्तर्राष्ट्रीय समझ और सहयोग के प्रयत्न के उद्देश्य से समन्वित कार्य करे। इसमें सभी लोगों के प्रति आदर भाव, उनकी संस्कृति, सभ्यता, मूल्यों और जीवन शैली के प्रति सम्मान निहित है।

सन् 1971 से यूनेस्को द्वारा स्थापित शिक्षा के विकास पर गठित अन्तर्राष्ट्रीय आयोग की वार्षिक रिपोर्ट के अनुसार शिक्षा की प्रमुख आवश्यकता है "जानना (to know), हासिल करना (to poassess), बनना (to be)"। यहां 'होना' का अर्थ "व्यक्तित्व और इसके विकास" से है। सरल शब्दों में कहा जा सकता है कि प्राथमिक स्तर पर शिक्षा का उद्देश्य पढ़ना, लिखना, (3 R's) सीखना है, माध्यमिक स्तर पर चरित्र निर्माण है, उच्च माध्यमिक स्तर पर समाज को समझना है, और कालेज/विश्वविद्यालय स्तर पर दक्षता ज्ञान प्राप्त करना है।

शिक्षा के परम्परागत एवं आधुनिक सन्दर्भ
(The Traditional and the Modern Contexts of Education)

अतीत में शिक्षा (Education in the Past)

प्रारम्भिक, और ब्रिटिश काल में शिक्षा को इन दो दृष्टिकोणों से देखना है : (a) ऐतिहासिक विकास के परिप्रेक्ष्य से, और (b) दार्शनिक महत्त्व से। दूसरे दृष्टिकोण से, वैदिक काल में विद्यालय आवासीय होते थे जहां लगभग 8 वर्ष की आयु के बालक को गुरु को सौंप दिया जाता था, जहां उसको उपयोगितात्मक ज्ञान नहीं परन्तु आदर्श व्यवहार का ज्ञान दिया जाता था। ऐसा माना जाता था कि ज्ञान जीवन को अर्थ, (meaning), यश (glory) और चमक (lustre) से भर देता है। गुरु अपने शिष्य के जीवन में व्यक्तिगत रुचि लेता था। शिक्षा पूर्ण और विस्तृत थी। उदाहरण के लिए, शारीरिक शिक्षा आवश्यक थी तथा छात्रों को हृष्ट पुष्ट शरीर के बनाने की शिक्षा दी जाती थी। युद्ध कला की ट्रेनिंग दी जाती थी जिसमें धनुर्विद्या, घुड़सवारी, रथ हाँकना, और दक्षता के अन्य क्षेत्र शामिल थे। विद्यालयी शिक्षा स्वर विज्ञान (Phonology) से शुरू होती थी, तथा व्याकरण भी पढ़ाया जाता था। इसके बाद तर्कशास्त्र (logic) का अध्ययन कराया जाता था जिसमें तर्क के नियम व सोचने की कला का ज्ञान होता था। तत्पश्चात् कला और हस्त कौशल आदि सिखाया जाता था। अन्तिम, जीवन में अनुशासन सिखाया जाता था जिसका सम्बन्ध यौन शुद्धि, विचारों और कर्म की पवित्रता से होता था। इसमें भोजन, परिधान की सादगी, समानता, भ्रातृभाव और स्वंतत्रता पर बल, और गुरु का सम्मान सिखाया जाता था। इस प्रकार भाषा, तर्कशास्त्र, शिल्प, अनुशासन और चरित्र निर्माण शिक्षा के मूल आधार होते थे (Kanal, S.P., *Dialogues on Indian Culture*, 1955, 81-83)।

ब्राह्मण युग में शिक्षा का प्रमुख विषय वैदिक साहित्य था। शिक्षा का मुख्य उद्देश्य वेदों का ज्ञान था। लेकिन शूद्रों को शिक्षा के अधिकार से वंच्चित रखा गया था। शिक्षा योग्यता एवं रुझान की अपेक्षा जाति के आधार पर दी जाती थी। स्त्रियों को भी शिक्षा से बहिष्कृत रखा गया था। (Ibid, 82)।

मुस्लिम युग में शिक्षा के उद्देश्य बदल गए। इसमें लिखने-पढ़ने (3 Rs) की शिक्षा और धार्मिक प्रतिमानों में दीक्षा प्रमुख थे। उच्च शिक्षा विद्यालयों के माध्यम से तथा व्यावसायिक एवं शिल्प सम्बन्धी दीक्षा जाति संरचना के भीतर ही दी जाती थी। संस्कृत, अरबी या फारसी शिक्षा का माध्यम थी। अध्यापकों के पारिश्रमिक का भुगतान शासकों द्वारा भूमि आवंटन करके, शिष्यों के ऐच्छिक भेंटों के द्वारा, धनी नागरिकों द्वारा दिये जाने वाले भत्तों से, और भोजन, वस्त्र तथा अन्य वस्तुओं के रूप में किया जाता था। स्कूलों के पास अपने भवन नहीं होते थे। अनेक स्थानों पर तो स्कूल मन्दिरों, मस्जिदों या अध्यापकों के घरों पर ही चलाए जाते थे। मुस्लिम छात्रों के लिए अलग से ये मदरसे मौलवियों द्वारा और हिन्दू छात्रों के लिए ब्राह्मणों द्वारा चलाए जाते थे। व्यावसायिक दीक्षा बालकों को पिता, भाई आदि के द्वारा दी जाती थी; दक्षता को इस प्रकार पीढ़ी दर पीढ़ी संप्रेषित किया जाता था और लाभप्रद रोजगार भी प्रदान किया जाता था। शारीरिक शिक्षा, विचार शक्ति के विकास या किसी शिल्प की शिक्षा पर बल नहीं दिया जाता था। पवित्रता, सरलता, समानता छात्र जीवन

के आदर्श नहीं थे। पेशेवर भूमिका की विशेषज्ञता ऐसी अवस्था में नहीं पहुंची थी कि अलग से कोई वर्ग या जाति शिक्षा को विशेष कार्य के रूप में करते। शिक्षा अधिक व्यवहारिक थी।

ब्रिटिश काल में शिक्षा का उद्देश्य अधिक संख्या में लिपिक पैदा करना था। शिक्षा शिक्षक केन्द्रित होने की अपेक्षा छात्र केन्द्रित अधिक थी। आज की तरह उन दिनों में शिक्षा का उद्देश्य व्यक्ति की स्वतंत्रता, व्यक्ति की श्रेष्ठता, सभी लोगों के बीच समानता, व्यक्ति और समूह की आत्म निर्भरता और राष्ट्रीय एकता नहीं था। शिक्षा देने के कार्य में लगे ईसाई मिशनरी धर्म परिवर्तन के काम को अधिक महत्व देते थे। स्कूलों और कालेजों में शिक्षा उत्पादक नहीं थी जो सामाजिक, क्षेत्रीय, और भाषायी अवरोधों को तोड़ सके। इसका उद्देश्य यह भी कभी नहीं रहा कि यह लोगों को तकनीकी ज्ञान में दक्ष बनाए। अन्याय, असहिष्णुता और अन्धविश्वास के विरुद्ध संघर्ष पर भी ध्यान नहीं था।

वर्तमान काल में शिक्षा (Education in the Present Period)

आज की शिक्षा शहरी, प्रतिस्पर्धात्मक उपभोक्ता समाज को प्रोत्साहित करने की ओर उन्मुख है ! गत पाँच दशकों में यदि हम उन वैज्ञानिकों, पेशेवर और तकनीकी विशेषज्ञों का मूल्यांकन करें (जिनको शिक्षा व्यवस्था के माध्यम से तैयार किया गया है और जिन्होंने राष्ट्रीय और अन्तर्राष्ट्रीय स्तर पर श्रेष्ठता अर्जित की है, तो पता चलता है कि शिक्षा व्यवस्था ने ही उन्हें एक अच्छी संख्या में उपलब्ध कराया है। शिखरस्थ (top) वैज्ञानिक, डाक्टर, इन्जीनियर अनुसंधानकर्त्ता, प्रोफेसर आदि वे लोग नहीं है जो विदेशों में शिक्षित हुए बल्कि उनकी तो सम्पूर्ण शिक्षा भारत में ही सम्पन्न हुई। यदि वे सभी विशेषज्ञ तथा वे सब लोग जो उच्चतम स्तर पर पहुंचे हैं, हमारी वर्तमान शिक्षा व्यवस्था के माध्यम से ही आए हैं, तो हम आज की शिक्षा व्यवस्था के सकारात्मक पक्षों को किस प्रकार अस्वीकार कर सकते हैं? यद्यपि हम वर्तमान शिक्षा की पूर्णरूपेण आलोचना नहीं कर सकते, तथापि कुछ ऐसे विषय हैं जिन पर ध्यान देने की आवश्यकता है, यदि हम वास्तव में अच्छे भविष्य की कामना करते हैं। प्रश्न अतीत का या वर्तमान का नहीं परन्तु भविष्य का है। हम किस प्रकार 21 वीं सदी की सबसे आधुनिक तकनीकी ज्ञान की चुनौतियों का सामना करने के लिए विभिन्न क्षेत्रों में विशेषज्ञों को तैयार करने जा रहे हैं ? प्रश्न यह नहीं है कि शिक्षा किस सीमा तक लोगों को रोजगार प्रदान करने में सफल या असफल हुई है, बल्कि प्रश्न शिक्षा से गरीबों और वंचित लोगों को आधुनिक तकनीकी ज्ञान दिये जाने का है। प्रश्न शिक्षा की गुणवत्ता का है। बढ़ती हुई जनसंख्या को एक दायित्व (liability) मानने की अपेक्षा इसको नियंत्रण करने के प्रयास के साथ-साथ इसे परिसंपत्ति (asset) और ताकत (strength) समझा जाना चाहिए। यह केवल शिक्षा और मानव विकास से हो सकता है। युवकों को केवल डिग्री या प्रमाण पत्र देकर यह कह देना कि वह नियुक्ति के योग्य हो गया है, काफी नहीं है। हमें अपनी युवा पीढ़ी को विचारवान बनाना है। वर्तमान शिक्षा व्यवस्था व्यक्ति को सोचने के लिये प्रोत्साहित नहीं करती। उसे एक निश्चित पाठ्यक्रम पढ़ाया जाता है और अपेक्षा की जाती है कि वह परीक्षा में उसकी पुनरावृत्ति कर दे। यह व्यवस्था दोषपूर्ण है। युवाओं को अधिक से अधिक प्रश्न पूछने के लिए प्रेरित किया जाना चाहिए जो उन्हें न केवल सोचने में मदद करेगा बल्कि

अध्यापकों को भी अधिक अध्ययन करने और सीखने के लिए बाध्य करेगा। इस प्रकार हमें परीक्षा प्रणाली बदलनी है। हमें छात्रों को पढ़ाई को गम्भीरता से लेने को बाध्य करना है। हमें उन्हें कक्षा छोड़ने, हड़तालों में भाग लेने, छात्र राजनीति में भाग लेने, केवल चुनाव लड़ने के लिए ही प्रवेश लेने और केवल अंशकालिक रूप से किसी पाठ्यक्रम को लेने से दूर रखना है।

यद्यपि यह सत्य है कि सभी स्तरों पर शैक्षिक संस्थाओं और छात्रों की संख्या में वृद्धि हुई है लेकिन यह नहीं माना जा सकता कि शिक्षा की गुणवत्ता, छात्रों की रुचि, और अध्यापकों में समर्पण भाव में भी साथ-साथ वृद्धि हुई है। 1921 से 1998 तक पूर्व-प्राथमिक विद्यालयों की संख्या में 21 गुना (1909 से 40,553) वृद्धि हुई है, प्राथमिक विद्यालयों में दुगनी (3.3 लाख से 6.107 लाख), मिडिल और सीनियर स्कूलों की संख्या में साढ़े तीन गुनी से भी अधिक वृद्धि हुई है (40,663 से 1.85 लाख), हायर सेकेण्डरी स्कूलों की संख्या में लगभग 6 गुनी (17,257 से 107,100), और विश्वविद्यालयों की संख्या में (डीम्ड विश्वविद्यालयों सहित) पांच गुनी (45 से 228) वृद्धि हुई है (*Man Power Profile India*, 1998 : 70 और *दि हिन्दुस्तान टाइम्स*, 2 मई 1999)। 1991 से 1997 के बीच प्राथमिक शिक्षकों की संख्या में ढाई गुनी वृद्धि हुई है (7.4 लाख से 17.89 लाख) और हायर सेकेण्डरी स्कूल शिक्षकों की संख्या में 5 गुनी (2.96 लाख से 15.42 लाख) वृद्धि हुई है। आखिरी, 1961 और 1997 के बीच प्राथमिक विद्यालयों में छात्रों की संख्या में तीन गुनी (336.31 लाख से 1103.94 लाख), हायर सेकेण्डरी स्कूलों में लगभग पांच गुनी (34.63 लाख से 178.62 लाख), और स्नातक तथा स्नातकोत्तर कक्षाओं में लगभग साढ़े बारह गुनी (4.28 लाख से 53.73 लाख) वृद्धि हुई है (*Man Power Profile, India*, 1998, 80-81)। परन्तु सभी आयोगों और समितियों ने शिक्षा में कमियों और दोषों को इंगित किया है। वर्तमान शिक्षा व्यवस्था के तीन दोषों को इस प्रकार बताया जा सकता है : (1) वर्तमान शिक्षा व्यवस्था उस प्रकार का ज्ञान उत्पन्न नहीं करती जो हमारे बदले हुए समाज के लिए सार्थक हो; (2) वर्तमान शिक्षा ज्ञान की विशेष शाखा से सम्बद्ध प्रौद्योगिकी, रोजगार सम्भावनाओं या निवेश मांग के अर्थों में हमारे विकास की अवस्था में अनुपयुक्त है; (3) मूल्य रूपरेखा प्रदान करने में भी शिक्षा असफल रही है जो समर्पित राजनीतिज्ञ, नौकरशाह, प्रौद्योगिकी विशेषज्ञ, तथा अन्य पेशेवर लोग तैयार कर सके ताकि हमारा राष्ट्र ऊंचाइयों तक पहुंचने के लिए इन लोगों की लाभकारी समर्थक सेवाओं की सद्व्यवस्था पर निर्भर कर सके।

भविष्य के लिए शिक्षा (Education for the Future)

हमारा समाज एक अज्ञात भविष्य की ओर अग्रसर हो रहा है। जो संकट आज हमारे समाज के सामने हैं उनकी आवृति (frequency) और प्रबलता (intensity) में वृद्धि सम्भव है। बढ़ती जनसंख्या और समाप्तप्राय: संसाधनों (dwindling resources) के साथ हमारे देश को नयी समस्याओं का सामना करना है। भविष्य की चुनौतियों का सामना करने के लिए हमें ऐसे ज्ञान और दक्षता की आवश्यकता होगी जो हमारी समस्या समाधान की क्षमता में योगदान कर सके, न केवल विज्ञान और प्रौद्योगिकी के क्षेत्र में बल्कि मानव सम्बन्धों और

प्रबन्ध के क्षेत्र में भी। आज की शिक्षा व्यवस्था आज की संकटपूर्ण स्थिति की चुनौतियों का रचनात्मक ढंग से उत्तर देने के बजाय अधिक से अधिक पतन की ओर जा रही है। हमें निम्न आधार पर वरीयताओं को फिर से तय करने की जरुरत है।

प्रथम, हम 'आत्म निर्भरता के लिए शिक्षा' सिद्धान्त को स्वीकार करें। माध्यमिक और उच्च शिक्षा से अधिक बल प्राथमिक और प्रौढ़ शिक्षा को देना चाहिए।

द्वितीय, माध्यमिक और कालेज/विश्वविद्यालय स्तर की शिक्षा पर गम्भीर चिन्तन की आवश्यकता है।

तृतीय, शिक्षा के प्रबन्धन की समस्या प्रमुख है। वर्तमान में तो नौकरशाही शैली ही विद्यमान है। नौकरशाही शिक्षा के वातावरण में होने वाले परिवर्तनों के प्रति संवेदनशील और प्रत्युत्तर देने वाले नहीं हैं। अल्प बजट, उच्च अनुशासनहीनता, प्रशासकीय खामियाँ और हस्तक्षेप, और राजनैतिक दबाव शिक्षा के क्षेत्र में निर्णय लेने को कष्टप्रद बना देते हैं। इस प्रकार शिक्षा का प्रबन्धन नौकरशाही हस्तक्षेप और राजनीतिज्ञों के हस्तक्षेप से मुक्त होना चाहिए।

चतुर्थ, शिक्षकों की जवाबदेही (accountability) की समस्या गम्भीर है, विशेष रूप से उच्च शिक्षा में। ऐसे अनेक मामले प्रकाश में आए हैं जहां शिक्षक महीनों और यहां तक वर्षों कक्षाएं नहीं लेते। वे नियमित रूप से पुस्तकालय जाकर पत्र-पत्रिकाएं और आधुनिकतम पुस्तकें पढ़ने में शायद ही रुचि रखते हैं। हमें शिक्षा के उद्देश्य को पुनर्स्थापित करना है और उपयुक्त शिक्षण विधियों का निश्चय करना है। फिर उन कारकों को नियमित करना है जो शिक्षा को बिगाड़े हुए हैं। शैक्षिक व्यवस्था में शिक्षकों पर नियंत्रण महत्वपूर्ण एवं आवश्यक है।

पंचम, हमें छात्रों में अध्ययन के प्रति गम्भीरता पैदा करनी है। 'ज्ञान किसके लिए' सबसे कठिन प्रश्न है। ऐसा माना जाता है कि शिक्षा गतिशीलता में गुणात्मक वृद्धि करती है। यह स्थिति और विशेषाधिकार को शाश्वत बनाने का काम करती है। लेकिन क्या उच्च शिक्षा सभी छात्रों के लिए खुली होनी चाहिए ? अनेक छात्र कानून, कला, कॉमर्स पाठ्यक्रमों में केवल इसलिए प्रवेश लेते हैं क्योंकि उन्हें जीवन में व्यवस्थित होने तक समय काटना होता है। क्या उन्हें प्रावैधिक और पेशेवर पाठ्यक्रमों के लिए मार्ग निर्देशन नहीं किया जाना चाहिए ? क्या शिक्षा को उनके हित साधन के इर्दगिर्द नहीं घूमना चाहिए?

छठी, हमें व्यावसायिक और पेशेवर शिक्षा को प्रोत्साहन देना है जिसकी खुले बाजार में मांग है। यह मानना है कि प्रत्येक शिक्षित व्यक्ति एक विशेषज्ञ नहीं बन सकता लेकिन उसे अपने में ऐसी कुशलता विकसित करनी है जिससे वह जीवनयापन कर सके। हमें आगामी दो या तीन दशकों के विषय में सोचना है और कृषि के प्रकार, विकासशील उद्योगों के प्रकार, व्यापार और वाणिज्य तथा नौकरी और सेवा के नये क्षेत्रों पर ध्यान देना है। यह हमें ऐसी शिक्षा व्यवस्था की स्थापना में सहायक होगा जो हमें अच्छे किसान, अच्छे कुशल श्रमिक, अच्छे मेकेनिक या जिस किसी की भी बाजार में मांग हो, देगी।

सांतवा प्रकरण विविध विभागों में तालमेल का है, जैसे कृषि, उद्योग, श्रम, इलैक्ट्रोनिक्स, कानून, विज्ञान तथा अन्य, ताकि विश्वविद्यालय, आई.आई.टी और कालेज यह

जान सकें कि किस प्रकार के कुशल लोगों की आवश्यकता है। आवश्यकता इस बात की है कि प्रत्येक क्षेत्र में पूर्ण शिक्षा होनी चाहिए जिससे व्यक्ति अपनी इच्छा के रोजगार के लिए तैयार किये जा सकें और नियोक्ता को भी अपने से जुड़ने वाले अभ्यर्थी मिल सकें।

आठवीं समस्या सभी निरक्षर लोगों को साक्षर बनाने की है। 1998 में उपलब्ध अनुमानित आंकड़ों के अनुसार यह मानते हुए कि भारत में साक्षरता दर 1991 की 52.21% से बढ़कर 1998 में 60% हुई है, 40 करोड़ लोगों को अभी भी शिक्षित किया जाना है। यह एक महान कार्य है। यह सर्वविदित है कि सभी राज्यों में साक्षरता स्तर को ऊंचा उठाने की योजनाएं चल रही हैं, फिर भी कहा जाता है कि निश्चित लक्ष्य को प्राप्त करने के लिए अभी 25 वर्ष का समय चाहिए। छात्रों को 2 महीने की छुट्टियों की अवधि में निरक्षरों को पढ़ाने के लिए बाध्य करने जैसी नीतियों से शायद लक्ष्य अवधि को कम करने में मदद मिले।

नवीं समस्या प्राथमिक स्तर पर ही स्कूल छोड़ देने वाले छात्रों की संख्या में कमी करने की है। उपलब्ध आंकड़े दर्शाते हैं कि 1996 में स्कूल शिक्षा के विभिन्न स्तरों पर पढ़ाई छोड़ने वाले लड़के और लड़कियों का प्रतिशत 38 से 41% था। 1997-98 में, मानव संसाधन विकास मंत्रालय के अनुसार यह संख्या लड़कों की 38.23% और लड़कियों की 41.34% थी जिन्होंने 5वीं कक्षा तक पहुंचने से पहले ही स्कूल छोड़ दिया। शेष में से आठवीं कक्षा तक आधे से अधिक (54.14%) स्कूल छोड़ देते हैं। उनमें से 50.72% लड़के और 58.61% लड़कियां हैं। एक तिहाई से भी कम सेकेन्डरी स्कूल स्तर पास कर सके (*The Hindustan Times*, May 2, 1999)। इस समस्या को रोकने के उपाय किए जा सकते हैं। उसी लीक पर चलते रहना अच्छी बात नहीं है। यदि हम यह जान लें कि हम प्रगति नहीं कर रहे हैं तो हमें अपनी नीतियां, कार्यक्रम और प्रतिदर्श बदलने होंगे और नये परीक्षण करने होंगे।

दसवां विषय वर्तमान परीक्षा प्रणाली का है। एक तरह से तो परीक्षाएं मज़ाक बन कर रह गई हैं। वर्तमान व्यवस्था में छात्र गाइडें व सस्ती पुस्तकें पढ़ कर परीक्षा उत्तीर्ण करना सरल समझते हैं। कक्षा में बैठना उनकी दृष्टि में समय की बर्बादी है। शिक्षक भी लेक्चर तैयार करने, पुस्तकें व पत्र पत्रिका पढ़ने और अधुनातम अनुसन्धान परिणामों की जानकारी हासिल करने में कम से कम कष्ट उठाना चाहते हैं। परीक्षा की उत्तरपुस्तिकाओं के प्रत्येक पृष्ठ को पढ़ने का उनके पास समय ही नहीं है। उनकी चिन्ता केवल यही रहती है कि उन्हें भिन्न-भिन्न विश्वविद्यालयों से अधिक से अधिक उत्तर पुस्तिकाएं जाँचने को मिलें और उन्हें अधिक से अधिक पारिश्रमिक प्राप्त हो। क्या हम वर्तमान व्यवस्था के साथ चलते रहें ? इसे अधिक लचीला और मुक्त बनाना होगा जिसमें रचनात्मक सोच पर बल दिया जाये।

अन्त में, उच्च शिक्षा को ठीक करने का प्रश्न है। क्या प्रत्येक छात्र को जो प्रवेश चाहता है प्रवेश दिया जाये ? उच्च शिक्षा, सस्ती क्यों हो ? एक कक्षा में 100 से 150 छात्रों को प्रवेश क्यों दिया जाये ? किस सीमा तक शिक्षा में अनुदान (subsidy) प्रदान की जाये ? क्या हमें व्यावसायिक शिक्षा के लिए ही अनुदान देने चाहिये या कला व वाणिज्य में भी ? यह वे प्रश्न हैं जिन्हें स्नातक और स्नातकोत्तर कार्यक्रमों के पुनर्गठन से, छात्रों की बेहतर कार्य परिणामों से, शिक्षकों की अधिक जवाबदेही से और गर्मी की छुट्टियों के क्रियात्मक उपयोग से जोड़ा जाना चाहिए। यदि हम भविष्य के लिए तर्कसंगत तरीके से

शिक्षा की योजना बनाना चाहते हैं तो हमें शिक्षण और परीक्षा प्रणाली के दोषों को दूर करना होगा।

शैक्षिक असमानता और सामाजिक गतिशीलता (Educational Inequality and Social Mobility)

यद्यपि यह एक तथ्य है कि सभी मनुष्य योग्यता और दक्षता में समान नहीं हैं और ऐसे समाज की कल्पना करना भी अविवेकपूर्ण और आदर्शहीन होगा जो अपने सभी सदस्यों को एक समान स्थिति और लाभ प्रदान कर सके, फिर भी उनके उद्देश्यों और आकांक्षाओं की प्राप्ति के लिए सभी लोगों को समान अवसर प्रदान करना आवश्यक है। यहां हम लोगों के बीच आर्थिक असमानता की बात नहीं कर रहे हैं बल्कि उस असमानता की चर्चा कर रहे जिसे आन्द्रे बेतेइ ने (Inequality Among Men 1977 : 3) "अस्तित्व की दशाओं" (conditions of existence) में असमानता कहा है। इस प्रकार हम न तो *प्रकृति* आधारित असमानताओं की (अर्थात, आयु, स्वास्थ्य, शारीरिक शक्ति या मस्तिष्क के गुणों की) बात कर रहे है और न 'किस्म' (type) पर आधारित समाजों की जैसे, आदिवासी, कृषि और औद्योगिक समाज बल्कि गुणों और कार्यों या उन कारकों के अर्थ में असमानता की जो मनुष्य को स्थिति और शक्ति प्राप्त करने के योग्य बनाते हैं।

अतः, उस समाज का प्रयत्न, जो अवसरों की समानता के लिए कटिबद्ध है, अधिकतर सेवाएं प्रदान करने का रूप ले लेता है जो समाजीकृत सामुदायिक सेवाओं और शैक्षिक सुविधाएँ प्रदान करके आर्थिक पृष्ठभूमि में असमानता की क्षतिपूर्ति करता है। वास्तव में, इस प्रकार की सुविधाएं पर्याप्त रूप से व सबको प्रदान करने के मार्ग में कठिनाइयां हैं। भारत जैसे समाज के लिये यह लगभग असम्भव है कि उन सभी को मुफ्त शिक्षा प्रदान की जाये जो इससे लाभान्वित होना चाहते हैं, सिवाय चयनित अवस्थाओं के, या यों कहिए प्राथमिक स्तर तक या ज़रुरतमन्द और योग्य बच्चों को। इससे पुनः अवसरों की असमानता का उदय होता है। जहां केवल ज़रुरतमंद लोगों के बच्चे शिक्षा प्राप्त कर सकते हैं, यदि वे योग्य हों, वहीं सम्पन्न लोगों के बच्चे तभी तक स्कूल जा सकते हैं जब तक वे शुल्क देते रहें।

सामाजिक स्थिति सुधारने के लिए अवसर की समानता अधुनातम (recent) विचार है जो कि व्यक्ति के जीवन में प्रदत्त स्थिति के महत्व को अस्वीकार करने के बाद अर्जित स्थिति के महत्व को मान्यता देकर स्वीकार किया गया है। एम.एस.गोरे ने भी कहा है कि सामाजिक गतिशीलता तभी सम्भव हो पाई है जब से व्यक्ति की स्थिति आनुवांशिक बन्धनों से मुक्त हुई है (Gore, *Indian Education* 1990 : 29)। उनका कहना है कि प्रौद्योगिकी विशेषज्ञता अर्जित करना, उच्च प्रशासनिक पद ग्रहण करना, और नये धन्धे सीखना, धन की सफलता और समाज में सम्मान प्राप्त करने के लिए कुछ कार्य क्षेत्र हैं। योग्यता और श्रेष्ठता प्राप्त करना केवल शिक्षा से ही सम्भव है। यद्यपि शिक्षा सभी लोगों के उच्च स्थिति और उच्च पद पर पहुँचने की गारन्टी नहीं देती, फिर भी शिक्षा के बिना सामाजिक गतिशीलता प्राप्त करना सम्भव नहीं होता। एम.एस.गोरे (वहीः 30) का मानना है कि शिक्षा तीन प्रकार से अवसरों को समान करने की भूमिका अदा करती है : (1) उन सभी व्यक्तियों के लिए सम्भव बनाकर जिनकी इच्छा शिक्षित होने की है और उस सुविधा का

लाभ उठाने की है; (2) शिक्षा की ऐसी विषय-वस्तु का विकास करके जो वैज्ञानिक तथा वस्तुपरक दृष्टिकोण विकसित करेगी और (3) धर्म, भाषा, जाति, वर्ग आदि पर आधारित परस्पर सहिष्णुता का वातावरण पैदा कर के। समाज में सभी व्यक्तियों को सामाजिक गतिशीलता के लिए समान अवसर प्रदान करने में सबसे अच्छी शिक्षा प्राप्त करने के समान अवसर प्रदान करना महत्त्वपूर्ण बात है। वास्तव में, केवल शिक्षा ही सामाजिक गतिशीलता का मार्ग नहीं है, तथा वर्ग, सांस्कृतिक पृष्ठभूमि और माता-पिता का सहारा, आदि भी महत्त्वपूर्ण कारक हैं जो अवसरों को प्रभावित करते हैं। लेकिन शिक्षा का अभाव निश्चित रूप से गतिशीलता के लिए अवरोध सिद्ध होता है। जैसा कि पहले भी कहा जा चुका है कि अवसर की समानता प्रदान करने में प्रयासरत समाज केवल चुनींदा लोगों को ही शैक्षिक सुविधाएँ प्रदान करता है।

शिक्षा किस प्रकार अवसर की समानता से सम्बद्ध है, इस तथ्य को 1967 में आठ राज्यों में किए गए एक अनुभवात्मक अध्ययन के आधार पर प्राप्त निष्कर्षों से देखा जा सकता है, जो कि विभिन्न स्तरों पर हाइ स्कूलों, कालेजों और व्यावसायिक संस्थाओं में—अध्ययनरत छात्रों की सामाजिक पृष्ठभूमि (आयु, लिंग, जाति, पिता के व्यवसाय, पिता की शिक्षा आदि) पर आधारित था। इस अध्ययन ने दो सम्भावित विचारणीय तथ्य उजागर किए : (1) शिक्षा श्वेतवसन समूह में प्राथमिकता प्राप्त (priority) होती है और इस समूह के बालक शिक्षा सुविधाओं का उपयोग अन्य समूहों के बालकों से अधिक करते हैं (2) उन लोगों को जो श्वेतवसन समूह के नहीं है, शिक्षा विभेदों से (differentially) उपलब्ध है (देखें, M.S. Gore, *Indian Education : Structure and Process*, 1990 : 33)। यदि प्रथम तथ्य सत्य है तो सम्भवतः यह हमारे समाज में गैर-श्वेतवसन समूहों के लिए शिक्षा की निरर्थकता को रेखांकित करता है। माध्यमिक शिक्षा में उनकी रुचि का अभाव इस तथ्य से उत्पन्न होता है कि जिन आकांक्षाओं की पूर्ति के लिए उन्होंने माध्यमिक स्तर तक शिक्षा प्राप्त की, वे उनके व्यवसाय में कोई सार्थक योगदान नहीं करतीं। क्या यह शिक्षा में हमारे दोषपूर्ण नियोजन पर प्रकाश डालता है या उन गैर विशेषाधिकार प्राप्त लोगों के पिछड़ापन पर जो सामाजिक गतिशीलता की इच्छा ही नहीं रखते ? हमारे समाज के वे लोग जो लाभों से वंचित रहते हैं (जैसे, S.Cs, STs, OBCs, स्त्रियां और धार्मिक अल्पसंख्यक) शोषण के कारण बड़े कष्ट सहते रहे हैं क्योंकि वे अशिक्षित हैं। शिक्षा में असमानताओं के वर्णनों पर कुछ अध्ययन किए गए हैं, जैसा कि क्षेत्रीय, ग्रामीण-नगरीय, लिंग और जातिगत असमानताओं, स्कूल और कालेजों में प्रवेश में असन्तुलनों, और असमानताओं के परिणामों से सिद्ध होता है। इन सभी अध्ययनों ने लाभों से वंचित लोगों के स्तर और पहचान पर शिक्षा के प्रभाव को इंगित किया है। अनुसूचित जातियों और जनजातियों पर किए गए अध्ययनों से संकेत मिलता है कि जब तक ये लोग शैक्षिक रूप से पिछड़े रहेंगे तब तक उन्हें आर्थिक मदद या उच्च शिक्षण संस्थानों में आरक्षित प्रवेश के रूप में संरक्षणात्मक भेदभाव प्रदान करना है। इस प्रकार का एक अध्ययन आई.पी.देसाई के निर्देशन में 1974 में भारतीय सामाजिक विज्ञान अनुसंधान परिषद (ICSSR) द्वारा प्रायोजित किया गया था। इस अध्ययन में 14 राज्य शामिल थे और इस का उद्देश्य था देश में अनुसूचित जातियों और जनजातियों के स्कूल और कालेज के छात्रों की स्थिति और उनकी समस्याओं का अध्ययन। इस अध्ययन

में यह संकेत मिला कि दलित छात्र अध्ययन के प्रति उदासीन होते हैं, और अशिक्षा असमानता में वृद्धि करती है तथा व्यवसायिक व सामाजिक गतिशीलता को रोकती है। सुमा चिटिनिस (Suma Chitnis, 1972) ने भी बम्बई नगर में उच्च शिक्षा कालेज छात्रों के प्रवेश में असमानताओं तथा उनके द्वारा भोगी गई समस्याओं की जाँच की थी। विक्टर डिसूजा (Victor D'souza, 1977) ने भी पंजाब में दलितों और अन्य के बीच शिक्षा में भेदभाव के स्वरूप और जातिप्रथा, जाति व्यवहार, आर्थिक कारक और कल्याण कार्यक्रमों का स्वरूप और कार्यविधि किस प्रकार इन स्वरूपों को प्रभावित करते हैं, का पता लगाया। एम.एल. झा (M.L. Jha, 1973) ने भी आदिवासियों की शिक्षा और उसमें भेदभाव का अध्ययन किया। वी.पी.शाह (V.P. Shah, 1973) ने गुजरात में शिक्षा और अस्पृश्यता के बीच सम्बन्ध को इंगित किया है। सच्चीदानन्द सिन्हा (Sachidanand Sinha, 1975) ने उत्तर प्रदेश में कालेजों के दलित छात्रों की स्थिति का वर्णन किया है। इस प्रकार, यह सब अध्ययन शिक्षा को अनुसूचित जातियों और जनजातियों के लिए एक साधन के रूप में मानते हैं।

इसी प्रकार स्त्रियों की शिक्षा पर भी (उन लोगों की महत्वपूर्ण श्रेणी जो शैक्षिक रूप से पिछड़े हैं) अध्ययन हुए हैं। यह अध्ययन के. अहमद (K.Ahmed, 1974) तथा अन्य लोगों द्वारा किया गया जिसमें उन्होंने विकासशील समाज में स्त्रियों की भूमिका में शिक्षा के महत्व को दर्शाया है। बेकर (Baker, 1973) ने महिला छात्राओं की आकांक्षाओं का, शैक्षिक सुविधाओं के उपयोग में उनके सामने आने वाली समस्याओं के समझने की दृष्टि से अध्ययन किया। सुमा चिटिनिस (Suma Chitnis, 1977) ने बम्बई में मुस्लिम छात्राओं पर सह-शिक्षा के प्रभाव का अध्ययन किया। यें सब अध्ययन असमानताओं के प्रभाव और परिवर्तन की आवश्यकताओं को दर्शाते हैं।

शिक्षा, सामाजिक परिवर्तन और आधुनिकीकरण (Education, Social Change and Modernisation)

शिक्षा और सामाजिक परिवर्तन के बीच सम्बन्धों के विश्लेषण में प्रश्न यह उठता है कि शिक्षा सामाजिक परिवर्तन किस प्रकार करती है। शिक्षा और आधुनिकीकरण के बीच सम्बन्धों के विश्लेषण में मुख्य प्रश्न यह है कि किस प्रकार की शिक्षा और किन दशाओं में यह समाज में आधुनिकीकरण की प्रक्रिया को पैदा करेगी और उसे दृढ़ करेगी ? शिक्षा को सामाजीकरण के एक प्रमुख एजेंसी के रूप में और शिक्षकों तथा शैक्षिक संस्थाओं को एजेंट के रूप में स्वीकार किया गया है। शिक्षा को सामाजिक परिवर्तन के एक साधन के रूप में बताने में तीन कारक महत्त्वपूर्ण हैं : परिवर्तन का एजेंट, परिवर्तन की विषय वस्तु, और उन लोगों की सामाजिक पृष्ठभूमि जिनका परिवर्तन किया जाना है, अर्थात, छात्र। विभिन्न समूहों के नियंत्रण वाली शिक्षण संस्थाएं उन समूहों के मूल्यों को प्रदर्शित करती हैं जो उन संस्थाओं का प्रबन्ध एवं समर्थन करते हैं। ऐसी स्थिति में शिक्षक भी बच्चों में विशेष मूल्य, आकांक्षाएँ और अभिरुचियाँ पैदा करते हैं। इस प्रकार परिवर्तन के साधन के रूप में शिक्षकों की भूमिका का विश्लेषण करने के लिए हमें उन तीन प्रकार की शिक्षण संस्थाओं को याद रखना होगा जो स्वतंत्रता से पूर्व भारत में विद्यमान थीं : एक, जो वैदिक दर्शन सिखाना चाहती थीं

(गुरुकुल), दो, जो शिक्षा के भारतीयकरण पर ध्यान देती थीं, तीन, वे जो पश्चिमी प्रकार की शिक्षा प्रदान करना चाहती थीं। दूसरे और तीसरे प्रकार की संस्थाओं का विश्वास था कि अंग्रेजी की शिक्षा, विशेष रूप से हाईस्कूल स्तर पर, सामाजिक मूल्यों में परिवर्तन कर सकेगी। वे समाज सुधारक जो अंग्रेजी पढ़े लिखे थे, जाति प्रतिबन्धों की समाप्ति, स्त्रियों की समानता, बुरे सामाजिक प्रथाओं और रिवाजों से छुटकारा, देश के शासन में भागीदारी, लोकतांत्रिक संस्थाओं की स्थापना आदि पर बल देते थे। वे समाज को बदलने के लिए शिक्षा के माध्यम से उदार दर्शन सिखाना चाहते थे। दूसरे शब्दों में वे शिक्षा को ऐसी ज्ञान की ज्योति मानते थे जो अज्ञान के अन्धकार को दूर करती है। परन्तु यह सन्देहास्पद है कि शिक्षकों ने स्कूलों और कालेजों, दोनों में—मूल्यों के उदारवाद को स्वीकार किया और तदनुसार शिक्षा दी। अतः शिक्षण संस्थाओं ने सामाजिक एकता, राजनैतिक लोकतंत्र और तर्कसंगतता का सन्देश छात्रों तक नहीं पहुँचाया। स्वतंत्रता प्राप्ति के पश्चात ही लोकप्रिय लोकतंत्र की अवधारणा स्वीकार की गई जब यह माना गया कि समतावाद, धर्म निरपेक्षवाद, व्यक्तिवाद, समाजवाद, मानववाद, जाति संस्था का अवमूल्यन और ब्राह्मणों की श्रेष्ठता में ह्रास, आदि उद्देश्यों को शिक्षा के माध्यम से प्राप्त किया जा सकता है और यह कार्य स्कूलों और कालेजों में शिक्षा की विषय सामग्री बदल कर ही किया जा सकता है।

आधुनिकीकरण के मूल्यों को फैलाने के लिए शिक्षा के उपयोग पर बल देने की बात 1960 और 1970 के दशकों के बाद समझी जाने लगी। अत्यधिक उत्पादक अर्थ व्यवस्था, वितरणशील न्याय, निर्णय करने वाली संस्थाओं में लोगों की भागीदारी, उद्योगों, कृषि तथा अन्य व्यवसायों और पेशों में वैज्ञानिक प्रौद्योगिकी का वरण, आदि भारतीय समाज को आधुनिक बनाने के उद्देश्यों के रूप में स्वीकार किये जाने लगे। और उन लक्ष्यों के उदार शिक्षा के माध्यम से प्राप्त किया जाना था। इस प्रकार आधुनिकीकरण तर्कसंगत मूल्य व्यवस्था पर आधारित आन्दोलन या दर्शन के रूप में नहीं वरन् एक प्रक्रिया के रूप में स्वीकार किया गया जो कि हमारे समाज की विशेषता मानी जाये। इस प्रकार आधुनिकीकरण केवल आर्थिक क्षेत्र तक ही सीमित नहीं रहना था, बल्कि सामाजिक, राजनैतिक, सांस्कृतिक तथा धार्मिक क्षेत्र में भी प्राप्त किया जाना था। शिक्षा को आधुनिकता के विस्तार के लिए एक मार्ग के रूप में उपयोग किये जाने का प्रयत्न था।

समस्या यह है कि सामाजिक-राजनैतिक रूपरेखा व आधुनिकीकरण के मूल्यों के विषय में, हमारे समाज के अभिजात वर्ग में स्पष्ट असहमति है। अतः प्रश्न यह है कि आधुनिकीकरण के मूल्यों को कौन समझायेगा ? शिक्षा कौन देगा ? यदि परिवर्तन करने वाले स्वयं परम्परावादी हैं और स्वयं अपने जीवन में आधुनिक मूल्यों को नहीं अपनाते, तो छात्रों को किस प्रकार वे इन मूल्यों को प्रदान करेंगे ? इतने पर भी अनेक शिक्षा आयोग और 1986 की नयी शिक्षा नीति ने असाधारण स्पष्टता से आधुनिक समाज की विशेषताओं और मूल्यों को उजागर किया है, तथापि शिक्षा के माध्यम से आधुनिकीकरण का मार्ग इतना सरल नहीं है। केन्द्र तथा कुछ राज्यों में सत्ता में कुछ हिन्दू संगठनों के राजनैतिक नेता अभी भी विश्वास करते हैं कि शिक्षा के माध्यम से कुछ परम्परागत सांस्कृतिक तथ्य सिखाए जाने चाहिए। इस प्रकार की विचार शैली और आधुनिकीकरण के विशिष्ट मूल्यों (जैसे, धर्म निरपेक्षता, व्यक्तिवाद, समाजवाद और समताबाद, आदि) की स्थिरता पर सहमति के अभाव

में हम आधुनिकीकरण के लक्ष्य को प्राप्त करने की उम्मीद कैसे करें ? अतः यह निष्कर्ष निकाला जा सकता है कि आधुनिक प्रभावों को प्रसारित करने के लिए एक साधन के रूप में शिक्षा का उपयोग एक ऐसा प्रकरण है जो गम्भीर चिन्तन चाहता है।

अनेक समाजशास्त्रियों ने (A.R. Desai (1974), S.C. Dube (1971), M.S. Gore (1971), N. Jayaram (1977). K. Ahmed (1979), और A.B. Shah (1973), आदि) सामाजिक पुनर्गठन और आधुनिकीकरण के लिए शिक्षा को एक साधन के रूप में मानने के विषय पर ध्यान दिया है। के. अहमद ने कहा है कि यद्यपि औपचारिक शिक्षा लोगों की अभिरुचियों और मूल्यों में ज्ञान के परिवर्तन के माध्यम से वैचारिक परिवर्तन करने में महत्वपूर्ण भूमिका अदा कर सकती है, फिर भी समाज में संरचनात्मक परिवर्तन लाने में इसका प्रभाव सीमित ही है। ऐसा शिक्षा में विद्यमान प्रचलनों और कार्यविधियों तथा यथास्थिति में रुचि रखने वाले स्वार्थी लोगों के बीच सम्बन्धों के कारण है। सुमा चिटनिस (Suma Chitnis, 1978) ने भी विकास के साधन के रूप में शिक्षा की अनयिमित कार्यप्रणाली की ओर संकेत किया है। ए.आर. देसाई (1974) ने सामाजिक परिवर्तन के साधन के रूप में शिक्षा की मान्यता पर प्रश्न चिन्ह लगाया है। उनका मानना है कि स्वतंत्रता के बाद शिक्षा को वांछित परिणाम प्राप्त करने के उद्देश्य से तैयार नहीं किया गया है। उन्होंने सामाजिक गतिशीलता और समानता के लक्ष्य को प्राप्त करने में शिक्षा की नीतियों तथा वित्त और कोष आवंटन की नीतियों की आलोचना की है। ए.आर. देसाई के समर्थन में हम अनुसूचित जातियों, जनजातियों, स्त्रियों और अल्पसंख्यकों की शिक्षा के उदाहरण दे सकते हैं जो उनकी स्थिति को ऊपर उठाने में असफल रही हैं। अशिक्षित युवकों की बेरोजगारी और अल्प रोजगारी युवाओं की आकांक्षाओं की पूर्ति में शिक्षा की असफलता का एक और उदाहरण है। ग्रामीण क्षेत्रों में विकास और गरीबी मिटाने में असफलता एक और उदाहरण है। जब तक शक्ति के मौजूदा वितरण की रूपरेखा को तोड़ा नहीं जाता और गरीबों के प्रति नीतियों में परिवर्तन नहीं किया जाता तब तक परिवर्तन के लिए संसाधन जुटाना कठिन ही बना रहेगा। सामाजिक परिवर्तन के लिए उच्च शिक्षा में भी परिवर्तन आवश्यक है। एम.एस.गोरे (1971) ने शिक्षा की विधियों और विषयवस्तु में, उस वातावरण और प्रसंग में जिनमें इसका संचालन हो रहा है, और शिक्षकों तथा प्रशासकों की उन आस्थाओं और प्रतिबद्धताओं में, जो वांछित विकास को प्राप्त करने में शिक्षा की प्रभाविता के लिए शिक्षा के प्रबन्ध के लिए उत्तरदायी हैं, परिवर्तन लाने की आवश्यकता की ओर संकेत किया है।

शिक्षा और आधुनिकीकरण के बीच सम्बन्धों पर भारत में कुछ अनुभवात्मक अध्ययन किए गए हैं। ऐसा एक अध्ययन दिल्ली में एन.सी.ई.आर.टी (NCERT) द्वारा (1960 के दशक के परिणाम) आठ राज्यों में किया गया था। इन अध्ययनों में वर्णन किया गया है कि किस सीमा तक देश में स्कूलों और कालेजों के छात्रों और शिक्षकों की अभिरुचियों, आकांक्षाओं और दृष्टिकोणों में आधुनिकता आई है। इन अध्ययनों में अलेक्स इंकलिस (Alex Inkles) द्वारा विकसित पैमाने का अनुकरण करके आधुनिकीकरण को मापा गया है। परिणामों से आधुनिकीकरण पर शिक्षा के कम प्रभाव के संकेत मिलते हैं। पारिवारिक जीवन के विषय पर छात्र परम्परात्मक बने हुए हैं। योगेन्द्र सिंह (1979) ने राजस्थान विश्वविद्यालय के कालेज शिक्षकों के आधुनिकीकरण के प्रति अभिरुचियों और मूल्यों के

संदर्भ में उनके दृष्टिकोण का अध्ययन किया। इस अध्ययन में विश्वविद्यालय के शिक्षकों की आकांक्षाओं, प्रतिबद्धताओं, प्रभुत्व और मनोबल के स्तर इस आशय से नापे गए कि शिक्षकों की भूमिका और मूल्य उन्हें आधुनिकीकरण के एजेंट के रूप में उनकी भूमिका को किस प्रकार प्रभावित करते हैं। उन्होंने इन दोनों के बीच महत्वपूर्ण सम्बन्ध पाया और इस प्रकार यह माना कि अध्यापकों के मूल्य छात्रों के आधुनिकीकरण को प्रभावित करते हैं।

1975 में ई.हक (E.Haq) ने एक अध्ययन यह जानने के लिए किया कि स्कूलों की पाठ्य-पुस्तकों की विषय सामग्री (content) और माध्यमिक स्कूलों में शिक्षा की प्रक्रिया किस प्रकार राजनैतिक आधुनिकीकरण को प्रभावित करते हैं। उन्होंने शिक्षा और जनसंख्या सम्बन्धी परिवर्तनों के बीच सम्बन्धों की ओर भी संकेत किया।

शिक्षा की समस्याएँ
(Problems of Education)

छात्र असन्तोष (Student Unrest)

छात्रों पर किए गए अध्ययनों में से एक छात्र अध्ययन असन्तोष पर भी है। यहाँ हम इस समस्या का विस्तार से विश्लेषण करेंगे। छात्र अनुशासनहीनता को इस प्रकार समझाया गया है : "सत्ता के प्रति अवज्ञा, शिक्षकों का अनादर, प्रतिमानों से विचलन, नियंत्रण स्वीकार करने से इन्कार, और सामाजिक मान्यता प्राप्त लक्ष्यों (goals) और साधनों (means) को अस्वीकार करना।" छात्रों में तीन स्थितियां अनुशासनहीनता पैदा करती हैं : (i) छात्र शिक्षा और शैक्षिक संस्थाओं में रुचि खो देते हैं और इसके प्रतिमानों को मानने से इन्कार कर देते हैं; (ii) छात्र लक्ष्यों को स्वीकार तो कर लेते हैं किन्तु सन्देह करते हैं कि शिक्षण संस्था उनको प्राप्त कर सकेगी या नहीं। इसलिए वे शिक्षण संस्था को उसके प्रतिमानों से विचलित होकर सुधारना चाहते हैं; और (iii) संस्था के प्रतिमान लक्ष्यों की प्राप्ति में असफल रहते हैं, इसलिए छात्र प्रतिमानों में ही परिवर्तन चाहते हैं। 'छात्र असन्तोष' की विशेषताएं हैं : सामूहिक असन्तोष, शैक्षिक संस्थाओं में विकार्यात्मक स्थितियां और जनता और छात्रों की मौजूदा प्रतिमानों में परिवर्तन की चिन्ता। दूसरी ओर 'छात्र आन्दोलनों' की विशेषताएं हैं : अन्याय की भावना पर आधारित कार्यवाही, असन्तोष, कुण्ठा और वंचनाओं के स्त्रोत की पहचान, नेतृत्व का उदय, कार्यवाही के लिए गतिमानता (mobilisation), और उद्दीपन (stimuli) के प्रति सामूहिक प्रतिक्रिया।

छात्र असन्तोष विरोध को जन्म देता है। विरोध के प्रमुख तत्व हैं : (i) कार्यवाही परेशानियों को अभिव्यक्त करती है (ii) यह अन्याय के प्रति दृढ़ विश्वास का संकेत करता है (iii) विरोध करने वाले अपने प्रयत्नों से सीधे तरीके से दशा को ठीक करने में असमर्थ हैं, (iv) कार्यवाही लक्ष्य-समूह (target group) द्वारा सुधारात्मक कदम उठाने के लिए प्रेरणा स्वरूप की जाती है (v) विरोधकर्त्ता दबाव (coercion), समझाने बुझाने (persuasion), तथा बातचीत (discussion) से (अथवा तीनों तरीकों से) लक्ष्य-समूह को विचलित करने का प्रयत्न करते हैं। विरोधकर्त्ता यदि लूट करने लगें तो वे सम्पत्ति प्राप्ति के लिए ऐसा नहीं करते, यदि वे खिड़की शीशे तोड़ने लग जायें, तो यह बदला लेने के लिए

नहीं करते, यदि वे एक व्यक्ति के विरूद्ध नारेबाज़ी करने लगें तो यह उसकी बेइज्जती करने के लिए नहीं करते। ये सब उपाय केवल अपनी अनापूर्त मांगों के विरुद्ध क्रोध का प्रदर्शन तथा उन शक्ति सम्पन्न लोगों के अड़ियल रवैये के प्रति प्रदर्शन है जो उनकी परेशानियों से सम्बद्ध हैं।

छात्रों का विरोध कभी-कभी आक्रमण, आन्दोलन और उथल-पुथल को जन्म देता है। *आक्रमण (aggression)* एक शारीरिक या मौखिक व्यवहार है या आक्रमक कार्य जो कि चोट पहुँचाने, नुकसान पहुँचाने या नाश करने के इरादे से किया जाता है। क्षोभ/विलोड़न (agitation) परेशानियों और अन्याय को सत्ताधारी लोगों के ध्यान में लाने के लिए होता है। यह झटका लगाने (to shake up), हिलाने (to stir up) चिन्ता पैदा करने (to create anxiety) और सत्ताधारियों में घबड़ाहट पैदा करने के लिए होता है। *आन्दोलन* (movement) सामाजिक व्यवस्था को परिवर्तित करने के लिए विस्तृत समूह की क्रिया होती है। छात्रों का आन्दोलन उन छात्रों का व्यवहार है जिनका लक्ष्य न तो किसी को चोट पहुँचाना है और न ही सार्वजनिक सम्पत्ति को नष्ट करना है, बल्कि केवल विरोध है। यह न तो विनाश करने की प्रवृत्ति का परिणाम है और न ही कुण्ठा के प्रति जन्मजात प्रतिक्रिया। छात्र आन्दोलन के विभिन्न प्रकार हैं : प्रदर्शन, चीखना चिल्लाना, हड़तालें, भूख हड़ताल, सड़क-अवरोध, घेराव, और परीक्षा बहिष्कार। छात्र आन्दोलन की पूर्व दशाएं (pre-conditions) इस प्रकार हैं : (a) संरचनात्मक खिंचाव (strain), (b) खिंचाव के स्रोत की पहचान (c) प्रारम्भिक (initiative) कार्यवाही में अवक्षेपक (precipitating) कारक (d) नेता द्वारा कार्यवाही के लिए शक्ति को गति प्रदान करना। छात्र आन्दोलनों के महत्वपूर्ण कार्य हैं : सामूहिक चेतना एवं सामूहिक निष्ठा जागृत करना, छात्रों को नवीन कार्यक्रमों और नवीन योजनाओं के लिए काम करने के लिए संगठित करना, और छात्रों के लिए अपनी भावनाओं को व्यक्त करने के लिए और परिवर्तन के मार्ग में प्रभाव पैदा करने के लिए अवसर प्रदान करना।

आन्दोलन हिंसात्मक एवं अहिंसात्मक दोनों हो सकते हैं। उदाहरणार्थ लगभग एक दशक पूर्व भारत में लगभग 5,000 छात्र आन्दोलन हुए जिनमें से लगभग 20% हिंसात्मक थे। पुनः कुछ आधे से अधिक आन्दोलन गैर-शैक्षिक मामलों से सम्बन्द्ध कैम्पस के भीतर थे (जैसे मूर्ति लगाने पर, विश्वविद्यालय का नाम बदलने पर, बस किराया कम करने पर, आदि); लगभग 20% शैक्षिक मामलों और लगभग 25% कुछ सामाजिक मामलों (आरक्षण का मामला, आदि) से सम्बद्ध थे।

छात्र आन्दोलनों का वर्गीकरण इस प्रकार किया जा सकता है : छात्र-परक आन्दोलन और समाज-परक आन्दोलन। छात्र-परक आन्दोलनों में विद्यालय/विश्वविद्यालय स्तर की समस्याएं तथा समाज-परक आन्दोलनों में राज्य/राष्ट्र व्यापी राजनीति, नीतियों और कार्यक्रमों से सम्बन्धित समस्याएं आती हैं। छात्र-परक आन्दोलन आमतौर पर मूल्य-परक होने की अपेक्षा समस्या-परक होते हैं और ये लगातार नहीं होते। उदाहरणार्थ, छात्र एक विश्वविद्यालय के विशेष उप-कुलपति को हटाने के लिये आन्दोलित होंगे किन्तु वे भारत में विश्वविद्यालयों में उप-कुलपतियों के चुने जाने की व्यवस्था में परिवर्तन के लिए नहीं लड़ेंगे।

छात्र आन्दोलन चरणबद्ध तरीके से विकसित होते हैं। इनमें चार अवस्थाएं निम्न हैं: (i) असन्तोष (discontent) की अवस्था, जो मौजूदा दशाओं के साथ बढ़ते असमंजस और असन्तोष की अवस्था होती है; (ii) *प्रारम्भ* करने (initiation) की अवस्था, जिसमें एक नेता का उदय होता है, असन्तोष के कारणों का पता लगाया जाता है, उत्तेजना में वृद्धि होती है और कार्यवाही के प्रस्तावों पर चर्चा की जाती है; (iii) *औपचारिकता* (formalization) की अवस्था, जिसमें कार्यक्रम विकसित किए जाते हैं, गठबन्धन किए जाते हैं, किसी आका से समर्थन प्राप्त करने के प्रयास होते हैं; (iv) *जनसमर्थन* (public support) की अवस्था, जिसमें छात्र समस्या को सार्वजनिक समस्या के रूप में देखा जाता है।

1985 से 1999 के बीच भारत में महत्त्वपूर्ण छात्र आन्दोलन इस प्रकार थे : आरक्षण के विषय पर 1985 में गुजरात आन्दोलन, 1985 में मध्यप्रदेश के छात्रों द्वारा आरक्षण विरोधी आन्दोलन, 1983-84 में असम आन्दोलन जो पूर्वी बंगाल से आए शरणार्थियों के मामले में था, और 1990 में भारत के विभिन्न राज्यों में चलाया गया मण्डल विरोधी आन्दोलन।

छात्र आन्दोलनों को इस प्रकार वर्गीकृत किया जा सकता है : (1) प्रवर्तक (समझाने-बुझाने) (Persuasive) आन्दोलन, जिसमें छात्र सत्ताधारी लोगों के दृष्टिकोण बदलने का प्रयास करते हैं (भले ही वे कोई हों); वे अपनी समस्याओं पर उनसे बातचीत करते हैं, और उन्हें अपना दृष्टिकोण मानने को बाध्य कर देते हैं। (2)*प्रतिरोध* (Resistance) आन्दोलन जिसमें 'सत्ताधारियों को उनकी जगह पर रखना' लक्ष्य होता है। (3) क्रान्तिकारी (Revolutionary) आन्दोलन जिसका लक्ष्य *सामाजिक* व्यवस्थाओं या शैक्षिक व्यवस्थाओं में व्यापक (sweeping) परिवर्तन लाना होता है।

कौन से छात्र आन्दोलनों के प्रति ग्रहणशील (receptive) होते हैं ? (1) *सामाजिक रूप से एकाकी किए* हुए, अर्थात जो वृहद् समाज से अपने को कटा हुआ अनुभव करते हैं, (2) *व्यक्तिगत रूप* से कुसमायोजित (maladjusted), अर्थात् जो सन्तोषजनक जीवन भूमिका पाने में असफल रहे हैं, या उन्हें अध्ययन में पर्याप्त रुचि नहीं है, (3) *परिवार से अनासक्त* (unattached), अर्थात वे जिनमें परिवार के साथ अन्तरंग सम्बन्धों का अभाव है, (4) *सीमान्त* (marginals), अर्थात वे जो अपनी जाति, धार्मिक/भाषायी समूहों से जुड़े हुए नहीं है, (5) *गतिशील/प्रव्राजक* (migrants), अर्थात् वे जिनके पास वृहद् समुदाय में समाहित होने के बिल्कुल कम अवसर हैं।

बी.वी.शाह (B.V. Shah, 1968) ने गुजरात में विश्वविद्यालय के छात्रों का अध्ययन किया। उन्होंने अनुशासनहीन छात्रों की पहचान करने के उद्देश्य से उन्हें सामाजिक प्रस्थिति और व्यक्तिगत योग्यताओं के आधार पर चार समूहों में वर्गीकृत किया : (1) उच्च प्रस्थिति, उच्च योग्यता, (2) निम्न प्रस्थिति, निम्न योग्यता, (3) निम्न प्रस्थिति, उच्च योग्यता, और (4) उच्च प्रस्थिति, निम्न योग्यता। उन्होंने कहा कि दूसरे और चौथे वर्गों के छात्रों में अधिक असन्तोष पाया जाता है।

1960 में यू.जी.सी (UGC) कमेटी द्वारा बताए गए छात्र असन्तोष के मुख्य कारण निम्न थे : (1) आर्थिक कारण, जैसे शुल्क कम करने की मांगें, छात्र वृद्धि बढ़ाने की मांगें, (2)

प्रवेश, परीक्षाएं और शिक्षण सम्बन्धी मौजूदा प्रतिमानों में परिवर्तन की मांग, (3) कालेजों और विश्वविद्यालयों की दोषपूर्ण कार्य प्रणाली; (4) छात्रों और शिक्षकों के बीच संघर्षपूर्ण सम्बन्ध, जैसे, छात्राओं या छात्र नेताओं के साथ शिक्षकों का व्यवहार, कक्षा छोड़ना आदि; (5) कैम्पस में सुविधाओं की अपर्याप्तता, जैसे, अपर्याप्त होस्टल, होस्टलों में खराब भोजन, कैन्टीन का अभाव, आदि, और (6) छात्र नेताओं का राजनीतिज्ञों द्वारा बहकाया जाना।

सैद्धान्तिक दृष्टि से छात्रों के आन्दोलनों की व्याख्या इन सिद्धान्तों के आधार पर की गई है : असन्तोष सिद्धान्त (आन्दोलन की जड़ें असन्तोष और अन्याय की भावनाओं में होती हैं), व्यक्तिगत कुसमायोजन सिद्धान्त (आन्दोलन जीवन की असफलताओं के बीच शरण देते हैं), सापेक्ष वंचना (relative deprivation) सिद्धान्त, और संसाधन गतिशीलता (resource mobilisation) सिद्धान्त।

छात्र आन्दोलनों को नियंत्रित करने के प्रस्तावित उपाय इस प्रकार हैं : (1) उचित निर्देशन के द्वारा छात्रों के अति उत्साह को प्रवाहित करना (2) समस्याओं का उनके *साथ* समाधान, न कि उनके *लिए* समाधान अर्थात् छात्रों को निर्णयकारी संस्थाओं के साथ जोड़ना (3) छोटी-मोटी उत्तेजनाओं को अनावश्यक देर किए बिना दूर करना (4) राजनैतिक दलों के लिए आचार संहिता बनाना जिससे वे छात्रों को छोटी-छोटी बातों पर आन्दोलन के लिए न भड़कावें। (5) शिक्षण संस्थाओं में पुलिस हस्तक्षेप के विषय में नियम बनाना।

प्रौढ़ शिक्षा कार्यक्रम (Adult Education Programme)

स्वतंत्रता प्राप्ति के पश्चात से साक्षरता विस्तार सरकार का सजग प्रयास रहा है। 1951 और 1991 के बीच साक्षरता प्रतिशत में तीन गुनी (16.67 से 52.21) वृद्धि हुई है। 1991 में अशिक्षित लोगों की संख्या 328.90 लाख थी जिसमें 220.50 लाख स्त्रियाँ शामिल थीं (*Manpower Profile*, *India*, 1998 : 46)। अधुनातम निरक्षरता सम्बन्धी प्रकाशित तथ्यों के अनुसार 2000 तक विश्व में भारत का हिस्सा एक तिहाई हो जाना था जो 15 से ऊपर आयु वर्ग में निरक्षरों की कुल संख्या के अनुपात के आधार पर है। 1964 में शिक्षा आयोग ने प्रौढ़ शिक्षा की भूमिका को उजागर करते हुए 15-25 आयु वर्ग समूह में साक्षरता विस्तार के लिए गम्भीर प्रयत्नों की सिफारिश की और इसको विकास कार्यक्रम से जोड़ा। परन्तु इस ओर 1975-76 तक कुछ नहीं किया गया। 1978 में सरकार ने 15-25 आयु वर्ग समूह के लगभग 10 करोड़ निरक्षर लोगों के लिए राष्ट्रीय प्रौढ़ शिक्षा कार्यक्रम (NAEP) की घोषणा की। कोठारी आयोग (1981-82) ने इस कार्यक्रम में कई दोष और अपर्याप्ताओं की ओर संकेत किया। (1) यह कार्यक्रम अधिकतर निरक्षरता तक ही सीमित रहा। (2) निरक्षरता को विकास के साथ जोड़ना सरल नहीं था। (3) जागृति का उद्देश्य प्राप्त नहीं किया जा सका। (4) विज्ञान में कार्यक्रमों के प्रति कम ध्यान दिया गया। (5) काफी संख्या में राज्य (आसाम, हिमाचल प्रदेश, और उड़ीसा) राष्ट्रीय प्रौढ़ शिक्षा प्रोग्राम से अछूते रहे। (6) कार्यक्रम लचीला और विकेन्द्रित नहीं था। (7) स्त्रियों और पुरुषों की अलग-अलग आवश्यकाताओं पर कोई ध्यान नहीं दिया गया। (8) कार्यक्रम प्रमुख रूप से राज्य सरकारों का ही उत्तरदायित्व रहा।

मीडिया और स्वयं सेवी एजेंसियों को इसमें सम्मिलित नहीं किया गया।

बीस सूत्रीय कार्यक्रम में भी साक्षरता को महत्व प्रदान किया गया। 1986 में शिक्षा से संबंधित नवीन योजना (NPE) ने भी साक्षरता कार्यक्रम को सफल बनाने के लिए नये दिशा निर्देश सुझाये। कार्यक्रम के ढांचे में लचीलापन शुरु करके, कार्यकर्त्ताओं की ट्रेनिंग पर बल देकर, सीखने वालों की बोलचाल की भाषा को महत्व देकर, निरीक्षण व्यवस्था को विकेन्द्रीकृत करके, महिला-शिक्षकों की संख्या बढ़ाकर, कार्यक्रम की अवधि में निरन्तरता प्रदान करके, प्राविधिक संसाधन व्यवस्था को सुदृढ़ बनाकर, प्रबन्धन व्यवस्था प्रदान करके, और प्रबन्धन व्यवस्था का मूल्यांकन करके साक्षरता कार्यक्रम को मान्यता प्रदान की गई। इन परिवर्तनों के बावजूद साक्षरता कार्यक्रम की गति को तेज किया जाना है। शैक्षिक नीति में नये सिरे से धक्का लगाने की आवश्यकता है।

शिक्षा पर राष्ट्रीय नीति (National Policy on Education)

भारत सरकार ने 1985 में देश के लिए एक नयी राष्ट्रीय शिक्षा नीति (NPE) बनाने की घोषणा की। विभिन्न क्षेत्रों से प्राप्त सुझावों और दृष्टिकोण पर विचार के बाद एन.पी.ई. की घोषणा 1986 में की गई। इसका बल इन बातों पर था : (1) शिक्षा प्रणाली में आमूल परिवर्तन, (2) सभी स्तरों पर शिक्षण की गुणवत्ता में सुधार। (3) विज्ञान और प्रौद्योगिकी को अधिक महत्व देना। (4) नैतिक मूल्यों का परिवर्द्धन। (5) अखण्डता को सुदृढ़ करना। (6) समान संस्कृति और नागरिकता का भाव विकसित करना।

इस नीति में प्रमुख प्रस्तावित उपाय इस प्रकार थे : (1) सरकार द्वारा वित्त पोषित कार्यक्रम प्रारम्भ करके लिंग, जाति, विश्वास के भेदभाव के बिना सभी छात्रों को शिक्षा का लाभ पहुंचाना; (2) देश के प्रत्येक भाग में 10+2+3 की समान शिक्षा संरचना धारण करना। प्रथम 10 वर्ष में 5 वर्ष प्राथमिक शिक्षा, तीन वर्ष मिडिल स्कूल, तथा शेष 2 वर्ष हाई स्कूल के लिए होंगे; (3) स्त्रियों, अनुसूचित जातियों, अनुसूचित जनजातियों, और अन्य पिछड़ा वर्ग, अल्पसंख्यकों तथा विकलांगों को शिक्षा के समान अवसर प्रदान करना; (4) राष्ट्र के द्वारा संसाधनों के समर्थन प्रदान करने का उत्तरदायित्व संभालना, भेदभाव कम करना, प्रारम्भिक शिक्षा का सार्वभौमिकरण, प्रौढ़ साक्षरता और प्रौद्योगिकी अनुसन्धान; (5) प्रौढ़ शिक्षा कार्यक्रम का क्रियान्वयन; (6)व्यावसायिक शिक्षा कार्यक्रम का क्रियान्वयन; (7) उच्च शिक्षा को अवनति से बचाने के लिए कदम उठाना। विशिष्टीकरण की मांग को पूरा करने के लिए पाठ्यक्रमों का पुनरीक्षण। विश्वविद्यालयों में अनुसन्धान कार्यों के लिए अधिक सहयोग दिया जाना; (8) मुक्त (open) विश्वविद्यालय व्यवस्था प्रारम्भ करना; (9) डिग्रियों को नौकरियों से न जोड़ना; (10) ग्राम्य विश्वविद्यालय का नया प्रतिरूप विकसित करना; (11) प्राविधिक और प्रबन्धन शिक्षा का सुदृढ़ीकरण तथा साथ ही ग्राम्य प्राविधिक विद्यालयों को सुदृढ़ बनाना; (12)शिक्षकों के साथ अच्छा व्यवहार और उनमें अधिक जवाबदेही का विकास करना; (13)मूल्य शिक्षा देने पर ध्यान देना; (14) शारीरिक शिक्षा व खेलकूद के लिए बुनियादी सुविधाएं प्रदान करना; (15) परीक्षा प्रणाली में सुधार लागू करना।

महिलाओं, अनुसूचित जातियों, अनुसूचित जनजातियों और अन्य पिछड़े वर्गों की शिक्षा
(Education of Women, Scheduled Castes, Scheduled Tribes and Other Backward Classes)

महिलाओं की शिक्षा (Education of Women)

स्त्रियों के लिए शिक्षा आवश्यक है ताकि वे समानता प्राप्त कर सकें। मूल्य परिवर्तन के लिए यह पूर्व आवश्यकता है क्योंकि मूल्य परिवर्तन के बिना सामाजिक उद्देश्य प्राप्त नहीं किए जा सकते। सामाजिक विधानों ने उन्हें राजनैतिक, आर्थिक, सामाजिक और धार्मिक अधिकार दिए हैं लेकिन मात्र अधिकार प्राप्त होना उन्हें इन अधिकारों के लाभ प्राप्त करने के लिए प्रेरित नहीं कर सकता। कानून उन्हें चुनाव में वोट देने का अधिकार, चुनाव लड़ने और राजनैतिक पद ग्रहण करने का अधिकार भले ही दे दे लेकिन यह उन्हें ऐसा करने को बाध्य नही कर सकता। कानून उन्हें पिता की सम्पत्ति में हिस्सा लेने का अधिकार दे सकता है पर वह महिलाओं के अपने भाइयों से उनको देय हिस्सा लेने के लिये बाध्य नहीं कर सकता। कानून उन्हें उनका जीवन साथी चुनने का अधिकार दे सकता है और उन्हें पति को तलाक देने का अधिकार भी दे सकता है जो उन्हें सताता हो, पीड़ा देता हो, शोषण करता हो लेकिन कितनी स्त्रियां इन अधिकारों का प्रयोग करने के लिए जोर डालती हैं ? इसका कारण यह है कि अशिक्षा ने उन्हें परम्परागत मूल्यों से चिपकाया हुआ है। साहस की कमी उन्हें साहसी कदम उठाने से रोकती है। शिक्षा उन्हें उदार और विस्तृत दृष्टिकोण का बनाएगी और उनकी अभिरुचियों, मूल्यों और भूमिका-विषयक विचार बदलेगी।

स्त्रियों की साक्षरता दर 1951 में 10% से बढ़कर 1981 में 29.75%, 1991 में 39.70% हो गई और अनुमान है कि 1999 के प्रारम्भ में यह दर 39% हो गई है। 1990-91 में कुल प्रवेशों के अनुपात में लड़कियों के, प्राथमिक स्तर में 41.4% प्रवेश हुए, मिडिल स्तर पर 37.4%, माध्यमिक और उच्च माध्यमिक स्तर पर 33% और उच्च शिक्षा स्तर पर 33.3% (*India* :1992 : 107)। राज्यों में सर्वोच्च स्त्री साक्षरता दर 1991 में (75.65%) केरल में थी, फिर मिजोरम (68.60%) और दिल्ली में (62.57%), जबकि सबसे कम दर राजस्थान में (20.44%) और फिर बिहार (22.89%), उत्तर प्रदेश (25.31%), मध्य प्रदेश में (28.85%) थी (*Manpower Profile, India* : 1998 : 42)। आयु-वार, 68.4% से भी कम तीन वर्ष की आयु की लड़कियां हैं और उन्हें कोई शिक्षा नहीं मिलती। 3 से 6 वर्ष आयु समूह में, 19.3% लड़कियों को शिक्षा प्राप्त है; 7 से 11 वर्ष आयु समूह में 7.1% को, 12 से 14 वर्ष आयु समूह में 4.2% को और 15 + वर्ष आयु समूह में केवल 10% शिक्षा प्राप्त है (वही : 48)। भारत में अनुसूचित जाति की लड़कियों की साक्षरता दर 23.76% और अनुसूचित जनजाति समूह में 18.19% है।

1967 मे आठ राज्यों में स्वानुभव आधारित अध्ययन, जो कि विविध स्तर पर अध्ययनरत 11,500 छात्रों पर किया गया था, यह बताता है कि शैक्षिक अवसरों में भेदभाव 'लिंग' के आधार पर सर्वाधिक था। मोटे तौर पर (जैसा की उपरोक्त आंकड़े दर्शाते हैं) लड़कियों की शिक्षा ने बड़े लम्बे डग भरे हैं और आज विश्वविद्यालयों के कई विभागों और

सम्भागों (faculties) में लड़कियां लड़कों की अपेक्षा अधिक दिखाई देतीं हैं। उपरोक्त आंकड़े दर्शाते हैं कि जो लड़कियां शिक्षा व्यवस्था में प्रवेश लेती हैं वे अधिकतर शहरी श्वेतवसन परिवारों की हैं। ग्रामीण आवास, निम्न जाति और निम्न आर्थिक स्तर निश्चित रूप से लड़कियों को शिक्षा अवसरों से वंचित कर देते हैं। (M.S. Gore, *Indian Education*, 1990 : 36)

लड़कियों/स्त्रियों की शिक्षा में भागीदारी सुनिश्चित करने और उसमें सुधार करने के लिए निम्नलिखित विशिष्ट कदम उठाए गए हैं : (1) श्याम पट्ट अभियान (Operation *Black Board*) अन्तर्गत, सरकार ने 1987-88 से एक लाख प्राथमिक स्कूल अध्यापकों के पद सृजन के लिए सहायता प्रदान की है जो स्त्रियों द्वारा ही भरे जाने थे। पाँच वर्षों में, (अर्थात् 1992 तक) लगभग 75% पद भरे गए जिनमें से 60% महिला शिक्षिकाएं थीं। (2) लड़कियों के लिए एन.एफई (NFE) केन्द्रों की संख्या 1991 तक 81,000 हो गई थी जिनको 90% सरकारी सहायता मिलती थी। (3) 'महिला समाख्या' (स्त्रियों की समानता के लिए शिक्षा) परियोजना अप्रेल 1989 में प्रारम्भ की गई जिसका उद्देश्य था प्रत्येक सम्बन्धित गाँव में महिला संघ के माध्यम से शिक्षा प्राप्त करने के लिए महिलाओं को तैयार करना। यह केन्द्र सरकार की योजना है जिसमें उत्तर प्रदेश, कर्नाटक और गुजरात में महिला समाख्या समितियों को पूर्णरूपेण वित्तीय सहायता प्रदान की जाती है। इण्डो डच (Indo Dutch) योजना होने के कारण इसको नीदरलैण्ड सरकार से शत प्रतिशत सहायता प्राप्त होती है। इस योजना का उद्देश्य शिक्षा की मांग पैदा करना और पूर्व-स्कूली, अनौपचारिक, प्रौढ़ तथा अविराम (continuing) शिक्षा के लिए नवीन शैक्षिणिक प्रविष्टियाँ प्रारम्भ करना है। (4) सजग कार्यवाही द्वारा नवोदय विद्यालयों में लड़कियों का प्रवेश 28% तक सुनिश्चित किया गया है। (5) प्रौढ़ शिक्षा केन्द्रों में स्त्रियों के प्रवेश पर विशेष ध्यान दिया गया है। (6) ग्रामीण प्रकार्यात्मक साक्षरता कार्यक्रम के अन्तर्गत 1995 तक प्रौढ़ शिक्षा में कुछ नामांकित लोगों में से लगभग 55% तो स्त्रियाँ ही थीं।

कानून किसी स्त्री को स्वयं को शिक्षित करने के लिए बाध्य नहीं कर सकता। न ही माता-पिता को अपनी पुत्रियों को स्कूल भेजने के लिए बाध्य किया जा सकता है। शिक्षा के बिना स्त्री समानता प्राप्त नहीं की जा सकती। इसके लिए पुरुषों का लड़कियों की शिक्षा के प्रति दृष्टिकोण बदलने की आवश्यकता है।

राष्ट्रीय नीति 1986 ने भी स्त्रियों की समानता के लिए शिक्षा पर बल दिया जो कि नवीन मूल्यों के विकास को बढ़ाएगी। प्रस्तावित नीति है : स्त्रियों के विकास के लिए सक्रिय कार्यक्रम बनाने के लिए शैक्षिक संस्थाओं को प्रोत्साहन देना, स्त्रियों की निरक्षरता समाप्त करना, प्रारम्भिक शिक्षा तक स्त्रियों की पहुँच के बीच बाधाओं को हटाना तथा व्यावसायिक, प्रावैधिक और पेशेवार शिक्षा पाठ्यक्रमों में 'लिंग रूढ़ियों के स्थिर रूपों' को समाप्त करने के लिए गैर-भेदभाव नीति अपनाना।

अनुसूचित जातियों, अनुसूचित जनजातियों तथा अन्य पिछड़े वर्गों की शिक्षा (Education of SCs, STs, and OBCs)

शिक्षा व्यक्ति और समुदाय के विकास से प्रत्यक्ष रूप से सम्बन्धित है। यह सामाजिक मुक्ति

तथा आर्थिक विकास के लिए एक मात्र कारक है। समाज के कमजोर तपके के लिए शिक्षा का विशेष महत्व है क्योंकि कई शताब्दियों तक उनकी निरक्षरता और सामाजिक पिछड़ेपन को उनके आर्थिक शोषण, पीड़ा, और अवमानना के लिए प्रयोग किया जाता रहा है। कम विशेषाधिकार प्राप्त समूहों और आम जनता की समस्याएं परिमाणात्मक एवं गुणात्मक दोनों रूपों में भिन्न हैं। आमजन की भारत में साक्षरता दर 1991 की जनगणना के अनुसार (52.21%) अनुसूचित जातियों और जनजातियों की अपेक्षा 15% से 23% तक ऊँची थी (अ.जाति की 37.41% और अ.जनजाति की साक्षरता दर 29.60% के सहित) (*Manpower Profile* op. cit., 42-43), साक्षरता दर में इस प्रकार का अन्तर पुरुषों में (64.13%, 49.91% और 40.65% क्रमशः) तथा महिलाओं में (39.29%, 23.76% और 18.19% क्रमशः)। राज्यों में भी अनुसूचित जातियों व जनजातियों की साक्षरता दर समान नहीं है। भारत में 37.41% की तुलना में अनुसूचित जातियों में यह दर राज्यों में सबसे अधिक केरल में (79.66%), गुजरात में (61.07%) और गोआ, देहली, अरुणाचल प्रदेश, महाराष्ट्र, मणिपुर में (58.73% और 56.46% के बीच विविध) और निम्नतम बिहार में (19.49%), तत्पश्चात आन्ध्र प्रदेश, मध्य प्रदेश, कर्नाटक में (31.59% और 38.06% के बीच) थी। अनुसूचित जनजातियों में साक्षरता दर सम्पूर्ण भारत में 29.60% की तुलना में राज्यों में केरल में उच्चतम (57.22%) है और न्यूनतम आन्ध्र प्रदेश में (17.16%) है (op. cit : 44)। राज्य के भीतर भी कुछ ऐसी जनजातियाँ हैं जिनमें साक्षरता सबसे ऊंची है और कुछ में निम्मतम। उदाहरण के लिए राजस्थान में मीणा जनजाति की साक्षरता दर भीलों, सहारिया, रावत आदि की तुलना में ऊंची है। केरल में भी ऐसा ही है। राज्य में सभी अनुसूचित जातियों की साक्षरता दर (57.22%) की तुलना में, कथूनायकन, ऐरावलान, इरुलां, मथुवन, पनियम, आदि जनजातियों में बहुत कम साक्षरता है (10% से भी कम)। अन्य पिछड़े वर्ग के लिए ऐसे आँकड़े उपलब्ध नहीं हैं।

परिमाणात्मक और गुणवत्ता के भेद के इसी सन्दर्भ में शिक्षा के केन्द्रीय सलाहकार बोर्ड ने लगभग 24 वर्ष पूर्व (जुलाई 1976 में) सिफारिश की कि : (1) अनुसूचित जातियों और जनजातियों की प्रारम्भिक शिक्षा का सार्वभौमीकरण आवश्यक है, विशेषरूप से चयनित क्षेत्रों में, (2) क्योंकि अनुसूचित जातियां और जनजातियां समजातीय समूह नहीं हैं (साक्षरता स्तर पर उच्च विभेदों सहित-जनजाति वार और जातिवार-विभिन्न राज्यों में) इसलिए उनके लिए विभिन्न कार्यक्रम आवश्यक हैं, (3) जनजातीय क्षेत्रों में क्योंकि कई मामलों में शैक्षिक मूलभूत ढाँचा है ही नहीं इसलिए एकल-शिक्षक स्कूल वाले शैक्षिक संस्थाओं के विस्तार, स्कूल के विस्तार के घनत्व के अनुसार छात्रावास सुविधाओं को प्रत्येक सूक्ष्म इकाई के लिए नियोजित करने की आवश्यकता है।

अनुसूचित जातियों और अनुसूचित जनजातियों के शैक्षिक विकास के लिए किए गए उपाय
(Measures Adopted for Educational Development of SCs and STs)

(1) हमारे संविधान में राज्यों के लिए निर्देश है कि कमजोर तपके के लोगों के शैक्षिक हितों को प्रोत्साहित किया जाये, विशेष रूप से अनुसूचित जाति और अनुसूचित

जनजाति के लोगों के लिए। उनके लिए शैक्षिक संस्थाओं को स्थापित किया जाये और उनमें प्रवेश सुनिश्चित किया जाये तथा छात्रवृत्तियों आदि के लिए राज्य कोष से अनुदान दिया जाये। इस प्रकार संविधान में उनके लिए अस्थाई भेदभाव की नीति का प्रावधान किया गया है।

(2) इन निर्देशों को दृष्टिगत करते हुए अनुसूचित जातियों और जनजातियों में शिक्षा स्तर को ऊंचा करने के लिए, स्कूल खोलकर, पूर्व मैट्रिक एवं मैट्रिकोत्तर स्तर पर छात्रवृत्तियां प्रदान करके, लड़कियों के लिए विशेष रूप से छात्रावास बनवा कर, पुस्तक बैंक बनाकर, दोपहर के भोजन की व्यवस्था कराकर, छात्रों को ऋण उपलब्ध करवा कर, कोचिंग केन्द्र खोलकर, शिक्षकों के लिए मकान उपलब्ध कराकर और अन्य सुविधाए देने के लिए सभी पंचवर्षीय योजनाओं में करोड़ों रुपये का प्रावधान किया गया है।

(3) शिक्षण संस्थाओं में उनके लिए स्थान आरक्षित किए गए हैं, विशेष रूप से इन्जीनियरिंग और मेडिकल कालेजों में।

(4) प्रवेश के लिए आयु सीमा व अंकों में छूट दी गयी है।

(5) पेशेवार पाठ्यक्रमों में प्रवेश के लिए या केन्द्रीय व राज्य स्तरीय प्रतियोगी परीक्षाओं में बैठने के लिए तैयारी हेतु आकांक्षी छात्रों के लिए विशेष निःशुल्क कोचिंग दी जाती है।

1986 की राष्ट्रीय शिक्षा नीति ने अनुसूचित जातियों की शिक्षा के लिए निम्नलिखित उपाय सुझाये थे: (1) दलित परिवारों को प्रोत्साहन ताकि वे अपने बच्चों को 14 वर्ष की आयु तक नियमित रूप से स्कूल भेजें। (2) कक्षा एक से आगे निम्न पेशों में लगे परिवारों के बच्चों के लिए (सफाई, चमड़े आदि का) पूर्व-मैट्रिक छात्रवृत्ति योजना (3) पाठ्यक्रमों के सफल समापन, प्रवेश और नियमित उपस्थिति आदि को सुनिश्चित करने के लिए लगातार निगरानी (4) दलितों में से ही शिक्षकों की भर्ती (5) छात्रावासों में सुविधा, (6) स्कूलों, बालवाड़ियों तथा शिक्षा केन्द्रों की ऐसी जगहों पर स्थापना जिनमें दलितों की पूर्ण भागीदारी हो सके, (7) उनकी भागीदारी में वृद्धि करने के लिए नयी विधियों का निरन्तर नवाचरण (innovation)।

उपरोक्त उपायों के अतिरिक्त जनजातियों के लिये कुछ अन्य प्रस्तावित उपाय इस प्रकार **थे** : (1) जनजातीय क्षेत्रों में प्राथमिक विद्यालय खोलने में वरीयता, (2) प्रारम्भिक अवस्थाओं में जनजातीय भाषा में शिक्षण सामग्री तैयार करना, (3) शिक्षित जनजाति के लोगों को अपने क्षेत्रों में शिक्षण का काम करने के लिए प्रोत्साहित करना, (4) बड़े पैमाने पर आवासीय विद्यालय स्थापित करना।

1986 की राष्ट्रीय नीति में अन्य पिछड़े वर्ग के लिए सिफारिशें इस प्रकार थीं : (1) समाज के सभी शिक्षा की दृष्टि से पिछड़े वर्ग के लिए प्रोत्साहन, विशेष रूप से ग्रामीण क्षेत्रों में (2) पहाड़ी, रेगिस्तानी जिलों में और दूरस्थ दुर्गम स्थानों में संस्थात्मक मूलभूत ढाँचा प्रदान करना।

अनुसूचित जातियों और अनुसूचित जनजातियों के लिये शैक्षिक योजनाओं की सफलता और असफलता
(Success and Failure of Educational Schemes for SCs and STs)

यद्यपि योजनाओं के शैक्षिक विकास में कुछ प्रगति हुई है, जैसे अनुसूचित जातियों में शैक्षिक स्तर में 1971 में 14.67% से 1991 में 37.41% और अनुसूचित जनजातियों में 11.30% से 29.60%, और स्नातक, स्नातकोत्तर तथा पेशेवर पाठ्यक्रमों में भी छात्रों की संख्या में वृद्धि हुई है, फिर भी अवसरों की समानता अभी भी दूर का आदर्श मात्र है। वर्ग I और वर्ग II की सेवाओं में प्रवेश के अवसर अभी भी पूर्णरूपेण नहीं खुले हैं। क्या यह सरकार द्वारा चलाई गई शिक्षा नीतियों के क्रियान्वयन में दोषों के कारण है या निरक्षर दलितों व जनजातियों ने अभी भी अपने बच्चों के लिए शिक्षा के महत्व को नहीं समझा है या वे अपने बच्चों की शिक्षा पर इतनी कम धनराशि व्यय करने में गरीब और अक्षम हैं ?

यहां अनुसूचित जातियों व अनुसूचित जनजातियों के लिए शैक्षिक कार्यक्रमों में कमियों व दोषों का निम्नलिखित विवेचन दिया जा रहा है :

(1) *अध्ययन छोड़ने वालों का उच्च प्रतिशत*—यद्यपि गत पाँच दशकों में अनुसूचित जाति व अनुसूचित जनजाति के बच्चों की संख्या प्राथमिक कक्षाओं में धीरे-धीरे बढ़ी है, फिर भी बड़ी संख्या में बच्चे अध्ययन छोड़ देते हैं, जब वे कक्षा पाँच उत्तीर्ण हो जाते हैं। अनुमान है कि विभिन्न राज्यों में दलित और जनजाति समुदायों में इस प्रकार की बर्बादी का प्रतिशत 30% (हिमाचल प्रदेश) से 88% (मणिपुर) है, यद्यपि यह प्रतिशत अनुसूचित जातियों की अपेक्षा अनुसूचित जनजातियों में कहीं अधिक है।

(2) *अप्रभावी आरक्षण*—वांछित योग्य उम्मीदवारों की अनुपलब्धता के कारण सभी आरक्षित स्थान नहीं भरे जाते।

(3) *अल्प (meagre) छात्रवृत्तियाँ*—छात्रवृत्ति के रूप में प्राप्त धनराशि की अपेक्षा शिक्षा पर व्यय धन कहीं अधिक है।

(4) *अपर्याप्त सुविधाएँ*—कुछ जनजातीय क्षेत्रों में स्कूल दूर स्थानों पर स्थित हैं और स्कूल पहुंचने में बच्चों को कठिनाई होती है। इसी प्रकार हॉस्टल सुविधाएं भी अपर्याप्त रूप से उपलब्ध हैं।

(5) *दूरस्थ क्षेत्रों में शिक्षकों की बार-बार अनुपस्थिति*—जनजातीय तथा गैर-जनजातीय क्षेत्रों में अधिकतर स्कूल एकल-अध्यापक स्कूल हैं। शिक्षक या तो इन एकाकी क्षेत्रों में नियुक्ति के इच्छुक नहीं होते या वे इतने अधिक अनुपस्थित रहते है कि छात्रो का अध्ययन प्रभावित होता है।

(6) *शिक्षण माध्यम*—जनजातीय बच्चे अपनी बोली बोलते हैं जबकि प्राथमिक विद्यालयों में राज्य की भाषा में पढ़ाया जाता है। यह भाषा समस्या छात्रों की अध्ययन में रुचि कम कर देती है क्योंकि वे अनजानी भाषा में पाठ्य पुस्तकें नहीं पढ़ सकते।

(7) *सांस्कृतिक एवं सामाजिक अवरोध*—कई जनजातियों में पुत्रियों का छोटी आयु में विवाह और बहुओं को अध्ययन के लिए जाने की अनुमति न मिलना शिक्षा प्राप्त

करने में अवरोध बन जाता है। उनमें यह भावना भी है कि शिक्षित जनजातीय युवा जीवन के पारम्परिक मूल्यों और प्रतिमानों का सम्मान नहीं करेंगे।

अतः निष्कर्ष रूप में कहा जा सकता है कि जब तक जनजातियों को उनकी अपनी भाषा और राज्य भाषा, दोनों, नहीं सिखाई जातीं, शिक्षकों को अलग-अलग क्षेत्रों में काम करने के लिए प्रोत्साहन नहीं दिए जाते, एकाकी शिक्षक व्यवस्था को दो या अधिक शिक्षक व्यवस्था में नहीं बदला जाता, विद्यालय का समय स्थानीय लोगों की सुविधा से निश्चित नहीं किया जाता, तब तक शिक्षा के द्वार अधिकतर दलित और जनजाति छात्रों के लिए बन्द ही रहेंगे। केवल सार्थक शिक्षा नीति ही दलितों और जनजातियों की आवश्यकताओं की पूर्ति करेंगी। (देखें, Prasad, L.M. "Educational Policy for SCs and STs and its Implementation", *The Indian Journal of Public Administration,* Oct-Nov, 1986 : 908-32)।

शैक्षिक पुनर्गठन (Educational Reconstruction)

शिक्षा के उद्देश्यों के पुनर्गठन के पाँच लक्ष्य हैं । (1) शिक्षा को समाज की अपेक्षाओं और देश के विकास की आवश्यकताओं के अनुरूप सार्थक बनाना। इसके लिए सम्पूर्ण शिक्षा व्यवस्था को रोजगारपरक व व्यवसायोन्मुख बनाने की आवश्यकता है। (2) विषयवस्तु, शिक्षण विधि, तथा परीक्षण प्रणाली को पुनर्संगठित करके छात्रों की विचार शक्ति का विकास करना। (3) शैक्षिक अवसरों में असमानता कम करना और शिक्षा तक पहुंच को विस्तृत बनाना। इसके लिए पहले से ही बच्चों, युवाओं और प्रौढ़ों के लिए अनौपचारिक शिक्षा का संगठन आवश्यक है। (4) शिक्षा के मूलभूत ढांचे में तथा शिक्षा की गुणवत्ता में सुधार। यद्यपि मूलभूत ढांचे को बनाने में अत्यधिक संसाधनों का व्यय हुआ है, फिर भी संसाधनों की कमी बनी हुई है। स्थानीय समुदाय द्वारा ध्यान न दिए जाने तथा उपकरणों के अनुपयोगी हो जाने के कारण उपलब्ध मूलभूत ढाँचा पूरी तरह कारगर नहीं है। शिक्षकों को प्रोत्साहन देने में भी कमी है। (5) शिक्षा में प्रौद्योगिकी एवं विज्ञान की विषय सामग्री को सुदृढ़ करना। (6) राष्ट्रीय शिक्षा व्यवस्था का निर्माण करना जिसमें सामान्य भारतीय पहचान पुनर्स्थापित हो सके।

1986 की राष्ट्रीय नीति के बावजूद शैक्षिक सुधार कार्य रूप नहीं ले सके हैं। लगभग तीन दशक पूर्व यह विचार किया गया था कि शिक्षा में निवेश जी.एन.पी (GNP) का 3% से 6% बढ़ेगा लेकिन हम अब भी 3% के आसपास ही हैं। पंचवर्षीय योजनाओं में शिक्षा के हिस्से में कोई वृद्धि नहीं हुई है। जब तक मूलभूत ढाँचों को सुदृढ़ नहीं बनाया जाता (प्राथमिक, माध्यमिक, उच्च और समानता के लिए शिक्षा सहित), जब तक शिक्षा का पुनर्गठन न हो (व्यवसायीकरण तथा मूल्य परक शिक्षा सहित), और जब तक पुरानी शिक्षा से पूर्णरूपेण विदा न ली जाये, अनौपचारिक शिक्षा के कार्यक्रमों में परिवर्तन न हो, नौकरी से डिग्री का सम्बन्ध विच्छेदन न हो शिक्षा का प्रबन्धन उच्च शिक्षा में नियंत्रण, और परीक्षा सुधार न हो, तब तक शिक्षा में सुधार नहीं हो सकता।

8

धर्म
(Religion)

धर्म : अवधारणा और इसकी समाजशास्त्रीय सार्थकता
(Religion : Concept and its Sociological Relevance)

धर्म एक ऐसी व्यवस्था है जिसमें विश्वास, प्रथाएँ एवं पवित्र (sacred) से सम्बद्ध मूल्य होते हैं। यह अतिप्राकृतिक/अलौकिक (supernatural) इकाइयों एवं शक्तियों से सम्बन्धित होता है जिन्हें मानव समूहों में सांसारिक अस्तित्व (mundane existence) का अन्तिम लक्ष्य माना जाता है (Surajeet Sinha, "Sociology of Religion," *ICSSR, Survey of Research*, Vol 2, 1974 : 508)। समाजशास्त्री विभिन्न धर्मों के प्रतिस्पर्धात्मक दावों (claims) से सम्बन्ध नहीं रखते। वे तो धार्मिक विश्वासों और प्रथाओं के सामाजिक प्रभावों का अध्ययन करते हैं। दूसरे शब्दों में, धर्म के समाजशास्त्रीय विश्लेषण के द्वारा यह देखा जाता है कि धार्मिक विश्वासों और प्रथाओं की अभिव्यक्ति समाज में किस प्रकार होती है, विभिन्न धार्मिक मतों के मानने वाले लोगों की सामाजिक अन्तर्क्रिया को वे किस प्रकार उत्पन्न करते हैं और धर्म निरपेक्षता किस प्रकार अन्तर्धार्मिक पूर्वाग्रहों को रोक सकती है। धर्म के समाजशास्त्रियों द्वारा पूछे गए प्रश्न इस प्रकार के हैं : धार्मिक पूजा-पाठ तथा संस्कारों (rtuals) के माध्यम से एक समूह की सामाजिक एकता या सामूहिक एकात्मता को धर्म किस प्रकार पुनर्गठित (reinforce) करता है (दुर्खीम)? धर्म किस प्रकार लोगों के भावात्मक तथा बौद्धिक विकास को रोकता है (मार्क्स)? किस प्रकार एक विशेष अर्थ व्यवस्था (पूँजीवाद) विशिष्ट प्रकार की धार्मिक विचारधारा (protestanism) की उपज है (मैक्स वैबर)? क्या एक धर्म (जैसे हिन्दुत्व) दूसरे धर्म (जैसे इस्लाम) से अधिक सहिष्णु हैं ? धार्मिक दृष्टि से एक व्यक्ति को अस्पृश्य कहे जाने से उस की जीवन शैली पर किस प्रकार का प्रभाव पड़ता है? क्या एक ही धर्म के दो सम्प्रदायों के विश्वास व्यवस्था में कुछ ऐसा है (जैसे इस्लाम में शिया सुन्नी में) जो उनके बीच संघर्ष को अपरिहार्य बनाता है ? क्या धर्म (जैसे इस्लाम) परिवार नियोजन उपायों का विरोध करता है ? इनमें से कुछ पक्षों का विश्लेषण करने से पूर्व भारत में विभिन्न धर्मों के भौगोलिक वितरण व जनसंख्यात्मक आयाम को समझना आवश्यक है।

धर्म : जीवन प्रारूप
(Religion : Living Patterns)

भारत में विभिन्न धर्मों के जनसंख्यात्मक आयाम व भौगोलिक वितरण (Demographic Dimensions and Geographical Distribution of Different Religions in India)

भारत की जनसंख्या को धर्म के आधार पर यदि वर्गीकृत किया जाये तो 1991 की जनगणना के अनुसार 82.41 प्रतिशत हिन्दू हैं (अनुसूचित जातियों और जनजातियों सहित), 12.12 प्रतिशत मुस्लिम, 2.30 प्रतिशत ईसाई, 1.84 प्रतिशत सिख, 0.60 प्रतिशत बौद्ध, 0.44 प्रतिशत जैन, और 0.29 प्रतिशत अन्य हैं। भारत में पांच ऐसे प्रान्त/केन्द्रीय क्षेत्र हैं जहां हिन्दू अल्पसंख्या में हैं। इनमें जम्मू कश्मीर, मिजोरम, मणिपुर, नागालैण्ड, और लक्षद्वीप शामिल हैं। जम्मू कश्मीर, असम औंर पश्चिम बंगाल मुस्लिम बहुल हैं। मुस्लिम बहुलता 8 से 29 प्रतिशत के बीच पायी जाती है ; जैसे असम में 28.4%, पश्चिम बंगाल में 23.5%, केरल में 23.3%, उत्तर प्रदेश में 17.3%, बिहार में 14.8, कर्नाटक में 11.6%, महाराष्ट्र में 9.7%, और आन्ध्र प्रदेश में 8.9%, (*The Hindustan Times*, July 8, 1995)। यद्यपि भारतीय मुसलमान 12.12 प्रतिशत हैं, परन्तु केवल 5% लोग ही उर्दू बोलते हैं और सभी उर्दू बोलने वाले मुसलमान नहीं हैं।

पड़ौस के जीवन प्रारूप (Neighbourhood Living Patterns)

मुसलमान लोग मुस्लिम बहुल क्षेत्रों में रहना पसन्द करते हैं क्योंकि : एक, हिन्दू लोग मुसलमानों को किरायेदार नहीं रखते; दो, मुसलमान लोग उन क्षेत्रों में सुरक्षित अनुभव करते हैं; तीन, वे अपनी संस्कृति को सुरक्षित रख पाते हैं। उन क्षेत्रों में जहाँ हिन्दू और मुसलमान रहते हैं वहाँ दोनों के बीच धार्मिक झुण्ड (clusters), दरारें (cleavages) और ध्रुवताएँ (polarities) होती हैं। ध्रुवताओं का अर्थ है निकटता, लगाव, सम्बन्ध, चिन्ता और पहचान का एहसास जो किसी विशेष मुद्दे पर होता है और जो धार्मिक, राजनैतिक, आर्थिक या विचारात्मक प्रकृति का हो सकता है। ध्रुवीकरण का अर्थ है 'एकता कायम करने के लिए समूहों या व्यक्तियों के शारीरिक, मानसिक या भावात्मक गतिशीलता के द्वारा पहचान व अपनत्व का उच्चतम भाव पैदा करना'। 'दरार पड़ना' (cleavage) ऐसी स्थिति है जिसके द्वारा एक विशेष स्थान की जनसंख्या दो ध्रुवों में बँट जाती है जिनकी प्रवृत्तियाँ भिन्न संघर्षशील तथा विरोधी होतीं हैं। 'धार्मिक झुण्ड'(clusters) का अर्थ है एक विशेष समय में एक क्षेत्र में ध्रुवीय समानता में सहभागी लोगों के आवासीय प्रारूप।' मुसलमानों का जीवन प्रारूप ध्रुवत्व, ध्रुवीकरण, दरारों और झुण्डों पर आधारित है जो उन्हें अन्तर्वैयक्तिक सम्बन्धों और सुरक्षा प्रदान करने में सहायता देते हैं।

हिन्दू और मुसलमानों के आवासीय क्षेत्रों में भी वस्तु विनिमय या परस्पर निमंत्रण होता है। एक ही क्षेत्र में रहने वाले हिन्दू और सिख वस्तु विनिमय भी करते है तथा विवाह आदि में भी भाग लेते हैं। इसके लिए लचीलापन व उदारता वांछित है ताकि व्यक्ति दूसरों

के साथ निकटता सम्बन्ध अबाध रूप से बना सके। प्रेम और भ्रातृत्व भाव दृढ़ीकरण के तत्व (cementing forces) हैं। सामाजिक सम्बन्ध सहभागिता तथा पारस्परिकता की उत्तरदायित्व वाली भावना है जिससे व्यक्ति की वैयक्तिकता और स्वतंत्रता को दबाए बिना स्व की पहचान को प्राप्त किया जाता है।

अन्तर्धार्मिक अन्तर्क्रिया और परिवर्तन
(Inter-Religious Interaction and Conversions)

उपरोक्त वर्णन के अनुसार आज के भारतीय समाज में धर्मों की बहुलता (plurality) है। वास्तव में, हमारे समाज के सामने दो प्रकार की धार्मिक परम्पराएँ हैं। प्रथम, वे धर्म जिनका उदय भारत में ही हुआ—बौद्ध, जैन और सिख, द्वितीय जिनका जन्म तो अन्य देशों में हुआ लेकिन धीरे-धीरे वे भारतीय समाज में फैल गए, जैसे इस्लाम, ईसाई और जोराष्ट्र धर्म। भारतीय समाज में धार्मिक विश्वासों और मतों की बहुलता जीवन शैलियों की विविधता को प्रदर्शित करती है। धार्मिक परम्पराओं की विविधता ने अनन्यता (exclusiveness) का नकारात्मक रुझान बना दिया है। जब धर्म के अनन्य सांस्कारिक पक्षों पर अधिक ध्यान दिया जाता है तब अनन्यतावाद (exclusivism) की प्रधानता हो जाती है (Nerbhai Singh, "Contemporary Indian Society and the Plurality of Religions" in Murty Sacchidanand. K. *The Divine Peacock*", New age International Publishers, New Delhi, 1994 : 102-106)

आज के भारतीय समाज का संसार के प्रति भिन्न दृष्टिकोण है जो कि प्राचीन और मध्ययुगीन दृष्टिकोण से बिल्कुल अलग है। आधुनिकता का अर्थ परम्पराओं से पूर्ण अलगाव नहीं है। यह तो सततता (continuum) है! जहाँ परम्परागत भारतीय समाज में धार्मिक मूल्यों का प्राबल्य (predominance), आध्यात्मिकता (spirituality), अन्य सांसारिकता (other worldliness) में विश्वास, तथा पदसत्ताधारी के प्रति अधीनता (submission to authority) प्रमुख गुण थे, वहीं आधुनिक धर्मनिरपेक्ष भारतीय समाज की चार प्रमुख विशेषताएँ हैं : विचारों की स्वतंत्रता, भौतिक संस्कृति की प्रधानता, सांसारिकता भावना का त्याग, तथा पदसत्ताधारी के सामने नम्रता के स्थान पर विद्रोह। इस प्रकार आधुनिक भारतीय समाज ने एक ऐसे व्यक्ति के विचारों को स्वीकार कर लिया है जो ईसाई, इस्लाम व सिख धर्मों के माने जाते हैं। समकालीन भारत में एकता की भावना विविधता से ऊपर है। पहले जब अन्य सांस्कृतिक समूह स्वदेशी धार्मिक विश्वासों के सम्पर्क में आते थे, वे अपनी पहचान बनाए रखते थे, लेकिन साथ ही क्षेत्रीय सांस्कृतिक दशाओं को भी अपना लेते थे। ऐसे सामाजिक सांस्कृतिक परिवेश में विविधता में एकता की अवधारणा का उदय हुआ। लेकिन आज ऐसा प्रतीत होता है कि विविध धर्म एक दूसरे से समायोजन करना नहीं चाहते। प्रारम्भ में कुछ ईसाई धर्म प्रचारकों ने कुछ लोगों को, विशेष रूप से जनजातियों और निम्न जातीय हिन्दुओं को, ईसाई धर्म में परिवर्तित कर लिया था। आज कुछ हिन्दू कट्टरपंथियों ने, विशेष रूप से विश्व हिन्दू परिषद तथा बजरंग दल के सदस्यों ने, ईसाइयों और मुसलमानों को हिन्दुत्व में पुनर्परिवर्तित करना चाहा है। हाल में ही ईसाइयों पर हमले, दिसम्बर 1998 में गुजरात व जनवरी 1999 में उड़ीसा में, परिवर्तित हिन्दुओं को हिन्दुत्व पुनर्परिवर्तित करने

के प्रयास के साक्ष्य हैं।

आज जिस समस्या को हमें समझना है वह यह है कि विभिन्न धार्मिक परम्पराओं और विश्वासों को मानने वाले विभिन्न लोग एक बहुविध समाज में किस प्रकार साथ साथ रहते हैं। अलगाववादी, साम्प्रदायिक व संकीर्ण हठधर्मितापूर्ण दृष्टिकोण की शक्तियाँ विन्घकारी तत्व (disturbing elements) हैं। यह कहना गलत न होगा कि धर्मान्धता का पुनर्उदय (resurgenee of religious fanaticism) 1970 वे दशक से हुआ है। कतिपय हिन्दू व मुसलमान धर्मान्ध लोग (fanatics) जिनको अधर्मी कर्मों (nefarious deeds) के लियें धर्म धुंए का पर्दा (smoke-screen) प्रदान करता है, समाज को दाँव पर लगाए हुए हैं। यह भी एक रोचक स्थिति है कि भिन्न धर्मों के लोग साम्प्रदायिक दंगों और तनावों के लिए एक दूसरे को दोष देते हैं। हिन्दू मुसलमान भारत पाकिस्तान विभाजन के समय विभिन्न धर्मों के हजारों लोगों की हत्या के लिए एक दूसरे पर दोषारोपण करते हैं। 1960, 1970 व 1980 के दशकों में हिन्दू और मुसलमानों ने साम्प्रदायिक दंगों के लिए एक दूसरे को उत्तरदायी ठहराया था। 1993 में मुसलमानों ने अयोध्या में एक 'विवादास्पद निर्माण' को गिराने व महाराष्ट्र दंगों में मुसलमानों की हत्या के लिए हिन्दुओं को दोषी ठहराया। 1984 में इन्दिरा गान्धी की हत्या के बाद सिखों ने देहली, उत्तरप्रदेश व कई अन्य राज्यों में सिखों की हत्या के लिए हिन्दुओं को दोषी माना। 1998-99 में ईसाइयों ने गुजरात व उड़ीसा में ईसाइयों पर हमले के लिए हिन्दुओं को दोषी ठहराया। स्थिति का फायदा उठाने के लिए धर्म एक हथियार के रूप में प्रयोग किया गया। पंजाब में भिण्डरावाला आन्दोलन और कश्मीर में कुछ मुसलमानों का पाकिस्तान के पक्ष का रुझान, धार्मिक अल्पसंख्यकों की अतिवादिता (alienation) के दो उदाहरण हैं। भारतीय जनता पार्टी के एक अनुभाग (VHP) द्वारा 'हिन्दुत्व' के नारे ने मुस्लिमों और ईसाइयों में हिन्दू विरोधी भावनाएँ भड़का दीं।

फिर भी विविधता में एकता और सहिष्णुता है। अंग्रेजों ने हिन्दुओं, मुसलमानों और सिखों को उनकी धार्मिक भावनाओं का शोषण कर उन्हें विभक्त करने का प्रयत्न किया लेकिन स्वतंत्रतता संग्राम में वे एक रहे। आज भी अन्तर्धार्मिक विवाह हो रहे हैं तथा त्योंहार मिलकर मनाए जाते हैं। ईद, दिवाली व अन्य अवसरों पर निमंत्रण एक दूसरे को दिए जाते हैं। जिस प्रकार कुछ मध्यकालीन भक्तों (सन्तों) जैसे कबीर, नामदेव, रविदास, नानक, चैतन्य, आदि ने धार्मिक बन्धनों से ऊपर उठने का प्रयत्न किया, एक सूत्र में पिरोने वाली बोली प्रचारित की, कर्मकाण्डवाद (ritualism) की निन्दा की, उसी प्रकार ही स्वतंत्रतता के बाद भी गान्धी, नेहरू, आदि कुछ नेता हुए हैं (राजनीतिक दल भी) जिन्होंने मानव एकता पर बल दिया। आज भारत में कोई अधिकृत (official) धर्म नहीं है। संविधान सभी धर्मों को स्वतंत्रता प्रदान करता है। यह सत्य है कि कुछ राज्यों में राजनैतिज्ञ राजनैतिक सत्ता हथियाने के लिए धर्म का सहारा लेते हैं, परन्तु लोग धार्मिक विश्वासों का यह पतित जोड़-तोड़ भली-भांति समझ गए हैं। कुछ लोग मानते हैं कि हमारे देश में ऐसी स्थिति नहीं है जिसमें भिन्न धर्म एक दूसरे को सहन करें। वे चाहते हैं कि हमारे देश में कुछ ऐसे धर्म हैं जो सत्य (reality) के गतिवान (dynamic) स्वरूप को बल देते हैं जब कि अन्य उसके स्थिर (static) स्वरूप पर। ऐसे धर्म हैं जो व्यक्तिवाद (personalism) को प्राथमिकता प्रदान करते हैं (जैसे इस्लाम, ईसाई) और दूसरे ऐसे भी धर्म हैं जो दैवी अस्तित्व (divine being)

के अवैयक्तिक स्वरूप को मान्यता देते हैं। ऐसे भी धर्म हैं जिनके पास देवत्व (divinity) का आधारभूत सिद्धान्त नहीं है (जैन, बौद्ध) जबकि अन्य ऐसे धर्म हैं जो देवत्व को मानते हैं। लेकिन यह केवल (धर्मों की) विविधता दर्शाता है न कि असहिष्णुता। परन्तु अब धार्मिक विचार राजनीति से जुड़ने लगे हैं। प्रगतिशील विचारों के कुछ व्यक्ति हैं जो सहिष्णुता व सामजंस्य के आधार पर नयी सामाजिक संरचना बनाना चाहते हैं और अन्य लोग भी हैं जो रूढ़िवादी व प्रतिक्रियावादी विचारधारा के हैं, जो वर्तमान सामाजिक ढाँचे में कोई परिवर्तन नहीं चाहते हैं। दो द्वन्द्वात्मक विचारधाराएं दंगों और विरोधों को जन्म देती हैं। अतः ऐसी स्थिति में संघर्षरत धार्मिक विचारधाराओं से समझौता करना सरल नहीं है। इसलिए आगामी वर्षों में समुदायों के बीच स्वतंत्र अन्तर्क्रिया आसान नहीं प्रतीत होती।

साम्प्रदायिकता (Communalism)

हिंसा के साथ साम्प्रदायिकता की उदय होती प्रवृत्ति ने धार्मिक अल्पसंख्यकों में असुरक्षा का भाव पैदा कर दिया है। विशेषरूप से मुसलमान, सिख और ईसाई भविष्य में भेदभाव तथा संघर्ष का खतरा महसूस करते हैं। हो सकता है यह मात्र उनका भय हो, लेकिन राष्ट्र अपनी जनसंख्या के पाँचवें भाग के लोगों में सन्देह, असुरक्षा, और भय बर्दाश्त नहीं कर सकता। कश्मीर, उत्तर प्रदेश, बिहार, गुजरात, आसाम, उड़ीसा, आन्ध्रप्रदेश और दिल्ली में 1984 से 2000 के बीच घटी घटनायें इस बात का उदाहरण हैं कि साम्प्रदायिकता का रोगाणु वायरस (virus) विविध रूपों में विनाशकारी प्रभाव पैदा करने लगा है। भारत में धार्मिक अल्पसंख्यकों को संविधान में सुरक्षा प्रदान की गई है जो फिर न्याय, सहिष्णुता, समानता और स्वतंत्रता प्रदान करता है। लेकिन ऐसे युग में जिसमें धार्मिक कट्टरवाद धार्मिक उन्माद असहिष्णुता और संकीर्णता में बदलती रहती जा रही है, 'राम राज्य' की कल्पना यदाकदा अल्पसंख्यकों द्वारा गलत समझी जाती है, विशेषकर मुसलमानों द्वारा, जिसका अर्थ है भगवान राम का शासन, अर्थात् हिन्दू शासन। आतंकवादियों के छिपने को रोकने तथा उनकी क्रियाओं पर नजर रखने के लिए धार्मिक स्थलों के आसपास पुलिस की उपस्थिति को (जैसा कि 1985 में अमृतसर में और नवम्बर 1993 तथा मई 1995 में कश्मीर में हुआ था) धार्मिक मामलों में हस्तक्षेप समझा जाता है। अतः देश की शान्ति व अखण्डता को बचाए रखने के लिए साम्प्रदायिकता तथा साम्प्रदायिक हिंसा विषयों के विश्लेषण एवं उन पर चर्चा करने की आवश्यकता है। 'साम्प्रदायिकता' की परिभाषा करना भी अत्यन्त आवश्यक हो गया है। यह खोजना भी युक्तिसंगत होगा कि साम्प्रदायिक कौन है।

साम्प्रदायिकता की अवधारणा (Concept of Communalism)

साम्प्रदायिकता एक विचारधारा है जिसमें कहा गया है कि समाज धार्मिक समुदायों में विभक्त है जिनके हित भिन्न-भिन्न हैं और कभी-कभी एक दूसरे से बिल्कुल विरुद्ध होते हैं। एक समुदाय या धर्म के लोगों द्वारा दूसरे समुदाय या धर्म के विरुद्ध किया गया शत्रुभाव ही 'साम्प्रदायिकता' कहा जा सकता है। यह शत्रुभाव विशेष समुदाय को गलत दोषारोपण, हानि पहुँचाने और जानबूझ कर अपमानित करने की हद तक चला जाता है तथा लूटपाट, मकानों और दुकानों में आगज़नी तथा कमज़ोरों और असहायों को सताना, स्त्रियों को अपमानित करने

तथा लोगों की हत्या तक चला जाता है। साम्प्रदायिक व्यक्ति वे होते हैं जो धर्म के माध्यम से राजनीति करते हैं। नेताओं में वे धार्मिक नेता साम्प्रदायिक हैं जो अपने धार्मिक समुदायों को व्यापारी उद्यमों और संस्थाओं की तरह चलाते है और चिल्लाते हैं कि हिन्दुत्व, इस्लाम, सिख या ईसाइयत खतरे में हैं, जैसे ही वे देखते हैं कि उनके पवित्र संस्थानों में दान की आमद कम हो चली है या फिर उनके नेतृत्व को चुनौती मिलने लगी है या फिर उनकी विचारधारा विवादग्रस्त हो चली है। इस प्रकार साम्प्रदायिक वह नहीं है जो 'धार्मिक व्यक्ति है' बल्कि वह है जो धर्म से जुड़ी राजनीति करता है। यह शक्तिलोलुप राजनीतिज्ञ (power politicians) न तो अच्छे हिन्दू, मुसलमान, ईसाई, सिख हैं और न ही अच्छे पारसी, और बौद्ध। उन्हें खतरनाक राजनैतिक काई या झाग (scum) कहा जा सकता है। उनके लिए ईश्वर और धर्म मात्र यन्त्र हैं जिनका प्रयोग वे विलासी जीवन तथा समाज में परजीवी राजा की तरह व्यतीत करने में तथा राजनैतिक उद्देश्यों की प्राप्ति के लिए करते हैं। (*Day After*, June 1990 : 35-36)।

टी. के ऊमन (T.K. Oomen, 1989), ने साम्प्रदायिकता के छः आयाम बताये हैं : आत्मसातकारी (assimilationist), कल्याणत्मकारी (welfarist), पलायनवादी (retreatist), प्रतिकारात्मक (retaliatory), अलगाववादी (separatist) तथा पृथकतावादी (secessionist)। *आत्मसातकारी* साम्प्रदायिकता वह है जिसमें छोटे-छोटे धार्मिक समूह एक बड़े धार्मिक समुह में एकीकृत हो जाते हैं। ऐसे साम्प्रदायिक लोग दावा करते हैं कि अनुसूचित जनजाति के लोग हिन्दू होते हैं या जैन, सिख और बौद्ध हिन्दू होते हैं और उन्हें भी हिन्दू विवाह अधिनियम की परिधि में लिया जाना चाहिए। *कल्याणकारी* साम्प्रदायिकता का उद्देश्य किसी विशेष समुदाय का कल्याण करना होता है, जैसे ईसाई संघों द्वारा केवल ईसाइयों के रहन-सहन के दर्जे, शिक्षा व स्वास्थ्य में सुधार करना या पारसी संघ पारसियों के उत्थान के लिए कार्यरत है। इस प्रकार की साम्प्रदायिक गतिशीलता का उद्देश्य केवल अपने ही समुदाय के लोगों के लिए काम करना होता है। *पलायनवादी* साम्प्रदायिकता वह है जिसमें एक छोटा धार्मिक समुदाय अपने को राजनीति से अलग रखता हैं; उदाहरणार्थ, बहाई समुदाय, जो अपने सदस्यों को राजनीति में भाग लेने से रोकता है। *प्रतिकारात्मक* साम्प्रदायिकता का प्रयास अन्य धार्मिक समुदायों के सदस्यों को हानि पहुँचाना, चोट पहुँचाना, आघात पहुँचाना रहता है। *पृथकतावादी* साम्प्रदायिकता वह है जिसमें एक धार्मिक या सांस्कृतिक समूह अपनी सांस्कृतिक विशेषता (specificity) बनाए रखना चाहता है और देश में अपनी सीमाओं के राज निर्माण (territorial state) की मांग करता है; उदाहरणार्थ, उत्तर-पूर्व भारत में मिज़ो और नागाओं की मांग, असम में बोडो, बिहार में झारखण्ड जनजातियों की माँग (जिसको स्वीकार कर नवम्बर 2000 में पृथक राज्य स्थापित किया गया है), पश्चिम बंगाल में गोरखा लोगों की गोरखालैण्ड की मांग, या उत्तर प्रदेश में उत्तराखण्ड की माँग (नवम्बर 2000 में उत्तराखण्ड राज्य भी बना दिया गया है), या महाराष्ट्र में विदर्भ की माँग। अन्त में, *अलगाववादी* साम्प्रदायिकता वह है जिसमें एक धार्मिक समुदाय राजनैतिक पहचान की माँग करता है और स्वतंत्र राज्य की माँग करता है। सिखों का छोटा सा समुदाय खालिस्तान की माँग या कुछ मुस्लिमों का आजाद काश्मीर की माँग करना इस प्रकार की साम्प्रदायिकता के उदाहरण हैं। उपरोक्त छः प्रकार की साम्प्रदायिकताओं में से अन्तिम तीन

आन्दोलनों, साम्प्रदायिक दंगों, आतंकवाद, सशस्त्र विद्रोहों को जन्म देने वाली समस्याएँ पैदा करते हैं।

भारत में सम्प्रदायवाद (Communalism in India)

भारत का बहुलवादी (pluralist) समाज अनेक धार्मिक समूहों से मिलकर बना है, यद्यपि यह समूह उप धार्मिक समूहों में भी विभक्त है। हिन्दू धर्म पन्थों में विभाजित है, जैसे आर्य समाजी, शैव, सनातनी, वैष्णव, जबकि मुसलमान एक ओर शिया और सुन्नियों में विभक्त हैं और दूसरी ओर अशरफ (कुलीन), अज़लम (जुलाहे, कसाई, बढ़ई, तेली) और अरज़लों में। हिन्दू और मुसलमानों के बीच लम्बे समय से तनावपूर्ण सम्बन्ध रहें है जबकि हिन्दू और सिखों ने एक दूसरे को 1984 के बाद लगभग दस वर्षों तक ही सन्देह की दृष्टि से देखा था। यद्यपि कुछ राज्यों में हिन्दुओं-ईसाइयों तथा मुसलमानों और ईसाइयों के बीच संघर्षों की चर्चा सुनी जा रही है, फिर भी अधिकतर ईसाई भारत में अन्य समुदायों द्वारा शोषित या वंचित अनुभव नहीं करते। मुसलमानों में शिया और सुन्नी एक दूसरे के प्रति पूर्वाग्रह रखते हैं। यहाँ हम संक्षेप में हिन्दू-मुस्लिम और हिन्दू-सिख सम्बन्धों का प्रमुख रूप से विश्लेषण करेंगे।

हिन्दू-मुस्लिम साम्प्रदायिकता (Hindu-Muslim Communalism)

भारत में मुस्लिम आक्रमण दसवीं शताब्दि में प्रारम्भ हुए लेकिन प्रारम्भिक आक्रान्ता धार्मिक प्रभुत्व स्थापना की अपेक्षा लूटपाट में ही अधिक रुचि रखते थे। कुतुबुद्दीन जब दिल्ली का प्रथम सुल्तान बना तब भारत में इस्लाम के पैर जमे। बाद में मुगलों ने (1707 तक) अपने साम्राज्य को मजबूत किया और इस प्रकिया में इस्लाम को भी बल मिला। मुगल शासकों की कुछ नीतियां धर्मान्तरण (proselytisation) के प्रयासों, हिन्दू मन्दिरों के विनाश तथा इन पर मस्जिदों के निर्माण ने हिन्दू मुस्लिम समुदायों के बीच खाई बना दी। जब अंग्रेजो ने भारत में अपनी सत्ता जमाई, उन्होंने प्रारम्भ में तो हिन्दुओं की संरक्षण की नीति अपनाई, लेकिन 1857 में प्रथम स्वतंत्रता संग्राम के बाद, जिसमें हिन्दू और मुसलमान कन्धे से कन्धा मिलाकर लड़े थे, अंग्रेजों ने 'विभाजित करो और राज्य करो' की नीति अपनाई, जिसका परिणाम हुआ साम्प्रदायिक संघर्षों का उदय और उनका वर्चस्व बना रहा। जब स्वतंत्रता संग्राम के दौरान शक्ति की राजनीति खेली जाने लगी तब हिन्दू मुसलमानों के बीच सम्बन्धों में और अधिक तनाव आए। इस प्रकार हिन्दू मुसलमानों के बीच बैर भाव काफी पुराना प्रकरण है; फिर भी भारत में हिन्दू मुस्लिम साम्प्रदायिकता को स्वतंत्रता संग्राम के दौरान की ब्रिटिश शासन की धरोहर ही कहा जा सकता है। यह साम्प्रदायिकतावाद 1947 की आज़ादी के बाद आज बदले हुए सामाजिक और राजनैतिक परिवेश में काम कर रहा है। यह भारत के उन धर्मनिरपेक्ष आदर्शों के लिए खतरा है जो (आदर्श) हमारे संविधान तक में समाविष्ट हैं।

प्रथम विश्व युद्ध के बाद हिन्दू मुस्लिम साम्प्रदायिकता की उत्पत्ति तथा ऐतिहासिक जड़ों का परीक्षण किया जा सकता है ताकि इस घटना को समकालीन सन्दर्भ में समझा जा

सके। 1920 और 1940 के बीच स्वतंत्रता संग्राम में जिन राजनीतिक दलों ने हिस्सा लिया था उनकी धार्मिक तथा राजनैतिक विचारधाराएँ एवं आकांक्षाएँ क्या थीं ? राष्ट्रीयता की अपील से विभिन्न समुदायों को जोड़ने में दो महत्त्वपूर्ण कारक थे : प्रथम, औपनिवेशिक शासकों के शोषण से मुक्ति और द्वितीय, सभी नागरिकों के लिए लोकतांत्रिक अधिकार। लेकिन प्रमुख राजनैतिक दल जैसे कांग्रेस, मुस्लिम लीग, कम्युनिस्ट पार्टी, हिन्दू महासभा ने बीसवीं सदी के तीस व चालीस के दशकों में इन भावनाओं में हिस्सा नहीं लिया। कांग्रेस ने तो आरम्भ से ही 'शिखर से एकता' (unity from the top) की नीति अपनाई जिसमें मध्यम वर्गीय तथा उच्च वर्गीय मुसलमानों को, जो मुस्लिम समुदाय के नेता थे, जीतने का प्रयास किया था तथा मुस्लिम जन समुदाय को आन्दोलन में आकर्षित करने का काम उन पर छोड़ दिया गया। यह 'शिखर से एकता' दृष्टिकोण साम्राज्यवाद से लड़ाई में हिन्दू-मुस्लिम सहयोग को प्रोत्साहित न कर सका। 1918 व 1922 के बीच हिन्दू-मुस्लिम एकता के सभी प्रयत्न केवल हिन्दू, मुस्लिम, सिखों तथा कांग्रेस के शिखरस्थ नेताओं के बीच बातचीत की प्रकृति के थे। प्रायः कांग्रेस ने निरपेक्ष राष्ट्रवादी ताकतों के सक्रिय संगठनकर्ता का कार्य विविध समुदायों को संगठित करने के बजाय विविध समुदायों के नेताओं के बीच मध्यस्थ का काम किया। इस प्रकार प्रारम्भिक राष्ट्रवादी नेताओं के बीच सन्निहित स्वीकृति थी कि हिन्दू, मुस्लिम, सिख अलग-अलग समुदाय थे जो केवल राजनैतिक व आर्थिक मामलों में भागीदार थे, न कि सांस्कृतिक, धार्मिक व सामाजिक प्रथाओं में। इस प्रकार बीसवीं सदी के प्रथम व द्वितीय चौथाई वर्षों में साम्प्रदायिकता के बीज बोए गए। 1936 तक मुस्लिम लीग व हिन्दू महासभा संगठनात्मक रूप से काफी कमजोर रहे। 1937 के चुनाव में प्रान्तीय विधायिकाओं में मुस्लिमों के लिए आरक्षित कुल (482) स्थानों में से मुस्लिम लीग ने 22 प्रतिशत स्थानों पर विजय प्राप्त की। मुस्लिम बहुसंख्यक प्रान्तों में भी मुस्लिम लीग की उपलब्धि अच्छी नहीं रही। केवल 1942 के बाद ही मुस्लिम लीग मजबूत राजनैतिक दल के रूप में उभरी और सभी मुस्लिमों के अधिकारों के लिए बोलने का दावा किया। जिन्ना कांग्रेस पार्टी को 'हिन्दू' संगठन कहते थे जिसका समर्थन अंग्रेज भी करते थे। कांग्रेस के भीतर भी कुछ नेता लोग, जैसे मदन मोहन मालवीय, के. एम. मुन्शी, और सरदार पटेल ने 'हिन्दू' पक्ष को लिया। इस प्रकार कांग्रेस अपने नेताओं की साम्प्रदायिक तत्वों वाली छवि को समाप्त न कर सकी।

जहाँ 1940 में मुस्लिम लीग द्वारा पाकिस्तान का नारा सर्वप्रथम चलाया गया, वहीं कांग्रेस नेताओं ने 1946 में देश का विभाजन स्वीकार कर लिया। फलस्वरूप, लाखों की संख्या में हिन्दुओं, मुसलमानों और सिखों को बेघर होना पड़ा। विभाजन के बाद भी, कांग्रेस साम्प्रदायिकता पर काबू न पा सकी। अतः यह कहा जा सकता है कि भारत में हिन्दू-मुस्लिम साम्प्रदायिकता की उत्पत्ति मुख्यतः राजनैतिक-सामाजिक थी तथा हिन्दू मुसलमानों के बीच केवल धर्म ही संघर्ष का कारण नहीं था। आर्थिक हित तथा सांस्कृतिक एवं सामाजिक लोकरीतियों (mores) (जैसे त्योंहार, सामाजिक प्रथाएँ) ने दोनों सम्प्रदायों को विभाजित किया।

भारत में 16 नगरों की पहचान हिन्दू मुस्लिम दंगों की दृष्टि से अति संवेदनशील रूप में की गई है। इनमें से पाँच (मुरादाबाद, मेरठ, अलीगढ़, आगरा व वाराणसी) उत्तरप्रदेश में

हैं, एक (औरंगाबाद) महाराष्ट्र में, एक (अहमदाबाद) गुजरात में, एक (हैदराबाद) आन्ध्र प्रदेश में, दो (जमशेदपुर व पटना) बिहार में, दो (सिलचर व गौहाटी) असम में, एक (कलकत्ता) पश्चिम बंगाल में, एक (भोपाल) मध्य प्रदेश में, एक (श्रीनगर) जम्मू व कश्मीर में और एक (कटक) उड़ीसा में। क्योंकि 11 नगर उत्तरी क्षेत्र में हैं, तीन पश्चिमी और दो दक्षिण क्षेत्र में हैं, तो क्या यह माना जा सकता है कि दक्षिण भारत में मुस्लिम लोग सांस्कृतिक दृष्टि से अधिक समन्वित हैं क्योंकि वे वाणिज्य व्यापार में संलग्न है जिसमें सभी से सद्‌भाव की अपेक्षा की जाती है ? आश्चर्य की बात तो यह है कि यह बात उत्तर प्रदेश के पाँच नगरों में भी लागू होती है। इसलिए इस घटना के लिए कोई अन्य व्याख्या हमें ढूँढनी होगी।

हिन्दू-मुस्लिम वैमनस्य (antagonism) के पीछे कुछ जटिल तथ्य बताये जा सकते हैं। ये इस प्रकार हैं : (1) मुस्लिम आक्रमण जिसमें आक्रान्ताओं ने सम्पत्ति को लूटा और मन्दिरों के आस-पास मस्जिदें बनवाई, (2) साम्राज्यवादी शासन के दौरान ब्रिटिश लोगों ने अपने स्वार्थ के लिए मुस्लिम पृथकतावाद को प्रोत्साहित किया, (3) विभाजन के बाद भारत में कुछ मुसलमानों का व्यवहार, जो पाकिस्तान के पक्ष में झुके हुए थे। इस प्रकार का व्यवहार बहु-संख्यक समुदाय में यह भाव पैदा करता है कि मुसलमान देश भक्त नहीं हैं। भारतीय मुसलमान की यह रूढ़ छवि जो कि कट्टर हिन्दुओं के मस्तिष्क में ‌र कर गई है वह है आभ्यान्तरिक (inward looking) विदेशी की। इसी प्रकार एक मुसलमान के मस्तिष्क में भी हिन्दुओं के प्रति भाव सर्वशक्तिशाली, अवसरवादी तथा उपेक्षा करने वालों का है और वह स्वयं को उनके द्वारा प्रताड़ित एवं देश की तथा समाज की मुख्य धारा से अलग किया हुआ मानता है (4) मुसलमानों द्वारा देश में स्थान प्राप्त करने के प्रयत्न में मुस्लिम राजनैतिक दलों की नव-आक्रामकता (aggressiveness) रिपोर्ट तो यहां तक है कि कुछ कट्टरपंथी मुसलमान 'विदेशी धन' प्राप्त करते हैं, 'विदेशी एजेन्ट बनते हैं' और देश के धर्मनिरपेक्ष आदर्श को बर्बाद करने पर तुले हैं और भारतीय मुसलमानों को भड़काने में लगे हैं। (5) मुस्लिम नेताओं की मुसलमानों को एक करने में और उनकी समस्याओं के समाधान करने में असफलता शायद उनकी कुण्ठा के कारण है क्योंकि वे पश्चिमी एशिया व पाकिस्तान में बहने वाली इस्लामी कट्टरवाद की हवा से प्रभावित हैं। नेताओं ने तो केवल मुसलमानों की संख्या बल का शोषण किया (विशेष रूप से केरल, कश्मीर व उत्तर प्रदेश में) और सौदेबाजी की, संसद और विधान सभाओं में कुछ स्थान प्राप्ति के लिए और अपने तथा अपने मित्रों के लिए शक्ति और सम्पन्नता की खोज करते रहे। (6) सरकार भी मुसलमानों की उपेक्षा के लिए कुछ सीमा तक उत्तरदायी है। बड़ी संख्या में मुसलमान स्वयं को बाहरी समझते हैं और परिणाम यह होता है कि वे स्वार्थी नेताओं के शोषण के शिकार हो जाते हैं। शासक अभिजात वर्ग शायद ही धार्मिक सद्‌भावना की बात करते हों। वे मुसलमानों की वास्तविक समस्याओं को बहुत कम समझ रखते हैं। हिन्दू नेतृत्व केवल उन्हीं मुस्लिम नेतृत्व से सम्बन्ध रखता है जो उनकी बात मानते हैं।

भारतीय मुसलमान अधिकांशतः अपने भविष्य को 'हम' (us) और 'वे' (they) के प्रश्न पर निर्भर मानते हैं जब वे अपनी माँगों को सर्वविदित करते हैं, जैसा कि समाज के कुंठित समूह अपनी परेशानियों को स्वर देने के लिए करते हैं। तब यह भावना अक्सर हिन्दू-मुस्लिम हिंसा के रूप में फूट पड़ती है जिसके लिए विदेशी हाथ होने का आरोप लगाया

जाता है। तब क्या मुस्लिम समस्या को साम्प्रदायिक समस्या माना जाये? क्या यह सत्य नहीं है कि हिन्दू मुस्लिम से भिन्न नहीं हैं या असम के बंगाली-आसामी संघर्ष या महाराष्ट्र के महाराष्ट्रीय और गैर-महाराष्ट्रीय से भिन्न नहीं है? वास्तव में समस्या है सामाजिक-आर्थिक हितों की तथा कट्टरता एवं मूल्यों में परिवर्तन की।

उग्रवादी प्रवृत्ति के हिन्दू मानते हैं कि देश में मुसलमानों को अनुचित रुप में प्रश्रय (pamper) किया जा रहा है। 1992-1993 के रामजन्म भूमि-बाबरी मस्जिद के प्रकरण ने तो साम्प्रदायिक सद्भाव के नाजुक सन्तुलन को और भी प्रभावित किया है। कांग्रेस से मोह भंग होने के बाद मुसलमानों ने 1990 में जनता दल में, 1995 में समाजवादी पार्टी में, और 1996 में संयुक्त मोर्चे (United Front) में विश्वास बनाया। जनता दल के विभाजन (नवम्बर, 1990) तथा राजीव गान्धी की हत्या (मई, 1991) के साथ भारतीय जनता पार्टी के नवम्बर 1993 में सत्ता में आने के साथ चार राज्यों के चुनावों का होना (राजस्थान, उत्तर प्रदेश, मध्य प्रदेश और हिमाचल प्रदेश) और 1998 में केन्द्र में तथा कर्नाटक में जनता दल और आन्ध्र प्रदेश में तेलुगु देशम का 1994 चुनावों में सत्तासीन होना, मार्च 1995 के चुनाव में शिव सेना और भाजपा का महाराष्ट्र में और भाजपा का गुजरात में सत्ता में आना, उत्तर प्रदेश में सपा-बसपा और भाजपा-बसपा संयुक्त सरकारों का गिरना, अक्टूबर 1996 के चुनाव में उत्तर प्रदेश में सपा और बसपा का बहुसंख्या में न आना और अप्रैल 1999 में केन्द्र में संसद में वाजपेयी के बाद मन्त्री मण्डल बनाने में समाजवादी पार्टी की सोनिया गान्धी को समर्थन देने में असफलता और फिर अक्टूबर 1999 में बी.ज़े.पी द्वारा गठबन्धन सरकार बनाना है, इन सभी बातों ने भ्रान्ति पैदा की है। आज मुसलमान पहले की अपेक्षा अपनी सुरक्षा को लेकर अधिक चिन्तित हैं।

हिन्दू-सिख साम्प्रदायिकता

सिख लोग भारत की कुल जनसंख्या का मात्र 2 प्रतिशत (1.3 करोड़) हैं। यद्यपि समूचे देश में तथा विदेशों में भी फैले हुए हैं। पंजाब में वे अधिक केन्द्रित हैं जहाँ वे राज्य में बहुसंख्यक हैं।

पंजाब में सिख आन्दोलन अस्सी के दशक के प्रारम्भ में शुरू हुआ। हत्याओं की संख्या बढ़ती गई और सिखों का विरोध संगठित होता गया तथा आक्रामकता एवं हिंसा में वृद्धि हुई। 1984 में जब अमृतसर के स्वर्ण मन्दिर में उग्रवादी प्रकृति वाले सिखों को पकड़ने तथा हथियारों को जब्त करने के लिए सेना ने आपरेशन ब्लू स्टार प्रारम्भ किया, तब सिखों ने हिंसात्मक प्रतिक्रिया प्रकट की। अक्टूबर 1984 में जब इन्दिरा गान्धी की हत्या की गई और देहली तथा अन्य राज्यों में हजारों सिखों की हत्या की गई, और उनकी सम्पत्ति लूटी गई, जलाई व नष्ट की गई, तब कुछ सिख हिंसावादी इतने उग्र हो गए कि उन्होंने बसों और रेलों में सैकड़ों हिन्दुओं की हत्या कर दी, उनकी सम्पत्ति नष्ट कर दी तथा अनेक हिन्दुओं को पंजाब छोड़ने के लिए मजबूर कर दिया। मई 1988 में अमृतसर में स्वर्ण मन्दिर से उग्रवादियों को साफ करने के लिए आपरेशन ब्लैक थण्डर शुरू किया गया जो उनके नियंत्रण में लगभग 10 दिन तक रहा। तब सिखों ने बदले की कार्यवाही में बम विस्फोट किए, हिन्दुओं की हत्या की तथा बैंकों को लूटा। इस प्रकार लगभग दस वर्षों तक सिखों और

हिन्दुओं के बीच सम्बन्ध तनावपूर्ण रहे। अब पंजाब में कट्टरवादी सिख आक्रामकता दबा दी गई है तथा 1993 से आगे दोनों सम्प्रदायों के बीच के सम्बन्धों में काफी सुधार हुआ है। अब उनके बीच एक दूसरे के धार्मिक विश्वासों तथा पूजा स्थलों को लेकर सौहार्द और सम्मान विकसित हुआ है।

नृजातीय हिंसा (Ethnic Violence)

हिन्दू-मुस्लिम संघर्षों एवं हिन्दू-सिख झड़पों के अतिरिक्त हम विभिन्न नृजातीय समूहों के बीच सम्बन्धों को कैसे देखते हैं ? जैसे असामी और गैर असामी असम में लगभग 150 वर्षों से राज्य का आर्थिक विकास बाहरी राज्यों से आयातित श्रम और उद्यम द्वारा चलाया जा रहा था। इस अवधि में, जिसका विस्तार लगभग डेढ़ दशाब्दि तक रहा, असम तथाकथित 'बाहरी' लोगों का घर रहा है जिनका कोई अन्य घर नहीं रहा सिवाय असम के। कुछ लोग वास्तव में अमीर हो गए हैं लेकिन अधिकतर लोग निराश और निर्धन हैं। अब असमियों ने राष्ट्रीयता का प्रश्न उठा दिया है। अखिल असम छात्र संघ (AASU) तथा अखिल असम गण परिषद (AAGP) आन्दोलन (जिससे AGP राजनैतिक पार्टी के रूप में उभरी) ने 'बाहरी' को 'विदेशी' के रूप में गलत समझा (बाँगला देश से आए शरणार्थियों सहित)। राज्य में 50 लाख से 70 लाख 'बहिरागतों' की आश्चर्य चकित करने वाली संख्या का आकलन किया गया। असम को विदेशियों से छुटकारा दिलाने के इस प्रकरण ने राज्य को 6 वर्ष तक उद्वेलित रखा—1979 से 15 अगस्त, 1985 के असम समझौते तक। बोड़ो, बंगालियों, मारवाड़ियों और ग़ैर-असामी मुसलमानों के विरुद्ध घृणा को बढ़ावा दिया गया। यह अलगाववादी (secessionist) आन्दोलन हजारों अबोध लोगों की मृत्यु के लिए जिम्मेदार बना। नौगाँव ज़िले के नेली (Nellie) में और उसके चारों ओर के 10 गाँवों में 1,383 स्त्रियों, बच्चों और पुरुषों का नरसंहार नृजातीय हिंसा का ही भाग था। ए.एस.जी.पी भी, जो 1985 से 1990 के बीच सत्ता में रही, नृजातीय तनाव को कम न कर सकी।

उल्फा उग्रवादियों ने एक आन्दोलन चलाया जो इतना शक्तिशाली रहा कि जनवरी 1991 में होने वाले चुनावों की बजाय नवम्बर 1990 में राज्य में राष्ट्रपति शासन लागू किया गया, सेना और सुरक्षा बलों ने विद्रोहियों को पकड़ने तथा हथियार बरामद करने के लिए एक मुहिम छेड़ी। जून, 1991 में राष्ट्रपति शासन वापस ले लिया गया जब राज्य में नयी कांग्रेस सरकार ने सत्ता सम्भाली। लेकिन उल्फा उग्रवादियों ने नयी सरकार के गठन के प्रथम दिवस ही राज्य के विभिन्न भागों से ओ.एन.जी.सी के कुछ पदाधिकारियों सहित सरकारी अधिकारियों का अपहरण करके नयी सरकार को झटका दे दिया। मई 1996 के चुनावों ने भी बोडो लोगों को बदले की कार्यवाही से नहीं रोका। उग्रवादियों को अभी भी यह महसूस करना है कि असम भी देश के अन्य राज्यों की तरह है और यह भारत के सभी वैधानिक नागरिकों का है चाहे वे कोई भी भाषा बोलें, कोई भी धर्म अपनाएँ और कोई भी रीति-रिवाज व प्रथाओं का पालन करें। बोडो—एक जनजाति जो कि 1947 में असम की कुल जनसंख्या का 49 प्रतिशत तथा 1991 में 29 प्रतिशत थे और 1825 तक जिनका शासन समस्त असम में था—अब स्वायत्तता की माँग कर रहे हैं। यद्यपि असम सरकार और अखिल बोडो छात्र संघ (ABSU) तथा बोडो पीपुल्स एक्शन कमेटी (BPAC) द्वारा प्रतिनिधित नेतृत्व

के बीच फरवरी 1993 में एक समझौते पर हस्ताक्षर हुए, फिर भी यह समस्या अभी भी अनिर्णीत ही है। बोडो नेता और असम सरकार सीमा प्रकरण तथा लगभग 3,000 गाँवों को बोडोलैण्ड आटोनोमस काउन्सिल को सौंपने के विषय पर सहमत नहीं हो सके हैं। बोडो लोग यह भी नहीं चाहते कि स्वदेशी जनजाति के लोगों पर असमियाँ भाषा थोपी जाये। 1960, 1970, 1980 तथा 1990 के दशकों में बोडो आन्दोलन रुक रुक कर चला, यद्यपि अब इसमें बल आया है। अब बोडो लोग 'उदयाचल' नाम की केन्द्र शासित प्रदेश की माँग कर रहे हैं। बम विस्फोट, सड़कों और रेल पुलों को ध्वस्त करना, आदि बोडो उग्रवादियों द्वारा चलाई जा रही हिंसक कार्यवाहियाँ बताती हैं कि उग्रवादियों को देश के भीतर तथा विदेशों से मदद मिल रही है। इन विद्रोही कार्यवाहियों के दमन के लिए सरकार द्वारा कठोर कदम उठाए जाने की आवश्यकता पर बल देना आवश्यक है।

साम्प्रदायिक हिंसा
(Communal Violence)

अवधारणा (The Concept)

साम्प्रदायिक हिंसा में दो विभिन्न धर्मों से सम्बद्ध लोग सम्मिलित होते हैं जो एक दूसरे के विरुद्ध गतिवान हो जाते हैं तथा एक दूसरे के प्रति दुश्मनी, भावनात्मक क्रोध, शोषण, सामाजिक भेदभाव, तथा सामाजिक उपेक्षा से पीड़ित होते हैं। एक सम्प्रदाय की दूसरे के प्रति उच्च कोटि की एकता तनावों और ध्रुवीकरण के बीच बनी हुई है। आक्रमण का लक्ष्य 'शत्रु' समुदाय के सदस्य होते हैं। सामान्यतया, साम्प्रदायिक दंगों के दौरान कोई नेतृत्व नहीं होता जो कि दंगे की स्थिति को रोक सके या नियंत्रित कर सके। अतः यह कहा जा सकता है कि साम्प्रदायिक हिंसा मुख्य रूप से घृणा, शत्रुता और बदले की भावना पर आधारित होती है।

साम्प्रदायिक हिंसा परिमाण तथा गुणवत्ता दोनों में राजनैतिक साम्प्रदायिकता के साथ-साथ वृद्धि हुई है। गान्धी जी इसका प्रथम शिकार हुए और बाद में 1970 व 1980 के दशकों में अनेक व्यक्तियों की हत्या हुई। दिसम्बर 1992 में अयोध्या में बाबरी मस्जिद के गिराए जाने के बाद, 1993 के प्रारम्भ में बम्बई में बम विस्फोट तथा महाराष्ट्र, तमिलनाडु, बिहार, उत्तर प्रदेश व केरल में साम्प्रदायिक दंगों में काफी वृद्धि हुई है। जहाँ कुछ राजनैतिक पार्टियां नृजातीय-धार्मिक साम्प्रदायिकता को सहन करतीं हैं, कुछ इन्हें प्रोत्साहन भी देतीं हैं। इस प्रकार की सहिष्णुता के हाल ही के उदाहरण, कुछ राजनैतिक नेताओं और कुछ राजनैतिक पार्टियों द्वारा धार्मिक संगठनों की क्रियाकलापों द्वारा प्रकट होते हैं जो कि ईसाई मिशनरियों पर हमलों तथा गुजरात, मध्यप्रदेश तथा इलाहाबाद में ईसाई मिशनरियों पर हमलों से स्पष्ट है। मध्य 1970 के दशक के आपातकाल से राजनीतिक मुख्य धारा में अपराधी तत्वों का प्रवेश प्रारम्भ हुआ। यह घटना भारतीय राजनीति में इस सीमा तक घुलमिल गई है कि धर्मान्धता जातिवाद तथा धर्म और राजनीति का मेल विविध आयामों में बढ़ गया है। राजनैतिक पार्टियां एवं राजनेता हमारे समाज को नकारात्मक प्रेरणाओं के प्रभाव से बचाने के लिए सामूहिक लड़ाई की अपेक्षा आपसी सम्बन्धों में 'तुमसे अधिक पवित्र' (holier than thou) का दृष्टिकोण अपनाते हैं।

हिन्दू संगठन मुसलमानों और ईसाइयों को दोष देते हैं कि वे हिन्दुओं को जबरन अपने धर्मों में बदलते हैं। यह धर्मान्तरण बलात् था या ऐच्छिक, इस विवाद में उलझे बिना केवल यह कहा जा सकता है कि आज यह मामला उठाना निश्चित रूप से धर्मान्धता (fanaticism) है। हिन्दुत्व सदा सहिष्णु रहा है और मानव परिवार की बात करता है। अतः यह स्वीकार किया जाना है कि 'हिन्दुत्व' का सिद्धान्त जो भारतीय राजनीति को दूषित कर रहा है उसका हिन्दू विचार से कोई लेना देना नहीं है। अब समय है कि धर्मनिरपेक्ष राजनेता और पार्टियाँ राजनैतिक व चुनावी विचारों की उपेक्षा करें और उन धार्मिक संगठनों की निन्दा करें और उनके विरुद्ध कदम उठाएँ जो अपने बयानों से शान्ति और स्थिरता को बिगाड़ते हैं और भारत की एकता और बहुलवादी पहचान (pluralistic identity)के लिए खतरा पैदा करते हैं।

साम्प्रदायिक दंगों की विशेषताएँ (Features of Communal Riots)

गत पाँच दशकों की अवधि में देश में हुए प्रमुख साम्प्रदायिक दंगों की जाँच पड़ताल से स्पष्ट है कि : (1) साम्प्रदायिक दंगे धार्मिक जुनून की अपेक्षा राजनीति-प्रेरित अधिक होते हैं। मदान आयोग ने भी, जिसने मई 1970 के महाराष्ट्र के दंगों की जाँच की थी, बल देकर कहा है कि साम्प्रदायिक तनावों के निर्माता (architects) साम्प्रदायिक लोग और राजनीतिज्ञों के कुछ वर्ग होते हैं। ये अखिल भारतीय और स्थानीय स्तर के वे नेता होते हैं जो अपनी राजनैतिक स्थिति मजबूत करने के लिए प्रत्येक अवसर का लाभ उठाते हैं, अपनी प्रतिष्ठा बढ़ाते हैं, तथा प्रत्येक घटना को साम्प्रदायिक रंग देकर अपनी छवि को जनता के बीच अच्छी बनाने का प्रयत्न करते हैं। इस प्रकार वे जनता की दृष्टि में अपने आप को दर्शाते हैं कि वे ही अपने समुदाय के अधिकारों के रक्षक व धर्म के ठेकेदार हैं।" (2) राजनैतिक हितों के अलावा आर्थिक हित भी साम्प्रदायिक संघर्षों को तूल देने में महत्त्वपूर्ण भूमिका अदा करते हैं। (3) साम्प्रदायिक दंगे दक्षिण तथा पूर्वी भारत की अपेक्षा उत्तरी भारत में अधिक सामान्य हैं। (4) किसी नगर में साम्प्रदायिक दंगों की पुनरावृत्ति की सम्भावना वहाँ अधिक होती है जहाँ एक या दो बार दंगे हो चुके हैं, अपेक्षाकृत उन नगरों के जहाँ पहले कभी दंगे नहीं हुए। (5) अधिकतर साम्प्रदायिक दंगे धार्मिक त्योहारों के अवसरो पर होते हैं (6) दंगों में घातक अस्त्रों का प्रयोग वृद्धि की ओर है।

साम्प्रदायिक दंगों का अनुपात (Incidence of Communal Riots)

भारत में 1946-48 की अवधि में साम्प्रदायिक उन्माद (frenzy) शिखर पर था जबकि 1950 और 1963 के बीच की अवधि को साम्प्रदायिक सद्भाव और शान्ति का समय कहा जा सकता है। देश में राजनैतिक स्थिरता और आर्थिक विकास ने साम्प्रदायिक स्थिति के सुधार में योगदान किया। 1963 के बाद से दंगों का होना बढ़ता गया। पूर्वी भारत के विभिन्न भागों में, जैसे कलकत्ता, जमशेदपुर, राउरकेला, और राँची में 1964 में गम्भीर दंगे हुए। 1968 और 1971 के बीच दंगों की एक लहर और चली जब राज्यों और केन्द्र में राजनैतिक नेतृत्व कमजोर था।

दिसम्बर 1990 में उत्तर प्रदेश, गुजरात और आन्ध्रप्रदेश में साम्प्रदायिक दंगे नवम्बर 1991 में बेलगाँव (कर्नाटक) में दंगे, फरवरी 1992 में वाराणसी और हापुर (उत्तर प्रदेश) में, मई 1992 में सीलमपुर में, (जुलाई 1992 में देहली में समाईपुर में, नासिक (महाराष्ट्र) में, मुन्थ्रा त्रिवेन्द्रम के निकट केरल में, और अक्टूबर 1992 में सीतामढ़ी में—सभी यह दर्शोते हैं कि देश में साम्प्रदायिक सद्भाव कमजोर था।

दिसम्बर 1992 में अयोध्या में विवादास्पद धर्म स्थल के तोड़े जाने के बाद जब विभिन्न राज्यों में साम्प्रदायिक उन्माद उमड़ा, पाँच दिनों में ही 1000 लोगों के मरने की बात कही गयी जिसमें उत्तरप्रदेश में 236, कर्नाटक में 64, आसाम में 74, राजस्थान में 30, और पश्चिम बंगाल में 20 व्यक्ति थे। इस हिंसा के बाद सरकार ने राष्ट्रीय स्वयं सेवक संघ (RSS), विश्व हिन्दू परिषद (VHP), बजरंग दल, इस्लामिक सेवक संघ (ISS) तथा जमायते-इस्लामी-हिन्द पर दिसम्बर 1992 में पाबन्दी लगा दी। जनवरी 1993 में मुम्बई बम विस्फोट काण्ड तथा बाद में अप्रैल 1993 में कलकत्ता में, महाराष्ट्र के साम्प्रदायिक दंगों तथा अन्य राज्यों में हिन्दू और मुसलमान दोनों की 200 से अधिक जाने गयीं। मुम्बई विस्फोटों के तुरन्त बाद देहली के सुपरिचित इमाम ने कहा, "अब यह मूलरूप से अस्तित्व का प्रश्न है। जीवित रहने के लिए अस्त्र उठाने से अब इन्कार नहीं किया जा सकता"। संघ परिवार के नेताओं ने दावा किया कि भारत एक हिन्दू राष्ट्र है, और हिन्दू संस्कृति ही यहां की अधिकारिक संस्कृति है। मुसलमान वास्तव में मोहम्मदी हिन्दू हैं, और सभी हिन्दुस्तानी परिभाषा से हिन्दू हैं। हिन्दू-मुस्लिम धर्मान्धता का यह ऐसा आक्रामक दृष्टिकोण है जो साम्प्रदायिक दंगों का कारण है। 1961 में जब भारत के 350 जिलों में से 61 जिलों को संवेदनशील पाया गया तो 1979 में 216, 1986 में 186, और 1987 में 254। 1989 में यह संख्या 186 थी। जन हानि के अलावा साम्प्रदायिक दंगों से सम्पत्ति का नाश तथा आर्थिक क्रियाकलापों को भी आघात लगता है। उदाहरणार्थ, 1983-1986 के बीच 14 करोड़ रुपये मूल्य की सम्पत्ति नष्ट हुई (*Times of India*, July 25, 1986)। 1986 और 1988 के तीन वर्षों में 2086 दंगों की घटनाओं में, 1024 व्यक्तियों की जान गयी और 12,352 व्यक्ति घायल हुए।

1993 में महाराष्ट्र, बंगाल और अन्य राज्यों में साम्प्रदायिक दंगों के बाद तीन वर्ष तक कोई गम्भीर दंगे नहीं हुए, लेकिन मई 1996 में कलकत्ता में पुनः पुलिस आज्ञा के तोड़ने के प्रकरण में दंगे हुए जो मुहर्रम जलूस को एक विशेष रास्ते पर ले जाने पर हुए थे। यह पता लगा कि दंगे अचानक नहीं हुए बल्कि नियोजित थे और राजनैतिक दुश्मनी की पृष्ठभूमि में हुए। साम्प्रदायिक हिंसा फैलाने में भूमि निर्माण माफियाओं और तस्करों की प्रमुख भूमिका रही। इस प्रकार समय-समय पर विभिन्न राज्यों में साम्प्रदायिक दंगों की पुनरावृत्ति आज भी इंगित करती है कि जब तक राजनैतिक नेता व धर्मान्ध लोग अपने उद्देश्यों की पूर्ति हेतु साम्प्रदायिकता को एक शक्तिशाली साधन के रूप में प्रयोग करते रहेंगे या जब तक धर्म का राजनीतिकरण होता रहेगा, तब तक हमारा देश साम्प्रदायिक तनाव की ज्वाला में दहकता रहेगा।

साम्प्रदायिक हिंसा के कारण (Causes of Communal Violence)

विभिन्न विद्वानों ने साम्प्रदायिक हिंसा की समस्या को विभिन्न परिप्रेक्ष्यों में, विभिन्न कारण बताते हुए और इसका मुकाबला करने के लिए विभिन्न उपाय सुझाते हुए, विचार किया है। मार्क्सवादी सम्प्रदाय, सम्प्रदायवाद को आर्थिक वंचना से सम्बद्ध करते हुए बाजार की शक्तियों पर नियंत्रण एवं एकाधिकार प्राप्त करने के लिए सम्पन्न (haves) और विपन्न (have nots) के बीच वर्ग संघर्ष कहता है। राजनीति वैज्ञानिक इसको शक्ति संघर्ष (power struggle) कहकर पुकारते हैं। समाजशास्त्री इसे सामाजिक तनाव तथा तत्सम्बन्धित वंचनाओं की घटना मानते हैं। धार्मिक विशेषज्ञ हिंसक कट्टरवादियों एवं अन्धानुगामियों (conformists) का मुकुट मानते हैं।

साम्प्रदायिकता के वर्ग विश्लेषण के लिए ध्यान आवश्यक है। व्याख्या यह है कि आर्थिक, सामाजिक एवं राजनैतिक स्थितियाँ समाज में कभी-कभी लोगों के लिए ऐसे संकट एवं समस्याएँ पैदा कर देते हैं कि यद्यपि वे इन्हें अपनी गिरफ्त में लेने का प्रयत्न करते हैं लेकिन वे असफल रहते हैं। इस असफलता के सही कारणों को समझने के प्रयत्न के बिना वे अन्य समुदाय को (वाणिज्य रूप से उनसे अधिक शक्तिशाली) अपनी परेशानियों का कारण समझते हैं जो कि विकृत रूप से उत्पन्न होता है और दर्शाया जाता है।

स्वाधीनता के बाद यद्यपि हमारी सरकार ने 'समाजवादी' अर्थव्यवस्था को अपनाने का दावा किया फिर भी व्यवहार में, आर्थिक विकास पूँजीवादी स्वरूप पर आधारित था। इस स्वरूप में एक ओर तो विकास उस दर से नहीं हुआ जिससे बेरोजगारी, गरीबी, और असुरक्षा का समाधान होता जिससे कुण्ठा, छोटी-छोटी नौकरियों के लिए प्रतिस्पर्धा तथा अन्य आर्थिक अवसरों से बचाव होता और दूसरी ओर पूंजीवादी विकास ने समाज के कुछ स्तरों के लिए ही समृद्धि पैदा की है जिसने तीव्र असमानता, नव सामाजिक तनावों और सामाजिक चिन्ताओं को जन्म दिया है। वे जिनको लाभ मिला है, उनकी आकांक्षाएं और ऊँची उड़ान पर हैं। वे अपने नव प्राप्त समृद्धि से भयभीत भी हैं। उनकी यह सापेक्ष समृद्धि उन लोगों में सामाजिक ईर्ष्या उत्पन्न करती है जो विकास करने में असफल हैं या शक्ति और सम्मान में कम हैं। धार्मिक अल्पसंख्यकों की समस्याओं के समाधान के सरकारी प्रयत्न समुदाय के उन सम्पन्न लोगों की भावनाओं को भड़काते हैं जो संख्या बल से बहुसंख्यक हैं और जिन्होंने साँठगाँठ से आर्थिक, सामाजिक एवं राजनैतिक शक्ति प्राप्त कर ली है। वे महसूस करते हैं कि अल्पसंख्यक समुदाय के सामाजिक पैमाने में कोई भी वृद्धि उनके सामाजिक प्रभुत्व को खतरा पैदा कर देगी। इस प्रकार दोनों समुदाय शत्रुता एवं संदेह भाव से पीड़ित रहते हैं और साम्प्रदायिकता का पोषण होता रहता है। विशेष रूप से यह (साम्प्रदायिकता) शहरी निर्धनों और ग्रामीण बेरोजगारों को तुरन्त प्रभावित करती है जिनकी संख्या में असन्तुलित (lop sided) आर्थिक एवं सामाजिक विकास तथा बड़ी संख्या में नगरों की ओर प्रव्रजन के फलस्वरूप तेजी से वृद्धि हुई है। इन आधार विहीन एवं कुण्ठित लोगों का क्रोध अक्सर अचानक हिंसा में बदल जाता है जब कभी इन्हें अवसर मिलता है। साम्प्रदायिक दंगे इसके लिए उपयुक्त अवसर प्रदान करते हैं। लेकिन इस आर्थिक विशलेषण को कई विद्वानों ने निष्पक्ष नहीं माना है।

क्या धर्म साम्प्रदायिकता के लिए उत्तरदायी है ? ऐसे विद्वान हैं जो यह विश्वास नहीं

करते कि धर्म की इसमें कोई भूमिका नहीं है। बिपन चन्द्र, (1984) उदाहरण के लिए, मानते हैं कि साम्प्रदायिकता न तो धर्म से प्रेरित होती है और न ही धर्म साम्प्रदायिक राजनीति की वस्तु है; फिर भी साम्प्रदायिक व्यक्ति अपनी राजनीति धर्म भेद पर आधारित करता है, धार्मिक पहचान को संगठन सिद्धान्त के रूप में प्रयोग करता है और साम्प्रदायिकता के सामूहिक दौर में लोगों को गतिशील बनाने में धर्म का प्रयोग करता है। धर्म-भेद, गैर-धार्मिक सामाजिक आवश्यकताओं, आकांक्षाओं और संघर्षों को ढँकने के काम में लाया जाता है। धार्मिकता, अर्थात् "व्यक्ति के जीवन में अत्यधिक धर्म का प्रभाव" या व्यक्तिगत विश्वासों के परे अन्य क्षेत्रों में धर्म का अधिक हस्तक्षेप धार्मिक विचारधारा और राजनीति की ग्राह्यता (receptivity) को पैदा करती है। साथ ही, धार्मिक सुधार-विरोध (obscurantism), संकीर्णता, और हठधर्मिता उन लोगों को विभाजित करने का काम करती है जिन्हें जीवन और इतिहास ने साथ-साथ लाकर खड़ा कर दिया है। इस अर्थ में विभिन्न धर्मों की संरचना, संस्कार विधि और वैचारिक प्रथाओं में विभिन्न तत्व होते हैं जो विभिन्न तरीकों से साम्प्रदायिकता से सम्बद्ध होते हैं। उनका विश्लेषण और लोप का विभिन्न धर्मों में वर्णन किया जाना है।

कुछ विद्वानों ने बहु-कारकीय दृष्टिकोण रखा है जिसमें वे कई कारकों को एक साथ महत्व देते हैं। साम्प्रदायिकता की विचारधारा में दस कारकों को पहचाना गया है (सरोलिया, 1987 : 82)। ये हैं: सामाजिक, धार्मिक, राजनैतिक, आर्थिक, वैधानिक, मनोवैज्ञानिक, प्रशासनिक, ऐतिहासिक, स्थानीय और अन्तर्राष्ट्रीय। *सामाजिक* कारकों में सामाजिक परम्पराएं, धार्मिक समुदायों की रूढ़ छवि, वर्ग और जातीय अहं या असमानता और धर्म आधारित सामाजिक स्तरीकरण शामिल हैं; *धार्मिक* कारणों में सहिष्णुता के धार्मिक प्रतिमानों और धर्मनिरपेक्ष मूल्यों में गिरावट, संकीर्ण और मताग्रही (dogmatic) धार्मिक विश्वास, राजनैतिक उपलब्धियों के लिए धर्म का प्रयोग और धार्मिक नेताओं की साम्प्रदायिक विचारधारा शामिल है; *राजनैतिक* कारकों में धर्म आधारित राजनीति, धर्म के प्रभुत्व वाले राजनैतिक संगठन, धार्मिक विचारों के साथ चुनाव प्रचार, धार्मिक मामलों में राजनैतिक हस्तक्षेप, अपने स्वार्थ के लिए राजनीतिज्ञों द्वारा आन्दोलनों को प्रेरणा एवं समर्थन, साम्प्रदायिक हिंसा का राजनैतिक औचित्य तथा धार्मिक भावनाओं को रोकने में राजनैतिक नेतृत्व की असफलता शामिल है; *आर्थिक* कारकों में धार्मिक अल्पसंख्यक समुदायों का आर्थिक शोषण एवं भेदभाव, उनका असन्तुलित विकास, प्रतिस्पर्धी बाजार में अपर्याप्त अवसर, गैर-विस्तारीय अर्थव्यवस्था, अल्पसंख्यक धार्मिक समूहों के मजदूरों का विस्थापन और रोजगार की व्यवस्था करना तथा धार्मिक संघर्षों को भड़काने में खाड़ी के देशों की आर्थिक मदद शामिल है; *वैधानिक* कारकों में समान नागरिक संहिता का अभाव, संविधान में कुछ समुदायों के लिए कुछ रियायतें और विशेष प्रावधान, कुछ राज्यों को विशेष दर्जा, आरक्षण नीति तथा विभिन्न समुदायों के लिए विशेष कानून शामिल हैं; *मनोवैज्ञानिक* कारकों में सामाजिक पूर्वाग्रह, रूढ़ दृष्टिकोण, अविश्वास, अन्य समुदायों के लिए शत्रुता तथा उदासीनता, अफवाह, भय की भावना, तथा जन संचार द्वारा प्रदत्त गलत सूचनाएं/गलत अर्थ व्यवस्था/ गलत प्रतिनिधित्व शामिल हैं; *प्रशासनिक* कारकों में पुलिस तथा अन्य प्रशासनिक इकाइयों के बीच समन्वय की कमी, खराब उपकरण तथा खराब प्रशिक्षित पुलिस कर्मी, पुलिस

ज्यादतियाँ और निष्क्रियता शामिल हैं; *ऐतिहासिक* कारणों में विदेशी आक्रमण, धार्मिक संस्थाओं को हानि, धर्मान्तरण के प्रयत्न, औपनिवेशिक शासकों की "बाँटों और राज्य करो" की नीति, विभाजन की पीड़ा, विगत साम्प्रदायिक दंगे, जमीनों, मन्दिरों और मस्जिदों के पुराने विवाद शामिल हैं; *स्थानीय* कारकों में धार्मिक जुलूस, नारेबाजी, अफवाहें, भूमि विवाद, स्थानीय अ-सामाजिक तत्व और समूह विद्वेष शामिल हैं ; *अन्तर्राष्ट्रीय* कारकों में अन्य देशों से प्रशिक्षण और आर्थिक मदद, भारत को कमजोर करने और तोड़ने के अन्य देशों के कार्य तथा साम्प्रदायिक संगठनों को समर्थन शामिल हैं।

इन दृष्टिकोणों के अलावा, साम्प्रदायिकता और साम्प्रदायिक हिंसा की समस्या को समझने के लिए हमें समष्टिवादी (holistic) दृष्टिकोण की आवश्यकता है। यह दृष्टिकोण विविध कारकों पर बल देता है तथा प्रमुख (major) कारकों को गौण (minor) कारकों से अलग करता है। इन कारकों को हम चार उप-समूहों में विभाजित कर सकते हैं : अत्यधिक स्पष्ट (conspicuous), प्रमुख सहयोग करने वाले, थोड़े भड़काऊ (minor aggravating), और स्पष्ट रूप से सहयोग न करने वाले। विशिष्ट रूप से ये कारक हैं : साम्प्रदायिक राजनीति तथा राजनीतिज्ञों का कट्टरपंथियों (fanatics) को समर्थन, पूर्वाग्रह (जो भेदभाव, उपेक्षा, शारीरिक आक्रमण और बहिष्कार पैदा करते हैं), साम्प्रदायिक संगठनों का विकास, एवं धर्मान्तरण (conversion and proselytisation)। मौटे तोर पर धर्मान्धता, अ-सामाजिक तत्वों तथा आर्थिक हितों पर ध्यान दिया जा सकता है जिनका विरोधी समुदायों में हिंसा फैलाने में बड़ा हाथ रहता है।

मेरी अपनी शोध धारणा यह है कि साम्प्रदायिक हिंसा धर्मान्धों द्वारा भड़काई (instigate) जाती है, असामाजिक तत्वों द्वारा प्रेरित (initiate) की जाती है, राजनैतिक सक्रियतावादियों (activists) द्वारा समर्थित होती है, निहित स्वार्थ हितों वाले व्यक्तियों द्वारा वित्तीय सहायता दी जाती है, और पुलिस तथा प्रशासकों की निष्क्रियता से फैलती है। ये कारक तो साम्प्रदायिक हिंसा के सीधे कारण हैं, परन्तु वह कारक जो हिंसा फैलाने में सहायक होता है वह है : किसी विशेष नगर का पर्यावरणीय नियोजन (ecological layout) जो दंगाइयों को बिना दण्ड के बच निकलने में सहायक होता है। मध्य भारत में, गुजरात में बड़ौदा और अहमदाबाद के दंगे, उत्तर प्रदेश में मेरठ, अलीगढ़ और मुरादाबाद के दंगे, बिहार में जमशेदपुर और उत्तर भारत में कश्मीर में श्रीनगर के दंगे, दक्षिण भारत में हैदराबाद और केरल के दंगे, पूर्वी भारत में असम के दंगे मेरे शोध की पुष्टि करते हैं।

साम्प्रदायिक हिंसा पर समष्टिपरक (holistic) दृष्टिकोण के लिए कुछ कारकों की व्याख्या करना आवश्यक है। इनमें से एक है मुसलमानों में भेदभाव की तर्क विहीन भावना। 1998 तक आई.ए.एस (IAS) में मुसलमानों का प्रतिशत 2.9, आई.पी.एस (IPS) में 2.8, बैंकों में 2.2, और न्यायिक सेवाओं में 6.2 था। अतः मुसलमान ऐसा अनुभव करते हैं कि इन सभी क्षेत्रों में उनके साथ भेदभाव किया जाता है तथा उन्हें उचित अवसर प्रदान नहीं किए जाते। सत्य यह है कि मुसलमानों की संख्या, जो इन सेवाओं के लिए प्रतियोगी होते हैं, बहुत कम है। मुसलमानों में व्याप्त भेदभाव की भावना हास्यास्पद और तर्क विहीन है।

दूसरा कारक है खाड़ी तथा अन्य देशों से भारत में धन का प्रवाह। काफी मुसलमान खाड़ी देशों में अच्छी आमदनी तथा सम्पन्नता प्राप्त करने के लिये जाते हैं। ये मुसलमान

और स्थानीय शेख लोग मस्जिदें बनवाने, मदरसे खुलवाने तथा दान से चलने वाले मुस्लिम संस्थाओं को चलाने के लिए धन भेजते हैं। इस प्रकार यह माना जाता है कि यह धन मुस्लिम कट्टरवाद को सहायता के लिये होता है। पाकिस्तान एक ऐसा देश है जहाँ के शासकों में सदैव से भारत के प्रति शत्रुता भाव रहा है। नवाब शरीफ के बाद मुशरफ सरकार की अवधि में तो यह और बढ़ गया है। इस देश का शक्तिशाली अभिजात वर्ग भारत में सदैव अस्थिरता पैदा करने में लगा रहता है। कारगिल युद्ध के बाद अब यह स्थापित हो चुका है कि पाकिस्तान प्रशिक्षण एवं सैन्य शस्त्र देकर मुसलमान आतंकवादियों को सक्रिय रूप से समर्थन देता रहा है (जम्मू-कश्मीर और पंजाब के)। पाकिस्तान तथा अन्य सरकारों के इस प्रकार के अस्थिरता पैदा करने वाले प्रयत्नों ने हिन्दुओं में मुसलमानों के प्रति दुर्भावना और सन्देह पैदा कर दिया है। यही बात हिन्दू उग्रवादियों तथा हिन्दू संगठनों के विषय में भी कही जा सकती है जो मुसलमानों और मुस्लिम संगठनों के विरुद्ध शत्रुता भाव भड़काते हैं। इस प्रकार के प्रकरण, जैसे अयोध्या में राम जन्म भूमि-बाबरी मस्जिद विवाद, मथुरा में कृष्ण जन्म भूमि तथा पास में स्थित मस्जिद परिवर्तन का झगड़ा, वाराणसी में काशी विश्वनाथ मन्दिर तथा निकट की मस्जिद का विवाद, सम्भल (Sambhal) में मस्जिद विवाद जिसमें भगवान शिव का मन्दिर होने के दावा किया जाता है जो कि पृथ्वीराज चौहान के शासन काल से था, और इस प्रकार की घटनाएँ जिसमें एक मुस्लिम नेता द्वारा गणतंत्र दिवस पर मुस्लिमों से शामिल न होने की अपील की गई थी और 26 जनवरी (1987) को 'काला दिवस' के रूप में मनाने को कहा गया था, इन सभी ने दोनों समुदायों के बीच दुर्भावना में वृद्धि की है।

जनसंचार (mass media) भी कभी-कभी अपने तरीके से साम्प्रदायिक तनाव पैदा करने में योगदान करते हैं। कई बार समाचार पत्रों में प्रकाशित समाचार सुने हुए, अफवाहों या गलत अर्थों पर आधारित होते हैं। ऐसे सामाचार आग में घी का काम करते हैं और साम्प्रदायिक तनाव को हवा देते हैं। 1969 में अहमदाबाद में यही हुआ जब कि 'सेवक' पत्र में कहा गया कि मुसलमानों द्वारा अनेक हिन्दु स्त्रियों के वस्त्र उतारे गए और उनका बलात्कार किया गया। यद्यपि इस समाचार का खण्डन अगले दिन ही कर दिया गया था लेकिन तोड़-फोड़ तो हो चुकी थी। इससे हिन्दुओं की भावनाएं भड़क उठीं और साम्प्रदायिक दंगे शुरु हो गए।

एक और प्रकरण जो हाल में ही वर्षों से हिन्दू और मुसलमानों को आन्दोलित किए हुए है वह है 'मुस्लिम व्यक्तिगत कानून' (Muslim Personal Law)। शाहबानों के पक्ष में उच्चतम न्यायालय के निर्णय के साथ तथा 1995 अप्रैल में न्यायालय द्वारा सरकार को समान नागरिक संहिता कानून को लागू करने की सलाह के साथ ही, मुसलमान लोग डरने लगे हैं कि उनके व्यक्तिगत कानून में हस्तक्षेप किया जा रहा है। राजनीतिज्ञ भी अपने को सत्ता में बनाए रखने के लिए ऐसी स्थितियों का फायदा उठाते हैं। भारतीय जनता पार्टी, विश्व हिन्दू परिषद्, शिवा सेना व राष्ट्रीय स्वयं सेवक संघ ऐसे संगठन हैं जो हिन्दुत्व के अग्रणी होने का दावा करते हैं। इसी प्रकार, मुस्लिम लीग, जमायते इस्लामी, जमायत-उले-मा-हिन्द, मजलिस-ए-इत्तेहादुल मुसलमीन, मजलिस-ए-मुशव्विरात, आदि मुसलमानों की धार्मिक भावनाओं को भड़काते हुए मुसलमानों को अपना वोट बैंक मानकर

प्रयोग करते हैं। जम्मू कश्मीर, आन्ध्र प्रदेश, केरल, उत्तरप्रदेश, महाराष्ट्र और बिहार में साम्प्रदायिक राजनीति इसी व्यवहार के उदाहरण हैं। राजनीतिज्ञ अपने भड़काऊ भाषणों, लेखों तथा प्रचार द्वारा सामाजिक वातावरण को साम्प्रदायिक भावनाओं से भर देते हैं। वे मुसलमानों के मस्तिष्क में अविश्वास के बीज बो देते हैं, जबकि हिन्दुओं को विश्वास है कि उन्हें आर्थिक, सामाजिक व सांस्कृतिक क्षेत्रों में मुसलमानों को असाधारण रियायतें देने के लिए बाध्य किया जाता है। वे दोनों समुदायों के गहरे धार्मिक परम्पराओं का भी फायदा उठाते हैं और दोनों की प्रथाओं तथा संस्कारों को प्रकाशित करते हैं। नेता लोग लोगों के मन में भय और सन्देह भरने के लिए आर्थिक तर्क भी देते हैं और अपने अनुयायियों को थोड़े से भी भड़कावे पर दंगे करने के लिए तैयार करते हैं। भिवण्डी, मुरादाबाद, मेरठ, अहमदाबाद, अलीगढ़ और हैदराबाद में यही हुआ था। सामाजिक कारक, जैसे अधिकतर मुसलमानों का परिवार नियोजन विधियों को अपनाने से मना करना भी हिन्दुओं में सन्देह और बुरी भावनाएं पैदा कर देते हैं। कुछ वर्ष पूर्व एक हिन्दू संगठन द्वारा महाराष्ट्र के शोलापुर और पूना में इस आशय के पर्चे बाँटे गए जिनमें मुसलमानों की आलोचना करते हुए कहा गया के वे परिवार नियोजन नहीं अपनाते और बहु पत्नी प्रथा अपनाते हैं ताकि अपनी जनसंख्या में वृद्धि कर सकें और भारत में मुस्लिम सरकार बना सकें। यह दर्शाता है कि राजनैतिक, आर्थिक, सामाजिक, धार्मिक व प्रशासनिक कारकों का समन्वय किस प्रकार स्थिति को बिगाड़ते हैं जिससे साम्प्रदायिक दंगे होते हैं।

साम्प्रदायिक हिंसा के सिद्धान्त (Theories of Communal Violence)

साम्प्रदायिक हिंसा सामूहिक हिंसा होती है। जब एक सम्प्रदाय में अधिकतर संख्या में लोग अपने सामूहिक लक्ष्यों की प्राप्ति में असफल रहते हैं या ऐसा अनुभव करते हैं कि उन्हें समान अवसरों से वंचित रखा जा रहा है और उनके साथ भेदभाव किया जा रहा है, तब वे कुण्ठा और भ्रमग्रस्त हो जाते हैं और यह सामूहिक कुण्ठा (फेराबेण्डस और नेसवोल्ड ने जिसे 'व्यवस्थित कुण्ठा' (systematic frustration) कहा है) सामूहिक हिंसा पैदा करती है। परन्तु समूचा समुदाय हिंसात्मक विरोध नहीं चलाता। वास्तव में, सत्ता समूह के विरोध में असन्तुष्ट लोगों द्वारा उठाया जाने वाला कदम या शक्तिशाली अभिजात वर्ग (जिनके तरीकों के खिलाफ वे विरोध करते हैं) बहुधा अहिंसक होता है। विरोधियों का छोटा सा समूह ही ऐसा होता है जो अपने संघर्ष की सफलता के लिए अहिंसा को व्यर्थ और हिंसा को आवश्यक समझता है और जो अपनी विचारधारा की शक्ति को सही मनवाने के लिए प्रत्येक अवसर का लाभ उठाने का प्रयत्न करता है। यह उप-समूह हिंसात्मक व्यवहार में लिप्त होकर समूचे समुदाय का प्रतिनिधित्व नहीं करता और न असंतुष लोगों के कुल समूह के विचारों को प्रस्तुत करता है। इस उप-समूह का व्यवहार का अधिकतर, शेष समुदाय द्वारा समर्थन नहीं किया जाता। इस प्रकार, मेरी मान्यता पुराने मैल-सिद्धान्त (Riff-Raff Theory) से मिलती है जिसके अनुसार अधिकतर लोग उप समूह द्वारा हिंसात्मक व्यवहार को 'गैर जिम्मेदार' व्यवहार कह कर उसका विरोध करते हैं।

प्रश्न यह है कि कौन सा कारण 'व्यक्तियों के समूह' को हिंसात्मक बना देता है ? सामूहिक हिंसा पर दो महत्त्वपूर्ण सैद्धान्तिक पक्ष हैं : (i) यह उकसाये जाने के बाद सामान्य

प्रतिक्रिया होती है (ii) यह ऐसी प्रतिक्रिया है जो इसके प्रयोग का समर्थन करने वाले प्रतिमानों से युक्त होती है। इससे कुछ महत्वपूर्ण दिद्यमान सिद्धान्तों का विश्लेषण आवश्यक प्रतीत होता है।

मनोवैज्ञानिक सिद्धान्तों (psycho-pathological) को छोड़ कर (क्योंकि वे आक्रान्ता (aggressor) की मनोवैज्ञानिक व्यक्तित्व की विशेषताओं तथा वैकारिक व्यवस्थाओं को हिंसा के मुख्य निर्धारक मानते हैं (और मैं इन्हें वैयक्तिक हिंसा की व्याख्या के लिए महत्वपूर्ण मानता हूँ, न कि सामूहिक हिंसा के लिए), अन्य सिद्धान्तों को दो भागों में वर्गीकृत किया जा सकता है : (a) सामाजिक-मनोवैज्ञानिक विश्लेषण के स्तर पर और (b) सामाजिक-सांस्कृतिक या समाजशास्त्रीय विश्लेषण के स्तर पर। प्रथम समूह में कुण्ठा-आक्रमण सिद्धान्त (frustration-aggression), निरोधक सिद्धान्त (prevention), प्रेरणा प्रदत्त सिद्धान्त (motive-attribution), और स्व-अभिवृत्ति (self-attitude) आदि जैसे सिद्धान्त सम्मिलित हैं, जब कि दूसरे समूह में, सामाजिक तनाव (social tension) सिद्धान्त, व्याधिकी सिद्धान्त (anomie), हिंसा की उप-संस्कृति का सिद्धान्त (theory of sub-culture of violence) तथा सामाजिक सीखने का सिद्धान्त (social learning theory) आदि सम्मिलित किए जा सकते हैं। मेरी मान्यता है कि ये सभी सिद्धान्त साम्प्रदायिक हिंसा के दौरान सामूहिक हिंसा की घटना की व्याख्या करने में असफल हैं। मेरा सैद्धान्तिक दृष्टिकोण (जिसे सामाजिक बाधाओं का सिद्धान्त कहा जाता है) सामाजिक संरचनात्मक स्थितियों के समाजशास्त्रीय विश्लेषण पर केन्द्रित है।

सामाजिक बाधाओं का सिद्धान्त (Social Barriers Theory)

साम्प्रदायिक हिंसा को पैदा करने वाली दशाएँ हैं : खिंचाव (stress), प्रस्थिति संबंधी कुण्ठा (status frustration), और अनेक प्रकार के संकट (crises)। मेरा विचार है कि आक्रान्ता (aggressors) हिंसा का प्रयोग इस कारण करते हैं क्योंकि वे असुरक्षा और चिन्ता से पीड़ित रहते हैं। किसी व्यक्ति में इन (असुरक्षा सम्बन्धी) भावनाओं का जन्म व चिन्ता का भाव उन सामाजिक बाधाओं में देखा जा सकता है जो अत्याचारी (oppressive) सामाजिक व्यवस्थाओं द्वारा, सत्ता अभिजात द्वारा, तथा व्यक्ति की उस पृष्ठभूमि व पालन पोषण के, तीनों के कारण पैदा होती हैं और जो सामाजिक प्रतिमानों और सामाजिक संस्थाओं के प्रति अयथार्थ एवं अविवेकी अभिवृत्तियों को भड़काने में मदद करती हैं। मेरा सिद्धान्त भी 'आक्रान्ता' के व्यवहार में तीन कारकों को बताता है : समायोजन (प्रस्थिति में), लगाव (attachment) (समुदाय के प्रति) और प्रतिबद्धता (मूल्यों के प्रति) और साथ ही सामाजिक पर्यावरण (जिसमें व्यक्ति/आक्रान्ता रहते हैं) एवं व्यक्तियों (आक्रान्ताओं) के सामाजीकृत (socialised) व्यक्तित्व। इस प्रकार मेरा सैद्धान्तिक प्रतिरूप (मॉडल) सामाजिक व्यवस्था, आक्रान्ता की व्यक्तित्व संरचना, तथा उस समाज की उप-संस्कृतीय प्रतिमान (sub-cultural patterns) जिसमें व्यक्ति हिंसा का प्रयोग करते हैं। सामाजिक व्यवस्था में मैं खिंचाव (strains) व कुण्ठाओं को सम्मिलित करता हूँ जो समाज में सामाजिक ढाँचों की कार्य प्रणाली का फल होते हैं; व्यक्तित्व ढाँचे में मैं समायोजन, लगाव तथा आक्रान्ताओं की प्रतिबद्धता शामिल करता हूँ; और उप-संस्कृतीय प्रतिमानों में मैं उन मूल्यों को सम्मिलित

करता हूँ जो सामाजिक नियंत्रण के रूप में कार्य करते हैं।

मेरी धारणा है कि व्यक्तियों का कुसमायोजन, अलगाव तथा अप्रतिबद्धता उनमें सापेक्ष वंचना (relative deprivation) की भावना को, पैदा करता है। सापेक्ष वंचना समूह के सदस्यों अपेक्षाओं (expectations) और उनकी क्षमताओं (capabilities) के बीच विदित विसंगति (perceived discrepancy) है (अथवा जीवन की वे दशाएँ हैं जो व्यक्ति/समूह प्राप्त करने के योग्य समझते हैं, यदि उन्हें विधि सम्मत साधन और अवसर प्रदान किए जायें)। यहां 'विदित' शब्द (समूह के सदस्यों द्वारा) महत्त्वपूर्ण है; इसलिए व्यवहार में भिन्नता या सापेक्ष वंचनाएँ सदैव हिंसात्मक व्यवहार को जन्म नहीं देतीं।

समूह में सापेक्ष वंचन तब पैदा होती है जब (i) अपेक्षाएँ तो बढ़ जाती हैं परन्तु क्षमताएँ वैसी ही रहती हैं या कम हो जाती हैं, या (ii) जब अपेक्षाएँ उतनी ही रहती हैं परन्तु क्षमताएँ कम हो जाती हैं। अपेक्षाएँ और क्षमताएँ दोनों ही क्योंकि अनुभूति (perception) पर निर्भर होती हैं, समूह के मूल्यों का प्रभाव निम्न तत्वों पर पड़ता है : (a) समूह किस प्रकार वंचनाओं को समझेगा, (b) लक्ष्य (target) जिस पर सापेक्ष वंचना केंद्रित होगी, और (c) वह रूप जिसमें वंचना अभिव्यक्त की जायेगी। क्योंकि प्रत्येक समूह/व्यक्ति विभिन्न बलों (forces) से प्रभावित होता है, प्रत्येक समूह/व्यक्ति हिंसा के मामले में भिन्न प्रतिक्रिया करेगा या भिन्न प्रकार से सामूहिक साम्प्रदायिक हिंसा में भागीदारी करेगा।

सामाजिक बाधाओं का सिद्धान्त आवश्यक रूप से हिंसा का अभिजातीय सिद्धान्त (elitist theory of violence) नहीं है जिसके अनुसार एक छोटा समूह, (वैचारिक रूप से श्रेष्ठ), हिंसा फैलाने की पहल करता है तथा उस संम्पूर्ण कुण्ठित समूह के हित के लिए हिंसा का प्रयोग करने का निश्चय करता है जिसके लिए यह अपना विरोध प्रकट करता है। साथ ही छोटा समूह कुण्ठित जन के विस्तृत सामूहिक कृत्य पर निर्भर नहीं करता। इस सन्दर्भ में मेरी व्याख्या रूढ़िगत मार्क्सवादी सिद्धान्त से भिन्न है क्योंकि मार्क्स इस प्रकार के आन्दोलन एवं जन क्रान्ति को मान्यता नहीं देता।

ध्रुवीकरण सिद्धान्त और क्लस्टर का प्रभाव
(Theory of Polarisation and Cluster Effect)

हाल ही में भारत में अन्तरसामुदायिक (inter-community) और अन्तर्सामुदायिक (intra-community) हिंसा की व्याख्या करने के लिए अवधारणात्मक प्रतिरूप (मॉडल) विकसित किया गया है (वी.वी. सिंह, 1990)। यह प्रतिरूप तीन अवधारणाओं पर आधारित है—ध्रुवीयता (polarity), अनुभेदन (दरार) (cleavage) और क्लस्टर (जमघट) (cluster)। यह प्रतिरूप दंगा-पूर्व (pre-riot), दंगों के दौरान, और दंगों के बाद की स्थिति में तथ्यों के आधार पर तैयार किया गया है तथा भिन्न-भिन्न सामाजिक समूहों, जो एक दूसरे से शत्रु भाव रखते हैं (polarity), के व्यवहार का विश्लेषण भी करता है। क्योंकि साम्प्रदायिक अव्यवस्थाओं (दंगों) में दो शत्रु भाव वाले सामाजिक समूह लिप्त होते हैं, इसलिए इस शत्रुता भाव (मन और मस्तिष्क की स्थिति) संरचनात्मक समानता व पूर्वाग्रहों का सावधानीपूर्वक विश्लेषण आवश्यक है।

अकेला व्यक्ति कमजोर व असुरक्षित होता है। परन्तु समूहों और सभाओं में शक्ति होती है। व्यक्ति अपने लाभ एवं सुरक्षा के लिए समूहों से जुड़ता है। समाज में सदैव ही विविध ध्रुवताएं होती हैं। प्रत्येक व्यक्ति के लिए यह ध्रुवताएं दो प्रकार की होती हैं : स्थाई और अस्थाई। प्रथम श्रेणी में विचारधारा, धर्म, भाषा, जाति, क्षेत्र और लिंग आते हैं। इन ध्रुवीय भिन्नताओं में व्यक्ति की मूल पहचान होती है जो व्यक्ति के साथ अन्त तक रहती है। दूसरी श्रेणी में व्यवसाय, पेशा, एवं स्वार्थों पर आधारित कार्य आते हैं। यद्यपि ध्रुवीय भिन्नताएँ सामान्यतया परस्पर एकान्तिक (mutually exclusive) नहीं होतीं, परन्तु वे तब एकान्तिक हो जाती हैं जब समाज अनुभेदन (cleavages) की प्रक्रिया से गुजरता है जो कि विदित अन्तर (perceived differnence) और ध्रवीयन के फलस्वरूप जनसंख्या विभाजन के कारण होता है। जब आमजन (masses) सामान्य रूप से एक ध्रुवीयन (polarity) के प्रति निकटता दर्शाते हैं, तो यह ध्रुवीयन विशेष स्थान, समय व जनसंख्या के लिए प्रभावी ध्रुवीयन हो जाता है। यह प्रभावी (dominating) ध्रुवीयन जनसंख्या के अंतर्बाधा उत्पन्न करने वाले स्वरूप को स्थापित कर देता है (जमावड़ा निर्माण), अर्थात् ध्रुवीयन आधारित क्लस्टर जनसंख्या के जीवन स्वरूप को निर्धारित करते हैं। पुराने शहरों व कस्बों में इस प्रकार के क्लस्टर (जमघट) धर्म, जाति, पन्थ पर आधारित होते हैं, लेकिन आधुनिक शहरों में ये अधिकतर वर्ग आधारित होते हैं, जब इस प्रकार का जमावड़ा दो ध्रुवों के कारण शुरु हो जाता है (धर्म या धार्मिक पन्थ का) तभी संघर्ष होता है। क्लस्टर में रहने की सामाजिक गतिशीलता यह है कि यह दंगे वाली स्थिति पैदा करने में सहायक सिद्ध होते हैं क्योंकि अन्तर्वैयक्तिक सम्बन्ध कम होने लगते हैं और ऐसे आवेशात्मक तथ्य पैदा कर देते हैं जिन्हें जानबूझ कर एक दूसरे के प्रति किया जाने वाला अपमान, प्रवंचना, या चोट समझा जाता है। ये घटनाएं भौतिक निकटता के कारण समूह में रहने वाले लोगों को अधिक प्रभावित करती हैं। इससे लोगों को अपनी ही जनसंख्या वाले क्षेत्रों में सम्पर्क बढ़ाने की प्रेरणा मिलती है और यह जन द्रोह (mass insurrection) के लिए उपयुक्त होता है।

नेताओं द्वारा किया जाने वाला साम्प्रदायिक आह्वान भी ध्रुवीयन की प्रक्रिया में वृद्धि करता है। उदाहरणार्थ, 1982 में मेरठ शहर में मुसलमानों के लिए शाही इमाम बुखारी के भड़काऊ भाषण ने हिन्दुओं को मुसलमानों के विरोध में अपने हितों की रक्षार्थ बड़ी प्रतिक्रिया प्रज्वलित कर दी जिसका फल हुआ शहर में साम्प्रदायिक दंगे। उन्होंने अप्रैल 1988 में कश्मीर में अनन्तनाग में इसी प्रकार का एक भड़काऊ भाषण दिया था और कश्मीरी मुसलमानों को यह कह कर उकसाया था कि विभाजन के बाद से ही उन्हें गुलाम बना दिया गया है। उन्होंने यह भी कहा कि केन्द्र सरकार ने उनके लिए अच्छी आर्थिक स्थितियां नहीं बनाई हैं, उन्हें उनके अधिकारों से वंचित रखा गया है और उनकी समस्याओं की ओर ध्यान नहीं दिया गया है। ऐसे ही भाषण धर्म के नाम पर लोगों को भड़काते हैं जो फिर साम्प्रदायिक हिंसा पैदा करते हैं।

ध्रुवीयन प्रभुत्व (polarity dominance) की प्रकृति पाँच कारकों पर निर्भर है : (1) समय और स्थान (अर्थात् अवधि, क्षेत्र, स्थिति और भौगोलिक सीमाएँ), (2) सामाजिक ढाँचा, (अर्थात् जाति, समुदाय और सामाजिक समूह), (3) शिक्षा (अर्थात् हितों के प्रति जागृति), (4) आर्थिक स्वार्थ, और (5) नेतृत्व (अर्थात् भावनात्मक भाषण, वायदे, तथा नेताओं की नीतियाँ)

उपरोक्त विश्लेषण के आधार पर वी.वी.सिंह ने दंगोन्मुख (riot prone) (साम्प्रदायिक) संरचना इस प्रकार बताई है : (1) द्वि-ध्रुवित (bi-polarity) जनसंख्या चिन्हित क्लस्टरों में; (2) निकटता; (3) समान हित तथा परिणामतः शत्रुता; (4) ध्रुवीकृत जनसंख्या की शक्ति (potency)। यह शक्ति संख्याबल (numerical strength), आर्थिक समृद्धि, अस्त्र-शस्त्र रखने की स्थिति, समन्वय नेतृत्व के प्रकार और क्रियाकलापों (activity) की शक्ति पर आधारित होती है; और (5) जिला पुलिस तथा जन प्रशासन की अक्षमता और प्रशासनिक योग्यता।

साम्प्रदायिक हिंसा को रोकने के उपाय
(Measures to Contain Communal Violence)

साम्प्रदायिकता और साम्प्रदायिक हिंसा की चुनौती का सामना करने के उपाय दो प्रकार के हो सकते हैं : लम्बी अवधि और कम अवधि के। लम्बी अवधि के उपाय हैं : **प्रथम**, लोगों को साम्प्रदायिकता-विहीन करने की प्रक्रिया विभिन्न स्तरों पर प्रारम्भ करना। ये स्तर निम्न हो सकते हैं: उनको यह समझा कर कि साम्प्रदायिक मान्यताएँ झूठी होती हैं, उन्हें साम्प्रदायिकता की राजनैतिक जड़ों और सामाजिक-आर्थिक जड़ों के विषय में समझा कर, और उन्हें यह बताकर कि साम्प्रदायिक तत्व जिन तथ्यों को समस्या बताते हैं वे वास्तविक समस्याएँ नहीं हैं तथा जो उपाय वे बताते हैं वे सही उपाय नहीं है। (उदाहरण के लिए लोगों को यह बताना कि कश्मीर की समस्या हिन्दू-मुस्लिम सम्बन्धों की समस्या नहीं है परन्तु कश्मीरियों के 'पहचान' (identity) की है। आम कश्मीरी पाकिस्तान के साथ जुड़ना नहीं चाहते; वे केवल 'स्वाधीनता' चाहते हैं जिससे अपनी एकरुपता को स्थापित रख सके। अतः मुख्य मुदा 'स्वाधीनता' की प्रकृति का ही है)। **दूसरे**, राज्य तथा सत्ताधारी राजनैतिक अभिजात वर्ग के साम्प्रदायिकीकरण (communalisation) को रोकना, क्योंकि इससे साम्प्रदायिक हिंसा के विरुद्ध साम्प्रदायिकता को स्पष्ट या गुप्त समर्थन को बढ़ावा मिलता है। इसमें राज्य नियमित मीडिया भी शामिल है। **तीसरे**, नागरिक (civil) समाज की साम्प्रदायिकता को रोकना, क्योंकि इससे अधिक साम्प्रदायिक दंगों को मदद मिलती है। साम्प्रदायिक विचारों एवं विचारधाराओं वाले व्यक्ति सरकार को इस प्रकार से कार्य करने के लिए दबाते हैं कि जो सदैव धर्म निरपेक्षता के सिद्धान्त के विरुद्ध होते हैं। धर्मनिरपेक्ष राज्य, सत्ता में धर्मनिरपेक्ष पार्टी और धर्मनिरपेक्ष शक्तिशाली अभिजात वर्ग कई बार इन साम्प्रदायिक लोगों के दबाव के सामने झुक जाते हैं। इन जगहों पर बुद्धिजीवी, राजनैतिक पार्टियां और स्वैच्छिक संगठन अत्यधिक प्रभावी हो सकते हैं। **चौथे**, स्कूलों, कालेजों/विश्वविद्यालयों में मूल्यपरकता पर बल देने वाली शिक्षा पर ज़ोर देना, जो साम्प्रदायिक भावनाओं को रोकने में महत्वपूर्ण है। नव विचारधाराओं पर आधारित शिक्षा युवकों को घृणा की विचारधारा से बचा सकती है। इतिहास की शिक्षा की भूमिका भारतीय सन्दर्भ में विशेष रूप से हानिकारक रही है। इतिहास की साम्प्रदायिक व्याख्या विशेष रूप से मध्य युग की, भारत में साम्प्रदायिक विचारधारा का आधार बनी है। शिक्षा संस्थाओं में वैज्ञानिक पद्धति से इतिहास की शिक्षा साम्प्रदायिक के विरुद्ध किसी भी वैचारिक संघर्ष में मूल तत्व होना चाहिए। **पाँचवें**, मीडिया भी साम्प्रदायिक भावनाओं को रोकने में महत्त्वपूर्ण व लाभकारी सिद्ध हो सकता है। साम्प्रदायिक प्रेस को बंद

किया जा सकता है और साम्प्रदायिक लेखकों के विरुद्ध कानूनी कार्यवाही की जानी चाहिए। **छठे**, यह विचारधारा कि आर्थिक विकास, औद्योगीकरण, पूंजीवाद के विकास तथा कामगर वर्ग के विकास से साम्प्रदायिकता स्वतः कमजोर हो जायेगी और लोप हो जायेगी अतर्कसंगत है। इस प्रकार का वामपन्थी दलों और नक्सलवादियों का आर्थिक अपचयवाद (reductionism) का दृष्टिकोण केवल साम्प्रदायिक जहर में वृद्धि ही करता है। यह सुझाव नहीं दिया जा रहा है कि हमारे समाज को आधुनिक आर्थिक विकास की आवश्यकता नहीं है। संकेत इस बात की ओर किया जा रहा है कि केवल आर्थिक विकास ही साम्प्रदायिकता को नहीं रोक सकता। वर्ग संघर्ष साम्प्रदायिकता में वृद्धि नहीं करता बल्कि साम्प्रदायिकता वर्ग एकता को अवश्य रोकती है। साम्प्रदायिक हिंसा महाराष्ट्र, पंजाब, गुजरात जैसे राज्यों और मुम्बई, अहमदाबाद, जमशेदपुर और कानपुर जैसे शहरों में अधिक है।

साम्प्रदायिकता तथा साम्प्रदायिक दंगों को रोकने के लिए कुछ तुरन्त उपाय आवश्यक है। *प्रथम*, शान्ति समितियाँ स्थापित की जा सकतीं हैं जिनमें विभिन्न धार्मिक सम्प्रदायों के लोग सद्भावना और भ्रातृभाव फैलाने के लिए साथ-साथ काम कर सकते हैं और दंगा पीड़ित क्षेत्रों में भय और घृणा का भाव दूर कर सकते हैं। यह न केवल साम्प्रदायिक तनाव समाप्त करने में प्रभावी हो सकता है बल्कि दंगों को शुरु होने से भी रोक सकता है। *दूसरे*, राज्य को साम्प्रदायिक हिंसा से निपटने के लिए योजना एवं नई रणनीति बनानी चाहिए। हाल के ही वर्षों में भारत का अनुभव इस उपयोगिता को सिद्ध करता है। जब कभी मजबूत और धर्मनिरपेक्ष प्रशासन ने कठोर कदम उठाने की धमकी दी है या कठोर कदम उठाए हैं, तब या तो दंगे हुए ही नहीं या कम अवधि तक ही चले। उदाहरणार्थ, कठोर, पुलिस और सेना के हस्तक्षेप से नवम्बर 1984 में कलकत्ता में तथा जनवरी 1994 में मुम्बई में दंगों की पुनरावृत्ति पर रोक लग गई। जब अ-सामाजिक तत्व और धर्मान्ध तथा स्वार्थी लोग महसूस करते हैं कि सरकार निष्पक्ष है और पुलिस अपने समस्त संसाधनों के साथ दंगों को समाप्त करने हेतु गम्भीर है, तब वे साम्प्रदायिक उन्माद को तुरन्त कम करने लगते हैं। इससे गैर-साम्प्रदायिक कानून का क्रियान्वयन करने वाली एजेन्सियों को प्रोत्साहन मिलता है। मुम्बई, अहमदाबाद, भिवन्डी और मेरठ के दंगों तथा पंजाब में अमृतसर, जलन्धर और लुधियाना की हिंसा के अनुभव दर्शाते हैं कि साम्प्रदायिक रंग में रंगे अधिकारी साम्प्रदायिक स्थिति को बदतर बना देते हैं। *तीसरे*, मीडिया की भूमिका साम्प्रदायिक हिंसा के दौरान अत्यन्त महत्वपूर्ण हो जाती है। समाचार पत्र आग में घी डालने का या आग को बुझाने का काम कर सकते हैं। भय और घृणा का वातावरण सुधर सकता है यदि प्रेस, रेडियो, टी.वी. घटनाओं की जानकारी लोगों की दुखती रगों को दुखाने की बजाय सान्तवना और शान्ति का वातावरण देने में मदद करे। मीडिया संजीदा ढंग से घटनाओं की रिपोर्ट दे सकता है और अफवाहों का खण्डन कर सकता है। विभिन्न धर्मों के मारे गए या घायल हुए व्यक्तियों की सही संख्या की रिपोर्ट देने में मीडिया धैर्य व सावधानी से काम ले सकता है। *अन्त* में, सत्ताधारी सरकार को कट्टर साम्प्रदायिक अयोग्य लोगों के साथ तुरन्त लक्ष्य मानकर कदम उठाना चाहिए और शान्ति व्यवस्था खराब करने के उनके प्रयासों को तोड़ देना चाहिए। कश्मीर में अलगाववादी, पंजाब में उग्रवादी, केरल में आई.एस.एस (ISS) (अब निषिद्ध) तथा हिन्दू, मुसलमान, सिख साम्प्रदायिकता से सम्बद्ध अन्य कट्टरवादी संगठनों के साथ राज्य को कानून तथा अन्य

संसाधनों द्वारा सख्ती के साथ निपटना है। छोटे असुरक्षित समुदाय सदैव सुरक्षा के लिए या तो सरकार या साम्प्रदायिक पार्टियों की ओर देखते हैं। कश्मीर के पण्डित, मुम्बई, उत्तर प्रदेश, गुजरात व अन्य राज्यों के बेकसूर दंगा पीड़ित लोग तथा बिहार और असम के कट्टरवादियों की हिंसा से पीड़ित लोग जान माल की सुरक्षा के लिए धर्मनिरपेक्ष भारत की ओर आंख लगाए रखते हैं। 1980 तथा 1990 के दो दशक के साम्प्रदायिकवाद ने धर्मनिरपेक्ष राज्य पर यह जिम्मेदारी स्पष्ट रूप से डाल दी है कि वह साम्प्रदायिक तत्वों का सामना करे जिनका मृत्यु के सौदागर के रूप में उदय हुआ है। आज साम्प्रदायिकता आगे की ओर अग्रसरित हो रही है और धर्मनिरपेक्षता पीछे की ओर जा रही है और राज्य अपने बचाव की ओर। ब्लू स्टार ऑपरेशन पश्चात अवधि में राज्य बचाव की ओर था, शाहबानों प्रकरण में पीछे की ओर, तथा 1992 में अयोध्या में मन्दिर मस्जिद प्रकरण पर नवम्बर 1993 में हजरत बल तथा कश्मीर में मई 1995 में चरारे शरीफ प्रकरण में घेरे में आ गई थी। इन सभी स्थितियों में सिख, मुसलमान व हिन्दू साम्प्रदायिक अपने-अपने बचाव में लगे थे। भारत सरकार को हिन्दू, मुस्लिम, सिख साम्प्रदायिकता से राजनैतिक व वैचारिक दोनों स्तरों पर लघु अवधि व लम्बी अवधि के उपायों के साथ सामना करना है। चुनावों और सार्वजनिक मामलों में भी सरकार धर्म आधारित राजनीति के उदय का सामना एक मुख्य कारण के रूप में कर रही है, यद्यपि गत पाँच या छः वर्षों में अनेक राज्यों में चुनाव परिणामों ने सिद्ध कर दिया है कि लोगों ने ऐसी राजनीति को ठुकरा दिया है।

यदि साम्प्रदायिकता के उठते हुए ज्वार को पीछे न धकेला गया तो यह पूरे देश को बहा ले जायेगा। स्वतंत्रता से पूर्व, यह कहना सरल था कि साम्प्रदायिक हिंसा अंग्रेजों के 'बाँटो और राज्य करो' का फल था लेकिन अब सत्य जटिल हो गया है। धर्म का राजनीतिकरण और राजनीति का अपराधीकरण हो रहा है। जब तक सभी धार्मिक समुदाय अपने को एक राष्ट्र का अंग नहीं मानते, साम्प्रदायिक दुर्भावना को रोकना कठिन होगा। वह देश जिसे अपनी धर्मनिरपेक्ष नीतियों पर गर्व है उसे उन राजनीतिज्ञों से सतर्क रहना है जो अपने ही धार्मिक समुदाय के लोगों की बात करते हैं। राज्य को उन नौकरशाहों को उद्घाटित करना तथा उन्हें अलग थलग कर देना है जो धर्मनिरपेक्षता को सैद्धान्तिक सम्भावना मानते हैं। पुलिस भी साम्प्रदायिकता के प्रकरण को इस प्रकार से पनपने नहीं दे सकती जिस प्रकार से यह प्रकरण अब तक पनपता रहा है। साम्प्रदायिक मानसिकता के राजनतिज्ञों को रोकना और उन्हें चुनाव लड़ने से रोकना, धर्मान्धों धर्म विरोधी भावनाओं को भड़काने के लिए प्रतिरोधिक दण्ड देना, पुलिस विभाग को राजनीतिज्ञों के नियंत्रण से बाहर रखना, पुलिस खुफिया तंत्र को बलवान बनाना, पुलिस प्रशासन को अधिक संवदेनशील बनाना, पुलिस अधिकारियों के प्रशिक्षण कार्यक्रमों पर पुनः काम करना, उन्हें धर्मनिरपेक्ष दृष्टिकोण अपनाने के योग्य बनाना, और उन्हें अपनी असफलताओं के लिये उत्तरदायी ठहराना, आदि कुछ उपाय साम्प्रदायिक दंगों की समस्या को सुलझाने में प्रभावी सिद्ध हो सकते हैं। कुशल पुलिस संगठन, जागरुक पुलिसकर्मी, सुसज्जित एवं विशेष प्रशिक्षण प्राप्त पुलिस निश्चय ही सकारात्मक परिणाम देंगे।

सरकार को भी भेदभाव और वंचना भाव को समाप्त करने के लिए कदम उठाने चाहिए जो कि वास्तव में हैं ही नहीं। 1978 की मोरारजी देसाई के प्रधानमंत्रित्व काल में

गठित अल्पसंख्यक आयोग को मई 1992 में विधि सम्मत संस्था की मान्यता दी गई ताकि इसकी प्रभाविता को बढ़ाया जा सके। इससे पूर्व, यह संस्था दन्त विहीन चीते की तरह काम करती थी क्योंकि कानूनी मान्यता के बिना उपाय सुझाने के अतिरिक्त या सरकार तथा प्रशासन को सलाह देने के अतिरिक्त यह कुछ नहीं कर सकती थी। आयोग अल्पसंख्यकों के हितों की रक्षा के लिए बना, भले ही वे धर्म या भाषा पर आधारित हों। इसके छः सूत्रीय उद्देश्य इस प्रकार हैं :

— केन्द्र और राज्य सरकारों द्वारा तथा संविधान में उल्लिखित अल्पसंख्यकों के हितों के लिए संरचनाओं की कार्यप्रणाली का मूल्यांकन करना।
— अल्प संख्यकों से सम्बन्धित कानूनों के पालन करने के अत्यधिक प्रभावी तरीकों की सिफारिश करना।
— विशेष शिकायतों को देखना।
— अल्प संख्यकों के विरुद्ध भेदभाव से बचने के प्रश्न पर अध्ययन एवं शोध करना।
— अल्प संख्यकों के प्रति केन्द्र व राज्य सरकारों की नीतियों का पुनर्मूल्यांकन। केन्द्र व राज्य सरकारों द्वारा किये जाने वाले कानूनी व कल्याण उपाय सुझाना ।
— अल्प संख्यकों की दशाओं के सम्बन्ध में सूचनाओं के लिए राष्ट्रीय सूचना केन्द्र के रूप में काम करना।

आयोग की दशा ऐसी थी कि कोई भी इसे गम्भीरता पूर्वक नहीं लेता था क्योंकि केन्द्रीय तथा राज्य सरकारें दोनों ही इसके सुझावों को मानने के लिए बाध्य नहीं थे। वर्षों तक अल्प संख्यकों की दशा से सम्बन्धित रिपोर्ट पर धूल जमती रही। लेकिन इसकी विधि द्वारा मान्यता इसकी दशा में परिवर्तन करेगी। अब इसकी भूमिका मात्र छान-बीन करने की ही नहीं रहेगी बल्कि न्यायिक भी होगी। यह अपेक्षा की जाती है कि अधिक शक्ति के साथ आयोग देश में गिरती हुई साम्प्रदायिक स्थिति से निपटने में प्रभावी भूमिका अदा करेगा और धार्मिक अल्प संख्यकों के कल्याण को सुनिश्चित करेगा जो देश की कुल जनसंख्या के 17 प्रतिशत हैं।

प्रतीकात्मक भाव दर्शाना काफी नहीं होगा। यह आवश्यक है कि रोजगार, साक्षरता, तथा प्रत्येक क्षेत्र में उनके लिए यथेष्ट प्रतिनिधित्व दिलाने सम्बन्धित मामलों में धार्मिक अल्प संख्यकों की वास्तविक समस्याओं को देखा जाए। अल्प संख्यक समुदायों के विकास तथा उनकी जन निरक्षरता तथा बेरोजगारी दूर करने के लिए प्रयत्न करने की आवश्यकता है। धर्मनिरपेक्ष संरचनाओं को प्रोत्साहन एवं सुरक्षा प्रदान की जानी चाहिए। उन धार्मिक संस्थाओं पर भारी हमले किए जाने चाहिए जो साम्प्रदायिकता को बढ़ावा देतीं हैं। सम्प्रदायों के बीच सन्देह को मिटाया जाना चाहिए। आज देश को समान नागरिक संहिता की आवश्यकता है। किसी विशेष समुदाय के लिए विशेष कानून नहीं होने चाहिए और न ही किसी राज्य के लिए विशेष दर्जा। आरक्षण नीति पर पुनर्विचार की आवश्यकता है। राजनैतिक जुगाड़बाजी (manipulation) से निपटना है। पुलिस कार्यप्रणाली में राजनीतिज्ञों का हस्तक्षेप और गड़बड़ी करने वालों को पकड़ने से रोकने वालों के साथ सख्ती से निपटा

जाना है। जनमत एवं जन जागृति लाने की आवश्यकता है ताकि धर्मनिरपेक्ष मूल्य सही प्रकार चलें।

इन उपायों के साथ ही अन्य उपाय जो सरकार द्वारा साम्प्रदायिक हिंसा पर नियंत्रण के लिए करने चाहिए वे हैं : (1) दंगा संवेदी क्षेत्रों में धर्मनिरपेक्ष विचारों के पुलिस अधिकारियों की तैनाती, (2) साम्प्रदायिक अपराधों से सम्बन्धित मुकदमें चलाने के लिए विशेष अदालतों का गठन, (3) साम्प्रदायिक दंगों से पीड़ितों के पुनर्वास के लिए सहायता एवं आर्थिक मदद तुरन्त उपलब्ध कराई जानी चाहिए। (4) उन लोगों के विरुद्ध कठोर कदम उठाए जाँयें जो साम्प्रदायिक तनाव उकसाते हैं या उसमें भाग लेते हैं।

इस प्रकार साम्प्रदायिक तनाव कम करने तथा साम्प्रदायिक सद्भाव बनाये रखने के लिए बहु आयामी उपायों की आवश्यकता है। हमें न केवल धार्मिक साम्प्रदायिकता से लड़ना है बल्कि राजनैतिक साम्प्रदायिकता को भी रोकना है जो अधिक गम्भीर और खतरनाक है। भारत में बड़ी संख्या में मुसलमानों और सिखों को साम्प्रदायिकता से कोई लगाव नहीं है और यह बात अधिकतर हिन्दू लोगों की भावनाओं के विषय में भी सही है। मुस्लिम और सिख समुदायों के सदस्य इस बात से आश्वस्त हैं कि बढ़ता सम्प्रदायवाद रुक सकता है, यदि राजनीतिज्ञों को अपने स्वार्थों के लिए लोगों की भावनाओं के साथ खिलवाड़ करने से रोका जा सके। आम मुसलनान धीरे-धीरे राजनीतिज्ञों के शोषक इरादों से परिचित होता जा रहा है। धार्मिक नारेबाजी अब उन्हें अधिक प्रभावित नहीं करती। अब उसे आर्थिक राहत के लिए सीमाओं के पार से सहायता की इच्छा नहीं है। वह यहाँ कहीं अधिक सुरक्षित महसूस करता है।

यदि मुस्लिम व अन्य अल्पसंख्यकों को स्वतंत्र भारत के समान नागरिक होने की अपेक्षा चुनाव के समय में मूल्यवान खरीदफरोक्त की वस्तु के रूप में समझे जाने के लिए प्रोत्साहित किया जाता है तो उन्हें राष्ट्र के लिए महान प्रयत्नों में भाग लेने के लिए कभी भी प्रोत्साहित नहीं किया जा सकता। समाज वैज्ञानिकों और बुद्धिजीवियों को साम्प्रदायिकता की राष्ट्रीय बुराई तथा ऐसे ही अन्य मामलों, जैसे धार्मिक हिंसा, अलगाववाद, पृथकतावाद और आतंकवाद को रोकने, में गम्भीर रुचि दिखानी होगी।

धर्म निरपेक्षतावाद और धर्म निरपेक्षीकरण (Secularism and Secularisation)

धर्म निरपेक्षवाद ऐसी विचारधारा/विश्वास है जिसके आधार पर धर्म और धर्म सम्बन्धी विचारों को इह लोक सम्बन्धी मामलों से जानबूझकर दूर रखा जाना चाहिए। यह तटस्थता की बात है। पीटर बर्गर के अनुसार धर्मनिरपेक्षीकरण वह प्रक्रिया है जिसके द्वारा समाज व संस्कृति के विभागों को धार्मिक एवं प्रतीकों पर प्रभाव से दूर रखा जाता है।

आधुनिक जीवन की एक विशेषता यह है कि यह गैर धर्म-निरपेक्षीकरण की प्रक्रिया की विशेषता दर्शाता है, जैसे घटनाओं और व्यवहार की व्याख्या करने के लिये अब अन्धविश्वासों का सहारा कम लिया जाता है। जिस प्रकार आज संसार को देखा जाता है वह मध्ययुगीन व प्राचीन जगत से भिन्न है जिसमें यह समझा जाता था कि "ईश्वर सर्व शक्तिमान है", या कि "प्रत्येक व्यक्ति के जीवन में आत्माओं का हस्तक्षेप होता है," या कि

"व्यक्ति के जीवन में जो कुछ होता है वह पूर्व निर्धारित होता है।" आज, रहस्य और अचम्भों में विश्वास कम हो गया है यद्यपि पूर्ण रूप से समाप्त नहीं हुआ है। तर्क की विजय मिथक और कहानियों की कीमत पर हुई है। यही धर्म निरपेक्षीकरण की प्रक्रिया है।

वेबर धर्मनिरपेक्षीकरण को तर्क-संगतीकरण की एक प्रक्रिया मानते हैं। प्रदत्त लक्ष्यों को प्राप्त करने के लिए प्रयुक्त सिद्धान्त हैं जो वैज्ञानिक विचारों पर आधारित है, अर्थात् जो तर्क संगत है। इस विचार ने धर्म का महत्व कम कर दिया है। डार्विन, फ्रायड और मार्क्स भी मानव व्यवहार की धार्मिक व्याख्या के स्थान पर वैज्ञानिक व्याख्या में प्रमुख योगदाता रहे हैं।

धर्म पर आधुनिकता का क्या प्रभाव पड़ा है ? बर्गर इस विचार के हैं कि बढ़ती हुई सामाजिक एवं भौगोलिक गतिशीलता तथा आधुनिक संचार व्यवस्था के विकास ने व्यक्ति को धार्मिक प्रभावों की विविधता के समक्ष असहाय बना दिया है। इसलिए उन्होंने एक दूसरे के धार्मिक विश्वासों को सहन करना सीख लिया है। इसलिए लोग अब नये विचारों और नये परिप्रेक्ष्यों की संस्कृति की खोज के लिए स्वतंत्रता का अनुभव करते हैं। भारत में भी हम देखते हैं कि शिक्षित एवं आधुनिकता की ओर उन्मुख मुसलमान धर्मोन्मुख प्रतिमानों ने परिवर्तन के लिए खोज करना शुरु कर दिया है, जैसे तलाकशुदा पत्नियों के लिए गुजारा भत्ते की माँग (जो कि धर्म द्वारा मान्य नहीं है), बच्चों का गोद लेना, स्त्रियों को अपने पतियों को तलाक देने के लिए अधिक उदार नियमों की माँग, बहुपत्नी विवाह पर प्रतिबन्ध, आदि। हिन्दू भी स्त्रियों पर धार्मिक प्रतिबन्धों, अन्तर्जातीय विवाह पर प्रतिबन्ध, तलाक व विधवा पुनर्विवाह पर प्रतिबन्ध तथा सती प्रथा आदि को स्वीकार नहीं करते। लोग अपने अनुभवों का अर्थ ढूंढते हैं। वास्तव में, गैर-धार्मिक दर्शन भी अस्तित्व की सार्थक व्याख्या देते हैं।

यदि भारत में धर्मनिरपेक्षीकरण का विश्लेषण किया जाये तो यह कहा जा सकता है कि भारतीय समाज अधिक धर्मनिरपेक्ष हो गया है लेकिन दर्शाने में जटिल है। मोटेतौर पर धर्मनिरपेक्षीकरण की धारणा बताती है कि अनेक धार्मिक मूल्य बदल गए हैं, कई प्रथाएं समाप्त हो गई हैं, और विज्ञान तथा तर्क संगतता की महत्ता बढ़ गई है (माइक ओ डोनेल, 1997 : 532-33)। यह सही है कि समाज के सांस्कृतिक और संस्थात्मक नींव में परिवर्तन मौलिक और तीव्र होना चाहिए। विवाह, परिवार, जाति और कई संस्थाओं पर धर्म का प्रभाव कम होता दिखाई दे रहा है, लेकिन यह भी सत्य है कि धर्म की ताकत जारी है। धर्म स्थलों पर जाने में, तीर्थयात्रा पर जाने में, धार्मिक उपवास करने में और धार्मिक त्योंहार मनाने में लोगों की अभिरुचि में परिवर्तन हो सकता है, सिविल विवाह में वृद्धि हो सकती है, यहां तक कि सक्रिय धार्मिक लोगों की संख्या में कमी हो सकती है, लेकिन धार्मिक प्रथाओं में कमी हिन्दुओं में धर्मनिरपेक्षता की प्रक्रिया की ओर आवश्यक रूप से संकेत नहीं करती। सिख अभी भी धार्मिक प्रतिबन्धों को जारी रखे हुए हैं। संस्थात्मक धर्म की अपेक्षा व्यक्तिगत अर्थ और पूर्ति के माध्यम के रूप में धर्म पूरे उत्साह और शक्ति के साथ जीवित है। अतः धर्मनिरपेक्षीकरण की धारणा औपचारिक धर्म की अपेक्षा व्यक्तिगत धर्म पर कम लागू होती है। इसमें आश्चर्य नहीं कि डेविड मार्टिन जैसे विद्वान यह मानते हैं कि धर्मनिरपेक्षीकरण शब्द इतना बोझिल है कि यह शब्द प्रयोग में नहीं लाया जाये (माइक ओ डोनेल, 1997 : 538)। यहां उदारवाद और कट्टरवाद के बीच सम्भावित संघर्ष को सन्दर्भित किया जाना

चाहिए। उदारवाद समूहों (धार्मिक) के बीच अन्तर की परस्पर सहिष्णुता पर आधारित है, अर्थात् यह बहुवादी है। कट्टरवाद (fundamentalism) उदारवाद के विरोध से सम्बद्ध है और कभी-कभी बहुलवाद (pluralism) की हिंसात्मक अभिवृत्ति की ओर संकेत करता है। पाकिस्तान, सऊदी अरब, ईरान आदि देश कट्टरवादी अधिक माने जाते हैं। भूमण्डलीय सन्दर्भ में लागू करने पर धर्मनिरपेक्षीकरण की धारणा के सम्बन्ध में उदारवाद और कट्टरवाद के बीच अन्तर सार्थक है। जब पश्चिमी समाज धर्मनिरपेक्ष हो गया है (चर्च के अधिकारों में कमी आने के अर्थ में), कई मुस्लिम देशों में इस्लामिक कानून ही नागरिक व धार्मिक जीवन को संचालित करते हैं। एक दो वर्ष पूर्व (नवाब शरीफ के कार्यकाल में) पाकिस्तान ने भी इसी विचारधारा को स्वीकार किया था जिसके कारण इसे धार्मिक राज्य कहा गया था। परन्तु भारत ऐसा देश है जहां धार्मिक, सामाजिक, सांस्कृतिक एवं यहां तक कि राजनैतिक बहुलवाद भी मौजूद है। भारत के मुसलमान जो इस्लामी परम्पराओं का निर्वाह जारी रखे हुए हैं कट्टरवादी ही बने हुए हैं जो उन्हें आधुनिकता स्वीकार करने से रोकती है। हिन्दुओं की अधिकतर संख्या के लिए उदारवाद आधुनिक हिन्दू समाज के विकास के साथ चलने वाला है।

भारतीय सन्दर्भ में धर्मनिरपेक्षवाद ने धार्मिक समुदायों के रक्षक के रुप में व उनके संघर्षों में मध्यस्थ की भूमिका निभाने के संदर्भ में राज्य शक्ति को बढ़ा दिया है। यह राज्य द्वारा किसी विशेष धर्म को संरक्षण प्रदान करने को रोकता है।

वास्तव में, 'धर्मनिरपेक्ष' धारणा का प्रयोग सर्वप्रथम यूरोप में प्रयोग किया गया था जहां हर प्रकार की सम्पत्ति पर चर्च का ही नियंत्रण था और चर्च की सहमति के बिना कोई भी प्रयोग नहीं कर सकता था। कुछ बुद्धिजीवियों ने इस प्रथा के विरुद्ध आवाज उठाई। इन व्यक्तियों को धर्मनिरपेक्ष कहा जाने लगा जिसका अर्थ था 'चर्च से पृथक' या 'चर्च के विरुद्ध'। भारत में यह शब्द आजादी के बाद अनेक सन्दर्भों में प्रयोग किया जाने लगा। देश के विभाजन के बाद राजनीतिज्ञ अल्पसंख्यक समुदायों को, विशेष रूप से मुसलमानों को, आश्वासन दिलाना चाहते थे कि उनके साथ किसी प्रकार का भेदभाव नहीं किया जायेगा। अतः नये संविधान में प्रावधान किया गया कि भारत धर्मनिरपेक्ष बना रहेगा, जिसका अर्थ था: (a) प्रत्येक नागरिक को अपने धर्म का उपदेश देने और पालन करने की पूर्ण स्वतंत्रता होगी, (b) राज्य का कोई धर्म नहीं होगा, और (c) सभी नागरिक अपने धार्मिक विश्वास के भेदभाव के बिना समान होंगे। इस प्रकार विरोधियों को भी वही अधिकार दिये गये जो अनुयायियों को थे। यह दर्शाता है कि एक धर्मनिरपेक्ष समाज या राज्य अधार्मिक समाज नहीं है। धर्म मौजूद रहते हैं, उनके अनुयायी अपनी धर्म पुस्तकों में प्रतिष्ठित सिद्धान्तों और प्रथाओं को मानते हैं और कोई भी बाह्य एजेन्सी, राज्य सहित, वैधानिक धार्मिक कृत्यों में हस्तक्षेप नहीं करती। दूसरे शब्दों में, धर्मनिरपेक्ष समाज के दो अभिन्न तत्व हैं : (a) धर्म और राज्य की सम्पूर्ण रूप से पृथकता, और (b) सभी धर्मों के अनुयायियों को पूर्ण स्वतंत्रता और साथ ही नास्तिक और अनीश्वरवादियों को भी अपने-अपने विश्वास को मानने की स्वतंत्रता।

धर्मनिरपेक्ष समाज में विभिन्न धार्मिक संमुदायों के नेताओं और अनुयायियों से अपेक्षा की जाती है कि वे राजनैतिक लाभ के लिए धर्म का प्रयोग न करें। परन्तु व्यवहार में

हिन्दू, मुस्लिम, सिख और ईसाई और अन्य धर्मावलम्बी, राजनैतिक उद्देश्यों के लिए राजनीति का प्रयोग करते हैं। कई राजनैतिक पार्टियों को गैर-धर्मनिरपेक्ष कहा जाता है। दिसम्बर 1992 में अयोध्या में बाबरी मस्जिद संरचना के ढाहे जाने के बाद (एस.आर.बोम्मई केस के नाम से ज्ञात) एक मामला भाजपा-नीत सरकार को अपदस्थ करने के लिए अदालत में दर्ज कराया गया था। नौ न्यायाधीशों की खण्डपीठ ने 'सेक्यूलरिज्म' शब्द पर विचार किया और निष्कर्ष निकाला कि यद्यपि यह शब्द संविधान में वर्णित है, लेकिन इसे बड़ी चतुराई से अपरिभाषित छोड़ दिया गया था क्योंकि इसमें सूक्ष्म परिभाषा करने की क्षमता नहीं थी। संविधान में 'धर्मनिरपेक्षता' शब्द सभी धर्मों को समानता की गारन्टी देता है और राज्य द्वारा इस कानून का क्रियान्वयन किया जाना था। इस प्रकार कानूनी विचार से भाजपा को अपदस्थ करने का तर्क स्वीकार नहीं किया गया। इसमें आश्चर्य नहीं कि कुछ लोग कहते हैं कि एस. आर. बोम्मई मामले में उच्चतम न्यायालय की मान्यता थी कि जन प्रतिनिधित्व अधिनियम के अन्तर्गत 'हिन्दुत्व' की अपील स्वीकृत हो गई। अन्य दलों के धर्म पर प्रतिबन्ध लगा दिया। इस प्रकार यह कहा जा सकता है कि राजनैतिक दलों के लिए धर्मनिरपेक्षता का अर्थ मुस्लिम, पिछड़ी जातियों, तथा अनुसूचित जातियों व जनजातियों के वोट बैंक का बनाना था। मई 1996 में लोकसभा चुनावों तथा अक्टूबर 1996 में उत्तर प्रदेश की विधान सभा चुनावों में और फिर फरवरी 1998 तथा सितम्बर 1999 में संसदीय चुनावों में जब केन्द्र में भाजपा सबसे बड़ी पार्टी के रूप में उभर कर आयी, स्वार्थी राजनैतिक दलों ने भाजपा को मिलकर साम्प्रदायिक पार्टी कहा। साम्प्रदायिकता के विरुद्ध यह शोर केवल वोट तथा राजनैतिक शक्ति प्राप्त करने के लिए था। अप्रैल 1999 में 13 पार्टियों का केन्द्र में गठबन्धन तथा भाजपा नीत सरकार को पराजित करने के लिए अनेक राजनैतिक दलों का एक साथ मिलना किसी आम सहमति वाले न्यूनतम साझा कार्यक्रम पर आधारित नहीं था बल्कि केवल एक ही तथाकथित 'हिन्दू पार्टी' को सरकार बनाने से रोकना मात्र था और यह पार्टी अक्टूबर 1999 में फिर शक्ति में आ गयी।

इस प्रकार साम्प्रदायिकता न तो राजनैतिक दर्शन ही है न विचारधारा और न ही सिद्धान्त। यह तो भारतीय समाज पर राजनैतिक उद्देश्यों के लिए थोप दिया गया है। साम्प्रदायिकता के पत्ते अब केवल राजनीति प्रेरित होकर खेले जा रहे हैं। साम्प्रदायिकता को न केवल राष्ट्रीय विखण्डन रोकने के लिए जीवित रखा जा रहा है बल्कि इसलिए कि अल्पसंख्यक वोट बड़े भारतीय परिदृश्य में समाहित न हो जायें। यहां तक कि वे राजनेता जो ईमानदार माने जाते हैं, विषद रूप से जातिवाद फैलाते हैं और विरोधी राजनेताओं को साम्प्रदायिक बताते हैं। इस प्रकार शक्ति प्राप्त करने वाले अपने पापों को छिपाने के लिए साम्प्रदायिकता का सहारा लेते हैं और सुनिश्चित करते हैं कि लोग धर्म के आधार पर ध्रुवीकृत बने रहें और भारत साम्प्रदायिक बना रहे।

निर्भय सिंह (1994 :111) ने माना है कि भारत में दबाव का संकट कट्टरपंथियों और राजनीतिज्ञों द्वारा धर्म के राजनीतिकरण और धर्मनिरपेक्षीकरण के कारण है। इस प्रवृत्ति ने अल्पसंख्यकों को भारतीय समाज की मुख्य धारा से अलग कर दिया है। इस अर्थ में धर्मनिरपेक्षवाद की प्रक्रिया ही भारत के बहुधर्मी चरित्र के लिए चुनौती है। इसने धार्मिक मूल्यों के अवमूल्यन की प्रक्रिया प्रारम्भ कर दी है। आज आवश्यकता इस बात की है कि

अन्य धर्मों और विश्वासों के प्रति अन्तर्दृष्टि और खुलेपन की आवश्यकता है। अन्य विश्वासों की प्रशंसा का अर्थ है उनको स्वतंत्रता की गारण्टी देना। इस अर्थ में धार्मिक विश्वास की आजादी धर्म के बहुरूप को मानना है।

धर्मनिरपेक्ष समाज में धर्म (Religion in Secular Society)

धर्मनिरपेक्ष समाज में धर्म कैसे सार्थक है ? धर्म मनुष्य और समाज के मामलों में महत्वपूर्ण था और महत्वपूर्ण भूमिका निभाए जा रहा है। एस.सी. दुबे (1994 : 79-80) ने धर्म के नौ कार्य बताये हैं : (i) व्याख्यात्मक (explanatory) कार्य रहस्यों के प्रति क्यों, क्या आदि की व्याख्या से सम्बन्धित (ii) एकीकृत (integrative) कार्य (अनिश्चितता में समर्थन तथा असफलता और कुण्ठा में सान्तवना प्रदान करते हैं), (iii) पहचान सम्बन्धी (identity) कार्य (सुरक्षा और पहचान के लिए श्रेष्ठ सम्बन्ध बनाए रखने के लिए आधार प्रदान करना) (iv) प्रमाणित करने (validating) का कार्य (सभी मूलभूत संस्थाओं को शक्तिशाली मान्यता तथा नैतिक औचित्य प्रदान करना), (v) नियंत्रण कार्य (विचलन के विविध स्वरूपों पर अंकुश लगाना), (vi) अभिव्यक्ति (expressive) का कार्य (दुखदायी कारकों के सन्तुष्टि के कार्य करना), (vii) भविष्यवाणी का कार्य (स्थापित स्थितियों के विरुद्ध विरोध प्रदर्शन में), (viii) परिपक्वता का कार्य (अधिकारों की रक्षा करके व्यक्ति के जीवन इतिहास में संकटपूर्ण स्थिति में मान्यता प्रदान करना), और (ix) इच्छा पूर्ति (wish fulfilment) का कार्य (आन्तरिक एवं बाह्य दोनों ही प्रकार की इच्छाओं की)।

जैसे-जैसे वैज्ञानिक ज्ञान और प्रविधि का क्षेत्र विस्तृत होता है, धर्म का क्षेत्र संकुचित होता जाता है। इसके कुछ कार्य अन्य एजेन्सियों द्वारा ले लिए जाते हैं। दुबे (1994 : 80) का मानना है कि सरल समाजों में, जिन्हें व्यवहारिक व अनुभवात्मक ज्ञान कम होता है, इसके प्रभाव का क्षेत्र अधिक होता है। प्रौद्योगिकी अर्थ में कम विकसित समाज में सांसारिक उपलब्धियों के लिए अति प्राकृतिक शक्तियों का बड़े पैमाने पर प्रसन्न करने के लिए संस्कार एवं प्रतीकात्मक कार्य किए जाते हैं। आधुनिक औद्योगिक समाजों में धार्मिक विश्वासों की पकड़ ढीली पड़ जाती है, यद्यपि धर्म में रुचि बनी रहती है। यह सामूहिक तथा साम्प्रदायिक मामला न होकर व्यक्तिगत रहता है। धर्म निरपेक्षीकरण/तर्क संगतीकरण की प्रक्रिया शुरु होती है जिसके कारण धर्म विविध सामाजिक क्रियाकलापों पर नियंत्रण खो देता है, जैसे आर्थिक, व्यापार, शिक्षा, चिकित्सा, आदि। धर्म के कई पारम्परिक कार्यों की देखभाल धर्मनिरपेक्ष संस्थाएं करने लगती हैं। एक समग्र धार्मिक सांसारिक दृष्टिकोण जिसमें क्रियाकलापों का समस्त ढाँचा धर्म उन्मुख होता है, उसमें पूर्ण रूप से परिवर्तन हो जाता है।

लेकिन धर्मनिरपेक्षता हर समाज में भिन्न होती है। शायद भारत विविध संस्थाओं को विकसित करने में असफल रहा है जो धर्म के परम्परागत कार्यों को अपना सकें। इस कारण यह साम्प्रदायिक ही रहा है और धार्मिक विश्वास जारी हैं। समस्याओं को बड़े राष्ट्रीय परिप्रेक्ष्य की अपेक्षा संकीर्ण और साम्प्रदायिक दृष्टि से देखा जाता है। धर्मोन्मुखता, कार्य और धन के प्रति दृष्टिकोण निर्धारित करती है और ऐसी नैतिकता के उदय में बाधक है जो प्रगति में सहायक है। वास्तव में, कोई भी समाज पूर्ण रूपेण धर्मनिरपेक्ष नहीं है और न ही सभी मूल धार्मिक मूल्य व सांस्कृतिकपरकता को सुरक्षित रखा गया है तथापि धर्म परिवर्तनशील

आचार तत्वों के साथ समायोजन करने का प्रयत्न कर रहा है। यह बात न केवल हिन्दू धर्म के लिए सत्य है बल्कि मुस्लिम, सिख और जैन धर्मों के लिए भी। दुबे (1941 : 81) का भी विचार है कि भारत में सभी धर्मों ने परिस्थितिपरक समझौते किए हैं। कोई भी धर्म अपने मूल स्वरूप को कायम नहीं रख पाया है लेकिन सभी ने आवश्यक समायोजन किए हैं। धर्मनिरपेक्ष और आधुनिक समाज धर्म के विरुद्ध नहीं है। इस आधार पर भारत में धर्म आधुनिकीकरण के विरुद्ध नहीं है। अनेक लोग संकट में भी धर्म का सहारा लेते रहेंगे और धर्म संकटापन्न आघातों के समय समर्थन और विश्वास प्रदान करता है। इस प्रकार हमारे देश में अलग-अलग धार्मिक पहचान मान्य रहेगी जब तक वे बड़े राष्ट्रीय हितों की वैधता को चुनौती नहीं देते हैं। लेकिन उन पर प्रश्न चिन्ह नहीं लगाया जा सकता यदि वे राष्ट्रीय एकता में योगदान करते हैं।

9

जनजातीय समाज

(Tribal Society)

भारत में जनजातीय समुदाय : संख्या एवं वितरण
(Tribal Communities in India : Strength and Distribution)

1991 की जनगणना के अनुसार भारत में आदिवासियों की संख्या 6.758 करोड़ थी। यह इंगलैंड की जनसंख्या के लगभग बराबर ही थी। (*Manpower Profile, India*, 1998: 34)। जनजाति जनसंख्या देश की कुल आबादी की 8.08 प्रतिशत थी। जनजाति जनसंख्या अफ्रीका के बाद भारत में द्वितीय स्थान पर है। भारत में जनजातियाँ समूचे देश में फैली हैं। अलग-अलग राज्यों में उनकी संख्या कुछ सौ से लेकर लाखों में है। 1991 की जनगणना के अनुसार सबसे अधिक आदिवासी मध्य प्रदेश में (1.54 करोड़) हैं। और उसके बाद महाराष्ट्र (0.73 करोड़), उड़ीसा (0.70 करोड़), बिहार (0.66 करोड़), और गुजरात में (0.61 करोड़) हैं (*Manpower Profile, India,* 1998:35)। देश की कुल जनसंख्या के तीन पाँचवे भाग से कुछ अधिक (62.75%) आदिवासी पाँच राज्यों में पाए जाते हैं। मिजोरम में राज्य की कुल जनसंख्या के 95 प्रतिशत जनजाति के लोग हैं, नागालैण्ड में 89 प्रतिशत, मेघालय और अरुणाचल प्रदेश में प्रत्येक में 80 प्रतिशत, त्रिपुरा में 70 प्रतिशत, मध्यप्रदेश और उड़ीसा में प्रत्येक में 23 प्रतिशत, राजस्थान में 12 प्रतिशत, और असम और बिहार प्रत्येक में 10 प्रतिशत। इस प्रकार 4 राज्यों में जनजाति जनसंख्या राज्यों की कुल जनसंख्या का 80 प्रतिशत हैं।

संख्या में सर्वाधिक गोंड (मध्य प्रदेश, महाराष्ट्र और आन्ध्र प्रदेश में) लगभग 40 लाख और भील (राजस्थान, गुजरात, महाराष्ट्र, मध्यप्रदेश) लगभग 40 लाख हैं। सबसे कम संख्या वाली जनजाति अण्डमानी केवल 19 हैं। जनजातियों का अधिकतर हिस्सा स्वयं को हिन्दू मानता है। धर्म से 89 प्रतिशत हिन्दू, 5.5 प्रतिशत ईसाई, 0.3 प्रतिशत बौद्ध, 0.2 प्रतिशत मुसलमान, और 5 प्रतिशत अन्य हैं। वे सभी जो स्वयं को हिन्दू मानते हैं पूर्णरूपेण हिन्दू सामाजिक व्यवस्था को स्वीकार नहीं करते हैं। इस सन्दर्भ में जनजाति जनों को चार समूहों में वर्गीकृत किया जा सकता है : (1) जो हिन्दू सामाजिक व्यवस्था में ढल गए हैं, अर्थात् जिन्होंने जाति संरचना को मान लिया है, जैसे भील, भूमिज, आदि (2) जो हिन्दू सामाजिक व्यवस्था की ओर स्वीकारात्मक भाव से झुके हुए हैं, अर्थात यद्यपि उन्होंने हिन्दुओं के आचार तत्व (ethos), प्रतीकों (symbols), और सांसारिक दृष्टिकोण (world-view) को धारण कर लिया है लेकिन उन्होंने स्वयं को जाति ढांचे में शामिल नहीं किया है, जैसे सन्थाल, ओरांव, गोंड। (3) हिन्दू सामाजिक व्यवस्था की ओर नकारात्मक झुकाव वाले, जैसे मिजो,

नागा। (4) हिन्दू सामाजिक व्यवस्था के प्रति उदासीन, जैसे उत्तरी-पूर्वी क्षेत्र (NEFA) की जनजातियाँ।

भौगोलिक वितरण की दृष्टि से एल.पी.विद्यार्थी (L.P. Vidyarthi, ICSSR *Survey of Research In Sociology and Anthropology*, Vol III, 1972 : 32) ने जनजातीय लोगों को चार क्षेत्रों में बाँटा है : (a) हिमालियन क्षेत्र, जिसमें जम्मू-कश्मीर, हिमाचल प्रदेश (भोंट, गुजर, गादी), उत्तर प्रदेश का तराई क्षेत्र (थारु), असम (मिजो, गारो, खासी), मेघालय, नागालैण्ड (नागा), मणिपुर (माओ), और त्रिपुरा (त्रिपुरी) शामिल है और देश की कुल जनजाति संख्या का 11 प्रतिशत है। (b) *मध्य भारत क्षेत्र*, जिसमें पश्चिम बंगाल, बिहार (सन्थाल, मुण्डा, ओराँव, और हो) उड़ीसा (खोण्ड, गोंड) शामिल है और देश की कुल जनजातीय जनसंख्या का 57 प्रतिशत हैं, (c) *पश्चिमी भारत क्षेत्र*, जिसमें राजस्थान, (भील, मीणा, गरासिया), गुजरात, (भील, दुबला, घोदिया) और महाराष्ट्र (भील, कोली, महादेव कोकना) शामिल हैं और भारत की कुल जनजातीय संख्या का 25 प्रतिशत है, और (d) *दक्षिण भारत क्षेत्र*, जिसमें आन्ध्र प्रदेश (गोण्ड, कोया, कोण्डा, दोवा), कर्नाटक (नैकदा, मराती) तमिलनाडु (इरुला, टोड़ा), केरल (पुलयन, पनलयन) और अण्डमान और निकोबार द्वीप समूह (अण्डमानी, निकोबारी) शामिल हैं और देश की जनजातीय जनसंख्या का लगभग 7 प्रतिशत हैं।

विभिन्न राज्यों में रहने वाले जनजाति लोग विभिन्न प्रजातीय (racial) समूहों से सम्बद्ध हैं, जैसे प्रोटोआस्ट्रोलाइड (Protoaustroloid) जिसमें संथाल, मुण्डा, औराँव, और भूमिज शामिल हैं। *मंगोलियन* (Mangoloid) जिसमें गोरा, आदि शामिल हैं और नीग्रिटो। भाषाई आधार पर उन्हें तीन समूहों मे विभाजित किया जाता है; ये हैं : आस्ट्रिक (Austric) (जिसमें सन्थाल, मुण्डा, भूमिज शामिल हैं; *द्रविड़* जिसमें ओरांव, टोडा, चैंचू शामिल हैं; और *तिब्बती-चीनी* जिसमें गारो, भूटिया, आदि शामिल हैं। इसके अलावा उन्हें आर्थिक (भोजन एकत्र करने, शिकार करने वाले, हलवाहे, कृषि करने वाले, पशु-पालक, श्रमिक), सामाजिक और धार्मिक श्रेणियों में भी विभाजित किया जाता है। उनके विकास के स्तर और सामाजिक-सांस्कृतिक एकता में यद्यपि बड़ी विविधताएं मौजूद हैं लेकिन कुछ समानताएं भी हैं। जनजाति के लोग समग्र रूप में प्राविधिक (technologically) व शैक्षिक रूप से पिछड़े हुए हैं। यद्यपि अधिकतर जनजातियां सामाजिक संगठन की पितृवंशीय व्यवस्था का अनुसरण करते हैं, फिर भी कुछ ऐसे भी हैं जिनमें मातृवंशीय व्यवस्था चलती है (जैसे, गारो, आदि)। नागाओं, मिजो, सन्थालों, मुण्डा, ओराँओं के अच्छे अनुपात ने ईसाई धर्म अपना लिया है। कुछ लोगों को बौद्ध परिचय से भी चिन्हित किया जाता है, जैसे, भोटिया, लप्चा, आदि।

जनजातीय समुदायों की विशेषताएँ
(Distinctive Features of Tribal Communities)

जनजातीय लोग वृहत् सांस्कृतिक प्रभावों से अपेक्षाकृत बचे रहते हैं। उनमें सापेक्ष रूप से समानता होती है तथा उनके पास सरल प्रविधि (technology) भी होती है। वे आत्माओं, जादू व भूत विद्या में विश्वास करते हैं। उनके अपने निषेध (taboos) होते हैं जो उनके कुछ कार्यों को वर्जित करते हैं जो समुदाय, अलौकिकताया (supernatural), व जादू के परिणामों से दण्डित होते हैं। अधिकतर जनजातियां जीववाद (animism) में विश्वास करतीं

है जिसके अनुसार सभी वस्तुओं—चेतन और जड़ (animate and inanimate)—में स्थाई या अस्थाई रूप से आत्माएं रहतीं हैं। अक्सर कोई कार्य इन आत्माओं के कारण होता है। कुछ आत्माओं की पूजा की जाती है और कुछ का आदर किया जाता है। कुछ विद्वानों का मानना है कि जीववाद जनजातियों में धर्म का प्रारम्भिक स्वरूप था। अनेक जनजातियां पूर्वजों की पूजा में भी विश्वास करती हैं।

भारत में जनजातियों की कुछ विशेषताएँ इस प्रकार हैं :

- *सामन्य नाम:* प्रत्येक जाति का अपना विशिष्ट नाम होता है जिसके द्वारा उसको दूसरों से अलग पहचाना जाता है।
- *सामान्य सीमा* (territory): जनजातियों की आमतौर पर सामान्य भौगोलिक सीमा होती है।
- *सामान्य भाषा:* एक जनजाति के सदस्य एक ही भाषा बोलते हैं। प्रत्येक जनजाति की अपनी बोली होती है, भले ही लिपि न भी हो।
- *सामान्य संस्कृति:* प्रत्येक जनजाति में व्यवहार के स्वरूप, त्यौहार और पूजा की मूर्तियां निर्धारित हैं।
- *अन्तर्विवाह:* प्रत्येक जनजाति में अपने ही सदस्यों के बीच विवाह करने का प्रचलन है।
- *राजनैतिक संगठन:* प्रत्येक जनजाति का अपना राजनैतिक संगठन होता है। उनके बुजुर्गों की परिषद (council) होती है जो सदस्यों को नियंत्रित रखती है।
- *आर्थिक संक्रियता:* राष्ट्रीय औसत 43 प्रतिशत के विपरीत, 57 प्रतिशत जनजातियाँ आर्थिक रूप से स्वयमेव सक्रिय होती हैं।

काम की प्रकृति

जहाँ तक काम की प्रकृति का सम्बन्ध है, 73 प्रतिशत के राष्ट्रीय औसत के विपरीत 91 प्रतिशत जनजाति के लोग कृषि में, लगभग 3 प्रतिशत निर्माण कार्य में (सामान्य जनसंख्या के 11 प्रतिशत के विपरीत), और 5 प्रतिशत नौकरी में (सामान्य जनसंख्या के 16 प्रतिशत के विपरीत) और, लगभग एक प्रतिशत वानिकी और भोजन संग्रह के कार्यों में लगे हैं।

जनजातीय लोगों की कुछ अन्य विशेषताएँ इस प्रकार हैं : उनमें से अधिकतर लोग एकाकी भूखण्डों (isolate terrains) में रहते हैं; उनकी जीविका के मुख्य स्रोत कृषि और वन के उत्पाद हैं, वे लाभ प्राप्ति के लिए खेती नहीं करते; वे अभी भी वस्तु विनिमय (exchange) पर निर्भर रहते हैं, वे अपनी आय का अधिकतर भाग सामाजिक और धार्मिक समारोहों पर खर्च करते हैं, और अधिकतर संख्या में अनपढ़ और साहूकारों तथा असन्दिग्ध ठेकेदारों द्वारा शोषण का शिकार होते हैं।

जनजाति और जाति (Tribe and Caste)

ज़ाति और जनजाति के बीच भेद करने के लिए कोई ठोस आधार नहीं हैं। विस्तृत अर्थ में, जनजाति ऐसा समुदाय है जिसका एक सामान्य क्षेत्र, भाषा, संस्कृति और कुछ विश्वास तथा

प्रथाएं हों (Theodorson : 1969 : 443)। नैडेल (Nadel) ने जनजाति को "एक समाज जिसकी भाषायी, सांस्कृतिक व राजनैतिक सीमाएं हो" कहा है। लेकिन ऐसे अनेक जनजातीय समाज हैं जिनमें साधारण शब्दों में सरकार और कोई केन्द्रीय सत्ता नहीं होती। इसी तरह जनजाति में सांस्कृतिक समानता भी भ्रामक है।

घूर्ये, टी.बी. नाइक, बेली और वेरियर एलविन जैसे विद्वानों ने जाति और जनजाति में भेद के लिए धर्म, भौगोलिक पृथकता, भाषा, आर्थिक पिछड़ापन, तथा राजनैतिक संगठन को आधार माना है।

धर्म के आधार पर यह कहा जाता है कि जनजाति के लोगों का धर्म जीववाद (animism) है और जाति व्यवस्था वाले लोगों का धर्म हिन्दू है। हट्टन (1963) और बेली (1960 : 263) का मत है कि जनजातियों के लोग हिन्दू नहीं हैं बल्कि जीववादी हैं। जीववाद की प्रमुख विशेषताएँ हैं: सभी जड़ एवं चेतन वस्तुओं में स्थाई या अस्थाई रूप से आत्मा होती है; सभी क्रियाकलाप इन्हीं आत्माओं द्वारा कराए जाते हैं; आत्माओं का मनुष्य के जीवन पर अधिकार होता है: मनुष्य आत्माओं द्वारा कब्जे में रखे जा सकते हैं; उन पर जादू का प्रभाव पड़ सकता है। दूसरी ओर हिन्दुत्व की प्रमुख विशेषताएं हैं : धर्म, भक्ति, कर्म और पुनर्जन्म में विश्वास। कहना गलत होगा कि हिन्दू, विशेष तौर पर निम्न जाति हिन्दू, आत्माओं, भूतों और जादू में विश्वास नहीं करते। इसी प्रकार ऐसे बहुत से जनजाति लोग हैं जो हिन्दू देवी देवताओं की पूजा करते हैं, हिन्दू त्योंहार और मेलों का आयोजन करते हैं, और हिन्दू रीति-रिवाजों और संस्कारों को मानते हैं। इसलिए जीववाद और हिन्दूवाद में अन्तर करना सरल नहीं है। राम अहूजा (1965), वेरियर एलविन (1943) और रिज़ले (1908) ने भी माना है कि जीववाद और हिन्दूवाद में अन्तर करना कृत्रिम और निरर्थक है। इस प्रकार केवल धर्म इस (जनजाति और जाति के मध्य) अन्तर का आधार नहीं हो सकता। घूर्ये, नाइक और बेली ने भी इस आधार को स्वीकार नहीं किया है।

भौगोलिक एकाकीपन (geographical isolation) के आधार के विषय में यह कहा जाता है कि जनजाति के लोग भौगोलिक दृष्टि से अलग-अलग भूभागों, जैसे पहाड़, जंगल आदि, में रहते हैं लेकिन जातिवादी हिन्दू मैदानों में रहते हैं। सभ्य पड़ौसियों से अलग तथा उनसे कम सम्पर्क के कारण वे हिन्दुओं की तुलना में कम सभ्य हैं। यद्यपि यह सत्य है कि एक समय वे संचार साधनों की पहुंच से दूर रहते थे लेकिन तब बहुत से हिन्दू भी अलग-अलग क्षेत्रों में रहते थे, जबकि कई जनजातियां मैदानों में रहती थीं। आज के युग में कोई भी समूह एकाकी नहीं रहता। अतः जनजाति को जाति से अन्तर करने के लिए भौगोलिक अलगाव के आधार के भी स्वीकार नहीं किया जा सकता।

भाषा को जाति और जनजाति में भेद करने के लिए आधार मानने के सम्बन्ध में भी यह कहा जाता है कि प्रत्येक जनजाति की अपनी भाषा होती है, लेकिन जाति की नहीं। लेकिन ऐसी जनजातियां हैं जो अपनी भाषा नहीं बोलतीं बल्कि प्रमुख भारतीय भाषाओं में से किसी एक की बोली (dialect) बोलती हैं, जैसा कि दक्षिण भारत में पाया जाता है। अतः भाषा को भी भेद का आधार स्वीकार नहीं किया जा सकता।

आर्थिक पिछड़ापन भी अन्तर का सही आधार नहीं है। यदि जनजातीय लोग पिछड़े और आदिकालीन हैं तो हिन्दुओं में भी पिछड़े लोग हैं। दूसरी ओर आर्थिक रूप से विकसित

जनजातियां भी हैं। बेली (1960 : 9) ने भी इसको अस्वीकार करते हुए कहा है कि समाजशास्त्रीय दृष्टिकोण से यह मानना गलत है कि आर्थिक पिछड़ापन 'आर्थिक सम्बन्धों के प्रकार' की अपेक्षा 'रहन-सहन के स्तर' को बताता है। उसने स्वयं उड़ीसा के कोल्ड (जनजाति) और उड़ीया (जाति) में अन्तर करने के लिए 'आर्थिक संरचना' और राजनैतिक-आर्थिक संगठन' शब्दों का प्रयोग किया है।

बेली (Bailey, 1960) ने रेखाकार निरन्तरता (linear continnum) में दो आदर्श बिन्दुओं के रूप में जाति और जनजाति के आमने-सामने की स्थिति पर विचार करने के लिए एक व्यवस्थित अन्तर्क्रियावादी मॉडल (inter-actional model) प्रस्तुत किया। उसने दो कारकों पर ध्यान केन्द्रित किया : (a) भूमि पर नियंत्रण और (b) भूमि संसाधनों (resources) पर अधिकार। उसकी मान्यता थी कि जातिगत तथा जनजातीय दोनों ही समाजों में हमें भू-स्वामी (landowners) और भूमिहीन लोग मिलते हैं जो भूमि संसाधनों में से अपने हिस्से के लिए भूस्वामियों पर निर्भर करते हैं। लेकिन 'गाँव की सीमा' (village territory) (जिसमें जाति के लोग रहते हैं) तथा वंश सीमा (clan territory) (जिसमें जनजाति के लोग रहते हैं) के आर्थिक संगठन का विश्लेषण करने में उसने देखा कि गाँव श्रेणीक्रम में व्यवस्थित आर्थिक रूप से अन्तर्निभर जातियों में विभक्त रहता है जबकि वंश सीमा यद्यपि आर्थिक रूप से विशिष्ट समूहों की बनी होती है, लेकिन वह श्रेणीक्रम में व्यवस्थित नहीं होती है, न ही वे आर्थिक रूप से परस्पर निर्भर होते हैं। दूसरे शब्दों में, एक जनजातीय समाज में अधिक अनुपात में लोगों की पहुँच भूमि तक होती है जबकि जाति आधारित समाज में भूस्वामी बहुत कम होते हैं और अधिक संख्या में लोग भूमि पर अधिकार निर्भर सम्बन्धों द्वारा प्राप्त करते हैं। इस प्रकार बेली के अनुसार जनजाति अलगाव की एकता में व्यवस्थित है जबकि जाति सुव्यवस्थित एकता में। लेकिन बेली प्रतिकूल धारणा रखते हुए कहता है कि निरन्तरता के किस बिन्दु पर जनजाति समाप्त होकर जाति प्रारम्भ होती है यह कहना कठिन है। भारत में स्थिति ऐसी है कि शायद ही ऐसी कोई जनजाति हो जो पृथक समाज के रूप में हो तथा जिसकी अलग राजनैतिक सीमा हो। आर्थिक दृष्टि से भी जनजातीय अर्थव्यवस्था क्षेत्रीय या राष्ट्रीय अर्थव्यवस्था से भिन्न नहीं है। लेकिन हम कुछ जनजातियों को समुदाय में शामिल करते हैं और उन्हें मान्य अनुसूचित जनजाति सूची में भी रखते हैं।

एच.एन.बैनरजी ने भी 1969 में बारभुम (Barabhum) के कोरा (Kora) जनजाति में जनजाति-जाति सम्बन्धों के स्वरूप पर विस्तार से काम किया। एन.के. बोस (1949) ने माना है कि जनजातियाँ जातिगत समाज में विद्यमान प्रमुखतः कृषि व शिल्प आधारित अर्थव्यवस्था की ओर खींची जा रही हैं। एम.ओरान्स (M.Orans, 1965) ने कहा है कि जहाँ हिन्दुओं की उच्च अर्थव्यवस्था ने जनजातियों को जाति व्यवस्था की बराबरी करने के लिए खींचा है, वहीं राजनीतिक एकता की शक्तियों ने उन्हें हिन्दू जाति व्यवस्था से दूर किया है। एल.पी. विद्यार्थी (ICSSR Report, 1972 : 33) ने कहा है कि जनजाति समूह जाति व्यवस्था में जोड़ (affix) का कार्य करता है और कुछ मामलों में पर प्रत्यय (suffix) का भी। मानवशास्त्रीय दृष्टिकोण से भारत में जनजातियां जाति व्यवस्था में धीरे-धीरे विलीन होती प्रतीत हो रही हैं। घूर्ये का मत है कि कुछ जनजातियां मैदानों के हिन्दू जातियों से भाषा,

अर्थव्यवस्था, या धर्म में अलग नहीं हैं। वह उन्हें पिछड़े-हिन्दू मानता है। इस प्रकार, यह कहा जा सकता है कि जाति व जनजाति एक सिक्के के दो पहलू हैं।

जनजातीय अध्ययन (Tribal Studies)

भारत में प्रमुख जनंजातियों पर विश्लेषणात्मक अध्ययन और विनिबंध (monograph) 1950 के बाद अनेक विद्वानों (S.C. Roy (मुण्डा, ओसियों, बिरहोर, खरिया), Surjeet Sinha (भूमिज), D.N. Majumdar (खासा), S.C. Dube (कमार), L.P.Vidyarthi (माँझी), G.S. Ghurye (कोली), The Anthropological Survey of India (गद्दी), B.L. Roy Burman (भोट), B.S. Guha (अबोर), Verrier Elwin (बैगा, मारिया), T.B. Naik और Thurston (दक्षिण भारत में जनजातियां) द्वारा प्रकाशित किए गए हैं। इन अध्ययनों में जनजातीय समाज के पाँच पक्षों का अध्ययन किया गया है : (1) *सामाजिक संरचना* जिसमें जनजातीय विभाजन के सन्दर्भ में वंश, उपवंश, परिवार वंशावलि, परिवार, नातेदारी, विवाह, स्त्रियों की प्रस्थिति, और पंचायत व्यवस्था; (2) *जनजातीय अर्थव्यवस्था*, जिसमें व्यावसायिक संरचना पर विशेष रूप से बल देते हुए और जीविका के साधनों में परिवर्तन के सन्दर्भ में शिकार करने से भोजन संग्रह, वन (forest) से कृषि, भूस्वामित्व, जनजातीय व गैर-जनजातीय समुदायों में आर्थिक सम्बन्ध, जनजातीय व गैर-जनजातीय समुदायों में आर्थिक सम्बन्ध, जनजातीय क्षेत्रों में औद्योगीकरण के स्वरूप, बाज़ार की भूमिका, औद्योगीकरण का सामाजिक मूल्य, स्त्रियों की आर्थिक भूमिका, जनजातीय जीवन में महाजन की भूमिका; और आर्थिक परिवर्तन; (3) *धार्मिक विश्वास* और संस्कार, जादू, भूत विद्या, धार्मिक आन्दोलन (जैसे भगत आन्दोलन आदि), और ईसाई मिशनरियों का प्रभाव; (4) *राजनैतिक संगठन* कानून और न्याय, पंचायत नेतृत्व, राजनैतिक दलों का प्रभाव, मतदान व्यवहार और राजनैतिक भागीदारी; (5) *सांस्कृतिक जीवन* जो लोक संगीत, लोक नृत्य, मेलों और त्योंहारों आदि का वर्णन करता है।

जनजातीय शोषण एवं असंतोष (Tribal Exploitation and Unrest)

युगों से जनजातीय लोग भारतीय समाज की आदिकालीन इकाई के रूप में समझे जाते रहे हैं। वे जंगलों और पर्वतों पर तथाकथित सभ्य और विकसित पड़ौसियों के साथ केवल आकस्मिक सम्पर्क के साथ रहते थे। जनसंख्या दबाब न होने के कारण, उनके क्षेत्रों में घुसपैठ के प्रयत्न नहीं हुए और न ही उन पर बाहरी मूल्यों और विश्वासों को थोपा गया। लेकिन जब अंग्रजों ने देश में अपनी स्थिति मजबूत कर ली, उनकी औपनिवेशिक (colonial) आकांक्षाओं और प्रशासनिक आवश्यकताओं ने एक प्रभावी संचार व्यवस्था के माध्यम से समूचे देश को 'खोलना' (opening up) आवश्यक हो गया। अंग्रेजों ने भूस्वामित्व व राजस्व व्यवस्था शुरू कर दी। वार्षिक-कर तिगुना कर दिया गया जो जनजाति के किसानों की भुगतान सामर्थ्य से बाहर था। जनसंख्या के बढ़ते दबाव के अन्तर्गत अनेक बाहरी लोग भी जनजातीय क्षेत्रों में बसने लगे। अपनी धन शक्ति से उन्होंने घर घर जाकर ऋण सुविधा उपलब्ध करा दी। प्रारम्भ में तो जनजातीय लोगों को बड़ा चैन मिला लेकिन धीरे-धीरे यह व्यवस्था शोषणवादी को गई। नवगठित न्यायालयों ने शोषकों की ही सहायता

की। इन आर्थिक तथा बाद में सामाजिक और सांस्कृतिक शोषण ने जनजातीय नेताओं को आदिवासियों को उकसाने और आन्दोलन के लिए जागृत करने के लिए बाध्य किया। वंचना की भावनाओं के साथ जन आन्दोलन भी बढ़ने लगे। प्रारम्भ में वे केवल उनके अधिकारों को हड़पने वालों के विरुद्ध थे, पर अन्त में वे सरकारी शासकों के भी विरुद्ध हो गए।

अतः जनजातीय अशान्ति और असन्तोष अनेक कारकों का योग कहा जा सकता है। इनमें से प्रमुख कारक थे :

- जनजातीय शिकायतों से निपटने में नौकरशाहों और प्रशासकों की सहानुभूति में कमी, सुस्ती और उदासी।
- वन कानूनों व नियमों की जटिलता।
- ग़ैर-जनजातीय लोगों के हाथों जनजातीय लोगों की भूमि जाने से बचाने के कानूनों की कमी।
- जनजातीय लोगों के पुनर्वास के सरकारी प्रयासों का प्रभावहीन होना।
- जनजातीय समस्याओं को सुलझाने में राजनैतिक अभिजात वर्ग में रुचि व गति की कमी।
- उच्च स्तरीय समितियों की सिफारिशें लागू करने में विलम्ब।
- सुधारात्मक उपायों को लागू करने में भेदभाव।

संक्षेप में जनजातीय असंतोष के कारण आर्थिक, सामाजिक व राजनैतिक कहे जा सकते हैं।

जनजातीय समस्याएँ (Tribal Problems)

जनजातीय लोग निम्न प्रमुख समस्याओं का सामना करते हैं :

- उनके पास छोटे व अनार्थिक जमीन के टुकड़े होते हैं जिसके कारण क्योंकि उनकी उपज कम होती है, वे बुरी तरह ऋणग्रस्त रहते हैं।
- जनसंख्या का एक बहुत कम अनुपात व्यावसायिक क्रियाकलापों में द्वितीय व तृतीय क्षेत्रों में भाग लेता है।
- जनजातियों में साक्षरता की दर बहुत कम है। 1961 में यह जब 18.53 प्रतिशत थी, 1991 में यह 29.60 प्रतिशत तक बढ़ गई जो देश की साक्षरता दर 52.21 प्रतिशत की तुलना में बहुत कम है। गत तीन दशकों में जब साक्षरता विकास दर 28.21 प्रतिशत थी तब जनजातियों में यह केवल 11.7 प्रतिशत थी (*Manpower Profile, India,* 1998:44]। यद्यपि जनजातीय साक्षरता दर मिजोरम में 82.73 प्रतिशत और नागालैण्ड, सिक्किम, व केरल में 57 और 61 प्रतिशत के बीच है, परन्तु शेष जनजातीय लोगों में साक्षरता दर में कमी एक प्रमुख विकास समस्या के रूप में चिन्हित की गई है। सब से कम आन्ध्र प्रदेश में 17.16 प्रतिशत, राजस्थान में 19.44 प्रतिशत और मध्य प्रदेश में 21.54 प्रतिशत है (वही : 44)।
- जनजातीय क्षेत्रों में भूमि का एक अच्छा अनुपात कानूनी रूप से ग़ैर जनजाति लोगों

को स्थानान्तरित कर दिया गया है। जनजातीय लोग इस भूमि को उन्हें लौटाने की माँग करते हैं। वास्तव में, पूर्व में जनजातियों ने वनों के उपयोग की आज़ादी तथा जानवरों के शिकार करने का लाभ उठाया था। जंगल उन्हें न केवल घर बनाने के लिए सामग्री प्रदान करते हैं बल्कि ईधन, बीमारियों, का इलाज करने के लिए जड़ी बूटियां, फल एवं शिकार आदि भी प्रदान करते हैं। उनके धर्म के अनुसार पेड़ों और जंगलों में अनेक आत्माएँ बसती हैं। उनकी लोक गाथाएँ मानव और आत्माओं के सम्बन्धों के विषय में उन्हें बताती हैं। जंगलों से ऐसे भौतिक एवं भावनात्मक मोह के कारण जनजातीय लोगों ने सरकार द्वारा उनके परम्परात्मक अधिकारों के हनन के विरोध में तीव्र प्रतिक्रिया का प्रदर्शन किया है।

- सरकारी जनजातीय कार्यक्रमों ने जनजातीय लोगों की आर्थिक प्रस्थिति को उठाने में अधिक मदद नहीं की है। ब्रिटिश नीतियों ने जनजातियों के अनेक प्रकार के शोषण के रास्ते खोल दिए क्योंकि ये नीतियाँ ज़मींदारों, भू-स्वामियों, महाजनों, जंगल के ठेकेदारों, तथा उत्पाद कर, राजस्व व पुलिस अधिकारियों का पक्ष लेती थीं।
- जनजातीय क्षेत्रों में बैंकिग सुविधाएं इतनी कम हैं कि जनजातीय लोगों को महाजनों पर निर्भर रहना पडता है। बुरी तरह ऋण जाल में फँस जाने के कारण जनजातीय लोग कृषि ऋणग्रस्तता मुक्ति अधिनियम को लागू करने की मांग करते हैं ताकि वे अपनी गिरवी रखी जमीनें वापस ले सकें।
- लगभग 90 प्रतिशत जनजातीय लोग कृषि में लगे हैं, और उनमें अधिकतर भूमिहीन हैं तथा वे स्थानान्तरणशील (shifting) खेती करते हैं। उन्हें नये खेती के तरीके सिखाने में मदद की आवश्यकता है।
- बेरोजगार और अल्प-बेरोज़गार लोग पशुपालन, मुर्गी पालन, हाथकरघा बुनाई, तथा हस्त शिल्प क्षेत्र में विकास के द्वारा आय के द्वैतीयक स्रोत ढूढ़ने में मदद चाहते हैं।
- अधिकतर जनजाति के लोग दूर-दूर पहाड़ियों पर रहते हैं जिनमें जनसंख्या कम होती है और इन क्षेत्रों में दूर संचार कठिन हो जाता है। इसलिए जनजातीय लोगों को एकाकी जीवन व्यतीत करने से संरक्षण की आवश्यकता है। वहां सड़कों के जाल बिछाने की भी आवश्यकता है।
- जनजातीय लोगों का ईसाई मिशनरियों द्वारा भी शोषण किया जाता है। कई जनजातीय क्षेत्रों में ब्रिटिश काल के दौरान उनका ईसाई धर्म में परिवर्तन हुआ है। मिशनरी जब शिक्षा के अग्रदूत रहे हैं और उन्होंने इन क्षेत्रों में अस्पताल भी खोले, परन्तु वे जनजातीय लोगों को उनकी संस्कृति से विमुख करने के लिए भी उत्तरदायी हैं। कहा जाता है कि ईसाई मिशनरियों ने कई बार जनजातीय लोगों को भारत सरकार के विरुद्ध विद्रोह के लिए भी भड़काया है।

इस प्रकार जनजातीय व ग़ैर-जनजातीय लोगों के बीच के सम्बन्ध खराब होने शुरू हो गए और ग़ैर-जनजातीय निवासियों को अर्ध सैन्य बलों के संरक्षण पर अधिक से अधिक निर्भर रहना पड़ रहा था। जनजातियों की अलग राज्य की माँग ने मिज़ोरम, नागालैण्ड, मेघालय, बिहार, मणिपुर, अरुणाचल प्रदेश और त्रिपुरा में सशस्त्र विद्रोह का रूप ले लिया।

भारत के प्रति मैत्रीभाव न रखने वाले पड़ौसी देशों ने इन भारत विरोधी भावनाओं को भड़काने में सक्रियता शुरू कर दी। जनजातीय पट्टियों से घिरे इन राज्यों में विदेशी नागरिकों की घुसपैठ, गोलीबारी, मादक पदार्थों की तस्करी आज भी गम्भीर समस्याएँ हैं।

संक्षेप में, जनजातीय लोगों की प्रमुख समस्याएं गरीबी, ऋणग्रस्तता, अशिक्षा, बन्धुआपन, शोषण, बीमारी और बेरोजगारी हैं।

स्वतंत्रता के बाद जनजातीय असन्तोष व समस्याएँ राजनीतिक हो गई हैं। अनेक जनजातीय क्षेत्रों में स्पष्ट वक्ता तथा प्रभावी राजनीतिक अभिजात वर्ग का उदय हुआ है। यह अभिजात वर्ग जनजाति के लोगों के अधिकारों के प्रति जागरुक है और उनकी स्वीकृति प्राप्त करने के लिए नपे तुले कदम उठाने में सक्षम है। बिहार के झारखण्ड क्षेत्र और मध्य प्रदेश के बस्तर क्षेत्र के जनजातीय लोग इसके उदाहरण हैं। बिहार में तो फरवरी 2000 के चुनाव के बाद और इसी प्रकार मध्य प्रदेश में जनजातीय राजनैतिक नेता अलग राज्य बनाने के लिए राजी करने में सरकार को बाध्य करने में सफल हो गये। बिहार में अलग राज्य वनानचल (झारखण्ड) में 18 जिले दक्षिण बिहार के सम्मिलित हैं जिनमें 25 प्रतिशत जनजातीय जनसंख्या है। वृहत् झारखण्ड की माँग में बिहार, पश्चिम बंगाल, उड़ीसा व मध्य प्रदेश के जनजातीय बहुल क्षेत्रों के 26 जिले हैं। मध्य प्रदेश में 61 जिलों में से 16 जिले छतीसगढ़ राज्य में शामिल किये गये हैं। जिन क्षेत्रों में जनजातीय नेतृत्व नहीं है, राजनैतिक दल, राष्ट्रीय, क्षेत्रीय या स्थानीय लोग खाली स्थान भरने के लिए आगे आ रहे हैं। एस.सी. दुबे (*Tribal Situation in India*, 1972 :30) ने भी कहा है कि जनजातीय लोगों की राजनीतिक अभिवृत्तियों और इन नीतियों में बदलाव दृष्टिगत हो रहा है। अब वे अनुपालन व स्वीकृति की राजनीति से दबाव और विरोध की राजनीति अपना रहे हैं। यह कहा जा सकता है कि जनजातियों की राजनीतिक संस्कृति में आमूल परिवर्तन हो रहे हैं। यह ग्राम्य राजनीतिक संस्कृति तथा भागीदारी की राजनीतिक संस्कृति विस्तृत राष्ट्रीय पहचान की बजाय उप-राष्ट्रीय संस्कृति पहचान की ओर अधिक उन्मुख है। जब छोटी इकाई (tribe) के हित बड़ी इकाई (राष्ट्र) के हितों से टकराते हैं तब राष्ट्रीय हितों की उपेक्षा या त्याग करने की प्रवृत्ति बढ़ती है। इस परिदृश्य का फल यह होता है कि यह विशुद्ध जनजातीय हितों पर केन्द्रित तथा राष्ट्रीय हितों से अलग होकर उदीयमान राजनैतिक संस्कृति को ग्राम्य स्वरूप प्रदान करता है। दूसरी ओर भागीदारी को राजनीतिक संस्कृति में जनजातीय लोग नीतिनिर्माण सरकार के राजनीतिक निर्णयों पर प्रश्न पूछने तथा सुधारात्मक सुझाव देकर सक्रिय रुचि ले रहे हैं (S.C. Dube, Ibid 31)। इस प्रकार प्रमुख प्रकरण जनजातीय तथा राजनैतिक हितों का समन्वय है। दूसरे शब्दों में जनजातीय समस्याओं को अलग से नहीं देखा जाना चाहिए बल्कि राष्ट्रीय जीवन में परिचालित रणनीतियों के रूप में देखना चाहिए।

जनजातीय आन्दोलन (Tribal Movements)

जनजातीय लोगों के अनेक आन्दोलन बिहार में 1972 से शुरू होकर आन्ध्र प्रदेश, अण्डमान निकोबार, अरुणाचल प्रदेश, असम, मिज़ोरम, और नागालैण्ड तक हो चुके हैं। उन्नीसवीं शताब्दि में विद्रोहों में संलग्न महत्वपूर्ण जनजातियाँ थीं; मिज़ो (1910), कोल (1795 व 1831), मुण्डा (1889), डफ्ला (1875), खासी और गारो (1829), कछारी (1839), मुरिया

गोण्ड (1886), नागा (1844 और 1879), भुइयां (1868) और कोन्ध (1817)।

जनजातीय आन्दोलनों का वर्णन करने से पूर्व आन्दोलनों के प्रकारों की जानकारी आवश्यक है। कैमेरान (Cameron) ने इन्हें चार समूहों मे बाँटा है : (1) *प्रतिक्रियावादी* (Reactionary), जो अतीत के अच्छे दिनों की वापसी चाहते हैं। लिन्टन (Linton) इन्हें पुन्नरूत्थानी (Revivalistic) आन्दोलन कहता है। (2) *रुढ़िवादी* (Conservative), जो समकालीन परिवर्तनों में बाधा डालने और यथास्थिति बनाए रखने के लिए आयोजित किए जाते हैं। लिन्टन इन्हें स्थिरतावादी (Perpetuative) आन्दोलन मानता है। (3) *संशोधनकारी* (Revisionary), जो विद्यमान रिवाजों में विशेष परिवर्तन एवं संस्कृति या सामाजिक व्यवस्था में सुधार या शुद्धीकरण चाहते हैं। ये कुछ संस्थाओं को कम करना भी चाहते हैं, यद्यपि यह आन्दोलन मौजूदा समूची संरचना को बदलना नहीं चाहते हैं। ये आन्दोलन 'सामाजिक गतिशीलता' आन्दोलन भी कहे जाते हैं। ये आन्दोलन अधिकतर निम्न जातियों में होते हैं लेकिन जनजातियों में नहीं। (4) *क्रांतिकारी* (Revolutionary), जो मौजूदा सामाजिक व्यवस्था या संस्कृति को किसी प्रगतिवादी व्यवस्था से समूल प्रतिस्थापित करना चाहते हैं। इस आन्दोलन को पुन्नरूद्धार आन्दोलन का नाम भी दिया गया है।

पूर्वकालीन भारत में अधिकतर जनजातीय आन्दोलन धार्मिक उथल-पुथल के फलस्वरूप हुए, जैसे बौद्धत्व, वैष्णववाद। कुछ वैष्णव आन्दोलन मणिपुर में मैथेई (Meithei), पश्चिम बंगाल में भूमिज, असम में नोक्ते नागा, उड़ीसा में बाथुड़ी, बिहार में झारखण्ड की जनजातियों, तथा दक्षिण भारत में हुए। (L.K. Mahapatra, 1972 : 402)। इन आन्दोलनों को धार्मिक आन्दोलन भी कहा गया है। ये मध्य भारत के गोण्ड जनजातियों में तथा उड़ीसा में कोण्ड और राजस्थान में भीलों में भी हुए। अंग्रेजों को भी 19वीं तथा 20वीं शताब्दि में कुछ आन्दोलनों का सामना करना पड़ा था जब उन्होंने सिर का शिकार, मानव बलि, या उत्तर-पूर्वी भारत में गुलामी को रोकने का प्रयास किया। बिहार, पश्चिम बंगाल, उड़ीसा और मध्य भारत के राज्यों में जमींदारों के अत्याचारों, महाजनों, पुलिस और वन अधिकारियों के द्वारा उत्पीड़न के विरुद्ध भी आन्दोलन हुए। भगत आन्दोलन छोटा नागपुर के औराँवों और राजस्थान के भीलों में हुए थे। ये आन्दोलन जानवरों के भोजन, मद्य और रक्त बलि को रोकने के लिए पुन्नरूत्थानी आन्दोलन थे।

स्वतंत्रता के बाद जनजातीय आन्दोलनों को तीन समूहों में बाँटा जा सकता है:

(1) बाहरी लोगों के शोषण के कारण आन्दोलन (जैसे सन्थाल और मुण्डा लोगों का)

(2) आर्थिक वंचनाओं के कारण (जैसे मध्य प्रदेश में गोण्ड तथा आन्ध्र प्रदेश में मेहर)

(3) पृथकतावादी प्रवृत्तियों के कारण आन्दोलन (जैसे नागा और मिजो लोगों का)।

जनजातीय आन्दोलनों को चार प्रकार के अन्य आधारों पर भी बाँटा जा सकता है: (1) राजनैतिक स्वायत्तता तथा राज्यों का निर्माण चाहने वाले आन्दोलन (नागा, मिजो, झारखण्ड), (2) कृषि आन्दोलन, (3) वन आधारित आन्दोलन, और (4) सामाजिक-धार्मिक या सामाजिक-सांस्कृतिक आन्दोलन (भगत आन्दोलन, राजस्थान व मध्य प्रदेश में भीलों का, दक्षिण गुजरात में जनजातियों में, या सन्थालों में रघुनाथ मुरमू (Raghunath Murmu) का आन्दोलन।

ऐसा सुधारात्मक आन्दोलन मुण्डा लोगों का धर्ती अबा (Dharti Aba) के करिश्माई नेतृत्व में रिपोर्ट किया गया जो संस्कारों की शुद्धता, नैतिकता, और सन्यासवाद (asceticism) के हिन्दू आदर्शों का उपदेश देता था और पुजारियों की पूजा की आलोचना करता था। मध्य प्रदेश में गोण्ड लोगों में करिश्माई लोगों द्वारा चलाए गए धार्मिक व सामाजिक गतिशीलता से सम्बद्ध आन्दोलन चलाए गए थे जो क्षत्रिय प्रस्थिति का दावा कर रहे थे और धार्मिक व सामाजिक संस्थाओं का शुद्धिकरण चाहते थे।

सुरजीत सिन्हा ने पाँच प्रकार के जनजातीय आन्दोलन बताएँ हैं :

(1) 18वीं तथा 19वीं शताब्दि के दौरान ब्रिटिश शासन काल में नृजातीय (ethnic) विद्रोही आन्दोलन, जैसे मुंडा लोगों का बीरसा आन्दोलन, 1832 में कोल विद्रोह, 1857-58 में सन्थाल विद्रोह, और 1880 के दशक में नागा विद्रोह।

(2) उच्च हिन्दू जातियों से प्रतिस्पर्धा करते हुए सुधारात्मक आन्दोलन, आराँवों में भगत आन्दोलन, भूमिजों का वैष्णव आन्दोलन, सन्थालों में खेरवार आन्दोलन।

(3) स्वतंत्रयोत्तर काल में भारतीय संघ के भीतर ही जनजातीय राज्यों के लिए राजनैतिक आन्दोलन, जैसे छोटा नागपुर तथा उड़ीसा में झारखण्ड आन्दोलन, तथा असम व मध्य प्रदेश में पहाड़ी राज्य आन्दोलन, आदि।

(4) पृथक्कतावादी (Secessionist) आन्दोलन, जैसे नागा व मिज़ो आन्दोलन।

(5) कृषि अशान्ति से सम्बन्धित आन्दोलन, जैसे नक्सलवादी आन्दोलन (1967) और बिरसादल आन्दोलन (1968-69)।

यदि हम सभी आन्दोलनों पर विचार करें जिनमें नागा आन्दोलन (जो 1946 में शुरु होकर 1972 तक चला जब नयी सरकार सत्ता में आई और नागा विद्रोह पर नियंत्रण प्राप्त कर लिया गया), मिज़ो आन्दोलन (गुरिल्ला युद्ध जो अप्रैल 1970 में मेघालय राज्य के गठन के बाद समाप्त हुआ और 1972 में असम और मिज़ोरम से उत्पन्न हुआ था), गोण्ड राज्य आन्दोलन (जो 1941 में अलग राज्य के लिए मध्य प्रदेश और महाराष्ट्र के गोण्ड लोगों द्वारा चलाया गया और जो 1962-63 में अपनी चरम सीमा पर पहुंचा), नक्सलवादी आन्दोलन (जो बिहार, पश्चिमी बंगाल, आन्ध्र प्रदेश और असम में चला), कृषि आन्दोलन (मध्य प्रदेश में गोण्ड और भीलों द्वारा चलाया गया) और वनों पर आधारित (परम्परागत वन अधिकारों के लिए गोण्ड लोगों द्वारा चलाया आन्दोलन) आदि सम्मिलित हैं तो यह कहा जा सकता है कि जनजातीय अशान्ति के फलस्वरूप आन्दोलन ऐसे आन्दोलन थे जो (i) अत्याचारों और भेदभाव, (ii) उपेक्षा व पिछड़ेपन और (iii) ऐसी सरकार के विरुद्ध थे जो जनजातीय गरीबी, भूख, बेरोजगारी और शोषण के प्रति उदासीन थी और जो सरकार से मुक्ति के लिए छेड़े गए थे।

हाल ही में (विशेष कर बिहार और मध्य प्रदेश में) जनजातीय आन्दोलन में राजनीतिज्ञों और विद्वानों द्वारा अधिक रुचि दिखाई गई थी। बिहार के आन्दोलन को 'झारखण्ड आन्दोलन' के नाम से जाना जाता है। छोटा नागपुर में औरॉंव, मुण्डा और हो प्रमुख जातियां हैं। उनकी कुल जनसंख्या 50 लाख है जो राज्य की कुल जनजातीय संख्या का 10 प्रतिशत है। यह आन्दोलन छोटा नागपुर में छोटा नागपुर उन्नति समाज द्वारा चलाया

गया था जिसका नेतृत्व कुछ शिक्षित जनजातीय ईसाइयों ने किया था। बाद में समाज का नाम आदिवासी सभा कर दिया गया। 1938 में इसने अपने आपको एक राजनैतिक दल का रूप दे दिया जो आदिवासियों के हितों के लिए संघर्ष करने लगी जिसका नाम झारखण्ड पार्टी रखा गया। भाजपा-नीत केन्द्र सरकार ने 1998 के अन्तिम भाग में तथा 1999 के प्रारम्भ में पृथक झारखण्ड राज्य बनाने का प्रस्ताव रखा (जिसका नाम वनांचल दिया गया जिसमें 6 जिले तथा दो सम्भाग (division)–बिहार के छोटा नागपुर और सन्थाल शामिल थे)। अगस्त 2000 में सदन में बिल पास कर नवम्बर 2000 में बिहार के 55 जिलों में से 18 जिलों का झारखण्ड राज्य बनाया गया।

जनजातीय आन्दोलनों के कारणों की व्याख्या के लिए उनके शोषण के दो उदाहरण दिए जा सकते हैं। स्वतंत्रता के समय आन्ध्र-प्रदेश में एक सरकारी आदेश मौजूद था जिसके अनुसार सभी भूमि सम्बन्धी सौदे आदिवासियों के पक्ष में ही होते थे। 1974 में तत्कालीन कांग्रेस सरकार ने एक आदेश पारित किया जिसके द्वारा गैर आदिवासियों को 15 एकड़ भूमि (5 एकड़ पानीवाली तथा 10 एकड़ शुष्क) रखने की अनुमति दी गई। इस आदेश के बाद गैर-आदिवासियों ने बड़ी मात्रा में भूमि हथिया ली। आदिवासियों ने दावा किया कि गैर-आदिवासियों ने 1974-1984 के बीच 30,000 एकड़ भूमि पर कब्जा कर लिया है। इस अवधि में लगभग 2000 भूमि विवाद न्यायालय में थे और लगभग 400 आदिवासी अभियुक्त ठहराए गए। 1994 में तेलुगुदेशम सरकार ने पूर्व आदेशों को निरस्त कर दिया जिसके कारण ग़ैर-आदिवासियों ने रक्षात्मक स्थिति अपना ली। क्रान्तिकारियों ने आदिवासियों को सामन्तवादियों तथा गैर-आदिवासियों के विरुद्ध संगठित किया। गोण्ड आदिवासियों और गैर-आदिवासियों के बीच हिंसा की घटनाएं घटीं। गैर आदिवासियों ने संघर्ष किया। उन्होंने आदिवासियों के झोंपड़े जलाए, महिलाओं पर अपराधिक हमले किए, आदिवासियों की हत्या की, और उन्हें बन्धुआ मजदूरी के लिए बाध्य किया। एक अन्य घटना में 21 गैर आदिवासी, जिन पर जंगल से जलाने की लकड़ी चुराने का आरोप था, आदिवासियों द्वारा पकड़ कर बन्द कर दिए गए जब तक कि पुलिस ने उन्हें मुक्त नहीं कराया।

दूसरा मामला एक आदिवासी सम्मेलन के सन्दर्भ में है जो फरवरी 1984 में महाराष्ट्र के नागपुर के पास विदर्भ क्षेत्र में हुआ था। सम्मेलन का स्थान था ग्राम कमालपुर जिसकी आबादी 1000 थी। सम्मेलन में 20,000 लोगों के आने की आशा थी। इसका उद्घाटन नागपुर उच्च न्यायालय अधिवक्ता संघ के अध्यक्ष द्वारा किया जाना था और इसकी अध्यक्षता एक नाटक लेखक, फिल्म निर्देशक तथा सिने-कलाकार द्वारा की जानी थी। सम्मेलन से दो दिन पूर्व सम्मेलन स्थल तक के सभी रास्ते सील कर दिए गए, 1000 व्यक्ति गिरफ्तार किए गए और 5 से अधिक व्यक्तियों के एक साथ इकट्ठा होने पर निषेध आज्ञा लागू कर दी गई। मज़े की बात यह कि गिरफ्तार लोगों पर निषिद्ध साहित्य ले जाने का आरोप लगाया गया और कहा गया कि वे लोग जंगल में पेड़ गिरा रहे थे, वन सम्पदा की चोरी कर रहे थे। (*Outlook*, 7 April, 1984:29)। स्वागत समिति के अध्यक्ष को वन सम्पत्ति की चोरी के आरोप में गिरफ्तार किया गया। अन्य पकड़े गये लोगों में संगीतकार

थे जिन्हें सम्मेलन में कार्यक्रम प्रस्तुत करना था तथा अन्य लोगों में बम्बई, हैदराबाद, मद्रास से आये छात्र प्रतिनिधि थे। इस प्रकार के सम्मेलन में जहाँ केवल कुछ प्रस्ताव पारित किये जाते और कुछ गर्म भाषण होते, वहाँ सम्मेलन-स्थल एक लड़ाई का मैदान ही बन गया था।

यह सब कुछ यह दर्शाता है कि जब कानून आदिवासियों की सहायता न करे, सरकार कठोर हो जाये, और पुलिस उन्हें बचाने में असमर्थ हो और परेशान करे, तो वे शोषकों के विरुद्ध हथियार तो उठांएगे ही। उपरोक्त आन्दोलन दर्शाते हैं कि आदिवासियों ने अपनी लक्ष्य की प्राप्ति के लिए दो रास्ते अपनाए : (a) हिंसा और विद्रोह के बिना सरकार से बातचीत और सौदेबाजी का रास्ता, और (b) आदिवासियों की संघर्ष शक्ति का विकास कर विद्रोह और सैन्य संघर्ष का रास्ता अपनाकर। इन दोनों ही रास्तों के परिणाम भिन्न है। एक रास्ता संघर्षपरक सुधार के लिए है जबकि दूसरा रास्ता समुदाय के संरचनात्मक परिवर्तन की ओर संकेत करता है। यह तथ्य कि आदिवासी समस्याओं से जूझते जा रहे हैं और असन्तोष तथा वंचना भाव से भी पीड़ित हैं, इस निष्कर्ष पर पहुँचता है कि दोनों ही रास्तों से वे अपने लक्ष्यों तक नहीं पहुँच सके हैं।

जनजातीय नेतृत्व (Tribal Leadership)

आदिवासी आन्दोलनों को प्रारम्भ करने और प्रोत्साहित करने में आदिवासी नेतृत्व के विषय में एल.पी. विद्यार्थी द्वारा दी गई जानकारी को मानते हुए हम आदिवासी नेतृत्व की कई विशेषताएँ बता सकते हैं :

1. आदिवासी नेतागणों में उप राष्ट्रवादी (sub-nationalism) पाये जाते हैं।
2. नेता आमतौर पर वे हैं जो आधुनिक शक्तियों के प्रभाव में हैं।
3. ईसाइयत और पश्चिमी शिक्षा वाला नेतृत्व का बाहरी मॉडल जो कई आदिवासी क्षेत्रों में कई दशाब्दियों तक एक मात्र मॉडल रहा है, अब उसके बाहरीपन में परिवर्तन आ रहा है। उदाहरण के लिए झारखण्ड पार्टी जिस पर ईसाई आदिवासियों का प्रभुत्व रहा था और जो आवश्यक रूप से ईसाई धर्मान्तरित व्यक्तियों (converts) के एकीकरण (consoldation) के लिए प्रारम्भ की गई थी, ने अपना क्षेत्र तेजी से बढ़ा लिया और हिन्दू आदिवासी और गैर-आदिवासी इससे जुड़ने लगे और इस पार्टी ने क्षेत्र की आवश्यकताओं एवं समस्याओं पर जोर देना शुरू किया। धर्मनिरपेक्ष उद्देश्यों, राजनैतिक दबावों और बहकावों, और राजनैतिक सुविधा के साथ अब इन नेताओं की कार्यप्रणाली में उल्लेखनीय परिवर्तन देखे जा सकते हैं।
4. जहाँ एक ओर क्षेत्रीय और राज्य स्तरीय नेतृत्व आधुनिक लोकतांत्रिक हितों के साथ मिलकर चल रहा है, वहीं दूसरी ओर गाँवों के भीतरी भागों में नेतृत्व अभी भी संस्थात्मक, औपचारिक, तथा वंशानुगत है।
5. कभी-कभी आदिवासी नेता अपने राजनैतिक उद्देश्यों की पूर्ति के लिए अन्य राजनैतिक दलों के नेताओं के साथ हाथ मिला लेते हैं।
6. नेताओं द्वारा उठाए गए प्रकरण आमतौर पर वे होते हैं जिनकी अभिव्यक्ति जनजातीयवाद, क्षेत्रवाद, स्थानीयवाद और कभी-कभी धार्मिक अतिवाद में होती है।

7. नेता ग्राम्य आधारित एवं शहरीकृत दोनों होते हैं। साथ ही वे परम्परापरक एवं आधुनिक दृष्टिकोण वाले भी होते हैं। वे हिन्दू व ईसाई भी होते हैं।
8. नेतागण अधिक शिक्षित नहीं होते बल्कि धार्मिक, सामाजिक, आर्थिक व राजनैतिक सभी विचारधाराओं के होते हैं।

आदिवासी महिलाएँ (The Tribal Women)

स्त्रियों की 'प्रस्थिति' का अर्थ है : (i) गृहणी, श्रमिक, और नागरिक के रूप में स्त्रियों की स्थिति (ii) इन स्थितियों से जुड़ी हुई शक्ति व प्रतिष्ठा, और (iii) वे अधिकार और कर्त्तव्य जिनकी उनसे अपेक्षा की जाती है। मेसन (Mason, 1984) ने संकेत किया है कि स्त्रियों की प्रस्थिति के तीन पक्ष हैं : प्रतिष्ठा, शक्ति, एवं स्वायत्तता, (शिक्षा, विवाह, रोजगार, और स्वास्थ्य रक्षा आदि मामलों में निर्णय लेने की आज़ादी)।

सभी जनजातियों में स्त्रियों की प्रस्थिति एक समान नहीं है। यह एक जनजाति से दूसरी में भिन्न है। आदिवासियों में स्त्रियों की प्रस्थिति इतनी निम्न है कि उन्हें ज्ञान, (आर्थिक संसाधनों, और सत्ता का ज्ञान) नहीं है। उनकी व्यक्तिगत स्वायत्तता तो निम्नतम स्तर की है। यद्यपि श्रम शक्ति में स्त्रियों की भागीदारी बहुत कम है, फिर भी अधिकतर आदिवासी महिलाएँ आर्थिक स्थिति के विचार के बिना ही काम करतीं हैं। वे आर्थिक क्रियाकलापों में पुरुषों के लगभग समान ज़िम्मेदारी का पालन करती हैं। जब पुरुष लोग अन्य नगरों या कस्बों में काम करते हैं, तब स्त्रियाँ खेती का काम करतीं हैं। यदि हम शिक्षा को प्रस्थिति का सामाजिक-आर्थिक सूचक मानें, तब देखेंगे कि इन स्त्रियों की साक्षरता-दर कम है। जब हमारे देश में महिलाओं की सामान्य साक्षरता दर 1991 में 39.3 प्रतिशत थी तब आदिवासी महिलाओं की यह दर मात्र 18.19 प्रतिशत थी। सबसे अधिक साक्षरता प्रतिशत जनजातीय महिलाओं में प्राथमिक स्तर तक है। इस असमानता के कारण गाँवों में स्कूलों की अनुपलब्धता, स्त्री शिक्षकों की अनुपलब्धता, प्रचलित परम्परागत मूल्यों के कारण लड़कियों को स्कूल भेजने में शर्म महसूस करना, माँ के काम पर चले जाने के बाद लड़कियों को छोटे शिशुओं की देखभाल के काम में प्रयोग करना, तथा घरेलू कामकाज में लड़कियों की सहायता की आवश्यकता। आदिवासी महिलाओं को भूमि को रखने का अधिकार नहीं है। स्त्रियों को अपनी सम्पत्ति के अधिकार का ज्ञान नहीं है। उनकी राजनैतिक चेतना भी बहुत कम है क्योंकि वे न तो अखबार पढ़ती हैं, और न ही रेडियो या टी.वी. पर समाचार सुनती हैं। सूक्ष्मतम ग्रामीण सत्ता संरचना में भी उनका कोई स्थान नहीं होता है। आदिवासी समितियों और ग्राम पंचायतों में भी उनका प्रतिनिधित्व बिल्कुल कम है। यद्यपि कुछ आदिवासी समुदाय हैं, जैसे मीणा, सेमा नागा और थारु, आदि जिनमें स्त्रियों की स्थिति किसी प्रकार से भी कम नहीं कही जा सकती।

आदिवासी समाजों में विधवाओं की गम्भीर समस्या नहीं है। वे विधवा पुनर्विवाह के लिए स्वतंत्र हैं। कुछ जनजातियां ऐसी हैं जिनमें विधवा अपने मृत पति के छोटे भाई से विवाह कर सकती है (देवर विवाह)। वधु-मूल्य (bride-price) परिपाटी ने स्त्रियों की प्रस्थिति को नहीं उठाया है बल्कि इससे स्त्रियों को क्रय-विक्रय की वस्तु समझा जाता है जिससे उनका अपमान ही होता है। कई जनजातीय समाजों में तलाक की अनुमति है। तलाक

की प्रक्रिया भी सरल है क्योंकि इसमें परस्पर सहमति आवश्यक होती है। एक अनौपचारिक संस्कार तथा वधु-मूल्य की वापसी से ही तलाक हो जाता है।

आदिवासी परिवर्तन : सरंक्षात्मक भेदभाव और आदिवासी कल्याण और विकास (Tribal Transition : Protective Discrimination and Tribal Welfare and Development)

आदिवासी परिवर्तन का अर्थ आदिवासी कल्याण या आदिवादी विकास है। आदिवासियों के पुनर्वास और विकास के लिए भारत में लागू किए गए सरकारी कार्यक्रम अपने लक्ष्य प्राप्त नहीं कर सके हैं तथा स्वतंत्रता के बाद से ही आदिवासी सर्वहारावाद कायम रहा है। इसमें आश्चर्य नहीं कि न केवल 1970 के व 1980 के दशकों में विभिन्न विद्वानों का ध्यान (1971 में (एल.पी. विद्यार्थी बिहार में, 1974 में महाराष्ट्र में ए. के. डान्डा और एम.जी.कुलकरनी, तथा 1971 मे आन्ध्र प्रदेश में रंजीत गुप्ता और एम.बी.टी. राजू) आदिवासी समस्याओं की ओर गया बल्कि 1990 के दशक में भी विद्वानों का ध्यान इस विषय पर गया।

जनजातीय कल्याण (Tribal Welfare)

आदिवासियों की समस्याओं के समाधान के लिए ब्रिटिश शासकों द्वारा अपनाए गए कुछ उपायों में आदिवासियों की जमीन व वन अधिग्रहण करना, और कुछ आदिवासी क्षेत्रों को पूर्णरूपेण पृथक या आंशिक रूप से पृथक घोषित करना शामिल थे। लेकिन ब्रिटिश सरकार ने भी ईसाई मिशनरियों के सहयोग से काफी संख्या में अस्पताल और स्कूल आदिवासी क्षेत्रों में खोले थे जिन्होंने अनेक आदिवासियों को ईसाई बना लिया। इस प्रकार आदिवासी ब्रिटिश युग में औपनिवेशिक-सामन्ती अधीनता, नृजातीय पूर्वाग्रहों, अशिक्षा, गरीबी, और एकाकीपन के शिकार बने रहे।

स्वतंत्रता के बाद आदिवासी हितों की सुरक्षा तथा उनके कल्याण व विकास के क्रियाकलापों को प्रोत्साहित करने के लिए संविधान में प्रावधान किए गए। गान्धीजी और ठक्कर बप्पा ने भी आदिवासियों के बीच कुछ अग्रगणीय कार्य किए। नेहरू ने भी आदिवासी परिवर्तन के लिए पंचशील की नीति प्रारम्भ की जो पाँच सिद्धान्तों पर आधारित थी :

1. उन पर बहुसंख्यक संस्कृति को थोपने से उन्हें दूर रखना और हर प्रकार से उनकी परम्परागत कला व संस्कृति को प्रोत्साहन देना।
2. भूमि व वनों पर आदिवासी अधिकारों का समादर।
3. बाहर से कुछ प्राविधिक कर्मियों की सहायता से आदिवासी नेताओं को प्रशासनिक व विकास कार्यक्रमों का प्रशिक्षण देना।
4. आदिवासी क्षेत्रों को अधिक प्रशासन से दूर रखना।
5. परिणामों का आकलन व्यय किए गए धन के आधार पर नहीं बल्कि किस प्रकार का मानव चरित्र विकसित हुआ इस आधार पर किया जायेगा।

1960 में अनुसूचित जनजाति आयोग यू.एन.ढेबर की अध्यक्षता में आदिवासियों की उन्नति के लिए गठित किया गया। पाँचवी पंचवर्षीय योजना के बाद 1980 में जनजातीय उप-नीति (Tribal Sub Plan-TSP) बनाई गई जिसमें दो बातें थीं : (i) जनजातियों का आर्थिक-सामाजिक विकास (ii) शोषण से आदिवासियों का बचाव। टी.एस.पी. के लिए धनराशि राज्य सरकारों और केन्द्रीय मान्यताओं से प्रदान की गई।

परन्तु टी.एस.पी परिणाम अब तक किए गए अत्यधिक निवेश और आकांक्षाओं के अनुरूप नहीं रहे हैं क्योंकि अधिकतर राज्यों में आधारभूत संरचना के विकास पर अधिक ध्यान दिया जा रहा है तथा उसको जनजातियों के विकास के अनुरूप बनाने की उपेक्षा की जा रही है। टी.एस.पी योजनाएं कृषि, पशु पालन, सहकारिता, जनजातीय शिक्षा, आदि क्षेत्रों में परिवारोन्मुख आय पैदा करने वाली योजनाओं पर बल देती हैं यद्यपि इनमें शिक्षा, स्वास्थ्य तथा आवास पर भी बल दिया जा रहा है।

सातवीं, आठवीं व नौवीं पंचवर्षीय योजनाओं में (1985-1990) जनजातियों के कल्याणकारी कार्यक्रमों का उद्देश्य था : (1) आर्थिक दशा सुधारने के लिए कृषि, पशुपालन, वानिकी, घरेलू एवं लघु उद्योगों में उत्पादन स्तर को बढ़ाना, (2) बन्धुआ मजदूरों का पुनर्वास, (3) शिक्षा और प्रशिक्षण कार्यक्रम, (4) स्त्रियों और बच्चों के लिए विशेष विकास कार्यक्रम। लेकिन आदिवासियों के लिए एकीकृत कार्यक्रमों ने इन कार्यक्रमों की अपर्याप्तताओं को उजागर कर दिया है।

परसंस्कृतिग्रहण और जनजातीय संस्कृति में परिवर्तन
(Acculturation and Changes in Tribal Culture)

"समाज या समुदाय के व्यक्तियों के नैतिक सिद्धान्तों, धार्मिक विश्वासों, व्यवहार, विचारों, अभिवृत्तियों एवं ज्ञान में परिवर्तन" ही सांस्कृतिक परिवर्तन है। सांस्कृतिक परिवर्तन एक प्रकार की बहु कारकीय प्रक्रिया है। राहा और दुबाश राय (Raha and Dubash Roy, 1997 : 149-159) ने अनेक कारक चिन्हित किए हैं जिनसे आदिवासी संस्कृति में परिवर्तन आए हैं। ये हैं : सरकार द्वारा किए गए उपाय, संचार सुविधाएं, शिक्षा का प्रसार, नगरीकरण की प्रक्रिया, सामुदायिक विकास योजनाएँ, शहरी क्षेत्रों में पड़ौसी हिन्दुओं के साथ बार-बार सम्पर्क, आदिवासी, क्षेत्रों में बाँधों का निर्माण, ईसाइयत का प्रभाव, बैंक ऋणों की सुविधाएं, आधुनिक स्वास्थ्य सुरक्षा, सहकारी समितियाँ, आधुनिक कानून, नकद धन और बाज़ार अर्थव्यवस्था, और सुधारवादी आन्दोलन, आदि।

जनजाति-जाति अन्तर्क्रिया तथा परसंस्कृतिग्रहण की प्रक्रिया विभिन्न जनजातियों में विभिन्न राज्यों में पाई जाती है। इसका सबसे अच्छा उदाहरण बिनय कुमार पटनायक के उड़ीसा के गाँव घोराबार में सबरस जनजाति के अध्ययन में बताया गया है जो 280 लोगों के 235 घरों की कुल संख्या के 5 प्रतिशत हैं (see, George Pfeffer, *Contemporary Society : Tribal Studies*, 1997, 317-329)। इस जनजाति द्वारा परसंस्कृतिग्रहण की प्रक्रिया में से गुजरना निम्न-लिखित परिवर्तनों में देखा जाता सकता है:

1. इस जनजाति में संरचनात्मक परिवर्तन समतावाद (egalitarianism) के त्याग (कम से कम कार्यात्मक निर्भरता के साथ) और जाति प्रथा के स्वीकार करने में देखा जा सकता है जिससे उस समुदाय में स्तरीकरण का प्रारम्भ हो रहा है।
2. यह समुदाय संस्तरणात्मक रूप में (hierarchically) संस्कारों की श्रेष्ठता के आधार पर चार खण्डों में विभाजित है जो हिन्दू वर्ण व्यवस्था से मिलता-जुलता है। चारों विभागों में कार्यात्मक (occupational) विभाजन भी है, जैसे चारों वर्णों में क्रमशः शिकार और युद्ध, पूजा पाठ, कृषि, तथा नृत्य व गायन। अन्तर यह है कि जहां वर्ण व्यवस्था में पूजा पाठ का सर्वोच्च संस्कारिक स्थान है, इस जनजाति में इसका दूसरा स्थान है। दूसरे, इस सबरस जनजाति में शुद्धता और अशुद्धता नहीं हैं जैसा कि जाति प्रथा में पाया जाता है। इस प्रकार, सबरस अलग जाति के रूप में स्वीकृत हैं और गाँव में जनजाति नहीं माने जाते।
3. जाति प्रथा की तरह सबरस जनजाति में भी प्रत्येक उप-जाति की अपनी पंचायत है जो समुदाय के रीति-रिवाजों और निषेधों पर निगाह रखते हैं।
4. सबरस जाति का प्रत्येक उप-विभाजन स्वयं को तीन सबरसों का उत्तराधिकारी मानता है जो कि हिन्दू पौराणिक कथाओं—महाभारत और रामायण में आते हैं।
5. हिन्दू संस्कृति के चिन्ह सबरस विवाह रीतिरिवाजों में पाए जाते हैं यद्यपि अन्तर्जातीय विवाह नहीं होते। बहु-विवाह प्रथा निषिद्ध है। वधू मूल्य का स्थान दहेज ने ले लिया है।

सबरस लोगों के द्वारा हिन्दू मूल्यों का अनुपालन संस्कृतिकरण न कहकर परसंस्कृतिग्रहण इस कारण कहा जाता है क्योंकि : (a) परसंस्कृतिग्रहण का लाभ उच्च संस्कारी प्रस्थिति प्राप्त न करना होकर आर्थिक लाभ प्राप्त करना है। जाति के रूप में हिन्दू पक्ष में शामिल होने से उन्हें लकड़ी काटने और टोकरी बनाने का कार्य स्थाई रूप से दे दिया गया है। वनों के कट जाने के बाद वे कृषि मजदूर हो गए हैं (b) गतिशीलता के लिए अपनाया गया मॉडल ब्राह्मण वाला न होकर वैश्य मॉडल है जो संस्कारी श्रेष्ठता की अपेक्षा आर्थिक श्रेष्ठता को ही श्रेष्ठ मानता है। क्योंकि सबरस अपने व्यवसायों के तेलियों पर निर्भर रहते हैं इसलिए उन्होंने तेलियों को सन्दर्भ-समूह के रूप में स्वीकार कर लिया।

यदि हम भारत में जनजाति संस्कृति में परिवर्तन का परीक्षण करें तो हमें छः मुख्य परिवर्तन मिलेंगे। वे इस प्रकार हैं :

1. आदिवासियों की जीवन शैली, विशेष रूप से जो शहरी क्षेत्रों के निकट या गैर-आदिवासी बाहुल्य क्षेत्रों में रहते हैं, उन्नत (advanced) हिन्दुओं की संस्कृति के अनेक लक्षण धारण करने के कारण अपरिवर्तनीय रही है।
2. परिवर्तन की प्रकृति ऐसी है कि जनजातियाँ न तो अपनी पहचान खो रही हैं और न ही अपनी सांस्कृतिक विरासत ही। वे हिन्दू नहीं हो रहे हैं। अनेक विद्वानों ने इसे वह प्रक्रिया बतायी है जिसमें आदिवासी हिन्दूवाद (की प्रक्रिया) से गुजर रहे हैं। ये विद्वान हैं : बोस (1953), दत्ता मजमूदार (1937), देवगांवकर (1990), राहा और देबाश राय (1997 :153)। इन्होंने पाती राभा (असम), हो और लुआंग (उड़ीसा), सन्थाल

(बिहार), भूमिज, ओराँव, मुण्डा और कोरकू (महाराष्ट्र) आदि को सन्दर्भित किया है। हमारी मान्यता है कि हिन्दुओं के कुछ सांस्कृतिक तत्व अपनाने का अर्थ हिन्दू होना नहीं है। हमारे तर्क में यह तथ्य अधिक महत्वपूर्ण हैं कि ये आदिवासी अभी भी अपने आपको जनजाति ही कहते हैं, न कि हिन्दू।

3. भारत के कुछ भागों में कुछ आदिवासियों ने ईसाइयत के कुछ गुणों को भी धारण कर लिया है जैसे नागा, मिजो, सन्थाल, ओराँव, मुण्डा, खरिया, आदि। इन पर ईसाइयत का स्पष्ट प्रभाव दिखाई देता है। इसका साक्ष्य हमें दत्ता मजमूदार (1950) सहाय (1976), सच्चीदानन्द (1964) और एन.के. बोस (1967) के द्वारा आदिवासियों के सूक्ष्मस्तरीय अध्ययन से लगता है।

4. छोटा नागपुर के आदिवासी, जो असम व उत्तर बंगाल चाय बगानों में श्रमिकों की तरह कार्य करते हैं, उनमें परिवर्तन धार्मिक विश्वासों और प्रथाओं की अपेक्षा भौतिक जीवन में अधिक देखा जा सकता है। जो उद्योगों में काम करते हैं उनमें प्रदत्त आर्थिक सुरक्षा के कारण वैयक्तिक दृष्टिकोण विकसित हुआ है जिसने उनमें परम्परागत जीवन के प्रति उपेक्षा भाव विकसित किया है।

5. आदिवासी क्षेत्रों में कृषि उद्योगीकरण ने आदिवासियों के जीवन को इस हद तक प्रभावित किया है कि परिवार की संरचना, विवाह संस्था, सत्ता संरचना अन्तर्वैयक्तिक सम्बन्ध, वंश पंचायत सत्ता का कमजोर होना, आदि परिवर्तन तक देखे जा सकते हैं। (R.K. Kar, 1981) मजदूर संघों का भी आदिवासी श्रमिकों पर काफी प्रभाव पड़ा है। आदिवासी मजदूरों ने स्वयं को 'वर्ग' के रूप में संगठित कर लिया है जिससे उनके सक्रिय राजनीति में भाग लेने के अवसर बढ़ गए हैं। वे आदिवासी जो लम्बे समय से खदानों (mines) और कोयले की खानों में काम कर रहे हैं अपने समुदाय के लोगों से सम्बन्ध नहीं रख पाते हैं जिसके कारण उन्हें खानों के कार्य में ही लिप्त रहने के लिए बाध्य होना पड़ता है। इससे उन्हें कई सामाजिक प्रथाओं को छोड़ना पड़ता है और नई अभिवृत्तियां और व्यवहार प्रतिमानों को अपनाना पड़ता है। सच्चीदानन्द (1964) ने बिहार के मुण्डा और ओराँव जनजातियों में ऐसे परिवर्तनों के विषय में बताया है। आर.चन्द्रा (1989) ने भी उड़ीसा की अरुला और जुआंग जनजातियों के सामाजिक-सांस्कृतिक जीवन में परिवर्तनों की बात कही है, जो परम्परागत रूप से शिकार, भोजन एकत्र करने और स्थानान्तरण खेती (shifting cultivation) के आदी थे लेकिन वे अब बागानों, कृषि व मजदूरी में स्थापित हो गए हैं। उन्होंने प्रगतिशील दृष्टिकोण अपना लिया है तथा स्कूल, बैंक, सहकारी समितियों तथा चिकित्सा, आदि की सुविधाओं का लाभ उठाने लगे हैं।

6. आधुनिक शक्तियों के प्रभाव के कारण आधुनिक मूल्यों को अपनाना तथा परम्परागत प्रथाओं का त्याग आदिवासियों को लाभदायक सिद्ध नहीं हुआ। अनेक जनजातियां कुसमायोजन की समस्या का सामना कर रही हैं। आर. जोशी (1984) के अनुसार बैगा जनजाति ऐसी ही एक जनजाति है जिसके सदस्य पूर्व में हँसी-खुशी से तथा सन्तुष्ट रहने वाले लोग थे, जो नृत्य तथा महुआ पीने में शाम व्यतीत किया करते थे, जिनके पास जमीने तो थीं किन्तु चिन्हित पट्टे नहीं थे, जिनकी स्त्रियां निर्भय होकर

सोने-चाँदी के आभूषण पहनतीं थीं, लेकिन वे अब भयभीत रहतीं हैं और स्वार्थी लोगों द्वारा ठगी जा रहीं हैं। खुशी की जगह दुखों ने ले ली है।

अतः यह स्पष्ट है कि आदिवासी विभिन्न ताकतों के सम्पर्क में आने से सामाजिक, आर्थिक व सांस्कृतिक दृष्टि से काफी बदल गए हैं जिनसे उन्हें कई प्रकार के लाभ हुए हैं लेकिन उनके समुदायों में कई बुराइयों ने भी प्रवेश कर लिया है। अनेक आदिवासी भूमि व वनों पर अपना वर्चस्व खो चुके हैं। उन्हें बड़े महाजनों, जमींदारों व्यापरियों द्वारा कई मामलों में शोषण किया जाता है। इसके बावजूद भी हम वेरियर एलविन जैसे विद्वानों के विचारों का समर्थन नहीं कर सकते जो आदिवासियों को आंशिक रूप से या पूर्ण रूप से अलग रखने के पक्षधर हैं और जिन्होंने इस बात पर जोर दिया है कि इन लोगों को जहां तक सम्भव हो अपने आदिवासी जीवन को मूल रूप में तथा परम्परागत ढंग से रहने की अनुमति दी जानी चाहिए। यद्यपि हम यह नहीं चाहते कि आदिवासी संस्कृति नष्ट हो जाये लेकिन साथ ही हम यह भी नहीं चाहते कि वे पिछड़े हुए रहें और विकास की विभिन्न योजनाओं, जैसे औद्योगिक विकास, व्यावसायिक गतिशीलता, शिक्षा, और कल्याण योजनाओं का लाभ न उठाएं। आदिवासियों के अलग तथा एकाकी जगत की दशा जिससे उनमें गरीबी, अशिक्षा, शोषण आदि पैदा होते हैं, इस युग में सहन नहीं किए जा सकते। न्याय, जागृति, सहायता, और सहयोग आदि उनके लिए आवश्यक हैं।

आदिवासियों का विस्थापन और पुनर्स्थापना (Displacement and Resettlement of Tribals)

हाल के ही वर्षों में आदिवासियों के विस्थापन ने अनेक विद्वानों का ध्यान आकर्षित किया है। अनुमान है कि विकास योजनाएं, जैसे बाँध, खानें, उद्योग और अन्य विविध योजनाओं ने 1951 और 1991 के बीच लगभग 40 प्रतिशत आदिवासियों को विस्थापित किया है (Fernandes, 1994 :24)। अशिक्षित और शक्तिहीन आदिवासियों को अपने संसाधन सम्पन्न क्षेत्रों को छोड़ने के लिए बाध्य किया गया है तथा अन्य स्थानों को जाने के लिए मजबूर किया गया है। इससे अनेक पुनर्वास की समस्या उत्पन्न हुई। एक अनुमान है कि लगभग 20 प्रतिशत आदिवासियों का पुनर्वास हो गया है। महाराष्ट्र और गुजरात में 'भूमि के लिए भूमि' योजना के अन्तर्गत 10,000 योग्य (eligible) आदिवासी परिवारों में से केवल 15 प्रतिशत को ही भूमि स्वीकृत की गई (Fernandes, वही : 36)। इससे आदिवासियों में गरीबी और उनका सीमान्तीकरण (marginalisation) बढ़ा है। कई क्षेत्रों में आदिवासियों ने अपने समर्थन की व्यवस्था को छीने जाने का विरोध किया और आन्दोलन शुरु कर दिया। ऐसे आदिवासी आन्दोलनकारी आन्ध्र प्रदेश, बिहार, कर्नाटक, अरुणाचल प्रदेश, उड़ीसा, मध्य प्रदेश, आदि में भी थे। आश्चर्य तो यह है कि आदिवासी उच्च जाति के गैर-आदिवासी किसानों से अधिक उत्तेजित आन्दोलनकारी सिद्ध हुए यद्यपि वे अशिक्षित और कम संगठित हैं। इस तथ्य को प्राकृतिक संसाधनों पर निर्भरता की सीमा, बाहरी समाज के साथ सम्पर्क, उनमें नेतृत्व की सीमा, तथा योजना से मिलने वाले लाभ की आकांक्षा में अन्तर के अर्थों में समझाया जा सकता है। (Walter Fernandes, "Displacement of Tribals", in George Pfeffer, "*Contemporary Society : Tribal Studies*",

1997 :82)। आदिवासी इन योजनाओं का विरोध करते हैं क्योंकि उनका अधिकतर भोजन और प्रतिदिन की आवश्यकता की वस्तुएं जंगलों और उन्हें स्थानान्तरण कृषि से प्राप्त होती है। जंगलों पर यह निर्भरता आदिवासियों के प्रतीकात्मक सम्बन्धों और उनकी आजीविका के संसाधनों से विकसित होती है। दूसरा कारण है लाभों की अपर्याप्तता। जंगलों के लिए उन्हें कोई क्षतिपूर्ति प्रदान नहीं की जाती क्योंकि आदिवासी जिसे अपनी निजी सम्पत्ति समझते हैं वह वास्तव में सरकारी है। छोटी से छोटी भूमि का टुकड़ा जो उनके पास होता है उसकी क्षतिपूर्ति भी कम होती है (लगभग 3000 रुपये प्रति एकड़)। जो कुछ भी थोड़ी बहुत राशि क्षतिपूर्ति के रूप में उन्हें मिलती है उसमें से भी मध्यस्थ व्यक्ति तथा महाजन ले लेते हैं। इस प्रकार वे गरीब ही रह जाते हैं। तीसरा कारण यह है कि उनकी शिक्षा इतनी कम होती है कि योजनाओं में काम मिलने की उन्हें कोई उम्मीद नहीं होती। अधिक से अधिक उन्हें अकुशल मजदूर के रूप में अस्थाई काम मिल जाता है। यह सभी कारण उन्हें नयी योजनाओं के विरुद्ध विद्रोह के लिए बाध्य करते हैं और उन्हें अपनी स्थाई भूमि से विस्थापित होना पड़ता है।

लेकिन गोविन्द बाबू (1997 :92-94) का मानना हैं कि बांधों के निर्माण से सम्बद्ध चार विभाग हैं : (a) सरकार व नौकरशाह (b) वैज्ञानिक व पर्यावरणविद् (c) संरक्षित क्षेत्र के लोग (d) कमाण्ड क्षेत्र के लोग। सरकार राजनैतिक व आर्थिक उद्देश्यों की पूर्ति हेतु बाँध बनाने का समर्थन करती है। नौकरशाह उनका समर्थन करते हैं क्योंकि वे सरकार के प्रवक्ता होते हैं और उन्हें अपनी प्रोन्नति के अवसर अच्छे बनाने हैं। वैज्ञानिक, तकनीकी विशेषज्ञ और पर्यावरणविद् अधिक वस्तुपरक होते हैं। तकनीकी विशेषज्ञ जहां प्रोजेक्ट की साध्यता (feasibility) के विषय में चिन्तित रहते हैं, वहीं पर्यावरणविद् पर्यावरणीय पक्ष से। कमाण्ड क्षेत्र के लोग विस्थापित होना नहीं चाहते, भले ही वे गरीब हों क्योंकि उन्हें डर होता है कि उन्हें अनिश्चितता में पुनः नवीन जीवन शुरू करना पड़ेगा। वे अपने नातेदारों और गांव वालों के संबंधों से भी अलग नहीं होना चाहते हैं। कमाण्ड क्षेत्र के लोग इस विचार को अच्छा मानते हैं क्योंकि इससे कृषि सम्पन्नता तथा वर्ष भर रोजगार के अवसरों की आशा होती है।

बाँधों की उपयोगिता को नकारा नहीं जा सकता। प्रश्न केवल गरीब आदिवासी क्षेत्रों के आदिवासियों के पुनर्वास की व्यवस्था करने का उठता है। इन विस्थापितों की सामाजिक और सांस्कृतिक उथल-पुथल महत्वपूर्ण है। ध्यान देने योग्य प्रश्न हैं कि : (1) क्या विस्थापित आदिवासी पुनर्स्थापित बस्तियों (RCS) में रहना पसन्द करते हैं ? (2) क्या सरकार विस्थापित लोगों को आर.सी.एस (RCS) में रखने के लिए किसी नियम का पालन करती है ? (3) क्या क्षतिपूर्ति योजना वस्तुपरक (foolproof) है और क्या क्षतिपूर्ति राशि ठीक से प्रयोग की जाती है (4) विस्थापित लोग, जो पुनर्स्थापित बस्तियों में व्यवस्थित नहीं हो पाते, किस प्रकार जीविका चलाते हैं ? (5) पुनर्स्थापित बस्तियों में पुनर्स्थापित लोग अपने परम्परागत व्यवसाय अपनाए रहते है या वे नये व्यवसायों के साथ सामंजस्य बना लेते हैं ? (6) क्या विस्थापित लोग हटने के बाद या दौरान में किसी प्रकार की यातना का अनुभव करते हैं ?

आदिवासी क्षेत्रों में बांधों की सफलता और उपयोगिता उपरोक्त प्रश्नों को गम्भीरता से विचार करने और उनके तर्कसंगत हल निकलने पर निर्भर करेगी क्योंकि आदिवासियों के

सांस्कृतिक लक्षण तथा संरचनात्मक विशेषताएं जाति समूहों की तुलना में बिल्कुल भिन्न हैं। वे अपनी सांस्कृतिक प्रथाओं में कठोर हैं तथा परिवर्तन के बाह्य कारकों के प्रति कम उत्साह रखते हैं।

एकीकरण और आत्मसातकरण (Integration and Assimilation)

डालटन, रिज़ले तथा अन्य ब्रिटिश शासकों ने 'हिन्दू हुए आदिवासी' और 'आदिवासियों के हिन्दू बने भाग' की बात की है। उन्होंने कई सांस्कृतिक विशेषताओं को बताया जिन्हें आदिवासियों ने हिन्दू पड़ौसियों से धारण किया है। क्या कल्याण और विकास कार्यक्रमों ने आदिवासियों को राष्ट्रीय मंच पर लाकर खड़ा कर दिया है ? क्या उन्होंने आदिवासियों की सामाजिक स्थिति को ऊँचा उठाया है? विद्वानों ने स्वीकारा है कि आदिवासियों और गैर आदिवासियों के बीच की दूरी आंशिक रूप से साम्राज्यवादी उप-निवेशी शक्तियों की राजनैतिक नीतियों के कारण बनी और कुछ अंश तक इस कारण क्योंकि गैर-आदिवासी आदिवासियों को शेष जनसंख्या से नैतिक व सांस्कृतिक रूप से अलग मानते थे। अतः स्वतंत्रता के बाद आदिवासियों की विशिष्ट व्यवहार और यहाँ तक स्वायत्तता की मांग ठीक थी। उन्होंने आदिवासियों को जीववादी (animist) की संज्ञा दी। नृजाति वैज्ञानिकों ने उनकी नृजातीय विशेषताओं और प्रजातीय पृष्ठभूमि की ओर संकेत किया। लेकिन घूर्ये के अनुसार सांस्कृतिक और भाषायी स्तर पर आदिवासी पड़ौसी हिन्दू ग्रामीण समुदायों तथा गैर-आदिवासियों से उल्लेखनीय रूप में भिन्न नहीं हैं। इस दृष्टिकोण का समर्थन डी.एन. मजूमदार और अय्यापन ने भी किया है। अनेक आदिवासी समूहों ने अपने अर्ध-एकाकी निवासों से हटकर तथा मैदानों में प्रवेश करके हिन्दू जाति व्यवस्था के कई प्रतिमानों को स्वीकार कर लिया है। आदिवासियों में बड़ी संख्या में सामाजिक सुधारों और धार्मिक आन्दोलनों से यह साक्ष्य मिलता है कि उनमें हिन्दू जाति व्यवस्था में मिल जाने की इच्छा है। कुछ जनजातियां जैसे मिजो, खासी, नागा, मुण्डा, भील, आदि पिछड़ी रह गईं हैं। उनका प्रौद्योगिकी-आर्थिक पिछड़ापन और परम्परागत मूल्यों से उनका चिपका रहना हिन्दू समाज में उनके संलग्नता के मार्ग में अवरोधक रहे हैं।

प्रश्न यह है : क्या सरकार द्वारा उठाए गए कदमों का लक्ष्य आदिवासियों के राष्ट्रीय जीवन की मुख्य धारा में पूर्ण आत्मसातकरण करना है या उनके हितों, रीतिरिवाजों तथा संस्थाओं की सुरक्षा की चिन्ता बताकर, उनके जीवन के तरीकों की रक्षा करके तथा विकास सुनिश्चित करके उनका सामाजिक एकीकरण करना है ? ऐसा मालूम पड़ता है कि विभिन्न योजनाएँ और कार्यक्रम उन्हें सामाजिक अन्याय व शोषण से बचाने तथा उनके जीवन के सामान्य तरीकों को उठाने के उद्देश्य से बनाए जा रहे हैं। आदिवासी क्षेत्रों का गठन, शैक्षिक संस्थाओं तथा जन सेवाओं में उनके लिए स्थानों का आरक्षण टी.एम.एस योजनाओं का प्रारम्भ, सभी का उद्देश्य आदिवासियों का उत्थान तथा हिन्दू समाज में उनका सामाजिक व सांस्कृतिक एकीकरण है। लेकिन एकीकरण और समरूपता में आत्मसातकरण की प्रक्रिया द्वारा गलत नहीं समझा जाना चाहिए। हमें परिवर्तन की तीन प्रक्रियाओं के विषय में, अर्थात् परसंस्कृतिग्रहण, एकीकरण (सामाजिक और सांस्कृतिक), और आत्मसातकरण के विषय में स्पष्ट समझ लेना चाहिए।

परसंस्कृतिकरण (acculturation) एक या अनेक अन्य संस्कृतियों के साथ सम्पर्क द्वारा एक समूह की संस्कृति का अर्जन व परिवर्तन है। आदिवासियों के मामलों में इसका अर्थ है कि आदिवासी हिन्दू समाज की ऐसी सांस्कृतिक विशेषताओं को अपना लेते हैं जो वे अपने उत्थान व विकास के लिये कार्यात्मक समझते हैं। *सामाजिक एकीकरण* (integration) अनेक समूहों (tribes) का एक समूह (हिन्दू समाज) में पूर्व के सामाजिक व सांस्कृतिक समूह (tribal) का अन्तर समाप्त करना है। सांस्कृतिक एकीकरण नये सांस्कृतिक विशेषताओं को अपनाने से परम्परागत सांस्कृतिक विशेषताओं का समायोजन है। हिन्दू समाज में आदिवासियों का एकीकरण पुरानी आदिवासी विशेषताओं का त्याग नहीं है। इसमें एक व्यवस्था के भीतर ही एकता शामिल है जो कि हिन्दुओं से नयी विशेषताओं को ग्रहण करने का परिणाम है। *आत्मसातकरण* (assimilation) (एक तरफा वाली) प्रक्रिया है जो एक समूह (जनजाति) की संस्कृति लेती है और दूसरी की पहचान (हिन्दू समाज), और उस समूह का हिस्सा बन जाती है। समूह का विलय (जनजाति का) इस प्रकार, आदिवासी और गैर-आदिवासियों के बीच सांस्कृतिक अन्तर को पूर्ण रूप से समाप्त कर देता है।

जनजातियों को अपनी सांस्कृतिक पहचान और अपने सामाजिक अस्तित्व की समस्याओं का सामना करना पड़ता है। प्रत्येक जनजाति के सामने तीन विकल्प होते हैं : (i) बहुसंख्यकों के साथ अस्तित्व बनाए रखना, (ii) अपने आपको प्रभुत्वशाली समूह के साथ मिला लेना, (iii) समानता के आधार पर राजनैतिक स्वतंत्रता प्राप्त करना। विभिन्न जनजातियों ने उपरोक्त वर्णित तीन प्रक्रियाओं में से भिन्न-भिन्न प्रक्रियाएं अपनायीं हैं। उदाहरण के लिए भीलों और मीणाओं ने सह-अस्तित्व की प्रथम प्रक्रिया अपनायी, औराँव और रोण्ड (Rhond) जनजातियों ने हिन्दू समाज में विलय की दूसरी प्रक्रिया को अपनाया, जबकि नागा और मिजो जनजातियों ने धर्म त्याग की तीसरी प्रक्रिया को अपनाया। हमारी सरकार ने सभी जनजातियों के सांस्कृतिक एकीकरण की समान नीति नहीं अपनाई क्योंकि भिन्न-भिन्न आदिवासी विकास की अलग-अलग अवस्थाओं में से गुजर रहे हैं और उनके लक्ष्य व आकांक्षाएं भी अलग-अलग हैं। स्वाभाविक रूप से विभिन्न जनजातियों के एकीकरण का स्तर भी अलग-अलग है। हम केवल यही कह सकते हैं कि आदिवासी देश के वृहत् अर्थतन्त्र की ओर आकर्षित हो रहे हैं और स्वयं को बाजार अर्थव्यवस्था में शामिल कर रहे हैं। कृषि अनेक जनजातियों के लिए आर्थिक क्रिया का प्रमुख केन्द्र बनती जा रही है। 1991 की जनगणना के आकड़ों के अनुसार देश के लगभग तीन चौथाई आदिवासी कृषक के रूप में कार्यरत हैं जबकि पाचवाँ भाग कृषि मजदूर और शेष खानों, जंगलों या अन्य सेवाओं में लगे हैं। यह तथ्य कि आदिवासी कृषक कृषि के आधुनिक तरीकों को अपना रहे हैं, भारतीय समाज के आदिवासियों की अर्थव्यवस्था की ओर सकारात्मक प्रगति की ओर इंगित करता है। परन्तु आदिवासियों के आर्थिक एकीकरण का अर्थ यह नहीं है कि सभी जनजातियों ने आय के उच्चतम स्तर को प्राप्त कर लिया है। अनेक आदिवासी अभी भी गरीबी की रेखा से नीचे जीवनयापन कर रहे हैं।

आदिवासी देश की राजनैतिक व्यवस्था में भी समायोजित होते जा रहे हैं। पंचायती राज के प्रारम्भ होने से उन्हें राजनैतिक क्रियाकलापों में भाग लेने का अवसर मिला है। चुनाव लड़कर उन्होंने पंचायत समितियों और राज्य स्तर पर सत्ता हथियाना शुरू कर दिया

है। इससे उनका शैक्षिक व सामाजिक विकास भी सम्भव हुआ है। सामाजिक जीवन में भी आरक्षण नीति के कारण अब वे लोग अच्छे सामाजिक पदों पर आ रहे हैं। यद्यपि वंश पंचायतें उनके लिए निरर्थक नहीं हुई हैं लेकिन उनकी भूमिका विवाह और भूमि आदि संघर्षों में अधिक महत्वपूर्ण है। अतः अब जनजातीय पंचायतें कमजोर हो गई हैं। यह कहा जा सकता है कि एक ओर तो जनजातियों ने अपनी सांस्कृतिक पहचान बनाए रखी और दूसरी ओर उन्होंने अपने आप को देश की वृहत् आर्थिक, सामाजिक, राजनैतिक व धार्मिक व्यवस्थाओं में संकलित कर लिया है। इस संकलन ने जनजातियों और ग़ैर जनजातियों के बीचं की दूरी को समाप्त करने का रास्ता बना दिया है यद्यपि सामाजिक समानता प्राप्त करने में उन्हें अभी भी सफलता नहीं मिली है।

वृहत् समाज में जनजातीय संकलन का विश्लेषण करने में घूर्ये (1943) का जनजातियों को पिछड़े हिन्दू कहने का प्रतिरूप, या मजमूदार (1944) का जातिवादी हिन्दुओं के साथ सम्पर्क के द्वारा आदिवासियों का हिन्दू विचारों को अपनाये जाने का प्रतिरूप, या एम.एन. श्रीनिवास (1952) का संस्कृतिकरण का मॉडल अर्थात् जनजातियों का उच्च जातीय प्रथाओं का पालन करना, या बेली (1960) का दो किनारों पर खड़े रहने का मॉडल जिसमें एक छोर पर जनजातियां और दूसरे पर जाति हो, को लेना उपयुक्त होगा। लुज और मुन्डा (Lutz and Munda, 1980) ने घूर्ये और श्रीनिवास के मॉडल की आलोचना करते हुए कहा है कि आदिवासियों में परिवर्तन को समझने के लिए आधुनिकीकरण का मॉडल ठीक रहेगा। आदिवासी समाज किस प्रकार जातिवादी हिन्दू या ईसाई समाज होते जा रहे हैं ? इस प्रश्न का उत्तर देते हुए लुज और मुण्डा ने जनजातियों में परिवर्तन की प्रेरणा देने के लिए सरकार और मानवशास्त्रियों को मिलकर काम करने के लिए कहा है। मानवशास्त्री सरकारी कार्यक्रमों के प्रभाव का मूल्यांकन करते रहे हैं और उनकी असफलताओं की ओर इशारा करते रहे हैं। 1966 में राय बर्मन ने भारतीय समाज, भारत सरकार और समाज वैज्ञानिकों का जनजातियों के विरुद्ध मजबूत नृजातीय पुर्वाग्रह देखा। उनका मानना था कि इन समूहों को जनजातियों की संज्ञा इसलिए दी गई क्योंकि मुख्य धारा का हिन्दू समाज इन आदिवासियों को भूतकाल में भी और वर्तमान में भी अलग समझता है। एल.पी. विद्यार्थी (1968) ने जनजातीय विचारों को स्वीकार किया जो कि उनमें परिवर्तन के लिए महत्वपूर्ण माना जाता है। हमारी मान्यता है कि जब तक आदिवासी स्वयं ही अपने भीतर से आदिवासी होने की भावना और सीमाओं का त्याग नहीं करते, जब तक वे अहं और आत्म विश्वास विकसित नहीं करते, जब तक वे उधार की कृपा व सरकारी आरक्षण नीति पर पलना नहीं रोकते, केवल सरकारी नीतियाँ प्रसन्न करने की धारणा से उनके लिए कुछ नहीं कर सकते। आदिवासी स्वयं को भारतीय समाज में अपनी संस्कृति से बँधे रह कर नहीं बल्कि नये अवसरों को खोजकर ऊपर उठ सकते हैं।

10

ग्रामीण सामाजिक व्यवस्था

(Rural Social System)

ग्रामीण समुदाय के सामाजिक-सांस्कृतिक आयाम
(Socio-Cultural Dimensions of Rural Community)

ग्रामीण लोग जिनका मुख्य व्यवसाय कृषि है प्रकृति के अधिक निकट हैं, नातेदारी और भिन्नता के घनिष्ट बन्धन मानते हैं, और परम्परा, समान राय (मतैक्य) और अनौपचारिकता पर बल देते हैं। गाँवों में जनसंख्या घनत्व इतना कम होता है कि यह न केवल उत्पादन और वितरण को प्रभावित करता है बल्कि समूचे समुदाय के लोगों के जीवन स्तर को भी प्रभावित करता है। शहरों की तुलना में जन्म और मृत्यु दर दोनों ही अधिक होतीं हैं जो कि ग्रामीण लोगों के गुणात्मक एवं गुणवत्तापरक विकास को विपरीत प्रभावित करते हैं। ग्रामीण लोगों के जीवन का एक और पक्ष जिस पर अध्ययन की आवश्यकता है, वह है आयु और लिंग समूहों में उनका वितरण। लगभग 45 प्रतिशत ग्रामीण लोग उत्पादक आयु (15 से 59) के हैं और लगभग 55 प्रतिशत काम करने वाले (*Manpower Profile,* India, 1998 :135)। बच्चों की (14 से कम) और बूढ़ों (60+) की अधिक संख्या लोगों के काम करने वाले समूह के आर्थिक और सामाजिक जीवन को काफी प्रभावित करती है। इसी प्रकार यह तथ्य कि प्रति 1000 पुरुषों पर स्त्रियों की संख्या शहरों की अपेक्षा गाँवों में अधिक है और यह तथ्य कि 33.0 प्रतिशत ग्रामीण स्त्रियाँ कार्य शक्ति से सम्बद्ध होती हैं (56.1 प्रतिशत ग्रामीण पुरुषों के विपरीत) लिंग लोकरीतियों (sex mores), सामाजिक नियमों, सामाजिक कर्मकाण्ड, और सामाजिक संस्थाओं को प्रभावित करता है। गाँवों में परिवार संरचना, जाति रचना, धार्मिक विभेद, आर्थिक जीवन, भूमि सम्बन्ध, गरीबी, और जीवन स्तर भी ग्रामीण लोगों के जीवन को प्रभावित करते हैं। इन सभी पक्षों का अलग-अलग वर्णन करना जरूरी है।

परिवार (The Family)

परिवार और परिवारवाद (familism) गाँवों के भौतिक और सांस्कृतिक जीवन में निर्णायक भूमिका अदा करते हैं और ग्रामीण सामूहिकता (collectivity) की मनोवैज्ञानिक विशेषताओं को परिवर्तित करते हैं। एक ओर जहाँ संयुक्त परिवार प्रमुख रूप में अभी भी मिलते हैं, दूसरी ओर एकल परिवार भी विद्यमान हैं। एकल परिवार ग्रामीण क्षेत्रों में बाजार अर्थव्यवस्था के विकास के परिणाम स्वरूप, युवा वर्ग के शहरों में चले जाने के कारण, और ग्रामीण समाज पर शहरी सामाजिक-आर्थिक शक्तियों के प्रभाव के फलस्वरूप पाये जाते हैं। इस परिवर्तन के बावजूद, शहरी परिवार की तुलना में ग्रामीण परिवार कहीं अधिक समजातीय

(homogeneous), एकीकृत (integrated) और सावयविक रूप में कार्य करने वाला (organically functioning) है। माता-पिता के बीच, पति-पत्नि के बीच, सहोदर (भाई-बहन) के बीच, तथा निकट नातेदारों के बीच के सम्बन्ध ग्रामीण परिवारों में शहरी परिवारों की अपेक्षा अधिक मजबूत होते हैं और अधिक समय तक चलते हैं। ग्रामीण परिवारों की अन्य विशेषता यह भी है कि ये कृषि उन्मुख होते हैं, अर्थात इनके सदस्यों की बड़ी संख्या कृषि व्यवसाय में लगी होती है। ग्रामीण परिवारों के सदस्य क्योंकि एकल आर्थिक इकाई बनाते हैं, कृषि कार्यों में एक दूसरे की सहायता करते हैं, सबसे बूढ़े सदस्य द्वारा संचालित सम्पत्ति में समान अधिकार रखते हैं, और क्योंकि वे अपना अधिक समय एक साथ व्यतीत करते हैं, उनके विश्वास, अभिवृत्तियां, आकांक्षाएँ, और मूल्य समान होते हैं। सदस्यों की परस्पर निर्भरता उनमें सामूहिक पारिवारिक चेतना अधिक विकसित करती है और वैयक्तिक भावनात्मक चेतना कम। यद्यपि शहरीकरण, औद्योगीकरण, शिक्षा, आदि के प्रभाव ने परम्परागत सत्तात्मक संरचना को कमजोर किया है, केन्द्रीकृत प्रवृत्तियों को जन्म दिया है, और एकल क्रियाशीलता पर आधारित आर्थिक समानता को कम किया है, फिर भी परिवार अणुकृत (atomistic) नहीं हुआ है। यह कहना तर्कसंगत न होगा कि यद्यपि ग्रामीण परिवार में गुणवत्तात्मक परिवर्तन हो रहे हैं, परिवारवाद का प्रभाव कम हो रहा है, पारिवारिक अहं कम हो रहा है और प्रथाओं के शासन के स्थान पर कानून का शासन आ गया है, फिर भी परिवार का विघटन नहीं हो रहा है।

जाति व्यवस्था (Caste System)

एक समय था (1940 तक) जब ग्रामीण क्षेत्रों में जाति प्रथा बड़ी कठोर थी, जाति समितियाँ बड़ी शक्तिशाली थीं और जाति ही व्यक्तियों की गतिशीलता के लिए अवसरों और प्रस्थिति का निर्धारण करती थीं, यहाँ तक कि भू-स्वामित्व और शक्ति संरचना भी जाति आधार पर चलती थीं। लेकिन 1950 के बाद संचार साधनों के प्रसार से, शिक्षा के विकास से, प्रतिस्पर्धात्मक अर्थव्यवस्था के विकास आदि से स्व-केन्द्रित जाति गतिशील (mobile) वर्गों में बदल गई है। कुछ जातियाँ अपनी पूर्व प्रस्थिति और कार्यों को समाप्त करती जा रही हैं और आधुनिक समाज के निम्नतम वर्गों में विलीन होती जा रही हैं, जबकि दूसरी ओर कई निम्न जातियां आर्थिक और राजनीतिक शक्ति प्राप्त करती जा रही हैं और प्रभावशाली जातियों के रूप में उभर रही हैं। ए.आर. देसाई, आन्द्रे बेतेइ, योगेन्द्र सिंह, बी.आर. चौहान, आदि विद्वानों ने जाति व्यवस्था में हो रहे परिवर्तनों, लोगों पर इसके घटते प्रभावों, और वर्ग व्यवस्था के बढ़ते प्रभावों की ओर संकेत किया है।

जाति व्यवस्था पर आधारित ग्रामीण ऋणग्रस्तता सहित आर्थिक जीवन में भी परिवर्तन आ रहा है। आर.के. नेहरु ने कुछ गाँवों के अपने अन्वेषणात्मक अध्ययन में संकेत दिया है कि जाति, ऋणग्रस्तता और ग्रामीण क्षेत्रों में ऋण देने के सम्बन्ध में, पूर्व में कितने घनिष्ट सम्बन्ध होते थे जो आज भी विद्यमान हैं। ऐसी जातियाँ भी होती थीं जिनमें ऐसे सदस्य होते थे जो अनुवांशिक ऋणी होते थे, जबकि कुछ अन्य वे होते थे जो मुख्य रूप से ऋणदाता होते थे। हाल के कुछ अध्ययनों से इनमें आए परिवर्तनों का पता चला है। जाति के आधार पर आवासीय स्वरूपों में भी परिवर्तन आया है। जब पूर्व में कुछ क्षेत्र और उनमें बने मकान

जाति सदस्यता पर निर्भर होते थे, आज जाति और आवास में कोई सम्बन्ध नहीं है। ग्रामीण क्षेत्रों में जाति व्यवस्था से सम्बन्धित और महत्त्वपूर्ण तथ्य थे—व्यवसायिक, आर्थिक और सामाजिक गतिशीलता। अब जाति के सदस्य आवश्यक रूप से जाति निर्धारित पेशों को नहीं करते। फलस्वरूप, कुछ जातियाँ आर्थिक सीढ़ी में नीचे उतरती हैं और कुछ ऊपर चढ़ रही हैं। पूर्व में शिक्षा के प्रति लोगों के दृष्टिकोण को जाति निर्धारित करती थी लेकिन आज सबसे पिछड़ी जातियों ने अपने बच्चों को (लड़कियों सहित) शिक्षा प्राप्त करने के लिए भेजना शुरू कर दिया है। ग्रामीण लोगों का धार्मिक जीवन जो कठोरता से जाति द्वारा निर्धारित होता था अब इससे बिल्कुल प्रभावित नहीं है। गाँवों में धार्मिक प्रथाएँ भी धीरे-धीरे बदलती जा रही हैं। आज गावों के राजनीतिक जीवन को जाति भी प्रभावित कर रही है। राजनैतिक चुनावों में उम्मीदवारों का चयन या अस्वीकृति और साथ ही प्रचार का तरीका भी पूर्व रूपेण जाति-विचारों से निर्धारित नहीं होते। आज जाति संबंधों के बाहर के अतिरिक्त विचार राजनैतिक पूर्वाग्रहों और वरीयताओं को काफी प्रभावित करते हैं। नेतृत्व भी, आज के ग्रामीण समाज में, पूर्ण रूपेण जाति सदस्या पर निर्भर नहीं है। जाति के नेता ग्रामीण लोगों के सामाजिक, आर्थिक, राजनैतिक और वैचारिक जीवन में अब नेता नहीं है। जजमानी तथा अन्तर्जातीय सम्बन्धों में महत्वपूर्ण परिवर्तन आए हैं। नये विधानों ने भी ग्रामीणों के अन्तर्जातीय सम्बन्धों को प्रभावित किया है। संक्षेप में, ग्रामीण जीवन में विविध क्षेत्रों में महत्त्वपूर्ण परिवर्तन हुए हैं।

धर्म (Religion)

ग्रामीण धर्म को तीन पक्षों के सम्बन्ध में देखा जा सकता है : (i) विशेष दृष्टिकोण देने वाला, जैसे आत्माओं के कब्जे में होने की बात, जादू-टोने, भूतविद्या, पूर्वजों की पूजा, आदि में विश्वास करना ; (ii) धार्मिक प्रथाओं की संस्था के रूप में प्रार्थना, बलि व कर्मकाण्ड आदि सहित (iii) संस्थात्मक समूह के रूप में अर्थात् अनेक उप-धार्मिक और धार्मिक पन्थों के समूह, जैसे वैष्णव, शैव आदि।

स्वतंत्रतता से पूर्व ग्रामीण सामाजिक जीवन की प्रक्रिया के निर्धारण में धर्म महत्वपूर्ण भूमिका अदा करता था। ऐसा इसलिए था क्योंकि ग्रामीण लोगों के धर्म के प्रति पूर्वानुकूलता शहरी लोगों की अपेक्षा अधिक थी। वर्षा, दैवी प्रकोप, आदि प्राकृतिक शक्तियों पर निर्भर कृषि में उच्च या निम्न उत्पादन, देवताओं का प्रसन्न या अप्रसन्न होना, ग्रामीण जन में धार्मिकता की ओर संकेत करता है। आत्माओं, जादू, भूतविद्या और अन्य प्रकार के आदि धर्मों में विश्वास ग्रामीण लोगों में अत्यधिक प्रचलित थे।

ग्रामीण लोगों का धार्मिक दृष्टिकोण उनके बौद्धिक, भावात्मक और व्यावहारिक जीवन को भी प्रभावित किये हुए था। उनके जीवन के किसी भी ऐसे पक्ष को ढूंढना कठिन था जिस धर्म का रंग न चढ़ा हो। उनके धार्मिक विश्वासों, लोक गीतों, कलाकृतियों, वैवाहिक रीति रिवाजों और सामाजिक उत्सवों को भी प्रभावित करते थे। रीति संस्कार वे धार्मिक साधन हैं जिनके द्वारा व्यक्ति की शुद्धता और उसका सामाजिक जीवन विश्वस्त हो जाता है। खान-पान सम्बन्धी संस्कार, जन्म सम्बन्धी संस्कार, विवाह सम्बन्धी संस्कार, मृत्यु सम्बन्धी संस्कार, पेशे सम्बन्धी संस्कार, बीज बोने और फसल काटने सम्बन्धी संस्कार, अनेक संस्कार

हैं। ये संस्कार ग्रामीण जीवन में प्रभावी हैं। ये संस्कार व्यक्ति और सामाजिक समूहों के जीवन के अनेक क्षेत्रों में उनके व्यवहार के स्वरूप को निश्चित करते थे। एक विशेष जाति के लिए संस्कारों का विशिष्ट विधान था। उनके सदस्यों में इन संस्कारों का कठोर क्रियान्वयन सामाजिक निन्दा या जाति निष्कासन का भय स्वीकृति प्रदान करता था।

ग्रामीण क्षेत्रों में मन्दिरों का भी बड़ा महत्त्व था और आज भी है। मन्दिर न केवल प्रार्थना के लिए वरन् शिक्षा, सांस्कृतिक कार्यक्रमों के प्रबन्ध, सामाजिक उत्सवों और सामाजिक कल्याण कार्यों के करने में, सार्वजनिक सभाओं के जुटाने में, नैतिक मूल्यों के प्रचार प्रसार में तथा न्याय प्रदान करने में भी प्रयोग किये जाते हैं। देवी, देवताओं की मूर्तियों के साथ-साथ स्थानीय देवताओं के भी चित्र मन्दिरों में मिलते हैं। गाँवों में कुछ मन्दिर सार्वजनिक और कुछ निजी स्वामित्व वाले हैं।

स्वतंत्रता के पश्चात नये आर्थिक व राजनैतिक वातावरण में, नये प्रतिमान, मूलरूप से गैर-धार्मिक और धर्मनिरपेक्ष तथा उदारवादी लोकतांत्रिक विचारों से उत्पन्न प्रतिमानों का उदय हुआ है और धार्मिक प्रभुत्व वाले प्रतिमानों पर उनका वर्चस्व बढ़ने लगा है। गाँव के लोगों ने लोकतान्त्रिक तथा समतावादी विचारों को अपनाना शुरू कर दिया है। नये धर्मनिरपेक्ष संघ व संस्थाएँ तथा नये धर्मनिरपेक्ष नेतृत्व और सामाजिक नियंत्रणों का ग्रामीण समाज के अन्दर ही उदय होना शुरू हो गया है। इसका भी यह अर्थ नहीं है कि आज के ग्रामीण लोगों के मस्तिष्क पर धर्म का शक्तिशाली नियंत्रण नहीं रहा। वास्तव में, समकालीन ग्रामीण समाज एक ओर तो धार्मिक कट्टरवाद और प्रभुत्व सम्पन्न सामाजिक अवधारणाओं के बीच संघर्षों का युद्ध-स्थल बन गया है और दूसरी ओर धर्मनिरपेक्ष लोकतांत्रिक प्रगति का।

कृषक वर्ग संरचना (Agrarian Class Structure)

यदि हम स्वतंत्रता पश्चात् के भारतीय ग्रामीण वर्ग की संरचना का विश्लेषण करें तो हमें चार वर्ग मिलते हैं : कृषि क्षेत्र में तीन वर्ग हैं, भू-स्वामी, आसामी (tenants) और मजदूर, जबकि चौथा वर्ग है गैर-कृषि वालों का। ए.आर. देसाई के अनुसार भू-स्वामी लगभग 22 प्रतिशत, आसामी लगभग 27 प्रतिशत तथा श्रमिक वर्ग के 31 प्रतिशत लोग, और 20 प्रतिशत गैर-कृषक हैं। कृषकों का एक बड़ा भाग (60%) सीमान्त किसान होते हैं जिनके पास 2 हैक्टेयर से भी कम भूमि होती है। उनके बाद छोटे किसान (16%) 2 से 5 हैक्टेयर भूमि के स्वामी, मध्यम किसान (6%) 5 से 10 हैक्टेयर भूमि वाले, और बड़े किसान (18%) 10 हैक्टेयर से अधिक भूमि वाले (Desai A.R. op. cit., 125)। गाँवों में प्रति परिवार उपलब्ध भूमि एक एकड़ से भी कम (या 0.4 हैक्टेयर) है। कुल बपित (sown) क्षेत्र का लगभग 75 प्रतिशत खाद्यान्न फसलों से घिरा है। कुल उत्पादन का लगभग 35 प्रतिशत किसानों द्वारा बेचा जाता है। विक्रय के इन सौदों में से लगभग 65 प्रतिशत वस्तुएं गांव के ही व्यापारी को बेच दी जातीं हैं। *मण्डियों* (markets) में कृषि उत्पादों का विपणन अधिकतर बिचौलियों के हाथों में होता है जो कि व्यक्तिशः हितों का प्रतिनिधित्व करते हैं और वे ही ऋण प्रदान करने के साथ-साथ उत्पाद की बिक्री यानी दोनों की सुविधा का नियंत्रण करते हैं। इस प्रकार बड़ी संख्या में श्रमजीवी जन, भूमि की गैर आर्थिक उपयोगिता वाली भूमि के बड़ी संख्या में स्वामी, तथा कम संख्या में शिल्पी, और स्व-रोजगार में लगे

लोग, ग्रामीण क्षेत्रों में ग्रामीणों द्वारा दुखद आर्थिक जीवन को दर्शाते हैं।

कृषि संरचना की पृष्ठभूमि में अब हम कृषि सम्बन्धों (agrarian relations) का विश्लेषण करेंगे। इन सम्बन्धों को इस प्रकार वर्गीकृत किया जा सकता है : (a) वे जो कानून द्वारा परिभाषित और क्रियान्वित हैं, (b) वे जो रूढ़िबद्ध (customary) हैं, और (c) वे जो अस्थिर (fluctuating) हैं।

डेनियल थारनर (Daniel Thorner, *Agrarian Structure,* Allied, Delhi 1956 और 1973) तथा दीपान्कर गुप्ता (Deepankar Gupta (ed), *Social Structure*, Oxford University Press, New Delhi, 1991 : 261-270) ने ग्रामीण क्षेत्रों में तीन वर्गों में वर्णित—भू-स्वामी, आसामी और मजदूर कृषकों—वर्गीकरण को अस्वीकार किया है। उनके तर्क का आधार था कि तीनों वर्गों में एक समय में एक ही व्यक्ति हो सकता है। एक व्यक्ति अपने स्वामित्व की कुछ एकड़ भूमि पर स्वयं खेती कर सकता है, कुछ भूमि आसामी को किराए पर दे सकता है और संकट में दूसरों के खेतों में मजदूर की तरह काम भी कर सकता है। उसने कृषि सम्बन्धों का विश्लेषण तीन शब्दों में प्रयोग द्वारा किया है : कृषि जमींदारों के लिए *मालिक*, कृषि काम करने वालों के लिए *किसान* (आसामी सहित), और खेती श्रमिकों के लिए *मजदूर*। *मालिक* अपनी कृषि आय मुख्यतः (यद्यपि आवश्यक रूप से पूर्णरूपेण नहीं) भूमि में अपने सम्पत्ति अधिकार से अर्थात् अपनी भूमि के उत्पादन के हिस्से में से प्राप्त करता हैं। यह हिस्सा नकद और वस्तु (foodgrains) के रूप में भी वसूल किया जाता है (उत्पादन का प्रतिशत)। वह अपनी भूमि या तो आसामी को दे सकता है या स्वयं मज़दूर रखकर इस पर खेती कर सकता है। वह भाड़े के मजदूरों का स्वयं प्रबन्ध कर सकता है या प्रबन्धक द्वारा भी करा सकता है। मालिक को अन्य स्रोतों से (जैसे, व्यापार या पेशे से) भी आय प्राप्त हो सकती है। मालिक दो प्रकार के होते हैं : वे जो अनुपस्थित जमींदार हैं और वे जो उसी गाँव में रहते हैं जिसमें उनकी जमीन है। *किसान* काम करने वाले लोग होते हैं जो छोटे भू-स्वामी या आसामी हो सकते हैं। मालिक और किसान में अन्तर उनकी स्वामित्व वाली भूमि के आकार पर होता है। किसान स्वयं या उसके परिवार के एक, दो या तीन सदस्य स्वयं भूमि पर श्रम करते हैं। कभी-कभी किसान की आय इतनी कम होती है कि वह स्वयं या उसके परिवार के सदस्य कृषि मजदूर के रूप में काम करते हैं। *मजदूर* भूमि पर काम करके अपनी आजीविका चलाते हैं। वे अपना पारिश्रमिक नकद और कभी-कभी वस्तु के रूप में प्राप्त करते हैं। जब उन्हें ग्रामों में काम नहीं मिलता, वे अन्य राज्यों में चले जाते हैं या तो कृषि मजदूरी करने (जैसे बिहारी लोग पंजाब चले जाते हैं) या निर्माण या औद्योगिक मजदूर के रूप में काम करने।

डेनियल थारनर (Daniel Thorner) ने तीन आधारों पर कृषि सामाजिक संरचना के तीन वर्गों का विश्लेषण किया है—(a) भूमि से प्राप्त आय (अर्थात् किराया, स्वयं की खेती से आय या पारिश्रमिक से), (b) अधिकारों की प्रकृति (जैसे स्वामित्व, आसामी, बटाई और बिना किसी अधिकार के), और (c) किए गए वास्तविक कार्य की सीमा (अर्थात् कार्य न करना, थोड़ा कार्य पूर्ण करना और दूसरे के लिये काम करना)। डी.एन. धनाग्रे (D.N.Danagre) ने बिल्कुल भिन्न प्रकार के कृषक वर्ग का प्रारूप दिया है। उन्होंने पाँच प्रकार बताए हैं : (i) *जमींदार*, अर्थात् वे लोग जो मुख्य रूप से भू-स्वामियों के आधार पर

आसामियों से वसूली करके, उप-आसामियों तथा बटाइदारों से आमदनी प्राप्त करते हैं; (ii) *धनी कृषक,* अर्थात छोटे भू-स्वामी जिनके पास अपने परिवार के निर्वाह के लिये काफी भूमि होती है और जो स्वयं अपनी भूमि जोतते हैं, और अपने जमींदारों को थोड़ा सा किराया देना पड़ता है, (iii) *मध्यम कृषक,* अर्थात मध्यम आकार की भूमि के स्वामी और अच्छी खासी भूमि पर काम करने वाले उच्च (किराया) लगान देने वाले, (iv) *गरीब कृषक,* अर्थात (अ) वे भू-स्वामी जिनके पास अपने परिवार के निर्वाह के लिए पर्याप्त भूमि नहीं होती और इसलिए वे दूसरों की भूमि किराये पर लेने को बाध्य होते हैं, (ब) छोटी भूमि के आसामी, (स) बटाई वाले; और (v) *भूमिहीन मजदूर*। (Dhanagre, D.N., "The Model of Agrarian Classes in India" in Desai A.R., *Peasant Movements in India*, Oxford University Press, Delhi, 1983 : 1920-1950 और भी देखें, Dipankar Gupta, *Social Stratification* : 271-275)। धनी कृषक और व्यापारी ऋणदाता आसामियों और भूमिहीन मजदूरों का इतना शोषण करते हैं कि उनके बीच के सम्बन्ध सदैव कटु रहते हैं। उनके पास काफी आर्थिक, सामाजिक और राजनैतिक शक्ति होती है। गांवों में सहकारी और ऋण समितियों के उदय ने निस्सन्देह *मालिकों* की शक्ति पर प्रभाव डाला है फिर भी वे मजबूत बने हुए हैं।

यहाँ दो बातें ध्यान में रखने योग्य हैं : एक, गाँवों में सहकारी समितियाँ अधिक सफल नहीं हो पाई हैं, और, दो, निजी व्यापारी सफलता से कार्य किए जा रहे हैं। स्वार्थी लोग यथा स्थिति बनाए रखना चाहते हैं, यहाँ तक कि भूमि सुधारों से भी मालिकों और महाजनों की शक्ति कम नहीं की है। जब तक ग्रामीण क्षेत्रों में आर्थिक, सामाजिक और राजनैतिक उन्नति नहीं होती, जब तक उत्पादन के अधिक समान वितरण के लिए कोई आन्दोलन नहीं चलाया जाता, जब तक छोटी इकाइयों को आर्थिक बल नहीं मिलता जिससे कि वे बड़े कृषकों और महाजनों तथा व्यापारियों के दबाव का मुकाबला कर पायें, तब तक वर्ग सम्बन्धों के सुधार करने में कोई सफलता प्राप्त नहीं हो सकती।

भूमिहीन खेतिहर मजदूरों की समस्याएँ आर्थिक अधिक हैं अपेक्षाकृत सामाजिक के। इस बात से इन्कार नहीं है कि सामाजिक संरचना में उनकी स्थिति समस्या नहीं है लेकिन हम मानते हैं कि रोजगार के अवसरों की समस्या और उनकी मजदूरी की समस्या महत्त्वपूर्ण है। रोज़गार के अवसरों की समस्या कृषि अर्थव्यवस्था के विकास और गाँव के शिल्पियों को प्रोत्साहन से सम्बद्ध है। कृषि श्रमिक जाँच में कृषि श्रमिक का वर्णन इस प्रकार किया गया है : वह व्यक्ति जो वर्ष में काम किए गए कुल में से आधे दिनों से अधिक की अवधि में कृषि-मजदूरी कर चुका हो। इस परिभाषा के आधार पर 30 प्रतिशत से अधिक मजदूरों को कृषि मजदूरों के रूप में पहचाना जा सका, उनमें से भी आधे भूमिहीन और शेष थोड़ी जमीन के मालिक थे (एक बीघा या कुछ अधिक)। लगभग 85 प्रतिशत मजदूरों को बीज बोने, फसल काटने, निराई गुड़ाई के समय या हल चलाने की अवधि में ही काम मिलता है। आज कृषि श्रमिक की दैनिक औसत मजदूरी 50-60 रुपये है। रोजगार की सीमा भी देश के विभिन्न भागों में विभिन्न स्थितियों में भिन्न होती है; औसत लगभग 200 दिन का आता है। इस प्रकार मजदूरी सहित काम के समय की अवधि वर्ष में 6 माह आती है। इसमें पूर्व रोजगार 3 माह तथा स्व रोजगार 3 माह होता है। इस प्रकार कृषि मजदूर की वार्षिक आय

मुश्किल से 10,000 रुपये ही हो पाती है। इस प्रकार वे गरीबी रेखा से नीचे जीवन-निर्वाह करते हैं।

कृषि श्रमिक जाँच (Agricultural Labour Enquiry) मुख्यतः कुछ आर्थिक पक्षों से सम्बद्ध थी लेकिन सामाजिक निर्योग्यताएँ तथा अधिकतर कृषि मजदूरों की निम्न सामाजिक स्थिति भी समस्या के कम महत्त्वपूर्ण भाग नहीं है। अधिकांश मजदूर एस.सी, एस.टी तथा ओ.बी.सी समूहों से होते हैं। हो सकता है उनकी कुछ कमियाँ सरकारी आरक्षण नीतियों के कारण समाप्त हो गई हों, फिर भी उनकी आर्थिक व सामाजिक स्थिति में सुधार नहीं हुआ है। गाँव में उन्हें सामाजिक जीवन का हिस्सा नहीं माना जाता।

शक्ति संरचना : परम्परा और परिवर्तन
(Power Structure : Tradition and Change)

गाँवों में शक्ति किसके पास है ? परम्परागत शक्ति संरचना क्या थी और नव-शक्ति संरचना क्या है जिसका उदय अब हो रहा है ? शक्तिधारियों को चार समूहों में बाँटा जा सकता है : (a) वे जो भूमि स्वामित्व और इसके नियंत्रण के आधार पर शक्ति रखते हैं, (b) वे जो जाति के आधार पर शक्ति रखते हैं, (c) वे जिनके पास संख्या के आधार पर शक्ति है, और (d) वे जिनके पास अपने पद (position) के कारण शक्ति है, जैसे, पंचायतों में।

परम्परागत शक्ति व्यवस्था में शक्ति व्यवस्था के प्रमुख आयाम इस प्रकार थे : जमींदारी प्रथा, जाति प्रथा, और ग्राम पंचायत। ग्रामीण अपनी सामाजिक, आर्थिक और अन्य समस्याएँ या तो जमींदार या अपनी जाति के मुखिया को या गाँव की पंचायत को बताते थे। राजस्थान जैसे राज्य में परम्परागत शक्ति संरचना सामन्तवादी थी। अन्य राज्यों में भी जमींदारी वंशानुगत थी। जागीरदारी व जमींदारी व्यवस्थाएं वास्तव में भू-राजस्व प्रथाएँ थीं। राजा लोग अपने चुने हुए प्रिय लोगों को भूमि आवंटित कर देते थे, जैसे मंत्री, दरबारी, सेनापतियों, आदि को। जागीरें जमींदारियों की अपेक्षा बड़ी रियासतें होतीं थी। जागीरदार भूमि जोतक तथा राज्य के बीच मध्यस्थ होता था, लेकिन किसान के सम्बन्ध में वह वास्तव में भू-स्वामी के रूप में व्यवहार करता था। वह किसानों से अपने निर्वाह तथा सैन्य शक्ति, जो वह रखता था, के लिए राजस्व एकत्र करता था। जमींदार बड़े भू-स्वामी होते थे और उत्पादन का एक बड़ा हिस्सा भू-राजस्व के रूप में वसूल कर लिया करते थे। वे समाज सुधार तथा सामाजिक जागृति को हतोत्साहित करते थे। जमींदार वे लोग होते थे जिन्हें सामान्ती मुखियाओं द्वारा भूमि दी जाती थी तथा उन्हें शासकों के प्रति श्रद्धा दिखानी पड़ती थी। वे अपनी भूमि आसामियों को दे दिया करते थे जिनका वे हर प्रकार से शोषण करते थे। इस प्रकार भूस्वामित्व तथा उनकी आर्थिक प्रस्थिति गाँव में जागीरदारों और जमींदारो की शक्ति के मूलस्रोत होते थे। जाति मुखियाओं की गांव में सामाजिक प्रस्थिति होती थी। क्योंकि कठोर अनुशास्तियों (sanctions) के कारण जाति समितियां बहुत शक्तिशाली होतीं थीं इसलिये वे भुगतान न करने वालों को जाति से बहिष्कृत कर देते थे। मुखियाओं के पास सदस्यों से अधिक शक्ति होती थी।

ग्राम पंचायतों में गाँव की सभी प्रमुख जातियों में से बुजुर्ग लोग होते थे। ये अनौपचारिक संगठन होते थे। जब काफी गाँव के हित के मामले प्रकाश में आते थे, सभी

सदस्य एकत्र हो जाते थे।

स्वतंत्रता के पश्चात जागीदारी व जमींदारी प्रथाएँ समाप्त कर दी गईं और अनेक भूमि सुधार लागू कर दिये गए जिसने परम्परागत शक्ति संरचना को कमजोर कर दिया और नवीन शक्ति संरचना को जन्म दिया। आनुवांशिक और जाति मुखियाओं के स्थान पर राजनैतिक पृष्ठभूमि के चुने हुए लोग नेता बन गए। नेतृत्व में व्यक्तिगत गुण, न कि जाति, मुख्य कारक बन गए।

योगन्द्र सिंह (1961) ने उत्तर प्रदेश में बदलती शक्ति संरचना के अपने अध्ययन में निष्कर्ष निकाला कि शक्ति व्यवस्था में उन समूहों के प्रति झुकाव की प्रवृत्ति होती है जो गाँव में लोगों की आर्थिक आकांक्षाओं की पूर्ति करते हैं। हरियाणा और राजस्थान के कुछ गाँवों पर 1970 और 1980 में किए गए अध्ययनों में भी यही दर्शाया गया है कि ग्रामीण स्तरीकरण में पहले से ही विशेषाधिकार प्राप्त उच्च वर्ग के राजनीतिज्ञों व अधिकारियों के बीच सम्बन्ध और भी सुदृढ़ हुए हैं। आन्द्रे बेतेइ (1966:180) ने अपने अध्ययन में यह देखा कि शक्ति काफी हद तक वर्ग से अतीत की अपेक्षा मुक्त हो गई है। शक्ति अर्जन में भू-स्वामित्व अब निर्णायक कारक नहीं है। ए.आर. हीरामन (1977) ने कहा है कि गाँवों में शक्ति और सत्ता भूमि स्वामित्व या जाति के बीच कोई सम्बन्ध नहीं दर्शाती। राजस्थान में इकबाल नारायन तथा माथुर (1969) ने अपने अध्ययन में यह निष्कर्ष निकाला कि उच्च वर्ग आज भी नेतृत्व पर एकाधिकार जारी रखे हुए है लेकिन छोटी आयु समूह का नया नेतृत्व भी गाँव के स्तर पर उदित हुआ है। सिरसीकर (1970), कैरास (1972), इनामदार (1971), राम रेड्डी (1970), ईशवरन (1970), योगेश अटल (1971) ने भी गाँवों में राजनैतिक दलों द्वारा आधार बनाए जाने और पंचायत राज संस्थाओं के प्रारम्भ होने के गाँवों में नेतृत्व अवस्था में परिवर्तन के स्वभाव पर प्रभाव का अध्ययन किया। ऊम्मन (Oommen, 1969) ने भी ग्रामीण नेतृत्व तथा ग्रामीण समुदाय की शक्ति संरचना के प्रकृति पर विकेन्द्रीकृत निर्णय करने की प्रक्रिया के प्रभाव को दर्शाया है।

ग्रामीण निर्धनता एवं ऋणग्रस्तता (Rural Poverty and Indebtedness)

भारत की लगभग 74 प्रतिशत जनसंख्या गाँवों में रहती है। गाँवों में निर्धनता अत्यधिक है, मोटे तौर पर ग्रामीण जनसंख्या का 39 प्रतिशत। 70 प्रतिशत जनसंख्या के लिए कृषि ही जीविका का मुख्य साधन है; लेकिन कृषि राष्ट्रीय आय में 40 प्रतिशत से भी कम का योगदान करती है। इसका एक कारण यह है कि भूमि का वितरण असमान है। 10 से 20 प्रतिशत भूस्वामी सम्पूर्ण भूमि के 70 प्रतिशत भाग के मालिक हैं और 50 प्रतिशत भूस्वामी सीमान्त किसान हैं जिनके पास एक हैक्टेयर (2.47 एकड़) से भी कम भूमि है। अतः गरीबी उन्मूलन के लिए तैयार किया गया कोई भी प्रारूप ग्रामीण क्षेत्रोन्मुख होना चाहिए। इसमें सन्देह नहीं कि 1952 में योजना प्रक्रिया के प्रारम्भ से ही हमारे नीति निर्माता कृषि एवं ग्रामीण विकास पर बल देते रहे हैं। लेकिन गांवों में हम कितना गरीबी उन्मूलन कर सके हैं? एकीकृत ग्रामीण विकास प्रोग्राम (IRDP) परिभाषा के अनुसार जो कि ग्रामीण विकास मंत्रालय द्वारा स्वीकृत है तथा मई 1991 में संशोधित हुई थी, पहले 11,000 रुपये और अब 15,000 रुपये वार्षिक आय से कम आय वाला ग्रामीण परिवार गरीब माना गया है। ये

गरीब परिवार आगे और चार समूहों में विभाजित किए गए हैं : अकिंञ्चन (destitute) (8,220 रुपये वार्षिक आय से कम 1993-94 मूल्य स्तर पर), अति निर्धन (extremely poor) (8,220 से 9660 रुपये वार्षिक आय वाले), बहुत गरीब (very Poor) (9,660 से 12,060 रुपये वार्षिक आय वाले), और गरीब (poor) 12,060 से 14,760 रुपये वार्षिक आय वाले)।

राष्ट्रीय अनुप्रयुक्त आर्थिक अनुसंधान परिषद (The National Council of Applied Economic Research, NCAER) ने 16 राज्यों में 33,000 ग्रामीण परिवारों के 300 बिन्दुओं पर चार वर्ष तक अध्ययन करने के बाद ग्रामीण भारत के मानव विकास चित्र (profile) तैयार किया जिसको विकास अधिकारियों को गम्भीरता पूर्वक लेना चाहिए। 1994 की रिपोर्ट जो दिसम्बर 1996 में भोपाल में यू.एन.डी.पी (UNDP) में प्रस्तुत की गई और राज्य सरकार की कार्यशाला ने दर्शाया कि ग्रामीण जनसंख्या के 39 प्रतिशत लोग गरीबी रेखा के नीचे रहते हैं या 2,444 रुपये प्रति व्यक्ति प्रति वर्ष से भी कम वार्षिक आय वाले लोग हैं (1993-94 में योजना आयोग ने दावा किया था कि गरीबी रेखा से नीचे रहने वाले लोग 18.1% हैं)। एन.सी.ए.ई.आर (NCAER) के सर्वेक्षण के अनुसार 1994 में भारत के गाँव की प्रति परिवार वार्षिक आय 4,485 रुपये थी, उड़ीसा में 3,028 रुपये, प.बंगाल में 3,157 रुपये, बिहार में 3,167 रुपये, उत्तर प्रदेश में 4,185 रुपये, मध्य प्रदेश में 4,166 रुपये, राजस्थान में 4,229 रुपये, पंजाब में 6,380 रुपये, और हरियाणा में 6,368 रुपये थी (*The Hindustan Times*, December 4, 1996)। सर्वेक्षण ने यह भी दर्शाया कि उड़ीसा की 55 प्रतिशत और पश्चिम बंगाल की 51 प्रतिशत जनसंख्या गरीबी रेखा से नीचे रहती थी। ये गरीब लोग असुरक्षित हैं और यह भी नहीं जानते कि अगला भोजन कहां से आयेगा। यहां तक कि पंजाब और हरियाणा जैसे सम्पन्न राज्यों में भी ग्रामीण निर्धनता के क्षेत्र मौजूद हैं। पंजाब के 32 प्रतिशत और हरियाणा के 27 प्रतिशत ग्रामीण गरीबी-रेखा से नीचे रहते थे।

निर्धनता का आँकलन गरीबों के पास नल के पानी, बिजली, कच्चा या पक्का मकान तथा सार्वजनिक वितरण प्रणाली की उपलब्धता से किया जाता है। देश की 55 प्रतिशत डगमगाती ग्रामीण जनसंख्या अभी भी कच्चे मकानों में रहती है। साथ ही, सर्वाधिक पिछड़े राज्यों में (जैसे पश्चिम बंगाल, बिहार, उड़ीसा, उत्तर प्रदेश तथा मध्य प्रदेश) 15 से 19 प्रतिशत ग्रामीण घरों में बिजली है, 9 से 11 प्रतिशत घरों में नल का पानी, और 11 से 16 प्रतिशत घरों में सार्वजनिक वितरण प्रणाली की सुविधा प्राप्त है।

ग्रामीण निर्धनता के कारण (Causes of Rural Poverty)

विश्व बैंक द्वारा प्रायोजित 1996 में राजस्थान के सात जिलों में किए गए एक अनुभवाश्रित अध्ययन के आधार पर मैंने ग्रामीण क्षेत्रों में गरीबी के निम्नलिखित कारण पाए : (1) निर्धनता विरोधी कार्यक्रमों का अपर्याप्त व अप्रभावी क्रियान्वयन; (2) गैर-कृषि कार्यों में लगी जनसंख्या का कम प्रतिशत; (3) सिंचाई सुविधाओं की अनुपलब्धता और अनेक राज्यों में असमान वर्षा; (4) परम्परागत कृषि विधियों पर निर्भरता और अपर्याप्त आधुनिक कुशलताओं के परिणाम स्वरूप निम्न कृषि उत्पादन; (5) अधिकतर गाँवों में कृषि और औद्योगिक उपयोग

के लिए विद्युत की अनुपलब्धता; (6) पशुधन की निम्न गुणवत्ता; (7) अपूर्ण और शोषित साख बाजार (credit market); (8) संयोजक (link) सड़कों की कमी तथा संचार सुविधाओं और बाजारों का अभाव (आधारभूत संरचना (infrastructure); (9) शिक्षा का निम्न स्तर । देश में ग्रामीण क्षेत्रों में सामान्य साक्षरता स्तर निम्न है (42.85%) । स्त्रियों का साक्षरता स्तर तो इससे भी निम्न है (24.85%); (10) सक्रिय सामुदायिक नेतृत्व का अभाव; (11) विकास कार्यों में स्त्रियों का सहयोग लेने में असफलता और नियोजित कार्यक्रमों में उन्हें भागीदार न बनाना; (12) अन्तर्जातीय संघर्ष और वैमनस्य (rivalries); (13) सामाजिक संस्कारों, जैसे विवाह, मृत्यु-भोज, आदि अवसरों पर वार्षिक आमदनी में से अधिक खर्च करना और लोगों की खर्चीले रीतिरिवाजों से छुटकारा पाने से अनिच्छा।

इन कारणों को चार श्रेणियों में विभाजित किया जा सकता है और निम्न मॉडल के माध्यम से समझाया जा सकता है:

ग्रामीण निर्धनता के कारणों को दर्शाता प्रतिरूप (मॉडल)

संसाधन बाधाएँ	समर्थक बाधाएँ	सामाजिक व्यवस्था बाधाएँ	बाजार बाधाएँ
• मिट्टी की प्रकृति	• कम और असमान वर्षा	• ऋण सुविधाओं तक पहुँचने में कठिनाई	• कृषि उत्पादों के मूल्य में वृद्धि करने में कठिनाई
• खनिज पदार्थों की घटिया गुणवत्ता या/ उत्खनन न होना	• अपर्याप्त सिंचाई	• लोगों की अशिक्षा और खर्चीले सामाजिक प्रचलनों से विचलित होने की अनिच्छा	• कृषि श्रमिकों के पारिश्रमिक में समयबद्ध वृद्धि से इन्कार
• औद्योगिक विनियोजन के लिए अपर्याप्त पूंजी	• निम्न स्तर का पशुधन	• लघु उद्यमियों को वांच्छित संसाधनों का निश्चित न होना (बिजली, कच्चामाल आदि)	• बाजार तक पहुँचने के लिए सड़कों का अभाव या उत्पादों को बेचने के लिए बाजार की सुविधाओं की अनुपलब्धता
• सम्मिलित सम्पत्ति का अभाव	• उद्योगों का अभाव	• गरीबी उन्मूलन कार्यक्रमों का संचालन करने में असफलता के परिणाम स्वरूप लाभ उनको होता है जो वास्तव में गरीब नहीं हैं	• उत्पादों पर अलाभप्रद लाभ सीमा
			• अपर्याप्त ऋण व्यवस्था।

ग्रामीण निर्धनता उन्मूलन के लिए कुछ प्रभावी उपाय
(Some Effective Strategies for Alleviating Rural Poverty)

ग्रामीण क्षेत्रों में गरीबी कम करने के लिए निम्नलिखित उपाय किये जा सकते हैं : (1) ऋण देने वाली एजेन्सियों को सुदृढ़ करना; (2) कृषि और औद्योगिक उपयोग के लिए सस्ती बिजली उपलब्ध कराना; (3) घरेलू उद्योगों के उत्पादों को बेचने के लिए सहकारी समितियों को सक्रिय बनाना; (4) गरीबी उन्मूलन कार्यक्रमों (PAPs) में अनुदान आवंटन को लचीला बनाना और अच्छे परिणाम देने वाले जिलों, ब्लकों/गांवों को विशेष अनुदान आवंटन स्वीकृत करना; (5) विविध पी.ए.पी (PAP) कार्यक्रमों को एक या दो योजनाओं में मिला देना तथा लाभ उपलब्धता को सरल बनाना; (6) शिक्षा, स्वास्थ्य और दक्षता कार्यक्रमों को केन्द्रित करके मानव संसाधनों को विकसित करना; (7) असहायों तथा अत्यन्त गरीबों के लिये द्वि-वितरण प्रणाली लागू करना; (8) गरीबों के बीच ऋण विकास वृद्धि को सामाजिक चेतना जागृत करके रोकना; (9) पशु पालन को सुधारना और दुग्ध तथा मुर्गी पालन को विकसित करना; (10) पंचायतों को प्रौढ़ शिक्षा कार्यक्रमों, सड़क निर्माण तथा वृक्षारोपण की व्यवस्था पर ध्यान देने के लिए सक्रिय करना; (11) गैर-सरकारी संगठनों को टैंक खोदने, वृक्षारोपण, युवा वर्ग को दीक्षित करने, स्त्रियों को दक्ष बनाने, लोगों में सामाजिक चेतना जागृत करने आदि जैसे भूमिका निर्वाह के लिए सक्रिय बनाना।

बन्धुआ मजदूर (Bonded Lobour)

अपने निजी स्वार्थों के लिए व्यक्ति को बन्धुआ के रूप में रखना, मानव की मानव के प्रति ऐसी क्रूरता है जो किसी विशेष देश या क्षेत्र तक सीमित नहीं है, बल्कि यह तो सार्वभौमिक घटना है जो सैकड़ों वर्षों से आ रही है। नाम समय-समय पर व स्थान स्थान पर बदलते रहे हैं; गुलाम, सेवक, अनुचर तथ बन्धुआ मजदूर। भारत में मनुष्य का इस प्रकार का शोषण वर्षों से बेगार और रयोत् के नाम से प्रचलित रहा है। बन्धुआ मजदूर शब्द हाल ही की उत्पत्ति है। जमींदारी प्रथा, भूमि सुधार, भूदान आन्दोलन (बन्धुआ मजदूर उन्मूलन अधिनियम, 1976) के क्रियान्वयन, पंचायत राज की स्थापना, सामाजिक समूहों द्वारा दर्शायी गई रुचि, और समाज के प्रबुद्ध वर्ग के प्रयत्नों के बाबजूद बन्धुआ मजदूरों का शोषण जारी है और वे नितान्त शान्त भाव से कष्ट और कुण्ठा का बोझ उठाए चले जा रहे हैं। वास्तव में, बन्धुआ मजदूर प्रथा जैसी कि भारतीय समाज में प्रचलित है, सामन्ती श्रेणीबद्ध समाज का ही अवशेष मात्र है। सामाजिक कार्यकर्ताओं, सामाजिक वैज्ञानिकों तथा सरकार द्वारा गत दो दशाब्दियों में इसमें काफी रुचि दर्शायी गई है क्योंकि समतावाद हमारे सामाजिक आदर्श और मानवाधिकारों के विरुद्ध माना जाता है। बन्धुआ मजदूरी का विस्तार चकराने वाला (baffling) है क्योंकि लाखों स्त्री पुरुष और बच्चे इसके बोझ तले कष्ट उठा रहे हैं।

अवधारणाएँ (The Concepts)

हमें 'बन्धुआ मजदूरी प्रथा' और 'बन्धुआ मजदूर' को समझना है। 'बन्धुआ मजदूरी प्रथा' महाजन और ऋण लेने वाले उन व्यक्तियों के बीच के सम्बन्धों को सन्दर्भित करती है जो

दैनिक जीवन की कठिनाइयों के कारण आर्थिक बाध्यता से ऋण लेते हैं और ऋणदाता की शर्तों का पालन करना स्वीकार करते हैं। स्वीकृति का महत्त्वपूर्ण शब्द दर्शाता है कि ऋण लेने वाला अपनी सेवाएँ, परिवार के किसी सदस्य की सेवाएँ, या सभी सदस्यों की सेवाएं निश्चित या अनिश्चित अवधि के लिए गिरवी रखने के लिए सहमत है। सहमति पर बने सम्बन्ध ऐसी समान शर्तों पर होते हैं कि इस प्रथा के अन्तर्गत सेवा ऋण चुकाने के लिए दी जाती है या कर्ज पर ब्याज चुकाने के लिए जबकि बाजार में श्रम के मूल्य के बराबर अच्छा पारिश्रमिक होना चाहिए। कर्जदार या तो किसी भी प्रकार का पारिश्रमिक लिये बिना काम करता है या किसी भी प्रकार का पारिश्रमिक होता भी है तो यह न्यूनतम मजदूरी से (न्यूनतम मजदूरी अधिनियम के अन्तर्गत घोषित) या बाजार में मौजूद मजदूरी दर से भी कम होता है।

1976 का बन्धुआ मजदूरी उन्मूलन अधिनियम कहता है "बन्धुआ मजदूरी प्रथा ऐसी बाध्य मजदूर प्रथा है जिसके अन्तर्गत एक कर्जदार अपने कर्जदाता से एक करार (agreement) करता है कि या तो वह स्वयं या अपने परिवार के किसी भी सदस्य द्वारा या अपने ऊपर निर्भर किसी भी सदस्य द्वारा उसको सेवा प्रदान करेगा या कराएगा। यह सेवा किसी निश्चित या अनिश्चित अवधि के लिए होगी तथा यह या तो ऋण के अन्तर्गत या अन्य किसी प्रकार की आर्थिक सहायता के अन्तर्गत उसके द्वारा या उसके किसी पूर्वज के द्वारा प्राप्त, या सामाजिक कर्तव्य का निर्वाह करते हुए या अपने ऊपर पीढ़ी दर पीढ़ी से सौंपे गए कर्तव्य की दृष्टि से होगी। इस करार के अन्य परिणाम भी हैं, जैसे कर्जदार को रोजगार के अवसर से वंचित रहना पड़ता है, देश के किसी भी भाग में आने जाने की आज्ञा देने से इन्कार, तथा अपनी सम्पत्ति या श्रम के उत्पादन को बाजार दर पर बेचे जाने के अधिकार से वंचित।

श्रम पर राष्ट्रीय आयोग ने 'बन्धुआ मजदूर' की परिभाषा करते हुए कहा है कि यह वह श्रम है जो लिए हुए ऋण के बदले में निश्चित अवधि के लिए बन्धन में रहता है। अनुसूचित जाति व जनजाति आयुक्त ने अपनी 24 वीं रिपोर्ट में बन्धुआ मजदूरी की व्याख्या करते हुए कहा, ''वे लोग जिन्हें लिए हुए कर्ज की एवज में या तो मजदूरी सहित या थोड़ी मजदूरी पर अपने कर्जदार के लिए काम करने को बाध्य होना पड़ता है" (Sharma : 1990: 52)।

बन्धुआ श्रमिक उद्योगों, खदानों, प्लान्टेशनों तथा गोदी आदि में कार्यरत 'संविदा श्रम' (contract labour) से भिन्न होते हैं। 'संविदा' मजदूर में वे मजदूर भी शामिल होते हैं जो उस संस्था द्वारा सीधे भर्ती नहीं किए जाते हैं, जिनके नाम वेतन पटल पर अंकित नहीं होते हैं और जिन्हें नियोजक द्वारा सीधे भुगतान नहीं किया जाता। सिद्धान्त में, भारत में संविदा मजदूर फैक्ट्री अधिनियम, 1948, खान अधिनियम 1952, प्लान्टेशन श्रमिक अधिनियम, 1951, और गोदी कर्मचारी अधिनियम, 1948 की परिधि में आते हैं। परन्तु बन्धुआ तथा संविदा मजदूरों को भर्ती करने के लाभ एक से हैं : (i) श्रमिक निम्न मूल्य पर रखे जाते हैं, (ii) नियोजकों को श्रमिकों को छोटे मोटे लाभ नहीं देने पड़ते, (iii) नियोजक श्रमिकों को विविध अधिनियमों में उल्लिखित सुरक्षा उपायों और कल्याण उपायों को प्रदान कराने के लिए बाध्य नहीं हैं। हमारे देश में संविदा श्रम की व्यवस्था सितम्बर, 1970 में 'संविदा श्रम' नामक अधिनियम के माध्यम से समाप्त कर दी गई।

'बन्धुआ श्रम' की दो मूल विशेषताएँ हैं : ऋणग्रस्तता और बाध्य श्रम। बाध्य श्रम आनुवांशिकता से पिता से पुत्र तक आ सकता है या पीढ़ी दर पीढ़ी चलता रहता है। बन्धुआ अवधि में ऋणी अन्य किसी व्यक्ति के पास नौकरी नहीं कर सकता। आर्थिक दृष्टि से इसका अर्थ हुआ कि वह बाजार में बाजार मूल्य पर अपना श्रम नहीं बेच सकता। बन्धुआ मजदूर प्रथा कृषि मजदूरों में गाँवों में ही पाई जाती है, यद्यपि आज इसका विस्तार पत्थर की खदानों, ईंट के भट्टों, बीड़ी फैक्ट्रियों, काँच फैक्ट्रियों, डिटरजेन्ट, दरी गलीचे, कीमती पत्थरों, आदि की फैक्ट्रियों में काम करने वाले मजदूरों में भी यह प्रचलित है।

भारत में बन्धुआ मजदूर विविध भागों में भिन्न नामों से जाने जाते हैं। उदाहरणार्थ, आन्ध्र प्रदेश और कर्नाटक में उन्हें 'जीथम', गुजरात और मध्य प्रदेश में 'हली', बस्तर मध्य प्रदेश में 'कबाड़ी', हैदराबाद में 'भगेला', राजस्थान में 'सगरी', बिहार में 'कामियां', उड़ीसा में 'गोठी', तमिलनाडु में 'पण्डिपाल', केरल में 'अदिया' 'पणिया', और उत्तर प्रदेश में 'कोल्टा' कहा जाता है।

बन्धुआ मजदूरी के कारण (Causes of Bonded Labour)

यद्यपि बन्धुआ मजदूरी प्रथा के उद्‌भव, विकास और प्रचलन के प्रमुख कारण आर्थिक हैं, लेकिन सामाजिक और धार्मिक कारक भी इस प्रथा का समर्थन करते हैं। *आर्थिक* कारणों में: लोगों की अत्यन्त निर्धनता, जीवनयापन के लिए काम की अयोग्यता, परिवार के निर्वाह करने के लिए अपर्याप्त आकार की भूमि, शहरी और ग्रामीण गरीबों के लिए लघु-पैमाने पर ऋण के विकल्प की कमी, सूखा, बाढ़ जैसी प्राकृतिक आपदाएँ, मनुष्यों और पशुओं का विनाश, वर्षा का अभाव, कुओं का सूखना, वन उत्पादों से कम आय, तथा लगातार मूल्य वृद्धि और मुद्रा-स्फीति सम्मिलित है। *सामाजिक* कारकों में, विवाह, मृत्यु भोज, बच्चे के जन्म, आदि अवसरों पर बड़े खर्चे जिनका परिणाम भारी ऋण, जाति आधारित भेदभाव, भूख और बीमारी के विरुद्ध ठोस कल्याण योजनाओं की कमी, अबाध्यकारी तथा असमान शैक्षिक व्यवस्था तथा सरकारी अधिकारियों में उदासीनता और भ्रष्टाचार। कभी-कभी गांव में कुछ लोगों द्वारा भ्रष्टाचार लोगों को अन्य स्थानों पर जाने को बाध्य कर देता है जिससे वे न केवल नियोजक की शर्तों पर काम करने को बाध्य होते हैं बल्कि प्रभावशाली व्यक्तियों का संरक्षण भी प्राप्त करते हैं। *धार्मिक* तर्क निम्न जाति के लोगों को आश्वस्त करने के लिए दिए जाते हैं कि धर्म उन्हें आदेश देता है कि वे उच्च वर्ण के लोगों की सेवा करें। अशिक्षा, अज्ञानता, अपरिपक्वता, कुशलता और पेशेवर दीक्षा ऐसे विश्वासों को बढ़ावा देते हैं। मोटे तौर पर यह माना जा सकता है कि 'बन्धुआ' प्रथा मुख्यतः सामाजिक और आर्थिक दबावों के कारण पैदा होती है।

विधान (The Legislation)

'बन्धुआ मजदूरी' की घातक और कठोर प्रथा भारत के कई प्रान्तों में विद्यमान थी। स्वतंत्रता के बाद इसे देश के जीवन को अंधकारमय बनाने के लिए अधिक चलने नहीं दिया जा सकता था। इस प्रकार जब भारत का संविधान बनाया गया, इसमें धारा 23 भी बनाई गई जिसमें 'मानव श्रम का व्यापार 'बेगार' तथा इसी प्रकार के जबरदस्ती वाली मजदूरी कराना

निषिद्ध है। फिर भी इस धारा पर कोई भी प्रभावी कदम नहीं उठाया गया और इस घातक प्रथा को समाप्त करने के लिए कुछ नहीं किया गया। 1919 में अन्तर्राष्ट्रीय श्रम संगठन (ILO) द्वारा अपनाए गए बाध्य श्रम (उन्मूलन) परम्परा की केवल भारत द्वारा नवम्बर 1954 में पुष्टि की गई। भारत में कुछ राज्यों ने भी बन्धुआ मजदूरी को समाप्त करने के लिए कानून बनाए। उदाहरणार्थ, 1920 में बिहार कमियान्ती अधिनियम पारित किया गया, 1940 में मद्रास अभिकारक ऋण बन्धन नियमितीकरण कानून, 1943 में हैदराबाद भगेला सहमति नियम, 1948 में उड़ीसा ऋण बन्धुआ उन्मूलन नियम, 1961 में राजस्थान सागरी प्रथा उन्मूलन अधिनियम (जो 1975 में संशोधित किया गया) और 1975 में केरल में बन्धुआ मजदूर प्रथा (उन्मूलन) अधिनियम पारित किए गए। इनमें से अधिकतर अधिनियमों में यह उल्लेख विशेषरूप से किया गया (जैसे मद्रास, उड़ीसा, बिहार और हैदराबाद में) कि अधिनियम लागू होने के बाद कर्जदार और महाजन के बीच हुआ समझौता पूर्ण रूप से निरस्त समझा जायेगा यदि (a) समझौते की पूर्ण शर्तें लिखित में व्यक्त न की हों और उसकी एक प्रतिलिपि निश्चित अधिकारी को न सौंपी गई हो, (b) श्रम की लिखित व निहित अवधि एक वर्ष से अधिक हो, (c) प्राविधित ब्याज का साधारण ब्याज एक वर्ष से अधिक का न हो, और (d) ब्याज की दर 6.25 प्रतिशत प्रतिवर्ष से अधिक हो। लेकिन 1 जुलाई, 1975 को 20 सूत्रीय कार्यक्रम की घोषणा के बाद ही राष्ट्रीय स्तर पर वैधानिक कार्यवाही तेजी से तथा गम्भीरता से प्रारम्भ हुई। अक्टूबर 1975 में अध्यादेश लागू हुआ जिसके स्थान पर बाद में फरवरी, 1976 में अधिनियम पारित किया गया जिसको बन्धुआ मजदूर प्रथा (समाप्ति) अधिनियम कहा गया। 1976 में केन्द्रीय सरकार द्वारा इस अधिनियम को लागू किए जाने के बाद सभी राज्यों के नियम अक्रियान्वित हो गए।

इस अधिनियम में निम्न तत्त्व निहित हैं : (i) बन्धुआ मजदूरों की पहचान, (ii) बन्धुआ मजदूरों की मुक्ति (iii) अपराधियों के विरुद्ध कार्यवाही, अर्थात् वे ऋणदाता जिन्होंने ऋण लेने वालों को समझौते के लिए बाध्य किया, (iv) ज़िला एवं तहसील स्तर पर सतर्कता समितियों की नियमित बैठकें करना (v) निर्धारित पंजिकाओं का रख रखाव, और (vi) कार्यकारी मजिस्ट्रेटों को न्यायिक शक्तियां प्रदान करना। अधिनियम में उन बन्धुआ मजदूरों के पुनर्वास का भी प्रावधान है जो अपने कर्ज़दारों से मुक्त हो जाते हैं। 1976 का अधिनियम 1996 में संशोधित किया गया जिसमें यह स्पष्ट किया गया कि संविदा मजदूर और अन्तर्राज्यीय श्रमिक, यदि वे बन्धुआ मजदूर व्यवस्था (उन्मूलन) अधिनियम में दी गई शर्तों को पूरा करते हों, बन्धुआ मजदूर माने जायेंगे।

1976 के अधिनियम के क्रियान्वयन में मुख्य समस्या यह है कि 'बन्धुआ मजदूरों' की पहिचान किस प्रकार की जाये ? न तो जिला और तहसील स्तर के प्रशासक अपने क्षेत्रों में इनका अस्तित्व मानते हैं और न ही ऋणदाता स्वीकारते हैं कि उनकी सेवा में कोई ऐसे मजदूर कार्यरत हैं, और न ही श्रमिक यह बयान देने को तैयार होते हैं कि लम्बे समय से उन्हें बन्धुआ मजदूर के रूप के कार्य करने के लिये बाध्य किया गया है। स्वैच्छिक संगठनों और गैर राजनैतिक सामाजिक कार्यकर्ता समूहों से सम्बद्ध सामाजिक कार्यकर्ता ही बन्धुआ मजदूरों की पहचान करते हैं। इस समस्या को और गम्भीर बनाने वाली एक और बाधा है बन्धुआ मजदूरों का आर्थिक पुनर्वास। आर्थिक पुनर्वास में उनके लिए नौकरी की तलाश, उनके लिए

न्यूनतम मजदूरी दिलाना, कला और शिल्प में उन्हें दीक्षा दिलाना, कृषि भूमि का उनके लिए आवंटन कराना, आवंटित भूमि को विकसित करने में उनकी मदद करना, वन उत्पादों के प्रबन्ध में उनकी मदद करना, उन्हें और उनके बच्चों को शिक्षित करना, उनके लिए स्वास्थ्य चिकित्सा का प्रबन्ध करना, आदि शामिल है। ये सभी कार्य कठिन हैं। आर्थिक पुनर्वास उपलब्ध कराने के अतिरिक्त राज्य सरकारों से यह अपेक्षा भी की जाती है कि उनके मनोवैज्ञानिक पुनर्वास और राज्य तथा केन्द्र सरकार की विभिन्न योजनाओं का समन्वय भी किया जाये। पुनर्वास के लिए योजनाओं और उपायों की योजना बनाने में मुक्त श्रमिकों के विभिन्न विकल्पों के बीच उनकी इच्छा का भी ध्यान रखना होगा (Sharma, op., cit., 54)।

बन्धुआ स्थिति में पीड़ा और वेदना (Misery and Suffering in Bondage)

सर्वोच्च न्यायालय के एक मुख्य न्यायाधीश (न्यायमूर्ति पी.एन. भगवती) ने बन्धुआ मजदूरों का वर्णन करते हुए किहा कि वे "गैर-जीवित (non-being) सभ्यता से निष्कासित तथा पशुओं से भी खराब जीवन व्यतीत करने वाले व्यक्ति है क्योंकि पशु इधर-उधर घूमने के लिए, भोजन पर अधिकार या छीनने के लिए तो कम से कम स्वतंत्र हैं, किन्तु ये बेचारे समाज से बहिष्कृत बन्धन में रखे जाते हैं और अपनी स्वतंत्रता से भी हाथ धोए रहते हैं"। उनको ऐसा भयावह अस्तित्व प्रदान किया जाता है जहां या तो उन्हें एक छप्पर या खुले आसमान के नीचे रहना पड़ता है और जो कुछ भी अपर्याप्त भोजन जुटा पाते हैं उसी में सन्तुष्ट रहना पड़ता है; वह भी उनके भूखे पेटों के लिये अपर्याप्त होता है। विकल्प के अभाव में भूख और गरीबी के कारण उन्हें ऐसे घोर अन्धेरे में व ऐसे शोषक समाज में, जिसमें से बचने की वे आशा भी नहीं कर सकते, बन्धुआ जीवन जीना पड़ता है। (Yojana, May 1-5, 1987: 32-33)।

अनुमानतः भारत में लगभग 32 लाख बन्धुआ मजदूर हैं। इनमें से 98 प्रतिशत ऋणग्रस्तता के कारण बन्धुआ मजदूर कहे जाते हैं और 2 प्रतिशत परम्परागत सामाजिक मान्यताओं के कारण। सबसे अधिक संख्या आन्ध्र प्रदेश, कर्नाटक और तमिलनाडु में और उसके पश्चात उड़ीसा, उत्तर प्रदेश, बिहार, मध्य प्रदेश में मानी जाती है। (उच्चतम न्यायालय के निर्देशों पर किए गए) राज्य सरकारों द्वारा प्रायोजित सर्वेक्षण के आधार पर मई 1997 में अधुनातम आँकड़ों के अनुसार, तमिलनाडु में 24,000 अधिकतम बन्धुआ मजदूर हैं जो कि 30 विभिन्न पेशों में लगे हैं। The *Hindustan Times*, May 13, 1997)। यह बताया गया है कि अधिकतर बन्धुआ मजदूर गाँवों में कृषि मजदूर के रूप में काम करते हैं और बहिष्कृत या जनजातीय समुदायों से सम्बन्धित हैं। ग्रामीण क्षेत्रों में कुल मजदूर शक्ति के 42 प्रतिशत खेतिहर हैं और 25 प्रतिशत कृषि मजदूर की तरह काम करते हैं। कृषि मजदूरों के रूप में कार्य करने वालों में से 48 प्रतिशत अनुसूचित जाति के हैं और 33 प्रतिशत अनुसूचित जनजातियों के अकुशल और असंगठित होने के कारण कृषि मजदूरों के पास आजीविका चलाने के लिए व्यक्तिगत श्रम के अतिरिक्त और कुछ भी नहीं होता। बन्धुआ कृषि मजदूर ग्रामीण स्तर पर निम्नतम स्थिति रखते हैं। एक गाँव में सामाजिक और आर्थिक स्तरीकरण भूमि और जाति से जुड़ा रहता है जो कि लोगों की आर्थिक और सामाजिक

प्रस्थिति को निर्धारित करते हैं। इस प्रकार बन्धुआ मजदूर दयक्कीय और कष्टप्रद दशाओं में रहते हैं। सामाजिक दृष्टि से उनका शोषण होता है क्योंकि यद्यपि सिद्धान्त में उन्हें भोजन, कपड़े और तम्बाकू का आश्वासन मिलता है, लेकिन व्यवहार में उन्हें बचा खुचा भोजन, और परिवार के सदस्यों के उतरे हुए कपड़े ही मिलते हैं। उन्हें 12 से 14 घन्टे प्रतिदिन कार्य करना पड़ता है और गाय और भैंसों के साथ तबेलों में रहने के लिए बाध्य होना पड़ता है। यदि वे बीमार पड़ते हैं तो उनका नियोजक दया करके स्थानीय हकीम से उनके लिए दवा का प्रबंध करता है।

1989 मार्च तक भारत में पहचाने गए और मुक्त हुए बन्धुआ मजदूरों की कुल संख्या 2.42 लाख थी जिनमें से 2.18 लाख (90 प्रतिशत) का पुनर्वास कर दिया जाना बताया जाता है (*Yojana*, May, 1989 : 23)। इस प्रकार भारत में कुल बन्धुआ मजदूरों में से मुश्किल से 8 प्रतिशत मजदूर अब तक पहचाने गए हैं जो राज्य सरकारों के बन्धुआ मजदूरों की समस्या के समाधान में रुचि की कमी का द्योतक है।

1979 और 1983 के बीच भारत सरकार को प्रस्तुत की गई कम से कम चार रिपोर्टों में संकेत है कि भारत में बन्धुआ मजदूरी की शर्मनाक प्रथा किस प्रकार प्रचलन में रही और देश की आर्थिक और सामाजिक स्थिति को विकृत करती रही। यह रिपोर्टें थीं : (a) श्रम मंत्रालय, भारत सरकार को प्रस्तुत की गई ग्रामीण विकास केन्द्रों की रिपोर्ट जो 'बिहार के मुंगेर जिले के बन्धुआ मजदूरों के पुनर्वास' पर थी। (b) उत्तर प्रदेश के 'टिहरी गढ़वाल में बन्धुआ मजदूरों की पुनर्वास योजना के मूल्यांकन अध्ययन' पर भारत सरकार के श्रम मंत्रालय को भारतीय लोक प्रशासन संस्थान (Indian Institute of Public Administration) के सार्वजनिक नीति और योजना विभाग द्वारा प्रस्तुत रिपोर्ट; (c) उत्तर प्रदेश, मध्य प्रदेश, आन्ध्र प्रदेश, कर्नाटक, उड़ीसा, बिहार, राजस्थान, तमिलनाडु और केरल में मुक्त बन्धुआ मजदूरों के पुनर्वास और मुक्ति तथा पहचान के सम्बन्ध में तत्काल व स्थान पर ही अध्ययन के आधार पर भारत सरकार को (श्रम कल्याण) महानिदेशक, लक्ष्मीधर मिश्रा की रिपोर्ट; और (d) 7-9 फरवरी 1983 से प्रारम्भ हुई राष्ट्रीय सेमीनार (Identification and Rehabilitation of Bonded Labour) की रिपोर्ट।

मार्च 1989 तक पहचाने गए और मुक्त हुए 2.42 लाख बन्धुआ मजदूरों में से 26 प्रतिशत कर्नाटक में, 20 प्रतिशत उड़ीसा में, 16 प्रतिशत तमिलनाडु में, 14 प्रतिशत आन्ध्र प्रदेश में, 11 प्रतिशत उत्तर प्रदेश में, 5 प्रतिशत बिहार में, 4 प्रतिशत मध्य प्रदेश में, 0.3 प्रतिशत केरल में और 0.2 प्रतिशत हरियाणा में मुक्त हुए (*Yojana*, ibid : 23)।

पुनर्वास (Rehabilitation)

बन्धुआ मजदूरों को मुक्त करवाना और उनका पुनर्वास कराना केवल राज्य सरकारों का ही दायित्व था किन्तु नवम्बर, 1987 से आगे स्वैच्छिक संगठन भी पहचान और पुनर्वास के लिए अधिकृत कर दिए गए। मार्च 1989 तक पुनर्वासित 2.18 लाख बन्धुआ मजदूरों में से तीन चौथाई उड़ीसा (23.8%), कर्नाटक (23.3%), तमिलनाडु (17.1%) और उत्तर प्रदेश (12.1%) में थे, पाँचवा भाग तीन राज्यों आन्ध्र प्रदेश (11.1%), बिहार (5.2%) और मध्य प्रदेश (3.6%) में थे: और शेष 4 प्रतिशत तीन राज्यों—राजस्थान (3.2%), महाराष्ट्र (0.4%)

और केरल (0.4%) में थे (*Indian Labour Journal*, August 1989: 1277)। बन्धुआ मजदूरों के पुनर्वास और पहचान के सम्बन्ध में 1986 के 20 सूत्रीय कार्यक्रम में भी प्रावधान है। इस कार्यक्रम का छठां बिन्दु बन्धुआ मजदूरों के विषय में ही है। इस कार्यक्रम के अन्तर्गत भारत सरकार ने अगस्त 1986 में सभी राज्यों के (श्रम कल्याण) उप महा निदेशकों को कार्यवाही करने के निर्देश जारी किए थे। तब से केन्द्रीय श्रम मन्त्रालय समय-समय पर बन्धुआ मजदूरों के पुनर्वास, मुक्ति और पहचान के कार्यक्रमों का मूल्यांकन और संचालन करता रहा है।

पुनर्वास मनोवैज्ञानिक और शारीरिक दोनों तरह का होता है। शारीरिक पुनर्वास आर्थिक होता है जबकि मनोवैज्ञानिक पुनर्वास आश्वासनों और पुनर्आश्वासनों की प्रक्रिया के द्वारा बनाना पड़ता है। दोनों ही साथ-साथ चलने चाहिए। मनोवैज्ञानिक पुनर्वास की प्रथम आवश्यकता यह है कि मुक्त बन्धुआ मजदूरों को पुराने आवासों से हटा दिया जाना चाहिए और उन्हें ऐसे स्थान पर पुनर्वासित किया जाना चाहिए जहाँ उन्हें उनके पूर्व नियोजकों का कोई प्रभाव ही न हो। जब तक मनोवैज्ञानिक रूप से उन्हें आश्वस्त न किया जाये कि बन्धन से मुक्त होने के बाद ऋण उनके भाग्य का निर्णय नहीं करेगा तब तक इस बात की सम्भावना बनी रहेगी कि वे फिर से ऋण बन्धन में फँस जाँये।

मूलरूप से पुनर्वास के तीन चरण हैं : (i) मुक्ति के बाद तुरन्त भौतिक मदद, (ii) नया जीवन प्रारम्भ करने के लिए मुक्त श्रमिकों को कम अवधि के सहायता उपाय (उदाहरण के लिए, मकान के लिए जगह का आवंटन, मकान बनाने के लिए सहायता, कृषि भूमि के लिए भूमि के टुकड़े का आवंटन, बैलों की जोड़ी या कृषि उपकरणों की आपूर्ति, या लाभकारी रोजगार उपलब्ध कराने के प्रावधान आदि), और (iii) लम्बी अवधि के उपाय (जैसे ऋण का प्रबन्ध, नई कुशलताओं में दीक्षा, मौजूदा कुशलताओं का विकास, मानदेयक मूल्य समर्थन प्रदान करना, प्रौढ़ सदस्यों के लिए अनौपचारिक शिक्षा तथा बच्चों के लिए औपचारिक शिक्षा सुनिश्चित करना, चिकित्सा सुविधा प्राप्त करना, नागरिक अधिकारों की सुरक्षा..)। इस प्रकार पुनर्वास मुक्त बन्धुआ मजदूरों को आदमी की स्थिति प्रदान करेगा ताकि वे स्वयं की सभ्य समाज को मुख्यधारा में शामिल कर सकें और मानव अस्तित्व की प्रतिष्ठा को अनुभव कर सकें।

प्रभावी पुनर्वास में कमियाँ (Lacunae in Effective Rehabilitation)

विभिन्न राज्यों में बन्धुआ मजदूरों के लिए पुनर्वास कार्यक्रमों के क्रियान्वयन के गुणपरक पुनरीक्षण पर पता लगता है कि कुछ राज्य जैसे, उड़ीसा, उत्तर प्रदेश, केरल और आन्ध्र प्रदेश, पहचान और पुनर्वास के अच्छे नतीजे प्रस्तुत करते हैं, लेकिन कुछ राज्यों में अभी भी नवीन परिवर्तनों की आवश्यकता है। निम्नलिखित स्पष्ट कमियों पर तुरन्त कार्यवाही की आवश्यकता है :

प्रथम, कार्यक्रम को किसी विशेष मंत्रालय/विभाग का मानकर अकेले चलाने की अपेक्षा विभिन्न मंत्रालयों विभागों के सहयोग की आवश्यकता है, जैसे कृषि, पशुपालन, सिंचाई, वन मत्स्य पालन, आदि, ताकि कार्यक्रम को राष्ट्रीय एकीकृत कार्यक्रम के रूप में

चलाया जा सके। *द्वितीय:*, क्योंकि सामाजिक वातावरण और सामाजिक संरचना जिनके कारण अतीत में बन्धुआ मजदूरी प्रथा चलती रही और आज भी ग्रामीण जीवन और अर्थ व्यवस्था पर घिरी हुई है, उनकी जाँच की जानी चाहिए और प्रतिबद्धता से परिवर्तन किया जाना चाहिए। *तृतीय*, विकास विभाग ऐसी योजनाओं से दबे रहते हैं जैसे आई.आर.डी.पी. (एकीकृत ग्रामीण विकास कार्यक्रम), जे.आर.वाई. (जवाहर रोज़गार योजना), टी.आर.वाई. एस.ई. एम. (ग्रामीण युवकों के स्व रोजगार के लिए प्रशिक्षण कार्यक्रम), आदि, कि उनके कार्यक्रम अधिकतर समयबद्ध और उद्देश्यपरक ही रहते हैं और उनमें लाभार्थियों की वरीयता, अभिरुचि, आवश्यकताओं, आदि का ध्यान नहीं रखा जाता। इसलिए इन कार्यक्रमों को इस प्रकार बनाए जाने की आवश्यकता है ताकि वे उद्देश्य-समूहपरक (target-group oriented) हों, न कि उद्देश्य-परक। *चतुर्थ*, कमजोर आधारभूत संरचना और संसाधनों की कमी के कारण लाभार्थियों को लम्बी अवधि के आधार पर संरक्षण प्रदान नहीं किया जाता; परिणाम स्वरूप बहुधा उत्पादक सम्पत्ति देनदारी बन जाती है। *पंचम*, मध्यस्थ व्यक्ति परोपजीवी की तरह काम करते हैं और अपने लाभ के लिए सीमित प्रतिफलों का पुनर्वास के लाभों का आनन्द लेते हैं। अत: आवश्यकता इस बात की है कि सावधानीपूर्वक योजनाएं बनाई जायें जो कि पहले ही से उपलब्ध आधारभूत संरचना पर आधारित हों और विविध प्रकार से सम्बद्ध हों। *छठा*, मुक्त बन्धुआ मजदूर जो समाज के निम्नतम स्तर के होते हैं और नितान्त गरीबी और अभाव का प्रतिनिधित्व करते हैं उनमें किसी विशेष योजना का चुनाव करने की योग्यता नहीं होती जो उनके लिए लाभकारी हो। अपने लिए सही योजना को चुनने के लिए अधिकारियों पर उनकी निर्भरता उन्हें पुनर्वास के वास्तविक लाभों से वंचित रखती है। इस निर्भरता को कम करने की आवश्यकता है। *अन्त में*, पूर्व बन्धुआ मजदूर नियोजकों, मुक्त लोगों और विभिन्न विभागों के अधिकारियों का दृष्टिकोण इन गरीब बन्धुआ मजदूरों के प्रति बिल्कुल नहीं बदला है। यहां तक कि जब पूर्व नियोजकों द्वारा या जमींदारों द्वारा इन मजदूरों को पीटा जाता है, तब उनकी भूमि जबरन छीन ली जाती है, उनके बच्चों को स्कूल जाते समय जमींदारों के धान के खेतों के बीच से नहीं गुजरने दिया जाता, उनके शोषकों द्वारा उनके पशुओं को भगा दिया जाता है, और जब वे पुलिस में शिकायत करते हैं या सहायता के लिए डाक्टर के पास जाते हैं या सम्बन्धित विभाग के अधिकारियों से शिकायत करते हैं, वे (अधिकारी, पुलिस, डाक्टर, आदि) उनकी शिकायत से जरा भी प्रभावित नहीं होते और निष्प्रभावी संवेदनाहीन, चुप हो जाते हैं और उनकी सहायता नहीं करते। लोगों और अधिकारियों के दृष्टिकोण में परिवर्तन के बिना मुक्त बन्धुआ मजदूर समाज के अति शक्तिशाली वर्ग के संगठित आघातों से बच नहीं सकते। उनकी अज्ञानता, अशिक्षा और अपने अधिकारों के लिए लड़ने की अयोग्यता उन्हें हमेशा मुक्ति और विकास के लाभों से वंचित रखेगी।

सामाजिक व्यवस्था और सामाजिक संरचना को उन गरीबों के लिए जो बन्धुआ मजदूर बन जाते हैं, लाभ के लिए बदलना सरल कार्य नहीं है। दो उदाहरण दिये जा सकते हैं : एक जनजाति का व्यक्ति या तो अपने या अपने बेटे के विवाह के लिए कुछ धन प्राप्त कर लेता है और इस प्रकार बन्धुआ मजदूर बन जाता है। इसी प्रकार, माना एक व्यक्ति को

अवैध शराब बनाने के जुर्म में न्यायालय से अभियुक्त माना गया है और उस पर कुछ जुर्माना किया गया है। क्योंकि उसके पास जुर्माना भरने के लिए धन नहीं है, वह एक प्रभावशाली व्यक्ति के पास अपना श्रम गिरवी रखकर ऋण ले लेता है और एक बन्धुआ मजदूर बन जाता है। अब, क्या वधू मूल्य प्रथा समाप्त करना सम्भव है ? क्या न्यायालय द्वारा आर्थिक दण्ड दिया जाना गलत है ? गरीबों की अनेक आर्थिक आवश्कताएं बिना ऋण लिए पूर्ण नहीं हो सकतीं। ऐसे मामलों में, आवश्यकता इस बात की है कि ऋण लेने में समझौते का सावधानी से परीक्षण किया जाये ताकि श्रम को गिरवी रखने से रोका जा सके और बन्धुआ मजदूर प्रथा को नियंत्रित किया जा सके।

विकास के लिए सामूहिक प्रयत्न मुक्त बन्धुआ मजदूरों को संगठित कर सकते हैं, संसाधनों को इकट्ठा करने योग्य बना सकते हैं, विविध एजेन्सियों से सहायता ले सकते हैं तथा स्थाई पुनर्वास और गुणवत्तापूर्वक उद्देश्य की प्राप्ति के लिए स्वयं को गठित कर सकते हैं। इस प्रकार के सामूहिक प्रयत्न सफलता प्राप्ति के लिए भूमि-आधारित शिल्प-आधारित या सम्पत्ति आधारित हो सकते हैं। इसके लिए लाभार्थियों का उचित चयन होना चाहिए। उस स्थान का चयन आवश्यक है जहां उन्हें स्थापित होना है तथा उन्हें सिखाई जाने वाली दक्षता का भी चयन होना है। लाभार्थियों में जागृति पैदा की जाने की भी आवश्यकता है। उनके पुनर्वास, प्रगति और उन्नति, विकास के लिए सह उद्यम में स्वैच्छिक हिस्सेदारों के रूप में बदले जाने की भी आवश्यकता है।

प्रमुख समस्या यह है कि यदि मुक्त बन्धुआ मजदूर पुनर्वासित नहीं किए जाते हैं, तो वे और अधिक कष्ट भोगेंगे। उनके सामने प्रश्न होगा : भूख और गुलामी में से वे किसे चुने ? मुक्ति और सुरक्षा में से, गुलामी में कठिन काम या परिवार के पालन के लिए अपराध व परिणामस्वरूप कारावास का दण्ड में से किसे चुनें ? पुनर्वास का काम एक दशक पूर्व पूर्णरूप से राज्य सरकारों को सौंपा गया था। 1983 में केन्द्र सरकार ने श्रम मंत्रालय के माध्यम से एक योजना प्रयोजित की। केन्द्र सरकार समान अनुदान आधार पर प्रतिवर्ष 4 से 5 करोड़ रुपया राज्य सरकारों को विशेष योजनाएं बनाने के लिए प्रदान करती है। योजना आयोग की एक रिपोर्ट के अनुसार पुनर्वास कार्य की प्रगति अत्यन्त मन्द है। राज्य सरकारों के अधिकारी वर्ग में अग्रणी होने के गुण नहीं हैं या वे पहिचान और पुनर्वास के कार्यक्रमों के प्रति उदासीन रहते हैं। सामाजिक कार्यकर्ता भी अपने काम में अनेक बाधाओं का सामना करते हैं। आशा की जाती है कि केन्द्रीय सहायता तथा स्वैच्छिक संगठनों की हिस्सेदारी बन्धुआ मजदूरों की पहचान और पुनर्वास के कार्यक्रमों को अधिक प्रभावी बना सकेंगे।

1982 में सर्वोच्च न्यायालय ने भी ऐसे श्रमिकों के 'जबरन मजदूरी' को उनके मौलिक अधिकारों का हनन बताया और 1983 में न्यूनतम मजदूरी से कम पाने वाले श्रमिकों को 'जबरन मजदूर' (forced labour) कहा। 1984 में फिर, सर्वोच्च न्यायायल ने बन्धुआ मजदूरी (उन्मूलन) अधिनियम को क्रियान्वित करने में सरकार की विफलता का वर्णन किया और 1976 के संविधान का इसे उल्लंघन बताया। सर्वोच्च न्यायालय ने बन्धुआ मजदूरों की मुक्ति के बाद उनके पुनर्वास को सरकार का दायित्व बताया ताकि मजदूर फिर से गरीबी और असहायता के कारण गुलामी न करने लगें (Sharma, 1990 : 56)। आशा की जाती है कि

इस प्रकार के न्यायिक निर्णयों से राज्य सरकार और स्वैच्छिक संगठनों के प्रयत्नों को मजदूरों को उनके नियोजकों के चंगुल से छुड़ाने में मदद मिलेगी।

प्रभावी चिन्ता (Effective Concern)

बन्धुआ मजदूरों की दुर्दशा अभी भी एक गम्भीर सामाजिक समस्या बनी हुई है और यह जनता, सरकार, न्यापालिका, सामाजिक वैज्ञानिक, और सामाजिक कार्यकर्ता सभी के लिए चिन्ता का विषय है। लगभग 17 लाख सालाना अपराध जिनके लिए आई.पी.सी (IPC) के तहत लगभग 25 लाख व्यक्ति पकड़े जाते हैं, यदि यह सब भारतीय समाज के लिए चिन्ता का विषय है तब तो बन्धुआ मजदूरों को मुक्त किया जाना समाज के लिए अत्यन्त महत्वपूर्ण होना चाहिए। आवश्यकता इस बात की है कि इस विषय पर विविध अनुसन्धान विविध ऐजेन्सियों द्वारा प्रायोजित किए जाने चाहिए ताकि समस्या के विस्तार और प्रकृति को सुनिश्चित किया जा सके, पहचान के कार्य में पड़ने वाली बाधाओं का परीक्षण किया जा सके, विविध पुनर्वास योजनाओं का परीक्षण हो सके, केन्द्रीय सरकार और विविध स्वैच्छिक संगठनों के बीच तालमेल हो सके, 1976 के अधिनियम को सुधारा जा सके, सम्बन्धित अधिकारियों की जवाबदेही व जिम्मेदारी सुनिश्चित की जाये तथा मुक्त बन्धुआ मजदूरों के लिए बाद में देखरेख के कार्यक्रमों को प्रारम्भ किया जाये। जब तक स्वार्थी लोगों के घिनौने शोषण से बन्धुआ मजदूरों को बचाने के गम्भीर प्रयत्न नहीं किए जाते, यह समस्या सामाजिक संकट बनी रहेगी। कानून के द्वारा बन्धुआ मजदूरी प्रथा का पूर्ण उन्मूलन आगामी भविष्य में तो सम्भव न भी हो, फिर भी कानून न बनाने से पीड़ित मजदूरों की दशा और अधिक बिगड़ सकती है। गरीबी, बेरोजगारी तथा अशिक्षा को समाप्त करना, जो कि बन्धुआ मजदूरी प्रथा के मूल कारण माने जाते हैं, सरल कार्य नहीं हैं। बन्धुआ मजदूरों के लिए भविष्य के कार्यक्रमों, योजनाओं आदि का बनाने के लिए विविध स्तरों पर विस्तृत कार्य एवं दृष्टिकोण की आवश्यकता होगी।

बन्धुआ मजदूरों की समस्या को सामाजिक, मनोवैज्ञानिक और वैधानिक, विभिन्न स्तरों पर लड़ा जाना है। हमें पीड़ितों को शिक्षित करना है कि वे दबाव की नीति में न फंसे। शोषकों को भी हमें यह बताना है कि कानूनों को उनके हित में नहीं मोड़ा जा सकता और जनतांत्रिक भारत में कानून अपनी ही राह चलता है। जनता में भी प्रतिबद्ध राय बनानी है। हमें न केवल बुद्धिजीवियों को इसमें सम्मिलित करना है बल्कि प्रबुद्ध नागरिकों को भी ताकि वे इस सन्देश को सभी तक पहुंचा सकें। हमें कानूनों को कठोरता से लागू करना है। हमें राजनीतिज्ञों पर भी दबाव डालना है कि वे इस विषय पर मिशनरी भावना से तथा लगन व रुचि से काम करें। सामाजिक व आर्थिक रूप से कुछ शक्तिशाली लोगों के द्वारा शोषण पर आधारित व्यवस्था, अधिक संख्या में लोगों के कष्टों के मूल्य पर अपने हित साधन करना और उन्हें बन्धन में रखना हमारे राष्ट्रीय जीवन के लिए शर्म की बात है। थोड़े से ऋण के लिए समाज के आर्थिक दृष्टि से पीड़ित वर्ग को बन्धन में रखना, भारतीयों को प्रदत्त समान सामाजिक आर्थिक व्यवस्था के बिल्कुल विपरीत है। इस प्रथा को समाप्त करना मानव सम्मान और संवैधानिक मूल्यों के अनुरूप आधारभूत महत्त्व का विषय है।

भूमि सुधार : प्रकृति एवं सामाजिक परिणाम
(Land Reforms : Nature and Consequences)

भूमि सुधार (Land Reform)

हमारे देश में निम्नलिखित भूमि सुधार स्वतंत्रता प्राप्ति के पश्चात प्रारम्भ किए गए : (1) जमींदारी उन्मूलन, (2) 'भूमि उसकी जो जोते' मूल सिद्धान्त की स्वीकृति (3) चकबन्दी अधिनियम का क्रियान्वयन, (4) भूदान और सर्वोदय आन्दोलनों को प्रोत्साहन देना, और (5) भू-राजस्व प्राप्त करने के लिये उचित तर्कसंगत आधार तय करना। 'भूमि जोतने वाले की' प्रस्ताव ग्रामीण आय को उन लोगों के लिए तो लाभ के लिए पुर्नवितरित करने के लिए था जो खेतों में काम करते हैं परन्तु जो खेत नहीं जोतते उनके लिए हानिकारक था। इस प्रस्ताव का एक दूसरा प्रभाव यह था कि काफी भूमि का नियंत्रण जमींदार से काश्तकार, किराएदार व मजदूरों के हाथों में चला जाये। कानून के द्वारा इस प्रस्ताव को प्रभावी बनाने के लिए क्या सम्भावित उपाय थे ? (i) यह प्रावधान करना कि गैर-काश्तकार भू-स्वामियों की मृत्यु के पश्चात भूमि का अधिकार उन लोगों को दिया जाये जो वास्तविक काश्तकार हैं, या (ii) कानून में प्रावधान हो कि वर्तमान काश्तकार या भविष्य में भूमि को अपने हाथ से काश्तकारी करने का इरादा रखते हों, ऐसे लोगों के अतिरिक्त कृषि भूमि के हस्तान्तरण न किए जायें, या (iii) गैर-काश्तकारों से भूमि के अधिकार छीन लिए जायें और पूर्व मालिकों को मुआवजा दिया जाये या उन्हें दूसरे पेशे अपनाने के उद्देश्य से पुनर्वास अनुदान प्रदान किया जाये। लेकिन सम्पत्ति अधिकार उन्मूलन का कार्यक्रम क्रियान्वयन सरल नहीं था।

भूदान आन्दोलन (Bhoodan Movement)

वैधानिक भूमि सुधार की निराशाजनक प्रगति से निराश होकर आचार्य विनोबा भावे के भूदान आन्दोलन ने आगे का मार्ग प्रशस्त किया। भूमिहीनों की स्थिति को सुधारना ही इसका उद्देश्य था। यह मानते हुए कि भारत में पाँच करोड़ भूमिहीन किसान हैं, विनोबा जी ने पाँच करोड़ एकड़ भूमि दान में एकत्र करने का मन बनाया, ताकि प्रत्येक भूमिहीन को एक एकड़ भूमि दी जा सके। उन्होंने भू-स्वामियों से कहा कि प्रत्येक अपनी भूमि का छठा भाग भूदान आन्दोलन में दान दें। क्योंकि भारत में 1951 में लगभग 30 करोड़ एकड़ भूमि कृषि योग्य थी, इसलिए पाँच करोड़ एकड़ वांछित भूमि का लक्ष्य पूरा हो जाता। इसके पश्चात दान में प्राप्त इस भूमि को भूदान कार्यकर्ताओं की देख रेख में भूमिहीन कृषकों में वितरित किया जाना था। यह आन्दोलन प्रारम्भ में अच्छा चला क्योंकि (1952 से 1954) तीन वर्षों में ही 0.3 करोड़ एकड़ भूमि भूदान में प्राप्त हो गई। फिर यह आन्दोलन धीमा पड़ गया। यह देखा गया कि दान की गई भूमि का अधिकतर भाग चट्टानी, बंजर, कृषि की दृष्टि से कम उपजाऊ या मुकदमे बाजी या विवादग्रस्त था। फिर, भूमि के वितरण में अनेक समस्याएं उठ खड़ी हुई। मई 1955 तक प्राप्त कुल 3.75 मिलियन एकड़ भूमि में से लगभग 0.2 मिलियन एकड़ भूमि का ही पुनर्वितरण हो सका। जिला और तालुका स्तर के नेता लोग हतोत्साहित थे। वे भूदान से सम्बद्ध इसलिए हुए थे ताकि उनके अनुयायियों की संख्या बढ़ सके या मजबूत हो सके। विनोबा जी ने इन प्रयत्नों का विरोध किया। उनका निवेदन उन सभी धनी

और बड़े भूस्वामियों से था जो अपने स्वार्थों के लिए सभी प्रकार के भूमि सुधारों का विरोध करते थे। अतः चकबंदी की तरह भूदान भी असफल हो गया।

हरित क्रान्ति (Green Revolution)

हरित क्रान्ति, जिसका उद्देश्य कृषि उत्पादन में वृद्धि करना था, लगभग 1966 में लाई गई। उच्च कोटि का उत्पादन देने वाले गेहूं, धान, मक्का, ज्वार और बाजरा की उन्नत किस्मों का प्रारम्भ बड़े भू-स्वामियों के लिए लाभप्रद सिद्ध हुआ जबकि छोटे भू-स्वामियों के लिए कम। ऐसा इसलिए था क्योंकि इसके लिए पानी की अच्छी आपूर्ति, कीमती खाद, उन्नत किस्म के बीज, कीटनाशक और मशीनों के प्रयोग की आवश्यकता थी। यह सब केवल धनी किसान ही वहन कर सकते थे। पी.सी.जोशी (1974: 33) के अनुसार पंजाब, हरियाणा और कुछ अन्य क्षेत्रों में यह प्रवृत्ति बनी कि छोटे भूस्वामियों ने बड़े भू स्वामियों को भूमि किराए पर देना शुरू कर दिया जिनको अपनी मशीनों से अधिक लाभ लेने के लिए अधिक भूमि की आवश्यकता थी। एक ओर इससे धनी भूस्वामी अधिक धनी हो गए और दूसरी ओर इससे भूमिहीन मजदूरों की संख्या में वृद्धि हुई जिनमें से अधिकतर निम्न जाति के या अस्पृश्य हैं।

आजादी से पूर्व यद्यपि लगभग 70 प्रतिशत ग्रामीण जनसंख्या कृषि में लगी थी फिर भी कृषि उत्पादन इतना कम था कि हम अपनी खाद्य आपूर्ति के लिए विदेशों पर निर्भर थे। निम्न खाद्य उत्पादन, भूराजस्व एकत्र करने की ब्रिटिश नीति, कृषि में आधुनिक प्रौद्योगिकी के प्रयोग की कमी, छोटे भूस्वामियों को ऋण सुविधा की कमी, जमींदारों और जागीरदारों द्वारा छोटे कृषकों के शोषण तथा कृषकों में फसलों के नये नमूनों से उगाने की विधि को न अपनाने के कारण था। भू-राजस्व की ब्रिटिश नीति का परिणाम यह हुआ कि अनेक कृषक जो कर चुकाने में असमर्थ थे या तो उन्हें अपनी भूमि को गिरवीं रखना पड़ा या बेचना पड़ा या फिर सहायता के लिए महाजन के पास ही जाना पड़ा। इस कारण से भूमिहीन किसानों और मजदूरों का अनुपात 1891 में ग्रामीण जनसंख्या के 13 प्रतिशत से बढ़कर 1961 में 38 प्रतिशत हो गया (Patel : 1952)। 1950 के दशक में जब देश की जनसंख्या 0.67 प्रतिशत प्रति वर्ष की दर से बढ़ रही थी, तब कृषि उत्पादन की दर 0.5 प्रतिशत ही थी। आज़ादी के बाद प्रारम्भ किए गए भूमि सुधारों से भूमि बड़े भूस्वामियों के हाथों में और अधिक मात्रा में सिमट गई। भूमि सुधारों का सिद्धान्त था "जमीन काश्तकार के लिए"। बड़े भूस्वामियों ने, जिन्हें ऐसे कानूनों का पूर्वानुमान था, इस कानून के क्रियान्वयन से पूर्व ही अपनी भूमि आसामियों से खाली करा ली थी। अनेक आसामियों ने डर के मारे भूमि के अधिकार उनके स्वामियों को सौंप दिए थे। उसके बाद बड़े भू-स्वामियों ने थोड़े समय के लिए या मौसमी आसामियों को भूमि किराए पर दे दी या आकस्मिक श्रमिकों की सहायता से स्वयं काश्त प्रारम्भ कर दी। 1953-54 तक ऊपर के 10 प्रतिशत भूस्वामी आधी से अधिक भूमि के मालिक बन बैठे, 47 प्रतिशत से कम के पास प्रति परिवार एक एकड़ से कम भूमि रह गई, और 23 प्रतिशत भूमिहीन रह गए। कृषि उत्पादन जो 1951-52 में तीन प्रतिशत की दर से बढ़ रहा था 1994-95 में छः प्रतिशत बढ़ा, 1996-97 में दस प्रतिशत बढ़ा, लेकिन 1998-99 में छः प्रतिशत से घट गया (*India Today*, March 8, 1999 : 18-19)। यह अनुमान है कि उन्नत प्रौद्योगिकी से उन्नत उत्पादन के प्रयोग से ऊपर के 10

प्रतिशत भू-स्वामी भारत की शहरी व अन्य गैर-कृषि आधारित जनसंख्या के लिए काफी अन्न उत्पन्न करते रहे। इसका अर्थ यह हुआ कि लगभग 4.8 करोड़ काश्तकार परिवार भूमि से बेदखल हो गए। यह गलत धारणा है। कृषि का वाणिज्यीकरण और गत तीन दशकों की हरित क्रान्ति से न तो कृषकों पर कुप्रभाव पड़ सका और न ही गांवों को संरक्षण (patronage) प्रथा के प्रहारों से मुक्ति मिल सकी।

नियोजित ग्रामीण विकास (Planned Rural Development)

ग्रामीण जीवन को दो प्रकार की नीतियाँ प्रभावित करती हैं : (i) उत्पादन-परक क्रियाएं जिनका उद्देश्य उत्पादन और सेवाएँ प्रदान करना हो; उदाहरणार्थ, सब्सिडी प्राप्त खादें, सिंचाई व ऋण उपलब्ध कराना, ग्रामीण उद्योगों का पता लगाना, आदि। (ii) गैर-उत्पादन क्रियाएँ जिनका उद्देश्य जीवन स्तर उठाना हो। प्रथम प्रकार की क्रियाएं ग्रामीण विकास उपाय कहलाते हैं। ये क्रियाएं या तो समस्त समुदाय को प्रभावित करतीं हैं या समुदाय के किसी विशेष वर्ग को। प्रथम प्रकार की क्रियाओं के उदाहरण हैं : सामुदायिक विकास योजनाएँ (1952), पंचायती राज (1962), भूमि सुधार (1950), गरीबी हटाओ कार्यक्रम जैसे एकीकृत ग्रामीण विकास कार्यक्रम (1978) आदि, जबकि दूसरे प्रकार की क्रियाएँ हैं, जनजातीय विकास कार्यक्रम (1959), सूखाग्रस्त क्षेत्र कार्यक्रम (1979), रेगिस्तान विकास कार्यक्रम (1977), काम के लिए भोजन कार्यक्रम (1977), राष्ट्रीय ग्रामीण रोजगार कार्यक्रम (1980), ट्राइसेम (TRYCEM), आदि (Deep Sagar, "Rural Development Policies of India" *Indian Journal of Public Administration*, April-June, 1990 : 251-261)। कुछ कार्यक्रम सम्पत्ति (उत्पादन बढ़ाने सहित) बढ़ाने के उद्देश्य से और लोगों को आर्थिक सहायता पहुँचाने के उद्देश्य से थे, जैसे आई.आर.डी.पी न्यूनतम कृषि मजदूरी, ग्रामीण रोजगार कार्यक्रम, आदि जबकि अन्य कार्यक्रमों का उद्देश्य लोगों का सामाजिक उत्थान था, जैसे, जमींदारी उन्मूलन, भूमि सुधार, पंचायती राज, ट्राइसेम, आदि। कुछ कार्यक्रम वास्तव में गरीबी उन्मूलन के लिए थे (जैसे एन.आर.ई.पी का स्वयं रोजगार कार्यक्रम, डी.पी.ए.पी (DPAP), ट्राइसेम का प्रशिक्षण कार्यक्रम, आदि), जबकि कुछ कार्यक्रम राजनीति से अधिक प्रेरित थे, जैसे गरीबी हटाओ और बीस सूत्रीय कार्यक्रम। लेकिन सामुदायिक भागीदारी, सामाजिक बुराइयों को दूर करना, तथा जीवन की गुणवत्ता को सुधारने जैसे मूल उद्देश्यों को अभी भी प्राप्त करना शेष है।

उपाय (The Strategies)

ग्रामीण विकास के लिए तीन उपाय अभी तक किए गए हैं : (1) प्रारम्भ में 1950 के दशक में नीति निर्माताओं ने पूंजी निवेश बढ़ाकर आर्थिक विकास की अधिकता पर बल दिया, यह मानते हुए कि इसके लाभ नीचे तक पहुँचेंगे और ग्रामीण समाज के सभी वर्गों तक प्राप्त होंगे। लेकिन 1970 के दशक में यह अनुभव किया गया कि कृषि विकास के लाभ गरीब ग्रामीणों तक नहीं पहुंचे। (ii) इससे संरचनात्मक सम्प्रदाय (structural school) द्वारा प्रस्तुत दृष्टिकोण का उदय हुआ जिसने यह सुझाव दिया कि सम्पत्ति (assets) का वितरण भूमि सुधारों, सामुदायिक विकास योजनाओं, और सहकारी खेती द्वारा किया जा सकता है।

लेकिन यह भी व्यावहारिक सिद्ध नहीं हुआ। (iii) 1980 के दशक में एक नया विचार आया कि ग्रामीण विकास कार्यक्रमों के द्वारा गरीबी पर प्रहार किया जाये (जैसे IRDP, TRYSEM, NREP, और RLEG जो बाद में JRY कार्यक्रम में विलय हो गया)। गरीबी विरोधी इन कार्यक्रमों के विश्लेषण से पूर्व हम गरीबी उन्मूलन में बीस सूत्रीय कार्यक्रम व पंचवर्षीय योजना की भूमिका का मूल्यांकन करेंगे।

पंचवर्षीय योजनाएँ (Five Year Plans)

1950 में गठित योजना आयोग देश की आवश्यकताओं और संसाधनों को ध्यान में रखते हुए भारत के विकास के लिए पंचवर्षीय योजनाएँ बनाता रहा है। प्रथम योजना 1951 अप्रैल में प्रारम्भ की गई और तृतीय योजना मार्च 1966 में सम्पन्न हुई। इसके बाद तीन एक वर्षीय योजना अप्रैल, 1966 से मार्च, 1969 तक चलीं। चतुर्थ योजना अप्रैल 1969 में प्रारम्भ हुई और नौवीं योजना अप्रैल 1997 में प्रारम्भ हुई (यद्यपि इसको मंत्रिमण्डल की स्वीकृति जनवरी 1999 में प्राप्त हुई)।

प्रथम पंचवर्षीय योजना (1951-56) का उद्देश्य चहुं-तरफा सन्तुलित विकास करना था और इसमें कृषि तथा सिंचाई को उच्चतम वरीयता दी गई जिसमें इस उपक्रम में कुल योजना राशि का 44.6 प्रतिशत धन निवेश किया जाना था। यह योजना कृषि आयातों पर देश की निर्भरता कम करने के लिए बनाई गई थी और विदेशी विनिमय को बचाने के उद्देश्य से थी। परन्तु इस योजना में सामाजिक कल्याण कार्यक्रमों के विकास को भी महत्व प्रदान किया गया था। योजना के अन्त में देश की राष्ट्रीय आय में 18 प्रतिशत की वृद्धि हुई और प्रति व्यक्ति आय में 11 प्रतिशत की वृद्धि।

द्वितीय पंचवर्षीय योजना (1956-61) में इस बात पर बल दिया गया कि विकास के लाभ अपेक्षाकृत समाज के कमजोर वर्ग के लोगों को पहुंचने चाहिएँ और आय के केन्द्रीयकरण में क्रमिक कमी आनी चाहिए। लेकिन योजना की कार्यविधि से अपेक्षित आशाएं पूरी नहीं हुईं। लगभग सभी क्षेत्रों में उपलब्धि लक्ष्यों की अपेक्षा कम रही। परिणामतः द्वितीय योजना के मूल्य स्तर में 12.5 प्रतिशत की वृद्धि देखी गई जब कि प्रथम पंचवर्षीय योजना के अन्त में मूल्य सूचकांक 13 प्रतिशत कम देखा गया था।

तृतीय पंचवर्षीय योजना (1961-66) का उद्देश्य आत्म निर्भर विकास की ओर अग्रसर होना था। इसमें पाँच उद्देश्यों की सूची थी : राष्ट्रीय आय में 5 प्रतिशत तक वृद्धि करना, मूल उद्योगों का विकास (जैसे, इस्पात, शक्ति, रसायन), कृषि में आत्म-निर्भरता, मानव शक्ति का विकेन्द्रीयकरण। कृषि को एक बार फिर उच्च प्राथमिकता दी गई और लगभग 35 प्रतिशत धन राशि इसी क्षेत्र को आवंटित की गयी। तृतीय योजना का काम भी द्वितीय योजना की भाँति हतोत्साहित करने वाला था। पाँच वर्षों की अवधि में, राष्ट्रीय आय में 2.6 प्रतिशत की वृद्धि हुई जबकि लक्ष्य 5 प्रतिशत का था। कृषि क्षेत्र में भी उत्पादन को धक्का लगा।

तृतीय योजना के अन्त में अर्थव्यवस्था की इतनी दुर्दशा थी कि चतुर्थ योजना, जो मार्च 1966 में प्रारम्भ होनी थी, छोड़नी पड़ी और इसके स्थान पर तीन वार्षिक योजनाएं बनानी पड़ीं। 1966 और 1969 के बीच तीन वर्ष का समय, जिसको 'योजना अवकाश' कहा

गया, तृतीय योजना में आए दोषों को सुधारने में लगाया गया। तीन पंचवर्षीय योजनाओं का उद्देश्य तृतीय योजना के अपूर्ण कार्यों को पूरा करना था।

चतुर्थ पंचवर्षीय योजना (1969-74) का उद्देश्य था: राष्ट्रीय आय को 5.5 प्रतिशत तक बढ़ाना, आर्थिक स्थिरता उत्पन्न करना, आय वितरण में असमानता को कम करना और समानता के साथ सामाजिक न्याय का उद्देश्य प्राप्त करना। कृषि व उद्योग दोनों क्षेत्रों में साथ-साथ विकास को चतुर्थ योजना में पूर्ण मान्यता प्रदान की गई। लेकिन इस योजना में भी आर्थिक विकास सुनिश्चित न हो सका। न तो इस योजना के अनाज के उत्पादन में आत्म निर्भरता आ सकी और न ही विस्तृत बेरोजगार समस्या के समाधान में रोजगार के अवसर पैदा किए जा सके। मुद्रा स्फीति की स्थिति भी गम्भीर हो गई।

पँचम पंचवर्षीय योजना (1974-79) का मुख्य उद्देश्य गरीबी समाप्त करना और आत्म निर्भरता प्राप्त करना था। योजना का उद्देश्य रोजगार के अवसर बढ़ाना, आत्म निर्भरता, न्यूनतम मजदूरी की नीति बनाना, क्षेत्रीय असन्तुलन समाप्त करना तथा निर्यात को प्रोत्साहन देना था। यह योजना 1979 के बजाय 1978 में जनता दल शासन काल में समाप्त हुई और छठी योजना (Rolling Plan) के रूप में प्रारम्भ हुई। लेकिन 1978 में कांग्रेस पुनः सत्ता मे आई तो पांचवीं योजना की अवधि 1974 से 1979 तक कही गई। पाँचवीं योजना किसी भी क्षेत्र में अपने लक्ष्यों को प्राप्त न कर सकी, सिवाय अन्न उत्पादन में वृद्धि के।

छठी पंचवर्षीय योजना (1980-85) गत तीन दशकों की योजना की कमियों और उपलब्धियों को ध्यान में रख कर बनाई गई थी। इसमें आर्थिक विकास, बेरोजगारी कम करने, आय के वितरण में असमानता दूर करने, प्रौद्योगिकी में आत्म निर्भरता, समाज के कमजोर वर्ग के स्तर को उठाने, सार्वजनिक वितरण प्रणाली में सुधार तथा जनसंख्या वृद्धि में नियंत्रण पर बल दिया गया था। इस योजना ने काफी सफलता प्राप्त की। राष्ट्रीय प्रतिदर्श सर्वेक्षण के अनुसार गरीबी रेखा से नीचे रहने वाले लोगों का अनुपात 1977-78 में 48.3 प्रतिशत से घटकर 1984-85 में 36.9 प्रतिशत रह गया।

सातवीं पंचवर्षीय योजना (1985-90) में कार्य और उत्पादकता में वृद्धि संबंधी तीन प्राथमिकताएं थीं। ठोस उत्पादक रोजगार उत्पन्न करने पर बल देने के साथ ही योजना का उद्देश्य गरीबी कम करना और गरीबों के जीवन की गुणवत्ता में सुधार करना भी था। फिर भी यह योजना भी अपने उद्देश्यों की प्राप्ति में असफल रही। कृषि क्षेत्र में, निर्माण क्षेत्र में, रोजगार बढ़ाने के क्षेत्र में तथा देश को भुगतान स्थिति के सन्तुलन में गम्भीर नुकसान हुआ।

आठवीं पंचवर्षीय योजना (1992-97) जो 1990 में प्रारम्भ होनी थी, वास्तव में अप्रैल 1992 में क्रियान्वित हुई। वर्ष 1990-91 और 1991-192 वार्षिक योजनाएं मानीं गई। यह योजना रोजगार उन्मुख समझी जा रही थी। योजना का आकार पूर्व योजना से दो गुना था लेकिन उसके बाद की सभी योजनाएं आकार में दो गुनी थीं। विकास दर पूर्व की अपेक्षा दोगुनी थी। सत्य यह था कि प्रथम और छठी योजना के अतिरिक्त कोई भी योजना शायद ही लक्ष्य प्राप्त कर सकीं। आठवीं योजना अन्य पूर्व योजनाओं से बिल्कुल भिन्न नहीं थी और न ही इसके परिणाम भिन्न थे।

नवीं पंचवर्षीय योजना जनवरी 1999 में ही मंत्रीमण्डल से स्वीकृत हुई। इसको विकासोन्मुख और महत्वाकांक्षी कहा गया। इस योजना के प्राथमिकता के क्षेत्र हैं : कृषि,

रोजगार, गरीबी, और कृषि के मूलढांचे थे, लेकिन सर्वोच्च प्राथमिकता सिंचाई को दी गई थी। पांच मूल ढाँचागत क्षेत्रों की कार्य कुशलता और उत्पादकता—सिंचाई, शक्ति, खनिज, रेलवे तथा संचार—में भी सुधार की आशा है। इस योजना को निकासी-अभिमुख (delivery oriented) कहा गया है।

पंचवर्षीय योजनाओं का मूल्यांकन (Assessment of Five Year Plans)

यदि हम सभी नौ पंचवर्षीय योजनाओं की जानकारी लें तो पता लगेगा कि योजना के पाँच दशकों में हमारी सभी योजनाएँ किसी न किसी विषय की ओर उन्मुख थीं, कभी कृषि उत्पादन में आत्म निर्भरता, कभी औद्योगिक विकास, आदि। लेकिन गरीबी और बेरोजगारी हमेशा वृद्धि की ओर रहे हैं।

1951 से 50 वर्षों की अवधि में आर्थिक विकास की औसत दर 3 प्रतिशत रही है। यद्यपि यह विश्व के 4 प्रतिशत की तुलना में बुरा नहीं है, तथापि विकासशील देशों के 7 से 10 प्रतिशत की तुलना में कम है। 1951-2000 के बीच हमारी वार्षिक राष्ट्रीय आय 3.5 प्रतिशत की दर से बढ़ी है, कृषि उत्पादन 2.7 प्रतिशत, औद्योगिक उत्पादन 6.1 प्रतिशत और प्रति व्यक्ति आय में 1.1 प्रतिशत की वृद्धि हुई है। यद्यपि सरकार ने दावा किया है कि गरीबी की सीमा रेखा से नीचे के लोगों की संख्या 1999 में 36 प्रतिशत ही थी, लेकिन क्योंकि बेरोजगार लोगों की संख्या में वृद्धि हुई है, अतः हम यह नहीं कर सकते कि गरीबी कम हो गई है। इसमें आश्चर्य नहीं कि आज अधिक लोग कुण्ठा का अनुभव करते हैं और प्रतिवर्ष आन्दोलन बढ़ रहे हैं।

बीस सूत्रीय कार्यक्रम (20 Point Programme)

इस कार्यक्रम को इन्दिरा गान्धी ने गरीबी और आर्थिक शोषण कम करने तथा समाज के कमजोर वर्ग के लोगों के उत्थान के उद्देश्य से जुलाई 1975 में प्रारम्भ किया। इस कार्यक्रम के पाँच महत्त्वपूर्ण उद्देश्य थे : (a) मुद्रा स्फीति नियंत्रण, (b) उत्पादन को प्रोत्साहन देना, (c) ग्रामीण जन कल्याण, (d) शहरी मध्यम वर्ग को सहायता देना, और (e) सामाजिक अपराध नियंत्रण। 20 सूत्रीय कार्यक्रम में सम्मिलित कार्यक्रम थे : सिंचाई सुविधाओं में वृद्धि, अतिरिक्त भूमि का वितरण, भूमिहीन मजदूरों को न्यूनतम मजदूरी, बन्धुआ मजदूरों का पुनर्वास, परिगणित और परिगणित जनजाति का उत्थान, आवास सुविधाओं का विकास, शक्ति उत्पाद में वृद्धि, परिवार नियोजन कार्यक्रम बनाना, वृक्षारोपण, प्राथमिक स्वास्थ्य सुविधाओं का विस्तार, स्त्रियों और बच्चों के कल्याण के लिए कार्यक्रम, प्राथमिक शिक्षा में वृद्धि, वितरण प्रणाली को मजबूत करना, औद्योगिक नीतियों का सरलीकरण, काले धन का नियंत्रण, पीने के पानी की सुविधाओं को बेहतर बनाना, और आन्तरिक संसाधनों का विकास करना।

20 सूत्रीय कार्यक्रम सत्ता परिवर्तन से कम होता गया जब जनता दल सरकार सत्ता में आई, यद्यपि जनवरी 1982 में यह कार्यक्रम नये स्वरूप में फिर से लागू किया गया। अन्य वस्तुओं में इस पुनरीक्षित कार्यक्रम में ग्रामीण विकास की तीव्र गति और ग्रामीण गरीबी पर

सीधा प्रहार सम्मिलित था; इसके साथ-साथ परिगणित जाति और परिगणित जनजाति का उत्थान भी सम्मिलित था।

छठी योजना अवधि (1980-85) से प्राप्त अनुभवों के प्रकाश में 20 सूत्रीय कार्यक्रम अगस्त 1986 में पुनरीक्षित एवं सीमित किया गया। इस पुनर्निमित कार्यक्रम का उद्देश्य था गरीबी हटाना, उत्पादकता में वृद्धि करना, आय असमानता, सामाजिक और आर्थिक असमानताएं कम करना, और जीवन की गुणवत्ता में वृद्धि करना। 1986 के पुनर्निर्मित 20 सूत्रीय कार्यक्रम में निम्नलिखित वायदे सम्मिलित हैं : ग्रामीण गरीबी पर प्रहार, वर्षा सिंचित कृषि के लिए कार्य योजना, सिंचाई के पानी का बेहतर प्रयोग, बड़ी फसलें, भूमि सुधारों का क्रियान्वयन, ग्रामीण श्रम के लिए विशेष कार्यक्रम, स्वच्छ पीने का पानी, सभी के लिए स्वास्थ्य, दो बच्चों का सिद्धान्त, शिक्षा का विस्तार, परिगणित जाति व परिगणित जनजाति के लिए न्याय, स्त्रियों के लिए समानता, युवाओं के लिए नवीन अवसर, लोगों के लिए घर, झुग्गी बस्तियों में सुधार, वानिकी (forestry) के लिए नयी कार्ययोजना, वातावरण संरक्षण, उपभोक्ता के लिए चिन्ता, गाँवों के लिए ऊर्जा, और उत्तरदायी प्रशासन।

यह तथ्य कि शहरी और ग्रामीण लोग अधिक असन्तुष्ट हैं और आज वे अधिक कुण्ठा का अनुभव कर रहे हैं, इस ओर संकेत करता है कि 20 सूत्रीय कार्यक्रम अपनी वचनबद्धता में असफल रहा है।

राज्य के निर्धनता कम करने के लिए कार्यक्रम (State Poverty Alleviation Programmes)

निर्धनता उन्मूलन के लिए अनेक कार्यक्रम ग्रामीण निर्धनों तथा छोटे और सीमान्त किसानों, भूमिहीन मजदूरों, तथा ग्रामीण शिल्पियों के लिए सरकार द्वारा प्रारम्भ किए गये हैं। सम्प्रति महत्वपूर्ण कार्यों में से चल रहे कार्यक्रम हैं : आई.आर.डी.पी (IRDP) (सहायता राशि/ऋण स्व रोजगार तथा सिंचाई के लिए, पशु पालन आदि समर्थक भूमि आधारित कार्य) ट्राइसेम (स्व-रोजगार के लिए ग्रामीण युवाओं को कुशलताओं में प्रशिक्षित करना), जवाहर रोजगार योजना (ग्रामीण बेरोजगारों तथा कम बेरोजगारों के लिए लाभप्रद अतिरिक्त रोजगार पैदा करना तथा एक गरीब परिवार में कम से कम एक सदस्य को एक वर्ष में 50 से 100 दिन रोजगार प्रदान करना, एन.आर.ई.पी (NREP) (ढीले मौसम में दिहाड़ी रोजगार), आर.एल.ई.जी.पी (RLEGP) (प्रत्येक भूमिहीन परिवार को 80 से 100 दिन का दिहाड़ी रोजगार), और डी.डी.पी (DDP) (ठण्डे और गर्म रेगिस्तानों के क्षेत्र विकास)।

एकीकृत ग्रामीण कार्यक्रम (IRDP)

एकीकृत ग्रामीण विकास कार्यक्रम गरीबी उन्मूलन के लिए सरकार का एक प्रमुख साधन है। इसका उद्देश्य प्राथमिक क्षेत्र में परिवारों को कृषि, फलोद्यान और पशु पालन जैसे स्वरोजगार उपक्रमों में लगाकर गरीबी रेखा से ऊपर उठाना, द्वितीय क्षेत्र में कपड़ा बुनना तथा हस्तकला का विकास, और तृतीय क्षेत्र में नौकरी व व्यापार प्राप्त करने योग्य बनाना था। आई.आर.डी.पी का उद्देश्य है निश्चित समय सीमा और निवेश में न्यूनतम तय किए गए

परिवारों को गरीबी की रेखा पार कराना। इस प्रकार इसमें सम्मिलित तीन चर (variables) इस प्रकार हैं : (a) गरीब घरों की संख्या, (b) निवेश के लिए उपलब्ध संसाधन, और (c) समय अवधि जिसमें निवेशित पूंजी आय देने लगेगी जो परिवार को गरीबी रेखा पार करने योग्य बना देगी।

आई.आर.डी.पी कार्यक्रम केन्द्र सरकार के द्वारा 20 चयनित ज़िलों में मार्च 1976 में प्रारम्भ किया गया लेकिन अक्टूबर 1982 से यह कार्यक्रम देश के सभी जिलों में विस्तृत कर दिया गया। यह कार्यक्रम परिवार को विकास की एक इकाई मानता है। इस कार्यक्रम के कार्यात्मक पक्ष का इस तथ्य से अनुमान लगाया जा सकता है कि 80 लाख से ऊपर परिवार 1993-94 और 1997-98 के बीच पांच वर्षों में आर्थिक दशा सुधारने हेतु सहायता प्राप्त कर चुके थे।

आई.आर.डी.पी की कार्यप्रणाली के क्रियान्वयन के लिए अनेक संस्थाओं ने अध्ययन किया है। उन्होंने कार्यक्रम के क्रियान्वयन में अनेक दोषों की ओर संकेत किया है। किसी भी संस्था में कार्यक्रम की उपयोगिकता पर प्रश्न चिन्ह नहीं लगाया है।

इस योजना के विरुद्ध मुख्य आलोचनाएँ इस प्रकार हैं :

(1) कार्यक्रम में कई दोष हैं और आई.आर.डी.पी के अन्तर्गत गठित सभी लाभ गरीबों के लिए नहीं हैं। इसके तीन प्रमुख कारण हैं : (a) गरीब लोग रिश्वत नहीं दे सकते, जटिल कागजात नहीं भर सकते, गाँव के मुखिया को प्रभावित नहीं कर सकते और अपने लिए जमानत का प्रबन्ध नहीं कर सकते; (b) बैंक अधिकारी गरीब ऋण लेने वालों के प्रति उदासीनता का व्यवहार करते हैं। उनका विश्वास है—सही या गलत—कि गरीबों को ऋण देना जोखिम भरा है क्योंकि ऋण वसूली ग्रामीण बैंक की किसी खास शाखा के कार्य का द्योतक माना जाता है, और (c) गरीब स्वयं भी ऐसे कार्यक्रमों में कम रुचि लेते हैं क्योंकि उन्हें डर रहता है कि कहीं उन्हें ठगा तो नहीं जा रहा या फिर ऋण न चुका पाएँ। (2) ऋण कार्यक्रम के क्रियान्वयन में अत्यधिक भ्रष्टाचार, दुरूपयोग और अव्यवस्थाएँ हैं। ऋण योजना के दिशा निर्देशों में थोड़ा हेर फेर करके ऋण गलत आवंटित कर दिया जाता है क्योंकि (a) दिशा निर्देशों में स्पष्ट है कि ऋणों के स्वच्छ आवंटन के लिए लाभार्थियों के लाभ के लिए ग्राम सभा की बैठकें (गाँव की सभा) आयोजित की जानी चाहिए लेकिन व्यवहार में ऐसा होता नहीं क्योंकि गाँव के मुखिया और ग्राम सेवक गाँववासियों और प्रशासन के बीच मध्यस्थ का काम करते हैं; (b) ऋण प्राप्त करने में रिश्वत ही आधार होती है; और (c) घर घर का सर्वेक्षण, जिस पर योग्य (eligible) परिवारों की सूची आधारित मानी जाती है, पाँच वर्षों में केवल एक ही बार किया जाता है। (3) कार्यक्रम परिवार-आधारित है और क्षेत्र के संसाधनों पर आधारित या विकास आवश्कयताओं के साथ सम्बद्ध नहीं है। इस प्रकार आई.आर.डी.पी ऋण न तो लाभार्थियों के जीवन स्तर को उठाता है और न ही गरीबों को गरीबी के रेखा से ऊपर उठाकर ग्रामीण निर्धनता पर कोई प्रभाव डालता है। कर्नाटक, उत्तर-प्रदेश, पश्चिम बंगाल, गुजरात, राजस्थान में अनेक जिलों के अध्ययन से यह तथ्य सामने आया है। गरीबी पर विश्व बैंक योजना के अन्तर्गत राजस्थान में सात जिलों में 1996 में एक अध्ययन किया गया था। अप्रैल 1997 में प्रत्येक जिले के द्वारा अलग-अलग रिपोर्ट प्रस्तुत की गई थी। अन्य तीन राज्यों—पश्चिम बंगाल, आन्ध्रप्रदेश और मध्यप्रदेश—में भी

इसी प्रकार के अध्ययन किए गए थे।

इसका अर्थ यह नहीं है कि सरकार के गरीबी उन्मूलन कार्यक्रम समाप्त कर दिए जायें। सरकार अपने उत्तरदायित्व से मुंह नहीं फेर सकती। इसे तो केवल रोजगार पैदा करने के कार्यक्रमों को लागू करना और मौजूदा योजनाओं का वास्तविक लाभ, वंचित समूहों तक पहुंचाने के उद्देश्य से भ्रष्टाचार मिटाना है।

ग्रामीण युवकों को स्व रोजगार के लिए प्रशिक्षण संबंधी कार्यक्रम (TRYSEM)

स्व-रोजगार के लिए ग्रामीण युवाओं को प्रशिक्षित करने की योजना 15 अगस्त 1979 में कृषि, उद्योग और व्यापार क्रियाकलापों के क्षेत्रों में प्रारम्भ की गयी थी। केवल 18-35 आयु वर्ग के गरीबी रेखा से नीचे रहने वाले परिवारों से सम्बद्ध युवा इस प्रशिक्षण के लिए योग्य हैं। इसमें अनुसूचित जाति एवं अनुसूचित जनजाति के लोगों, भूत पूर्व सैनिकों और नवीं कक्षा पास लोगों को चयन में प्राथमिकता दी जाती है। एक तिहाई स्थान स्त्रियों के लिए सुरक्षित रखे जाते हैं। प्रशिक्षुओं के लिए वजीफा राशि 75 रुपये से 200 रुपये प्रतिमाह के बीच होती है। प्रशिक्षण सम्पन्न होने पर ट्राइसेम लाभार्थियों को आई.आर.डी.पी के अन्तर्गत सहायता दी जाती है। 1992-93 और 1995-96 के मध्य चार वर्षों में दो लाख युवा प्रतिवर्ष प्रशिक्षित किए गए जिनमें से 45 प्रतिशत स्व रोजगार में लग गए और 30 प्रतिशत दिहाड़ी पर रोजगार में लगे रहे (Economic and Political Weekly, 1995)। 1996-97 से 1999-2000 तक चार वर्षों में भी दो लाख से कुछ कम युवाओं को प्रशिक्षित किया गया है। इस कार्यक्रम के प्रमुख आलोचना बिन्दु इस प्रकार हैं : (i) आवश्यकता के अनुसार इसका प्रसार कम है; (ii) प्रदत्त कुशलता ग्रामीण औद्योगिकरण प्रक्रिया से जुड़ी हुई नहीं है। प्रशिक्षण अस्थाई तौर पर दिया जाता है और प्रदत्त कुशलता निम्न स्तर की होती है; और (iii) वजीफे की राशि प्रशिक्षण पर जाने वाले युवाओं को प्रेरित करने के लिए अपर्याप्त है।

राष्ट्रीय ग्रामीण रोजगार कार्यक्रम (NREP)

यह कार्यक्रम अतिरिक्त खाद्यान्न की सहायता से ग्रामीण क्षेत्रों में अतिरिक्त रोजगार अवसर पैदा करने के लिये नियोजित किया गया था। प्रारम्भ में इस कार्यक्रम को भोजन के लिए कार्य योजना (FWP) कहा गया था। यह योजना 1976-77 के अन्त में बनाई गई थी, लेकिन वास्तव में अप्रैल 1, 1977 को यह प्रभावी हुई। इस योजना के अन्तर्गत लाखों टन खाद्यान्न के उपभोग के द्वारा प्रतिवर्ष लाखों रोजगार के मानव दिवस (mandays) बनाए गए थे। खाद्यान्न संरक्षण, विद्यमान सड़कों का रख रखाव, नयी लिंक सड़कों का निर्माण, सिंचाई सुविधाओं का सुधार, पंचायत घरों, स्कूल भवनों, स्वास्थ्य केन्द्रों का निर्माण तथा ग्रामीण क्षेत्रों में सफाई दशाओं में सुधार, आदि इसके अन्तर्गत शुरू किए गए। इस कार्यक्रम में कुछ कमियों के कारण इसका (FWP) अक्टूबर 1980 में पुनर्निर्माण किया गया था और छठी योजना (1980-85) का हिस्सा मानते हुए इसका नाम एन.आर.ई.पी दिया गया। इसका उद्देश्य उन ग्रामीण गरीबों की चिन्ता करना था जो अधिकतर मजदूरी पर निर्भर होते हैं और जिनके पास कृषि की कमजोर अवधि में जीविका का कोई साधन नहीं होता। इस कार्यक्रम के

क्रियान्वयन में इन प्रमुख बिन्दुओं पर बल दिया गया था : (1) 10 प्रतिशत आवंटन केवल हरिजन बस्तियों में कुए बनाने और हरिजन क्षेत्रों में सामुदायिक सिंचाई योजनाओं के लिए निश्चित किया गया था। इसी प्रकार 10 प्रतिशत सामाजिक वानिकी और वृक्षारोपण के लिए निर्धारित किया गया था। (2) केवल ऐसे कार्य इसके अन्तर्गत लिए गए जिनमें कुछ टिकाऊपन हो। (3) धनराशि का आवंटन अर्न्तराज्यीय और अन्तर्जनपद स्तर पर किया गया था। केन्द्र सरकार एन.आर.ई.पी में से राज्य का हिस्सा प्रति तीन माह में नकद भुगतान करती थी। (4) कार्यक्रम के अन्तर्गत निर्मित परिसम्पत्ति का रख रखाव राज्य सरकार की जिम्मेदारी थी। (5) पंचायत राज संस्थाएं इस कार्यक्रम में सक्रिय रूप से सम्मिलित की गयीं। अब यह कार्यक्रम जवाहर रोज़गार योजना (JRY) में विलय कर दिया गया है।

ग्रामीण भूमिहीन रोजगार प्रत्याभूत कार्यक्रम (The Rural Landless Employment Guarantee Programme)

इस प्रोग्राम का उद्देश्य सार्वजनिक कार्यों में लगे गरीबों को 3 रुपये प्रतिदिन की दर पर पूरक रोजगार उपलब्ध कराना था। महाराष्ट्र ऐसा राज्य था जिसने ग्रामीण क्षेत्रों में बेरोजगार के लिए, भूमि राजस्व, बिक्री कर, मोटर वाहनों, सिंचित भूमि तथा पेशों पर रोजगार प्रत्याभूत योजना (EGS) सरचार्ज या वसूली लगाकर इस योजना का प्रयोग किया था। इस प्रकार संग्रहीत धनराशि तथा राज्य सरकार से प्राप्त ऐसे ही योगदान से रोजगार कार्यों को प्रारम्भ करने के लिए ई.ज़ी.एस (EGS के साथ ही) जवाहर रोज़गार योजना में विलय कर दिया गया है।

जवाहर रोजगार योजना

इस कार्यक्रम की घोषणा अप्रैल 1989 में की गई थी। इस योजना के अन्तर्गत यह अपेक्षा की जाती है कि प्रत्येक परिवार के कम से कम एक सदस्य को उसके निवास स्थान के निकट प्रति वर्ष 50 से 100 दिन के लिए रोजगार उपलब्ध कराया जायेगा। इस योजना के अन्तर्गत कम से कम 30 प्रतिशत कार्य महिलाओं के लिए सुरक्षित हैं। दोनों ही ग्रामीण मजदूरी रोजगार कार्यक्रम (आर.ई.पी और आर.एल.ई.ज़ी.पी) इसी योजना में मिला दिये गए। केन्द्र से इस योजना को 80 प्रतिशत सहायता दी जाती है। ग्राम पंचायतों के माध्यम से यह योजना क्रियान्वित होती है। केन्द्र सरकार का दावा है कि रोजगार 3121.23 मिलियन मानव दिवस (Mandary) सृजित किए गए थे। यह कार्य दिवस जवाहर रोजगार योजना के अन्तर्गत 13,248 करोड़ की योजना राशि पर 1992-93 और 1995-96 के बीच विभिन्न राज्यों में सृजित किए गए (*Rajasthan Patrika*, June 16, 1966) इस योजना के अन्तर्गत जनसंख्या के 46 प्रतिशत लोग आते हैं।

अन्त्योदय कार्यक्रम (Antyodaya Programme)

'अन्त्योदय' का अर्थ है अन्तिम छोर के लोगों का उत्थान (उदय), अर्थात गरीबों में भी गरीब लोग। यह कार्यक्रम राजस्थान सरकार द्वारा गरीबी रेखा से नीचे के लोगों की सहायतार्थ 2

अक्टूबर 1977 में चलाया गया था। विचार यह था कि प्रतिवर्ष प्रति गाँव से पाँच सबसे गरीब परिवार चयन किए जायें (27,000 आवासी गांवों से) और उनकी आर्थिक भलाई में मदद की जाये। प्रारम्भ में राज्य के विभिन्न पर्यावरण क्षेत्रों (ecological regions) में स्थित 25 गांवों में दैव सर्वेक्षण (random survey) से किया गया और ऋणग्रस्तता के, निर्भरता अनुपात, भूमि की भौतिक परिसम्पत्ति, पशुधन, व्यवसाय, शैक्षिकस्तर, आय और परिवार के आकार के सन्दर्भ में एक एक परिवार के विषय में सूचना एकत्र की गई। उसके बाद अन्त्योदय की विस्तृत योजना बनाई गई। प्राथमिकता के क्रम में गरीब परिवारों के चयन के लिए आर्थिक आधार इस प्रकार निश्चित किए गए : (1) वे परिवार जो नितान्त अभाव में बिना उत्पादक सम्पत्ति के रहते हों और जिनमें 15 से 59 आयु समूह के कोई भी सदस्य आर्थिक क्रिया कलाप करने के योग्य न हो, (2) वे परिवार जिनके पास कोई भी भूमि या पशु जैसी सम्पत्ति न हो लेकिन जिसका कम से कम एक सदस्य काम करने योग्य हो और उस परिवार की प्रति व्यक्ति आय 20 रुपये प्रति माह तक हो, (3) वे परिवार जिनके पास कुछ उत्पादक परिसम्पत्ति हो और प्रति व्यक्ति आय 30 रुपये प्रति माह हो, और (4) वे परिवार जिनकी प्रति व्यक्ति आय 40 रुपये प्रति माह हो।

ऐसे परिवारों की पहचान करने का काम ग्राम सभा को सौंपा गया। इस योजना के अन्तर्गत खेती करने के लिए भूमि आवंटन, मासिक पेंशन, बैंक से ऋण तथा नौकरी ढूंढने में सहायता के द्वारा किया गया। प्रत्येक चयनित परिवार को 30-40 रुपये प्रतिमाह पेंशन दी गई। बैल गाड़ी, पशुधन (भैंसे, गाय, बकरी और सुअर आदि खरीदने के लिए) टोकरी निर्माण, बढ़ई के औजार खरीदने के लिए, दर्जी की दुकान खोलने के लिए, चाय, नाई या पंसारी तथा साबुन व निवाड़ बनाने के कार्यों के लिए बैंक से ऋण उपलब्ध कराया गया।

जिला स्तर पर अन्त्योदय योजना का प्रशासन कलेक्टर तथा राज्य स्तर पर कृषि विभाग को सौंपा गया। इस योजना के अन्तर्गत राजस्थान सरकार की योजना पाँच वर्षों में (1978 से 1982 तक) लगभग छः लाख परिवारों की सहायता करने की थी। स्वीकृत धनराशि की लगभग एक तिहाई पेंशन के रूप में दिया जाना था, लगभग दो तिहाई ऋण के रूप में और 4 प्रतिशत खादी बोर्ड के माध्यम से (ऋण और सहयोग राशि) के रूप में दी जानी थी। इस योजना के अन्तर्गत तीन वर्षों की अवधि में (1978 से 1980 तक लगभग ढाई लाख चिन्हित परिवारों में से 83 प्रतिशत को सहायता दी गई। चयनित परिवारों में से 22 प्रतिशत को भूमि आवंटित की गई, 40 प्रतिशत को ऋण, 22 प्रतिशत को सामाजिक संरक्षण लाभ, और 8 प्रतिशत को रोजगार और अन्य लाभ उपलब्ध कराए गए (Mehta, 1953 :347)। राजस्थान सरकार ने 1981 में इस कार्यक्रम को पुनर्जीवित किया। इसने तीन वर्षों की अवधि में प्रत्येक ब्लाक से गरीबी रेखा से नीचे के लगभग 1800 परिवारों को लाभ पहुँचाया गया। भूमि आवंटन और सामाजिक सुरक्षा लाभ सहायता राशि से अलग रखे गए।

राजस्थान सरकार के कदमों पर चलते हुए उत्तर प्रदेश और हिमाचल प्रदेश ने भी इसी प्रकार के कार्यक्रम 1980 में चलाए। लेकिन राज्य में राजनीतिक परिवर्तनों ने इस कार्यक्रम को प्रभावित किया। अब कहा जा सकता है कि यह कार्यक्रम कम या ज्यादा असफल ही रहा है। परिवारों के चयन में पक्षपात, अधिकारियों में सहयोग की कमी, ऋण अदायगी में देर, तथा कार्य-पश्चात देख रेख में उपेक्षा इसकी असफलता के कारण रहे। राजस्थान सरकार

ने सितम्बर 1990 से राज्य में फिर से इस योजना को लागू किया है परन्तु वर्तमान में यह अधिक प्रचलित नहीं है। (2000 में)

गरीबी हटाओ और बेकारी हटाओ कार्यक्रम
(Garibi Hatao and Bekari Hatao Programmes)

'गरीबी हटाओ' का नारा इन्दिरा गान्धी द्वारा मार्च 1971 में राष्ट्रीय चुनावों के दौरान दिया गया था जबकि 'बेकारी हटाओ' का नारा अखिल भारतीय कांग्रेस समिति द्वारा अपने राष्ट्रीय अधिवेशन में अप्रैल 1988 में। वास्तव में कांग्रेस तो 1950 के दशक से ही 'समाजवाद' की बात करती रही है। कांग्रेस ने आवड़ी अधिवेशन 1955, भुवनेश्वर अधिवेशन 1964, और कामराजनगर अधिवेशन अप्रैल 1988 में 'समाजवाद' को अपना प्रमुख लक्ष्य घोषित किया था। लेकिन इस लक्ष्य को प्राप्त करने में कांग्रेस कहां तक सफल रही यह इस तथ्य से संकेत मिलता है कि हमारे देश में दस लाख लोग भीख मांग कर जीवित हैं, लगभग 50 हजार लोग दान किए हुए रक्त से जीवत हैं और करोड़ों लोगों की आय 500 रुपये प्रति माह से भी कम है।

गरीबी-विरोधी कार्यक्रम का आलोचनात्मक मूल्यांकन
(Critical Evaluation of the Anti-Poverty Programmes)

विशेषज्ञों और शिक्षाविदों द्वारा किए गए विविध अध्ययनों ने दर्शाया है कि कोई भी कार्यक्रम ग्रामीण गरीबी के स्तर को गिराने में सफल नहीं हुआ है। ग्रामीणों का एक बड़ा भाग मूल आवश्यकताओं के अभाव में जीवित है। कार्यक्रमों के क्रियान्वयन में निहित दोष असम्बोधित पड़े हैं। सबसे **पहले** नीतियां राजनीतिज्ञों और नौकरशाहों की सुविधा के विचार से दिग्दर्शित हैं, बजाय ग्रामीणों की आवश्यकताओं और सतही यथार्थ से। परिणामतः ग्रामीण अर्थतन्त्र की दिशाएं उपेक्षित ही रह जाती हैं। **दूसरे**, क्योंकि प्रत्येक कार्यक्रम आगामी चुनाव को ध्यान में रख कर प्रारम्भ किए जाते हैं, अतः कार्यक्रम टुकड़ों में चलता है और कई कार्यक्रम तो कुछ समय बाद समाप्त ही हो जाते हैं। **तीसरे**, कार्यक्रम इस प्रकार बनाए जाते हैं कि बिना उनके विशिष्ट व्यवसायिक प्रतिरूप (unique vocational patterns) और स्थानीय आवश्यकताओं को ध्यान में रखे वे ग्रामीण अर्थव्यस्था पर थोप दिए जाते हैं। परिणामस्वरूप, सृजित सम्पत्ति (assets created) टिकाऊ नहीं होते हैं। **चौथे**, कार्यक्रम कृषि क्षेत्र पर अधिक केन्द्रित हैं। ग्रामीण औद्योगीकरण पर वांच्छित ध्यान नहीं दिया जा रहा है। **पाँचवें**, इसके बावजूद भी कि सरकार ने कृषि उत्पादन और उत्पादकता, सामाजिक और आर्थिक असमानताओं को दूर करने और, आय असमानताओं को कम करने को सर्वोच्च प्राथमिकता प्रदान की है, इन योजनाओं के लाभ देश के सबसे गरीब वर्ग तक नहीं पहुँचे हैं। जल संसाधन, ऋण सुविधा, राज्य सहायक राशि (subsidy) और अन्य सुविधाएँ कतिपय बड़े किसानों द्वारा हड़प ली जाती हैं तथा मध्यम व गरीब किसानों को वस्तुएँ ऊंचे मूल्य पर खरीदने पड़ते हैं। **छठे**, विविध कार्यक्रमों के बीच कोई सामंजस्य नहीं है। विविध रोजगार कार्यक्रमों के जवाहर योजना में विलय के बाद भी सरकार अभी तक पंचायतों को समय पर कोष उपलब्ध नहीं करा पाती। **सातवें**, इन कार्यक्रमों से सम्बद्ध अधिकारी सरकार द्वारा रखे

गए लक्ष्यों में अधिक विश्वास करते नहीं दिखाई देते; फलस्वरूप वे अपनी भूमिका निर्वाह के प्रति प्रतिबद्ध नहीं हैं। अत: वे या तो लोगों में इन कार्यक्रमों के प्रति जागृति पैदा करने में कम कष्ट उठाते हैं या उनका विश्वास जीतने तथा सहयोग लेने में असफल रहते हैं। इसमें आश्चर्य नहीं कि सरकार भी उपलब्ध संसाधनों का उपयोग करने में असमर्थ रही है। **अन्तिम**, जवाहर रोजगार जैसी योजना में केन्द्रीय धन कुछ राज्यों द्वारा पार्टी कार्यों में भी लगा दिया जाता है। उदाहरणार्थ, एक अध्ययन से पता चला है कि केन्द्रीय सरकार द्वारा आन्ध्र प्रदेश के नलगोण्डा जिले में नये सिंचाई के लिए कुओं के लिए स्वीकृत 30,000 रुपये की जालसाजी हो गई और एक भी कुंआ नहीं बना। मात्र योजना बनाना काफी नहीं है। महत्व का विषय यह है कि गरीबी विरोधी मुहिम को सफल बनाने वाले अभिकारकों के क्रियान्वयन प्रयत्नों (implementing agencies) में ईमानदारी व निष्ठा हो।

सामुदायिक विकास योजनाएँ (Community Development Projects)

राज्य द्वारा संचालित ग्रामीणों के आर्थिक व सामाजिक जीवन में परिवर्तन लाने के लिए बनाए गए सामुदायिक योजनाओं की एकीकृत योजना में प्रस्ताव किया गया कि देश भर में दस वर्ष के लिए विस्तार कार्यकर्ताओं (extension workers) का एक जाल स्थापित किया जाये। सामुदायिक योजना क्षेत्र तीन विकास ब्लाकों में बाँटा गया जिसमें 100 गाँव और लगभग 60,000 से 70,000 तक की जनसंख्या निर्धारित की गई। विकास ब्लाक को फिर 5 गांवों के समूह में विभक्त किया गया और प्रत्येक समूह एक ग्राम स्तरीय कार्यकर्ता (VLW) की देखरेख में दिया गया। प्रारम्भिक कार्यक्रम लगभग 55 योजनाओं के साथ 18,500 गाँवों में लगभग 15.2 मिलियन जनसंख्या से शुरू हुआ। प्रारम्भिक योजनाओं के चयन में कृषि उत्पादन सबसे आवश्यक लक्ष्य था। योजना क्षेत्रों के चयन में सिंचाई सुविधाओं तथा वर्षा को भी महत्व दिया गया। सामुदायिक योजनाओं के क्रियाकलापों को कृषि, सिंचाई, संचार, शिक्षा, स्वास्थ्य, रोजगार, आवास, प्रशिक्षण और समाज कल्याण में बाँटा गया। संगठानात्मक संरचना में योजना आयोग में एक केन्द्रीय समिति बनाई गई अथवा केन्द्रीय स्तर पर सभी सामुदायिक योजनाओं का एक प्रशासक (administrator) था, राज्य स्तर पर विकास समिति, जिला स्तर पर कमेटी जिसका सचिव आयुक्त था, ब्लाक स्तर पर 125 निरीक्षकों के साथ एक अधिशाषी अधिकारी (executive officer), तथा ग्राम स्तर पर ग्राम स्तरीय अधिकारी (VLOs) थे। कार्यक्रम का मूल तत्व प्रारम्भ से ही जनता की भागीदारी सुनिश्चित करना था। भारत सेवक समाज, जो कि संगठन का गैर अधिकारिक प्रतिभाग था, ग्रामीणों द्वारा स्वैच्छिक प्रयत्न करने के लिए तथा उन्हें प्रेरित करने के लिए गठित किया गया। गाँव वालों को श्रम या नकदी द्वारा योगदान करना था।

लेकिन यह कार्यक्रम ग्रामीणों में सामाजिक या आर्थिक परिवर्तन लाने में सफल न हो सका। जिन लोगों को लाभ मिला वे पहले से ही बेहतर स्थिति में थे। सामुदायिक विकास योजनाओं का मूल्यांकन ए.आर. देसाई, एस.सी. दुबे, आस्कर लेविस, मैन्डलबाम, ओपलर, कार्ल टेलरस, विलसन, और कई अन्य विद्वानों द्वारा किया गया। इन सभी मूल्यांकन कर्त्ताओं ने यह मान लिया था कि सामुदायिक विकास योजनाएँ ग्रामीण समाज और कृषि अर्थव्यवस्था के पुनर्निर्माण के लिए उपयुक्त और वांच्छनीय प्रविधि थीं। ग्रामीण जीवन पर सामुदायिक

विकास योजनाओं के प्रभाव का मूल्यांकन करते हुए लगभग उपरोक्त सभी विद्वानों ने निष्कर्ष निकाला कि ग्रामीण लोगों को इन योजनाओं से प्रेरित नहीं किया जा सकता और वे इनके क्रियान्वयन की सभी अवस्थाओं में भाग नहीं लेते। टेलर (Carl Taylor) का विचार था कि सम्पूर्ण कार्यक्रम में निहित भावना को आत्मसात करने में सरकारी तन्त्र विफल रहा। ए.आर. देसाई का मानना था कि समाजशास्त्रीय धारणाएं जिन पर सामुदायिक विकास योजनाएँ आधारित थीं, जैसे, सभी व्यक्ति, समूह, और श्रेणियां जो ग्राम समुदाय में शामिल होते हैं, सामान्य हितों से बँधें रहते हैं, और सामान्य हित यह उत्साह पैदा करेंगे कि समुदाय के विभिन्न श्रेणियों के हित समझौते से दूर टकराव वाले नहीं होते हैं, सही नहीं थीं। एस.सी. दुबे ने माना कि योजना (planning) शिखर से नीचे (top to down) की ओर थी। आस्कर लेविस ने माना कि विभिन्न विभागों के कर्मचारियों के बीच अधिकारों और कर्त्तव्यों को लेकर काफी संघर्ष और अस्पष्टता थी और समाज सेवी मानसिकता का अभाव था। संक्षेप में, सामुदायिक विकास योजनाएँ अपने अपेक्षित लक्ष्यों में निरर्थक सिद्ध हुईं।

ग्रामीण विकास कार्यक्रमों में समान नियोजन और एकीकृत क्रियात्मकता का अभाव है। आई.आर.डी.पी, एन.आर. ई.पी, आर.एल.ई.जी.पी, डी.पी.ए.पी आदि जैसे बहु-श्रेणीय विकास कार्यक्रमों को लागू करने के लिए जिला स्तर पर एक संयुक्त एजेन्सी बनाई जानी चाहिए। इस एजेन्सी का प्रधान बी.डी.ओ (BDO) से अधिक ऊंचे और कलैक्टर से नीचे पद का व्यक्ति होना चाहिए। इसमें सम्बद्ध अनुभागों से पूर्णकालिक विशेषज्ञ और बहु-अनुभागीय समर्थक कर्मचारीगण होने चाहिए। कुछ सदस्य अंशकालिक सदस्य भी हो सकते हैं। नियोजित कार्यक्रमों को क्रियान्वयन के लिए एकीकृत योजना के साथ-साथ एकीकृत प्रशासनिक ढाँचा भी होना चाहिए। इसमें बैंक भी होने चाहिएँ।

पंचायती राज (Panchayati Raj)

ग्रामीण समुदायों के विकास में लोगों को शामिल करने में सामुदायिक विकास कार्यक्रमों की असफलता के कारण बलवन्तराय मेहता समिति की सिफारिशों पर पंचायती राज की स्थापना हुई। पंचायतराज के उद्देश्य जनतान्त्रीकरण, विकेन्द्रीकरण, और आधुनिकीकरण थे। पंचायतों से, निम्नतर स्तर पर ग्राम समस्याओं को सुलझाने और सामाजिक तथा आर्थिक प्रगति के लिए स्थानीय मानव-शक्ति संसाधनों को सक्रिय बनाए जाने की अपेक्षा की जाती थी। वास्तव में, भारत में पंचायती राज उद्‌विकास की लम्बी प्रक्रिया के माध्यम से अस्तित्व में आया। इसके विस्तार का विश्लेषण पाँच चरणों में किया जा सकता है : 1950 से 1960 तक, 1961 से 1964 तक, 1965 से 1985 तक, 1986 से 1992 तक, और 1993 से 2000 तक।

स्थानीय स्व-शासित इकाइयों के रूप में ग्राम पंचायतों के गठन के विषय में घोषणा जनवरी 1950 में संविधान में एक प्रावधान द्वारा की गई। प्रथम पंचवर्षीय योजना में भी (1951-52 में) इस बात पर बल दिया गया कि स्थानीय प्रतिनिधि संस्थाओं के माध्यम से ग्रामीण विकास के प्रबन्ध में लोगों की भागीदारी को प्रोत्साहित किया जाये। बलवन्त राय मेहता समिति ने भी 1956 में सामुदायिक विकास योजनाओं पर पुनर्विचार के दौरान ग्रामीण क्षेत्रों में आर्थिक व सामाजिक दशाओं को सुधारने की प्रक्रिया में निरन्तरता बनाए रखने के

लिए पंचायत राज संस्थाओं की स्थापना की सिफारिश की। योजना आयोग पहले से ही कहता रहा था कि ग्राम पंचायतों को सुदृढ़ बनाया जाना चाहिए और इस नवीन लोकतांत्रिक व्यवस्था को धीरे-धीरे विकास प्रशासन की जिम्मेदारी दे दी जानी चाहिए। तीन स्तरीय पंचायत राज व्यवस्था के संगठन की सिफारिश करते समय बी.आर. मेहता दल का भी यह ही दृष्टिकोण था।

पंचायती व्यवस्था प्रारम्भ में 1959 में तीन राज्यों द्वारा स्थापित की गई। 1959 के बाद पंचायत राज संस्थाओं का तंत्र अधिकतर राज्य सरकारों द्वारा स्थापित किया जाने लगा। 1964-65 तक तत्कालीन भारत के 15 में से 12 राज्यों में पंचायतों ने कार्य करना शुरू कर दिया। छः केन्द्र शासित क्षेत्रों में से केवल एक (हिमाचल प्रदेश) ने पंचायती राज स्थापित किया। कुछ राज्यों में इसकी संरचना में अन्तर था। 1965-85 की अवधि में पंचायती राज में ठहराव आ गया और विकास प्रक्रियाओं के प्रबन्ध की इसकी भूमिका में कुशलता में भी कमी आई। इसकी विश्वसनीयता में भी आघात लगा। सरकारी आदेशों के अनुसार इसकी शक्तियां एवं कार्य इस आधार पर कम कर दिए गए कि कई राज्यों में कार्य अक्षमता, भ्रष्टाचार और गुटबाजी अधिक थी। 1977 में जनता दल सरकार ने पंचायती राज के कार्य में कमी के कारणों की जाँच और पंचायतों को मजबूत बनाने के उपाय सुझाने के लिए अशोक मेहता समिति नियुक्त की। 1978 में इस समिति ने पंचायती राज के पुनर्जीवन के लिए अनेक सिफारिशें की। इसमें सम्मिलित थीं: पंचायतों को अधिक शक्ति देना, जिला परिषद को पंचायती राज व्यवस्था की प्रारम्भिक इकाई बनाना, पंचायत राज चुनावों में राजनैतिक दलों का भाग लेना, और पंचायत सदस्यों को प्रशिक्षण देना।

सन्थानम समिति पंचायती राज के वित्त एवं संसाधनों की समस्याओं के अध्ययन के लिए नियुक्त की गई। इस समिति ने इन उपायों की सिफारिशें कीं : (1) भूमि राजस्व, गृहकर, आदि पर आधारित पंचायतों को विशेष कर लगाने की शक्ति देना, (2) राज्य सरकारों द्वारा पंचायतों को अनुदान दिया जाना, (3) पंचायती राज को राजस्व के साधन सौंपना, (4) पंचायती राज के विविध स्तरों के बीच परस्पर वित्तीय सम्बन्धों का विकास करना, (5) भेंट और दान के माध्यम से वित्तीय संसाधनों की वृद्धि करना, (6) पंचायतों को वित्तीय सहायता देने और उन्हें गाँवों में मूल अधिकार प्रदान कराने में सहायता देने के लिए पंचायत राज वित्त निगम की स्थापना करना।

तथापि पंचायतों के पुनर्जीवन और पुनरुद्धार का काम 1985 में शुरू हुआ जब 1984 में तत्कालीन प्रधान मन्त्री ने राज्यों के मुख्यमंत्रियों को पंचायती राज के लम्बित चुनावों को कराने और उनके कामकाज को फिर से जीवन्त बनाने के लिए लिखा। दो समितियां—1985 में (G.V.S. Rao Committee) और 1986 में (L. M. Singhvi Committee)—नियुक्त की गईं। राव समिति ने सिफारिश की कि : (1) पंचायती राज संस्थाओं को प्रभावी संगठन होने के लिए सक्रिय बनाया जाये तथा सभी आवश्यक समर्थन दिया जाये (2) पंचायती संस्थाओं को जिला और ब्लाक स्तरों पर नियोजन, क्रियान्वयन, और ग्रामीण विकास कार्यक्रमो को दिशा देने का काम सौंपा जाये, (3) ब्लाक विकास कार्यालय विकास प्रक्रिया में मेरुरज्जू (spinal chord) का काम करे। एल.एम. सिंघवी कमेटी ने पाया कि पंचायती संस्थाएँ राजनीतिक इच्छा शक्ति की कमी, मूल्यांकन की कमी, और सुधारात्मक उपायों की

कमी के कारण ठीक से कार्य नहीं कर रही हैं। इस समिति ने पंचायती संस्थाओं के लिए पर्याप्त वित्तीय संसाधनों की उपलब्धता सुनिश्चित करने के लिए साधनों का पता लगाने का सुझाव दिया। समिति ने पाया कि पंचायती संस्थाएँ बहुधा अपनी कर लगाने की शक्ति का प्रयोग करने में आनाकानी कर रही हैं। इसलिए इसने कुछ आवश्यक और कुछ ऐच्छिक कराधान करने का सुझाव दिया।

तीनों समितियों के विचारों को सुनने के बाद सरकार ने देश के संविधान को सुधारने का निश्चय किया। यह संशोधन लोकसभा द्वारा दिसम्बर 1992 में और राज्य सभा द्वारा दिसम्बर 1993 में पारित कर दिया गया और 17 राज्य विधायिकाओं द्वारा संशोधित करने के बाद इसको संविधान संशोधन अधिनियम 1993 कहा गया। आज (सितम्बर 2000) पंचायती राज संस्थाएं 25 में से 22 राज्यों में और 7 में से 6 केन्द्र शासित क्षेत्रों में कार्यरत हैं। 15 राज्यों में यह त्रिस्तरीय व्यवस्था है, 4 में 2 स्तरीय और तीन में एक स्तरीय व्यवस्था है।

पंचायतों को सौंपे गए कार्यों को अनिवार्य (obligatory), विवेकाधीन (discretionary) और स्थानान्तरित (transferred) कार्यों में विभाजित किया जा सकता है। इन कार्यों में निम्नलिखित कार्य सम्मिलित हैं : नागरिक सुविधाएं, मूल ढाँचागत कार्य और विकासत्मक क्रियाकलाप। मोटे तौर पर, इन कार्यों को स्वास्थ्य व सफाई (महामारी नियंत्रण, शौचालयों का निर्माण और रख रखाव, श्मसान स्थलों का रख रखाव, सड़कों की सफाई, तालाबों, तालों और नालियों की सफाई), सार्वजनिक कार्य (सड़कों का निर्माण और रख रखाव, पीने के पानी के पम्पों, कुंओं, गलियों में प्रकाश व्यवस्था), कृषि और पशु पालन (सुधरे बीज और कीट नाशकों का वितरण, बढ़े हुए कृषि उत्पादों का नियोजन, पशु मेले की व्यवस्था, पशुओं की नस्ल सुधार, मुर्गी व मत्स्यपालन विकास), कमजोर वर्ग का उत्थान (उनकी शिक्षा, सांस्कृतिक कार्यक्रमों का प्रबन्ध, कुंओं और आवासों का निर्माण), और कुछ विविध कार्य (प्राकृतिक आपदाओं का सामना, घरेलू उद्योगों को प्रोत्साहन और उन्हें मजबूत बनाना, सहकारी समितियों को सुदृढ़ बनाना, वनों का विकास, स्त्रियों और बच्चों का कल्याण, प्रौढ़ शिक्षा कार्यक्रम) शामिल हैं।

प्रारम्भ से ही पंचायतों की भूमिका धीरे-धीरे बदली जाती रही है। उनके कार्यक्षेत्र का विस्तार किया जा रहा है। यहां तक कि धारणाओं में भी परिवर्तन हुआ है। न केवल पंचायत प्रतिनिधियों के स्थानीय सार्वजनिक मामलों का प्रशासन करने का उत्तरदायित्व सौंपा गया है, बल्कि वांच्छित वित्त को बढ़ाना और मानव शक्ति संसाधनों का पता लगाने का उत्तरदायित्व भी दिया गया है।

1993 के संविधान संशोधन के पूर्व पंचायतों के सामने मुख्य समस्याएं थीं : (1) पंचायतों को दी गई शक्ति और कार्य सीमित थे। (2) नियोजन के लिए पंचायतों के पास मानव संसाधनों की कमी थी। (3) पंचायतों को कर लगाकर अपने संसाधन पैदा करने के अधिकार नहीं थे। (4) चुनाव नियमित रूप से नहीं होते थे। (5) स्त्रियों और कमजोर वर्ग का कोई प्रतिनिधित्व नहीं था। इस प्रकार पंचायतों से अपेक्षित उच्च आकांक्षाए पूर्ण नहीं हुईं। पंचायती राज संस्थाओं के सफल क्रियान्वयन में प्रमुख बाधाएं इस प्रकार बताई गईः इन संस्थाओं की गैर-कानूनी प्रस्थिति, अनियमित चुनाव, नौकरशाही का असहयोग, लोगों की

भागीदारी में कमी, तथा राजनैतिक इच्छा शक्ति में कमी, आदि। (*Journal of Rural Development*, Vol 16, No. 4, 1998, Also see, *New Panchayati Raj in Action*, by Mishra, Kumar and Pal, Mittal Publications, 1996 : 1)

ए.पी. बर्नबास (*Indian Journal of Public Administration*, July-September, 1998 : 450) ने पंचायती राज की असफलता के पाँच कारण बताये हैं : कार्यों के विषय में विभ्रांति, स्वायत्तता का अभाव, प्रशासनिक प्रबन्ध में विभ्रांति, सामंजस्य का अभाव, और विभक्त तथा अस्पष्ट संरचना।

कार्यों के विषय में विभ्रांति (confusion about functions) का अर्थ कार्यों के अस्पष्ट विभाजन से है जो तीन स्तरों में बंटे हैं। प्रत्येक स्तर पर क्या काम किए जाने हैं, यह स्पष्ट नहीं है। विभिन्न राज्यों में कार्यों में भेद हैं। ग्राम सभा को सौंपा गया योजना बनाने का कार्य अस्तित्व में ही नहीं है क्योंकि उनके उद्देश्यों को निर्धारित करने की वांच्छित योग्यता, प्राथमिकताओं की पहचान और कार्यविधि बनाने की योग्यता नहीं है। अशोक मेहता कार्य समूह और राव समिति ने जिला परिषदों को इस कार्य के लिए उपयुक्त माना था। ग्राम पंचायतें और पंचायत समितियां अपनी आवश्यकताएँ जिला परिषद को बता सकतीं हैं। 74वें संशोधन में नियोजन के लिए जिला योजना समिति बनाने का प्रावधान है लेकिन इस समिति के गठन की आलोचना अभी भी की जाती है।

स्वायत्तता का अभाव (absence of autonomy) ज़िला स्तर पर स्वायत्तता का न होना दर्शाता है क्योंकि राज्य और राष्ट्रीय योजनाओं का समायोजन होना होता है। बहुत सी योजनाएं (जैसे आई.आर.डी.पी, पीने के पानी की आपूर्ति, आदि) केन्द्र से वित्त पोषित होती हैं और उनके लक्ष्य अस्पष्ट होते हैं। अतः जिला योजना कैसे सार्थक हो सकती है? हमारे देश की श्रेणीक्रम की प्रशासनिक व्यवस्था में विकेन्द्रीकरण की संस्कृति के लिए कम ही स्थान है। पंचायत का 95 प्रतिशत से भी अधिक बजट प्रतिबद्ध होता हैं। कार्यात्मक और वित्तीय स्वायत्तता के अभाव में पंचायतों से मुक्त कार्य की अपेक्षा कैसे की जा सकती है ?

प्रशासनिक प्रबन्ध में गड़बड़ी (confusion in administrative arrangement) का अर्थ विस्तार अधिकारियों की अपने विभाग के लिए बफादारी (कृषि, पशु-पालन, सहकारी समितियां) और स्वतंत्र कार्य से है। यहां तक कि जिला ग्रामीण विकास ऐजेंसियां (DRDA) जो कि विकास बजट में एक बड़ा हिस्सा लेती थीं, पंचायती व्यवस्था के अन्तर्गत नहीं थीं, यद्यपि अब यह जिला परिषदों की परिधि में आ गया है।

सामंजस्य का अभाव (absence of coordination) का अर्थ है जिला और ब्लाक स्तरों पर प्रशासनिक ढाँचे के टुकड़े। विभिन्न इकाइयों के बीच कोई तालमेल नहीं है। ग्राम सेवक, जिसे ग्राम विकास अधिकारी पद नाम दिया गया है, को विविध कार्य सौंपे गए हैं। उसे अनेक ग्रामों को देखना होता है और गरीबों की सहायतार्थ अनेक कार्यक्रम चलाने होते हैं।

विभक्त और अतिछादी संरचना (Fragmented and Overlapping Structure) का अर्थ है किसभी विकास कार्यक्रम पंचायतों को नहीं दिए गए हैं; अत उत्तरदायित्व की स्पष्ट परिभाषा के अभाव में विभ्रांति पैदा होती है। 1990 के दशक के प्रारम्भ में पंचायती राज संस्थाओं की कार्यप्रणाली का विश्लेषण करते हुए यह निश्चय किया गया था कि केन्द्र

सरकार संविधान में संशोधन कर के पंचायतों को अधिक सशक्त और प्रभावी बनावे।

संविधान संशोधन (Constitutional Amendment)

(73 वां) संविधान संशोधन जो 1993 में किया गया, अप्रैल 1974 में प्रभाव में आया। इस संशोधन के बाद, पंचायती राज में लागू किए गए मुख्य परिवर्तन थे : दो या तीन स्तरों पर पंचायतों की स्थापना और प्रत्येक गांव में एक ग्राम सभा आवश्यक कर दी गई। (2) पंचायती संस्थाओं का कार्य पाँच वर्ष में तीनों पंचायत स्तरों पर सदस्यों का चुनाव आवश्यक कर दिया गया। (3) जबकि मध्य और जिला स्तर पर चेयरमैन का चुनाव सीधे होना था, ग्राम स्तर पर चेयरमैन के चुनाव निर्णय राज्य सरकारों पर छोड़ दिया गया (4) 29 कार्यों की एक सूची पंचायतों को उपलब्ध कराई गई थी। इसमें ग्रामीण विकास मूल संरचना, समाज कल्याण, सार्वजनिक वितरण प्रणाली, सामुदायिक परिसम्पत्ति का रख रखाव आदि थे। (5) पंचायतों के तीनों स्तरों पर अनुसूचित जातियों व जनजातियों और स्त्रियों के लिए स्थान आरक्षित थे। (6) धन लगाने और पंचायतों को वित्त उपलब्ध कराने के सुझाव देने के लिए वित्त आयोग स्थापित किया गया। (7) पंचायतों को कर लगाने, कर्त्तव्य और शुल्क निश्चित करने के अधिकार दिए गए। राज्य सरकार द्वारा वसूले गए करों में से उनका भाग निश्चित किया गया, और उन्हें अनुदान राशि देने का अधिकार भी दिया गया। (8) चुनाव अयोग को अधिकार दिया गया कि वह पंचायत चुनाव करावे। (9) राज्य विधायिकाओं को पिछड़े वर्गों/जातियों (OBC) के आरक्षण का अधिकार तथा एम.पी./एम.एल.ए को पंचायतों में शामिल करने का स्वतंत्र विवेक से काम लेने के लिए छोड़ा गया। (10) संशोधन से पूर्व ग्राम पंचायतों के सरपंचों को पंचायत समितियों का सदस्य बनाया गया था और पंचायत समितियों के प्रधानों को जिला परिषद का सदस्य बना दिया गया था, संशोधन के बाद उच्च स्तर पर पंचायतों के पदेन सदस्य होने का प्रावधान समाप्त कर दिया गया। परन्तु राज्य सरकारों के सरपंचों को पंचायत समितियों तथा प्रधानों को जिला परिषदों से जोड़ने का निर्णय करने का अधिकार दे दिया गया।

1993 में किए गए संशोधन के बाद इन परिवर्तनों के परिणाम इस प्रकार माने जा सकते हैं : (1) तीनों स्तरों पर प्रत्यक्ष चुनाव के सम्बन्ध में संरचनात्मक परिवर्तन पंचायतों की कार्यात्मकता को सुधारेगा। पूर्व में पंचायत समितियों और जिला परिषदों के लिए प्रत्यक्ष चुनाव नहीं होते थे। सभी सरपंच पंचायत समिति के सदस्य हुए और सभी प्रधान जिला परिषदों के सदस्य हो गए। अब प्रत्यक्ष रूप से चुने गए सदस्यों की भूमिका और उत्तरदायित्व विस्तृत हो जायेंगे। (2) पंचायतों की बढ़ती शक्तियाँ और वित्तीय संसाधन पंचायतों की स्थिति सुधारेंगे। (3) अनुसूचित जातियों व जनजातियों और स्त्रियों के लिए आरक्षण कमजोर वर्ग के लोगों को पंचायत व्यवस्था में सक्रिय भागीदारी के योग्य बनाएगा। (4) नयी संरचना पंचायतों को नीचे से योजना बनाने में सहायक होगी, स्थानीय संसाधनों का प्रयोग सम्भव होगा, बड़ी संख्या में समुदाय की भागीदारी बढ़ेगी, भ्रष्टाचार कम होगा, और विकास प्रयासों की गुणवत्ता में सुधार होगा।

इसके नकारात्मक प्रभाव भी हो सकते हैं : (1) प्रत्यक्ष चुनाव तीन स्तरों पर पंचायतों में लम्बवत् अन्तर्क्रिया को रोक सकता है (2) आरक्षित स्थानों का आवर्ती क्रम (rotation)

लम्बी अवधि के विकास कार्य करने के प्रतिनिधियों के वायदों में कमी कर सकता है।

हूजा और हूजा (Hooja and Hooja, "Panchayati Raj in Rajasthan" in *The Indian Journal of Public Administration*, July-Sept, 1998: 474-75) ने कई प्रकरणों की ओर संकेत किया है जिनके अध्ययन पंचायतों की सफल कार्यान्यवन के लिए आवश्यक हैं। ये हैं : (1) विकेन्द्रीकृत आयोजना का स्तर क्या होना चाहिए ? (2) क्योंकि जिला योजना समिति बहुत बड़ी हो जायेगी, इसलिए विकेन्द्रीकृत नियोजन और उसके कार्यान्वयन को कार्य रूप देने के लिए संगठनात्मक व्यवस्था क्या होनी चाहिए ? (3) बहुस्तरीय संरचना में किस स्तर पर क्या क्या कार्य अत्यन्त उपयुक्त होंगे ? (4) राज्य सरकार के स्तर पर क्या क्या परिवर्तन आवश्यक हैं तथा विकेन्द्रीकृत आयोजना प्रक्रिया का स्वरूप बिगड़ने से या पंचायतों पर कब्जा जमाने से स्वार्थी तत्वों को या स्थानीय अभिजात वर्ग को दूर रखने के लिए क्या सावधानियां रखना आवश्यक है ? (6) जब योजना बनाने तथा क्रियान्वयन कराने वाली संस्थाएं एक ही हों (अर्थात ग्राम पंचायत और पंचायत समिति) तो यह कैसे सुनिश्चित किया जाये कि आयोजना बनाने वाला अपने लिए लक्ष्य निश्चित नहीं करेगा जो कि महत्वपूर्ण कलापों की अपेक्षा प्राप्त करना सरल है ? (7) विविध पंचायत स्तरों तथा राज्य स्तरों पर किस प्रकार सम्भावित संघर्ष टाले जा सकते हैं ?

संविधान संशोधन के बाद की प्रगति
(The Progress After the Constitutional Amendment)

पंचायत राज को कार्यात्मक (functional) बनाने में राज्य सरकार अधिकारी कितने गम्भीर हैं ? उनकी वर्तमान में गम्भीरता इस प्रकार दर्शाई गई है : (1) नौकरशाह पंचायतों को शक्ति स्थानान्तरित करने में उदासीन हैं। (2) वे कोष निर्गमन करने में हमेशा अन्यमनस्क रहते हैं। (3) अधिकारी चुने हुए प्रतिनिधियों में विश्वास नहीं दर्शाते। (4) कुछ राज्यों ने तो अभी तक चुनाव ही नहीं कराए हैं, यद्यपि 1994 के 73 वें संविधान संशोधन को लागू होने के एक वर्ष के भीतर ही पंचायतों को अस्तित्व में आ जाना चाहिए था। यद्यपि जिला प्रमुखों को जिला ग्रामीण विकास एजेन्सियों (DRDAs) का चेयरमैन होना है जो कि गरीबी निवारण के सभी कार्यक्रम चलातीं हैं, लेकिन वे डी.आर.डी.ए (DRDA) के प्रशासकीय समितियों की बैठकों की केवल अध्यक्षता करेंगे; वित्तीय शक्तियां कलेक्टर के हाथ में होगी जो डी.आर.डी. ए की कार्यकारिणी समिति का अध्यक्ष बना रहेगा। इस प्रकार पंचायतों और डी.आर.डी.ए के सम्बन्धों को स्पष्ट करना आवश्यक है। यह समझ में नहीं आता कि चुने हुए लोगों को विकास योजनाओं का स्वतंत्र भार क्यों नहीं दिया जाता, उन्हें आगे बैठने की अनुमति क्यों नहीं दी जाती ताकि लोग विकास प्रक्रिया में बढ़ कर हिस्सा लें।

अन्त में कहा जा सकता है कि सूक्ष्मीकृत भागीदारी वाले लोकतन्त्र (miniaturised participative democracy) का व्यवहारित दर्शन (pragmatic philosophy), जहां प्रत्येक व्यक्ति महत्वपूर्ण होता है, विकासात्मक गत्यात्मक (developmental dynamics) का आधार शिला (corner stone) है। जनमत यह है कि ग्रामीण विकास को बढ़ाया जा सकता है यदि लोगों के संसाधनों को गति प्रदान की जाये और उन्हें निर्णय करने के लिए

प्रेरित किया जाये जो कि जीवन और जीवनयापन को प्रभावित करता है। (*The Third World Programme*, p. 36)। वर्तमान में हमारे गांवों में गहरी गुटबाजी है। धन का दुरूपयोग, शक्तिशाली लोगों का दबाव, स्त्रियों को अवसरों का निषेध, दलितों के विरुद्ध आतंक, और चुनावों में व्यवस्थाभंज़क कार्य (subversion) आदि गांवों में प्रचलित हैं। इन समस्याओं का निदान कठिन है। तृणमूल स्तर पर स्व-शासन को समाप्त करने के कोई ठोस कारण भी नहीं हैं। न्यायमूर्ति कृष्णमूर्ति ने कहा है (*Yojna,* January, 23, 1989, 20) कि पक्षपात, जातिवाद, दुर्भावना, नौकरशाही द्वारा उपेक्षा और असहयोग तो रहेगा ही, फिर भी पंचायती राज का प्रयोग (experiments) लोगों की राजनैतिक आँखें खोलेगा। यह फैशन है कि ग्रामीणों की कमजोरी और शहरी लोगों की योग्यताओं को बढ़ा-चढ़ा कर प्रस्तुत किया जाता है लेकिन हमारी ग्रामीण प्रतिमाएं (genius) हिस्सेदारी की भूमिका की चुनौती का सामना निश्चित रूप से कर सकेंगे।

11

नगरीय सामाजिक संगठन

(Urban Social Organisation)

प्रस्तावना (Introduction)

1951 के पश्चात भारत में नगर विकास और नगरीकरण की प्रक्रिया के साथ नगरीय विषयों में समाजशास्त्रियों की रुचि बढ़ गई है। वे न केवल नगरीय संगठन में परिवर्तन का विश्लेषण करते हैं बल्कि नगरीय समुदायों में स्तरीकरण और गतिशीलता का भी अध्ययन करते हैं तथा नवोदित नगरीय समस्याओं का भी परीक्षण करते हैं। 1951 से सन् 2000 तक के परिवर्तन दर्शाते हैं कि नगरीकरण की दर (जनसंख्या का ग्रामीण क्षेत्रों से नगरीय क्षेत्रों की ओर जाना और फलतः जनसंख्या का अधिक अनुपात ग्रामों की अपेक्षा नगरों में अधिक रहना) बहुत अधिक नहीं है लेकिन नगरीय विकास की दर (नगरीय जनसंख्या के निरपेक्ष आकार में प्रतिशत वृद्धि) काफी अधिक है। जहाँ 1951 से 1997 तक नगरीय जनसंख्या का प्रतिशत आठ प्रतिशत (17.3 से 25.73 प्रतिशत) बढ़ा है, वहां इस अवधि में कुल जनसंख्या का पूर्ण आकार 2.6 गुना बढ़ा है (35.69 करोड़ से बढ़कर लगभग 95 करोड़)। इस नगरीय विकास के दूरगामी परिणाम हो रहे हैं। इससे न केवल ग्रामीण-नगरीय विकास सन्तुलित रूप में कठिन होगा बल्कि सामाजिक-आर्थिक सामंजस्य की समस्या भी बढ़ेगी।

नगरीय, नगरीकरण तथा नगरवाद की अवधारणाएँ (Concepts of Urban, Urbanisation and Urbanism)

यदि भारत का भविष्य ग्रामीण विकास से जुड़ा है तो यह नगरों के विकास तथा महानगरीय क्षेत्रों के विकास से भी जुड़ा है। यद्यपि बढ़ते नगरीकरण ने प्रदूषण, अत्यधिक भीड़, और गन्दी बस्तियों (slums), बेरोजगारी, गरीबी, अपराध, बाल अपराध, संचार व यातायात नियंत्रण, हिंसा, स्त्रियों के प्रति यौन शोषण, तनाव व दबाव जैसी समस्याओं को जन्म दिया है, फिर भी नगर सभ्यता और संस्कृति के केन्द्र होते हैं। ग्रामीण-नगरीय अन्तर्क्रिया, नगरीय सामाजिक संगठन में परिवर्तन, गतिशीलता, नृजातीय समुदायों का एकीकरण, आदि का विश्लेषण करने से पहले यह आवश्यक है कि नगरीय, नगरीकरण तथा नगरवाद की अवधारणाओं को समझ लिया जाये।

'**नगरीय**' शब्द का प्रयोग जनसंख्यात्मक एवं समाजशास्त्रीय अर्थों में किया गया है। प्रथम अर्थ के अन्तर्गत यह जनसंख्या के आकार, जनसंख्या के घनत्व (density) और

निवासियों के काम की प्रकृति पर बल देता है, जबकि दूसरे अर्थ में यह विषमता, अवैयक्तिकता (impersonality), परस्पर निर्भरता, और जीवन की गुणवत्ता पर केन्द्रित है। अतः 5,000 से अधिक की जनसंख्या, एक वर्ग मील में 1000 व्यक्ति का घनत्व, और 75 प्रतिशत या अधिक जनसंख्या का गैर-कृषि कार्यों (जैसे निर्माण, वाणिज्य, व्यापार, नौकरी, इत्यादि) में व्यस्त होना कस्बा/नगर (town/city) या 'नगरीय' (urban) की विशेषताएँ बताई जाती हैं (R. Ramchandran, *Urbanisation and Urban Systems in India*, 1999 : 101-103)। 1991 की जनगणना के अनुसार कोई भी ऐसा स्थान 'नगरीय' है जहां कम से कम 5,000 जनसंख्या हो, 75 प्रतिशत पुरुष गैर-कृषि कार्यों में लगे हों, जनसंख्या का घनत्व कम से कम 400 व्यक्ति प्रति वर्ग कि.मी. (या 1000 व्यक्ति प्रति वर्ग मील) हों, और जहां नगरपालिका/कार्पोरेशन/केन्टन्नमेन्ट/नोटीफाइड एरिया हो। परन्तु इन मानदण्डों को निम्न आधारों पर अस्पष्ट (vague) और रूढ़िवादी (conservative) कहा गया है : (1) यद्यपि कई स्थानों को, जहाँ 5000 से अधिक जनसंख्या है, 'नगरीय' परिभाषित किया गया है और भारत में ऐसे 13000 स्थान हैं, लेकिन जनगणना विभाग 3,245 स्थानों को ही 'नगर' की मान्यता देता है। (2) जनसंख्या का घनत्व जो किसी स्थान को 'नगर' होने की पात्रता (eligibility) प्रदान करता है, यथार्थपूर्ण (realistically) कम है। (3) 75 प्रतिशत पुरुष जनसंख्या से अधिक गैर-कृषि कार्यों में संलग्न जनसंख्या वाला स्थान नगरीय माना गया है, लेकिन 1981 और 1991 की जनगणना के अनुसार कम से कम 25 प्रतिशत कस्बों में कृषि मुख्य क्रियाकलाप के रूप में पाई जाती है। (4) महिला कार्मिकों को काम करने वाली जनसंख्या से अलग रखा गया है (Ram Chandran, op.cit., 106-107)। इस आधार पर 'नगरीय' समुदाय को इस प्रकार परिभाषित किया गया है : वह समुदाय जो अत्यधिक विषमताओं वाली (heterogeneous), गैर कृषि व्यवसायों की प्रधानतावाला, जटिल श्रम विभाजन वाला, काम में उच्च विशिष्टताओं वाला, औपचारिक सामाजिक नियंत्रणों पर निर्भर रहने वाला और स्थानीय सरकार की औपचारिक व्यवस्था वाला है।

'नगरीकरण' जनसंख्या की ग्रामीण से नगरीय क्षेत्रों की ओर गतिशीलता है। ऐन्डरसन (Anderson, 1953 : 11) का मानना है कि नगरीकरण में न केवल जनसंख्या का नगरों की ओर जाना निहित है बल्कि जाने वालों की अभिवृत्तियों, विश्वासों, मूल्यों और व्यवहार प्रतिमानों में परिवर्तन भी शामिल है।

'नगरवाद' वह जीवनशैली है जिसकी निम्न विशेषताएँ हैं : *अस्थिरता* (transiency) अथवा थोड़े समय के सम्बन्ध, *उपरिष्ठता* (supericiality) अथवा सीमित संख्या में लोगों के साथ औपचारिक और अवैयक्तिक सम्बन्ध, *अनमिकता* (anonymity) अथवा लोगों का गुमनामी में रहना, और *व्यक्तिवाद* (individualism) अथवा लोगों का निजी स्वार्थों को अधिक महत्व देना। ल्यूइस वर्थ (Louis Wirth, 1938 : 124) ने नगरवाद या नगरीय व्यवस्था की चार विशेषताएँ बताई हैं : जनसंख्या की विषमता (heterogeneity), कार्यों का विशिष्टीकरण, गुमनामी तथा अवैयक्तिकता, और व्यवहार का मानकीकरण (standardization)।

ग्रामीण-नगरीय भेद : जनसंख्यात्मक तथा सामाजिक सांस्कृतिक विशेषताएँ (Rural-Urban Differences : Demographic and Socio-Cultural Characteristics)

समाजशास्त्रियों ने 'समुदाय' शब्द का प्रयोग *सम्बन्धों की गुणवत्ता* (quality) बताने के लिए किया है जो एक निश्चित भौगोलिक क्षेत्र में रहने वाले लोगों के बीच सहभागी पहचान (shared identity) की दृढ़ भावना पैदा करती है। वे 'ग्रामीण' को एक समुदाय तथा 'नगरीय' को एक समाज कहते हैं। जब समाजशास्त्री यह कहते हैं कि समाज 'परम्परा' से 'आधुनिक' की ओर बदल रहा है, तो वास्तव में वे उस समाज की जो पूर्व-औद्योगिक, अधिकतर ग्रामीण तथा परम्परागत समाज है की उस समाज से जो औद्योगिक, अधिकत्तर नगरीय तथा आधुनिक है, अन्तर करना चाहते हैं। जबकि ल्यूइस वर्थ (Louis Wirth) ने 'ग्रामीण' और 'नगरीय' शब्दों का प्रयोग समुदायों में अन्तर करने के लिए किया है, टान्नीज (Tonnies) ने गेमिनशेफ्ट (Gemeinschaft) और गेसिलशेफ्ट (Gessellsehaft) शब्दों का, दुर्खीम ने यांत्रिक (Mechanical) और सावयविक (Organic) एकात्मता का, पार्सन्स ने 'परम्परागत' और 'आधुनिक' समाज शब्दों का प्रयोग किया है।

ल्यूइस वर्थ (Louis Wirth, 1938) ने 'नगरीय' की 'ग्रामीण' समाज से अन्तर करते हुए 'नगर' (city) को तीन आधारभूत विशेषताओं के आधार पर परिभाषित किया है: जनसंख्या आकार, घनत्व और विषमता। इन विशेषताओं का अर्थ है कि यद्यपि नगर निवासी ग्रामवासियों की अपेक्षा अधिक मानवीय सम्पर्कों का अनुभव करेगा, लेकिन वह अधिक अकेला भी अनुभव करेगा क्योंकि उन सम्पर्कों की प्रकृति 'भावात्मक रूप से शून्य' (emotionally empty) होगी। ल्यूइस वर्थ के अनुसार नगरों में सामाजिक अन्तर्किया, जो शहरों की विशेषता है, अवैयक्तिक, खण्डीय (segmental), दिखावटी (superficial), अस्थाई और आमतौर पर विशुद्ध रूप से व्यावहारिक (practical) और साधक (instrumental) होती है। इनको वह 'द्वैतियक' सम्पर्क कहता है जो ग्रामीण क्षेत्रों के प्राथमिक सम्पर्कों से बिल्कुल भिन्न होते हैं। मैक्स बेबर के अनुसार नगर की आधारभूत विशेषता यह है कि यह 'बाजार' (market place) की तरह काम करता है और वाणिज्य-व्यापार सम्बन्धों की प्रधानता दर्शाता है।

ग्रामीण तथा नगरीय समुदायों में कई आधारों पर भेद किया जा सकता है, जैसे, व्यवसाय, आकार, जनसंख्या घनत्व, वातावरण, समता-विषतमाएँ, सामाजिक स्तरीकरण, गतिशीलता और अन्तर्क्रिया प्रणाली। (1) ग्रामीण समुदाय में लोगों का प्रमुख व्यवसाय कृषि होता है यद्यपि कुछ लोग गैर कृषि कार्यों में भी संलग्न होते हैं। नगरों में लोग आमतौर पर गैर कृषि कार्यों में लगे होते हैं जैसे निर्माण, वाणिज्य, व्यापार, नौकरी, और विभिन्न पेशों में। (2) ग्रामीण समुदाय छोटे आकार के तथा नगरीय समुदाय बड़े आकार के होते हैं। भारत में 1991 की जनगणना के आंकड़ों के अनुसार गांवों में रहने वाली (74.27 प्रतिशत) जनसंख्या में से 36.57 प्रतिशत लोग 2000 से कम जनसंख्या वाले गाँवों में, 21.37 प्रतिशत 2,000 से 5,000 के बीच जनसंख्या वाले गांवों में, और 13.33 प्रतिशत 5,000 से अधिक जनसंख्या वाले गाँवों में रहते हैं। दूसरी ओर शहरी क्षेत्रों में रहने वाली (25.73 प्रतिशत)

जनसंख्या में से, 0.72 प्रतिशत लोग 10,000 से कम जनसंख्या वाले क्षेत्रों में, 5.27 प्रतिशत 10,000 और 50,000 के बीच जनसंख्या वाले क्षेत्रों में, 2.75 प्रतिशत 50,000 से एक लाख के बीच जनसंख्या वाले क्षेत्रों में, और 16.4 प्रतिशत एक लाख से अधिक जनसंख्या वाले क्षेत्रों में रहते हैं (इन आंकड़ों में जम्मू कश्मीर और असम की जनसंख्या सम्मिलित नहीं है)। (*Manpower Profile, India*, 1998, 23-24)। भारत में 1991 में ग्रानीण क्षेत्रों में परिवार का औसत आकार 4.9 और शहरी क्षेत्रों में 4.4 (सदस्यों) का था। (3) ग्रामीण समुदाय में जनसंख्या घनत्व कम है (200 से 1000 व्यक्ति प्रति वर्ग मील) जबकि शहरी समुदाय में ऊँचा है (1000 व्यक्ति प्रति वर्ग मील से भी अधिक)। (4) ग्रामीण क्षेत्रों में लोग प्रकृति के बिल्कुल निकट होते हैं जबकि शहरी क्षेत्रों में मानव निर्मित वातावरण से घिरे रहते हैं और प्रकृति से कटे रहते हैं। (5) ग्रामीण समुदाय अधिक समरस (homogeneous) होते हैं जबकि शहरी समुदाय अधिक विषम। (6) ग्रामीण समुदाय जाति तथा वर्ग के आधार पर अधिक स्तरीकृत (stratified) होते हैं जबकि शहरी समुदाय वर्ग के आधार पर अधिक स्तरीकृत होते हैं। (7) ग्रामीण क्षेत्रों में गाँव से गाँव और गाँवों से शहरों की ओर गतिशीलता अधिक है जबकि शहरी क्षेत्रों में गतिशीलता एक शहर से दूसरे शहर के लिए अधिक है। 1991 में देश में 2.25 करोड़ प्रव्रजकों (migrants) में से 17.7 प्रतिशत ग्रामीण क्षेत्रों से शहरों में गये थे, 11.8 प्रतिशत ग्रामीण क्षेत्रों से शहरी क्षेत्रों में, 64.5 प्रतिशत ग्रामीण से ग्रामीण क्षेत्रों में, और 0.6 प्रतिशत शहरी क्षेत्रों से ग्रामीण क्षेत्रों में गए (*Manpower Profile, India*, 1998 : 26)। (8) ग्रामीण क्षेत्रों में लोगों के बीच के सम्बन्ध प्रमुखतः व्यक्तिगत और अधिकतर दीर्घकालिक होते हैं जबकि शहरी क्षेत्रों में अधिक गौण, अवैयक्तिक, आकस्मिक और अल्प समय के होते हैं। (9) ग्रामीण क्षेत्रों में शिशु मृत्यु दर शहरी क्षेत्रों की अपेक्षा डेढ़ गुना अधिक है (80 : 49 अनुपात में)। (10) ग्रामीण क्षेत्रों में श्रम शक्ति (labour force) भागीदारी शहरी क्षेत्रों की अपेक्षा तीन गुनी से भी अधिक है। 1993-94 में ग्रामीण क्षेत्रों में यह 2.94 करोड़ थी जबकि इसके विपरीत शहरों में 8.57 करोड़ थी। पुरुषों में यह तीन गुनी से कम है (18.93 : 6.73 करोड़ अनुपात में) जबकि स्त्रियों में 5 गुनी से अधिक है (10.47 : 1.84 करोड़ अनुपात में) (*Manpower Profile*, India, 1998 : 129) (ii) ग्रामीण क्षेत्रों में श्रम कार्यों में संलग्न बच्चों की संख्या शहरी क्षेत्रों से दस गुना अधिक है (1991 में यह संख्या 1.026 करोड़ : 0.03 करोड़ थी)

यदि हम टानीज (Tonnies) के शब्दों 'गेमिनशेफ्ट' और 'गेमिनशेफ्ट' को ही लें तो यह कहा जा सकता है कि गेमिनशेफ्ट सम्बन्ध ग्रामीण जीवन की विशेषता हैं और गेमिनशेफ्ट सम्बन्ध शहरी जीवन की। गेमिनशेफ्ट प्रकार के समुदाय की विशेषता है घनिष्ट प्राथमिक सम्बन्धों की प्रधानता और इसमें परम्परा, मतैक्यता (consensus) और अनौपचारिकता पर बल दिया जाना। सामाजिक बन्धन मित्रता और नातेदारी के घनिष्ट बन्धनों पर आधारित होते हैं। दूसरी ओर, गेसिलशेफ्ट प्रकार के शहरी समाज में सामाजिक सम्बन्ध औपचारिक, संविदात्मक (contractual), हितकारी, और विशिष्ट होते हैं। शहरी समाज में परिवार संगठन कमजोर होता है और इसमें लाभकारी उद्देश्यों तथा औपचारिक और प्रतिस्पर्धात्मक प्रकार के सामाजिक संबंधों पर बल दिया जाता है।

दुर्खीम के 'यान्त्रिक' और 'सावयविक' एकात्मकता की अवधारणाओं के अनुसार

(*The Division of Labour In Society*, 1987) यह कहा जा सकता है कि ग्रामीण समुदाय में एकात्मकता यन्त्रवत (mechanical) होती है और शहरी समुदाय में सावयविक (organic)। ग्रामीण समुदाय यन्त्रवत एकात्मता पर आधारित होने के कारण मूल्यों और व्यवहार में समानता, (अर्थात प्रत्येक व्यक्ति एक सी धार्मिकता से प्रेरित विश्वासों और आदतों में हिस्सा लेता है), दृढ़ सामाजिक संयम, तथा परम्परा व नातेदारी के प्रति निष्ठा से ओत-प्रोत होता है। सरल श्रम विभाजन पर आधारित ग्रामीण समुदाय में कार्यों में बहुत कम विशिष्टता, कुछ सामाजिक भूमिकाएं और व्यक्तित्व में बहुत कम सहनशीलता, आदि गुण भी मिलते हैं। नगरीय समुदाय, जो सावयविक एकात्मता पर आधारित होता है, की विशेषता होती है अत्यन्त विशिष्ट भूमिकाओं की बड़ी संख्या में अन्तर्निभरता पर आधारित होना और जटिल श्रम विभाजन, जिसमें समाज के सभी समूहों और व्यक्तियों के सहयोग की आवश्यकता होती है।

ग्रामीण-नगरीय अन्तर्क्रिया (Rural-Urban Interaction)

ग्रामीण-नगरीय अन्तर्क्रिया नगरीकरण का एक महत्त्वपूर्ण पक्ष है। यह अपेक्षा की जाती है कि नगरीकरण और नगरीय विकास का प्रभाव ग्रामीण क्षेत्रों पर पड़ेगा और ग्रामीण क्षेत्रों के क्रियाकलापों का प्रभाव आसपास के कस्बों और नगरों पर पड़ेगा। ग्रामीण-नगरीय अन्तर्क्रिया पर कुछ अध्ययन किए गए हैं जिन्होंने यह दर्शाया है कि : (1) नगरीकरण का प्रभाव ग्रामीण अर्थव्यवस्था पर इस तरह पड़ता है कि: कृषि उत्पादन में वृद्धि होती है (निकट के शहरों में खाद, अच्छे बीजों और ट्रैक्टरों आदि की उपलब्धता के कारण), फसलों के व्यापारीकरण में वृद्धि होती है, और फार्म जनसंख्या के घनत्व में कमी आती है। (2) प्रव्रजन (migration) के स्तर और स्वरूप में प्रभाव पड़ा है। (3) ग्रामीणों ने कई शहरी विशेषताओं को अपना लिया है।

समाज विज्ञान साहित्य ने शहरी और ग्रामीण सामाजिक संगठनों और जीवनशैली में अन्तर और दोहरेपन को अक्सर बढ़ा-चढ़ा कर प्रस्तुत किया है। इस प्रकार के परिप्रेक्ष्य में शहरी क्षेत्रों के आकार में, जो कि 5,000 से 1.5 करोड़ के बीच भी होता है, अन्तर की उपेक्षा की गई है। दोहरा परिप्रेक्ष्य, निरन्तर अन्योन्यश्रिता के अस्तित्व, ग्रामीण व शहरी क्षेत्रों के पूरक और परस्परोपर सम्बन्ध, जो वस्तुओं और सेवाओं के परस्पर लेनदेन में परिलक्षित होते हैं, की भी उपेक्षा करता है। ग्रामीण लोग नगरवासियों पर बैंक और ऋण सम्बन्धी आवश्यकताओं के लिए कृषि साज समान तथा अन्य पूर्तियों के लिए, कृषि उत्पादों के विपणन (marketing) के लिए, और यहाँ तक कि व्यापारिक मनोरंजन के लिए भी निर्भर होते हैं। शहरी क्षेत्र खाद्य पदार्थों की आपूर्ति, सस्ते श्रम और निर्मित सामान के लिए बड़े बाजार हेतु ग्रामीण क्षेत्रों पर निर्भर करते हैं। शहरी पेशेवर लोग, जैसे डाक्टर, वकील आदि, अपने अधिकतर मरीज/मुवक्किल ग्रामीण जनता में से प्राप्त करते हैं क्योंकि अस्पताल और न्यायालय शहरी क्षेत्रों में ही सीमित होते है (Hans Nagpal, *Modernisation and Urbanisation in India*, 1996, 155-156)।

दोहरे स्वरूप वाली एक और घटना जो ग्रामीण नगरीय सम्बन्धों को प्रभावित करती है वह है प्रव्रजन। गाँवों से शहर को आने वाले अधिकतर लोग युवा पुरुष होते हैं जो

अकुशल या अर्ध-कुशल व्यवसाय करते हैं। जो ग्रामीण उच्च शिक्षा प्राप्त कर लेते हैं वे भी नगरों में ही रहना चाहते हैं। ग्रामीण क्षेत्रों से शहरी क्षेत्रों में यह प्रव्रजन नगरीय सार्वजनिक सेवाओं पर दबाव बढ़ाता है और सामाजिक विघटन की समस्याएं पैदा करता है।

गाँवों से शहरों की ओर प्रवास अलग प्रकार का होता है। एक तो अपनी इच्छा के शहरी स्थान में स्थाई रूप से बस जाना होता है। इसको स्थानापन्न प्रवास (translocatory migration) कहते हैं। दूसरा वह है जिसमें प्रवासी अपने ग्रामीण आधार पर मंडराते रहते हैं और बार बार प्रवास करते हैं—या तो उसी क्षेत्र में या अलग क्षेत्र में—इसको चक्रीय प्रवास (circulatory migration) कहा गया है। कुछ लोग ऐसे भी होते हैं जो स्तरीय अवस्था में छोटे से बड़े शहरों में प्रवास करते हैं, इसको क्रमिक प्रवास (step-migration) कहते हैं। मेरी चैटर्जी (Mary Chaterjee, 1971) ने कहा है कि प्रवास का स्थायित्व मूल स्थान से दूरी और साथ ही व्यवसायी स्तर का कार्य है। मूल स्थान से दूरी जितनी अधिक होगी, उन प्रवासियों की संख्या उतनी ही अधिक होगी जो शहरों में अपना ठहराव अस्थाई मानते हैं। उच्च पेशों में संलग्न प्रवासियों की अपेक्षा निम्न-प्रतिष्ठा वाले पेशों में संलग्न प्रवासी शहरों में अपने ठहराव को अधिक अस्थाई मानते हैं।

ग्रामीण क्षेत्रों से शहरी क्षेत्रों को प्रवसन कुछ स्वरूप अपनाता है। एक, यह शहरी छोर की ओर 'खिंचाव' (pull) कारकों पर और ग्रामीण छोर पर 'धकेलने' (push) कारकों पर निर्भर करता है। इस प्रकार, कटाई के मौसम में बिहार से पंजाब को कृषि श्रमिकों का प्रवसन इसी प्रकार का होता है। फिर एक और प्रवसन है जो ग्रामीण निर्धनता और शहरों में काम प्राप्ति के अवसरों के कारण पैदा होता है। उत्तर प्रदेश तथा बिहार से अन्य राज्यों को बच्चों और प्रौढ़ों का काम के लालच में प्रवसन इसी 'खिंचाव' प्रकार का है।

सहकारी सम्बन्धों और कार्यात्मक निर्भरता के साथ ही शहरी और ग्रामीण क्षेत्रों के बीच संघर्ष और टकराव भी होते हैं। संघर्षों को प्राथमिक या द्वैतियक, स्पष्ट (manifest) या अव्यक्त (latent), निरन्तर (continuous) या सांयोगिक (episodic) रूप में वर्गीकृत किया गया है। परन्तु ग्रामीण-नगरीय संघर्ष स्पष्ट नहीं होते और खुली हिंसा में नहीं फूटते हैं। उनका आदि और अन्त का निर्धारण करना कठिन है। हंस नागपाल (Hans Nagpal, वही : 158-159) ने इसके लिए तीन कारक बताए हैं जो ग्रामीण लोगों में शहरी लोगों के प्रति संघर्ष या टकराव को प्रोत्साहन देते हैं। ये हैं: विपरीत परिस्थितिकीय उप-संस्कृतियां, आधुनिकीकरण, और शहरी पूर्वाग्रह।

विपरीत परिस्थितिकीय उपसंस्कृतियों का अर्थ है कि ग्रामवासियों के प्राकृतिक वातावरण नगरवासियों के कृत्रिम वातावरण से भिन्न होते हैं। ग्रामीण कार्य मौसमों और ऋतुओं से निर्धारित होता है जबकि शहरी कामकाज पूर्वानुमति दशाओं के भीतर किया जाता है। दोनों ही क्षेत्र एक प्रकार से अलग-अलग अपनी उप-संस्कृतियों का विकास कर लेते हैं जिनसे आगे चलकर व्यक्तित्वों और सामाजिक संस्थाओं का स्वरूप बनता है। यद्यपि संख्यात्मक रूप से ग्रामवासी नगरवासियों से अधिक हैं, फिर भी शहरी लोग जीवन के अधिकतर क्षेत्रों में आमतौर पर अपना वर्चस्व रखते हैं। आर्थिक क्षेत्र में भी शहरी लोगों का रहन-सहन का स्तर अच्छा होता है। इसलिए शहरी लोग ग्रामीणों पर आर्थिक और राजनैतिक दृष्टि से अपना अधिकार जमाते हैं।

आधुनिकीकरण का कारक भी संघर्षों को प्रोत्साहित करता है। आधुनिकीकरण कार्यक्रम के अन्तर्गत भारत सरकार ने गत पाँच दशकों में पंचवर्षीय योजनाओं, सामाजिक विधानों, कृषि सुधारों, अस्पृश्यता निवारण, जनसंख्या नियंत्रण और वितरणीय न्याय आदि के रूप में अनेक योजनाएँ चलाई हैं। इन आधुनिकीकरण कार्यक्रमों के चार महत्त्वपूर्ण परिणाम इस प्रकार हुए हैं : (1) नगरीकरण की प्रगति और नगरीय क्षेत्र में शक्ति का केन्द्रीकरण (2) राजनैतिक लोकतन्त्रीकरण (3) जाति व धर्म पर आधारित परम्परागत संस्थात्मक संरचना का कमजोर होना और (4) बढ़ती आकाक्षांओं की क्रान्ति का विस्तृत उदय (Hans Nagpal, op. cit., : 160-161)। गाँवों में दूर-दूर तक शहरी जीवनशैली का विलय हो रहा है, अधिक से अधिक लोक ग्रामीण क्षेत्रों से शहरी क्षेत्रों की ओर जा रहे हैं, ग्रामीण क्षेत्र से युवा पुरुष अधिक से अधिक बाहर जा रहे हैं, ग्रामीण परिवार स्त्री प्रधान हो रहा है, तथा शहरी-ग्रामीण सम्पर्कों में वृद्धि हो रही है। ग्रामीण लोग शहरवासियों द्वारा भोगी जाने वाली सुख सुविधाओं से ईर्ष्या करते हैं। सम्पर्कों में वृद्धि से नगरवासियों और ग्रामवासियों के बीच टकराव और संघर्षों को अधिक से अधिक प्रोत्साहन मिलता है। राजनैतिक लोकतान्त्रीकरण ने नये तनाव पैदा कर दिये हैं क्योंकि भू-स्वामित्व और जाति के आधार पर अर्जित नेतृत्व के परम्परागत स्वरूप नये प्रकार के नेतृत्व को जन्म दे रहे हैं जो औपचारिकतावाद (formalism) और चुनाव पर आधारित हैं। स्त्रियों की बढ़ती हुई भागीदारी ने भी कुछ संघर्ष, तनाव व खिंचाव पैदा किये हैं। यद्यपि जाति प्रथा की कठोरताएँ कम हो गई हैं, फिर भी राजनीति को प्रभावित करने में जाति का कारक महत्त्वपूर्ण होता जा रहा है। आधुनिकीकरण कार्यक्रमों के क्रियान्वयन ने परम्परागत संस्थाओं (जाति, परिवार और धर्म) को ग्रामीण क्षेत्रों की अपेक्षा शहरी क्षेत्रों में अधिक कमजोर करना शुरू कर दिया है। निम्न जाति समूह आज के राजनैतिक जीवन में दवाब समूह बन गए हैं। लोगों की बढ़ती हुई आकांक्षाओं ने भी आन्दोलनों तथा विरोधों को जन्म दिया है।

अन्तिम, *शहरी पूर्वाग्रह* भी ग्रामीण और नगरीय क्षेत्रों में संघर्ष का स्रोत है। आय में असमानता, व्यवसायिक गतिशीलता के लिए अवसर और जीवन स्तर को ऊँचा उठाना भी ग्रामीण लोगों के मन में शहरी लोगों के प्रति पूर्वाग्रह पैदा करते हैं। यद्यपि सरकार ने कृषि विकास, ग्रामीण पुनर्निर्माण, और गरीबी उन्मूलन कार्यक्रमों को बल दिया है किन्तु व्यवहार में ग्रामीणों की दशा में कोई अधिक सुधार नहीं हुआ है। ग्रामीण लोग इस बात से भी अभिनत (biased) रहते हैं कि ग्रामीण क्षेत्रों के लिए निर्धारित धन को नगरीय आधारभूत संरचना, शिक्षा, स्वास्थ्य, मकान, और यातायात सुविधाओं आदि के लिए खर्चा कर दिया जाता है। कुछ लोग शहरी अभिनति को मानसिक स्थिति कहते हैं, परन्तु सत्य यह है कि इससे संघर्ष और तनाव पैदा होते ही हैं।

सामान्यतः अनुसन्धानकर्ता गाँवों में उस समायोजन का अध्ययन करते हैं जो कस्बों और शहरों में परिवर्तनों के कारण (गांवों को) करने पड़ते हैं। लेकिन विक्टर डिसूजा ने ग्रामीण क्षेत्रों में हो रहे परिवर्तनों और शहरी केन्द्रों पर उनके प्रभावों का अध्ययन किया है। उन्होंने कस्बों और शहरों के कार्यों में और उस व्यापार और वाणिज्य में जो शहरों में वृहत पैमाने पर पाया जाता है, अधिक परिवर्तन देखा।

दूसरी ओर बी.आर.चौहान (1970) और एन.आर.सेठ (1969) जैसे विद्वानों ने देखा

कि शहर और गाँव के लोगों के बीच सार्थक और घनिष्ट अन्तर्क्रिया का अभाव है। एन.आर. सेठ ने तो भारत में ग्रामीण और शहरी समुदायों को अलग करने वाले सामाजिक, राजनैतिक और आर्थिक अन्तर की ओर भी संकेत किया है। इस अलगाव के होते हुए भी दो अलग समुदायों के बीच घनिष्ट और पूरक सम्बन्ध सामान्य और वांच्छित माने जाते हैं। शहर और कस्बा अधिकतर अपने चारों ओर के ग्रामीण समुदाय के लिए सेवा का कार्य करते हैं। एल.क़े.सेन (1971) ने दर्शाया है कि कस्बे और शहर की तरह एक बड़ा गाँव भी आस-पास के शहरों या कस्बों तथा छोटे गाँवों के लिए केन्द्रीय स्थल का कार्य करता है।

क्या भारतीय समाज 'ग्रामीण' से 'नगरीय' होता जा रहा है ?
(Is Indian Society Moving from Rural to Urban ?)

'ग्रामीण' व 'नगरीय' शब्दों के बजाय यदि हम पारसन्स के 'परम्परागत' और 'आधुनिक' शब्दों का प्रयोग करें, तो हम उसके बताए परिवर्ती प्रतिमानों (pattern variables) का प्रयोग कर सकते हैं और इस प्रकार दो समाजों में अन्तर कर सकते हैं। परम्परागत समाज की विशेषताएँ हैं : प्रदत्त रोपण (ascription) (जन्मजाति प्रस्थिति), *भूमिका विस्तार* (role diffuseness) (विस्तृत सम्बन्ध), विशिष्टतावाद (particularism) (प्रत्येक व्यक्ति दूसरों से निजी तरीके से व्यवहार करता है), *भावात्मकता* (affectivity) (भावनाओं की सन्तुष्टि), और सामूहिक उन्मुखता (collective orientation) (हितों में भागीदारी)। आधुनिक समाज की विशेषताएँ हैं : उपलब्धिता (achievement) (व्यक्ति के प्रयत्नों से अर्जित प्रस्थिति), *भूमिका विनिर्दिष्टता* (role specificity) (विशेष उद्देश्य के लिए विकसित सम्बन्ध), सार्वभौमिकता (universalism) (एक से नियम सब पर समान रूप से लागू), *भावपरक निरपेक्षता* (affective neutrality) (नियंत्रित भाव), और *आत्मोन्मुखता (self-orientation) (निजी हित का महत्त्वपूर्ण होना)। अतः स्तरीय (graded)* ग्रामीण-नगरीय निरन्तरता के अर्थ में विचार करना सार्थक है जिसके उपरोक्त स्वरूप भिन्नताएँ चरम बिन्दु हैं। भारत में ये विशेषताएँ ग्रामीण और शहरी दोनों क्षेत्रों में मिली-जुली दिखाई देतीं हैं। क्योंकि ग्रामीण समुदायों में शहरी व शहरी समुदायों में ग्रामीण विशेषताएँ हैं, तो यह कहना तर्कहीन होगा कि भारतीय समाज 'ग्रामीण' से 'शहरी' होता जा रहा है।

नगरीय सामाजिक संगठन : निरन्तरता एवं परिवर्तन
(Urban Social Organisation : Continuity and Change)

नगरीय सामाजिक संगठन का दो स्तर पर विश्लेषण किया जाना आवश्यक है : (i) वह परिवर्तन का स्तर जिसके अन्तर्गत परिवार, जाति व नातेदारी प्रथाएं और धार्मिक मूल्य परिवर्तित हो रहे हैं और (ii) ग्रामीण सामाजिक संगठन से इसकी तुलना व अन्तर। यदि हम दूसरे पक्ष को पहले लें तो यह कह सकते हैं कि जहाँ ग्रामीण सामाजिक संगठन जाति पर आधारित हैं, वहीं शहरी सामाजिक संगठन वर्ग पर आधारित हैं। विक्टर डिसूजा (ICSSR Report, 1985 : 161) ने भी कहा है : "शहरी सामाजिक संगठन वर्ग-आधारित और धर्म निरपेक्षोन्मुख (secular-oriented)" है। परन्तु विल्यम एल. रोवे (William L Rowe,

1973), डैविड एस. डेकिन (David S. Daykin) और ब्राडले.आर.हरताल (Bradley R. Hertal, 1978) जैसे विद्वानों का मानना है कि जाति, नातेदारी और धर्म का भारत के नगरीय समुदाय पर आज भी वर्चस्व बना हुआ है। इस स्तर पर ग्रामीण और शहरी समुदायों में परिवर्तन निवास स्थान के कारण नहीं है, बल्कि सामाजिक-आर्थिक प्रस्थिति में परिवर्तन के कारण है। एस.पी.जैन ने (1971) उत्तर प्रदेश के एक कस्बे के अध्ययन के आधार पर कहा है कि हिन्दुओं और मुसलमानों में परम्परागत जाति श्रेणीबद्धता अभी भी जारी है। सिलवीया वतुक (Silviya Vatuk, 1973) ने भी उत्तर भारत के एक कस्बे में प्रवासियों के एक अध्ययन के आधार पर कहा है कि प्रवासियों में नातेदारी का महत्व आज भी जारी है। मेरी चैटर्जी (Mary Chatterjee, 1974) और एम.एफ. खान (1976) ने कहा है कि नातेदारी सामाजिक संगठन का प्रथम सिद्धान्त है। शहरों और कस्बों में सामाजिक संगठन की परम्परागत विशेषताएं, खासतौर पर धार्मिक अवसरों पर, स्पष्ट झलकती हैं। मिल्टन सिंगर (1988) ने संकेत किया है कि शहरी और औद्योगिक परिवेश में भारतीय परम्परागत संयुक्त परिवार आज भी विद्यमान है। शहरी क्षेत्रों में जाति और राजनीति के बीच सम्बन्धों पर अनेक अध्ययनों ने दर्शाया है कि वोट लेने के लिए राजपूत, नादर, जाट, रेड्डी, ब्राह्मण, यादव, आदि द्वारा जाति का प्रयोग किया गया है। दूसरी ओर, कुछ जातियों ने सामाजिक गतिशीलता के लिए शहरों में राजनीति का प्रयोग किया है। अतः सामाजिक संगठन के परम्परागत सिद्धान्तों में अर्थात् जाति व नातेदारी प्रथाओं के कार्य करने में तथा धार्मिक मूल्यों के महत्त्व को मानने में निसन्देह निरन्तरता विद्यमान है।

परन्तु शहरी क्षेत्रों में जाति और नातेदारी के कार्य करने में भी कुछ परिवर्तन आए हैं। शहरी क्षेत्रों में लोगों के बीच दिन प्रतिदिन अन्तर्क्रिया में न तो जाति, और न ही धर्म को कोई महत्व दिया जाता है। उदाहरण के लिए, विभिन्न अवसरों पर सामाजिक और आर्थिक सहायता के लिए लोग जाति और नातेदारों की अपेक्षा पड़ौसियों, परिचितों और दफ्तर के सहयोगियों पर अधिक निर्भर करते हैं।

नगरीकरण और परिवार (Urbanisation and Family)

परिवार संरचना पर नगरीकरण का प्रभाव एम.एस. गोरे, एलिन रास, के.एम.कापड़िया और आई.पी. देसाई जैसे विद्वानों द्वारा बताया गया है। नगरीकरण न केवल परिवार संरचना को प्रभावित करता है, बल्कि परिवार के अन्तर्परिवारिक सम्बन्धों के साथ-साथ परिवार द्वारा किए जाने वाले कार्यों को भी प्रभावित करता है। आई.पी.देसाई (1964) ने गुजरात के एक छोटे कस्बे (महुवा) में परिवार के अध्ययन में पाया कि परम्परागत संयुक्त परिवारों (अर्थात निवास, अधिकार, सम्पत्ति और तीन सदस्यों से अधिक पीढ़ियां) के स्थान पर प्रकार्यात्मक (functional) संयुक्त परिवार आ रहे हैं, परिवार का आकार छोटा हो रहा है और नातेदारी सम्बन्ध दो या तीन पीढ़ियों तक ही सीमित हो गए है। कापड़िया (1959) ने गुजरात में 'ग्रामीण' और शहरी परिवारों के तुलनात्मक अध्ययन में पाया कि ग्रामीण समुदाय में संयुक्त परिवारों का अनुपात वही है जो एकल परिवारों का (497 : 503) है; शहरी समुदाय में एकल परिवारों की अपेक्षा संयुक्त परिवार अधिक है, और उनका अनुपात प्रत्येक तीन संयुक्त परिवारों के लिए दो एकल परिवार है। रास ने 1957 में बंगलौर के मध्यम और उच्च हिन्दू

परिवारों के अपने अध्ययन में पाया कि परिवार के ढाँचे और आकार में परिवर्तन के साथ-साथ दूर के नातेदारों से सम्बन्ध कमजोर हुए हैं या टूटे भी हैं। एम.एस. गोरे (1969) ने नगरीकरण के कारण परिवार में कम परिवर्तन देखे हैं।

नगरीकरण और जाति (Urbanisation and Caste)

जहाँ तक जाति पर नगरीकरण के प्रभाव का प्रश्न है, रामू (1975), हेमलता आचार्या (1976) और डी.ए. चेक्की (1974) ने जाति और नातेदारी सम्बन्धों में परिवर्तन और निरन्तरता दोनों की ओर संकेत किया है। शहर का व्यक्ति न केवल जाति से अपनी प्रस्थिति को प्राप्त करता है बल्कि अन्य विचारों से भी। वृहत् दृष्टिकोण से यह कहना गलत न होगा कि नगरीकरण के साथ-साथ जाति पहचान समाप्त होती जाती है। शहर के लोग ऐसे सम्बन्धों में भाग लेते हैं जिनमें अनेक जातियों के लोग होते हैं। रजनी कोठारी के अनुसार विशिष्टापरक (particularistic) निष्ठाओं की संरचना के स्थान पर सामाजिक और राजनैतिक भागीदारी की अधिक परिष्कृत (sophisticated) व्यवस्था मिलती है जिसमें निष्ठाओं में सहदृश्य काट (cross-cutting) पायी जाती है। आन्द्रे बेतेइ (1966: 209-10) ने कहा है कि पश्चिमीकृत अभिजात वर्ग में जाति बन्धनों की अपेक्षा वर्ग बन्धन अधिक मजबूत होते हैं।

कभी-कभी किसी जाति के कुछ शिक्षित व आधुनिक व्यवसायों में लगे व्यक्ति स्वयं को एक दबाव समूह (pressure group) के रूप में संगठित कर लेते हैं। फल यह होता है कि राजनैतिक और आर्थिक संसाधनों (resources) को प्राप्त करने के लिए एक जाति समिति (association) अन्य दबाव समूह के साथ एक निगमित संघ (Corporate body) के रूप में प्रतिस्पर्धा में आ जाती है। इस प्रकार के संगठन नये प्रकार की एकता दर्शाते हैं। ये प्रतिस्पर्धी इकाइयाँ जाति संरचना की अपेक्षा सामाजिक वर्ग की तरह काम करती हैं।

आज एक और परिवर्तन दृष्टिगत होता है और वह है उपजातियों का आपस में और जातियों का आपस में सम्मिश्रण (fusion)। कोलेण्डा (Kolenda, 1984 : 150-51) ने तीन प्रकार का सम्मिश्रण बताया है : (i) विभिन्न जातियों और उपजातियों के लोग अपने कार्यस्थलों में और शहरों में नये पड़ौस में मिलते हैं। वे लगभग एक ही दर्जे के होते हैं। पड़ौस या कार्यालय समूह में निष्ठा का विकास होता है। बड़े शहरों में सरकारी कालोनियों में यह आमतौर पर देखा जा सकता है; (ii) अन्तः उप-जातीय विवाह हो रहे हैं जिससे उप-जातियों की एकरूपता बढ़ रही है। ऐसा इसलिए है क्योंकि कई बार शिक्षित कन्या के लिए उस उपजाति का यथेष्ठ शिक्षित वर मिलना कठिन होता है लेकिन पड़ौस की उपजाति में मिल सकता है; और (iii) लोकतान्त्रिक राजनीति उप-जातियों और आसपास की जातियों के मेल या एकरूपता लाने में सहायक होती है। तमिलनाडु की द्रविड़ मुनेत्र कषगम और अन्ना द्रमुक पार्टियाँ एक उदाहरण हैं जिनमें उच्च गैर ब्राह्मण जाति के सदस्य हैं।

शहरी लोग जाति प्रतिमानों का सख्ती से पालन नहीं करते। सहभोज सम्बन्धों, विवाह सम्बन्धों, सामाजिक सम्बन्धों, यहां तक कि व्यावसायिक सम्बन्धों में परिवर्तन आया है। बिहार में जाति प्रथा पर एक अध्ययन (नर्मदेश्वर प्रसाद) से स्पष्ट हुआ कि नगरीकरण जाति प्रथा की सभी विशेषताओं को समान रूप से प्रभावित करता है। इस अध्ययन में पाँच जातियों (ब्राह्मण, राजपूत, धोबी, अहीर और चमार) के 200 लोगों के अध्ययन के आधार पर

यह पाया गया कि सभी उत्तरदाताओं ने अपनी ही जाति में विवाह किया, यद्यपि शहरों में रहने वाले 20 प्रतिशत उत्तरदाता (ग्रामीण क्षेत्रों के 5% के विपरीत) अन्तर्जातीय विवाह के पक्ष में थे। जहाँ तक पेशे का सम्बन्ध है, शहर में एक भी उत्तरदाता परम्परागत जाति पेशे में नहीं लगा था यद्यपि ग्रामीण क्षेत्रों में 80% उत्तरदाता अपने परम्परागत धन्धे में लगे थे। इसी प्रकार शहरों में जातीय एकता इतनी मजबूत नहीं थी जितनी ग्रामों में। शहरों में जाति पंचायतें काफी कमजोर थीं। जी.एस. धूर्ये (1952), के.एम. कापड़िया (1959), ए.पी. बरनाबास, योगेंद्र सिंह, आर.के. मुकर्जी, एम.एन. श्रीनिवास, योगेश अटल और एस.सी. दुबे ने भी नगरीकरण के प्रभाव के कारण जाति प्रथा और अन्तर्जातीय सम्बन्धों में परिवर्तन की बात कही है।

नगरीकरण और महिलाओं की प्रस्थिति (Urbanisation and Status of Women)

शहरों में स्त्रियों की प्रस्थिति गाँवों की स्त्रियों से ऊंची है। शहरी स्त्रियाँ तुलनात्मक रूप से अधिक उदार और अधिक शिक्षित होती हैं। 1991 की जनगणना के अनुसार शहरी क्षेत्रों में 54 प्रतिशत स्त्रियाँ शिक्षित हैं जबकि ग्रामीण क्षेत्रों में केवल 25.1 प्रतिशत ही हैं। उनमें से कुछ धनोपार्जन का काम भी करती हैं। (16.5 प्रतिशत महिलाएँ 1993-94 में श्रम से सम्बन्धित थीं : *Manpower Profile*, 1998: 129)। अतः वे न केवल अपने आर्थिक, सामाजिक और राजनैतिक अधिकारों के प्रति जागरूक हैं परन्तु वे अपमान और शोषण से बचने के लिए इन अधिकारों का प्रयोग भी करती हैं। शहरों में विवाह योग्य लड़की की औसत आयु गांवों की अपेक्षा कहीं अधिक होती है।

परन्तु श्रम बाजार में स्त्रियाँ अभी भी सुविधा वंचित स्थिति में हैं तथा अभी भी उनके साथ भेदभाव किया जाता है और अवसर की समानता (रोजगार, प्रशिक्षण और पदोन्नति अवसरों में) का विरोध होता है। इस अर्थ में तो लिंग के आधार पर विभाजित श्रम बाजार में परिवर्तन संभव नहीं है जिसकी संरचना बताती है कि स्त्रियों की जीवनवृति (career) असातंत्य (discontinuity) वाली होती है जबकि सामान्य पुरुष कार्य के स्वरूप में निरन्तरता अधिक होती है। लिंग के आधार पर अलग किए गए श्रम बाजार में प्रतिबन्धों के कारण स्त्रियाँ चुने हुए व्यवसायों में अधिक संख्या में आती हैं जिनकी प्रस्थिति निम्न और मजदूरी भी कम होती है। सामान्यतः स्त्रियाँ अध्यापन, नर्सिंग, सामाजिक कार्य, सचिव का कार्य और लिपिकीय कार्य को वरीयता देती हैं। इन सभी व्यवसायों में निम्न प्रस्थिति और निम्न मानदेय होता है। वे स्त्रियाँ भी जो पेशेवर शिक्षा की कठिनाई को पार कर लेती हैं, सुविधा वंचित स्थिति में रहती हैं क्योंकि वे व्यवसाय की माँग की प्रतिस्पर्धा और अपने घर दोनों में समझौता करने में कठिनाई अनुभव करती हैं।

स्त्रियों के लिये अकेला रहना या विवाह के साथ-साथ जीवनवृत्ति (career) में लगा रहना कठिन होता है। इस सामान्य अपेक्षा के अलावा कि स्त्रियों को गृहिणी (housewife) होना चाहिए, यह देखा गया है कि जब कभी आवश्यकता पड़ती है, स्त्रियों को अपनी जीवनवृत्ति को बलिदान करना पड़ता है। इस प्रकार अपनी जीवन वृत्ति के साधन को अपने पति की वृत्ति के आधीन मानना पड़ता है। इससे बहुधा स्त्रियों में कुण्ठा पैदा होती है जिससे कई स्त्रियों में मानसिक बीमारी भी पैदा होती है। परन्तु ग्रामीण स्त्रियों को ऐसी समस्या का

सामना नहीं करना पड़ता।

यह भी पाया गया है कि भारत के नगरों में लड़कियों में उच्च शिक्षा का स्तर छोटे आकार के परिवार में मिलता है। यद्यपि स्त्रियों की शिक्षा से विवाह की आयु में वृद्धि तथा जन्म दर में कमी हुई है, लेकिन इससे दहेज के साथ परम्परागत तयशुदा (arranged) विवाह के स्वरूप में कोई क्रान्तिकारी परिवर्तन नहीं हुआ है। मार्गरेट कारमैक (Margaret Cormack, 1961 : 109) ने विश्विद्यालय के 500 छात्रों के अपने अध्ययन में पाया कि लड़कियाँ कालेज जाना और लड़कों से मिलना-जुलना चाहती थीं लेकिन वे यह भी चाहती थीं कि उनका विवाह उनके माता-पिता तय करें। लड़कियाँ नये अवसर तो चाहतीं हैं लेकिन सुरक्षा भी चाहती हैं। वे अपने नव स्वतंत्रता का भोग भी करना चाहतीं है लेकिन साथ-साथ पुराने मूल्यों को भी जारी रखना चाहतीं हैं।

तलाक और पुनः विवाह दो नयी घटनाएँ हैं जो शहरी स्त्रियों में अधिक मिलती हैं। आज स्त्रियाँ कानूनी तलाक में अधिक पहल करती हैं, यदि वे विवाह के बाद समायोजन असम्भव देखती हैं। केवल देहली में ही प्रति सप्ताह 20 दम्पत्ति अपने जीवन साथी से तलाक के लिए मुकदमें दायर करती हैं। जनवरी और मई, 1999 के बीच पाँच महीनों में लगभग 2,000 तलाक के मामले दिल्ली के न्यायालयों में दर्ज कराये गये थे (*The Hindustan Times*, June, 12, 1999)। बड़ी बात यह है कि बड़ी संख्या में स्त्रियों द्वारा मानसिक उत्पीड़न और बेमेल विवाह होने के आधार पर तलाक के लिए याचिका दायर कराई जाती है।

राजनैतिक दृष्टि से भी शहरी स्त्रियाँ आज अधिक सक्रिय हैं। चुनाव लड़ने वाली स्त्रियों की संख्या हर स्तर पर बढ़ी है। वे महत्त्वपूर्ण पदों पर आसीन हैं और उनकी विचारधारा भी स्वतंत्र हैं। इस प्रकार यह निष्कर्ष निकाला जा सकता है कि जहां ग्रामीण स्त्रियाँ आर्थिक और सामाजिक दोनों प्रकार से पुरुषों पर आज भी निर्भर हैं वहीं शहरी स्त्रियाँ अधिक आत्म निर्भर हैं और अधिक स्वतंत्रता का आनन्द उठाती हैं।

इस प्रकार यह कहा जा सकता है कि अगर हम अशीश नन्दी (1975) जैसे उन विद्वानों के विचारों को स्वीकार भी करें जिन्होंने शहरी सामाजिक संगठन के बन्धनों के स्थान पर नये आयामों की चर्चा की है, फिर भी हम शहरी परिवेश में परिवार, जाति, नातेदारी व धर्म के कार्य प्रणाली के परम्परागत पक्ष की मौजूदगी की अवहेलना नहीं कर सकते।

नगरीय समुदायों में स्तरीकरण और सामाजिक गतिशीलता
(Stratification and Social Mobility in Urban Communities)

भारतीय सामाजिक स्तरीकरण की विशेषता जाति और वर्ग है। नगरीकरण और औद्योगीकरण ने स्तरीकरण प्रणाली को गतिशीलता प्रदान की है। विक्टर डिसूजा (1978) ने माना है कि जाति और सामाजिक गतिशीलता में परिवर्तन लाने में औद्योगीकरण की भूमिका को बहुत अधिक बल दिया गया है। शहरी क्षेत्र सामाजिक गतिशीलता के लिए अधिक अवसर प्रदान करते हैं लेकिन क्या शहरों में जातियां अपनी सामाजिक परिस्थितियों को ऊँचा उठाने में सफल होती हैं ? जेम्स फ्रिमैन (James Freeman) ने 1974 में एक शहरीकृत हिन्दू गाँव

के अपने अध्ययन में और श्यामलाल ने 1975 में राजस्थान में जोधपुर के निकट भंगियों के अध्ययन में जाति प्रथा में गतिशीलता नहीं पाई। इसके विपरीत शहरी क्षेत्रों में निम्न जाति के लोगों ने अपने परम्परागत विशेषाधिकारों और कर्त्तव्यों को बनाए रखने में अधिक झुकाव का संकेत दिया है। दूसरा दृष्टिकोण यह है कि आज के युग में व्यक्ति की व्यावसायिक प्रतिष्ठा अधिकतर उसकी शिक्षा पर निर्भर है। जितनी ऊँची शिक्षा होगी उतनी ही ऊँची व्यावसायिक प्रतिष्ठा प्राप्त करने की सम्भावना होती है। क्योंकि शहरी समुदाय अच्छे शैक्षिक अवसर प्रदान करते हैं इसलिए यहाँ प्रस्थिति गतिशीलता के अवसर भी अधिक होते हैं। परन्तु राजेन्द्र पान्डे (1974) ने शहरी व ग्रामीण कालेज युवकों की व्यावसायिक आकांक्षाओं के अन्तर में अपने तुलनात्मक अध्ययन में निष्कर्ष निकाला कि शहरी और ग्रामीण समाजों के संरचनात्मक आधार युवाओं की आकांक्षाओं, इच्छाओं, और मूल्यों में कोई भेद नहीं करते और तद्नुसार शहरी और ग्रामीण युवा विभिन्न प्रकार की वृत्तियों (jobs) को प्राप्त करने की इच्छा रखते हैं।

यद्यपि जाति व्यवस्था गतिशीलता को स्वीकार करती है, लेकिन जाति श्रेणीक्रम में सम्पूर्ण समूह अपनी स्थिति बदल लेता है। लिंच (Lynch, 1969), हार्डग्रेव (Hardgrave, 1970) और अशीश नन्दी जैसे विद्वानों ने संकेत दिया है कि जाटवों, नादरों, और महिषों के ऐसे अनेक उदाहरण हैं जहां नगरीकरण और औद्योगीकरण ने सामाजिक गतिशीलता का समर्थन किया है। सतीश सब्बरवाल (1976) ने पंजाब में बढ़ई जाति के रामगढ़ियाँ लोगों में ऊर्ध्वमुखी (upward) गतिशीलता की चर्चा की है।

नृजातीय विविधता और सामुदायिक एकीकरण
(Ethnic Diversity and Community Integration)

चुनिन्दा प्रकार के लोग ही क्योंकि शहरी क्षेत्रों की ओर प्रवास करते हैं, शहरी समुदायों में भी कुछ नृजातीय अल्पसंख्यक होते हैं। यह शहरी सामाजिक संरचना में उनके एकीकृत होने की समस्या पैदा करता है। इस परिप्रेक्ष्य में डिसूजा ने दो विद्वानों के अध्ययनों का सन्दर्भ दिया है—एक 1978 में पूना में के.एस.नैयर के अध्ययन का और दूसरा ऐन्ड्री मेनेफी सिंह (Andrea Menefe Singh) का। इन दोनों ने ही श्वेतवसन व्यवसायी दक्षिण भारतीय ब्राह्मणों के एकीकरण का अध्ययन किया। दोनों ही अध्ययनों में यह पाया गया कि प्रव्रजकों ने स्थानीय सदस्यों की जीवनशैली को नहीं अपनाया बल्कि इसके विपरीत अपने पृथक निवास स्थानों में अपने निजी समुदायों की दशाओं का दक्षिण भारतीय सेवाओं, संस्थाओं और संघों की स्थापना करके निर्माण कर लिया। इसी प्रकार की एकीकरण की प्रक्रिया हम बंगालियों, पंजाबियों, केरल वासियों, तमिलों, महाराष्ट्रियों और कश्मीरियों में भी देख सकते है जो अपने मूल नगरों से दूसरे राज्यों के नगरों में जाकर बस जाते हैं। वे न केवल अपने संघ (associations) बना लेते हैं बल्कि विशेष अवसरों पर एक दूसरे से मिलते भी हैं जहाँ वे अपनी सामाजिक प्रथाओं का पालन करते हैं। बी.पुनेकर (B. Punekar, 1974) ने भी बैंगलौर नगर में उत्तर भारत से आए लोगों के बीच एकीकरण की यही प्रक्रिया पायी। पुनेकर, सिंह और नैयर ने एक नगर में रहने वाले भिन्न-भिन्न नृजातीय समूहों के बीच सम्बन्धों के विश्लेषण में परस्पर उदासीनता और विघ्न न डालने की प्रवृत्ति (non-interference) को

विरल (rare) देखा। कुछ मामलों में ही उन्हें आक्रामकता (hostility) दिखाई दी। एम.एस.गारे (1970) ने मुम्बई में अपने अध्ययन में पड़ौसियों के साथ सम्बन्धों में आक्रामक रूख देखा जहाँ महाराष्ट्रियों ने अपने उन पड़ौसियों के साथ नकारात्मक रूख का प्रदर्शन किया जो अन्य क्षेत्रों से आए थे। परन्तु महाराष्ट्रीय लोग शिव सेना सैनिकों के आदर्शों से इतने अधिक प्रभावित हैं (महाराष्ट्र महाराष्ट्रियों के लिए) कि यह नहीं कहा जा सकता कि इसी प्रकार की विचारधारा देश के अन्य भागों में विभिन्न नृजातिय समूहों के बीच सम्बन्धों को निर्धारित करती है। शहरों में विभिन्न नृजातीय समूहों के समायोजन के प्ररूपी (typical) स्वरूप सामंजस्य (accommodation) और सहिष्णुता (toleration) के स्वरूप होते हैं।

नगरीय पड़ौस (Urban Neighbourhood)

समाजशास्त्रियों ने पड़ौस को प्राथमिक समूह कहा है जिसके सदस्य एक दूसरे के साथ घनिष्ट और निकट सम्बन्ध रखते हैं। लेकिन नगरीकरण ने पड़ौसी सम्बन्धों को इस प्रकार प्रभावित किया है कि पड़ौसी एक दूसरे को जानते भी नहीं हैं, सामाजिक अन्तर्क्रिया और निकट सम्बन्धों की तो बात ही क्या है। पड़ौसी सम्बन्धों पर किए गए एम.एस. गोरे के अध्ययन के अतिरिक्त 1977 में सुभाष चन्द्रा ने उत्तर प्रदेश के कानपुर शहर में पड़ौस में सामाजिक सहभागिता (participation) के स्तर (level) का अध्ययन किया था उन्होंने पाया कि पड़ौसी अन्तर्क्रिया में उच्च स्तरीय अनौपचारिकता होती है। हरिश दोषी ने 1974 में अहमदाबाद में पड़ौसियों के अपने अध्ययन में परम्परागत पड़ौस को दृढ़ता के साथ-साथ बदलते परिवेश के साथ अनुकूलन भी देखा। निरंजन पंथ ने 1978 में अपने अध्ययन में पाया कि पड़ौस में उच्च सामाजिक-आर्थिक प्रस्थिति के लोग सामुदायिक मामलों तथा पड़ौस की मांगों और आवश्यकताओं को अभिव्यक्त करने में अधिक सक्रिय होते हैं।

नगर के आन्तरिक भागों में रहने वालों का विश्लेषण यह दर्शाता है कि आय, शिक्षा और व्यवसाय जैसे सन्दर्भों में उसी पड़ौस में रहने वाले लोग बिल्कुल भिन्न जीवन व्यतीत करते हैं। पड़ौस में रहने वालों को कई समूहों में विभक्त किया जा सकता है : आप्रवासी (immigrants), पेशेवर, छात्र, बुद्धिजीवी, व्यापारी, नौकरी पेशा वाले, कम शिक्षित, उच्च शिक्षित और मध्यम तथा धनी वर्ग के सदस्य। ये विविध सामाजिक वर्ग यद्यपि निकट भौतिक सन्निध्य (proximity) में रहते हैं, फिर भी सामाजिक रूप से वे विभिन्न जगत में रहते हैं। उच्चवर्गीय सदस्य निम्नवर्गीय सदस्यों से थोड़ी ही दूरी पर रह सकता है, लेकिन अपने धन, शक्ति और विशेषाधिकारों के कारण उनसे अलग-थलग पड़ जाता है। इसी प्रकार के अन्तर भिन्न वर्ग के लोगों के बीच भी देखे जा सकते हैं जो शहरों में नव विकसित बड़ी कालोनियों में रहने आते हैं। उनके घर अलग न भी हों लेकिन सामाजिक दृष्टि से वे स्पष्ट और अलग जीवन व्यतीत करते हैं। वहाँ रहने वाले धनी लोग अपने को स्थानीय समुदाय का हिस्सा नहीं मानते। उच्च वर्ग के सदस्य परस्पर एक दूसरे को जानते हैं लेकिन अन्य केवल उनके बारे में ही जानते हैं। कभी-कभी मध्यम वर्गीय लोग शहरों में श्रमिक क्षेत्रों में सम्पत्ति क्रय करते हैं। इस प्रकार की प्रक्रिया को 'कुलीनीकरण' (gentrification) कहते हैं। इससे निवासियों में सामाजिक स्वरूप (patterns) की गुणवत्ता पर प्रभाव पड़ता है।

नगरीय समाज की समस्याएँ
(Problems of Urban Society)

शहरी समस्याएँ अनन्त हैं। प्रदूषण, भ्रष्टाचार, बेरोजगारी, अपराध, बाल अपराध, अधिक भीड़भाड़ और झुग्गी बस्ती, मादक पदार्थों का सेवन, शराब खोरी, और भिखारी उनमें से कुछ हैं। यहाँ हम कुछ महत्त्वपूर्ण समस्याओं का विश्लेषण करेंगे।

मकान और गन्दी बस्तियाँ (Housing and Slums)

शहर में मकान मिलना या बेघर समस्या का उन्मूलन एक गम्भीर समस्या है। सरकार, उद्योगपति, पूंजीपति, उद्यमी, ठेकेदार, और मकान मालिक, गरीब और मध्यम वर्ग लोगों की मकान की जरुरतों से तालमेल करने में असमर्थ रहे हैं। 1988 की संयुक्त राष्ट्र की रिपोर्ट के अनुसार (*The Hindustan Times*, 9 May, 1988), भारत के बड़े से बड़े नगरों में रहने वाली शहरी जनसंख्या का एक चौथाई और आधे के बीच भाग झोपड़ पट्टियों में रहता है। लाखों लोगों को अत्यधिक किराया, जो उनके साधनों से कहीं अधिक होता है, देना पड़ता है। हमारी लाभोन्मुख अर्थव्यवस्था में निजी भवन मालिक और कालोनी बसाने वाले लोग शहरों में गरीबों और मध्यम वर्गीय लोगों के लिए मकान बनाने में कम लाभ देखते हैं, और इसकी अपेक्षा वे धनी व उच्च मध्यमवर्गीय लोगों की मकान की आवश्यकताओं पर ध्यान केन्द्रित करने में लाभ समझते हैं। अतः उच्च किराए और कुछ उपलब्ध मकानों के लिए भीड़ इसका नतीजा होता है। लगभग आधी जनसंख्या खराब मकानों में रहती है या किराए पर अपनी आय के 20 प्रतिशत से अधिक देती है। कुछ राज्यों में हाउसिंग बोर्ड और नगर विकास प्राधिकरणों ने जीवन बीमा निगम, हुडको (HUDCO) और ऐसी ही एजेंसियों की सहायता से मकानों की समस्या का समाधान का प्रयत्न किया है। वे मकान की कुल लागत मासिक किश्तों में भी वसूल करते हैं जो 9 प्रतिशत से 12 प्रतिशत के बीच ब्याज की दर पर होती है। इस प्रकार शहरों में मकान आज भी रोटी और कपड़े के बाद सबसे बड़ी समस्या बनी हुई है।

नवीं पंचवर्षीय योजना के प्रारम्भ में मकानों की अनुमानित कमी लगभग तीन करोड़ की थी जिसमें से लगभग एक करोड़ तो शहरी क्षेत्रों के लिए ही चाहिए थे। 1999 तक यह कमी शहरी क्षेत्रों में लगभग 1.5 करोड़ इकाइयों की थी। केवल दिल्ली में ही जहां एक दशक में (1991 और 1999 के बीच) 0.62 से 0.93 करोड़ जनसंख्या वृद्धि तथा हर वर्ष 65,000 से 75,000 लोगों की वृद्धि हो जाती है, उन्हें नये घर प्रदान करने की आवश्यकता होती है। दिल्ली की लगभग 70 प्रतिशत जनसंख्या यू.एन.आई की रिपोर्ट के अनुसार, निम्न स्तरीय स्थितियों में रहती है। यदि केवल चार महानगरों को लें तो दिल्ली में कुल जनसंख्या का 44 प्रतिशत, मुम्बई में 45 प्रतिशत, कलकत्ता में 42 प्रतिशत और चेन्नई में 39 प्रतिशत लोग झोपड़ पट्टियों में रहते हैं। अन्य आठ महानगरों, बैंगलोर और जयपुर में भी दशा इससे अच्छी नहीं है। सरकारी प्रयत्नों के बावजूद भी, झोपड़ पट्टियों की जनसंख्या 2010 तक मकानों की समस्या और अभाव को भयावह बना देगी। गन्दी बस्तियों में जीवन दशाओं की विशेषताएँ हैं: अधिक भीड़, खराब वातावरण, स्वास्थ्य और परिवार कल्याण सेवाओं का अभाव, और मकानों की पूर्णरूपेण कमी। परिणामतः इन बस्तियों में रहने वाले लोगों की

दशाएँ ग्रामीण क्षेत्रों में रहने वाले लोगों की अपेक्षा कहीं अधिक खराब और दयनीय हैं।

भीड़ और निर्वैयक्तिकरण (Crowding and Depersonalization)

भीड़ (जनसंख्या घनत्व) और अन्य लोगों की समस्याओं के प्रति लोगों की उदासीनता की समस्याएँ (पड़ौसियों की समस्याओं सहित) एक और समस्या शहरी जीवन की उपज है। कुछ घर तो इतने अधिक भीड़-भाड़ वाले होते हैं कि उनमें एक कमरे में पाँच से छः व्यक्ति तक रहते हैं। कुछ शहरी पड़ौस बहुत अधिक भीड़ वाले होते हैं। अधिक भीड़ के खराब प्रभाव होते हैं। यह विचलित व्यवहार को प्रोत्साहन देता है, बीमारियाँ फैलाता है और मानसिक रोगों, शराबखोरी और साम्प्रदायिक दंगों के लिए स्थितियां पैदा करता है। घनी आबादी के शहरी जीवन का एक और प्रभाव है लोगों की उदासीनता। शहर के लोग दूसरे लोगों के मामलों में उलझना नहीं चाहते। कुछ ही लोग दुर्घटना, स्त्री उत्पीड़न, हमलों और यहां तक कि हत्या के मामलों में रुचि लेते हैं, लेकिन अन्य लोग मात्र दर्शक रहते हैं।

जल आपूर्ति और जल निकास (Water Supply and Drainage)

पानी की समस्या भारत में अति गम्भीर होती जा रही है। गुजरात और राजस्थान में तो सूखा इतिवृत्त (chronicle) है। पानी की कमी की समस्या न केवल दो-तीन राज्यों में है परन्तु अन्य प्रदेशों में भी यह ही स्थिति है। लगता है कि भविष्य में राजनीति को लेकर नहीं परन्तु पानी को लेकर ही विभिन्न राज्यों में विरोध बढ़ेगा। ताज्जुब यह है कि पृथ्वी के धरातल (surface) का एक-तिहाई हिस्सा पानी से ढका हुआ है और फिर भी निवासी प्यासे हैं। यह इसलिए कि कुल उपलब्ध पानी का केवल 2.5 प्रतिशत ही शुद्ध (fresh) पानी है। फिर इसका 0.26 प्रतिशत ही झीलों, नदियों आदि द्वारा उपलब्ध है। दूसरे शब्दों में जमीन पर कुल उपलब्ध पानी का केवल 0.007 प्रतिशत ही धारणीय (sustainable) आधार पर उपलब्ध है। (*The Hindustan Times*, April 22, 2000)। भारत 21 वीं शताब्दी में पहुँच चुका है और अब न्यूक्लीय शक्ति के रूप में उद्भमन हो कर विश्वव्यापी स्तर पर प्रमुख भूमिका निभाने जा रहा है। लेकिन व्यंग वाली बात यह है कि लोगों के बहुत बड़े भाग को इस देश में पानी की समस्या का सामना करना पड़ेगा। यह संकट आदमियों द्वारा निर्मित (man-made) है क्योंकि अधिकांश नदियाँ रसायनिक और औद्योगिक मलनिस्राव (effluent) से प्रदूषित हो गई हैं। फिर देश का दो-तिहाई शुद्ध पानी हर वर्ष वाष्पित (evaporate) होता है या समुद्रों में बह जाता है। हाल ही में यू.एन. आपत्ति स्थिति फण्ड (U.N. Emergency Fund) ने जमीन के पानी प्रदूषण, पानी के साधनों का कुप्रबन्धन, अपर्याप्त कानून और वर्तमान कानूनों का दोषपूर्ण रूप से कार्यान्वित करने को समकालीन भारत में पानी की कमी का कारण माना है। भारत में वर्षा से काफी पानी मिलता है। फिर भी देश के 56 लाख गाँवों में से आधे से अधिक को पर्याप्त और शुद्ध पानी की समस्या है। ग्रामीण विकास मंत्रालय के अनुसार देश में 70,000 वासस्थानों (habitations) (हर एक 50 परिवारों के साथ) को 1.6 किलोमीटर की परिधि (radius) में पानी के साधन की कमी है। सन् 2025 तक भारत की यह समस्या गुजरात, राजस्थान, हरियाणा, उत्तर प्रदेश, बिहार, तमिलनाडु आदि में गम्भीर हो जायेगी। यमुना नदी का पानी हर वर्ष 0.15 मीटर नीचे

होता जा रहा है। जब अन्य देशों में प्रति व्यक्ति 8,500 क्यूबिक मीटर पानी उपलब्ध है, भारत में यह केवल 2,200 क्यूबिक मीटर है जो 25 वर्ष बाद 1500 क्यूबिक मीटर ही रह जायेगा। देश के कुल पुनः नवीयन वाले (renewable) पानी की आपूर्ति 1869 क्यूबिक किलोमीटर ही है। पानी की कमी से कम वनस्पति (vegetation), अधिक वनोन्मूलन (deforestation), कम चारा (fodder), कम कृषि उत्पादन और अनुचित पोषणाहार (nutrition) की समस्याएँ बढ़ती हैं। इस समय झीलों और नदियों का 70 प्रतिशत पानी सिंचाई और प्रतिदिन की आवश्यकता के लिए उपयोग हो रहा है। गंगा नदी को साफ करने में कुछ वर्ष पूर्व गंगा योजना में 300 लाख रुपये व्यय किये गये थे परन्तु गंगा अब भी बैकटीरिया धारण किये हुए है। अतः अब यह जरुरी है कि पानी प्रबन्धन और संरक्षण (conservation) उपायों पर अधिक बल दिया जाये। चेन्नई, हैदराबाद, अजमेर, राजकोट और उदयपुर जैसे शहरों में नगरपालिका से जलापूर्ति एक दिन में एक घन्टे से भी कम समय के लिए होती है। कुछ स्थानों में तो मुख्य जलापूर्ति बिल्कुल नहीं होती और लोग ट्यूब वैल्स पर निर्भर रहते हैं। अपेक्षाकृत योजनाबद्ध और जलापूर्ति सेवित नगर दिल्ली को भी जल आपूर्ति में सुनिश्चित वृद्धि के लिए 180 किलोमीटर तक रामगंगा तक जाना पड़ता है। बैंगलोर नगर को दूर से 700 मीटर की ऊंचाई तक पानी पम्प से उठाना पड़ता है। प्रति वर्ष अच्छी वर्षा प्राप्त करने वाले अधिकतर शहर और कस्बे भी गत आठ नौ वर्षों से पानी की कमी से त्रस्त हैं। सबसे बड़ा अभाव है राष्ट्रीय जल नीति का जो पहले जल संसाधनों का आँकलन करे और तब जल का आवंटन। सितम्बर 1987 में देहली में राज्यों के मुख्यमंत्रियों की सभा में पारित राष्ट्रीय जलनीति जिसका उद्देश्य पीने के पानी की आवश्यकताओं को प्राथमिकता देना था, के बावजूद यह स्थिति अब भी बनी हुई है।

जब हम जल समस्या के दूसरी तरफ देखते हैं, अर्थात जल निष्कासन (drainage), तो स्थिति समान रूप से खराब पाते हैं। भारत के विषय में कम जानकारी का तथ्य यह है कि यहाँ एक भी ऐसा शहर नहीं है जो पूर्णरूपेण विकसित मल प्रवाह प्रणाली रखता हो। यह सम्मान चण्डीगढ़ जैसे शहर को भी प्राप्त नहीं है क्योंकि इसके अन्दर और चारों अनाधिकृत निर्माण मुख्य प्रणाली के घेरे से बाहर है। ज़ल निष्कासन प्रणाली के न होने के कारण गर्मी के महीनों में भी ठहरे हुए पानी के बड़े तालाब देखे जा सकते हैं। जिस प्रकार हमें राष्ट्रीय जल नीति की आवश्यकता है, उसी प्रकार हमें एक राष्ट्रीय व क्षेत्रीय गन्दे जल के निष्क्रमण नीति की भी आवश्यकता है।

परिवहन और यातायात (Transportation and Traffic)

भारत के सभी शहरों में परिवहन और यातायात की तस्वीर अत्यन्त असन्तोषजनक है। अधिकतर लोग बस और टैम्पों का प्रयोग करते हैं जबकि कम लोग रेल का प्रयोग आवागमन के लिए करते हैं। स्कूटरों, मोटर साइकिलों, मोपेडों तथा कारों की बढ़ती संख्या ने यातायात की समस्या को और भी खराब कर दिया है। उदाहरणार्थ, मुम्बई में 1986 और 1996 के बीच स्वचालित वाहनों की संख्या तिगुनी (3.1 लाख से 8.73 लाख) हो गई (*The Hindustan Times*, November 29, 1996)। ये वाहन धुएं के साथ हवा को दूषित करते हैं। केवल मुम्बई में ही हवा में पहुँचने वाले दूषित तत्व लगभग 3,000 टन हैं जिसका

52 प्रतिशत स्वचालित वाहनों से, 2 प्रतिशत घरेलू ईंधन से, और शेष 46 प्रतिशत उद्योगों से होता है।

देहली, मुम्बई, कलकत्ता व चेन्नई जैसे महानगरों में चलने वाली बसों की संख्या पर्याप्त नहीं है और दैनिक यात्रियों को बस के लिए दो या तीन घन्टे तक प्रतीक्षा करनी पड़ती है, जिसका अर्थ है कि अपने कार्य स्थल तक पहुँचने के लिए उन्हें दो घन्टे पूर्व अपने घर से निकलना और शाम को दो घंटा देर से घर पहुँचना। इस प्रकार की अव्यवस्था का प्रमुख कारण है कि बसों से यात्रा करने वाले लोगों की कम आमदनी उन्हें सस्ते रिहायशी क्षेत्रों में रहने को मजबूर करती है जिसके लिए लम्बी यात्रा की आवश्यकता होती है। शहर में रहने वाले लोग क्योंकि सार्वजनिक परिवहन व्यवस्था के मँहगे किराए बर्दाश्त नहीं कर पाते, इसलिए नगर बस सेवा में कम किराए रखे जाते हैं। परन्तु शहर की आवश्यकता के अनुरूप बसों की पर्याप्त व्यवस्था नहीं हो पाती और उनके विकास और रखरखाव में भी बाधाएँ आती हैं।

ऊर्जा की कमी (Power Shortage)

आवागमन की समस्या के समान दूसरी समस्या है ऊर्जा की कमी। शहरों में बिजली के उपकरणों का उपयोग बढ़ गया है। दूसरी ओर नये उद्योगों की स्थापना और पुराने उद्योगों के विस्तार ने भी बिजली पर निर्भरता में वृद्धि की है। अधिकतर राज्य अपनी आवश्यकता की बिजली उत्पादन की स्थिति में नहीं हैं; परिणामतः वे पड़ौसी राज्यों पर निर्भर करते हैं। दो राज्यों के बीच बिजली आपूर्ति के विषय पर विवाद शहरों में लोगों के लिए गंभीर संकट पैदा कर देता है।

सफाई (Sanitation)

भारतीय शहरों में नगरपालिकाएं और कारपोरेशन कुव्यवस्था से इतने घिरे हैं कि उन्हें अन्य सब कार्यों में रुचि है, परन्तु सफाई में विशेष रूप से कूड़ा हटाने, नालियों की सफाई और सीवरों में रुकावटों को साफ कराने में कोई रुचि नहीं है। सफाई कर्मचारी मुश्किल से ही अपने प्रदत्त कार्य को पूरा करते हैं और प्रत्येक कुछ माह बाद वेतन बढ़ाने के प्रसंग में हड़ताल पर जाने की धमकी दे डालते हैं। कचरा उठाने वाले वाहन क्षमता से एक तिहाई या आधा काम उठाते हैं। जब कचरा हटाने का यही काम निज़ी ठेकेदारों को दे दिया जाता है तो वे भुगतान न होने की शिकायत करते हैं और थोड़े से बहाने मात्र से काम रोक देते हैं। अतः शहरों की सफाई व्यवस्था का प्रबन्ध करने में प्रेरणा का पूर्ण अभाव है। भीड़ भाड़वाले शहरी क्षेत्रों में अवैध गन्दी बस्तियों का विस्तार और उनमें रहने वाले लोगों में नागरिक समझदारी की कमी गन्दगी के ढेरों को तथा बीमारियों को और भी बढ़ाती है।

हमारे शहरों में विविध प्रकार के म्युनिसिपल कार्यों में विविध प्रकार का कूट-व्यापार (racketeering) विद्यमान है। उदाहरण के लिए : (a) क्योंकि कचरा उठाने के लिए भुगतान चक्करों के आधार पर किया जाता है, न कि वाहन की भार क्षमता के आधार पर, इसलिए आलेखों में बड़ी संख्या में चक्कर दर्शाए जाते हैं और धन ठेकेदारों और म्युनिसिपल

कर्मचारियों के बीच बँट जाता है; (b) कचरा इकट्ठा करने वाले वाहनों की बड़ी संख्या वास्तव में बाहरी कार्यों में प्रयोग की जाती है; (c) मलबा हटाकर निजी पार्टियों को बेच दिया जाता है जो भवनों में भरान के काम आता है जबकि मलवा हटाने का भुगतान नगरपालिका से भी वसूल कर लिया जाता है और (d) ट्रकों और डम्परों के चालक सफाई ट्रकों में प्रयोग किए जाने वाले डीजल को बेच देते हैं।

स्पष्ट है कि मूल समस्या अत्यधिक नगरीकरण और परिणामस्वरूप गन्दी बस्तियों का होना है। लेकिन क्योंकि राजनीतिज्ञ प्रवासियों (migrants) को वोट बैंक की तरह मानते हैं, इसलिए वे आवश्यक नागरिक कार्यवाही करने से कतराते हैं। नियोजन स्तर पर नासमझी, सम्बन्धित ऐजेन्सियों के बीच तालमेल की कमी, म्युनिसिपल बोर्डों में अव्यवस्था, और राज्य सरकारों द्वारा आवंटित सहायता धनराशि में कमी हमेशा सफाई चक्र को सही दशा में रखरखाब करने में बाधा उत्पन्न करते रहेंगे। यदि शहर सफाई और सीवर व्यवस्था की उपेक्षा करना जारी रखेंगे तो आगामी वर्षों में शहरों में स्वास्थ्य संकट पर विजय पाना असम्भव हो जायेगा। दीर्घ-कालिक उपाय के रूप में आवश्यकता इस बात की है कि कूड़ा करकट एकत्र करने की नयी प्रविधि का प्रयोग किया जाये। नयी प्रविधि के प्रयोग के अलावा नगरपालिका की मूल संरचना और भूमि-प्रयोग नियोजन में मूलभूत परिवर्तन भी जरुरी है।

प्रदूषण (Pollution)

हमारे शहर व कस्बे वातावरण के मुख्य प्रदूषक हैं। अनेक शहर अपने सम्पूर्ण मल निष्क्रमण का लगभग 40 से 60 प्रतिशत और औद्योगिक सड़े पदार्थों का बहाव बिना शुद्ध किए पास की नदियों में बहा देते हैं। छोटे से छोटा कस्बा भी अपनी खुली नालियों के द्वारा अपनी गन्दगी निकट बहने वाले नदी या नाले में बहा देता हैं। शहरी उद्योग अपनी चिमनियों से धुंआं और गन्दी गैसें छोड़कर वातावरण को प्रदूषित करते है। जिन क्षेत्रों में प्रदूषण का स्तर अधिक है वहां काफी बीमारियां होती हैं जो विशेषरूप से 5 वर्ष से कम आयु के बच्चों और 50 वर्ष आयु से अधिक के लोगों को प्रभावित करतीं हैं। सल्फर डाइआक्साइड, नाइट्रोजन डाइआक्साइड, आदि का प्रभाव इन बीमारियों को जन्म देता है। देहली के चारों ओर की वायु की गुणवत्ता इस प्रकार की है कि इसने देहली को विश्व के चार सबसे अधिक प्रदूषित शहरों की कतार में खड़ा कर दिया है।

शहरी क्षेत्रों में वातावरण प्रदूषण का विषय इतना महत्वपूर्ण समझा जाता है कि उच्चतम न्यायालय ने भी जुलाई 1995 में वातावरण सम्बन्धी कानूनों को सख्ती से लागू करने के आदेश दिए जिसमें दिल्ली के लगभग 146 संकटमय उद्योगों को नवम्बर-दिसम्बर 1996 तक या तो बन्द किया जाना था यह कहीं अन्यत्र लगाया जाना था। इस आदेश का दिसम्बर 1996 में प्रभावित श्रमिकों ने विरोध भी किया लेकिन शिखस्थ न्यायालय (Apex Court) ने राष्ट्रीय राजधानी क्षेत्र (National Capital Region-NCR) के अन्दर इन उद्योगों के न स्थापन पर अपने निर्णय को नहीं बदला बल्कि उन्हें किसी पड़ौसी राज्य में लगाने के आदेश पर अडिग रहा। वाहनोत्सर्जित (vehicular emissions) वायु प्रदूषक भार दिल्ली में 64 प्रतिशत, ऊर्जा चालित उद्योगों से 16 प्रतिशत, तथा उद्योगों से 16 प्रतिशत माना गया है।

इसी प्रकार का महत्त्वपूर्ण निर्णय उच्चतम न्यायालय ने अक्टूबर, 1996 में आन्ध्र प्रदेश के एक अन्य वातावरण संरक्षण सम्बन्धी मामले में भी किया। इस निर्णय द्वारा 6,000 कि.मी. लम्बी तटरेखा (coastline) पर उच्च ज्वारीय रेखा (high tide line) के सहारे 500 मीटर के भीतर शिरिम्प (एक छोटी समुद्री मछली) (shrimp) संवर्द्धन पर रोक लगा दी तथा मार्च 1997 तक प्रतिबन्धित क्षेत्र में सभी प्रकार की संरचनाओं को नष्ट करने का आदेश भी दिया। देश को अकेले तमिलनाडु और आन्ध्र प्रदेश से शिरिम्प मछली के निर्यात से लगभग 600 करोड़ रुपये का विदेशी विनिमय प्राप्त होता है। केन्द्रीय प्रदूषण नियंत्रण बोर्ड के एक अनुमान के अनुसार मत्स्य संवर्द्धन फार्म (acqua culture farms) से उत्पन्न गन्दा पानी पश्चिमी तट पर 2.37 क्यूबिक मीटर था (*The Hindustan Times*, January 6, 1997)। जो विष हम वातावरण में घोल रहे हैं वह वायु, जल और भोजन के माध्यम से हमारे पास वापस आ जाता है और धीरे-धीरे हमारे शरीर में प्रवेश करके कैन्सर, प्रतिरोध विहीन अव्यवस्थाएँ या हारमोन प्रणाली सम्बन्धित रोगों में दर्शाता है। इसमें कोई आश्चर्य नहीं कि डाक्टरों का दावा है कि भारत में वातावरण की बदत्तर होती दशाओं ने भारत के चार महानगरों—दिल्ली, चेन्नई, मुम्बई और बंगलौर—में कैन्सर की जकड़ के अवसर बढ़ा दिए है। कैन्सर के यह अवसर जीवन काल में 7 से 11 प्रतिशत तक हो सकते हैं। सन् 2001 तक भारत में कैन्सर पीड़ितों की अनुमानित संख्या 8 लाख तक बताई गई है। वास्तव में, वातावरण की गिरावट से गरीब लोग धनी लोगों की अपेक्षा अधिक पीड़ित होते हैं।

नगरीय समस्याओं के कारण (Causes of Urban Problems)

मैकवेह और शोस्ताक (McVeigh and Shostak, 1978 : 198-205) जिन्होंने अमरीका में शहरी समस्याओं को चार कारकों से जोड़ा, का अनुगमन करते हुए हम भारत में शहरी जीवन की समस्याओं में निम्नलिखित पाँच कारण चिन्हित कर सकते हैं : (i) शहर में और शहर से प्रव्रजन, (ii) औद्योगिक विकास, (iii) सरकार की असहानुभूति, (iv) दोषमुक्त नगरीय नियोजन और (v) स्वार्थी ताकतें।

प्रव्रजन (Migration)

जैसा कि पहले कहा जा चुका है, लोग शहरों/कस्बों में आते जाते रहते हैं क्योंकि वहाँ रोजगार के अवसर अपेक्षाकृत अच्छे होते हैं। भारत में गाँवों से शहरों में और शहरों से ग्रामों में प्रव्रजन महत्त्वपूर्ण है। 1991 के जनगणना आंकड़े दर्शाते हैं कि 17.7 प्रतिशत मामलों में प्रव्रजन ग्रामीण से शहरों में और 11.8 प्रतिशत मामलों में शहरों से शहरों में था। (*Manpower Profile*, India, 1998 : 26)। अन्तःजनपदीय (Inter-district) प्रव्रजन, अन्तर्जनपदीय प्रव्रजन या अन्तःराज्यीय प्रव्रजन और अन्तर्राज्यीय प्रव्रजन का विश्लेषण दर्शाता है कि लगभग 60 प्रतिशत प्रव्रजन लघु दूरी प्रव्रजन, 21 प्रतिशत मध्यम दूरी प्रव्रजन और 11 प्रतिशत लम्बी दूरी के प्रव्रजन रहे (Bose, 1979 : 187)।

गरीब ग्रामीणों का शहरों में प्रवेश आय स्त्रोतों को कम करता है। दूसरी ओर आज धनी लोग उप-नगरीय क्षेत्रों में रहना पसन्द करते हैं। धनी लोगों की यह गतिशीलता शहरों को वित्तीय हानि पहुंचाती है। शहरों की ओर तथा शहरों से बाहर की ओर प्रव्रजन

समस्याओं को अधिक गम्भीर बना देता है।

औद्योगिक विकास (Industrial Growth)

भारत में जहाँ शहरी जनसंख्या विकास 4 प्रतिशत है, वहीं औद्योगिक विकास लगभग 6 प्रतिशत वार्षिक है। नवम् पंचवर्षीय योजना के अनुसार औद्योगिक विकास 8 प्रतिशत वार्षिक होना चाहिए। इस वृद्धि से शहरों में अतिरिक्त रोजगार की आवश्यकता होने की अपेक्षा थी। तृतीयक (tertiary) क्षेत्र भी प्रव्रजकों को शरण प्रदान करता है यद्यपि उनकी आमदनी निम्न स्तरीय ही होती है।

सरकारी उदासीनता (Apathy of the Government)

हमारे नगरों का प्रशासकीय प्रबन्ध भी उस गड़बड़ी के लिए उत्तरदायी है जिसमें नगरवासी अपने आप को पाते हैं। म्युनिसिपल प्रशासन नगरीय विकास के साथ-साथ नहीं चलता है, न तो स्थान की दृष्टि (spatially) से और न ही मूल ढाँचे के प्रबन्धन में ही। भविष्य के लिए योजना बनाने की न तो क्षमता ही है और न ही इच्छा। जो कुछ विद्यमान है उसका प्रबन्ध करने की भी न तो कुशलता है और न ही सामर्थ्य। जब तक हम शहरों की प्रबन्धन क्षमता में सुधार नहीं करते तब तक शहरी अव्यवस्था से छुटकारा नहीं पा सकते। दूसरी ओर राज्य सरकारें भी स्थानीय निकायों पर विशेष नगरीय समस्याओं के समाधान के लिए धन इक्टठा करने में प्रतिबन्ध लगा देती हैं।

दोषपूर्ण नगरीय नियोजन (Defective Town Planning)

नागरिक सेवाओं के मानकों (standard) में सामान्य गिरावट में एक चौंकाने वाला कारण है हमारे योजना बनाने वालों तथा प्रशासकों में असहाय (helplessness) होने की भावना का उदय। योजना आयोग से नीचे की ओर देखने पर पता लगता है कि लोगों में महानगरीय जनसंख्या अनियमित वृद्धि के प्रति भाग्यवादी (fatalistic) स्वीकृति को मान्यता प्राप्त है। वास्तव में, नगरीकरण पर राष्ट्रीय आयोग के एक सदस्य ने यह भाव व्यक्त किया था कि हमारे देश में नगरों के सुनियोजित विकास के लिए बहुत कम प्रयत्न किया जा रहा है।

स्वार्थी शक्तियाँ (Vested-interest Forces)

शहरी समस्याओं का अन्तिम कारण है स्वार्थी शक्तियाँ जो लोगों के विरुद्ध काम करती हैं लेकिन निजी व्यापारिक हितों और लाभों को बढ़ावा देती हैं। नगरवासी आमतौर पर उन निर्णयों को प्रभावित करने में शक्तिहीन होते हैं जो अभिजात वर्ग के लोग अपने हितों, शक्ति और लाभ को बढ़ाने के लिए लेते हैं। वे इस बात का बिल्कुल ध्यान नहीं रखते कि उनके निर्णयों से कितने लोगों को चोट पहुँचती है। स्वार्थी लोगों की भूमिका का एक सबसे अच्छा उदाहरण था महाराष्ट्र के एक म्युनिसिपल आयुक्त का दस वर्षों में 25 बार स्थानान्तरण जिसने स्वार्थ प्रेरित राजनीतिज्ञों, नौकरशाहों और छोटे अधिकारियों के नक्शे कदम पर चलने से इन्कार करते हुए अनेक अवैध निर्माणों को धराशाही करा दिया।

शहरी समस्याओं के समाधान
(Solutions to Urban Problems)

यदि हम शहरी समस्याओं का समाधान चाहते हैं तो कुछ उपाय करने होंगे। कुछ सुझाये गए उपाय इस प्रकार हैं :

(i) नगरीय केन्द्रों का सुव्यवस्थित विकास और काम के अवसरों को उपलब्ध करना
(Systematic Development of Urban Centres and Creation of Job Opportunities)

हमारी नगरीय समस्याओं का एक महत्त्वपूर्ण समाधान है तेजी से बढ़ते शहरी केन्द्रों का सुव्यवस्थित विकास और विनियोजन (investment) कार्यक्रम का नियोजन जो आगामी 20-25 वर्षों में समूचे देश में एक बड़ी संख्या में अच्छी तरह वितरित, जीन योग्य (viable) नगर केन्द्रों को विकसित कर सके। अब तक तो लोगों को गांवों में ही रोके रखने के लिए ग्रामीण विकास योजनाओं (IRDP, NREP और JRY) के माध्यमों से ग्रामीण क्षेत्रों में पारिश्रमिक रोजगार प्रदान करने के कार्यक्रमों पर ही ध्यान केन्द्रित किए हुए थे। जहाँ ग्रामीण रोजगार मुहय्या कराने के लिए कार्यक्रमों में काफी न्यायसंगत हैं वहां केवल इतना ही करना काफी नहीं है। कृषि क्षेत्र में एक निश्चित बिन्दु के बाद लाभकारी रोजगार उपलब्ध कराना सम्भव नहीं है। इस उद्देश्य के लिए हमें ऐसे कार्यक्रमों पर बल देना होगा जो शहरों में लोगों को रोके रखने के लिए बहुआयामी क्रियाकलापों को करने की अनुमति देते हों।

(ii) नगर नियोजन के साथ क्षेत्रीय नियोजन
(Regional Planning along with City Planning)

नगर नियोजन लगभग नगर केन्द्रित ही होता है। हम हमेशा से कस्बों और शहरों के नियोजन की बात करते रहे हैं, लेकिन समूचे क्षेत्र के नियोजित विकास की कभी नहीं जिससे कि जनसंख्या का तर्कसंगत वितरण हो सके और क्रियाकलापों का भी समुचित विभाजन हो सके। नगर नियोजन तो एक काम चलाऊ (ad-hoc) समाधान है लेकिन क्षेत्रीय नियोजन अधिक टिकाऊ हो सकता है। उदाहरणार्थ, गन्दी बस्तियों में रहने वालों को नगर विकास प्राधिकरणों के माध्यम से शहरों में मकान दिलाने की अपेक्षा यदि क्षेत्रीय नियोजन के माध्यम से प्रव्रजकों को अन्य क्षेत्रों में मोड़ा जा सके, जहाँ उन्हें अच्छा रोजगार मिल सके, तब विद्यमान शहरी विकास की गति रोकी जा सकती है। यह प्रशंसनीय है कि नवम पंचवर्षीय योजना के प्रारम्भ में भारत सरकार ने क्षेत्रीय योजना संगठन स्थापित करने के और सार्थक क्षेत्रीय स्थापन योजनाओं के विकास में राज्यों को सहायता देना प्रारम्भ कर दिया है।

(iii) उद्योगों के पिछड़े क्षेत्रों में ले जाने के लिए प्रोत्साहन
(Encouraging Industries to Move to Backward Areas)

भूमि मूल्य नीति जो भूमि के बड़े टुकड़े सस्ती दर पर देती है, का पुनर्नियोजन किया जाना है ताकि उद्योगों को पिछड़े क्षेत्रों/जनपदों में ले जाने के लिये प्रोत्साहित किया जा सके।

इससे भी नगरों और महानगरों का क्रमबद्ध विकास हो सकेगा। बड़े शहरों के अन्दर और चारों ओर सम्भावित उच्च मूल्य की भूमि को बाद में पूरी कीमत वसूल करने के उद्देश्य से राज्य सरकार द्वारा ग्रहण करने की नीति पर भी गम्भीरता से विचार किये जाने की आवश्यकता है।

(iv) ***नगरपालिकाएँ अपने वित्तीय संसाधनों का प्रबन्ध करें*** *(Municipalities to Find Own Financial Resources)*

लोग नगरपालिकाओं को कर देने को बुरा नहीं समझते यदि उनके धन का सदुपयोग सड़कों के रखरखाव, सीवर प्रणाली प्रदान करने, पानी की कमी पूरा करने, और बिजली प्रदान करने में किया जाये। यह तथ्य सर्वविदित है कि शहर वित्तीय संसाधनों की कमी से परेशान रहते हैं। यदि भ्रष्ट म्युनिसिपल अधिकारियों को निवारक (deterrent) दण्ड दिया जाये तो कोई कारण नहीं है कि म्युनिसिपल कारपोरेशन अपने नागरिकों से धन इक्टठा करने में कठिनाई अनुभव करे। शहर को अपने विकास की कीमत स्वयं उठानी चाहिए। राज्य से उच्च वित्तीय सहायता कठिन होती जा रही है। सम्पत्ति, जल और बिजली करों के पुनर्निधारण द्वारा धन एकत्र किया जा सकता है और आवश्यक सुविधाएँ उपलब्ध कराने के लिए प्रति व्यक्ति प्रति वर्ष अधिक धन एकत्र किया जा सकता है। शहर में या आसपास जब कोई नया उद्योग या व्यापार शुरू हो तो उस पर थोड़ा सा कर लगाया जा सकता है ताकि स्थानीय निकाय को अधिक धन उपलब्ध हो सके।

(v) ***निजी परिवहन को प्रोत्साहन*** *(Encouraging Private Transport)*

नगर परिवहन ही सार्वजनिक एकाधिकार क्यों हो ? जब परिवहन व्यवस्था राज्य कर्मचारियों द्वारा सम्भाली जाती है, यह देखा गया है कि वे बहुत बुरी तरह रूखेपन से व्यवहार करते हैं। मजदूर संघों के समर्थन से वे बार-बार हड़ताल पर जाते हैं। इसलिए यह आवश्यक है कि निजी परिवहन व्यवस्था को प्रोत्साहन दिया जाये। निजी तौर पर चलाई जाने वाली मिनी बसें और टेम्पों सेवाएं थोड़ा सा अधिक किराया वसूल करेंगी और दैनिक यात्रियों को भी अच्छी सेवा के बदले में थोड़ा अधिक पैसा देना बुरा नहीं लगेगा।

(vi) ***किराया नियंत्रण अधिनियम में सुधार*** *(Amendment of Rent Control Act)*

नये मकानों के निर्माण पर प्रतिबन्ध लगाने वाले या मकानों को किराए पर देने से सम्बन्धित कानूनों में सुधार किया जाना चाहिए। कौन सा मकान मालिक दो या तीन कमरों के किराये पर देने वाले मकान पर पाँच-सात लाख रुपया लगायेगा और आगामी 10 से 20 वर्षों तक के लिए 1000 से 1200 रु. प्रतिमाह किराए पर देगा और उसे न तो किराया बढ़ाने का अधिकार होगा और न वह उचित आधार पर मकान खाली भी करा पाएगा। महाराष्ट्र ने किराया नियंत्रण अधिनियम में सुधार कर अग्रणी भूमिका अदा की है जिसने हजारों मकान किराए के लिए उपलब्ध करा दिए हैं। इसी प्रकार के कदम अन्य राज्यों में भी स्वागत योग्य होंगे।

(vii) ***व्यावहारिक आवास नीति अपनाना*** *(Adopting Pragmatic Housing Policy)*

मई 1988 में सरकार ने संसद में राष्ट्रीय आवास नीति प्रस्तुत की थी जिसका उद्देश्य 1999 के अन्त तक आवास विहीनता की स्थिति को समाप्त करना तथा एक निश्चित मानक तक आवास की गुणवत्ता को ऊँचा उठाना था। इस प्रकार नीति अति महत्त्वाकांक्षी तथा सब्ज बाग दिखाने वाली प्रतीत होती थी। यह एक स्वप्न मात्र था जो एक दशक में पूर्ण होना असम्भव था। अब तो इक्कीसवीं शताब्दि आरम्भ भी हो गयी है। सरकार की नीति को सरल नीति बनाना होगा। इसका यह अर्थ कदापि नहीं है कि एन.एच.पी की अवधारणा विवेकहीन है। एन.एच.पी नीति विस्तृत आधार वाली नीति है। इसका उद्देश्य वित्त प्राप्ति तक सुलभता और भूमि तथा निर्माण सामग्री को उपयुक्त दरों पर उपलब्ध कराना है। यह निर्माताओं को नये प्रकार की निर्माण सामग्री के प्रयोग के लिए प्रोत्साहित भी करती है। साथ ही यह नीति भूमि अवधि, भूमि अधिग्रहण, एपार्टमेन्ट मालिकाना अधिकार को सीमित करना, नगरपालिका नियमों और किराये के नियमों की सम्पूर्ण परिधि पर पुनर्विचार करने पर भी बल देती है। लेकिन यह सब कठिन कार्य है। एन.एच.पी धनी निर्माताओं, जमीनदारों और ठेकदारों के लिए है। इसको विलासितापूर्ण आवासों को हतोत्साहित करना है और सहकारी तथा सामूहिक आवास समितियों को प्रोत्साहित करना है। इसको गरीबों और निम्न आय वर्ग के लिए विशेष योजनाएँ चलानी चाहिए। नियोक्ताओं को प्रेरित करना होगा कि वे अपने कर्मचारियों के लिए मकान बनाकर दें। इसे (एन.एच.पी) अपनी 100 करोड़ रुपये की अधिकृत पूंजी को बढ़ाना होगा जो वित्तीय आवश्यकताओं की पूर्ति के लिए हर जगह प्रयोग नहीं की जा सकती। जब तक अधिक व्यवहारिक आवास नीति नहीं अपनायी जाती तब तक निश्चित उद्देश्यों की प्राप्ति असम्भव होगी।

(viii) ***संरचनात्मक विकेन्द्रीकरण*** *(Structural Decentralization)*

नवाचारक नियोजकों (innovative planners) और कुछ आमूल-परिवर्तनवादियों (radicals) के प्रस्ताव स्थानीय निकायों की सरकार के संरचनात्मक विकेन्द्रीकरण का स्वप्न देखते हैं। इससे पड़ौसी क्रियात्मक समूहों (neighbourhood action groups) के सृजन का स्वप्न पूरा हो सकता है जिन्हें 'सामुदायिक केन्द्र' कहा जाये जिसमें नगरपालिका अधिकारी और नगरवासियों के प्रतिनिधि सम्मिलित हों। यह केन्द्र पड़ौस की आवश्यकताओं का पता लगाकर उन पर कार्यवाही करेंगे। उदाहरण के लिए, कई शहरों में कई नई कालोनियाँ स्थापित हो गई है जिनमें 10,000 से 50,000 तक लोग रहते हैं। इस प्रकार ये बस्तियां स्वयं में एक छोटा कस्बा बन गई हैं। गृहकर, सड़क कर, प्रकाश कर, आदि कुछ कर प्रत्यक्ष रूप से इन सामुदायिक केन्द्रों को हस्तान्तरित किये जायें, बजाय नगरपालिकाओं को देने के। यह केन्द्र, नगर म्युनिसिपल कार्पोरेशन को सन्दर्भित किये बिना, पड़ौस के मामलों को निर्देशित कर लेंगे और इस प्रकार एकत्र किये गए धन को सड़कों, प्रकाश व्यवस्था आदि के रख-रखाव पर प्रयोग कर सकेंगे। इस प्रकार की शहर के भीतर विकेन्द्रीकृत संरचना का तर्क यह है कि वही व्यवस्था जो लाखों लोगों पर काफी नियंत्रण का अधिकार देती है, वही उनके जीवन को बनाने में जो संस्थाएं है उनमें उनकी प्रभावी भूमिका को अस्वीकार कर देती

है। सामुदायिक केन्द्र उन्हें अपनी सरकार बनाने की अनुमति दे देगा।

अन्त में, यह कहा जा सकता है कि नगरीकरण, नगरवाद, और शहरों की समस्याएं कभी भी हल नहीं हो सकतीं जब तक कि नगरीय नियोजन सुधारा नहीं जाता और आमूल-परिवर्तनवादी उपाय नहीं अपनाये जाते। यह लाभ के आधार पर नहीं होने चाहिए जो कि कुछ स्वार्थी लोगों के लाभ के लिए ही होगा। भूमि, प्रविधि, और करों का प्रयोग लोगों की भलाई के लिए होना चाहिए, न कि कुछ शक्तिशालियों के हित के लिए। नगरवासियों को सक्रिय होना पड़ेगा और स्वयं को संगठित करके शहरों में विद्यमान आर्थिक और सामाजिक व्यवस्था के बदलने के लिए आन्दोलित होना होगा।

नगरों का वि-नगरीकरण और गाँवों का नगरीकरण
(Deurbanization of Cities and Urbanization of Villages)

यदि हम शहर को एक भौतिक इकाई मानकर नहीं बल्कि लोगों के समूहों, जिन में से सबसे शक्तिशाली व्यापारी, राजनीतिज्ञ और राज्य कर्मचारी होते हैं, के क्रियाकलापों का एक केन्द्र मान कर विश्लेषण करें तो हमें पता लगता है कि कभी यह समूह मिलकर काम करते हैं, तो कभी संघर्ष में, लेकिन उनके प्रमुख निर्णय शेष लोगों के जीवन को प्रभावित करते हैं। इसके अतिरिक्त शहरों में (जैसे कि लुधियाना, कलकत्ता, मुम्बई, इन्दौर, भीलवाड़ा, आदि में) व्यापार केन्द्रों के चारों ओर के क्षेत्र में कम आमदनी वाले लोग रहते हैं और अनेक सामाजिक समस्याओं से घिरे होते हैं। इसके साथ-साथ, विकसित प्रौद्योगिकी एवं बड़े पैमाने के उद्योग, शिल्प उद्योगों और घरेलू औद्योगिक इकाइयों को चलन से बाहर (obsolete) और अप्रतिस्पर्धी बना देते हैं। नया आर्थिक विकास, उल्लेखनीय रूप से सेवा क्षेत्र (service sector) में, बाहरी आन्तरिक नगरीय औद्योगिक क्षेत्रों में काफी होता है। इसलिये लोग अन्य क्षेत्रों को चले जाते हैं। जो शहर के अन्दर रह जाते हैं वे पुराने, सामाजिक रूप से पिछड़े अकुशल और अर्धकुशल श्रमिकों में से होते हैं। उनके साथ वे आव्रजक (immigrants) भी शामिल हो जाते हैं जो शहर के अन्दर के भाग में अर्द्ध-कुशल और अकुशल कार्य करने को तैयार रहते हैं। शहरी क्षेत्रों में आर्थिक मन्दी की यह प्रक्रिया तथा शहरों से जनसंख्या का बाहर जाना सम्मिलित रूप से विनगरीकरण (deurbanization) कहलाता है। दूसरी ओर अनेक ग्रामीण उपनगरीय क्षेत्रों का नगरीकरण भी होता है। वास्तव में सभी नगरीय क्षेत्र इस अधोस्थिति (decline) को नहीं जाते। पुराने औद्योगिक नगर ही वि-नगरीकरण का सामना करते हैं। कई औद्योगिक शहरों में समान रूप से जनसंख्या में वृद्धि होती है। विनगरीकरण की प्रक्रिया फिर से लौटाई भी नहीं जा सकती।

दिल्ली में जब उच्च न्यायालय ने प्रदूषण से बचने के लिए भारी उद्योगों को दिल्ली से हटाकर अन्य क्षेत्रों में लगाने के आदेश दिये, इन उद्योगों में काम करने वाले हजारों उद्योग कर्मियों को दिल्ली छोड़ना पड़ा और उद्योग के नये स्थानों पर बसना पड़ा। अनेक सरकारी अधिकारियों को भी दिल्ली से हटकर गाजियाबाद और गुड़गाँव के आस पास के क्षेत्रों में जाना पड़ा। इससे प्रभावित लोगों को भी दिल्ली छोड़ने को बाध्य होना पड़ा। उप-नगरीय क्षेत्र जहां ये कार्यालय और उद्योग लगे हैं, धीरे-धीरे शहरीकृत हो गए। इस प्रकार

विनगरीकरण शहरवासियों को और नगरीकरण गाँव वासियों को प्रभावित करता है।

नगरीय-ग्रामीण सीमा (हाशिया/उपान्त) पर (On Rural-Urban Fringe)

स्वतंत्रता के पश्चात् जो परिवर्तन देखा गया, वह है नगरों के चारों ओर नगरीय-ग्रामीण हाशिया (उपान्त) का होना। नगर ग्रामों के भीतर लगभग 15 किलोमीटर दूरी तक प्रवेश कर गये हैं। इस प्रकार बहुत सा विकास अनियंत्रित, अस्त व्यस्त, और प्रवाह के रूप में हुआ है। जब कोई शहर से बाहर जाता है तो उसको नयी आवासीय बस्तियाँ, कुछ फैक्ट्रियाँ, सड़क के दोनों ओर वाणिज्य संस्थान, शीतगृह इकाइयाँ, भण्डार गृह, लकड़ी के गोदाम आदि दिखाई देंगे। ये सब लक्षण नगर के विस्तार के प्रतीक हैं। 'ग्रामीण नगरीय हाशिया' ऐसे क्षेत्रों को नामांकित करने के लिए प्रयोग किया गया है। अतः हाशिया (उपान्त) क्षेत्र ग्रामीण शहरी भूमि प्रयोग करने वाले मिश्रित लोगों के बीच का वह बिन्दु है जहाँ नगरीय सेवाओं की उपलब्धि कम हो जाती है और वह बिन्दु जहाँ भूमि का कृषि प्रयोग प्रधान होता है। यह क्षेत्र न केवल लोगों के जीवन को प्रभावित करते हैं बल्कि ग्रामीणजन के लिए काम भी उपलब्ध कराते हैं। यहाँ तक कि वे लोग भी जो कृषि जारी रखते हैं उन्हें भी विस्तृत सब्जी बाजार, फल, दूध, आदि के लिए अच्छा बाजार मिल जाता है। यह परम्परागत अभिवृत्तियों और मूल्यों को और साथ ही परम्परागत ग्रामीण जीवन शैली को भी प्रभावित करता है।

संरचनात्मक रूप से 'ग्रामीण-नगरीय हाशिया' में ग्रामीण हाशिया और नगरीय हाशिया दोनों सम्मिलित होती हैं। 'नगरीय हाशिया' में म्युनिसिपल या गैर-म्युनिसिपल कस्बा और नगरीकृत गाँव शहर/कस्बे को छूते हुए सम्मिलित होते हैं। 'ग्रामीण हाशिया' में म्युनिसिपल या गैर-म्युनिसिपल कस्बे, आंशिक रुप से नगरीकृत गांव (जो मुख्य शहर से दूर होते हैं) और पूर्ण-रुपेण गांव शामिल होते हैं। इस प्रकार नगरीय ग्रामीण हाशिया में शहरी गलियारे और उप-नगर शामिल हैं, लेकिन उपग्रह और हरित पेटी क्षेत्र नहीं आते। गलियारे वाले क्षेत्र (corridors) नगर केन्द्रों से कभी-कभी 30 किलोमीटर तक दूरी तक विस्तृत होते हैं जबकि उप-नगर में नगर के आस-पास के क्षेत्र आते हैं। अधिकतर उप-नगर आवासीय विशेषता वाले होते हैं। उप नगर में लोग नगर से अपनी पहचान जोड़ते हैं और शहर के अन्दर ही रहने का दावा करते हैं। उपनगर और सेटेलाइट में अन्तर केवल शहर से दूरी का है। उप-नगर शहर से निकट होते हैं जबकि सेटेलाइट दूर होते हैं।

हाशिया (fringe) क्षेत्रों में गाँव तीन प्रकार की परिवर्तन प्रक्रिया से गुजरते हैं: (a) गाँवों के भीतर भूमि प्रयोग में परिवर्तन, (b) व्यवसाय में परिवर्तन, (c) गाँवों के लोगों की जीवनशैली में सामाजिक-आर्थिक परिवर्तन।

निष्कर्ष रूप में कहा जा सकता है कि भारत में अब नगर असमान रूप से विकसित हो रहे हैं। प्रदूषण, असमानता, घर से कार्य स्थल तक परिवहन सुविधा का अभाव और भी इसी प्रकार के कारक हैं जिनके लिये आवश्यक है कि बस्तियों के विषय में नीति और शहरों के भिन्न क्षेत्रों में सुविधाओं का उपलब्ध कराया जाना केवल राज्य सरकारों और स्थानीय निकायों पर ही नहीं छोड़ा जाना चाहिए बल्कि स्थानीय निवासियों को भी उनको बस्तियों के

पुनर्जागरण के लिए प्रभावशाली एवं लाभकारी ढंग से सम्मिलित किया जाना चाहिए। लयूइस वर्थ (Louis Wirth) का ग्रामीण-नगरीय का मॉडल तथा टान्नीज का गेमिनशेफ्ट (Gemeinschaft)-गैसिलशेफ्ट (Gessellschaft) का मॉडल आज के सन्दर्भ में समकालीन शहरी मामलों के विषय में अवधारणा सम्बन्धी स्वरूप पर्याप्त नहीं प्रतीत होते। बेरोजगारी, गरीबी, जाति एवं साम्प्रदायिक संघर्ष, सार्वजनिक अव्यवस्था, और प्रदूषण, आदि ने शहरी नीति पर बहस की आवश्यकता को बढ़ा दिया है।

12

जनसंख्या गतिकी
(Population Dynamics)

जनांकिकीय विश्लेषण (Demographic Analysis)

जनसंख्या का अध्ययन इसके आकार, संरचना, वितरण, विकास और इसकी वृद्धि का समाज के आर्थिक, सामाजिक और सांस्कृतिक पक्षों पर प्रभाव पर केन्द्रित है। यह कहा जा सकता है कि जनसंख्या विस्तार के भीतर दो विस्तृत क्षेत्र हैं : (a) जनांकिकीय विश्लेषण, अर्थात् आकार, वितरण, रचना, जननक्षमता (fertility), मृत्युदर, प्रव्रजन, और गतिशीलता, और (b) जनसंख्या विश्लेषण अथवा जनसंख्या परिवर्तन व गरीबी, निरक्षरता, खराब स्वास्थ्य, परिवार संरचना, व्यापार क्रियाकलाप, आदि जैसे आर्थिक, सामाजिक और सांस्कृतिक तत्वों के बीच सम्बन्ध जो कि विभिन्न समाज विज्ञानों की अवधारणाओं और सिद्धान्तों पर आधारित हों। यहां हम दोनों पक्षों का संक्षेप में विश्लेषण करेंगे।

आयु रचना (Age Composition)

देश में लोगों की आयु रचना जनसंख्या परिवर्तन के तत्वों से कार्यात्मक रूप से सम्बद्ध होती है, जैसे जननक्षमता, मृत्यु, विवाह आयु, प्रव्रजन, आदि। इसका वितरण (distribution) भी सामाजिक आर्थिक प्रभाव की दृष्टि से महत्त्वपूर्ण है। उत्पादक कार्य, आय में भागीदारी, प्रजनन (reproduction) प्रक्रिया में भागीदारी, उपभोग का स्तर, और आवश्यक सेवाएँ, सभी आयु से प्रभावित होतीं हैं। 1991 की जनगणना के अनुसार भारत में 37.8 प्रतिशत जनसंख्या 0-14 वर्ष आयु समूह में, 55.5 प्रतिशत 15-59 वर्ष आयु समूह में और 6.7 प्रतिशत 60 + आयु समूह में आती है (*Manpower Profile, India*, 1998 : 19)। लिंग के आधार पर पुरुषों में 37.73 प्रतिशत 0-14 वर्ष आयु समूह के, 55.60 प्रतिशत 15-59 वर्ष आयु समूह के, और 6.67 प्रतिशत 60 वर्ष से ऊपर की आयु समूह के हैं, जबकि स्त्रियों में 37.79 प्रतिशत 0-14 वर्ष आयु समूह के, 55.55 प्रतिशत 15-59 वर्ष आयु समूह के और 6.66 प्रतिशत 60 + वर्ष आयु समूह के हैं (वही : 16)। अनुमान है कि इस वर्ष (2000 A.D) के अन्त तक कुल जनसंख्या का लगभग 32 प्रतिशत 14 वर्ष से नीचे आयु समूह के, 8 प्रतिशत 60 वर्ष से ऊपर और 60 प्रतिशत 15-59 वर्ष आयु समूह के होंगे। (*India*, 1992 : 19)। 1951 से 25 वर्ष से कम आयु समूह की जनसंख्या में वृद्धि हुई है; इसका कारण मृत्यु दर में कमी है। इस आयु संरचना के प्रभाव इस प्रकार रहे (1) बच्चों की स्वास्थ्य, शिक्षा, चिकित्सा सम्बन्धी आवश्यकताओं की पूर्ति के लिए अधिक धन का आवंटन; (2) एक वर्ष में तेजी से जनसंख्या वृद्धि; (3) काम करने वाले लोगों पर अधिक लोगों का

निर्भर होना; और (4) श्रम की निम्न उत्पादकता।

लिंग रचना (Sex Composition)

जनसंख्या में लिंग अनुपात महत्त्वपूर्ण होता है क्योंकि इसका प्रभाव विवाह दर, मृत्यु दर, जन्म दर और यहां तक कि प्रव्रजन दर पर भी पड़ता है। 1991 जनसंख्या आंकड़ों के अनुसार भारत में प्रति 1000 पुरुषों पर 927 स्त्रियों का अनुपात आता है। लिंग असन्तुलन के कारण हैं : स्त्री बाल हत्या, बालिकाओं की उपेक्षा, बाल विवाह, बच्चे की जन्म पर मृत्यु, स्त्रियों के साथ बुरा व्यवहार, और कठिन कार्य। लिंग अनुपात लगातार गिरता चला जा रहा है। 1901 में 972 से 1931 में 950, 1951 में 946, 1991 में 930, और 1991 में 927 रहा।(*Census of India*, 1991 and *Manpower Profile, India*, 1998 :10)

निःसन्देह ग्रामीण क्षेत्रों की अपेक्षा नगरीय क्षेत्रों में लिंग अनुपात अधिक ऊंचा है क्योंकि एकल पुरुष शिक्षा, रोजगार तथा अन्य कारणों से ग्रामीण क्षेत्रों से शहरी क्षेत्रों में चले जाते हैं। अलग राज्यों में भी लिंग अनुमान में अन्तर है। 13 राज्यों में लिंग अनुपात राष्ट्रीय स्तर से ऊँचा है तथा 12 राज्यों में निम्न है (*Manpower Profile, India*, 1998 : 15)।

वैवाहिक रचना (Marital Composition)

1994 में विवाह की औसत आयु स्त्रियों की 19.4 और पुरुषों की 24.7 वर्ष थी (वही : 462)। शहरी स्त्रियाँ 20-24 वर्ष आयु समूह में विवाह अधिक करतीं हैं। विवाह आयु ग्रामीण क्षेत्रों की अपेक्षा शहरों में काफी ऊँची है। 1951 के बाद से स्त्रियों और पुरुषों दोनों की विवाह आयु में महत्त्वपूर्ण परिवर्तन आए हैं (स्त्रियों में 15.4 से 19.4 और पुरुषों में 19.9 से 24.7 वर्ष)। वैवाहिक प्रस्थिति के अर्थ में, 1994 में 50.4 प्रतिशत लोग अविवाहित थे, 44.6 प्रतिशत विवाहित और 5 प्रतिशत विधुर/तलाकशुदा/पृथक किए हुए थे। लिंग आधार पर 45.6 प्रतिशत स्त्रियां और 54.9 प्रतिशत पुरुषों ने विवाह ही नहीं किया, स्त्रियां 46.6 प्रतिशत व 42.7 पुरुष विवाहित हैं और 2.4 प्रतिशत पुरुष व 7.8 प्रतिशत महिलाएँ विधुर/तलाकशुदा/पृथक हैं (वही : 464)। सामान्य रूप में यद्यपि भारत में विवाह की आयु यह दर्शाती है कि लगातार इसमें वृद्धि ही हुई है तथापि विकसित देशों की तुलना में यह काफी न्यून है। निम्न विवाह आयु सामाजिक प्रस्थिति तथा स्त्रियों के स्वास्थ्य को प्रभावित करती है। सामाजिक प्रभाव विशेष रूप से शैक्षिक स्तर में कमी, विधवाओं के उच्च अनुपात में वृद्धि, बच्चों की संख्या में वृद्धि, तथा पुरुषों पर निर्भरता में वृद्धि है। अपरिपक्व आयु में बच्चे को जन्म देने से माँ और शिशु के स्वास्थ्य पर प्रभाव पड़ता है।

ग्रामीण-शहरी रचना (Rural-Urban Composition)

सन् 1991 के जनगणना के अनुसार कुल जनसंख्या के 25.73 प्रतिशत शहरी और 74.27 प्रतिशत ग्रामीण हैं। 1998 में शहरी जनसंख्या अनुमानतः 28.3 प्रतिशत थी (*Manpower Profile, India*, 1998 :14) यद्यपि शहरी जनसंख्या के प्रतिशत में काफी वृद्धि हुई है

(1901 में 10.8 प्रतिशत से 1951 में 17.3 प्रतिशत और 1981 में 23.7 प्रतिशत); तथापि 1991 में 26 प्रतिशत जनसंख्या को शहरीकरण का उच्च स्तर नहीं कहा जा सकता। लगभग 224.9 मिलियन लोगों में से (या भारत की कुल जनसंख्या का 26.6%), जो 1991 में अपने पुराने निवास से नयी जगहों में जाकर बस गए, 64.5 प्रतिशत गाँव से गाँव में प्रव्रजन वाले थे, 17.7 प्रतिशत गाँव से शहरों में, 11.8 प्रतिशत शहरों से शहरों में, और 6 प्रतिशत शहरों से गाँवों में जाने वाले थे (वही: 26)। पश्चिम में प्रव्रजन गतिशीलता, जो शहरीकरण के साथ-साथ होती है, अच्छी मानी जाती है क्योंकि यह रोजगार के अवसर तथा अन्य सुविधाएं प्रदान करती है लेकिन भारत में यह ग्रामीण गरीबी को शहरों में जाना दर्शाती है और इस प्रकार गरीब बस्तियों में धीमी वृद्धि के बावजूद नगरों और कस्बों में जनसंख्या दबाव का पैमाना तेजी से बढ़ रहा है। गाँवों से शहरी क्षेत्रों में प्रव्रजन में वृद्धि से औद्योगिक व वाणिज्य के क्षेत्रों में सस्ते श्रम की पूर्ति की अपेक्षा की जाती है लेकिन साथ ही इससे शहरों और कस्बों में अधिक समस्याएं पैदा होने की भी अपेक्षा की जाती है। यद्यपि भारत की ग्रामीण जनसंख्या में भी वृद्धि हुई है तथापि कुल जनसंख्या (अर्थात् 74.2%) का लगभग 18.44 प्रतिशत 1000 व्यक्तियों से भी कम व्यक्तियों वाले छोटे गाँवों में और 36.57 प्रतिशत 2000 जनसंख्या से कम के गाँवों में रहते हैं।

व्यावसायिक संरचना (Occupational Structure)

आर्थिक रूप से सक्रिय लोगों (15 से 59 वर्ष आयु) पर निर्भर आश्रितों (14 वर्ष से कम या 60 वर्ष आयु से अधिक) की संख्या बहुत अधिक है। 1993-1994 में भारत में लगभग 45 प्रतिशत लोग (44.86%) (15-59 वर्ष आयु समूह में) अनुमानतः आर्थिक रूप से सक्रिय या कार्यरत थे और लगभग 55 प्रतिशत आर्थिक रूप से निष्क्रिय थे (वही : 128)। 1993-94, में 44.9 प्रतिशत लोग ग्रामीण क्षेत्रों में और 36.3 प्रतिशत लोग शहरी क्षेत्रों में श्रमशक्ति में लगे थे (वही : 49)। लिंग के सन्दर्भ में 67.6 प्रतिशत पुरुष (15-59 आयु समूह के) और 32.4 प्रतिशत स्त्रियां उत्पादक कार्यों में लगे हैं। 15 से 19 वर्ष की आयु समूह में ग्रामीण और शहरी क्षेत्रों में पुरुषों की क्रियाशीलता की दर क्रमशः 73.8 प्रतशित और 26.2 प्रतिशत हैं; जब कि स्त्रियों में शहरी और ग्रामीण क्षेत्रों में यह दर क्रमशः 14.9 प्रतिशत तथा 85 प्रतिशत हैं (वही : 129)। 1993-94 में 64.6 प्रतिशत लोग प्राथमिक क्षेत्र (कृषि) में, 14.2 प्रतिशत लोग द्वैतीयक क्षेत्र (निर्माण) में और 21.2 प्रतिशत लोग तृतीयक क्षेत्र (नौकरी) में लगे थे (वही : 229)। पुरुषों में कार्य न करने वालों की सबसे बड़ी संख्या पूर्णकालिक छात्रों की है और स्त्रियों में घरेलू काम करने वाली स्त्रियों की। व्यावसायिक रचना की यह संरचना का प्रभाव सामाजिक स्तर पर पड़ता है जो पुनः स्त्रियों की सामाजिक प्रस्थिति को प्रभावित करता है। श्रम शक्ति में शहरी भागीदारी दोनों के लिए (स्त्री-पुरुष) ग्रामीण क्षेत्रों की अपेक्षा शहरों में काफी कम है। 0-14 वर्ष आयु समूह में विशेष रूप से क्रियाशीलता की दर दर्शाती है कि शहरी और ग्रामीण दोनों ही क्षेत्रों में बाल श्रम प्रथा स्त्री और पुरुषों दोनों में प्रचलित है। 1993-94 में ग्रामीण क्षेत्रों में पुरुषों में यह दर 5-9 वर्ष आयु समूह में 1.1 प्रतिशत और 10-14 वर्ष आयु समूह में 13.8 प्रतिशत थी तथा स्त्रियों में 5-9 वर्ष आयु समूह में 1.4

प्रतिशत और 10-14 वर्ष आयु समूह में 14.1 प्रतिशत थी। शहरी क्षेत्रों में पुरुषों में 10-14 वर्ष आयु समूह में यह दर 0.5 प्रतिशत और स्त्रियों में 4.5 प्रतिशत थी।

साक्षरता संचना (Literacy Structure)

1991 की जनगणना में साक्षरता स्तर 7 वर्ष और उससे ऊपर की आयु की जनसंख्या के लिए किया गया था। पूर्व की जनगणना में इस उद्देश्य के लिए 5 वर्ष और इससे ऊपर आयु समूह की गणना की जाती थी। 1991 में कुल जनसंख्या का 52.21 प्रतिशत साक्षर पाए गए (64.3% पुरुष, 39.29% स्त्रियाँ) (वही : 142)। एन.एस.एस का अनुमान है कि 1997 के अन्त तक पुरुषों की साक्षरता दर 72 प्रतिशत और स्त्रियों की 49 प्रतिशत हो गई (*The Hindustan Times*, April 17, 2000)। सर्वाधिक साक्षरता दर (1997 में) मिज़ोरम में (95%) है और न्यूनतम बिहार में (38.38%) है। शैक्षिक रचना के उपलब्ध आंकड़े कुछ विशेषताएँ दर्शाते हैं : (1) साक्षरों की अपार संख्या कुछ ही वर्षों तक स्कूल जाती है और स्कूल छोड़कर जाने वालों की संख्या बहुत अधिक है। 1991 में भारत में कुल साक्षरों में से 56.7 प्रतिशत 3 वर्ष से भी कम स्कूल गये थे, 23.8 प्रतिशत 3-6 वर्ष की शिक्षा प्राप्त थे, 11 प्रतिशत 7-11 वर्ष, 6.8 प्रतिशत 12-14 वर्ष और 1.7 प्रतिशत 14 वर्ष से अधिक की शिक्षा प्राप्त किए हुए थे (वही : 48)। (2) एक ओर उच्च शिक्षा प्राप्त लोगों की कमी है और दूसरी ओर हमें अधिक संख्या में शिक्षित बेकारों का सामना करना पड़ रहा है।

भाषायी रचना (Language Composition)

हमारे संविधान में वर्णित 15 प्रमुख भाषाओं में से सर्वाधिक प्रतिशत में लोग हिन्दी बोलते हैं (43%), इसके बाद बंगला, तेलुगू और मराठी बोलने वाले (8% प्रत्येक), तमिल और उर्दू (6% प्रत्येक), गुजराती (5%), मलायालम, कन्नड़ और उड़ीया (4% प्रत्येक), पंजाबी (3%), और अन्य भाषाएं (असामी, कश्मीरी, सिन्धी, संस्कृत, आदि सहित) (1%) बोलने वाले लोग हैं।

धार्मिक रचना (Religious Compostion)

यद्यपि संविधान में भारत को धर्मनिरपेक्ष देश कहा गया है तथापि यहाँ अनेक धर्मों का सम्मिश्रण है। कुल जनसंख्या का (1991 में) 82.6 प्रतिशत हिन्दू, 11.4 प्रतिशत मुसलमान, 2.4 प्रतिशत ईसाई, 2.0 प्रतिशत सिख, 0.7 प्रतिशत बौद्ध, 0.5 प्रतिशत जैन और 0.4 प्रतिशत अन्य हैं। जहाँ जैन लोग (60%) और उसके बाद मुस्लिम (29%) अधिकतर शहरवासी हैं वहीं हिन्दू अधिकतर ग्रामवासी हैं (शहर की जनसंख्या का 76% और ग्रामीण का 84%)।

अनुसूचित जातियाँ और अनुसूचित जनजातियाँ
(Scheduled Castes and Scheduled Tribes)

अनुसूचित जाति के लोग अधिकतर हिन्दू धर्म के हैं। 1991 की जनगणना के अनुसार

जनसंख्या का 16.48 प्रतिशत भाग अनुसूचित जाति और 8.08 प्रतिशत अनुसूचित जनजातियों में थे। (*Manpower Profile, India*, 1998 : 34)। इस प्रकार मोटे तौर पर भारत में 4 लोगों में से एक व्यक्ति अनुसूचित जाति या जनजाति का है। इन समूहों के राज्यवार वितरण में बड़ी भिन्नताएँ हैं। कुल अनुसूचित जातियों में अधिकतम संख्या उत्तर प्रदेश में, फिर पश्चिम बंगाल, बिहार, तमिलनाडु, और आन्ध्र प्रदेश में है, जबकि नागालैण्ड, मिजोरम, अरुणाचल प्रदेश में अनुसूचित जाति के लोग बिल्कुल नहीं हैं। (वही : 34-35)। नागालैण्ड व मेघालय में 80 प्रतिशत से अधिक अनुसूचित जनजाति के लोग हैं और हरियाणा, जम्मू और कश्मीर, पंजाब, सिक्किम और गोआ में अनुसूचित जनजाति के लोग बिल्कुल नहीं हैं। अनुसूचित जनजातियों के लोगों की सर्वाधिक संख्या मध्य प्रदेश, महाराष्ट्र, उड़ीसा, बिहार और गुजरात में पाई जाती है। कुल अनुसूचित जनजाति की जनसंख्या का लगभग तीन पांचवां भाग (62.75%) उपरोक्त पाँच राज्यों में है (वही : 34)।

जनसंख्या विस्फोट
(Population Explosion)

द्वितीय महायुद्धोत्तर काल (अर्थात 1945 के बाद का समय) को जनांकिकी में जनसंख्या विस्फोट का काल कहा जाता है। यह वह काल था जिसमें भारत सहित सम्पूर्ण विश्व की जनसंख्या में अभूतपूर्व तथा तेज गति से वृद्धि हुई। उदाहरण के लिए जब 1600 एडी में भारत की अनुमानित जनसंख्या 10 करोड़ थी, वहीं 1800 में 12 करोड़, 1901 में 23.84 करोड़, 1951 में 36.11 करोड़, 1991 में 84.96 करोड़, 1997 में 95.52 करोड़ तथा मई 2000 में यह 100 करोड़ थी (*Manpower Profile, India*, 1998 : 12 and *Crime in India,* 1997 :12) । इसका अर्थ यह हुआ कि जहाँ 1600 एडी और 1800 एडी के बीच 200 वर्षों में इमसें 20 प्रतिशत वृद्धि हुई और अगले 100 वर्षों में (तथा 1801 और 1901 के बीच) लगभग 100 प्रतिशत (98.66%) वृद्धि हुई, वहीं अगले 100 वर्षों में (1901 से 2000 तक) यह वृद्धि 319 प्रतिशत हुई। यदि जनसंख्या वृद्धि को पुनः तीन स्पष्ट अवधियों में विभाजित करें : (a) 1901 से 1931 तक, (b) 1931 से 1961 तक, और (c) 1961 से 1999 तक, तो पता चलता है कि 30 वर्ष की प्रथम अवधि में केवल 17 प्रतिशत की वृद्धि हुई, अगले 30 वर्षों में 57.4 प्रतिशत की वृद्धि हुई और अगले 38 वर्षों में (या लगभग चार दशकों में) 127 प्रतिशत की विस्फोटक वृद्धि हुई। इस प्रकार 1921 से पूर्व जनसंख्या वृद्धि मन्थर गति से (sporadic), 1921 से 1951 के बीच तीव्र गति से (rapid), और 1951 के बाद इसको विस्फोटक (explosive) कहा जा सकता है।

जनसंख्या में वृद्धि (Increase in Population)

स्वास्थ्य एवं परिवार कल्याण मंत्रालय द्वारा 1997 में तैयार किए गए राष्ट्रीय जनसंख्या नीति पत्रक के अनुसार कुल प्रजनन शक्ति दर (total fertility rate or TFR), यानी 2.1, सन् 2010 तक प्राप्त कर लिया जायेगा। लेकिन रजिस्ट्रार जनरल की प्रेक्षाओं के अनुसार, 2.1

का टी.एफ.आर वर्ष 2026 से पूर्व प्राप्त नहीं किया जा सकता (यदि मौजूदा जंनाकिकी प्रवृत्ति जारी रहे)। यह दर्शाता है कि सरकार और राष्ट्र जनसंख्या वृद्धि नियंत्रण करने में कितने उदासीन रहे हैं।

विस्फोटक गति से वृद्धि करती हुई भारत में जनसंख्या के निम्नलिखित पक्ष प्रमुख हैं:

- आजादी से पहले भारत की जनसंख्या में 10 करोड़ की वृद्धि में साढ़े बारह साल, दूसरे 10 करोड़ में सवा नौ साल, तीसरे 10 करोड़ में साढ़े सात साल, चौथे 10 करोड़ में सवा छह साल है और पाँचवें 10 करोड़ में मात्र पाँच साल दो महीने का समय लगा।
- एक दशक पूर्व विश्व में प्रत्येक छठा व्यक्ति भारतीय था और शताब्दि के बदलते ही प्रत्येक पाँचवां व्यक्ति भारतीय है।
- भारत की जनसंख्या में हर मिनट में 30 और प्रतिदिन 43,200, और हर वर्ष 1.55 करोड़ व्यक्ति जुड़ जाते हैं (Census Commissioner India, *The Hindustan Times*, August 18, 1999)
- भारत की जनसंख्या में वृद्धि 15 दिन में एक चन्डीगढ़ (6,40,725 जनसंख्या), और प्रत्येक माह में एक आस्ट्रेलिया (1.85 करोड़) की जनसंख्या के बराबर हो जाती है। भारत में हर वर्ष में जनसंख्या में वृद्धि (1.55 करोड़) फ्रांस (58.4 मिलियन जनसंख्या) ब्रिटेन (58.8 मिलियन जनसंख्या) और इटली (57.6 मिलियन जनसंख्या) की मिश्रित जनसंख्या से कुछ कम है।
- 2035 तक भारत चीन से आगे निकलकर विश्व का सबसे अधिक जनसंख्या वाला देश हो जायेगा। जब भारत में जनसंख्या वृद्धि की वार्षिक दर 3.5 प्रतिशत है वहीं चीन में यह 2.1 प्रतिशत है। 1999 के अन्त में चीन की आबादी 125.9 करोड़ थी और भारत की 99.5 करोड़ थी। चीन की जनसंख्या को 2010 तक 140 करोड़ पर नियंत्रित करने का तथा वृद्धि दर 1.5 प्रतिशत प्रतिवर्ष के नीचे रखने का लक्ष्य तय किया गया है। (Bhaskar, May 8, 2000)।
- भारत की जनसंख्या में एक दशक में लगभग 40 प्रतिशत की वृद्धि चार राज्यों—बिहार, मध्यप्रदेश, राजस्थान और उत्तर प्रदेश—में ही है। (जिन्हें बिमारू—BIMARU के नाम से भी जाना जाता है)।
- जो जोड़े (couples) पुनरोत्पादी विस्तृति (reproductive span) से बाहर हो जाते हैं उनका तीन गुणा इस चक्र में प्रवेश कर जाते हैं। जो पुनरोत्पादी चक्र में प्रवेश करते हैं उनकी प्रजनन क्षमता तीन गुणी अधिक होती है, अपेक्षाकृत उनके जो चक्र से बाहर हो चुके हैं।
- वृद्धि की वर्तमान दर पर अधिकतर भारतीयों का जीवन असह्य (unbearable) हो जायेगा—चिकित्सा सुविधा उपलब्ध कराना मुश्किल होगा, शिक्षा, आवास आदि पर व्यय अधिक हो जायेगा, प्राविधिक एवं व्यावसायिक शिक्षा मात्र अभिजात वर्ग को ही विशेषाधिकार बन जायेगा और भोजन की कमी एक बार फिर से आधे से अधिक राष्ट्र को गरीबी रेखा से नीचे ले जायेगी।

जनसंख्या वृद्धि या जनांकिकी उथल-पुथल के विश्लेषण् में यह कहा जा सकता है कि देश तीन विविध चरणों से गुजरता है जिसमें प्रत्येक में विभिन्न प्रवृत्तियां होती हैं। वह तीनों चरण अधिक जन्म-अधिक मृत्यु, अधिक जन्म-कम मृत्यु, और कम मृत्यु-कम जन्म की श्रंखला दर्शाते हैं। प्रथम 'स्थिर' (stationary) चरण में जन्म और मृत्यु दोनों ही दर ऊँची और अनियंत्रित होती हैं, इसलिए जनसंख्या वृद्धि कम होती है। दूसरा चरण 'विस्तार' (expansion) का है क्योंकि जन्म दर काफी अधिक है और मृत्यु दर घटती जाती है। तीसरा चरण 'अधोःगति' (decline) का है। भारत अभी भी द्वितीय चरण में से गुजर रहा है जिसमें प्रजनन दर मृत्यु से अधिक रहती है। प्रजनन दर भी कम हो सकती है जब आर्थिक व सामाजिक स्तर में सुधार आ जाये। आर्थिक व सामाजिक परिवर्तन के कुछ लक्षण हैं : शहरीकरण, औद्योगीकरण, (दोनों ही उद्देश्यों की प्राप्ति के लिए परिवार व नातेदारी बन्धनों के महत्व को कम कर देते हैं) साक्षरता, तथा शिशु मृत्यु।

जनसंख्या वृद्धि के कारण (Causes of Population Growth)

1951 के बाद जनसंख्या वृद्धि की व्याख्या निम्न कारकों के आधार पर की जाती है : उपचारात्मक व निरोधक औषधियों के कारण मृत्यु दर में कमी, अकाल और महामारी पर नियंत्रण, युद्धों में कमी, तथा जनसंख्या का बड़ा आधार (base)।

जनसंख्या विस्फोट के लिए निम्नलिखित कारण बताये जा सकते हैं :

1. जन्म एवं मृत्यु दर के बीच विस्तृत दूरी (Widening Gap Betwean Birth and Death Rate)

भारत में वार्षिक औसत जन्म दर जो 1951-61 में प्रति हजार जनसंख्या पर 42 थी, 1996 में घटकर 28.1 हो गई। मृत्यु दर भी 1951-61 में प्रति हजार जनसंख्या में 27 से घटकर 1996 में 9.1 ही रह गई (*Manpower Profile,*1998 : 37)। इस प्रकार क्योंकि जन्म दर में उपेक्षणीय कमी और मृत्यु दर में तीव्र कमी देखी गई है, अतः इस वृहत दूरी ने हमारी जनसंख्या को तेजी से बढ़ाया है। प्रजनन दर (प्रति स्त्री जन्म दिए गए बच्चों की औसत संख्या) 1950 के दशक में 6 से घटकर 1993-94 में 4.4 ही रह गई। यदि हम वार्षिक गर्भपात के आँकड़ों (1 करोड़ से 1.1 करोड़ के बीच, जिसमें 0.4 करोड़ स्वतःपात और 0.67 करोड़ प्रेरित गर्भपात शामिल है) को जन्म की वार्षिक संख्या में जोड़ दे (0.17 करोड़) जो कि देश में होते हैं, तो हम घातक निष्कर्ष पर पहुँचते हैं कि परिवार के प्रजनन काल में प्रत्येक पांच में से एक भारतीय स्त्री हर समय गर्भवती रहती है।

2. विवाह के समय कम आयु (Low Age at Marriage)

हमारे देश में बाल विवाह आम बात रही है। 1931 की जनगणना के अनुसार, भारत में 72 प्रतिशत विवाह 15 वर्ष की आयु से पूर्व और 34 प्रतिशत 10 वर्ष की आयु से पूर्व सम्पन्न हो जाते थे। तब से स्त्री पुरुषों दोनों में विवाह की औसत आयु में वृद्धि हुई है। यद्यपि अनुमान है कि विवाह की औसत आयु में वृद्धि हो रही है तथापि आज भी बड़ी संख्या में

लड़कियों का विवाह ऐसी आयु में हो जाता है जब वे न तो सामाजिक रूप से या भावात्मक रूप से या मनोवैज्ञानिक और आयु क्रम से ही विवाह के लिये तैयार होती हैं।

बाल मृत्यु दर का प्रत्यक्ष सम्बन्ध स्त्री की विवाह के समय आयु से है। 1995 में भारत में औसत बाल मृत्यु दर 1000 प्रति जीवंत जन्म (live births) पर 74 थी—ग्रामीण क्षेत्रों में यह दर 80 तथा शहरी क्षेत्रों में यह दर 49 प्रति हजार पर थी। यदि विवाह के समय स्त्रियों की आयु के सन्दर्भ में उन्हें तीन समूहों में विभाजित करें—18 वर्ष से कम, 18 वर्ष से 20 वर्ष तक, तथा 21 वर्ष से अधिक—तब हम देखते हैं कि इन तीनों समूहों में ग्रामीण क्षेत्रों में बाल मृत्यु दर (1978 में) क्रमशः 141, 112 और 85 थी जब कि शहरी क्षेत्रों में यह दर क्रमशः 78,66 और 46 थी। यदि हम जनन क्षमता दर को आयु समूहों से जोड़ें (प्रति स्त्री से जन्में बच्चों की औसत संख्या) तो हम देखते हैं कि जैसे जैसे आयु समूह अधिक होता है, प्रजनन दर कम होती जाती है। यदि जनसंख्या वृद्धि पर नियंत्रण करना है तो स्त्रियों का विवाह (ग्रामीण और शहरी क्षेत्रों में) 21-23 या 23-25 आयु समूह में किया जाये न कि 15-18 या 18-21 वर्ष आयु समूह में।

3. अत्यधिक निरक्षरता (High Illiteracy)

परिवार नियोजन का प्रत्यक्ष सम्बन्ध स्त्रियों की शिक्षा से है और स्त्री शिक्षा विवाह के समय आयु, स्त्रियों की प्रस्थिति, उनकी प्रजनन शक्ति, बाल मृत्यु दर आदि से प्रत्यक्ष रूप से सम्बद्ध है। एन. एस.एस के द्वारा 1999 के आँकड़ों के अनुसार भारत में समूचा साक्षरता प्रतिशत 62 प्रतिशत था जबकि 1991 में 52.21 तथा 1981 में 43.56 प्रतिशत था। 1991 में पुरुष साक्षरता प्रतिशत 64.13 था जबकि स्त्रियों की साक्षरता का प्रतिशत 39.29 था (वही : 42)। 1999 में, यह अनुमानतः क्रमशः 73 तथा 49 प्रतिशत था। शिक्षा व्यक्ति को उदार, विशाल हृदय, नये विचारों के लिये तत्पर तथा तर्कसंगत बनाती है। यदि स्त्री और पुरुष दोनों को ही शिक्षित किया जाता है तो वे सरलता से परिवार नियोजन के तर्क को समझ जायेंगे, लेकिन उनमें से कोई एक या दोनों ही अशिक्षित होंगे तो वे अत्यधिक रूढ़िवादी, धर्मभीरू एवं विवेकहीन होंगे। यह बात इस तथ्य से स्पष्ट हो जाती है कि केरल में जहां कुल साक्षरता दर 89.81 प्रतिशत और स्त्रियों की साक्षरता दर 86.91 प्रतिशत है (1991 में) वहां सबसे कम जन्म दर (17.8 प्रति हजार) है, जबकि राजस्थान में स्त्री शिक्षा दर 20.44 प्रतिशत (वही : 378 42) के साथ देश में जन्म दर तीसरे स्थान पर सबसे ऊंची है (34.6 प्रति हजार); सबसे ऊँची जन्म दर उत्तर प्रदेश में (36 प्रति हजार) है और उसके बाद मध्य प्रदेश (34.7 प्रति एक हजार) में है। ये सांख्यिकी आँकड़े अन्य राज्यों के लिए भी काफी सही हैं।

4. परिवार नियोजन के प्रति धार्मिक दृष्टिकोण (Religious Attitude Towards Family Planning)

धार्मिक दृष्टि से कट्टर एवं रूढ़िवादी लोग परिवार नियोजन के उपायों के उपयोग के विरुद्ध होते हैं। अधिकतर महिलाएँ यह तर्क देतीं हैं कि वे ईश्वर की इच्छा के विरुद्ध नहीं जा सकतीं। कुछ स्त्रियाँ यह तर्क देती हैं कि स्त्रियों के जीवन का उद्देश्य ही बच्चों को जन्म देना

है। कुछ अन्य स्त्रियों के दृष्टिकोण में निष्क्रियता है : "यदि मेरे भाग्य में ही अनेक बच्चों के जन्म देना लिखा है तो मैं उन्हें जन्म दूंगी, यदि नहीं तो नहीं। इसके विषय में मैं चिन्ता क्यों करूं ?"

भारतीय मुसलमानों में जन्म दर एवं उत्पादकता दर हिन्दुओं की अपेक्षा अधिक है (मुस्लिम महिलाओं में उत्पादकता दर 4.4 है, जबकि हिन्दुओं में 3.3)। 1978 में ऑपरेशन्स रिसर्च ग्रुप द्वारा मुसलमानों में किए गए सर्वेक्षण के अनुसार, यद्यपि अधिकतर पुरुष और स्त्री उत्तरदाता आधुनिक परिवार नियोजन के तरीकों को जानते थे, किन्तु या तो वे धार्मिक आधार पर उनका प्रयोग नहीं कर रहे थे या उनको सही जानकारी नहीं थी।

1992 में जनसंख्या अनुसन्धान केन्द्र, उदयपुर द्वारा किये गए सर्वेक्षण से पता चलता है कि 218 मुसलमान पुरुष साक्षात्कारियों में से 43.1 प्रतिशत परिवार नियोजन को स्वीकृति देने वाले थे, 26.6 प्रतिशत अस्वीकृति देने वाले थे और 30.3 प्रतिशत ने ठीक से जवाब नहीं दिया (वही : 110)। इसकी तुलना में 2748 हिन्दू पुरुष साक्षात्कारियों में से 61.7 प्रतिशत ने इसे सहमति प्रदान की, 14.5 प्रतिशत ने अस्वीकृति, और 23.8 प्रतिशत ने अनिश्चितता प्रकट की (वही : 110)। यह दर्शाता है कि मुसलमान हिन्दुओं की अपेक्षा परिवार नियोजन में अधिक रूढ़िवादी हैं।

अन्य कारण (Other Causes)

जनसंख्या वृद्धि के कुछ अन्य कारण हैं : संयुक्त परिवार और इन परिवारों में युवा दम्पत्तियों में अपने बच्चों के पालन पोषण के प्रति जिम्मेदारी में कमी, मनोरंजन के साधनों की कमी, तथा बन्ध्याकरण, ट्यूबोक्टोरी तथा लूप के बुरे प्रभावों के विषय में गलत सूचना या सूचना की कमी। बहुत से गरीब माँ बाप इसलिए बच्चे पैदा करते हैं क्योंकि उन्हें उनकी आवश्यकता है। यह इस तथ्य से स्पष्ट है कि हमारे देश में लगभग 3.5 करोड़ बाल श्रमिक हैं। यदि यह परिवार उन बच्चों को काम करने से रोक लें तो उनके परिवार की आमदनी बहुत कम हो जायेगी।

गरीबों के द्वारा अधिक बच्चे पैदा करना दर्शाता है कि गरीबी और जनसंख्या के बीच आन्तरिक सम्बन्ध है। गरीबी जनसंख्या वृद्धि का कारण और प्रभाव भी है। अधिक बच्चे पैदा करके (बेटे) अपने परिवार की बढ़ती आवश्यकताओं से जूझने माँ बाप को बाध्य होकर उन्हें स्कूल जाने से रोकना पड़ता है ताकि वे घर खर्च में मदद कर सकें। और फिर, अशिक्षित तथा अज्ञानी बच्चे अपने पिता के जैसे भाग्य के ही उत्तराधिकारी होंगे और अपने पिता की ही तरह इतने पुत्र चाहेंगे जितने कि जीवन यापन के लिए आवश्यक होते हैं।

जनसंख्या विस्फोट के प्रभाव (Effects of Population Explosion)

जनसंख्या वृद्धि का प्रत्यक्ष प्रभाव लोगों के जीवन स्तर पर पड़ता है। यही कारण है कि आजादी के बाद से हमारी कृषि एवं औद्योगिक क्षेत्रों में चमत्कारिक प्रगति के बावजूद भी हमारी प्रति व्यक्ति आय में सन्तोषजनक वृद्धि नहीं हो पाई है।

जनसंख्या वृद्धि ने भारत पर किस प्रकार प्रभाव डाला है ? अनुमान है कि 2.5 करोड

लोग (100 करोड़ में से अर्थात 2.5%) आवास विहीन हैं, 17.1 करोड़ लोगों को (17%) स्वच्छ पीने का पानी नहीं मिलता, 32.89 करोड़ प्रौढ़ (33%) अशिक्षित हैं, 5 वर्ष आयु से कम 53 प्रतिशत बच्चे कम वजन के हैं, और समूचा देश विश्व मानव विकास सूची में 135 वें स्थान पर है। हमारे शहरों में अत्यधिक भीड़भाड़ (जो कि केन्सर वृद्धि की तरह गन्दी बस्तियों में फलफूल रही है) ने यातायात, विद्युत तथा अन्य सेवाओं में व्यवधान डाला है। इससे शहरी व उप नगरीय क्षेत्रों में अपराध और हिंसा में वृद्धि हुई है। यह सब कुछ प्रतिवर्ष 1.5 करोड़ जनसंख्या में वृद्धि से प्रभावित हुआ है (वही : 11)। यदि जनसंख्या इसी दर से बढ़ती रही तो अब से कुछ ही वर्षों में हमारे पास बेरोजगार, भूखे, और असहाय लोगों की फौज हो जायेगी जो कि देश की आर्थिक, सामाजिक, राजनैतिक व्यवस्था और संस्थात्मक ढाँचे की नींव को ही हिला देंगे। चुनाव का खेल संख्या का खेल है। चाहे शिक्षा, रोजगार, आवास, जल आपूर्ति या कि अन्य कोई क्षेत्र हो, एक ही प्रश्न है: कितनों के लिए ? यहां तक कि वर्तमान में 100 करोड़ की जनसंख्या के लिए (मई 2000 में) सभी के लिए रोजगार या आवास या स्वास्थ्य रक्षा कार्यक्रम के विषय में सोचना भी निरर्थक है, क्योंकि 2001 में 1.55 करोड़ लोग और बढ़ जांएगे, अतः उनका भी समायोजन होना ही है। एक वर्ष में 1.55 करोड़ लोगों की वृद्धि के लिए हमें प्रति वर्ष 1.5 लाख प्राथमिक विद्यालय और 3.75 लाख माध्यमिक विद्यालय अध्यापकों की आवश्यकता होगी, 5000 अस्पताल और डिस्पैन्सरियों की, 2000 प्राथमिक स्वास्थ्य केन्द्रों की, 2 लाख अस्पताल के बिस्तरों की, 50 हजार डाक्टरों की, 25 हजार नर्सों की, सवा करोड़ क्विंटल से अधिक खाद्यान्न, 20 करोड़ मीटर कपड़े की, और 25 लाख मकानों की तथा 40 लाख नौकरियों की आवश्यकता होगी। (*दी हिन्दुस्तान टाइम्स*, जुलाई 4, 1997 और *इंडिया फ्राम मिडनाइट टू मिलेनियम*)

जीवन की गुणवत्ता पर जनसंख्या वृद्धि का प्रभाव घरेलू वेदना की सूची (Household Misery India (HMI) के अन्तर्गत, अर्थात् लोगों की वंचनाओं और मूलभूत आवश्यकताओं के अर्थ में परीक्षण किया जा रहा है (देखे बोस, 1996)। एच.एम. आई (HMI) सूची के पाँच मापदण्ड हैं : पक्का मकान, सुरक्षित पीने का पानी, बिजली, सफाई व्यवस्था, तथा खाना पकाने के लिए ईंधन। कुछ विद्वानों ने इसका (जनसंख्या वृद्धि) परीक्षण मानव संसाधनों के अर्थ (साक्षरता, स्वास्थ्य आदि) में किया है।

वर्तमान में 49.1 प्रतिशत भारत के लोगों के घरों में बिजली नहीं है, 69.7 प्रतिशत शौचघर सुविधा, (फ्लश या अन्य प्रकार के शौचालय) प्राप्त नहीं है, 51.5 प्रतिशत के पास पक्के मकान नहीं हैं और 19 प्रतिशत को सुरक्षित पीने का पानी उपलब्ध नहीं है (*आउटलुक*, अगस्त 21 1996 : 53)। यदि हम भारत में 1990 की मानव विकास सूची की तुलना कुछ चयनित वस्तुओं के आधार पर अन्य देशों से करें तो हमें पता चलता है कि बढ़ती जनसंख्या का हमारे जीवन की गुणवत्ता पर गम्भीर प्रभाव पड़ा है।

1996 की यू.एन.डी. पी (UNDP) की रिपोर्ट के अनुसार (*Outlook, op.cit :* 51) भारत केवल 14 डालर (लगभग 500 रुपये) प्रति व्यक्ति प्रतिवर्ष स्वास्थ्य और शिक्षा पर खर्च करता है जबकि अन्य विकासशील देश, जैसे दक्षिण कोरिया और मलेशिया, 150 से 160 डालर खर्च करते हैं। हमारे देश की गरीबी रेखा से नीचे रहने वाली लगभग 37

प्रतिशत जनसंख्या पर इस अपर्याप्त धनराशि के प्रभाव की केवल कल्पना ही की जा सकती है।

यह सब आँकड़े क्या पूर्वाभास (prediction) देते हैं ? 21 वीं सदी प्रारम्भ हो गई है। 1970 के दशक में प्रकाश और आशा थी। 1980 के दशक में अन्धकार का समय आया। जनसंख्या विस्फोट, उग्रवाद एवं अलगाववाद को बल मिला। 1990 के दशक में ये सब मामले और अधिक गहराते गए। हमारे देश को विश्व अर्थव्यवस्था की कठोर स्पर्धा का सामना करना है। भारत अब एक ऐसी नीति की तलाश करेगा जो जनसंख्या विस्फोट के प्रकरण को सख्ती से निपटने में सक्षम होगी। जब तक भारत को ऐसी नीति नहीं मिलती, इसका भविष्य उज्जवल नहीं हो सकता।

जनसंख्या वृद्धि एवं नियंत्रण की सैद्धान्तिक व्याख्यायें
(Theoretical Explanations of Population Growth and Control)

जनसंख्या पर नियंत्रण और विकास
(Development and Control Over Population)

जनसंख्या और विकास के बीच के सम्बन्ध को 1940 के दशक में प्रिन्सटन विश्वविद्यालय के जनसंख्या अनुसन्धान कार्यालय द्वारा इस आधार पर कि विकास जननक्षमता (fertility) की दर को कम कर देता है, समझाया गया है। अब यह कहा जाता है कि विकास मृत्यु दर को जन्म दर की अपेक्षा अधिक कम करता है जिसका परिणाम जनसंख्या में वृद्धि होती है। फिर भी कुछ समय के बाद जन्म दर भी आवश्यक रूप से कम होती ही है और इस कारण एक बार फिर से जनसंख्या वृद्धि दर धीमी हो जाती है। लेकिन यह सिद्धान्त इस महत्वपूर्ण प्रश्न का उत्तर नहीं देता कि जैसे-जैसे विकास होगा तो जन्म दर में कमी कब आयेगी ? यह, यह भी नहीं बताता कि जननक्षमता किस स्तर तक कम होगी और वह समय अवधि जिसमें यह कमी शुरु होगी क्यों होगी ? जननक्षमता कमी की गति और समय प्रश्नों के बाद फिर प्रश्न उठता है उन कारकों की पहचान का जो जननक्षमता में कमी पैदा करते हैं। जनांकिकी परिवर्तन के समय का अनुमान लगाने के लिए संयुक्त राष्ट्र के एक अध्ययन में 21 चरों (variables) को परखा गया जिसमें प्रति व्यक्ति आय, नगरीकरण, स्त्री शिक्षा, आदि शामिल थे। परिणाम व्यर्थ ही रहा।

घरेलू अर्थव्यवस्था का सिद्धान्त (Theory of Economy of Households)

इस सैद्धान्तिक दृष्टिकोण के अनुसार एक गृहस्थी बड़े परिवार की कीमत (cost) का परितुलन प्राप्त लाभों से करता है। जब तक बच्चों के पालन पोषण की कीमत अतिरिक्त आय के अर्थ में प्राप्त लाभों की तुलना में कम रहती है तब तक जन्म दर ऊँची बनी रहेगी। परिवर्तन तब आएग जब नगरीकरण, आवश्यक रूप से बच्चों को विद्यालय भेजना, बाजार प्रवेश (market-penetration) आदि जैसे सामाजिक-आर्थिक परिवर्तनों के परिणाम स्वरूप बच्चों के लालन-पालन की कीमत लाभों की अपेक्षा ऊंची होगी। जौन काल्डवैल का जननक्षमता में कमी का सिद्धान्त (1982) भी यही बताता है कि जननक्षमता में कमी तब

शुरू होती है जब संसाधनों की कमी (reversal) माता पिता की अपेक्षा बच्चों की ओर हो जाती है और यह कमी वृहत् सामाजिक-आर्थिक परिवर्तनों से सम्बद्ध होती है।

गर्भ निरोध तक पहुँच सम्बन्धी विचारों के विसरण का सिद्धान्त
(Theory of Diffusion of Ideas Regarding Access to Contraception)

उपरोक्त सिद्धान्त, जो जननक्षमता के आर्थिक और सामाजिक निर्धारकों पर आधारित हैं, को एक अन्य सिद्धान्त के द्वारा चुनौती दी गई है जो गर्भ निरोध तक पहुँच और जननक्षमता नियंत्रण के सम्बन्ध में विचारों के विस्तार की भूमिका पर जोर देता है। एन्सले कोल (1973) ने इस सिद्धान्त का 1850 और 1930 के बीच यूरोप में प्रजनन शक्ति दर में कमी के अध्ययन के द्वारा समर्थन किया। गर्भ निरोधकों की उपलब्धता उर्वरता दर में कमी तथा इसके विपरीत वृद्धि करती है।

भारत में अध्ययनों ने इन सभी सिद्धान्तों का समर्थन किया है और अन्य कारकों की ओर भी संकेत किया है जो जननक्षमता को प्रभावित करते हैं, जैसे विवाह के समय अधिक आयु या वे कारक जो गर्भ निरोधक विधियों के प्रयोग में बाधक बनते है, जैसे स्त्री शिक्षा, बेटों का महत्व, गरीबी, आर्थिक क्रियाकलापों में स्त्री सहभागिता, आदि। के.ज़ी.ज़ौली, अनिरुद्ध जैन, आदि द्वारा इस सन्दर्भ में भारतीय आँकड़ों के साथ अनुभवाश्रित अध्ययन किए गए हैं। जौली (Jolly, 1986) ने गर्भ निरोधी विधियों की प्रचलन दर और नगरीकरण के स्तर, स्त्री शिक्षा, आर्थिक क्रियाकलापों में स्त्रियों की सहभागिता के बीच सकारात्मक सम्बन्ध पाया और आर्थिक असमानता के स्तर और गैर हिन्दू जनसंख्या के बीच नकारात्मक सम्बन्ध देखा। जैन (1985) ने अन्तर्राज्यीय आंकड़ों पर कार्य करते हुए पाया कि शिशु मृत्यु सबसे महत्वपूर्ण चर है जबकि स्त्री शिक्षा, नगरीकरण, आदि अप्रत्यक्ष रूप से सम्बद्ध कारक हैं। एक अन्य अध्ययन में पाया गया कि जहां तक गर्भ निरोधक उपायों के प्रचलन दर का सम्बन्ध है स्त्री शिक्षा सबसे महत्वपूर्ण कारक है (देखें प्रणव बनर्जी, 1992 : 250-256)

जनसंख्या नीति (Population Policy)

संकीर्ण रूप में "जनसंख्या नीति' यू.एनई.पी (UNEP) का अर्थ है (1973 : 632), "जनसंख्या की विशेषताओं या आकार, संरचना और वितरण को प्रभावित करने का प्रयत्न"। वृहत रूप में इसका अर्थ है : "आर्थिक और सामाजिक दशाओं को नियमित करने के प्रयत्न जिनसे जनांकिकीय परिणाम सम्भावित हों"। नोर्टमेन (1975 : 20) ने कहा है कि उक्त संकीर्ण अर्थ उस 'स्पष्ट नीति' (explicit policy) से है जो जनसंख्या की विशेषताओं के प्रत्यक्ष रूप से प्रभावित करती हैं, और विस्तृत अर्थ 'उपलक्षित नीति' (implicit policy) से है जो इन विशेषताओं के परोक्ष रूप से और कभी-कभी बिना बाह्य (explicit) इरादे को प्रभावित करती है।

दो प्रकार की जनसंख्या नीतियाँ बताई गई हैं : (a) प्रसव विरोधी (antinatal) नीति जिसका उद्देश्य जनसंख्या वृद्धि को हतोत्साहित (discurage) करना है, और (b) वितरणात्मक (distributional) नीति जिसका उद्देश्य जनसंख्या के वितरणात्मक असन्तुलन

पर विचार करना एवं उन पर कार्य करना है। राष्ट्रीय विज्ञानों की अकादमी ने जनसंख्या नीति का इस प्रकार विवेचन किया है : (a) जो पूर्व निर्धारित उद्देश्य के अनुसार जनांकिकीय प्रक्रिया को प्रभावित करे (उदाहरण के लिए लोगों को नगर क्षेत्रों से उप-नगरीय क्षेत्रों में जाने के लिए प्रोत्साहित करना) और (b) जो जनांकिकीय प्रक्रियाओं से उत्पन्न माँगों की पूर्ति करे (उदाहरणार्थ उपनगरीय क्षेत्रों में लोगों को मूल सुविधाएँ प्रदान करना)।

भारत जैसे विकासशील देश की जनसंख्या नीति के उद्देश्य निम्न होने चाहिए: (i) जन्म दर कम करना (ii) परिवार में दो बच्चों तक संख्या सीमित करना (iii) मृत्यु दर कम करना (iv) तेज गति से बढ़ती जनसंख्या के परिणामों के प्रति जन जागरण पैदा करना (v) आवश्यक गर्भ निरोधक उपाय उपलब्ध करना (vi) गर्भपात को वैध बनाने सम्बन्धित कानूनों का क्रियान्वयन (vii) प्रोत्साहन एवं हतोत्साहन दोनों देना। दूसरी ओर, इसके यह भी उद्देश्य हैं (a) भीड़-भाड़ वाले क्षेत्रों में लोगों का केन्द्रित होना रोकना (b) नये क्षेत्रों में प्रभावी आवास के लिए आवश्यक सार्वजनिक सेवाएँ उपलब्ध कराना, और (c) कम जनसंख्या वाले स्थानों में कार्यालयों का पुर्नस्थापन।

एक बार जनसंख्या नियंत्रण की आवश्यकता अनुभव हो जाये तो विशेषज्ञों से सलाह करने तथा अध्ययन के लिए आयोगों और समितियों की नियुक्ति करके नीति बनाई जानी चाहिए। तब विविध कार्यक्रमों के द्वारा इसका क्रियान्वयन हो और समय समय पर मूल्यांकन भी।

भारत की जनसंख्या नीति (a) जनसंख्या के कुल आकार का (b) अधिक वृद्धि दर का; और (c) ग्रामीण तथा शहरी क्षेत्रों में असमान वितरण की समस्या का प्रत्यक्ष परिणाम है। क्योंकि हमारी नीति के उद्देश्य की आवश्यकता है 'जीवन की गुणवत्ता में सुधार' और 'व्यक्तिगत सुख की वृद्धि करना', अतः सामाजिक प्रगति और व्यक्तिगत सुख पूर्ति की उपलब्धता के विस्तृत उद्देश्य को प्राप्त करने के साधन के रूप में कार्यवाही होनी चाहिए। प्रारम्भ में, 1952 में बनाई गई नीति अस्थाई, लचीली, और 'प्रयत्न और भूल' के दृष्टिकोण पर आधारित थी। धीरे-धीरे इसके स्थान पर अधिक वैज्ञानिक योजना प्रारम्भ की गई।

राष्ट्रीय योजना समिति द्वारा राधा कमल मुखर्जी की अध्यक्षता में 1940 में नियुक्त जनसंख्या पर उप-समिति ने (1938 में भारतीय राष्ट्रीय कांग्रेस द्वारा नियुक्त) आत्म नियंत्रण, जन्म नियंत्रण के सस्ते व सुरक्षित उपायों के ज्ञान का विस्तार तथा जन्म नियंत्रण उपचार केन्द्रों की स्थापना पर बल दिया। इसने विवाह आयु बढ़ाने, बहु विवाह प्रथा को हतोत्साहन करने, सप्रेषणीय (transmissible) रोगों से पीड़ित लोगों के बन्ध्याकरण (sterilization) तथा सुप्रजननिक कार्यक्रम (eugenic programme) चलाने की सिफारिश की। 1943 की भोर समिति, जो सरकार द्वारा नियुक्त की गई थी, ने आत्म नियंत्रण विधि को प्रमाणित किया और 'परिवारों के स्वेच्छा से सीमित करने' की वकालत की।

स्वतंत्रता के बाद 1952 में जनसंख्या नीति समिति और 1953 में परिवार नियोजन अनुसन्धान और कार्यक्रम समिति गठित की गई। 1956 में एक केन्द्रीय परिवार नियोजन बोर्ड बनाया गया जिसने बन्ध्याकरण पर बल दिया। 1960 के दशक के दौरान अधिक शक्तिशाली परिवार नियोजन कार्यक्रम एक उपयुक्त समय के भीतर जनसंख्या वृद्धि को स्थिर करने के लिए बनाया गया। पूर्व में जब सरकार द्वारा यह माना जा रहा था कि परिवार

नियोजन कार्यक्रम ने लोगों को काफी प्रेरित कर दिया है और सरकार को केवल गर्भ निरोध की सुविधाएं ही प्रदान करनी हैं, बाद में यह अनुभव किया गया कि लोगों को प्रेरणा की और शिक्षित करने की आवश्यकता थी।

अप्रैल 1976 में स्वास्थ्य व परिवार नियोजन मंत्री कर्ण सिंह ने संसद के सामने राष्ट्रीय जनसंख्या नीति प्रस्तुत की जो सरकारी और गैर सरकारी संगठनों, शैक्षिक संस्थाओं, सुविख्यात जनांकिकी शास्त्रियों तथा अर्थशास्त्रियों से लम्बी बातचीत व सलाह के बाद बनाई गई थी। इस नीति में कार्यक्रमों के विस्तृत आयाम थे जिनमें विवाह की आयु कानूनी रूप से बढ़ाना, उन राज्यों को प्रत्यक्ष आर्थिक प्रोत्साहन देना शुरु करना जो परिवार नियोजन में अच्छी भूमिका अदा करें, स्त्री शिक्षा के सुधार की ओर अधिक ध्यान देना, सभी उपलब्ध जन संचार के साधनों द्वारा सार्वजनिक शिक्षा (रेडियो, टेलीविजन, प्रेस, फिल्म), नसबन्दी तथा बन्ध्यकरण ऑपरेशन कराने वालें को वित्तीय प्रोत्साहन देना तथा प्रजनन जीव विज्ञान और गर्भ निरोध में नये अनुसन्धान शुरु करना शामिल हैं। यद्यपि इस नीति को संसद की मान्यता मिल गई, यह उस समय बनाई गई थी जब आपात काल लागू था। भारतीय युवा कांग्रेस के अध्यक्ष संजय गान्धी के नेतृत्व में बन्ध्यकरण आन्दोलन में इतनी ज्यादतियां हुई कि लोगों ने इसको अत्याचार माना। कुछ उत्तर भारतीय राज्यों में यह कार्यक्रम इतनी संवदेनहीनता तथा अति उत्साह से चलाया गया कि आपातकाल के बाद 1977 के चुनाव में ये ज्यादतियां चुनाव का मुद्दा ही बन गई और केन्द्र में कांग्रेस पार्टी पराजित हुई। 1980 में जब इन्दिरा गान्धी पुनः सत्ता में वापस आई उन्होंने परिवार नियोजन कार्यक्रम के अपने वायदे को पूरा करने में सावधानी और सूझबूझ से काम लिया। तब से, लगभग सभी राज्य तथा केन्द्र सरकारें इतनी कतराती रही हैं कि जनसंख्या वृद्धि दर जो कि 2 प्रतिशत कम होने की उम्मीद थी, अभी भी (2000 में) लगभग 2.35 प्रतिशत है।

1979 में जनसंख्या नीति पर कार्य कर रहे समूह (Working Group) ने शुद्ध प्रजनन दर (net reproductive rate) एक (1.0) तक कम करने के लम्बे समय के जनांकिकी लक्ष्य रखने की सिफारिश की। इस लम्बे समय के लक्ष्य के उद्देश्य इस प्रकार रखे गए : (1) परिवार का औसत आकार 4.3 बच्चों से 2.3 बच्चे रखा जाये, (2) प्रति हजार जन्म दर 33 से 21 होगा, (3) मृत्यु दर प्रति हजार 14 से 9 होगी जबकि बाल मृत्यु दर 129 से 60 होगी, (4) परिवार नियोजन के द्वारा वरणीय (eligible) 22 प्रतिशत सुरक्षित दम्पत्तियों की बजाय 60 प्रतिशत दम्पत्तियों को सुरक्षित किया जायेगा और (5) 2050 A.D. तक भारत की जनसंख्या 120 करोड़ तक हो जायेगी।

1993 में, एक राष्ट्रीय जनसंख्या नीति प्रस्तावित करने के लिए स्वामीनाथन समिति गठित की गई जिसने मई 1994 में एक नीति पत्रक (Policy draft) प्रस्तुत किया।

परिवार नियोजन (Family Planning)

1950 के दशक में भारत सरकार समर्थित परिवार नियोजन कार्यक्रम चलाने वाला प्रथम देश था जबकि शेष जगत को इस समस्या का आभास भी नहीं था। आज 50 वर्ष बाद भी भारत जनसंख्या नियंत्रण में पीछे है। दुर्दान्त आपात काल में 1975 व 1977 के बीच, राजनैतिक नेताओं, सरकारी अधिकारियों और पुलिसकर्मियों ने जोर से बन्ध्यकरण की वकालत की।

उन्होंने महत्वकांक्षी कार्यक्रम बनाए और जन इच्छा के विरुद्ध चलाया भी। बन्ध्यकरण कराने के ऐसे ठोस कठोर और जबर्दस्ती वाले तरीके अपनाए कि आज जनता के समक्ष परिवार नियोजन की बात करना भी संकोच होता है। परिवार कल्याण/नियोजन विभागों के सम्बन्धित अधिकारी इससे हमेशा स्तम्भित (scared) रहे हैं। विशेषज्ञों ने लक्ष्य पूर्ति की उम्मीद छोड़ दी है। सत्य तो यह है कि व्यवहार में देश के पास न तो प्रभावी कार्यक्रम रहा है और न ही लक्ष्य। राजनैतिक दल बड़ी सावधानी से विषय से बचकर चुनाव अभियान में इस विषय पर बोलते तक नहीं। एक बार जो विषय उच्च नाटकीय राजनैतिक प्रकरण हुआ करता था अब मात्र निषेध (taboo) बन कर रह गया है।

1977 में परिवार नियोजन को 'परिवार कल्याण' नाम दिया गया और परिवार कल्याण के सभी पक्षों को लेते हुए दक्षता से परे, स्त्रियों के शिक्षा स्तर को सुधारने के कार्य सहित विषय इसमें सम्मिलित किए गए। परिवार नियोजन जागरण मुहिम में भारत सरकार ने 'पहला बच्चा अभी नहीं' के यू. एनई.पी (UNEP) के दिशा निर्देशन पर प्रत्येक अगले बच्चे के जन्म में फासलों की मुहिम को चलाया।

परिवार नियोजन के तरीकों में बन्ध्यकरण, लूप, गर्भ निरोधक गोली (pill), निवर्तन (withdrawal), लय (rhythm), शीथ (sheath) और डायाफ्राम (diaphragm) आदि हैं। कण्डोम और गोलियाँ उच्च सामाजिक आर्थिक समूहों में अधिक प्रचलित मालूम पड़ती हैं, मध्यमवर्गीय समूहों में निवर्तन (withdrawal) विधि तथा कण्डोम प्रचलित हैं, और निम्न सामाजिक स्तर में बन्ध्यकरण को प्राथमिकता दी जाती है। सामाजिक रूप से सम्पन्न लोगों में परिवार नियोजन आपरेशन अधिक प्रचलित नहीं है क्योंकि इस समूह के लोग जन्म नियंत्रण के अन्य तरीके भी अपनाते हैं। काफी संख्या में स्त्रियां एक से अधिक तरीके अपनाती हैं जो कि परिस्थितियों, उपलब्धता तथा समय पर मनःस्थिति कैसी है, इस बात पर निर्भर करता है।

अपनाये गए उपाय (Measures Adopted)

1951 में अधिकारिक रूप से चलाए गए लगभग 150 परिवार नियोजन क्लिनिक प्रथम पंचवर्षीय योजना (1951-56) के बीच स्थापित किए गए। तब से सामुदायिक स्वास्थ्य केन्द्रों का एक जाल, प्राथमिक स्वास्थ्य केन्द्रों और उप केन्द्रों का जाल, पूर्व सरकारी सहायता से राज्य सरकारों के माध्यम से परिवार नियोजन कार्यक्रम के क्रियान्वयन हेतु बनाया गया है। बड़ी संख्या में केन्द्र व उपकेन्द्र ग्रामीण क्षेत्रों में भी प्रत्येक पंच वर्षीय योजना में स्थापित किए गए हैं। 1998 में देश में लगभग 1.5 लाख उप केन्द्र, 25,000 प्राथमिक स्वास्थ्य केन्द्र तथा 2500 सामुदायिक स्वास्थ्य केन्द्र थे।

परिवार नियोजन के विभिन्न तरीकों में से सरकार अब तक 'शिविर दृष्टिकोण' पर अधिक निर्भर रही है जो कि जिला अधिकारियों पर अधिक निर्भर रहे जो अपने अधिकारी वर्ग पर बन्ध्यकरण अभियान के लिए (अधिकतर पुरुष बन्ध्यकरण) दवाब डाल सकें। सरकार ने विभिन्न राज्यों और ज़िलों के लिए लक्ष्य निर्धारित किए और उन्हें प्राप्त करने के लिए आर्थिक प्रलोभन व विश्वास में लेकर कार्य सम्पन्न करने के लिए उपाय किए। लक्ष्य प्राप्ति की सर्वोच्च दर (200%) 1976-77 में देखी गई जबकि अलग-अलग वर्षों में बन्ध्यकरण

लक्ष्य प्राप्ति की दर 40 से 65 प्रतिशत के बीच रही। 1976-77 की सर्वोच्च उपलब्धि दर को 'संजय प्रभाव' कहा गया है जो कि दबाव, निर्दयता, भ्रष्टाचार और अतिश्योक्तिपूर्ण उपलब्धि आँकड़ों का परिणाम था। निर्दयता और बर्बरता के सबसे बुरे शिकार रहे हरिजन, चपरासी, लिपिक कर्मी, स्कूल अध्यापक, अबोध ग्रामीण, अस्पतालों के मरीज, जेल के बन्दी, तथा फुटपाथों पर रहने वाले व्यक्ति। परिवार नियोजन विधि के रूप में इस बर्बरता (विसंक्रमण) ने अन्तत: 1977 में सरकार के पतन का द्वार खोल दिया।

परिवार नियोजन कार्यक्रमों में लगे गाँवों में प्राथमिक स्वास्थ्य केन्द्र दो विशेष कार्य करते हैं : लोगों को सेवाएँ प्रदान करना तथा इन सेवाओं के विषय में सभी लोगों तक सूचना पहुँचाना ताकि लोगों को परिवार नियोजन अपनाने के लिए प्रेरित किया जा सके। लगभग 5 लाख चिकित्सा एवं सह-चिकित्सा कर्मचारी इस कार्यक्रम में लगे हैं। इनके अतिरिक्त लगभग 5 लाख अंशकालिक ग्रामीण स्वास्थ्य दिग्दर्शक भी हैं।

राष्ट्रीय जनसंख्या नीति, (2000)

फरवरी 16, 2000 को भारत सरकार ने एक नई नीति की घोषणा की। इसके मुख्य लक्षण निम्न थे:

1. आर्थिक और सामाजिक विकास का उद्देश्य लोगों के जीवन स्तर को उठाना, उनके लिए कल्याण संबंधी कार्यक्रम बढ़ाना और उन्हें समाज में उत्पादी परिसम्पत्ति (productive assets) बनने के अवसर उपलब्ध करना है। अवलम्बनीय (sustainable) विकास के लिए जनसंख्या को स्थिर करना आवश्यक है। ऐसे विकास के लिए सभी व्यक्तियों के लिए प्रजननीय (reproductive) स्वास्थ्य संबंधी देखभाल सुलभ करवाना, प्राथमिक और माध्यमिक शिक्षा के लिए अवसर बढ़ाना, सफाई, सुरक्षित पीने का पानी व मकान जैसी मूल सुविधाएँ देना, महिलाओं का सशक्तिकरण करना एवं उन्हें काम करने के अवसर प्रदान करना तथा यातायात व संचार के साधन उपलब्ध करवाना जरुरी है।
2. भारत में जनसंख्या में वृद्धि के मूल कारण हैं : प्रजननीय आयु समूह में जनसंख्या का बड़ा आकार, उच्च प्रजनन क्षमता (fertility), तथा लड़कियों का कम आयु में विवाह। अतः राष्ट्रीय जनसंख्या नीति के प्रमुख उद्देश्य होंगे : गर्भनिरोध, स्वास्थ्य अधःसंरचना (infrastructure), स्वास्थ्य कार्मिक तथा जननीय स्वास्थ्य देखभाल के लिए एकीकृत सेवा पर अधिक ध्यान देना। इसका मध्य-कालीन लक्ष्य होगा सन् 2010 तक प्रजनन दर को कम करना। इसका दीर्घ-कालीन लक्ष्य होगा 2045 तक जनसंख्या को उस स्तर पर लाना जो अवलम्बीय आर्थिक व सामाजिक विकास के लिए उचित है।
3. उपर्युक्त लक्ष्यों की प्राप्ति के लिए 14 राष्ट्रीय सामाजिक जनसांख्यकीय लक्ष्य निर्धारित किये गये हैं, जिन्हें 2010 तक प्राप्त करना होगा। यह लक्ष्य हैं :

   (i) मूल प्रजननीय और बाल स्वास्थ्य सेवाएँ और अधःसंरचना संबंधी आवश्यकताएँ पूरी करना; (ii) 14 वर्ष की आयु तक शिक्षा को मुफ्त व अनिवार्य करना; (iii) शिशु

मृत्यु दर को प्रति हजार पर 30 से कम करना; (iv) मातृ मृत्यु दर को एक लाख पर 100 से कम करना; (v) बच्चों की रोकने योग्य बीमारियों के लिए टीकों द्वारा उन्मुक्त (immunise) करना; (vi) लड़कियों का विवाह 20 वर्ष के बाद करने को प्रोत्साहित करना; (vii) प्रसव (deliveries) 80 प्रतिशत संस्थात्मक तरीकों से और 100 प्रतिशत प्रशिक्षित व्यक्तियों द्वारा करवाने पर बल देना; (viii) गर्भपात (contraception) के बारे में पूरी जानकारी उपलब्ध करवाना; (ix) एड्स के बारे में जानकारी देना; (x) प्रेषणशील (communicative) बीमारियों पर नियंत्रण करना; (xi) जननीय और बाल स्वास्थ्य देखभाल में चिकित्सा की एकीकृत व्यवस्था पर बल देना; (xii) कुल प्रजनन क्षमता (TFR) स्तर के लिए छोटे परिवार के विचार को प्रोत्साहित करना।

इन लक्ष्यों की प्राप्ति के लिए निम्न प्रोग्राम को लागू करने पर बल दिया गया है: योजना का विकेन्द्रीकरण, ग्राम स्तर पर सेवाओं की उपलब्धि, महिलाओं का सशक्तिकरण, नगरों में गन्दी बस्तियों, गांवों में जनजातीय समुदायों व किशोरों पर अधिक ध्यान देना, और गैर-सरकारी संगठनों का सहयोग। जनसंख्या नियंत्रण का कार्य क्योंकि राज्य सरकारों का है, इसलिए मानीटर करने के लिए एक राष्ट्रीय आयोग की स्थापना की जायेगी जिसके चेयरमैन प्रधानमंत्री तथा सदस्य सभी राज्यों के मुख्यमंत्री, केन्द्रीय परिवार कल्याण मंत्री, गैर-सरकारी संगठनों के प्रतिनिधि, मशहूर जनांकिकी विशेषज्ञ, आदि होंगे।

छोटे परिवार के विचार को बढ़ावा देने के लिए निम्न अभिप्रेरणा संबंधी उपायों का सुझाव दिया गया है : (i) अनुकरणीय कार्य के लिए ग्राम पंचायतों व जिला परिषदों को पुरस्कार देना; (ii) दो बच्चों तक लड़की के लिए महिला और शिशु विकास विभाग द्वारा 500 रुपये नकद प्रोत्साहन देना; (iii) गाँवों में पहली सन्तान 19 वर्ष की आयु के उपरान्त जन्म देने के लिए 500 रुपये का पुरस्कार; (iv) गरीबी रेखा से नीचे दम्पत्तियों के लिए दो बच्चों बाद बंध्यकरण (sterilisation) के लिए स्वास्थ्य बीमा योजना लागू करना; (v) गाँवों में बाल-गृहों और बाल-सतर्कता केन्द्र स्थापित करना।

इसके अलावा कुछ और उपाय निम्न अपनाये जायेंगे : (1) सुरक्षित गर्भपात के लिए सुविधाओं को सशक्त करना; (2) रोगीवाहन (ambulance) सेवाओं के लिए कर्जा देना; (3) लड़कियों के व्यावसायिक प्रशिक्षण के लिए समर्थन देना; (4) 1976 के बाल-विवाह प्रतिबन्ध अधिनियम को सख्ती से लागू करना; (5) 2026 तक लोकसभा के लिए सदस्य संख्या न बढ़ाना।

उपलब्ध प्रगति (Progress Achieved)

प्रथम पंचवर्षीय योजना के बाद, अगले आठ पंचवर्षीय योजनाओं में इस कार्यक्रम को वरीयता दी गई, लेकिन 1968-69 से ही जन्म दर में कमी देखी गई। 1961 में जो जन्म दर 41.7 प्रति हजार थी, 1994 में 28.7 और 1995 में घटकर 25.2 प्रति हजार रह गई। 1956 और 1996 के बीच लगभग 13 करोड़ जन्म-जापान की वर्तमान जनसंख्या के बराबर—टाल दिए गए (*The Hindustan Times*, February 11, 1997)।

सभी क्षेत्रों में लक्ष्यों की उपलब्धि खराब नहीं रही है यद्यपि बन्ध्यकरण की संख्या कम हुई है। राष्ट्रीय परिवार स्वास्थ्य सर्वेक्षण के अनुसार (NFHS, 1992 : 93), जो कि स्वास्थ्य व परिवार कल्याण मंत्रालय द्वारा चलाया गया था, 13 वर्ष से 49 वर्ष आयु समूह की भारतीय स्त्रियों में से केवल 6 प्रतिशत ही किसी आधुनिक गर्भ निरोध के तरीके का प्रयोग करतीं हैं। तथापि एक अन्य रिपोर्ट के अनुसार लगभग आधे दम्पत्ति परिवार नियोजन का अनुसरण नहीं करते यद्यपि 90 प्रतिशत इसके विषय मे जानकारी रखते हैं (*The Hindustan Times*, February 11, 1997)। भारत में कण्डोम का प्रयोग इतना कम है कि यह प्रतिवर्ष केवल प्रति दम्पत्ति 6 है। सर्वेक्षण के द्वारा बन्ध्यकरण दर पर दिए गए आंकड़े (30%)—जो परिवार नियोजन कार्यक्रम का मुख्य आधार है—अविश्वसनीय हैं क्योंकि अधिकतर बन्ध्यकरण 2 या तीन बच्चों के जन्म के बाद अपनाया जाता है। भारत की कुल उर्वरता दर अभी भी 3.5 है और यह सर्व विदित है कि यह दर 3 से 2.1 पर लाना एक कठिन कार्य है और वह अवस्था भारत में अभी शुरु भी नहीं हुई है (सहाय, 1977)। आज यह प्रयास भी इस सीमा तक कम हो गया है कि आशीष बोस, एक सुविज्ञ जनांकिकीयशास्त्री ने अपने 1990 के दशक में भारतीय जनसंख्या' विषय पर वक्तव्य में (8 फरवरी 1991 में दिल्ली में) कहा कि देश में परिवार नियोजन कार्यक्रम पूरी तरह से असफल हो गया है और इसकी सफलता के लिए बिल्कुल नये दृष्टिकोण की आवश्यकता है।

जनसंख्या वृद्धि को रोकने में प्रगति बहुत धीमी गति से हुई है जैसा कि चीन से तुलना करने पर स्पष्ट हो जाता है जिसने गहन परिवार नियोजन कार्यक्रम के माध्यम से 1970 से 20 करोड़ बच्चों के जन्म को रोक दिया है और जननक्षमता दर को अर्ह (eligible) माताओं में 5.82 से कम करके 2.5 पर ला दिया है (स्त्री जो 15 वर्ष से 49 वर्ष की आयु के बीच उत्पादक वर्षों में औसत संख्या में बच्चों को जन्म देगी (*The Hindustan Times*, July 11, 1994)। चीन ने शहरी क्षेत्रों में 'एक दम्पत्ति का एक बच्चा' का प्रतिमान अपनाया और ग्रामीण क्षेत्रों में एक दम्पत्ति के दो बच्चों के बाद प्रतिबन्ध लगाया तथा नियोजित बच्चे तथा उनके माता पिता के लिए भी प्रोत्साहन दिए। जो इन प्रतिमानों का उल्लंघन करते उन्हें दण्डित किया जाता था। नियोजित बच्चे को शिक्षा तथा पालन पोषण के लिए 14 वर्ष की आयु तक विशेष भत्ता दिया जाता था तथा उसके माता पिता को मकान बनाने के लिए भूमि या फार्म के लिए मशीन आदि दी जाती थी। चीन में इस कार्यक्रम का प्रमुख भाग है, देर से विवाह और देर से बच्चों को जन्म देने के लिए प्रोत्साहित किया जाना।

भारत में प्रजनन स्वास्थ्य (reproductive health) से सम्बद्ध उपलब्ध तथ्य (*Outlook*, August 21, 1996 : 58) संकेत करते हैं कि :

- वर्ष भर में कुल गर्भाधानों (conceptions) के लगभग 78 प्रतिशत अनियोजित होते हैं और लगभग 25 प्रतिशत निश्चित रूप से अनचाहे होते हैं।
- भारत में लगभग तीन करोड़ स्त्रियाँ अच्छी परिवार नियोजन सेवाएँ चाहती हैं क्योंकि वे उपलब्ध सेवाओं/कार्यक्रमों से सन्तुष्ट नहीं हैं।
- प्रतिवर्ष होने वाले लगभग 1.1 करोड़ गर्भपातों में से 31 प्रतिशत आत्मस्फर्त (spontaneous) होते हैं।

- गर्भ धारण तथा बच्चों को जन्म देने की अवधि में एक लाख से अधिक स्त्रियाँ मर जाती हैं।
- लगभग तीन चौथाई प्रसव घरों में ही होता है और केवल एक तिहाई प्रसव डाक्टर, नर्स या मिडवाइफ के सहयोग से होते हैं।
- प्रत्येक 13 बच्चों में से एक बालक एक वर्ष के जीवन काल में ही मर जाता है और प्रत्येक नौ में से एक पाँच वर्ष की आयु तक पहुँचते मर जाता है। शिशु मृत्यु दर (infant mortality) ग्रामीण क्षेत्रों में 52 प्रतिशत है।

परिवार नियोजन के प्रति दृष्टिकोण (Attitudes Towards Family Planning)

परिवार नियोजन का विचार एक औसत भारतीय स्त्री तक भली-भाँति पहुँचा दिया गया है। परिवार नियोजन के प्रति स्त्रियों का दृष्टिकोण शिक्षा, आयु, आय पृष्ठभूमि, पति का व्यवसाय, और अन्य कारकों में उसकी प्रस्थिति (कार्य की) आदि हैं। आयु के अर्थ में यह देखा गया है कि जैसे-जैसे आयु समूह में वृद्धि होती जाती है वैसे-वैसे परिवार नियोजन को स्वीकार करने वाली स्त्रियों का प्रतिशत कम होता जाता है। लेकिन अधिक आयु समूह में भी लगभग दो तिहाई स्वीकृति होती है। यह स्पष्ट रूप से दर्शाता है कि अधिक संख्या में भारतीय स्त्रियाँ आयु की चिन्ता किए बिना भी परिवार नियोजन स्वीकार करतीं है।

1988 में कोठारी और गुलाटी (1989 : 71) द्वारा राजस्थान में किए गए सर्वेक्षण में पाया गया कि अध्ययन किए गए कुल व्यक्तियों में से 88.1 प्रतिशत परिवार नियोजन के पक्ष में थे और 11.9 प्रतिशत विरुद्ध थे। कोठारी (1994) ने यह भी देखा कि 1993 में राजस्थान में राष्ट्रीय परिवार कल्याण सर्वेक्षण के निष्कर्षों के अनुसार 13-49 वर्ष आयु समूह की विवाहित स्त्रियों में 90 प्रतिशत परिवार नियोजन के कुछ तरीके जानती थीं, और 76.2 प्रतिशत वांच्छित गर्भ निरोध प्राप्त करने के स्त्रोतों के विषय में जानती थीं, यद्यपि केवल 31.8 प्रतिशत ही वास्तव में उनका प्रयोग कर रहीं थीं।

राव तथा इनबराज (Rao and Inbaraj) द्वारा तमिलनाडु के वेल्लोर नगर तथा आस-पास के गाँवों में परिवार नियोजन के प्रति दृष्टिकोण पर एक सर्वेक्षण किया गया था। कुल 2,426 व्यक्तियों का साक्षात्कार इस इरादे से किया गया कि वे समझते थे कि बच्चों की संख्या नियंत्रित करना दम्पत्ति के वश में था। लगभग 37 प्रतिशत ने पक्ष में और 41 प्रतिशत ने नकारात्मक उत्तर दिया (*The Journal of Family Welfare*: 2-22)। उन 899 व्यक्तियों में से जो इसको सम्भव मानते थे, 46.6 प्रतिशत इसको परिवार नियोजन विधियों से सम्भव मानते थे, 37.5 प्रतिशत स्व नियंत्रण के द्वारा, जबकि 15.9 प्रतिशत ने कोई निश्चित तरीका नहीं बताया। जब उनसे पूछा गया कि क्या वे स्वयं परिवार नियोजन के पक्ष में थे, 64.6 प्रतिशत ने 'हाँ' कहा और 25.4 प्रतिशन ने 'ना' कहा। परिवार नियोजन उपायों के विरुद्ध आक्रामकता (hostility) दिखाने के कारणों में थे : यह स्त्रियों के लिए हानि कारक थे; यह परिवार अर्थव्यवस्था के विरूद्ध जाते हैं; यह ईश्वर की इच्छा के विरुद्ध हैं ; और ये अप्राकृतिक व्यवहार है। परन्तु क्योंकि प्रति 10 व्यक्तियों में से 7 परिवार नियोजन के पक्ष में थे, यह इस तथ्य को प्रकट करता है कि आजकल लोगों ने अपने

विश्वासों में तथा मूल्यों में कम परम्परागत होना शुरु कर दिया है।

राष्ट्रीय सामुदायिक विकास संस्थान द्वारा 16 राज्यों के 43 ज़िलो के 365 गांवों के 7,224 उत्तरदाताओं पर किया गया अध्ययन दर्शाता है कि 51.6 प्रतिशत परिवार नियोजन के पक्ष में थे और 23.7 प्रतिशत परिवार प्रतिपक्ष में थे (Balakrishna and Narayan Murthy, *The Journal of Family Welfare)*

हमारे समाज के गरीब वर्ग में क्योंकि अशिक्षा व्याप्त है, अतः यह देखा गया है कि निम्नतर में कम शिक्षित स्त्रियाँ परिवार नियोजन विधियाँ अपनाने में अधिक उत्साहहीन (reluctant) होती हैं। वे सोचती हैं कि क्योंकि उनके पास धन नहीं है अतः उनके बच्चों की आय ही उनके जीवन आशा होती हैं। औसत भारतीय निर्धन दम्पत्ति दो या तीन से कम बच्चों से सन्तुष्ट नहीं होते। यह तथ्य समय-समय पर किये गये अध्ययनों से उजागर होता है। लगभग एक दशक पूर्व एक बहुत बड़े सर्वेक्षण से, जो कि 32,000 उत्तरदाताओं पर स्वास्थ्य व परिवार कल्याण मंत्रालय द्वारा प्रोयाजित कराया गया था, यह निष्कर्ष निकला कि अधिकतर दम्पत्ति न केवल दो या तीन बच्चे चाहते थे बल्कि वे यह भी चाहते थे कि उनमें से दो पुत्र हों (*The Hindustan Times*, November 5, 1987)।

सन् 1991 में 'जनसंख्या के विषय में भारतीय युवा वर्ग का सामाजीकरण' पर एक सर्वेक्षण परिवार नियोजन फाउन्डेशन, दिल्ली द्वारा आपरेशन रिसर्च ग्रुप दिल्ली के सहयोग से किया गया था। इस सर्वेक्षण में उत्तर प्रदेश, राजस्थान, हरियाणा और दिल्ली के 22 जिलों के शहरी और ग्रामीण क्षेत्रों के 251 स्कूलों से चयनित 17, 185 लड़के व लड़कियों के दृष्टिकोण का अध्ययन किया गया। उत्तरदाताओं की एक बड़ी संख्या दो बच्चों वाले परिवार की पक्षधर थी। जब 90 प्रतिशत उत्तरदाता एक पुत्र और एक पुत्री को अच्छा मानते थे, वहीं 73 प्रतिशत उत्तरदाता बच्चों में लिंग को कोई महत्व नहीं देना चाहते थे। अधिकांश उत्तरदाता 22 वर्ष से कम की आयु विवाह के लिए सही आयु नहीं मानते थे। उनमें से काफी संख्या में उत्तरदाताओं को गर्भ निरोध विधियों का थोड़ा सा ही ज्ञान था। उनमें से अधिकांश ने यह ज्ञान टी.वी. देखकर प्राप्त किया था। (*The Hindustan Times*, March 15, 1992)।

1992 में राजस्थान में उदयपुर के जनसंख्या अनुसन्धान केन्द्र द्वारा एक सर्वेक्षण किया गया था जिसमें 5,211 स्त्रियों का (1019 शहरी क्षेत्रों से, और 4192 ग्रामीण क्षेत्रों से) जो 13-39 वर्ष आयु समूह से 27 ज़िलों से थीं, साक्षात्कार किया गया। सर्वेक्षण से पता लगा कि हाल ही में विवाहित स्त्रियों में से (5058) शहरी क्षेत्रों में 99 प्रतिशत और ग्रामीण क्षेत्रों में 84 प्रतिशत स्त्रियों का आधुनिक परिवार नियोजन की विधियों में से कम से कम एक का ज्ञान था (अर्थात बन्ध्यकरण, कण्डोम, गोली, IUD और इन्जैक्शन) जो कि मासिक धर्म बचाव व निकास जैसे परम्परागत तरीकों से भिन्न थे (वही : 82)। जहाँ तक उनके पतियों का सम्बन्ध है, 2,433 ग्रामीण पतियों में से 57 प्रतिशत परिवार नियोजन को स्वीकृति देते थे, 16.8 प्रतिशत अस्वीकार करते थे और 26.1 प्रतिशत अनिश्चित थे। शहरी पतियों में 74.9 प्रतिशत इसे स्वीकार करते थे, 9.4 प्रतिशत अस्वीकार, और 15.7 प्रतिशत अनिश्चित थे।

जिन स्त्रियों पर सर्वेक्षण किया गया उनमें से 27.7 प्रतिशत (बन्ध्यकरण पुरुषों की

स्त्रियाँ या पत्नियाँ) ने बन्ध्यकरण कराया था। 2035 (39%) स्त्रियों ने परिवार नियोजन के किसी भी तरीके के प्रयोग न करने के कारण (वही : 103) बताए : बच्चे चाहती थीं (39.7%), बेटा या बेटी चाहतीं थीं (22.9%), सह प्रभावों की चिन्ता (1.3%), ज्ञान का अभाव (3.7%), बन्ध्यकरण का डर (4.3 %), धर्म विरुद्ध (1.4%), परिवार नियोजन के विरुद्ध (0.8%), पति द्वारा विरोध (3.7%) या ससुराल वालों का विरोध (0.7%), स्वास्थ्य अनुमति नहीं देता (2%), असुविधा (0.4%), और मासिक धर्म में रुकावट (10.7%)।

साक्षात्कार की गई 3,027 स्त्रियों में से (2433 ग्रामीण और 594 शहरी) (उनको छोड़कर जो स्वयं या उनके पति बन्ध्या करवा चुके थे) 75.5 प्रतिशत परिवार नियोजन के पक्ष में थे, जबकि 23.4 प्रतिशत ने कोई विशेष रूझान नहीं दर्शाया (वही : 110)। इनमें से 50.5 प्रतिशत हाल ही में विवाहित स्त्रियाँ किसी न किसी प्रकार की गर्भ निरोध विधि का प्रयोग कर रहीं थीं (वही : 86)।

कार्यक्रम का मूल्यांकन (Evaluation of the Programme)

मोटे तौर पर भारत में नौकरशाह यह तर्क देकर जनता को गुमराह कर रहे हैं कि क्योंकि हमारी अशोधित (crude) जन्म दर (CBR) 1960 में 42 प्रतिहजार से घटकर 1996 में प्रतिहजार 25 हो गई हैं, अतः परिवार नियोजन बिल्कुल सफल रहा है। लेकिन यह दावा भ्रामक है। किसी विकासशील देश के लिए इतना ही काफी नहीं है कि इसका अशोधित जन्म दर घट गया है। महत्त्वपूर्ण है कमी (decline) की दर। थाइलैण्ड का सी.बी.आर 1960 में 44 प्रति हजार से घटकर 1996 में 17 प्रति हजार रह गया, जबकि भारत में इसी अवधि में सी.बी.आर 42 से 25 तक ही हुआ। थाइलैण्ड ने गर्भनिरोधक प्रचलन दर (Contraceptive Prevalence Rate, CPR) 75 प्रतिशत से अधिक प्राप्त कर ली है जबकि भारत में यह केवल 43 प्रतिशत ही है, और यहां पुनः परिवार नियोजन के अधिकतर कार्यक्रम (हमारे सी.पी.आर 43% में से 30% ही) तीन या अधिक बच्चों के जन्म के बाद ही अपनाए जाते हैं। 13-49 वर्ष आयु समूह की केवल 6 प्रतिशत स्त्रियाँ ही किसी न किसी आधुनिक गर्भ निरोध विधि का प्रयोग करती हैं।

जनसंख्या नियंत्रण 1951 में प्रारम्भ होने के समय से ही शत प्रतिशत केन्द्र प्रयोजित कार्यक्रम रहा है। जनसंख्या नियंत्रण पर व्यय वर्षों से बढ़ता जा रहा है। प्रथम पंचवर्षीय योजना अवधि (1951-56) में 14 लाख रुपये के बजट से यह बढ़कर आठवीं पंचवर्षीय योजना (1992-97) अवधि में 6500 करोड़ रुपया हो गया। प्रतिशत में यह नियत धनराशि कुल सार्वजनिक क्षेत्र में नियत राशि का केवल 1.5 प्रतिशत है। प्रश्न है : जनसंख्या नियंत्रण केन्द्र सरकार का ही उत्तरदायित्व क्यों हो ? राज्य इस व्यय में भागीदारी क्यों न करें ? क्या जनसंख्या वृद्धि पर नियंत्रण से उन्हें लाभ न होगा ? फिर भी, राज्य सरकारें प्रारम्भिक शिक्षा, स्वास्थ्य केन्द्रों आदि जैसे कार्यक्रमों पर अधिक धन व्यय करतीं हैं जो अप्रत्यक्ष रूप से जनसंख्या वृद्धि रोकने में योगदान करतीं हैं। लेकिन राज्य सरकारें भी इन योजनाओं पर (स्वास्थ्य और शिक्षा की) किस प्रकार खर्च करती हैं ? एक उदाहरण इसको समझने में सहायक होगा। गाँव के एक उप स्वास्थ्य केन्द्र में पुरुष (MPW-M) और स्त्री (MPW-F or ANM) कार्यकर्ता होते हैं। ए.एन.एम (ANMs) का वेतन परिवार कल्याण कार्यक्रम के

अन्तर्गत केन्द्र सरकार के अनुदान से वहन किये जाते हैं जबकि पुरुषकार्यकर्ताओं के वेतन स्वास्थ्य बजट में से राज्य सरकारें वहन करती हैं। परिणामतः राज्य सरकारें स्त्री कार्यकर्ताओं के सभी पद भर देती हैं परन्तु पुरुष कार्यकर्ताओं के सभी पद रिक्त पड़े रहते हैं क्योंकि बहाना यह होता है कि कम खर्च के उपायों के कारण ऐसा करना पड़ता है। उदाहरण के लिए उत्तर प्रदेश और असम में एक भी पुरुष कार्यकर्ता नहीं है, यद्यपि मानक (norms) के अनुसार उत्तर प्रदेश में 20,000 पुरुष स्वास्थ्य कार्यकर्ता तथा असम में 5000 पुरुष स्वास्थ्य कार्यकर्ता हेाने चाहिए। इन दोनों राज्यों में ए.एन.एम (ANMs) का एक भी पद रिक्त नहीं है (*The Hindustan Times*, February 27, 1996)। जबकि ग्रामीण क्षेत्रों में प्राथमिक स्वास्थ्य केन्द्रों और सी. एच. सी (CHCs) को राज्य बजट से चलाया जाना चाहिए लेकिन वास्तव में वे परिवार कल्याण केन्द्र कार्यक्रम के अन्तर्गत केन्द्र सरकार द्वारा 500 करोड़ रुपये लगभग के अनुदान से चलाए जाते हैं। तब केन्द्र सरकार राज्य सरकार के साथ समान मूल्य हिस्सेदारी के आधार पर वित्तीय प्रतिबद्धता की सक्रिय भागीदारी से परिवार नियोजन कार्यक्रम को पुनजीर्वित एवं पुनरुद्धार का कार्य क्यों नहीं करतीं ? यह समय है कि राज्य सरकारें अपना दृष्टिकोण 'जितना प्राप्त कर सकते हो करो' की अपेक्षा 'जितना कर सकते हो करो' का बनाएं, यदि परिवार नियोजन के कार्यक्रम को एक सफल कार्यक्रम बनाना है।

भारत में परिवार नियोजन का कार्यक्रम शिथिल हो गया है। वास्तव में, यह कार्यक्रम पीछे की ओर जा रहा है। क्योंकि 1941 में 8 बच्चे प्रति मिनट तथा 1971 के 21 बच्चे प्रति मिनट की तुलना में आज (2000 में) हम 30 बच्चे पैदा कर रहे हैं। यह स्थिरता निश्चय ही 1952 से किए जा रहे प्रयत्नों को समाप्त करने के लिए बाध्यता है। यह जब सत्य है कि दम्पत्ति सुरक्षा प्रतिशत लगातार 1971 में 10.4 से 1998 में 43.96 तक ऊँची उठी है, फिर भी यह पूछा जाना चाहिए कि ये दम्पत्ति कौन हैं जिनको संरक्षण प्राप्त है ? ये वही दम्पत्ति हैं जिनके दो या तीन बच्चे हो चुके हैं और जिन्होंने दो बच्चों के परिवार के मानक को पहले से ही हानि पहुँचा रखी है।

जो प्रश्न पूछा जाता है वह है : यदि देश में जन्म 11.6 बिन्दु तक कम होने में 28 वर्ष लगे (1970 में 36.8 से 1998 में 25.2) तब 2001 तक 21 प्रति हजार के लक्ष्य तक पहुँचने के लिए 7.7 बिन्दु की गिरावट लाने में कितने वर्ष लगेंगे ?

स्वास्थ्य मंत्रालय की अधिकारिक गणनाएँ बताती हैं कि उच्च प्रजनन स्तर वाले चार राज्यों—उत्तर प्रदेश, बिहार, मध्य प्रदेश और राजस्थान को बीड़ा उठाना है। इन चार राज्यों में ही देश की 40 प्रतिशत जनसंख्या है। इन चार राज्यों में जन्म दर 1995 में राष्ट्रीय औसत 25.2 प्रति हजार से कहीं अधिक थी (उत्तर प्रदेश में जन्म दर 35.4, मध्य प्रदेश में 32.8, राजस्थान में 33.7 और बिहार में 32.5 थी (*Outlook*, August 21, 1996 : 56)। इन चार राज्यों में जब जनसंख्या वृद्धि दर 33.8 प्रति हजार (1995 में) है, वहीं आन्ध्र प्रदेश, तमिलनाडू, केरल, और कर्नाटक दक्षिण भारत के चार राज्यों में यह दर केवल 13.6 है। आश्चर्य तो यह है कि इन चार राज्यों के लिए निर्धारित बन्ध्यकरण लक्ष्य उनके यहां की जनसंख्या की अपेक्षाओं से कहीं कम हैं। जब तक ये चार राज्य अपना क्रियान्वयन स्तर नहीं सुधारेंगे तब तक जनसंख्या रोकने की समस्या देश के लिए विकट बनी रहेगी।

विभिन्न अध्ययनों से यह तथ्य उद्घाटित होता है कि ग्रामीण क्षेत्रों में प्राथमिक

स्वास्थ्य केन्द्रों की सेवाओं का लाभ पूर्णरूपेण नहीं उठाया जा रहा है। उत्तर प्रदेश, बिहार, मध्य प्रदेश और राजस्थान जैसे राज्यों में जहां यह प्रवृत्ति अधिक स्पष्ट है, इनका उपयोग केवल 15 प्रतिशत तक ही है। असंख्य अध्ययनों ने यह संकेत किया है कि गाँवों में केवल मीडिया ही है जो लोगों के प्रश्नों का तुरन्त उत्तर दे देता है और परिवार नियोजन में सहायक हो सकता है। ब्लॉक विस्तार एवं स्वास्थ्य सहायकों को ही यह भूमिका दी गई है लेकिन अर्न्तवैयक्तिक संवाद बहुत महत्त्वपूर्ण होता है।

परिवार नियोजन प्रचार का क्या तरीका व क्या उद्देश्य होने चाहिए ? एक महत्वपूर्ण सुझाव है कि हमारे नारे होने चाहिए 'तीसरा बच्चा कभी नहीं, 35 वर्ष की आयु के बाद कोई बच्चा नहीं'। यह दो विकल्प हैं जो कि पूर्णरूपेण दम्पत्ति के नियंत्रण में हैं। जीवन स्तर सुधार, अच्छी शिक्षा प्रदान करना, दो बच्चों के स्वास्थ्य की गारन्टी और स्त्रियों/माताओं के स्वास्थ्य के लिए अच्छी सेवाएं उपलब्ध कराने के साथ जुड़ा हुआ इस प्रकार का प्रचार दम्पत्तियों की ऐसी मानसिकता बना देगा जिससे वे स्वयं इन लक्ष्यों की पूर्ति के लिए उत्सुक होंगे। धन का प्रलोभन एक अच्छा प्रोत्साहन कारक नहीं हो सकता। धन प्रेरक के लिए प्रोत्साहन हो सकता है ताकि वे अभियान के दौरान दम्पत्तियों को प्रेरित कर सकें लेकिन उस व्यक्ति के लिए नहीं जो बन्ध्याकरण कराने जा रहा है।

कुछ विद्वान आगे आने वाले समय में जनसंख्या विस्फोट रोकने के लिए आशावादी रेखाचित्र (blue-print) प्रस्तुत करते हैं। एक बिन्दु यह रखा जाता है कि हमारे देश में ऐसे अनेक संसाधन है जिनका दोहन नहीं हुआ है। यदि उनका सही विकास किया जाये तो वर्तमान जनसंख्या की तीन गुणा अधिक जनसंख्या का जीवन चलाया जा सकता है। दूसरा बिन्दु यह है कि औद्योगिक विकास, आर्थिक विकास और निर्यात में वृद्धि से गरीबी, बेरोजगारी और बढ़ती जनसंख्या से निपटा जा सकता है। ये दोनों ही विचार थोथे और तर्कहीन हैं। किसी भी देश के लिए वे साधन और सेवाएं जो उपलब्ध हैं, न कि जो सम्भावित हैं वे ही लाभदायिक हैं क्योंकि वे जनसंख्या की आवश्यकताओं को पूरा कर सकेगें। जब वर्तमान में केन्द्र तथा राज्यों में राजनैतिक अस्थिरता हो, जब राजनैतिक दल सामुदायिक विकास की अपेक्षा सत्ता हथियाने और उसे बनाए रखने की होड़ में हों, जब जातिवाद, क्षेत्रवाद, ग्राम्यवाद, भाषावाद बढ़ रहा हो, तब इन सबके चलते हम अपने सत्ता में अभिजात वर्ग से यह अपेक्षा कैसे कर सकते हैं कि वे विकास और आधुनिकीकरण और/या उन संसाधनों का दोहन करें जिनका अभी तक दोहन नहीं हो सका है।

स्वामीनाथन समिति (Swaminathan Committee)

स्वामीनाथन समिति द्वारा प्रस्तुत नीति पत्रक में नीति के क्रियान्वयन के लिए कुछ संरचनात्मक परिवर्तन तथा स्वास्थ्य के लिए समष्टिगत (holistic) दृष्टिकोण बताया गया है। इस समिति द्वारा सुझाए गए कुछ महत्त्वपूर्ण उपाय इस प्रकार हैं : (1) 2010 तक 2.1 की कुल जननशक्ति दर के लक्ष्य को प्राप्त करके जनसंख्या स्थिर करना। (2) तीव्र और न्यूनतम आवश्यकता कार्यक्रम लागू करना। (3) पंचायतों, नगरपालिकाओं और राज्यों की विधायिकाओं के माध्यम से वर्तमान ऊर्ध्वाकार (vertically) संरचित परिवार कल्याण कार्यक्रम के स्थान पर विकेन्द्रीकृत, लोकतांत्रिक नियोजन लागू करना। (4) जननशक्ति दर के राष्ट्रीय औसत उपलब्धि

के लक्ष्य को छोड़कर केन्द्रीय व राज्य सरकारों द्वारा विशेष गर्भ निरोध विधियों के प्रयोग के लिए लक्ष्य निश्चित करने का विचार त्यागना। (5) गर्भ निरोध विधि प्रयोगकर्ताओं और उनके प्रेरकों को नकद या वस्तु के रूप में दिया जाने वाला प्रोत्साहन समाप्त कर दिया जाये। इसके बजाय सरकार और अन्तर्राष्ट्रीय दानदाता एजेन्सियों से उपलब्ध होने वाली धन राशि से जनसंख्या एवं सामाजिक विकास कोष स्थापित किया जाये। यह कोष गाँव, कस्बे, ज़िला, और राज्य स्तर के सामाजिक जनांकिकी आवश्यकताओं के उपभोग में फासले को दूर करने के काम में लगाया जाये। (6) देश की जनसंख्या नीति को नियोजित, क्रियान्वित तथा संचालित करने के लिए एक राज्य जनसंख्या एवं सामाजिक विकास आयोग की नियुक्ति करना। पी.एस.डी. सी (PSDC) की उप-समितियाँ भी राज्य, जनपद तथा पंचायत स्तर पर बनाई जायें जिनमें विभिन्न राजनैतिक दलों, व्यवसायों में से जनता द्वारा चुने हुए प्रतिनिधि हों तथा गैर-सरकारी संगठनों, महिलाओं तथा युवा संगठनों के प्रतिनिधि भी शामिल हों। (7) इस समय परिवार नियोजन केवल स्त्रियों की जिम्मेदारी बन कर रह गया है; स्पष्ट रूप से आवश्यकता इस बात की है कि परिवार सीमित करने की सम्पूर्ण जिम्मेदारी को स्त्रियों पर रखने की प्रवृत्ति को रोका जाये।

राष्ट्रीय जनसंख्या नीति के एक आवश्यक भाग को जनसंख्या कल्याण के क्षेत्र में बनाने के लिए समिति द्वारा बनाए गए कुछ सामाजिक-आर्थिक तथा चिकित्सा सम्बन्धी उद्देश्य इस प्रकार थे : (1) लड़कियों के विवाह के लिए 18 वर्ष से कम आयु की संख्या को शून्य करना; (2) प्रशिक्षित कर्मियों द्वारा कराये जाने वाले प्रसवों (deliveries) के प्रतिशत को बढ़ाकर 100 प्रतिशत किया जाना; (3) जच्चा-बच्चा मृत्यु दर को घटाना; (4) क्षय रोग, पोलियो, डिप्थीरिया, काली खाँसी, टिटनेस, और खसरा के विरुद्ध बच्चों का सार्वजनिक मुक्तिकरण (immunisation); (5) सभी के लिए प्राथमिक स्वास्थ्य देखभाल का प्रावधान; (6) जन्म सीमित करने की विधियों पर व्यक्तियों को सूचना ताकि उन्हें अपने परिवार को नियोजित करने में पूर्ण इच्छा से नियोजन करने का अवसर मिले; (7) सार्वभौमिक आधार पर अच्छी गुणवत्ता वाली गर्भ निरोध सेवाएं उपलब्ध कराया जाना; (8) प्राथमिक शिक्षा का सार्व-भौमीकरण।

अनेक विद्वानों ने इस समिति की सिफारिशों की आलोचना की है और सुझाव दिया है कि उन्हें बिल्कुल अस्वीकार कर दिया जाना चाहिए। उनके प्रमुख तर्क हैं : (1) रिपोर्ट में गहन विश्लेषण, औचित्य और तीव्रता का अभाव है। सुझाया गया दृष्टिकोण विशुद्ध रूप से प्रबन्धात्मक (managerial) है और सुझाए गए कदम पूर्व के असफल इन सूत्रों की पुनरावृत्ति मात्र हैं, कि 'विकास सबसे अच्छा गर्भ निरोध हैं।' (2) न्यूनतम आवश्यकताओं और जनसंख्या नियंत्रण का कोई सम्बन्ध नहीं है। वे सभी लक्ष्य जो तमाम राजनैतिक वायदों के साथ विभिन्न आम चुनावों और पंचवर्षीय योजनाओं के बावजूद गत दशकों में प्राप्त न किए जा सके, 2010 तक तथा आगे भी किस प्रकार पूर्ण हो सकेंगे जबकि हमारी जनसंख्या ने (अक्टूबर 2000 में) 100 करोड़ का चिन्ह पहले ही पार कर लिया है जिसमें से लगभग 37 करोड़ लोग अभी भी गरीबी की सीमा रेखा से नीचे जीने के लिए मजबूर हैं ? (3) राजनीति से प्रेरित जनसंख्या आयोग अप्रभावी रहेगा। (4) समिति ने उन लोगों के लिए कोई हतोत्साहन नहीं रखा जिन्होंने परिवार नियोजन प्रतिमानों का उल्लंघन किया। करुणाकरण

समिति ने हतोत्साहनों को शुरु करने का प्रस्ताव रखा है—भले ही प्रचलित न हों—ताकि परिवार नियोजन कार्यक्रम अधिक प्रभावी तथा तेज गति से कार्य करे। ऐसा एक कार्यक्रम राजस्थान सरकार द्वारा चलाया गया था जिसके अनुसार कोई भी व्यक्ति जिसके तीन बच्चों से अधिक बच्चे हों चुनाव नहीं लड़ सकता। परन्तु यह कार्यक्रम केवल कागजों में ही है। इसको अभी भी व्यवहार में लाया जाना है। महाराष्ट्र ने भी जुलाई 2000 में इसी प्रकार का कार्यक्रम सुझाया है। (5) रिपोर्ट यह नहीं स्पष्ट करती कि हम तेज गति बढ़ने वाली जनसंख्या को क्यों रोक नहीं सके, यद्यपि 1951 से ही अबोध रूप से भारत में जनसंख्या कार्यक्रम चल रहे हैं। क्या यह असफलता प्रशासनिक व्यवस्था में कमी के कारण हुई या गलत नीतियों के कारण या दोषपूर्ण क्रियान्वयन के कारण ? यह मौलिक प्रश्न है जिसकी रिपोर्ट में उपेक्षा की गई है। इस विश्लेषण के बिना रिपोर्ट में प्रस्तुत संरचनात्मक परिवर्तन अप्रासांगिक हो सकते हैं (6) भारत में जनसंख्या नियंत्रण करने की राह में सबसे बड़ी बाधा है राजनैतिक उदासीनता, लेकिन समिति ने इस पक्ष को कोई महत्व नहीं दिया। राजनैतिक नेताओं के कानूनी उपायों को लागू करने में साहसी होना है जो विषय की तीव्रता और आवश्यकता को उद्घाटित्त कर सकें। उन लोगों के लिए कुछ हतोत्साहन (disincentives) जो दो बच्चों के परिवार के प्रतिमान को नहीं मानते, इस प्रकार हो सकते हैं : प्रोन्नति न देना, किसी चुनाव वाले पद के लिए अयोग्य मानना, आरक्षण लाभ न देना, बैंक ऋण मना करना, आदि। इनको कानूनी तौर पर लागू किया जा सकता है।

जनसंख्या विस्फोट नियंत्रण के लिए सुझाए गए उपाय
(Measures Suggested to Control Population Explosion)

हमारे देश में लगातार विस्फोटक स्थिति की जनसंख्या के लिए आत्म मंथन की आवश्यकता है। सरकार को समस्या के विस्तार का आभास है और सरकार सोचती है कि राष्ट्र और सरकार के सामने यह सबसे बड़ी चुनौती है। लेकिन परिवार नियोजन के क्षेत्र में निश्चित किए गए लक्ष्यों को प्राप्त करने के लिए गम्भीर कदम उठाने में 1976-77 के सरकार के अनुभव ने आगे आने वाली सभी सरकारों को अति सतर्क बना दिया। फिर भी, अभी भी कार्य करने के लिए समय है। जनसंख्या वृद्धि रोकने के लिए निम्नलिखित कार्यक्रमों को करने के सुझाव दिये जा सकते हैं :

प्रोत्साहन बनाम हतोत्साहन (Incentives v / s disincentives)

दो बच्चों के परिवार प्रतिमान को अपनाने के लिये दम्पत्तियों को कुछ प्रोत्साहन देने की जरुरत के अन्तर्गत पहचाने गए प्रोत्साहन हैं : नकद पुरस्कार/प्रोन्नति/वेतन वृद्धि और विशेष भत्ते, सेवा निवृत्ति की आयु में वृद्धि, दो बच्चों के लिए शिक्षा भत्ता, आवास ऋण के लिए वरीयता व्यवहार, यातायात के साधनों की खरीद, तथा दो बच्चों तक चिकित्सा व्यय की प्रतिपूर्ति (re-imbursement) एवं मुफ्त चिकित्सा। दो बच्चों के परिवार प्रतिमान का उल्लंघन करने वालों को उकृत प्रोत्साहन न देना हतोत्साहन होगा। जनसंख्या नीति के सम्बन्ध में कुछ विचारकों द्वारा एक महत्वपूर्ण प्रश्न उठाया गया है—सहयोग बनाम दबाव,

या प्रोत्साहन बनाम हतोत्साहन, या केरल प्रतिरूप (model) बनाम चीनी प्रतिरूप ? कुछ विचारक सहयोग के समर्थक हैं तो कुछ अन्य दबाव के। एक भारतीय प्रोफेसर (अमर्त्य सेन, नोबेले पुरस्कार से पुरस्कृत, अब अमरीका के निवासी) ने अगस्त 1995 में दिल्ली में सम्पन्न हुए प्रतिष्ठित जे.आर.डी. टाटा मैमोरियल भाषण श्रंखला में 'जनसंख्या स्थिरीकरण कार्यक्रम' विषय पर बोलते हुए 'सहयोग' के दृष्टिकोण का पक्ष लिया और कन्डोरसेट (फ्रांस के) तथा माल्थस (ब्रिटेन के) के दो प्रसिद्ध सिद्धान्तों में दबाव के प्रयोग की भर्त्सना की। उन्होंने कन्डोरसेट (condorset) के उस दृष्टिकोण को स्वीकारा जिसमें जनसंख्या की समस्या का 'विवेक की प्रगति' पर आधारित छोटे आकार के परिवार के प्रतिमान के उदय की बात कही गई है। कन्डोरेसेट का विश्वास था कि स्त्री शिक्षा लोगों को स्वेच्छा से छोटे परिवार पर विचार करने में प्रेरित करेगी और उत्पादकता दर में भी कमी लाएगी। परन्तु माल्थस ने 'परिवार नियोजन के स्वेच्छा से स्वीकार' के विचार पर सन्देह जताया है। उसके विचार से कुछ सकारात्मक प्रतिबन्ध (positive checks) जैसे आर्थिक दारिद्रय (penury) अथवा मृत्यु दर में वृद्धि लोगों को जनसंख्या वृद्धि दर में कमी करने के लिए बाध्य (coerce) करेंगे। सेन ने कन्डोरसेट के 'सहयोग' (cooperation) के रास्ते को ही निःसन्देह सही माना और माल्थस के 'दबाव' (coercion) के रास्ते को अवांच्छनीय और जनसंख्या रोकने में प्रतिकूल प्रभाव वाला बताया। उसने अपने दृष्टिकोण के समर्थन में केरल का उदाहरण दिया (यही विचार उसकी पुस्तक "इण्डिया : इकोनोमिक डेवलपमेण्ट एण्ड सोशल अपोर्चुनिटी" में भी दिया गया है) और 'जनसंख्यात्मक परिवर्तन की केरल परिकल्पना' नामक परिकल्पना का विकास किया। इस परिकल्पना में उन्होंने साक्षरता में वृद्धि और अच्छी प्राथमिक स्वास्थ्य देखभाल जनसंख्या वृद्धि नियंत्रण के दो महत्वपूर्ण कारक बताए हैं। लेकिन अपनी परिकल्पना का समर्थन करते समय ऐसा मालूम पड़ता है कि सेन ने केरल के सम्बन्ध में कुछ आँकड़ों की उपेक्षा की है। 1941-1971 के बीच केरल में साक्षरता की दर में वृद्धि हुई थी, फिर भी जनसंख्या वृद्धि दर (population growth rate) (PGR) भी इस अवधि में बढ़ी (2.08% से 2.3% प्रतिवर्ष)। केवल 1971-81 और 1981-91 के दशकों में ही राज्य की पी.ज़ी.आर में कमी पंजीकृत की गयी। इसलिए केरल परिकल्पना को वैध कैसे माना जा सकता है ? केरल परिकल्पना में एक कमी और है; वह यह है कि 1991 जनगणना रिपोर्ट के अनुसार केरल की कुल साक्षरता दर 89.81 प्रतिशत और स्त्री साक्षरता 86.13 प्रतिशत थी (*Manpower Profile, India*, op.cit : 42) फिर इस 'लगभग कुल साक्षरता' के बावजूद मुसलमानों की जनसंख्या (जो केरल की कुल जनसंख्या के एक चौथाई भाग हैं) वृद्धि दर 2.3 प्रतिशत प्रतिवर्ष है जो कि 2.11 प्रतिशत के राष्ट्रीय पी.ज़ी. आर से भी कहीं अधिक है और स्वयं केरल के हिन्दुओं के पी.ज़ी. आर से दो गुनी है। इस प्रकार के तथ्यों की उपेक्षा परिकल्पना को अमान्य ही बनाती है ।

केरल मॉडल के विपरीत जनसंख्या नियंत्रण के लिए चीन का मॉडल है जो दबाव में विश्वास रखता है। हमारे देश की जनसंख्या की भयावह स्थिति को देखकर विचारकों ने इस दबाव के मॉडल को जनसंख्या समस्या का एक मात्र हल मानते हुए इसका समर्थन किया है। ये विचारक यह संकेत भी देते हैं कि स्वार्थ भरे राजनैतिक हित देश को नुकसान पहुंचाने के

लिए विविध वोट बैंकों के जनसंख्या वृद्धि दर को प्रोत्साहित कर रहे हैं। कुछ विचारक भारत की जनसंख्या वृद्धि को रोकने के लिए 'सहयोग' और 'दबाव' के तथा 'प्रोत्साहन' और 'हतोत्साहन' के समन्वय की बात करते हैं, लेकिन 'हतोत्साहन' की प्रकृति की पहचान अभी तक नहीं की गई है। क्या दो बच्चों से अधिक परिवार वाले लोगों को आरक्षण के लाभ से वंचित रखना हतोत्साहन होगा ? क्या प्रवेश, प्रोन्नति, वोट देने के अधिकार या चुनाव लड़ने के अधिकार से वंचित करना 'हतोत्साहन' होगा ? क्या इस प्रकार के निषेध मौलिक अधिकारों का हनन नहीं होगा ? भारत में विद्यमान सामाजिक-राजनैतिक स्थिति में हतोत्साहनों के क्रियान्वयन के लिए रूप रेखा बनाना, विशेष रूप से, जब केन्द्र में साझा सरकार बनाने के लिए 'सामाजिक न्याय और आरक्षण मुद्दे' पर तेरह से बीस राजनैतिक दल गठबन्धन बनाएं, सरल नहीं होगा।

खण्डों (जोन) और क्षेत्रों में विभाजन *(Division into Zones and Regions)*

बड़ौदा में ऑपरेशन रिसर्च ग्रुप के दो जनसंख्या विशेषज्ञों द्वारा फरवरी 1990 में किये गए अध्ययन दर्शाते हैं कि समस्या को किस प्रकार हल किया जाये। उत्पादकता संरूप (pattern) के आधार पर उन्होंने देश के 350 जिलों (district) को 16 खण्डों (जोन्स) तथा 4 क्षेत्रों में विभाजित किया। उन्होंने उन जोन और क्षेत्रों की पहचान की है जो उर्वरता दर पर परिवार नियोजन के सकारात्मक प्रभाव दर्शाते हैं, वे क्षेत्र जहां उत्पादकता दर किसी भी प्रकार के परिवार नियोजन के प्रयत्न के बावजूद भी कम रही है, और वे क्षेत्र जो कठोर (hard) क्षेत्र है जहां अधिकतम प्रयत्न किये जाने की आवश्यकता है। 1990 के सर्वेक्षण से संकेत मिलता है कि उच्च उर्वरता (fertility) के क्षेत्र हैं —उत्तर प्रदेश, बिहार, हरियाणा, मध्य प्रदेश, अरुणाचल प्रदेश और राजस्थान। इनमें (1990 में जन्म दर 34% और 37.7% के बीच तथा 1995 में 32% और 35% के बीच थी) यह क्षेत्रवार दृष्टिकोण परिवार नियोजन कार्यक्रम के क्रियान्वयन में कमियों को ठीक करने में सहायक सिद्ध होने की अपेक्षा रखता है।

नये गर्भ निरोध विधियों की खोज *(Searching for New Contraceptives)*

अभी तक नये, कम खर्चीले, प्रयोग में सरल, और हानिरहित गर्भ निरोध विधियों की खोज में नाटकीय सफलता नहीं प्राप्त हुई है। यद्यपि गर्भ निरोध गोलियां बड़ी मात्रा में स्वीकार की गई हैं और यह विधि हरियाणा, मध्यप्रदेश, पंजाब, पश्चिम बंगाल, गुजरात और उड़ीसा में प्रचलित हो रही है, परन्तु यह भी आवश्यक है कि भारतीय जड़ी बूटियों का भी उनके औषधीय प्रभाव के लिए पूर्णरूपेण अनुसन्धान किया जाये। अण्डमान और निकोबार द्वीप समूह के कुछ आदिवासियों की आहार आदतों और स्वास्थ्य स्तर के गहन छानबीन करते हुए, जिनमें कुछ में उत्पादकता दर अत्यन्त कम देखी गई है, पाया गया कि यह आवश्यक समाधान प्रदान कर सकते हैं। यह कहा जा सकता है कि वैज्ञानिक और फार्मास्युटिकल कम्पनियां गर्भनिरोध प्रौद्योगिकी में नवीन आविष्कार व परिणाम प्रस्तुत करने में रुचि नहीं रखते हैं। हम अभी भी कण्डोम और शल्यक्रिया प्रविधि पर निर्भर हैं जबकि हमें आवश्यकता है ऐसी अनाक्रामक प्रविधि तथा गर्भ विरोधी टीके या गोली की जो शारीरिक स्वास्थ्य के

लिए हानिकारक भी न हो और मनोवैज्ञानिक रूप से भी हानिकारक न हो।

विवाह आयु में वृद्धि (Raising Marriage Age)

परिवार नियोजन के प्रति दृष्टिकोण और परिवार के आकार और विवाह के समय आयु में प्रत्यक्ष सम्बन्ध है। केरल में एक अध्ययन ने यह दर्शाया कि 1970 के दशक के मध्य में विवाह के समय आयु में वृद्धि देखी गई। 1969 में 15 से 19 वर्ष आयु समूह में विवाहित स्त्रियों की संख्या 30 प्रतिशत थी जबकि 1974 में घटकर 14 प्रतिशत हो गई। 20-24 वर्ष आयु समूह में यह कमी 1969 में 74 प्रतिशत से 1974 में 56 प्रतिशत रह गई (*India Today*, March 1-15, 1980)। समाजशास्त्रीय दृष्टिकोण से यह केरल में जन्म दर में नाटकीय गिरावट के लिए महत्त्वपूर्ण कारण है। इस प्रकार विवाह आयु को बढ़ाने से अन्य राज्यों में भी परिवार के आकार में कमी होगी। इसके लिए जनजागरण के लिए तथा अन्तर्मन से प्रयत्न करने की आवश्यकता है।

स्त्रियों को शिक्षित करना (Educating Females)

उत्पादकता दर को कम करने में शिक्षा एक महत्त्वपूर्ण कारक है। इसका प्रभाव प्रत्यक्ष, अप्रत्यक्ष और संयुक्त होता है। प्रत्यक्ष प्रभाव छोटे परिवार के प्रति दृष्टिकोण और विश्वास परिवर्तन में दिखाई देता है। अप्रत्यक्ष प्रभाव (शिक्षा के) निम्नलिखित अर्थ में होते हैं : (i) विवाह करने में देर कराता है, (ii) परिवार नियोजन से सम्बद्ध सूचनाओं को प्राप्त करना सुविधाजनक बनाता है, (iii) परिवार नियोजन प्रचार को और भी विस्तृत करता है, (iv) यह ऊर्ध्व सामाजिक गतिशीलता के लिए आकांक्षा पैदा करता है (v) यह स्त्रियों को रोजगार सम्भावनाएं प्रदान करता है, (vi) यह बच्चों के विषय में आर्थिक उपयोगिता की धारणा को कम करता है, (vii) यह पति पत्नि को जन्म नियंत्रण उपाय अपनाने के लिए बाध्य करता है (viii) यह शिशु मृत्यु कम करता है, और (ix) यह तर्कशीलता को बढ़ाता है। शिक्षा के संयुक्त प्रभाव हैं—औद्योगीकरण, शहरीकरण और आधुनिकीकरण। आधुनिकीकरण शिक्षा के साथ मिलकर उत्पादकता को प्रभावित करता है।

जे.सी. पन्त (Indian Journal of Public Administration, July-Sept., 1992, 333-340) ने परिवार में बच्चों की संख्या और शिक्षा के स्तर के बीच सम्बन्धों का विश्लेषण करने के लिए अप्रैल 1985 से जून 1986 तक पंजाब के 486 ग्रामीण और शहरी परिवारों का अध्ययन किया। उसने देखा कि अशिक्षित स्त्रियों के मामले में ग्रामीण शहरी, और कुल प्रतिदर्श बच्चों की औसत संख्या क्रमशः 3.61, 3.30 और 3.52 थी; कक्षा एक से 8 तक शिक्षित स्त्रियों के मामले में क्रमशः 2.27, 3.30 और 2.50 थीं; कक्षा 9 से 11 तक शिक्षित स्त्रियों के मामले में क्रमशः 2.42, 2.48, और 2.45 थी; मैट्रिक से इण्टरमीडिएट तक शिक्षित स्त्रियों के लिए क्रमशः 1.87, 1.53 और 1.63; तथा स्नातक स्त्रियों के लिए यह औसत संख्या क्रमशः 1.57, 1.62 और 1.60 थी (वही : 338)। यह दर्शाता है कि उत्पादकता शिक्षा के स्तर से विपरीत दिशा में सम्बद्ध है और स्नातक तथा स्नातकोत्तर स्त्रियां छोटे परिवार प्रतिमानों को अपनाती हैं।

आर्थिक विकास *(Economic Development)*

आर्थिक विकास सर्वोत्तम गर्भ निरोधक सिद्ध हो सकता है। हमें माँग और पूर्ति मात्र आर्थिक सिद्धान्त को किसी भी कीमत पर शीघ्र जनसंख्या नियंत्रण के लिए अपनाना है। किसी भी आर्थिक समीकरण को सन्तुलित करने के लिए या तो हम पूर्ति बढ़ा सकते हैं जो वित्तीय और भौतिक संसाधनों दोनों पर निर्भर करती है, या माँग को कम कर सकते हैं जो विभिन्न सेवाओं तथा वस्तुओं को माँगने वाले लोगों की संख्या पर निर्भर करता है। उदाहरण के लिए, केवल आवास में ही पूर्ति के दृष्टिकोण यह मानते हुए कि एक छोटा सा मकान बनाने के लिए 10,000 रुपये की आवश्यकता होगी तो देश में प्रतिवर्ष बढ़ने वाली 1.5 करोड़ जनसंख्या के लिए 30 लाख मकान बनाने के लिए 3,000 करोड़ रुपये की वार्षिक लागत आवश्यक होगी। लेकिन यदि हम इसी समस्या को माँग के आधार पर लें और प्रभाव जनसंख्या नियंत्रण रणनीति के माध्यम से 1.5 करोड़ जनसंख्या की वृद्धि को कम कर लें तो 30 लाख मकानों की माँग या मकान बनाने के लिए आवश्यक 3,000 करोड़ रुपये की माँग भी कम हो जायेगी। इस प्रकार माँग से बचाव उतना ही अच्छा है जितना पूर्ति के लिए कार्य करना। यही किसी कीमत के बिना माँग और पूर्ति का सन्तुलन करना है और ऐसे ही बिना मूल्य के समाधान की हमें तलाश है। आवास के विषय में जो बात लागू होती है वही शिक्षा, नौकरी, यातायात और स्वास्थ्य क्षेत्र में भी ठीक है। प्रत्येक समस्या को माँग के आधार पर समाधान का प्रयत्न अत्यन्त खर्चीला पड़ेगा।

इस दृष्टिकोण का एक और महत्त्वपूर्ण आयाम है। यदि हम समस्या को पूर्ति के आधार पर समाधान का प्रयत्न करें तो अन्य क्षेत्रों में भी माँग स्वयं बढ़ जायेगी। उदाहरणार्थ, यदि हम मकानों की संख्या बढ़ा दें तो सीमेन्ट, ईंट, लकड़ी के सामान तथा बिजली की चीजों के मूल्य बढ़ जायेंगे। लेकिन यदि इस समस्या को माँग के आधार पर लें और आवश्यक मकानों की संख्या घटा दें तो सभी क्षेत्रों पर दबाव स्वयं कम हो जायेगा। प्रति मिनट 30 जन्म या प्रति वर्ष 1.5 करोड़ जन्म की दर से शिक्षा, यातायात, और कल्याण जैसे क्षेत्रों में धन और वस्तुओं की मांग इतनी बढ़ जायेगी कि दस वर्ष की अवधि में स्थिति ऐसे बिन्दु पर पहुंच जायेगी जहां से लौटना सम्भव न होगा और देश तथा अर्थव्यवस्था को अपार क्षति होगी।

सन् 1994 में 5 से 13 सितम्बर तक काहिरा में जनसंख्या और विकास पर हुई तृतीय अन्तर्राष्ट्रीय कान्फ्रेन्स का घोषित मुख्य उद्देश्य जनसंख्या प्रकरणों, आर्थिक विकास और स्थिर विकास के बीच की कड़ी था। परन्तु दस में से छः दिनों तक कान्फ्रेन्स 'गर्भपात जनसंख्या नियंत्रण के उपाय के रूप में', की वैधता और प्रभाविता के प्रश्न पर विवाद के दलदल में फँसी रही। गरीबी निवारण, अशिक्षा, रोजगार, ग्रामीण उत्थान, या तीसरी दुनिया में निर्यात की मुक्त बाजार पहुंच जैसे मुद्दों पर न कोई चर्चा, न वाद विवाद ही हुआ। 1974 और 1984 में जनसंख्या पर प्रथम दो अन्तर्राष्ट्रीय कान्फ्रेसों में यह तर्क दिया गया कि बड़े परिवार गरीबी के कारण की अपेक्षा इसके परिणाम होते हैं। इसलिए गरीबी उन्मूलन पर बल दिया गया। गरीबी हटाकर बड़े परिवार की आवश्यकता को समाप्त किया जा सकता है। परन्तु तीसरी कान्फ्रेन्स में इस मुद्दे को अधिक महत्व नहीं दिया गया। विकसित देशों का यह अनुभव रहा

है कि उच्च परिवार आय और सुधरी सेवाओं का अर्थ है कि बच्चे कम जन्मे। अतः, उनका सुझाव है कि तीसरी दुनिया को भी इसी रास्ते पर चलना चाहिए। बिरैण्ड (Brand) रिपोर्ट ने भी विस्तृत परिवार नियोजन कार्यक्रम की प्रशंसा करते हुए कहा कि परिवार नियोजन कार्यक्रम तभी प्रभावी होते हैं जब वे आर्थिक व सामाजिक प्रगति के साथ चलाए जायें। इस प्रकार यह माना गया कि केवल विकास ही देश की जनसंख्या को स्थिर करने में सुचारु वातावरण प्रदान करेगा।

जहां जनसंख्या और विकास के बीच सम्बन्ध को ठीक से समझा गया है, वहीं 'विकास' की प्रकृति कुछ वाद विवाद का प्रश्न रहा है। तीसरी दुनिया के प्रमुख विश्लेषक (analysts) जो यह मानते हैं कि 'विकास' (उच्च प्रौद्योगिकी, बड़े पैमाने पर उत्पादन और प्रेरित उपभोक्तावाद के द्वारा), जैसा कि समृद्ध (affluent) राष्ट्रों द्वारा परिभाषित किया जाता है और तीसरी दुनिया को समझाया जाता है, जनसंख्या की समस्या को और भी गम्भीर बना रहा है। यह विचार जो बात स्पष्ट करता है वह यह है कि आधुनिक प्रौद्योगिकी (technology) उद्योग में एक ऐसे लाभ प्रेरित अभिजात वर्ग (profit-motivated elite) को जन्म देता है जो केवल अपने ही हितों को महत्व देता है तथा श्रमिक वर्ग के कष्टों और गरीबी के प्रति उदासीन रहता है। परिणाम यह है कि एक ऐसा आर्थिक व जनांकिकी परिदृश्य (scenario) पैदा होता है जो कि शिखर विस्फोटक (बढ़ते धन के कारण) और तल की (बढ़ती गरीबी के कारण) दोनों पर विस्फोटक होता जा रहा है। इस प्रकार मान्यता यह है कि जनसंख्या समस्या को सामाजिक परिप्रेक्ष्य में नहीं देखा जाना चाहिए। वह विकास जो वितरण तथा समानता के लक्ष्य को लेकर चलता है, गरीबी का उन्मूलन कर सकता है और जनसंख्या वृद्धि पर रोक लगा सकता है।

गैर सरकारी संस्थाओं की भूमिका (Role of NGOs)

किसी भी कार्यक्रम की सफलता लोगों द्वारा इसकी स्वीकृति पर निर्भर करती है। जब तक समस्त समुदाय कार्यक्रम में सम्मिलित नहीं होगा और इसे अपना कार्यक्रम नहीं समझेगा तब तक वांच्छित परिणाम कठिन होंगे। गैर सरकारी संगठनों के माध्यम से यह सम्भव हो सकता है क्योंकि जन साधारण के साथ इनके घनिष्ट सम्बन्ध होते हैं। बड़े परिवार और अधिक लड़के होने के पक्षधर विश्वासों को समाप्त करने, महिला साक्षरता में सुधार करने में, लड़कियों की विवाह आयु में वृद्धि करने में, नवजात शिशु की आवश्यक देखभाल करने में, बच्चों को जन्म में फासला बनाने में उनकी भूमिका महत्त्वपूर्ण हो सकती है। ऐसे संगठनों के पास न केवल दूरस्थ स्थानों तक पहुंचने की क्षमता होती है बल्कि उनके क्रियाकलाप मूल्य-प्रभावी भी होते हैं। परिवार कल्याण विभाग ने गत पाँच छः वर्षों से परिवार कल्याण कार्यक्रम में गैर सरकारी संगठनों की बेहतर भागीदारी सुनिश्चित करने के लिए कई योजनाएं चलायी हैं। इनमें से कुछ इस प्रकार हैं : (1) जनसंख्या नियंत्रण और छोटे परिवार प्रतिमान को प्रोत्साहित करने के लिए योजना के मूल्य का 90 प्रतिशत तक संगठनों की सहायता करना। (2) इन योजनाओं को चलाने के लिए स्वैच्छिक संगठनों को आगे आने के आग्रह करने के लिए सरकार द्वारा विस्तृत प्रचार करना (3) इन संगठनों की भागीदारी बढ़ाने हेतु गत चार पांच वर्षों में क्षेत्रीय कान्फ्रेन्स कराना। (देहली, मुम्बई, कलकत्ता, चेन्नई और लखनऊ में)

छः बड़े संगठनों को उनके क्षेत्रों में छोटे संगठनों की पहचान करने तथा उनकी योजनाओं की स्वीकृति पर अनुदान देने के लिए उनकी योजनाओं की स्वीकृति पर अनुदान देने के लिए 'मदर यूनिट्स' के रूप में मान्यता देना। (5) परिवार कल्याण सचिव की अध्यक्षता में 'स्वैच्छिक कार्यों पर राज्य स्थाई समितियों' (State Standing Committees) की स्थापना करना जिनको प्रति योजना दस लाख रुपये तक मंजूरी का अधिकार है। (6) स्वास्थ्य कर्मियों को प्रशिक्षण देने हेतु गैर सरकारी संगठन के क्षेत्र में एक संस्था की पहचान करने के लिए राज्यों से कहना। (7) कम सामुदायिक भागीदारी वाले राज्यों में से अच्छा कार्य करने वाले राज्यों में जाने के लिए संगठनों के लिए अध्ययन यात्रा का प्रबन्ध करना।

गैर सरकारी संगठन निम्नलिखित कार्य कर सकते हैं : (1) सलाह और सेवाएं सरलता से उपलब्ध कराना, विशेष रूप से अल्प-सेवित (under-served) क्षेत्रो में; (2) अस्पतालों और स्वास्थ्य गाइडों के साथ समन्वय करना; (3) कार्यकर्ताओं (functionaries) को प्रशिक्षित करना, विशेष रूप से निम्न स्तरीय कार्यकर्ताओं को; (4) गर्भ निरोधक विधियों की लगातार पूर्ति में सहायक होना; (5) स्वीकारकर्ता (acceptors) को अनुसरण सेवाएं (follow-up-services) प्रदान करना; और (6) शैक्षिक क्रियाकलापों को अधिक प्रभावी बनाने में योगदान करना।

परिवार नियोजन कार्यक्रमों में गैर सरकारी संगठनों के प्रभावी सिद्ध न होने के निम्न कारण हैं : (1) कई संगठन सरकारी सहायता अनुदान योजनाओं से अनभिज्ञ हैं। (2) अनुदान प्राप्त करने के लिए प्रार्थना पत्र प्रक्रिया बड़ी लम्बी और पेचीदा है। (3) छोटे कस्बों में काम करने वाले संगठन अनुदान ऐजेन्सियों तक कम पहुँच पाते हैं। (4) संगठनों के प्रति सरकारी अधिकारियों का रूख असहयोग का होता है। (5) संगठनों के पास कोष तथा प्रशिक्षण देने वाले व्यक्तियों की कमी होती है।

निष्कर्ष (Conclusion)

निष्कर्ष रूप में कहा जा सकता है कि प्रारम्भ में हमने यह विश्वास करने की गलती की कि हमारी जनसंख्या हमारी परिसम्पत्ति है, और अब हम यह सोचने की महान भूल कर रहे हैं कि भारत की तीव्र जनसंख्या वृद्धि विकास की प्रक्रिया, अर्थात साक्षरता, स्वास्थ्य देखभाल, रोजगार, आदि से रुक जायेगी। यदि राष्ट्र 1.5 करोड़ जन प्रतिवर्ष वृद्धि से बचना चाहता है कि तो केवल एक ही रास्ता बचा है कि आवश्यक परिवार नियोजन तथा हतोत्साहन की कड़वी घूँट लोगों को पिलाई जाये। इसके लिए एक उपयुक्त जनसंख्या नीति की आवश्यकता है। नयी आर्थिक नीति के सफल होने का कोई अवसर नहीं है जब तक कि इसके साथ मिलने वाली जनसंख्या नीति न हो।

हमारी सरकार की जनसंख्या नीति का उद्देश्य न केवल संख्या की शक्ति (numerical strength) की अनियंत्रित मानव वृद्धि (unregulated human growth) (जनसंख्या विस्फोट) होना चाहिए बल्कि जनसंख्या की अनियंत्रित गतिशीलता को रोकना, शहरीकृत क्षेत्रों में लोगों का जमाव रोकना, लोगों के विविध मिश्रण के लिए रहने की पर्याप्त जगह, और आकर्षक वातावरण प्रदान करना भी होना चाहिए। इन उद्देश्यों को प्राकृतिक एवं मानव संसाधन दोनों के दोहन के लिए जनसंख्या नियोजन एवं नियमितीकरण के उद्देश्य से

मिलाकर जोड़ना होगा। इस प्रकार केवल जनसंख्या वृद्धि को स्वयं एक समस्या के रूप में नहीं देखा जाना चाहिए बल्कि संसाधनों की उपलब्धता को इसके साथ गम्भीर चिन्तन से देखा जाना चाहिए।

परिवार नियोजन को उस दलदल से बचाना है जिसमें यह फँसा है। इसके लिए कार्यक्रम को आन्तरिक रूप से देखा जाना है और विकास इकाई के रूप में देखा जाना है। अगरचि यह भी मान लें कि जनसंख्या वृद्धि रोकने का सबसे अच्छा उपाय विकास है, तब इसका उल्टा भी सही है : अधिक जनसंख्या वृद्धि धीमी गति के विकास के लिए उत्तरदायी है। यदि नकारात्मक नहीं तो परिवार नियोजन अभियान को फिर से खड़ा करने के लिए अनेक उपाय करने होंगे। थोड़ी बाध्यता के साथ प्रोत्साहन भी आवश्यक होगा। वैधानिक उपाय भी सहायक हो सकते हैं लेकिन तुरन्त आवश्यकता इस बात की है कि उत्तरदायी माता पिता की भावना पैदा करने के लिए सामाजिक जागृति और भागीदारी अधिक से अधिक हो।

सबसे अधिक बल इस बात पर दिया जाना चाहिए कि परिवार नियोजन कार्यक्रम में अत्यधिक जोर बन्ध्याकरण पर देने के बजाय फासले की विधि को प्रोत्साहित किया जाये ताकि इससे अनुरूप जनांकिकीय प्रभाव प्राप्त किया जा सके। हमारे देश में लगभग पाँच में से तीन (57.1%) विवाहित स्त्रियां कम उम्र की हैं (30 वर्ष से कम) और दो या अधिक बच्चों की माँ हैं। 'बच्चियां ही बच्चे पैदा करें' इस तथ्य को हमें रोकना है। यह केवल 'फासले की विधि तथा लड़कियों का 21 वर्ष आयु के बाद ही विवाह को प्रोत्साहन देने से हो सकता है।

इसके साथ ही परिवार नियोजन, जनसंख्या विस्फोट रोकने में अपनी महत्वपूर्ण भूमिका से स्त्रियों की सामान्य प्रस्थिति को सुधारने में भी सहायक होगा। वह स्त्री जिसके पास पालन पोषण के लिए अनेक बच्चे हों और जो बारबार प्रसव प्रक्रिया से गुजरती हो, वह अपना अधिक समय माँ और पत्नि के रूप में ही व्यतीत करती है और घर की चार दीवारी में ही बन्द रहती है। वह समुदाय और समाज में कोई भूमिका अदा नहीं कर सकती जब तक कि वह अपने परिवार के आकार को तर्क संगत न बना ले। परिवार नियोजन न केवल परिवार कल्याण में सुधार करेगा बल्कि सामाजिक समृद्धि तथा व्यक्तिगत सुख में भी योगदान करेगा।

13

भ्रष्टाचार

(Corruption)

भारत में भ्रष्टाचार की जड़ें गहरी हैं। जिस तेजी से अनेक नेताओं के नाम भ्रष्टाचार से जुड़ने लगे हैं, लगता है कि इक्कीसवीं शताब्दी में भ्रष्टाचार को बढ़ने से रोकना असम्भव होगा। बहुधा हम राज्य और केन्द्र के उच्च राजनीतिज्ञों को यह कहते हुए सुनते हैं कि "हमें भ्रष्टाचार के विरुद्ध युद्ध करना है," "भ्रष्टाचार की बुराई से लड़ना है," "भ्रष्टाचार से हम कोई समझौता नहीं करेंगे", "किसी भी भ्रष्टाचारी व्यक्ति को माफ नहीं किया जायेगा, चाहे वह कितना भी ऊंचा क्यों न हो"। फिर भी यह सर्व विदित है कि हमारा देश भ्रष्टाचार में कितना डूबता जा रहा है। एक मुख्य मंत्री सरकारी भूमि को अपने निजी प्रयोग के लिए वास्तविक मूल्य की चौथाई में खरीदने में सफल हो जाता है। एक अत्यन्त वरिष्ठ अधिकारी अपने मकान के निर्माण के लिए निःशुल्क मार्बल, लकड़ी व अन्य चीजों का प्रबन्ध करता है। एक नव निर्वाचित स्वतंत्र विधायक को शासक दल का समर्थन करने के लिए 50 से 75 लाख रुपये और मंत्री पद का लोभ दिया जाता है। एक सरकारी दफ्तर में चपरासी एक फाइल ढूँढ़ने के 50 रुपये मांगता है। एक रेल्वे टिकट निरीक्षक जो खाली यान में शयिका का आवंटन करता है, 200 रुपये से 300 रुपये प्रति दिन कमाता है। एक आयकर आयुक्त के निवास पर छापा मारते हुए सी.बी.आई. अफसरों को अघोषित लाखों रूपए की सम्पत्ति मिलती है। हमारे केन्द्रीय कारागारों में कितने भ्रष्ट राजनेता, अफसरशाह और व्यापारी 'सी' और 'डी' श्रेणी वाले खण्डों में पाये जाते हैं। कारागारों पर अनुभवजन्य अध्ययन में लगे हुए अपराधशास्त्रियों को अभी भी यह जानना शेष है कि रिश्वत और दलाली में लिप्त अभियुक्त और दण्डित उच्च स्तरीय राजनीतिज्ञ, शासक और गैर-शासक दलों के राजनीतिज्ञ, उच्च स्तरीय सरकारी अफसर जेल में बढ़ईगीरी, दरी व निवार बुनकर, या रसोईये के रूप में साधारण बन्दियों की तरह किस प्रकार कार्य करते हैं।

अवधारणा (Concept)

सरल शब्दों में, भ्रष्टाचार को 'रिश्वत का कार्य' कहा जा सकता है। इसे "निजी लाभ के लिए सार्वजनिक शक्ति का इस प्रकार प्रयोग करना जिसमें कानून तोड़ना शामिल हो या जिससे समाज के मानदण्डों का विचलन हुआ हो" भी कहा जाता है। डी.एच.बेली (D.H. Bailey) (cf, Doughlas and Jhonson, 1971) ने भ्रष्टाचार को इस प्रकार बताया है: "निजी लाभ के विचार के परिणामस्वरूप सत्ता का दुरूपयोग जो धन सम्बन्धित नहीं भी हो सकता है"। एन्ड्रिस्की (Andriski, cf. Machael Clarke, 1983) ने कहा है, "ऐसे तरीकों से

सार्वजनिक शक्ति का निजी लाभ के लिए प्रयोग जो कानून का उल्लंघन करता हो"। मौरिस ज़ैफेटल (Morris Szeftel, cf, Machael Clarke, 1983) ने कहा है, "भ्रष्टाचार वह व्यवहार है जो मानदण्डों और सार्वजनिक भूमिका निर्वाह के कर्त्तव्यों को संचालित करने या निजी लाभों के लिए पद के उचित उपयोग से विचलन होता है"। यह निजी लाभ कुछ कार्यों पर लगे प्रतिबन्धों की अवहेलना करके या उस कार्य के प्रति वैध विवेकाधिकार (legitimate discretion) का प्रयोग करके, या उस कार्य के प्रति कुछ कर्त्तव्यों को पूरा करने के द्वारा प्राप्त किया जाता है। जे. नाय (J. Nye, 1967: 410) का कहना है कि "भ्रष्टाचार निजी लाभों के लिए सार्वजनिक पद का दुरूपयोग दर्शाता है"। भ्रष्टाचार को इस प्रकार भी समझाया गया है: "यह आर्थिक या प्रतिष्ठा सम्बन्धी लाभों की प्राप्ति के लिए सार्वजनिक भूमिका के प्रति औपचारिक कर्त्तव्यों से विचलन है।"

समाज में भ्रष्टाचार अनेक स्वरूपों में फैला हुआ है। इनमें से प्रमुख इस प्रकार हैं: रिश्वत, (देने वाले के पक्ष में अवैध, बेइमानी से युक्त कार्य करने को प्रेरित करने के लिए नकद या वस्तु या उपहार में दिया गया), भाई-भतीजावाद (nepotism) (सम्बन्धियों को अनावश्यक पक्षपात द्वारा संरक्षण प्रदान करना), दर्विनियोग (misappropriation) (दूसरे के धन को अपने प्रयोग में लेना), संरक्षण (patronage) (संरक्षक द्वारा गलत समर्थन/प्रोत्साहन दिया जाना और इस प्रकार पद का दुरूपयोग करना), और पक्षपात (favouritism) (एक व्यक्ति को छोड़कर दूसरे को अनावश्यक वरीयता देना)।

भाई-भतीजावाद (Nepotism)

सामाजिक विश्लेषण बताता है कि सामाजिक बन्धन और नातेदारी भ्रष्टाचार में महत्वपूर्ण भूमिका निभाते हैं। आधुनिकीकरण के मान्य आदर्श तथा आज के शासकों द्वारा प्रचलन में लाए जाने वाले आदर्श परम्परात्मक समाज के सार्वजनिक व्यवहार के प्रतिमानों और मूल्यों के विपरीत हैं। आज नातेदारी व जातिगत निष्ठाएं सार्वजनिक सेवकों के मस्तिष्क में पहले से ही रहती हैं। आधुनिक प्रशासक का सबसे प्रथम दायित्व अपने परिवार के सदस्यों के प्रति होता है और इसके बाद निकट नातेदार या वंश या फिर नृजातीय समूह के प्रति। इस प्रकार के बन्धन नियमों और प्रक्रिया से अधिक महत्वपूर्ण होते हैं। नातेदार व जातियाँ ऐसे व्यवहार को, जो सार्वजनिक भूमिका की औपचारिकता से विचलित होते हैं, 'विचलन' या भ्रष्टाचार नहीं समझते बल्कि इसे वे पारिवारिक दायित्व मानते हैं। यह अनेक सार्वजनिक सेवकों के निम्न और उच्च स्तर पर भ्रष्ट कार्यों को स्पष्ट करता है।

भ्रष्टाचार: एक ऐतिहासिक परिप्रेक्ष्य (Corruption: A Historical Perspective)

भ्रष्टाचार एक विश्वव्यापी तथ्य है। यह अनन्त समय से प्रत्येक समाज में किसी न किसी रूप में पाया जाता है। प्राचीन समय में मिस्त्र, बेबीलोनिया और हैब्र्यू समाजों में न्यायाधीश रिश्वत लेते थे। रोम में सार्वजनिक पदों पर चुनाव के दौरान रिश्वत एक आम बात थी। फ्रांस में 15वीं शताब्दि में इंग्लैण्ड को भ्रष्टाचार का गड्ढा (sink-hole) कहा जाता था। उन्नीसवीं शताब्दि में भी ब्रिटेन में भ्रष्टाचार इतना अधिक था कि गिब्बन (Gibbon) ने इसे

संवैधानिक स्वतंत्रता का सबसे अचूक लक्षण कहा है (*Seminar*, No 421, September 1994)।

भारत में कौटिल्य ने भी अपने 'अर्थशास्त्र' (cf, *Samasastry*, 1967: 15-17) में राज्य कोष से सरकारी कर्मचारियों द्वारा गबन किये जाने का सन्दर्भ दिया है। उसने सरकारी कर्मचारियों द्वारा अपनाए जाने वाले लगभग 50 प्रकार के गबन और अन्य भ्रष्ट तरीकों का वर्णन किया है। अशोक के शासनकाल में भ्रष्टाचार कम पैमाने पर पाया जाता था। (cf, Mazumdar, R.C., *Ancient India, 1960: 13)*। मध्ययुगीन समाज में भी भ्रष्टाचार का क्षेत्र कम था क्योंकि कर वसूली के लिए कम से कम अधिकारी थे। जितना अधिक धन संग्रह वे लोग करते थे उतनी ही उनकी प्रशंसा होती थी, न कि उन पर दोष लगाया जाता था। ब्रिटिश शासनकाल में रिश्वत न केवल भारतीय अफसरों द्वारा स्वीकार की जाती थी बल्कि उच्च पदस्थ अंग्रेज अधिकारियों द्वारा भी। क्लाइव और वारेन हेस्टिंग्ज़ तो इस कदर भ्रष्ट पाए गए कि उनके इंग्लैण्ड लौटने पर एक संसदीय समिति द्वारा उन पर मुकदमा चलाया गया। प्रथम और द्वितीय महायुद्धों के दौरान आर्थिक क्रियाकलापों के विस्तार ने देश में भ्रष्टाचार के नए तरीकों को जन्म दिया (देखें, Hallaya, M., 1948: 13-51)। युद्ध के दौरान लगाए गए प्रतिबन्धों, नियंत्रणों और अभावों ने रिश्वत, भ्रष्टाचार और पक्षपात के लिए यथेष्ट अवसर प्रदान किए। स्वतंत्रता के बाद यद्यपि राष्ट्रीय स्तर का उच्च राजनैतिक अभिजात वर्ग एक दो दशकों तक अति ईमानदार बना रहा किन्तु तीसरे (1962) और चौथे (1967) चुनावों के बाद नवोदित राजनैतिक अभिजात वर्ग ने अपने ईमानदार होने के विषय में जनता का विश्वास खो दिया। सभी स्तरों के सार्वजनिक प्रतिष्ठानों में कार्यरत सरकारी कर्मचारियों ने छोटी बातों के लिए बड़ी-बड़ी रिश्वतें स्वीकार करना प्रारम्भ कर दिया। आज केन्द्रीय एव राज्य दोनों स्तरों पर ईमानदार छवि के मंत्रियों और प्रशासकों की संख्या उंगलियों पर गिनी जा सकती है। स्वतंत्र भारत में सब से पहले 1949 में विंध्य प्रदेश के कांग्रेसी नेता व तत्कालीन उद्योग मंत्री को 25 हजार रुपये रिश्वत लेने के लिए जेल की सजा दी गयी थी। 1962 में कृष्णा मेनन पर 2000 जीपों की खरीद के मामले में घूस खाने का आरोप था। इंदिरा गांधी के शासनकाल में 20 करोड़ रुपये के क्युओ आयल कंपनी के साथ का विवादास्पद सौदा, 60 लाख रुपये का नागरवाला मामला, मारुति उद्योग घोटाला, एच.बी. डब्ल्यू. पनडुब्बी का घोटाला उद्‌घाटित हुए थे। 1980-1990 के दशक में भी अनेक केन्द्रीय मंत्री और मुख्यमंत्री उन उच्चतम स्तर के राजनीतिज्ञों में थे जिन पर अपने राजनैतिक सत्ता के काल में भ्रष्ट तरीकों को अपनाने का आरोप लगा था। तब से एक बड़ी संख्या में मुख्यमंत्रियों, मंत्रियों और उच्च स्तरीय नौकरशाहों पर लगभग सभी राज्यों में अवैध रूप से धन संग्रह और भाई-भतीजावाद अपनाने के आरोप लगे हैं। सरकार की लाइसेन्स प्रणाली, नियंत्रण के नियमों, और सार्वजनिक क्षेत्र के विस्तार ने जीवन के सभी क्षेत्रों में भ्रष्टाचार का विस्तार किया है।

भ्रष्टाचार केवल भारत, चीन और पाकिस्तान जैसे विकासशील देशों में ही नहीं बढ़ रहा है, बल्कि अनेक यूरोपीय देशों में भी फैल रहा है। समृद्ध और विकसित देशों में भ्रष्टाचार की कल्पना तक नहीं की जा रही थी, परन्तु अब जो तथ्य सामने आ रहे हैं वे महत्वपूर्ण तो हैं ही, चिंतनीय भी हैं। इन दिनों जर्मनी के लोकप्रिय नेता व पूर्व चांसलर पर

भी रिश्वतख़ोरी का आरोप साबित किया गया है। फ्रांस में घोटाले के आरोपित वहां के राष्ट्रीय विधानसभा के स्पीकर को भी 18 महीने का करावास दिया गया था। रूस के राष्ट्रपति येल्तसिन की बेटी के स्विस बैंक के खाते में लाखों डालर जमा पाये गये। अमेरिका के पिछले राष्ट्रपति चुनाव के दौरान चीन की एक हथियार बेचने वाली सरकारी कंपनी द्वारा दिया गया डेमोक्रेट पार्टी के चुनाव में लगभग एक लाख डालर का चन्दा अब (2000 में) सार्वजनिक हो चुका है। अमेरिका में यह भी बताया गया है कि 1995 चुनाव में भ्रष्टाचार और रिश्वतख़ोरी के मद में व्यापारियों को लगभग 11 हज़ार मिलियन डालर खर्च करने पड़े थे। इटली का प्रधान मंत्री भी 1990 में भ्रष्टाचार में कुख्यात रहा था। पश्चिमी यूरोप की बड़ी-बड़ी कम्पनियों ने अपना माल बेचने के लिए दलाली या कमीशन देने की परम्परा शुरु की है। पाकिस्तान के दो भूतपूर्व प्रधानमंत्रियों श्रीमति भुट्टो और नवाब शरीफ के नाम भ्रष्टाचार के लिए बहुत मशहूर हो चुके हैं जिसके लिए उन पर मुकदमा भी चल रहा है। ऐसे भ्रष्ट आरोपित नेता लोग आरोप को 'राजनीतिक दुश्मनों की एक चाल' कह कर बेशर्मी से टाल जाते हैं। यह कहना गलत नहीं होगा कि न केवल एशियाई देशों को, बल्कि यूरोपीय और विकसित देशों को भी भ्रष्टाचार का कैंसर खाता चला ज़ा रहा है। ईमानदारी में सबसे ऊपर (10 में से 9 अंक प्राप्त करने वाले) फिनलैण्ड, डेनमार्क, न्यूजीलैंड, स्वीडन, कनाडा और आईसलैण्ड को रखा गया है (*Times of India*, September, 19, 2000)।

एक गैर-सरकारी जर्मन संगठन (Transparency International) (*The Hindustan Times*, September 19, 2000) के अनुसार, सन् 2000 की रिपोर्ट में भारत विश्व के अध्ययन किये गये 90 देशों में नीचे (bottom) से इक्कीसवां भ्रष्ट देश माना गया है। यह संगठन, वित्तीय पत्रकारों के तथा उन देशों से व्यवहार करने वाले व्यापारियों के दृष्टिकोणों के अनुसार उनके लेन-देन में उस देश को ईमानदारी या भ्रष्टाचार की श्रेणी प्रदान करके मूल्यांकन करता है। इस अध्ययन में इस संगठन ने नाइज़ेरिया, युगोस्लेविया, उक्रेन, इन्डोनेशिया, अंगोला, रशिया, पाकिस्तान, चीन, थाइलैण्ड, इटली और मोरक्को को भ्रष्ट देश पाया।

लोकसेवकों में भ्रष्टाचार (Corruption Among Public Servants)

लोकसेवकों में भ्रष्टाचार हमेशा एक या दूसरे रूप में विद्यमान रहा है, यद्यपि इसका स्वरूप, आयाम, प्रकार और छवि समय-समय और स्थान-स्थान पर बदलते रहे हैं। एक समय था जब रिश्वत ग़लत कार्यों को कराने के लिए दी जाती थी लेकिन अब सही कार्य को सही समय पर कराने के लिए दी जाती है।

सार्वजनिक सेवाओं में कौन से कार्यों को 'भ्रष्ट' कहा गया है? यद्यपि 'भ्रष्टाचार' शब्द के व्यापक अर्थ हैं किन्तु कानूनी प्रावधानों के अन्तर्गत लोकसेवकों के निम्नलिखित व्यवहार भ्रष्ट कहे गए हैं (Malhotra, 1992: 254-256): (i) अधिकारिक हैसियत से किए गए कार्य के लिए पुरस्कार स्वरूप भेंट स्वीकार करना, (ii) अवैध रूप से कोई भी वस्तु या आर्थिक लाभ प्राप्त करना, (iii) सार्वजनिक सम्पत्ति का धोखाधड़ी से दुरुपयोग करना, (iv) आय के ज्ञात संसाधनों से अधिक अनुपात में सम्पत्ति या आर्थिक संसाधन जुटाना, (v) अधिकारिक पद का दुरुपयोग, (vi) सरकारी व्यवहार से सम्बन्धित किसी व्यक्ति से कीमती

वस्तु खरीदने के लिए धन उधार लेना, यह मानते हुए कि उधार लिया धन वापस नहीं किया जाना है, (vii) उच्च स्थिति या पद पर होने वाले व्यक्ति द्वारा ऐसे लोगों से भेंट/उपहार स्वीकार करना जिनके साथ उनके पद के नाते सम्बन्ध हों, (viii) जानबूझ कर नियमों की अनदेखी करते हुए देयकों/करों/ आदि के भुगतान करने से बचने में नागरिकों की मदद करना, (ix) किसी बहाने से किसी कर्त्तव्य को करने से इन्कार करना जिससे दूसरों का फायदा होता हो, (जैसे अपराधी की मदद करने की नीयत से पुलिस अधिकारी का किसी मामले को पंजीकृत न करना)।

केन्द्र सरकार में कम से कम चार ऐसे मन्त्रालय हैं जो धन अर्जन के लिए सोने की खान माने जाते हैं। ये हैं: रक्षा, पेट्रोलियम, ऊर्जा (power) और संचार मंत्रालय। रक्षा मंत्रालय प्रतिवर्ष रक्षा सम्बन्धी वस्तुओं की खरीद पर लगभग 30,000 और 40,000 करोड़ रुपये के बीच खर्च करता है। यह कहा जाता है कि अस्त्र-शस्त्र, गोला-बारुद, अतिरिक्त कल पुर्जे (spare parts) और मिराज विमानों की मरम्मत व खरीद के लिए 15 से 40% दलाली आम चलन है। पेट्रोलियम मंत्रालय तेल और प्राकृतिक गैस के आयात पर प्रतिवर्ष 50,000 करोड़ रुपये से अधिक खर्च करता है। 1998-99 में इस ने 24,000 करोड़ रुपये, 1999-2000 में 54,000 करोड़ रुपये खर्च किये और अनुमान है कि 2000-2001 में यह राशि 64,000 करोड़ रुपये होगी। आयातित तेल के बैरल किसी न किसी के लिए दलाली के रूप में आय का अच्छा साधन सिद्ध होते हैं। तेल की खुदाई के अधिकार देने में, पेट्रोल पम्पों को खोलने में, पाइप लाइनों को बिछाने के लिए रिश्वत दिये जाने में भी बहुत सा धन लगता है। ऊर्जा मंत्रालय लगभग 4,000 करोड़ रुपये प्रतिवर्ष खर्च करता है जो अपने अधिकारियों को काला धन कमाने के अच्छे अवसर प्रदान करता है। संचार मंत्रालय का बजट भी प्रतिवर्ष हज़ारों करोड़ रुपये का होता है और इस मंत्रालय में भी दलाली आम है।

चार अन्य विभाग जहां भ्रष्टाचार अतिव्याप्त है वे हैं: पी. डब्ल्यू. डी (लोक निर्माण विभाग), पुलिस, चुंगी (excise), और राजस्व (revenue)। पी. डब्ल्यू. डी. को बजट और योजनाओं के अन्तर्गत भवनों के निर्माण, सड़कों के रख-रखाव, नालियों के निर्माण, बांधों (dams) के निर्माण, आदि के लिए एक बड़ी धन राशि आवंटित की जाती है। इस विभाग में ऊपर से लेकर नीचे तक भ्रष्टाचार व्याप्त है, जैसे कार्य स्थल (site) का चुनाव, अनुमानित खर्च (estimated cost) का तैयार किया जाना, धन की स्वीकृति, वस्तुओं की खरीद, निर्माण कार्य करवाना, बिलों का भुगतान, और विवादों का समाधान, आदि। यह कहा जाता है कि किसी प्रोजेक्ट के लिए स्वीकृत समस्त राशि में से लगभग 70% कार्य पर खर्च किया जाता है, 20% ठेकेदार का लाभ और 10% विभिन्न अफसरों की जेबों में चला जाता है।

पुलिस विभाग को सबसे अधिक भ्रष्ट विभाग कहा जाता है जहां एक कान्स्टेबिल से लेकर उच्च पदस्थ अधिकारी तक रिश्वत लेते हैं। आश्चर्य की बात यह है कि पुलिस अपराधी और शिकायतकर्त्ता दोनों से रिश्वत लेती है। पुलिस के अधिकार इतने विस्तृत हैं कि वे ईमानदार व्यक्ति को आरोप लगाकर गिरफ्तार व परेशान कर सकते हैं। गरीबों को छोटे-छोटे बहानों पर (जैसे, रिक्शा चालक, आदि) उनकी जेबों से उनका सारा पैसा निकाल लेना, ट्रक ड्राइवरों से धन लेना, दुकानदारों से हफ्ता वसूल करना, आदि भ्रष्टाचार आम बातें हैं।

भ्रष्टाचार की सम्भावना उन क्षेत्रों में अधिक है जहां महत्वपूर्ण निर्णय किए जाते हैं, जैसे कर संग्रह का मूल्यांकन, ठेके स्वीकृत करना, बिल पास करना, चैक जारी करना, आपूर्ति को मान्यता देना, आदि। अधिकारियों को पूर्व-निर्धारित प्रतिशत दिया जाता है और यह धन राशि उस संस्थान में सभी के हिस्से में आती है। रेल विभाग में वैगनों के आवंटन में, खराब होने वाली चीजों के पार्सल बुक कराने, नष्ट हुई चीजों के दावे पास करने, आदि के लिए पैसा देना पड़ता है। कई संस्थानों में तो ठेका देते समय एक निश्चित प्रतिशत धन राशि नियमतः ली जाती है। इसी प्रकार यदि यह धन राशि न दी जाये तो बिल के पास होने व चैक आदि प्राप्ति में देरी होना इसका परिणाम होता है। अक्सर बेईमान ठेकेदार और आपूर्तिकर्त्ता (suppliers) जो निम्न कोटि की चीजें देना चाहते हैं या थोड़े कार्य की स्वीकृति प्राप्त करना चाहते हैं अपना काम करवाने के लिए अपनी ग़लत कमाई में से काफी खर्च कर देते हैं। कर वंचना, खराब निर्माण, थोड़ी मात्रा में माल आपूर्ति करना, सरकारी वाहनों की मरम्मत, आदि के लिए अत्यन्त ऊंची कीमत वसूल करना भ्रष्टाचार के अन्य उदाहरण हैं।

भ्रष्टाचार न केवल उच्च स्तर पर व्याप्त है बल्कि निम्न स्तर तक भी फैला हुआ है। सहायक एवं कनिष्ठ अभियन्ता, टेलीफोन, राज्य विद्युत परिषद और जलदाय विभाग के मध्यम और निम्न श्रेणी के अधिकारी, राजस्व व चुंगी विभाग के निरीक्षक, सचिवालय लिपिक, और रेलवे के कनिष्ठ कर्मचारी वर्ग छोटे-बड़े पक्षपात के लिए रिश्वत स्वीकार करते हैं। कई संस्थानों में कनिष्ठ अधिकारियों की दलाली की निश्चित राशि बंधी है। उदाहरणार्थ, इन्जीनियरिंग विभाग में एक जूनियर इन्जीनियर सौदे की पूरी रकम का 5%, सहायक अभियन्ता 3% , और अधिशाषी अभियन्ता 2% मांगता है। आयकर विभाग में दर भिन्न हैं: निरीक्षक 10,000 रुपये, तथा कमिश्नर के 5 लाख रुपये या अधिक बँधे हैं जो कर की राशि पर निर्भर करता है। पुलिस विभाग में दर भिन्न हैं: काँस्टेबिल 10 रुपये से 2000 रुपये तक, उप-निरीक्षक और निरीक्षक 2000 रुपये से 10,000 रुपये तक, उप-अधीक्षक और पुलिस-अधीक्षक 10,000 रुपये से 20,000 रुपये या इससे भी अधिक हैं। सरकारी कार्यालयों में किसी कार्य की अनुमति प्रदान किए जाने के बाद भी जब तक सम्पूर्ण स्वीकृत धनराशि का 1% या 2% रिश्वत न दिया जाये तब तक सम्बन्धित लिपिक स्वीकृति-पत्र को टाइप नहीं करेगा या डाक में नहीं डालेगा। निम्नतम स्तर पर चपरासी भी अपने साहब से मिलने देने के लिए आगन्तुक से 10 रुपये या 20 रुपये झाड़ लेते हैं। सरकारी विभागों में भ्रष्टाचार इतना व्याप्त है कि एक प्रधानमंत्री को भी एक सार्वजनिक सभा में कहना पड़ा कि सार्वजनिक कार्यक्रमों के लिए आवंटित धन राशि 100 रुपये में से जनता के लाभ में केवल 20 रुपये ही लगते हैं। इसमें आश्चर्य नहीं कि जनता की उदासीनता के कारण ही देश में भ्रष्टाचार इतनी विकट स्थिति में पहुंचा है।

भेंट (उपहार) देना शहरों में भ्रष्टाचार का एक प्रमुख रूप है। एक ठेकेदार किसी अभियन्ता को या लेखा अधिकारी को अपने बिल पास कराने के लिए सूखे मेवे के डिब्बे और मिठाइयां और चाँदी के गिलास उपहार में देता है। डाक्टर और यहां तक कि पुलिस अधिकारी भी अपनी इच्छा के स्थान पर स्थानान्तरण के लिए मंत्री को उपहार देता है। वह व्यापारी जो आयकर के आँकलन को अपने पक्ष में कराने में सफल रहा है एक फ्रिज, या कार या कोई कीमती बिजली का सामान या सोने की चेन बेटे के जन्मदिन या बेटी के विवाह में

देता है। इन सब में उपहार देने का एक स्वरूप और साथ ही कुछ 'सांस्कृतिक मूल्य' परिलक्षित होते हैं।

'त्वरित धन' (speed money) भ्रष्टाचार के तरीकों में सामान्य है, विशेष रूप से अनुदान (grants) व संस्वीकृति (sanctions) के मामलों में। यह प्रचलन सार्वजनिक कार्यालयों में प्रशासनिक विलम्ब का परिणाम है। एक बार एक फाइल किसी कार्यालय में आ जाये, इस पर निर्णय प्राप्त करना टेढ़ी खीर हो जाता है। विलम्ब से बचने के लिए 'गतिवान धन' जैसे भ्रष्ट तरीके प्रयोग में लाए जाते हैं। कभी-कभी किसी फाइल पर निर्देश पारित होने बाद भी इसकी सूचना प्राप्तकर्त्ता को देर से जाती है जब तक कि वह अधीनस्थ अधिकारियों को उपयुक्त धन नहीं देता।

रिश्वत और दलाली की दर प्रतिवर्ष ऊंची ही होती जा रही है। वैकल्पिक आर्थिक नीतियों के लिए गठित प्रारम्भिक समिति ने (Preparatory Committee for Alternative Economic Policies), जो वामपन्थी अर्थशास्त्रियों का एक समूह है, दलाली में कुछ अनुसन्धान किए हैं। इसका अनुमान है कि दलाली की राशि 1980-81 में 3,036 करोड़ रुपये से 1990-91 में 19,414 करोड़ रुपये की आश्चर्यचकित करने वाली ऊंचाई तक पहुंच गई, अर्थात् एक ही दशक में राशि में छः गुनी वृद्धि हो गई।

भारत में 1947 के भ्रष्टाचार निरोधक अधिनियम के अन्तर्गत भ्रष्टाचार के पंजीकृत मामलों की संख्या 1981 और 1987 के बीच 300 से 500 तक थी लेकिन 1988 के अधिनियम के लागू होने के बाद अब यह संख्या 1,700 से 2,100 प्रतिवर्ष तक है। जब 1988 में सी.बी.आई और राज्य सरकारों द्वारा 1,295 भ्रष्टाचार के मामले पंजीकृत किए गए, 1994 में 3,210 और 1998 में 3,701 मामले पंजीकृत किए गए थे और 2,667 को गिरफ्तार किया गया था। पंजीकृत किए गए मामलों में केवल 70% से 75% मामलों में ही व्यक्तियों को आरोप-पत्र जारी हुए। (*Crime in India*, 1998: 225-227)। उदाहरण के तौर पर, 1998 में 2,817 नये मामले दर्ज किए गए जबकि 4,644 मामले पहले से ही न्यायलयों में लम्बित पड़े थे। सर्वाधिक संख्या में मामले 1998 में महाराष्ट्र में (899) और उसके बाद राजस्थान (840), पंजाब (752), उड़ीसा (740), जम्मू कश्मीर (568), कर्नाटक (515), केरल (512), मध्य प्रदेश (508) में रिपोर्ट किये गये। 1998 में 5409 केस की छानबीन की गयी और 1902 लोगों पर मुकदमे चले जिनमें से केवल 13.9% ही अभियुक्त पाए गए। (*Crime in India*, 1998: 227)।

राजनैतिक भ्रष्टाचार और घोटाले (Political Corruption and Scandals)

यह सर्वविदित है कि एक बड़ी संख्या में राजनीतिज्ञ न केवल भारत में बल्कि विश्व में भ्रष्ट हैं। राजनीतिज्ञों के भ्रष्टाचार का पर्दाफाश होने पर लोगों को कभी आघात नहीं पहुंचता। ईमानदार राजनीतिज्ञ वर्तमान में लुप्त प्राय प्रजाति होती जा रही है। भ्रष्ट राजनीतिज्ञ न केवल बेदाग, बिना दण्ड के बच निकलते हैं बल्कि वे तो राजनीतिज्ञ मंच पर सम्माननीय नेता के रूप में अकड़ कर चलते हैं। लाल बहादुर शास्त्री और सरदार वल्लभ भाई पटेल जैसे मंत्रियों के उदाहरण कम हैं जिनकी मृत्यु पर बैंक में जमा राशि नगण्य थी। हमारी इस धरती पर जब एक व्यक्ति बेरोज़गारी के कारण अपने भूखे बच्चों की रोटी का प्रबन्ध करने के लिए चोरी

करता है तब उसको जेल की हवा खानी पड़ती है, जबकि वे लोग जो देश को दोनों हाथों से लूटने में लगे हैं सम्माननीय नागरिक होते हैं क्योंकि या तो वे राजनीति में बड़ी तोप हैं या सत्ता के केन्द्र।

गत दो या अधिक दशकों में, हमारे देश में भारी दलाली और परोक्ष भुगतान से सम्बन्धित अनेक घोटाले और आर्थिक अनियमिताओं के मामले प्रकाश में आए हैं। इन घोटालों में अधिकतर मुख्यमंत्री, मंत्री, महत्वपूर्ण राजनीतिक पदों पर आसीन नेता, नौकरशाह और बड़े व्यापारी शामिल रहे हैं। लेकिन 'साक्ष्य के अभाव' (lack of evidence) के कमज़ोर आधार पर अपराधियों को प्रकाशित, खोजने, पकड़ने, मुकदमा चलाने और दण्डित करने में कुछ भी नहीं किया गया। यहां हम 1985 के बाद के कुछ कुख्यात घोटालों, जैसे बोफोर्स, स्टॉक मार्केट प्रतिभूतियों, हवाला, चीनी, और कुछ अन्य को इंगित करेंगे।

कुछ बदनाम घोटाले इस प्रकार थे: बोफोर्स (Bofors) घोटाला (1986) जिसमें 64 करोड़ रुपये की दलाली का मामला था, हवाला घोटाला (1991) जिसमें 115 वरिष्ठ राजनैतिज्ञ और नौकरशाह शामिल थे (जिनको अदालत ने बाद में छोड़ दिया), पशुधन घोटाला (1999) जो बिहार के पूर्व मुख्यमंत्री के विरुद्ध था जिसमें 113 करोड़ रुपये की दलाली का मामला था, दूरसंचार विभाग घोटाला जिसमें एक केन्द्रीय मंत्री के घर 3.5 करोड़ रुपये नकद और साथ ही करोड़ों रुपये के आभूषण, राष्ट्रीय बचत-पत्र, सावधि जमा-पत्र आदि पाये गये थे, जब मंत्री जी स्वयं इलाज के लिए लन्दन में थे, विटूमिन कोयला घोटाला जो बिहार (1996) में 100 करोड़ रुपये का था, झारखण्ड मुक्ति मोर्चा रिश्वत घोटाला (1993) जिसमें मोर्चा के चार सांसद और जनता पार्टी के तीन विधायक 40 लाख रुपये प्रत्येक पर लेने का आरोप था (जिसमें पूर्व प्रधानमंत्री नरसिंहराव एवं उनके एक मंत्रिमंडलीय साथी को सी.बी.आई. की विशेष अदालत ने 29 सितम्बर 2000 को दोषी करार दिया), भारतीय बैंक घोटाला (1991-95) जिसमें सार्वजनिक क्षेत्र के बैंक को 2,358 करोड़ रुपये की हानि हुई, सीमेन्ट घोटाला (1985) जिसमें महाराष्ट्र के मुख्यमंत्री शामिल थे, भूखण्ड घोटाला (1988-89) जिसमें महाराष्ट्र के एक अन्य मुख्यमंत्री शामिल थे, महाराष्ट्र प्रतिभूति (securities) घोटाला (1992) जिसमें एक करोड़ रुपये लेने के लिए पूर्व प्रधानमंत्री आरोपी थे, चीनी घोटाला (1994) जिसमें एक केन्द्रीय मंत्री शामिल थे और देश को 650 करोड़ रुपये की हानि उठानी पड़ी, असम का कोषागार धोखाधड़ी घोटाला (1995) जो 200 करोड़ रुपये का घोटाला था, और तमिलनाडु के भूतपूर्व मुख्यमंत्री के विरुद्ध करोड़ों रुपये के 38 घोटाले।

तमिलनाडु के मुख्यमंत्री पर भ्रष्टाचार के आरोप 1995 में लगाए गए थे। तमिलनाडु के राज्यपाल ने तो अप्रैल 1995 में जनता दल अध्यक्ष को तमिलनाडु के मुख्यमंत्री के विरुद्ध भ्रष्टाचार निरोधक कानून के अन्तर्गत उनके विरुद्ध लगाए गए 38 आरोपों में से दो के लिए मुकदमा चलाए जाने तक की अनुमति प्रदान कर दी थी। इन दो आरोपों में से एक 365 करोड़ रुपये के कोयला आयात सौदे से सम्बन्धित है जो अगस्त 1993 में हुआ था और दूसरा राज्य सरकार से भूखण्ड खरीदने के सम्बन्ध में था जो उन्होंने अनुमानित बाजार मूल्य 4.27 करोड़ रुपये के स्थान पर केवल 1.82 करोड़ रुपये में खरीदा था। इस पूर्व मुख्यमंत्री के विरुद्ध मामले, जिसकी पार्टी केन्द्र में 1998-99 में भाजपा-नीत मंत्रिमण्डल की घटक थी,

तमिलनाडु की विशेष अदालतों में स्थानान्तरित कर दिए गए थे, फिर फरवरी 1999 में उन्हें शान्त करने के लिए साधारण न्यायालयों में स्थानान्तरित कर दिए गए क्योंकि वे प्रतिदिन केन्द्र सरकार से अपना समर्थन वापस लेने की धमकी दे रहीं थीं। इन्हीं मुख्यमंत्री पर सितम्बर 1995 में अपने गोद लिए बेटे के विवाह पर 50 से 75 करोड़ रुपये खर्च करने का भी आरोप है। एक अन्य मुख्यमंत्री जिन पर अप्रैल 1995 में भ्रष्ट कार्यों में लिप्त होने के आरोप लगाए गए थे वे पश्चिम बंगाल के मुख्यमंत्री हैं जो गत 23 वर्षों से वहां के मुख्यमंत्री के पद पर बने हुए हैं। यह आरोप उन पर त्रिपुरा के मुख्यमंत्री और एक मार्क्सवादी नेता ने लगाए थे।

सिविल सेवाओं में भी भ्रष्टाचार सामान्य है, यहां तक कि उच्चासीन पदाधिकारियों के विरुद्ध शिकायतें आती हैं व जाँच होती है। यद्यपि सतर्कता एजेंसियों को जनता व मीडिया को आश्वस्त करने के लिए क्रियाशील बना दिया जाता है, लेकिन आरोपित अधिकारी शायद ही दण्डित किए जाते हैं। सन्थानम (Santhanam) समिति ने भी संकेत दिया है कि ऐसा विश्वास है कि सरकारें भ्रष्टाचार के विरुद्ध थीं लेकिन भ्रष्टाचारी लोगों के विरुद्ध नहीं थीं। ऐसे व्यक्तियों के पास आवश्यक शक्ति, प्रभाव और सुरक्षा थी। इनके तीन प्रमुख उदाहरण निम्न हैं: एक कांग्रेस पार्टी के केन्द्रीय संचार मंत्री जिनके घर से बहुत बड़ी रकम पाई गई थी और जो अनेक मामलों में आरोपित थे; एक बिहार के तथा एक तमिलनाडु के पूर्व मुख्यमंत्री जो थोड़े समय के लिए जेल भी भेजे गए थे और जिनके मामले न्यायालयों में अब भी विचाराधीन पड़े हैं (अक्टूबर 2000 में)।

केन्द्रीय सतर्कता आयुक्त ने जनवरी और फरवरी 2000 में भ्रष्टाचार लिप्त सरकारी अधिकारियों के लगभग 200 नामों को सार्वजनिक कर देने के लिए वैबसाइट पर डाल दिया। भारतीय प्रशासन और पुलिस सेवा अधिकारी: 107; राजस्व सेवा अधिकारी (आय-कर, आबकारी व सीमाशुल्क): 77; और वन सेवा अधिकारी: 23। इसके अलावा उन्होंने एक ओर हवाला कांड में ग्रस्त राजनैतिक नेताओं के केस, जो अदालतों द्वारा सब निरस्त कर दिये गये थे, पुनः जाँच के लिए सी.बी.आई. को (जनवरी, 2000 में) सौंप दिये हैं, तो दूसरी ओर रक्षा सौदों की जांच का काम भी हाथ में ले लिया है। यद्यपि इस जांच में काफी समय लगने की सम्भावना है, फिर भी लगता है कि अब राजनैतिक भ्रष्टाचार को नियंत्रित करने के लिए राजनैतिक इच्छा विकसित हो रही है। केन्द्रीय सतर्कता आयुक्त कहां तक अफसरों और राजनैतिक नेताओं के गुस्से को सहन कर पायेगा यह तो समय ही बतायेगा। पर जिस तेजी से अनेक नेताओं के नाम भ्रष्टाचार से जुड़ने लगे हैं, लगता है कि इक्कीसवीं शताब्दी में भी भ्रष्टाचार को बढ़ने से रोकना असम्भव होगा।

भारतीय जनमत संस्था (Indian Institute of Public Opinion) ने सितम्बर 1997 में भ्रष्टाचार से संबंधित दिल्ली व चेन्नई में 1500 साक्षर वयस्कों की महम से एक सर्वेक्षण किया था। अधिसंख्य (88.8%) सूचनादाताओं का मानना था कि भ्रष्टाचार एक गम्भीर सामान्य समस्या है जबकि 1.3% की राय इसके विरुद्ध थी तथा 10% ने इसके बारे में कोई राय व्यक्त नहीं की। लगभग 95.8% ने पुलिस को सबसे ज्यादा भ्रष्ट बताया, 89.3% ने टेलीफोन व बिजली विभाग को, 87.4% ने केन्द्र सरकार को, 85.8% ने राज्य सरकार को, 83.4 % ने न्याय प्रणाली व अदालतों को भ्रष्ट कहा। पाँच में से तीन

सूचनादाताओं (61.4%) ने कहा कि भ्रष्टाचार तो सदैव रहेगा परन्तु इसकी मात्रा को नियंत्रित किया जा सकता है; 21.3% ने कहा कि इसकी जड़ें गहरी नहीं हैं और इसे समाप्त किया जा सकता हैं।

भ्रष्टाचार के कारण (Causes of Corruption)

(1) स्व-हित वाले राजनैतिक अभिजन का अभ्युदय

भ्रष्टाचार या सार्वजनिक बेईमानी के कई कारण बताए गए हैं। प्रथम कारण है ऐसे राजनैतिक अभिजात वर्ग का अभ्युदय जो राष्ट्रहित के कार्यक्रमों और नीतियों की अपेक्षा अपने हित में विश्वास करते हैं। वास्तव में, ब्रिटिश शासन के पश्चात का शासन मंत्रियों और नौकरशाहों का शासन कहलाता है। आज़ादी के बाद प्रथम दो दशकों में राजनैतिक अभिजात इस हद तक ईमानदार, समर्पित और राष्ट्रवादी थे कि वे हमेशा देश की प्रगति के लिए कार्य करते थे। 1967 में चौथे आम चुनाव में राज्यों और केन्द्र में सत्ता में ऐसे लोग आए जो अपने निहित स्वार्थों के आधार पर कार्य करते थे, या यों कहा जाये कि वे अपने परिवार, जाति, क्षेत्र, दल, आदि के स्वार्थों के लिए कार्य करते थे। हो सकता है कि उनके कार्यक्रम और उनकी नीतियां राष्ट्रहित की रही हों लेकिन मुख्य रूप से वे उनके निजी हितों पर ही आधारित थे। उन्होंने नौकरशाहों को भी अपने पदचिन्हों पर चलने के लिए प्रोत्साहित किया। हमारे देश में अधिक संख्या में नौकरशाह रीतिवादी (ritualists) हैं और समाज हित के विकासवादी कार्यक्रमों की अपेक्षा अपने पारिश्रमिक तथा अन्य लाभों के प्रति अधिक चिन्तित रहते हैं। इस प्रकार राजनीतिज्ञों और नौकरशाहों ने अपने पद और शक्ति का दुरूपयोग अवैध लाभों के लिए प्रारम्भ किया। नये व्यापारी नेता, जो अपने मुनाफे को शक्ति और सत्ताधारी लोगों के साथ बांटना चाहते थे, का अभ्युदय भी सार्वजनिक सेवकों में भ्रष्ट आदतों के विकास के लिए उत्तरदायी रहा। भ्रष्टाचार का उदय सरकारी अफसरों के निर्णय लेने की शक्ति से भी होता है, जैसे लाइसेंस जारी करने, आयकर निर्धारण, विस्तार (extension) प्रदान करना, आदि में।

नियमों के अर्थ (interpretation) न कि नियम, अधिकारियों को परोक्ष रूप से धन लेकर जेब में डालने योग्य बनाते हैं। अनेक अधिकारी हजारों और लाखों रुपये देकर अपने को किसी खास जगह तैनात कराते हैं, केवल इसलिए कि उन जगहों पर हजारों-लाखों रुपये रिश्वत कमाने का अवसर होता है।

(2) सरकार की आर्थिक नीतियाँ

दूसरा कारण है सरकार की आर्थिक नीति। हाल के अधिकतर घोटाले उन क्षेत्रों में हुए हैं जहां क्रय नीति या मूल्य सरकार के नियंत्रण में हैं। चीनी, उर्वरक, तेल, सैन्य अस्त्र-शस्त्र, बिजली के उपकरण कुछ उदाहरण हैं। एक अप्रवासी भारतीय (NRI) व्यापारी ने न्यायालय में दावा किया कि भारत को लुग्दी (pulp) बेचने के लिए ठेका प्राप्त करने के लिए उसे पूर्व प्रधानमंत्री के मौखिक आश्वासन पर, चन्द्रास्वामी को 20 लाख रुपये देने पड़े। इसी प्रकार की दलाली अन्य कई घोटालों में देनी पड़ी। मुख्य समस्या अर्थतंत्र को भ्रमित सरकारी

नियमों से मुक्त कराने की है। लेकिन निजीकरण के प्रति उदासीन रवैये से भी काम नहीं चलेगा। अब देश को स्पष्ट और पारदर्शी नियमों की आवश्यकता है। कुछ व्यक्तियों (जैसे मंत्री, महानिदेशकों, और सचिवों) द्वारा एकतरफा निर्णय भ्रष्टाचार को न्योता देना है। 1995 में महाराष्ट्र का एनरान प्रोजेक्ट (Enron Project) मुसीबत में लटक गया क्योंकि उसकी बातचीत व शर्तें गुप्त रूप से तय हुई थीं।

(3) आवश्यक वस्तुओं में कमी

भ्रष्टाचार कमी के कारण भी होता है। जब आवश्यक वस्तुओं की पूर्ति में कमी होती है, सत्ताधारी लोग उन वस्तुओं की पूर्ति सुनिश्चित करने के लिए कुछ अपेक्षा करते हैं या उनकी कीमतें बढ़वा लेते हैं। यह तब होता है जब मांग बहुत ज्यादा होती है लेकिन रोज़ाना की आवश्यकताओं की पूर्ति बहुत कम होती है, जैसे चीनी, सीमेन्ट, तेल, आदि।

(4) व्यवस्था में परिवर्तन

हमारे समाज में मूल्य व्यवस्था में परिवर्तन के साथ बदलते रहते हैं। नैतिकता, ईमानदारी और त्याग के पुराने आदर्श निरर्थक माने जाते हैं और भेंट स्वीकार करना मूर्खता की अपेक्षा 'आवश्यकता' (need) के रूप में माना जाता है।

(5) अप्रभावी प्रशासनिक संगठन

भ्रष्टाचार प्रशासनिक कमी से भी पनप सकता है। देखभाल व सर्तकता की कमी, प्रशासनिक कर्मचारियों को अत्यधिक शक्ति देना, ग़ैरज़िम्मेदारी, त्रुटिपूर्ण सूचना व्यवस्था, आदि अधिकारियों को न केवल भ्रष्ट होने का अवसर प्रदान करते हैं बल्कि भ्रष्ट तरीके अपनाने के बाद भी वे अप्रभावित रहते हैं।

भ्रष्टाचार के कारणों को आर्थिक, सामाजिक, राजनैतिक, वैधानिक और न्यायिक श्रेणी में भी रखा जा सकता है।आर्थिक कारणों में, उच्च जीवनशैली के प्रति अति मोह, मुद्रा प्रसार, लाइसेंस प्रणाली तथा ज्यादा लाभ लेने की प्रवृत्ति है।सामाजिक व्यवसायियों में ईमानदारी की कमी, जीवन के प्रति भौतिकतावादी दृष्टिकोण, सामाजिक मूल्यों में गिरावट, अशिक्षा, अर्जनशील (acquisitive) सांस्कृतिक गुण, सामन्तवादी स्मृतियां (feudalistic hangover), जनता की सहनशीलता व उदासीनता, तथा शोषणवादी सामाजिक संरचना हैं। राजनैतिक कारणों में, राजनैतिक संरक्षण, अप्रभावी राजनैतिक नेतृत्व, राजनैतिक तटस्थता (apathy), राजनैतिक नैतिकता, चुनाव में धन देना, राजनैतिक और राजनैतिक उप-संस्कृति के साथ सांठगांठ, आदि हैं। वैधानिक कारणों में अपर्याप्त कानून, कानून में कमियां, कानून पालन कराने में सुस्ती है। न्यायिक कारणों में, मंहगी न्याय व्यवस्था, न्यायिक उदासीनता, न्यायाधीशों में प्रतिबद्धता की कमी; तथा तकनीकी कारणों से अपराधियों का अधिक छूट जाना, आदि हैं।

भ्रष्टाचार को बढ़ाने वाले कुछ कारक इस प्रकार भी है: पहला कारक है एक अधिकारी के हाथ में शक्ति का केन्द्रित होना जिसके लिए मनमाना निर्णय करना सम्भव है और पीड़ित

नागरिक प्रभावी हल पाने की स्थिति में नहीं रहता। शक्ति और विवेक कार्यकारिणी, पुलिस और न्यायपालिका में निहित हैं जिसके सभी सदस्य चरित्रवान नहीं होते हैं। दूसरा कारक है आर्थिक व सामाजिक पिछड़ापन। लोकसेवक और उसके ग्राहकगणों (clientele) की प्रस्थिति के बीच फासला इतना अधिक होता है कि लोकसेवक समाज के प्रति अपने दायित्वों को भूल जाता है और ग्राहकगण उसकी अपमान भरी भाषा भी सहन करते हैं। तीसरा कारक है उपनिवेशवादी और सामन्ती ताकतों से शक्ति प्राप्त लोगों की जनता के द्वारा आधीनता स्वीकार करना। चौथा कारक है अधिकारियों का ग़ैर ज़िम्मेदारीपूर्ण रवैया और प्रशासनिक विलम्ब। पाँचवा कारक है भ्रष्टाचार के मामलों से उदासीनता से निपटना। जो लोग श्रेणीक्रम का लाभ उठाते हैं और शक्तिशाली होते हैं वे जबावदेही से कतराते हैं और भ्रष्ट अधीनस्थ व्यक्ति के खिलाफ कार्यवाही करने में ढ़ीलापन दिखाते हैं। यह बात पुलिस, सचिवालय, पी. डब्ल्यू. डी., सीमाशुल्क (customs) और कई अनेक विभागों में है। अंतिम कारक जनता की चीख-पुकार में कमी तथा जनमंच की कमी है जो भ्रष्टाचार के विरुद्ध आवाज उठा सके। हमारी सामाजिक व्यवस्था ऐसी 'मुलायम' है कि लोग सबसे भ्रष्ट व्यक्ति के विरुद्ध निष्क्रिय और गूंगे बन जाते हैं, उनके समाज विरोधी व्यवहार को सहन करते हैं और शक्तिशाली जन-प्रचार करने में असफल रहते हैं।

भ्रष्टाचार का प्रभाव (Impact of Corruption)

भ्रष्टाचार की बात करते समय क्या हमें बड़े वित्तीय मामलों या घोटालों पर ही बात करनी चाहिए या फिर सार्वजनिक, नौकरशाही, औद्योगिक, संस्थात्मक आदि प्रकार के भ्रष्टाचार पर या फिर उन मामलों पर भी जो दिखाई तो नहीं देते किन्तु हमारे दैनिक जीवन में छाए रहते हैं और हमारे नैतिक तानेबाने को कमजोर बनाते रहते हैं। कुछ लोग महसूस करते हैं कि हमें भ्रष्टाचार को कई श्रेणियों में बांट लेना चाहिए। एक विचार के अनुसार भ्रष्ट कार्य का आधार 'धन राशि' (amount) होनी चाहिए, जबकि दूसरा विचार है कि 'आवश्यकता' (need) पर ध्यान केन्द्रित किया जाना चाहिए। एक बड़े लाभ की प्राप्ति के लिए खर्च किए गए थोड़े रुपये पर परेशानी नहीं होनी चाहिए। दूसरा विचार यह है कि 'वांछित सेवा' प्राप्त करने के लिए 'खर्च' की गई राशि चिन्ता का विषय नहीं होनी चाहिए। भ्रष्टाचार तभी आता है जब कीमत चुकाई जाती है लेकिन उसके लिए कोई सेवा नहीं की गई। लेकिन भोजन में मिलावट या नकली दवाएं बेचने पर और इसी प्रकार के मामलों को क्या कहें? सामान्यतः हमारे दैनिक जीवन में ऐसे मामले 'भ्रष्टाचार' नहीं कहे जाते। क्या परीक्षा में नकल करवाना भ्रष्टाचार है? क्या उत्तर पुस्तिका में परीक्षक द्वारा अंक बढ़ाए जाना, किसी मित्र की सिफारिश पर या नातेदार या सहयोगी के कहने पर, (लेकिन धन स्वीकार कर के नही) भ्रष्टाचार है? अपने बचाव में परीक्षक कहते हैं कि वे 'एहसान' करते हैं और एहसान करना भ्रष्टाचार कैसे हो सकता हैं? बहुत से लिपिक कार्यालय जाते हैं और उपस्थिति-पंजिका पर हस्ताक्षर कर देते हैं, लेकिन अपनी कुर्सी पर नहीं मिलते। वे तभी उपलब्ध होते हैं जब उन्हें फाइल आगे बढ़ाने के लिए धन दिया जाता है। यहां धन लेना भ्रष्टाचार है।

कुछ लोग कहते है कि जब भ्रष्टाचार अमेरिका, जापान, इंगलैण्ड, फ्रान्स, कनाडा और

जर्मनी जैसे विकसित देशों में है तो भारत में अनावश्यक रूप से लोग इसके लिए क्यों चिन्तित हैं? यह लोग भूल जाते हैं कि भ्रष्टाचार की प्रकृति उन देशों में हमारे देश से भिन्न है। इन देशों में भ्रष्टाचार केवल उच्चस्थ व्यापारी लोगों के बीच होता है, जबकि भारत में हमें रेल आरक्षण के लिए, न केवल व्यावसायिक संस्थाओं में प्रवेश हेतु बल्कि बच्चों को प्राथमिक स्कूल में प्रवेश के लिए भी, सिनेमा टिकट खरीदने के लिए, गैस सिलेण्डर खरीदने के लिए, बिना हेल्मेट स्कूटर चलाने के लिए, बकाया राशि (arrears) का बिल पास कराने के लिए, टैक्स वापस लेने (refund) के लिए पैसा देना पड़ता है। अन्य देशों में जब अवैध वस्तुओं को प्राप्त करने के लिए पैसा दिया जाता है, भारत में वैध और अधिकारिक चीज़ों को प्राप्त करने के लिए पैसा देना पड़ता है। आम आदमी के दैनिक जीवन को यह सब बातें प्रभावित करती हैं। अतः हमें ऐसे भ्रष्ट कार्यों पर भी चिन्ता करनी है।

भ्रष्टाचार ने हमारे समाज को कई प्रकार से प्रभावित किया है: (1) इसने देश के आर्थिक विकास को रोका है, (2) इसने समाज में हिंसा और अराजकता को जन्म दिया है क्योंकि भ्रष्ट व्यक्ति के पास कानून लागू करने वालों को अपने फायदे के लिए खरीदने की धन शक्ति है, (3) इसने जातिवाद, भाषावाद, और सम्प्रदायवाद को जन्म दिया है, (4) इसने नैतिकता को गिराया है और वैयक्तिक चरित्र को नष्ट किया है, (5) इसने अकुशलता को बढ़ाया है, भाई-भतीजावाद और सुस्ती में वृद्धि की है और प्रशासन के हर क्षेत्र में अनुशासनहीनता को जन्म दिया है जिससे साधारण आदमी का जीवन कष्टप्रद हो गया है, (6) इसने जनता की दृष्टि में अफसरों की विश्वसनीयता को कम कर दिया है, (7) इसने देश में काले धन में वृद्धि की है, (8) इसने खाने-पीने की चीज़ों में, दवाओं में मिलावट का रास्ता दिखाया है और उपभोक्ता पदार्थों में कमी पैदा की है, और (9) इसने सरकार को केन्द्र और राज्य दोनों स्तरों पर अस्थिर बनाया है।

कानून/विधान (The Legislation)

भ्रष्टाचार निरोधक अधिनियम (Prevention of Corruption Act) सितम्बर 1988 में लागू हुआ। इसमें 1947 के भ्रष्टाचार निरोधक अधिनियम के प्रावधान समाहित थे और आई.पी.सी. (I.P.C) की कुछ धाराएं, अपराधी प्रक्रिया संहिता (Criminal Procedure Code) और 1952 का अपराधी कानून अधिनियम (Criminal Law Act) के प्रावधान भी समाविष्ट हैं। यह पता लगने पर कि द्वितीय महायुद्ध के बाद लोक सेवकों में रिश्वतखोरी और भ्रष्टाचार काफी बढ़ गए हैं और बहुत से स्वार्थी अधिकारियों ने बहुत धन इकट्ठा कर लिया है तथा मौजूदा आई.पी.सी. और सी. आर.पी.सी समस्याओं से जूझने के लिए अपर्याप्त है, 1947 का भ्रष्टाचार निरोधक अधिनियम पारित किया गया। सी.आर.पी.सी. (Cr.P.C.) में लोक सेवकों से सम्बन्धित अपराध संज्ञेय (cognizable) नहीं है, लेकिन 1947 के अधिनियम ने अपराधियों के विरुद्ध अपराध की कुछ मान्यताएँ बनाना न्यायालय के लिए आवश्यक हो गया। 1947 के अधिनियम के अन्तर्गत साक्ष्य प्रस्तुत करने का बोझ आरोपी पर आ गया। आरोपी के विरुद्ध जाँच उप-पुलिस अधीक्षक से नीचे के अधिकारी द्वारा नहीं की जा सकती। 1947 के अधिनियम ने रिश्वत लेना, धन का दुरूपयोग करना, आर्थिक लाभ

उठाना, आय से अधिक सम्पत्ति जमा करना तथा अधिकारिक पद का दुरूपयोग करना आदि भ्रष्टाचार के कार्य व अपराध घोषित किये हैं। परन्तु मुकदमा चलाने का अधिकार केवल विभागीय अधिकारियों को दिया है, न कि केन्द्रीय जाँच ब्यूरो (CBI) को।

1988 अधिनियम में 'लोक सेवक' शब्द का क्षेत्र व्यापक कर दिया गया और इसमें बड़ी संख्या में कर्मचारियों को शामिल किया गया। केन्द्रीय कर्मचारियों और केन्द्र प्रशासित राज्यों के कर्मचारियों के अलावा, सार्वजनिक उपक्रमों, राष्ट्रीकृत बैंकों, केन्द्रीय व राज्यों से सहायता प्राप्त सहकारी समितियों के पदाधिकारी, विश्वविद्यालय अनुदान आयोग के कर्मचारी, उप-कुलपति, केन्द्रीय व राज्य सरकारों से आर्थिक सहायता प्राप्त करने वाली संस्थाओं में वैज्ञानिक और प्रोफेसर, तथा स्थानीय प्रशासन से सम्बन्धित संस्थाओं के कर्मचारी, सभी को 'लोक सेवक' घोषित कर दिया गया। यद्यपि, संसद सदस्य तथा विधायिकाओं के सदस्य सार्वजनिक कार्य करते हैं तथापि उन्हें इस अधिनियम की परिधि से अलग रखा गया है। इस अधिनियम के अन्तर्गत 1947 के अधिनियम में वर्णित सभी भ्रष्ट कृत्य सम्मिलित किए गए हैं (रिश्वत, दुरूपयोग, धन सम्बन्धी लाभ उठाना, आमदनी से अधिक सम्पत्ति एकत्र करना)। अधिनियम सम्पूर्ण भारत में (जम्मू और कश्मीर को छोड़कर) सभी नागरिकों पर लागू होता है, भले ही वे देश में रहते हों या देश से बाहर।

यदि लोक सेवक के विरुद्ध न्यायालय में अपराध सिद्ध हो जाता है तो इसमें कम से कम 6 माह के कारावास का दण्ड है, लेकिन यह 5 साल से अधिक नहीं हो सकता। इस प्रकार 6 माह का कारावास तो आवश्यक (mandatory) है ही और न्यायालय का विवेक इस सम्बन्ध में मान्य नहीं है। यदि लोक सेवक को यह अपराध करने का अभ्यस्त पाया जाता है तो उसको दो वर्ष से कम की सजा नहीं होती लेकिन सात वर्ष से अधिक का कारावास और आर्थिक दण्ड नहीं हो सकता।

भ्रष्टाचार को रोकने के लिए किए गए उपाय
(Measures Taken to Contain Corruption)

विद्यमान केन्द्रीय जांच ब्यूरो और भ्रष्टाचार-विरोधी पुलिस जाँच-पड़ताल, कार्यवाही प्रारम्भ करने और भ्रष्ट मंत्रियों तथा शीर्षस्थ अधिकारियों को दण्डित करने में असहाय सिद्ध हुए हैं। इसमें आश्चर्य नहीं, हाल ही में लोगों ने 'न्यायिक सक्रियवाद' (judicial activism) की बात करना शुरु कर दिया है। यह सर्वविदित है कि सी.बी.आई. बिहार के पूर्व मुख्यमंत्री के मामले की तेजी से जांच केवल उच्च न्यायालय के संरक्षात्मक शाखा के अन्तर्गत ही कर सकी। सी.बी.आई. सरकारी तन्त्र होने के कारण सरकार को दरकिनार करके लम्बी अवधि के आधार पर न्यायालय को सीधे रिपोर्ट नहीं कर सकती। इसकी कार्यप्रणाली सरकारी देखरेख के बिना नहीं चलती। सी.बी.आई. के अधिकारियों ने अपने ऊपर राजनैतिक दबाव की बात स्वीकार की है। इसलिए ऐसा प्रतीत होता है कि निम्न और मध्यम कोटि के लोक सेवकों पर सतर्कता बरतने में सी.बी.आई की भूमिका सीमित ही होगी। लोकपाल और लोकायुक्तों को ही मंत्रियों तथा उच्चस्थ राजनीतिज्ञों को दण्डित करना होगा। समाज केवल पुलिस की निगरानी पर निर्भर नहीं रह सकता क्योंकि पुलिस कुख्यात है कि वह भ्रष्ट अधिकारियों के विरुद्ध साक्ष्यों को मिटाने, तोड़मोड़ कर प्रस्तुत करने तथा झूठे मामले बनाने में माहिर है।

श्री के. सन्थानम की अध्यक्षता में एक भ्रष्टाचार निरोधक समिति का गठन 1960 में किया गया था। विभाग के कामकाज को कुशल बनाने के लिए सन्थानम समिति ने यह उपाय सुझाए थे: (1) सतर्कता (vigilance) अधिकारियों को भ्रष्टाचार की शिकायतों की जाँच करने की स्वतंत्रता देना, न कि भ्रष्ट प्रथाओं की जाँच करने की, (2) सतर्कता अधिकारियों को कुशल कार्य के लिए प्रोन्नति का आश्वासन देना, (3) उच्चस्थ अधिकारियों के मामलों की जाँच पड़ताल के लिए सतर्कता अधिकारियों को उनके मूल केडर में वापस भेजने से सुरक्षा का आश्वासन देना, (4) केन्द्रीय सतर्कता आयोग में केन्द्रीय लोक सेवाओं और तकनीकी सेवाओं को प्रतिनिधित्व देना। (यह सिफारिश 1998 के अन्तिम महीनों में सतर्कता आयोग का पुनर्गठन करके लागू कर दी गई, (5) सतर्कता विभाग के अराजपत्रित कर्मचारियों को विभाग के नियमों और कार्यप्रणाली के विषय में गहन प्रशिक्षण देना क्योंकि सतर्कता के 80 % मामलों की छानबीन निम्न स्तर पर ही होती है, (6) मामलों की छानबीन में विलम्ब को रोकने के लिए सरकार द्वारा व्यवस्था के चरणों की संख्या में कमी।

इस समिति की सिफारिशों के आधार पर ही केन्द्र सरकारी और अन्य कर्मचारियों के विरुद्ध भ्रष्टाचार के मामलों को देखने के लिए 1964 में केन्द्रीय सतर्कता आयोग की स्थापना की गई थी। केन्द्रीय सरकार ने निम्नलिखित चार विभागों की स्थापना भ्रष्टाचार विरोधी उपायों के अन्तर्गत की: (i) कार्मिक एवं प्रशिक्षण विभाग में प्रशासनिक सतर्कता प्रभाग (Administrative Vigilance Division), (ii) केन्द्रीय जाँच ब्यूरो (CBI), (iii) राष्ट्रीयकृत बैंकों/सार्वजनिक उपक्रमों/मन्त्रालयों/विभागों में घरेलू सतर्कता इकाइयां और (iv) केन्द्रीय सतर्कता आयोग (C.V.C.)।

पूर्व मुख्य सतर्कता आयुक्त द्वारा भ्रष्टाचार से निपटने के लिए दिये गये कुछ सुझाव विचारणीय है: (देखें, *Indian Journal of Public Administration*, July-September 1997: 438) (1) केन्द्रीय मंत्रियों और सांसदों के विरुद्ध कार्यवाही करने के लिए (राजनीतिक भ्रष्टाचार के विरुद्ध) शक्तिवान लोकपाल संस्था की स्थापना करना, (2) सी.बी.आई. पर निर्भर हुए बिना लोकपाल की अपनी स्वतंत्र जाँच पड़ताल करने वाली तथा मुकदमा चलाने वाली ऐजेन्सी होनी चाहिए, (3) लोकपाल के पास अपनी छानबीन करने के बाद मंत्री के विरुद्ध विशेष अदालत में प्रथम दृष्टा दोषी ठहराए जाने के बाद मुकदमा चलाने की शक्ति होनी चाहिए, (4) न्यायालय में आरोपी मंत्री के विरुद्ध आरोप-पत्र दाखिल किए जाने के बाद उसे आवश्यक रूप से अपने पद से इस्तीफा दे देना चाहिए, (5) मुख्य सतर्कता आयुक्त को केन्द्रीय लोकायुक्त का पद भी दिया जाना चाहिए, (6) केन्द्रीय लोकायुक्त, सामान्य अधिकारियों और कर्मचारियों और पूछताछ तथा अभियोग चलाने वाली एजेन्सियों से जुड़ा रहना चाहिए।

सी.वी.सी. (CVC) के प्रमुख कार्य इस प्रकार हैं: (i) किसी भी लोक सेवक के विरुद्ध भ्रष्टाचार की शिकायत आने पर उसकी जाँच पड़ताल करना; (ii) भ्रष्टाचार के लिप्त आरोपी व्यक्ति के विरुद्ध की जाने वाली कार्यवाही के प्रकार के विषय में अनुशासनात्मक अधिकारी को परामर्श देना; (iii) नियमित मामला पंजीकृत करने के लिए सी.बी.आई. को निर्देशित करना; और (iv) मन्त्रालयों/विभागों/बैंकों/ सार्वजनिक उपक्रमों में सतर्कता और भ्रष्टाचार विरोधी कार्यों का निरीक्षण और उन पर रोक लगाना।

राजनीतिज्ञों और सार्वजनिक कम्पनियों के भ्रष्टाचार पर आयोग
(Commissions on Corruption of Politicians and Public Companies)

गत 50 वर्षों में राजनीतिज्ञों और सार्वजनिक कम्पनियों के विरुद्ध लगे भ्रष्टाचार के आरोपों की जाँच के लिए भारत सरकार द्वारा दो दर्जन से भी अधिक आयोग (1955 और मार्च 2000 के बीच) नियुक्त किए जा चुके हैं। इनमें से नौ आयोग तो 1963 से 1983 तक ही विविध राज्यों के मुख्यमंत्रियों के विरुद्ध नियुक्त किए गए थे। ये थे: पंजाब के मुख्यमंत्री सरदार प्रताप सिंह कैरों के विरुद्ध दास आयोग (1963), जम्मू-कश्मीर के मुख्यमंत्री बख़्शी गुलाम मुहम्मद के विरुद्ध आयंगर आयोग (1965), गोआ के मुख्यमंत्री दयानन्द भाण्डोडकर के विरुद्ध कपूर आयोग (1968), उड़ीसा के मुख्यमंत्री बीजू पटनायक के विरुद्ध खन्ना आयोग (1967), असम के मुख्यमंत्री वी.के. मेहताब के विरुद्ध मधोकर आयोग (1968), तमिलनाडु के मुख्यमंत्री करुणानिधि के विरुद्ध सरकारिया आयोग (1976), कर्नाटक के मुख्यमंत्री देवराज उर्स के विरुद्ध ग्रोवर आयोग (1977), आन्ध्र प्रदेश के मुख्यमंत्री वेंगल राव के विरुद्ध विमदा लाल आयोग (1977), और पंजाब के मुख्यमंत्री जैलसिंह के विरुद्ध गुरुदेव सिंह आयोग (1979)।

मंत्रियों के विरुद्ध पाँच आयोग इस प्रकार थे: केन्द्रीय वित्त मंत्री टी.टी. कृष्णामाचारी (जीवन बीमा निगम के अध्यक्ष और सचिव भी) के विरुद्ध छागला आयोग (1956), बिहार के पाँच मंत्रियों के विरुद्ध अय्यर आयोग (1967), बिहार के 13 मंत्रियों के विरुद्ध मधोलकर आयोग (1968), केरल के मंत्री आर. के. कुँजू के विरुद्ध आयोग (1969), और केन्द्रीय रक्षामंत्री बन्सीलाल के विरुद्ध (ठेके देने पर) रेड्डी आयोग (1977)।

भ्रष्टाचार के ही आरोपों के विरुद्ध पाँच अन्य आयोग इस प्रकार थे: सरकारी मामलों में अतिरिक्त संवैधानिक अधिकारों का प्रयोग करके हस्तक्षेप करने तथा भ्रष्टाचार के विरुद्ध जांच के लिए मोरारजी देसाई के पुत्र कान्ति भाई देसाई और प्रधानमंत्री चरण सिंह की पत्नी गायत्री देवी के विरुद्ध वैद्यालिंगम आयोग (1979), केरल और तमिलनाडु स्पिरिट घोटाले के विरुद्ध कैलासम सदाशिवम और रे आयोग (1981), बोफोर्स तोप सौदे में भ्रष्टाचार के आरोपों पर जाँच हेतु शंकरानन्द समिति (1990) और सुरक्षा घोटाले पर जानकीरमन समिति (1992)।

बोहरा समिति की स्थापना जुलाई 1993 में भारत में भ्रष्टाचार के अध्ययन के लिए की गई थी जिसमें सरकारी कार्यकर्त्ताओं, राजनैतिक महानुभावों, अपराधी गठजोड़ और माफिया संगठनों के बीच सम्बन्धों का अध्ययन किया जाना था। समिति ने अक्टूबर 5, 1993 को अपनी रिपोर्ट प्रस्तुत की थी। सरकार 18 माह तक इस रिपोर्ट को दबाए रही लेकिन संसद में विपक्षी दलों के दबाव डाले जाने पर 1 अगस्त, 1995 को यह रिपोर्ट संसद के दोनों सदनों में रखी गई। इस रिपोर्ट में राजनीतिज्ञों और अपराधियों के बीच गठजोड़ पर विध्वंसक प्रहार किए गए हैं। इसमें कहा गया है कि माफिया जाल एक समानान्तर सरकार चला रहा है जिससे राज्यतंत्र निरर्थक हो गया है। समिति ने तो यह भी कह डाला कि 'कुछ' सांसद और विधायक केवल इन 'गिरोहों' और सशस्त्र सेनाओं के बल पर ही राजनैतिक सत्ता में आए हैं। समिति में एक सर्वाधिकार ऐजेन्सी की स्थापना की सिफारिश की है जो सभी

एजेन्सियों से सूचना एकत्र करे, उनकी तुलना करे, और उन अपराधी सिण्डिकेटों, तस्कर गिरोहों और देश में कार्यरत आर्थिक लॉबीज के विरुद्ध तुरन्त प्रभावी और निरोधक कार्यवाही करे जिन्होंने स्थानीय स्तर पर सरकारी तन्त्र से तथा राज्य और केन्द्रीय स्तर पर राजनीतिज्ञों और प्रचारतन्त्र से वर्षों से सम्पर्क जाल विकसित कर लिया है।

भारत में 11 राज्यों में (बिहार, हिमाचल प्रदेश, कर्नाटक, मध्यप्रदेश, महाराष्ट्र, राजस्थान और उत्तर प्रदेश आदि सहित) मंत्रियों, विधायकों, सरकारी कार्यकर्त्ताओं तथा अन्य सार्वजनिक कार्यकर्त्ताओं के विरुद्ध भ्रष्टाचार के आरोपों की जाँच के लिए लोक आयुक्त की स्थापना की गई है। राष्ट्रीय स्तर पर ऐसी कोई संस्था नहीं है जो मंत्रियों की ईमानदारी व नैतिकता पर निगाह रखने का कार्य करती रहे, यद्यपि अगस्त 1992 में और पुनः अगस्त 1994 में प्रधानमंत्री ने वायदा किया था कि स्वीडन के ओमबड्समैन (Ombudsman) और योरोप के कुछ अन्य देशों की तरह यहां भी कानूनी तौर पर केन्द्रीय स्तर पर एक संस्था बनाई जायेगी। गत 26 वर्षों में पांच बार (1968, 1971, 1977, 1985 और 1989 में) लोकपालों को नियुक्त करने के सम्बन्ध में लोकसभा में लोकपाल विधेयक प्रस्तुत किया गया था किन्तु पारित कभी नहीं किया गया। संयुक्त मोर्चा सरकार ने भी सितम्बर 1996 में लोकपाल विधेयक संसद में पेश किया था जो भी पास नहीं हो सका। 1999 में अटल बिहारी वाजपेयी की राजग गठबन्धन सरकार ने भी लोकपाल बिल पास करने का आश्वासन दिया था परन्तु अक्टूबर 2000 तक कुछ नहीं हो पाया है। वास्तव में रूकावट यह है कि राजनैतिक इच्छाशक्ति का अभाव रहा है। लोकपाल का दूसरा स्थानापन्न (substitute) नहीं है जिसका कार्यक्षेत्र उच्च पदस्थ लोगों, प्रधानमंत्री सहित, के विरुद्ध भ्रष्टाचार के आरोपों की जाँच करने तक ही सीमित हो। भ्रष्टाचार निरोधक अधिनियम के अन्तर्गत मुकदमा चलाना केवल तभी सम्भव है जब शिकायतकर्ता को सरकार की अनुमति प्राप्त हो जाये जो कि शायद ही कभी किसी खास कारण पर दी जाती है। जब तक सरकार सहमत न हो, कोई भी नागरिक विशेष अदालत अधिनियम के अन्तर्गत अपील नहीं कर सकता कि कार्यवाही के लिए प्रथम दृष्टा मामला बनता है। लोकपाल में यह दोनों बाधाएँ नहीं होंगी जो कि किसी व्यक्ति द्वारा एक शपथ-पत्र भर कर चलाया जा सकता है।

भ्रष्टाचार से संघर्ष (Combating Corruption)

क्या हमारे समाज में भ्रष्टाचार को रोकना सम्भव है? कई नेता जब प्रथम बार सत्ता में आते हैं तो घोषणा करते हैं कि वे भ्रष्टाचार मिटाने के लिए वचनबद्ध हैं, लेकिन जल्दी ही वे स्वयं भ्रष्ट हो जाते हैं और धन इकट्ठा करना शुरु कर देते है। 1977 में जब बंगाल में कम्युनिस्ट सरकार सत्ता में आई, तब यह कहा जा रहा था कि यह कुछ ही वर्षों में भ्रष्टाचार समाप्त कर देगी। आज पार्टी में अधिकतर सत्ताधारी नेता इस हद तक भ्रष्टाचार में लिप्त हैं कि पोलितब्यूरों का एक सदस्य, जो एक समय त्रिपुरा का मुख्यमंत्री था, को अप्रैल 1995 में पार्टी से ही इस कारण निकाल दिया गया, क्योंकि उसने पार्टी के शीर्षस्थ व्यक्ति को भ्रष्ट और भाई-भतीजावाद में लिप्त होने का दोषी ठहराया। 1984 में जब राजीव गांधी प्रधानमंत्री बने उन्होंने भी भ्रष्टाचार के विरूद्ध जंग का ऐलान कर दिया लेकिन जल्दी ही वे स्वयं बोफोर्स घोटाले में आरोपित हो गए। इस प्रकार भ्रष्टाचार एक संस्थात्मक

(institutionalised) रूप ले चुका है।

भ्रष्टाचार के विषय में कई भ्रामक धारणाएं (myths) हैं जिनको हमें मिटाना पड़ेगा, यदि इससे हम वास्तव में लड़ना चाहते हैं। इनमें से कुछ इस प्रकार हैं: भ्रष्टाचार जीवनशैली बन गया है और अब इसके विषय में कुछ भी नहीं किया जा सकता; या कि भ्रष्टाचार स्वतंत्रयोत्तर काल की घटना है और यह जनतंत्र में लोगों को अत्यधिक आज़ादी देने का परिणाम है; या कि ग़रीब और पिछड़े देशों के लोग सामान्यतः बेईमान और स्वभाव में अविश्वसनीय होते हैं और आसानी से ललचा जाते हैं, जबकि विकसित देशों के लोग भ्रष्टाचार में कम लिप्त होते हैं; या कि भ्रष्टाचार केवल निम्न या आधीनस्थ स्तर पर ही होता है; या कि भ्रष्टाचार शिक्षित लोगों की अपेक्षा अशिक्षित लोगों में अधिक पाया जाता है; या कि भ्रष्टाचार प्रमुखतः राजनीतिज्ञों के कारण फैलता है। यह सभी भ्रमात्मक तथ्य अत्यन्त भद्दे और अशोधित (crude) हैं और भ्रष्टाचार को रोकने के उपायों की योजना बनाते समय हमें इनसे सावधान रहना है।

भ्रष्टाचार को कम करने के कुछ तरीके सुझाए गए हैं। ये हैं: एक, भ्रष्टाचार को नियन्त्रित करने के लिए हमें कानून, कार्यविधि, और प्रशासन पर ध्यान केन्द्रित करना होगा। विशिष्ट स्तर और विशिष्ट व्यक्तियों के विशेष स्थितियों में काम करने और व्यवहार करने के सम्बन्ध में कानून और नियमों का होना आवश्यक है। 'बुरे' कानूनों/नियमों को समाप्त किया जाना चाहिए। यदि कानून/नियम अत्यन्त कठोर, जटिल और द्विअर्थक हों तो इससे भ्रष्टाचार को प्रोत्साहन मिलेगा ही। कानून ऐसे न हों कि उनमें विवेक प्रयोग की अत्यधिक छूट हो। विवेक का प्रयोग अधिकारी के स्तर और उसकी भूमिका के आधार पर निश्चित होना चाहिए। प्रशासनिक कारकों में संरचनात्मक और प्रकार्यात्मक दोनों ही कारक शामिल हैं। संगठन की संरचना किस प्रकार की है यह तथ्य भ्रष्टाचार के लिए कमजोरियों का निर्धारण करेगा। प्रकार्यात्मकता (functioning) कर्म करने की निरन्तर प्रक्रिया को इंगित करती है जो कि कार्य की गुणवत्ता, परिमाण, निरीक्षण तथा मान्य कमियों की अधिकता दर्शाती है। दो, कृत्रिम कमी और अभावों पर नियंत्रण हो जिससे अवैध सन्तुष्टि की सुविधा को बल मिलता है; तीन, सतर्कता में वृद्धि हो। यह एक भ्रम है कि सतर्कता से कुशलता में बाधा उत्पन्न होती है; बल्कि यह तो इसमें वृद्धि करती है। संद्धिग्ध अधिकारी जिनकी निष्ठा सन्देहास्पद हो, को संवेदनशील पदों से दूर रखा जाये। भ्रष्टाचार के ज्वलंत बिन्दुओं का अचानक निरीक्षण किया जाये। चार, उदारीकरण की नीति को सावधानी से लागू किया जाये। कभी-कभी उदारीकरण और मुक्त बाजार की नीतियां भ्रष्टाचार को कम करती हैं लेकिन वर्तमान में उदारीकृत अनुमतियां (sanctions), कोई 'पक्षपात' प्राप्त करने के बदले में स्वीकृत की जाती हैं। अमेरिका, जापान, दक्षिणी कोरिया, कनाडा, चीन, फ्रांस, जर्मनी जैसे पूँजीवादी देश अत्यधिक भ्रष्ट समाजों में गिने जाते हैं। जापान में तो आए दिन हम भ्रष्टाचार, घोटालों आदि के विषय में सुनते रहते हैं जो कि बेईमानी और दम्भ (hypocrisy) के संस्थानीकरण को दर्शाते हैं। पाँच, चुनाव के खर्चों पर सख्ती से नियंत्रण लगाया जाये। अन्तिम, भ्रष्टाचार को सफलता से रोकने के लिए लोगों का सहयोग लिया जाना चाहिए। हम अन्तिम दो उपायों की विस्तार से विवेचना करेंगे।

भ्रष्टाचार के मामलों की सूचना पुलिस को क्यों नहीं दी जाती? क्या इसलिए कि

लोगों को डर रहता है कि भ्रष्ट लोग उन्हें ही हानि पहुंचा देंगे? वे उदासीन होते हैं कि समाज को सुधारना उनका कर्त्तव्य नहीं है, और निराशावादी होते हैं कि भ्रष्ट लोग शक्तिशाली और प्रभावशाली लोग होते हैं और उनके विरुद्ध कोई कार्यवाही नहीं की जायेगी। तथापि, ऐसे लोग हैं जो भ्रष्टाचार के मामलों को अधिकारियों के समक्ष लाने का प्रयास तो करते हैं। ये वे लोग होते हैं जो बेचैन रहते हैं, जिनमें अपराध भावना नहीं होती है और जिन्हें समाज की भलाई के लिए कुछ करने में चैन मिलता है। भ्रष्टाचार एक बहुमुखी शैतान है जिसको लोगों के सामूहिक प्रयास से ही पराजित किया जा सकता है। यदि जनसमुदाय यह मानस बना ले कि बेईमान राजनीतिज्ञों को नहीं चुना जाना है तो आधी बाज़ी जीत ली। लेकिन अहम् प्रश्न यह है कि क्या यह कभी होगा?

भारत जैसे प्रजातन्त्र में क्या लोग कभी यह महसूस करेंगे कि भ्रष्टाचार जैसी समस्या से लड़ने के लिए उन्हें अहम् भूमिका निभानी है ? वास्तव में, अधिकतर भ्रष्टाचार इसलिए होता है क्योंकि लोग सहनशील होते हैं और इसके विरुद्ध हल्ला-गुल्ला नहीं करते हैं तथा शक्तिशाली मंच की कमी भी होती है। यद्यपि अनेक बुद्धिजीवी, शिक्षित, सुपरिचित और स्पष्टवादी नागरिक देश की इस शैतानी समस्या के प्रति चिन्तित रहते हैं लेकिन वे अपना विरोध, शक्तिशाली जनमत बनाने में नहीं लगा पाते और असफल हो जाते हैं। जिम्मेदार और जागरूक नागरिकों का सम्मिलित प्रयास भ्रष्टाचार के स्तर को नीचे गिरा सकता है। हमारे विश्वविद्यालयों के छात्र भी ऐसे समाजोन्मुखी उद्देश्यों को लेकर इस बुराई के विरुद्ध आन्दोलन प्रारम्भ कर सकते हैं।

एक और प्रभावशाली उपाय ऐसे तरीकों को लागू करना हो सकता है जो राजनैतिक दलों के चुनावी धन को स्थाई रूप से प्राप्त करने में मदद करें, या केन्द्रीय सरकार चुनाव कोष से चुनाव की वित्त व्यवस्था प्रदान करे। यह व्यवस्था जर्मनी, नार्वे और स्वीडन और योरोप के कुछ प्रगतिशील देशों में अपनाई जा रही है। राजनीतिक दलों को राज्य द्वारा आर्थिक सहायता पूर्व चुनावों में उनको मिले वोटों के आधार पर की जा सकती है। यह धन प्रति वोट के हिसाब से, यों कहिए दो रुपया प्रति वोट, या इसी प्रकार निश्चित किया जा सकता है। प्रति वोट के हिसाब से धन देने का विचार संसद में हाल के ही वर्षों में चर्चा का विषय बना है, लेकिन वर्तमान (अक्टूबर 2000) राष्ट्रीय जनतांत्रिक गठबंधन सरकार महसूस करती है कि वह नकद धन देने में असमर्थ है। यह सत्य प्रतीत नहीं होता। मुद्रास्फीति की वर्तमान दर पर संसद और विधानसभाओं के चुनाव के लिए लगभग 1000 करोड़ रुपये की आवश्यकता है। क्योंकि चुनाव प्रति 5 वर्ष में होते हैं अतः सरकार को केन्द्रीय बजट में केवल 200 करोड़ रुपये वार्षिक रखने होंगे। क्योंकि हमारा वार्षिक बजट 50,000 करोड़ रुपये से भी अधिक का होता है, इसका अर्थ हुआ कि वार्षिक बजट में 0.4% ही चुनाव पर खर्च होगा। यदि सरकार यह समझती है कि इतना थोड़ा सा धन भी नहीं दिया जा सकता तो वोटों पर चुनाव कर लगाया जा सकता है। चुनाव को सरकारी सहायता भ्रष्टाचार को काफी हद तक कम करेगी। चुनावों में राज्य द्वारा धन दिया जाना न केवल भ्रष्ट व्यापारियों एवं स्वार्थी समूहों से आने वाले योगदान को कम करेगा बल्कि स्वतंत्र एवं स्वच्छ चुनावों में भी योगदान करेगा और विधायिकाओं में ईमानदार व्यक्तियों को आकर्षित करेगा तथा विविध पार्टियों द्वारा खर्च किए गए धन को समान करेगा।

उपरोक्त उपायों के अतिरिक्त, लोकपालों की नियुक्ति उच्चासीन लोगों के विरुद्ध भ्रष्टाचार के आरोपों को देखने के लिए एक प्रभावी उपाय सिद्ध हो सकता है। वर्तमान में 11 राज्यों में नियुक्त लोकपाल निष्प्रभावी हो गए हैं क्योंकि कई अयोग्यताएं और कमियां रह गई हैं। उनके ही अनुभवों से पता लगा कि लोकपालों के अधिकार विस्तृत किए जाने की आवश्यकता है। उनकी सिफारिशों को कानूनी दर्जा दिया जाना चाहिए। इनकी सिफारिशों को संसद पटल पर रखा जाना चाहिए और प्रचार माध्यमों द्वारा प्रकाशित किया जाना चाहिए। लोकपाल के लिए उच्चतम न्यायालय के सेवानिवृत्त न्यायाधीश या दो या तीन अन्य न्यायाधीश होने चाहिए। उनका चयन कार्यपालिका द्वारा न होकर चार लोगों की एक समिति द्वारा होना चाहिए, जिसमें प्रधानमंत्री, भारत के मुख्य न्यायाधीश, लोकसभा के अध्यक्ष, और विपक्ष के नेता होने चाहिए। लोकपाल के पास स्वतंत्र जाँच तन्त्र होना चाहिए।

अन्त में यह कहा जा सकता है कि आजकल भ्रष्टाचार लोगों को कोई आघात नहीं पहुंचाता। जब इस प्रकार के कृत्य पकड़े भी जाते हैं, तब भी मंत्री और बड़े अधिकारी तो आज़ाद घूमते हैं। ज़्यादा से ज़्यादा उनका स्थानान्तरण कर दिया जाता है। जब तक भ्रष्टाचार पर नैतिक, कानूनी और सामाजिक प्रतिबन्ध नहीं लगते तब तक इसको समाप्त करने या कम करने की कोई सम्भावना नहीं है। वैसे भ्रष्टाचार को सभी स्तरों पर जड़ से उखाड़ फेंकना सम्भव नहीं हैं, लेकिन इसे सहनशीलता की सीमा तक रोके रखना सम्भव है। भ्रष्टाचार एक कैंसर की तरह है जिससे प्रत्येक भारतीय को सावधान रहना है। सार्वजनिक जीवन में ईमानदार लोग जो अपने चरित्र और ईमानदारी के लिए सुविख्यात हैं, आर्थिक क्षेत्र में सरकारी नियंत्रण की कमी, उदारीकरण की नीति और चुनावी खर्चे में नियन्त्रण, भ्रष्टाचार को रोकने के महत्वपूर्ण नुस्खे हो सकते हैं। लोगों ने भ्रष्ट व्यक्तियों को बहुत समय से सहन किया है। अब समय आ गया है जब गम्भीर राजनैतिक शासकों द्वारा भ्रष्टाचार को रोकने की बात को गम्भीरता से लिया जाए।

14

काला धन
(Black Money)

कालाधन एक सामाजिक व आर्थिक समस्या है। सामाजिक सन्दर्भ में इस समस्या को समाज पर बुरे समाजशास्त्रीय प्रभाव डालने वाली समस्या माना जाता है, जैसे, सामाजिक असमानता, सामाजिक वंचनाएं, आदि। आर्थिक सन्दर्भ में काले धन की समस्या को समानान्तर (parallel) अर्थव्यवस्था, भूमिगत अर्थव्यवस्था, या अनाधिकारिक (unofficial) अर्थव्यवस्था के रूप में देखा जाता है जो सरकार की आर्थिक नीतियों का परिणाम है और जिसका देश की अर्थव्यवस्था तथा राष्ट्र की सामाजिक विकास योजनाओं पर घातक प्रभाव पड़ता है। जब ग़रीबी जैसी समस्या उन लोगों को प्रभावित करती है जो गरीब हैं, बेरोजगारी उन्हें प्रभावित करती है जो बरोज़गार हैं, शराबखोरी व नशीले पदार्थों का प्रभाव उन पर पड़ता है जो उन चीजों का उपभोग करते हैं, काला अथवा बेहिसाबी धन ऐसी समस्या है जो उन्हें प्रभावित नहीं करती है जिनके पास काला धन होता है बल्कि यह तो समाज के सामान्य आदमी को प्रभावित करती है। इसमें आश्चर्य नहीं कि इसी कारण इसको एक अलग प्रकार की समस्ग कहा गया है।

अवधारणा (Concept)

काला धन कर-अपवंचित (tax-evaded) आय है। यह कानूनी और ग़ैर-कानूनी दोनों तरीकों से अर्जित की जा सकती है। इसका कानूनी स्रोत यह है कि आय अर्जित करने वाले व्यक्ति कर-उद्देश्यों के लिए अपनी समस्त आय को प्रकट नहीं करते। उदाहरणार्थ, सरकारी डाक्टर का अनाभ्यास भत्ता (non-practising allowance) लेते हुए भी निजी अभ्यास करना, अध्यापकों का ट्यूशन, परीक्षा तथा पुस्तकों की रायल्टी से धन अर्जित करते हुए भी उस आय को आयकर विवरणी में न दर्शाना, वकीलों का अपने आय-व्यय खाते में दर्शायी गई राशि से कहीं अधिक वसूल करना, आदि। इसका गैर-कानूनी स्रोत है: रिश्वत, तस्करी, काला बाजारी, नियंत्रित मूल्यों से अधिक मूल्य पर वस्तुओं का विक्रय, मकान-दुकान के लिए 'पगड़ी' लेना, मकान को ऊँची बढ़ी हुई कीमतों पर बेचना किन्तु लेखा-पुस्तकों में काफी कम मूल्य दर्शाना, आदि।

काले धन को सफेद धन में बदलना तथा सफेद धन को काले में बदलना सम्भव है। उदाहरणार्थ, जब कोई व्यक्ति वस्तु खरीदे बिना बिक्रीकर भुगतान करके दुकानदार से रसीद प्राप्त कर लेता है, ऐसी स्थिति में वह काला धन बना लेता है क्योंकि रसीद के आधार पर उसको प्रतिपूर्ति (reimbursement) भुगतान मिल ही जाता है। इस मामले में वास्तव में

जिस धन का भुगतान किया ही नहीं गया वह काला धन है। ऐसे मामले में दुकानदार वही वस्तु दूसरे व्यक्ति को बिना रसीद दिए बेच देता है। दूसरी ओर यदि कोई व्यक्ति प्रयोग की हुई कार सफेद धन में 90,000 रुपये देकर खरीदता है, लेकिन केवल 60,000 रुपये की रसीद लेता है तो बेचने वाले के लिए 30,000 रुपये की शेष धनराशि काला धन होगी। इस मामले में सफेद धन काला धन हो जाता है।

काले धन का फैलाव (Magnitude of Prevalence)

किसी भी समाज में काले धन के प्रचलन के महत्व का आंकलन करना सरल नहीं है। अमरीका, ब्रिटेन, नार्वे, स्वीडन, और इटली में अर्थशास्त्रियों ने विभिन्न उपाय किए लेकिन काले धन में लगे हुए धन का आंकलन नहीं कर सके। नार्वे और स्वीडन में प्रश्नावली विधि से लोगों से उत्तर निकलवाने का प्रयत्न किया गया कि क्या उन्होंने क्रेता या विक्रेता के रूप में ग़ैर-कानूनी क्रियाकलापों में भागीदारी की थी? इटली में भूमिगत अर्थव्यवस्था का अनुमान वास्तव में रोज़गार में लगे हुए और अधिकारिक रूप से रिपोर्ट किए गए श्रम बल के आकार के बीच अन्तर का पता लगाने का प्रयत्न किया गया था। इससे भूमिगत अर्थतंत्र क्षेत्र में उत्पादकता निर्धारण में सहायता मिली। ब्रिटेन ने सकल राष्ट्रीय उत्पाद (GNP) के सरकारी अनुमान को उपभोग पक्ष की आय पक्ष की तुलना के लिए बनाए गए अनुमान से समानान्तर अर्थव्यवस्था का मूल्यांकन करने का प्रयास किया। अमरीका में गट्टमैन (Guttman) ने माना कि केवल नकद धन ही गैर-कानूनी लेनदेन में प्रयोग होता है। उसने एक निश्चित अवधि में आर्थिक लेनदेन के लिए वाँछित मुद्रा (required currency) और उसी अवधि में बैंकों से बाहर चलन में आ रही वास्तविक (actual) मुद्रा राशि के बीच के अन्तर का पता लगाने का प्रयत्न किया।

विभिन्न विधियों के प्रयोग के बावजूद समाज में काले धन के महत्व का अनुमान लगाना सम्भव नहीं है, यद्यपि इसे विश्वव्यापी घटना कहा जाता है। न केवल विकासशील देशों में इसका चलन बताया जाता है, बल्कि अमरीका, ब्रिटेन, रूस, जापान, कनाडा, फ्राँस, जर्मनी जैसे देशों में भी यह प्रचलित है।

लगभग 15 वर्ष पूर्व अन्तर्राष्ट्रीय मुद्रा संबंधी फंड (IMF) द्वारा कराए गए अध्ययन (Vito Tangani: The Underground Economy, December 1983: 31) से पता चलता है कि भूमिगत अर्थव्यवस्था के सम्बन्ध में भारत का स्थान प्रथम है, इसके बाद अमरीका दूसरे स्थान तथा कनाडा तीसरे स्थान पर आता है।

भारत में काला धन या अलिखित धन प्रो. कालदार के अनुमान से 1953-54 में 600 करोड़ रुपये था जबकि 1965-66 में वांचू समिति का अनुमान 1,000 करोड़ रुपये था और 1969-70 में यह अनुमान 1,400 करोड़ रुपये था। रांगनेकर (Rangnekar) ने काले धन के आंकड़े 1961-62 में 1,150 करोड़ रुपये, 1964-65 में 2,350 करोड़ रुपये, 1968-69 में 2,833 करोड़ रुपये, और 1969-70 में 3,080 करोड़ रुपये बताए हैं। चोपड़ा (*Economic and Political Weekly*, Vol. xvii, Numbers 17 and 18, April 24 and May 1, 1982) ने अनुमान लगाया कि 1960-61 में 916 करोड़ रुपये काला धन था जो 1976-77 में बढ़कर 8,098 करोड़ रुपये हो गया। गुप्ता (*Economic and Political Weekly*,

January 16, 1982 : 73) के अनुसार हमारे देश में काले धन की राशि 1967-68 में 3,084 करोड़ रुपये और 1978-79 में 40,867 करोड़ रुपये थी। उसके अनुमान से 1967-68 में सकल घरेलू उत्पाद (G.N.P.) का 9.5% काला धन का था जो 1978-79 में बढ़कर 4.9% हो गया। 1981 में एक स्रोत के अनुसार काला धन अनुमानतः 7500 करोड़ रुपये (अर्थात वर्तमान मूल्य पर राष्ट्रीय आया का 6.8%) था और दूसरे स्रोत के अनुसार काला धन अनुमानतः 25,000 करोड़ रुपये (अथवा वर्तमान मूल्य पर राष्ट्रीय आय का 22.7%) था।

राष्ट्रीय जन वित्त प्रबन्ध और नीति संस्था (National Institute of Public Finance and Policy) के अनुमान के अनुसार काले धन की राशि 1985 में एक लाख करोड़ रुपये के आस पास या राष्ट्रीय आय का 20% थी। योजना आयोग के अध्ययन के अनुसार अनुमानतः काला धन 70,000 करोड़ रुपये की श्रृंखला में ही था। इसके अतिरिक्त प्रतिवर्ष 50,000 करोड़ रुपये काले धन के रूप में और पैदा हो जाते हैं (*The Hindustan Times*, 2 August, 1991: 11)। पूँजी की इस अप्रत्याशित वृद्धि का परिणाम यह हुआ कि विदेशों में इसका बहाव होने लगा जो सरकारी अधिकारियों के अनुसार 500 लाख डालर (लगभग 2,00,000 करोड़) था। 1996 में हमारे देश में अनुमानित काला धन 4 लाख करोड़ रुपये से भी अधिक था (*The Hindustan Times*, January, 20, 1997)। विभिन्न अर्थशास्त्रियों के अनुमानों के मुताबिक आज हमारे देश में 7 लाख करोड़ रुपये से अधिक काला धन है जो सकल घरेलू उत्पाद के 40 प्रतिशत के बराबर है (*The Hindustan Times*, September, 21, 2000)।

विद्वानों ने यह भी संकेत किया है कि हमारे समाज में विद्यमान कुल काले धन का लगभग एक चौथाई (26%) कर अपवंचित (tax-evaded) आय से है। अमेरिका में काला धन सकल राष्ट्रीय उत्पाद (GNP) का लगभग 8% होने का आभास है। भारत में जब काला धन गैर-कानूनी साधनों के द्वारा अधिक एकत्र किया जाता है, अमरीका में यह कानूनी स्रोतों के माध्यम से अधिक होता है (लगभग 75%)।

कालाधन उत्पन्न होने के कारण (Causes of Generating Black Money)

1. अयथार्थवादी कर कानून और कर धोखाधड़ी (Unrealistic Tax Laws and Tax Frauds)

करों और शुल्कों (duty) में वृद्धि कुछ लोगों को उनसे बचने के लिए बाध्य कर देती है। वर्तमान नियम (अक्टूबर 2000) के अनुसार 50,000 रुपये तक की आय आयकर से मुक्त है (20,000 रुपये के मानकित कटौती (standard deduction) को छोड़कर)। आज के मुद्रा स्फीति के युग में क्या कोई मध्यम वर्ग व्यक्ति इस सीमा के भीतर रहकर जीवित रह सकता है? एक राज मिस्त्री या बढ़ई शहर में 150 रुपये प्रतिदिन तथा महानगरों में 150 से 200 रुपये तक लेते हैं। गोलगप्पे वाला तथा पानवाला भी 200 रुपये से 300 रुपये प्रतिदिन अर्जित कर लेता है। यह मानते हुए कि ये लोग वर्ष में 300 दिन कार्य कर लेते हैं तब भी इनकी आय आयकर की निर्धारित सीमा से अधिक आती है। पर इनमें से कितने लोग आय

कर देते हैं ? एक फिल्म अभिनेता जो एक फिल्म के 30 या 40 लाख रुपये से लेकर 5 करोड़ रुपये तक लेता था, उसको मार्च 1999 तक 30% कर देना था। मार्च 1999 के बाद अब (2000 में) उसे 30% कर के अलावा 10% अधिशेष (surplus) भी देना पड़ता है।कर देने के बजाय वह दोहरे लेखे रखता है और कर भुगतान से कतराता है और अधिक काले धन का स्वामी हो जाता है। एक डाक्टर जिसकी निजी प्रेक्टिश से 500 रुपये से 1500 प्रतिदिन आय होती है, एक शल्यचिकित्सक (surgeon) एक शल्यक्रिया (आपरेशन) के 5,000 से 10,000 रुपये लेता है और महीने में कम से कम 10 आपरेशन करता है, एक एडवोकेट एक पेशी के 2000 रुपये से 25,000 रुपये वसूल करता है, एक दुकानदार 1,000 रुपये से 5,000 रुपये रोज का व्यापार करता है, एक ठेकेदार का व्यापार चक्र 10 करोड़ रुपये वार्षिक है, एक उद्योगपति जिसका वार्षिक लाभ करोड़ों रुपये में आता है— सभी अपनी समस्त आय में से 30% का आयकर व अधिशेष देने से बचने के लिए बाध्य हैं। अप्रत्यक्ष कर, जैसे उत्पाद शुल्क, बिक्री कर, चुंगी सीमा शुल्क, आदि भी कर प्रवचंना और काले धन को प्रोत्साहित करते हैं।

बड़ी कम्पनियों और निगमों द्वारा कर अपवंचन उत्पाद कर (excise duty) के रूप में एक वर्ष में 400 करोड़ रुपये तथा सीमा शुल्क (customs duty) के रूप में 3500 करोड़ रुपये प्रति वर्ष होने का सन्देह किया जाता है। अपवंचन-विरुद्ध निदेशालय (Directorate General of Anti-Evasion) के द्वारा 1991 से 1996 तक पकड़े गए उत्पाद कर का अपवंचन 1991-92 में 562 करोड़ रुपये से बढ़कर 1995-96 में 1,236 करोड़ रुपये हो गया, जबकि फेरा (FERA) उल्लंघन का अपवंचन 1994-95 में 663 करोड़ रुपये से बढ़कर 1995-96 में 1,447 रुपये हो गया (*India Today*, November 30, 1996 : 97-103)। उत्पाद एवं सीमा शुल्क की सकल प्रवचंना का अनुमान (दोनो शुल्कों को मिलाकर) 7500 करोड़ से 10,000 करोड़ रुपये के बीच आता है या इन दोनों शुल्कों से प्राप्त कुल वसूली का दसवां भाग आता है।

1996 में अन्तिम तीन महीनों में एक शीर्षस्थ कम्पनी (ITC) के द्वारा फेरा (FERA) उल्लंघन लगभग 300 करोड़ रुपये का प्रकाश में आया। यदि यह बात एक सुप्रसिद्ध उद्यम फर्म के साथ हो सकती है तो क्या अंन्य पीछे रहेंगे ? नरसिंह राव सरकार के कुछ मंत्रियों (जैसे पैट्रोलियम और संचार मंत्री) में से प्रत्येक के 25 करोड़ रुपये से अधिक के भ्रष्टाचार के मामलों में लिप्त होने की घटनाएं देश में काले धन के उदय और राजनीतिज्ञों तथा बड़े व्यापारियों के बीच साँठ-गाँठ की ओर संकेत करता हैं।

1996 में विश्व आर्थिक मंच (World Economic Forum) के संसार के 49 देशों के 200 व्यापार प्रबन्धकों (business executives) द्वारा भ्रष्टाचार की विशेष विषय सूची पर कर अपवंचना के मुद्दे पर किए गए सर्वेक्षण में भारत को 40वां स्थान मिला था (बेइमानों में) और ईमानदारी सुनिश्चित करने वाले उद्यमियों में 46वां स्थान (*India Today*, November 30, 1996: 97)। 2000 में किये गये 90 देशों के एक अन्य सर्वेक्षण में भारत को नीचे से इक्कीसवाँ स्थान (भ्रष्ट देश का) मिला था।

यदि आय कर और कम कर दिया जाये तो धन छिपाने की प्रवृत्ति कम हो और इस प्रकार राजस्व में वृद्धि हो सकती है। परन्तु क्या यह उचित होगा? यह 1993-94 में

परिलक्षित हुआ था जबकि आयकर की अधिकतम सीमा 40% से नीचे कर दी गई थी। इसके अलावा दुकानदारों और स्वरोजगार में लगे लोगों के लिए कर राशि निश्चित कर देने के परिणाम स्वरूप अधिक आयकर वसूल हुआ क्योंकि अधिक से अधिक लोग कर तन्त्र में शामिल हो गए।

2. उत्पाद शुल्क की विविध दरें (Different Rates of Excise Duty)

एक समान उत्पादों पर भी उत्पाद कर की दरें अलग-अलग हैं (यद्यपि 2000-2001 की बजट में इस अन्तर को कम किया गया है)। उदाहरणार्थ, वस्त्र और सिगरेट उत्पादन में उत्पादों की त्रुटिपूर्ण श्रेणीबद्धता से कर अपवंचना को प्रोत्साहन मिलता है। वस्त्रों में, विविध किस्मों के वस्त्रों के लिए अलग-अलग उत्पाद शुल्क लिया जाता है। वस्त्र निर्माता नियमित रूप से वस्त्र उत्पाद की गुणवत्ता गिरा देते हैं और कम दर का उत्पाद शुल्क देते हैं। केवल इतने से ही लगभग 1000 करोड़ रुपये के काले धन की उत्पत्ति होती है। समूचे निर्माण क्षेत्र में, स्टील सहित, उत्पाद, सीमा और बिक्री करों की वंचना से 50,000 करोड़ रुपये के काले धन में वृद्धि होती है।

3. नियंत्रण नीति (Control Policy)

काले धन का एक और कारण है सरकार की मूल्य नियंत्रण नीति। नियंत्रण के लिये वस्तुओं के चयन तथा उनके मूल्य निर्धारण में सरकार माँग और पूर्ति के निहित लचक को ध्यान में कम रखती है। उदाहरणार्थ, 1991 के लिए सम्प्रयुक्त आर्थिक अनुसंधान राष्ट्रीय परिषद (National Council of Applied Economic Research–NCAER) की रिपोर्ट के अनुसार 1965-66 से 1974-75 की नौ वर्ष की अवधि में सीमेन्ट, स्टील, कागज, वनस्पति, स्वचालित वाहन टायरों और उवरकों जैसी छः वस्तुओं में मूल्य नियंत्रण लागू करने के फलस्वरूप भारतीय अर्थव्यवस्था में 840 करोड़ रुपये मूल्य का काला धन उत्पन्न हो गया। इसी प्रकार चीनी पर नियंत्रण के फलस्वरूप 1991-92 में लगभग 400 करोड़ रुपये का काल धन बन गया। 2000-2001 के वित्तीय वर्ष में भी चीनी पर टैक्स बढ़ाने का ऐसा ही परिणाम होगा।

विदेशी विनिमय के नियमितिकरण से भी आयातों में अधिक मूल्य लगाने व निर्यातों में कम मूल्य लगाने तथा मुद्रा की काला बाजारी को प्रोत्साहन मिलता है। अतः नियंत्रण के उपाय तथा अर्थव्यवस्था जितनी अधिक नियमित होगी, इसके उल्लंघन के प्रयत्न भी उतने ही अधिक होंगे जो जमाखोरी, धोखाधड़ी, कृत्रिम अभाव एवं परिणामतः काले धन में वृद्धि होगी।

4. कोटा व्यवस्था (Quota System)

कोटा व्यवस्था काले धन का एक और स्रोत है। आयात कोटा, निर्यात कोटा और विदेशी मुद्रा विनिमय कोटा अधिक मूल्य पर बेचकर उनका दुरुपयोग किया जाता है। अयथार्थ नियंत्रण ऐसी संस्कृति को बढ़ावा दे रहा है जो उद्यमियों को कर कानून तोड़ने के लिए उकसाते हैं, विशेषरूप से फेरा (FERA) कानून। कुछ वर्ष पूर्व (1992-93 में) जब सरकार

ने निर्यातकों को सीमा शुल्क का भुगतान किये बिना वस्तुओं को आयात करने की स्वीकृति देने की योजना बनाई तो इस योजना से भी धन बनाने की तरकीबें निकाली गईं, जैसे अधिक लाभ प्राप्त करने तथा निर्यात के लिए कर में छूट के प्रावधानों का लाभ उठाने के लिए निर्यात वस्तुओं का अधिक मूल्य दर्शाना, आदि। 1992-96 की अवधि में राजस्व आसूचना निदेशालय (Directorate of Revenue Intelligence) तथा सीमा अधिकारियों ने 605 ऐसे मामलों का पता लगाया। एक निर्यातक घराने ने (Ganapati Exports) तो 85 करोड़ रुपये का लाभ अर्जित किया।

5. अभाव (Scarcity)

काला धन अभाव तथा त्रुटिपूर्ण सार्वजनिक वितरण व्यवस्था के कारण भी बढ़ता है। जब आवश्यक वस्तुओं की कमी होने लगती है तो लोगों को नियंत्रित मूल्य से अधिक मूल्य चुकाना पड़ता है जो काले धन को बढ़ाता है। रसोई गैस, सीमेन्ट, केरोसीन, चीनी, रिफाइण्ड तेल, आदि की कमी का फल गैर-कानूनी सौदेबाजी और काला धन होता है।

6. मुद्रा स्फीति (Inflation)

अन्तर्राष्ट्रीय बाजार में पेट्रौल आदि जैसी वस्तुओं के मूल्यों में वृद्धि, सरकार द्वारा लगाए गए शुल्कों व करों में वृद्धि, वस्तुओं की कीमतों में वृद्धि, अलिखित धन से लोगों द्वारा प्रत्यक्ष उपभोग की स्थिति बनाना, उत्पादन से सट्टे की ओर संसाधनों को मोड़ना यह सब स्थितियां मुद्रा स्फीति बढ़ाती हैं और काला धन बनाती हैं।

7. लोकतांन्त्रिक व्यवस्था में चुनाव तथा राजनैतिक कोष बनाना (Election in a Democratic System and Political Funding)

देश में प्रत्येक चुनाव में हजारों करोड़ रुपये लग जाते हैं। लोकसभा का चुनाव लड़ने के लिए एक उम्मीदवार आमतौर पर दस लाख से 20 लाख रुपये और विधानसभा चुनाव के लिए पाँच लाख से 10 लाख रुपये आजकल खर्च करता है। अनुमान है कि अकेले लोकसभा चुनाव के लिए राजनैतिक दल चुनाव खर्च के रूप में 1000 करोड़ रुपये तक भुगतान करते हैं। राजनीतिज्ञों को भी अपने चुनाव क्षेत्रों में विकास के लिए व्यापार संसाधनों पर भी निर्भर रहना पड़ता है। संख्या बल को बढ़ाने के लिए काला धन इस व्यवस्था में बनाया जाता है। राजनीतिज्ञों को धन का सहयोग देने के लिए ईमानदार उद्यम घरानों के पास भी अलिखित धन पैदा करने के अलावा कोई उपाय नहीं रहता। उम्मीदवार को क्योंकि कानूनी रूप से सीमित खर्च की ही स्वीकृति होती है और कम्पनियां अपने लाभ में से केवल 5% ही राजनीतिक दलों को चुनाव खर्च के लिए दान के रूप में दे सकती हैं इसलिए चुनाव खर्च अधिकतर काले धन वालों द्वारा ही वहन किया जाता है। यह लोग राजनैतिक संरक्षण तथा आर्थिक छूट की अपेक्षा करते हैं जो कि सत्ताधारी राजनैतिक अभिजात वर्ग की सुविधा अनुसार वस्तुओं पर कृत्रिम नियंत्रण, वितरण के साधनों में कमी आदि के रूप में प्राप्त होते हैं। ये सब तरीके काले धन को जन्म देते हैं।

8. ***अचल भूसम्पत्ति का लेनदेन*** *(Real Estate Transactions)*

सम्पत्ति लेनदेन काले धन को उत्पन्न करने का महत्वपूर्ण साधन है। आजकल मकान खरीदना या जमीन खरीदना लाभप्रद समझा जाता है। शहरी क्षेत्रों में आवासीय स्थानों की कमी के कारण ग्रामीण कृषि भूमि को शहरी आवास भूमि में बदलने की प्रवृत्ति बढ़ रही है। कृषि भूमि पर आवासीय कालोनी स्थापित करना गैर-कानूनी है। पंजीयीकरण पत्रों (registration deeds) बस्ती निर्माताओं (colonizers) के द्वारा दर्शाया जाने वाला मूल्य वास्तविक बाजार मूल्य से कहीं कम होता है। इससे भूमि विक्रेता को पूँजी प्राप्ति कर (capital gain tax) से बचने में सहायता मिलती है। एक अनुमान के अनुसार सम्पत्ति के ग़ैर-कानूनी लेनदेन से ही एक वर्ष में लगभग 2000 करोड़ रुपये धन के रूप में बढ़ जाते है, यदि यह मान लिया जाये कि प्रति वर्ष शहरी सम्पत्ति में लगभग 50 लाख सौदे होते हैं।

मुद्रांक शुल्क (stamp duty) की ऊँची दरें—जो कि भिन्न-भिन्न राज्यों में 15.4% से 28% की सीमा के बीच हैं—सम्पत्ति के कम मूल्य और असूचित सौदे या दोनों के प्रमुख कारण हैं। सुझाव यह है कि यदि शुल्क 2 से 3% कम कर दिए जायें तो कर प्रवंचना नहीं होगी। दूसरी बाधा है शहरी भूमि सीमा अधिनियम जो भूमि की पूर्ति कम करता है और काला बाजार को जन्म देता है। मोटे तौर पर वास्तविक सम्पत्ति लेनदेन से वर्ष में 13,000 करोड़ रुपये काला धन बनते हैं।

9. ***निजीकरण*** *(Privatization)*

निजीकरण ने निजी क्षेत्र तथा मंत्रियों और नौकरशाहों के लिए काला धन बनाने के नये क्षेत्र खोल दिए हैं। 1996 में संचार मंत्रालय का एक उदाहरण सामने आया जिसमें सम्बन्धित मंत्री (नरसिंहराव के मंत्रिमण्डल में) को ठेके तथा अनुज्ञा-पत्र (licences) स्वीकृत करने का अधिकार था जिसका मूल्य 1,50,000 करोड़ रुपये था। मंत्री ने अपने पक्ष की कम्पनियों को ठेके देने के लिए विभागीय सहयोगियों तक को किनारे कर दिया। यह मामला मंत्री के विरूद्ध मई 1999 से न्यायालय में विचाराधीन है। अकेला आयकर विभाग ही आयकर नियमों के उल्लंघन के आरोप में इस मंत्री जी से 20 करोड़ रुपये (नवम्बर 1996 में) वसूल करने की सोच रहा था हालाँकि ऐसा कर नहीं सका। नरसिंहराव सरकार में एक और केन्द्रीय (इस्पात) मंत्री शक्तिशाली व्यक्ति थे जिन पर सितम्बर 1995 में एक सम्बन्धित व्यक्ति को बहुत कम मूल्य पर एक खान (mine) के निजीकरण के मामले को हरी झण्डी दिखाकर 16 करोड़ रुपये काले धन के रूप में बनाने का आरोप था। जनता की चीख पुकार से सौदा तो दबा दिया गया, परन्तु मंत्री बच निकले। पेट्रोलियम मंत्रालय भी निजीकरण से सम्बन्धित एक घोटाले में लिप्त था। मंत्रालय ने 1992 में कुछ चुने हुए तेल क्षेत्र खोल दिए। एक सौदे के एक विशेष व्यक्ति को तेल क्षेत्र में ठेका दिया गया और आरोप है कि पूर्व पेट्रोलियम मंत्री ने इस ठेके को हासिल करने में मदद करने के लिए एक समूह से 7 करोड़ रुपये प्राप्त किए। यह मामला लम्बे समय तक केन्द्रीय जांच ब्यूरो (CBI) के जाँच के अन्तर्गत रहा (*India Today*, November 30, 1996:99)। उम्मीद है कि निजीकरण के माध्यम से काला धन बनाने के और मामले भी प्रकाश में आएंगे।

10. कृषि आय (Agricultural Income)

राजनैतिक आधार पर शासकों की कृषि आय को आयकर के घेरे में लाने की अनिच्छा ने भी काले धन की वृद्धि में योगदान किया है। बड़े औद्योगिक घराने गत कुछ दशकों से बड़े कृषि फार्म खरीदकर उन पर कुछ न कुछ उगाकर एक बड़े तरीके से कृषि क्षेत्र में प्रवेश कर गए हैं। अन्य स्रोतों से एकत्र किया गया काला धन कृषि आय मद में दिखाकर सफेद धन में बदलने का प्रयास किया जाता है। कृषि आय पर कर लगाकर इस घटना को रोका जा सकता है। 2000-2001 के केन्द्रीय बजट में पहली बार फार्म हाउसों पर कृषि के अतिरिक्त अन्य आय पर कर लगाया है।

आर्थिक प्रभाव (Economic Impact)

काला धन देश की अर्थव्यवस्था को अपूरणीय (irrepairable) हानि पहुँचाता है और इसका प्रभाव आम आदमी पर अधिक पड़ता है। कुछ प्रमुख आर्थिक प्रभाव हैं : मुद्रा स्फीति दबाव में वृद्धि, विकास कार्य में बाधा, संसाधनों में अव्यवस्था, कर आधार का सीमितिकरण, और समानान्तर अर्थव्यवस्था का उदय। देश का आर्थिक सन्तुलन खतरे में पड़ जाता है, सामान्य व्यापार के क्रियाकलाप प्रभावित होते हैं तथा वित्तीय संस्थानों और वाणिज्य संस्थाओं के संसाधन विकृत और इधर-उधर हो जाते हैं।

सामाजिक प्रभाव (Social Effects)

आर्थिक प्रभावों के अतिरिक्त, काले धन के अनेक सामाजिक दुष्परिणाम भी होते हैं। जहाँ आर्थिक दृष्टि से काला धन राजकोष में जाने वाली देय राशि को रोकता है, आर्थिक असमानता बढ़ाता है और आर्थिक विकास कार्यक्रमों को बाधा पहुंचाता है, वहीं सामाजिक दृष्टि से यह सामाजिक असमानता को बढ़ाता है, भ्रष्टाचार के जन्म स्थल का काम करता है, ईमानदार लोगों में कुण्ठा पैदा करता है, तस्करी, रिश्वत जैसे अपराधों को जन्म देता है, तथा समाज के गरीब और कमजोर वर्ग के उत्थान के कार्यक्रमों पर कुप्रभाव डालता है। यह यथार्थ दरों, जैसे विकास दर, मुद्रा स्फीति दर, बेरोजगारी दर, गरीबी, आदि के सही आकलन को विकृत करता है जो पुनः इनको रोकने की सरकारी नीतियों को प्रभावित करता है।

नियंत्रण के उपाय (Measures of Control)

गत 50 वर्षों में सरकार ने काले धन को बाहर लाने के उद्देश्य से अवसर प्रदान करने के लिए अनेक योजनाओं की घोषणा की है। इनमें से कुछ योजनाएं हैं : विशेष धारक बॉण्ड को चलाकर, उच्च मुद्रांक वाले मुद्रा नोटों को कम करके, छापे मारकर, और स्वैच्छिक घोषणा की योजनाएँ, आदि। जुलाई 1991 में केन्द्रीय वित्तमंत्री ने एक नयी योजना प्रस्तावित की थी—राष्ट्रीय गृह बैंकिग योजना—जिससे काला धन निकलवा कर राष्ट्रीय आर्थिक योजनाओं में लगाया जा सके। इस योजना के अन्तर्गत अलिखित धन को धन के स्रोत की घोषणा किए बिना एन.आई.एच.बी (NIHB) में (10,000 रुपये की न्यूनतम सीमा से) कितनी भी धनराशि जमा कराने का अवसर प्रस्तावित किया गया था। यह प्रस्ताव 7 माह तक खुला रहा और

जनवरी 31, 1992 को बन्द हुआ। इसके अन्तर्गत खातेदार को अपने खाते से 60% तक की राशि निकालने की अनुमति दी गई थी। इस योजना में 40% तक खर्च करने की व्यवस्था निम्न योजनाओं के लिए की गई थी, जैसे, कच्ची बस्ती उद्धार और गरीबों के लिए मकान बनाने में। धनराशि का आहरण करने की अनुमति तब थी जबकि उस राशि के प्रयोग के उद्देश्य का स्पष्टीकरण किया जाये। इन लोगों पर 40% की दर पर कर लगाया गया था जबकि शेष राशि को खुली अर्थव्यवस्था में पुनः लगा दिया गया। 1997-98 के बजट में कर के रूप में 30% धन की अदायगी काले धन को कानूनी बनाने के लिए दिए जाने पर क्षमादान भी प्रस्तावित किया गया था।

कुछ विद्वानों का मानना है कि इन सभी उपायों ने बर्फ की चट्टान के ऊपर से स्पर्श मात्र किया है। पचास वर्षों की अवधि में इन सभी उपायों से मात्र 5,000 करोड़ रुपया ही खींचा है। इन योजनाओं का मुख्य दोष यह है कि वे पहले से ही बनी हुई काले धन की स्थिति को केवल स्पर्श ही कर पातीं हैं, लेकिन वे काले धन की उत्पत्ति की जड़ में नहीं जातीं और यही कारण है कि इतनी समस्याओं के बावजूद भी लोग काला धन रखने के जोखिम उठाने को तैयार रहते हैं। जब तक इस समस्या का समाधान नहीं होता, काले धन का संकट बढ़ता ही रहेगा।

यह सुझाव दिया गया है कि काले धन और समानान्तर अर्थव्यवस्था की समस्या, कुछ क्षेत्रों में कर घटा कर, आय की स्वैच्छिक घोषणा के लिए प्रोत्साहन देकर, आर्थिक खुफिया तंत्र को चुस्त-दुरुस्त करके, मकान बनाने पर खर्च किए गए धन को कर से मुक्त रखकर, नियंत्रण नीतियों से छुटकारा पाकर नियंत्रण किया जा सकता है। अलग-अलग किये गए प्रयत्नों का अधिक लाभ नहीं होगा बल्कि परस्पर क्रियान्वित उपाय तथा दृढ़ राजनैतिक इच्छाशक्ति और राजनैतिक अभिजात वर्ग की प्रतिबद्धता काफी हद तक सफल सिद्ध हो सकते हैं।

15

तस्करी

(Smuggling)

अवधारणा एवं प्रकृति (Concept and Nature)

तस्करी एक आर्थिक अपराध है जो पारम्परिक श्वेतवसन अपराध से गुणों के आधार पर भिन्न है। आर्थिक लाभ इस अपराध का मुख्य उद्देश्य है। जिन वस्तुओं की अधिकतर तस्करी की जाती है वे हैं: हेरोइन व अन्य मादक पदार्थ, सोना, चाँदी, हथियार और विस्फोटक सामग्री, हाथ की घड़ियां, इलैक्ट्रानिक वस्तुएं, सिन्थेटिक धागे, आदि। वैश्वीकरण (globalization) के कारण व्यापार गतिशीलता में वृद्धि सम्भव हो गई है तथा संचार के तीव्र साधनों आदि ने तस्करी को और भी सरल कर दिया है। यह अवैध कार्य या तो अकेले या फिर कुछ सहयोगियों के साथ या बिना सहयोगियों के किया जाता है। अपराधी गिरोह मुख्यतः अवैध तरीकों से धन कमाने के उद्देश्य से तस्करी में लिप्त रहते हैं। गुणवत्ता में ये अपराध अन्य अपराधों से भिन्न हैं क्योंकि नियमों और कानूनों में कमियों का लाभ उठाते हुए उनकी कार्यविधि (modus operandi) भिन्न होती है। राजस्व गुप्तचर निदेशालय (Directorate of Revenue Intelligence), प्रवर्तन निदेशालय (Directorate of Enforcement), नशीले पदार्थ नियंत्रण विभाग (Narcotic Control Bureau), तथा विदेश व्यापार महानिदेशालय (Directorate General of Foreign Trade) इन अपराधों के होने की सूचना मिलने पर कार्यवाही करने वाले सक्षम अधिकारी हैं।

विस्तार (The Magnitude)

सीमा शुल्क अधिकारियों द्वारा वस्तुओं के कब्जा/जब्ती (seizure/confiscation) मामलों की संख्या प्रतिवर्ष 50,000 से 60,000 तक होती है। इस प्रकार से अधिग्रहित (seized) वस्तुओं का मूल्य 400 करोड़ रुपये से 1000 करोड़ रुपये तक प्रतिवर्ष होता है। उदाहरण स्वरूप, पाँच वर्षों में-1994 और 1998 के मध्य सीमा शुल्क अधिकारियों द्वारा अधिग्रहित वस्तुओं का प्रति वर्ष मूल्य 704.7 करोड़ रुपये था। इन पाँच वर्षों में औसतन लगभग 135 मामले प्रतिदिन कब्ज़ा/जब्ती के हुए और इस प्रकार जब्त की गई वस्तुओं का मूल्य प्रति दिन 3.4 करोड़ रुपये के आसपास था। 1998 में ज़ब्त की गई वस्तुओं में से 63.7 करोड़ रुपये मूल्य के मादक पदार्थ, 39 करोड़ रुपये मूल्य के विद्युत उपकरण एवं वस्तुएं, 23.2 करोड़ रुपये मूल्य का स्वर्ण, 0.5 करोड़ रुपये मूल्य की चाँदी, तथा 549.1 करोड़ रुपये मूल्य की अन्य वस्तुएं थीं। इन सभी वस्तुओं की तस्करी में लिप्त व्यक्तियों की संख्या 952 थी (*Crime In India*, 1998: 220)।

तस्करी में मादक पदार्थों की गिनती सूची में सर्वोपरि थी। 1985 के मादक पदार्थ अधिनियम (Narcotic Drugs Act, 1985) और 1988 के (PITNDPS) अधिनियम के बावजूद, मादक पदार्थों की तस्करी अपराध जगत के बाजार में धन बनाने वाला चक्र है। तस्करी किए जाने वाले मादक पदार्थों में गांजा, हेरोइन, हशीश तथा अफीम सबसे अधिक होते हैं। 1997 में इस प्रकार की तस्करी के लिए 12,797 व्यक्ति और 1998 में 11,330 व्यक्ति गिरफ्तार किए गए थे जिनमें 148 विदेशी व्यक्ति भी सम्मिलित थे (*Crime in India*, 1998: 223)। यह दर्शाता है कि मादक पदार्थों की तस्करी का बाजार अति विस्तृत है। इसने नवधनवान वर्ग को जन्म दिया है जो अचल सम्पत्ति, फिल्म निर्माण, हवाई कम्पनियों तथा प्रतिष्ठित उपक्रमों (corporate houses) पर नियंत्रण रखते हैं। राष्ट्र विरोधी कार्यों, आतंकवादी गतिविधियों तथा हथियारों के गुप्त व्यापार में उनकी भूमिका को हाल में ही चिन्हित किया गया हैं।

संगठित तस्करी (Organised Smuggling)

प्रायः तस्करी भी संगठित व्यवसाय की तरह ही सहयोगी प्रयत्नों पर आधारित होती है, जैसे, इसमें निम्न तत्व सम्मिलित होते हैं: कुछ व्यक्तियों का संगठन, इस प्रकार योजना बनाना जिससे सदस्य पकड़े न जाएं, सफलतापूर्वक वस्तुओं की तस्करी के लिए धन संग्रह, सदस्यों का बचाव, तथा राजनैतिक सम्बन्ध बनाना ताकि पकड़े जाने पर बचाव हो सके।

लक्षण (Characteristics)

अनेक व्यक्तियों के सहयोग पर आधारित तथा संगठित रूप में लम्बे समय के आधार पर की जाने वाली तस्करी की निम्नलिखित विशेषताएं हैं:

– टोली (team-work) के आधार पर कार्य, अर्थात् व्यक्तियों का दल या समूह जो लम्बे समय तक चलता है।
– श्रेणीबद्ध संरचना, अर्थात् ऐसी संरचना जिसमें निम्नतम से उच्चतम स्तर तक अधिकार हों और जिसमें ऐसी व्यवस्था हो कि आपसी दायित्वों और विशेषाधिकारों की स्पष्ट व्याख्या हो।
– योजना (planning), अर्थात् सफल तस्करी के लिए पूर्व में ही प्रबन्ध करना, जोखिम कम करना, तथा सुरक्षा एवं संरक्षण सुनिश्चित करना।
– केन्द्रित सत्ता, अर्थात् केन्द्रीय नियंत्रण के आधार पर कार्य करना। यह अधिकार एक व्यक्ति या कुछ सदस्यों के हाथ में होता है।
– विशिष्टीकरण (specialisation), अर्थात् किसी एक कार्य में विशिष्टता प्राप्त करना, जैसे हेरोइन, स्वर्ण या हथियार, आदि की तस्करी। कुछ समूह एक से अधिक वस्तुओं की तस्करी में लगे रहते हैं।
– श्रम विभाजन, अर्थात् कर्त्तव्य और उत्तरदायित्व सौंपना।

– सुरक्षा के उपाय, अर्थात् कानून लागू करने वाले अधिकारियों द्वारा बाधा पैदा करने वालों से बचाव का प्रबन्ध करना। सुरक्षा कदमों में पुलिसकर्मियों, वकीलों, डाक्टरों, राजनेताओं, न्यायधीशों तथा समाज में प्रभावशाली व्यक्तियों से सम्पर्क स्थापित करना सम्मिलित है। नकद धन देना या भेंट स्वरूप वस्तुएं देना, चुनाव में मदद करना, विवाह आदि में सहायता करना, विदेशी यात्राओं का प्रबन्ध करना, आदि कुछ ऐसे उपाय हैं जो संगठित तस्करों द्वारा अपने बचाव तथा गिरफ्तारी एवं दोष सिद्धि (conviction) से बचने के लिए प्रयोग किए जाते हैं।

– आचरण सम्बन्धी प्रतिमान (conduct norms), अर्थात् आचार संहिता बनाना तथा सदस्यों के लिए कार्यविधि तैयार करना, इससे अनुशासन बनाए रखने, दक्षता, वफादारी, आज्ञा पालन और आपसी विश्वास बनाए रखने में मदद मिलती है।

संगठित संरचना (Organised Structure)

संगठित तस्करी में स्थितियों की श्रेणीबद्ध संरचना होती है। यदि पिरामिड के रूप में इसकी व्याख्या करें तो 'लार्ड्स' (lords) यानि शक्तिशाली नेता सब से ऊपर होते हैं जो महत्वपूर्ण निर्णय लेते हैं और संगठन का संचालन करते हैं। ये नेता मध्यम और निम्नतम स्तर के सदस्यों के साथ मालिक और नौकर वाले सम्बन्ध को बनाए रखते हैं। मध्यम स्तर पर दल में वे 'लेफ्टिनैण्ट' (lieutenants) होते हैं जो नेता की आज्ञा का पालन करते हैं। निम्नतम सतह पर 'वाहक' (carriers) होते हैं जो तस्करी के सामान को हवाई जहाजों, रेलों, कारों या बसों से ले जाते हैं।

यह श्रेणीबद्ध संरचना व्यक्तिगत बफादारी, आचार संहिता और आज्ञाओं की एक श्रंखला से जुड़ी रहती है। यह संरचना तस्करों के भावी जीवन को प्रभवित करती है, विशेष रूप से संस्तरण में निचले सदस्यों को। इन सतही तस्करों में लड़कियां भी होती हैं जो तस्करी की वस्तुओं को ले जाती हैं। यह सतही तस्करी या तो संगठन में वेतन भोगी होते हैं या उन्हें निश्चित धनराशि मिलती है या लाभ में से हिस्सा प्राप्त होता है। मध्यम स्तर के तस्करों को या तो सतही तस्करों में ले लिया जाता है या कभी तस्करी का अनुभव रखने वाले नये भर्ती कर लिए जाते हैं। तस्करी अपराध के नेता अलग जीवन जीते हैं जो सम्मान वाला एकाकी जीवन होता है। फिर भी अपराध जगत के प्रति उनकी निष्ठा बनी रहती है जहां वे विस्तृत समाज के मूल्यों से अलग होते हैं, लेकिन शक्ति, सम्मान और विलासितापूर्ण जीवनशैली उन्हें प्राप्त रहते हैं।

प्रायः तस्करी 'अभिषद' (सिण्डिकेट) आमतौर पर स्थापित मुख्यालयों से कार्य करते हैं और अपनी कार्यशैली स्वयं बनाते हैं। वे हिंसा के प्रयोग से बचते हैं जो उन्हें उन संगठित गिरोहों से भिन्नता प्रदान करता है जो हिंसा या हिंसा की धमकी का प्रयोग करते हैं। अभिषदों के इन सदस्यों को समाज ने सम्माननीय नागरिक के रूप में पहचाना है जो सम्भ्रान्त (posh) अवासीय क्षेत्रों में रहते हैं, उच्च पदस्थ लोगों से खुलकर मिलते-जुलते हैं और किन्हीं विधिमान्य आय के कार्यों में लगे होते हैं। तस्करों के अभिषद् प्रायः बड़े महानगरों में या आसपास के बड़े शहरों में काम करते हैं जो संचार के बड़े केन्द्र होते हैं और जहां से

आवागमन एवं माल का वितरण सुलभ होता है।

उत्तर-पूर्व के राज्य, कश्मीर, बिहार, पंजाब और तमिलनाडु कुछ ऐसे क्षेत्र हैं जहां आतंकवादी, हथियार बन्द लोग, नक्सलवादी, घुसपैठिए अपने उद्देश्यों की प्राप्ति के लिए पुलिस व सेना से भिड़ते रहते हैं। वे आवश्यक अस्त्र, हथियार व गोला-बारूद के संगठित तस्करों से मिलते रहते हैं। एक न्यूजीलैण्ड निवासी द्वारा संचालित लन्दन स्थित कम्पनी के हवाई जहाज के चालक दल के 6 सदस्यों की गिरफ्तारी, जिन्होंने दिसम्बर 1995 मे पश्चिम बंगाल के पुरूलिया जनपद में अति छदमवाले हथियारों को गिराया, और जिन्हें फरवरी 2000 में न्यायालय द्वारा लम्बा कारावास दिया गया, व्यवस्थित बन्दूक संचालन की संगठित तस्करी का एक उदाहरण है। प्रमुख भारतीय आरोपियों में से एक बिहार का व्यक्ति था जबकि दूसरे के पास सिंगापुर का पासपोर्ट था।

आचार संहिता (Code of Conduct)

ऐसा कोई साक्ष्य नहीं हैं कि विभिन्न तस्कर संगठन एक ही आचार संहिता का पालन करते हों। किन्तु आमतौर पर तस्कर निम्नलिखत निर्देशों का पालन करते हैं: मुखबिर (informer) मत बनों, टीम के सदस्य के रूप में काम करो, संगठन के प्रति बफादार रहो, दूसरों के हित में टांग न अड़ाओ, दिए हुए काम शान्ति व सुरक्षा से करो, आँख व कान खुले रखो और मुंह बन्द रखो। इस प्रकार, तस्करों की आचार संहिता पेशेवर अपराधियों से मिलती जुलती है, जिन पर उनके अपराधी कार्यों के कारण कानून अधिकारियों का दबाव रहता है। अलिखित नियमों में हैं: रहस्य बनाए रखना, स्वयं के आगे संगठन को महत्व देना, अपने निकट मित्रों और रिश्तेदारों को कुछ भी न बताना, तथा आज्ञा का उल्लंघन न करना।

अस्तित्व की विधियां (Survival Mechanisms)

वे कारक क्या हैं जो संगठित तस्करी को जीवित रखते हैं? इस संदर्भ में चार कारक महत्वपूर्ण हैं: सुगठित संरचना, आचार संहिता, बचने के उपाय और कानून की कमजोरियां। यहां सुगठित संरचना को समझना आवश्यक है। 'निर्धार्य' या 'हवाला' को निर्धारित करने में संगठित तस्करों का अस्तित्व 'हवाला' (fix) पर निर्भर होता है तथा सरकार, कानून व पुलिस के उच्च पदस्थ व्यक्तियों से सम्बन्ध बनाए रखने के लिए तस्करों के पास इन सब कार्यों को करने के लिए अपने सदस्य होते हैं जिन्हें कार्य सौंपा जाता है ताकि भ्रष्ट अधिकारियों के साथ अच्छे सम्बन्ध बनाए रखें। इन सदस्यों को 'भ्रष्टकर्त्ता' (corrupters) कहा जा सकता है। 'भ्रष्टकर्त्ता' का काम है रिश्वत देना, धमकाना, बातचीत करना और पुलिसकर्मियों, राजनीतिज्ञों, न्यायाधीशों, नौकरशाहों और उन सभी को अपनी गिरफ्त में रखना जो संगठित अपराधियों को गिरफ्तारी यानी मुकदमें तथा दण्ड आदि से बचा सकें। इसको हम 'सत्ता का निष्फलीकरण' (nullification of authority) कह सकते हैं। 'निष्फलीकरण' निम्न एवं उच्च दोनों स्तरों पर होता है। निचले स्तर पर वे लोग होते हैं जो कानून लागू करने वाले संगठनों में होते हैं, अर्थात् पुलिस कर्मी, वकील, मजिस्ट्रेट, आदि। इन लोगों को रिश्वत देकर 'भ्रष्टकर्ता' कानून लागू करने की प्रक्रिया को ही 'निष्फल' कर देता है। उच्च स्तर पर मन्त्री, सांसद, विधायक, आदि होते हैं।

यह कहा जा सकता है कि संगठित तस्करों का बचाव अनेक प्रकार से होता है: (i) नेता आमतौर पर गिरफ्तार नहीं होते क्योंकि वे कार्य दृश्य के पीछे रहते हैं। (ii) संस्तरण में निचले लोग यदि पकड़े जायें तो वे अपने से उच्च लोगों की कार्यवाही से छूट जाते हैं। इस प्रकार से मुक्ति 'हवाले वाले व्यक्ति' (the fix) द्वारा सुनिश्चित की जाती है। (iii) सुरक्षा या तो राजनैतिक दलों को योगदान करके, राजनैतिक शक्ति प्राप्त करके, या नेताओं द्वारा स्वयं संसद, विधायिका या म्युनिसिपल कार्पोरेशन के चुनाव लड़कर प्राप्त की जाती है। (iv) कानून प्रतिपालक अधिकारियों को नियमित रूप से राशि देकर। (v) कानून की खामियां भी बचाव प्रदान करती हैं। वकील लोग कानूनी कार्यवाही करके अपने मुवक्किलों के बचाव का प्रबन्ध कर लेते हैं क्योंकि यह खामियां उन्हें ऐसा करने में सफलता दिलातीं है। फरवरी 2000 में बिहार में विधानसभा चुनाव में विभिन्न राजनैतिक दलों के 15 गम्भीर अपराधियों द्वारा विधायक पद का चुनाव लड़ना भी बताता है कि किस प्रकार अपराधी प्रतिष्ठित व्यक्ति बन कर सत्ता का दुरुपयोग करके अपनी अपराधी क्रियाओं से बचाव प्राप्त करते हैं।

16

सामाजिक परिवर्तन और आधुनिकीकरण
(Social Change and Modernisation)

भारत में सामाजिक परिवर्तन : अवधारणा, उद्देश्य, दिशाएँ एवं प्रतिरोध
(Social Change in India : Concept, Goals, Direction and Resistances)

सामाजिक परिवर्तन की अवधारणा (Concept of Social Change)

सामाजिक सम्बन्धों के स्थापित स्वरूपों, सामाजिक मूल्यों, संरचनाओं या उप-व्यवस्थाओं में परिवर्तन ही सामाजिक परिवर्तन कहलाता है। सामाजिक परिवर्तन समग्र अथवा आंशिक हो सकता है, यद्यपि अधिकतर यह आंशिक ही होता है। जिस प्रकार परीक्षण प्रणाली में परिवर्तन शिक्षा प्रणाली में आंशिक परिवर्तन माना जाता है, उसी प्रकार मन्दिरों में अस्पृश्यों के प्रवेश को वर्जित करने वालों को दण्ड के विधान का क्रियान्वयन, विवाह विच्छेद की वैधानिक अनुमति, अल्पायु विवाह पर रोक सम्बन्धी विधान, आदि को समाज में आंशिक सामाजिक परिवर्तन कहा जा सकता है। बैंकों का राष्ट्रीयकरण, कोयले की खानों का राष्ट्रीयकरण, आदि समाज की आर्थिक प्रणाली में आंशिक परिवर्तन के उदाहरण हैं, क्योंकि यह परिवर्तन अन्य क्षेत्रों में निजी सम्पत्ति के स्वामित्व की व्यवस्था के साथ-साथ विद्यमान रहता है। कठिनाई तो समाज के समग्र परिवर्तन या सामाजिक व्यवस्था में परिवर्तन को पहचानने में आती है। यदि हम कहें कि समाज के न केवल कुछ पक्षों में बल्कि प्रत्येक पक्ष में परिवर्तन हो गया है तो इसे समग्र परिवर्तन कहा जायेगा लेकिन ऐसा कभी होता नहीं है। इसी प्रकार परिवार व्यवस्था, बैंकिग व्यवस्था, जाति व्यवस्था या फैक्ट्री व्यवस्था के कुछ पक्षों में परिवर्तन हो सकता है, लेकिन इनमें से किसी भी व्यवस्था में समग्र परिवर्तन कभी नहीं होता। कोई भी सामाजिक व्यवस्था समग्र रूप में कभी परिवर्तित नहीं होती। सामाजिक परिवर्तन सदैव अथवा अधिकांशतः आंशिक ही होता है।

पर्सी कोहेन (1979 :176) ने कहा है कि समाज में लघु अथवा वृहद् या मौलिक (fundamental) परिवर्तनों में अन्तर किया जा सकता है। समाज या सामाजिक व्यवस्था के मूल अथवा महत्वपूर्ण लक्षणों में परिवर्तन को 'वृहद्' परिवर्तन कहा जाता है। यदि जेल को एक सामाजिक व्यवस्था के रूप में लें तो इसकी महत्त्वपूर्ण व्यवस्थाएँ हैं : बन्दियों को प्रशिक्षण देना, बन्दियों के लिए भोजन, मनोरंजन एवं स्वास्थ्य रक्षा का प्रबन्ध करना, जेल नियमों को तोड़ने वाले अपराधियों को दण्ड देना, अपराधियों का मित्रों व परिवार जनों से सम्पर्क कराना, तथा जेल से भागने को रोकने के लिए प्रबन्ध करना, आदि। अब मान लिया जाये कि समस्त सुरक्षा बल हटा लिए जाते हैं और कैदियों को दिन के समय बाजार जाने

की स्वतंत्रता दे दी जाये लेकिन रात को जेल में रहना आवश्यक हो तो जेल व्यवस्था में यह परिवर्तन जेल के अन्य पक्षों को भी प्रभावित करेगा। ऐसा होने पर इसको जेल व्यवस्था में 'मूलभूत और वृहद्' परिवर्तन कहा जायेगा। इसी प्रकार अन्तर्जातीय सम्बन्धी प्रतिबन्धों को हटा लिया जाये तो इसे जाति व्यवस्था में 'प्रमुख' परिवर्तन कहा जायेगा। सामाजिक व्यवस्था में मूल लक्षणों को पृथक करना कठिन नहीं होता। उदाहरणार्थ, लोकतांत्रिक राजनैतिक व्यवस्था में चुनाव व्यवस्था में परिवर्तन न हो, किन्तु चुनाव व्यवस्था में परिवर्तन चुनाव परिणामों को प्रभावित करते तो यह कहा जायेगा कि चुनाव व्यवस्था राजनैतिक व्यवस्था का 'मूल' लक्षण है।

सामाजिक विकास की अवधारणा एवं सूचक
(The Concept and Indicators of Social Development)

सामाजिक विकास एक ओर मानव आवश्यकताओं और आकांक्षाओं के बीच और दूसरी ओर सामाजिक नीतियों और कार्यक्रमों के बीच अच्छा सामंजस्य स्थापित करने के लिए एक नियोजित संस्थात्मक प्रक्रिया है। यह समाज में व्यक्तियों के लिए आर्थिक प्रगति को अच्छी जीवन स्थितियों में परिवर्तित करता है। यह गरीबी, निरक्षरता, अज्ञानता, असमानता, विवेकहीनता, तथा समाज में प्रचलित दमन आदि के विरुद्ध एक युद्ध की घोषणा है। इसका उद्देश्य न केवल निर्बलों तथा विशेषाधिकार वंचितों का उत्थान करना है, बल्कि सभी नागरिकों के जीवन की गुणवत्ता को सुधारना है। यदि सामाजिक विकास की पूर्वावश्यकता सभी नागरिकों को अपने समाज निर्माण में भागीदारी है, तो लोगों का यह भी विशेषाधिकार है कि सामान्य प्रयत्नों में भागीदारी के लाभों का भी वे लाभ उठाएं।

सामाजिक विकास का अभिकल्प निर्धारित (design) करने में चार बातें निहित हैं: (i) समाज में लोगों की आवश्यकताओं का आंकलन, (ii) समाज में कुछ रचनात्मक परिवर्तनों को प्रारम्भ करना, जिसमें कुछ पुरानी प्रथाओं का उन्मूलन, कुछ नयी परम्पराओं की स्थापना व कुछ विद्यमान संस्थाओं को बदलना सम्मिलित है, (iii) संस्थाओं को व्यक्तियों के प्रति उत्तरदायी बनाना जिससे वे कुछ चुने हुए व्यक्तियों व समूहों के लिए ही नहीं, अपितु समाज के सभी खण्डों के हित के लिए कार्य कर सकें; (iv) निर्णय लेने की प्रक्रिया में लोगों को सम्मिलित करना, अर्थात् नियोजन को जमीनी स्तर (grass root level) तक ले जाना।

सामाजिक विकास के अभिकल्प (design) तैयार करने की विधि में पाँच चीजें सम्मिलित हैं : (i) *नीति नियोजन* (policy planning), अर्थात् उद्देश्य निश्चित करना तथा वरीयताएं एवं रणनीतियां तैयार करना, (ii) *कार्यक्रम बनाना* (programming), अर्थात् संसाधनों को जुटाना ; (iii) *क्रियान्वयन* (administering), अर्थात् निर्णय लेने की प्रक्रिया में जनता की भागीदारी, (iv) संगठन (organizing), अर्थात् लोगों की सेवाओं तथा संसाधनों में लाभ उठाने के लिए और आवश्यकता पड़ने पर व्यवस्था को बदलने के लिए तैयार करना और, (v) *मूल्यांकन*, अर्थात् उद्देश्यों और क्रियान्वयन के बीच की दूरी को मापना तथा भविष्य की योजनाओं के लिए प्रति पुष्टि (feedback) देना।

सामाजिक विकास के महत्त्वपूर्ण निदर्शक (indicators) हैं : (i) जीवन स्तर में

परिवर्तन, (ii) गरीबी उन्मूलन, (iii) शिक्षा में विस्तार ; (iv) रोजगार स्तर में वृद्धि, (v) सामाजिक न्याय, अर्थात् अवसरों का समान वितरण, (vi) कमजोर समूहों का उत्थान; (vii) जीवन की विविधताओं और विषमताओं से सुरक्षा (viii) समाज कल्याण सुविधाओं में सुधार, (ix) असमानताओं का उन्मूलन-क्षेत्रीय, प्रखण्डीय तथा सामाजिक, (x) स्वास्थ्य संरक्षण एवं विकास, (xi) पर्यावरण संरक्षण, (xii) विस्तार कार्यक्रमों में सभी की भागीदारी जिसमें गुण तथा संरचनात्मक दोनों प्रकार के परिवर्तन सम्मिलित हों।

भारत में सामाजिक परिवर्तन के लक्ष्य (Goals of Social Change in India)

भारत की राजनैतिक स्वतंत्रता के समय अनेक बुद्धिजीवियों ने अनुभव किया कि भारत आधुनिकीकरण के क्षेत्र में असफल रह गया है, क्योंकि यह पूँजीवाद साम्राज्यवाद का शिकार रहा है जहां विकास की सम्भावनाएं कम होतीं हैं। सामाजिक सांस्कृतिक परिवर्तन, जिसको हमने 53 वर्ष पूर्व प्रारम्भ किया था तथा जिसको भविष्य के लिए हमने अपना उद्देश्य बनाया है. संरचनात्मक परिवर्तन के उद्देश्य से किया है। इससे जन आकांक्षाओं और आवश्यकताओं की पूर्ति में सहयोग मिलेगा। गणतंत्र की स्थापना के प्रारम्भिक दस वर्षों में जिन सामूहिक उद्देश्यों की योजना हमने बनाई थी वे थीं : सामाजिक, राजनैतिक, आर्थिक व सांस्कृतिक।

सामाजिक उद्देश्य थे : समानता, न्याय, स्वतंत्रता, युक्तिकरण और व्यक्तिवाद। आर्थिक उद्देश्यों में वितरण सम्बन्धी न्याय तथा आर्थिक धर्म दर्शन (theology) के स्थान पर आर्थिक युक्तिकरण (rationalism) सम्मिलित थे। राजनैतिक उद्देश्य थे : ऐसी राजनैतिक व्यवस्था की स्थापना करना जहां शासक वर्ग जनता के प्रति उत्तरदायी हो, राजनैतिक सत्ता का विकेन्द्रीकरण हो, तथा अधिकारिक लोगों के निर्णय की प्रक्रिया में सम्मिलित किया जा सके। हमारा सांस्कृतिक उद्देश्य था 'पवित्रता' के स्थान पर 'धर्म निरपेक्षता' की नीति। हमारे सत्ताधारी अभिजनों (power elite) ने इस सम्बन्ध में निम्नलिखित उद्देश्य बनाए :

- *शक्तिशाली केन्द्रीय सरकार की स्थापना :* यह इसलिए आवश्यक था क्योंकि ऐतिहासिक दृष्टि से भारत में राजनैतिक सत्ता का विखण्डन हो चुका था। स्वतंत्रता के पश्चात यह भय था कि धार्मिक, भाषायी, जातीय, जनजातीय, वर्गवादी शक्तियां सत्ता का और भी विखण्डन कर सकतीं हैं। केन्द्र में शक्तिशाली तथा राज्यों को आदेश देने वाली सरकार ही ऐसे प्रयत्नों को रोक सकेगी।
- *अर्थ व्यवस्था को आधुनिक बनाना* : यह प्रति व्यक्ति आय में वृद्धि करने, देश को आत्म निर्भर बनाने, तथा स्वदेशी पूंजी क्षेत्र बनाने के लिए आवश्यक था।
- *समाजवादी समाज की रचना* : यह निजी पूंजीपतियों की भूमिका को प्रतिबन्धित करने के लिए आवश्यक था, न कि उनको समाप्त करने तथा प्रमुख उद्योगों के जन स्वामित्व पर बल देना था।
- जातियों, क्षेत्रों तथा वर्गों में असमानताएँ कम करना।
- मूलभूत मानव अधिकारों का संरक्षण करना, जैसे, स्वतंत्र भाषण का अधिकार, स्वतंत्र धार्मिक अभिव्यक्ति का अधिकार, राजनैतिक भागीदारी का अधिकार, आदि।

- एक ऐसे समाज की स्थापना करना जहां व्यक्ति निस्वार्थ, त्याग, सहयोग तथा आदर्शवाद की ओर प्रेरित हो।

सामाजिक परिवर्तन के अध्ययन सम्बन्धी उपागम (Approaches to the Study of Social Change)

योगेन्द्र सिंह ने सामाजिक परिवर्तन पर अपने प्रारम्भिक लेखों में (1969 : 11) भारत में सामाजिक परिवर्तन के अध्ययन की प्रकृति और प्रक्रिया पर तीन उपागमों की चर्चा की थी: दार्शनिक-ऐतिहासिक और आध्यात्मिक उपागम, राजनैतिक-ऐतिहासिक उपागम, सामाजिक मानवशास्त्रीय और समाजशास्त्रीय उपागम।

दार्शनिक-ऐतिहासिक उपागम के स्रोत भारतीय एवं पश्चिमी दोनों ही बताए गए हैं। भारतीय दर्शन और धर्म ने परिवर्तन के दार्शनिक सिद्धान्त का प्रतिपादन किया जिसकी विशेषता थी समाज में काल चक्रीय गति (विलय-प्रलय, सतयुग कलियुग) जो समय-समय पर अवतारों के द्वारा खण्डित किया गया तथा पुनः सक्रिय किया गया। इस सिद्धान्त का आधार कर्म, धर्म और मोक्ष में विश्वास है। एक समय था जब इस सिद्धान्त पर दृढ़ विश्वास किया जाता था लेकिन अब यह विलुप्त होता जा रहा है क्योंकि इसका व्यवस्थित विश्लेषण सम्भव नहीं है। ऐतिहासिक उपागम से सामाजिक परिवर्तन का अध्ययन भारतीय इतिहास के आलेखों द्वारा होता है, उदाहरणार्थ जाति प्रथा में परिवर्तन या स्त्रियों की स्थिति में परिवर्तन का अध्ययन विविध युगों के ऐतिहासिक आलेखों के आधार पर किया जाता है, जैसे मौर्यकाल, गुप्त काल, ब्राह्मणिक काल, मुगल काल, ब्रिटिश काल तथा स्वातंत्रयोत्तर काल। इस उपागम की सीमा यह है कि ऐतिहासिक आलेख उपलब्ध नहीं हो पाते हैं, या फिर साक्ष्य विश्वसनीय नहीं होते हैं। अतः इस उपागम पर निर्भर रहने से समाजशास्त्रीय सामान्यीकरण भ्रामक हो सकता है। सामाजिक मानवशास्त्रीय उपागम अन्य दोनों उपागमों की अपेक्षा अधिक व्यवस्थित समझा जा सकता है। इस उपागम में गहन क्षेत्रीय कार्य या सहभागी अवलोकन विधि का प्रयोग होता है। इस प्रकार के उपागम में सैद्धान्तिक प्रस्थापनाएं मानव जातीय आंकड़ों की व्याख्या करते हैं जो या तो अध्ययनकर्ता के स्वयं के या दूसरों के क्षेत्रीय कार्य के परिणाम होते हैं। इस उपागम की सीमा यह है कि यह सूक्ष्म स्तर (microcosm) के आधार पर स्थूल स्तर (macrocosm) के विषय में सामान्यीकरण का प्रयत्न करता है। यह निर्विवाद कल्पना सार्वभौमिकता एवं समरूपता पर आधारित है। लेकिन भारत में विषमता और विविधता अधिक है। इस प्रकार एक गाँव की किसी संस्था (जैसे परिवार, जाति, आदि) के परिवर्तन को दो समय—अवधि के बीच अध्ययन कर के हम इस सामान्य निष्कर्ष पर नहीं पहुंच सकते कि दूसरे गाँवों में या समूचे भारत में इसी प्रकार के परिवर्तन होते हैं। सामाजिक मानवशास्त्रीय उपगाम की त्रुटियां समाजशास्त्रीय उपागम द्वारा कम हो गई हैं। सामाजिक उपागम में आनुभविक जाँच पड़ताल वृहद् स्तर पर की जाती है और सामान्य निष्कर्ष प्राप्त किए जाते हैं।

सामाजिक परिवर्तन पर अपने बाद के लेखों में योगेन्द्र सिंह (1977) ने भारत में सामाजिक परिवर्तन के विषय में पाँच उपागमों की चर्चा की है। ये हैं : उद्विकासीय उपागम, संवर्ष उपागम, सांस्कृतिक उपागम (संस्कृतीकरण, पश्चिमीकरण, लघु व महत् परम्पराएं,

संकुचितीकरण और सार्वभौमीकरण), संरचनात्मक उपागम (प्रकार्यात्मक तथा द्वन्द्वात्मक मॉडल पर आधारित), तथा एकीकरण उपागम।

उद्‌विकासीय उपागम (Evolutionary Approach)

इस उपागम में एक लम्बी श्रंखला में छोटे-छोटे परिवर्तनों के द्वारा सरल से जटिल मन्द गति से होने वाले विकास का अध्ययन किया जाता है। प्रत्येक परिवर्तन व्यवस्था को थोड़ा सा बदलता है, लेकिन लम्बे समय बाद परिवर्तन का समय का प्रभाव नवीन जटिल स्वरूपों को जन्म देता है। उद्‌विकासीय उपागम में विविध विद्वानों ने चार उप पद्धतियों का प्रयोग किया है : एक रेखीय (unilinear), सार्वभौमिक (universal), चक्रीय (cyclical) एवं बहुरेखीय (multilinear)।

संघर्ष उपागम (Conflict Approach)

इस उपागम के अनुसार आर्थिक परिवर्तन, सामाजिक समूहों तथा समाज व्यवस्था के विविध अंगों के बीच गहन संघर्षों के माध्यम से अन्य परिवर्तनों को जन्म देता है। इसके पीछे तर्क यह है कि यदि समाज में मतैक्य हो और यदि विविध खण्डों में एकीकरण हो तो परिवर्तन के लिए बहुत कम दबाव रह जायेगा।

सांस्कृतिक उपागम (Cultural Approach)

इस उपागम में समाज के बदलते हुए सांस्कृतिक तत्वों का विश्लेषण कर के परिवर्तन का अध्ययन किया जाता है। इसी उपागम के अन्तर्गत एम. एन. श्रीनिवास ने संस्कृतिकरण व पश्चिमीकरण की प्रक्रिया के माध्यम से तथा मैकिममरियट ने संकुचितीकरण व सार्वभौमीकरण की प्रक्रिया के माध्यम से परिवर्तन का अध्ययन किया।

संरचनात्मक उपागम (Structural Approach)

यह उपागम सामाजिक सम्बन्धों के जाल तथा सामाजिक संरचना में परिवर्तन का अध्ययन करता है (जैसे जाति, नातेदारी, फैक्ट्री प्रशासनिक संरचना, आदि)। इन सामाजिक संरचनाओं और सम्बन्धों की तुलना अन्तः सांस्कृतिक दृष्टि से तथा सांस्कृतिक दृष्टि के परे भी की जाती है।

योगेन्द्र सिंह (1977 :17) के अनुसार परिवर्तन के संरचनात्मक विश्लेषण के सम्बन्धों के संरूपण में नये सामंजस्य के गुणात्मक प्रकृति का अध्ययन निहित है।

एकीकृत उपागम (Integrated Approach)

योगेन्द्र सिंह (1973 : 22 :27) मानते हैं कि उपरोक्त कोई भी उपागम भारत में सामाजिक परिवर्तन का व्यापक परिप्रेक्ष्य प्रस्तुत नहीं करता। अतः उन्होंने सामाजिक परिवर्तन से सम्बद्ध विभिन्न विचारों को मिलाकर एक नए उपागम का विकास किया जिसको उन्होंने 'एकीकृत' उपागम कहा है। इस उपागम में उन्होंने (अ) परिवर्तन की दिशा (एक रेखीय या चक्रीय), (ब)

परिवर्तन का सन्दर्भ (लघु या वृहद् संरचनात्मक स्तर के द्वारा), (स) परिवर्तन होने वाली घटना का सारभूत क्षेत्र (अर्थात् सांस्कृतिक या सामाजिक संरचना) आदि को मिला दिया है।

भारत में सामाजिक परिवर्तन की प्रकृति एवं दिशा
(Nature and Direction of Social Change in India)

क्या हमने अपने सामूहिक लक्ष्य प्राप्त कर लिए हैं ? बीसवीं शताब्दि के पूर्वार्ध तक भारतीय समाज को परम्परागत समाज समझा जाता था यद्यपि ब्रिटिश सरकार ने हमारे देश को औद्योगिक बनाने का प्रयत्न किया और अनेक सामाजिक व आर्थिक परिवर्तन लाने की भी कोशिश की, लेकिन लोगों के जीवन के गुणात्मक सुधार करने और जीवन स्तर उठाने में उनकी कोई रुचि नहीं थी। राजनैतिक स्वतंत्रता प्राप्ति के बाद क्या हम अपने समाज का आधुनिकीकरण करने में सफल हुए ? यदि हाँ, तो परिवर्तन का स्वरूप क्या रहा है ? इस प्रश्न के उत्तर के लिए यह समझना आवश्यक है कि एक परम्परागत समाज क्या है और आधुनिक समाज क्या है ? परम्परागत समाज वह है जिसमें (i) व्यक्ति की प्रस्थिति उसके जन्म से निश्चित व निर्धारित होती है, अर्थात् व्यक्ति सामाजिक गतिशीलता के लिए संघर्ष नहीं करता है; (ii) व्यक्ति का व्यवहार रिवाजों और प्रथाओं से संचालित होता है और लोगों के व्यवहार में पीढ़ी दर पीढ़ी थोड़ा ही परिवर्तन आता है (iii) सामाजिक संगठन का आधार संस्तरण होता है; (iv) व्यक्ति अपनी पहचान प्राथमिक समूह से बनाता है तथा परस्पर अन्तर्क्रिया में नातेदारी सम्बन्ध महत्वपूर्ण होते हैं; (v) प्रस्थिति की अपेक्षा व्यक्ति को सामाजिक सम्बन्धों की स्थापना से अधिक महत्व दिया जाता है; (vi) लोग रूढ़िवादी होते हैं (vii) अर्थव्यवस्था सरल होती है तथा जीविका से परे आर्थिक उत्पादन अपेक्षाकृत कम होता है; और (viii) समाज में मिथकीय (mythical) विचार प्रभावी होते हैं।

इसके विपरीत आधुनिक समाज वह है जिसमें (i) समाज में व्यक्ति की प्रस्थिति उसकी स्वयं की योग्यता एवं सामर्थ्य से निर्धारित होती है; (ii) व्यक्ति का व्यवहार रिवाजों की अपेक्षा कानून से अधिक नियंत्रित होता है; (iii) सामाजिक संरचना का आधार समानता होता है; (iv) द्वैतीयक सम्बन्ध प्राथमिक सम्बन्धों से अधिक महत्वपूर्ण होते हैं; (v) समाज में व्यक्ति की प्रस्थिति अर्जित होती है और सामाजिक जीवन में तथा सामाजिक सम्बन्धों में इसका अधिक महत्व होता है; (vi) लोग नवीनता में विश्वास करते हैं; (vii) अर्थव्यवस्था जटिल तकनीक पर आधारित होती है; और (viii) समाज में तार्किक विचारों का बोलबाला होता है।

तब क्या इसका अर्थ यह हुआ कि परम्परावाद और आधुनिकता दो चरम सीमाएं (extremes) हैं और ये दोनों एक साथ नहीं चल सकतीं ? योगेन्द्र सिंह तथा एस.सी. दुबे जैसे विद्वानों का मत है कि दोनों का सह-अस्तित्व हो सकता है। परम्परावाद को स्वीकारने का यह अर्थ नहीं कि आधुनिकता को अस्वीकार कर दिया जाता है। इसका सरल सा अर्थ है आधुनिकता की शक्तियों पर नियंत्रण। इसी प्रकार आधुनिकता को स्वीकार करने का यह अर्थ नहीं है कि परम्परावाद को पूर्णरूपेण अस्वीकार कर दिया जाये। इसका अर्थ है कि परम्परावाद के केवल उन तत्वों को रखा जाये जिनको समाज द्वारा प्रकार्यात्मक माना जाये। इस दृष्टिकोण के आधार पर हमें यह पता लगाना है कि किस सीमा तक भारतीय समाज

परम्परागत और किसी सीमा तक यह आधुनिक हो गया है।

यह कहना गलत न होगा कि भारत में सामाजिक परिवर्तन की प्रकृति ही ऐसी है कि इसमें आधुनिक व परम्परा का स्पष्ट समन्वय दिखाई देता है। एक ओर तो हमने उन विश्वासों, प्रथाओं और संस्थाओं की उपेक्षा की है जिनकी आवश्यकता अनुभव नहीं की गई, तो दूसरी ओर हमने उन मूल्यों को अपनाया है जिनको हमने अपने मौलिक उद्देश्यों की प्राप्ति में सहायक माना है।

ब्रिटिश काल की तुलना में आज स्वतंत्रता अधिक है। सामाजिक पैमाने में उन्नति के अधिक अवसर प्राप्त हैं। हम परम्परागत सामाजिक प्रथाओं को छोड़ने में तथा नई संस्थात्मक रचनाओं के निर्माण में अधिक विवेकी हो गए हैं। गरीबी रेखा से नीचे रहने वाले लोगों की संख्या में कमी हुई है। गणतंत्र बनने के बाद गत 50 वर्षों में प्रति व्यक्ति आय में कई गुणा वृद्धि हुई है तथा पिछड़े तथा निम्न जाति के लोगों के लिए उच्च सामाजिक स्थिति की उपलब्धि अब कोई भ्रम नहीं रह गया है।

क्या हमने साम्प्रदायिक सौहार्द्र (harmony) प्राप्त कर लिया है ? क्या हम स्त्रियों को पुरुषों की समानता पर ले आए हैं ? क्या हम अस्पृश्यों की स्थिति में सुधार कर सके हैं ? क्या हम विभिन्न वर्गों में से उपेक्षा भाव निकालने में समर्थ हुए हैं , जैसे कृषक औद्योगिक श्रमिक, दैनिक वेतन भोगी, आदि ? क्या हम सम्पत्ति के विशेषाधिकारों को निम्न वर्ग के लोगों के पक्ष में लाने में समर्थ हो सके हैं ? क्या हम समाजवादी समाज होने का दावा कर सकते हैं ? इन सभी प्रश्नों का उत्तर है कि हमारे समाज में आन्दोलन बढ गये हैं और सामाजिक असन्तोष फैल गया है।

विद्यमान वृहद् असन्तोष हमारे समाज में अनेक बढ़ते हुए विरोधाभासों का परिणाम है। कुछ विरोधाभास (contradictions) इस प्रकार हैं: हमारी भूमिकाएं तो आधुनिक हो गई हैं किन्तु हमारे मूल्य अभी भी परम्परागत हैं; हम समतावाद दर्शाते हैं किन्तु हम भेदभाव का व्यवहार करते हैं; हमारी आकांक्षाएं बहुत ऊँची तो हो गई हैं किन्तु उनकी प्राप्ति के साधन या तो उपलब्ध नहीं हैं या पहुंच से बाहर हैं; हम राष्ट्रवाद की बात तो करते हैं लेकिन हम क्षेत्रवाद को प्रोत्साहन देते हैं; हम दावा करते हैं कि हमारा गणतंत्र समानता लाने के लिए समर्पित है किन्तु यह जाति व्यवस्था के शिकंजे में जकड़ा हुआ है; हम तर्कशील होने का दावा करते हैं किन्तु हम अन्याय व पक्षपात को भी भाग्यवादी भावना से स्वीकार करते हैं; हम उदारीकरण की नीति की घोषणा करते हैं, फिर भी अनेक नियंत्रण लागू करते हैं; हम व्यक्तिवाद का समर्थन करते हैं लेकिन हम समूहवाद को लागू करते हैं; हम आदर्शवादी संस्कृति का उद्देश्य बनाते हैं लेकिन हम भौतिक संस्कृति के पक्षधर हैं; अनेक नये कानून लागू किए जाते रहे हैं लेकिन ये कानून किसी को लाभ नहीं पहुंचाते, केवल वकील ही उससे लाभान्वित होते हैं। विधान अनेक हैं किन्तु न्याय बहुत कम; कार्यक्रम व सरकारी कर्मचारी अनेक हैं किन्तु जन सेवा कम; अनेक योजनाएं हैं किन्तु कल्याण कम; सरकारी क्षेत्र कम, सरकारी तंत्र अधिक हैं तथा प्रशासन कम है।

इन सभी विरोधाभासों का परिणाम यह है कि हमारे समाज में असन्तोष बढ़ता जा रहा है। भ्रष्ट तंत्र तथा अप्रतिबद्ध राजनैतिक अभिजात वर्ग तथा उप-अभिजन जो अपने निजी स्वार्थों में रुचि लेते हैं जिन्हें देश के भविष्य की कोई चिन्ता नहीं होती; उन्होंने विकास का

विरोध किया, निहित स्वार्थों, समूहों, आर्थिक एकाधिकारियों और धर्मान्ध धार्मिक नेताओं तथा निष्क्रिय अधिकारियों आदि ने भी जमकर विरोध किया क्योंकि वे अपनी अपार शक्ति को कम होते नहीं देख सकते थे।

सामाजिक परिवर्तन का प्रतिरोध (Resistance to Social Change)

यह सत्य है कि भारतीय समाज परिवर्तित हो रहा है और विकास की कुछ दिशाएं स्पष्ट होती जा रही हैं; फिर भी सत्य यह है कि हम सभी लक्ष्यों की प्राप्ति में सफल नहीं हो पाए हैं जो हम चाहते थे। हमारे लक्ष्यों की प्राप्ति में क्या बाधाएं रहीं हैं ? गुन्नार मिरडल जैसे कुछ पश्चिमी विद्वानों ने सुझाया है कि भारत की आर्थिक कमजोरी का कारण लोगों में तकनीकी कुशलता की कमी नहीं है बल्कि साहस, स्थिति सुधारने की इच्छा, श्रम का सम्मान करने में कमी है। इस प्रकार के विचार तर्कहीन व पक्षपात पूर्ण हैं। कुछ पश्चिमी व भारतीय विद्वानों द्वारा इनको चुनौती भी दी गयी है। इन विद्वानों में मौरिस (Morris, 1967), मिल्टन सिंगर (1966, 1969), टी.एन. मदान (1968), योगेन्द्र सिंह (1973) और एस.सी. दुबे, आदि हैं। ग्रामीण भारत के क्षेत्रों में किए गए विविध अध्ययनों से पता लगा है कि ग्रामीण लोगों में सुधार के लिए तीव्र इच्छा है। वे लोग कठिन परिश्रम करने के लिए अपनी व्यर्थ की तथा हानिपूर्ण प्रथाओं के बदलने के लिए और प्रलोभन तथा मानव कमजोरियों से ऊपर उठने के लिए तैयार हैं। विकास संबंधी प्रयासों में बाधक मानवीय कारक नहीं हैं, बल्कि राजनैतिक परिस्थितियाँ, सामाजिक संरचनाएं, तथा आर्थिक कठिनाइयाँ हैं। इस सम्बन्ध में निम्न कारकों का विश्लेषण आवश्यक है।

***परम्पराओं की शक्तियाँ** (Forces of Tradition)*

समाज में परिवर्तन तभी संभव है जब कि नए कार्यों को करने की विधियों को स्वीकार करने के प्रति अभिरुचि उत्पन्न की जाए। परम्पराओं से लगाव तथा नवीन विचारों की अस्वीकृति सामाजिक परिवर्तन में बाधा उत्पन्न करते हैं। सांस्कृतिक एकत्रीकरण (accumulation) की मात्रा तथा अन्य समाजों से सम्पर्क की मात्रा किसी भी समाज में सामाजिक परिवर्तन की सीमा निर्धारित करते हैं। सांस्कृतिक एकत्रीकरण की मात्रा के कारण आविष्कारों की सम्भावना तथा अन्य संस्कृतियों की नवीन विशेषताओं का प्रारम्भ सीमित हो जाता है जो इस बात पर निर्भर करता है कि परम्परा को त्यागने की तत्परता कितनी है। दूसरी संस्कृतियों के सम्पर्क में आने से जो कुछ ज्ञात होता है वह विस्तारित हो जाता है, यही सामाजिक परिर्वतन का स्रोत है। पृथक (isolated) समाज परिवर्तन का अनुभव कम करते हैं लेकिन जो समाज मिलते-जुलते रहते हैं वे तेज परिवर्तन का अनुभव करते हैं। जो समाज बिल्कुल परिवर्तित नहीं हो तो उसमें लोग स्वतंत्रता पूर्वक मेलजोल से इन्कार करते हैं तथा दूसरों के रीति-रिवाज, ज्ञान, तकनीकी एवं विचारधाराओं में भागीदारी करने में उत्साह नहीं दिखाते। यह इन्कार इसलिए होता है कि वे अपनी परम्पराओं को पवित्र मानते हैं। उनकी मान्यता है कि परम्पराओं के गुण पवित्रता के संचरण (transmission) से आते हैं।

परम्परा से प्रेषित इसलिए स्वीकार नहीं किए जाते कि वे विद्यमान होते हैं, बल्कि इसलिए क्योंकि वे किसी स्थिति में नियमों की आवश्यकता पूर्ण करते हैं। वे समाज में

स्थायित्व का काम करते हैं। अतः वह भूमिका जो परम्परागत प्रतिमान (norms), आर्थिक तथा तकनीकी रूप से परिवर्तित होते हुए समाज में निभा सकते हैं, कुछ इस बात पर निर्भर करती है कि समाज के परम्परा से प्रभावित व्यवहार क्या स्थान रखता है। यहाँ परम्परा और आधुनिकता के अटूट क्रम (continnum) के बीच विभाजन रेखा खींची जा सकती है। परम्परागत समाज में परम्परागत मूल्यों को महत्व दिया जाता है क्योंकि वे अतीत से अर्जित किए जाते हैं; लेकिन आधुनिक समाज में परिवर्तन की दशाओं का स्वागत होता है क्योंकि वे वर्तमान समस्याओं का समाधान प्रस्तुत करते हैं।

***जाति व्यवस्था** (Caste System)*

जाति प्रथा न्याय व समृद्धि दोनों की ही प्राप्ति में बाधक रही हैं। किंगस्ले डेविस (1951: 216) का यह कथन सत्य था कि आनुवंशिक व्यवसाय का विचार, मुक्त अवसरों के विचार, मुक्त प्रतिस्पर्द्धा, बढ़ती हुई विशेषता, तथा व्यक्ति की गतिशीलता जो गतिशील औद्योगिक अर्थव्यवस्था से संबंधित है, के बिल्कुल विपरीत है।

विकास योजनाओं के विशेष रूप से ग्रामीण क्षेत्रों में असफल होने का कारण गुटबाजी भी होता है। गुटों की रचना का आधार जाति या उपजाति की सदस्यता होता है। कई क्षेत्रों में जहाँ कृषक एक जाति के होते हैं, दूसरी जाति के लोग उनके साथ कोई सहयोग नहीं करते क्योंकि उन्हें किसी लाभ की आशा नहीं रहती है। उन क्षेत्रों में जहाँ कृषक सत्ताधारी हैं वहाँ भी विकास कार्यक्रम विस्तृत स्वीकृति प्राप्त करने में असफल रहते हैं। कोई भी कार्यक्रम जो एक जाति की सहायता के लिए होता है दूसरी जातियों द्वारा उसका विरोध किया जाता है जो समाज में उनकी स्थिति से ईर्ष्या करते हैं या दूसरों की कीमत पर अपनी स्थिति के हित के लिए उत्सुक होते रहते हैं। जाति की तरह ही अन्तः जाति गुटबाजी भी सामाजिक परिवर्तन में बाधक होती है।

प्रारम्भ में अन्य जातियों के लोगों के साथ अन्तर्क्रिया में जाति प्रथा के बन्धन गतिशीलता तथा औद्योगीकरण की अनुमति प्रदान नहीं करते थे, और आज राजनीति में इसके प्रयोग से शासक रचनात्मक दिशा में कार्य नहीं करते हैं। विलियम कैप (1963 : 64) ने भी संकेत दिया है कि हिन्दू संस्कृति तथा हिन्दू सामाजिक संगठन भारत में विकास की कम दर के निर्णायक कारक हैं। मिल्टन सिंगर (1966 : 505) इस दृष्टिकोण को स्वीकार नहीं करते। उनकी मान्यता है कि ऐसा कोई पर्याप्त साक्ष्य नहीं है जो यह दर्शाता हो कि हिन्दू संस्कृति तथा जाति व्यवस्था ने भारत के विकास में कोई बाधा उत्पन्न की है। उन्होंने कैप (Kapp) के निष्कर्षों को अनुमान पर आधारित (speculative) मूल्यांकन माना है जो उन्होंने धार्मिक ग्रन्थों में निहित विचारों को गलत समझकर लिए हैं।

***निरक्षरता, अज्ञानता तथा भय** (Illiteracy, Ignorance and Fear)*

निरक्षरता के कारण अज्ञानता भय उत्पन्न करती है जो सामाजिक परिवर्तन में बाधा डालती है। प्रथा के अनुसार कार्य करना सुरक्षित होता है क्योंकि उनका परीक्षण हो चुका होता है। एक और बात यह है कि 'नया' अनजान होता है, अतः उससे बचना ही ठीक होता है। वे आविष्कार जो वर्तमान भौतिक संस्कृति से सम्बद्ध हैं यदि उनकी अधिक आवृत्ति होती है तो

लोग उनके आदी हो जाते हैं और परिवर्तन के प्रति उनका वैमनस्य भाव कम हो जाता है। इसके विपरीत, यदि भौतिक संस्कृति से सम्बद्ध आविष्कार अधिक व जल्दी न हों तो परिवर्तन कम होता है और भय का कारण भी। जब निरक्षरता संस्करण को प्रोत्साहन देती है, तब शिक्षा समानता के विचार पर बल देती है। यह विवेक को भी प्रोत्साहन देती है। शिक्षित लोग सभी प्रकार की इच्छाओं को जन्म देते हैं तथा उनकी प्राप्ति के साधन भी विकसित करते हैं।

मूल्य *(The Values)*

सामाजिक परिवर्तन में मूल्यों की भूमिका विवाद का विषय है। उदाहरणार्थ, हीगल (Hegel) का विचार था कि सामाजिक परिवर्तन विचारों की अभिव्यक्ति का परिणाम है। मार्क्स का विचार था कि लम्बी अवधि के सामाजिक परिवर्तन पर मूल्यों का कोई प्रभाव नहीं होता है। उन्होंने सोचा कि सामाजिक परिवर्तन आर्थिक शक्तियों की अन्तर्क्रिया का प्रतिफल होता है, जो कि वर्ग संघर्ष में प्रकट होता है। अधिकतर भारतीय समाजशास्त्री इस विचार से सहमत हैं कि मूल्य, व्यक्ति और सामूहिक व्यवहार दोनों को प्रभावित करते हैं और इस प्रकार सामाजिक प्रक्रिया को भी प्रभावित करते हैं। अनेक लोग अनुभव करते हैं कि मूल्य परिवर्तन का परिणाम होते हैं; अतः मूल्यों को सामाजिक परिवर्तन में प्राथमिक कारक नहीं मानना चाहिए। जाति प्रथा के मूल्य (संस्तरण, अपवित्रता, अन्तर्विवाह) भारतीय समाज के परिवर्तन में बहुत बाधक थे। जब लोगों ने तकनीकी तथा औद्योगीकरण को स्वीकार कर लिया, तभी भौगोलिक गतिशीलता के बाद सामाजिक गतिशीलता सम्भव हुई। भाग्यवाद ने भी कठिन परिश्रम तथा सामाजिक परिवर्तन में बाधा उत्पन्न की। अकाल, बाढ़, भूकम्प, निर्धनता, बेरोजगारी सभी ईश्वरीय प्रकोप के परिणाम समझे जाते थे। औद्योगिक समाजों में लोगों ने सिद्ध कर दिया है कि प्रकृति पर नियंत्रण सम्भव है तथा अवांछनीय स्थिति निराशाजनक बाधा नहीं है, बल्कि मनुष्य की शक्ति को चुनौती है।

स्वजातिवाद (ethnocentrism) भी लोगों को दूसरी संस्कृतियों अथवा नवीन विचारों को स्वीकार करने से रोकता है। भारतीयों के मस्तिष्क में जातिवाद इतनी गहरी जड़ें जमा चुका है कि यद्यपि वे सांस्कृतिक सापेक्षवाद (cultural relativism) के दर्शन के प्रति सचेत होते हैं फिर भी वे दूसरों के विचारों को अपने विचारों के प्रकाश में मूल्यांकन करने के शिकार हो ही जाते हैं। स्वाभिमान व इज्जत का विचार लोगों को दूसरों के विचारों को स्वीकार करने से रोकते हैं। वे समझते हैं कि वे इतने विद्वान व विचारवान हैं कि दूसरों के विचार उनके लिए कोई महत्व नहीं रखते; इसलिए उन्हें छोड़ देना चाहिए।

सत्ताधारी अभिजन *(The Power Elite)*

हमारे देश के लगभग सभी विद्वानों ने माना है कि सरकार भारतीय समाज में परिवर्तन लाने वाली प्रमुख एजेन्सी रही है और सामाजिक परिवर्तन का एक अच्छा भाग सरकारी एजेन्सियों द्वारा ही प्रेरित और निर्देशित हुआ है। सरकार में सुधारवादी कार्य सत्ता में अभिजनों पर निर्भर होता है। परेटो (Pareto) ने इन्हें शासकीय अभिजन (governing elite) कहा है। सभी अभिजन समुदाय के कल्याण या समाज के विकास के लिए प्रतिबद्ध नहीं होते। अनेक

अभिजनों के कार्य स्वार्थों पर आधारित होते हैं। इस लेखक ने (1975 :65-66) 'स्व' (self) तथा 'जन' (public) के हितों में कार्य कर रहे अभिजनों को चार समूहों में वर्गीकृत किया है : उदासीन (indifferent) (S-,P-), छलयुक्त (manipulative) (S +. P-), प्रगतिशील (progressive) (S-, P+), तथा विवेकी (rationalist) (S +, P+)। समाज में प्रगति सत्ता-प्राप्त राजनैतिक अभिजनों पर ही निर्भर करती है। स्वतंत्रता के प्रथम बीस वर्षों में हमारे राजनैतिक अभिजन राष्ट्रवादी व विवेकी थे, जबकि शेष 30 वर्षों में वे विवेकहीन तथा क्षेत्रवादी हो गए हैं। क्योंकि छलयुक्त और उदासीन अभिजनों का प्रभाव प्रगतिशील व विवेकी अभिजनों पर बना रहा, इसलिए हमारे समाज का विकास अवरुद्ध हो गया। राजनैतिक अभिजन की तरह ही हमारे अफसरशाह नवीनतावादी (innovative) की अपेक्षा सांस्कारिक (ritualistic) अधिक है; हमारी न्याय पालिका उदार होने की अपेक्षा अधिक परम्परावादी है; हमारी पुलिस कानून की अपेक्षा सत्ता के नेताओं के प्रति अधिक प्रतिबद्ध है। अतः चूंकि हमारे नीति निर्माता तथा कानून पालक उन कल्याणकारी विकास की आवश्यकता नहीं समझते, इसलिए विकास उपेक्षित रहा है।

जनसंख्या विस्फोट (Population Explosion)

जनसंख्या के विस्फोट के कारण निर्धारित लक्ष्यों की प्राप्ति की संभावनाएं अवरुद्ध हो जाती हैं। हमारी जनसंख्या में लगभग 1.5 करोड़ बच्चे प्रति वर्ष बढ़ रहे हैं। अनुमान है कि इतनी वृद्धि के लिए हमें हजारों और लाखों में संसाधनों का इन्तज़ाम करना होगा। इस प्रकार अधिक जनसंख्या गरीबी रोकने के प्रयासों और तीव्र विकास की राह में रुकावट डालती है।

निष्कर्ष रूप में कहा जा सकता है कि जहाँ तक भारत में सामाजिक परिवर्तन की दिशा का प्रश्न है सांस्कृतिक निरन्तरता प्रचुर मात्रा में रही है। साथ ही आधुनिक मूल्यों, प्रथाओं तथा संस्थाओं में परिवर्तन भी आया है। परम्परात्मक स्वरूप स्थिर नहीं रहा है तथा आधुनिक व्यवहार सामान्यतः लम्बी अवधि तक चलते रहने के कारण कार्य प्रणाली में ही समाविष्ट हो गया है।

नियोजन तथा सामाजिक परिवर्तन (Planning and Social Change)

किसी निश्चित क्रिया के प्रति प्रतिबद्धता नियोजन कहलाती है। यह सामाजिक संस्थाओं का नवीन सामाजिक, आर्थिक और राजनैतिक स्थितियों में समायोजन है। यह आवश्यक नहीं है कि नियोजन तर्क संगत ही हो क्योंकि यह सदैव विश्वसनीय वैज्ञानिक सूचनाओं पर आधारित नहीं होता है। उदाहरणार्थ, यदि भारत में निर्धनता उन्मूलन के लिए केवल उत्पादन की वृद्धि पर ही बल दिया जाये और जनसंख्या विस्फोट के नियंत्रण के पक्ष की उपेक्षा की जाती है तब ऐसे नियोजन को तर्कसंगत कैसे कहा जा सकता है? सामाजिक नियोजन के निम्न उद्देश्य होते हैं: (i) सामाजिक संगठन में परिवर्तन (ii) सामुदायिक कल्याण, जैसे शिक्षा सुविधाओं में सुधार करना, नौकरी के अवसरों में वृद्धि करना, सामाजिक कुरीतियों को समाप्त करना, आदि

रीमर (Riemer) के अनुसार नियोजन की तीन प्रमुख विशेषताएं हैं: (अ) उद्देश्यों का पूर्व निर्धारण और मूल्यों की घोषणा, (ब) मूर्तता (concreteness) अथवा विषय सामग्री की

निश्चितता निर्धारित करना, (स) विविध कुशलताओं तथा विविध पेशे की ट्रेनिंग में समन्वय स्थापित करना। योजना की सफलता के लिए कुछ बातें ध्यान में रखना आवश्यक है : (i) योजना का निर्माण लोगों के द्वारा होना चाहिए, (ii) लोगों की भागीदारी अत्यन्त आवश्यक है, (iii) योजना को प्रारम्भ करने के लिए सामाजिक कार्यकर्त्ताओं को आगे आना चाहिए, न कि योजना बनाने वालों को, (iv) प्राथमिकताएं पूर्व निश्चित करनी चाहिए, (v) निर्णय करने में मध्यस्थता उस व्यक्ति के द्वारा की जानी चाहिए जो तकनीकी ज्ञान रखता हो और जो दक्षता प्राप्त पेशेवर व्यक्ति हो क्योंकि उसमें विकल्प ढूँढने की क्षमता होती है।

भारत में 1940 के दशक में एम. विश्वेशरैया द्वारा आर्थिक नियोजन का प्रतिपादन किया गया था। द्वितीय विश्व युद्ध के अवसर पर (1938-39) एक अखिल भारतीय योजना बनाने के उद्देश्य से भारतीय राष्ट्रीय कांग्रेस ने राष्ट्रीय योजना समिति की नियुक्ति की। लेकिन बम्बई योजना (टाटा-बिड़ला योजना) ने ही भारत के लोगों को नियोजन-चेतना प्रदान की। 1943 में भारत सरकार ने एक वाइसराय काउन्सिल की कमेटी, जिसे पुनर्निर्माण कमेटी ऑफ काउन्सिल (Reconstruction Committee of Council) के नाम से जाना जाता है, की स्थापना की (जिसकी सहायता प्रान्तीय नीति समितियों ने की) जिसका उद्देश्य पुनर्निर्माण की योजना तैयार करना था। 1944 में योजना तथा विकास विभाग का भी निर्माण किया गया। परन्तु, उस समय सरकारी योजनाएं निश्चित आर्थिक लक्ष्यों को प्राप्त करने के लिए बनाई गई थीं। उनका सम्बन्ध केवल जीवन स्तर उठाने, लोगों की क्रय शक्ति बढ़ाने, कृषि मूल्यों को स्थिर करने, उद्योगों का विकास करने, धन सम्बन्धी विषमता को दूर करने, तथा पिछड़े वर्गों को उठाने के प्रकरणों से था। विविध प्रान्तों से अपनी-अपनी योजनाएं बनाने के लिए कहा गया था। उनके लिए न तो संसाधन बजट था और न ही किसी प्राथमिकता का ही उल्लेख था। इस प्रकार कहा जा सकता है कि भारत की स्वतंत्रता प्राप्ति तक प्रेरित सामाजिक परिवर्तन सम्भव न था क्योंकि : (i) पर्याप्त नियोजन द्वारा विकास की प्राथमिकताओं को पूर्व निश्चित नहीं किया गया था, (ii) उत्पादन तथा राष्ट्रीय आय की आवश्यकता से संबंधित पर्याप्त आंकड़े तैयार नहीं किए गए थे, (iii) विकास उद्देश्यों के लिए केवल सीमित विदेशी विनिमय ही उपलब्ध था, (iv) निजी उद्यमी औद्योगिक विकास में बड़ी पूँजी निवेश करने में कम उत्साही थे क्योंकि सरकारी नीतियाँ उनके लिए सहायक नहीं थीं, (v) विदेशों से कच्चा माल, मशीनें और प्रमुख वस्तुएं आयात करने की सुविधा नहीं थी, (vi) जनसंख्या वृद्धि को रोकने के गंभीर प्रयत्न नहीं किए गए थे, (vii) प्रान्तीय तथा केन्द्रीय समितियों के बीच नियोजन प्रक्रिया में तालमेल नहीं था, (viii) विश्व युद्धों के कारण मुद्रा स्फीति में वृद्धि होती जा रही थी, और (ix) प्रशासनिक प्रक्रिया का विकास मुख्यतः राज्य के पुलिस कार्यों के उद्देश्य से किया गया था। नौकरशाही को विकास योजनाओं में रुचि लेने की ट्रेनिंग नहीं दी जाती थी।

स्वतंत्रता के पश्चात् भारत सरकार ने सन् 1950 में सभी राज्यों और केन्द्रीय योजनाओं में तालमेल बैठाने के उद्देश्य से योजना आयोग की नियुक्ति की। यह आयोग (i) प्राथमिकताओं को निश्चित करने (ii) देश के संसाधनों के संतुलित नियोजन के लिए (iii) देश के भौतिक, पूँजी एवं मानव संसाधनों का मूल्यांकन करने (iv) समय-समय पर प्रगति का मूल्यांकन तथा पुनः समायोजन की सिफारिश करने (v) उन कारकों का पता लगाने के

लिए जो आर्थिक प्रगति में बाधा डालते हैं, आदि कार्य करने के लिए था।

अपने प्रारम्भ होने से अब तक योजना ने नौ पंचवर्षीय योजनाएं तैयार की हैं तथा प्रत्येक योजना विशेष उद्देश्य पर केन्द्रित की गई है। उदाहरणार्थ, अप्रेल, 1951 में जब प्रथम पंच वर्षीय योजना प्रारम्भ की गई तो इसका प्रमुख केन्द्रबिन्दु कृषि विकास था। द्वितीय योजना में भारी उद्योगों पर बल दिया गया, जबकि शेष सात योजनाएं कृषि व औद्योगिक विकास दोनों पर केन्द्रित थीं। प्रेरित परिवर्तन के लिए अन्य प्राथमिकताएँ थीं : परिवार नियोजन, रोजगार के अवसरों में वृद्धि, 5 से 7% वार्षिक राष्ट्रीय आय में वृद्धि, मूल उद्योगों का विकास (लोहा, इस्पात, शक्ति, रसायन), मानव संसाधनों का अधिकतम प्रयोग, आर्थिक शक्ति का विकेन्द्रीकरण, आय वितरण की असमानताएं कम करना, सामाजिक न्याय तथा समानता प्राप्त करना, आदि। यह कहा जा सकता है कि भारत में नियोजन का मुख्य उद्देश्य लोगों के जीवन स्तर को ऊंचा उठाना तथा उनके लिए समृद्ध जीवन के लिए अवसर प्रदान करना रहा है।

किन्तु क्या भारत में नियोजन से नियोजित परिवर्तन का उद्देश्य प्राप्त हो सका है ? 50 वर्ष के नियोजन की अवधि में आर्थिक विकास की दर 3.5% रही है। यद्यपि यह विश्व की आय में 4% की वृद्धि की तुलना में बुरी नहीं है, किन्तु विकासशील देशों की 7% से 10% की वृद्धि की अपेक्षा अच्छी नहीं है। 1951 से 2000 की अवधि में भारी राष्ट्रीय आय में केवल 3.5% की ही वृद्धि सम्भव हो पायी है।

रोनाल्ड लिप्पिट (Ronald Lippet, 1958 : 96-99) के अनुसार कहा जा सकता है कि यदि विकास कार्यक्रम को सफल बनाना है तो कुछ सिद्धान्तों को क्रियान्वित करना होगा। इसके कुछ महत्वपूर्ण सिद्धान्त हैं : (i) विकास प्रस्ताव व प्रक्रिया में परस्पर मेल होना चाहिए, (ii) विकास के लक्ष्य समुदाय के लिए सार्थक मूल्य वाले होने चाहिए, (iii) नियोजकों को सामुदायिक सांस्कृतिक मूल्यों तथा विश्वासों का समुचित ज्ञान होना चाहिए, (iv) विकास प्रक्रिया में समुदाय की भी सक्रिय भागीदारी होनी चाहिए, (v) विकास समूचे समुदाय के संदर्भ में होना चाहिए और (vi) विकास की विविध एजेन्सियों के बीच सम्प्रेषण एवं सहयोग आवश्यक है। जापान, जर्मनी सहित देश जिन्होंने प्रगति की है, वे देश हैं जहाँ न तो कोई योजना आयोग है और न ही कोई योजना। क्या भारत को भी वही रास्ता अपनाना नहीं चाहिए ?

नियोजित परिवर्तन के कारक (Factors of Planned Change)

1950 में स्थापित योजना आयोग देश के संसाधनों एवं आवश्यकताओं का समग्र रूप से विचार करते हुए देश के विकास के लिए पंचवर्षीय योजनाएं बनाता रहा है। यदि हम अभी तक बनी सभी नौ योजनाओं का जायजा लें तो पता चलता है कि हमने योजना के पाँच दशकों में से कुछ काम पूर्ण कर लिए हैं। हमारी सभी योजनाएं कभी कृषि उत्पादन आत्मनिर्भरता, कभी रोजगार, कभी औद्योगिक विकास और इसी प्रकार उन्मुख रहे हैं। लेकिन गरीबी और बेरोजगारी बढ़ते ही रहे हैं।

50 वर्षों की अवधि में आर्थिक विकास की औसत दर अधिक नहीं है। 1951 और

1999 के दौरान हमारी राष्ट्रीय आय 3.5 प्रतिशत के लगभग बढ़ी थी, कृषि उत्पादन 2.7 प्रतिशत, औद्योगिक उत्पादन 6.1 प्रतिशत तथा प्रति व्यक्ति उपभोग 1.1 प्रतिशत बढ़ा। यद्यपि सरकार ने दावा किया कि गरीबी रेखा के नीचे के लोगों की संख्या 1999 में 34 प्रतिशत ही थी लेकिन क्योंकि बेरोजगार लोगों की संख्या में भी वृद्धि हुई, हम यह स्वीकार नहीं कर सकते कि गरीबी को रोक लिया गया है। इसमें आश्चर्य नहीं कि आज अधिक लोग कुण्ठा का अनुभव करते हैं और आन्दोलनों की संख्या भी प्रतिवर्ष बढ़ती जा रही है।

वैधानिक उपाय (Legislative Measures)

सामाजिक कानून और प्रशासनिक उपाय काफी संख्या में भारत में विविध श्रेणियों के लोगों के लिए लागू किए गए हैं; जैसे, स्त्रियों, दलितों, जनजातियों, श्रमिकों, किसानों, पिछड़ी जातियों और इसी तरह के अन्य लोगों के लिए प्रमुख कानूनी उपाय हैं: बाल विवाह अवरोध अधिनियम, 1929 जिसको 1974 में संशोधित किया गया जिससे लड़कियों का विवाह 18 वर्ष से कम और लड़कों का विवाह 21 वर्ष से कम रोका गया, 1954 का विशेष विवाह अधिनियम जो माता पिता की अनुमति के बिना विवाह की स्वीकृति देता है तथा अन्तर्जातीय विवाह और तलाक की भी स्वीकृति देता है, हिन्दू विवाह अधिनियम, 1955 जो 18 वर्ष से कम लड़कियों और 21 वर्ष से कम लड़कों के विवाह को अवैध करार देता है तथा तलाक की अनुमति देता है, 1856 का विधवा पुनर्विवाह अधिनियम जो विधवाओं के पुनर्विवाह की अनुमति देता है, 1961 का दहेज विरोधी अधिनियम जो विवाह में दहेज लेने व देने पर प्रतिबन्ध लगाता है, 1955 का अस्पृश्यता अधिनियम अस्पृश्यता को व्यवहार में लाने वाले को दण्ड का प्रावधान करता है, 1956 का हिन्दू एडोप्शन एण्ड मेन्टिनेन्स अधिनियम जो स्त्रियों को दत्तक बालक रखने की अनुमति देता है, 1971 का गर्भ समापन अधिनियम जिसमें गर्भपात को अनुमति दी गई है, 1956 का हिन्दू उत्तराधिकार अधिनियम जिसमें स्त्रियों को पत्नी, पुत्री या माँ के रूप में सम्पत्ति का अधिकार प्रदान किया गया है, तथा समान पारिश्रमिक अधिनियम जो कि रोजगार के दौरान स्त्री पुरुष की कार्य दशाओं के भी मजदूरी में भेदभाव को रोकता है।

प्रशासनिक उपाय थे: जमीन्दारी प्रथा उन्मूलन, मण्डल आयोग की सिफारिशों को लागू करना जिसमें नौकरी में ओ.बी.सी (OBC) के लिए 27 प्रतिशत स्थान आरक्षित करना था। लोक सभा व राज्य विधान मण्डलों में अब महिलाओं के लिए 33 प्रतिशत स्थान आरक्षित करने सम्बन्धी योजना संसद में विचार के लिए रखी गयी है। इसके अतिरिक्त अनुसूचित जातियों के लिए 15 प्रतिशत तथा 7 प्रतिशत जनजातियों के लिए स्थान आरक्षित हैं।

नगरीकरण और औद्योगीकरण
(Urbanisation and Industrialization)

नगरीकरण (Urbanisation)

भारत की शहरी जनसंख्या स्वतंत्रता प्राप्ति के बाद तेजी से बढ़ी है। इन असंख्य लाखों लोगों के लिए शहर ही वह स्थान होता है जहां वे रोजगार की तलाश में आते हैं। 1961 की

जनगणना के अनुसार कुल जनसंख्या का केवल 10.8 प्रतिशत (या 23.8 करोड़ में से केवल 2.58 करोड़) शहरों में रहते थे। 1991 में यह प्रतिशत बढ़कर 25.72 हो गया है और 2001 तक लगभग 35 प्रतिशत लोग शहरों के निवासी हो जायेंगे (अनुमानित एक अरब जनसंख्या का 35 करोड़)। इसका अर्थ यह हुआ कि आने वाले 5 वर्षों में (2005 तक) 10 लाख से एक करोड़ की आबादी वाले लगभग 35 नगर होंगे। मुम्बई, देहली और कलकत्ता में 1.5 करोड़ से दो करोड़ के बीच लोग होंगे, जबकि 1998 में इनकी जनसंख्या क्रमशः 172 लाख, 112 लाख व 126 लाख थी।

एक कारक जिसने शहरी आबादी की वृद्धि में योगदान किया है वह है औद्योगीकरण। यह वैसा ही हुआ जैसा कि पश्चिमी देशों में जहां कि बढ़ता हुआ नगरीकरण अधिकांशतः औद्योगीकरण का ही परिणाम था। गाँवों से नगरों में गति के लिए घात/खिंचाव **(Push/Pull)** कारक अधिक कार्यकारी रहा है। घात कारकों में प्रथम, कृषि क्षेत्र में रोजगार की कमी आबादी बढ़ने से हो जाती है, दूसरे, जहां कृषि का आधुनिकीकरण हो रहा ह वहां नौकरियों में पूर्णरूपेण कमी हो जाती है। खिंचाव कारकों में प्रथम है ग्रामीण जीवन की अपेक्षा शहरों में अच्छे जीवन जीने के अवसर। शहरों में अर्थव्यवस्था भी वृहद् होती है जिनमें दृढ़ निश्चयी व खोज करने वाले लोग जीवित रहते हैं और कुछ मामलों में समृद्ध भी हो जाते हैं। शहरों में भिखारियों की आमदनी भी बढ़ने की सम्भावनाएं रहतीं हैं। दूसरे, बिजली, साफ पानी, शिक्षा, संचार एवं मनोरंजन के साधन शहरों में अधिक सम्भव होते हैं। तीसरा कारक है शहरों का सांस्कृतिक आकर्षण तथा आधुनिक जीवन के तरीकों और चमक-दमक का आकर्षण। युवा ग्रामीणों को जो सबसे ज्यादा अच्छा लगता है वह है शहरी धन दौलत और जीवन शैली, लेकिन शायद 'शहरी' होने की इच्छा गहराई में छिपी रहती है—शहरी युवाओं की भाँति सोचने और समझने की इच्छा। आधुनिकीकरण के सिद्धान्तवादी इस प्रक्रिया को 'उदारीकरण' मानते हैं। शहरों में ही व्यक्तिवाद जन्मता और पनपता है और यहीं व्यक्ति को पारम्परिक सीमाएं तोड़ने का अवसर मिलता है और उन आदर्शों और लक्ष्यों की प्राप्ति का अवसर मिलता है जिनसे उसकी अपनी पहचान बनती है।

लेकिन शहरों की बढ़ती जनसंख्या उद्घाटित करने से अधिक छिपाती है। शहरों में आने वाले प्रत्येक व्यक्ति को घर नहीं मिल सकता या तो किराया न दे पाने के कारण या उनके कार्य स्थल से दूर होने के कारण घर नहीं मिलता। यह उन्हें गन्दी बस्तियों में रहने को बाध्य करता है। मुम्बई में ही लगभग आधी आबादी—65 करोड़ लोग—अस्थाई बस्तियों या फुटपाथों पर रहते हैं। शहर की आबादी 1964 से तीन गुनी बढ़ गई है लेकिन अस्थाई निवासी पन्द्रह गुणा बढ़े हैं। दिल्ली, कलकत्ता और चेन्नई के राजधानी क्षेत्रों में कच्ची बस्तियों में रहने वाले लोगों की संख्या लाखों में है जबकि जयपुर, अहमदाबाद, बैंगलोर, लखनऊ आदि जैसे शहरों में भी उनकी भी संख्या लाखों में है। गन्दी बस्तियों में वृद्धि के साथ ही शहरीकरण ने पारिवारिक सम्बन्धों, अन्तर्जातीय व अन्तर्सामुदायिक सम्बन्धों, स्त्रियों की प्रस्थिति, अपराध तथा किशोर अपराध आदि को भी प्रभावित किया है।

शहरी नियोजन में थोड़ा पक्षपात रहा है क्योंकि इसने पारम्परिक रूप से शक्तिशाली और मध्यम वर्गीय लोगों के हितों को ही दर्शाया है। जन आवश्यकताओं को कभी भी ध्यान में नहीं रखा गया है। उदाहरणार्थ, मुम्बई में व्यापारिक और आवासीय प्रयोग की भूमि के

पुनरुद्धार में नियोजित अनुपात 80:20 का था जिससे वह अत्यधिक भीड़, संकरापन तथा सड़कों, उपनगरीय रेलों और जलापूर्ति, बिजली और गन्दे पानी के निकास की व्यवस्था आदि पर अत्यधिक दबाव पड़ा।

शहरी भीड़भाड़ पैदा करने में मुख्य कारण हैं; दोषयुक्त नियोजन, विदेशी नमूने, समझदारी और सार्वजनिक यातायात में विनियोजन में कमी, अधिक कानून, तथा नियोजन और निर्माण में निजी एजेन्सियों को न लगाना, आदि।

नगरों के निकास को कम करने का समाधान रिंग कस्बों के विकास सार्वजनिक यातायात व्यवस्था को मजबूत करने के साथ ही निजी वाहनों पर दबाव कम करने में, नहीं है बल्कि सार्वजनिक यातायात को त्वरित बनाने में है। मुम्बई में उप नगरीय रेलों ने नगर के उप नगरों को 120 किलोमीटर तक बढ़ा दिया है।

नगरीकरण से कार्य शक्ति के ढाँचे में भी परिवर्तन आता है (अर्थात् प्राथमिक (कृषि), द्वैतियक (रचना में) और तृतीयक व्यवसाय (व्यापार, यातायात, सार्वजनिक प्रशासन, बैंक और अन्य सेवाओं में लगे लोग) तथा ग्रामीण-नगरीय उत्पादन फासले में भी परिवर्तन आया है। उदाहरणार्थ, यदि हम पश्चिम बंगाल को ही देखें, राज्य में 1951 व 1991 के बीच शहरीकरण की दर महाराष्ट्र, गुजरात, तमिलनाडु और साथ ही अखिल भारतीय स्तर की तुलना में कम थी। इसने राज्य में सभी तीनों क्षेत्रों (प्राथमिक, द्वैतियक व तृतीयक) में कार्यशक्ति के वितरण को प्रभावित किया। इस राज्य के शहरी क्षेत्रों के प्राथमिक क्षेत्र में 1951 व 1991 के बीच कार्य शक्ति का प्रतिशत 3.37 से 8.22 प्रतिशत के बीच था, द्वैतियक क्षेत्र में 34.78 व 41.06 के बीच तृतीयक क्षेत्र में 52.25 तथा 60.73 के बीच रहा (*Economic and Political Weekly*, November 21-27/ December 4, 1998: 3035)

औद्योगीकरण (Industrialisation)

औद्योगीकरण ने न केवल नगरीकरण को प्रोत्साहित किया है, बल्कि सामाजिक संरचना और सामाजिक संस्थाओं को भी प्रभावित किया है। इसका एक प्रभाव तो विशिष्ट शिक्षा की महत्ता की वृद्धि में देखा जा सकता है जिसने फिर विवाह आयु को प्रभावित किया है। परिपक्व और वयस्क युवा शिक्षा पूर्ण होने तथा जीवन में स्थापित होने तक विवाह रोक देते हैं। यौवनारम्भ के पश्चात होने वाले विवाह, वैवाहिक तथा पारिवारिक सम्बन्धों को भी प्रभावित करते हैं। व्यक्ति अपने हितों और आकांक्षाओं में अधिक रूचि लेते हैं। इसके अलावा औद्योगीकरण ने गतिशीलता को प्रेरित किया है। गतिशीलता सामाजिक प्रस्थिति में परिवर्तन की अपेक्षा पार्श्वीय (lateral) होती है। लेकिन जैसे जैसे श्रमिक उद्योग में दक्षता प्राप्त करता जाता है उसकी सामाजिक प्रस्थिति भी बदलती है यद्यपि परिवर्तन लम्बाकार (vertical) आधार की अपेक्षा क्षैतिजीय (horizontal) आधार पर अधिक होता है।

औद्योगीकरण ने नियंत्रण के साधनों को भी प्रभावित किया है। अनौपचारिक साधनों ने औपचारिक साधनों को स्थान दिया है। लुमिस ने भी कहा है कि औद्योगीकरण ने बाजार अर्थव्यवस्था को जन्म दिया है जो परम्परागत मौखिक नियंत्रण के साधनों को स्वीकार नहीं करती बल्कि नियंत्रण के उपायों को लिखित में स्वीकार करती है। औद्योगीकरण ने मजदूर

संघों के विकास में भी योग दिया है जिनसे नियोजक कर्मचारी सम्बन्धों पर भी प्रभाव पड़ा है तथा कर्मचारियों की सामाजिक सुरक्षा, सामाजिक कल्याण और हितों की रक्षा पर भी ध्यान दिया गया है। इससे सरकार को सामाजिक कानून बनाने को बाध्य होना पड़ा है। अन्त में, औद्योगीकरण के प्रभाव की बात करते हुए, समाजशास्त्रियों ने संचार साधनों पर भी इसके प्रभाव की ओर संकेत किया है जिसने गाँव वालों की आत्मनिर्भरता कम की है, जीवन काल में वृद्धि की है और व्यापारोन्मुख मनोरंजन को प्रोत्साहन दिया है। संक्षेप में, औद्योगीकरण ने समाज के हितों और मूल्यों को इस कदर प्रभावित किया है कि व्यक्ति की पहचान, प्रस्थिति, प्रतिबद्धताएं और व्यवहार एक बार पुनः नई शक्ल तथा नये उद्देश्यों पर सोचने को मजबूर हुए हैं।

सामाजिक (सुधार) आन्दोलन
[Social (Reform) Movements]

भारत में सामाजिक आन्दोलन केवल विरोध और असहमति प्रकट करने वाले आन्दोलन ही नहीं रहे हैं, बल्कि सुधारात्मक, प्रतिक्रियात्मक के साथ-साथ सामाजिक-धार्मिक और स्वतंत्रता आन्दोलन भी रहे हैं। ये आन्दोलन, जिन्हें "परिवर्तन को प्रोत्साहित/विरोध करने के सामूहिक प्रयत्न" कहा गया है, बौद्धिक विकास, सामाजिक संरचनाओं, वैचारिक वरीयताओं (ideological preferences) और सत्य के ज्ञान आदि से अस्तित्व में आये। यह सर्वविदित सत्य है कि समाज की विशेषताएं ही आन्दोलनों के प्रारूप (styles) तैयार करती हैं। अतः सामाजिक संरचना के तत्व और समाज के भविष्य की छवि ही सामाजिक आन्दोलनों के विश्लेषण को केन्द्र बिन्दु प्रदान करते हैं।

ब्रिटिश काल तक हमारे देश में सामाजिक आन्दोलन धर्मोन्मुख थे, यद्यपि 1930 के बाद राष्ट्रीय आन्दोलनों का भी उदय हुआ जो कि स्पष्ट रूप से साम्राज्यवाद और उपनिवेशवाद की शक्तियों के विरुद्ध थे। लेकिन स्वतंत्रता के बाद जो नयी स्थिति पैदा हुई, जैसे राजनैतिक कुप्रशासन, आर्थिक शोषण, महिलाओं का अपमान व तिरस्कार, सांस्कृतिक प्रभुत्व, उसने आक्रमण के लक्ष्यों (target) में विविधता पैदा की तथा विविध आन्दोलनों में विस्तार किया।

सामाजिक आन्दोलन अक्सर विशेष भागीदारों की पहचान (identity of particular participants) के आधार पर चिन्हित किए जाते हैं : जैसे जनजातीय आन्दोलन, हरिजन आन्दोलन, महिला आन्दोलन, किसान आन्दोलन, छात्र आन्दोलन, औद्योगिक श्रमिकों का अन्दोलन, आदि। इसी प्रकार जिन समूहों के विरुद्ध वे जा रहे हैं उनकी *सामूहिकता की प्रकृति* के आधार पर भी वे चिन्हित किए जाते हैं : जैसे ब्राह्मण विरोधात्मकता, वामपन्थी विरोधी, दलित विरोधी, आदि। वर्गीकरण का एक और आधार है: *सीमागत ठहराव* (territorial anchorage) यानी, वह स्थान जहां उनका उदय हुआ और जो उनका कार्यक्षेत्र है; जैसे विदर्भ आन्दोलन, तेलंगाना आन्दोलन, छत्तीसगढ़ आन्दोलन, झारखण्ड या वानाञ्चल आन्दोलन, उत्तराञ्चल आन्दोलन, आदि। इस प्रकार के नाम से उद्देश्यों का पता चलता है। आन्दोलन उद्देश्यों से भी जाने जाते हैं, जैसे, हिन्दी विरोधी आन्दोलन। आन्दोलनों को उनके शीर्ष नेतृत्व से भी जाना जाता है, जैसे, गान्धी आन्दोलन, रामकृष्ण आन्दोलन, जे.पी.आन्दोलन, आदि। एम.एस.ए. राव (1978) ने तीन प्रकार के

आन्दोलनों की बात की है—सुधारवादी, परिवर्तनवादी (transformative) और क्रान्तिकारी।

यहां हम अपने विश्लेषण को एक ही प्रकार तक सीमित रखेंगे, अर्थात् सुधारवादी। सुधारवादी आन्दोलन मूल्य व्यवस्था में आंशिक परिवर्तन लाते हैं। वे संरचनात्मक परिवर्तनों को प्रभावित नहीं करते (जैसा कि परिवर्तनवादी करते हैं और न ही वे सामाजिक व सांस्कृतिक व्यवस्थाओं की पूर्णता में क्रान्तिकारी परिवर्तन लाते हैं (जैसे कि क्रान्तिकारी आन्दोलन करते हैं)। यहां हम पाँच विशिष्ट सामूहिकता से सम्बद्ध आन्दोलनों की चर्चा करेंगे, अर्थात् कृषक आन्दोलन, जनजातीय आन्दोलन, दलित आन्दोलन, पिछड़ी जाति/वर्ग आन्दोलन और महिला आन्दोलन। इन सभी आन्दोलनों में ये पाँच तत्व हैं; (i) सामूहिक लक्ष्य (ii) वृहद् स्वीकृति वाले (widely accepted), कार्यक्रमों की समान विचारधारा, (common ideology) (iii) सामूहिक क्रियान्वयन (iv) कम से कम संगठन स्तर, (v) नेतृत्व। इस प्रकार उपरोक्त विशेषताओं वाला कोई आन्दोलन 'एजीटेशन' (agitation) से भिन्न है क्योंकि विरोध में न तो कोई विचारधारा और न ही कोई संगठन होता है।

घनश्याम शाह (Social Movements in India, 1998 : 19) की मान्यता है कि कुछ विद्वानों द्वारा कुछ 'सामूहिक कृत्यों' को 'एजीटेशन' कहा गया है, लेकिन दूसरों ने उन्हें 'आन्दोलन' ही कहा है, जैसे भाषायी राज्यों के गठन की माँग। शाह स्वयं उन्हें आन्दोलन (movements) या समाज के विशेष स्तर के सामाजिक आन्दोलन का ही एक हिस्सा मानता है। इस प्रकार वनाञ्चल की माँग बिहार में, उत्तर प्रदेश में उत्तराञ्चल की माँग, मध्य प्रदेश में छत्तीसगढ़ की माँग उसके अनुसार सामाजिक आन्दोलन कहे जा सकता है (वही: 19)।

सामाजिक आन्दोलनों के विश्लेषण में सामान्यतया दो उपागम प्रयोग में लाये जाते हैं: मार्क्सवादी और गैर-मार्क्सवादी। मार्क्सवादी उपागम के अनुसार आन्दोलन में निम्न लक्षण मिलते हैं (1) समाज में क्रान्तिकारी परिवर्तन लाने के लिए सामूहिक कार्यवाही (ii) इसका कारण समाज के आर्थिक ढाँचे में स्थित है या विरोधी हितों में जो कि दो विपरीत वर्ग के हों, (iii) शक्तिवान वर्ग विचारधारा को सुधारने और शोषित वर्ग को नियंत्रित करने के लिए राज्य की दमनात्मक शक्ति (Coercive power) का प्रयोग करता है जबकि शक्तिहीन वर्ग इसका प्रतिरोध करता है। (iv) एक ही वर्ग के सदस्यों के न केवल समान हित होते हैं, जैसे कि अन्यों के, बल्कि समाज में अपनी स्थिति के विषय में समान चेतना में भी भागीदार होते हैं। (शाह, वही : 21)। गैर मार्क्सवादी उपागम ने इस उपागम की इस आधार पर आलोचना की है कि : (a) यह सांस्कृतिक कारकों की उपेक्षा करता है और संरचनात्मक कारकों पर अधिक बल देता है। (b) यह आर्थिक कारकों का अधिक निर्धारण करता है। (c) यह पराभवी (reductionist) उपागम है। गैर मार्क्सवादी विद्वानों के उपागम में सामाजिक आन्दोलनों के विश्लेषण में बहुत विविधता है। कुछ तो कारणों की छानबीन नहीं करते जबकि अन्य आन्दोलनों के लिए उत्तरदायी कारणों पर बल देने में भिन्नता रखते हैं। कुछ सांस्कृतिक कारकों पर, कुछ व्यक्तिगत गुणों पर, कुछ अभिजनों द्वारा किए जाने वाले जोड़-तोड़ पर और कुछ परम्परा और आधुनिकता के बीच संघर्ष पर बल देते हैं।

उपरोक्त पाँचों आन्दोलनों (कृषक, जनजातीय, दलित, पिछड़ी जाति और महिला) के विश्लेषण में हमारी धारणा मुख्यतः ए.आर. देसाई, रजनी कोठारी और एस.ए.राव के उपागमों

पर आधारित है। देसाई (1986) ने माना है कि कुछ आन्दोलन हमारे संविधान द्वारा लोगों के नागरिक और लोकतांत्रिक अधिकारों की सुरक्षा न करने के कारण होते हैं। रजनी कोठारी (1984 : 1986) की राय है कि समाज के रूपान्तरण (transformation) में राज्य की असफलता जिसमें विशाल जन समूह का दमन (repression) और उपेक्षा (intimidation) आम बात हो, लोगों को अपने अधिकारों को विविध संघर्षों के माध्यम से मनवाने को बाध्य होना पड़ता है। गुर (Gurr, 1970) और एम.एस.एस. ए. राव (1979) ने सामाजिक आन्दोलनों को सापेक्ष वञ्चनाओं (relative deprivation) के संदर्भ में समझाया है। राव ने पीड़ित द्वारा सापेक्ष वञ्चना के साथ कुछ करने की सम्भावना पर बल दिया है। घनश्याम शाह (1979) और टी.के.ओमन (Oomen, 1977) सामाजिक आन्दोलनों की व्याख्या करते समय सापेक्ष वञ्चना के उपागम को स्वीकार नहीं करते। ओमन का तर्क है कि वञ्चना सिद्धान्तवादी आन्दोलनों को 'परिवर्तन की लगातार चलने वाली प्रक्रिया' नहीं मानते। वे वञ्चना के स्रोतों को भी नहीं मानते। शाह का मानना है कि वञ्चना सिद्धान्तवादी (deprivation theorists) चेतना के महत्व की भी अवहेलना करते हैं तथा भागीदारों के वैचारिक पक्ष की भी उपेक्षा करते हैं।

जनजातीय आन्दोलन (Tribal Movements)

आदिवासियों के आन्दोलन 1772 में बिहार से शुरु होकर, अनेक राज्यों में हुए हैं: आंध्र प्रदेश में विद्रोह, अण्डमान निकोबार द्वीप समूह, अरुणाचल प्रदेश, असम, मिजोरम और नागालैण्ड तक कई आन्दोलन चले। उन्नीसवीं शताब्दी में विद्रोहों में सम्मिलित प्रमुख जनजातियां थीं : मिजो (1810), कोल (1795 और 1831), मुण्डा (1889), डाफ्ला (1875), खासी और गारो (1829), कछारी (1839), सन्थाल (1853), मुरिया गोण्ड (1886), नागा (1844 और 1879), भुल्या (1868) और कोन्ध (1817)।

ए. आर. देसाई (1979), गफ (1974) और गुहा (1983) जैसे कुछ विद्वानों ने स्वतंत्रता के बाद के जनजातीय आन्दोलनों को कृषक आन्दोलन माना है, लेकिन के.एस.सिंह (1985) ने ऐसे उपागम की आलोचना की है क्योंकि इसका कारण थे आदिवासियों के सामाजिक और राजनैतिक संगठन, मुख्य धारा से उनका सापेक्ष एकाकीपन, उनके नेतृत्व के स्वरूप और उनकी राजनैतिक गतिशीलता की कार्य शैली। आदिवासियों की सामुदायिक चेतना बड़ी मजबूत है। जनजातीय आन्दोलन न केवल कृषक सम्बन्धी थे बल्कि वनों पर आधारित भी थे। कुछ विद्रोह तो नृजातीय प्रकार के थे क्योंकि वे जमींदारों, साहूकारों और छोटे-मोटे सरकारी अधिकारियों के खिलाफ थे जो न केवल उनके शोषक थे बल्कि विदेशी भी (देखें, घनश्याम शाह, op. cit., 1998, 86)

जब आदिवासी कर्जा या ब्याज चुकाने में असमर्थ रहते थे तब महाजन और जमींदार उनकी भूमि हड़प लेते थे। इस प्रकार वे अपनी ही भूमि पर काश्तकार हो गए और कभी-कभी बन्धुआ मजदूर। पुलिस और राजस्व अधिकारी कभी उनकी मदद को नहीं आते थे। इसके विपरीत वे भी अपने व्यक्तिगत कार्यों या सरकारी कार्यों के लिए मुफ्त में उनकी सेवाएं लेते थे। न्यायालयों को आदिवासी कृषि व्यवस्था और रिवाजों का ज्ञान नहीं था बल्कि उनकी दशा का भी ज्ञान नहीं था। जमीन हड़पने, बन्धुआ मजदूरी, न्यूनतम पारिश्रमिक

और जमीन पर कब्जा, आदि ने अनेक जनजातियों—जैसे मुण्डा, सन्थाल, कोल, भील, वर्ली आदि—को अनेक क्षेत्रों—जैसे असम, उड़ीसा, राजस्थान, मध्यप्रदेश, आन्ध्र प्रदेश, बिहार और महाराष्ट्र में—विद्रोह के लिए बाध्य कर दिया।

वन प्रबन्ध के कारण भी कुछ जनजातीय विद्रोह हुए क्योंकि कुछ क्षेत्रों में वन ही उनकी आजीविका का साधन थे। ब्रिटिश सरकार ने कुछ विधानों के द्वारा व्यापारियों और ठेकेदारों को वन काटने की अनुमति दी थी। इन नियमों ने आदिवासियों को न केवल वन उत्पादों से वञ्चित रखा बल्कि वन अधिकारी उनको उत्पीड़ित भी करते थे। इससे आन्ध्र प्रदेश और कुछ अन्य क्षेत्रों में आदिवासी आन्दोलन चलाने लगे।

राघवैया ने 1971 में आदिवासियों के विद्रोहों—1778 से 1970 की अवधि के—विश्लेषण में 70 विद्रोहों की सूची बनाई और समय क्रम से व्यवस्थित किया। भारतीय मानवशास्त्रीय सर्वेक्षण में 1976 में जनजातीय आन्दोलनों के अपने सर्वेक्षण में भारत में चल रहे 36 आन्दोलनों की पहचान की। यह कहा गया कि यद्यपि ये व्रिद्रोह न तो अधिक संख्या में थे और न ही जल्दी-जल्दी हो रहे थे, फिर भी मध्य या पूर्वी भारत में शायद ही कोई प्रमुख जनजाति रही हो जिसने गत 150 वर्षों में अपनी पीड़ा को व्यक्त करने के लिए आन्दोलन का सहारा न लिया हो।

उत्तरपूर्वी व मध्य भारत में जनजातीय आन्दोलनों पर कुछ अध्ययन किये गए और उनका उल्लेख किया गया है। परन्तु दक्षिण भारत में बहुत कम संख्या में या बिल्कुल नहीं के बराबर जनजातीय आन्दोलनों के विषय में जानकारी है। यह इसलिए है क्योंकि दक्षिण भारत में जनजातियाँ या तो अत्यन्त आदिकालीन अवस्था में हैं, या अत्यन्त अल्पसंख्या में, या इतने एकाकी (isolated) रहते हैं कि आन्दोलन के संगठन में सक्षम नहीं है, यद्यपि उनमें शोषण के विरुद्ध असन्तोष काफी है। (के.एस. सिंह, 1983 Xvi)। एल. के महापान (1972 : 408) ने भी देखा है कि संख्यात्मक रूप से अल्प तथा घुमक्कड़ जनजातियों में महत्वपूर्ण सामाजिक, धार्मिक, प्रस्थितीय गतिशीलता के या राजनैतिक आन्दोलन नहीं हुए हैं। जनजातीय आन्दोलनों का विवरण अध्याय नौ में भी दिया गया है।

कृषक आन्दोलन (Peasant or Agrarian Movements)

कृषक आन्दोलनों पर दो विचार हैं; एक, कि ये आन्दोलन स्वतंत्रता के बाद उभरे और शुद्ध रूप से सामाजिक और सांस्कृतिक प्रकृति के हैं, दूसरा, ये आन्दोलन स्वतंत्रता से पहले भी थे और उपनिवेशवादी शासकों तथा जमींदारों के विरुद थे अर्थात् वे राजनैतिक और सांस्कृतिक थे।

मूर जूनियर (घनश्याम शाह, 1998 : 34-35 द्वारा उद्धृत) ने भारत में कृषक आन्दोलनों पर लिखते हुए (1967 में) भारतीय कृषकों की क्रान्तिकारी क्षमता को स्वीकार नहीं किया है। उसके अनुसार भारतीय कृषक परम्परा से निष्क्रिय एवं भीरू होते हैं जिसके कारण मुगल और ब्रिटिश काल में कृषि अकुशल तथा दोषपूर्ण बनी रही। इसलिए बहुत बड़े कृषक आन्दोलन भी नहीं हुए1 लेकिन मूर की धारणा को ए. आर. देसाई, कैथलीन गफ और डी. एन. धनागे्र द्वारा चुनौती दी गई है। उनका तर्क है कि इतिहासकारों ने अनेक कृषक आन्दोलनों की

अनदेखी की है। गफ ने गत दो शताब्दियों में लगभग 77 कृषक विद्रोहों की बात की है जिनमें सबसे छोटे आन्दोलन में कई हजार कृषकों ने सक्रिय समर्थन किया था। ए.आर. देसाई (1979 : XII) ने भी देखा कि सम्पूर्ण ब्रिटिश शासन काल तथा बाद में भी भारतीय ग्रामीण परिदृश्य विरोध और विद्रोह के स्वरों से उद्वेलित था और यहां तक कि बड़े पैमाने पर संघर्ष वर्षों तक चले जिसमें सैकड़ों ग्रामीण भी सम्मिलित थे। रणजीत गुहा (1983) ने कहा है कि विविध स्वरूपों एवं स्तरों के कृषक आन्दोलन 19 वीं सदी के अन्त तक शुरु हो गए थे। ब्रिटिश शासन के दौरान कम से कम 110 विद्रोहों की जानकारी है। धनाग्रे (1983 :5) का तर्क है कि मूर के सामान्यीकरणों पर प्रश्न चिन्ह लगाया जा सकता है क्योंकि भारत में अनेक किसान आन्दोलन और विद्रोह हुए हैं।

ए.आर. देसाई (1986) और घनश्याम शाह (1998 : P. 31-38) के अनुसार भारत के कृषक आन्दोलन, समय के आधार पर पूर्व-ब्रिटिश और स्वतंत्रयोत्तर कालों में वर्गीकृत किए गए हैं। स्वतंत्रयोत्तर काल को पुनः पूर्व नक्सलवादी और उत्तर नक्सलवादी काल में बाँटा गया है या इन्हें पूर्व व उत्तर हरित क्रान्ति युग भी कहा गया है। बाद के काल को पूर्व और उत्तर आपातकाल युग में और भी वर्गीकृत किया गया है। ए.आर. देसाई की यह भी राय है कि कृषक आन्दोलनों की प्रकृति कृषक संरचना के अनुसार भिन्न है जिसमें विविध कालों के दौरान परिवर्तन हुए हैं। उसने (1986) उप-निवेशवादी भारत को ब्रिटिश सीमा में रैयतबाड़ी क्षेत्रों, राज शासन के दौरान जमींदारी क्षेत्रों और जनजातीय परिक्षेत्रों (zones) में बाँटा है। इन क्षेत्रों में कृषक संघर्ष की विविध विशेषताएं थीं, विभिन्न प्रकरणों को उनमें उठाया गया था और उसमें विविध स्तर के कृषक सम्मिलित थे। उसने स्वतंत्रयोत्तर संघर्षों को पुनः दो श्रेणियों में बाँटा : धनी किसानों द्वारा चलाए गए आन्दोलन तथा गरीब किसानों द्वारा चलाए गए आन्दोलन। इस प्रकार कृषक संरचना समूचे देश में एक समान रूप में विकसित नहीं हुई थी।

कैथलीन गफ (1974) ने कृषक विद्रोहों को उनके उद्देश्यों, विचारधारा और संगठन को विधियों के आधार पर पांच प्रकारों में बाँटा है : (i) ब्रिटिश लोगों को बाहर खदेड़ने के लिए पुनर्स्थापना के विद्रोह, ताकि पूर्व के शासकों को पुनर्स्थापित किया जा सके : (ii) धार्मिक आन्दोलन; (iii) सामाजिक दस्युता; (iv) सामूहिक न्याय के लिए आतंकवादी दुर्भावना; और (v) विशेष शिकायतों के समाधान के लिए जन विद्रोह। जहां तक कृषक आन्दोलनों से सम्बद्ध प्रकरणों का प्रश्न है, तो कुछ तो काश्तकार भूस्वामी के बीच संघर्ष से सम्बद्ध थे, कुछ बहुसंख्यक धार्मिक समुदाय के जमींदारों द्वारा दबाव के कारण थे (हिन्दू) और कुछ साम्प्रदायिक हिंसा, सरकारी कर्मचारियों तथा पुलिस द्वारा उकसाए जाने, आर्थिक दशा सुधारने के कारण, अधिक पारिश्रमिक की माँग के लिए, बेगार आदि कारकों के कारण थे। कुछ लेखक मानते हैं कि गान्धी जी ने कृषक समाज को राष्ट्रीय स्वतंत्रता के लिए प्रेरित किया था, न कि जमींदारों और साहूकारों के विरुद्ध। अन्य लेखक भी हैं जो सुझाव देते हैं कि कृषक आन्दोलनों व राष्ट्रीय आन्दोलनों के बीच का सम्बन्ध परस्पर आदान प्रदान का था। कृषक वर्ग की माँगों को उठाना और साम्राज्यवादियों के विरुद्ध समयावधि की सुरक्षा के हित, ऋण माफी, और सस्ती दर पर ऋण आदि विषयों पर राष्ट्रीय नेतृत्व मजबूती से बल न दे सका।

आजादी के बाद नेताओं ने कृषक समाज को जमींदारों और भूस्वामियों के विरुद्ध आन्दोलित करने का प्रयत्न किया। शोषित कृषक वर्ग एक जुट नहीं थे क्योंकि वे अपने मालिकों से गुटीय बन्धनों से बन्धे हुए रहते थे। प्रारम्भ में गरीब कृषक बहुत कम लड़ाकू प्रवृत्ति के थे, लेकिन बाद में जैसे-जैसे भूस्वामी विरोधी तथा धनी कृषक विरोधी भावना मध्यम वर्ग द्वारा बनती गई, गरीब किसानों की विद्रोही शक्ति भी क्रान्तिकारी शक्ति में बदल गई। लेकिन क्रान्तिकारी कदम उठाने वाले कृषक अखिल भारतीय स्तर पर कार्य नहीं कर पा रहे थे। कुछ ही क्षेत्रों में कृषक आन्दोलन संगठित हो पाए थे।

विभिन्न क्षेत्रों में प्रमुख कृषक आन्दोलन इस प्रकार थे: तेभागा (Tebhaga), तेलंगाना और नक्सलवादी। भूदान और सर्वोदय आन्दोलन में कृषकों के हितों को भी उजागर किया गया था, लेकिन उनका संचालन कृषकों द्वारा न होकर विनोबा भावे और जय प्रकाश नारायण द्वारा हो रहा था।

तेभागा आन्दोलन (1946-47) अनेक कारकों द्वारा चलाए गए थे। ये कारक थे: 1943 का अकाल, जोतदारों, जमाखोरों व काला बाजारियों के विरुद्ध अभियान, आन्दोलन में शामिल आदिवासियों की सामाजिक एकता, तथा बटाई पर काम करने वालों (sharecroppers) की बढ़ती सौदेबाजी की क्षमता। क्योंकि इस आन्दोलन का विस्तार सीमित था अतः यह असफल रहा। हिन्दू मुसलमानों के बीच की खींचातानी, अर्थात् साम्प्रदायिक राजनीति, वर्ग और जाति के बीच तालमेल की कमी, और कृषक समाज के भीतर ही बफादारी के लिए उच्च वर्ग के जोड़-तोड़ के कारण भी यह आन्दोलन असफल रहे (धनाग्रे)।

तेलंगाना आन्दोलन (1946-51) दक्षिण भारत में प्रारम्भ में तो सफल रहा लेकिन अन्ततः असफल रहा क्योंकि साम्यवादियों ने भारतीय सेना के विरुद्ध मुस्लिम रजाकारों का समर्थन किया जो कि राष्ट्रीय भावनाओं और आन्दोलन के विपरीत गया। धनाग्रे ने इस आन्दोलन को विस्तृत-वर्ग आधारित आन्दोलन कहा क्योंकि इसमें भूस्वामियों के विरुद्ध मध्यम, गरीब, भूमिहीन किसान शामिल थे।

नक्सलबाड़ी आन्दोलन (Naxalbari Movement)

फरवरी 1967 में पश्चिम बंगाल में जब कम्यूनिस्ट पार्टी (CPI) के सहयोग से संयुक्त मोर्चा सरकार सत्ता में आई, तब कुछ सक्रिय एवं स्थानीय समूहों का उदय हुआ। उनमें से एक चारू मजूमदार तथा कानू सान्याल के नेतृत्व में शुरु हुआ जिसने कृषक समाज में सशस्त्रता को विकसित करने पर जोर दिया जिससे किसानों को सशस्त्र संघर्ष के लिए तैयार किया जा सके। प्रारम्भ में नेताओं ने बेनामी भूमि पर जबरन कब्जा में कृषकों से भाग लेने को कहा लेकिन बाद में उन्होंने गुरिल्ला युद्ध के माध्यम से वर्ग शत्रुओं को समाप्त करने पर बल दिया। इस प्रकार जन आन्दोलन का स्थान भूमिगत छोटे समूह दस्तों ने ले लिया। इस प्रकार नक्सलबाड़ी आन्दोलन की गुरिल्ला कार्यवाही ने पश्चिम बंगाल और आन्ध्र प्रदेश में सबसे अधिक प्रभाव डाला और बाद में बिहार में भी।

नक्सलबाड़ी में कृषक विद्रोह 1972 में पश्चिम बंगाल के दार्जिलिंग जिले में तीन

क्षेत्रों में शुरु हुआ। राजवंशी (मूलरूप से एक जनजाति), ऑराँव, मुण्डा, सन्थाल इस क्षेत्र में सबसे अधिक थे। अन्तिम तीन जनजातियों के लोग वे थे जो छोटा नागपुर (बिहार) से दार्जिलिंग के चाय बगानों में काम करने आए थे। भूस्वामी *जोतदार* कहलाते थे और काश्तकार *अधियारी*। अधियारी की प्रस्थिति संकटपूर्ण थी। उनका इतना शोषण होता था और बंधुआ मजदूरों जैसा व्यवहार उनके साथ होता था कि इससे 1950 और 1960 के दशकों में कृषक आन्दोलन हुए। कानू सान्याल और अन्य लोगों ने 1960 के दशक में कृषक माँगों को लेकर, जिनमें जमींदारी उन्मूलन, जोतने वाले को भूमि तथा काश्तकार से भूमि खाली कराने से रोकना, आदि, के लिए शोषित किसानों के बीच प्रथम प्रवेश लिया। बेनामी भूमि पर पुनः काबिज होने के लिए 1950 व 1960 के दशकों में किसान सभा द्वारा किसानों को आह्वान किया गया कि फसल काटो और अपनी जगह में भण्डारण करो; किसान समितियों के समक्ष अपने भूस्वामित्व का साक्ष्य प्रस्तुत करने के लिए जोतदारों से कहो; फसल बचाने तथा फसल को पुलिस से बचाने के लिए शस्त्र धारण करो; आदि। 1960 के तथा 1970 के दशकों में नक्सलबाड़ी कृषक आन्दोलन के दूसरे चरण में गुप्त उग्रवादी दस्ते बनाए गए तथा कृषकों से जोतदारों और बागान श्रमिकों की भूमि पर कब्जा करने को कहा गया जिन्होंने गरीब किसानों से जमीन खरीद ली थी, छीनी गई भूमि को जोतने और सम्पूर्ण प्राप्त फसल पर कब्जा करने को कहा गया; भूस्वामी से भोजन की माँग और उसके मना करने पर उससे जबरन लेने; तथा जोतदार को अग्नेयास्त्रों से उसे वंचित करने को कहा गया। नक्सलबाड़ी क्षेत्रों में 1967 में नक्सलबाड़ी विद्रोह को पुलिस कार्यवाही द्वारा दबा दिया गया, लेकिन अगस्त-सितम्बर 1968 में पुनः शुरु हो गया जो 1972 तक चलता रहा।

पश्चिम बंगाल में नक्सलबाड़ी आन्दोलन की प्रमुख विशेषताएं थीं : एक, कृषकों और श्रमिक वर्ग के हितों की रक्षार्थ गतिशीलता और इसमें सभी नृजातीय (जनजातियों सहित) और जाति समूह सम्मिलित थे; दो, अपनाए गए साधन गैर-संस्थागत और हिंसा को प्रोत्साहित किया जाता था; तीन, नेतृत्व कम्युनिस्ट पार्टी के नेताओं द्वारा प्रदान किया जाता था; चौथे, इसका उद्देश्य था जोतदारों को नीचे की ओर ले जाना तथा बन्धन युक्त सीमान्त कृषकों को ऊपर की ओर उठाना। इस प्रकार, गान्धी जी के सर्वोदय आन्दोलन और नक्सलबाड़ी आन्दोलन में अन्तर यह था कि प्रथम का उद्देश्य सामुदायिक स्वामित्व के साथ जमीन के व्यक्तिगत स्वामित्व को हटाना था जब कि दूसरे का उद्देश्य व्यक्तिगत स्वामित्व था।

इस आन्दोलन की असफलता के कारक थे : इसका राष्ट्र विरोधी झुकाव, जैसा कि चीन के प्रति इसके समर्थन से जाहिर होता था; इसका भारतीय राष्ट्रीय नेतृत्व की निन्दा करना और चीनी नेतृत्व को अपनी आकांक्षाओं का स्रोत मानना, राज्य सत्ता को हथियाने का इसका घोषित इरादा, हिंसा और वामपन्थियों में गुटबाजी का खुला समर्थन। आर.के. मुखर्जी (1978) ने इस आन्दोलन का विश्लेषण सामाजिक संरचना और सामाजिक परिवर्तन के अर्थ में किया है। उसका तर्क है कि यद्यपि आन्दोलन का घोषित इरादा राज्य सत्ता हासिल करना था, परन्तु वास्तव में यह आन्दोलन व्यवस्था के विरुद्ध नहीं था बल्कि इसकी अतिवादिता के विरुद्ध भूस्वामी और किसान के बीच वस्तु विनिमय को नियमित करने का उद्देश्य था (1978-73-74)।

भारत में कृषक आन्दोलनों का अध्ययन विद्वानों द्वारा छः विविध दृष्टिकोणों से भी

किया गया है : (1) सूक्ष्म एवं विशद् स्तर पर संघों के रूप में उनकी कार्य प्रणाली के अर्थ में, (2) राजनीति व कृषक आन्दोलनों के बीच सम्बन्ध, अर्थात् कांग्रेस, कम्युनिस्ट जैसी राजनीतिक पार्टियों द्वारा समर्थन, (3) सामाजिक संरचना (जाति, वर्ग और शक्ति) और कृषक आन्दोलनों के बीच सम्बन्ध, (4) हरित क्रान्ति और कृषक आन्दोलनों के बीच सम्बन्ध (हरित क्रान्ति ने न केवल परम्परागत कृषक सम्बन्धों को प्रभावित किया बल्कि आर्थिक विषमताओं को बढ़ाया और ग्रामीणों की सामाजिक आकांक्षाओं को भी बढ़ाया) (5) कृषक कानूनों और आन्दोलनों के बीच सम्बन्ध (अर्थात् आन्दोलन जिनके कारण कानून बने और कानून जिनकी वजह से आन्दोलन हुए, और (6) आन्दोलनों की गतिशीलता और संगठन के बीच सम्बन्ध।

कृषकों के कल्याण के लिए कुछ आन्दोलन गान्धीवादी सिद्धान्तों पर संगठित किए गए थे। दो ऐसे आन्दोलन थे विनोबा भावे का भूदान आन्दोलन और जय प्रकाश नारायण का सर्वोद्‍य आन्दोलन। भूदान आन्दोलन का त्वरित (immediate) उद्देश्य धनी वर्ग से जमीन इकट्ठा कर के गरीबों में बाँटना था। परन्तु यह आन्दोलन अपने उद्देश्यों की प्राप्ति में असफल रहा।

धार्मिक आन्दोलन (Religious Movements)

भारत में धार्मिक आन्दोलन मुख्य रूप से रूढ़िवादी, हिन्दू विचारधारा विरोधी, ब्राह्मण विरोधी, मुस्लिम-पक्ष के, या सिख पक्ष के रहे हैं। ये आन्दोलन या तो विरोध प्रदर्शन (protest) के आन्दोलन थे या अलग पहचान के लिए थे या सामाजिक सम्बन्धों के विद्यमान व्यवस्था में परिवर्तनों को उचित ठहराने के लिए किए गए थे। कुछ आन्दोलन अपने विश्वास के नेताओं की रूढ़िवादी विचारधारा के विरोध में चलाएं गए थे, कुछ ब्राह्मणवादी, हिन्दुत्व और जाति व्यवस्था के खिलाफ थे, कुछ शुद्धता और अशुद्धता के विचारों के विरुद्ध थे और कुछ ब्राह्मणों की भ्रष्ट व्यवस्था के विरुद्ध थे।

ओमन ने धार्मिक आन्दोलनों को तीन श्रेणियों में बाँटा है (Oomen, 87): (1) वे आन्दोलन जो आवश्यक रुप से हिन्दुत्व के विरोध में चलाए गए थे और अलग धर्म के रूप में स्थापित हुए, जैसे जैन धर्म, बौद्ध धर्म और सिख धर्म (2) भक्ति आन्दोलन जो हिन्दुत्व की बुराइयों के शुद्धिकरण का प्रयत्न था तथा जाति प्रथा के अत्याचारों के विरुद्ध संघर्ष था लेकिन फलत: पन्थों में बँट गया, जैसे आर्य समाज (3) वे आन्दोलन जो हिन्दूवाद से अलग होने तथा अन्य धर्मों में परिवर्तित के लिए किए जा रहे थे।

भारत में धर्म के विरोध में प्रथम आन्दोलन थे : छठी शताब्दि में जैनवाद और बुद्धवाद। जैनवाद वेद के प्रभुत्व को अस्वीकार करता था और बलि के विरुद्ध विद्रोह। बुद्धवाद भी वैदिक बलि प्रथा और ब्राह्मणों के प्रभुत्व का विरोध करता था। वैष्णव और शैव आन्दोलन तथा कबीर, चैतन्य व नानक द्वारा शुरु किए गए आन्दोलन मनुष्य और ईश्वर के बीच, अर्थात् ब्राह्मण की मध्यस्थता को समाप्त करने के लिए प्रयत्नशील थे।

कर्नाटक में वीरेशवाद आन्दोलन जाति प्रथा की कठोरताओं, मूर्तिपूजा, अस्पृश्यता, आदि की प्रथाओं के विरुद्ध थे, लेकिन इसकी परिणिति धार्मिक अधिकारीवाद और श्रेणीक्रम संगठन में हुई और उदय एक पन्थ के रूप में हुआ।

आर्य समाज आन्दोलन का जन्म पंजाब में मुख्यतः ईसाइयों और मुसलमानों द्वारा किये जाने वाले धर्मान्तरण के प्रयत्नों के विरुद्ध हुआ। इसका भी आधार वैदिक दर्शन ही था। इसके अतिरिक्त इसमें शुद्धि पर भी बल दिया गया था। आज (1998-2000) यह पुनर्अन्तकरण का पक्ष हिन्दू परिवार तथा बजरंग दल द्वारा पुनः उठाया गया है।

धर्मान्तरण (conversion) आन्दोलन निम्नलिखित बिन्दुओं पर बल देता है : (ओमन, op. cit, 91-92).

(1) विशिष्ट ऐतिहासिक कालों में धर्मान्तरण, विशेष रूप से इस्लाम और ईसाई, आर्थिक व राजनैतिक उद्देश्यों से प्रेरित थे।

(2) धर्मान्तरण सामूहिक घटनाएं थीं।

(3) सामूहिक अन्तरण के विपरीत व्यक्तिगत या परिवार अन्तरण उच्च और मध्यम वर्ग तक ही सीमित थे।

(4) यदि किसी क्षेत्र में निम्न जाति के लोगों का धर्मान्तरण हुआ और उन्होंने विशिष्ट सामाजिक-आर्थिक सुधार का अनुभव किया और निश्चित राजनैतिक अनुभव प्राप्त किया तो इससे गैर-ब्राह्मण जातियों को भी धर्मान्तरण के लिए प्रोत्साहन मिलता था।

(5) किसी जाति के एक प्रभाग का धर्मान्तरण धर्मान्तरित लोगों में तनाव पैदा कर देता था।

(6) विभिन्न धार्मिक समूहों द्वारा अपनाई गई धर्मान्तरण की रणनीति में भी अन्तर था। मुस्लिम लोग अभिजनों को पहले परिवर्तित करते थे जबकि ईसाई मिशनरी निम्न जाति के लोगों का धर्मान्तरण पहले करते थे।

(7) धर्मान्तरित लोगों के साथ पूर्ण सामाजिक समानता के आधार पर व्यवहार नहीं किया जाता था।

(8) समय के साथ धर्मान्तरण आन्दोलन की तेजी भी घट गई। आज हिन्दू विश्वास में पुनः धर्मान्तरण कराने पर बल दिया जा रहा है

पिछड़ी जाति/वर्ग आन्दोलन (Backward Caste/Class Movements)

इन आन्दोलनों का उदय राष्ट्रीय आन्दोलन के विस्तार के साथ भारत के विभिन्न भागों में समाज के वचिंत एवं दलित लोगों में हुआ। धार्मिक और जाति आन्दोलनों में अन्तर यह है कि जहां धार्मिक आन्दोलन हिन्दुत्व की बुराइयों पर आक्रमण थे, वहीं जाति आन्दोलन हिन्दुत्व के स्वरूप गत ढाँचे में ही अपने धर्म को छोड़े बिना समस्याओं का समाधान करने की बात कहते थे।

पिछड़ी जाति/वर्ग आन्दोलनों का वर्णन इस प्रकार किया जा सकता है : (a) विविध प्रकार के भेदभावों के विरुद्ध विरोध (b) आत्म-सम्मान और प्रस्थिति प्राप्त करने के लिए आन्दोलन (c) प्रस्थिति गतिशीलता आन्दोलन (d) जाति एकता आन्दोलन, और (e) जाति कल्याण आन्दोलन। प्रस्थिति गतिशीलता आन्दोलनों को उप श्रेणियों में वर्गीकृत किया जा सकता है, जैसे अनुकूलिनी (adaptive) आन्दोलन, सांस्कृतिक विद्रोहोन्मुखी आन्दोलन, और संस्कृति विरोधी आन्दोलन।

पिछड़ी जातियां धर्म, शिक्षा, आर्थिक और राजनैतिक क्षेत्रों में वंचना का शिकार हो रही थीं। वे अपने भाग्य को तब तक इसी स्थिति में स्वीकार किये हुए थीं जब तक कि बाह्य प्रभावों ने उनमें जागृति पैदा करने की पर्याप्त दशाएं प्रदान नहीं कर दीं। इस प्रकार का प्रकटीकरण (exposition) ईसाई मिशनरियों द्वारा अनुसूचित जनजातियों के लिये कार्यक्रम आयोजन से हुआ जिन्हें तब दलित वर्ग में माना जाता था। अन्य दशा थी राष्ट्रीय आन्दोलन जो कि समतावादी विचार प्रदान करती थी और उन सामाजिक आन्दोलनों का समर्थन करती थी, जो कि किसी भी प्रकार के भेद भाव का विरोध करते थे। तीसरी दशा थी उच्च जातियों द्वारा आयोजित सुधार आन्दोलनों की जिन्होंने दलित जातियों तथा पिछड़े वर्गों के लिए शिक्षा और कल्याण कार्यक्रम प्रारम्भ किए। यह आन्दोलन अनेक रूढ़िवादी ब्राह्मण प्रथाओं के विरुद्ध थे। अन्तिम, ब्रिटिश लोगों द्वारा प्रारम्भ किए गए कानूनों की समतावादी व्यवस्था ने भी भेदभाव के खिलाफ पिछड़ी जातियों को आन्दोलित होने का अवसर प्रदान किया।

उच्च प्रस्थिति के लिए पिछड़ी जाति आन्दोलन तीन विचारधाराओं पर आधारित थे (एम.एस. ए. राव, *Social Movements in India*, 1953 :197-98)। प्रथम, अनेक जातियों ने उच्च वर्ण प्रस्थिति का दावा किया, जैसे उत्तर भारत में अहीरों ने, पश्चिम बंगाल में गोपाओं ने, महाराष्ट्र में गावलियों ने, आन्ध्र और कर्नाटक में गोला लोगों ने तथा तमिलनाडु में कोनार ने यदु (क्षत्रिय) होने का दावा किया। इसमें अपने-अपने क्षेत्रों में उच्च जातियों की जीवन शैली अपनाना शामिल है; (एम.एन. श्रीनिवास ने इसको संस्कृतीकरण की प्रक्रिया कहा है)। इम्तियाज अहमद ने कहा है कि गतिशीलता की इस प्रक्रिया को प्रारम्भिक प्रक्रिया के रूप में देखा जाना चाहिए या विरोध परक आन्दोलन या गतिशीलता के विरोध के रूप में। उच्च वर्ग के लोग इनका विरोध करते थे। उच्च प्रस्थिति का दावा करने की इच्छा के अलावा इसने पिछड़ी जातियों को संघ बनाने के लिए प्रेरित किया ताकि दबाव समूह के रूप में काम करते हुए वे जनगणना अधिकारियों पर उन्हें संस्कारीय प्रस्थिति वाली जातियों के रूप में दर्ज कराने के लिए दबाव डाल सकें। जाति समूहों को गतिशील बनाने की यह विधि 1931 तक काफी महत्वपूर्ण हो गई। दूसरी विधि थी आत्म निर्धारण की खोज में हिन्दू धर्म की पुनर्व्याख्या, जैसे श्री नारायण धर्म परिपालन आन्दोलन जो कि केरल के इझावा लोगों ने चलाया। केरल के इझावा लोगों ने स्पष्ट रूप से ब्राह्मण विरोधी झुकाव दर्शाया और अपने अधिकारों की प्राप्ति के लिए जन आन्दोलन का मार्ग अपनाया। दूसरे प्रकार की विरोध विचारधारा थी ब्राह्मणवादी आर्य धर्म और संस्कृति का विरोध जैसे तमिलनाडु में द्रविड़ कषघम आन्दोलन। तीसरी विचारधारा थी हिन्दुत्व का परित्याग और किसी अन्य धर्म का अनुगमन जैसे, महाराष्ट्र में मेहर लोगों द्वारा किया गया आन्दोलन।

तमिलनाडु के नादरों ने उच्च प्रस्थिति प्राप्त करने के लिए प्रभाव की राजनैतिक प्रक्रिया का प्रयोग किया जबकि महाराष्ट्र के मालियों ने सांस्कृतिक विद्रोह का प्रयोग किया। ओमन (Oomen, op. cit, 94) के अनुसार ध्यान देने योग्य महत्वपूर्ण बात यह है कि (a) संस्कारिक दृष्टि से ये जातियां बिल्कुल निम्न स्थिति में नहीं थीं; (b) स्थानीय मापदण्डों से वे आर्थिक दृष्टि से समृद्ध थे; (c) उनकी संख्यात्मक शक्ति महत्वपूर्ण थी; और (d) और उन्हें क्षेत्रीय शासकों का समर्थन प्राप्त था, जैसे महाराष्ट्र में कोल्हापुर के महाराजा का।

व्यावसायिक परिवर्तन, शिक्षा के प्रति झुकाव, शहरीकरण, विशिष्ट और करिश्माई नेतृत्व आदि कारकों ने भी उनकी गतिशीलता सम्बन्धी आन्दोलनों में उनकी सहायता की। वास्तव में, अनेक जातियों को हिन्दू धर्म के भीतर ही उच्च प्रस्थिति प्राप्त करने में सफलता नहीं मिली जिसके कारण उन्हें बुद्ध धर्म की शरण में जाने की प्रेरणा मिली।

संस्कृति विरोधी आन्दोलनों में इन बिन्दुओं पर ध्यान दिया गया थाः (a) जातिवादी हिन्दुओं के विरुद्ध विपरीत संस्कृति का विकास विशेष रूप से ब्राह्मणों के वर्चस्व का विरोध करना, लेकिन हिन्दू बने रहना (b) 'मुख्य धारा' संस्कृति में घुल मिल जाने या मात्र इसका विरोध करने की अपेक्षा अपनी स्वयं की समानान्तर संस्कृति का निर्माण करना। महाराष्ट्र के दलित पेन्थर आन्दोलन से इसी प्रवृत्ति का पता लगा। दक्षिण में द्रविड़ आन्दोलन दो चरणों में विकसित हुआ : ब्राह्मण विरोधी (जाति) चरण और उत्तर विरोधी (क्षेत्र) चरण। प्रथम चरण में द्रविड़ों ने ब्राह्मणों को विदेशी और द्रविड़नाद में घुसपैठिए कहा। उन्होंने ब्राह्मणों द्वारा रचित *'पुराणों'* की खिल्ली उड़ाई और वर्णाश्रम को विवेकहीन कहा। उन्होंने एक विपरीत संस्कृति का विकास किया जिसके द्वारा उन्होंने मूर्तिपूजा, बाल विवाह और बाध्य वैधव्य जैसे ब्राह्मणवादी प्रथाओं की निन्दा की और द्रविड़ स्वभाव की संस्कृति का विकास किया। धीरे-धीरे ये (आन्दोलन) अपने उद्देश्य में ब्राह्मण विरोध छोड़कर उत्तर भारत प्रभुत्व विरोधी हो गए जिसका उद्देश्य प्रभुता सम्पन्न द्रविड़ राज्य की स्थापना था।

जहां द्रविड़ आन्दोलन तमिलनाडु तक ही सीमति था, दलित पेन्थर आन्दोलन शहरी महाराष्ट्र से बाहर भी फैल गया। इसका प्रमुख उद्देश्य दलितों में बौद्धिक जागरण और चेतना पैदा करना था। महाराष्ट्र में मेहर आन्दोलन भी यहां उल्लेखनीय है। प्रथम, उन्होंने हिन्दुत्व के पूर्णतः परित्याग के विपरीत संस्कृति वाली रणनीति का सहारा लिया और बाद में अपने उत्थान के लिए राजनैतिक रणनीति का।

यद्यपि पिछड़ी जातियों के आन्दोलन अपने लक्ष्यों की प्राप्ति में आंशिक रूप से सफल रहे लेकिन उन्होंने उच्च जातियों को गतिशीलता सम्बन्धी क्रियाकलापों के लिए संघ बनाने के मॉडल भी प्रदान किए। लेकिन प्रगतिशील जातियों के आन्दोलन मुख्यतः बाल विवाह विरोध, विधवा विवाह प्रोत्साहन, महिला शिक्षा, व्यावसायिक परिवर्तन, शिक्षा, और असंख्य जातियों के बीच सामाजिक रुकावटें समाप्त करने जैसे सुधारोन्मुखी आन्दोलन थे।

पिछड़ी जातियों के लिए संरक्षणात्मक सरकारी नीति ने जनगणना प्रतिवेदनों, संस्कृतीकरण, सांस्कृतिक विद्रोह, या विपरीत संस्कृति के बनाने के बजाय स्वयं को राजनीतिक दृष्टि से संगठित करके अपने हितों और कल्याण के लिए लड़ने के लिए प्रेरित किया। इस राजनैतिक रणनीति का उद्देश्य था उन्हें दलित पिछड़ी जातियों की सूची में दर्ज कराना, आरक्षण समयावधि को बढ़वाना, तथा सरकारी नीतियों और कार्यक्रमों के क्रियान्वयन के लिए दबाव डलवाना। अगस्त 1990 में मण्डल आयोग की सिफारिशों के लागू होने के बाद और विभिन्न राज्यों में अल्प संख्यक आयोगों की स्थापना के बाद, बहुत बड़ी संख्या में जातियां सरकारी नौकरियों की सभी श्रेणियों में (A, B, C और D) पदों को पूर्णरूपेण भरने के लिए आरक्षित कोटा (15% अनुसूचित जाति और 27% पिछड़ी जाति का) प्राप्त करने के लिए तथा पिछड़ी जातियों की मान्यता प्राप्त करने के लिए प्रयत्नशील हैं।

महिला आन्दोलन (Women's Movements)

आजादी से पूर्व और पश्चात अनेक सुधार आन्दोलनों की चिन्ता का प्रमुख बिन्दु स्त्रियों की प्रस्थिति था। ब्राह्म समाज तथा आर्य समाज के नेताओं के चिन्तन के विषय थे: सती, पुनर्विवाह, तलाक, स्त्री शिक्षा, पर्दा प्रथा, बहु-विवाह और दहेज आदि। जस्टिस रानाडे ने बाल बिवाह, बहुपत्नि-प्रथा, विधवा विवाह पर प्रतिबन्ध तथा शिक्षा तक पहुंचने से वंचित रखने की आलोचना की; राजा राम मोहन राय ने सती प्रथा के उन्मूलन में महत्वपूर्ण भूमिका अदा की; ईश्वर चन्द्र विद्यासागर और महर्षि कर्वे ने विधवा विवाह का समर्थन किया; गान्धी जी ने राजनैतिक स्वतंत्रता तथा साथ ही सामाजिक और राजनैतिक अधिकारों के लिए लड़ने के लिए स्त्रियों की सामूहिक गतिशीलता में रुचि दर्शाई।

कुछ विद्वानों ने सूक्ष्म स्तर पर, अर्थात् क्षेत्रीय आधार पर राजनैतिक स्वतंत्रता आन्दोलन में स्त्रियों की भूमिका का अध्ययन किया है। उदाहरणार्थ, अपर्णा बसु (1984) और प्रवीन सेठ (1979) ने गुजरात में इसका अध्ययन किया, राघवेन्द्र राव (1983) ने कर्नाटक में, उमा राव (1984) ने उत्तरप्रदेश में। गोविन्द कोल्कर के अनुसार स्वतंत्रता आन्दोलन में महिलाओं की भूमिका 'कामरेड' की अपेक्षा सहायकों की अधिक थी।

घनश्याम शाह (वही : 136) ने कुछ विद्वानों का सन्दर्भ दिया है जिन्होंने बिहार और महाराष्ट्र में जनजातीय, कृषक तथा अन्य आन्दोलनों में महिलाओं की भूमिका की ओर संकेत किया है। उदाहरणार्थ, मनोषी मित्रा (1984) और इन्द्रा मुन्शी संल्दान्हा (1986) ने जनजातीय आन्दोलनों में स्त्रियों की लड़ाकू भूमिका का विश्लेषण किया है कि किस प्रकार अधिकारियों से मुचाटा लेकर, परम्परागत अस्त्रों को चलाकर तथा विद्रोहियों को उनके छिपने के स्थान में आपूर्ति रेखा को बनाए रखने में योगदान किया। सुनिल सेन (1984), पीटर कस्टर्स (1987); आदि ने तेलंगाना, पश्चिम बंगाल व महाराष्ट्र के कृषक आन्दोलन में उनकी भूमिका का विश्लेषण किया है। मीरा बेलायुधन (1984) ने केरल में रस्सी श्रमिकों के कम्युनिस्ट-नीत आन्दोलन में उनकी भूमिका का विश्लेषण किया है। सेन ने मध्य प्रदेश में कच्चे लोहे की खानों में मजदूर संघों द्वारा संचालित संघर्षों में स्त्रियों की सहभागिता को दर्शाया है।

यह कहा जा सकता है कि आन्दोलनों में महिलाओं की सहभागिता के चार प्रमुख स्वरूप हैं : (i) विशिष्ट श्रेणी के लोगों के सामाजिक, आर्थिक और राजनैतिक अधिकारों के लिए, जैसे, आदिवासी, किसान और औद्योगिक श्रमिक; (ii) स्त्रियों की स्वायत्तता तथा कार्य दशाओं में सुधार के लिए; (iii) कार्य के लिए समान पारिश्रमिक के लिए; (iv) सामान्य सामाजिक आन्दोलनों में पुरुषों और बच्चों को प्रभावित करने वाले प्रकरणों के लिए (जैसे गर्भपात, बच्चों को गोद लेना, यौन शोषण, आदि)

ब्रिटिश राज के अन्तर्गत उदारवादी समतावादी विचारधारा ने भारतीय महिलाओं में सामाजिक जागृति की दशाएं उत्पन्न कर दीं। अनेक महिला संगठनों का क्षेत्रीय और राष्ट्रीय दोनों स्तरों पर उदय हुआ। महिला समाज तथा महिला थियोसोफिकल सोसायटी ने महिलाओं के लिए आधुनिक आदर्श प्रोत्साहित करने के लिए स्थानीय स्तर पर कार्य किया। प्रमुख राष्ट्रीय संगठन इस प्रकार थे : भारत महिला परिषद (1904), भारत स्त्री महामण्डल (1990), वुमेन्स इण्डियन एसोशिएशन (1917), नेशनल काउन्सिल ऑफ वुमेन इन इण्डिया

(1925) और आल इण्डिया वुमेन्स कान्फ्रेन्स (1927) तथा कस्तूरबा गान्धी नेशनल मैमोरियल ट्रस्ट। इन संगठनों ने ऐसे प्रकरणों को उठाया जैसे स्त्री शिक्षा, खराब सामाजिक रिवाजों का उन्मूलन (पर्दा, बाल विवाह) अधिकारों और अवसरों की समानता और स्त्रियों का उत्पीड़न। कांग्रेस पार्टी के समर्थन से कुछ महिला नेताओं ने विधायिकाओं में समान मताधिकार और प्रतिनिधित्व तक की मांग की। यह कहा जा सकता है कि भारतीय महिलाओं के आन्दोलनों के दो प्रमुख लक्ष्य थे : एक, महिला मुक्ति या उत्थान, अर्थात् सामाजिक प्रथाओं का सुधार ताकि महिलाएं समाज में अधिक महत्वपूर्ण रचनात्मक भूमिका निर्वाह में सक्षम हो जायें, और दो, स्त्री पुरुषों के लिए समान अधिकार अर्थात् राजनैतिक, आर्थिक तथा पारिवारिक क्षेत्रों में पुरुषों द्वारा भोगे जा रहे नागरिक अधिकारों को महिलाओं के लिए भी विस्तृत करना। जन एवरेट (1979) प्रथम को 'कोरपोरेट स्त्रीवाद' और दूसरे की 'उदार स्त्रीवाद' कहती है। महिला संस्थाओं द्वारा अपनाई गई रणनीतियां थीं : सार्वजनिक सभाओं का आयोजन करके माँगें रखना, सरकारी अधिकारियों को अपने दृष्टिकोण बताना, दशाओं की जाँच कराने के लिए समितियां बनाना तथा स्त्रियों को आन्दोलित करने के लिए सम्मेलन करना, आदि।

महिलाओं के आन्दोलनों के लिए वांच्छित प्रोत्साहन प्रदान करने वाले कारक थे : स्त्रियों पर पुरुषों के प्रभुत्व पर पश्चिमी शिक्षा का प्रभाव तथा पूरक यौन भूमिकाओं की अवधारणा पर पश्चिमी शिक्षा का प्रभाव, शिक्षित अभिजात महिलाओं द्वारा नेतृत्व प्रदान किया जाना, धर्म द्वारा स्वीकृत सामाजिक प्रथाओं के परिवर्तन में पुरुष समाज सुधारकों का रुचि लेना, सामाजिक धार्मिक अभिवृत्तियों और दर्शन में परिवर्तन, स्वयं सेवा के कार्यों में लगे महिला संगठनों के प्रति पुरुषों के विरोध और सामाजिक विद्वेष में कमी, महिला आन्दोलनों के हवा देने में राजनैतिक राष्ट्रीय नेताओं का नरम रुख अपनाना और महिलाओं के आन्दोलनों को उनका उत्साह पूर्ण समर्थन। 1975-85 के दशक को अन्तर्राष्ट्रीय महिला दशक के रूप में घोषणा ने भी स्त्रियों की हीनता की भावना को समाप्त करने और उनको उनकी पहचान का बोध कराने में प्रेरणा दी। केन्द्रीय सामाजिक कल्याण परिषद, 1953 में भारत सरकार द्वारा स्थापित भी स्त्रियों के कल्याण के लिए स्वैच्छिक प्रयत्नों को सुदृढ़ बनाता है और प्रोत्साहित करता है। भारत सरकार का कल्याण मंत्रालय भी स्वैच्छिक संगठनों को भी शहरों में कामकाजी महिलाओं के लिए आवास बनाने या उनका विस्तार करने के लिए अनुदान देता है।

सामाजिक आन्दोलनों पर अपनी चर्चा का समापन हम इस कथन के साथ कर सकते हैं कि भारत में सामाजिक आन्दोलन मुख्यतः केन्द्रित हैं या तो (a) त्वरित सामाजिक परिवर्तन की गति को जकड़ कर तथा विद्यमान प्रतिमानों और मूल्यों की पुनर्स्थापित करके व्यवस्था स्थायित्व प्राप्त करने पर और (b) पुरानी संरचना को समाप्त कर नयी संरचना की स्थापना द्वारा व्यवस्था परिवर्तन के प्रयत्न करके। यह दृढ़ता पूर्वक कहा जा सकता है कि सामाजिक आन्दोलन या तो परिवर्तन प्रतिरोधक या परिवर्तन प्रोत्साहक थे, अर्थात् जिनका उद्देश्य सहभागियों की वञ्चनाओं से बचाना तथा उनके कल्याण तथा उत्थान के विषय में सोचना था। हमने उन सुधार आन्दोलनों पर ध्यान केन्द्रित किया है जिन्होंने संस्थात्मक साधनों के माध्यम से लक्ष्य प्राप्ति का प्रयत्न किया, हिंसा का सहारा नहीं लिया तथा जो गतिशीलता की प्रक्रिया के माध्यम से कुछ वैचारिक समूहों द्वारा चलाए गए थे। छः प्रकार के आन्दोलनों का

विश्लेषण बताता है कि ये आन्दोलन आमतौर पर करिश्माई नेताओं द्वारा चलाए या फैलाए गये या राजनैतिक दलों और धार्मिक संगठनों द्वारा। पहले मामले में विचारधारा नीचे की ओर प्रसारित की गई जबकि दूसरे में ऊपर की ओर। किसी विचारधारा पर आधारित कोई आन्दोलन बदलता है तो यह आवश्यक नहीं है कि समय के साथ इसका विस्तार होगा। यह शक्ति प्राप्त भी कर सकता है और खो भी सकता है क्यों कि या तो इसे प्रासंगिक नहीं माना गया या फिर सरकार द्वारा दबा दिया गया। विश्लेषण से अन्य तथ्य जो उभरे हैं, वे हैं : (i) सामाजिक आन्दोलन सामाजिक संरचना के ही उत्पादन हैं जो कि समाज की कुछ दशाओं में उभरते हैं (ii) सामाजिक आन्दोलनों का अपना एक ढाँचा होता है जो उन्हें उनके लक्ष्यों से सम्बद्ध होकर कार्यात्मक बनाते हैं, और (iii) सामाजिक आन्दोलनों का सामाजिक संरचना पर प्रभाव पड़ता है जिसके वे उत्पाद हैं (Mukherjee, P.N., "Naxalbari Movement and Peasant Revolt in West Bengal" in M.S.A. Rao, *Social Movements in India*, Vol 1, 1978 : 18)

सामाजिक परिवर्तन की प्रक्रियाएँ
(Processes of Social Change)

संस्कृतिकरण की अवधारणा (The Concept of Sanskritization)

श्रीनिवास ने संस्कृतिकरण की परिभाषा इस प्रकार की है : "एक ऐसी प्रक्रिया जिसके द्वारा निम्न जातियां उच्च जातियों, विशेष कर ब्राह्मणों, के रीति-रिवाजों, संस्कारों विश्वासों, जीवन-विधि, एवं अन्य सांस्कृतिक लक्षणों व प्रणालियों को गृहण करती हैं"। वास्तव में, श्रीनिवास संस्कृतिकरण की परिभाषा का समय-समय पर विस्तार करते रहे हैं। आरम्भ में उन्होंने संस्कृतिकरण के बारे में यह कहा कि "यह गतिशीलता की वह प्रक्रिया है जिसमें निम्न जातियां शाकाहारी एवं मद्यपान निषेधी बनकर एक दो पीढ़ियों में जाति संस्तरण में ऊपर की ओर अग्रसर होती हैं" (1962 : 42)। बाद में उन्होंने इसे पुनः परिभाषित करते हुए कहा कि "यह एक ऐसी प्रक्रिया है जिसके द्वारा निम्न जाति, जनजाति या अन्य समूह अपनी प्रथाओं, कर्मकाण्डों (rituals), विचारधाराओं (ideology) एवं जीवन-विधि (way of life) को बदल कर द्विज जाति (twice-born caste) की दिशा में अग्रसर होती है" (1966 : 6)। संस्कृतिकरण का यह दूसरा विचार अधिक विस्तृत है क्योंकि श्रीनिवास ने प्रथम परिभाषा में भोजन की आदतों, संस्कारों, तथा धार्मिक प्रथाओं के नकल की बात की है, लेकिन बाद में उन्होंने विचारों के नकल की भी बात की है (जिसमें कर्म, धर्म, पाप, पुण्य व मोक्ष आदि के विचार भी सम्मिलित हैं)।

निम्न जातियों द्वारा उच्च जातियों तथा ब्राह्मणों की प्रथाओं और आदतों की नकल की प्रक्रिया में जब कभी निम्न जातियों के लोग कुछ ऐसे आचरणों को अपनाते हैं जो वर्तमान विवेकी मानदण्डों के अनुसार अच्छे व प्रकार्यात्मक (functional) समझे जाते हैं, तब वे उन रिवाज़ों/प्रथाओं को अमान्य मानकर उनके स्थान पर ब्राह्मणों के उन मूल्यों एवं विचारों को गृहण करते हैं जो वर्तमान स्तर के अनुसार अपमानजनक (degrading) एवं विकार्यात्मक (dysfunctional) समझे जाते हैं। श्रीनिवास ने मैसूर के अपने अध्ययन से कुछ उदाहरण

दिए हैं। निम्न जातियां स्त्रियों के प्रति अभिवृत्तियों, और विवाह, यौन, आदि मामलों में उदार होती हैं। वे तलाक, विधवा-विवाह, तथा यौन परिपक्वता के पश्चात विवाह की अनुमति देती हैं। किन्तु ब्राह्मण यौन परिपक्वता पूर्व (pre-puberty) विवाह को व्यवहार में लाते हैं, विवाह को अविच्छिन्न (indissoluble) मानते हैं, विधवा पुनर्विवाह को रोकते हैं, और विधवा को आभूषण व साज श्रृंगार व अच्छे वस्त्र पहनने से रोकते हैं तथा सिर मुंडवाने की सिफारिश करते हैं। वे वधुओं में कुँवारापन (virginity), पत्नियों में सुचिता/विशुद्धता (chastity), तथा विधवाओं में संयम और आत्म-नियंत्रण के पक्षधर हैं, लेकिन निम्न जाति जैसे-जैसे संस्तरण में उठती है और इसके तरीके अधिक संस्कृतिकरण होते जाते हैं, यह यौन और विवाह विषय पर ब्राह्मणों के आचरण गृहण करने लगती है। संस्कृतिकरण का परिणाम स्त्रियों के प्रति कठोरता का व्यवहार होता है। अयुक्तिसंगत (irrational) आचरण अपनाने का एक और उदाहरण यह है कि एक ब्राह्मण और उच्च जातीय हिन्दू पत्नी को आदिष्ट (enjoined) किया जाता है कि वह अपने पति को देवता माने। पत्नी से अपेक्षा की जाती है कि वह अपने पति के भोजन करने के बाद भोजन करे, अपने पति की लम्बी आयु के लिए अनेक व्रत धारण करे, पुत्र प्राप्ति को धार्मिक आवश्यकता माने, इत्यादि। संस्कृतिकरण में निम्न जातियों द्वारा इन्हीं विश्वासों व आचरणों/रीतियों को अपनाना आता है। अतः ये उदाहरण इंगित करते हैं कि संस्कृतिकरण केवल उच्च जातियों, विशेष कर ब्राह्मणों की प्रथाओं, रीतियों, आदतों मूल्यों का अंधा व अविवेकी नकल करना है।

कया यह कहा जा सकता है कि असंस्कृतिकरण (de-sansritization) की प्रक्रिया भी सम्भव है ? श्रीनिवास का मानना है कि "यह अकल्पनीय नहीं है; नकल करने वाली जातियों का असंस्कृतिकरण भी कभी-कभी हो सकता है" (1985 : 62)।

संस्कृतिकरण और ब्राह्मणीकरण (Sanskritization and Brahmanization)

श्रीनिवास (1985: 42-43) ने 'संस्कृतिकरण' शब्द को 'ब्राह्मणीकरण' से अधिक प्राथमिकता दी है। उन्होंने इसके कुछ कारण दिए हैं : (1) संस्कृतिकरण शब्द विस्तृत है, जबकि ब्राह्मणीकरण शब्द संकीर्ण व सीमित है। वास्तव में ब्राह्मणीकरण संस्कृतिकरण की व्यापक प्रक्रिया में शामिल है। उदाहरणार्थ, वैदिक काल में ब्राह्मण सोम रस का पान करते थे, मांस खाते थे, और पशु बलि चढ़ाते थे। लेकिन उन्होंने यह आचरण वैदिक काल में त्याग दिया; शायद ऐसा उन्होंने जैन एवं बौद्ध धर्म के प्रभाव में आकर किया। आज अधिकतर ब्राह्मण शाकाहार एवं मद्यनिषेधी हैं; केवल कश्मीरी, बंगाली और सारस्वत ब्राह्मण मांसाहारी भोजन करते हैं। यदि 'ब्राह्मणीकरण' शब्द का प्रयोग किया जाता है तो यह बताने की आवश्यकता भी पड़ती है कि कौन से ब्राह्मण के विषय में कहा जा रहा है। (2) संदर्भ समूह या संस्कृतिकरण के एजेन्ट सदैव ही ब्राह्मण नहीं होते हैं। वास्तव में ब्राह्मणों ने ही, जिन्हें नियमों की घोषणा का अधिकार सौंपा गया था दूसरी जाति के सदस्यों को ब्राह्मणों के रीति-रिवाजों और संस्कारों को मानने का निषेध किया था। लेकिन इस प्रकार के निषेधों ने निम्न जातियों को अपने रीतिरिवाजों के संस्कृतिकरण से नहीं रोका। श्रीनिवास ने मैसूर की निम्न जातियों का उदाहरण दिया है जिन्होंने लिंगायतों (जो ब्राह्मण नहीं हैं लेकिन दावा करते हैं कि वे ब्राह्मण के बराबर हैं) की जीवन-शैली अपना ली है। दक्षिण भारत के लोहार स्वयं

को विश्वकर्मा ब्राह्मण कहते हैं, जनेऊ धारण करते हैं, और उन्होंने अपने संस्कारों का संस्कृतिकरण भी कर लिया है। फिर भी उनमें कुछ अब भी मांस खाते हैं और मदिरा सेवन करते हैं जिसके कारण बहुत सी जातियां, यहां तक कि अस्पृश्य जातियां भी उनके हाथ का पानी तक नहीं पीती हैं (1985: 43)। इस प्रकार क्योंकि निम्नजातियों ने देश के विभिन्न क्षेत्रों में क्षत्रिय, वैश्यों और जाटों की नकल की, इसलिए 'ब्राह्मणीकरण' शब्द को सांस्कृतिक व सामाजिक गतिशीलता की प्रक्रिया की व्याख्या करने के लिए उपयुक्त नहीं समझा गया।

संस्कृतिकरण की विशेषताएँ (Features of Sanskritization)

संस्कृतिकरण की प्रक्रिया में कुछ तथ्य उल्लेखनीय हैं :

1. संस्कृतिकरण की अवधारणा को आर्थिक एवं राजनीतिक प्रभुत्व से जोड़ दिया गया है, अर्थात् प्रबल जाति (dominant caste) की भूमिका को परिवर्तन की सांस्कृतिक संचरण में विशेष महत्व दिया गया है। यद्यपि कुछ समय तक निम्न जातियों ने ब्राह्मणों की नकल की, लेकिन शीघ्र ही स्थानीय प्रबल जाति की नकल की जाने लगी और यह जाति गैर-ब्राह्मण होती थी।
2. संस्कृतिकरण उन जातियों में कभी न कभी अवश्य होता था जिनको आर्थिक व राजनैतिक शक्ति प्राप्त थी लेकिन संस्कारों की दृष्टि से उनकी स्थिति ऊंची नहीं थी, अर्थात् उनकी राजनैतिक व आर्थिक स्थिति व कर्मकाण्डी (ritual) स्थिति में बड़ा अन्तर था। ऐसा इसलिए था क्योंकि संस्कृतिकरण के बिना उच्च स्थिति का दावा प्रभावहीन था। जाति-व्यवस्था में सत्ता के तीन प्रमुख केन्द्र हैं : संस्कार, राजनैतिक व आर्थिक। एक क्षेत्र में सत्ता हथियाना दूसरे दो क्षेत्रों में भी सत्ता प्राप्ति में वृद्धि कर देती है। लेकिन श्रीनिवास कहते हैं कि असंगतियां होती ही रहती हैं।
3. आर्थिक उन्नति संस्कृतिकरण की आवश्यक शर्त नहीं है और ऐसा भी नहीं है कि आर्थिक उन्नति के साथ संस्कृतिकरण होना आवश्यक है। तथापि, हो सकता है कि कोई समूह (जाति, जनजाति) राजनैतिक सत्ता प्राप्त कर ले और इससे उसकी आर्थिक उन्नति हो और संस्कृतिकरण भी हो। श्रीनिवास (1985 : 57) ने मैसूर के एक गांव रामपुरा के अस्पृश्यों का उदाहरण दिया है जिनका अत्यधिक संस्कृतिकरण हो गया है यद्यपि उनकी आर्थिक दशा में कोई परिवर्तन नहीं हुआ। आर्थिक विकास, राजनैतिक शक्ति प्राप्त करना, शिक्षा, नेतृत्व, तथा संस्तरण का हर प्रकरण इन सभी या कुछ तत्वों को प्रदर्शित कर सकता है।
4. संस्कृतिकरण दुहरी प्रक्रिया (two-way process) है। ऐसा नहीं है कि निम्न जाति उच्च जाति से कुछ 'प्राप्त' ही करती है, बल्कि उसे कुछ 'प्रदान' भी करती हैं। हम देखते हैं कि पूरे भारत के हिन्दुत्व के बड़े देवताओं के अलावा ब्राह्मण कुछ स्थानीय देवताओं की भी पूजा करते हैं जो महामारी से रक्षा करते हैं तथा पशुधन, बच्चों के जीवन व अन्न आदि को भी संरक्षण देते हैं। ऐसे प्रकरणों की भी जानकारी है जहां कहीं-कहीं ब्राह्मण अपने किसी गैर ब्राह्मण मित्र के माध्यम से रक्त बलि भी देता है (श्रीनिवास, 1985 :60)। यद्यपि स्थानीय संस्कृतियां 'देने' की अपेक्षा 'लेती' अधिक

हैं, फिर भी सांस्कृतिक हिन्दुत्व ने स्थानीय तथा लोक तत्वों को आत्मसात (absorb) कर लिया है। आत्मसात करने की प्रक्रिया इस प्रकार होती है कि लोक परम्पराओं और बड़ी परम्पराओं के बीच निरंतरता (continuity) बनी रहती है।

5. गतिशीलता की इकाई समूह होती है न कि व्यक्ति या परिवार।
6. ब्रिटिश शासन ने संस्कृतिकरण की प्रक्रिया को प्रोत्साहन दिया जबकि राजनीतिक स्वतंत्रता ने इस परिवर्तन की ओर बढ़ने वाली प्रवृत्ति को कमज़ोर बनाया। अब समस्तरीय (horizontal) गतिशीलता की अपेक्षा ऊर्ध्वांधर (vertical) गतिशीलता पर बल दिया जा रहा है।
7. भारत में सामाजिक परिवर्तन की बात संस्कृतिकरण व पश्चिमीकरण के सन्दर्भ में करने का अर्थ है, उसकी व्याख्या प्रमुखतः सांस्कृतिक अर्थों में करना न कि संरचना के अर्थ में। श्रीनिवास (1989 :55) ने भी माना है कि संस्कृतिकरण में जाति-व्यवस्था के अन्तर्गत स्थितीय (positional) परिवर्तन सरंचना सम्बन्धी परिवर्तन के बिना ही होता है।
8. संस्कृतिकरण में समूह की उच्च स्थिति की उपलब्धि स्वतः नहीं होती। समूह को अनिश्चित काल तक प्रतीक्षा करनी होती है और इस अवधि में उसे अपने दावे के लिए निरन्तर दबाव बनाए रखना पड़ता है। इस दावे को स्वीकार करने की शुरुआत करने में एक या दो पीढ़ी का समय भी लग सकता है। कई मामलों में जाति का दावा लम्बे अन्तराल के बाद भी स्वीकृत नहीं होता। कई बार ऐसा भी होता है कि यह दावा एक समय या स्थान में सफल न हो, पर दूसरे स्थान व अन्य समय में स्वीकार कर लिया जाये।

संस्कृतिकरण निम्न जाति को उच्च पद प्राप्ति में सहायक न भी हो, तब भी यह उसे मांस खाने, अशुद्ध व्यवसायों को बदलने, मद्यपान बन्द करने, और कुछ सांस्कृतिक परम्पराओं, विश्वासों व देवताओं को अपनाने से तो नहीं रोकता। इस प्रकार गतिशीलता के लक्ष्य को प्राप्त किये बिना भी संस्कृतिकरण की प्रक्रिया लोकप्रिय बनी रह सकती है।

संस्कृतिकरण के प्रोत्साहन के कारक (Factors Promoting Sanskritization)

संस्कृतिकरण को सम्भव बनाने वाले कारक हैं; औद्योगीकरण, व्यावसायिक गतिशीलता, विकसित संचार व्यवस्था, साक्षरता का प्रसार तथा पश्चिमी प्रौद्योगिकी। इसमें आश्चर्य नहीं कि संस्कृत धार्मिक विचारों का विस्तार ब्रिटिश शासन काल में हुआ। संचार साधनों के विकास के साथ संस्कृतिकरण उन क्षेत्रों में चला गया जो पहले अगम्य (inaccessible) थे और साक्षरता के विस्तार ने इस प्रक्रिया को जाति संस्तरण में निम्न जातियों तक को अभास करा दिया। श्रीनिवास ने एक विशिष्ट कारक का उल्लेख किया है जिस ने निम्न जातियों में संस्कृतिकरण को फैलाने में सहायता की है। यह (कारक) है कर्मकाण्डी (ritual) क्रियाओं में मंत्रोच्चारण की पृथकता जिसके कारण ब्राह्मणों के संस्कार सभी हिन्दू जातियों और अस्पृश्यों को भी सुलभ हो गए। ब्राह्मणों द्वारा जो गैर-द्विज (non twice-born) जातियों पर प्रतिबन्ध लगाये गये थे, उन्होंने केवल वैदिक मंत्रोच्चारण पर पाबन्दी लगायी थी। इस प्रकार निम्न

जाति के लोग भी ब्राह्मणों के सामाजिक आचार-विचार को सरलता से अपना सके। इससे संस्कृतिकरण और भी व्यावहारिक बन गया। श्रीनिवास के अनुसार संसदीय प्रजातन्त्र की राजनीतिक संस्था ने भी संस्कृतिकरण की वृद्धि को बढ़ावा दिया है (1985: 49)। भारत के संविधान में मद्यनिषेध, जो कि एक सांस्कृतिक मूल्य है, वर्णित है। कुछ राज्यों ने इसे पूर्ण या आंशिक रूप से लागू भी किया है।

पश्चिमीकरण की अवधारणा (The Concept of Westernization)

इस अवधारणा का सन्दर्भ गैर-पश्चिमी समाज की प्रौद्योगिकी, संस्थाओं, विचारधाराओं व मूल्यों में परिवर्तन से है जो लम्बे समय तक पश्चिमी समाज के सांस्कृतिक सम्पर्कों का फल है (श्रीनिवास, 1962 : 55)। भारतीय समाज का उदाहरण देते हुए, तकनीकी परिवर्तन, शैक्षिक संस्थाओं की स्थापना, राष्ट्रीयता का उदय, एवं नई राजनीतिक संस्कृति आदि का पश्चिमीकरण भारत में दो सौ वर्षों के ब्रिटिश शासन का ही प्रतिफल कहा जा सकता है।

पश्चिमीकरण के प्रमुख लक्षण इस प्रकार हैं : (1) तकनीकीकरण तथा युक्तिवाद (rationalism) पर बल (2) इस (पश्चिमीकरण) प्रक्रिया पर संस्कृतिकरण का प्रतिकूल प्रभाव नहीं है बल्कि कुछ सीमा तक यह इसको प्रोत्साहित करती है। श्रीनिवास ने पहले कहा था कि संस्कृतिकरण पश्चिमीकरण की भूमिका है। परन्तु बाद में उन्होंने अपना यह विचार बदला और कहा कि यह आवश्यक नहीं है कि पश्चिमीकरण के पूर्व संस्कृतिकरण आये (1985 :60)। लेकिन दोनों प्रकियाएं एक दूसरे से जुड़ी हुई हैं। एक को दूसरे के बिना समझना सम्भव नहीं है। हैरोल्ड गूल्ड (Harold Gould) ने भी कहा है कि ब्राह्मणों और अन्य उच्च जातियों के लिए संस्कृतिकरण संस्कृत हो रही निम्न जातियों से दूरी बनाए रखने का एक प्रयत्न है। इस प्रकार एक अर्थ में ब्राह्मण निम्न समूहों से दूर भाग रहे हैं जो उन्हें पकड़ने का प्रयत्न कर रहे हैं।

भारत में पश्चिमीकरण का स्वरूप और गति अलग-अलग क्षेत्रों में जनसंख्या के विविध खंडों में अलग-अलग पाई गई है (श्रीनिवास, 1985 :51)। उदाहरणार्थ, जनसंख्या का एक समूह अपने वस्त्रों, भोजन, व्यवहार, भाषा, खेलकूद, तथा छोटे बिजली मशीनों के उपयोग में पश्चिमीकृत हो गया, जबकि दूसरे समूह ने पश्चिमीकरण के बाह्य प्रभावों से अछूते रहकर भी पश्चिम के विज्ञान, ज्ञान, साहित्य आदि को आत्मसात किया। जैसे, ब्राह्मणों ने वेषभूषा तथा बाह्य रूप (चोटी हटाकर बाल कटवाना) स्वीकार कर के, अपने बच्चों को पश्चिमी स्कूलों में भेजकर, सुख-सुविधाओं का उपभोग करके पश्चिमीकरण को स्वीकार किया, लेकिन उन्होंने भोजन, नृत्य, शिकार करना तथा अशुद्धता से मुक्ति, आदि को स्वीकार नहीं किया। परन्तु यह अन्तर केवल सापेक्षिक रूप में बल देने का है। यह स्पष्ट अन्तर नहीं है।

श्रीनिवास ने 'पश्चिमीकरण' शब्द को 'आधुनिकीकरण' शब्द की अपेक्षा अच्छा माना है जब कि डेनियल लर्नर, हैरोल्ड गूल्ड, मिल्टन सिंगर और योगेन्द्र सिंह ने 'आधुनिकीकरण' शब्द को उचित माना है। वह 'आधुनिकीकरण' को व्यक्तिपरक तथा पश्चिमीकरण को वस्तुपरक मानता है (सेमीनार, 88, 1986:2)। आधुनिकीकरण' में तथाकथित 'लक्ष्यों की तर्क संगतता' (rationality of goals) को निश्चित नहीं माना जा सकता क्योंकि मानव लक्ष्य मूल्य वरीयताओं (preferences) पर आधारित हैं। अतः तर्कसंगतता को सामाजिक क्रिया

के लक्ष्यों के आधार पर मानकर केवल साधनों के आधार पर पूर्वानुमानित (predict) किया जा सकता है।

विद्वानों द्वारा अवधारणाओं के समर्थन (Scholars' Support to the Concepts)

बर्नार्ड कोहन (Bernard Cohn) और मिल्टन सिंगर (Milton Singer) जैसे विद्वानों ने संस्कृतिकरण की अवधारणा का आनुभाविक (empirical) अध्ययनों के आधार पर उसकी वैधता (validity) का समर्थन किया है। कोहन ने 1950 के दशक में पूर्वी उत्तर प्रदेश के एक गांव का अध्ययन किया था। इस गांव में दो जातियां प्रमुख थीं—प्रबल जाति ठाकुर तथा बड़ी संख्या में अस्पृश्य जाति चमार। भूमिहीन चमारों ने तो स्थानीय स्कूलों में शिक्षित होकर तथा आय में वृद्धि करके ठाकुर जमींदारों के विवाह और जन्म के समय संस्कारों को धारण करके संस्कृतिकरण प्रारम्भ कर दिया। दूसरी ओर अनेक ठाकुर जो शहरों में प्रव्रजन (migrate) करके औद्योगिक मजदूर, क्लर्क, या अध्यापक हो गए थे, उन्होंने अपने धार्मिक दृष्टिकोण, वेशभूषा व आचार व्यवहार में पश्चिमीकरण धारण कर लिया। इस प्रकार जब उच्च जाति जीवन-शैली तथा धार्मिक विश्वासों में पश्चिमीकृत हो रही थी, तब निम्न जाति संस्कृत हो रही थी तथा संस्कारों, विश्वासों, और आचारों के पारम्परिक स्वरूप को धारण कर रही थी।

सिंगर (1967 : 66) ने मद्रास शहर के प्रमुख उद्योगपतियों के अध्ययन के आधार पर उच्च और निम्न जातियों की जीवन शैली तथा धार्मिक विश्वासों में परिवर्तन की भिन्न प्रक्रिया पायी जिसे उन्होंने, 'कोष्ठीकरण' (compartmentalisation) कहा। यह प्रक्रिया श्रीनिवास के संस्कृतिकरण व पश्चिमीकरण की प्रक्रियाओं से भिन्न है। उन्होंने पाया कि सांस्करिक अपवित्रता (ritual pollution) का डर दफ्तरों और फैक्ट्रियों दोनों में ही कम हो रहा है। उदाहणार्थ, फैक्ट्रियों में विविध जाति के लोग आपस में मुख्य रूप से मिलते जुलते थे, वे एक जलपान गृह में भोजन लेते थे, एक ही बस में यात्रा करते थे, व राजनैतिक प्रदर्शनों में एक दूसरे के साथ मुक्त रूप से भाग लेते थे। ब्राह्मणों तथा अन्य उच्च जातियों ने ऐसे व्यवसाय अपना लिए थे जो 'अपवित्र' समझे जाते थे जैसे चमड़े का काम। सिंगर ने इस प्रक्रिया को 'कोष्ठीकरण' कहा है। उच्च जातियों में फैक्ट्री में उनके श्रम व अच्छे हिन्दू के कर्तव्यों के बीच कोई संघर्ष नहीं था। दोनों (फैक्ट्री और घर की परिस्थितियां) के अलग-अलग क्षेत्र थे और उनके आचार व्यवहार के स्तर भी अलग थे। उदाहरणार्थ, फैक्ट्री में वे पश्चिमी वेषभूषा पहनते, अंग्रेजी बोलते, तथा पश्चिमी तौर तरीके अपनाते थे, लेकिन घर में वे भारतीय वेष धारण करते, स्थानीय भाषा बोलते, और अच्छे हिन्दू जैसा आचरण करतें थे। सिंगर ने इसी को 'कोष्ठीकरण' कहा है।

लेकिन सिंगर के दृष्टिकोण को कोई नई व्याख्या नहीं देता। व्यक्ति का व्यवहार स्थिति के अनुसार बदलता रहता है, यह एक सर्व विदित तथ्य है। इसका यह अर्थ नहीं है कि यह 'कोष्ठीकरण' है। वास्तव में, यह एक निरन्तरता (continuity) है। कोहन भी अनुभव करते हैं कि भारतीय समाज में कोष्ठीकरण निरन्तरता से भिन्न नहीं है। परन्तु यह स्वीकार किया जा सकता है कि इस निरन्तरता में परम्पराओं की रूढ़िवादिता विद्यमान है। यह सक्रिय और गतिशील निरन्तरता है; और सिंगर इस तथ्य को स्वीकार करते हैं

(1967:68)। लोग नई परिस्थितियों से अनुकूल कर लेते हैं।

अवधारणा की अनुभूति (Perception of the Concept)

संस्कृतिकरण की प्रक्रिया यह संकेत देती है कि :

(अ) यह (संस्कृतिकरण) परिवर्तन की एक प्रक्रिया है;

(ब) इसमें उर्ध्व गतिशीलता, अर्थात् जाति संस्तरण में निम्न जातियों की ऊपर उठने की आकांक्षा है;

(स) यह संस्तरण पर आघात (attack) है तथा यह संस्कृति का समान स्तर बनाने का प्रयास है।

जहां तक संस्तरण पर आघात का प्रश्न है, न केवल निम्न जातियां बल्कि जनजातियां और संस्तरण के मध्य क्षेत्रों की जातियां भी उच्च जातियों की प्रथाओं, रीति-रिवाजों, तथा जीवन-शैली को अपनाने का प्रयत्न करती हैं। इस प्रकार ब्राह्मणों की जीवन-शैली और रिवाज सभी हिन्दुओं में फैलते हैं। क्या इसको संस्तरण पर आक्रमण और संस्कृति का समानीकरण (levelling) कहा जा सकता है ? हैरोल्ड गुल्ड ने (1961: 965) इसे सांस्कृतिक नकल करना नहीं बताया है, बल्कि सामाजिक आर्थिक वंचन (deprivation) के प्रति विद्रोह एवं चुनौती की अभिव्यक्ति कहा है। कुछ विद्वान मानते हैं कि यह संस्तरण पर आक्रमण है, लेकिन इसे संस्कृति के समानीकरण में सफलता नहीं मिली।

जहां तक 'उर्ध्व गतिशीलता' का सम्बन्ध है, योगेन्द्र सिंह ने इसे संस्कृतिकरण का 'संदर्भित विशिष्ट लक्षण' (contextual specific connotation) कहा है। यह इस कारण कि यह निम्न जाति द्वारा उच्च जाति की सांस्कृतिक नकल करने की प्रक्रिया है, जो राजपूत, जाट, ब्राह्मण, बनिया भी हो सकती है। कुछ स्थानों में तो जनजातियां भी हिन्दू जातियों की प्रथाओं की नकल करने लगी हैं।

अन्त में, जहां तक केवल 'परिवर्तन की प्रक्रिया' का प्रश्न है, संस्कृतिकरण को एक 'ऐतिहासिक विशिष्ट' लक्षण कहा गया है। इस अर्थ में इसका सन्दर्भ भारतीय इतिहास में उस प्रक्रिया से है जिसके कारण इतिहास की विभिन्न अवधियों में अनेक जातियों की स्थिति में तथा उसके (भारत के) सांस्कृतिक स्वरूपों में परिवर्तन आए। यह सामाजिक परिवर्तन के आन्तरिक स्रोत की ओर भी संकेत करता है।

सामाजिक परिवर्तन समझने में इन अवधारणाओं की उपयोगिता (Usefulness of the Concepts in Understanding Social Change)

भारतीय समाज के विश्लेषण में संस्कृतिकरण की अवधारणा को एक उपकरण के रूप में इसकी उपयोगिता को स्वयं श्रीनिवास ने अत्यधिक सीमित बताया है क्योंकि 'अवधारणा जटिल एवं अयथार्थ हैं' (वही, 1985 :44)। हम भी इस अवधारणा की कुछ कमियां इंगित कर सकते हैं :

(1) संदर्भ समूह (reference group) सदैव ब्राह्मण जाति नहीं होता, अपितु कई मामलों में वह स्थानीय प्रबल जाति (राजपूत, बनिया, जाट, आदि) होता है, इसलिए

संस्कृतिकरण का संदर्भ न केवल हर मॉडल में भिन्न मिलता है (जैसे ब्राह्मण मॉडल, राजपूत मॉडल, बनिया मॉडल, आदि) परन्तु एक ही मॉडल में अलग-अलग क्षेत्रों में भी भिन्नता मिलती है। योगेन्द्र सिंह (1973 :8) के अनुसार यह (भिन्नता का लक्षण) संस्कृतिकरण के विभिन्न 'संदर्भित विशिष्ट' लक्षण में विरोधाभास पैदा करता है।

(2) श्रीनिवास ने शक्ति (power) व प्रभुत्व (dominance) को संस्कृतिकरण की प्रक्रिया से जोड़ दिया है। इससे सामाजिक परिवर्तन के संस्कृतिकरण मॉडल में संरचनात्मक इकाई भी शामिल हो जाती है। श्रीनिवास ने इसको स्पष्ट नहीं किया है। उनका कहना है कि अनेक निम्न जातियाँ अतीत में उच्च स्थितियों तक पहुंची हैं और या वे राजकीय आदेश से या शक्ति हड़प कर प्रबल जातियां बन गई हैं।

(3) 'संस्कृतिकरण' तथा 'पश्चिमीकरण' की अवधारणाएं सामाजिक परिवर्तन का विश्लेषण मुख्यतः संस्कृति के सन्दर्भ में करती हैं न कि संरचना के संदर्भ में। संस्कृतिकरण जाति व्यवस्था में केवल 'स्थिति परिवर्तन' प्रकट करता है तथा वह संरचनात्मक परिवर्तन इंगित नहीं करता।

(4) ज़ेटरबर्ग (Zetterberg, 1965 :40) इस विचार के हैं कि श्रीनिवास की दोनों अवधारणाएं 'सत्य की दावा करने वाली' (truth asserting) हैं। श्रीनिवास ने स्वयं कहा है कि संस्कृतिकरण एक अत्यन्त जटिल तथा विषमरूपी (heterogeneous) अवधारणा है। इसको एक अवधारणा के रूप में समझने की अपेक्षा अवधारणाओं के एक बन्डल के रूप में समझना लाभदायक होगा। यह विस्तृत सांस्कृतिक प्रक्रिया का केवल एक नाम है।

(5) श्रीनिवास का मॉडल केवल भारत में सामाजिक परिवर्तन को समझाता है जो कि जाति व्यवस्था पर आधारित है। अन्य समाजों के लिए यह उपयोगी नहीं है।

(6) ये अवधारणाएं सांस्कृतिक परिवर्तन के किसी सिद्धान्त की स्थापना नहीं करतीं, यहां तक कि सामान्य परिभाषाएं भी सिद्धान्तहीन हैं। ज़ेटरबर्ग (1965 :40) का कहना है कि ये दोनों अवधारणाएं उपयुक्त या अनुपयुक्त, प्रभावशाली या मूल्यहीन तो हो सकती है, परन्तु सही या गलत कभी नहीं हो सकतीं।

(7) हार्पर भी इस अवधारणा को एक प्रकार्यात्मक अवधारणा मानता है जो कि परिवर्तन की ऐतिहासिक अवधारणा से बिल्कुल भिन्न है।

(8) योगेन्द्र सिंह (1973 : 11) की मान्यता है कि संस्कृतिकरण अतीत तथा वर्तमान में हुए भारत में सांस्कृतिक परिवर्तन के अनेक पक्षों का विवरण नहीं देता, क्योंकि यह गैर-सांस्कृतिक परम्पराओं की उपेक्षा करता है जो कि सांस्कृतिक परम्पराओं का स्थानीय स्वरूप है। मेकिम मेरियट (1955 :196-9) ने भी भारत के एक ग्रामीण समुदाय के अपने अध्ययन में यही पाया।

(9) देश के कुछ भागों में (जैसे पंजाब तथा देश विभाजन से पहले का सिन्ध) जातियों द्वारा जो कुछ भी नकल किया जाता था वे सांस्कृतिक परम्पराएं नहीं थीं बल्कि इस्लामी परम्पराएं थीं। पंजाब में सिख धर्म का उदय हिन्दू परम्पराओं और सूफीवाद व रहस्यवाद के आन्दोलनों के संश्लेषण का प्रतिफल है।

उपरोक्त विवेचन यह प्रकट करता है कि श्रीनिवास के द्वारा विकसित की गई दोनों अवधारणाएं भारत के संपूर्ण परिवर्तन का नहीं अपितु मात्र सीमित परिवर्तन का संकेत देती हैं।

सामाजिक परिवर्तन पर पश्चिम का प्रभाव
(The Impact of the West on Social Change)

अलाटास (Alatas, 1972 :121) के अनुसार भारत पर पश्चिमी प्रभाव का पाँच चरणों में विवेचन किया जा सकता है। प्रथम चरण सिकन्दर की विजय के साथ प्रतिरोधी सम्पर्क है जो कि बाद की शताब्दियों से वाणिज्य व व्यापार से शक्तिपूर्ण आदान-प्रदान के रूप में सदियों तक चलता रहा। दूसरा चरण पन्द्रहवीं शताब्दी के अन्त से प्रारम्भ हुआ जब वास्कोडिगामा कालीकट में अपने जहाजों के साथ 1498 में आया। कुछ ही वर्षों में पुर्तगालियों ने गोआ पर अधिकार कर लिया। लेकिन इन पश्चिमी लोगों का प्रभाव अपेक्षाकृत कम रहा। तृतीय चरण प्रारम्भ हुआ जब ईस्ट इण्डिया कम्पनी ने अठारहवीं शताब्दी के प्रारम्भ में अपना शासन प्रारम्भ किया और बाद में अठारहवीं शताब्दी के मध्य तक ब्रिटिश साम्राज्य भारत में स्थापित हो गया। भारत में पश्चिमी संस्कृति के विस्तार का यह प्रथम कदम था। चतुर्थ चरण प्रारम्भ हुआ उन्नीसवीं शताब्दी के प्रारम्भ तथा औद्योगिक क्रान्ति के आगमन से। अंग्रजों द्वारा कच्चे माल के रूप में आर्थिक शोषण से प्रारम्भ हुआ और तभी से सांस्कृतिक तथा सामाजिक क्षेत्रों में भी पश्चिमी संस्कृति का वर्चस्व प्रारम्भ हुआ। पांचवाँ और अंतिम चरण प्रारम्भ हुआ 1947 में भारत की राजनैतिक स्वतंत्रता के साथ।

हमारी सामाजिक व्यवस्था तथा हमारी संस्कृति पर प्रभाव के अर्थ में पश्चिमी संस्कृति की क्या छाप पड़ी है ? इसको संक्षेप में इस प्रकार बताया जा सकता है :

(1) बैंक व्यवस्था, लोक प्रशासन, सैन्य संगठन, आधुनिक औषधियाँ, कानून आदि जैसी पश्चिमी संस्थाओं को देश में प्रारम्भ किया गया।

(2) पश्चिमी शिक्षा ने उन लोगों के दृष्टिकोण को विस्तृत किया जिन्होंने आजादी व अधिकारों की बात शुरु की। नवीन मूल्यों, धर्म निरपेक्ष व न्याय संगत भावना तथा व्यक्तिवाद, समानता व न्याय के विचारों के समावेश ने बड़े महत्व का स्थान ले लिया।

(3) वैज्ञानिक नवीनताओं की स्वीकृति ने जीवन स्तर ऊंचा उठाने की आकांक्षाओं को ऊंचा उठाया और लोगों के लिए भौतिक कल्याण उपलब्ध कराया।

(4) कई सुधार आन्दोलन हुए। अनेक परम्परागत विश्वास तथा व्यर्थ की प्रथाएं त्याग दी गई तथा अनेक नए व्यवहार स्वरूप अपनाए गये।

(5) हमारी तकनीकी, कृषि, व्यवसाय और उद्योग आधुनिक किए गए जिससे देश का आर्थिक विकास एवं कल्याण हुआ।

(6) राजनैतिक मूल्यों के संस्तरण की पुर्नरचना की गई। प्रजातंत्र स्वीकार करने के बाद सभी रियासतें भारतीय राज्य में सम्मिलित कर ली गई तथा सामन्तों और जमींदारों के

अधिकार और शक्ति समाप्त हो गई।

(7) विवाह, परिवार जाति जैसी संस्थाओं में संरचनात्मक परिवर्तन आए और सामाजिक तथा धार्मिक जीवन में नए सम्बन्ध बनने लगे।

(8) रेलवे, बस यात्रा, डाक सेवा, हवाई एवं समुद्री यात्रा, प्रेस, रेडियो और दूरदर्शन आदि संचार माध्यमों के आने से मानव जीवन के अनेक क्षेत्रों में प्रभाव पड़ा है।

(9) राष्ट्रीय भावना में वृद्धि हुई है।

(10) मध्यम वर्ग के उदय ने समाज के प्रमुख मूल्यों में परिवर्तन कर दिया है।

अलाटास (Alatas) ने भी पश्चिमी संस्कृति के प्रभाव को हमारी संस्कृति और सामाजिक व्यवस्था में चार प्रकार के परिवर्तनों के आधार पर समझाया है : निरस्नात्मक (eliminative) परिवर्तन, योगात्मक (addictive) परिवर्तन, समर्थन (supportive) परिवर्तन, तथा संश्लेषात्मक (synthetic) परिवर्तन। निरस्नात्मक परिवर्तन वे हैं जिनसे सांस्कृतिक विशेषताएँ, व्यवहार के स्वरूप, मूल्य, विश्वास और संस्थाएं लुप्त हो जाती हैं। उदाहरणार्थ, हम युद्ध में प्रयोग आने वाले शस्त्रों में पूर्ण परिवर्तन, सती प्रथा का उन्मूलन आदि ले सकते हैं। योगात्मक परिवर्तनों में जीवन के विभिन्न पहलुओं से संबंधित नयी सांस्कृतिक विशेषताओं, संस्थाओं, व्यवहार स्वरूपों तथा विश्वासों को अपनाना सम्मिलित है। इस प्रकार के जोड़ लोगों की संस्कृति में पहले विद्यमान नहीं थे। हिन्दू समाज में विवाह-विच्छेद की व्यवस्था, पिता की सम्पत्ति में पुत्री को भाग देना, पंचायतों में चुनाव प्रथा आदि इस प्रकार के परिवर्तन के कुछ उदाहरण हैं। समर्थक परिवर्तन वे हैं जो पश्चिमी सम्पर्क में आने से पूर्व समाज में विद्यमान विश्वास, मूल्य या व्यवहार स्वरूपों को अधिक मजबूत करते हैं। इसका एक मात्र उदाहरण है कर्ज व्यवहार में हुण्डी का प्रयोग। संश्लेषात्मक परिवर्तन वे हैं जो वर्तमान में विद्यमान तत्वों से नए स्वरूपों की रचना करते हैं और साथ ही नए स्वरूपों को भी अपनाते हैं। इसका उदाहरण उस परिवार की रचना है जो आवास की दृष्टि से तो एकाकी है परन्तु कार्य (function) की दृष्टि से अब भी संयुक्त है, जो माता-पिता तथा सहोदरों के प्रति सामाजिक दायित्वों को पूरा करता है। दहेज प्रथा की निरन्तरता बनाए रखना, किन्तु दहेज की धन राशि लेने-देने पर प्रतिबन्ध लगाया जाना तथा बच्चों का माता-पिता के साथ जीवन साथी के चयन में सहयोग करना संश्लेषात्मक परिवर्तन के दो अच्छे उदाहरण हैं।

पश्चिमी प्रभाव के कारण परिवर्तन का उपरोक्त विभाजन केवल विश्लेषण के उद्देश्य से है, लेकिन एक दूसरे से उनको अलग करना सम्भव नहीं है। एक ही प्रकार के परिवर्तन के भीतर हम दूसरे प्रकार के परिवर्तनों के तत्व भी देख सकते हैं। उदाहरणार्थ, वस्त्र उद्योग के प्रारम्भ करने में समर्थक तत्व देखे जा सकते हैं क्योंकि यह कपड़े के उत्पादन को सुविधा प्रदान करता है। परन्तु साथ ही क्योंकि इससे हाथकरघा (handloom) उद्योग को आघात लगा है, तो यह कहा जा सकता है कि इसमें हटाने योग्य अथवा निरस्नात्मक परिवर्तन के तत्व भी काम करते हैं। खुले कारागृहों (wall-less prisons) का आरम्भ भी एक और उदाहरण है जिसमें तीन विविध प्रकार के परिवर्तन कार्य करते हैं। इसी प्रकार, शिक्षा व्यवस्था, बैंकिंग व्यवस्था, विवाह व्यवस्था, आदि में परिवर्तन मिलते हैं।

अब प्रमुख प्रश्न है कि : पश्चिम के सम्पर्क के बाद भारत कहाँ पहुंच गया है? क्या

भारत ने प्रगति की है ? क्या इसने लोक कल्याण में योगदान किया है ? क्या इस प्रश्न का निरपेक्ष उत्तर सम्भव है ? क्या ऐसे विश्लेषण में आत्मपरकता (subjectivism) तथा दार्शनिक पक्षपात(philosophical partiality) को हटाया जाना सम्भव है ? कुछ विद्वान मानते हैं कि भारत को द्वितीय महायुद्ध के पश्चात अनेक समस्याओं का सामना करना पड़ा, जैसे आर्थिक पिछड़ापन, बड़ी संख्या में लोगों का गरीबी की रेखा से नीचे जीवनयापन करना, बेरोजगारी, जीवन के सभी क्षेत्रों में धर्म का प्रभुत्व, ग्रामीण ऋण, जातीय संघर्ष, साम्प्रदायिक दुर्भावना, पूँजी की कमी, तकनीकी दक्षता वाले दक्ष कार्मिकों की कमी, आदि। इन समस्याओं का समाधान भी पश्चिमी प्रभाव ने दिया है। लेकिन अन्य विद्वानों की मान्यता है कि पश्चिमी प्रभाव ने भारत को इन समस्याओं के समाधान में कोई सहायता नहीं की। यदि कुछ समस्याओं का समाधान हुआ है तो कई दूसरी समस्याएँ खड़ी हुई हैं और भारत उन्हें पश्चिम के नमूने पर सुलझाने का प्रयत्न नहीं कर रहा है। भारत स्वदेशी ढंग से उन्हें सुलझाने का प्रयास कर रहा है। देश की स्वतंत्रता के बाद ही औद्योगिक विकास में वृद्धि, शिक्षा का विस्तार, ग्रामीण विकास, जनसंख्या पर नियंत्रण आदि पाया गया है। इस प्रकार पश्चिमी शासन की मुक्ति से और न कि पश्चिमी सम्पर्क से भारत में आधुनिकीकरण सम्भव हुआ है।

वास्तविकता यह है कि जीवन के कुछ क्षेत्रों में पश्चिमी प्रभाव को स्वीकार करके हम सही हो सकते हैं। आधुनिक मेडिकल साइंस, आधुनिक तकनीकी, प्राकृतिक प्रकोपों का सामना करने के आधुनिक उपाय, देश को बाहरी खतरों से सुरक्षा प्रदान करने के आधुनिक तरीके, आदि भारत के इतिहास में पश्चिम के अद्वितीय योगदान के रूप में गिने जायेंगे। लेकिन, भारत इनके साथ-साथ लोगों के उत्थान के लिए अपनी परम्परागत संस्थाओं, प्रथाओं और विश्वासों का भी प्रयोग कर रहा है। इस प्रकार पश्चिमी प्रभाव के बाद भी तथा विविध व्यवस्थाओं के आधुनिकीकरण के बाद भी भारत, भारत ही रहेगा। भारतीय संस्कृति आने वाले कई दशकों तक सुरक्षित रहेगी।

आधुनिकीकरण : अवधारणा, निदर्शक, प्रकृति और समस्याएँ
(Modernisation : Concept, Indicators, Nature and Problems)

आधुनिकता और उत्तर आधुनिकता की अवधारणाएँ
(Concepts of Modernity and Post Modernity)

परम्परा उन सामाजिक प्रथाओं का एक समुच्चय (set) है जो कुछ व्यवहार सम्बन्धी प्रतिमानों और मूल्यों को सिखाते हैं जो अतीत से जुड़े होते हैं। आमतौर पर ये विस्तृत स्वीकृति के संस्कारों (widely acceptd rituals) और प्रतीकात्मक व्यवहार के अन्य स्वरूपों से जुड़े रहते हैं। *आधुनिकता* परम्परागत समाज से विच्छेद (break) का प्रतिनिधित्व करता है। स्टुअर्ट (1997 :40) ने आधुनिकता के पाँच विशिष्ट गुण बताए हैं: तर्क पर बल, प्रगति में विश्वास, प्रकृति और वातावरण पर नियंत्रण, (बौद्धिक विशेषता), धर्मनिरपेक्ष सत्ता का वर्चस्व, और राज्य/राजनैतिक मामलों से धार्मिक प्रभाव का सीमान्तीकरण (राजनैतिक विशेषता), ऐसी अर्थव्यवस्था जिसमें मुद्रा व्यवस्था विनिमय का साधन हो (आर्थिक विशेषता), धर्म का पतन

और धर्मनिरपेक्ष भौतिक संस्कृति का उदय, (धार्मिक विशेषता), परम्परागत सामाजिक व्यवस्था का पतन और नये श्रम विभाजन का विकास और नये वर्गों का उदय (सामाजिक विशेषताएं)। इस प्रकार, आधुनिकता नये सामाजिक, आर्थिक, धार्मिक, राजनैतिक और बौद्धिक व्यवस्थाओं का समुच्चय (cluster) है जो परम्परागत व्यवस्था से बिल्कुल भिन्न है। परन्तु यद्यपि परम्परा से आधुनिकता में रूपान्तरण शक्तिशाली है, फिर भी यह पूर्ण नहीं है, अर्थात परम्परागत अभिवृत्तियां और व्यवहार जीवित रहते हैं। एंथोनी गिडन्स के अनुसार, आधुनिकता की तीन महत्वपूर्ण विशेषताएं हैं : औद्योगीकरण, पूँजीवाद (वस्तुओं का उत्पादन, स्पर्धात्मक बाजार के लिए मजदूरी वाले श्रमिकों का उपयोग करना) और निरीक्षण (surveillance) (राज्य और अन्य संगठनों का व्यक्तियों और समूहों पर नियंत्रण) (See, Mike O'Donnel, 1997 :4)

यह निश्चित रूप से कहा जा सकता है कि आधुनिकता विज्ञान, तर्क और प्रगति में विश्वास रखने पर बल देती है। आधुनिकता से सम्पर्क रखने वाले वैज्ञानिकों को वस्तुपरक विशेषज्ञ समझते हैं, विज्ञान को जगत के नियमों की खोजकर्त्ता और मानव को प्रकृति और पर्यावरण पर नियंत्रण करने वाला और तर्क को मानव दशाओं में सुधार करने वाला अर्थात् प्रगति को प्राप्त करने के लिए समझते हैं।

'उत्तर आधुनिकता' शब्द तब प्रयोग में आया जबकि आधुनिक समाज आधुनिकता के परिणामों के प्रति सावधानी पूर्वक विवेचन के बाद अच्छी तरह इसको जान गया, विशेष रूप से इसके नकारात्मक पक्ष को। एन्थोनी गिडन्स उत्तर आधुनिकता को चैतन्यता (reflexivity) (अत्यधिक आलोचनात्मक जागृति या चैतन्य आधुनिकता) कहता है क्योंकि यह (नयी अवस्था) आधुनिकता के घातक परिणामों पर बल देती है (जैसे पर्यावरण पर औद्योगीकरण का)। प्रदूषण, जन संहार के लिए परमाणु अस्त्रों का प्रसार, आदि आधुनिकता के जोखिम भरे परिणामों के उदाहरण हैं। आधुनिकता और उत्तर आधुनिकता में अन्तर यह है कि : (i) पहला विज्ञान/तर्क से सम्बन्धित है जबकि दूसरा पर्यावरणीय मानवता और प्रकृति पर व्यावहारिक विज्ञान के अति घातक प्रभावों से, (ii) पहला सामाजिक प्रगति में विश्वास करता है तो दूसरा प्रगति के प्रयत्नों के घातक परिणामों पर, (जैसे कार प्रदूषण, दुर्घटना), (iii) पहला राष्ट्र राज्य को समाज की सीमा मानता है, लेकिन दूसरा वैश्वीकरण की प्रक्रिया के सन्दर्भ में देखता है, (iv) पहला आर्थिक विकास पर बल देता है जबकि दूसरा बढ़ते हुए सांस्कृतिक विकास पर, (v) पहला जगत को विरोधाभास के अर्थ में लेता है (जैसे स्त्री/पुरुष, वस्तुपरक/आत्मपरक) लेकिन दूसरा समानताएं व एकता खोजने का प्रयत्न करता है (जैसे, आत्मपरक और वस्तुपरक) (Mike O'Donnel, 1997 :43)

आधुनिकीकरण की विशेषताएं (The Characteristics of Modernization)

कार्ल ड्यूश (Karl Deutsh, see, Donnel, op. cit., 494 : 95) ने आधुनिकता के एक पक्ष (अर्थात् सामाजिक जनसंख्यात्मक या जिसे वह सामाजिक गतिशीलता भी कहते हैं) का संदर्भ देते हुए इंगित किया है कि इसके कुछ सूचक (indices) इस प्रकार हैं : यंत्रों के माध्यम से आधुनिक जीवन के प्रति विगोपन या अनावृत्ति (exposure), शहरीकरण, कृषि धन्धों में परिवर्तन, साक्षरता तथा प्रति व्यक्ति आय में वृद्धि।

इजेन्टाड (Eisenstadt, 1963 : 3) के अनुसार सामाजिक संगठन (या आधुनिकीकरण) के संरचनात्मक पक्षों के मुख्य सूचक (indices) हैं : विशिष्ट भूमिकाएं उन्मुक्त विचरण वाली (free floating) होती हैं (अर्थात् उनमें प्रवेश व्यक्ति के प्रदत्त लक्षणों से निर्धारित नहीं होता है), तथा धन व शक्ति जन्म के आधार पर निश्चित नहीं होते (जैसा कि परम्परागत समाजों में होता है)। यह मार्केट जैसी संस्थाओं से, (आर्थिक जीवन में), मतदान से, और राजनीतिक जीवन में पार्टी कार्यों से सम्बद्ध होते हैं।

मूर (Moore, 1961 : 57-82) ने बताया है कि आधुनिक समाज के विशेष आर्थिक, राजनैतिक और सांस्कृतिक लक्षण होते हैं। आर्थिक क्षेत्र में आधुनिक समाज के लक्षण निम्न हैं : (i) अत्यन्त उच्च स्तरीय तकनीकी का विकास जो ज्ञान के व्यवस्थित खोज से होता है, जिसका अनुसरण प्राथमिक व्यवसाय (कृषि) में कम द्वैतीयक (उद्योग, व्यापार) और तृतीयक (नौकरी) व्यवसायों में अधिक होता है; (ii) आर्थिक विशिष्टताओं की भूमिकाओं का विकास, (iii) प्रमुख बाजारों, जैसे वस्तुओं का बाजार, श्रम बाजार, तथा मुद्रा बाजार के क्षेत्र व जटिलता का विकास।

राजनैतिक क्षेत्र में आधुनिक समाज कुछ अर्थों में प्रजातांत्रिक या कम से कम जनवादी (populistic) है। इसके लक्षण हैं : (i) शासकों के अपने समाज से बाहर शक्ति के सन्दर्भ में पारम्परिक वैधता में गिरावट, (ii) शासकों की उन शासितों के प्रति एक प्रकार के वैचारिक उत्तरदायित्व (ideological accountability) की स्थापना जो राजनैतिक सत्ता के वास्तविक धारणहारी होते हैं, (iii) समाज की राजनैतिक, प्रशासनिक, वैधानिक एवं केन्द्रीय शक्ति की सीमाओं का विकासशील विस्तार, (iv) समाज में अधिक से अधिक समूहों में संभावित शक्ति का निरन्तर फैलाव और अन्ततः सभी प्रौढ़ नागरिकों में तथा नैतिक व्यवस्था में फैलाव और (v) किसी भी शासक व्यक्ति या शासक समूह के प्रति प्रदत्त राजनैतिक प्रतिबद्धता में कमी होना।

सांस्कृतिक क्षेत्र में आधुनिक समाज के लक्षण हैं : (i) प्रमुख सांस्कृतिक और मूल्य व्यवस्थाओं के प्रमुख तत्वों जैसे, धर्म, दर्शन और विज्ञान में बढ़ता हुआ अन्तर, (ii) धर्मनिरपेक्ष शिक्षा और साक्षरता का विस्तार, (iii) बौद्धिक विषयों पर आधारित विशिष्ट भूमिकाओं के विकास के लिए जटिल संस्थात्मक व्यवस्था, (iv) संचार साधनों का विकास, (v) नवीन सांस्कृतिक दृष्टिकोण का विकास जिसमें प्रगति व सुधार पर बल, योग्यताओं की अभिव्यक्ति और प्रसन्नता पर बल, व्यक्तिवाद का नैतिक मूल्यों के रूप में मानने पर बल तथा व्यक्ति की कुशलता और सम्मान पर बल दिया जाता है।

विस्तृत रूप में, आधुनिकीकरण के प्रमुख लक्षण इस प्रकार हैं : वैज्ञानिक परिप्रेक्ष्य, कारण और तर्कवाद, धर्मनिरपेक्षता, उच्च आकांक्षाएं तथा उपलब्धि परकता (achievement orientation), मूल्यों, मानदण्डों और अभिरुचियों में सम्पूर्ण परिवर्तन, नवीन प्रकार्यात्मक संस्थाओं की रचना, मानव संसाधनों में निवेश (investment), विकास परक अर्थव्यवस्था, नातेदारी, जाति, धर्म या भाषा परक हितों की अपेक्षा राष्ट्रीय हित, मुक्त (open) समाज, गतिशील व्यक्तित्व।

आधुनिकीकरण के परिमाप (Measures of Modernization)

आधुनिकीकरण के परिमापों के विषय में व्याख्या करते हुए रस्टोव और वार्ड (Rustov and Ward, 1964 :4) ने इनमें परिवर्तन के इन विशेष पक्षों को सम्मिलित किया है : (i) अर्थव्यवस्था का औद्योगीकरण, तथा उद्योग, कृषि, दुग्ध उद्योग (dairy farming), आदि में वैज्ञानिक तकनीकी धारण कर के उन्हें अधिकारिक उत्पादक बनाना; (ii) विचारों का धर्मनिरपेक्षीकरण; (iii) भौगोलिक एवं सामाजिक गतिशीलता में उल्लेखनीय वृद्धि; (iv) भौतिक जीवन स्तर में वृद्धि; (v) प्रदत्त प्रस्थिति से अर्जित प्रस्थिति में परिवर्तन; (vi) भौतिक जीवन स्तर में वृद्धि; (vii) अर्थ व्यवस्था में निर्जीव शक्ति (inanimate energy) का जैविक (animate) शक्ति से अधिक उपयोग; (viii) प्राथमिक उत्पादन क्षेत्र की अपेक्षा द्वैतीयक तथा तृतीय उत्पादन क्षेत्रों में अधिक श्रमिकों का कार्य करना (अर्थात् कृषि व मत्स्य कार्यों की अपेक्षा निर्माण और नौकरी आदि व्यवसायों में अधिक श्रमिक); (ix) तीव्र शहरीकरण; (x) उच्च स्तरीय साक्षरता; (xi) प्रति व्यक्ति उच्च राष्ट्रीय उत्पादन; (xii) जन संचार का निःशुल्क विस्तार; (xiii) जन्म के समय उच्च जीवन अपेक्षा।

आधुनिकीकरण की पूर्व आवश्यकताएं (Prerequisites of Modernization)

परम्परावाद से आधुनिकीकरण में परिवर्तन होने से पूर्व समाज में आधुनिकीकरण की कुछ पूर्व आवश्यकताएं मौजूद होनी चाहिये। ये हैं : (i) उद्देश्य की जानकारी तथा भविष्य पर दृष्टि, (ii) अपनी दुनियां से परे भी अन्य समाजों के प्रति जागरूकता, (iii) अति आवश्यकता का भाव, (iv) विविध भूमिकाओं एवं अवसरों की उपलब्धता, (v) स्वयं लादे गए कार्यों एवं बलिदानों के लिए भावनात्मक तत्परता, (vi) प्रतिबद्ध, गतिशील एवं निष्ठावान नेतृत्व का उदय (नर्मदेश्वर प्रसाद, 1970 : 19)

आधुनिकीकरण बड़ा जटिल है क्योंकि इसमें न केवल अपेक्षाकृत नए स्थाई ढाँचे की आवश्यकता होती है, बल्कि ऐसे ढाँचे की भी जो स्वयं को निरन्तर बदलती दशाओं एवं समस्याओं के अनुकूल बना ले। इसकी सफलता समाज की आन्तरिक परिवर्तन की सामर्थ्य पर निर्भर करती है।

इजेन्टाड (Eisentadt, 1965 : 659) की मान्यता है कि आधुनिकीकरण के लिए एक समाज के तीन संरचनात्मक लक्षण होने चाहिए : (i) (उच्च स्तरीय) संरचनात्मक अन्तर, (ii) (उच्च कोटि की) सामाजिक गतिशीलता, और (iii) अपेक्षाकृत केन्द्रीय तथा स्वायत्तता धारी संस्थात्मक संरचना।

सभी समाज आधुनिकीकरण की एक सी प्रक्रिया स्वीकार नहीं करते हैं। हर्बर्ट ब्लूमर (Herbert Blumer, 1964 : 129) के विचार को मानते हुए पांच तरीके बताये जा सकते हैं जिनमें एक परम्परागत समाज आधुनिकीकरण की प्रक्रिया के प्रति प्रतिक्रिया व्यक्त कर सकता है। ये हैं :

(1) अस्वीकारात्मक अनुक्रिया (Rejective Response)

एक परम्परागत समाज आधुनिकीकरण को अस्वीकार कर सकता है। यह अनेक प्रकार से

विविध स्तरों पर हो सकता है। शक्तिशाली समूह, भूसामन्तशाही, सरकारी स्वल्पतन्त्र (oligarchy), मजदूर संघ तथा धर्मान्ध लोग अपने हितों की रक्षा के लिए आधुनिकीकरण को हतोत्साहित (discourage) कर सकते हैं। सामाजिक पूर्वाग्रह (prejudices), परम्परागत जीवन के कुछ स्वरूप, विश्वासों व प्रथाओं में दृढ़ आस्था तथा विशेष रुचि कुछ लोगों को आधुनिकीकरण की प्रक्रिया को अस्वीकार करने और परम्परागत व्यवस्था को बनाए रखने के लिए बाध्य कर सकते हैं।

(2) ***विकल्पयुक्त अनुक्रिया*** *(Disjunctive Response)*

प्राचीन और नवीन के बीच सन्धि (conjunction) अनुक्रिया अथवा आधुनिकीकरण तथा परम्परात्मकता के बीच सह-अस्तित्व (co-existence) तब होता है जब आधुनिकीकरण की प्रक्रिया परम्परागत जीवन को प्रभावित किये बिना ही निस्पृह (detached) विकास के रूप में चलता रहता है। इस प्रकार आधुनिकीकरण तथा परम्परात्मक व्यवस्था में कोई संघर्ष नहीं होता क्योंकि प्राचीन व्यवस्था को कोई खतरा नहीं होता। आधुनिकीकरण के लक्षण परम्परात्मक जीवन के साथ-साथ रहते हैं।

(3) ***आत्मसाती अनुक्रिया*** *(Assimilative Response)*

इस अनुक्रिया में परम्परागत व्यवस्था द्वारा आधुनिकीकरण की प्रक्रिया का आत्मसातीकरण निहित है जो कि जीवन के स्वरूप और संठनात्मक पक्ष पर कोई प्रभाव नहीं डालता। इसका उदाहरण बैंकिंग व्यवस्था में बैंक कर्मचारियों द्वारा कम्प्यूटर विचारधारा का स्वीकार करना है, अथवा गाँवों में किसानों द्वारा कृत्रिम उर्वरकों और ट्रेक्टरों का प्रयोग करना है। दोनों ही उदाहरणों में आधुनिकीकरण की प्रक्रिया परम्परात्मक व्यवस्था या उसके मूलभूत ढाँचे को प्रभावित किए बिना आती है।

(4) ***समर्थक अनुक्रिया*** *(Supportive Response)*

इसके अन्तर्गत नवीन व आधुनिक बातें स्वीकार की जाती हैं क्योंकि उनसे परम्परात्मक व्यवस्था को बल मिलता है। उदाहरणार्थ, पुलिस या सेना में आधुनिकीकरण की प्रक्रिया पुलिस की कार्यक्षमता तथा सेना की शक्ति में वृद्धि करती है। विविध परम्परात्मक समूह और संस्थाएं परम्परागत हितों को जारी रखने के लिए आधुनिकीकरण द्वारा प्रदत्त अवसरों का प्रयोग करते हैं तथा परम्परागत स्थिति को दृढ़ता से बनाए रखते हैं। आधुनिकीकरण परम्परात्मक हितों को आगे बढ़ाए रखने के लिए संसाधन और सुविधाएं उपलब्ध करा सकता है।

(5) ***विघटनकारी अनुक्रिया*** *(Disruptive Response)*

इस अनुक्रिया में परम्परात्मक व्यवस्था को कई बिन्दुओं पर समायोजन द्वारा खोखला बनाया जाता है जो कि आधुनिकीकरण द्वारा उत्पन्न स्थितियों के कारण किया जाता है।

साधारण ये पांचों अनुक्रियाएँ विविध संयोजनों (combinations) द्वारा परम्परागत व्यवस्था के विविध बिन्दुओं पर होती रहती हैं। अनुक्रियाएं वरीयताओं (preferences),

रुचियों (interests), तथा मूल्यों (values) से प्रभावित होती रहती हैं।

माइरन वीनर (Myron Weiner, 1996 : 8) के अनुसार आधुनिकीकरण को सम्भव बनाने वाले प्रमुख साधन (instruments) इस प्रकार हैं :

(1) शिक्षा (Education)

शिक्षा राष्ट्रीयता का भाव जागृत करती है तथा तकनीकी नवीनताओं के लिए आवश्यक दक्षता और अभिरुचियाँ पैदा करती है। एडवर्ड शिल्स ने भी आधुनिकीकरण की प्रक्रिया में शिक्षा की भूमिका पर बल दिया है। परन्तु आर्नोल्ड एण्डरसन (Arnold Anderson) की मान्यता है कि औपचारिक शिक्षा ही केवल अध्यापन कुशलता के लिए पर्याप्त नहीं है। कभी-कभी विश्वविद्यालय स्तर की शिक्षा व्यर्थ हो सकती है, क्योंकि यह डिग्रीधारियों की संख्या में वृद्धि कर देती है, किन्तु आधुनिक दक्षता तथा अभिरुचियों से पूर्ण लोगों की संख्या में वृद्धि नहीं करती।

(2) संचार (संप्रेषण) (Communication)

जनसंचार के साधनों का विकास (टेलीफोन, टी.वी., रेडियो तथा फिल्म आदि) आधुनिक विचारों को प्रसारित करने का एक महत्वपूर्ण साधन है। केवल खतरा यह है कि यदि इन पर सरकारी नियंत्रण हो तो यह एक ही प्रकार की विचारधारा को प्रसारित करेंगे। प्रजातंत्र में प्रेस अपने विचारों की अभिव्यक्ति के लिए स्वतंत्र होता है।

(3) राष्ट्रीयता पर आधारित विचारधारा (Ideology Based on Nationalism)

बहुल (plural) समाजों में राष्ट्रवादी विचारधाराएं सामाजिक दरारों (social cleavages) के एकीकरण के लिए अच्छा साधन होती हैं। वे लोगों के व्यवहार परिवर्तन हेतु राजनैतिक अभिजन की भी सहायता करती हैं। परन्तु बाइन्डर (Binder) की मान्यता है कि अभिजनों की विचारधारा आधुनिक हो सकती है, लेकिन यह आवश्यक नहीं है कि इससे विकास को भी सुविधा प्राप्त हो।

(4) करिश्माई (चमत्कारी) नेतृत्व (Charismatic Leadership)

एक करिश्माई (चत्मकारी) नेता लोगों को आधुनिक विचार, विश्वास, रीति-रिवाज तथा व्यवहार अपनाने के लिए प्रेरित करने में अच्छी स्थिति में होता है क्योंकि लोग उसे श्रद्धा व निष्ठा से देखते हैं। भय यही रहता है कि ऐसा नेता कहीं राष्ट्रीय विकास के स्थान पर व्यक्तिगत यश के लिए आधुनिक मूल्यों एवं अभिरुचियों का प्रयोग न करने लगे।

(5) अवपीड़क सरकारी सत्ता (Coercive Government Authority)

यदि सरकारी सत्ता कमजोर है तो यह आधुनिकीकरण की प्रक्रिया के उद्देश्यों को प्राप्त करने के लिए बनी नीतियों को क्रियान्वयन (implementation) में सफलता प्राप्त नहीं कर सकती, किन्तु यदि सरकार मजबूत है तो यह लोगों को विकास के उद्देश्य से व्यवहार एवं

अभिरुचियों को अपनाने के लिए बाध्य कर सकती है और इसके लिए अवपीड़न (coercion) का सहारा भी ले सकती है। परन्तु माइरन वीनर का मत है कि तानाशाही शासन की ढाल के नीचे राष्ट्रीयता देश को विकास की ओर जाने के स्थान पर देश के बाहर आत्महत्या का विस्तार स्वरूप (suicidal expansion) सिद्ध हो सकती है। इस सन्दर्भ में बुश प्रशासन (अमेरिका में) के राजनैतिक अभिजनों की नीतियों का उद्धारण देना गलत नहीं होगा जो कि उन्होंने ईराक आदि के लिए बनाई थीं। रूस की श्रेष्ठता समाप्त हो जाने के बाद अमेरिका की सरकारी सत्ता ने अविकसित एवं विकासशील देशों को आधुनिकीकरण के नाम से पीड़ित करने की नीति अपनानी प्रारम्भ कर दी।

माइरन वीनर (1966 : 9-10) ने समाज के आधुनिकीकरण के लिए मूल्यों, अवसरों एवं विकासशील समाज तनाव और प्रतिरोधों के भीतर होने के आधार पर कार्य करता है। तनाव आधुनिकता व परम्परा के बीच निहित संघर्षों के कारण बना रहता है। तनाव अतीत की धरोहर होते हैं जो कि आर्थिक विकास के दबाव के कारण बने रहते हैं। बहुधा विकास की प्रक्रिया में कुछ तनाव सुलझ जाते हैं। स्थायित्व और संरक्षण की शक्तियों तथा परिवर्तन और आधुनिकीकरण की शक्तियों के बीच दोहरा सम्बन्ध होता है। विकासशील समाज इन समस्याओं का सामना चतुरता से करता है। अतः परिवर्तन और आधुनिकीकरण की चुनौतियों का जैसे, क्षेत्रवाद, प्रान्तीयता, अशिक्षा, प्रव्रजन (migration), मुद्रा स्फीति, पूँजी की कमी, रक्षा खर्च में कमी के उद्देश्य से पड़ौसी राष्ट्रों से सामंजस्य, राजनैतिक भ्रष्टाचार, नौकरशाही की अकुशलता, और अप्रतिबद्धता आदि का सामना धैर्य पूर्वक एवं विधि पूर्वक तरीके से तर्कशील अभिस्वीकरण (adoptive) प्रक्रियाओं द्वारा करता है। परम्परागत समाज के टूटने से व्यक्तिगत स्वतंत्रता में वृद्धि, सत्ता का समतलीकरण, व निर्णय लेने में जन समूहों का योगदान अधिक होने लगता है। आधुनिकीकरण की प्रक्रिया में सामाजिक संरचना के प्रतिरोधों को हटाना सम्मिलित है। साथ ही साथ केवल सभी स्तरों पर आर्थिक, सामाजिक, राजनैतिक व सांस्कृतिक विकास का नियोजन ही लोगों को आधुनिक विचारों एवं मानदण्डों में भागीदारी के लिए प्रेरित करेगा और महत्वपूर्ण सामाजिक समूहों—बुद्धिजीवियों, राजनैतिक अभिजनों, नौकरशाही एवं तकनीकी विशेषज्ञों —को नियोजित परिवर्तनों को स्वीकार करने के लिए बाध्य करेगा।

आधुनिकीकरण की समस्याएं (Problems of Modernization)

आधुनिकीकरण की कुछ समस्याएं निम्नवत हैं :

(1) आधुनिकीकरण का प्रथम विरोधाभास यह है कि एक आधुनिक समाज को तुरन्त हर प्रकार से बदल जाना चाहिए, लेकिन ऐसे नियमित एवं विकास का समन्वित स्वरूप का अनुमानित नियोजन नहीं हो सकता। अतः एक प्रकार की सामाजिक हलचल पैदा हो ही जाती है। उदाहरणार्थ, जन शिक्षा व्यवस्था की मांग है कि दक्ष (trained) व्यक्तियों को उनकी ट्रेनिंग तथा उनके ज्ञान के अनुकूल व्यावसायिक भूमिका में लगा देना चाहिए। लेकिन सभी शिक्षित लोगों का काम दिलाना सदैव सम्भव नहीं होता है। इससे शिक्षित लोगों में निराशा एवं असंतोष पैदा होता है।

(2) दूसरी समस्या यह है कि आधुनिकीकरण की अवधि में संरचनात्मक परिवर्तन असमान

होता है। उदाहरणार्थ, उद्योग आधुनिक बनाए जा सकते हैं, लेकिन परिवार व्यवस्था, धर्म व्यवस्था आदि रूढ़वादी ही बने रहते हैं। इस प्रकार की निवृत्तियाँ व अविच्छिन्नताएँ और परिवर्तन के स्वरूप, स्थापित सामाजिक और संरचनाओं को प्रभावित करते हैं और अन्तराल (lags) वह गत्यावरोध (bottlenecks) पैदा करते हैं। इसका दूसरा उदाहरण है भारत में मताधिकार की आयु 21 से कम करके 18 वर्ष कर देना। यह आधुनिकता में प्रवेश का एक कदम हो सकता है, किन्तु इसने एक संकट पैदा कर दिया है क्योंकि निर्वाचक समूह इस अनुमान पर निर्भर करता है कि नागरिकता की परिपक्व भावना होगी तथा नीतियों में भागीदारी योग्यता होगी।

(3) तीसरी समस्या है कि सामाजिक व आर्थिक संस्थाओं का आधुनिकीकरण परम्परागत जीवन शैली के साथ संघर्ष पैदा करता है। उदाहरणार्थ, प्रशिक्षित डॉक्टर परम्परागत वैद्यों के लिए खतरा हो जाते हैं। इसी प्रकार मशीनों द्वारा निर्मित वस्तुएं घरेलू श्रमिकों को रोजी रोटी से वंचित कर देती हैं। इसी तरह बहुत से परम्परावादी लोग उन लोगों के विरोधी हो जाते हैं जो आधुनिकता स्वीकार करते हैं। फलतः परम्परावादी और आधुनिक तरीकों में संघर्ष असंतोष का कारण हो जाता है।

(4) चौथी समस्या यह है कि अक्सर लोग जो भूमिकाएं धारण करते हैं, वे आधुनिक तो होती हैं, किन्तु मूल्य परम्पारात्मक रूप में जारी रहते हैं। उदाहरणार्थ, मेडिसिन और सर्जरी में ट्रेनिंग लेने के बाद भी एक डॉक्टर अपने मरीज से यही कहता है, "मैं इलाज करता हूँ, ईश्वर ठीक करता है।" यह दर्शाता है कि उसे अपने पर विश्वास नहीं है कि वह बीमारी का सही निदान कर सके बल्कि स्वयं पर आरोप लगाने की बजाय वह उन तरीकों की निन्दा करता है जिनमें उसका जीवन-मूल्यों को विकसित करने के लिए सामाजीकरण किया गया है।

(5) पाँचवीं समस्या यह है कि उन साधनों के बीच जो आधुनिक बनाती हैं और उन संस्थाओं व व्यवस्थाओं में जिनको आधुनिक होना है सहयोग की कमी है। कई बार इससे सांस्कृतिक विलम्बना (cultural lag) की स्थिति पैदा हो जाती है तथा संस्थात्मक संघर्ष होते हैं।

(6) अंतिम समस्या यह है कि आधुनिकीकरण लोगों की आकांक्षाओं को बढ़ाता है, लेकिन सामाजिक व्यवस्थाएं उन्हें आकांक्षाओं की पूर्ति के लिए अवसर प्रदान करने में असफल रहती हैं। ये कुण्ठाएँ वंचनाएँ और सामाजिक असंतोष पैदा करती हैं।

संदर्भ ग्रंथ सूची

(Bibliography)

Abbi, B.L., 'Urban Family in India', in *Contributions to Indian Sociology*, No. 3, 1969.

Agarwal, S.N., *India's Population*, Institute of Economic Growth, Asia Publications, Bombay, 1960.

Agarwal, U.C., 'Galloping Corruption: Need for Effective Vigilance', *The Indian Journal of Public Administration*, New Delhi, July-September, 1997.

Ahmad, Imtiaz, (ed.), *Caste and Social Stratification Among the Muslims*, Manohar Book Service, Delhi, 1973.

Ahuja, Ram, *Indian Social System*, Rawat Publications, Jaipur, 1993.

Ahuja, Ram, *Social Problems in India* (2nd ed), Rawat Publications, Jaipur, 1997.

Ahuja, Ram, *Sociological Criminology*, New Age International Publishers, Delhi, 1996.

Albatch, P.G., (eds.) *Turmoil and Transition: Higher Education and Student Politics in India*, Lalvani Publishing House, Bombay, 1968.

Almond, Gabrial and Coleman (eds.), *The Politics of Developing Areas*, Princeton University Press, Princeton, 1960.

Altekar, A.S., *The Position of Women in Hindu Civilisation*, Motilal Banarsidas, Varanasi, 1956 (first published in 1938).

Ansari, Ghans, *Muslim Castes in Uttar Pradesh: A Study of Culture Contact*, National Publishing House, Lucknow, 1960.

Asthana, Pratima, *Women's Movements in India*, Vikas Publications, Delhi, 1974.

Atal, Yogesh, *The Changing Frontiers of Caste*, National Publishing House, Delhi, 1968.

Bailey, F.G., *Caste and the Economic Frontier*, University Press, Manchester, 1957.

Bailey, F.G., *Tribe, Caste and Nation*, Oxford University Press, Bombay, 1960.

Barnabas, A.P., *Population Control in India: Policy Administration*, Indian Institute of Public Administration, Delhi, 1977.

Barnabas, A.P., 'Good Governance at Local Level', *Indian Journal of Public Administration*, July-September, Vol. XLIV, No.3, 1998.

Berreman, Gerald, D., *Caste in the Modern World*, General Learning Press, Morristown, N.Y., 1973.

Beteille, Andre, *Caste, Class and Power: Changing Patterns of Stratification in a Tanjore Village*, University of California Press, Berkeley, 1965.

Beteille, Andre, *Studies in Agrarian Social Structure*, Oxford University Press, Delhi, 1974.

Beteille, Andre, *Inequality Among Men*, Oxford University Press, Delhi, 1977.

Bose, Ashish, *From Population to People*, B.R. Publications, Delhi, 1988.

Bose, N.K., *Cultural Anthropology and Other Essays*, Asia Publishing House, Calcutta, 1953.

Chandra, Bipin, *Communalism in Modern India*, Vikas Publications, New Delhi, 1984.

Chandrasekhar, S., *India's Population: Fact and Policy*, Meenakshi Prakashan, Meerut, 1967.

Chauhan, Brij Raj, *A Rajasthan Village*, Associated Publishing House, New Delhi, 1967.

Chitnis, Suma, 'Education for Equality: The Case of Scheduled Castes in Higher Education', *Economic and Political Weekly*, Bombay, Vol. 7, 1972.

Chitnis, Suma, 'Review and Trend Report of the Sociology of Education', *A Survey of Research in Sociology and Social Anthropology, ICSSR,* Delhi, 1974 (Vol. 1) and 1980 (Vol. 1).

Chopra, O.P., 'Unaccounted Income: Some Estimates', *Economic and Political Weekly*, Vol. XVII, Nos 17 and 18, April 24 and May 1, 1982.

Choudhry, P.C., 'Corruption' in *Seminar*, No. 421, Delhi, September 1994.

Cormack, M., *She Who Rides a Peacock: Indian Students and Social Change*, Asia Publishing House, Bombay, 1961.

Dasgupta, S.N., *History of Indian Philosophy*, Kitab Mahal, Allahabad, 1969.

Davis, Kingsley, *The Population of India and Pakistan*, Princeton University Press, 1951.

Desai, I.P., *High School Students in Poona*, Decan College, Poona, 1953.

Desai, I.P., 'Joint Family in India: An Analysis', *Sociological Bulletin*, No. 5 (2), 1956.

Desai, I.P., *Some Aspects of Family in Mahuva,* Asia Publishing House, Bombay, 1964.

Desai, A.R., *Rural Sociology in India*, (Rev.ed.) The Indian Society of Agricultural Economics, Bombay, 1959.

Desai, A.R., *Peasant Struggles in India*, Oxford University Press, Delhi, 1983.

Dhanagare, D.N., 'The Politics of Survival: Peasant Organisation and Left Wing in India', *Sociological Bulletin*, 1975.

Dhanagare, D.N., 'The Model of Agrarian Classes in India' in Desai, A.R., *Peasant Movements in India*, Oxford University Press, Delhi, 1983.

Donnell, Mike O'., *Sociology* (4th ed.), Thomas Nelson, UK, 1997.

Dowse, Robert E. and Hughes, John A., *Political Sociology*, John Wiley and Sons, London, 1972.

Dube, S.C., *Tradition and Development*, Vikas Publishing House, New Delhi, 1990.

D'Souza, Victor, 'Education in Social Structure and Democracy in India', in S.P. Ruhela (ed.) *Social Determinants of Educability in India*, Jain Publications, New Delhi, 1969.

Dumont, Louis, *Homo Hierarchicus*, Chicago University Press, Chicago, 1970.

Easton, David, *The Political System*, Elfred, New York, 1953.

Eisentadt, S.N., *The Political System of Empires*, Free Press, New York, 1963.

Engineer, Asghar Ali (ed.), *Communal Riots in Post-Independent India*, Sangam Book, Delhi, 1984.

Fernandes, Walter, 'Displacement of Tribals' in George Pfeffer, *Contemporary Society: Tribal Studies*, 1997.

Fox, R.G., (ed.), *Urban India: Society, Space and Image*, Duke University, Duke, 1970.

Ganguli, B.N., *Population and Development*, S.Chand, New Delhi, 1973.

Geriant, Parry, *Political Elite*, George Allen and Unwin, London, 1969.

Gerth, H.H., and Mills, C.W., (eds.), *From Max Weber: Essays in Sociology,* Routledge and Kegan Paul, London, 1948.

Ghurye, G.S., *Caste, Class and Occupation*, Popular Book Depot., Bombay, 1961.

Gopinath, P. Krishna, 'Corruption in Political and Public Offices' in *The Indian Journal of Public Administration*, New Delhi, October-December, 1982.

Gore, M.S., *Immigrants and Neighbourhoods: Two Aspects of Life in a Metropolitan City*, Tata Institute of Social Sciences, Bombay, 1970.

Gore, M.S., *Education and Modernisation in India*, Rawat Publications, Jaipur, 1982.

Gould, Harold, *The Hindu Caste System*, Chanakya Publications, New Delhi, 1987.

Gould, Harold, *Caste Adaptation in Modernising Indian Society*, Chanakya Publications, New Delhi, 1988.

Gough, E.K., 'Caste in a Tanjore Village' in Leach (ed.), *Aspects of Caste in South India, Ceylon and North-West Pakistan*, Cambridge University Press, Cambridge, 1960.

Gupta, Dipankar, *Social Stratification*, Oxford University Press, Delhi, 1991.

Gupta, P. and Gupta, S., 'Estimates of the Unreported Economy in India', *Economic and Political Weekly,* Bombay, Vol. XVII, No. 13, January 16, 1982.

Gupta, Raghuraj, 'Caste Ranking and Inter-Caste Relations among the Muslims of the village in North-Western Uttar Pradesh, *Eastern Anthropologist*, Lucknow, 1956.

Hall, Stuart and Gay, *Questions of Cultural Identity*, Sage Publications, 1996.

Hooja, Meenakshi and Hooja Rakesh, 'Panchayati Raj in Rajasthan' *The Indian Journal of Public Administration*, Delhi, Vol. XLIV, No. 3, 1998.

Hutton, J.H., *Caste in India*, Cambridge University Press, Cambridge, 1946.

ICSSR: *A Survey of Research in Sociology and Social Anthropology*, Vols. I and II, 1974 and 1984.

Iqbal Narain, 'Reforming Educational Administration in India, *Indian Journal of Public Administration*, July- September, 1986.

Isaacs, Harold R., *India's Ex-Untouchables*, John Day, New York, 1965.

Jain, S.P., Religion and Caste Ranking in a North Indian Town, *Sociological Bulletin*, 20 (2), 1971.

Joshi, P.C., 'Students, Youths and National Development', *Yojana*, May 1967.

Kali Prasad, *Social Integration Research: A Study in Inter-Caste Relationship*, Lucknow University, Lucknow, 1954.

Kanal, S.P., *Dialogues on Indian Culture*, Panchal Press Publications, Delhi, 1955.

Kapadia, K.M., 'The Family in Transition', *Sociological Bulletin*, 8/27, 1959.

Kapadia, K.M., 'Caste in Transition', *Sociological Bulletin*, September, 1962.

Kapadia, K.M., *Marriage and Family in India*, Oxford University Press, Bombay, 1966 (first published in 1955).

Karve, Irawati, *Kinship Organisation in India*, Asia Publishing House, Bombay, 1953.

Khanna, B.S., *Panchayati Raj in India*, Deep and Deep Publications, New Delhi, 1994.

Khan, M.E., 'Muslim Society Structure in an Urban Setting', *Indian Anthropologist*, 6(1), 1976.

Kolenda Pauline, *Caste in Contemporary India*, Rawat Publications, Jaipur, 1997 (originally published in 1968).

Kothari, Devendra and Gulati, Anuja, 'Family Welfare Programme in India: A Proposal for Structural Change', *Administrative Change*, Jaipur, July 1990-June 1991.

Kothari, Rajni (ed.), *Caste in Indian Politics*, Orient Longman, Delhi, 1970 (reprinted 1973).

Leach, E.R., (ed.), *Aspects of Caste in South India, Ceylon and North-West Pakistan*, Cambridge University Press, Cambridge, 1960.

Machael, Clarke (ed.), *Corruption: Causes and Consequences*, Francecis Publishers, London, 1983.

Madan, T.N., 'On the Nature of Caste in India' in *Contributions to Indian Sociology*, Delhi, No. 5, 1971.

Mahapatra, L.K., 'Social Movements Among Tribes in India' in Singh, S.K., (ed.) *Tribal Situation in India*, Indian Institute of Advanced Study, Simla, 1972.

Mahar, J. Michael, *The Untouchables in Contemporary India*, Rawat Publications, Jaipur, 1998.

Mahajan, V.S., *Recent Developments in Indian Economy*, Deep and

Deep Publications, New Delhi, 1984.

Majumdar, D.N., *The Affairs of a Tribe: A Study in Tribal Dynamics*, Universal Publishers, Lucknow, 1950.

Majumdar, D.N., *Caste and Communication in an Indian Village*, Asia Publishing House, Bombay, 1958.

Malgavkar, P.D., *Population and Development*, Centre for Policy Research, Delhi, 1980.

Malhotra, K.L., *Facets of Vigilance*, Malhotra Publications, Delhi, 1988 (and 1992).

Mandelbaum, David G., *Society in India*, (2 Vol.), University of California Press, Berkley, 1970.

Manpower Profile, India, 1998, Institute of Applied Manpower Research, 1988 (6th ed.).

Marriott, McKim, 'Social Structure and Change in a UP village' in M.N. Srinivas (ed.), *India's Villages*, Asia Publishing House, Bombay, 1955.

Marriott, McKim, *Village India: Studies in Little Community*, (ed.), University of Chicago Press, Chicago, 1955.

Mathew, George, *Panchayati Raj From Legislation to Movement*, Concept Publishing Co., 1994.

Mayer, A.C., *Caste and Kinship in Central India*, Routledge and Kegan Paul, London, 1960.

Mills, C. Wright, *The Power Elite*, Oxford University Press, N.Y.1956.

Mukherjee, Partha, 'Social Movement and Social Change: To a Conceptual Classification and Theoretical Framework', *Sociological Bulletin*, 26(1), 1977.

Mishra, S.N., Kumar Lokesh, and Pal Chaitali, *New Panchayati Raj in Action*, Mital Publications, New Delhi, 1996.

Mishra, Sweta, *Democratic Decentralisation in India*, Mittal Publications, New Delhi, 1994.

Monteria, J.B., *Corruption*, Manaktalas, Bombay, 1966.

Mukherjee, Ramkrishna, *The Dynamics of a Rural Society*, Berlin, 1957.

Mukherjee, R.K., *Glimpses of Ancient India*, Bhartiya Vidya Bhawan, Bombay, 1961.

Mukherjee, Ramkrishna, *The Sociologist and Social Change in India Today*, Prentice Hall of India, Delhi, 1965.

Muller, Max, *Vedanta Philosophy*, Calcutta, 1955.

Murty, Satchidananda K., *The Divine Peacock*, New Age International Publishers, New Delhi, 1994.

Nagpaul, Hans, *Modernisation and Urbanisation in India: Problems and Issues,* Rawat Publications, Jaipur, 1996.

Narmadeshwar, Prasad, *The Myth of the Caste System*, Patna, 1956.

Oommen, T.K., 'Social Movements' in *Survey of Research* in *Sociology and Social Anthropology, ICSSR,* (1969-1979), Satvaham Publications, New Delhi, 1985.

Oscar, Lewis, *Village Life in Northern India: Studies in a Delhi Village*, University of Illinois Press, Urbana, 1958.

Pande, Raj Bali, *The Hindu Sanskaras*, Asia Publications, Bombay, 1949.

Parvathamma, C., *The Case for Untouchables*, United Asia, 1968.

Pendse, D.R., 'Black Money: Its Nature and Causes', *The Economic Times,* March 19, 1982.

Pfeffer, George, and Behera, Deepak, *Contemporary Society: Tribal Studies*, (Vol. 1 and 2), Concept Publishing Co., New Delhi, 1997.

Prabhu, P.N., *Hindu Social Organisation*, The Popular Book Depot., Bombay, 1954.

Ramchandran, R., *Urbanisation and Urban Systems in India*, Oxford University Press, Delhi, 1998 (7th Impression).

Rao, MSA, *Social Movements in India*, (Vol. I and II), Manohar Publications, New Delhi, 1978.

Ross, Aileen, *Hindu Family in its Urban Setting*, Oxford University Press, Toronto, 1961.

Sachchidananda, *The Harijan Elite*, Thomson Press, Faridabad, 1977.

Sachchidananda, *Elite and Development*, Concept Publishing Company, New Delhi, 1980.

Santhanam Committee Report on 'Prevention of Corruption', Govt. of India, 1964.

Shah, A.M., *The Household Dimension of the Family in India*, Orient Longmans Ltd., Delhi, 1956.

Shah, B.V., *Social Change and College Students of Gujarat*, M.S. University, Baroda, 1964.

Shah, Ghanshyam, *Social Movements in India*, (4th print) Sage Publications, Delhi, 1998.

Sharma, A.N., *Bonded Labour*, Tata Institute of Social Sciences, Bombay, 1990.

Sharma, K.L., *Social Stratification in India*, Sage Publications, New Delhi, 1997.

Silverberg, James (ed.), *Social Mobility in the Caste System in India,* Monton, Hague, 1968.

Singer, Milton and Cohn, B.S., (eds.) *Structure and Change in Indian Society,* Aldine Publishing Company, Chicago, 1968.

Singh, K.S. (ed.), *Tribal Situation in India*, Indian Institute of Advanced Study, Simla, 1972.

Singh, S.S., and Misra, Suresh, *Legislative Framework of Panchayati Raj in India*, Intellectual Publishing House, Delhi, 1993.

Singh, Yogendra, *Modernisation of Indian Tradition*, Thomson Press, New Delhi, 1973.

Singh, Yogendra, *Social Stratification and Change in India*, Manohar Book Service, New Delhi, 1977.

Sinha, Surajeet, 'Caste in India' in ICSSR Report on *A Survey of Research in Sociology and Social Anthropology*, New Delhi, 1974.

Srinivas, M.N., *Religion and Society Among the Coorgs of South India*, Oxford University Press, Bombay, 1952.

Srinivas, M.N., *Caste in Modern India*, Asia Publishing House, Bombay, 1962.

Sylvia, Vatuk, *Kinship and Urbanisation: White- Collar Migrants in North India,* University of California Press, Los Angeles, 1973.

Taylor, C.C., *A Critical Analysis of India's Community*, University of Chicago Press, Chicago, 1955.

Thapar, Romila, *Seminar*, No. 313, Delhi, September, 1985.

Thorner, Daniel, *Agrarian Structure*, Allied Publishers, Delhi, 1956.

Toennies, Fardinand, *Fundamental Concepts of Sociology*, American Book Co, New York, 1940.

Varghese, K.V., *Economic Problems of Modern India*, Ashish Publishing House, New Delhi, 1985.

Wirth, Louis, *The Ghetto*, University of Chicago Press, Chicago, 1938.

Wiser, W.H., *The Hindu Jajmani System*, Lucknow Publishing House, Lucknow, 1936.

Writh, Ronald and Simpkins, Edgar, *Corruption in Developing Countries*, London, 1963.

Yojana, Special Issue on 'Could We Break Their Schackles', Vol. 31, No. 8, May 1-5, 1987.

